ADEL IM WANDEL
OBERSCHWABEN VON DER FRÜHEN NEUZEIT BIS ZUR GEGENWART
BAND 1

ADEL IM WANDEL OBERSCHWABEN
VON DER FRÜHEN NEUZEIT BIS ZUR GEGENWART

Herausgegeben
im Auftrag der Gesellschaft Oberschwaben

von Mark Hengerer und Elmar L. Kuhn
in Verbindung mit Peter Blickle

Band 1

 THORBECKE

Gesellschaft Oberschwaben
für Geschichte und Kultur

Wir danken für die finanzielle Unterstützung
von Druck und Gestaltung dieses Bandes
der Landesbank Baden-Württemberg,

LB≡BW
Landesbank Baden-Württemberg

der Stiftung Oberschwaben
und den oberschwäbischen Adelshäusern.

Frontispiz: Die gräfliche Familie Waldburg-Zeil-Wurzach.
Von rechts: Der Hofkaplan, die Erbgräfin Maria Katharina geb. Gräfin Fugger von Glött (1744 – 1796), davor ihr Sohn Graf Leopold (1769 – 1800), dahinter die Frau des regierenden Grafen Maria Eleonore geb. Gräfin von Königsegg-Rothenfels (1711 – 1766), ihr Mann der regierende Graf Ernst (1704 – 1781), dahinter sein Sohn Erbgraf Eberhard Ernst (1730 – 1807), sein Onkel Christian Moritz Graf von Königsegg-Rothenfels, Schwager des regierenden Grafen, Deutschordensritter und Generalfeldmarschall (1705 – 1778), eine Schwester des Erbgrafen und ihr Bruder, der Deutschordensritter Franz Fidelis Anton Thomas (1733 – 1805).
Ausschnitt aus dem Deckengemälde in der Pfarrkirche Bad Wurzach von Andreas Brugger, 1777 (Vgl. S. 731, Bd. 2, Anm. 18).

Bibliographische Information der Deutschen Bibliothek.
Die Deutsche Bibliothek verzeichnet diese Publikation in der
Deutschen Nationalbibliographie. Detaillierte bibliographische
Daten sind im Internet abrufbar über http://dnb.ddb.de

© 2006 Gesellschaft Oberschwaben für Geschichte und Kultur e.V.
www.gesellschaft-oberschwaben.de
kulturamt@bodenseekreis.de
www.thorbecke.de info@thorbecke.de

Alle Rechte vorbehalten. Ohne schriftliche Genehmigung der
Gesellschaft Oberschwaben ist es nicht gestattet, das Werk unter
Verwendung mechanischer, elektronischer und anderer Systeme
in irgendeiner Weise zu verarbeiten und zu verbreiten. Insbesondere sind vorbehalten die Rechte der Vervielfältigung – auch von
Teilen des Werkes – auf photomechanischem, digitalem oder
ähnlichem Weg, der tontechnischen Wiedergabe, des Vortrags,
der Funk- und Fernsehsendung, der Speicherung in Datenverarbeitungsanlagen, der Übersetzung und der literarischen oder
anderweitigen Bearbeitung.

Gestaltung:	Bel Design, Überlingen
Umschlag:	Müller x Hocke x Abele x Abele GbR, Bad Saulgau
Satz:	Corinna Jung, Bodensee Medienzentrum, Tettnang
Druck:	Bodensee Medienzentrum, Tettnang
Buchbinder:	Siegloch Edition Buchbinderei, Blaufelden
Verlag:	Jan Thorbecke Verlag, Ostfildern

Dieses Buch ist aus alterungsbeständigem Papier
nach DIN-ISO 9706 hergestellt.

Printed in Germany
Verlagsausgabe
ISBN 10: 3-7995-0216-5 ISBN 13: 978-3-7995-0216-0
Ausstellungsausgabe
ISBN 10: 3-7995-0219-X ISBN 13: 978-3-7995-0219-1

Inhalt

BAND 1

Mark Hengerer und Elmar L. Kuhn
Zur Einführung — 11

Ewald Frie
Regionale Adelsforschung in internationaler Perspektive.
Traditionale Eliten auf dem Weg ins Europa der Moderne. — 17

Rudolf Endres
Oberschwäbischer Adel vom 17. bis zum 20. Jahrhundert. Der Kampf ums „Oben bleiben". — 31

ADEL IN OBERSCHWABEN: POLITIK- UND SOZIALGESCHICHTE

Alteuropa 1300 – 1800

Peter Blickle
Die Herrschaft des Adels 1300 – 1800. Gefährdung – Stabilisierung – Konsolidierung. — 45

Hartmut Zückert
Zweierlei Repräsentation. Barock-absolutistische Selbstdarstellung und landschaftliche Vertretung. — 57

Bernd Wunder
Zur politischen Geographie Oberschwabens. Die Reise des französischen Gesandten Bourgeauville
in den Süden des Schwäbischen Kreises 1682. — 73

Georg Schmidt
Adel und Reich. Publizistische Kritik und Perspektiven. — 85

Angela Kulenkampff
Wer schützt das Reich? Südwestdeutschland im Ringen zwischen Österreich, Bayern und Frankreich 1803 – 1805. — 99

Moderne 1800 – 2000

Eckart Conze
Totgesagte leben länger. Adel in Deutschland im 19. und 20. Jahrhundert. — 107

Andreas Dornheim
Die zweite Aristokratisierung Oberschwabens. Mediatisierung und Modernisierung. — 123

Friedrich Bratvogel
,Berufsbilder' des Adels in Oberschwaben im 19. Jahrhundert. Zwischen Standesinteressen und ausdifferenziertem Wirtschaftssystem. 137

Wolfgang Wüst
Adliges Gestalten in schwieriger Zeit. Patrimoniale Guts- und Gerichtsherrschaften 1806 – 1848 in Süddeutschland. 153

Hans-Georg Wehling
Der oberschwäbische Adel in der Kommunalpolitik. Auf dem Weg zur Demokratie. 169

Familien des Hochadels: Untergehen – Oben bleiben – Aufsteigen

Sulz: Herrschaftsgefährdung und Herrschaftsstabilisierung durch Untertanen

Monika Baumann
„Widerwerttigkheit und Aufruor" im Klettgau. Die Herrschaftskrise der Grafen von Sulz an der Schwelle des 17. Jahrhunderts. 183

Montfort: Die gefällte Zeder

Clemens Joos
Im Schatten der Montforter Zeder. Beobachtungen zur Historiographie des oberschwäbischen Adels am Beispiel der Grafen von Montfort. 193

Elmar L. Kuhn
„Das Augenmerk auf die Erlangung der ganzen Grafschaft Montfort zu richten".
Das Ende der Grafen von Montfort. 213

Königsegg: Von Schwaben nach Ungarn und zurück

Horst Boxler
Die Reichsgrafen zu Königsegg. Im Dienst von Kaiser und Kirche – Territorialherren, Landvögte und Grundbesitzer. 229

Waldburg: Prekärer Reichsstand, Phönixe der Mediatisierung

Martin Zürn
Stillstand im Wandel oder Wandel im Stillstand? Waldburg und Habsburg im 18. Jahrhundert. 241

Bernd Mayer
„Gott zur Ehre und dem Haus Waldburg zum Ruhm". Die Vollendung der idealen oberschwäbischen Adelsresidenz Wolfegg im 18. Jahrhundert. 255

Rudolf Beck
„...als unschuldiges Staatsopfer hingeschlachtet..." Die Mediatisierung des Hauses Waldburg. — 265

Walter-Siegfried Kircher
„Katholisch vor allem"? Das Haus Waldburg und die katholische Kirche vom 19. ins 20. Jahrhundert. — 287

Manfred Thierer
Neutrauchburg im Allgäu. Eine fürstliche Domäne wird Zentrum der Rehabilitation. — 309

Fürstenberg: Vom zweitwichtigsten Territorium in Schwaben zum ersten Standesherrn in Baden

Esteban Mauerer
Das Haus Fürstenberg im späten 17. und im 18. Jahrhundert. Karrierewege, Fürstenstand und Staatlichkeit. — 319

Andreas Wilts
„Ausgelöscht aus der Zahl der Immediaten Reichsfürsten". Die Mediatisierung und Neupositionierung des Fürstentums Fürstenberg 1806. — 333

Armin Heim
Zerrütteter Glanz. Schloss Meßkirch nach dem Verlust der Residenz 1744. — 349

Erno Seifriz
„Des Jubels klare Welle in der Stadt der Donauquelle". Musik am Hofe der Fürsten von Fürstenberg in Donaueschingen im 18. und 19. Jahrhundert. — 363

Hohenzollern: Besitzsicherung durch Selbstmediatisierung

Andreas Zekorn
Geschichtsbild im Wandel. Das Verschwinden der österreichischen Vergangenheit Hohenzollern-Sigmaringens aus dem hohenzollerischen Geschichtsbewusstsein nach 1806. — 377

Edwin Ernst Weber
Adlige Modernisierungsstrategien im 19. Jahrhundert. Die Fürsten Anton Aloys, Karl und Karl Anton von Hohenzollern-Sigmaringen. — 399

Otto H. Becker
Vom See zum Meer. Zur Geschichte des Grundbesitzes des Fürstlichen Hauses Hohenzollern-Sigmaringen im 19. und 20. Jahrhundert. — 415

Karl Werner Steim
„Durch ehrenvolle Belohnung die Erinnerung ihrer Verdienste der Nachwelt zu hinterlassen". Die Nobilitierungen durch die Fürsten von Hohenzollern. — 427

Franz-Severin Gäßler
Sigmaringen – fürstliche Präsenz im Stadtbild. Der Ausbau zur Residenz- und Landeshauptstadt im 19. Jahrhundert. — 439

Karen A. Kuehl
„Vom königlichen Kabinett zur Weltausstellungsware". Das Weltbild der Hohenzollern im Spiegel
der fürstlichen Wohnkultur 1785 – 1914. ... 461

Baden und Württemberg: Die neuen Herren

Konrad Krimm
Das Haus Baden am Bodensee. Residenzen und Rückzugsorte. ... 475

Eberhard Fritz
Das Haus Württemberg in Oberschwaben. Landschloss – Mustergüter – Sommerresidenz. ... 487

BAND 2
STÄNDISCHE LEBENSFORMEN – AUFGEHEN IM BÜRGERTUM

Reichskirche 1200 – 1800

Klaus Schreiner
„Spital des Adels". Die Fürstabtei Kempten in der Frühen Neuzeit: Adliges Standesdenken und
benediktinisches Reformstreben im Widerstreit. ... 497

Kurt Diemer
Reichsritterschaft und Reichskirche im 17. und 18. Jahrhundert. Die Freiherren von Hornstein-Göffingen. ... 515

Bernhard Theil
Das Damenstift als adlige Lebensform der Frühen Neuzeit. Beobachtungen am Beispiel des
Stifts Buchau am Federsee. ... 529

Ritter 1600 – 1918

Sylvia Schraut
Die feinen Unterschiede. Die soziale Stellung der schwäbischen Reichsritter im Gefüge des Reichsadels. ... 545

Wolfgang Kramer
„in den Schranken der Gebühr zu erhalten". Zum Verhältnis zwischen Untertanen und Obrigkeit in
ritterschaftlichen Herrschaften des Hegau. ... 561

Ludwig Ohngemach
Ehingen als Sitz des Ritterkantons Donau. Reichsunmittelbare Adelskorporation und österreichische Landstadt. ... 573

Michael Puchta
„Indessen tritt hier der Fall ein, wo Gewalt vor Recht gehet." Die Mediatisierung der schwäbischen Reichsritterschaft am Beispiel des Bezirks Allgäu-Bodensee. … 591

Frank Raberg
Für „die wohlerworbenen Rechte des Adels". Die Vertretung der Ritterschaft des Donaukreises im Württembergischen Landtag. … 605

Militär im 18. Jahrhundert

Peter-Christoph Storm
Adel und Kreismiliz. Bemerkungen zur Führerschaft der Truppen des Schwäbischen Kreises im 18. Jahrhundert. … 619

Patriziat 1550 – 1850

Oliver Fieg
Das Ulmer Patriziat. Zwischen Zunftbürgertum und Landadel. … 631

Simon Palaoro
Politische Identitäten des Ulmer Patriziats. Zwischen dem Ende der reichsstädtischen Epoche und dem Neubeginn im Kurfürstentum Bayern. … 643

Alfred Lutz
Das Ravensburger Patriziat 1750 – 1818. Niedergang und Ende eines privilegierten Standes. … 657

ADLIGE IDENTITÄT: AUSDRUCKSFORMEN UND ANFECHTUNGEN

Repräsentation und Kunst 1500 – 2000

Ulrich Knapp
Schlossbauten des oberschwäbischen Adels im 18. Jahrhundert. Heimische Baumeister und „welsche Manier". … 677

Andrea Dippel
Festsäle in oberschwäbischen Schlössern. Symbolischer Ausdruck von Rang und Stand. … 701

Hubert Hosch
Adel, Künstler und Kunst zwischen Tradition und Fortschritt. Mentalitätsgeschichtliche Streifzüge im Schwäbischen Kreis am Ende des „Alten Reiches". … 715

Bernd Konrad
Die Kunstsammlungen der Adelshäuser. Erwerb – Bestand – Verlust. … 735

Klaus Graf
Oberschwäbische Adelsbibliotheken. Zeugnisse der geistigen Welt ihrer Besitzer. — 751

Berthold Büchele
Musik an Adelshöfen. Die Mediatisierung und ihre Auswirkungen auf die oberschwäbische Musikgeschichte. — 763

Mark Hengerer
Grabmäler des oberschwäbischen Adels 1500 – 2000. Entwicklungspfade – Familie und Individualität. — 775

Irritationen der Moderne 1850 –1950

Barbara Waibel
Ferdinand Graf von Zeppelin. Ein adliger Unternehmer aus verletzter Ehre. — 793

Trygve Has-Ellison
The Noble as Nietzschian-inspired Artist. The Conceptual Work of Emanuel Freiherr von Bodman. — 805

Doris Muth
„Es wird Zeit, daß ich das Reich rette!" Vom Anhänger zum Attentäter – Stauffenbergs Weg in den Widerstand. — 817

ADEL HEUTE: LUST UND LAST DER TRADITION

Timo John und Siegmund Kopitzki
Interviews mit SKH Friedrich Herzog von Württemberg, SD Karl Friedrich Erbprinz von Hohenzollern, SD Heinrich Fürst zu Fürstenberg und SD Christian Erbprinz zu Fürstenberg, SD Johannes Fürst von Waldburg-Wolfegg, Bettina Bernadotte Gräfin af Wisborg und Björn Bernadotte Graf af Wisborg. — 831

Anhang

Autorinnen und Autoren — 850
Bildnachweis — 852
Ortsregister — 855
Personenregister — 866
Karten — 884
Gesellschaft Oberschwaben — 886

Zur Einführung

Mark Hengerer und Elmar L. Kuhn

Was Adel ausmacht, begründet, rechtfertigt, das war und ist in der gesamten Epoche, welcher sich dieser Band widmet, umstritten. Der Dominikaner Ambrosius Roggerius schrieb um 1618 einem jungen Herrn, dem künftigen Kaiser Ferdinand III. (reg. 1637 – 1657) in einem ihm gewidmeten Fürstenspiegel sehr klar, wo die besondere Brisanz des Adels lag: „Weder der Adel der Eltern noch der Herkunft macht die Nachkommen zu Adeligen, da ja, wenn Du den ersten Grund betrachtest, wir alle von einem einzigen, nämlich von Gott unsere Herkunft herleiten gemäß jenem Satz: ‚Hat nicht ein einziger Gott uns alle geschaffen? Warum also schaut ein jeder von uns auf seinen Bruder herab?' Malach. 2, 10"[1]. Universelle gleiche Herkunft aller von Gott auf der einen Seite, auf der anderen Seite dann doch Adel (und als dessen Krönung die Monarchie von Gottes Gnaden) miteinander zu vereinbaren, dafür genügte nach Roggerius nicht der Verweises auf Ahnen, Eltern, Blut, Vaterland, Reichtum, Ehren und sonstige Güter des unsteten Glücks („fortunae"), dafür bedurfte es einer wesentlichen Anstrengung und Eigenschaft: der herausragenden Tugend[2]. Roggerius stellte so die Praxis der Adelsbegründung mit dem Kernstück der Herkunft aus einer bevorrechtigten Familie gegen ein zu praktizierendes Ideal.

In diesem Spannungsverhältnis von ererbtem Sonderstatus und individuellem Genügen von Erwartungshaltungen lebt Adel bis in die Gegenwart, und es ist einsichtig, dass ein so vielschichtig begründetes Merkmal weiterbesteht, auch wenn eines der dieses ausmachenden Elemente entfällt. Adel endete nicht, als in der Folge der Niederlegung der Kaiserkrone durch Kaiser Franz II. im Jahr 1806 das Reich Karls des Großen seine Existenz beschloss, womit die meisten Adeligen Oberschwabens von Herren zu Untertanen neuer Könige wurden und zudem die Lebensformen der adlig geprägten Reichskirche verschwanden; Adel endete nicht 1806, als nach 1918 die Weimarer Reichsverfassung den Adel formell aufhob und damit auch die noch verbliebenen Standes- und Herrschaftsrechte verschwanden; er endete auch nicht, nachdem die Konsolidierung der Bundesrepublik Deutschland die Hoffnung auf ein irgendwie geartetes ‚Zurück', wie es noch in der Weimarer Republik viele Adelige mehr als nur ersehnten, schwinden mussten.

Adel änderte sich, definierte sich neu und wurde neu definiert; seit der Abschaffung des Adels mit der Weimarer Reichsverfassung wurden solche Adelsdefinitionen, Definitionslasten freilich nicht selten erst von Dritten an Personen herangetragen, deren Personalität anders als in der frühen Neuzeit nicht gleichsam rund um die Uhr und in jedem sozial relevanten Lebensbereich durch die Standesqualität definiert wird; auch dieser Band analysiert nicht nur Adel, er konstruiert ihn mit und macht damit deutlich, dass Adel ein durch und durch soziales Phänomen ist, also auf Handlungen, auf Zuschreibung von Sinn, auf Kommunikationsmustern beruht – dass Adel als etwas, das es rechtlich und formell in der zumeist mitgedachten Weise heute nicht mehr gibt, etwas noch weit komplizierteres und differenzierteres ‚ist' als er es unter den politischen, rechtlichen, soziostrukturellen Bedingungen der frühen Neuzeit war. Adel ist heute etwas Situatives, etwas, das in der einen Situation aufscheint – beim Nachdenken über die zu wählende Anrede etwa –, in der nächsten aber schon wieder in anderen, dominierenden Vollzügen der funktional ausdifferenzierten Gesellschaft verschwindet.

Die Heimkehr der Söhne des Grafen Franz Konrad von Stadion nach Warthausen von der Kavalierstour. Von links: Die Mutter Maria Ludovika geb. Freiin Zobel zu Giebelstadt (1740 – 1803), der ältere Sohn Friedrich Lothar (1761 – 1811), seine Tante Marie Therese Gräfin von Spaur geb. von Stadion (1729 – 1773), der Vater Franz Konrad (1736 – 1787), der jüngere Sohn Johann Philipp (1763 – 1824), der Oberamtmann Matthias Schöppl und der Hofmeister Karl Kolborn (1744 – 1816). Ölbild von Johann Heinrich Tischbein d. Ä. (?), um 1780. Privatbesitz.

Dies vorausgeschickt, wird deutlich, dass ein Band, der sich einem so langen Zeitraum widmet, Adel im Wandel nicht in allen Facetten nachzeichnen kann. Zu bedenken ist zudem, dass Adel nicht erst in der frühen Neuzeit in sich selbst hochgradig differenziert war und bis heute ist: Oberschwaben kann in der Neuzeit mit dem gesamten Spektrum vom (fernen) Kaiser über bayerische und württembergische Könige bis hin zum landsässigen Niederadeligen sowie zum stadtbürgerlichen adligen Patrizier aufwarten; in der Gegenwart gibt es ein Spektrum, das von Verwandtschaften mit regierenden königlichen Häusern bis an jene Grenze reicht, wo die Frage des Forschers nach Adel den Gegenstand überhaupt erst herstellt. Das Phänomen Adel ist also vielschichtig, vielschichtig sind seine Konstituenten und damit die Prozesse seines Wandels: Veränderungen in den Bereichen Herrschaft, Politik, Wirtschaft, Kultur, Religion, Familie, Individualität, Rolle verändern stets das gesamte soziale Gefüge, in dem Stände, Gruppen, Familien, Individuen sich positionieren. So konnten auf der einen Seite, etwa bei den Waldburg-Zeil, starke ökonomische Positionen entstehen, die dem Adel zu erheblichem lokalen und regionalen Einfluss gereichen, während auf der anderen Seite der auf recht bescheidenem Fuße lebende Freiherr Emanuel von Bodman (†1946) sein Künstlertum als Erwerb einer neuen, angemessenen Form einer Adelsqualität verstand. Ambrosius Roggerius hätte dieses Ringen wohl Tugend genannt.

Vor dem Hintergrund dieser Komplexität der Materie ist es die Aufgabe dieses Bandes vornehmlich, eine Lücke in der Kenntnis der prägenden sozialen Kräfte einer Region schließen zu helfen. Dass hier aufs Ganze der Region gesehen eine erhebliche Lücke klafft, macht der Vergleich mit dem gerade in jüngerer Zeit erheblich vermehrten Wissensstand zu den Oberschwaben ebenfalls prägenden Ereignissen bzw. Strukturelementen Bauernkrieg, Städten, Kirchen und Klöstern sowie dem habsburgischen Vorderösterreich deutlich[3]. Hier wird spürbar, dass der frühe Tod von Volker Press (†1993, Freiburg), der in seiner außerordentlich fruchtbaren Forschungsarbeit dem südwestdeutschen Adel ein besonderes Augenmerk schenkte[4], nicht verschmerzt und durch die jüngeren Überblicke und die nicht wenigen verdienstvollen Studien zu einzelnen adligen Familien noch nicht ausgeglichen worden ist[5]. Gerade die Region Oberschwaben in bezug auf ihren Adel in einem eigenen Band zu behandeln, macht schon deshalb Sinn, weil, wie der Beitrag von Ewald Frie, der zudem die Perspektiven einer Adelsforschung zwischen Region und internationalem Horizont ausleuchtet, klärt, Adelsgeschichte in der Regel an Landesgeschichte gebunden war: Oberschwaben aber als Region mit einer prekären und in der Forschung in ihrer Qualität und Dimension umstrittenen kaiserlichen bzw. habsburgischen Oberhoheit, eine Region, die erst nach dem Ende des Alten Reichs an zwei Königreiche kam und damit Teil klassischer Territorialstaaten wurde, darf hinsichtlich ihres Adels nicht allein mit heutigen pragmatischen, sondern mit guten systematischen Gründen als Region untersucht werden.

Dies zumal, als es eine Besonderheit dieses Bandes ist, Adel über die Frühe Neuzeit hinaus bis in die Gegenwart hinein zum Gegenstand zu machen. Dies erlaubt nicht allein die Analyse langfristiger grundlegender politischer und sozialstruktureller Rahmenbedingungen, es erlaubt auch die Gegenüberstellung langfristiger Wandlungsprozesse mit kürzeren politischen Phasen, die insbesondere von den Zäsuren von französischer Revolution, Auflösung des Alten Reichs und Mediatisierung sowie schließlich in Anbetracht der historischen „Kleinteiligkeit" des 20. Jahrhunderts (Eckart Conze) gesetzt werden. Diese langfristige Perspektive erhellt beispielsweise den Wandel von Religion in der Konfiguration von Adeligkeit, indem sie wegbrechende kanonisierte Lebensformen (insbesondere die Reichskirche) in den Blick nimmt, damit aber Religion als Adelsthema nicht fallen läßt; die langfristige Perspektive erhellt die drastisch sich wandelnde Prägekraft von Adeligkeit für die individuelle Lebensführung nach der Mediatisierung, so, wenn deutlich wird, wieviel die auf den ersten Blick so unterschiedlichen Lebenswege einzelner Adeliger wie Ferdinand Graf von Zeppelin, des Schriftstellers Emanuel von Bodman und Claus Schenk Graf von Stauffenberg miteinander zu tun haben; sie legt Hypothesen nahe für die kontrovers diskutierte Frage nach der sich wandelnden Bedeutung von Kunst für die Adeligkeit und zeigt, dass eine Dichotomie von Repräsentation-Vormoderne und Identität-Moderne zu kurz greift; sie erhellt, wie sehr der Zusammenhalt, die Kohäsion adliger Familien sich in verschiedenen Zeiten verschiedener Mechanismen bedient und einem wie großen Wandel diese Formen des Zusammenhaltes unterlegen sind. Diese in der weiten chronologischen Spanne angelegte tiefe Dimension historischen Wandels mag es rechtfertigen, dass mit dem Titel eine Anleihe bei dem Katalog zur Niederösterreichischen Landesausstellung 1990 gemacht wurde: „Adel im Wandel. Politik, Kultur, Konfession 1500 – 1700"; hier wurde eine Formulierung gefunden, deren Autorinnen und Autoren mit der Übernahme Anerkennung und Respekt gezollt sei[6].

Die Gliederung des Bandes[7] nimmt den Spannungsbogen der Epochen auf mehreren Ebenen auf. Der erste Teil steckt für die Zeit des Alten Reichs bis in die Gegenwart den politischen und

Zur Einführung

sozialgeschichtlichen Rahmen ab und beleuchtet das äußere wie innere politische Gefüge des oberschwäbischen Adels; die Region erweist sich hier, anders als viele Territorialstaaten, als unterdurchschnittlich „absolutistisch"[8]. Einerseits werden die Konflikte mit Untertanen (nach dem Bauernkrieg des 16. Jahrhunderts) meist konstruktiv und auf dem Rechtsweg bearbeitet und begründen für die Bauern mitunter gar ständische Mitwirkungsrechte. Andererseits blieb der moderne Staat des aufgeklärten Absolutismus Oberschwaben im Grunde fern. Gleichwohl verweist die am Ende des Alten Reiches geführte öffentliche Diskussion um des Adelsstandes umstrittene Sinnhaftigkeit und mögliche, zweckmäßige, neue Formen des Adels auf das im Zuge der französischen Revolution und der napoleonischen Umgestaltung Mitteleuropas erfolgte Ende der alten Adelswelt. Der oberschwäbische Adel wurde bei dieser ‚Flurbereinigung' dann mit Ausnahme der Hohenzollern mediatisiert, die verfassungsrechtlichen Bande zum Reich und zum Haus Habsburg zerfielen, nicht in gleichem Maße indes die engen sozialen Beziehungen des Adels gen Südosten. In der Folge wurden erhebliche Anpassungsleistungen an die insbesondere in Württemberg drückende Staatlichkeit erbracht. Nach und nach wurden, meist unter Druck, noch verbliebene Herrschafts- und Gerichtsrechte aufgegeben, wurde die Form adliger Wirtschaft umstrukturiert, auch in Richtung Industrietätigkeit. Bemerkenswert ist der Umstand, dass zahlreiche Familien vornehmlich im 19. Jahrhundert in großem Stil Güter in Norddeutschland, Böhmen und Ungarn erwarben; dies läßt in einer Analyse des internationalen Großgrundbesitzmarktes des 19. Jahrhunderts ein wichtiges Desiderat der regionalen wie internationalen Adelsforschung erkennen. Aktiv integrierten sich zahlreiche Adelige in den modernen politischen Systemen; nicht ohne Widerwillen, aber doch, in denen des Königreichs Württemberg, kaum in dem der Weimarer Reichsverfassung, ambivalent im nationalsozialistischen Regime; erst in der Zeit der Bundesrepublik Deutschland scheint die Mediatisierung gänzlich verwunden zu sein, kommt es zu einer durchweg konstruktiven Mitwirkung auf verschiedenen Ebenen des politischen Lebens ohne rückwärtsgewandte Utopien.

Im zweiten Teil des Bandes sind Beiträge versammelt, die sich mit unterschiedlichen chronologischen Bezügen unterschiedlichen Problemen der Geschichte einzelner adliger Familien widmen. Thematische Kerne sind das Verhältnis zu den Untertanen, die Konstruktion und Erhaltung der adligen Identität und die Kohäsion der Familie, die wirtschaftliche Situation, welche in der frühen Neuzeit insgesamt gesehen weit schwieriger gewesen zu sein scheint als in der Moderne, die wohl überwiegend klientelistische, aber durchaus auch ambivalente politische Positionierung im Verhältnis zum Haus Habsburg, die unterschiedlich erfolgreichen Wege in die Moderne, die Integration der neuen Landesherren in der ihnen vormals fremden Region. Der hohe Adel ist in diesem Teil deutlich überrepräsentiert, was seinen Grund nicht zuletzt in der Archivsituation hat; die Desiderate der Forschung liegen offen zutage.

Der dritte Teil faßt überwiegend Beiträge zusammen, in denen die Prägekraft adliger Lebensformen bzw. Standesqualitäten thematisiert wird, welche ganz wesentlich auch dadurch spezifiziert wird, dass es hier nicht allein um Adelsqualität geht, sondern um adliges Leben in verschiedenen, mehr oder weniger stark verfaßten Korporationen. Die Reichskirche, in ihrer Form als Versorgungsanstalt auch vom niederen Adel gegen die Reformanstrengungen der kirchlichen Hierarchie verteidigt, prägte bis zum Reichsdeputationshauptschluss von 1803 adlige Lebensformen ganz erheblich, ohne sie aber auf mönchische oder spirituelle Lebensführung verpflichten zu können. Damit sind hier die Probleme des unteren Endes der Hierarchie des Adels stärker berücksichtigt – so insbesondere die Optionen für adlige Karrieren im Militär des schwäbischen Kreises, die besonderen Schwierigkeiten der Ritter im Auskommen mit ihren Untertanen, der Ritterschaftsorgane mit ihren Nachbarn, ihre Unterwerfung unter die Landeshoheit der neuen Könige von Bayern und Württemberg sowie ihre politische Mitwirkung im württembergischen Landtag. Patrizier, adlige

Stadtbürger mit besonders abgesicherten und privilegierten politischen Herrschafts- bzw. Mitwirkungsrechten in den Städten, waren hinsichtlich ihrer Lebensformen maßgeblich durch das Spannungsfeld der Erfordernisse städtischer Politik[9] und landadliger Lebensformen geprägt; innerhalb der Städte bot sich nach deren Eingliederung in die Territorialstaaten keine politische Zukunft, und – anders als beim Landadel – auch keine adlige Zukunft.

Der vierte Abschnitt versammelt Beiträge, welche Ausdrucksformen und Anfechtungen adliger Identität diskutieren. Adlige Identität in der frühen Neuzeit erweist sich primär als von der Adelsqualität her geprägte Identität, welche sich der bildenden Künste in einem sehr weiten Spektrum – aber stets unter der Maßgabe der Standesgemäßheit –zwischen Ästhetik und politischem Programm bedient; insonderheit im 19. Jahrhundert und in der ersten Hälfte des 20. Jahrhunderts zeigt sich Adel verstärkt als nicht unproblematische Implikation persönlicher Identität. Meist aus wirtschaftlichen Notlagen heraus erfährt vor allem im 20. Jahrhundert Kunst als ökonomisch verwertbares Kapital eine neuerliche, vielfach bestandsgefährdende und auch bestandszerstörende Uminterpretation. Mit der Thematisierung des Zusammenhangs von aktueller Erhaltung von Kunstdenkmälern und der wirtschaftlichen Lage von adligen Familien schließt der Band – und erinnert unweigerlich an die Problematik, welche ebenso Hans-Georg Wehling wie Ambrosius Roggerius betont: Adel sieht sich – als solcher – in der Gegenwart mit der Erwartung konfrontiert, Kunstdenkmäler zu erhalten, mit der Anerkennung von Adel – als solchem – indes hat noch die bundesrepublikanische Gesellschaft des 21. Jahrhunderts mitunter ihre liebe Müh.

Am Ende dieser Einführung steht, was ihren Anfang überhaupt erst ermöglicht: Der große Dank, der sehr vielen für das Zustandekommen dieses Bandes gebührt: zuvörderst den Autorinnen und Autoren, welche ihre Beiträge in einer vergleichsweise kurz bemessenen Frist erbrachten und dabei durch die Begrenzung des verfügbaren Raumes[10] zu großer Konzentration genötigt waren; all den Personen und Institutionen, die uns Bildvorlagen zur Verfügung gestellt haben; Frau Eva Schnadenberger, die an der Endredaktion des Bandes, bei der Beschaffung von Bildvorlagen mitwirkte und auch bei der Erstellung des Registers mitarbeitete; dem Team der Gestaltung, des Satzes, des Drucks und der Bindung; dem Staatsarchiv Sigmaringen – es war mit seinem Direktor und Mitveranstalter Herrn Dr. Volker Trugenberger der diesen Band vorbereitenden Tagung im Oktober 2005 ein sehr freundlicher Gastgeber – und vor allem der Landesbank Baden-Württemberg, der Stiftung Oberschwaben und den oberschwäbischen Adelshäusern, die die Herausgabe dieser Bände erst ermöglichten.
Sinnliche, unmittelbare Eindrücke oberschwäbischer Adelskultur vermitteln die Ausstellung, aus deren Anlass diese Bände erscheinen, und ein Gang durch die Schlösser Oberschwabens, soweit sie öffentlich zugänglich sind.

Anmerkungen:

1 „Nec progenitorum uel originis dignitas posteros nobiles facit, quoniam si primam causam spectes, omnes ab uno, scilicet a Deo originem trahimus iuxta illud: Nunquid non Deus unus creauit nos? quare ergo despicit unusquisque nostrum fratrem suum?" Biblioteca Apostolica Vaticana, Cod. Reg. Lat. 436, fol. 14v. Der Codex gelangte als mit Ferdinand III. wohl aus Graz nach Prag; von dort kam er als Kriegsbeute nach Schweden und dann mit Königin Christina nach Rom, vgl. Andreas Wilmart OSB: Codices Reginienses Latini. Bd. 2. Rom/Vatikanstaat 1945, 556f., war also tatsächlich im Besitz des Kaisers. Unter den Kämmerern des Kaisers waren mehrere oberschwäbische Adelige, aus den Familien Zollern, Waldburg und Fürstenberg.
2 Ebd., fol. 14r.
3 *Peter Blickle*: Unruhen in der ständischen Gesellschaft 1300 - 1800. München 1988; *Ders.* (Hg.): Politische Kultur in Oberschwaben. Tübingen 1993; *Andreas Dornheim*: Oberschwaben als Adelslandschaft. In: *Hans-Georg Wehling* (Hg.): Oberschwaben. Stuttgart 1995, 123-150; *Peter Blickle* (Hg.): Verborgene republikanische Traditionen in Oberschwaben. Tübingen 1998; *Württembergisches Landesmuseum Stuttgart* (Hg.): Vorderösterreich. Nur die Schwanzfeder des Kaiseradlers? Die Habsburger im deutschen Südwesten. Stuttgart 1999; *Elmar L. Kuhn* (Hg.): Der Bauernkrieg in Oberschwaben. Tübingen 2000; *Franz Quarthal / Gerhard Faix* (Hg.): Die Habsburger im deutschen Südwesten. Neue Forschungen zur Geschichte Vorderösterreichs. Stuttgart 2000; *Wolfgang Wüst* (Hg.): Geistliche Staaten in Oberdeutschland im Rahmen der Reichsverfassung. Epfendorf 2003; *Volker Himmelein / Hans Ulrich Rudolf* (Hg.): Alte Klöster – Neue Herren. Die Säkularisation im deutschen Südwesten 1803. 2 Bde. Ostfildern 2003; *Peter Blickle / Andreas Schmauder* (Hg.): Die Mediatisierung der oberschwäbischen Reichsstädte im europäischen Kontext. Epfendorf 2003; *Peter Blickle / Rudolf Schlögl* (Hg.): Die Säkularisation im Prozess der Säkularisierung Europas. Epfendorf 2005.
4 Zentrale Beiträge und Bibliographie in: *Volker Press*: Adel im Alten Reich. Tübingen 1998.
5 Zum nationalen Forschungsstand vgl. insbesondere die Beiträge von Ewald Frie, Eckart Conze, Georg Schmidt und Rudolf Endres in diesem Band sowie *Heinz Reif*: Adel im 19. und 20. Jahrhundert. München 1999 und *Eckhart Conze / Monika Wienfort* (Hg.): Adel und Moderne. Deutschland im europäischen Vergleich im 19. und 20. Jahrhundert. Köln 2004. Zur neueren Adelsgeschichte der Region seien hier nur die gleichsam kanonischen Texte genannt: *Heinz Gollwitzer*: Die Standesherren. Die politische Stellung der Mediatisierten 1815 – 1918. Göttingen 1964; *Andreas Dornheim*: Adel in der bürgerlich-industrialisierten Gesellschaft. Eine sozialwissenschaftlich-historische Fallstudie über die Familie Waldburg-Zeil. Frankfurt 1993.
6 *Herbert Knittler / Gottfried Stangler / Renate Zedinger* (Schriftleitung): Niederösterreichische Landesausstellung. Rosenburg 12. Mai – 28. Oktober 1990. Adel im Wandel. Politik, Kultur, Konfession 1500-1700. Wien 1990, mit einem einleitenden Beitrag von *Volker Press*: Retourschein! Adel im Wandel 2. Vgl. auch *Ronald G. Asch*: Nobilities in Transition 1550 – 1700. Courtiers and rebels in Britain and Europe. London 2003.
7 Dem Band liegen bei zahlreichen Autorinnen und Autoren direkt angefragte Beiträge zugrunde; zudem wurde ein Call for papers für die vorbereitende Tagung über HSozKult verbreitet, URL: http://hsozkult.geschichte.hu-berlin.de/termine/id=3652. Diese vorbereitende Tagung fand vom 27. bis 29. Oktober im Staatsarchiv Sigmaringen statt.
8 Vgl. zur Diskussion *Nicholas Henshall*: The myth of absolutism. Change and continuity in early modern european monarchy. London 1992; *Ronald G. Asch / Heinz Duchhardt* (Hg.): Der Absolutismus – ein Mythos? Strukturwandel monarchischer Herrschaft in West- und Mitteleuropa (ca. 1550 – 1700). Köln 1996; *Ronald G. Asch* (Hg.): Der europäische Adel im Ancien Régime. Von der Krise der ständischen Monarchie bis zur Revolution (1600 – 1789). Köln 2001; *Thomas Winkelbauer / Petr Matá* (Hg.): Die Habsburgermonarchie 1620 bis 1740. Leistungen und Grenzen des Absolutismus-Paradigmas (erscheint 2006).
9 Vgl. zu den Implikationen der Interaktionsraumes Stadt für Politik und vice versa *Rudolf Schlögl* (Hg.): Interaktion und Herrschaft. Die Politik der frühneuzeitlichen Stadt. Konstanz 2004.
10 Wegen dieser finanziellen Gründen geschuldeten Beschränkung wurden, wenn die Identifikation von Titeln dadurch nicht gefährdet war, mitunter Untertitel zitierter Literatur gestrichen; Reihentitel wurden nicht aufgenommen.

Regionale Adelsforschung in internationaler Perspektive
Traditionale Eliten auf dem Weg ins Europa der Moderne*

Ewald Frie

Die Waldburg mit Blick auf den Bodensee. Ölbild von Johann Baptist Pflug, um 1836. Braith-Mali-Museum Biberach.

Adelsforschung hat Konjunktur in Deutschland. Die „Historische Bibliographie online" verzeichnet – um eine illustrative erste Annäherung zu geben – für die Jahre 2000 bis 2004 durchschnittlich jährlich 98 Titel, in denen die Buchstabenfolge „adel" enthalten ist. Zehn Jahre zuvor waren es 43 Titel gewesen. In den frühen 1980er Jahren, als das segensreiche Instrument der HBO noch nicht existierte, dürfte der Wert noch wesentlich niedriger gelegen haben. Adelsforschung, lange Zeit vor allem in der Landesgeschichte der Mediävistik und Frühneuzeitforschung angesiedelt, rückt stärker in das Zentrum des Forschungsinteresses auch der Neuzeithistoriker. Sie wird mit dem erst sozialgeschichtlich, dann kulturgeschichtlich modernisierten Handwerkszeug der geschichtswissenschaftlichen Zunft bearbeitet[1].

Diese Zunft aber hat Fenster und Türen ihrer Beobachtungs- und Arbeitsräume weit aufgerissen. Erstens sind die im 19. und frühen 20. Jahrhundert realhistorisch wie historiographisch aufgerichteten nationalen Grenzen systematisch überschritten worden. Transnationale Vernetzungen

Schloss Wurzach der Fürsten von Waldburg-Zeil-Wurzach.
Aquarell von Caspar Obach, 1847. Waldburg-Zeil'sches Gesamtarchiv Schloss Zeil.

und Gemeinsamkeiten von Adelslandschaften und Adelsgesellschaften werden zum Thema. Zweitens haben sich seit den 1990er Jahren auch die Vorstellungen von Europa deutlich gewandelt, mit denen Historikerinnen und Historiker implizit arbeiten. Erschienen in den 1980er Jahren noch Bücher unter dem Label europäische Geschichte, die de facto das Gebiet der EWG der frühen 1970er Jahre im Blick hatten, so ist seit 1989/91 Mittel- und Osteuropa wieder Bestandteil des implizit vorgestellten Europa geworden. Dan Diner hat hierfür das Bild des „virtuellen Erzähler[s]" verwendet, „der auf den Stufen der traditionsreichen Treppe von Odessa sitzt und nach Süden wie nach Westen schaut."[2] Gerade für die Adelsgeschichte ist der Blick aus ost- und ostmitteleuropäischer Perspektive, von St. Petersburg, Moskau, Budapest und Warschau aus auf Europa wichtig. Selbst die Wiener Hofburg, der Frühneuzeithistorie ein zentraler Ort, war für deutsche Neuzeithistoriker seit den 1970er Jahren eine Randerscheinung geworden, obwohl sie gerade unter adelshistorischen Gesichtspunkten ein zentraler Beobachtungsplatz ist. Erst bei Einbeziehung der ostmitteleuropäischen Adelslandschaften mit ihren Extremausprägungen (man vergleiche nur die Adelsdichte Böhmens mit der von Teilen Polens, oder das Verhältnis von Krone und Adelsspitze in England mit dem in Russland) zeigt sich die ganze Herausforderung einer Adelsgeschichte in europäischer Perspektive.

Wie aber kann vor dem Hintergrund stark anwachsender und immer heterogener werdenden Informationen Adelsgeschichtsschreibung im Spannungsfeld von regionalem Ansatz, nationaler Tradition und europäischer Perspektive noch gelingen? Hierzu sollen im folgenden konzeptionelle Überlegungen angestellt werden. Sie gehen aus

Schloss Warthausen der Grafen von Stadion und später der Freiherren von König-Warthausen. Kol. Radierung von Johann Heinrich Tischbein, 1781. Staatliche Kunstsammlungen Kassel.

von den Adelslandschaften des Alten Reichs. Von hier aus geht der Blick in eine europäische Adelsgeschichte, die von den Regionen und Adelslandschaften her im Hinblick auf die Metamorphosen von gemeineuropäisch sich nationalisierenden Gesellschaften hin zu schreiben ist. Dabei steht das 19. Jahrhundert im Zentrum, das 18. und das 20. werden von hier aus einbezogen.

REGION, LAND UND NATION

Eine Region ist im allgemeinen Sprachgebrauch eine je aktuell zu bestimmende mittlere Ebene zwischen Teil und Ganzem. Die Region Südostasien, von der die Tagesschau häufiger spricht, ist zwischen den einzelnen Staaten und dem Kontinent Asien angesiedelt. Die regionale Wirtschaftsförderung des Landes Nordrhein-Westfalen zielt auf Gebiete, die größer als Landkreise oder kreisfreie Städte, aber kleiner als das Land sind. Die Geschichtswissenschaft kann es sich so einfach nicht machen und hat über den Begriff der Region intensiv diskutiert. Essentiell blieb dabei sein Konstruktcharakter. Regionen sind nicht, sie werden gemacht. Sie entstehen im Auge des Betrachters. Sie sind davon abhängig, mit welchen definitorischen Vorgaben Räume beobachtet werden. Regionen sind nicht statisch und nicht ausschließend. Sie können sich überlappen. Sie können sich in der beobachteten wie in der Beobachtungszeit verändern. Historiker definieren Regionen in der Regel nicht aus Interesse an der Region selbst. Sie wollen in ihnen Phänomene untersuchen, die von regionenübergreifendem Interesse sind.

Regionalgeschichte ist in Deutschland in den 1970er Jahren als Alternative zur Landesgeschichte aufgebaut worden. Letztere war von historischen

Schloss Rißtissen der Grafen Schenk von Stauffenberg. Gouache von Jakob Egli, um 1850. Privatbesitz.

Landschaften territorialer oder kulturräumlicher Art ausgegangen. Ihre Untersuchungsmethoden waren seit der Verwissenschaftlichung der Historiographie entwickelt worden. Berühmte, und seit der Debatte um die NS-Volksgeschichte zum Teil auch berüchtigte Historiker wie Karl Lamprecht, Rudolf Kötzschke, Hermann Aubin und Franz Steinbach zählten zu ihren Vätern. Doch einer sozialgeschichtlich interessierten neuen Generation von Historikern erschienen in den 1960er und vor allem 1970er Jahren Methodenangebot, Raumbegriff und politische Ausrichtung der Landeshistoriker als zu eng. Sie wollten, inspiriert auch von der französischen Annales-Schule, sozial-, gesellschafts- und kulturgeschichtliche Phänomene in einem vom Forscher nach den Notwendigkeiten seines Gegenstandes selbst umrissenen Gebiet unterhalb der nationalstaatlichen Ebene untersuchen. Internationale Vergleiche sollten an die Stelle kulturräumlicher und territorialhistorischer Individualisierung treten. Die daraus folgenden Diskussionen haben sich mittlerweile beruhigt. In anderen europäischen Ländern hat der Gegensatz zwischen Landes- und Regionalgeschichte ohnehin eine untergeordnete oder gar keine Rolle gespielt[3].

Die Adelsgeschichte gehörte in Deutschland zu den klassischen Themen der Landesgeschichte. Die Regionalgeschichte hat ihr lange Zeit wenig Aufmerksamkeit geschenkt. Das hat seine Gründe in den Moden der Forschung, die in den 1970er und 1980er Jahren nicht günstig für die Adelsgeschichte waren. Es hat aber auch mit dem Gegenstand selbst zu tun. Der Adel hängt thematisch an der klassischen Landesgeschichte, weil zumindest der frühneuzeitliche Adel auf Herrschaft bezogen war und selbst Herrschaft ausübte. Die Staatsbildungsprozesse der Frühen Neuzeit formten ihn. Frühneuzeitliche Adelsstruktur war daher immer auch Abdruck von Herrschafts- und Staatsbildungsstrukturen. Das führte zu Adelslandschaften, die landeshistorisch gefasst werden konnten.

Mit der napoleonischen Flurbereinigung und der dem Wiener Kongress folgenden Ordnung gingen freilich viele dieser Herrschaften unter.

Schloss Erbach der Freiherren von Ulm-Erbach. Ölgemälde von Franz Xaver Müller, 1844. Privatbesitz.

Die neuen Mittelstaaten im deutschen Südwesten, aber auch die neuen preußischen Provinzen Westfalen und Rheinland überformten abrupt oder allmählich, je nach adelsreformerischem Impetus, die älteren Adelslandschaften. Das deutsche Reich setzte nach 1871 weitere Orientierungsmarken. Die regionalstaatlichen Strukturen und dann auch die nationalen Orientierungsrahmen des 19. Jahrhunderts haben den Adel nicht nur entterritorialisiert, sondern auch neu hierarchisiert. Die Unterscheidungen zwischen Hoch- und Niederadel sowie die Feindifferenzierungen innerhalb des Hoch- und des Niederadels verloren an Bedeutung zugunsten des Reichtums, des Erfolgs in den sich ausdifferenzierenden Systemen Politik, Militär, Ökonomie und Verwaltung, sowie der Nähe zum nationalen Projekt. Ende des 19. Jahrhunderts konnte man mit einer gewissen Berechtigung vom deutschen Adel sprechen, einem Adel, der aus den Landschaften und inneradligen Hierarchisierungen der Frühneuzeit herauswuchs und sich familial, regional oder national vereinsartig organisierte[4]. Die Adelslandschaften begannen zu verblassen. Für das 19. und 20. Jahrhundert kann man daher mit größerer Berechtigung regionalhistorisch über den Adel arbeiten, ohne dessen Eigenlogiken Gewalt anzutun.

DEUTSCHLAND UND EUROPA

Die deutlichen, wenn auch im Laufe des 19. Jahrhunderts sich langsam abschleifenden Unterschiede zwischen deutschen Adelslandschaften relativieren sich, wenn wir sie im europäischen Kontext betrachten. Dann erscheinen die deutschen Adelslandschaften als gemäßigt mitteleuropäische Erscheinungsformen jener „durch Vorrang der Rechte und Pflichten vor dem Volk, zunächst den Bauern, vom Hochmittelalter an auch der Stadtbürger, hervorgehobene[n] Herrenschicht, deren Stand erblich und demgemäß stets darauf gerichtet war, sich durch geschlossenes Konnubium vom Volk abzuschließen."[5] Das soll an einigen Indikatoren gezeigt werden.

Stadt Scheer mit dem Schloss der Fürsten von Thurn und Taxis. Farblithographie von H. Locher nach R. Bodmer, frühes 19. Jahrhundert. Kreisarchiv Sigmaringen.

Anteil an der Bevölkerung

Er lag – um nur die Extreme zu nennen – in Böhmen und Schlesien bei 0,1%[6], in Polen vor den Teilungen bei 7%, regional sogar bei bis zu 20%[7]. Ein hoher Adelsanteil bedeutete angesichts der sehr beschränkten Fähigkeit der frühneuzeitlichen Agrargesellschaften, Menschen arbeitsfrei zu stellen, einen hohen Anteil des armen, faktisch unadlig von seiner Hände Arbeit lebenden Adels, den nur seine Rechtsqualität aus der Menge heraushob. Neben Polen repräsentieren auch Ungarn und Spanien Adelsgesellschaften dieses Typus. Ein geringer Adelsanteil hingegen ermöglichte Reichtum und repräsentativen Lebensstil nicht nur in der Spitze, sondern in der Breite des Adels. Hierfür ist neben Böhmen und Schlesien auch England ein gutes Beispiel. Dort sorgten ein besonderes Erbrecht und eine unscharfe Grenze zwischen niederem Adel und Bürgertum überdies dafür, dass ein armer Adel nicht existieren konnte.

Landbesitz

Schon auf dem Gebiet des Heiligen Römischen Reiches waren die Unterschiede enorm. In Altwürttemberg und der Markgrafschaft Baden gab es kaum grundbesitzenden Adel. In Bayern besaß er Ende des 18. Jahrhunderts 7,6% des Bodens. In Preußen lag der Anteil des adligen Grundbesitzes bei weit über 50%[8]. In anderen europäischen Ländern waren die Differenzen nicht kleiner. In Russland und Polen besaß der Adel theoretisch das Monopol auf Grundbesitzerwerb. In England gehörte dem Adel ebenfalls der weit überwiegende Teil des Landes, während in Frankreich kurz vor der Revolution nur 25-30% des Bodens in seiner Hand lagen[9]. Hinzu kam, dass der Landbesitz innerhalb des Adels sehr unterschiedlich verteilt war. Extreme Landbesitzunterschiede gab es im adelsreichen Polen, wo sich zwischen wenigen Magnaten und dem sehr zahlreichen Kleinadel eine tiefe Kluft auftat. Fast noch schärfer zeichneten sich die Unterschiede in Russland ab, wo im Adel märchenhafter Reichtum weniger mit ländlicher Tristesse der vielen kontrastierte. Aber auch im Westen Europas waren die Besitzunterschiede enorm. In England teilten sich wenige Familien der Peerage den überwiegenden Teil des Landes. Im ostelbischen Preußen scheinen die Reichtumsunterschiede geringer gewesen zu sein. Das Erbrecht und die Kargheit des Bodens hatten für eine breite Streuung von wenig profitablem Grundbesitz gesorgt.

Zentralität – Dezentralität

Einige europäische Adelsgesellschaften waren auf einen Monarchen und seinen strahlenden Hof hingeordnet. Frankreich mit Versailles bildete den Prototyp. Doch auch der Wiener Hof mit seiner exklusiven ersten Gesellschaft, die dann im 19. Jahrhundert die Einheit des multiethnischen Habsburgerreich repräsentieren sollte, ist zu nennen. Auf der anderen Seite stand Preußen, wo der Hof wenig strahlkräftig war und der Adel das Land beherrschte, aber die Hauptstadt nicht prägte[10]. Daneben gibt es viele anders geartete Fälle: die deutschen Fürstbistümer mit einem sehr exklusiven Stiftsadel, der in den Hauptorten (Münster, Paderborn, Köln etc.) präsent war, obwohl es keinen dauernd funktionsfähigen Hof gab; die norditalienischen Adelsrepubliken mit ihrem stadtsässigen, aber landbeherrschenden Adel etc.

Adel und Staatsausbau

Wir finden in Europa die unterschiedlichsten Arrangements. In Russland hatte der autokratische Zar den Adel rechtlich in der Hand, wurde allerdings an der Ausübung seiner Macht durch die schiere Größe des Landes gehindert. Der Adel war seit Peter dem Großen theoretisch ein vom Zar zu modellierender Amtsadel, der faktisch jedoch immer wieder zur Verfestigung jenseits des Verdienstes neigte. Im Gegensatz zu den meisten west- und mitteleuropäischen Adelspopulationen besaß der russische Adel kaum Selbstverwaltungsstrukturen[11] und brachte daher in die Staatsbildung wenig eigene Initiative ein. In Preußen hatten die beiden großen Könige des 18. Jahrhunderts große Teile des Adels für Militär und Verwaltung in Dienst genommen und dabei ständische Strukturen geschwächt. Der – mit Ausnahme Schlesiens und vielleicht noch von Teilen Ostpreußens – vergleichsweise arme, untitulierte Niederadel der preußischen Länder nutzte die Chance, in Staatsdienst und Militär die tendenziell adelsgefährdende Staatswerdung adelsfreundlich zu gestalten. In England hingegen hatte der Adel bereits am Ende des 17. Jahrhunderts die Macht der Krone gebrochen. Durch die Insellage und den adligen Reichtum zusätzlich begünstigt blieb England bei der Ausbildung professionalisierter Herrschaftsstäbe hinter dem Kontinent zurück. Während der Frühen Neuzeit wurde kein stehendes Heer ausgebildet[12]. Auch eine ins Land ausgreifende effiziente Bürokratie kam nicht zustande. Der im europäischen Vergleich reiche, von verpachtetem Landbesitz lebende Adel hat die Verwaltung auf dem Land noch bis in die zweite Hälfte des 19. Jahrhunderts ausgeübt. Während der niedere deutsche Adel seine autonomen Herrschaftspositionen – mit regional sehr unterschiedlicher Geschwindigkeit – bis zur Mitte des 19. Jahrhunderts weitgehend eingebüßt hatte, konnte der englische Adel bis Ende des 19. Jahrhunderts seine Positionen auf dem Land behaupten[13].

LEITENDE FRAGESTELLUNGEN

Trotz der großen Unterschiede zwischen den europäischen Adelspopulationen und ihren starken Veränderungen im Verlauf der Zeit gibt es Fragestellungen, die auf verschiedene dieser Adelsgruppen anwendbar sind und eine vergleichende Betrachtung, aber auch eine Untersuchung transregionaler oder transnationaler Gemeinsamkeiten ermöglichen. Jede dieser Fragestellungen hat Kosten und Nutzen, die kurz vorgestellt werden sollen.

„Oben bleiben"

Rudolf Braun hat in einem sehr einflussreichen Aufsatz folgende Leitfrage für eine Adelsgeschichte des 19. Jahrhunderts gestellt: „Welches sind die Bereiche, Medien und Strategien, um nach oben zu kommen und oben zu bleiben?"[14] Selbstbehauptung unter sich wandelnden Umweltbedingungen ist das zentrale Thema dieses Ansatzes, der im Zentrum neuerer Adelsstudien steht, die vor allem Wirtschaft, daneben auch Politik und dann erst Erziehung und Mentalität betrachten[15]. Aber es ist darauf hinzuweisen, dass die wunderbar einfache Frage Brauns einige zentrale Probleme der Adelsgeschichte des 19. Jahrhunderts eher verdeckt als anspricht[16]:

1. Pluralisierung von „oben" in einer funktional differenzierten Gesellschaft: Weil die Systeme Militär, Politik, Wirtschaft im 19. Jahrhundert Berufsrollen ausbildeten, gab es immer mehr ‚obens', die nicht mehr durch ein gemeinsames Lebensmodell zusammengehalten werden konnten.

2. Wandel der Selbstbehauptungsbedingungen: Der Kampf um das „Oben Bleiben" hat schon die mittelalterliche und frühneuzeitliche Adelswelt gekennzeichnet. Was sich im 19. Jahrhundert änderte, war nicht die Tatsache des Kampfes. Nur wurde jetzt der Kampfplatz weit geöffnet. Auch Bürgerliche konkurrierten um Berufsrollen. Und zunehmend waren es die Bürger, die das Regelwerk des Kampfes schrieben. Was vielen Adeligen blieb, waren über Generationen erworbene Kampferfahrungen. Und viele von ihnen hatten ständische Vorrechte in bürgerliche Besitz- und Ehrenvorsprünge ummünzen können, was ihnen auch im bürgerlich verregelten Kampf ums „Oben Bleiben" noch einen Vorsprung gab.

3. Wandel innerhalb des Adels: Fast die Hälfte der 1820 in Bayern immatrikulierten Adelsfamilien hatte ihren Adelstitel erst nach 1750 erworben[17]. Auch andere Adelsgesellschaften waren von enormen internen Umwälzungsprozessen gekennzeichnet. Ein Extremfall ist wiederum Polen, wo die Adelspolitik der Teilungsmächte bis in die 1860er Jahre „die große Mehrheit des alten Geburtsstandes buchstäblich vernichtete." Der durchschnittlich 7,5% betragende Adelsanteil zur Zeit der ersten Teilung Polens 1772 wurde bis zur Mitte des 19. Jahrhunderts auf „kaum mehr als 0,5 bis 1,5%"[18] reduziert. Der Begriff des „Oben Bleiben" läuft Gefahr, diese dramatischen Wandlungsprozesse semantisch zu verdecken. „Oben bleiben" ist unbezweifelbar eine wichtige Leitfrage. Aber sie gewinnt ihre Dynamik erst, wenn der Wandel, der sich hinter den Begriffen „Adel" und „oben" verbirgt, ernst genommen wird und die Ökonomie nicht die Hauptlast der Betrachtung trägt.

Vom Stand zur Elite

Das ist fast exakt der Untertitel der Studie von Heinz Reif über den Westfälischen Stiftsadel[19], eine der international zu Recht bekanntesten deutschen Adelsstudien der letzten dreißig Jahre. Den Weg von der Statik zur Dynamik, von der Geburt zur Leistung, vom Recht zum Ansehen gingen verschiedene Adelspopulationen, um so zu einer quasi-bürgerlichen, wenn auch vom Ansehen des alten Adels noch zehrenden Führungsgruppe zu werden. Auch diese Leitlinie hat freilich ihre Tükken: Sie greift dort nicht, wo die ständische Gesellschaft sich nicht recht ausbildete: in Russland etwa oder auch in England. Sie ist am erfolgreichsten dort, wo der Adel nicht die Elite, sondern die Gegenelite bilden konnte und zum Sprecher einer Gruppierung wurde, die ein gemeinsames Feindbild teilte. Dies gilt für Reifs Beispiel Westfalen (Katholische Westfalen gegen preußisch-protestantische Administration), dies gilt für regionale Adelsformationen unter der habsburgischen Krone nach 1815 (Lombardo-Venezien[20], Kroatien [hier allerdings nur der mittlere Adel, während die Magnaten sich nach Wien orientierten][21], Ungarn[22]), und es gilt wohl auch für den polnischen Adel. Andere Adelsformationen konnten zwar ihren Reichtumsvorsprung aus dem 18. Jahrhundert in das 19. Jahrhundert hinüberretten und manchmal sogar noch ausbauen, gerieten aber dadurch in extremen Gegensatz zur Landbevölkerung. Ein schönes Beispiel hierfür ist der baltendeutsche Adel[23]. Diesem wurde seine Herrenstellung bereits 1905/06 beinahe zum Verhängnis, als während der ersten russischen Revolution 184 deutsche Landadelshäuser abbrannten und mindestens 90 Deutsche ermordet wurden. Dieser ersten „life or death challenge to German domination" folgte dann 1917 bis 1921 der völlige Zusammenbruch. „Vom Stand zur Elite" ist ein möglicher, aber kein notwendiger Weg, den der Adel im 19. Jahrhundert gehen konnte. Er verweist darauf, dass Adelsgeschichte des 19. Jahrhunderts wegen des Auslaufens der ständischen Gesellschaft und des Heraufziehens einer funktionalisierten und politisch partizipativen Gesellschaft nur noch als Gesellschaftsgeschichte zu haben ist.

Aristokratisierung – Verbürgerlichung

Hinter diesen Richtungsbegriffen verbirgt sich eine die Grenzen der politischen Betrachtung überschreitende Untersuchung der Beziehungen zwischen Adel und Bürgertum. Dahinter steht die vor allem in der Bürgertumsforschung stark gemachte Vorstellung, dass eine adlig-bürgerliche Elitensymbiose die Gesellschaften auf ihrem Weg in die Moderne stärke, während eine scharfe Elitenkonkurrenz den ohnehin schon zahlreichen Spannungslinien auf dem Weg in die Moderne eine weitere hinzufüge und damit das Potential für gewaltsame Ausbrüche erhöhe.

Die Forschungen der letzten Jahre haben erstens die einfachen Hypothesen der 1970er Jahre ad acta gelegt. Weder kann generalisierend von einer Verbürgerlichung des Adels noch von einer Aristokratisierung oder gar Feudalisierung des Bürgertums gesprochen werden. Außerdem haben die mechanistischen Großtheorien im Umfeld von Modernisierung und Modernisierungsverfehlung an Überzeugungskraft eingebüßt. Zweitens haben die Arbeiten vor allem zu ostmitteleuropäischen Adelsgesellschaften eine neue Bedeutungsebene von Aristokratisierung offen gelegt. Wenn der polnische oder der ungarische Adel sich vor allem durch Freiheit und politische Mitsprache, nicht aber durch wirtschaftliche Potenz und luxuriösen Lebensstil auszeichneten, wenn weiter diese Adelsfreien zu Vertretern ihrer Nation gegenüber der habsburgischen, russischen oder preußischen Herrschaft wurden, könnte dann nicht in den wenig urbanisierten und von stadtbürgerlichen Traditionen kaum geprägten Gesellschaften Ostmitteleuropas die Feudalisierung oder Veradligung des Bürgertums geradezu der Königsweg in die politische Moderne gewesen sein?[24] Drittens ist immer wieder betont worden, dass in der kulturellen Sphäre, auf die die Rede von Verbürgerlichung bzw. Aristokratisierung regelmäßig zielt, ein und vielleicht sogar das wichtigste Erklärungsmoment für die Adelsgeschichte des 19. Jahrhunderts und auch des 20. Jahrhunderts liegt. In einer von Pierre Bourdieu angeregten soziologischen Studie über den französischen Adel des ausgehenden 20. Jahrhunderts schreibt Monique de Saint Martin: „Das Bewußtsein oder gar die Überzeugung, von Geburt aus einer besonderen Gruppe oder Kategorie anzugehören und sich von denen zu unterscheiden, die nicht dieser Kategorie entstammen, ist keineswegs vollständig verschwunden. Es kommt auf unterschiedliche Weise zum Ausdruck, etwa durch Gesten, Blicke, stilles Einverständnis, durch Schweigen oder mehr oder weniger explizite Äußerungen [...] nicht wenige Aristokraten [...] führen gerne aus, was ihrer Meinung nach das ‚Spezifische' der Aristokratie sei, nämlich insbesondere bestimmte Aufgaben und Pflichten sowie eine bestimmte Erziehung, also besondere Qualitäten oder ‚ererbte Fähigkeiten' wie Führungsqualitäten oder Ehrgefühl."[25]

Adel als Erinnerungsgruppe

Wie kein anderer Stand definiert sich der Adel über Vergangenheit. „Jede Persönlichkeit einer Adelsgruppe hat", so Georg Simmel, „in ihrem Wert teil an dem Glanze, den grade die hervorragendsten Mitglieder dieser Gruppe erworben haben [...] Der Adel hat eine eigentümliche, in seiner soziologischen Struktur gelegene Zähigkeit in der Konservierung seines ‚objektiven Geistes', der in Tradition, fester Form, Arbeitsergebnissen usw. kristallisiert [...]. Damit gewinnt die Beziehung, welche der Einzelne zu seiner historisch auf ihn hinleitenden Gruppe hat, einen ganz besonderen Akzent."[26] Gemeinsamkeiten und Unterschiede zwischen europäischen Adelslandschaften und ihre Veränderung in der Zeit werden, so

Schloss Friedrichshafen der Könige von Württemberg.
Aquatinta von J. J. Wetzel und J. Suter, um 1830. Privatbesitz.

hat eine Tagung des Gießener Sonderforschungsbereich „Erinnerungskulturen" gerade gezeigt[27], gerade ihrer Erinnerungskultur deutlich. Allen europäischen Adelsgesellschaften erinnern sich und legitimieren sich durch Erinnerung. Doch was sie für erinnernswert halten, das unterscheidet sie voneinander und verändert sich in der Zeit. Das 19. Jahrhundert bringt die Adelserinnerung in Deutschland zunehmend dadurch in Schwierigkeiten, dass nationale Erinnerungskultur und wissenschaftliche Geschichtsschreibung gleichermaßen eine Meistererzählung formulieren, in der der Adel keinen Platz hat. Die funktionale Komponente von Adelserinnerung (Durchsetzen von Ranganprüchen gegenüber anderen Geschlechtern etc.) verliert zunehmend an Bedeutung, die Erzählungen selbst sind dem bürgerlichen Fortschritts- und Zukunftsmodell nicht zugänglich. Es ist freilich zu vermuten, dass diese

Trennung von Adelserinnerung und nationaler Erinnerung sich dort nicht durchsetzte, wo der Adel als Gegenelite die Interessen der Nation verkörpern konnte. Auch aus dieser Perspektive scheint sich ein Weg der Veradligung von einem Weg der Verbürgerlichung zu trennen – bei vielen Zwischenlösungen im Einzelnen.

ERKENNTNISINTERESSE

Warum sollen wir eine Adelsgeschichte des 19. Jahrhunderts schreiben? Zwei entgegengesetzte Antworten sind verschiedentlich gegeben worden. Ich will sie nennen und ein drittes Erkenntnisinteresse hieraus entwickeln, in dem auch die oben genannten leitenden Fragestellungen ihren Platz finden können.

Insel Mainau mit dem Schloss der Großherzöge von Baden.
Gouache von Johann Jakob Biedermann, 1820. Rosgarten-Museum Konstanz.

Adelsgeschichte als Anknüpfungspunkt für eine moderne europäische Geschichte

Die übernationalen Kulturmuster und Verkehrsformen des Adels können als Anknüpfungspunkte für eine moderne europäische Geschichte verstanden werden. Derartige Argumentationsmuster hat Otto Brunner[28] gelegentlich verwendet. Sie tauchen heute in Tagungsankündigungen wieder auf[29]. Doch scheint hier Skepsis angebracht. Sicher gibt es eine über die ja nicht national verstandenen Grenzen hinweg kooperierende Adelsspitze bis in das 19. Jahrhundert hinein. Zu denken ist an die Monarchenbegegnungen, über die Johannes Paulmann ein vorzügliches Buch geschrieben hat[30]. Sicher gab es die „grande tour", während der junge Adelige durch die Stätten europäischer Hochkultur geleitet wurden. Doch erstens befanden sich diese Dinge im 19. Jahrhundert im Niedergang bzw. in einer Transformation, die in Richtung Nationalisierung lief. Zweitens wurde der Großteil des Adels nicht durch sie, sondern durch die nationalen bzw. in Deutschland und Italien regionalen Staatsbildungsprozesse geprägt. Und drittens macht es wenig Sinn, eine europäische Gesellschaft legitimatorisch an den demokratischen Nationalstaaten vorbei mit den Adelssozietäten des 18. Jahrhunderts kurz zu schließen. Das ist eher etwas für Nostalgiker.

Adelsgeschichte als Grund für das Entgleisen der Europäischen Geschichte

Die kulturelle, soziale und politische Beharrungskraft des Adels über die Revolutionen des 19. Jahrhunderts hinweg ist verantwortlich gemacht worden für den schließlich katastrophalen Ausgang des 19. Jahrhunderts in den massenmörderischen Stellungskriegen des Ersten Weltkriegs und den Revolutionen, Bürgerkriegen und Völkermorden danach. An deren Ende stand der Untergang Europas als politische Kraft. Arno J. Mayer hat dieses Argument stark gemacht[31], und auf die Aristokratisierung des Bürgertums in der zweiten Hälfte des 19. Jahrhunderts hingewiesen. Deutschland galt als Paradefall für die überlange Dominanz der alten Eliten, was zum „deutschen Sonderweg" und schließlich in die Katastrophe des Nationalsozialismus geführt habe[32]. Doch hat die neuere Forschung erstens den „deutschen Sonderweg" im wesentlichen verabschiedet. Zweitens wurde nachgewiesen, dass weniger von einer Aristokratisierung des Bürgertums als vielmehr von einer Amalgamierung von sich jeweils noch verändernden bürgerlichen und adeligen Stilen auszugehen ist. Freilich, dies beantwortet die von Heinz Reif erneut gestellte Frage nicht, „warum in Deutschland das kritische Minimum an Eliten- und gesellschaftlicher Aristokratiebildung nicht erreicht wurde, das die extremen Reaktionen, die der Modernisierungsprozess in allen Teilen der Bevölkerung hervorrief, mäßigend unter Kontrolle hielt oder gar – wie in Großbritannien, Polen, aber auch Frankreich – die politische wie die Alltagskultur der Nation insgesamt durchdrang und prägte."[33] Wird die adelskritische These Mayers, wie hier von Heinz Reif, in eine offene Frage umgewandelt und kulturhistorisch geöffnet, so ergibt sich eine neue Perspektive auf die europäische Adelsgeschichte.

Adelsgeschichte als Sonde für das Nationale und das Transnationale in der Europäischen Geschichte

Alle europäischen Gesellschaften sind am Ende des 18. Jahrhunderts Adelsgesellschaften gewesen. Auch Republiken wie die Schweiz oder die Niederlande haben sich dem Modell der adelsgeprägten, geschichteten Gesellschaftsordnung im 18. Jahrhundert wieder angenähert. Die allermeisten europäischen Landschaften waren im 18. Jahrhundert noch durch Adelsbauten geprägt.

Selbst in Frankreich setzte Napoleon einen revolutionären Adel – in dem alte Adelsfamilien durchaus eine Rolle spielten – wieder ein. Alle europäischen Gesellschaften begaben sich dann während des 19. Jahrhunderts auf den Weg in die funktional differenzierte, politisch partizipative Gesellschaft. Doch dieser Weg wurde langsam und unter ausdrücklichem Anschluss an die Vormoderne gegangen. Die neuen Nationalstaaten Italien und Deutschland sowie selbst die neuen Balkanstaaten erhielten in der zweiten Hälfte des 19. Jahrhunderts immer eine monarchische Spitze, die meistens aus dem Reservoir des deutschen Hochadels stammte. Das französische Modell einer republikanischen Staatsordnung blieb bis 1914 eine Anomalie und war sozial und kulturell von einem „Verlangen nach Adel und Standeskultur"[34] begleitet. Der französische Adel des 19. Jahrhunderts war zwar diffus und seine sozialen und kulturellen Ränder sind schwer zu beschreiben. Claude-Isabelle Brelot verwendet das Bild einer „Sternnebelformation"[35], an anderer Stelle ist die eingängige Formel „Von der Noblesse zur Notabilité"[36] verwendet worden. Noch ging von der Standeskultur eine Faszination aus, die die politische und rechtliche Gleichheit überlagern konnte. Das gilt für andere europäische Adelslandschaften, die allmählich in nationale Gemeinwesen eingeschmolzen wurden, in ähnlicher, wenn auch im Einzelnen sehr unterschiedlicher Weise. Aber der Weg in Richtung funktional differenzierter und partizipativer Gesellschaft wurde gegangen – selbst, wenn auch spät, in Russland. Und der Adel war bzw. wurde gezwungen, sich mit seinen Kulturmustern, seinen Lebensweisen in diese letztlich nachadligen Gesellschaftsformationen einzufinden. Die Art und Weise, wie er dies tat, war von regionalen Vergangenheiten und nationalen Zukünften abhängig. Sie lassen sich mithilfe der oben diskutierten Leitfragen erfassen. Dass der Adel sich in die nachadligen Gesellschaftsformationen einpasste, war gemeineuropäisch.

Die großen Chancen einer auf regionalen Beobachtungen aufbauenden und in europäischer Perspektive geschrieben Adelsgeschichte des 19. Jahrhunderts liegen darin, dass sie das

Transnationale in den Staats-, Nations- und Gesellschaftsbildungsprozessen des 19. Jahrhunderts aus der Perspektive der auf die eine oder andere Weise zur Transformation gezwungenen ständischen Oberschicht beschreiben kann. Sie kann so die Nationalisierungsprozesse und die ihnen widerstreitenden Effekte des 19. und 20. Jahrhunderts beobachten, ohne ihnen zu verfallen. Von den sich transformierenden Adelsregionen aus blicken wir auf die Kultur- und Gesellschaftsgeschichte Europas in ihrer Typik und Vielfalt.

Anmerkungen:

* Dieser Beitrag wurde von den Herausgebern mit druckgrafischen Ansichten oberschwäbischer Schlösser illustriert.
1 Zum Stand der Forschung: *Ronald G. Asch*: Rearistokratisierung statt Krise der Aristokratie? Neue Forschungen zur Geschichte des Adels im 16. und 17. Jahrhundert. In: Geschichte und Gesellschaft 30 (2004), 144-155; *Eckart Conze / Monika Wienfort* (Hg.): Adel und Moderne. Deutschland im europäischen Vergleich im 19. und 20. Jahrhundert. Köln 2004; *Günther Schulz / Markus A. Denzel* (Hg.): Deutscher Adel im 19. und 20. Jahrhundert. St. Katharinen 2004.
2 *Dan Diner*: Das Jahrhundert verstehen. Eine universalhistorische Deutung. München 1999, 13.
3 Vgl. *Carl-Hans Hauptmeyer* (Hg.): Landesgeschichte heute. Göttingen 1987; *Stefan Brakensiek / Axel Flügel* (Hg.): Regionalgeschichte in Europa. Paderborn 2000; beispielhaft zur biographischen Seite *Karl Ditt*: Die Kulturraumforschung zwischen Wissenschaft und Politik. Das Beispiel Franz Petri (1903 – 1993). In: Westfälische Forschungen 46 (1996), 73-176; aus einer ganz anderen Perspektive *J. W. McCarthy*: Australian Regional History. In: Historical Studies Vol. 18, Nr. 70, 1978, 88-105.
4 Vgl. *Heinz Reif*: Adel im 19. und 20. Jahrhundert. München 1999; *Marcus Funck / Stephan Malinowski*: Geschichte von oben. Autobiographien als Quelle einer Sozial- und Kulturgeschichte des deutschen Adels in Kaiserreich und Weimarer Republik. In: Historische Anthropologie 7 (1999), 236-270; *Ewald Frie*: Adel und bürgerliche Werte. In: *Hans-Werner Hahn / Dieter Hein* (Hg.): Bürgerliche Werte um 1800. Köln 2005, 393-414.
5 *Werner Conze / Christian Meier*: Art. „Adel, Aristokratie". In: *Otto Brunner / Werner Conze / Reinhart Koselleck* (Hg.): Geschichtliche Grundbegriffe. Bd. 1. Stuttgart 1972, 1-48, 1.
6 Vgl. *Rudolf Endres*: Adel in der Frühen Neuzeit. München 1993, 3.
7 Vgl. Vgl. *Jerzy Jedlicki*: Der Adel im Königreich Polen bis zum Jahre 1863. In: *Armgard von Reden-Dohna / Ralph Melville* (Hg.): Der Adel an der Schwelle des bürgerlichen Zeitalters 1780 – 1860. Stuttgart 1988, 89-116; *Michael G. Müller*: Der polnische Adel von 1750 – 1863. In: *Hans-Ulrich Wehler*: Europäischer Adel 1750 – 1950. Göttingen 1990, 217-242.
8 Vgl. zu Bayern: *Walter Demel*: Die wirtschaftliche Lage des bayerischen Adels. In: *Reden-Dohna / Melville* 1988 (wie Anm. 7), 237-269 sowie *Eberhard Weis*: Die Begründung des modernen bayerischen Staates unter König Max I. (1799 bis 1825). In: *Max Spindler* (Hg.): Bayerische Geschichte im 19. und 20. Jahrhundert 1870 – 1970. Bd. 1. München 1974, 3-86; zu Württemberg und Baden: *Elisabeth Fehrenbach*: Adel und Adelspolitik nach dem Ende des Rheinbundes. In: *Hans-Peter Ullmann / Clemens Zimmermann* (Hg.): Restaurationssystem und Reformpolitik. München 1996, 189-198; *Dies.*: Das Erbe der Rheinbundzeit. Macht- und Privilegienschwund des badischen Adels zwischen Restauration und Vormärz. In: Archiv für Sozialgeschichte 23 (1983), 99-122; *Peter Blickle*: Katholizismus, Aristokratie und Bürokratie in Württemberg des Vormärz. In: Historisches Jahrbuch 88 (1968), 369-406; zu Preußen: *Reinhart Koselleck*: Preußen zwischen Reform und Revolution. München ^{3}1981 [Erstdruck Stuttgart 1967].
9 Vgl. *Meyer*: Noblesse des bocages. Essai de typologie d'une noblesse provinciale. In: *B. Köpeczi* u.a. (Hg.): Noblesse Française, noblesse Hongroise. XVIe-XIXe siècles. Budapest – Paris 1981, 35-56; *Wolfgang Mager*: Von der Noblesse zur Notabilité. Die Konstituierung der französischen Notabeln im Ancien Régime und die Krise der absoluten Monarchie. In: *Wehler* 1990 (wie Anm. 7), 260-285.
10 Vgl. *Ewald Frie*: Herrschaftsstäbe, Adelskreise und des Königs Rock. Vom Bestattungsverhalten der brandenburgischen Nobilität im 18. Jahrhundert. In: *Mark Hengerer* (Hg.): Macht und Memoria. Begräbniskultur europäischer Oberschichten in der Frühen Neuzeit. Köln 2005, 291-315.
11 Vgl. *Manfred Hildermeier*: Der russische Adel von 1700 bis 1917. In: *Wehler* 1990 (wie Anm. 7), 166-216. Die Eigentümlichkeit des russischen Adels hallt noch nach in der Bemerkung *Georg Simmels*, „daß es in Rußland keine Aristokratie als zusammenhängenden Staat gibt, sondern nur einzelne Aristokraten, die gelegentlich Kreise bilden". Vgl. *Georg Simmel*: Exkurs über den Adel. In: *Ders.*: Soziologie. ^{3} 1999, 816-831, 818.
12 Vgl. *Hans-Christoph Schröder*: Der englische Adel. In: *Reden-Dohna / Melville* 1988 (wie Anm. 7), 21-

88, 73. Vgl. *Hartmut Berghoff*: Adel und Bürgertum in England 1770 – 1850. In: *Elisabeth Fehrenbach* (Hg.): Adel und Bürgertum in Deutschland 1770 – 1848. München 1994, 95-127. Zur politischen Funktion der großen adligen Grundbesitzer im 18. Jahrhundert vgl. *Hermann Wellenreuther*: The Political Role of the Nobility in Eighteenth-Century England. In: *Joseph Canning / Hermann Wellenreuther* (Hg.): Britain and Germany Compared. Nationality, Society and Nobility in the Eighteenth Century. Göttingen 2001, 99-139.

13 Vgl. *Jens Neumann*: Der Adel im 19. und 20. Jahrhundert in Deutschland und England im Vergleich. In: Geschichte und Gesellschaft 30 (2004), 155-182, 156.

14 *Rudolf Braun*: Konzeptionelle Bemerkungen zum Obenbleiben. In: *Wehler* 1990 (wie Anm. 7), 87-95.

15 Vgl. etwa *Dominic Lieven*: Abschied von Macht und Würden. Der europäische Adel 1815-1914. Frankfurt 1995.

16 Vgl. *Ewald Frie*: Adel um 1800. Oben bleiben? In: zeitenblicke 4 (2005), Nr. 3, [13.12.2005], URL: http://www.zeitenblicke.de/2005/3/Frie/index_html, URN: urn:nbn:de:0009-9-2457

17 Zahlen nach *Demel* 1988 (wie Anm. 8), sowie Ders.: Der bayerische Adel von 1750 – 1871. In: *Wehler* 1990 (wie Anm. 7), 126-143.

18 Die Zahlen und Zitate aus *Michael G. Müller*: „Landbürger". Elitenkonzepte im polnischen Adel im 19. Jahrhundert. In: *Conze / Wienfort* 2004 (wie Anm. 1), 87-105, 90.

19 *Heinz Reif*: Westfälischer Adel 1770 – 1860. Vom Herrschaftsstand zur regionalen Elite. Göttingen 1979.

20 Vgl. *Marco Meriggi*: Der lombardo-venezianische Adel im Vormärz. In: *Reden-Dohna / Melville* 1988 (wie Anm. 7), 225-236.

21 Vgl. *Arnold Suppan*: Die Kroaten. In: *Adam Wandruszka / Peter Urbanitsch* (Hg.): Die Habsburgermonarchie 1848 – 1918. Bd. 3. Wien 1980, 626-733.

22 Vgl. *László Katus*: Die Magyaren. In: *Wandruszka / Urbanitsch* 1980 (wie Anm. 21), 411-488.

23 *Heide W. Whelan*: Adapting to Modernity. Family, Caste and Capitalism among the Baltic German Nobility. Köln 1999. Das folgende Zitat: 2.

24 Vgl. *Joachim Bahlcke*: Adelsnation. In: *Friedrich Jaeger* (Hg.): Enzyklopädie der Neuzeit. Bd. 1. Stuttgart – Weimar 2005, 70-73; *Rainer Lindner*: Unternehmer und Stadt. Industrialisierung und soziale Kommunikation in den Südprovinzen des Russischen Reiches, 1860 – 1914. ungedr. Habil. Konstanz 2005.

25 *Monique de Saint Martin*: Der Adel. Soziologie eines Standes. Konstanz 2003, 275f.

26 *Simmel* 1999 (wie Anm. 11), 824f.

27 Vgl. den Tagungsbericht in den AHF-Informationen 138, URL: http://www.ahf-muenchen.de/Tagungsberichte/Berichte/pdf/2005/138-05.pdf

28 *Otto Brunner*: Adeliges Landleben und europäischer Geist. Leben und Werk Wolf Helmhards von Hohberg 1612 – 1699. Salzburg 1949.

29 Vgl. das deutsch-niederländische Projekt „Adel verbindet", http://www.uni-muenster.de/HausDerNiederlande/Zentrum/Projekte/NiederlandeNet/Aktuelles/02-14.

30 *Johannes Paulmann*: Pomp und Politik. Monarchenbegegnungen in Europa zwischen Ancien Régime und Erstem Weltkrieg. Paderborn 2000.

31 *Arno J. Mayer*: The Persistence of the Old Regime. New York 1981.

32 Vgl. *Helga Grebing* u.a.: Der „deutsche Sonderweg" in Europa 1806 – 1945. Eine Kritik. Stuttgart 1986; *Ewald Frie*: Das Deutsche Kaiserreich. Darmstadt 2004.

33 *Reif* 1999 (wie Anm. 4), 120.

34 *Claude-Isabelle Brelot*: Das Verlangen nach Adel und Standeskultur im nachrevolutionären Frankreich. In: *Conze / Wienfort* 2004 (wie Anm. 1), 59-63.

35 *Brelot* 2004 (wie Anm. 34), 59-63, 61; der größere Zusammenhang bei *Claude-Isabelle Brelot*: Les noblesses françaises (XIXe-XXe siècles). Paris 2004.

36 *Wolfgang Mager*: Von der Noblesse zur Notabilité. Die Konstituierung der französischen Notabeln im Ancien Régime und die Krise der absoluten Monarchie. In: *Wehler* 1990 (wie Anm. 7), 260-285.

Oberschwäbischer Adel vom 17. bis zum 20. Jahrhundert Der Kampf ums "Oben Bleiben"

Rudolf Endres

Das Jahr 1667 stürzte den Adel in Oberschwaben oder des „Landes zu Schwaben" in eine existenzbedrohende Krise. Denn auf einer Konferenz in Altdorf mit Abgesandten aller Insassen der Landvogtei, voran mit den Vertretern der reichsritterschaftlichen Familien des Kantons Donau und der Mitglieder des Kantons Hegau, Allgäu und Bodensee sowie der oberschwäbischen Reichsprälaten beriefen sich die Vertreter des Kaisers nachdrücklich auf die Fürstenwürde ihres Herrn in Schwaben, die auf Landvogtei und Landgericht beruhe. Die Erzherzöge würden also nur Rechte in Anspruch nehmen, die ihnen als Nachfolger der staufischen Landesfürsten in Schwaben zustünden. Ihre „superioritas territorialis" oder Landeshoheit manifestiere sich in der hohen Gerichtsbarkeit und forstlichen Obrigkeit der Landvogtei sowie in der „jurisdictio civilis" (Zivilgerichtsbarkeit) im Gesamtsprengel des Landesgerichts. „Ubi jurisdictio, ibi territorium" (Wo die Rechtsprechung ist, dort ist das Territorium), so lautete die kurze und prägnante Formel der Gesandten des Kaisers vor den völlig unvorbereiteten und überraschten Tagungsteilnehmern in Altdorf[1].

Würde sich dieser Grundsatz durchsetzen, dann wäre die adlige oder „durchläuchtige Welt" und die feudale Gesellschaft in Oberschwaben zu Ende und die Reichsritter wären der „landsässerey" unterworfen, wie sie klagten[2]. Die Ritter und die anderen Abgesandten argumentierten, dass allein die Grund- und Leibherrschaft in enger Verbindung mit der niederen Gerichtsbarkeit sowie mit Huldigung, Steuer, Reis und Folg zusammen die „superioritas territorialis" begründeten und nicht allein die Hochgerichtsbarkeit. Aber die österreichischen Gesandten weigerten sich, diesen elementaren verfassungsrechtlichen Standpunkt überhaupt nur zu diskutieren. Auch fochten sie den Rechtsgrundsatz an, dass die Immedietät der adligen Herren und Prälaten schon durch ihre Mitgliedschaft im Schwäbischen Reichskreis oder der Ritter in den Kantonen der Reichsritterschaft gegeben oder garantiert sei. Für den Adel und die Reichsprälaten war die Altdorfer Konferenz eine einzige Katastrophe, denn sie standen offensichtlich und unausweichlich vor dem Verlust der Reichsfreiheit, zumal Kaiser Leopold eine Appellation des Adels an die Reichsgerichte verboten hatte[3].

Aber es kam anders. Österreich war in dem Zweifrontenkrieg gegen die Türken und gegen Frankreich auf die dringend erforderliche Hilfe des Schwäbischen Reichskreises und der Reichsritterschaft angewiesen. Wenn Österreich die Kreisstände und Herren des Landes zu Schwaben weiterhin seiner „Servitut" unterwerfen wolle, dann wolle man nicht „tonnen Goldes" an Kriegslasten tragen, drohten nun offen die Adeligen und Prälaten. Der Kaiser musste wohl oder übel seine Unterwerfungspolitik und „innere Territorialisierung" in Oberschwaben aufgeben oder zumindest zurückstellen[4]. Adel und Prälaten blieben unangefochten Teile des Reiches, und sie konnten als getreue vorderösterreichische Klientel dem Kaiser im Jahr 1690 in Augsburg ihre Aufwartung machen[5]. Die grundsätzliche Streitfrage zwischen dem Adel und dem Hause Habsburg um Wesen und Inhalt der „superioritas territorialis" oder der Landes-

Kaiser Leopold I. (reg. 1658 – 1705).
Kupferstich von Joh. Jac. Thourneyser nach Isaac Fisches jun., um 1695. Privatbesitz Hannes Scheucher, Wien.

Kaiser Karl VI. (reg. (1711 – 1740).
Kupferstich von Andreas Zucchi nach H. Ferroni (inv.) und Bertoli (exp.), um 1725.
Privatbesitz Hannes Scheucher, Wien.

hoheit in Oberschwaben blieb weiterhin ungeklärt. Die strittigen Fragen um die Zuständigkeit des Landgerichts aber provozierten im 18. Jahrhundert eine Vielzahl von juristischen Auseinandersetzungen und Prozessen des Kaisers mit seinen treuen und verdienten Parteigängern. Die Geldnot des Kaisers erzwang schließlich weitere Verkäufe österreichischer Rechte in Oberschwaben an Adel und Reichsprälaten[6].

Das Aussterben der Habsburger im Mannesstamm 1740 brachte dann für die adlige Klientel der Österreicher in Oberschwaben eine tiefe Loyalitätskrise. Zwar erkannte man den neuen Kaiser aus dem Hause Wittelsbach formal an und bewilligte auch die Reichssteuern, bezahlte sie aber nicht. Man trat auch nicht in die Dienste des wittelsbachischen Kaisers, weshalb Kaiser Karl VII. neue Männer aus West- und Norddeutschland rekrutieren musste[7].

Unter Maria Theresia und Josef II. wurde die politische Bedeutung der Reichsgrafen und Reichsritter in Oberschwaben für die Kaiserin oder den Kaiser immer schwächer. Die Administration in Wien wollte sogar im Zuge landesfürstlich-absolutistischer Herrschaftskonzentration die reichsfreien adligen Herrschaften in den österreichischen Gebieten beseitigen und in die Landesverwaltung eingliedern, was sie mit der Steuerreno-

Maria Theresia (reg. 1740 – 1780).
Kupferstich von F.L. Schmitner nach Mart. de Maytens, um 1750.
Privatbesitz Hannes Scheucher, Wien.

Kaiser Joseph II. (reg. 1780 – 1790).
Kupferstich von J.C. Schwab nach J.H., um 1775.
Privatbesitz Hannes Scheucher, Wien.

vation von 1764/69 in einem ersten Schritt versuchte, wie Franz Quarthal gezeigt hat[8]. Besonders rigoros aber griffen die Wiener Zentralbehörden dort ein, wo Österreich die Landeshoheit beanspruchen konnte, wie etwa in der Landgrafschaft Nellenburg. Die Einsprengsel der Reichsritter des Kantons Hegau-Allgäu-Bodensee waren ständig in ihren Freiheiten und Rechten bedroht und laufend Schikanen der österreichischen Beamten ausgesetzt[9].

Die Zeit nach dem Dreißigjährigen Krieg ist für den oberschwäbischen Adel, insbesondere für den reichsritterschaftlichen Niederadel bestimmt durch das schwierige, ungeklärte verfassungsrechtliche Verhältnis zu Österreich, aber auch durch eine Vielzahl von Konflikten mit den eigenen Untertanen. In den adligen „Staatensplittern", wie Karl Siegfried Bader sie benannte[10], kam es vor allem wegen der „Freien Pürsch", wie in Hohenzollern-Hechingen, oder wegen steigender Fronbelastungen zu Streitigkeiten mit den Untertanen, was schließlich zu vielen Prozessen vor den Reichsgerichten führte. Die tatsächliche oder versuchte Ausweitung der Frondienste etwa bei den Freiherren von Bodman, von Hornstein oder von Reischach diente vor allem der Stärkung der Eigenwirtschaft und zur Finanzierung der neuen barocken Schlossbauten, die nicht nur die Finanzkraft des Adels sichtbar machen, sondern auch den ungebrochenen Herrschaftswillen der freien Reichsritter dokumentieren sollten[11].

Eine besonders dichte Abfolge und Kontinuität von Untertanenkonflikten erlebte die seit 1623 gefürstete Grafschaft Hohenzollern-Hechingen[12]. Schon im Jahre 1592 und 1593 war es zwischen Graf Eitel Friedrich und den Untertanen zu einer vertraglichen Regelung der Abgaben und Fronleistungen gekommen, wobei jedoch in dem waldreichen Gebiet die Jagdfronen nicht berücksichtigt wurden. Deshalb wurden die Forstrechte und die ungeregelten Jagdfronen zu den wichtigsten Ansätzen zur Herrschaftsexpansion und Herrschaftsverdichtung. Mehrfach kam es zur Gehorsamsverweigerung und 1619 erfasste die sogenannte „Generalrebellion" sogar das gesamte Land[13]. Als dann das kleine Territorium ab dem Jahr 1650 von Österreich und Baden-Baden gemeinsam regiert wurde, antworteten die Untertanen auf erhöhte Steuerforderungen mit einem Steuerstreik[14].

Eine Dokumentation des Herrschaftswillens gegenüber ihren Untertanen und Hintersassen wie die Reichsritter hatten die hochadligen Familien, die Fürsten und Grafen in Oberschwaben mit ihren „hochadeligen Staatssplittern" und ausgedehnten Besitzungen nicht nötig, da ihre Herrschaft und Landeshoheit sowie ihre Kreis- und Reichsstandschaft unangefochten waren.

DIE MEDIATISIERUNG 1806

Umso größer war der Schock der Mediatisierung von 1806. Um 1790 umfasste der in sich differenzierte oberschwäbische Hochadel folgende Familien: das gräfliche Haus von Abensperg und Traun mit der Grafschaft Eglofs und der Herrschaft Siggen; das fürstliche Haus zu Fürstenberg mit der Grafschaft Heiligenberg und der Herrschaft Meßkirch; das gräfliche Haus von Fugger, geteilt in die Linien Babenhausen, Glött und Kirchberg-Weissenhorn; die Grafen von Königsegg; das fürstliche Haus zu Schwarzenberg mit den Herrschaften Illereichen und Kellmünz; die Grafen von Stadion, aufgeteilt in die Linien Thannhausen und Warthausen; das fürstliche Haus von Thurn und Taxis, das 1786 auch die gefürstete Grafschaft Friedberg-Scheer erworben hatte; schließlich das gräfliche Haus Waldburg mit seinen drei Linien Wolfegg-Waldsee, Zeil-Wurzach und Zeil-Trauchburg[15].

Für die Mehrzahl der Adelsfamilien in Süd- und Südwestdeutschland, insbesondere für die hochadligen und seit 1806 „standesherrlichen" Familien bildete die Mediatisierung von 1806 das traumatische negative Ereignis ihrer Geschichte. Denn die Mediatisierung, das heißt die Aufhebung der Reichsunmittelbarkeit eines weltlichen Reichsstandes und Unterwerfung unter die Souveränität und Landeshoheit einer Adelsfamilie, die bisher gleichrangig und gleichgestellt war, war für den Hochadel im Süden und Südwesten ein unvorstellbares Geschehen[16]. Insgesamt haben die napoleonische Vorherrschaft und „Flurbereinigung" in Europa das Gesicht und die Landkarte des deutschen Südens und Südwestens nachhaltig verändert und geprägt. Regionale Traditionen, althergebrachte Rechte und historische Strukturen wurden zum Teil radikal abgeschnitten, indem die vielen reichsunmittelbaren Ritter und Hochadelsfamilien den neuen Rheinbundstaaten einverleibt wurden, die nach den Grundsätzen der Einheitlichkeit und Gleichförmigkeit zentralistisch regiert wurden.

Der oberschwäbische Hochadel hatte noch versucht, sich gegen die drohende Mediatisierung zu wehren, indem er 1803 eine „Schwäbische Fürstenunion" gründete, der die Häuser Waldburg-Zeil, Waldburg-Wolfegg, Hohenzollern-Hechingen, Hohenzollern-Sigmaringen und Fürstenberg angehörten. Ziel des Fürstenbundes war die Sicherung ihrer Rechte und die Erhaltung ihrer Stellung entsprechend der Reichsverfassung[17].

Die verbliebenen Jahre bis zum Untergang des Alten Reiches waren von allgemeiner Unsicherheit und hilflosem Schwanken zwischen Widerstand und Resignation bestimmt. Einige Fürsten

Napoleons Besuch bei Kurfürst Friedrich von Württemberg am 2. Oktober 1805 in Ludwigsburg. Lithographie, um 1824. Stadtarchiv Stuttgart.

und Grafen glaubten weiterhin an eine unveränderte Zukunft. So ließ der Fürst von Waldburg-Zeil sogar noch Pläne ausarbeiten, die ein selbständiges oberschwäbisches Bistum mit eigenem adligen Domkapitel vorsahen. Andere Fürsten und Grafen hatten sich bereits innerlich mit der Mediatisierung abgefunden. Sie hofften nur noch, durch die freiwillige Unterwerfung unter die Landeshoheit eines der drei süddeutschen Kurfürsten sich den künftigen Landesherrn selbst aussuchen und durch den Abschluss von Schutzverträgen sich das künftige Schicksal erträglicher gestalten zu können[18].

Mitte April 1806 fiel die Entscheidung: Napoleon wollte einen Kordon abhängiger, aber lebensfähiger mittelgroßer Staaten im Süden und Südwesten Deutschlands schaffen und die beiden neuen Königreiche Bayern und Württemberg sowie das Großherzogtum Baden in ein festes Bündnissystem einbinden. Der Preis dafür waren die kleineren Reichsstände[19]. Die freien Reichsritter waren bereits im November 1805 in einem „Rittersturm" einer gewaltsamen Okkupation durch die neuen Mittelmächte zum Opfer gefallen.

In ihrem Herrschaftsbereich besaßen die Ritter nicht nur die Religionshoheit, sondern auch die Landeshoheit, wobei die Ausübung der Steuer- und Militärhoheit an den Kanton übertragen worden war. Sie übten über ihre Hintersassen oder Untertanen die niedere Gerichtsbarkeit aus, besaßen das Gesetzgebungsrecht und beanspruchten die Regalien für Zoll, Geleit, Post, Jagd, Fischerei und Forst sowie die umfassende Polizei über die Hintersassen, von denen sie eine Vielzahl an Abgaben und Zinsen verlangten. Die aus der Existenz der Ritterschaft – der Kanton Donau zählte im Jahr 1790 29 niederadlige Familien, der Kanton Hegau-Allgäu-Bodensee 20 – resultierende territoriale Zersplitterung des südwestdeutschen Raumes erschwerte den größeren Territorialherren gerade im Zeitalter des Absolutismus den Aufbau moderner Staaten und machte tiefgreifende Reformen in Verwaltung, Wirtschaft und Justiz unmöglich. So blieb es nicht aus, dass immer wieder Landesfürsten versuchten, die eingesessenen Reichsritter ihrer Landeshoheit zu unterwerfen, wobei im 18. Jahrhundert Württemberg die energischsten Anstrengungen unternahm[20]. Auf deutschem Boden begann der „Rittersturm" in den Fürstentümern Ansbach und Bayreuth, die 1791/92 an Preußen gefallen waren[21]. Das preußische Vorgehen fand bald Nachahmer. Im November und Dezember 1803 kam es zum sogenannten „Rittersturm" in Südwestdeutschland, an dem sich fast alle Kurfürsten, Herzöge und Fürsten beteiligten. Kurfürst

Der Kampf ums „Oben bleiben"

Friedrich von Württemberg teilte den schwäbischen Ritterkantonen Donau, Kocher und Neckar-Schwarzwald mit, dass er um sein Kurfürstentum eine feste Grenzlinie ziehen wolle, die auch die ritterschaftlichen Orte mit einschließen werde. An allen Grenzen, auch den ritterschaftlichen, wurden die Hoheitszeichen mit der Aufschrift „Württembergische Landesgrenze" aufgestellt[22].

Als sich Kurfürst Friedrich am 5. Oktober 1805 mit Napoleon verbündete, nutzte er die Gunst der Stunde. Für seinen Beitritt zum Bündnis forderte er und erhielt von Napoleon zugesagt: die völlige Souveränität, die Standeserhöhung zum König, beträchtliche Gebietserweiterungen und vor allem die Unterwerfung der eingesessenen Reichsritterschaft. Durch die raschen militärischen Erfolge der französischen Truppen in Süddeutschland konnten die Zusagen Napoleons sogleich realisiert werden. Schon am 19. November 1805, also noch im Verlauf des Dritten Koalitionskrieges, erließ Kurfürst Friedrich von Württemberg ein Patent, das die Okkupation aller Besitzungen der Reichsritterschaft, des Deutschen Ordens und des Johanniterordens innerhalb der Grenzen des Kurfürstentums anordnete. Gleichzeitig erhielten die Kommissare den Befehl, die Kassen und Archive der Kantone des Schwäbischen Ritterkreises zu beschlagnahmen und die ritterschaftlichen Beamten in die Pflicht zu nehmen. Die Besetzungen erfolgten bis zum 30. November, wobei man neben den schwäbischen Rittern auch große Teile des Kantons Odenwald mitbesetzte, der zum Fränkischen Ritterkreis gehörte. Mit der vorläufigen Inbesitznahme der ritterschaftlichen Besitzungen und Herrschaften wurden die württembergischen Oberamtleute, in deren Bezirk die Rittergüter lagen, beauftragt. Sie mussten die Besitzergreifungspatente anschlagen, die württembergischen Hoheitszeichen aufstellen und die Beamten und Ortsvorsteher in die Pflicht nehmen[23]. Mit einem Patent vom 3. Dezember 1805 benachrichtigte Kurfürst Friedrich die Direktorien der Kantone Odenwald, Ortenau, Kraichgau und Hegau-Allgäu-Bodensee, dass ihn die „Pflicht der Selbsterhaltung und des Gleichgewichts" förmlich dazu zwinge, die ritterschaftlichen Besitzungen und Territorien unter „landesherrschaftlichen Schutz und Schirm" zu nehmen. Zugleich wurde den Rittern versprochen, dass bei veränderter Lage die ergriffenen Maßnahmen wieder rückgängig gemacht würden. Von den Besitzergreifungen ausgenommen wurden die von Österreich und Bayern lehnbaren ritterschaftlichen Herrschaften, um Auseinandersetzungen mit den benachbarten Mächten aus dem Weg zu gehen. Bei Widerständen, die es gelegentlich gab, sollten die mit der Okkupation beauftragten Amtleute und Obervögte auf die Beistandsverpflichtung der französischen Armee hinweisen.

König Friedrich von Württemberg erließ am 18. März 1806, also noch vor der Auflösung des Reiches, ein Organisationsmanifest, das seine neu erworbenen Lande mit seinen bisherigen Besitzungen zusammenschweißen sollte. Darin werden in großen Umrissen auch die Rechte der ehemaligen Reichsritter aufgeführt. Wirtschaftlich waren die Bestimmungen so ausgelegt, dass die Rittergutsbesitzer außer ihren privaten gutsherrlichen Einnahmen nichts erhielten, denn „gebühren uns alle wesentliche Regalien, besonders auch Zoll, Accis, Umgeld sowie das Chaussee- und Wegegeld". Der Rittergutsbesitzer war nur von der Personalsteuer befreit, alle sonstigen Steuern musste er bezahlen. Die adligen Patrimonialgerichte blieben zwar zunächst noch erhalten, doch mussten die Richter nun eine Prüfung ablegen. Die Adeligen waren militärpflichtig wie jeder andere Untertan und wurden gezwungen, entweder in württembergische Dienste zu treten oder ihre Besitzungen aufzugeben. Besonders erniedrigend war das Dekret, das den Adeligen jedes Verlassen des Landes verbot und eine Anzeigepflicht von ebenbürtigen Heiraten vorschrieb. Unebenbürtige Heiraten bedurften stets der Erlaubnis des Hofes. Am härtesten traf die ehemaligen Reichsritter das königliche Generalskript vom 10. Mai 1809, das jegliche Gerichtsbarkeit des Adels, die Patrimonialgerichte, wie auch die Forst- und Jagdgerichte aufhob sowie auch die Steuerfreiheit erlöschen ließ. Die Politik der schrittweisen Entmachtung und Demütigung ging aber weiter. 1810 wurde festgesetzt, dass der Rittergutsbesitzer, der sein Schloss nicht bewohnte, Wohnsteuer zu zahlen hatte. Das Rangreglement vom 1. August 1811 schließlich nahm den Adeligen, die keine Charge am Hof bekleideten, sogar jeglichen Rang. Geblieben waren allein der privilegierte Gerichtsstand und das Patronatsrecht, das jedoch gleichfalls eingeschränkt wurde[24].

Mit der Unterzeichnung der Rheinbundakte am 12. Juli 1806 war das Schicksal auch der Fürsten und Grafen endgültig besiegelt. Am 1. August zeigten die Rheinbundstaaten dem Reichstag in Regensburg ihren Austritt aus dem Reichsverband an und am 6. August legte Kaiser Franz II. die Krone nieder. Mit dem Ende des Heiligen Römischen Reiches Deutscher Nation fand auch die Kleinstaaterei ein Ende. Denn die Fürsten und Grafen, die bisher Reichsunmittelbarkeit, Landeshoheit und Reichsstandschaft besessen hatten, wurden nun von den souveränen Königreichen Bayern und Württemberg sowie vom Großherzogtum Baden mediatisiert. Bisherige Herrscher wurden nun zu Beherrschten, trotz der Vorrechte und Privilegien, die die Rheinbundakte den Standesherren zugesichert hatten. Verschont blieben allein die katholischen Fürstentümer Hohenzollern-Hechingen, Hohenzollern-Sigmaringen, Liechtenstein und die Herrschaft Geroldseck der Fürsten von der Leyen[25].

DAS ADELSPROBLEM IM 19. JAHRHUNDERT

Die große Zahl der grundbesitzenden standesherrlichen Familien und der beträchtliche Gebietszuwachs stellten Württemberg vor ein schwieriges Adelsproblem. Das Agglomerat der neu gewonnenen Territorien und herrschaftlichen Gebilde mit den unterschiedlichsten staatlichen, wirtschaftlichen, sozialen, kulturellen und konfessionellen Traditionen und Prägungen musste zunächst administrativ in das „Reich Württemberg" eingegliedert werden. Dann galt es, die Fürsten und Grafen, die sich bisher als ebenbürtig verstanden, und ihre Familien als so alt sahen, wie das nun regierende Haus, in das Staatsgefüge zu integrieren, was sich bald als sehr schwierig erweisen sollte. Ganz erheblich behinderten dabei die konfessionellen Spannungen zwischen altwürttembergischer evangelischer Bürokratie und den katholischen Adeligen in Oberschwaben den Integrationsprozess, trotz des Toleranzedikts von 1808[26].

Die Politik, die der machtbewusste König Friedrich I., der sprichwörtliche „schwäbische Zar"[27], und seine Bürokraten, die bald in der Spitze mit dem persönlichen Adel ausgestattet wurden[28], einschlugen, war darauf ausgerichtet, die Standesherren rechtlich, politisch und sozial völlig zu deklassieren, so dass Württemberg zum „Purgatorium der Standesherren" wurde[29]. König Friedrich bestritt die Ebenbürtigkeit seiner Standesherren und bezeichnete die Adeligen als „Vasallen und Untertanen". Er versuchte, den Adel an den Hof in Stuttgart zu zwingen und zu binden, um ihn so zu disziplinieren. Beim ehemals reichsritterschaftlichen Adel gelang ihm dies zum Teil, da die Ritter auf den Hof- und Staatsdienst wirtschaftlich angewiesen waren. Der hohe Adel aber lehnte die dreimonatige Residenzpflicht in Stuttgart strikt ab und pochte weiterhin auf seinen bisherigen ebenbürtigen Rang, wie etwa Fürst Wunibald von Waldburg-Zeil, der ehemalige Direktor des schwäbischen Grafenkollegiums am Reichstag.

Bald folgten weitere Schikanen des „schwäbischen Zars". Für den 6. Januar 1807 zitierte der König seine bisherigen Standesgenossen nach Stuttgart zu seiner persönlichen Huldigung, was viele verweigerten. Sie entzogen sich dem „widerwärtigen Ereignis" und entschuldigten sich mit Krankheit und Gebrechen oder schickten als Vertretung blutjunge Neffen. Wenig später verbot König Friedrich den Standesherren den Gebrauch der Devotionsformel „Von Gottes Gnaden". Durch mehrere Reskripte verloren die Standesherren schrittweise sogar alle Privilegien und Vorrechte, die ihnen die Rheinbundakte zugestanden hatte. Als der König die Aufhebung der Steuerfreiheit und der Patrimonialgerichtsbarkeit verfügte, zerriss er das stärkste Band zwischen den Standesherren und ihren bisherigen Untertanen, denn das

Adelige Jagdgesellschaft vor Schloss Erbach. Lithographie von Eberhard Emminger nach F. Müller, um 1845. Im Vordergrund von links: Graf Reuttner von Achstetten, Baron Freyberg-Allmendingen. Hintere Reihe von rechts: Leibjäger Maier des Barons Stauffenberg, Baron Stauffenberg, Baron Speth von Zwiefalten, Baron Johann Baptist Ulm-Erbach, Fürst Maldeghem, Fürst Waldburg-Zeil, Leibjäger Weil des Barons Ulm-Erbach, Baron Max Ulm-Erbach, Jäger Weber des Barons Ulm-Erbach, Fürst Waldburg-Wolfegg, Rentbeamter von Ulm-Erbach, Fürst Öttingen, Baron Karl Ulm-Erbach, Prinz Salm, Leibjäger Rommel von Fürst Waldburg-Wolfegg, Leibjäger Rotfelder von Prinz Salm. Kreisarchiv Bodenseekreis, Friedrichshafen.

Verhältnis der Standesherrn zu ihren Grundholden war fortan nur noch privatrechtlich bestimmt, nicht mehr herrschaftlich[30]. Kein Rheinbundstaat hat seine Mediatisierung so feindselig, herabwürdigend und demütigend durchgeführt wie Württemberg unter dem despotischen Regiment König Friedrichs. Wer an sich selbst die unterschiedliche Behandlung durch Bayern und Württemberg erfuhr, wie der Erbgraf zu Waldburg-Zeil, der konnte sich Jahre später gegenüber Stuttgart zu dem drastischen Ausspruch „lieber Sauhirt in der Türkei als Standesherr in Württemberg" hinreißen lassen[31]. Die Nivellierung der Stände, die König Friedrich im Staatsinteresse anstrebte, empfanden die Mediatisierten als Herabwürdigung und Beschneidung ihrer ständischen Freiheiten, als „Unterjochung" und „willkürliche Gewalt".

Nach dem Zusammenbruch des Rheinbundes nach der Niederlage Napoleons in der Völkerschlacht bei Leipzig kam bei den Mediatisierten die Hoffnung auf, dass die verlorene Stellung und der frühere Rang wieder hergestellt würden. Doch die Erwartungen des „Vereins der Mediatisierten" erfüllten sich nicht, wenn auch Artikel 14 der Bundesakte vom 8. Juni 1815 den Standesherren eine ganze Reihe von Vorrechten zugestand. Vor allem wurde den fürstlichen und gräflichen Häusern die Ebenbürtigkeit mit den regierenden Häusern ausdrücklich bestätigt. Die Häupter der standesherrlichen Häuser sollten die „ersten Standesherren" in den jeweiligen Ländern sein, und der Ritterschaft wurde die Landstandschaft zugesichert[32].

Die Verfassung von 1819 in Württemberg unter dem liberalen König Wilhelm sah ein Zweikammernsystem vor. Die Mitgliedschaft in der Ersten Kammer, der Kammer der Standesherren, war das größte politische Privileg des württembergischen Hochadels, der diese Vorrangstellung aber nur sehr zögernd annahm. So waren in Stuttgart auf dem ersten Landtag von 49 Mitgliedern nur 25 anwesend, und 1828 konnte sich die Erste Kammer nicht einmal konstituieren[33].

Bald schloss Württemberg mit einzelnen standesherrlichen Familien Verträge ab, in denen die in der Bundesakte zugesicherten Rechte definitiv festgeschrieben wurden. Der erste derartige Vertrag war die „Königliche Deklaration, die staatsrechtlichen Verhältnisse des fürstlichen Hauses Thurn und Taxis betreffend" vom 8. August 1819[34]. Bis 1844 schloss Württemberg mit 22 standesherrlichen Familien entsprechende Verträge. 1821 wurde auch das staatsrechtliche Verhältnis zum ehemals freien ritterschaftlichen Adel des Königreichs Württemberg geklärt[35]. Die Standesherren in den südwestdeutschen Ländern und in Bayern nahmen eine Stellung ein, die man als „Unterlandesherrschaft" charakterisiert hat. Sie waren zwar selbst Untertanen von Souveränen, aber sie nahmen weiterhin eine Reihe an Vorrechten wahr, voran die Patrimonialgerichtsbarkeit und das System der Grundherrschaft, deren Ablösung erst 1848/49 erfolgte. Während die „Bauernbefreiung"[36] in manchen Gebieten erst nach gewaltsamen Tumulten stattfand, blieb es in Oberschwaben relativ ruhig, obwohl auch hier der Adel mit bäuerlichen Unruhen gerechnet hatte. So schrieb Anfang März 1848 Konstantin Fürst von Waldburg-Zeil an seine Mutter, er sei überzeugt, dass „Süddeutschland am Ausbruch einer ungeheuren Umwälzung" stehe, die „mehr oder weniger blutig" verlaufen werde[37]. Für den ruhigeren Ablauf der Bauernbefreiung in Oberschwaben war wohl das hier vorherrschende Anerbenrecht und die damit verbundene Besserstellung der Bauern verantwortlich. Allerdings waren die Adeligen zutiefst darüber enttäuscht, dass sich die bäuerlichen Unruhen nicht gegen die Regenten richteten, wie das etwa Konstantin Fürst von Waldburg-Zeil gehofft hatte, sondern gegen die Standesherren, die als „Mediatgewalt" zwischen Staat und Staatsbevölkerung standen. „Es lebe der König, nieder mit den Fürsten", riefen die Bauern im März 1848[38]. Sieger der Bauernbefreiung war letztlich die landesherrliche Verwaltung, denn die Beamten in Stuttgart setzten nur eine geringe Entschädigung des Adels für seine bisherigen Vorrechte durch[39].

Eine Besonderheit in Württemberg war, dass die Regierung einem hohen Adeligen den offiziellen Status eines Standesherrn verweigerte, wenn auf seinem Besitz vor 1806 keine Reichs- oder Kreisstimme geruht hatte. Als Standesherrschaften nicht anerkannt wurden deshalb in Oberschwaben folgende Familien: Schwarzenberg, Stadion-Thannhausen, Stadion-Warthausen und Fugger[40]. Württemberg war insgesamt für einige Standesherren ausgesprochen unattraktiv, weshalb sie ihre Standesherrschaften an Württemberg verkauften, wie etwa in Oberschwaben Fürst Metternich-Winneburg, Graf Stadion-Warthausen, Graf Dietrichstein oder Graf Sternberg-Manderscheid[41].

Eine der Broschüren des Waldburg-Wolfegger Hofgeistlichen Dr. Eugen Mack gegen die Aufhebung der Fideikommisse.

Während sich das Königreich Preußen zu einem „Adelsstaat" entwickelte und vor allem der ostelbische Adel die führenden Eliten stellte, entwickelte sich Württemberg zu einem „Gegenmodell", wie Andreas Dornheim dies aufzeigt[42]. Vor allem der Adel in Oberschwaben nahm eine staatsfeindliche Haltung ein. So wurde der „rote Fürst" Konstantin von Waldburg-Zeil, der als Abgeordneter in der Frankfurter Paulskirche saß, sogar zu fünf Monaten Festungshaft auf dem Hohenasperg und 200 Gulden Geldstrafe verurteilt, weil er der württembergischen Regierung „Schändlichkeit" vorgeworfen hatte, da sie eine Kapitalanleihe verzögert hatte[43].

Der Hochadel in Oberschwaben lehnte seit seiner Mediatisierung bis in die Weimarer Republik das Regiment in Stuttgart ab und weigerte sich weitgehend, am Hof- und Staatsleben teilzunehmen. Diese ablehnende Haltung zeigte sich auch am Heiratsverhalten der Standesherren in Oberschwaben sowie bei deren Staats-, Hof- und Militärdiensten. Die größte Anziehungskraft besaß traditionell Wien, so etwa für die beiden Linien des Hauses Stadion, die in Wien in führende Positionen aufrückten. Stark auf die Donaumonarchie waren auch die katholischen Häuser Fürstenberg und Königsegg ausgerichtet[44]. Dagegen waren die katholischen Familien Fugger und Törring-Jettenbach-Gutenzell eindeutig nach Bayern orientiert[45]. Die Verdienste der Fugger für das Königreich Bayern und das Haus Wittelsbach wurden so hoch eingeschätzt, das König Ludwig von Bayern 1913 auch die Linie Fugger-Glött in den erblichen Fürstenstand erhob[46]. Das Haus Quadt-Wykradt-Isny wurde ebenfalls wegen seiner hohen Verdienste in den bayerischen Fürstenstand erhoben[47].

Die wirtschaftliche Stellung der Hochadelsfamilien in Oberschwaben im 19. Jahrhundert war aufgrund umfangreichen Grundbesitzes nicht schlecht, wenn auch viele Familien hoch verschuldet waren. Größte Grundbesitzer in Oberschwaben waren die Fürsten von Thurn und Taxis, gefolgt von den Familien Waldburg-Zeil und Waldburg-Wolfegg. Einige Familien des Niederadels, wie die Freiherrn Schenk von Stauffenberg in Rißtissen oder die Hornstein, besaßen nicht viel weniger oder sogar mehr Grund und Boden als einige hochadlige Familien. Dabei überwog der Waldbesitz gegenüber den landwirtschaftlich genutzten Flächen. Der adlige Privatwald in Oberschwaben spielt noch heute eine wichtige Rolle. In einigen Landkreisen in Oberschwaben beträgt der Anteil des adligen Waldbesitzes an der gesamten Waldfläche fast 40 Prozent[48]. Nach dem jahrhundertealten Prinzip der „Derogeance" war es dem Adel bei Verlust seines adligen Standes verboten, Handelsgeschäfte oder andere Geschäfte zu betreiben. Allein Landwirtschaft und landwirtschaftsnahe Betätigungen sowie der Hof- und Staatsdienst und der Dienst im Militär und in der Kirche waren zur „standesgemäßen Nahrung" erlaubt[49]. Dieses Grundprinzip des hohen und niederen Adels zum Wirtschaftsleben hatte noch für Generationen nach der Mediatisierung Gültigkeit. Bis ins 20. Jahrhundert galten somit die Land- und Forstwirtschaft und die Weiterverarbeitung deren Erzeugnisse als einzige Erwerbsquelle, durch die ein standesgemäßes Leben finanziert und garantiert werden sollte und konnte. So ist etwa der Ausspruch des Fürsten Alfred Windischgrätz überliefert: „Geschäfte macht kein Windischgrätz"[50].

Bezeichnenderweise engagierte sich die Familie Waldburg-Zeil in der zweiten Hälfte des 19. Jahrhunderts nur in Industriezweigen, die der Verwertung land- und forstwirtschaftlicher Produkte dienten. So nahmen sie Einfluss auf die Papierfabrik Baienfurt, die ihr Holz verarbeitete. Mit dieser Papierfabrik tätigte auch die Fürstlich Waldburg-Wolfeggsche Forstverwaltung Geschäfte und schloss langfristige Holzlieferungsverträge mit der Fabrik ab. Während der Weltwirtschaftskrise erwarb der oberschwäbische Hochadel sogar das gesamte Aktienpaket der Papierfabrik[51].

WEIMAR UND NATIONALSOZIALISMUS

Das verstärkte Engagement des oberschwäbischen Adels während der Weimarer Republik ist auch darauf zurückzuführen, dass die Zwangsauflösung der Fideikommisse drohte und sogar die Enteignung des Großgrundbesitzes[52]. Eine unverkennbare Neueinstellung zum Wirtschaftsleben ist nach dem zweiten Weltkrieg zu erkennen, als der oberschwäbische Adel sich bei mehreren Zeitungen oder in Kurkliniken engagierte[53].

Mit Artikel 109 der Weimarer Reichsverfassung verlor der Adel alle seine Privilegien und hörte auf, ein staatlich anerkannter Stand zu sein. Die Adelskontrolle wurde fortan von Adelsverbänden oder Adelsvereinen übernommen, und die ehemalige Adelsbezeichnung wurde zu einem Bestandteil des Familiennamens[54]. Der von der KPD initiierte „Volksentscheid zur Fürstenenteignung" am 20. Juni 1926, von dem nur die bis 1918 regierenden Familien betroffen waren, fand in Oberschwaben nur wenig Zustimmung. Mehr Befürworter fand die Anti-Fideikommiss-Bewegung, von der alle Adelsfamilien betroffen waren, deren Grundbesitz in Fideikommissen zusammengefasst war und keine Veräußerungen zuließ. Gegen ein Gesetz zur Auflösung der Fideikommisse in Württemberg protestierten 1921 die Chefs zahlreicher Adelsfamilien, darunter die Waldburg-

„Der gerade Weg". Verlag im Eigentum von Erich Fürst von Waldburg-Zeil.

Der Kampf ums „Oben bleiben"

41

Wolfegg-Waldsee, die Waldburg-Zeil, Windischgrätz und Neipperg, mit der Begründung, „weil diese auf uraltem Herkommen und streng verbindlichen Hausgesetzen beruhten und ihre Aufhebung dem Staate und seinen Bürgern volkswirtschaftliche Nachteile bringen würde". Der württembergische Landtag verabschiedete jedoch 1929 das „Gesetz über die Auflösung der Fideikommisse", das aber erst unter den Nationalsozialisten zur Durchführung kam[55].

Gegenüber dem neuen Regime nach 1933 verhielt sich der oberschwäbische Adel mehrheitlich sehr distanziert, im Gegensatz zum ostelbischen Adel, wie Stephan Malinowski überzeugend nachgewiesen hat[56]. Schon 1930 lehnten auf Tagungen auf Schloss Zeil mehrere katholische Adelige unter Führung von Erich Fürst von Waldburg-Zeil öffentlich den Nationalsozialismus ab. Mehrfach setzte sich diese Adelsvereinigung in Oberschwaben, die sich „Katholische Tatgemeinschaft" nannte, deutlich von der nationalsozialistischen Bewegung und ihrer Kirchenfeindlichkeit ab. Das Hauptreferat der Gründungsveranstaltung auf Schloss Zeil hatte Fritz Gerlich gehalten, der Chefredakteur der Münchner Neuesten Nachrichten. Er wurde 1930 Redaktionsleiter der von dem jungen Fürsten von Waldburg-Zeil aufgekauften Wochenzeitung „Illustrierter Sonntag", die in „Der gerade Weg" umbenannt wurde. Im März 1933 wurde die Redaktion von der SA zerstört und Gerlich im Konzentrationslager Dachau umgebracht[57]. Auch Angehörige des Hauses Schwarzenberg gerieten während der Herrschaft der Nazis mit den Machthabern in Konflikt. Mit den Nazis verbunden waren im Südwesten vor allem die hochadligen Familien Hohenlohe, Fürstenberg und Hohenzollern[58].

Andreas Dornheim stellt die grundsätzliche Frage, ob der Adel in Oberschwaben im 19. und 20. Jahrhundert als regionale Elite eine politische Führungsrolle gegenüber der ungeliebten Zentralgewalt, dem verhassten altwürttembergischen Beamtenstaat in Stuttgart eingenommen habe – und er verneint dies. Denn sehr viele Familien waren nach auswärts orientiert, wie etwa die Stadion und Windischgrätz nach Österreich oder die Fugger und Törring nach Bayern. Wieder andere Familien hatten ihre Schwerpunkte außerhalb Oberschwabens. Daher blieben nur wenige Familien wie die Waldburg-Zeil, Quadt und Stauffenberg übrig, die eine solche Führungsrolle zumindest zeitweilig eingenommen haben und eine strikte, katholisch-konservative Politik vertraten[59].

Anmerkungen:

1 *Hans-Georg Hofacker*: Die Landvogtei Schwaben. In: *Hans Maier / Volker Press* (Hg.): Vorderösterreich in der frühen Neuzeit. Sigmaringen 1989, 67f.; *Rudolf Endres*: Oberschwäbischer Adel und absoluter Staat. In: *Peter Blickle* (Hg.): Politische Kultur in Oberschwaben. Tübingen 1993, 154-156.
2 *Endres* 1993 (wie Anm. 1), 152, Anm. 22.
3 *Jürgen Weitzel*: Der Kampf um die Appellation ans Reichskammergericht. Köln-Wien 1976, 80f.
4 *Hofacker* 1989 (wie Anm. 1), 68.
5 *Volker Press*: Schwaben, Bayern, Österreich und dem Reich 1486-1805. In: *Pankraz Fried* (Hg.): Probleme der Integration Ostschwabens in den bayerischen Staat. Sigmaringen 1982, 55f.
6 So erhielt die Abtei Weingarten die niedergerichtlichen Rechte über ihre Bauern von Österreich zurück und 1685 von der Landvogtei die hohe Obrigkeit über alle Klosteruntertanen sowie die Forsthoheit und die Jagd in der Landvogtei für 20 Jahre als Pfand: *Armgard von Reden-Dohna*: Reichsstandschaft und Klosterherrschaft. Die Schwäbischen Reichsprälaten im Zeitalter des Barock. Wiesbaden 1982, 83, 85-87.
7 *Volker Press*: Vorderösterreich in der habsburgischen Reichspolitik des späten Mittelalters und der frühen Neuzeit. In: *Maier / Press* 1989 (wie Anm. 1), 35.
8 *Franz Quarhtal*: Landstände und landständisches Steuerwesen in Schwäbisch-Österreich. Stuttgart 1980; *Ders.*: Absolutismus und Provinz. Verwaltungsreform und Herrschaftsintensivierung in den österreichischen Vorlanden zur Zeit des Absolutismus. Tübingen 1981.
9 *Wilfried Danner*: Die Reichsritterschaft im Ritterkantonsbezirk Hegau in der 2. Hälfte des 17. und 18. Jahrhunderts. Diss. Konstanz 1969, bes. 32-36.
10 *Karl S. Bader*: Der deutsche Südwesten in seiner territorialstaatlichen Entwicklung. Stuttgart 1950, 130.
11 *Danner* 1969 (wie Anm. 9), 28, 63.
12 *Johann Cramer*: Die Geschichte der Grafschaft Hohenzollern. Stuttgart 1873; *Volker Press*: Von den Bauernrevolten des 16. zur konstitutionellen Verfassung des 19. Jahrhunderts. Die Untertanenkonflikte in Hohenzollern-Hechingen und ihre Lösungen. In: *Heinrich Weber* (Hg.): Politische Ordnungen und soziale Kräfte im Alten Reich. Wiesbaden 1980, 85-112.
13 Nach *Cramer* 1875 (wie Anm. 12), 287, kam es in Hohenzollern-Hechingen zwischen 1584 und 1796 zu insgesamt 15 Aufständen.
14 Ebd., 91-99.
15 *Andreas Dornheim*: Oberschwaben als Adelslandschaft. In: *Hans-Georg Wehling* (Hg.): Oberschwaben. Stuttgart 1995, 124.
16 *Rudolf Endres*: „Lieber Sauhirt in der Türkei als Standesherr in Württemberg...". Die Mediatisierung des Adels in Südwestdeutschland. In: *Volker Himmelein / Hans Ulrich Rudolf* (Hg.): Alte Klöster – Neue Herren. Die Säkularisation im deutschen Südwesten 1803. Bd. 2, 1. Ostfildern 2003, 837-856; *Thomas Schulz*: Die Mediatisierung des Adels. In: *Württembergisches Landesmuseum Stuttgart* (Hg.): Baden und Württemberg im Zeitalter Napoleons. Stuttgart 1987, 157-174.
17 *Eva Kell*: Die Frankfurter Union (1803 – 1806). Eine Fürstenassoziation zur „verfassungsmäßigen Selbsterhaltung" der kleineren weltlichen Adelsherrschaften. In: Zeitschrift für Historische Forschung 18 (1991), 71-96.
18 *Wilhelm Mößle*: Fürst Maximilian Wunibald von Waldburg-Zeil-Trauchburg 1750 – 1818. Stuttgart 1968, 112f.
19 *Endres* 2003 (wie Anm. 16), 845f.
20 Ebd., 238f.
21 *Rudolf Endres*: Die preußische Ära in Franken. In: *Peter Baumgart* (Hg.): Expansion und Integration. Zur Eingliederung neugewonnener Gebiete in den preußischen Staat. Köln-Wien 1984, 169-194.
22 *Endres* 2003 (wie Anm. 16), 240f. Vgl. auch den Beitrag Puchta in diesem Band.
23 Ebd., 841f.
24 Ebd., 843f.
25 Die Hohenzollern verdankten ihre Rettung den engen persönlichen Beziehungen zur Familie Napoleons. *Fritz Kallenberg*: Die Sonderentwicklung Hohenzollerns. In: *Ders.* (Hg.): Hohenzollern. Stuttgart 1996, 129.
26 *Paul Sauer*: Napoleons Adler über Württemberg, Baden und Hohenzollern. Südwestdeutschland in der Rheinbundzeit. Stuttgart 1987, 170-178.
27 *Paul Sauer*: Der schwäbische Zar: Friedrich, Württembergs erster König. Stuttgart 1984.
28 *Bernd Wunder*: Der württembergische Personaladel. In: Zeitschrift für württembergische Landesgeschichte 40 (1981), 494-518.
29 *Heinz Gollwitzer*: Die Standesherren. Göttingen ²1964, 54.
30 *Endres* 2003 (wie Anm. 16), 250-252; *Dornheim* 1995 (wie Anm. 15), 126-128.
31 *Mößle* 1968 (wie Anm. 18), 169.
32 *Endres* 2003 (wie Anm. 16), 854; *Gollwitzer* 1964 (wie Anm. 29), 116f.
33 *Heinrich Klumpp*: Geschichte und Reform der Zusammensetzung der Kammer der Standesherren. Stuttgart 1903, 6.
34 *Dornheim* 1995 (wie Anm. 15), 128.
35 *Ders.*: Adel in der bürgerlich-industrialisierten Gesellschaft. Eine sozialwissenschaftlich-historische Fallstudie über die Familie Waldburg-Zeil. Frankfurt 1993, 132.
36 Siehe *Wolfgang von Hippel*: Die Bauernbefreiung im Königreich Württemberg, 2. Bde. Boppard am Rhein 1977.
37 Zitat bei *Walter-Siegfried Kircher*: Ein fürstlicher Revolutionär aus dem Allgäu. Fürst Constantin von Waldburg-Zeil 1807 – 1862. Kempten 1980, 114.
38 *Hippel* 1977 (wie Anm. 36), Bd. 1, 486.
39 Die württembergischen Standesherren bemühten sich um eine Nachtragsentschädigung, die sie 1865 in Höhe von 1,63 Millionen Gulden auch erhielten. *Ulrich Neth*: Standesherren und liberale Bewegung. Der Kampf des württembergischen Adels um

seine Rechtsstellung in der zweiten Hälfte des 19. Jahrhunderts. Stuttgart 1970, 268-296.
40 *Dornheim* 1995 (wie Anm. 15), 130.
41 Ebd., 131.
42 Ebd., 130-132.
43 Ebd., 131f.; siehe auch *Alois Graf von Waldburg-Zeil*: Bauern und Adel in Oberschwaben 1848/49. Gegensätze und Gemeinsamkeiten. In: Oberschwaben 2 (2000) 1, 1-7.
44 *Dornheim* 1995 (wie Anm. 15), 132.
45 *Jolanda Englbrecht*: Drei Rosen für Bayern. Die Grafen von Toerring von den Anfängen bis heute. Pfaffenhofen 1985.
46 *Götz Freiherr von Pölnitz*: Die Fugger. Tübingen 1990, 323.
47 *Dornheim* 1995 (wie Anm. 15), 132f.
48 Ebd., 135-138. Vgl. auch den Beitrag Dornheim in diesem Band.
49 Vgl. *Rudolf Endres*: Adel in der Frühen Neuzeit. München 1993, 37-47.
50 Zitat bei *Gollwitzer* 1964 (wie Anm. 29), 255. Grundsätzlich *Harald Winkel*: Die Ablösungskapitalien aus der Bauernbefreiung in West- und Süddeutschland. Stuttgart 1968.
51 *Wilhelm Braun*: Die Papierfabrik Baienfurt. Baienfurt 1938.
52 *Iris Freifrau von Hoyningen-Huene*: Adel in der Weimarer Republik. Limburg 1992.
53 *Dornheim* 1995 (wie Anm. 15), 137f. Vgl. den Beitrag Thierer in diesem Band.
54 *Hoyningen-Huene* 1992 (wie Anm. 52), 14.
55 *Dornheim* 1995 (wie Anm. 15), 138-140. Vgl. die Broschürenflut des Hofgeistlichen des Fürsten von Waldburg-Wolfegg: *Eugen Mack*: Einig und ungeteilt. Sechzehn Aufsätze zur Wahrung fideikommissarisch gebundenen Besitzes. Wolfegg 1920; *Ders.*: Dem Adel sein Recht. Wolfegg 1921; *Ders*: Schutz dem Grundbesitz. Wolfegg 1922; *Ders.*: Recht oder Rechtsbruch. Wolfegg 1923; *Karl Vollgraff*: Über die Unverletzbarkeit der standesherrlichen Eigentumsrechte. Hg. Eugen Mack. Wolfegg 1924; *Eugen Mack*: Familienkommissrecht. Zur Rechtsverwahrung des standesherrlichen Hochadels an den württembergischen Landtag. Wolfegg 1929.
56 *Stephan Malinowski*: Vom König zum Führer. Sozialer Niedergang und politische Radikalisierung im deutschen Adel zwischen Kaiserreich und NS-Staat. Berlin 2003, 574-577.
57 Ebd., 381-385. „Der gerade Weg" erreichte Auflagen von bis zu 110 000 Exemplaren.
58 Die Linie Hohenlohe-Langenburg zählte neun NSDAP-Mitglieder und die Linie Hohenlohe-Öhringen drei. Das fürstliche Haus Fürstenberg stellte vier Parteigenossen und das Haus Hohenzollern drei. *Dornheim* 1995 (wie Anm. 15), 140-142. Vgl. *Rudolf Beck*: Widerstand aus dem Glauben. In: Allgäuer Geschichtsfreund 93 (1993), 135-157.
59 Ebd., 145f.

Die Herrschaft des Adels 1300 – 1800 Gefährdung – Stabilisierung – Konsolidierung

Peter Blickle

Für Oberschwaben kann die Zeit zwischen dem Ende des Hochmittelalters um 1300 und dem Beginn der Moderne um 1800 als eine eigene Epoche gelten. Oberschwaben prägte über diese fünf Jahrhunderte seine Kleinräumigkeit. An der für das Heilige Römische Reich deutscher Nation typischen Entwicklung der adligen und geistlichen Herrschaften zu Fürstenstaaten wie Bayern und Brandenburg oder Mainz und Köln hat es nicht teilgenommen[1]. Die Adeligen Oberschwabens waren andererseits aber stark genug, um eine Großraumbildung in Oberschwaben zu vereiteln. Die Bemühungen der Habsburger, ihre Besitzungen im Elsaß und in Tirol durch eine oberschwäbische Landbrücke zu verbinden, ist nicht zuletzt am oberschwäbischen Adel gescheitert[2].

Insgesamt muss man von einer egalitären oberschwäbischen Adelsgesellschaft sprechen, was nicht heißt, dass sie nicht in sich differenziert gewesen wäre. Eine Dreiteilung drängt sich geradezu auf – in reichsunmittelbare Grafen wie die Waldburger und Montforter, Reichsritter wie die Herren von Rechberg auf Kronburg und habsburgische Landsassen wie die Herren von Welden in Laupheim. Der ständischen Differenzierung entsprach jedoch kaum eine solche hinsichtlich des Umfangs und des Charakters von Herrschaft. Die Rechte des oberschwäbischen Adels beschränkten sich in der Regel auf „Grundherrschaften", von den gräflichen Häusern abgesehen. Aber auch für diese gilt, dass grundherrschaftliche Rechte ihre Macht begründeten, anders als bei den Kurfürsten, Herzögen und Fürsten, die sich stärker auf ihre landsässigen Klöster und Städte, Salinen und Bergwerke, Zölle und Geleitsrechte stützen konnten. „Grundherrschaft" bedeutete, kurz gesagt, Herrschaft über Grund und Boden und jene, die ihn bewirtschafteten, also Bauern.

Spricht man von der Herrschaft des Adels in Oberschwaben, erfasst man nur eine Seite seiner Funktion[3]. Eine zweite, für die adligen Familien gewiss nicht minder wichtige, sowohl in politischer wie in wirtschaftlicher und kultureller Hinsicht, bestand in ihren politischen, diplomatischen und militärischen Diensten für die benachbarten Fürsten und besonders für den Kaiser. Im gesellschaftlichen Netzwerk des alteuropäischen Adels konnten sich individuelle Fähigkeiten und Talente entfalten. Otto Truchseß von Waldburg, Kardinal und kaiserlicher Rat, entstammte oberschwäbischem Adel wie Lazarus von Schwendi, der sich als Staatsmann und Staatstheoretiker einen Namen machte. Adlige Herrschaft und Dienste für Kaiser und Fürsten waren komplementär, auch ökonomisch, doch fehlen bislang die nötigen brauchbaren Untersuchungen, um darüber kompetent Auskunft geben zu können.

Obschon die Herrschaft des Adels auf einer schmalen Grundlage ruhte, stand sie unter einem ständigen Bewährungsdruck – nach innen durch die Auseinandersetzungen mit den Untertanen, nach außen durch die Verteidigung eigener Positionen gegenüber aggressiven Nachbarn, vornehmlich Reichsstädten. Diese doppelte Spannung dynamisierte permanent die Herrschaft des Adels. Überblickt man das Spätmittelalter und die Frühneuzeit insgesamt, ergeben sich drei Sequenzen mit einem je eigenen Charakter: eine Phase der Grenzerfahrung zwischen 1300 und 1450, in der die adlige Herrschaft ihre Bewährungsprobe gegen die rasch expandierende Eidgenossenschaft zu bestehen

Der Sieg der schwäbischen Adelsgesellschaft „zu St. Jörgenschild" am 13. Januar 1408 über die Belagerungstruppen des „Bundes ob dem See" vor Bregenz. Aus der Berner Chronik des Bendicht Tschachtlan, um 1470.

hatte (1), eine Phase der Stabilisierung durch Territorialisierung zwischen 1450 und 1550, in der das Ausgreifen der Städte auf das Land abgewehrt wurde (2) und eine Phase der Konsolidierung durch Unruhen zwischen 1550 und 1800, die zu einer stabilisierten und temperierten Herrschaft führte (3). Die Phasen sind nicht durch scharfe Zäsuren getrennt, sie überlagern und überlappen sich vielmehr.

Auszugehen ist bei der Herrschaft des Adels in Oberschwaben von der „Grundherrschaft". Grundherrschaft ist ein wissenschaftlicher Ordnungsbegriff[4], vor 1800 war er wenig gebräuchlich, vielmehr sprach man ohne Umstände von Herrschaft, gerade wenn es galt, die Macht des Adels zu beschreiben. Grundherrschaft bezeichnet den Sachverhalt, dass vor der Entstehung des Eigentums im 18. und 19. Jahrhundert über Grund und Boden fast ausnahmslos auch Herrschaft ausgeübt wurde, genauer über die Menschen, die diesen Boden bebauten, also die Bauern. Die organisatorische Basis der Landwirtschaft bildete der Hof, auf dem ein Bauer mit seiner Frau, gegebenenfalls Kindern und Gesinde, relativ frei wirtschaftete, in der Regel Zeit seines Lebens. Dann fiel der Hof an seinen Herren zurück. Für die Nutzung des Hofes entrichtete der Bauer eine ‚Rente' in Form von Naturalabgaben und Geld sowie von Diensten für die Burg und die Eigengüter des Grundherrn. Die Herrschaft wurde aber nicht nur über den Boden vermittelt, sondern auch über die Person. Der Bauer war, wie das Mittelalter sagte, in der Regel „eigen", seit dem 15. Jahrhundert wurde das Wort „leibeigen" mehr und mehr gebräuchlich. Wer „eigen" oder „leibeigen" war, musste einen Teil seiner Hinterlassenschaft auf dem Hof belassen, also dem Herrn überantworten, zu Lebzeiten war er zumindest in seiner Heiratsfähigkeit auf den engen Kreis der Genossen seiner eigenen Grundherrschaft beschränkt. Es gehört weiter zu dieser Grundherrschaft, dass der Herr auch Konflikte zwischen seinen Bauern gerichtlich beilegte.

Wie groß nun waren die adligen Grundherrschaften? Bescheiden, heißt die Antwort. Sie erstreckten sich über fünf, zehn, vielleicht auch fünfzehn Dörfer, selten mehr. Die Einkommen, welche die adligen Herren daraus zogen, reichten vermutlich kaum weiter als zur Sicherung der Existenz der Familie und einer bescheidenen Repräsentation in Form der Burg oder des Schlosses.

„GRENZERFAHRUNG". GEFÄHRDUNG DURCH DIE EIDGENOSSEN UND DIE DURCHSETZUNG DER LEIBEIGENSCHAFT 1300 – 1450

Kaum war das Herzogtum Schwaben mit dem Aussterben der Staufer untergegangen und der Adel damit seiner stärksten Stütze, des Kaisers, beraubt, wurde Oberschwaben zum „Grenzland" – gegenüber der um den Vierwaldstättersee entstehenden und rasch nach Osten und Norden expandierenden Eidgenossenschaft. Grenzerfahrung machten als erste die Adeligen Oberschwabens in den Heeren der Herzöge von Österreich, schmerzliche, muss man hinzufügen, denn zwei entscheidende Schlachten gegen die Eidgenossen, die bei Morgarten 1315 und Sempach 1386 gingen für die Habsburger und ihre adlige Gefolgschaft verloren. Erstmals, so notierten die Chronisten aufmerksam und überrascht, unterlagen Ritter gemeinem bäuerlichen Fußvolk. 1386 fiel nicht nur Herzog Leopold von Österreich, mit ihm fiel auch ein Großteil der adligen Elite Oberschwabens, „alle herren, graffen, fryen, rittern und knechten, so all da umb komen und seligklich verscheiden; dero on das gemein volck, die all erschlagen und da beliben [sind] uff vierhundert von adel und geburt"[5] – darunter der Graf von Zollern, Johann von Randegg, Otto von Waldburg, Heinrich von Schellenberg und viele andere.

Bedrohlich an diesen Ereignissen war ihr gesellschaftlicher und politischer Hintergrund – die Bauern in der Eidgenossenschaft, in Schwyz, Uri, Unterwalden, Zug und Glarus, machten sich von ihren Herren, den Habsburgern, den Kyburgern, dem Fraumünster in Zürich und vielen Klöstern der Gegend frei. Aus grundherrlichen Gütern wurde bäuerliches Eigentum, aus Eigenleuten wurden Freie. Die Gefahr wuchs um 1400. In einem der größten mittelalterlichen Territorien des Reiches, dem des Klosters St. Gallen, begannen Bauern zu rebellieren – die Appenzeller[6]. Der Streit ging um deren persönliche Rechtsstellung. Freizügigkeit und ein besseres Erbrecht für ihre Kinder verlangten sie von Abt und Konvent, die ihnen das mit Verweis auf die „Eigenschaft" verweigerten. Die Appenzeller beanspruchten, pochend auf „Frihaiten, die wir von Küngen und von Kaisern [...] herbracht haben", die aber nicht mit Brief und Siegel belegt wurden, ein Recht auf Freizügigkeit in die Reichsstadt St. Gallen und dann in alle Reichsstädte und davon abgeleitet eine Reichsunmittelbarkeit[7]. Verhandlungen führten zu nichts, im Gegenteil, die Appenzeller bauten eine eigene Selbstverwaltung nach dem Muster Schweizer Landsgemeinden auf und schlossen einen Bund mit der Reichsstadt St. Gallen, später auch mit dem Schwäbischen Städtebund. Ein militärischer Konflikt war unausweichlich, wollte das Kloster seine Autorität nicht gänzlich verlieren[8], denn derartige Bündnisse waren verboten. Wieder waren es die Habsburger, diesmal als Vögte des Klosters, die mit dem süddeutschen Adel gegen die Appenzeller zu Felde zogen und eine Niederlage hinnehmen mussten: am 17. Juni 1405 wurde das herzogliche Heer in der Schlacht am Stoß geschlagen.

Zwei Wochen nach dieser Schlacht erneuerten die Stadt St. Gallen und das Appenzell ihren Bund. Man kann das eine Art Burgrecht nennen, die Appenzeller wurden in ihrer Freiheit wie städtische Bürger geschützt, waren also etwas wie Bürger der freien Reichsstadt St. Gallen. Dank des Charismas der Unbesiegbarkeit der Appenzeller traten viele Bauern und viele Städte im östlichen Bodenseegebiet dem Bund bei. „Es war", stellte ein Chronist verwundert fest, „in den selben Tagen ein Louf in die Puren komen, dass sie alle Appenzeller woltent sin und wolt sich nieman gegen inen weren"[9]. Die Burgen des Adels wurden gebrochen: Feldkirch, Hohenems, Montfort, Tannegg und Sonnenberg. An der Wende zum Jahr 1407 erreichte der „Bund ob dem See", wie man ihn genannt hat, seine größte Ausdehnung und seine überragende Macht im Bodenseeraum[10]. Bis nach Tirol reichten die militärischen Vorstöße, um Immenstadt entstand ein analoger „Allgäuer Bund". Der Abt von St. Gallen wurde gefangengesetzt.

Beim schwäbischen Adel brach Panik aus, die indessen produktiv organisatorisch umgesetzt wurde. Am 21. November 1407 organisierte er sich in der „Gesellschaft mit St. Jörgen Schild"[11], vorrangig in der Absicht, wie es im ersten Artikel der Gründungsurkunde heißt, „dass wür alle gemeinlich, und sonderlich einander getreulich und fürderlich des besten und wegersten beholfen und beraten sein sollen gegen den Geburen von Appenzelle". Der gesamte oberschwäbische Adel trat dem Bund bei – die Herren von Montfort und von Werdenberg, von Waldburg und von Zimmern, von Clingen und von Rechberg, von Steußlingen und von Ellerbach, von Stein und von Clingenberg, von Hornstein und von Schellenberg, von Königsegg und von Heimenhofen, von Ringingen und von Randegg, und damit ist die Liste noch nicht komplett. Seine Feuertaufe bestand der St. Jörgenschild am 13. Januar 1408. Die Appenzeller wurden bei Bregenz geschlagen, der „Bund ob dem See" von König Ruprecht aufgelöst[12].

Genutzt hat das alles wenig, denn die Appenzeller kehrten nicht mehr unter die Herrschaft des Klosters St. Gallen zurück, im Gegenteil, sie lösten nach und nach die letzten Herrschaftsrechte ab und integrierten sich schließlich 1513 als ein eigener Kanton der Schweizer Eidgenossenschaft[13]. Der oberschwäbische Adel fürchtete zu Recht, das Beispiel könnte unter seinen Bauern Schule machen. Folglich ließ er nichts unversucht, eine solche Entwicklung zu unterbinden. Über die verbündeten Bischöfe von Augsburg und Konstanz hielt man das Thema auf den Reichstagen wach und brachte es gar dahin, dass in den Kirchen von Zürich, Lindau und Konstanz zum Kreuzzug gegen die Appenzeller aufgerufen wurde[14]. Die Gesellschaft mit St. Jörgenschild indessen bemühte sich bei König Sigismund um eine Entscheidung des Reiches, Bauern den Eintritt in das Bürgerrecht der Städte zu verweigern[15]. Pfalbürger nannte man solche Leute. Als falsche Bürger galten sie deswegen, weil sie zwar Bürgerrecht und damit den Rechtsschutz einer Stadt genossen, aber auf dem Land lebten und dort ihrer Arbeit nachgingen, wenigstens den größeren Teil des Jahres. Der Adel wollte und musste unterbinden, dass sich die eigenen bäuerliche Untertanen mit Hilfe der Reichsstädte einen Status als Freie erkämpften. Zugespitzt formuliert, es galt eine Ausweitung der Eidgenossenschaft auf Oberschwaben zu verhindern.

1430 und 1431 fanden mehrfach Verhandlungen zwischen der Gesellschaft mit St. Jörgenschild und dem König statt, das Pfalbürgerwesen sollte verboten werden. Die Städte wehrten sich vehement. „Das were den stetten ain krenkung an iren gar alten frihaiten"[16]. Doch der König tendierte mehr und mehr dazu, sich die Einschätzung des Adels zu eigen zu machen, aus rechtlichen und pragmatischen Gründen. Pfalbürger aufzunehmen war den Städten seit 1356 verboten. Die Praxis, es dennoch zu tun, könne, so der König, „von sulcher Pfalburger wegen [zu] schedlicher Zwitracht, Krieg und Schaden in den Landen [Schwaben] entsprießen und wachsen"[17]. Nach Beratungen mit den Kurfürsten und Fürsten ließ Sigismund in die Goldene Bulle vom 25. März 1431 hineinschreiben, dass künftig niemand „in dem heiligen Reich keinen Pfalburger noch auch Pfalburgerin, noch einig Muntleute ewiglich keineswegs nicht empfangen, haben, noch halten sollen"[18]. Binnen zwei Monaten sollten alle Pfalbürger zugunsten ihrer adligen (und geistlichen) Herren freigestellt werden. Damit wurde als Reichsrecht nochmals befestigt, dass Bauern nicht berechtigt seien, in ein Schutz- und Schirmverhältnis zu den Reichsstädten zu treten, was sie bislang offenbar massenhaft getan hatten.

Flankierend erfolgten nun in Oberschwaben selbst Maßnahmen, die man die Ausbildung der Leibeigenschaft nennen kann. Den Bauern wurde von ihren Herren verboten, einen anderen Schutz- und Schirmherrn anzunehmen, sie konnten also außerhalb ihrer Herrschaft keinen Rechtsschutz mehr beanspruchen[19]. Einen solchen gewährten ihnen in der Regel wohl Reichsstädte. Der Wegzug in die Städte muss enorm gewesen sein, wie man aus den trotz Pestumzügen steil ansteigenden Bevölkerungszahlen des 14. und 15. Jahrhunderts in den oberschwäbischen Reichsstädten schließen kann. Er wurde dadurch unmöglich gemacht, zumindest erschwert, dass die Nachbarn, die Dorfgenossen, die Familien für den Verbleib der Bauern unter ihrem adligen Herrn mit ihrem Vermögen haften mussten. Heiraten außerhalb der Herrschaft wurden erschwert, wo nicht verboten, man wollte alle erbrechtlichen Konsequenzen, die das nach sich ziehen konnte, vermeiden.

Wie drückend die oberschwäbischen Bauern die Lage empfanden, kommt in den vielen Unruhen – die allerdings überwiegend aus Klosterherrschaften belegt sind – zum Ausdruck. Am Ende dieses Unmuts stand der Bauernkrieg, dessen Hauptursache gerade in Oberschwaben die Leibeigenschaft gewesen war.

STABILISIERUNG DURCH TERRITORIALISIERUNG ZWISCHEN 1450 UND 1550

Bürger contra Adel, Adel contra Bürger – das war nicht nur in Oberschwaben ein permanenter Gegensatz, er war es auch in Europa. In Oberschwaben ist es dem Adel gelungen, die Herrschaft über seine Bauern durch die Leibherrschaft zu sichern, in Italien, den Niederlanden und der Schweiz hingegen nicht. Die italienischen Städte haben in ihrem Hinterland, dem contado, die Bauern frei gemacht, wie Bologna und Florenz, 500 Jahre vor der Bauernbefreiung im Zuge der Französischen Revolution.

Prekär für den Adel war aber auch der Reichtum der Städte, ihrer Bürger und Korporationen, vorab der Spitäler. Wo immer in Europa im Hinterland der Städte städtische Territorien und damit Stadtstaaten entstanden, waren sie überwiegend dem Adel abgekauft worden. Die Umschichtung von Adelsbesitz in städtischen Besitz muss man gewaltig nennen – mehr oder minder war das Elsaß in der Hand der Reichsstadt Straßburg, Bern als der größte Stadtstaat nördlich der Alpen reichte vom Alpenhauptkamm bei Grindelwald bis zum Jura, von Genf bis ins Emmental. In Oberschwaben war das nicht prinzipiell anders, wenn auch wegen der geringeren wirtschaftlichen Kraft der Städte weniger beeindruckend. Aber immerhin verfügte die Reichsstadt Ulm über ein Territorium von drei Städten, 55 Dörfern und rund 25 000 Untertanen, Memmingen war immerhin noch in 20 Dörfern Ortsherr[20]. Wangen, Lindau, Biberach, Nördlingen, Kaufbeuren verfügten alle über ein eigenes Landgebiet[21].

Hof um Hof, Herrschaftsrecht um Herrschaftsrecht haben die Städte erworben. Diese Portionierung ist nicht Ausdruck beschränkter finanzieller Möglichkeiten der Käufer, sondern vielmehr dem zähen und widerwilligen Zurückweichen des Adels geschuldet. Es dauerte 70 Jahre, bis Memmingen die vor seiner Stadt gelegene Herrschaft Eisenburg von der gleichnamigen ritterschaftlichen Familie zusammengekauft hatte, in rund 20 Transaktionen. Zu den Objekten gehörten Patronate und Zehnten, Gerechtigkeiten an Mühlen und Zwinge und Bänne in einzelnen Dörfern, Höfe und Sölden. Jedem Verkauf an die Stadt, ihre Bürger oder Korporationen ging eine Verschuldung der adligen Familie voraus[22].

Ungeachtet dieser prekären Lage hat der Adel durch Territorialisierung seine Herrschaft stabilisieren können. Das geschah im wesentlichen in der Zeit zwischen 1450 und 1550. Der Vorgang ist ein allgemeiner, er prägt auch die Landpolitik der Reichsstädte und Reichsklöster und war in dem Sinne allgemein, dass die Territorialisierung und Zentralisierung von Herrschaft überall im Reich große Fortschritte zu verzeichnen hatte. Territorialisierung hieß: einen nach außen geschlossenen Herrschaftsraum schaffen und innerhalb seiner Grenzen fremde Herrschaftsrechte, seien sie dinglicher Art an Gütern, persönlicher Art an Menschen oder politischer Art in Form von Gerichts- und anderen Hoheitsrechten, möglichst abzulösen. Der Prozess lässt sich hundertfach belegen. Als Beispiel soll die Herrschaft Kronburg, gelegen an der Iller, dienen.

Die Territorialisierung der Herrschaft Kronburg erfolgte im wesentlichen durch die Herren von Rechberg in der Zeit zwischen 1480 und 1550[23]. In diesem Zeitraum wurden dafür rund 5 500 Gulden[24], die man durch den Verkauf entlegeneren Besitzes, vornehmlich im Interessenbereich des Fürststifts Kempten, eingenommen hatte, zum Ankauf von Gütern von Stadt und Spital Memmingen, der Herren von Pappenheim und der Herren von Landau sowie zur Allodifizierung von Lehen des Hauses Österreich aufgewendet[25]. Den territorialen Rahmen solcher Aktivitäten bildete im wesentlichen der große Sprengel der Pfarrei Illerbeuren. Über diesen nun kompakten Besitz übten die Herren von Rechberg und ihre Nachfolger, die Herren von Westernach, eine „Niedergerichtsbarkeit" aus, wie es in einem Urbar (Verzeichnis der Güter und der mit ihnen verbundenen Herrschaftsrechte) heißt[26]. 1515 ließen sich die Gerichtsrechte durch die Verleihung des „Blutbanns" (Kriminalgerichtsbarkeit) durch Kaiser Maximilian I.[27] steigern, 1551 erfolgte die Befreiung der Herrschaft und ihrer Untertanen von allen fremden Gerichten durch Kaiser Karl V.[28], gewissermaßen als formaler und symbolischer Schlussstrich unter die Territorialpolitik der Rechberger.

Die Herrschaft Kronburg war, jetzt in geschlossener Form, dreifach geprägt: durch Grundherrschaft, Leibherrschaft und Gerichtsherrschaft. Der Bauer entrichtete für den verliehenen Boden Abgaben, überwiegend in Naturalien (Roggen, Hafer, Hühner, Eier), zum kleineren Teil in Geld (Heugeld vom Wiesenland, Scheitgeld für die Holzfronen), er zahlte eine Besitzwechselgebühr bei der Übernahme des Hofes, wenn er den Hof für 20 Jahre oder mehr erhielt. Hinzu kamen Dienste für die Bewirtschaftung des Hofbaus unterhalb der Burg. Formal herrschte in Kronburg Leibeigenschaft, aber die Freizügigkeit war dadurch nicht beschränkt, wurde vielmehr immer erlaubt[29]. „Item der Fischer zuo Lautrach hat 2 Töchteren kauft umb 27 fl". „Item Apollonia Briedrin hat sich selb kauft umb 13 fl"[30] heißt es im Urbar von 1529, das insgesamt „300 leibaigne Menschen" ausweist. Das war in etwa auch die Zahl der Untertanen. Sie bewirtschafteten 23 sogenannte ‚ganze Höfe', vollbäuerliche Betriebe würde man heute sagen, und 30 erheblich kleinere sogenannte ‚Güter'. Den Inhabern der Herrschaft brachte das jährlich 170 Malter Korn, 3 165 Eier, 197 Hühner und 50 Hennen ein, neben unregelmäßigen Einkünften von Freikäufen aus der Leibeigenschaft und Strafgebühren aus der Gerichtsbarkeit.

Die Herrschaft Kronburg kann nach ihrer Struktur, wenn auch nicht nach ihrem Umfang als paradigmatischer Fall für adlige Herrschaft von 1500 bis 1800 gelten. Man hat von einer ‚versteinerten Grundherrschaft' gesprochen, um die Stabilität oder Immobilität solcher Verhältnisse zu beschreiben. Das mag Karl Siegfried Bader zu dem Urteil veranlasst haben, „auf die Verwaltung kleinräumigen, zudem vielfach parzellierten ländlichen Grundbesitzes beschränkt, führte man ein patriarchalisches Leben, dem alle großen Züge, auch die nach breiter kultureller Geltung, fehlten"[31]. Dieses Urteil, 50 Jahre alt, wie es ist, verdient doch manche Korrektur.

Schloss Kronburg.
Kupferstich um 1730.

KONSOLIDIERUNG DURCH UNRUHEN ZWISCHEN 1550 UND 1800

Unruhen begleiten die deutsche Geschichte vom Spätmittelalter bis an die Schwelle der Moderne. Man versteht darunter Protesthandlungen der Untertanen einer Obrigkeit zur Behauptung oder Durchsetzung ihrer Interessen und Wertvorstellungen[32]. Zeitgenössische herrschaftliche Quellen aus Süddeutschland sprechen von „Aufruhr" und „Empörung", die Schweizer etwas neutraler von „Handel". Oberschwaben gehört zu jenen Regionen, in denen dieses Protesthandeln besonders dramatische Formen angenommen hat. Das belegt der Bauernkrieg von 1525, der hier eines seiner Zentren hatte; das belegen aber auch, neben dem auch im Allgäu ausgetragenen Appenzellerkrieg von 1405, die vielen Unruhen in den Klosterherrschaften im späten Mittelalter, in Ottobeuren, Ochsenhausen, Schussenried, Rot oder Kempten. In der frühen Neuzeit war vor allem der Adel das Opfer bäuerlicher Wut. Beide Seiten, adlige Herren wie bäuerliche Untertanen, haben daraus gelernt, was schließlich zu einer Konsolidierung der Adelsherrschaften führte. Als Napoleon die Aufhebung der Rechte und Privilegien des Adels auf die Tagesordnung der europäischen Geschichte gesetzt hatte, war die Konsolidierung soweit gediehen, dass selbst die Untertanen das nicht mehr als Befreiung empfanden.

Erst seit rund 25 Jahren weiß man, dass nach dem Bauernkrieg 1525 keineswegs politische Grabesruhe herrschte. Um 1600 revoltierten Bauern aufs Neue, bemerkenswert häufig in Süddeutschland[33]. Beginnend 1584 in Hohenzollern-Hechingen, brachen Unruhen in den Herrschaften Rothenfels und Staufen gegen die Grafen von Montfort aus, im Klettgau gegen die Herren von Sulz und in den Herrschaften Friedberg-Scheer, Dürmentingen-Bussen und Kallenberg gegen die Truchsessen von Waldburg. Konfliktherde waren in der Regel gesteigerte Abgaben an die Herrschaften, Steuererhöhungen, bedingt durch die Anforderungen des Reiches, und Eingriffe in die Rechte der dörflichen Selbstverwaltung. Oft wandten sich die Bauern an den Kaiser, dann wurde der Wiener Reichshofrat, gelegentlich auch das Reichskammergericht, mit dem Fall befasst und die gerichtliche Klärung einschließlich der Entscheidung

Die Herrschaft des Adels 1300 – 1800

Ansicht von Laupheim. Ausschnitt aus dem ehem. Hochaltarblatt der Kapelle St. Leonhard von Johann Georg Bergmüller, 1726, jetzt in der Pfarrkirche Laupheim. Links Schloss Großlaupheim, oben Schloss Kleinlaupheim.

dauerte oft Jahrzehnte, in Hohenzollern Jahrhunderte[34]. In den Waldburgschen Herrschaften an der Donau bestand das Ergebnis in der Abschaffung der Leibeigenschaft 1686[35].

Archetypisch für diese Unruhen sind jene in der Herrschaft Laupheim der Herren von Welden. 1621 wurde die Herrschaft unter zwei Söhne Carls von Welden geteilt[36]. Aus bisher einem Schloss in Laupheim wurden zwei – Großlaupheim und Kleinlaupheim. Bäuerliche Höfe wurden zur Erweiterung der herrschaftlichen Eigenwirtschaft eingezogen und die Fronen bei einer gleichbleibenden Zahl von Untertanen naturgemäß deutlich erhöht. Neben die Dienste für zwei Schlossgebäude waren landwirtschaftliche Arbeiten für die eingezogenen Bauerngüter hinzugetreten, Fuhrdienste zur Versorgung der Brauereien, der Mühlen und der Beamtenwohnungen mit Bau- und Brennholz kamen hinzu[37]. Nichts beleuchtet die in Laupheim herrschende Arroganz schlaglichtartiger als der Usus, gestandene Bauern, gestützt auf den Rechtstitel Dienstpflicht, „in ein Apothek zu Abholung der Arzneien oder andern dergleichen Sachen" zu schicken[38]. Die Welden stützten sich bei ihren Forderungen auf den Huldigungseid, der ihre Untertanen „zu allen täglichen und fürfallenden Diensten" verpflichtete. Die Bauern jedoch meinten, dass sie „darunter nothwendig crepieren müsten"[39]. Laupheim war ein österreichisches Lehen. Die Untertanen klagten dementsprechend beim Lehnshof in Innsbruck, halfen mit einem Aufstand nach[40] und setzen als Urteil durch, dass es bei den Fronen nach dem Stand von 1621 zu verbleiben habe. Dafür legte das Gericht eine Messlatte an, die in Süddeutschland gebräuchlich war[41]. Es sollten „die Underthanen ihren selbst aignen Sach und Underhalt wol abwarten künden"[42]. Das sollte heißen, zuerst kommt der Hof des Bauern, dann der des Herrn. Innsbruck wählte mit dieser Formulierung eine Wendung, die den Bauern bei einem zweiten Prozess 1680 zum Nachteil gereichte[43]. Dienstpflichtig seien sie, hieß es jetzt, „wann sie nur das Ihrige dabei nit versaumben". Damit wurden jetzt Brennholzfuhren zum Ziegelstadel gerechtfertigt und die Fronverpflichtungen nach dem Durchschnitt der Leistungen zwischen 1621 und 1680 berechnet. Dieser Mechanismus pflanzte

Peter Blickle

sich ins 18. Jahrhundert fort und führte immer wieder zu Prozessen vor dem Lehnshof, die nie die Ansprüche der von Welden zur Gänze bestätigten, aber doch immer eine schleichende Verschlechterung für die Bauern brachten[44]. Diese allerdings hielt sich dennoch in Grenzen. Selbst in Zeiten hoher Anspannung, beim Neubau des Schlosses Kleinlaupheim, erbrachten alle Untertanen in zwei Jahren insgesamt nicht mehr als 4794 Frontage, was eine Belastung von fünf Tagen pro Hof und Jahr gewesen sein dürfte[45].

Die Bauern wurden durch solche Aufstände, Revolten und Prozesse und die schließlichen Verträge und gerichtlichen Urteile Vertragspartner ihrer Herren. Herrschaft auf Vertrag zu gründen, wurde mehr und mehr gebräuchlich. Das erhöhte für die Bauern die Rechtssicherheit, für die adligen Herren die Loyalität ihrer Untertanen. Oft zogen derartige vertragliche Regelungen dauerhafte repräsentative Institutionen hinter sich her, oft Landschaften geheißen, was, dem Sprachgebrauch der Zeit entsprechend, analog zu Landständen verstanden wurde[46]. Eine derartige Landschaft bestand – um auch hier wie für Kronburg auf einen besonders gut dokumentierten Fall zurückzugreifen – in der Herrschaft Trauchburg der Truchsessen von Waldburg[47]. Die Landschaft begegnet erstmals 1551, als das Strafrecht kodifiziert wurde. Darüber hatte sich die Herrschaft „mit der landschafft geaint und vergleicht"[48], man kann das in moderne Terminologie gebracht eine Beteiligung an der Gesetzgebung nennen. Die Landschaft war die Vertretung aller Untertanen in der Herrschaft Trauchburg. Ihr korporativer Charakter wird auch dadurch belegt, dass sie über Vermögen verfügte[49] und öfter Schulden der Herrschaft übernahm, dies bis ins ausgehende 18. Jahrhundert immer wieder[50]. 1564 waren es 8000 Gulden[51], 1762 schließlich wurde ihr ein Steuerbewilligungsrecht gewissermaßen verfassungsmäßig zugesprochen[52]. Steuern für das Reich und den Schwäbischen Kreis mussten zwar bezahlt werden – allerdings nur nach Vorlage der entsprechenden Reichs- und Kreisabschiede –, aber alle anderen sogenannten „Extraanlagen" mussten bewilligt werden.

Zu den ständigen Klagen der Bauern überall im Reich gehörten die Wildschäden[53], bedingt durch die Überhegung der Wälder mit Rot- und Schwarzwild oder den nicht hinreichenden Schutz der bäuerlichen Kulturen – Felder einzuzäunen und Hunde zu halten war häufig verboten. In beiden Fällen war der Grund die adlige Jagdleidenschaft. In Trauchburg wurde das Problem durch die Landschaft gelöst. Sie pachtete 1727 den herrschaftlichen Forst für jährlich 200 Gulden, ihre Mitglieder erhielten dafür das Recht, das Wild abzuschießen[54]. Solche Verträge neutralisierten die Konfliktherde. In der Herrschaft Argen der Grafen von Montfort wurde den Bauern schon 1496 vertraglich das Erbrecht an der Fahrhabe zugesprochen, in der Herrschaft Staufen wurden die leibherrlichen Pflichten fixiert. Die Truchsessen von Waldburg entschärften den permanenten Streit über die Fronen dadurch, dass sie mit ihren Untertanen in ihren Herrschaften, etwa Zeil und Wolfegg, seit 1515 zeitlich auf 10, 15, 20 und schließlich 25 Jahre befristete, aber bis ins ausgehende 18. Jahrhundert verlängerte Verträge schlossen, durch die Fronen in Geldabgaben umgewandelt wurden[55].

Die Herrschaft des Adels – um zu einer Bilanz zu kommen – basierte über 500 Jahre auf einer im Grunde wenig veränderten Grundherrschaft. Als ökonomische Basis war sie für den Adel ausgesprochen bescheiden. Am Ende des Alten Reiches erbrachte die Grafschaft Zeil für die Waldburger einen jährlichen Ertrag von rund 32000 Gulden, Württemberg zog aus seinen Herrschaften hingegen 1 980 000 Gulden[56]. Politisch war diese Grundherrschaft um so wertvoller, denn sie (und nur sie) begründete das Recht, dem Verband der Reichsritterschaft zuzugehören oder auf den Reichstagen, den Schwäbischen Kreistagen oder den österreichischen Landtagen vertreten zu sein. Ohne Herrschaft gehörte man eigentlich nicht zum Stand des Adels.

Vermutlich hat der Adel die Verschweizerung Oberschwabens verhindert, denn ohne die Mobilisierung von Kaiser und Reich zum Schutze seiner Herrschaft wären die Bauern wohl mehr oder

Die Herrschaft des Adels 1300 – 1800

minder alle ins Bürgerrecht von Memmingen, Ravensburg und Biberach getreten, wie im Hinterland von Zürich, Bern und Luzern. Die Schweizer Stadtstaaten bildeten das Gerüst der Eidgenossenschaft, zusammen mit den Landkantonen. Aber es hat nicht viel gefehlt und aus den oberschwäbischen Klosterherrschaften wären Appenzells geworden. Auch das hat der Adel abgewehrt, indem er die bäuerliche Freiheitsbewegung in Oberschwaben abblockte.

Die Herrschaften in Oberschwaben prägt nicht zuletzt politische Klugheit der adligen Herren und der bäuerlichen Untertanen gleichermaßen. Die Revolten waren in dem Sinn produktiv, dass sie Verhältnisse wie in Mecklenburg, Pommern und Brandenburg verhinderten. Dass der Weg auch dorthin – in die Gutsherrschaft und eine zweite Leibeigenschaft – hätte gehen können, belegt der Fall Laupheim. Revolten waren aber auch produktiv durch die Reaktionen der Herren, die Pflichten und Rechte von Herrschaft und Untertanen vertraglich festlegten und ihren Bauern die Möglichkeiten der politischen Repräsentation einräumten. Wie sich der Alltag gestaltete, wurde in den Adelsherrschaften ausgehandelt, auf solche Weise wurde der Handel beigelegt, und das diente der Legitimation der alteuropäischen Grundfigur Obrigkeit – Untertanen. Das weithin sichtbare Feldzeichen der Frühmoderne, der Absolutismus, ist in oberschwäbischen Adelsherrschaften nicht zu sehen und die zeitgenössische barocke Repräsentation ist sehr zurückhaltend, verglichen mit jener der schwäbischen Prälaten[57].

Adlige Herrschaft war in Oberschwaben, unbeschadet vieler Bedrohungen von außen und innen, von großer Kontinuität geprägt. Wie sehr diese Kontinuität den Kaiser und das Reich zur Stabilisierung benötigte, ist eine andere, freilich für die Bewertung des oberschwäbischen Adels sicher nicht minder wichtige Frage.

Anmerkungen:

1 Vgl. Handbuch der baden-württembergischen Geschichte. Bd. 2. Stuttgart 1995, V-VII [Inhaltsverzeichnis].
2 *Karl S. Bader*: Der deutsche Südwesten in seiner territorialstaatlichen Entwicklung. Sigmaringen 1978, 162.
3 Über die konkrete Herrschaft des Adels, die Verwaltung und Rechtspflege, die wirtschaftlichen Grundlagen und die gesellschaftliche Struktur der Herrschaften weiß man äußerst wenig. Materialreich sind die älteren Untersuchungen von *Franz Ludwig Baumann*: Geschichte des Allgäus. 3 Bde. Kempten 1883 – 1895 und *Joseph Vochezer*: Geschichte des fürstlichen Hauses Waldburg in Schwaben. 3 Bde. München-Kempten 1888 – 1907. Die jüngeren, eher skizzenhaften Darstellungen, mit starker Betonung der Beziehungen zu den Kaisern und dem Haus Habsburg bei *Werner Rösener*: Adelige Herrschaft in einer alten Königslandschaft. Herrschaftspraktiken und Lebensformen des oberschwäbischen Adels im Spätmittelalter. In: *Peter Blickle* (Hg.): Politische Kultur in Oberschwaben. Tübingen 1993, 119-146, sowie *Rudolf Endres*: Oberschwäbischer Adel und absoluter Staat. Herrschaftsstil und Herrschaftstechnik in Oberschwaben. In: Ebd., 147-173.
4 Der Begriff selbst wird hier nur als Abkürzung für einen sehr viel komplizierteren und auch in der Wissenschaft kontrovers diskutierten Sachverhalt gebraucht. Vgl. *Werner Rösener*: Grundherrschaft im Wandel. Untersuchungen zur Entwicklung geistlicher Grundherrschaften im südwestdeutschen Raum vom 9. – 14. Jahrhundert. Göttingen 1991, und *Klaus Schreiner*: „Grundherrschaft". Entstehung und Bedeutungswandel eines geschichtswissenschaftlichen Ordnungs- und Erklärungsbegriffs. In: *Hans Patze* (Hg.): Die Grundherrschaft im späten Mittelalter I. Sigmaringen 1983, 11-74.
5 Zitat nach *Petermann Etterlins*: „Kronica von der loblichen Eydtgnoschaft, jr harkommen und sust seltzam strittenn und geschichten", gedruckt in: Quellenwerk zur Entstehung der Schweizer Eidgenossenschaft, Abt. III, Chroniken und Dichtungen, 2. Bd. Bearbeitet von *Eugen Gruber*. Aarau 1965, 144.
6 Für die Zusammenhänge *Walter Schläpfer*: Die Appenzeller Freiheitskriege. In: Appenzeller Geschichte. Bd 1. [Appenzell] 1964.

7 Ausführlich *Peter Blickle:* Bäuerliche Rebellionen im Fürststift St. Gallen. In: *Ders.* (Hg.): Aufruhr und Empörung? Studien zum bäuerlichen Widerstand im Alten Reich. München 1980, 215-295, bes. 217-227, 256-260.
8 Die insgesamt sehr komplizierte Konfliktlage wird hier stark verkürzt wiedergegeben.
9 *Schläpfer* 1964 (wie Anm. 6), 171.
10 Gesamtdarstellung bei *Benedikt Bilgeri:* Der Bund ob dem See. Stuttgart 1968, sowie *Alois Niederstätter:* „..dass sie alle Appenzeller woltent sin". Bemerkungen zu den Appenzellerkriegen aus Vorarlberger Sicht. In: *Stefan Sonderegger* (Hg.): Begegnung. Appenzell-Ausserrhoden und Vorarlberg. Friedrichshafen 1992, 10-30.
11 Druck des Bundestextes bei *Peter Blickle / Renate Blickle:* Schwaben von 1268 bis 1803. München 1979, 188-193. – Die jüngste Interpretation stammt von *Horst Carl:* Vom Appenzellerkrieg zum Schwäbischen Bund. Die Adelsgesellschaften mit St. Georgenschild im spätmittelalterlichen Oberschwaben. In: *Peter Blickle / Peter Witschi* (Hg.): Appenzell – Oberschwaben. Begegnungen zweier Regionen in sieben Jahrhunderten. Konstanz 1997, 97-132. – Als ‚Klassiker' dürfen noch immer gelten *Hermann Mau:* Die Rittergesellschaften mit St. Jörgenschild in Schwaben. Stuttgart 1941 und *Herbert Obenaus:* Recht und Verfassung der Gesellschaft mit St. Jörgenschild in Schwaben. Göttingen 1961.
12 Druck bzw. Regest der Quelle bei *Bilgeri* 1968 (wie Anm. 10), 128-133.
13 *Philipp Dubach:* Gesetz und Verfassung. Die Anfänge der territorialen Gesetzgebung im Allgäu und im Appenzell im 15. und 16. Jahrhundert. Tübingen 2001, 99-113.
14 Ausführlich *Eckart Conrad Lutz:* Spiritualis fornicatio. Heinrich Wittenwiler, seine Welt und sein ‚Ring'. Sigmaringen 1990.
15 Detailliert aufgearbeitet bei *Philipp Rogger:* Leibeigene und Pfalbürger. Ein ungelöstes Problem in Oberschwaben. Lic. phil. Bern 2005.
16 *Dietrich Kerler* (Hg.): Deutsche Reichstagsakten unter Kaiser Sigmund. 3. Abt. 1427 – 1431. Göttingen 21956, Nr. 430, S. 573.
17 Ebd., 568. Vgl. auch *Max Georg Schmidt:* Die Pfalbürger. In: Zeitschrift für Kulturgeschichte 9 (1902), 241-321, bes. 256.
18 *Kerler* 1956 (wie Anm. 16), 568.
19 Die Überlieferung zur Rekonstruktion solcher Maßnahmen ist in geistlichen Herrschaften erheblich besser als in weltlichen. Die einschlägigen Quellen dazu bei *Peter Blickle / André Holenstein* (Hg.): Agrarverfassungsverträge. Stuttgart 1996. – Für eine zusammenfassende Darstellung *Peter Blickle:* Von der Leibeigenschaft zu den Menschenrechten. Eine Geschichte der Freiheit in Deutschland. München 2003, 53-74.
20 *Peter Blickle:* Memmingen (Historischer Atlas von Bayern, Teil Schwaben 4). München 1968, 252 [graphische Übersicht].
21 Vgl. *Peter Blickle:* Die Territorialpolitik der oberschwäbischen Reichstädte. In: *Erich Maschke / Jürgen Sydow* (Hg.): Stadt und Umland. Stuttgart 1974, 54-71; *Rolf Kiessling:* Die Stadt und ihr Land. Umlandpolitik, Bürgerbesitz und Wirtschaftsgefüge in Ostschwaben vom 14. bis ins 16. Jahrhundert. Köln-Wien 1989.
22 Die Daten bei *Blickle* 1968 (wie Anm. 20), 224-235.
23 Die Wahl des Beispielsfalls erfolgte aufgrund der besonders guten archivalischen Erschließung in Form von Editionen. *Klaus Freiherr von Andrian-Werburg:* Die Urkunden des Schlossarchivs Kronburg 1366 – 1928. Augsburg 1962; *Ders:* Die Urbare der Herrschaft Kronburg 1529 bis 1651. Kempten 1961; *Ders:* Kronburg. Ein reichsritterschaftliches Territorium in Schwaben und seine Inhaber. Kempten 1969; *Blickle* 1968 (wie Anm. 20), 369-379 [unter Einbezug archivalischen Materials über die Editionen von Andrian-Werburg hinaus].
24 *Andrian-Werburg* 1962 (wie Anm. 23), Nr. 59, 72, 74, 94, 95, 97, 103, 104, 113, 117, 118, 126, 127, 130, 131, 133, 136, 143, 146, 152, 159, 169.
25 *Andrian-Werburg* 1962 (wie Anm. 23), Nr. 130, 131, 133, 152.
26 *Andrian-Werburg* 1961 (wie Anm. 23), 24.
27 *Andrian-Werburg* 1962 (wie Anm. 23), Nr. 93.
28 *Andrian-Werburg* 1962 (wie Anm. 23), Nr. 150.
29 Erhoben aus *Andrian-Werburg* 1961 (wie Anm. 23), 7 f.
30 *Andrian-Werburg* 1961 (wie Anm. 23), 14-35 [von dort auch alle Zitate].
31 *Karl S. Bader:* Reichsadel und Reichsstädte in Schwaben am Ende des alten Reiches. In: Aus Verfassungs- und Landesgeschichte. Festschrift zum 70. Geburtstag von Theodor Mayer. Bd. 1. Lindau-Konstanz 1954, 247-263, das Zitat 252.
32 *Peter Blickle:* Unruhen in der ständischen Gesellschaft. München 1988, 5.
33 Übersicht bei *Winfried Schulze:* Oberdeutsche Untertanenrevolten zwischen 1580 und 1620. In: *Peter Blickle* (Hg.): Bauer, Reich und Reformation. Festschrift für Günther Franz zum 80 Geburtstag. Stuttgart 1982, 120-147.
34 *Volker Press:* Von den Bauernrevolten des 16. zur konstitutionellen Verfassung des 19. Jahrhunderts. Die Untertanenkonflikte in Hohenzollern-Hechingen und ihre Lösungen. In: *Hermann Weber* (Hg.): Politische Ordnungen und soziale Kräfte im Alten Reich. Wiesbaden 1980, 85-112.
35 *Martin Zürn:* „Ir aigen libertet". Waldburg, Habsburg und der bäuerliche Widerstand an der oberen Donau 1590 – 1790. Tübingen 1998, 349-353.
36 *Johann Albert Aich:* Laupheim 1570 – 1870. Laupheim 1921, 14 ff.
37 Nachlass Schenk [im Stadtarchiv Laupheim], Nr. 26.
38 Ebd.
39 Zitiert bei *Hartmut Zückert:* Die sozialen Grundlagen der Barockkultur in Süddeutschland. Stuttgart-New York 1988, 83.
40 Stadtarchiv Laupheim, Weldenarchiv [WAL] XXXV. „Actenmäßige Geschichte deren Bauren Unruhen und Beschwerden wider die Herrschaften zu Laupheim von 1655 bis 1661".
41 Vgl. *Renate Blickle:* Hausnotdurft. Ein Fundamentalrecht in der altständischen Ordnung Bayerns. In: *Günter Birtsch* (Hg.): Grund- und Freiheitsrechte

von der ständischen zur spätbürgerlichen Gesellschaft. Göttingen 1987, 42-64. Vgl. ergänzend *Dies.*: Nahrung und Eigentum als Kategorien in der ständischen Gesellschaft. In: *Winfried Schulze* (Hg.): Ständische Gesellschaft und soziale Mobilität. München 1988, 73-93.
42 WAL (wie Anm. 40) XVIII. Kommissionsurteil vom 28. April 1661.
43 Hauptstaatsarchiv Stuttgart [HSAS], B 111 Bü 10. – *Aich* 1921 (wie Anm. 36), 21.
44 *Aich* 1921 (wie Anm. 36) , 24 f. – HSAS, B 573 Bü 343. „Information in der Strittsachen der Herrschaft zu Groß Laupheimb und der Unterthanen". – HSAS, B 573 Bü 363, 368 und WAL (wie Anm. 40) XXXIX – XXB [18. Jahrhundert betreffend].
45 Laupheim zählte um 1700 1 660 Einwohner, damit annähernd 400 Haushaltungen.
46 Erste Gesamtdarstellung für Oberschwaben bei *Peter Blickle*: Landschaften im Alten Reich. Die staatliche Funktion des gemeinen Mannes in Oberdeutschland. München 1973. – Ein wichtiger ergänzender Beitrag für Landschaften in Adelsherrschaften stammt von *Martin Zürn*: Herrschaft, Landschaft und Gemeinde im westlichen Oberschwaben. In: *Peter Blickle* (Hg.): Landschaften und Landstände in Oberschwaben. Tübingen 2000, 161-177.
47 *Peter Blickle*: Kempten (Historischer Atlas von Bayern, Teil Schwaben 6). München 1969, 182-210.
48 *Rudolf Rauh* (Bearb.): Das Zinsrodel der Herrschaft Trauchburg von 1509 und 1518. Das Urbar der Herrschaft Trauchburg von 1551. Kempten 1955, 22.
49 Fürstlich Waldburg-Zeil'sches Gesamtarchiv Schloss Zeil, Archiv Trauchburg [ZATr], A 182.
50 Zahlenmaterial bei *Blickle* 1969 (wie Anm. 47), 204 f.
51 ZATr (wie Anm. 49), U 557, 1594 II. 16. – *Vochezer* 1907 (wie Anm. 3), Bd. 3. 142.
52 ZATR (wie Anm. 49), A 286.
53 *Hans Wilhelm Eckardt*: Herrschaftliche Jagd, bäuerliche Not und bürgerliche Kritik. Göttingen 1976.
54 ZATr (wie Anm. 49), U 927; 1727 IV. 23.
55 *Wolfgang von Hippel*: Die Bauernbefreiung im Königreich Württemberg. Boppard am Rhein 1977, hier Bd. 1, 201-208. – *Vochezer* 1900 (wie Anm. 3) Bd. 2, 633 f.
56 *Hippel* 1977 (wie Anm. 55), Bd. 2, 12 – 17, 105. [Vergleichszahlen dort auch zu den Klöstern Schussenried Weingarten und Ochsenhausen].
57 Vgl. das reiche Belegmaterial in *Volker Himmelein / Hans Ulrich Rudolf* (Hg.): Alte Klöster – neue Herren. 3 Bde. Ostfildern 2003.

ZWEIERLEI REPRÄSENTATION BAROCK-ABSOLUTISTISCHE SELBSTDARSTELLUNG UND LANDSCHAFTLICHE VERTRETUNG

Hartmut Zückert

Für Peter Blickle˙

Repräsentation ist ein Schlüsselbegriff des Barockzeitalters. Der fürstlichen und prälatischen Selbstdarstellung dienten Schloss- und Klosterbauwerke, Jagden, Feste und Zeremoniell. Zum Ausdruck gebracht wurde der Anspruch des absoluten Herrschers, allein ohne Teilhabe der Stände das Land zu repräsentieren. Repräsentation sollte auch der Kernbegriff der parlamentarischen Demokratie werden, die ihre Wurzeln in den Versammlungen der Stände hat, sofern diese daran festhielten, neben dem Fürsten das Land zu repräsentieren und sich entgegen dem fürstlichen Machtanspruch als Vertretung des Landes zu begreifen. Repräsentation meint in beiden Fällen die Vertretung des Landes: Indem der Fürst einen Monopolanspruch auf die Vertretung erhob, musste er diese Stellung darstellen bzw. repräsentieren. Die im heutigen Verständnis auseinandertretenden Bedeutungen von Repräsentation als Selbstdarstellung oder als Vertretung stießen im Barockzeitalter aneinander, wenn die durch den ungewohnten höfischen und militärischen Aufwand entstehenden Kosten auf die Stände abgewälzt wurden und die Ständevertretungen dagegen opponierten.

REPRÄSENTATION ALS HERRSCHERLICHE SELBSTDARSTELLUNG

Gehäuse und Kulisse, also Voraussetzung eindrucksvoller fürstlicher und prälatischer Selbstdarstellung war das Schloss, in und vor dem die zeremoniellen Begegnungen und die prunkende Feste, in dessen Umgebung die aufwendigen Jagden stattfanden. Mit dem Schlossbau wurde jenes Thema angeschlagen, welches die Auseinandersetzungen um den höfischen Aufwand bestimmten, dass sich nämlich die Ausgaben nicht an den zur Verfügung stehenden Einkünften, die Lasten nicht an den Berechtigungen, sondern am fürstlichen Geltungsanspruch orientierten. Beeindruckende Zeugnisse des schwäbischen Barockbaus sind die Schlossanlagen der Herzöge von Württemberg in Ludwigsburg und Stuttgart, daneben ihre Lustschlösser. Oberschwaben ist vor allem durch die groß dimensionierten Klosteranlagen geprägt; aber auch der Adel von den Fürsten und Grafen bis zu den Reichsrittern hat seine Burganlagen durch zeitgemäße Schlösser ersetzt oder doch wenigstens umgebaut.

Dem niederen Adel – um am unteren Ende der Rangskala zu beginnen – konnte es weniger um eindrucksvolle Repräsentation als um standesgemäßes Wohnen gehen. Bei der Dürftigkeit der wirtschaftlichen Verhältnisse waren die Schlösser und Landsitze der Reichsritter nur in Ausnahmefällen große künstlerische Leistungen[1], doch für ihre zahlenmäßig geringe Untertanenschaft stellte die Heranziehung zur Bewältigung der Bauaufgabe eine große Belastung dar. Die Herrschaft Laupheim beispielsweise, bestehend lediglich aus dem Marktort Laupheim bei Biberach, war sogar noch zwischen den Brüdern von Welden in die Herrschaften Groß- und Kleinlaupheim geteilt worden. Als Franz Philipp Freiherr von Welden 1677 der Gemeinde Großlaupheim Baufronen zum ruinierten „burghauß" ankündigen ließ, bestand sie auf der Beteiligung

Ansicht der Stadt Mühlheim an der Donau mit dem Schloss der Freiherren von Enzberg. Ölgemälde, um 1760. Privatbesitz.

die Herrschaft Mühlheim in die Administration der Reichsritterschaft gegeben worden war, waren Finanzmittel für einen Schlossbau kaum vorhanden. Um die prekäre Lage zu bessern und um aktuell für den Bau nötiges Geld aufzubringen, ging man den Weg der Ausweitung der Eigenwirtschaft und der Errichtung von Wirtschaftsbetrieben durch Ausnutzung der Pflicht zu ungemessenen Fronen. Die weldensche Herrschaft zog Bauernland zum herrschaftlichen Eigenbesitz ein und ließ 65 Jauchert (ca. 21,9 Hektar) Akker mit Fronen bearbeiten, kaufte eine Mühle und eine Brauerei, zu deren Betrieb Brennholzfronen gefordert wurden. Die Ziegel aus der mit Fronarbeit betriebenen Ziegelei wurden nicht nur zum Schlossbau verwendet, sondern auch verkauft. Tatsächlich konnten die Schlossbauausgaben, die etwa ein Drittel des Herrschaftsetats verschlangen, durch die Erlöse aus dem Ziegelverkauf und aus der landwirtschaftlichen Eigenproduktion gedeckt werden.

Kleinlaupheims, das freilich einen eigenen Herrensitz benötigte. Verlangt wurden Brennholzfronen zum Ziegelstadel und Ziegelfronen zum „schloßpau"[2].

Eine ähnliche Problematik bestand in der reichsritterschaftlichen Herrschaft Mühlheim an der Donau bei Beuron, die die Freiherren von Enzberg innehatten. Die Fronpflicht der drei Allodialorte sowie der beiden österreichischen Lehendörfer war bereits abgelöst worden, als 1729 den übrigen drei bischöflich-konstanzischen Lehengemeinden die Baufronen zum „schlossbau" in Mühlheim aufgebürdet wurden[3]. Aufgrund der hohen Schulden, deren Bedienung in Großlaupheim 40% des Etats verschlang, und wegen der

Nachdem der Freiherr von Enzberg bereits erfolglos versucht hatte, durch ein Eisenbergwerk zu Geld zu kommen, waren die Maßnahmen der Administration mittels der Erweiterung des herrschaftlichen Feldbaus auf die Stärkung der Eigenwirtschaft gerichtet; es ist die Rede von 22 Jauchert (ca. 7,4 Hektar), zu denen die Bauern Dungfuhren zu leisten hatten, vom Einzug von Reut- und Stockfeldern, vom Bau von Schafhäusern auf dem Schäfereihof und vom Kauf von Schafen, von der Anlage einer Sennerei für die Herstellung von Käse. Des weiteren wurde in Wirtschaftsbetriebe investiert, in den Bau von Mühlen und Mühlwehren, einer Schmiede, eines Stadels und einer Waschküche. Alle Baumaßnahmen bedeuteten für die Untertanen Baufronen sowie anschließende Brennholzfronen zum Unterhalt der Betriebe. Die Investitionen bewirkten eine Steigerung des Herrschaftsetats um mehr als 20% durch den Ver-

Hartmut Zückert

kauf von Mühlfrucht, Schafen und Wolle sowie Einkünfte aus Schmieden und dem Bräuhaus, was die Finanzierung des Schlossbaus ermöglichte.

Die so realisierte Restituierung der Herrengewalt provozierte mancherorts heftige Reaktionen der Untertanen. Während sowohl die österreichischen als auch die bischöflich-konstanzer Gemeinden günstige Urteile bei ihren Lehenhöfen erlangten – an deren Befolgung durch die Enzbergische Herrschaft es freilich mangelte –, stellten sich die Beamten der oberösterreichischen Regierung auf den Standpunkt der von Welden. Es kam zu Fronverweigerungen, der Arretierung von 30 Gemeindeleuten, Pfändungen und schließlich zur Einquartierung von Schwäbischen Kreistruppen im Dorf.

Die Untertanen der Stadt Hettingen und der Gemeinde Hermentingen beschwerten sich beim Freiherrn Speth von Zwiefalten anlässlich der Huldigung 1707 über die Baufronen zur Residenz. Die von Speth hatten sich von ihren Untertanen in einem Fronvertrag 1616 die Fronpflicht bei einem Residenzbau zusichern lassen. Ein Vergleich regelte 1738, dass die Fron nur die Herbeiführung von Baumaterialien wie Kalk, Sand, Steine, Bauholz, Bretter betreffe, nicht aber die „zur jnnerlicher Zierd und Ausrüstung" verlangten Dinge, die von weit entfernten Orten außerhalb der Herrschaft abzuholen wären. Allerdings seien unter der Residenz nicht nur die herrschaftliche Wohnung, sondern alle dazu notwendigen Gebäude zu verstehen[4].

Fronstreitigkeiten waren wie in Laupheim und in Mühlheim ein Thema bis zum Ende des Alten Reiches. Freiherr Balthasar Ferdinand von Hornstein sah sich 1683 mit der Verweigerung der Frondienste zu seinem Schlossneubau in Weiterdingen konfrontiert. Erst nach einem 1786 angefangenen Fronprozess erreichte die Gemeinde Weiterdingen die Fronablösung, von der Baufronen bei großen Reparaturen ausgenommen blieben. Doch gerade über diese hatte die Gemeinde geklagt, dass selbst zur Heu- und Getreideernte, „und sollte dem Bauersmann während dieser

Ansicht von Weiterdingen mit dem Schloss der Freiherren von Hornstein, im Hintergrund der Hohenstoffeln. Ölbild, Ende 17. Jahrhundert. Privatbesitz.

Zweierlei Repräsentation

Zeit alles zu Grunde gehen", er doch zur Ziegelhütte fahren, Ziegel, Steine und Kalk holen müsse[5]. Die auch nach dem Umbau immer noch wie Burgen aussehenden reichsritterlichen Herrensitze repräsentierten die wiederbelebte Herrengewalt über Fronbauern, deren Arbeitskraft nicht nur für Hilfsarbeiten beim „burgbau" in Anspruch genommen wurde, sondern auch die Quelle eines Großteils der Herrschaftseinkünfte war.

Von anderem Zuschnitt waren die Dinge im Herzogtum Württemberg, wenn auch manche Erscheinungen denen in den Kleinterritorien erstaunlich ähnelten. Herzog Eberhard Ludwig war bestrebt, durch Pracht und Großartigkeit des Auftretens eine Macht zu bekunden, die doch nur im eigenen Herzogtum groß war. Allerdings entsprach seine Forderung eines ranggemäßen Residenzschlosses durchaus den Anschauungen der Zeit. Das burgartige Stuttgarter Alte Schloss aus dem 16. Jahrhundert war nicht das architektonische Zentrum von Stadt und Land im Sinne der barocken Residenzkonzeption, also nicht Symbol der Zusammenfassung aller Gewalt in der Person des Fürsten[6]. Mit der Verlagerung des Hofes nach Ludwigsburg folgte der Herzog wie andere Reichsfürsten vor ihm dem großen Vorbild Ludwig XIV.: Er verließ die Hauptstadt, zog sich in das in einem Vorort neu geschaffene Residenzschloss zurück, distanzierte sich so von seinem ihm allzu nahen Volk, erhöhte mit der räumlichen Distanz seine herrscherliche Stellung.

Schon bald nach der Grundsteinlegung im Mai 1704 wurden die Ämter Leonberg, Maulbronn, Vaihingen/Enz, Wimpfen, Backnang, Murrhardt und Beilstein zu Baufronen gefordert. Zusammen hatten sie in den nächsten Jahren von Mai bis Anfang Dezember täglich 30 Karren und 90 Handfröner zu stellen, die reihum abwechselnd aufzubieten waren. Ab 1706 wurden „sämtliche Städt und Ämter" Württembergs in die Pflicht genommen, die ständig 90 Fuhrwerke und 300 Handfröner an der Baustelle zur Verfügung zu halten hatten. Die Ämter beschwerten sich, die Belastung „durch so vieles Fronwesen bei dem Ludwigsburger Bauwesen" sei nicht zu ertragen[7]. Ebenso gerne, wie er bauen ließ, ging Eberhard Ludwig auf die Jagd, was für die Untertanen Jagdfronen und Wildschäden bedeutete. Vor allem erstrebte er ein stehendes Heer. Sein Gebaren begründete der Herzog gegenüber den Landschaftsabgesandten mit den Usancen der Zeit. Er sei ein großer Fürst und habe die Regierungsformen angenommen, die einem großen Fürsten ziemten, wie andere seines Standes auch; diese Formen seien jetzt völlig andere als vor 30, 50 oder 60 Jahren[8]. Das Ludwigsburger Schloss, ein für ein mittleres Fürstentum wie Württemberg – hinsichtlich der Ressourcen – völlig überdimensionierter Repräsentationsbau, setzte die kleineren Fürsten und Grafen unter Prestigedruck.

In der Grafschaft Hohenzollern-Hechingen waren bereits zum ersten Aufstand 1584 Baufronen zur Residenz, zur Generalrebellion von 1619 Fronen zum Festungsbau der Anlass gewesen[9]. Die aus der Erhebung in den Fürstenstand 1623 resultierenden Repräsentationsanforderungen überforderten die Ressourcen des Territoriums und bewirkten eine ständige Finanznot. Herrschaftsintensivierung, Jagdleidenschaft und Hofausgaben provozierten den Kampf der Untertanen um die Freie Pirsch, gegen die Leibeigenschaft und für eine Kontrolle der Reichssteuern. Trotz Schulden von etwa 350 000 Gulden entstand 1738 bis 1741 das Lustschloss Lindlich bei Hechingen, das bis zum Umbau des Stadtschlosses unter Leitung von Michel d'Ixnard 1764 bis 1768 als Residenz diente: mit einem Aufwand von Kosten in Höhe von 30 000 Gulden sowie Fronleistungen; daran schloß sich noch der Bau der Hechinger Stiftskirche an[10].

Die Geldnot wegen schlechten Wirtschaftens und der Kosten des nach einem Brand 1704 neu gebauten Schlosses in Kißlegg zwang Graf Hans Ernst II. von Waldburg-Trauchburg-Kißlegg (1717 – 1737) zur Veräußerung beträchtlichen Grundbesitzes und von Herrschaftsrechten an die Abtei Isny und das Fürststift Kempten; dennoch hinterließ er Schulden von über 400 000 Gulden[11].

Über Graf Anton III. von Montfort-Tettnang schrieb Vanotti: „Er war ein Freund der Künste, liebte das Bauwesen, glaubte es sich und seiner

Ehre schuldig zu sein, eine zahlreiche Dienerschaft zu halten, glänzende Feste zu geben, den Adel der Nachbarschaft, die Geistlichen und Beamten der ganzen Umgegend bei solchen Anlässen um sich zu versammeln und selbst seinen Namen, wie er glaubte, durch große und kleinlichte Bauten und kirchliche Stiftungen zu verewigen"[12]. Trotz hoher Verschuldung ließ Graf Anton in Tettnang in den Jahren 1712 bis 1720 eine vierflügelige Schlossanlage errichten, die bedeutendste Adelsresidenz in Oberschwaben; außerdem wurde Schloss Langenargen umgestaltet und das dortige Kapuzinerkloster mit Kirche neu gebaut. Nachdem der Bischof von Konstanz 1725 versucht hatte, eine Regelung der immer katastrophaleren Verschuldung herbeizuführen, die vorsah, dass „künftig das schädliche Bauen (außer der höchsten Notdurft) gänzlich eingestellt" werde, nahm sich das Reich der Lage des Grafenhauses an, konnte aber keine Besserung bewirken. 1753 brannte das Neue Schloss aus. 1755 sprang Österreich mit einem Darlehen von 500 000 Gulden ein, sogleich begannen der Wiederaufbau des Schlosses und seine Ausstattung. Dies und die großzügige Hofhaltung trieben den Schuldenstand auf über eine Million Gulden. 1770 mussten die Arbeiten am Schloss eingestellt werden, das zweite Obergeschoß blieb unausgebaut. Nach dem Erlöschen der Montfort gingen 1780 die Grafschaft und die Herrschaften Tettnang, Argen und Schomburg an Österreich über[13].

Höfisches Prangen war keinesfalls von Eitelkeit beseelt. Vielmehr ergab sich aus der Idee der Repräsentation der Palastbau als erste und wichtigste Pflicht, er zählte zu der dem Fürsten höchst wichtigen Tugend der Magnifizenz: „ein herrliches = und Majestätvolles Wundergebäu ist ein unfehlbares Zeichen eines hohen Heldengemüts, welches durch ein solch köstlich und kunstlich auffgeführtes Werck der Nachwelt suchet ein immerwerend lobwürdiges Angedencken zu hinterlassen, auch seinen glorwürdigen Namen zu verewigen." Alle Handlungen eines Menschen hätten dem Rang zu entsprechen, den er in der Gesellschaft einnahm, „aus welchem zu schließen, in dem die Qualitet und Aygenschafft der Fürsten alle anderen übertrifft, als mögen sye nichts anderes in Ihren Verrichtungen und actiones würckhen, dann was prächtig und magnifice sich erzaiget", auch um sich „einen mehreren Gehorsamb und Respect bey denen Underthanen" zu verschaffen[14]. Dabei dürfe kein Aufwand gescheut werden, ein Fürst und ein Adeliger dürften, ja müssen aus Gründen der Repräsentation notfalls Schulden machen[15].

Solche Tugend war religiös fundiert: „Gott selbst befiehlt, daß sie sich sollen ehren lassen, so Ihnen zusteht und sich erhalten in dem Ansehen, welches ihre Majestät erfordert." Johann Christian Lünig legte in seinem „Theatrum Ceremoniale" im Jahr 1719 dar: „Grosse Herren sind zwar sterbliche Menschen, wie andere Menschen; Weil sie aber GOTT selbst über andre in dieser Zeitlichkeit erhoben, und sie zu seinen Stadthaltern auf Erden gemacht, also daß sie von der Heil. Schrifft in solchem Verstande gar Götter genennet werden, so haben sie freylich Ursache, sich durch allerhand euserliche Marquen vor anderen Menschen zu distinguiren, um sich dadurch bey ihren Unterthanen in desto grössern Respect und Ansehn zu setzen." Die Ordnung Gottes auf Erden zu erhalten sei die Aufgabe von Fürsten und Adel[16].

Es wäre unangebracht, der adligen Repräsentation eine mindere religiöse Verpflichtung zuzumessen[17]. Andererseits näherten sich in der baulichen Repräsentation die Klöster den Fürstenschlössern an, indem neben der Kirche die Prälatur mit dem Festsaal, dem Treppenhaus, der Bibliothek zum zweiten, prächtig ausgeschmückten Repräsentationszentrum der Klosteranlage wurde[18].

Mitte des 18. Jahrhunderts dann artikulierte Johann Michael von Loen eine nüchterne Denkweise: „Das Bauen ist zwar an und für sich selbst im gemeinen Wesen eine der nützlichsten Beschäftigungen, dann es befördert Handel und Wandel, und giebt vielen Menschen Nahrung und Unterhalt; allein man muß es darin eben so wenig als in andern Dingen übermachen; denn der Misbrauch ist durchgehends schädlich. Ich glaube, daß man

Ludwigsburg. Ansicht von Norden. Kupferstich von P. C. Frisoni, um 1735.

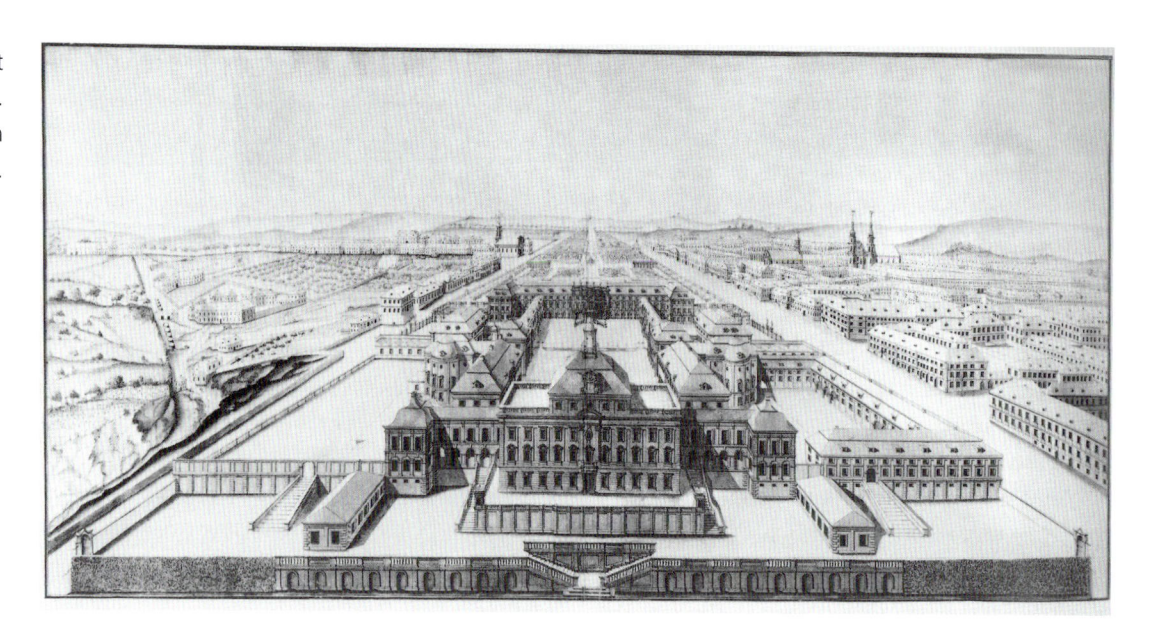

es leicht ausrechnen könte, wie viel in einem Land kostbare Gebäude und Palläste sich befinden, die theils verfallen sind, theils leer stehen; theils aber, in Ansehung des darauf verwandten Capitals, nur einen gar geringen Zins auswerffen. Mithin dieses Geld, das man auf allzugrose und prächtige Häuser verschwendet, dem gemeinen Wesen viel und ungleich mehr Nutzen bringen solte, wann es zum Ackerbau, zur Viehzucht, zu Künsten und Wissenschaft, zu Handarbeiten und zur Beförderung der Commercien angewendet würde."[19]

Die württembergische Landschaft, die alles daransetzte, den Landesherrn in die Hauptstadt zurückzuholen, erwirkte beim Regierungsantritt Herzog Carl Eugens dessen Zusage, die Residenz dauerhaft in Stuttgart zu belassen. In Anbetracht des Alten Schlosses verlangte dieser aber „eine standesmäßige, seiner fürstlichen Dignität convenable und dem Umfang seines Hofstaats hinlängliche Wohnung"; überflüssiger Luxus solle vermieden werden, das Bauwerk nicht mehr als 600 000 Gulden kosten. Der Landschaftsausschuss stellte die Schlossbaugelder bereit[20]. Der Herzog hatte hohe Ambitionen, nämlich einen bedeutenden Gebietszuwachs und die Kurwürde zu erlangen; Mittel dazu sollten militärische Stärke und einer „derer prächtigsten Hoffstaaten" sein[21]. Trotz hoher Militärlasten, die das Land zu tragen hatte, bestand des Herzogs Armee im wesentlichen aus – wie der Landschaftskonsulent Johann Jacob Moser monierte – „zu einer bloßen Belustigung der Augen dienende kostbare" Paradetruppe, die sich im Siebenjährigen Krieg so wenig ruhmreich schlug, dass Frankreich 1759 die Subsidienzahlungen drastisch reduzierte und auch Österreich an dem übernommenen Kontingent ein Jahr später die Lust verlor[22].

Lehnte die Landschaft eine Kriegsteilnahme außer zur Landesverteidigung ab, so fehlte ihr auch jedes Verständnis für Prachtentfaltung in Kriegszeiten. Nach den Testamenten der Herzöge Christoph und Eberhard, so hielt die Landschaft Herzog Carl Eugen vor, sollten die Regenten nicht ihre eigene Wollust, Pracht und Vanitäten suchen, nicht Kriege anfangen, sondern Frieden und Gerechtigkeit erhalten, den gemeinen Nutzen vor ihrem eigenen fördern und an die vor Gott zu erstattende Gerechtigkeit denken. Aus bürgerlich geprägtem, überkommenem hausväterlichen Denken fehlte ihr jeder Sinn für repräsentativen Aufwand, negierte sie den Sinn adligen Kriegführens, unterstellte dem Landesherrn Eigennutz konträr zum Gemeinnutz des Landes und sprach ihm, pietistisch anmaßend, das Gottesgnadentum ab. Landschaftskonsulent Moser bat, bei dem kostbaren Bauwesen, dem vermehrten Hofstaat und vielen Divertissements Ersparnisse zu erzielen, die dem „Lustre" des Herzogs keinen Abbruch tun, aber die Rentkammer entlasten würden. Er beklagte das Übermaß an Fronen für das Militär, die Jagden, den Hofstaat, das Bauwesen in Ludwigsburg, beim Lustgarten, der Porzellanfabrik usw.[23]

Nach dem Scheitern seiner militärischen Aspirationen erging sich Carl Eugen zunehmend im Bauluxus. Das 1760 bis 1765 gebaute Seeschloss Monrepos ist nur flüchtig vom Getriebe des Hoflebens berührt worden, Carl Eugen bevorzugte als Landsitz Schloss Solitude sowie Grafeneck. Die Klagen der Ämter über die ungeheure Steigerung der Fronlast durch die 1763 begonnenen Bauarbeiten an Schloss Solitude, die Nichtleistung der Frontaxe und der Fronverpflegung, den Einschlag in Gemeindewälder und den Entzug von Holznutzungen durch die Anlage von Hirschparks, den Einsatz von Wehrpflichtigen zu Schanzarbeiten in Solitude und Grafeneck etc. wurden Bestandteil der Landtagsbeschwerden[24].

Nachdem die Landschaft im Juli 1764 Klage beim Reichshofrat gegen den Herzog erhoben hatte, verlegte Herzog Carl Eugen die Residenz wieder nach Ludwigsburg. Sofort begann man mit dem Bau eines großen Opernhauses, das, begleitet von Misshelligkeiten mit den Handwerkern wegen rückständigen Lohns, nach nur einem Vierteljahr Bauzeit termingerecht zum herzoglichen Geburtstag am 11. Februar 1765 fertig wurde. Die Missstimmung gegen die luxuriöse Verschwendung machte sich nicht nur publizistisch und in Schimpfreden des Volkes Luft, sondern im Winter 1766 wurde das Ludwigsburger Opernhaus auch Objekt nächtlicher Exzesse. Unbekannt gebliebene Täter hatten einige der rings um das Gebäude angebrachten Laternenstöcke herausgerissen und mit gewaltsamer Demolierung der Brücken und Stiegen begonnen, weshalb eine Besetzung des Platzes mit Militärposten angeordnet wurde[25].

Carl Eugens Uneinsichtigkeit, den Luxusaufwand einzuschränken – seine nun selbst vom Kabinettsminister Montmartin beklagten „ausschweifenden Wollüste und Verschwendungen" – waren es, die seine Position beim Reichshofrat unhaltbar werden ließen und ihn zwangen, den Erbvergleich zu unterschreiben. Kaiser Joseph II. hatte, Denkschriften führender Politiker der Hofburg folgend, die Konsequenzen aus der Niederlage im Siebenjährigen Krieg gezogen, dass nämlich nach protestantischem Beispiel die militärische Stärke entsprechend den Kräften des Landes zu steigern sei, welchem der Hang der katholischen Fürsten zur „Pracht" und der Besitz der toten Hand hinderlich wären[26].

Wie dem Württemberger Herzog wurde auch minderen Fürsten der Wandel vom höfischen zum aufgeklärten Absolutismus abverlangt. Nachdem 1745 die fürstenbergischen Linien vereinigt worden waren, schuf Fürst Joseph Wilhelm Ernst eine gemeinsame Landesverwaltung und machte Donaueschingen zur Residenz. Der ihm 1762 nachfolgende Fürst Joseph Wenzel hielt großzügig Hof, Donaueschingen wurde zum Anziehungspunkt für oberdeutsche Adelige, die hier als Hofkavaliere oder als höhere Beamte ihr standesgemäßes Auskommen fanden[27]. Die finanzielle Lage verschlechterte sich von Jahr zu Jahr, sehr zur Sorge der fürstenbergischen Agnaten und des Wiener Hofes. Als Mitte der 1770er Jahre zahlreiche Gläubiger die Ablösung ihrer Guthaben forderten, sprang der Bischof von Konstanz mit einem Großkredit ein, für den er die Trennung der Landschaftskasse von der Hofkasse und die Einsetzung seines Kammerherrn Josef Freiherrn von Hornstein-Binningen als fürstenbergischen Hofkammerpräsidenten zur Bedingung machte. Hornsteins Ansinnen einer Verringerung des Hofstaats brachte ihn in Gegensatz zur Hofgesellschaft. In deren Sinne verlangte Oberstleutnant von Lassolaye den bischöflichen Kredit der Schatulle des Fürsten zuzuführen, während Hornstein auf der Einhaltung der mit den Landschaften getroffenen Abmachung bestand, wonach dieses Geld der Landschaftskasse gehöre. Nach wenigen Monaten kam es zum Eklat, der Fürst entließ Hornstein und hob die Trennung der Verwaltungen und der Kassen auf; Nachfolger Hornsteins wurde Lassolaye. Hornstein aber klagte vor dem Reichshofrat gegen seine Entlassung und erhielt Audienz beim Kaiser. Bestürzt berichtete der fürstenbergische Reichshofratsagent von Stubenrauch, in Wien werde von einer „ganz verderbten Hofhaltung" gesprochen. Ein Mandat des Reichshofrats von 1776 befahl dem Fürsten, die Trennung von Hofkammer und Landesverwaltung wiederherzustellen[28]. Auch Johann Baptist von Bodman wurde 1792 in einem reichsritterschaftlichen Zirkularschreiben nachgesagt, er habe „in verschwenderischem Lebenswandel [...] Schulden über Schulden" gehäuft, eine Anzeige beim Kaiser wurde angedroht; von Bodman war gezwungen gewesen, drei Dörfer zu verkaufen, um seine Gläubiger zu befriedigen[29].

Der aufgeklärte Absolutismus löste den höfischen Absolutismus ab, wenn dieser sein Ziel, die Schaffung des Fürstenstaates[30], erreicht und eine an den fürstlichen Hof angegliederte Staatsverwaltung aufgebaut hatte, welche die Mittel für den Hof herbeischaffte. Wenn die finanziellen Verhältnisse meist äußerst verworren und mitunter recht trübselig waren, so lag das teils daran, dass die Einnahmen aus verschiedensten rechtlichen Titeln zusammengesetzt waren, teils daran, dass wegen des Aufwands und der Baulust neue Einkünfte kreiert und mit Nebenkassen operiert wurde, wobei sich die Staatsschuld von Jahr zu Jahr vergrößerte. Nichtsdestoweniger wurden die Territorien durch den Absolutismus zu Staaten[31]. Sobald das aber geschehen war, verlor die ostentative Repräsentation ihren Zweck, wurde der höfische Aufwand als Belastung des Staatshaushalts aufgefasst, die zunehmend geordnete Landesverwaltung löste sich wieder vom Hof. Wenn der Fürst aber nicht mehr repräsentierte – nämlich den Fürstenstaat –, stellte sich die Frage: wer repräsentiert das Land?

REPRÄSENTATION ALS LANDSCHAFTLICHE VERTRETUNG

Als eine Abordnung Tübinger Bürger mit ihrem Bürgermeister als Mitglied des Engeren Ausschusses an der Spitze ihre Einwände gegen die Ausschaltung der Landschaft vortragen wollte und dies mit ihrem Gewissen und dem Vaterland begründete, entgegnete Herzog Carl Eugen, so wird kolportiert: „Was, Vaterland? Ich bin das Vaterland!" Der Herzog begriff sich als Personifizierung des Landes, die Delegierten verstanden sich als Vertretung des Landes[32].

In den Auseinandersetzungen um repräsentative Schlossbauten bzw. um Belastungen durch den höfischen Aufwand generell trat dem Landesherrn stets eine Vertretung seiner gesamten betroffenen Untertanen gegenüber. Das war in den engsten Verhältnissen die Gemeinde mit der Institution der Gemeindeversammlung, die Beschlüsse fasste: „anseiten ganze gemeindt gemachten schluß" in Großlaupheim. Sie wurde gegenüber der Herrschaft durch ihre Organe vertreten: „ihre vier von der gemeindt oder die sammentliche richter und ausschüß". Der Ausschuss, der bei der verwitweten von Welden vorsprach, an den Kommissionsverhandlungen mit Beamten der Landvogtei Schwaben und der Markgrafschaft Burgau teilnahm oder sich bei der oberösterreichischen Regierung in Innsbruck aufhielt, war eine mit besonderem Vertretungsmandat gewählte Delegation[33].

Ansonsten stand dem Territorialherrn eine Gesamtvertretung der Untertanen des betreffenden Gebietsteils gegenüber. In der Herrschaft Mühlheim klagten die österreichischen Lehengemeinden gemeinsam, ebenso die bischöflich-konstanzischen Lehengemeinden, deren Zusammenschluss keineswegs nur als Prozess-Syndikat bestand, sondern als Gliederung der Untertanenschaft. Denn die „ausschüsse" oder „abgeordneten" der Konstanzer Lehengemeinden waren auch für die Abrechnung der Fronleistung mit der Herrschaft zuständig, ihnen kündigte die Herrschaft die Baufronen an mit dem Ansinnen, in ihren Gemeinden Beschlüsse über eine eventuelle Geldablösung der Fronen herbeizuführen[34].

In den anderen genannten Fällen etablierte sich mangels eines mediaten Adels als bäuerlich-bürgerliche Landschaft die Gesamtvertretung der Untertanen als landständische Repräsentation. In

Oben und unten nebeneinander: Links die gräfliche Familie von Waldburg-Zeil-Wurzach, rechts die Untertanen bei einer Prozession unter Führung des Pfarrers. Ausschnitt aus dem Deckengemälde in der Pfarrkirche Bad Wurzach von Andreas Brugger, 1777.

den Auseinandersetzungen mit dem sich formierenden Territorialstaat zwischen der Mitte des 15. und des 16. Jahrhunderts entstanden, prägten die Landschaften durch die Formulierung von Gravamina und deren Regelung in Herrschaftsverträgen grundgesetzlichen Charakters den Staat mit, etwa im Ochsenhausener Vertrag von 1502, dem Tübinger Vertrag von 1514 für Württemberg oder dem Memminger Vertrag von 1526 für das Stift Kempten.

Wo eine Kontinuität landständischer Vertretungen nicht überliefert ist, zeigten sich die Landschaften erneut initiativ, wenn Verschiebungen der staatlichen Gewichte hin zum Absolutismus drohten. Nach 1525 war von der Ochsenhausener Landschaft nicht mehr die Rede, bis anlässlich des Neubaus von Prälatur, Gästehaus und Konventgebäude ab 1583 die Bauholzversorgung der Bauern eingeschränkt wurde. Die Landschaft formierte sich erneut, beklagte eine Verletzung des Vertrages von 1502 und erreichte 1621 eine urkundliche Bestätigung ihrer Rechtsposition[35]. Ebenso war die Kemptener Landschaft nach dem Bauernkrieg nicht mehr hervorgetreten, bis der Neubau der Stiftsgebäude ab 1651 die Bauern mit Steuerzahlungen und Fronen belastete. Gleichfalls wurde die Verletzung des Vertrages von 1526 beklagt und dieser von einer kaiserlichen Kommission 1667 bestätigt[36]. Entsprechend drang die württembergische Landschaft gegen die durch Schlossbauten, höfischen Aufwand, Jagden und Militär entstehenden Belastungen auf Einhaltung der Landesgrundgesetze, vom Tübinger Vertrag angefangen. Die barocke Selbstdarstellung eines absoluten Herrschaftsanspruchs aktivierte die landschaftliche Vertretung.

Die hohenzollerische Generalrebellion nahm 1618 Gestalt an, als in allen Gemeinden Deputierte gewählt wurden, die sich jede Woche in Hechingen trafen und der Herrschaft die gesammelten Beschwerden vortrugen. Die Gemeinden hielten sich an die Landschaft, „als wäre dieselbe ihre

Zweierlei Repräsentation

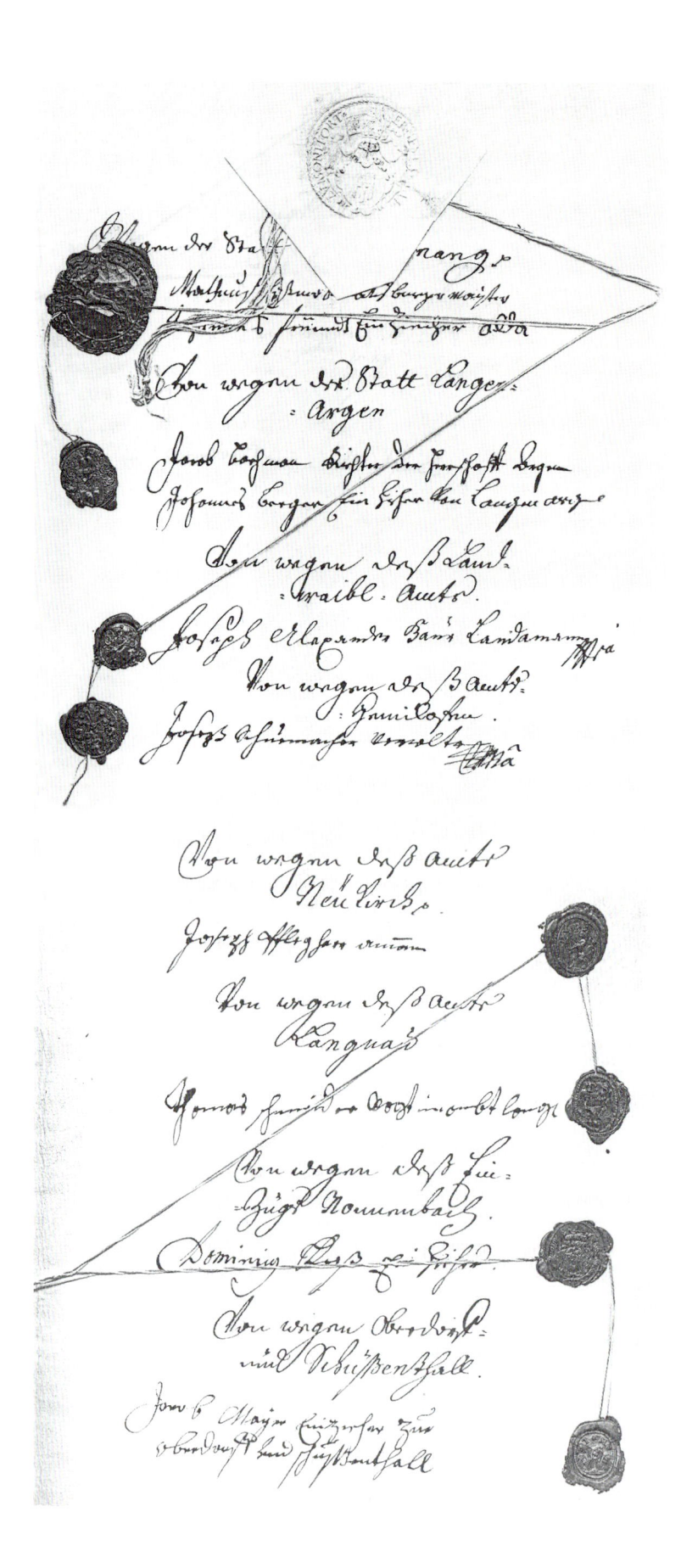

Vertrag zwischen Ernst Graf von Montfort und der montfortischen Landschaft der Herrschaften Tettnang und (Langen)Argen über die Ablösung der Fronverpflichtungen der Untertanen und des gräflichen Jagdrechts gegen eine jährliche Zahlung von 5 500 Gulden. Unterschriften der Landschaftsverordneten, 1. April 1739. Hauptstaatsarchiv Stuttgart.

Obrigkeit". Den von der Herrschaft eingesetzten Dienern in den Dörfern wurde die Allmende entzogen und verordnet, dass keiner der Herrschaft Gebot und Verbot achten sollte. Die Landschaft entstand 1696 wieder, indem sogenannte Konventikel in der Stadt und den Dörfern zusammentraten, die einander schworen, auszuhalten und die Landschaft als Geheimen Ausschuss wählten. In Christian Wannenmachers Haus in Rangendingen befand sich „die gewöhnliche Kanzlei der Landschaft". Sie reichte eine Klage „samtlicher Unterthanen Stadt und Landes" gegen den Fürsten beim Reichskammergericht ein und sie beschloss 1701 den gemeinsamen Aufruhr. Das Reichskammergericht untersagte, „eine sogenannte Landschafft" zu formieren und ohne obrigkeitliche Erlaubnis „sogenannte Landes-Versammlungen" abzuhalten; faktisch musste die fürstliche Regierung ihnen allerdings gestatten, „durch einen oder zwey Deputirten von jeder Gemeinde zusammen zu tretten", um über den Prozess zu beratschlagen[37]. Von der Herrschaft anerkannt wurde die Landschaft erst 1798 in einem Landesvergleich[38].

1713, im zweiten Jahr des Schlossbaus in Tettnang, suchte die Landschaft Montfort-Tettnang zu einer Fronregelung zu kommen, die die Fuhren zum Schloss auf jährlich 3 000 und die gesamte Fronbelastung für den Einzelnen auf zwei Tage im Monat begrenzt hätte. Infolge der gräflichen Finanzmisere erlangte die Landschaft 1739 die Geldablösung der ungemessenen Fronen und die Pacht der Jagd im Herrschaftsgebiet. Beim Konkurs des Grafenhauses 1779 büßte die Landschaft Forderungen von 200 000 Gulden ein[39].

Hartmut Zückert

Seit der Mitte des 16. Jahrhunderts hatten in den fürstenbergischen Territorien Landschaftsvertretungen getagt. Ein Landschreiber protokollierte, was „ufm landtag" beschlossen worden war, und führte die Landschaftsrechnung, die von Vertretern des Grafen und der Landschaft abgehört wurde. Eine aktive Landschaft trat in Erscheinung, als sich 1721 sämtliche Untertanen der Landgrafschaft Baar „wegen überhäuften Fronen" und unzureichenden Fronbrots beklagten und um eine Fronablösung baten, die abgelehnt wurde. Ebenfalls bat die Gemeinde Donaueschingen 1775 „die viele Frohnen zu mindern"[40].

Institutionalisieren konnten sich die Landschaften als Repräsentativkörperschaften, wenn sie an der Finanzverwaltung beteiligt waren. Der Kemptener Vergleichsrezess von 1667 regelte nicht nur die Klosterbaufrage, indem sich die Landschaft zu einem leidlichen außerordentlichen Beitrag für zwei bis drei Jahre zur Vollendung des Baus bereit erklärte, sondern schuf auch eine Landschaftskasse, indem die Landschaft die Kriegsschulden übernahm unter der Bedingung, dass die Tilgung in ihre Verantwortung gegeben würde[41]. Ebenfalls 1713 wurde in Montfort-Tettnang erstmals die Wahl eines Landschaftskassiers erwähnt, der die Landschaftskasse und -rechnung führte, die Anlage und Landessteuer einzog mit Hilfe der Ammänner, die als „Landschaftsvorgesetzte" bezeichnet und formell von der Herrschaft bestellt wurden[42]. In Fürstenberg wurden im 16. wie im 18. Jahrhundert die von den Landschaften bewilligten Steuern sowie die Reichssteuern und Kreisabgaben, die Kriegskontributionen und die Devotionalbeiträge aus der Landschaftskasse gezahlt[43]. Mit dem Steuerbewilligungsrecht, etwa der Bewilligung der Militär-, Kammer- und Schlossbaubeiträge durch den württembergischen Landschaftsausschuss, hatten die Landstände eine fundamentale parlamentarische Zuständigkeit erlangt; im Landesvergleich erkannte der Herzog ausdrücklich an, dass die Steuern „entweder der Landschaft selbst oder doch denen Communen zustehen"[44].

Das barock-absolutistische Bestreben, die Trennung von Hof- und Landesetat aufzuheben und

Die Untertanen: „Der Landbau in der Grafschaft Tettnang im jahreszeitlichen Wechsel". Deckenfresko in einem Treppenhaus des Neues Schlosses Tettnang von Andreas Brugger, um 1765.

alle Revenuen des Landes der Verwendung des Fürstenhofes mit der seinen Zwecken dienstbar gemachten Landesverwaltung zuzuführen, richtete sich gegen die Eigenständigkeit der landständischen Finanzverwaltung. Die Trennung von Hof- und Landschaftskasse stand im Mittelpunkt des Reichshofratsprozesses gegen Fürstenberg. In Württemberg musste der Herzog, um seine Repräsentationsansprüche zu befriedigen, die ständische Landesverwaltung an sich ziehen; so griff er auf den von der Landschaft kontrollierten

Zweierlei Repräsentation

Grabmahl des Johann Friedrich Hillneder, Landschaftskassier des Reichsstifts Salem, †1722.
Pfarrkirche Salem-Mimmenhausen.

erspritzen, Polizeipatrouillen und Almosen[47]. In Montfort-Tettnang nahm die Landschaft die Policeyangelegenheiten wahr, die Polizei im engeren Sinn, Feuerwehr, Straßen- und Flussbau, Gesundheit, Salzversorgung, Armen- und Waisenfürsorge, später die Schule. Ein engerer Ausschuss von vier Personen, der als Verhandlungsdelegation mit der Herrschaft gewählt war, entschied die Routineangelegenheiten[48]. Diese Aufgaben hatten – laut einem Gutachten für die württembergische Regierung 1808 – die Landschaftskassen in Oberschwaben generell[49]. Als Hebestelle der Reichssteuern zum einen und als Policeyverwaltung zum anderen nahmen die Landschaften mehr öffentliche Aufgaben wahr als die fürstlichen Behörden.

Die Repräsentation setzte Delegation und Wahl voraus, wie sie auf Gemeindeebene Usus war. Von der Wahl des Stiftkemptener Landschaftsausschusses 1741 sind Listen mit den Zahlen der auf die verschiedenen Kandidaten entfallenen Stimmen überliefert[50]. Auf Legitimation durch demokratisches Verfahren legten die Landschaften wert. Die Hohenzollern-Hechinger Landschaft forderte und setzte im Landesvergleich durch, dass zur Kontrolle der Kontributionskasse, in die die Reichs- und Kreissteuern und andere Abgaben eingezahlt wurden, die Steuerdeputierten, statt, wie vom Fürsten gewollt, aus der Ehrbarkeit der Dörfer ernannt zu werden, durch Stimmenmehrheit in den Gemeinden gewählt wurden. Für außerordentliche Abgaben zu dieser Kasse erhielt die Landschaft das Bewilligungsrecht[51]. Die Baugelder für das Stuttgarter Neue Schloss ließ der Landschaftsausschuss vom Größeren Ausschuss bewilligen, nicht ohne alljährlich besondere Vollmachten der einzelnen Landstände, also der Ämter, einzuholen. Mit den Gewählten gingen Beschwerden der Landstände ein, die als Landesgra-

Kirchenkasten zu, in den etwa ein Drittel der Staatseinnahmen flossen[45]. Er versuchte, die Landschaft als Repräsentativorgan auszuschalten, indem er sich die Steuern direkt von den Ämtern bewilligen lassen wollte, scheiterte damit allerdings[46].

Landschaftliche Repräsentation hieß landständische Mitgestaltung der Staatlichkeit des Territoriums. Die fürstenbergischen Landschaften bestritten aus den Landschaftskassen die Unterhaltung von Wegen und Brücken, die Besoldungen des Kassiers, des Physikus und der Hebamme, des Scharfrichters und der Wachposten, die Feu-

Hartmut Zückert

vamina dem Herzog vorgestellt wurden. Die Ausschussmitglieder agierten, wie der Herzog formulierte, als „Mandatarii des Landes"[52].

Nachdem ihnen der württembergische Vizekanzler Myler von Ehrenbach bereits 1656 Repräsentativcharakter zugesprochen hatte, wurden die württembergischen Landstände in den Religionsreversalien Herzogs Carl Alexander von 1730 „corpus repraesentativum des gesammten lieben Vaterlands" genannt, ebenso im Erbvergleich. „Wo nun Landstände seyn", verallgemeinerte Johann Jacob Moser, „repräsentiren dieselbigen das ganze Land; er bezeichnete sie als Repräsentanten des Landes in favorabilibus et odiosis, custodes legum et jurium patriae, Vorstehere und gleichsam Vormündere des Landes." Diese Vorstands- oder Vormundschaftsrepräsentation bildet die corpus-caput-Ordnung ab als Hierarchie von Haupt und Gliedern bei wechselseitiger Angewiesenheit. Sie ist vorgeprägt in der Stadtgemeinde mit dem Rat als Haupt und den Zünften als Gliedern mit je eigenen Rechten, eine nicht herrschaftsfreie Beziehung, in der jedoch Solidarität als Füreinander-Einstehen Bedingung ist. Sie bedeutet die Gleichsetzung eines Teils mit dem Ganzen, indem der Rat die Stadt „ist"[53].

Die württembergische Landschaft unterschied sich damit nicht wesentlich vom englischen Parlament, für das sich die Vorstellung der „communitas regni Angliae" herausgebildet hatte, der Körperschaft aller Kommunitäten des Königreichs („representant totam communitatem Angliae"), der lokalen korporativen Vertretungen nach Grafschaften und Städten. So vermittelt seien alle Engländer durch das Parlament vertreten, denn „the consent of the Parliament is taken to be everie mans [sc. every men's] consent"[54].

So also ist die arg gescholtene Vorherrschaft der Ehrbarkeit in der württembergischen Landschaft[55] zu verstehen, die die Amtsstädte und damit das Amt vertrat. Doch verbreitete sich im Laufe des 18. Jahrhunderts die Legitimationsbasis der Landschaftsabgeordneten, indem sie durch die Amtsversammlung, bestehend aus den Stadtmagistraten und allen Dorfschultheißen, gewählt wurden. Während des Verfassungskampfes mit Herzog Carl Eugen wurden sogenannte verstärkte Amtsversammlungen die Regel, in die neben die Schultheißen noch zwei oder drei weitere Vertreter der Dorfgemeinden gewählt wurden, so dass häufig bäuerliche Mehrheiten zustandekamen[56].

Nachdem der Fürst die Formel „Landesherr und Landstände zusammen sind das Land"[57] verworfen und sich den absorptiven Repräsentationsbegriff gemäß Hobbes' Satz „Rex est populus" (Der König ist das Volk)[58] zu eigen gemacht hatte, wurden die zurückgedrängten Stände in nicht wenigen Fällen wegen des Aufwandes, den der Fürst zur Repräsentation seiner Stellung trieb, revitalisiert. Der aufgeklärte Absolutismus verzichtete auf den ostentativen Aufwand, er repräsentierte nicht mehr. Wer also repräsentierte das Land?

Während die adligen und geistlichen Landstände ihre Mitwirkungsrechte preisgegeben hatten, lässt sich das von bürgerlichen und bäuerlichen Landschaften, die in korporativer oder kommunalistisch-demokratisierter Form diejenigen vertraten, die die fürstlichen Belastungen zu tragen hatten, so nicht sagen. Nach der Forderung Justis (1759), Pütters (1777) und Mösers sollten nur „solche Landschaften als Repräsentanten der sämmtlichen Unterthanen eines ganzen Landes angesehen werden", deren Stände nicht, wie der Adel, „für sich" auftraten, als Vertretung eigener Herrschaftsrechte über Untertanen[59], sondern die die Gemeinden vertraten, wie das englische House of Commons oder die württembergische oder die oberdeutschen Landschaften.

Wilhelm Ludwig Wekhrlin nannte die württembergische Landschaft 1778 ein „Parlament", ein anderer Württemberger lobte 1781 im „Deutschen Museum" sein Land: „Sind seine Landstände nicht ein Parlament, und hat nicht jeder Bürger eine Stimme?" Der Vergleich der württembergischen mit der „engländischen" Verfassung war im 18. Jahrhundert geläufig. Dass auch die oberschwäbischen Landschaften so aufgefasst wurden, offenbart der Vorwurf des Kemptener Abts an seine Untertanen 1723, sie würden sich zu „Parlaments-Herren aufwerfen"[60]. Das Verhältnis der württembergischen Landschaft zum engeren Ausschuss mit seinen Verwaltungskompetenzen hat Carsten in die Nähe der modernen Repräsentativverfassung gerückt[61]. Weil es keine Standschaft aufgrund feudaler Rechte gab und weil die Vertretung der Korporationen mandatarisch war, war bei der württembergischen ebenso wie bei der hohenzollern-hechingischen Landschaft Anschlussfähigkeit an die parlamentarische Demokratie gegeben[62].

· Peter Blickle hat mir seinerzeit die sozialen Grundlagen der Barockkultur als Untersuchungsthema vorgeschlagen, seine grundlegenden Forschungen zu den Landschaften sind Voraussetzung ihrer Betrachtung hinsichtlich des Repräsentationsbegriffs.

Anmerkungen:

1 *Karl S. Bader*: Zur Lage und Haltung des schwäbischen Adels am Ende des alten Reiches. In: *Ders.*: Ausgewählte Schriften zur Rechts- und Landesgeschichte. Bd. 1. Sigmaringen 1984, 518-572, 568f.

2 Beschreibung des Oberamts Laupheim. Stuttgart 1856 (ND Magstadt 1974), 97, 99, 112; *Peter Blickle*: Gemeinde und Gemeindeverfassung in Laupheim. In: *Stadt Laupheim* (Hg.): Laupheim. Weißenhorn 1979, 219-234; *Ders.*: Von der Leibeigenschaft zu den Menschenrechten. Eine Geschichte der Freiheit in Deutschland. München 2003, 239f.; *Hartmut Zückert*: Die sozialen Grundlagen der Barockkultur in Süddeutschland. Stuttgart-New York 1988, 80-86, 96-102, 115-117. Siehe auch den Beitrag von Peter Blickle in diesem Band.

3 *F. Bauser*: Mühlheim an der Donau und die Herren von Enzberg. In: Heraldisch-genealogische Blätter für adelige und bürgerliche Geschlechter 6 (1909), 97-151, 133f.; *Hansmartin Schwarzmaier*: Das Archiv der Freiherrn von Enzberg und der Aufbau ihrer Herrschaft. In: Zeitschrift für Württembergische Landesgeschichte 26 (1967), 62-78; *Zückert* 1988 (wie Anm. 2), 74-78, 90-96, 109-115.

4 *Gustav Hebeisen*: Beiträge zur Rechts- und Wirtschaftsgeschichte des Hohenzollerischen Bauernstandes. In: Mitteilungen des Vereins für Geschichte und Altertumskunde in Hohenzollern 58 (1924), 91-208, 163-166 und 189-192. Dieser Fall in Ergänzung der Liste bei *Hartmut Zückert*: Repräsentation, Prestige, demonstrativer Konsum. Zur wirtschaftsgeschichtlichen Deutung des barocken Schloss- und Klosterbaus. In: *Peter Blickle / Rudolf Schlögl* (Hg.): Die Säkularisation im Prozess der Säkularisierung Europas. Epfendorf 2005, 191-210, 200-203.

5 *Wilfried Danner*: Die Reichsritterschaft im Ritterkantonsbezirk Hegau in der zweiten Hälfte des 17. und im 18. Jahrhundert. In: Hegau 27/28 (1970/71), 7-105, 29-31, 84, 94. Jeder Reichsritter betrieb eine mehr oder minder große Gutswirtschaft, Fronstreitigkeiten waren bei den Hegauer Rittern an der Tagesordnung: Ebd., 30f., 58; ein Bild von der Vielfalt der Fronverpflichtungen bietet eine Klageschrift 1789: Ebd., 93-96.

6 *Werner Fleischhauer*: Barock im Herzogtum Württemberg. Stuttgart ²1981, 129, 140f.

7 *Gotthilf Kleemann*: Baufronen für Schloß Ludwigsburg. Leonberger Amtsakten geben Auskunft. In: Hie gut Württemberg. Heimatbeilage zur Ludwigsburger Kreiszeitung 17 (1966), 23f. und 35f.

8 *Francis L. Carsten*: Princes and Parliaments in Germany. From the Fifteenth to the Eighteenth Century. Oxford 1959, 119.

9 *Eberhard Elbs*: Owingen 1584. Der erste Aufstand in der Grafschaft Zollern. In: Zeitschrift für Hohenzollerische Geschichte 17 (1981), 9-127, 43, 48-51, 102.

10 *Ludwig Egler*: Chronik der Stadt Hechingen. Hechingen ²1906, 180f., 193-195; *Franz Herberhold*: Die Verwaltungsreform im Fürstentum Hechingen unter Friedrich Ludwig von Hohenzollern-Hechingen (1725 – 1750). In: Zeitschrift für Württembergische Landesgeschichte 3 (1939), 423-448, 433; *Fritz Kallenberg*: Hohenzollern im Alten Reich. In: *Ders.* (Hg.): Hohenzollern. Stuttgart 1996, 48-128, 65f., 70, 73f., 81, 92: die Hausschulden beliefen sich 1806 auf 600 000 Gulden.

11 *Rudolf Rauh*: Geschichte der Grafschaft Trauchburg. In: *Ders.*: Inventar des Archivs Trauchburg im Fürstlich von Waldburg-Zeil'schen Gesamtarchiv in Schloß Zeil vor 1806 (1850). Karlsruhe 1968, 1-63, 13, 25, 61.

12 *Johann Nepomuk Vanotti*: Geschichte der Grafen von Montfort und von Werdenberg. Konstanz 1845 (ND Bregenz 1988), 199-201, 657.

13 [*Johann Daniel Georg*] *v. Memminger*: Beschreibung des Oberamts Tettnang. Stuttgart-Tübingen 1838 (ND Magstadt 1979), 99f., 112f., 193; *Eberhard Gönner*: Die Grafschaft Tettnang. In: *Friedrich Metz* (Hg.): Vorderösterreich. Freiburg ²1976, 647-650. Vgl. den Beitrag Kuhn in diesem Band.

14 Zit. nach *Eberhard Straub*: Repraesentatio Mai-

15 *Alois Schmid*: ‚Es leben die Prälaten!' Der ‚Luxus' in Klöstern der Barockzeit zwischen aufgeklärter Polemik und historischer Wirklichkeit. In: *Markwart Herzog / Rolf Kießling / Bernd Roeck* (Hg.): Himmel auf Erden oder Teufelsbauwurm? Wirtschaftliche und soziale Bedingungen des süddeutschen Klosterbarock. Konstanz 2002, 141-168, 144.

16 *Johann Christian Lünig*: Theatrum ceremoniale historico-politicum, Teil 1. Leipzig 1719, 5 (Zitat), 292; *Straub* 1969 (wie Anm. 14), 4, 6.

17 Den religiösen Auftrag weltlicher Herrschaft blendet *Schmid* 2002 (wie Anm. 15), 145f., aus.

18 *Hans Sedlmayr*: Die politische Bedeutung des deutschen Barocks (Der „Reichsstil"). In: Gesamtdeutsche Vergangenheit. Festgabe für Heinrich Ritter von Srbik. München 1938, 126-140, 138; *Franz Matsche*: Prachtbau und Prestigeanspruch in Festsälen süddeutscher Klöster im frühen 18. Jahrhundert. In: *Herzog / Kießling / Roeck* 2002 (wie Anm. 15), 81-118, 83. *Karl Siegfried Bader*: Reichsadel und Reichsstädte in Schwaben am Ende des alten Reiches. In: *Ders*. 1984. Bd. 1 (wie Anm. 1), 177-193, 190, hielt es für „bezeichnend, daß von bäuerlicher Seite viel beweglichere Klagen gegen die geistlichen Herrschaften, Bistümer und Abteien, erhoben wurden als gegen die weltliche Reichsritterschaft".

19 *Johann Michael von Loen*: Gesammelte Kleine Schriften. Bd. 4. Hg. v. *J. B. Müller*, Frankfurt-Leipzig 1752 (ND Frankfurt am Main 1972), 145f.

20 *Albert Eugen Adam*: Württemberg vor dem Siebenjährigen Krieg, geschildert in einem Gutachten Johann Jakob Mosers vom 9. November 1752. In: Württembergische Vierteljahrshefte für Landesgeschichte NF 12 (1903), 205-226, 220 u. 225; *Ders*.: Herzog Karl und die Landschaft. In: *Württembergischer Geschichts- und Altertums-Verein* (Hg.): Herzog Karl Eugen von Württemberg und seine Zeit. Bd. 1. Eßlingen 1907, 193-312, 194f.; *Bertold Pfeiffer*: Die bildenden Künste unter Herzog Karl Eugen. Ebd., 615-768, 624-627; *Carsten* 1959 (wie Anm. 8), 134.

21 *Gabriele Haug-Moritz*: Württembergischer Ständekonflikt und deutscher Dualismus. Ein Beitrag zur Geschichte des Reichsverbands in der Mitte des 18. Jahrhunderts. Stuttgart 1992, 99, 110f.

22 *Adam* 1903 (wie Anm. 20), 212; *Ders*. 1907 (wie Anm. 20), 214; *Albert Pfister*: Militärwesen. In: Herzog Karl Eugen von Württemberg (wie Anm. 20), 119-143, 120, 132; *Haug-Moritz* 1992 (wie Anm. 21), 111, 115f.

23 *Adam* 1907 (wie Anm. 20), 214f., 222, 231.

24 *Gotthilf Kleemann*: Schloß Solitude bei Stuttgart. Stuttgart 1966, 11, 13, 16-18 (mit Anm. 8), 27-35 (mit Anm. 17); *Adam* 1907 (wie Anm. 20), 241, 248; *Pfeiffer* 1907 (wie Anm. 20), 644-647; zu Grafeneck *Angelika Bischoff-Luithlen*: Barock im altwürttembergischen Dorf? In: Barock in Baden-Württemberg. Bd. 2. Karlsruhe 1981, 417-425, 417f.

25 *Rudolf Krauß*: Das Theater. In: Herzog Karl Eugen von Württemberg (wie Anm. 20), Bd. 1, 483-554, 497f., 525.

26 *Adam* 1907 (wie Anm. 20), 250, 252; *Haug-Moritz* 1992 (wie Anm. 21), 279, 368.

27 *Bader* 1984 (wie Anm. 1), 541-544.

28 *Ders*.: Die Rechtsprechung des Reichshofrats und die Anfänge des territorialen Beamtenrechts. In: Savigny Zeitschrift für Rechtsgeschichte, germ. Abt., 65 (1947), 363-379, 367-372; *Ders*. 1984 (wie Anm. 1), 566; *Daniel Wesely*: Steuerreform und Katasterkartographie im Fürstentum Fürstenberg im 18. Jahrhundert. Frankfurt 1995, 19.

29 *Danner* 1970/71 (wie Anm. 5), 57.

30 *Veit Ludwig von Seckendorff*: Teutscher Fürsten-Staat. Neueste Aufl. Jena 1737.

31 *Bader* 1984 (wie Anm. 1), 536f.; *Ders*.: Der deutsche Südwesten in seiner territorialstaatlichen Entwicklung. Stuttgart 1950, 116.

32 *Adam* 1907 (wie Anm. 20), 242.

33 *Zückert* 1988 (wie Anm. 2), 79-85, 98-102.

34 Ebd., 75.

35 *Peter Blickle*: Landschaften im Alten Reich. München 1973, 115; *Reinhard Tietzen*: „Landschaften" und Landschaftskassen in den Klosterherrschaften Ochsenhausen und Zwiefalten. In: Zeitschrift für Württembergische Landesgeschichte 52 (1993), 179-225, 185-187; *Konstantin Maier*: ‚Ibi abundantia, ubi disciplina'. Ökonomie und Baugeschichte des Klosters Ochsenhausen am Beispiel der Abteirechnungen des 17. und 18. Jahrhunderts. In: *Herzog / Kießling / Roeck* 2002 (wie Anm. 15), 261-273, 263.

36 *Joh[ann] Bapt[ist] Haggenmüller*: Geschichte der Stadt und der gefürsteten Grafschaft Kempten. Bd. 2. Kempten 1847, 213-224, 232f.; *Blickle* 1973 (wie Anm. 35), 316-390, bes. 345; *Zückert* 1988 (wie Anm. 2), 88, 107f., 340-342.

37 *Johann Ulrich von Cramer*: Wetzlarische Nebenstunden. Ulm 1755 – 1773. Teil 77, 35-53, sowie Teil 104, 496-501; *Egler* 1906 (wie Anm. 10), 159f.; *Kallenberg* 1996 (wie Anm. 10), 74f.

38 *Volker Press*: Der hohenzollern-hechingische Landesvergleich von 1798. In: Zeitschrift für Hohenzollerische Geschichte 14 (1978), 77-108.

39 *Memminger* 1838 (wie Anm. 13), 72; *Gönner* 1967 (wie Anm. 13), 647-650; *Blickle* 1973 (wie Anm. 35), 557f., 561; *Elmar L. Kuhn*: Die Landschaft der Grafschaft Montfort-Tettnang. Seminararbeit Universität Tübingen 1971/72, 4-9.

40 *Volkhard Huth*: Donaueschingen. Sigmaringen 1989, 106; *Wesely* 1995 (wie Anm. 28), 36f., 40-42.

41 Wie Anm. 37.

42 *Kuhn* 1971/72 (wie Anm. 39), 4, 7f.

43 *F. K. Barth*: Die Verwaltungsorganisation der Gräflich Fürstenbergischen Territorien vom Anfange des 15. bis in die zweite Hälfte des 16. Jahrhunderts. In: Schriften des Vereins für Geschichte und Naturgeschichte der Baar und der angrenzenden Landesteile in Donaueschingen 16 (1926), 48-176, 121-125; *Ders*.: Der baaremer Bauer im letzten Jahrhundert vor der Mediatisierung des Fürstentums Fürstenberg 1700 – 1806. Ebd. 17 (1928), 13-98, 46-48.

44 Wie Anm. 20. *Haug-Moritz* 1992 (wie Anm. 21), 428.
45 *Haug-Moritz* 1992 (wie Anm. 21), 111; ein andermal ist von der Hälfte oder von fast zwei Dritteln des Budgets die Rede: Ebd., 46, 204.
46 Wie Anm. 32.
47 Wie Anm. 44.
48 *Kuhn* 1972 (wie Anm. 39), 6, 9.
49 *Blickle* 1973 (wie Anm. 35), 521f. Laut *Franz Ludwig Baumann*: Die Territorien des Seekreises 1800. Karlsruhe 1894, 45f., flossen die Steuern „überall in Schwaben" in eigene, dem unmittelbaren Einfluss der Herrschaften entzogene Kassen und hatten die Landschaften das Recht der Steuerkontrolle und der Bestellung eines Kassiers, der die Kasse verwaltete.
50 *Blickle* 1973 (wie Anm. 35), 384f.
51 *Press* 1978 (wie Anm. 38), 85f., 106f. Laut Reglement von 1725 waren zur Revision der Landschaftsrechnung von der Stadt Hechingen neben dem Bürgermeister vier und von jeder Dorfgemeinde zwei „Deputirte" zu wählen: *Herberhold* 1939 (wie Anm. 10), 430.
52 *Adam* 1903 (wie Anm. 20), 225f.; *Adam* 1907 (wie Anm. 20), 226f., 283, 291-293, 297f.; *Haug-Moritz* 1992 (wie Anm. 21), 370.
53 *Hasso Hofmann*: Repräsentation. Studien zur Wort- und Begriffsgeschichte von der Antike bis ins 19. Jahrhundert. Berlin 1974, 147, 213f., 346.
54 Ebd., 338-341; die Gesamtheit der Gerichtsgemeinden des Wallis verstand sich zu Beginn des 17. Jahrhunderts als „Corpus": *Peter Blickle*: Kommunalismus, Parlamentarismus, Republikanismus. In: Historische Zeitschrift 242 (1986), 529-556, 553.
55 *Volker Press*: Landtage im alten Reich und im Deutschen Bund. In: Zeitschrift für Württembergische Landesgeschichte 38 (1980), 100-140, 108: „Ein durch und durch oligarchisches Gebilde [...] ineinander verfilzt".
56 *Hartmut Lehmann*: Die württembergischen Landstände im 17. und 18. Jahrhundert. In: *Dietrich Gerhard* (Hg.): Ständische Vertretungen in Europa im 17. und 18. Jahrhundert. Göttingen 1969, 183-207, 187f.; *Blickle* 1973 (wie Anm. 35), 89-96.
57 *Otto Brunner*: Land und Herrschaft. Grundfragen der territorialen Verfassungsgeschichte Österreichs im Mittelalter. Darmstadt ⁵1965, 413ff.
58 *Hofmann* 1974 (wie Anm. 53), 392. Der Satz ist übermittelt durch Pufendorf: *Barbara Stollberg-Rilinger*: Vormünder des Volkes? Konzepte landständischer Repräsentation in der Spätphase des Alten Reiches. Berlin 1999, 114.
59 *Hofmann* 1974 (wie Anm. 53), 347, 349; *Stollberg-Rilinger* 1999 (wie Anm. 58), 206-208.
60 *Andreas Würgler*: Unruhen und Öffentlichkeit. Städtische und ländliche Protestbewegungen im 18. Jahrhundert. Tübingen 1995, 89; *Stollberg-Rilinger* 1999 (wie Anm. 58), 160. Dieses parlamentarische Selbstkonzept der bürgerlich-bäuerlichen Landschaften wird von Stollberg-Rilinger zu wenig gewürdigt.
61 *Carsten* 1959 (wie Anm. 8), 146.
62 *Stollberg-Rilinger* 1999 (wie Anm. 58), 163; *Press* 1978 (wie Anm. 38). *Blickle* 1986 (wie Anm. 54), 540, 545, sieht eine Verbindung von den Ständeversammlungen zum Parlamentarismus, wenn durch die Gemeinden der weit überwiegende Teil der Gesellschaft vertreten ist, wenn ausgehend von den Gemeindeversammlungen das Prinzip der Wahl weitestgehend gesichert ist und wenn durch die Verhandlung der gemeindlichen Gravamina im Landtag die Öffentlichkeit des Politischen hergestellt ist.

Zur politischen Geographie Oberschwabens
Die Reise des französischen Gesandten Bourgeauville in den Süden des Schwäbischen Kreises 1682

Bernd Wunder

Die Reichsreformen der ersten Hälfte des 16. Jahrhunderts ermöglichten der Vielfalt der Stände des Alten Reiches das politische Überleben bis zu dessen Ende 1802/06. Dies betraf die Stände der zehn Reichskreise, die fast alle mit Viril- oder Kuriatstimmen auch am Reichstag vertreten waren. Besonders auffällig ist diese Besitzstandswahrung im Schwäbischen Kreis mit ca. 100 Stimmen in der Hand von ca. 90 Reichsständen, selbst wenn man die österreichischen Mediatisierungs- und Säkularisierungsversuche über die Landvogtei Schwaben und das Kaiserliche Landgericht Schwaben berücksichtigt. Für die Masse der mindermächtigen Stände Schwabens, die keine Strukturen des frühmodernen Staates aufbauen konnten, also 23 Prälaten, 28 Grafen und 31 Reichsstädte – wozu noch die fünf Kantone der schwäbischen Reichsritterschaft zu rechnen sind – ermöglichte die Kreisorganisation ein Überleben. Insbesondere die rechtshistorische Forschung hat der Kreis- wie der Reichsstandschaft eine geradezu egalisierende Funktion zugeschrieben, d.h. eine Gleichberechtigung der mindermächtigen Stände mit den Reichsfürsten. Dies wurde von Historikern mehrfach auch politisch interpretiert. So hat jüngst Max Plassmann den Schwäbischen Kreis „als Bühne mindermächtiger Stände, die gemeinsam zur Verfolgung gemeinsamer Interessen tätig wurden, ohne sich einer Vormacht unterordnen zu müssen"[1] interpretiert. Diese politische Gleichstellung der mindermächtigen Stände mit den Reichsfürsten verzeichnet jedoch die Realität: Auch im Rahmen des durch die ständischen Reichsreformen geprägten Alten Reiches bestanden Ranghierarchien und Klientelbeziehungen, variiert durch Familienbande und Dienstnahme, die im Rahmen einer grundsätzlichen Bestandssicherung den Mindermächtigen jede politische Mitsprache nahmen.

Diese These soll an einem Aktenfund verifiziert werden, der Dokumentation der Reisen des französischen Gesandten de Bourgeauville von Stuttgart nach Oberschwaben von März bis November 1682, auf denen er nicht nur Reichsfürsten wie die Fürstbischöfe von Konstanz und von Augsburg, sondern auch Reichsgrafen, Reichsprälaten und Reichsstädte aufsuchte, um sie für die französische Politik zu gewinnen. Angesichts der Erfolglosigkeit dieser Reisediplomatie berief Ludwig XIV. seinen Gesandten im Herbst 1682 wieder ab bzw. nach Stuttgart zurück. Nie wieder sollte ein französischer Gesandter nach Oberschwaben kommen. Aber die Gesandtschaftsberichte des Jahres 1682 geben einen einmaligen Einblick in die politische Struktur des Schwäbischen Kreises, insbesondere des Konstanzer und Augsburger Kreisviertels[2]. Die Reaktion der lokalen Machthaber Oberschwabens auf den Einbruch der großen Politik in ihre kleine Welt ist einerseits unterhaltend, offenbart andererseits aber den Charakter von Politik auf der Ebene der Mindermächtigen. Dies wird auch am Eingreifen Ludwigs XIV. in die Wahl des Konstanzer Fürstbischofs 1688/89 deutlich, die sich ebenfalls anhand der Gesandtschaftsberichte verfolgen lässt[3]. Diese gleichfalls einmalige Aktion der französischen Diplomatie ergänzt die Welt der Prälaten, Grafen und Reichsstädte Oberschwabens um die vergleichbare der nicht eingekreisten Reichsritterschaft.

Nikolaus Wierith, Abt von Obermarchtal 1661 – 1691, bei einer Audienz 1686 vor König Ludwig XIV. von Frankreich. Ausschnitt aus dem Deckenbild des Bibliothekssaals Schussenried von Franz Georg Hermann, 1757.

Der politische Kontext des Jahres 1682[4] bestand darin, dass Ludwig XIV. für die durch einseitige Gerichtsurteile und mit dem Einsatz von Militär durchgeführten Reunionen die Anerkennung von Kaiser und Reich forderte. Dies wollte er am Kaiser vorbei durch eine Stimmenmehrheit am Reichstag zugunsten der französischen Forderungen erreichen. Nachdem Ludwig XIV. die Mehrheit der Kurfürsten gewonnen hatte, ging es um die Mehrheit im Fürstenrat, dann auch um die der Städtekurie. Der Schwäbische Kreis war durch den drohenden Konflikt zwischen Kaiser und Ludwig XIV. jedoch noch unmittelbarer betroffen, da der Kaiser die 1681 beschlossene Reichsarmatur im Vorfeld der Laxenburger Allianz von 1682 zur Aufstellung einer Oberrheinarmee benutzen wollte, wobei die Kreisstände entweder durch eigene Kontingente unter kaiserlichem Oberbefehl oder eine entsprechende Finanzierung der kaiserlichen Armee in die Front einer bevorstehenden militärischen Auseinandersetzung eingegliedert werden sollten. Bourgeauville sollte daher zum einen die Aufstellung und Zusammenziehung der Kreistruppen wie auch den Vormarsch kaiserlicher Truppen an den Oberrhein hintertreiben und zum andern die am Reichstag stimmberechtigten Stände zu profranzösischen Voten am Reichstag oder vorbereitend im schwäbischen Kreiskonvent veranlassen. Unverhüllt ließ Ludwig XIV. seinen Gesandten dabei mit dem Einmarsch französischer Truppen drohen. Tatsächlich ließ er auch

1683 20 000 Mann Kavallerie im Elsass stationieren, die aber – anders als gegen Luxemburg – nicht mehr zum Einsatz kamen. Nach der Befreiung Wiens von der türkischen Belagerung im Herbst 1683 kam es 1684 in direkten Verhandlungen zwischen dem Kaiser und Ludwig XIV. zum Kompromiss des sogenannten Regensburger Stillstands, einer auf 20 Jahre befristeten Anerkennung der Reunion durch Kaiser und Reich. Damit war die politische Krise zunächst beigelegt.

Bei den mindermächtigen Ständen Oberschwabens stieß Bourgeauville auf eine verbreitete Unkenntnis der politischen Lage, gemischt mit Eigennutz und traditioneller Abhängigkeit von Österreich. So wusste beispielsweise der Abt von Ochsenhausen nur ungefähr, was in der Welt passierte, und kaum, was das Prälatenkollegium, dessen Mitglied er war, beschloss: Dafür legte er aber eine große Friedensliebe an den Tag, wobei ihm die Friedensbedingungen selbst einerlei waren[5].

Der junge Fürstabt von Kempten, Ruprecht von Bodmann, erklärte dem erstaunten Gesandten, dass er selbst regiere, was sich darin zeige, dass er seinen Räten Anordnungen erteile und diese seine Befehle ausführen müssten; als Nachbar Österreichs könne er aber keine eigene Meinung haben[6]. In Ulm wurde Bourgeauville sogar unverblümt von Patriziern erklärt, dass sie eine kaiserliche Stadt („ville impériale") seien und daher nur das wollen könnten, was der Kaiser wolle[7].

Auf seine Weise suchte hingegen der Graf Ferdinand Maximilian von Öttingen-Baldern die politische Situation auszunutzen[8]: Kinderlos und nach einem gegen Öttingen-Wallerstein verlorenen Prozess in Geldnöten bot er Ludwig XIV. seine Besitzungen, insbesondere das Schloss Baldern – es war die Zeit der Befestigung der Rheinlinie durch Frankreich – gegen eine jährliche Rente auf Lebenszeit in Höhe von 4 000 Pistolen an. Bei Erstattung der Reisekosten sei er auch bereit, sich an den Hof in Versailles zu begeben. Ludwig XIV. lehnte dankend ab.

DER SCHWÄBISCHE KREIS

Versucht man, die Einzelbeispiele zu gemeinsamen Grundzügen zusammenzufassen, so muss man sich mit den Entscheidungsstrukturen im Schwäbischen Kreis und der Wahrnehmung des Stimmrechts durch die Stände sowohl am Kreiskonvent wie am Reichstag befassen[9]. Am Kreiskonvent, einem Plenarkonvent, waren alle Kreisstände gleichberechtigt. Allerdings waren sie in fünf Bänke – geistliche Fürsten, weltliche Fürsten, Prälaten, Grafen und Herren und die Städte – gegliedert. Die Gliederung in Bänke war im Plenum bedeutungslos, nicht aber für die Deputatio Ordinaria, die vor und während des Kreiskonventes die Sitzungen vorbereitete und zusammenfasste. Diese Deputatio setzte sich aus den zwei Direktoren jeder Bank zusammen. Ferner bildete diese Deputatio, besonders in der zweiten Hälfte des 17. Jahrhunderts, den sogenannten Engeren Kreiskonvent, der zwischen den allgemeinen Kreiskonventen tagte, formal aber nur ausführende Kompetenzen hatte. Dieses Zehn-Mann-Gremium war das eigentliche Machtzentrum des Schwäbischen Kreises; insbesondere als der Kreis seit 1648 wachsende Kompetenzen wahrnahm. Mitglieder dieses Gremiums waren die geistlichen Fürsten Konstanz und Augsburg, die weltlichen Fürsten Württemberg und Baden, die Reichsstädte Augsburg und Ulm sowie je ein Direktor und Kondirektor der Grafen- und der Prälatenbank. Diese waren zugleich die Direktoren des schwäbischen Grafen- und des schwäbischen Prälatenkollegiums für die entsprechende Kuriatstimme am Reichstag. Daher fanden auch die Grafen- und Prälatentagungen zumeist während der Kreiskonvente statt.

Diese Direktoren der Grafen- und Prälatenbank wurden auf Lebenszeit gewählt, allerdings besaßen nicht alle Prälaten bzw. Grafen eine Art passives Wahlrecht. Unter den 23 Prälaten[10] fielen einmal die fünf Äbtissinnen sowie der Abt von Zwiefalten weg. Traditionell wechselte das Direktorenamt zwischen den neun Benediktinerklöstern und den sechs Prämonstratenserklöstern, wobei der Kondirektor anfangs aus dem Augsburger

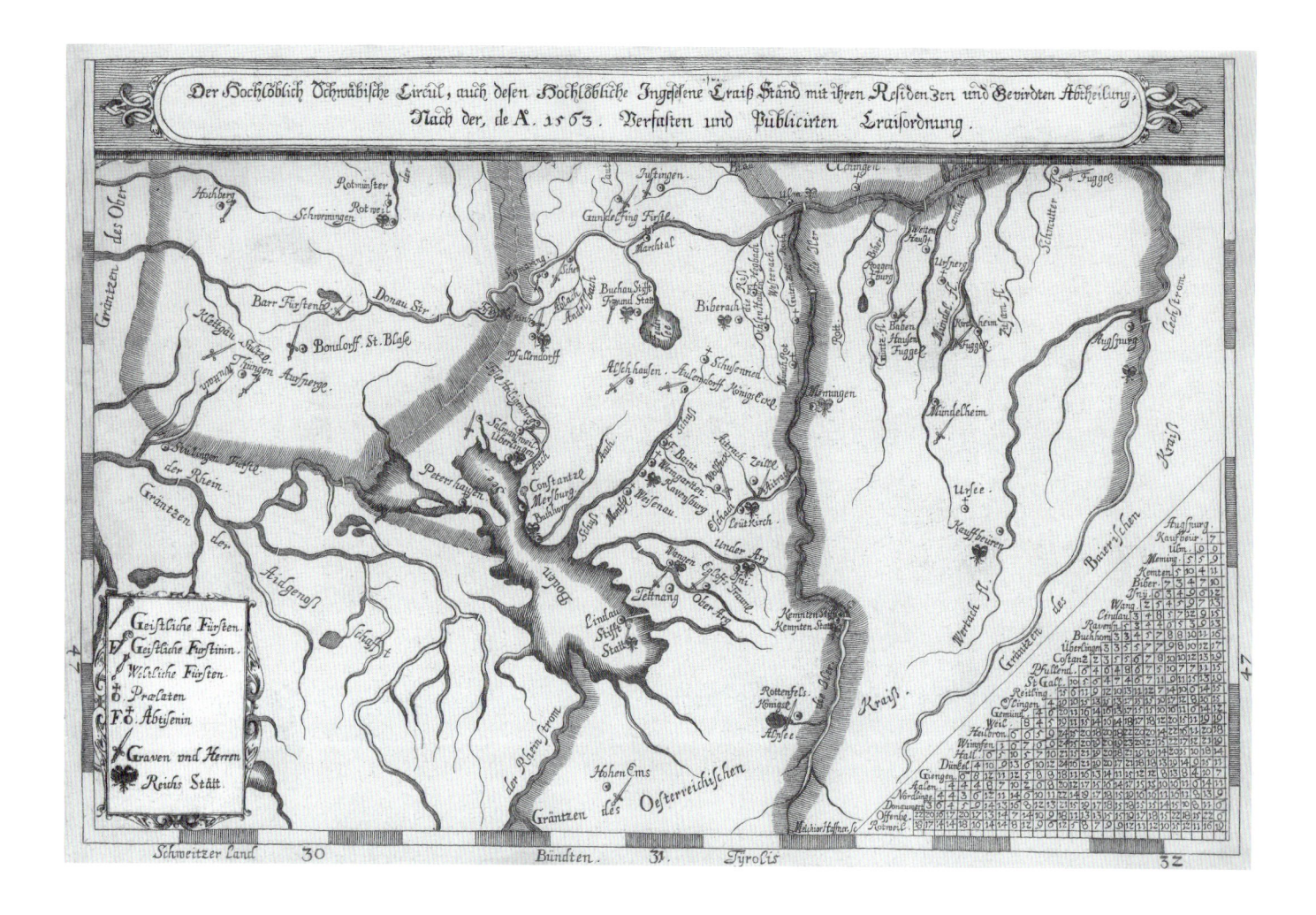

Karte des südlichen Teiles des Schwäbischen Kreises mit den geistlichen und weltlichen Kreisständen. Kupferstich aus: Ernest Gockelius, De sacri Romano-Germanici imperii circulo Sueviae. Augsburg 1672.

Kreisviertel genommen wurde, im 18. Jahrhundert aber von dem reichen Zisterzienserkloster Salem gestellt wurde. Bis dahin gingen die Zisterzienser leer aus. Zumeist wurde der Benediktinerabt von Weingarten zum Direktor gewählt. 1682 war es aber der Prämonstratenserabt von Marchtal Nikolaus Hiroth. Unter den 27 schwäbischen Reichsgrafen[11] – später kamen noch sieben Personalisten hinzu – haben sich, zuletzt vertraglich 1663 festgelegt, die alten konstituierenden Grafenhäuser Öttingen, Montfort, Sulz und Fürstenberg die Direktorenposten gesichert. Dies bedeutete, dass die politische Führung im Kreis sich auch bei den Wahlämtern auf wenige Stände reduzierte.

Dass diese Zehnergruppe der leitende Führungskreis war, lässt sich am Verhalten der Stände belegen. Zum einen waren nicht alle Stände am Kreistag anwesend, sondern ließen sich auch aus Kostengründen am Kreiskonvent wie am Reichstag durch die führenden Bankstände vertreten, denen sie kaum eingeschränkte Vollmachten erteilten. Insbesondere die Reichsstädte ließen sich von am Tagungsort ansässigen Ratsherren vertreten, so in Ulm am Kreiskonvent bzw. in Regensburg am Reichstag. Dort wurde die Städtekurie von zehn bis 20 Regensburger Ratsherrn für insgesamt 51 Stimmen besetzt[12]. Bei den Reichsstädten hatte sich so, wie Bourgeauville herausfand, neben der konfessionellen Spaltung eine Klientelgliederung herausgebildet. So richteten sich die niederschwäbischen Städte Heilbronn, Reutlingen, Nördlingen und Hall nach Esslingen und in Oberschwaben Kempten, Ravensburg, Isny, Wangen und Leutkirch nach Memmingen, die sich ihrerseits beide am Kreiskonvent an Ulm bzw. Würt-

Kreistag des Schwäbischen Kreises 1669 im Ratshaus Ulm.
Kupferstich von Joseph Arnold, aus: Gockelius 1672.

temberg orientierten[13]. Die konfessionell gemischten Städte wie Biberach folgten zumeist Augsburg, das seinerzeit von Bayern abhing.

Der zweite Beleg für die Konzentration der politischen Entscheidung auf die Vertreter weniger Stände war das Abstimmungsverhalten im Plenum des Konventes[14]. Die machtlosen Stände folgten dem Votum der Vororte, wie ein Blick in die Konventprotokolle zeigt. Hier wurden fast nur die Voten der Bankdirektoren begründet vorgelegt, denen sich die nachgesessenen Stände – vertreten durch die Bankdirektoren – zumeist kommentarlos anschlossen. Nur einzelne in Einzelfragen benachteiligte Stände äußerten manchmal Minderheitsvoten, die als solche aber bedeutungslos blieben. Dies galt beispielsweise für Fürstenberg, wenn es nicht im Grafendirektorium vertreten war. Im und nach dem 30-jährigen Krieg bis in die 1670er Jahre zerfiel der Kreis in die beiden Konfessionsparteien der Katholiken und Lutheraner. So wurden beispielsweise 1674 konfessionell getrennte Kreiskonvente abgehalten. Die zumeist lutherischen Reichsstädte orientierten sich an Württemberg, die katholischen Stände am Fürstbischof von Konstanz, der sein konfessionelles Heil gegen Württemberg und die kalvinistischen Eidgenossen beim Kaiser suchte[15]. Doch angesichts der Übergriffe des Kaisers in Oberschwaben und der Bedrohung durch Frankreich bildete sich im Kreis eine gewisse überkonfessionelle Zusammenarbeit heraus. Der konfessionelle Gegensatz trat zurück, entscheidend wurde eine klientelistische Gruppenbildung nach Macht und Rang, Alter einer Familie oder eines Klosters und nach dem Besitz von Ämtern.

Zur politischen Geographie Oberschwabens

Johann Graf von Montfort (1627 – 1686). Ölbild, Neues Schloss Tettnang.

FRANZÖSISCHE REISEDIPLOMATIE

In dieses hierarchische Geflecht stieß 1682 der französische Gesandte unter Androhung militärischer Verwüstungen mit der Forderung nach Zustimmung zu den französischen Friedensbedingungen. Württemberg, das sich 1682 dem französischen Druck beugte – nach dem Überfall auf Straßburg 1681 hatte der Herzogsadministrator Friedrich Karl Ludwig XIV. persönlich seine Aufwartung gemacht und war mit einem Degen belohnt worden –, unterstützte Bourgeauville aufrichtig bei seinen Reisevorbereitungen. So riet der württembergische Hofmarschall Forstner dem Gesandten insbesondere, im Kreis nur die Bankdirektoren aufzusuchen. Aufschlussreich ist die Reaktion des Direktors der Grafenbank Johann Ludwig von Sulz, des letzten Vertreters seines Geschlechtes[16]. Durch die Drohungen Boujouvilles ließ Sulz sich politisch umdrehen und versprach, sich und seine Familie für die französische Politik einzusetzen, wenn er dafür den Schutz Frankreichs im Kriegsfalle erhalte. Er versprach das nicht nur als Direktor des Grafenkollegs, sondern er veranlasste auch die Ersetzung seines proösterreichischen Kondirektors, eines Grafen von Waldburg-Dürmentingen-Scheer, eines Geheimrats der vorderösterreichischen Regierung in Innsbruck, durch seinen gleichgesinnten Schwager Johann von Montfort. Ferner sagte er die Stimme seiner Schwester Maria Theresia, Fürstäbtissin von Buchau, am Kreis- und Reichs-

Anton Eusebius Graf von Königsegg (1639 – 1692), Kaiserlicher Landvogt in Schwaben. Ölbild, Privatbesitz.

tag zu. Durch seinen Einfluss auf die Fugger, Truchsessen von Waldburg, Hohenems usw. erreichte er die Annahme der französischen Bedingungen durch das schwäbische Grafenkollegium und eine Neuinstruierung ihres Vertreters am Reichstag. Ferner veranlaßte er den ihm nahestehenden Direktor der Prälatenbank, den Abt von Marchtal, das Prälatenkollegium einen identischen Beschluss fassen zu lassen. Allerdings wurde hier der Erfolg dadurch konterkariert, dass die Anhänger des Kaisers die Publizierung des Votums von einem entsprechenden Votum der geistlichen Fürstenbank abhängig machten. Dies kam aber nicht zustande.

Der söhnelose Graf Sulz hatte sich aber auch auf der anderen Seite abgesichert. Sein Schwiegersohn und Erbe, der Fürst Ferdinand Wilhelm von Schwarzenberg, der in kaiserlichen Diensten stand, gab nämlich sein Placet zum Ersuchen um französischen Schutz. Mit Sulz hatte Bourgeauville eine der einflussreichsten Gestalten des Schwäbischen Kreises gewonnen. Es waren seine familiären Beziehungen, die der französischen Politik Zustimmung verschafften. Allerdings war eine Tätigkeit im kaiserlichen Dienst eine nicht überschreitbare Hürde für einen Politikwechsel. Der Schwiegersohn seines Schwagers Montfort, der Graf Anton Eusebius von Königsegg-Aulendorf, war beispielsweise Landvogt der kaiserlichen Landvogtei Schwaben und ließ sich nicht beeinflussen.

Außer Sulz gelang es Bourgeauville, den Syndikus Schäffer der Reichsstadt Esslingen zu gewinnen[17], der ihm ein profranzösisches Votum aller niederschwäbischen Reichsstädte am Reichstag zusagte. Ludwig XIV. ließ ihm hierfür eine Gratifikation, wohl in Geld, in Aussicht stellen, wenn er alle schwäbischen Reichsstädte gewinnen würde. Tatsächlich erhielt Schäffer vom französischen Gesandten am Reichstag später eine Gratifikation. Relativ häufig erreichte Bourgeauville, dass einzelne Stände ihre prokaiserlichen Vertreter abberiefen oder die Vertretung am Reichstag durch einen eigenen Vertreter wahrnahmen. So wechselte die Reichsstadt Augsburg ihren prokaiserlichen Vertreter am Reichstag, Taumann, aus. Die Ernennung eines eigenen Vertreters am Reichstag war aber meist nur ein formales Zugeständnis. Feste Zusagen über ein Stimmverhalten oder politische Initiativen waren schwerer zu erreichen. Selbst Württemberg[18] hatte sich bis 1681 am Reichstag durch die Kurpfalz vertreten lassen. Auf französischen Druck wurde im Frühjahr 1682 der württembergische Geheimrat Rühle als inoffizieller Abgeordneter den Verhandlungen zwischen Kaiser und Frankreich in Frankfurt

Zur politischen Geographie Oberschwabens

Marquard Rudolf von Rodt,
Fürstbischof von Konstanz 1689 – 1704.
Kupferstich von Philipp Kilian.
Rosgartenmuseum Konstanz.

zer Bischofswahl 1688/89 war eine politische Intrige, deren Drahtzieher weder die Nutznießer noch die Opfer kannten. Das Eingreifen Ludwigs XIV. war eine Reaktion auf das Vorgehen der kaiserlichen Politik, die in den 1680er Jahren das Amt des Fürstbischofs von Konstanz wegen seiner politisch wichtigen Funktion als Direktor des Schwäbischen Kreises durch einen Vertrauensmann der kaiserlichen Politik, einen Prinzen von Pfalz-Neuburg, besetzen wollte. Genau dies wollte Ludwig XIV. verhindern, wobei ihm der mögliche Gegenkandidat, ein Domherr aus der Reichsritterschaft, selbst gleichgültig war. Ludwig XIV. reagierte 1688, im Jahr des Kampfes um den Kölner Erzbistumssitz, auf eine Mitteilung seines Vertreters in der Eidgenossenschaft in Solothurn. Dieser wurde durch die Ankunft seines Konkurrenten, des kaiserlichen Gesandten in der Schweiz, Freiherr von Landsee, mit Sitz in Konstanz, alarmiert[20]. Er erfuhr aber, dass dieser nicht Ziele in der Schweiz verfolgte, sondern nur zur unauffälligen Vorbereitung der Wahl eines Nachfolgers des greisen Bischofs in Konstanz angereist sei. Der kaiserliche Kandidat sei Friedrich Wilhelm von Pfalz-Neuburg, der Bruder des Augsburger Koadjutors Alexander Sigismund von Pfalz-Neuburg. Dieser hatte seit seiner Wahl zum Koadjutor in Augsburg 1681 den dortigen Fürstbischof Johann Christoph von Freiberg praktisch entmachtet, da alle bischöflichen Räte bis auf einen sich auf die Seite des Neuburgers schlugen, wie Johann Christoph 1682 dem französischen Gesandten gegenüber klagte[21]. Der Konstanzer Kandidat Friedrich Wilhelm von Pfalz-Neuburg war seit 1685 Domherr in Konstanz, seine Wahl zum dortigen Koadjutor aber bisher am Widerstand des alten Bischofs gescheitert. 1688 sollte ihn der kaiserliche Gesandte von Landsee nun zum Nachfolger aufbauen.

beigegeben und im Frühjahr 1683 der Geheimrat von Menzingen an den Reichstag geschickt. Insgesamt stießen die Argumente und Drohungen des französischen Gesandten selten auf Widerstand, doch verlässliche Zusagen erhielt er kaum.

Ein besonders auffälliges Beispiel dafür, welche Umwege die französische Politik gehen musste, um ihre Ziele zu erreichen, ist die Neuwahl des Fürstbischofs von Konstanz 1689[19], als der bisherige Bischof Franz Johann Vogt von Altensumerau und Prasberg nach 44jähriger Regierung verstarb. Der Eingriff Ludwigs XIV. in die Konstan-

Bernd Wunder

Den Zutritt zu dem Domkapitel bot ein Schweizer Mittelsmann aus Solothurn, ein Angehöriger der einflussreichen Patrizierfamilie Reding von Biberegg[22]. Der Neffe dieses Reding und Sohn des Landschreibers im Thurgau, Anton Sebastian Reding, hatte sich seit 1676 trotz einer päpstlichen Provisionsbulle vergeblich um eine Domherrenstelle in Konstanz beworben, war aber unter dem bequemen Vorwand des mangelhaften Adels der Schweizer Patrizier mit Unterstützung des Kaisers vom Domkapitel abgelehnt worden. Spätestens seit 1648 wollte der Kaiser einen Übergang des Bistums an einen Schweizer verhindern. 1685 musste der junge Reding schließlich seinen Anspruch auf eine Dompfründe zugunsten des Neuburgers Friedrich Wilhelm aufgeben. Für diese Niederlage wollten sich die Redings rächen und der Solothurner Reding forderte den französischen Botschafter auf, nach Kölner Vorbild zu handeln, d.h. einen Gegenkandidaten finanziell zu unterstützen. Die Auswahl des Gegenkandidaten fiel auf einen Schwager der Redings, den Weihbischof Johann Wolfgang von Bodmann, dessen Bruder der Direktor des Reichsritterschaftsbezirks Hegau war. Bodmann hatte im Domkapitel die Unterstützung eines Vetters und eines Onkels[23]. Alle gehörten zur Verwandtschaft des greisen Johann Vogt von Altensumerau und ihre Familien gehörten zur Ritterschaft Hegau-Bodensee-Allgäu. Ludwig XIV. war bereit, die Geldmittel zur Gewinnung der Mehrheit im Kapitel bereit zu stellen. Dazu sollte der Anführer einer dritten Gruppe im Domkapitel, nämlich der Dompropst, Marquard Rudolf Rodt von Bußmannshausen, der Vertreter der Donauritterschaft im Kapitel, gewonnen werden. Die Redings bedienten sich dazu der Vermittlung eines Thurgauer Juden, der als Juwelierhändler unauffälligen Zugang zu den Domherren hatte, in Wirklichkeit aber der langjährige Finanzier aller Pfründenvergaben im Konstanzer Domkapitel war. Als dieser Jude, dessen Name in den Gesandtschaftsberichten nicht genannt wird, im Auftrag Redings bei Bodmann und Rodt wegen der Bischofswahl vorfühlte und für die Bestechungsgelder ein Darlehen anbot, rückzahlbar mit Zinsen nach der Wahl, bildete sich im Domkapitel schnell eine Partei gegen den kaiserlichen Kandidaten[24].

Johann Vogt starb am 7. März 1689[25]. Bei der kurzfristig angesetzten Neuwahl am 14. April 1689 wurde jedoch nicht Bodmann, sondern Marquard Rudolf von Rodt im dritten Wahlgang mit knapper Mehrheit gewählt. Der Grund für diesen Personalwechsel war wohl, dass Ludwig XIV. die zugesagte Bestechungssumme in Höhe von 8 000 Ecus, angeblich um sich nicht dem Vorwurf der Simonie auszusetzen, nicht auszahlte[26], die Verschwörer darauf wohl andere Geldquellen erschließen mussten und der finanziell klamme Bodmann dabei gegenüber Rodt nicht mithalten konnte. Der düpierte Kaiser versuchte, die Bestätigung der Wahl in Rom zu hintertreiben, was aber schlussendlich misslang. Das ärmliche Hochstift Konstanz fiel daher nicht an den Hochadel, eventuell in Personalunion mit anderen Bistümern, sondern blieb der Reichsritterschaft auch künftig erhalten, nun allerdings erstmals zugunsten des Ritterkantons Donau, der auch im 18. Jahrhundert diese Position halten konnte.

Im behandelten Zusammenhang ist interessant, dass die beteiligten Domherren die politischen Hintergründe der Wahl von 1689 nicht kannten. Sie verhandelten mit dem jüdischen Kreditgeber, der selbst nur den Schweizer Patrizier als Geldgeber kannte. Die Niederlage der kaiserlichen Politik in Konstanz beruhte also letztlich auf dem Eigeninteresse der Ritterschaft. Durch die Wahl zum Fürstbischof wurde ein kleiner Domherr mit 1 000 Ecus Rente, wie es damals ein französischer Gesandter formulierte, zu einem mächtigen Reichsfürsten[27]. Diese Gründe und nicht eine politische Opposition gegen den Kaiser oder gar ein Anschluss an Frankreich entschieden die Bischofswahl quasi im vorpolitischen Raum. Ludwig XIV. musste sich diesen Gegebenheiten anpassen, um politisch erfolgreich zu sein.

Die ludovizianische Diplomatie scheiterte 1682 mit dem Versuch, die mindermächtigen Stände Oberschwabens für ihre politischen Ziele einzuspannen. Für die Masse der Prälaten, Reichsstädte und Grafen ebenso wie die Domherren aus der Reichsritterschaft, diente Politik nur der Wahrung und Mehrung ihres Rangs und Vermögens. Mittel dazu waren beim Adel Heiraten und Erbschaften sowie herrschaftliche Ämter. Dass mit der Entscheidung über die Besetzung des Bistums Konstanz auch eine politische Entscheidung verbunden war, ahnten die beteiligten Domherren nicht einmal. Gleiches galt auch für Entscheidungen in den genossenschaftlichen Korporationen des Adels, aber auch des Kreises, in dem sich die kleine Gruppe der Direktoren neben den Reichsfürsten das Entscheidungsmonopol sicherte. Diese übten kraft ihrer Selbstverwaltungsämter und des Ranges ihrer Familien bzw. des Alters der Klöster und Städte ein hierarchisch klientelistisches Patronat über die Masse der mindermächtigen Stände aus. Diese Vorherrschaft wurde gestärkt, als der Kaiser unter Umgehung des lahmgelegten Reichstags politisch-militärische Entscheidungen auf die Ebene der vorderen Kreise verlagerte[28] und mit dem Kreismilitär[29] lukrative Ämter im Offizierskorps und in der Generalität bereitstellte. Dem Kaiser folgte Frankreich in dieser Politik. Dies war der Grund für die erfolglose Reise Bourgeauvilles nach Oberschwaben. Die Direktorengruppe ihrerseits stand in lehnsrechtlich-klientelistischen Banden zu den Reichsfürsten bzw. zum Kaiser, die durch Ämter an ihren Höfen, in der Regierung und beim Militär – alles absolutistische Neuerungen – prestigeträchtige Sinekuren bereit hielten. Im Gefolge der Reichsfürsten löste sich diese Gruppe aus den Banden der regionalen Familienpolitik und übernahm Bestandteile einer rationalistischen Außen- und dann Innenpolitik. Dies traf insbesondere für die Habsburger zu, die seit dem Spätmittelalter den schwäbischen Adel bzw. seit der Reformation den katholischen oberschwäbischen Adel durch Ämter, – anscheinend mehr in Wien oder im kaiserlichen Reichsdienst als in Innsbruck oder Freiburg – förderten. Die Einzelgesandtschaften des Kaisers im Kreis – erst unter Maria Theresia gab es ständige kaiserliche Gesandtschaften – wurden in der zweiten Hälfte des 17. Jahrhunderts durch zumeist schwäbische Grafen wie Königsegg-Aulendorf, Fürstenberg-Meßkirch, Öttingen-Wallenstein, Hohenlohe-Schillingsfürst, Löwenstein-Wertheim, ferner durch die katholische Linie der badischen Markgrafen wahrgenommen[30].

Interessanterweise bediente sich das Frankreich Richelieus und Mazarins ähnlicher Methoden, als es deutsche Fürsten – anscheinend zum Teil in lehensrechtlichen Formen wie die fürstenbergischen Egoniden[31] – in seinen Dienst nahm. Dabei spielte auch der königliche Schutz („protection") im 30jährigen Krieg, aber auch nach 1648 eine Rolle. Das Verhalten des Grafen von Öttingen-Baldern oder des Grafen Sulz erinnert noch an dieses lehensrechtliche Schutzverhältnis mit Schutzgewährung als Gegenleistung für bedingungslose Gefolgschaft. Waren derartige Bande aber ein auslaufendes Politikmodell, so verweist die französische Politik der „libertés germaniques", die angebliche Wahrnehmung der Rechte der Stände am Reichstag und am Kreistag, auf eine versachlichte Politikform. Ludwig XIV. hatte nach anfänglichem Zögern die Beibehaltung des Regensburger Reichstags, der zu einem immerwährenden Reichstag wurde, unterstützt, um dem Kaiser auf dieser Bühne Widerspruch zu erwecken und ihn zu lähmen. Ebenso ließ er 1698 alle seine Gesandten im Reich, auch in Schwaben, sich an den Kreiskonventen und nicht mehr bei den Kreisdirektoren akkreditieren[32], um hier dem Kaiser wider das Unterlaufen des Reichstags durch weitgehende Zugeständnisse der Kreise Paroli zu bieten. Dazu gehörte auch die Ernennung eigener Vertreter durch die Stände und die Kreise, so auch Schwabens, zur Wahrnehmung ihrer Rechte bei den westfälischen Friedensverhandlungen und auf den europäischen Friedenskongressen. Frankreich stärkte weiterhin das ständisch strukturierte Reich. In Schwaben scheiterte zwar diese Politik einer offen antikaiserlichen Position der Stände, doch wurden die Stände im Rahmen der kaiserlichen Vormacht bei der Besetzung des Bischofsamtes oder der Verfügung über das Kreismilitär gestärkt.

Anmerkungen:

1 *Max Plassmann*: Zwischen Reichsprovinz und Ständebund. Der Schwäbische Reichskreis als Handlungsrahmen mindermächtiger Stände. In: Zeitschrift für die Geschichte des Oberrheins 151 (2003), 199-235, Zitat: 232.
2 Die Berichte des Gesandten und die Weisungen des Königs befinden sich in den Archives du Ministère des Affaires Etrangères Paris, Correspondance politique, Wurtemberg, Bd. 4.
3 Ebd. Suisse Bd. 86 und 88.
4 Vgl. dazu *Bernd Wunder*: Frankreich, Württemberg und der Schwäbische Kreis während der Auseinandersetzungen über die Reunionen (1679 – 99). Stuttgart 1971, bes. 20ff. Die Reisen Bourgeauvilles sind dort nur erwähnt (27-29).
5 Bericht Bourgeauvilles vom 9. Juni 1682 (Wurtemberg IV, f. 277ff.). Der Gesandte suchte auch noch die Äbte von Salem, Elchingen, Wettenhausen, Weingarten und Marchtal auf.
6 Ebd.
7 Ebd.
8 Berichte Bourgeauvilles vom 11. und 18. September 1682 (ebd., f. 394ff., 403ff.).
9 *Peter-Christoph Storm*: Der Schwäbische Kreis als Feldherr (1648 – 1732). Berlin 1974, bes. 127-153. Vgl. *Heinz-Günther Borck*: Der Schwäbische Reichskreis im Zeitalter der französischen Revolutionskriege (1792 – 1806). Stuttgart 1970, 1-67; ferner *Winfried Dotzauer*: Die deutschen Reichskreise (1383 – 1806). Stuttgart 1998, 142-179; *Georg Friedrich Nüske*: Reichskreis und schwäbische Kreislande um 1800. In: Historischer Atlas für Baden-Württemberg. Beiwort zu Karte VI/19. Stuttgart 1975.
10 *Armgard v. Reden-Dohna*: Reichsstandschaft und Klosterherrschaft. Wiesbaden 1982, bes. 8f., 21.
11 *Borck* 1970 (wie Anm. 9), 40f. Das schwäbische Grafenkollegium ist bisher nicht bearbeitet.
12 *Walter Fürnrohr*: Der immerwährende Reichstag zu Regensburg. In: Verhandlungen des Historischen Vereins für Oberpfalz und Regensburg 103 (1963), 177f.
13 Berichte Bourgeauvilles vom 24. April, 20. Mai und 9. Juni 1682 (Wurtemberg IV, f. 109ff., 168ff., 205ff.).
14 Vgl. die Protokolle der Konventstage im Hauptstaatsarchiv Stuttgart Abt. C. *Max Plassmann* 2003 (wie Anm. 1) verweist auf diese Quellengruppe, wertet sie aber nicht aus und schreibt trotzdem seinen Artikel (211). Meine Beobachtungen beruhen auf langjähriger Beschäftigung mit den Stuttgarter Kreisakten von 1640 – 1790.
15 *Rudolf Reinhardt*: Die Beziehungen des Hochstifts und Diözese Konstanz zu Habsburg-Österreich in der Neuzeit. Wiesbaden 1966.
16 Bericht Bourgeauvilles vom 3. Juni 1682 (Wurtemberg IV, f. 64ff.). Zu den Familienbeziehungen, siehe *Detlev Schwennicke* (Hg.): Europäische Stammtafeln. Bd. 12. Marburg 1992, Tafel 100. Zu Graf Johann Ludwig von Sulz vgl. den Beitrag Baumann in diesem Band. Bourgeauville besuchte auch die Grafen von Montfort, Königsegg-Aulendorf, Fürstenberg-Heiligenberg (der sich verleugnen ließ), Zeil und Fürstenberg-Meßkirch.
17 Bericht Bourgeauvilles vom 20. Mai 1682 (Wurtemberg IV, f. 168ff.). Vgl. *G. Pagès*: Contributions à l'histoire de la politique française en Allemagne sous Louis XIV. Paris 1908, 83. Bourgeauville besuchte außer Esslingen, Ulm und Augsburg auch die Reichsstädte Biberach, Ravensburg, Isny, Wangen, Memmingen, Leutkirch, Kempten und Lindau.
18 Zu den reichsständischen Gesandtschaften in Regensburg siehe die lückenhaften Listen bei *Ludwig Bittner / Lothar Groß* (Hg.): Repertorium der diplomatischen Vertreter aller Länder seit dem Westfälischen Frieden (1648). Bd. 1. Oldenburg 1936.
19 *Bernd Wunder*: Ludwig XIV. und die Konstanzer Bischofswahl 1689. In: Zeitschrift für die Geschichte des Oberrheins 114 (1966), 381-391 und: *Reinhardt* 1966 (wie Anm. 15) 77-83. Das Personal der Reichskirche ist recht gut erforscht: *Erwin Gatz*: Die Bischöfe des Heiligen Römischen Reiches 1648 – 1803. Berlin 1990, 384, 538f.; Helvetia Sacra. Bd. I/2/1, I/2/2. Bern 1990; *Joachim Seiler*: Das Augsburger Domkapitel vom 30jährigen Krieg bis zur Säkularisation (1648 – 1802). St. Ottilien 1990.
20 Bericht des Botschafters Tambonneau vom 1. Mai 1688 (Suisse 86, f.58ff.).
21 Berichte Bourgeauvilles vom 21. Mai und 12. November 1682 (Wurtemberg IV, f. 179ff., 472ff.).
22 Zur Bewerbung Redings siehe *Werner Kundert*: Die Aufnahme von Schweizern ins Domkapitel Konstanz 1526 – 1821. In: Zeitschrift für Schweizerische Kirchengeschichte 68 (1974), 240-298, bes. 261-266.
23 Franz Joseph von Liebenfels und Johann Albrecht von Schindelin, vgl. *Peter Herrsche*: Die deutschen Domkapitel im 17. und 18. Jahrhundert. Bd. 1. Bonn 1984, 114-117.
24 Bericht Tambonneaus vom 24. November 1688 (Suisse 86, f.478ff.).
25 Zum Folgenden siehe *Reinhardt* 1966 (wie Anm. 15) und *Wunder* 1966 (wie Anm. 19).
26 *Wunder* 1966 (wie Anm. 19), 388f.
27 Bericht des französischen Gesandten in Mainz, Foucher, vom 10. Mai 1683 (Mayence 22, f. 165ff.).
28 *Karl Otmar v. Aretin* (Hg.): Der Kurfürst von Mainz und die Kreisassoziationen 1648 – 1746. Wiesbaden 1975; *Bernd Wunder*: Die Kreisassoziationen 1672 – 1748. In: Zeitschrift für die Geschichte des Oberrheins 128 (1980), 167-266.
29 *Storm* 1974 (wie Anm. 9).
30 Vgl. *Bittner / Groß* 1936 (wie Anm. 18), ferner *Oswald v. Gschließer*: Der Reichshofrat. Wien 1942. Vgl. auch *Esteban Mauerer*: Südwestdeutscher Reichsadel im 17. und 18. Jahrhundert. Das Haus Fürstenberg. Göttingen 2001.
31 *Max Braubach*: Der Pakt der Brüder Fürstenberg mit Frankreich. In: *Ders.*: Kurköln. Gestalten und Ereignisse aus zwei Jahrhunderten. Münster 1949, 19-42; vgl. *Margarete Hintereicher*: Georg Christian von Hessen-Homburg. Darmstadt 1985. Insbesondere der französische Marschall Turenne, des-

sen Mutter eine Gräfin von Nassau war, betrieb in den 1660er Jahren mit dem Einverständnis Ludwigs XIV. eine intensive Heiratspolitik zwischen dem deutschen Hochadel und dem französischen Hofadel, vgl. *Bernd Wunder*: Württembergs Eintritt in die Rheinische Allianz von 1658. In: Zeitschrift für Württembergische Landesgeschichte 63 (2004), 82-86.

32 *Anna Sinkoli*: Frankreich, das Reich und die Reichsstände 1697 – 1702. Frankfurt 1995; *Bernd Wunder*: Die Instruktionen für die französischen Gesandten in Stuttgart 1672 – 1714. In: Zeitschrift für Württembergische Landesgeschichte 62 (2003), 179-253, 227f.

ADEL UND REICH PUBLIZISTISCHE KRITIK UND PERSPEKTIVEN

Georg Schmidt

Adel ist eine in vielen Kulturen anzutreffende, in sich vielfach differenzierte, vom Volk durch Rechtsstellung, Habitus und Lebensformen unterschiedene Elite, deren Mitglieder jedoch auch schon vor 1800 längst nicht mehr alle Herrschaftsfunktionen innehatten. Der Edelmann am Hof Ludwigs XIV., der wie ein Bauer lebende polnische Niederadelige, der reiche englische Lord oder ein deutscher Reichsfürst sind eigentlich nicht vergleichbar, gehörten aber alle zum Adel. Diese Zuordnung ermöglichte ihnen vor allem einen privilegierten Zugang zu den Höfen und häufig auch zu den Staatsämtern. Welche Betätigungsfelder ihnen ansonsten offenstanden, hing von der sozio-politischen Ausgestaltung des jeweiligen Gemeinwesens ab. Die häufig postulierte europäische Adelsgesellschaft bestand dagegen in erster Linie aus einer kleinen Gruppe des regierenden und eng verwandten Hochadels. Dies führte häufig zu divergierenden Erbansprüchen und Kriegen. Der Niederadel blieb dagegen regional und in Klientelverhältnissen verankert; seinen traditionellen Handlungsraum überschritt er vor allem im Gefolge hochadeliger Patrone, im Kirchen- oder Militärdienst.

EIN IN SICH HÖCHST DIFFERENZIERTER STAND

Adel bezieht sich also primär auf den Geltungsraum, in dem sich der eigene Herrschaftsanspruch manifestiert, und erst sekundär auf übergreifende Vorrechte. Was Adel ohne Patronage in der Fremde bedeutete, wäre zu untersuchen. Konflikte wie diejenigen in der Wiener Hofgesellschaft des

Die Wiener Hofgesellschaft mit der kaiserlichen Familie bei einer Serenade. Ölbild von Martin van Meytens und Johann Franz Greipel, 1763. Wien, Kunsthistorisches Museum.

Neuer Teutscher Merkur, 1792.

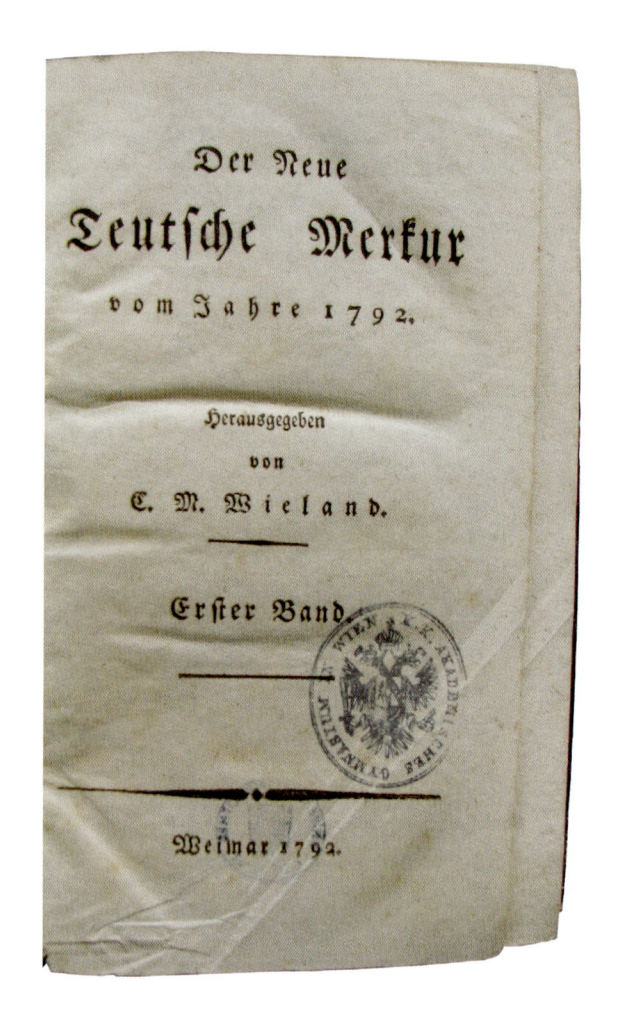

18. Jahrhunderts geben jedoch deutliche Hinweise: Nationale Zuordnungen waren auch für das innere Gefüge der Höfe wichtig. Der deutsche und erbländische Adel kämpfte in Wien gegen die „Ausländer", die seines Erachtens von Karl VI. bevorzugt wurden. Unter Maria Theresia oder Josef II. war es eher umgekehrt. Wer also vom (ober)schwäbischen Adel vor 1806 reden will[1], darf von solchen Zuordnungen und damit vom Heiligen Römischen Reich deutscher Nation nicht schweigen[2]. Richard van Dülmens Beobachtung einer „Nationalisierung des Adels" im 16. Jahrhundert[3] ist allemal plausibler als der Gegenentwurf von William D. Godsey jr., wonach der deutsche Adel erst nach 1792 eine nationalkulturelle Identität gewonnen habe[4]. Preußische oder bayerische Nobilitierungen[5] ändern nichts daran, dass der Kaiser sie anerkennen musste, um ihnen reichsweite Gültigkeit zu verschaffen. Obwohl der Verdienst- oder Beamtenadel normalerweise in anderen Landschaften keine Vorrechte suchte, benötigte er die kaiserliche Anerkennung, um das Konnubium mit dem alten Adel und damit die Anerkennung im neuen Stand wenigstens anstreben zu können.

Die adlige Herrschaftselite war gerade in Deutschland ungemein differenziert: Die Reichsverfassung unterschied zwischen hohem und niederem, reichsunmittelbarem und landsässigem Adel. Während Kurfürsten, Fürsten, Grafen und Prälaten nicht nur ihre Herrschaftsbereiche im Inneren weitgehend unabhängig regierten, sondern auch am Aushandeln der Reichspolitik auf Reichs- und Kreistagen direkt beteiligt waren, fehlte den Reichsrittern die Reichsstandschaft. Im Unterschied zum landsässigen Niederadel waren aber auch sie keinem Landesherrn, sondern nur „Kaiser und Reich" bzw. dem eigenen Ritterkanton unterworfen. Deswegen achteten sie auf Distanz zum landsässigen, nicht stiftsfähigen, nicht immatrikulierten, neuen, armen oder fremden Adel. Während die mächtigsten Reichsfürsten den Königen immer ähnlicher wurden, entstand mit den von ihnen ausgehenden Nobilitierungen ein neuer erblicher Adel, der zusammen mit dem verarmten, meist nachgeborenen Altadel auf „Dienste" angewiesen war, um ein dem adligem Selbstverständnis gemäßes Leben führen zu können.

Adel war jedenfalls ein Anspruch, der im 18. Jahrhundert nicht mehr unbedingt Herrschaft über Land und Leute bedeutete[6]. Wer sich daher als Altadeliger mit dem Neuadel verband oder Handel trieb, sanierte vielleicht seine Finanzen, verlor aber dennoch schnell den Kontakt zu seinen Standesgenossen. Adelige mussten nicht nur auf ihr Gut und Amt, ihren Landes- und Lehensherrn, „Kaiser und Reich", sondern auch auf ihre

Georg Schmidt

Titelblatt der „Beiträge zur Geschichte der Menschheit" von C. J. Majer im Teutschen Merkur von 1774.

Standesehre achten, die ihnen [etwa] Tätigkeiten in Handel und Gewerbe untersagte[7]. Dieses Verbot kollidierte mit den öffentlich propagierten „bürgerlichen" Leistungs- und Tugendforderungen.

In Wielands „Teutschem Merkur" findet sich 1774 das Leitmotiv: „In einem aufgeklärten Zeit-Alter, bey einer verfeinerten Nation sollte aller Rang und Stand der Bürger nicht erblich, sondern persönlich; nicht zufällig, sondern verdienstlich organisiert sein"[8]. Karl Leonhard Reinhold, Jenaer Philosoph und Schwiegersohn Wielands, meinte 1792 im gleichen Journal: „Der bey weitem größere Theil des Adels sehe noch immer seinen Stand als eine höhere, durch ihre bessere Natur zur Beherrschung der übrigen bestimmte Menschenrasse, und seine politischen Vorzüge als das Wesen einer guten Staatsverfassung an."[9]

Obwohl die „sozial-konservativ" wirkende Reichsverfassung[10] die Ständeordnung und die adlige Vorherrschaft tradierte, wollte die Mehrheit der Publizisten diese keineswegs abschaffen, sondern lediglich reformieren. Auf diese Weise glaubte man, die mit der Französischen Revolution noch drängender gewordenen politischen Probleme – Freiheit und staatsbürgerliche Gleichheit – friedlich lösen zu können, also ohne den „Despotismus" eines Monarchen oder des Volkes. Den Publizisten schwebte eine deutsche Konstitution vor Augen, die dem Kaiser die zentrale Regierungsgewalt, den Fürsten dessen Kontrolle und die gesetzmäßige Landesregierung, den Staatsbürgern aber rechtliche Gleichheit, Freiheit und die Sicherheit des Eigentums garantieren sollte. Sie setzten auf Kaiser Josef II., der ihres Erachtens zwar „despotisch" regierte, dessen Reformen aber in die richtige Richtung wiesen. Während der regierende Hochadel auch in einer neuen Konstitution seine alten Aufgaben behalten und nur enger an den Reichs-Staat rückgebunden werden sollte, fand sich für den Niederadel keine nützliche Funktion. In den deutschen Medien hatte er daher einen ungemein schweren Stand.

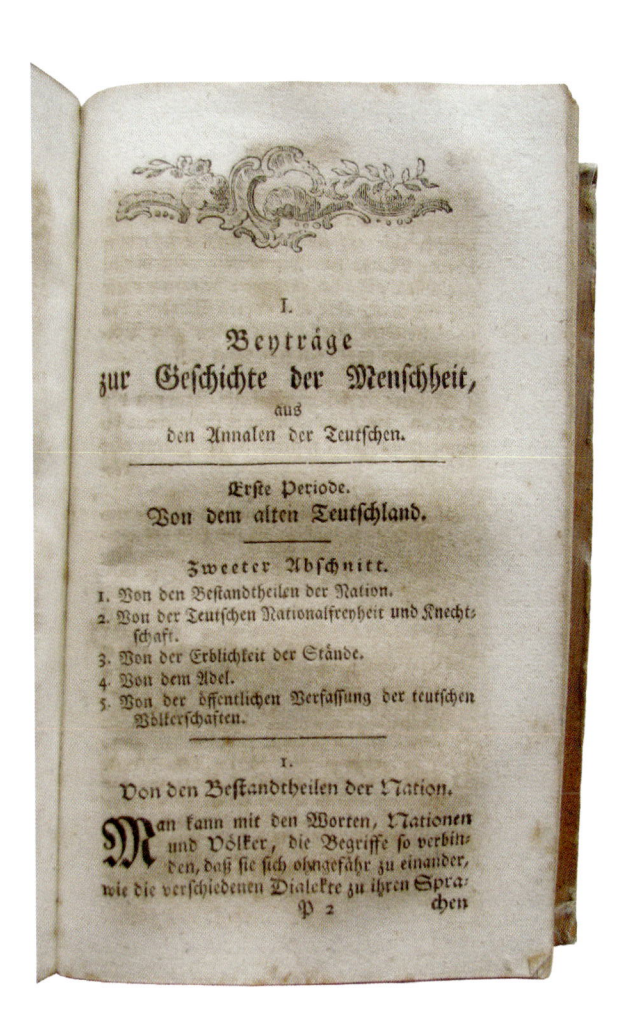

Die Auffassung, dass der niedere Adel einerseits das Prinzip menschlicher Gleichheit und andererseits die Vervollkommnung von Regierung und Verwaltung blockiere, war weit verbreitet. Als überkommen und unnütz wurde so ziemlich alles abgelehnt, was die Niederadligen privilegierte[11]. Insbesondere der Handel und Gewerbe verbietende Ehrbegriff, der es Adeligen nicht erlaubte, dem bürgerlichen Arbeits- und Pflichtenethos gemäß für ihren Unterhalt selbst zu sorgen, galt den Publizisten als nicht mehr zeitgemäß, wobei sie vor allem auf die gänzlich anderen Verhältnisse in

England verwiesen. Das Bild des niederadligen Höflings, der, statt sich um seine Bauern und Einkünfte zu kümmern, in die Residenz eile, „wo er für einen Schlüssel oder einen Stern seine Freiheit verkauft"[12], fasste die bürgerliche Adels- und Hofkritik zusammen. Der alte Niederadel sah sich im Zangengriff der nach alleiniger Herrschaftsgewalt strebenden Fürsten und einer auf republikanisch-konstitutionelle Formen setzenden kritischen Öffentlichkeit. Dennoch hat der Ritteradel die Zäsur des beginnenden 19. Jahrhunderts überlebt, weil er sich sehr anpassungsfähig zeigte und auch eine bürgerliche Leistungsgesellschaft auf manche seiner Vorzüge und Tugenden letztlich nicht verzichten konnte und wollte. Dieter Langewiesches These, die bürgerliche Kritik habe zur Selbstbehauptung des Adels beigetragen[13], ist nur um die Beobachtung zu ergänzen, dass es auch Adlige gab, die ihren Standesgenossen frühzeitig den Weg der Reformen wiesen[14].

August Ludwig von Schlözer (1734 – 1809). Radierung nach H. Schwenterley.

EIN NEUER RITTERORDEN IM SPÄTEN ALTEN REICH

Einer dieser reformorientierten Adligen war Otto Heinrich von Gemmingen (1755 – 1836). Der Pfälzer Hofkammerrat hatte sich um 1780 in Mannheim als Dramatiker einen Namen gemacht und war 1782 nach Wien gewechselt, wo er zunächst die Zeitschrift „Der Weltmann" herausgab[15], die sich im Sinne aufklärender Erziehung an die höheren Klassen wandte. Seinem Verleger schrieb er: „Wie glücklich wäre ich, wenn ich unserem Adel deutschen Sinn und deutsche Gefühle beibringen könnte."[16] In die Debatten um den Fürstenbund griff er 1785 mit einer vielbeachteten Schrift zugunsten Josefs II. ein[17]. Warum er am Wiener Hof nicht reüssierte, obwohl er in fast jeder Hinsicht den Kaiser unterstützte, ist nicht bekannt. In seine Odenwälder Heimat zurückgekehrt, scheint er jedenfalls weiter für Josef II. geworben zu haben, obwohl dieser sich eher adelsfeindlich zeigte[18]. Möglicherweise angeregt von Gemmingen, stiftete der Kaiser 1788 dem Odenwälder Kanton – auf dessen Wunsch hin, wie es in der Urkunde heißt – einen neuen Ritterorden, der nur an den alten Adel verliehen werden durfte[19]. Später folgten auch andere Kantone diesem Vorbild[20]. Wer den Odenwälder Orden trug, wusste, wem er seine privilegierte Stellung verdankte: Der Ordensstern zeigte auf der Vorderseite den kaiserlichen Doppeladler mit dem erzherzoglich österreichischen Wappen und die Worte „Caesari et Imperio", auf der Rückseite ein „weises rechtschreitendes Pferd" und das Wort „Libertas"[21].

Die 1790 im „Journal von und für Deutschland" gedruckte Rede, die 1789 anlässlich der ersten Sitzung des Ordenskapitels gehalten wurde, ist ein Programm unbedingter Kaisernähe und muss als Reformaufruf gedeutet werden. Obwohl der Artikel nur mit Gemmingen unterzeichnet ist, kommt angesichts des Inhalts und rhetorischen Aufbaus wohl nur Otto Heinrich als Autor in Frage[22]. Er führt aus, dass die durch „Stand und Gesetz" bestehende Verbindung zu Josef II., „dessen weiser und glorreichen Regierung unser

Deutsches Vaterland" Ruhe und Frieden verdanke, mit dem Orden neu bestätigt worden sei[23]. Obwohl die Verdienste der Vorfahren ihren Nachkommen heute noch zu gute kämen, diene der Orden nicht „niederem Ahnenstolz". Man müsse sich des Glücks, „das dem Deutschen unmittelbaren Adel schon durch seinen Stand zu Theil" werde, würdig erweisen, um, wenn nötig, „unsere Vaterlands-Liebe mit neuer Wärme zu beleben"[24]. „Freyheit" – so fährt Gemmingen fort – sei das höchste Gut, das ein Sterblicher erfahren könne. Doch sie sei keine „ungeziemte Willkühr [...] – Nein – unter dem Schutz weiser Gesetze sich selbst , seine Besitzungen ungestört genießen zu können , dies ist Freyheit und diese [...] genießen wir in vollem Maße". Nur der „stolze Britte" lasse sich mit dem deutschen Ritteradel vergleichen, denn er berufe sich auf die Freiheit, die ihm die „vortreffliche Constitution seines Landes" biete. Doch während er unter hohen Lasten stöhne, lebe „der Deutsche Adel in dem uneingeschränkten Eigenthum seines Erbtheils ruhig dahin". Unter dem Schutze der Gesetze und des Kaisers sei er „frey für seine Person"[25]. Dann folgt eine ausgiebige Laudatio Josefs II. und seiner weisen Gesetze: Gemmingen würdigt die Gewissens- und die Pressefreiheit, Aus- und Einfuhrsperren, die Verbesserung des Justiz- und Polizeiwesens, die Aufhebung der Leibeigenschaft und der ungemessenen Frondienste, wodurch der Landmann „in die Rechte der Menschheit wieder eingesetzt" worden sei. Josef II. strebe deswegen „ein Ebenmaaß in den nicht proportionierten Abgaben der Staatsdiener" an, da die Lasten des Staates bisher vor allem das Volk drückten. Seinen Standesgenossen signalisierte er so, daß auch ihre Steuerfreiheit zu Ende ging, denn Josefs Blicke richteten sich auf die Regierung „unsers Deutschen Vaterlandes [...] dieser ehrwürdigen Republik von Fürsten. Welcher Patriot, in dessen Adern noch ein Deutscher Blutstropfen wallet", zittere nicht um diesen Regenten[26].

Gemmingens Lob der josefinischen Reformen geht weit über die anlassbezogene rhetorische Pflichtübung hinaus. Es war ein Appell, sich Reformen, wie sie der Kaiser ins Werk gesetzt hatte, nicht länger zu verschließen. Die Ritter, die noch über unfreie Untertanen herrschten, sollten dem vorbildhaften Tun Josefs II. nacheifern und sich auf Veränderungen einstellen bzw. diese antizipieren, um ihren Platz in einer neuen Gesellschaftsordnung selbst bestimmen zu können. Noch sei es ihnen möglich, die ihnen gemäße Aufgabe zwischen der Sorge um das eigene Gut, einem fremden Amt oder der Kantonsregierung selbst zu wählen. Falls ihnen jedoch die Reformen aufgezwungen würden, so wollte Gemmingen wohl verstanden werden, führe dies nicht nur zum Verlust der Selbständigkeit, sondern auch der Selbstbestimmung. Deswegen bleibt

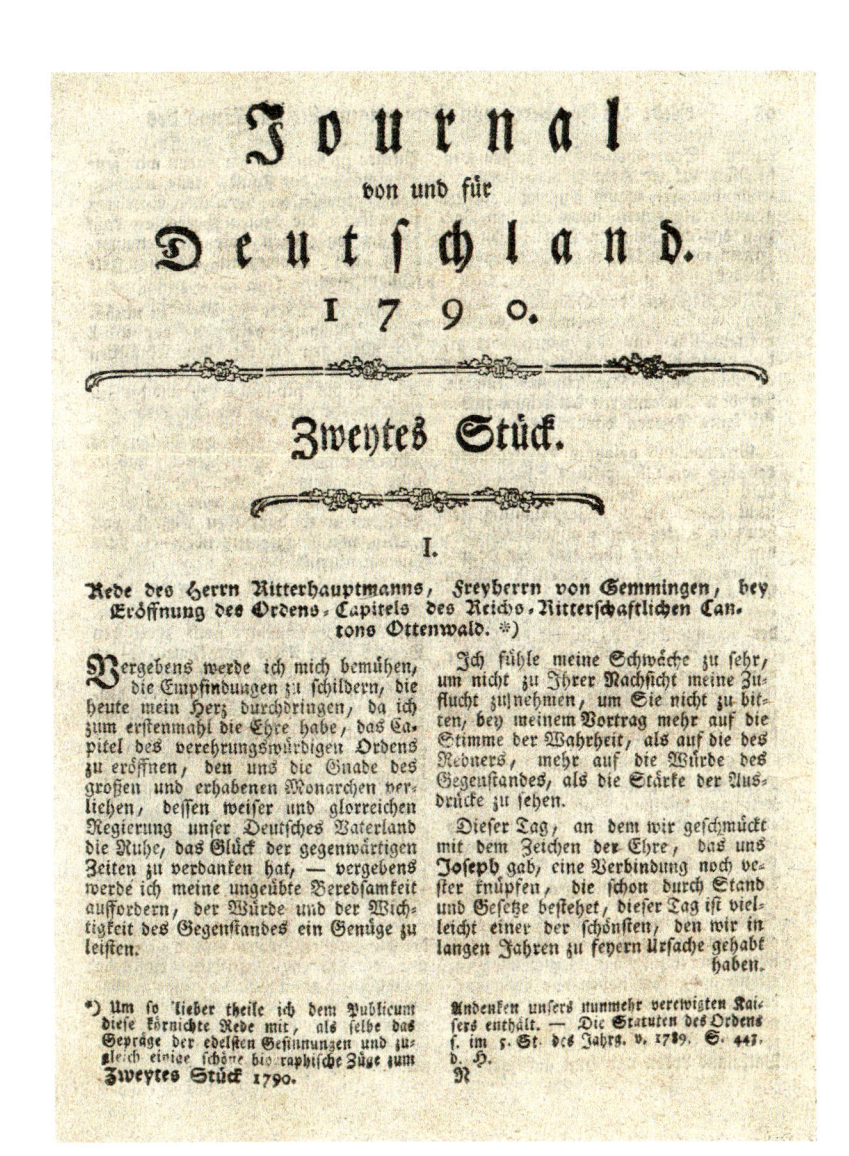

Titelblatt der „Rede [...] bey der Eröffnung des Ordens-Capitels des Reichs-Ritterschaftlichen Cantons Ottenwald" im Journal von und für Deutschland, 1790.

der einzelne Ritter als Quasi-Landesherr in seiner Rede unerwähnt. Gab er diese Funktion bereits verloren, um die korporative Staatlichkeit des Ritterkantons in enger Anlehnung an den Kaiser und das Haus Österreich zu retten?

Während die Ritter sich selbst als Landesherren wähnten, hielten die benachbarten Fürsten sie für Landstände, die sich mit Hilfe des Kaisers ihrer Obrigkeit entzogen[27]. Die Zeichen der Zeit sprachen gegen die Reichsritter. Bereits vor dem preußischen Rittersturm der 1790er Jahre in Franken[28] war klar, dass die Reichsverfassung sie nur solange wirklich schützte, so lange der Kaiser dies wollte und sie Rückhalt an der Reichskirche fanden. Beide Bedingungen reichsritterschaftlicher Existenz waren jedoch fragwürdig geworden – die Mediatisierung durch die Fürstenstaaten schien nur eine Frage der Zeit und des passenden Augenblicks. Archenholz druckte auch deswegen 1805 den politischen Traum Moritz August von Thümmels, der sich als Herold beim kaiserlichen Ritterschlag wähnt. Die in alter Pracht und Tracht aufmarschierten Ritter berufen sich auf ihre adlige Herkunft, die Leistungen ihrer Vorfahren und streiten um den Vorrang. Der Kaiser selbst beendet dieses Treiben und fragt nach ihren Verdiensten: Die Ritter schweigen. Der Herold kommentiert:

Der Tapfre nur, der aufgeklärte Seher
Im Fürstenrath, tret als ein ächter Sohn
Des Ahnherrn, umserm Throne näher
Und erndte gleichen Lohn. [...]
So zeigen sie nie lieber sich gerüstet
und brüstender mit ihrer Ahnen Muth,
Als bis das Land, vom Feind verwüstet,
Statt ihrer, Buße thut. [...]
An Helden leer, an Redlichen noch leerer,
Schien mir der Staat nur einer Wüste gleich;
Sein Glanz ging unter, und der Mehrer
Des Reichs fiel wie das Reich[29].

Das Reich ging demnach unter, weil der Ritteradel zu zeitgemäßem Verhalten unfähig, unnütz in der Vergangenheit verharrte. Der Publizist K. F. Neff stellte 1808 lapidar fest: Die „rheinische Bundesakte vernichtete endlich die Unmittelbarkeit des deutschen Reichsadels und seiner Güter auf ewig."[30] Etwa hundert Jahre später erzählte Heinrich Müller die Geschichte der Reichsritter als permanenten Verfallsprozess: von Ulrich von Hutten oder Franz von Sickingen zu ihren „kriegsentwöhnten" Epigonen, die sich um 1800 „wie die verachteten Pfeffersäcke von allem Ungemach des Krieges mit Geldzahlungen loszukaufen suchte[n]"[31]. Während sie „versungen und vertan" hätten, habe „der Gewaltigste unter den Lebenden aus ihrer Mitte [...] den Neubau des Staates [geschaffen. G. S.], der die Ketten der Fremdherrschaft zerbrechen sollte [...] So sühnte der Freiherr vom Stein die Schuld der Reichsritterschaft am deutschen Volke"[32]. Für Müller und seine Zeitgenossen war die Schuld der Ritter eindeutig: Sie hatten zur Zersplitterung des Reichs beigetragen und dadurch den nationalen Machtstaat blockiert. Auch Johann Georg Kerner sah 1789 in der Reichsritterschaft „eine Anomalie in der teutschen Staats-Verfassung"[33]. Als Jurist beschrieb er einen „Ist-Zustand" und begründete ihn historisch – eine Zukunftsperspektive mußte er nicht entwickeln.

DER NIEDERADEL IN DER VERÖFFENTLICHTEN KRITIK

Der Ritteradel ignorierte die Zeichen der Zeit und zögerte selbst kleinere Verhaltenskorrekturen lange hinaus. Doch was bedeuteten die allgemeinen Forderungen, dem Gemeinwohl, Kaiser und Reich, Nation und Vaterland zu nutzen, für einen Niederadligen um 1800? Welche Leistungen, Tugenden und Verhaltensweisen erwartete man, wenn die adlige Lebensart und der Stolz auf die Taten der Ahnen keinen Wert mehr besaßen?

Der Adel sollte dem Gemeinwohl ebenso dienen wie die anderen Stände und sich vor allem an den Steuern beteiligen. August Ludwig Schlözers „Stats-Anzeigen"[34] griffen 1793 die lippisch-detmoldische Ritterschaft an, weil diese unter Berufung auf ihre alte Freiheit Leistungen für den Reichskrieg gegen Frankreich verweigerte[35]: Früher habe der Adel seine Untertanen geschützt, nun solle nur der Bürger die Kriegskosten bezahlen, obwohl ihn die Revolution eigentlich gar nicht bedrohe. Er müsse doch denken: „du sollst dein Vermögen anwenden, nicht um dich selbst zu schützen, nein um dich entweder unter dem auf dir ruhenden Joch noch tiefer zu beugen, oder doch wenigstens für die Zukunft in gleicher Schwere zu erhalten". Der Untertan werde sich aus Liebe zur angestammten Ordnung nicht widersetzen oder einen Aufruhr beginnen: „Ob diese Stimmung, wenn das wankende Krieges Glück die Franzosen in das Lippische Land füren sollte – ein Verhängnis, wovor jeder Patriot zittert – den großen Haufen der Untertanen für das französische FreiheitsSystem auf eine dem Adel vorteilhafte Art, empfänglich machen dürfte? Ist eine bedenkliche Frage"[36].

Die noch im gleichen Jahr gedruckte Gegendarstellung der lippischen Gutsbesitzer zählte nur deren alte Verdienste auf[37], was Schlözer in den Anmerkungen süffisant kommentierte. Ende des Jahres erklärten sie sich dann aber doch bereit, ihren Beitrag „pflichtmäßig" zu zahlen. Dies müsse, so Schlözer, „als patriotische Gesinnung dem ganzen deutschen Vaterland bekannt gemacht" werden. Es werde hoffentlich „die ganze übrige Million deutschen Adels zur schuldigen Nachfolge bewegen". Dadurch würde dem „deutschen SchwindelKopfe ein HauptGrund seines Hasses gegen alles, was GeburtsAdel heißt, benommen. So, oder doch zum Theil so, gab auch der französische Adel, nicht lange vor dem 12 Jul. 1789, nach: aber damals war es schon zu spät. Himmel, wie büßet er nun für seine Verspätung"[38].

In Lippe hatten die Artikel große Unruhe hervorgerufen, zumal parallel die Schrift des dortigen Superintendenten Johann Ludwig Ewald erschien: „Was sollte der Adel jetzt thun?" Darin wird ihm der Verzicht auf alle Privilegien und Vorrechte nahegelegt, um eine Revolution zu vermeiden[39]. Ein Rezensent dieser Schrift meinte, es sei unrecht, dass der Adel „itzt noch die Vorrechte behaupten will". Die Verdienste der Lebenden, nicht diejenigen der Ahnen müssten gewürdigt werden. „Entstände in Deutschland eine Revolution, so würde sie hauptsächlich gegen den Adel gehen: das wird jeder sagen, der unbefangen die Stimmung in Deutschland kennt […] Gewalt hilft hier nichts […] Nur also freywillige Verzichtleistung auf manche erworbene oder erschlichene Rechte, nur durch freywilliges Theilnehmen an den Lasten des gedrückten Theils unserer Nation, nur durch uneigennützigen patriotischen Geist, der sich durch Thaten unverkennbar zeigt, nur durch ächtadeligen Sinn kann der deutsche Adel seinen Adel legitimieren, und die Stimmung ändern, welche immer allgemeiner wird"[40].

Die lippischen Ritter hatten sich dem öffentlichen Druck gebeugt. Wichtiger als die deutschlandweit gelesenen „Stats-Anzeigen" war ihnen jedoch das lokale Publikum. Als Ewald im März 1794 in der Lippstädter Zeitung seine Thesen verteidigte, wollten sie am Reichshofrat klagen, weil dieses Blatt „von jedem lippischen Bauer und Bürger gelesen" werde[41]. Fürchtete man den Ausbruch einer deutschen Revolution wegen einer Zeitungsmeldung? Um den Druck zu erhöhen, griff Schlözer 1793 einen ähnlich gelagerten Fall auf – den Streit um die Besteuerung bisher unbelasteter Lehengüter in Sachsen: Alle Befreiungen seien früher nur erfolgt, damit der Adel in Kriegszeiten unbesoldet ins Feld ziehe. „Kan das Vaterland [..] diesen Dienst, diesen onentgeltlichen Schutz wider seine Feinde, sich von ihnen noch immer versprechen"[42]?

Die mittels Zeitschriften und Broschüren deutschlandweit vernetzte „räsonierende Öffentlichkeit"[43] war zu einer Macht geworden, die von den politischen Akteuren, die zugleich ein Teil des kritischen Publikums waren, beachtet wurde. Die deutsche Publizistik war weniger der Zensur als den Marktgesetzen unterworfen: Um erfolgreich zu sein, musste sie sich an den Werten, Wünschen und Vorstellungen ihrer Leser und Hörer orientieren. Diese wollten – so der publizistische Tenor – zwar keine Revolution, nicht einmal die Überwindung der Ständeordnung, wohl aber

Rechtsgleichheit und Handlungsfreiheit, d.h. dasjenige tun dürfen, was nicht verboten war. Selbstverständlich griffen die Journale nicht nur vorhandene Meinungen und Trends auf, sondern inszenierten und verstärkten sie. Doch ihre Texte mussten glaubhaft sein: Eine Revolution herbeischreiben oder Aufstand und Aufruhr verhindern, konnten sie nicht. Wenn sie den Fürsten, deren Regiment auch in den 1790er Jahren in Deutschland nicht bedroht war, zu Reformen rieten, um eine Revolution zu vermeiden, so wird dieser Appell nicht nur öffentlich, sondern sagt eine ganze Menge über adelsfeindliche Stimmungen und die politische Kultur des Reiches. Sie empfahlen unter anderem: Bürgerliche vermehrt mit Staatsämtern zu betrauen, auch die Bauern zu Landständen zu machen, dem Adel Vorrechte zu entziehen wie die Patrimonialgerichtsbarkeit und „das barbarische Recht [...] Leibeigene zu haben"[44]. Den Edelleuten legten die Publizisten nahe, auf ihre Privilegien zu verzichten, um die Güter ihrer Vorfahren in Ruhe und Frieden genießen zu können:

„Es wird also der Abkömmling eines Geadelten in den Stand aller Staatsbürger zurücktreten, mit ihnen gleiche Lasten tragen, gleiche Abgaben entrichten und weiter keinen Anspruch auf Bedienungen im Staate machen, als wozu er sich durch Talente und Kultur qualificirt, auf weiter keine Vorzüge und Ehrenzeichen rechnen, als deren er sich durch Verdienste selbst würdig gemacht hat"[45]. Bleiben sollten alle Vorzüge des Ranges und des höfischen Zugangs, damit bestünden zwar Ungleichheiten fort, „aber sie sind politisch, nicht moralisch"[46].

Natürlich gab es auch Stimmen, die den Ritteradel weiterhin als ersten Stand im Staate privilegiert sehen wollten. Eine originelle Begründung dafür lieferte Ernst Brandes 1787: Er monierte das Fehlen einer Debattenkultur wie in England, um auch in Deutschland politische Talente entdecken zu können. Während dort die Zeitungen über die Parlamentsreden berichteten, so dass geschickte Argumente schnell bekannt würden, verfüge hier nur der Adel über die zur Protektion nötigen Netzwerke. Schon deswegen müsse er weiterhin die ersten Stellen im Staat besetzen. Wollten die Bürger mit ihm konkurrieren, müssten sie dessen Protektionssystem nutzen und würden sich dadurch selbst korrumpieren[47]. Wie Brandes glaubte auch Justus Möser nicht an die vor allem von Friedrich Carl von Moser propagierte homogenisierte Nation[48]. Er empfahl dem deutschen Adel, um oben zu bleiben, sich nach englischem Vorbild umzugestalten, damit seine nachgeborenen Söhne Handel und Gewerbe treiben könnten und nicht mehr nur auf eine privilegierte Versorgung angewiesen seien[49]. Den landständischen Majoratsadel hielt er aber für notwendig, um fürstlichen Despotismus zu verhindern.

Das englische Modell[50], in sich hierarchisch strukturiert und offen gegenüber dem Bürgertum, galt vielen Publizisten als vorbildlich. Es faszinierte, weil es – wie Heinz Reif betont – „die Gegensätze zu vermitteln versprach: Geburt und Verdienst, Erbadel und neue Elitenbildung, ständische und konstitutionelle Verfassung, monarchisch-aristokratische und nach Rechtsgleichheit strebende bürgerliche Gesellschaft, Beharrung und Wandel"[51]. Dagegen blieben in Deutschland – so ein anonymer Kritiker – dem Adel Dinge allein aufgrund seiner Geburt vorbehalten, die er nicht besser als die Bürger könne: Er sei eine wahre Pest für den Staat, weil er sich ohne Wissen und Patriotismus Staatsämter ertrotze: „Ein wohlgeordnetes Reich kann ohne Adel nicht bestehen, das ist wahr; aber ganz gewiß ohne Erbadel"[52].

DIE IDEE DES MITTELSTANDES

Der niedere Adel schien vielen Publizisten als Eliteformation nur noch vertretbar, wenn er seine erblichen Herrschafts- sowie die meisten seiner Vorrechte aufgab und mit Teilen des Bildungs-, eventuell auch des Besitzbürgertums zu einer nationalen Funktionselite fusionierte – einer der englischen ‚gentry' vergleichbaren Mittelschicht im Sinne Montesquieus. Neben den sog. Dokto-

Otto Heinrich Freiherr von Gemmingen-Hornberg (1755 – 1836).
Silhouette von Johann Hieronymus Löschenhohl, Ende 18. Jahrhundert.

renadel trat auch in Deutschland die Vorstellung eines „Kaufmanns-Adels"[53], wo ohnehin der Reichtum gewonnen werde, der für die Führung des Adels notwendig sei. Gegen diese ständische Vermischung zu einer neuen Führungsschicht wandten sich aber nicht nur die alten Niederadeligen, die ihre Position gefährdet sahen, sondern auch etliche Theoretiker, die auf die prinzipielle Unvereinbarkeit des friedlichen Handelsgeists und des kriegerischen Adelsethos verwiesen. Der Kameralist Johann Heinrich Gottlob von Justi hatte schon in den 1750er Jahren den Geburts- und Tugendadel für überholt erklärt und „durch die Vorstellung einer reinen politischen und wirtschaftlichen Funktionselite ersetzt".[54] 1787 sah Meiners endlich die Zeit gekommen, „wo Genie und Tugend über die verdienstleere Geburt siegen, und diese aus dem Besitze von Vorrechten verdrängen werden"[55]. Nicht nur der Adel – so die unüberhörbare Drohung – könne eine Schutzwehr gegen „den Despotismus, und ein Mittelstand zwischen dem unumschränkten Beherrscher, und dem unbeschränkt gehorchenden Unterthanen seyn"[56].

Die Idee eines Mittelstandes als Schutz vor Despotismus spielte in Deutschland aber weiterhin eine zentrale Rolle. Die 1793 anonym erschienene Broschüre „Gedanken über die Freyheit für den deutschen Landmann" kommt zu dem Schluß: „Ueberhaupt hat das deutsche Reich die tauglichste und angenehmste Freyheitsregierung; deutsche Fürsten können nicht wohl Despoten seyn, sie sind durch die allgemeinen Reichsgesetze gebunden". Diese seien bei den Reichsgerichten einzuklagen. Die „Freigeister" hätten bisher diesen „schönen Freykörper des deutschen Reichs" weder durch Despotismus an den Höfen noch durch Zügellosigkeit beim Volk zerstören können[57]. Es ist die gesetzmäßige alte deutsche Freiheit, die implizit mit der zügellosen französischen verglichen und dieser vorgezogen wird.

Im mehr und mehr idealisierten deutschen Reich der Freiheit, hatten sich inzwischen aber viele Fürsten der landständischen Kontrolle entzogen, so dass die Publizisten ihren Despotismus nur noch durch „Kaiser und Reich" bzw. die veröffentlichte Meinung gezügelt sahen. Wenn der Reichs-Staat als übergreifende Klammer fortfiel, blieb nur die monarchische Herrschaft der Fürsten. Die sogenannte landständische Renaissance der zweiten Hälfte des 18. Jahrhunderts ist auch unter dem Gesichtspunkt zu sehen, dass kein Fürst öffentlich als „Despot" verschrieen werden wollte. Wer wie Möser einen landständischen Majoratsadel forderte, ging jedenfalls von mehr oder weniger souveränen Fürstenstaaten aus.

Der badische geheime Hofrat Johann Georg Schlosser[58] setzte dagegen 1789 auf einen funktio-

Adel und Reich in der publizistischen Kritik

nierenden Reichs-Staat, denn sein Adel ist der hohe regierende. Anlass zu seinen Überlegungen war der Großherzog Leopold gemachte Vorwurf, unter dem Vorwand des gemeinen Besten, die Vorrechte des Adels und aller Korporationen in der Toskana beseitigt zu haben, um alleine regieren zu können. Das Volk brauche – so der von Schlosser zitierte Kritiker –, „um frey zu werden, nur einen Tyrannen. Den Despoten hat es schon"[59]. Schlosser betonte dagegen – und dies zu Lebzeiten Josefs II. –, von Leopold sei nicht zu befürchten, „daß Er je die edlen und liberalen Deutschen, durch Spionen-Schleichwege (die vielleicht in Italien nöthig seyn mögen), auf ewig von sich werde entfernen wollen"[60]. Es sei eine politische Frage, „ob der Mittelstand zwischen dem Regenten und dem Volk, der Adel, eine gute politische Maschine sey, oder nicht"[61]. Er müsse sich bei der Nation beliebt machen und dafür sorgen, „daß dem Volke die beschränkte deutsche Monarchie lieber bleibe, als eine ungebundene deutsche Despotie"[62]. Ansonsten werde es sich vom Kaiser blenden lassen, oder sich wie in Frankreich selbst eine Konstitution geben. Wenn Bürger und Untertanen die Vorteile der Reichsverfassung nicht mehr spürten, werde ihr Patriotismus erlöschen und ein künftiger Kaiser den Weg „zu dem allgemeinen Despotismus gebahnt" finden[63].

Für Schlosser ist es – wie in vielen älteren Texten – der Kaiser, der die Freiheit der Deutschen bedroht. Erst Maximilian I. und Karl V. hätten begonnen, „ein gemeines Wohl in dem deutschen Reiche zu etabliren und das Eigenthum der Stände demselben dienstbar zu machen"[64]. Diese hätten sich mit Wahlkapitulationen und Gesetzen gewehrt [oder: diese Entwicklung gefördert]. Da „die deutsche Freyheit nun nur Freyheit der Stände, fast nie Freyheit der Untertanen" sei, interessiere diese die „deutsche Constitution" wenig[65]. Nur wenn die Fürsten ihre Landeshoheit bescheiden ausübten, hätte „der Unterthan durch jeden Einbruch in die deutsche Reichs-Constitution eben so viel zu verlieren [...] als sein Landesherr"[66]. Die Fürsten müßten, um ihr Regiment gegenüber machtbewußten Kaisern behaupten zu können, so regieren, daß die Untertanen von einem starken Monarchen nichts zu gewinnen hätten. Die Abschaffung der Landstände sei daher falsch gewesen, weil die Untertanen danach noch stärker unterdrückt worden seien und deswegen auf Reformen durch den Kaiser hofften.

Mit dem schweren Los des Niederadels beschäftigte sich Schlosser in der Fortsetzung seines Aufsatzes zwei Jahre später: Dieser sei nicht zu beneiden, weil von den Fürsten unterworfen sowie durch Sold und Dienst den Bürgerlichen gleichgestellt[67]. Wenn er aber um alle Vorrechte gebracht werde, leide auch der Bürgerstand, denn der Hof müsse ein Adelsrefugium bleiben, um die Bürger nicht durch höfische Sitten und Gebräuche zu korrumpieren. Der Adel wolle nur dieses Vorrecht. „Und bei diesem Anspruch, bei diesem Recht muß er bleiben!"[68] Der Hof dürfe allerdings nur das Privatleben des Regenten, nicht sein öffentliches Dasein bestimmen. Die bürgerliche Hofpsychose gab auch dem Niederadel eine nützliche Aufgabe: Er hatte den Fürsten zu unterhalten. Der anonyme Verfasser, der 1797 Bruchstücke zu einer deutschen Konstitution liefern wollte, ging sogar so weit, auch „dem Adel seine Titel und Würden (zu) lassen, denn sobald alle Menschen, alle Staatsbürger über den wahren Adel, über den wahren Werth des menschlichen Wesens und dessen moralische Bestimmung und Höhe aufgeklärt sind, werden die Grafen, Freyherren und Edelleute ihre Diplome und Stammbäume willig auf den Altar des Vaterlandes legen"[69].

Soweit ist es bekanntlich nicht gekommen, doch die Annäherung von Adel und gehobenem Bürgertum in den Jahren vor und um 1800 sollte nicht unterschätzt werden. Sie erfolgte nicht nur in den fürstlichen Regierungs- und Verwaltungsämtern, wo sich eine überständische Staatselite formierte. Vielleicht noch wichtiger waren die gesellschaftlich-geselligen Angleichungen, bei denen wiederum England als Vorbild galt. Dort hatte im 18. Jahrhundert das höfische Ideal höflicher Konversation, gesitteten Verhaltens und galanter Umgangsformen die bürgerliche Welt erobert[70], ohne dass – wie vielfach befürchtet – die sogenannten bürgerlichen Tugenden oder der Erwerbssinn verfallen wären. Gleichrangigkeit, höfliches Benehmen, verfeinerte Sitten und kultivierte Gespräche prägten aber auch in Deutschland die Atmosphäre der studentischen Orden, Sozietäten, Salons und Gesellschaften, wo sich Adel und Bürger trafen[71]. Der Adel nahm so „an vielen bürgerlich dominierten Entwicklungen" teil[72]. Adolph Freiherr Knigges Büchlein „Über den Umgang mit Menschen" hatte seit 1788 deswegen so großen Erfolg, weil es überständisch gültige Regeln versprach, denn es sei nirgends so schwierig, „nach Gefallen zu würken, wie in unserm teutschen Vaterlande". Hier sei der Abstand der Menschen aus allen „Klassen, Gegenden und Ständen" zwischen „denen verjährtes Vorurteil, Erziehung und zum Teil auch Staatsverfassung eine viel bestimmtere Grenzlinie gezogen habe [größer, G.S.], als in andern Ländern". Den verschiedenen Interessen fehle in Deutschland ein sie vereinigender Punkt, ein „Nationalbedürfnis". In England sei dies die „Aufrechterhaltung der Konstitution, Freiheit und Glück der Nation, Flor des Vaterlandes"[73]. Nach Lage der Dinge sollte dies ähnlich für Deutschland gelten, doch mit der alten Reichsverfassung war die staatsbürgerliche Gleichheit nicht zu haben, mit Fürstensouveränität, Rheinbundakte oder Deutschem Bund aber auch nicht[74].

SCHLUSS

Gegenüber der bisherigen Forschung wird man die Tendenzen in Regierung und Verwaltung, aber auch im geselligen Verkehr stärker gewichten müssen, die auch in Deutschland auf die Bildung einer Staatselite aus niederem Adel und gehobenem Bürgertum hindeuten. Das Ende des Reiches löste daher beim Ritteradel die größten Befürchtungen aus: Säkularisierung und Mediatisierung gefährdeten vor allem die altadelige, an Land und Herrschaft gebundene Existenzweise, die sozialen Veränderungen mit Bauernbefreiung und Verwaltungsreformen taten ein übriges.

Der Niederadel hatte als Herrschaftsstand endgültig ausgespielt – nicht aber als gesellschaftlich-staatliche Eliteformation. In Preußen hatte bereits das Allgemeine Landrecht 1794 den Adel als ersten Stand des Staates definiert[75]. Die Zäsur von 1806 änderte daran nichts. Es war der oben angeführte Freiherr vom Stein, der im Vorfeld des Wiener Kongresses forderte, dem Adel einen Teil seiner politischen Rechte zurückzugeben. Unter Aufsicht des Bundes sollten in den Einzelstaaten Landstände als Kontrollinstanz der Fürsten und als Garanten der Untertanenrechte installiert werden[76]. Die Reichsritter griffen seine Argumentation auf: „Wenn der Reichsadel das Volk vertreten, wenn er die ehrwürdige Rolle von Landständen übernehmen soll, so kann unmöglich seine

Adolph Freiherr Knigge (1752 – 1796). Pastell, um 1793. Bremer Landesmuseum für Kunst- und Kulturgeschichte (Focke-Museum).

politische Existenz von der Willkühr des Souverains und der Minister abhängig sein"⁷⁷. Die Bundesakte kam ihrem Schutzbedürfnis nicht nur mit Art. 13 entgegen, der allen Staaten die Einführung einer landständischen Verfassung auferlegte.

Der niedere Adel hatte zudem die Kritik genutzt, um sich zu reorganisieren und sich mit Hilfe seiner reaktivierten Vorrechte als Staats- und Funktionselite zu etablieren. Mit neuen Kenntnissen und altem Prestige behauptete er seinen Vorrang, den Hofdienst als seine Domäne und ließ sich auch im Staatsdienst von den Bürgern nicht verdrängen. Der anonyme Kritiker, der 1790 geäußert hatte, dem Wohl des Staates nutze „keine gewisse conventionelle Art des Betragens, wohl aber reife Kenntniß der Sachen/ und lebendiger thätiger Patriotismus"⁷⁸, hatte nur bedingt recht. Der Affekte steuernde, höfliche und gesittete Umgangsformen fordernde Ehr- und Verhaltenscodex des Adels wurde benötigt – vor allem auf militärischem und diplomatischem Parkett, aber auch in der Staatsverwaltung⁷⁹.

Anmerkungen:

1 Vgl. generell *Volker Press*: Adel im Alten Reich. Tübingen 1998; *Rudolf Endres*: Adel in der Frühen Neuzeit. München 1993; *Ronald G. Asch* (Hg.): Der europäische Adel im Ancien Régime. Köln 2001; *Ders.*: Zwischen defensiver Legitimation und kultureller Hegemonie: Strategien adliger Selbstbehauptung in der frühen Neuzeit. In: zeitenblicke 4 (2005), Nr. 2. [28.06.2005], http://www.dipp.zeitenblicke.de/2005/2/Asch.
2 Vgl. *Georg Schmidt*: Geschichte des Alten Reiches. München 1999.
3 *Richard van Dülmen*: Entstehung des frühneuzeitlichen Europa 1550 – 1648. Frankfurt 1982, 136.
4 *William D. Godsey jr.:* Nobles and Nation in Central Europe. Free Imperial Knights in the Age of Revolution, 1750 – 1850. Cambridge 2004, hier 76.
5 *Endres* 1993 (wie Anm. 1), 90 und 95.
6 Richtungweisend: *Otto Brunner*: Land und Herrschaft. Wien ⁵1965.
7 *Barbara Stollberg-Rilinger*: Handelsgeist und Adelsethos. Zur Diskussion um das Handelsverbot für den deutschen Adel vom 16. bis zum 18. Jahrhundert. In: Zeitschrift für Historische Forschung 15 (1988), 273-309.
8 *C. J. Majer*: Beiträge zur Geschichte der Menschheit. In: Teutscher Merkur 6 (1774), 227-284, 244f.
9 *Karl Leonhard Reinhold*: Die drei Stände. Ein Dialog. In: Der Neue Teutsche Merkur 1792, 1. Bd. 3. Stück, 217-241, Zitat 235.
10 *Volker Press*: Der Untergang des Heiligen Römischen Reiches deutscher Nation. In: Eberhard Müller (Hg.): „... aus der anmuthigen Gelehrsamkeit". Tübinger Studien zum 18. Jahrhundert. Tübingen 1988, 81-97, hier 82.
11 Vgl. dazu *Werner Conze*: Art. Adel. In: Geschichtliche Grundbegriffe, Bd. 1, 1-48, hier bes. 23-27; *Rudolf Vierhaus*: Vom aufgeklärten Absolutismus zum monarchischen Konstitutionalismus. Der deutsche Adel im Spannungsfeld von Revolution, Reform und Restauration (1789 – 1848). In: *Uwe Hohendahl / Paul Michael* (Hg.): Legitimationskrisen des deutschen Adels 1200 – 1900. Stuttgart 1979, 119-135; *Horst Möller*: Aufklärung und Adel. In: *Elisabeth Fehrenbach* (Hg.): Adel und Bürgertum in Deutschland 1770 – 1848. München 1994, 1-9.
12 *W. F. Chassot de Florencourt*: Ist die deutsche Verfassung dem inländischen Handel und der Aufnahme der Manufacturen schädlich oder nützlich? In: Deutsches Magazin (1793) 5. Bd., 717-753, Zitat 721.
13 *Dieter Langewiesche:* Bürgerliche Adelskritik zwischen Aufklärung und Reichsgründung in Enzyklopädien und Lexika. In: *Ders.*: Liberalismus und Sozialismus. Gesellschaftsbilder – Zukunftsvisionen – Bildungskonzeptionen. hrsg. von Friedrich Lenger. Bonn 2003, 103-122, hier 104.
14 Vgl. auch *Johanna Schultze*: Die Auseinandersetzung zwischen Adel und Bürgertum in den deutschen Zeitschriften der letzten drei Jahrzehnte des 18. Jahrhunderts (1773 – 1806). Berlin 1925.
15 *Gabriele Freiin von Koenig-Warthausen*: Otto Heinrich von Gemmingen-Hornberg. In: *Robert Uhland* (Hg.): Lebensbilder aus Schwaben und Franken, Bd. 15. Stuttgart 1983, 115-138.
16 Zit. n. ebd., 132.
17 *Otto Heinrich von Gemmingen*: Ueber die Königlich Preussische Assoziation zur Erhaltung des Reichssystems. Deutschland Juli 1785.
18 Vgl. *Karl Otmar Freiherr von Aretin*: Heiliges Römisches Reich 1776 – 1806. Reichsverfassung und Staatssouveränität. Tl. 1. Wiesbaden 1967, bes. 79-89.
19 Orden des Rittercantons Ottenwald. In: Journal von und für Deutschland 6 (1789), 443-448; Vgl. *Volker Press*: Kaiser und Reichsritterschaft. In: *Rudolf Endres* (Hg.): Adel in der Frühneuzeit. Köln - Wien 1991, 163-194, 188; *Wolfgang von Stetten:* Die

Rechtsstellung der unmittelbaren freien Reichsritterschaft, ihre Mediatisierung und ihre Stellung in den neuen Landen. Dargestellt am fränkischen Kanton Odenwald. Neuenstein 1973, 99-102.

20 Zur 1793 erfolgten Verleihung des schwäbischen Ritterordens: *Karl Heinrich Freiherr Roth von Schreckenstein*: Geschichte der ehemaligen Reichsritterschaft in Schwaben, Franken und am Rheinstrome. Bd. 2. Tübingen 1871, 589ff.

21 Orden des Rittercantons Ottenwald. In: Journal von und für Deutschland 6 (1789), 443-448, die Beschreibung, 443f. Eine Abbildung bei: *Stetten* 1973 (wie Anm. 19), 310. – Ernst Schubert ist der Ansicht, daß die Kaiser mit diesen Orden nur einem Bedürfnis der Reichsritter entsprachen: *Ernst Schubert*: Adel im ausgehenden 18. Jahrhundert. Nordwestdeutsche Edelleute und süddeutsche Reichsritter im landesgeschichtlichen Vergleich. In: *Joseph Canning/ Hermann Wellenreuther* (Hg.): Britain and Germany Compared: Nationality, Society and Nobility in the Eighteenth Century. Göttingen 2001, 141-229, hier 168, Anm. 68.

22 Zum familiären Zusammenhang und vor allem zu seinem gleichnamigen Vater: *Sigrid Jahns:* Das Reichskammergericht und seine Richter. Tl. 2, 2. Köln u.a. 2003, 1364 – 1373. Für 1786 wird allerdings Karl Friedrich Reinhard von Gemmingen als Ritterhauptmann genannt: *Stetten* 1973 (wie Anm. 19), 42. Er könnte also durchaus auch die Eröffnungsrede gehalten haben.

23 [*Otto Heinrich Freiherr von Gemmingen-Hornberg*]: Rede [...] bey der Eröffnung des Ordens-Capitels des Reichs-Ritterschaftlichen Cantons Ottenwald. In: Journal von und für Deutschland 7 (1790), 97-107, Zitat 97.

24 Ebd., S. 100.

25 Ebd., S. 101 f.

26 Ebd., S. 106.

27 *Volker Press*: „Korporative" oder individuelle Landeshoheit der Reichsritter. In: *Erwin Riedenhauer* (Hg.): Landeshoheit. München 1994, 93-112; *Endres* 1993 (wie Anm. 1), 68-74; *Volker Press* 1991 (wie Anm. 19), 163-194.

28 *Heinrich Müller*: Der letzte Kampf der Reichsritterschaft um ihre Selbständigkeit (1790 – 1815). Berlin 1910, 54-72; *Volker Press:* Kaiser und Reichsritterschaft. In: *Endres* 1991 (wie Anm. 19), 163-194, hier 176 und 191.

29 [*Moritz August*] v. *Thümmel*: Politischer Traum. In: Minerva 1805, Bd. 1, 193-207.

30 *K. F. Neff:* Die Reichsritterschaft in Schwaben, Franken und am Rhein von ihrem Entstehen, bis zu ihrer Auflösung. In: Der Rheinische Bund 6 (1808), 161-183, 173.

31 *Heinrich Müller* 1910 (wie Anm. 28) Zitat 14; Vgl. auch *Christof Dipper*: Die Reichsritterschaft in napoleonischer Zeit. In: *Eberhard Weis* (Hg.): Reformen im rheinbündischen Deutschland. München 1984, 53-73.

32 *Müller* 1910 (wie Anm. 28), 200.

33 *Johann Georg Kerner*: Allgemeines positives Staats-Reichs-Recht der unmittelbaren freyen Reichsritterschaft in Schwaben, Franken und am Rhein. Lemgo 1789, 1.

34 *Bernd Warlich*: August Ludwig von Schlözer 1735 – 1809 zwischen Reform und Revolution. Diss. Erlangen 1972.

35 Zum Hintergrund und zur intensiven, aber vergeblichen Suche nach dem Autor, der vor allem in dem adelskritischen und publizistisch entsprechend hervorgetretenen Generalsuperintendenten Johann Ludwig Ewald vermutet wurde: *Johannes Arndt*: Das Fürstentum Lippe im Zeitalter der Französischen Revolution 1770 – 1820. Münster - New York 1992, bes. 382-388.

36 Unglaubliche Behauptung des Adels in Lippe-Detmold [...]. In: Stats-Anzeigen 18 (1793), 166-173, Zitat 170 f.

37 Verteidigung des Lippe-Detmoldschen Adels [...]. In: ebd., 350-356.

38 Edles Betragen des Lippe-Detmoldschen Adels. In: ebd., 558f.

39 *Arndt* 1992 (wie Anm. 35*)*, 384. Vgl. auch *Martin Brecht*: Pietismus und Aufklärung in Lippe. Johann Ludwig Ewald und seine Freunde. In: Lippische Mitteilungen 56 (1987), 75-91, Zitate 500, 498 und 496.

40 *Fo.*, Rez.: Was sollte der Adel jetzt thun? Den privilegierten deutschen Landständen gewidmet von Johann Ludwig Ewald. In: Neue allgemeine deutsche Bibliothek 11 (1794), 494-502.

41 *Arndt* 1992 (wie Anm. 35), 388.

42 Aus Kursachsen. Vorstellung an die Hrn. Abgeordnete der Städtischen engern Ausschusses. In: Staats-Anzeiger 18 (1793), 296-303, Zitat 301f. – Vgl. *Axel Flügel*: Bürgerliche Kritik und Landtagsrepräsentation. Die Ritterkurie des sächsischen Landtages im Jahre 1793. In: Geschichte und Gesellschaft 23 (1997), 384-404.

43 *Jürgen Habermas*: Strukturwandel der Öffentlichkeit. Frankfurt ⁵1996.

44 Ueber die wirksamsten Mittel gewaltsamen Revolutionen in Deutschland vorzubeugen. In: Deutsches Magazin 1794, 8. Bd., 400-494, Zitat 407.

45 Ueber den Werth und die Grenzen des Adels. In: Deutsche Monatsschrift 1791, 3. Bd., 273-291, Zitat, 289.

46 Ebd., 277. Vgl. auch Ueber die wirksamsten Mittel gewaltsamen Revolutionen in Deutschland vorzubeugen. In: Deutsches Magazin 1794, 8. Bd., 400-494, Zitat 422.

47 *E*[*rnst*] *Brandes*: Ist es den deutschen Staaten vorteilhaft, daß der Adel die ersten Staatsbedienungen besitzt? In: Berlinische Monatsschrift 1787, 395-439; *Schultze* 1925 (wie Anm. 14), 117-122. – Vgl. auch *Elisabeth Fehrenbach*, August Wilhelm Rehbergs Adelskritik und seine Reformbestrebungen im Königreich Hannover. In: *Dies.:* Politischer Umbruch und gesellschaftliche Bewegung. München 1997, 233-246.

48 *Justus Möser*, Von dem deutschen Nationalgeiste von Friedrich Karl von Moser. In: *Ders.:* Sämtliche Werke. Bd. 3. Oldenburg 1986, S. 247ff.

49 *Justus Möser*: Warum bildet sich der deutsche Adel nicht nach dem englischen? In: Berlinische Monatsschrift 1785, 193-208. Vgl. *Schultze* 1925 (wie Anm. 14), 107 f.

50 *Robert von Friedeburg*: Das Modell England in der

Adelsreformdiskussion zwischen Spätaufklärung und Kaiserreich. In: *Heinz Reif* (Hg.): Adel und Bürgertum in Deutschland. Bd. 1. Berlin 2000, 29-49.
51 *Heinz Reif*: Einleitung. In: ebd., 7-27, Zitat 17f.
52 Fragment eines Briefes über den Adel, an einen Freund. In: Historisch-politisches Magazin, nebst litterarischen Nachrichten 1790, 8. Bd., 150-162, Zitat 161.
53 Vgl. [*Johann Michael von Loen*]: Der Kaufmanns-Adel. Untersucht von einem unpartheyischen Rechts-Gelehrten. Frankfurt Mai 1742. Zit. n. *Stollberg-Rilinger* 1988 (wie Anm. 7), S. 294.
54 Vgl. ebd., S. 296-306, Zitat S. 306.
55 *Christoph Meiners*: Kurze Geschichte des Teutschen Adels. In: Göttingisches historisches Magazin, 1787, Bd. 1, 577-646, Zitat 645.
56 Ebd., 647.
57 Alle Zitate: Gedanken über die Freyheit für den deutschen Landmann, 1793, 38 f.
58 Vgl. *Johann an der Zande:* Bürger und Beamter, Johann Georg Schlosser: 1739 – 1799. Stuttgart 1986
59 [*Johann Georg*] *Schlosser*: Von dem Adel. In: Neues Deutsches Museum (1789), Bd. 1, 369-405, ebd., (1791), Bd. 4, 27-70 und ebd., 97-115, Zitat (1789), Bd. 1, 370.
60 Ebd., 404.
61 Ebd., 373.
62 Ebd., 382.
63 Ebd., 387.
64 Ebd., 392.
65 Ebd., 397.
66 Ebd., 398.
67 Ebd., Bd. 4, 52 f.
68 Ebd., 69. Zu Hofkritik und Höflingen im frühneuzeitlichen Deutschland: *Rainer A. Müller*: Hofstaat – Hofmann – Höfling. Kategorien des Personals an deutschen Fürstenhöfen der Frühen Neuzeit. In: *Klaus Malettke/ Chantal Grel* (Hg.): Hofgesellschaft und Höflinge an europäischen Fürstenhöfen in der Frühen Neuzeit (15.-18. Jh.). Münster u.a. 2001, 37-53; *Albrecht P. Luttenberger*: Miseria vitae aulicae. Zur Funktion hofkritischer Reflexion im Reich während der Frühen Neuzeit. In: ebd., 459-490.
69 Teutschlands neue Konstituzion. Ein Bruchstück. Entworfen von einem teutschen Staatsbürger. Herausgegeben von Erdmann Weber [1797]. In: *Horst Dippel* (Hg.): Die Anfänge des Konstitutionalismus in Deutschland. Frankfurt 1991, 147-176, Zitate 174.
70 *Iain Hampsher-Monk*: Die kultivierte Höflichkeit: eine Form kollektiver Freiheit im England des 18. Jahrhunderts. In: *Martin van Gelderen/ Georg Schmidt/ Christopher Snigula*: Kollektive Freiheitsvorstellungen im frühneuzeitlichen Europa. (im Druck).
71 Wolfgang Hardtwig: Genossenschaft, Sekte, Verein in Deutschland. Bd. 1. München 1997, passim.
72 *Heinz Reif*: Adel im 19. und 20. Jahrhundert. München 1999, 61.
73 *Adolph Freiherr Knigge*: Über den Umgang mit Menschen. Hg. v. Karl-Heinz Göttert. Stuttgart 1991, Zitate 15f. – Vgl. auch *Jens Neumann*: Der Adel im 19. Jahrhundert in Deutschland und England im Vergleich. In: Geschichte und Gesellschaft 30 (2004), 155-182.
74 Vgl. *Elisabeth Fehrenbach*: Adel und Bürgertum im deutschen Vormärz. In: *Dies.*: Umbruch, 247-266.
75 Allgemeines Landrecht für die preußischen Staaten von 1794. Hg. von Günther Bernert. Berlin ²1994, 540.
76 *Michael Hundt*: Stein und die deutsche Verfassungsfrage in den Jahren 1812 bis 1815. In: *Heinz Duchhardt/ Andreas Kunz* (Hg.): Reich oder Nation? Mitteleuropa 1780 – 1815. Mainz 1998, 141-180.
77 Projektierte Eingabe der Bevollmächtigten der Reichsritterschaft, Wien 1815, Jan. 1. Zit. n. *Roth von Schreckenstein* 1871 (wie Anm. 20) 615.
78 Fragment eines Briefes über den Adel, an einen Freund. In: Historisch-politisches Magazin, nebst litterarischen Nachrichten (1790), 8. Bd., 150-162, Zitat 159.
79 *Reif* 2000 (wie Anm. 50), S. 82-85.

Wer schützt das Reich? Südwestdeutschland im Ringen zwischen Österreich, Bayern und Frankreich (1803 – 1805)

Angela Kulenkampff

Die Jahre zwischen 1803 und 1805 sind eine Zeit des wachsenden Einflusses Österreichs im südwestdeutschen Raum[1]. Der süddeutsche Adel, 1803 durch den Reichsdeputationshauptschluss reich entschädigt, verkaufte oder tauschte seine Länder an Österreich, und dieses war dabei, seinen Landbesitz zu einem geschlossenen Territorium in Südwestdeutschland auszubauen: Es kaufte die Reichsstadt und das Stift Lindau vom Fürsten von Bretzenheim, die Grafschaft Rothenfels von den Grafen Königsegg; mit den Fürsten von Dietrichstein, den Grafen von Aspremont-Linden, Sternberg und Waldbott-Bassenheim und anderen wurden Tauschverhandlungen geführt[2]. Für alle unter österreichischer Landeshoheit gelegenen geistlichen Stifte und die Reichsritterschaft machte Österreich das „droit d'épaves" (Recht auf vermeintlich herrenloses Land) geltend[3]. Auf diese Weise sollen etwa an die 20 Millionen Gulden an Österreich geflossen sein, durch welche es reichlichen Spielraum hatte, um seine Politik in Südwestdeutschland durchzusetzen. Am 11. August 1804 hatte sich Kaiser Franz II. als Franz I. zum Kaiser von Österreich erklärt; damit ging die „monarchia Austriaca" ihrer Vollendung entgegen[4].

Der Konflikt um die Reichstagsstimmen

Hand in Hand mit der Politik im deutschen Südwesten ging eine Politik im Reich, die den Reichstag zum Stillstand verurteilte. Die in Regensburg versammelten Stände hatten den Reichsdeputationshauptschluss in einem Reichsgutachten vom 24. März 1803 gebilligt, aber der Kaiser hatte durch ein Dekret vom 28. April 1803 die Annahme mit folgender Argumentation verweigert[5]: § 32 des Reichsdeputationshauptschlusses führe zu einem Übergewicht der evangelischen Stimmen. Vor 1803 habe es im Reichsfürstenrat eine Mehrheit von zwölf bis vierzehn katholischen Stimmen im Reichstag gegeben, bei einer Ratifizierung des § 32 hingegen würde es eine Majorität von 20 protestantischen Stimmen geben. Der Kaiser sei aber verpflichtet, jeden Religionsteil im Besitz seiner Rechte zu erhalten und bevor dieses Problem nicht gelöst sei, würden keine Reichsberatungen stattfinden. Durch dieses kaiserliche Dekret war der Reichstag zu Untätigkeit verdammt. Die Lösung wichtiger Probleme, wie die Kreisverfassung und die Zukunft des Reichskammergerichts, konnte nicht in Angriff genommen werden und das Reich war ohne eine rechtsprechende Instanz.

In dieser schier ausweglosen Situation beantragte am 18. November 1803 Kurpfalz-Bayern im kurfürstlichen Kollegium, dass die freie Religionsausübung zum Grundsatz zu erheben sei. Der Kurfürst verlangte unter Berufung auf § 63 des Reichsdeputationshauptschlusses, dass der Grundsatz der Stimmenparität aufgehoben werde. Hingegen solle der § 32 erfüllt werden[6]. Dagegen protestierte drei Tage später der kurböhmische Gesandte Friedrich Lothar, Reichsgraf von Stadion. Für die 20 neuen protestantischen Stimmen müssten ebenso viele katholische Stimmen gefunden werden. Nur unter dieser Voraussetzung werde der Kaiser dem Reichsdeputationshauptschluss seine Zustimmung erteilen[7]. Der preußische Gesandte von Görtz hingegen gab zu Protokoll, dass sein Hof es nicht zulassen

Die Gegner:
Österreich gegen Frankreich und Bayern

Franz II., 1792 – 1806 Kaiser des
Hl. Römischen Reiches Deutscher Nation,
als Franz I. 1804 – 1835
Kaiser von Österreich.
Bildnisminiatur von R. Theer,
Österreichische Nationalbibliothek.

Maximilian Joseph, 1795 Herzog von
Zweibrücken, 1799 Kurfürst von Bayern,
1806 – 1825 König von Bayern.
Stich von Schenker nach Stieler.

Napoleon I., 1804 – 1814 (1815)
Kaiser der Franzosen.
Bildnisminiatur, Österreichische
Nationalbibliothek.

werde, wenn kleinen katholischen Ständen Virilstimmen beigelegt würden: „Das würde zur Verkleinerung des Ansehens der altfürstlichen protestantischen Häuser gereichen, was Preußen nie zugeben könne." Görtz unterstrich seine Stimmabgabe durch eine Drucksache über die Proteste gegen die Einführung neuer Virilstimmen im Reichsfürstenrat zwischen 1636 bis 1754[8]. Fahnenberg, der österreichische Gesandte am Reichstag in Regensburg, äußerte sich dazu in seinem Bericht nach Wien vom 25. Dezember 1803: Im Grunde sei die Reichstagsberatschlagung ein Kampf zwischen den katholischen und protestantischen reichsständischen Höfen, zwischen Österreich und Brandenburg-Preußen über die Frage, wer von den beiden künftig in der Erörterung über die Ausführung des Reichsdeputationshauptschlusses die Oberhand gewönne; es liege nahe, dass die Reichsstände im nördlichen Deutschland, einerlei ob Protestanten oder Katholiken, des Schutzes Preußens bedürften, wie der letzte Krieg gelehrt habe. Desgleichen bedürften die Stände des südlichen Deutschlands des Schutzes des mächtigen Kaiserhauses Österreich. Man solle, so Fahnenberg, nicht auf die Religion, sondern auf die geographische Lage und „statische Dependenz" der künftigen Stimmen im Reichsfürstenrat sehen[9].

Am 27. Januar 1804 war die Stimmenangelegenheit ins Stocken geraten. Die Grundfrage lautete: Wie kann dem Mangel an Exekutive Abhilfe geschaffen werden? Um den Stillstand des Reichstags zu beenden, hatte sich der österreichische Hof an den französischen Außenminister Talleyrand mit der Bitte gewandt, er möge für eine Gleichheit der protestantischen und katholischen Stimmen im Reichstag sorgen. Zugleich hatte Cobenzl, der österreichische Außenminister, Napoleon die Zusage gemacht, dass Österreich keine neuen Truppen nach Schwaben verlegen werde. Auch würde für die Reichsritterschaft der Status Quo erhalten werden[10]. Napoleon scheint jedoch keine Maßnahmen für die Beendigung der Schwierigkeiten beim Reichstag getroffen zu haben. Deshalb machte Österreich am 2. Juni 1804 durch einen Vertrag mit Württemberg deutlich, dass es seine alte Politik des Zusammenschlusses seiner schwäbischen Territorien erneut aufgriff. Der Rechtstitel, dessen er sich bediente, war das Heimfallrecht angeblich herrenloser Territorien[11]. Darüber hinaus aber erwarb Österreich durch Kauf von dem Fürsten von Bretzenheim Reichsstadt und Stift Lindau. Das Vorgehen Österreichs in Süddeutschland erregte Napoleon im höchsten Maße. Am 6. August 1804 ließ Napoleon eine Note an den Reichstag ergehen, in welcher diesem befohlen wurde, die Unsicherheit aufzuheben, die durch die Nichtratifizierung des § 32 des Reichsdeputationshauptschlusses entstanden war. Der Reichstag müsse verstehen, dass der Kaiser der Franzosen als Vertragspartner Österreichs im Frieden von Lunéville sowie im Reichsdeputationshauptschluss als Nachbar Deutschlands Interesse an den Verhältnissen in Deutschland habe. Er betonte, dass Frankreich seine Rolle als Schützer der eigentlichen („véritable") Verfassung Deutschlands habe und sich insbesondere als Beschützer der schwächeren Reichsstände gegen die stärkeren sähe. Er, der Kaiser, würde niemals in Deutschland eine Macht („pouvoir") über den Reichstag anerkennen, welche Reichstagsbeschlüsse im Interesse des österreichischen Kaisers abändern könne. Um solche Veränderungen vornehmen zu können, brauche der Kaiser sich nur des Reichhofrats zu bedienen. Wenn aber der Reichshofrat als oberste Gerichtsinstanz zuständig wäre, dann befände sich das gesamte Reich in den Händen Österreichs. Im gleichen Schreiben äußerte sich

Medaillen auf den Frieden von Pressburg 1805 und die Verleihung der Souveränitäten 1806. Vorderseite jeweils Kopf Napoleons. Rückseite: 1805 der geschlossene Janustempel als Symbol des Friedens, 1806 neben dem Thronsessel Napoleons Tisch mit Kronen und Szepter. Württembergisches Landesmuseum Stuttgart.

ser hatte durch den Reichsdeputationshauptschluss einer Reihe von österreichischen Vasallen und Reichsgrafen die Fürstenwürde verliehen, so auch den Waldburgern. Eine Reihe dieser neu gefürsteten Reichsstände drängte 1804/05 in den Reichsfürstenrat, um die katholischen Stimmen zugunsten Österreichs zu vermehren. Aber die Schwierigkeiten, die sich 1753 wegen mangelnder Qualifikation im Falle Thurn und Taxis ergeben hatten und nur durch ein Machtwort des Staatskanzlers Kaunitz hatten gelöst werden können, stellten sich auch jetzt wieder ein[13]. Aufschlussreich für diesen Vorgang ist die Korrespondenz, die der soeben gefürstete Graf Ferdinand von Trauttmannsdorff zwischen Januar und Juli 1805 mit dem pfalzbayerischen Hof führte. Trauttmannsdorff hatte ein unbedeutendes Dorf von den Grafen Castell erworben und wollte darauf eine Kreisstandschaft begründen. Allerdings musste er vom preußischen Hof darüber belehrt werden, dass dieses Dorf für diesen Zweck zu unbedeutend sei[14]. Aber abgesehen von dem Versuch Trauttmannsdorffs geschahen in der Angelegenheit zusätzlicher Virilstimmen am Wiener Hof seltsam anmutende Dinge. So bezahlte der Fürst Windischgrätz für die Erhebung der Reichsgrafschaft Eglofs in ein Reichsfürstentum 33 126 Gulden[15]. Die Esterházy zahlten für die Erhebung des unmittelbaren Reichsgebiets Edelstetten in ein Reichsfürstentum mit Wappenverbesserung 22 118 Gulden[16]. Hingegen zahlte Graf Franz Georg von Metternich, der bereits unter Staatskanzler Kaunitz eine besondere Stellung unter den Reichsgrafen eingenommen hatte, für den neuen kaiserlichen Lehenbrief für die Märkte Obersulmentingen und Ochsenhausen nur 224 Gulden[17].

Napoleon zum Kauf der Reichsstadt und Stift Lindau durch Österreich. Er erkannte, welche Absichten Österreich mit diesem Kauf verband. Österreich wolle seine gesamten Besitzungen in Schwaben vereinen und aus ihnen ein geschlossenes Territorium machen; aber es sei die Absicht des Friedens von Lunéville und des Reichsdeputationshauptschlusses gewesen, die Grenzen der beiden Staaten (Österreich und Frankreich) voneinander zu entfernen, um möglichst alle Reibungspunkte zu vermeiden. Das jetzige Vorgehen Österreichs widerspräche dem Geist des Vertrages von Lunéville[12].

Österreich beließ es nicht bei seinen Arrondierungsversuchen in Südwestdeutschland. Der Kai-

brauchen und dass die gesamte Aktivität des Reichstags vom österreichischen Hof abhängig werde würde. Die Politik des Reichs werde künftig der österreichischen Politik noch mehr untergeordnet sein als zuvor; diese werde künftig „nach Willkür" zwischen politischer Indifferenz und aktiver Teilnahme bestimmen. Der bayerische Kurfürst schlug vor, dass sein Minister Gravenreuth dem österreichischen Kaiser Vorstellung über die gegenwärtige politische Lage des Deutschen Reichs mache, um eine Maßregel vorzubereiten, die hinreiche, den ausschließlich österreichisch-kaiserlichen Einfluss zu verhindern[18].

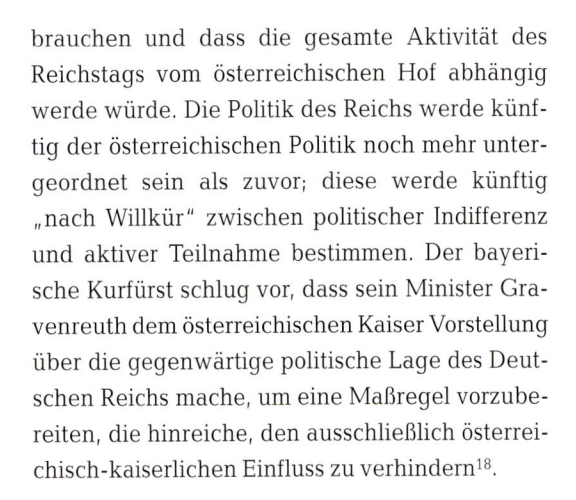

DER 3. KOALITIONSKRIEG

Im Mai 1805 hatte sich Napoleon zum König von Italien proklamieren lassen; Russland und England missbilligten diesen Schritt und antworteten mit einem Bündnis, dem sich Österreich am 9. August 1805 anschloss. Österreich wähnte im Herbst 1805 Napoleon damit beschäftigt, England anzugreifen. Seit Wochen waren seine Truppen am Ärmelkanal versammelt. Österreich glaubte sich daher von Napoleon unbeobachtet und hatte in Tirol und Vorderösterreich Truppen versammelt. Damit stand die dritte Koalition gegen Napoleon. Angesichts dieser Tatsache forderte Napoleon am 13. August 1805, dass Österreich seine Garnisonen in Tirol, Kärnten und Steiermark abziehen solle und verlangte von Österreich eine Antwort, ob seine Rüstungen ernsthaft seien. Österreich lehnte diese Forderung am 27. August 1805 ab. Napoleon antwortete, dass er durch den Frieden von Lunéville und durch den Reichsdeputationshauptschluss den Kaiser nach zwei Niederlagen nochmals in den Sattel gehoben habe; er rufe den Reichstag an, um den Kaiser im Namen Europas zu bitten, die Akte von Feindseligkeit zu unterlassen, die gegen Frankreich gerichtet seien, welches im Krieg gegen England begriffen sei und damit die Sache aller Länder Europas vertrete. Österreich möge bedenken, welche Folgen ein weiterer Krieg für die Völker Europas haben würde. Tirol jedoch mit Truppen anzufüllen, während er, Napoleon,

Auch der bayerische Kurfürst wandte sich gegen den Plan Österreichs, mehrere neufürstliche und gräfliche Häuser in Schwaben in den Reichsfürstenrat einzuführen. Die im § 32 des Reichsdeputationshauptschlusses enthaltenen neuen Stimmen seien zwar noch nicht zur Ausführung gekommen, aber der kaiserliche Hof wolle dennoch dem § 32 seine Genehmigung versagen. Der Kaiser habe damit die Befugnis, jedwede Beratung des Reichsfürstenrats als eines nicht gesetzlichen Reichskollegiums nicht zuzulassen. Der Wiener Hof beharre auf seinem Standpunkt, keine Reichsberatung zuzulassen, ehe die Problematik der Stimmen im Reichsfürstenrat gelöst sei; so zeige sich, dass der österreichische Hof die Stimmensache als ein Mittel zu eigenem Zweck ge-

Wer schützt das Reich?

seine Truppen aus der Schweiz evakuiert habe, das bedeute eine Kriegserklärung an Frankreich. Er wisse, dass Österreich dies tue, um den Erwerb Lindaus, das Epavenrecht und die Nichterfüllung verschiedener Artikel des Friedens von Lunéville zu stützen[19].

Am 23. August 1805 schrieb Napoleon, er werde auf Wien marschieren und Bayern so vergrößern, dass er von Österreich nichts mehr zu fürchten habe. Es gebe aber ein Mittel für Österreich, den Sturm abzuwehren: es müsse den Reichsdeputationshauptschluss erfüllen, Tirol, Steiermark und Kärnten von Truppen räumen und die Truppen in ihre Garnisonen zurückkehren lassen, doch habe Österreich vermutlich vor, den Herbst verstreichen zu lassen, um neue Intrigen zu ersinnen[20]. Folgerichtig schloss Napoleon am 25. August mit Bayern den Vertrag von Bogenhausen. In diesem Vertrag sicherte er dem bayerischen Kurfürst seinen gesamten Besitz einschließlich der durch den Reichsdeputationshauptschluss neu erworbenen Besitzungen zu, wie auch diejenigen Stimmen, welche ihm im Reichstag und in den Reichskreisen durch § 32 des Reichsdeputationshauptschlusses zugesprochen worden seien. Darüber hinaus sagte er ihm auch militärische Unterstützung zu und versprach für diesen Fall 18 000 Mann Infanterie, 2 000 Mann Kavallerie und entsprechende Artillerie. Wenn sein Heer sich auf bayerischem Boden befände, würde Frankreich die Kosten tragen. Weiterhin versprach er dem Kurfürsten Landgewinn, um die freundschaftlichen Beziehungen, die sich aus diesen Abmachungen ergäben, noch weiter zu vertiefen[21]. Es folgten Bündnisse mit süddeutschen Fürsten, am 5. September mit Baden und am 5. Oktober mit Württemberg. Nachdem Österreich am 27. August die Forderung nach Erfüllung des Reichsdeputationshauptschlusses abgelehnt hatte, überschritten am 8. September österreichische Truppen die bayerische Grenze. Damit bekannte sich Österreich zu dem über lange Jahre immer wieder erwogenen Plan, sich durch Bayern zu arrondieren. Napoleon hatte einige Geduld bewiesen, bis er Österreich den Krieg erklärte, was am 23. September 1805 erfolgte. Danach aber entwickelten sich die Ereignisse in stürmischer Eile: am 26. September wurde der Rhein überquert, am 6. Oktober die Donau, am 26. Oktober musste Österreich Tirol und Vorarlberg räumen, und am 14. November zog Napoleon in Wien ein. Am 2. Dezember erfolgte mit der Schlacht bei Austerlitz die vollständige Niederlage Österreichs.

Der Versuch Österreichs, seine Position in Südwestdeutschland zu festigen, war mit dem auf Austerlitz folgenden Friedensschluss gescheitert. Die Einvernahme Bayerns war der letzte Schachzug, die Österreichs Position in Südwestdeutschland hätte festigen sollen. In Anbetracht des 1779 unternommenen Versuches Österreichs, Bayern zu annektieren, hätte Österreich wissen müssen, dass der Griff nach Bayern Krieg mit Frankreich bedeuteten würde, verstieß es damit doch gegen den Frieden von Teschen (1779)[22]. Noch am 7. November 1805 hatte Napoleon Kaiser Franz ein Friedensangebot gemacht und abermals betont, dass nur die Engländer vom Krieg profitieren; ihn selbst interessiere dieser Krieg überhaupt nicht, doch müsse er gegen Österreich vorgehen, weil Österreich Bayern angegriffen habe[23]. Ein letzter Appell kam am 17. November 1805: die Russen, Bundesgenossen Österreichs, würden die schönsten Dörfer verbrennen – was soviel bedeutete wie die Frage, ob dem Kaiser dieser Krieg dies wert sei.

DAS ENDE DES REICHS

Die Politik Napoleons im ersten Halbjahr des Jahres 1806 war keineswegs eindeutig auf Zerstörung der Reichsverfassung ausgerichtet. Durch den Frieden von Pressburg vom 26. Dezember 1805 wurde Österreich jedoch endgültig aus dem Reich verdrängt[24]. Napoleon hatte gegen Österreich Krieg geführt, nicht gegen das Reich. Warum sollten Frankreich und Russland sich die Mühe gemacht haben, 1803 die Entschädigung für alle Reichsstände im Reichsdeputationshauptschluss auszuhandeln, um dann ihre eigenen Abmachungen durch die Rheinbundakte am 12. Juli 1806 zunichte zu machen? Es gibt für die Monate von Januar bis Mai 1806 Beispiele, die deutlich machen, dass die Reichsverfassung mit dem Reichstag für ihn noch eine Rolle spielte. Das zeigt sich an der Frage der sogenannten „petits princes", den mindermächtigen Ständen, die er eine Zeitlang noch erhalten wollte[25].

Schließlich aber siegte die Überlegung, dass sie ihm militärisch von keinem großen Nutzen sein könnten und eher an Geld als an Territorien interessiert seien. In einem Brief Napoleons an den Fürstprimas Dalberg nannte er sich „protecteur" der Reichsverfassung. Er sah sich darin allerdings als Garant der Territorien des Rheinbundes; die inneren Angelegenheiten der Staaten interessierten ihn nicht[26]. Darunter aber fielen die Klagen der sogenannten Mediatisierten. Erst durch die deutsche Bundesakte vom 8. Juni 1815 bekamen diese durch Artikel 14 das Recht der Ebenbürtigkeit mit dem regierenden Adel zuerkannt[27]. Sie erhielten zusätzlich verschiedene Rechte, unter denen hier die Landstandschaft in der ersten Kammer ihres Staates, der privilegierte Gerichtsstand und die Befreiung von der Militärpflicht genannt seien. Bedenkt man die von der Willkür der kaiserlichen Gnade geprägten Zustände vor 1806, dann hatte die auf die Napoleonischen Kriege folgende Neuordnung Deutschlands für die mediatisierten Stände eine solide Rechtsbasis geschaffen[28]. Man überlegte sogar, ihnen wiederum Kuriatstimmen zu geben, doch sah man später davon ab[29].

Anmerkungen:

1 *Franz Quarthal*: Schwäbisch-Österreich 1803 – 1805. In: Handbuch der Baden-Württembergischen Geschichte. Bd. 1. Stuttgart 2000, 774-779; *Gottfried Mraz:* Österreich und das Reich 1804 – 1806. Ende und Vollendung. Wien 1993; *Helmut Rumpler / Herwig Wolfram* (Hg): Österreichische Geschichte 1804 – 1914. Eine Chance für Mitteleuropa. Wien 1997; zur bayerischen Geschichte vgl. *Eberhard Weiss*: Die Grundlagen des modernen bayerischen Staates in der Ära Montgelas. In: Zeitschrift für bayerische Landesgeschichte 66 (2003), 533-540; *Max Spindler / Alois Schmid* (Hg): Handbuch der bayerischen Geschichte. Bd. 4/1. München 2003; *Dieter Schiersner*: Zwischen Habsburg und Wittelsbach, der Adel in der Markgrafschaft Burgau und der Friede von Pressburg 1805. In: Oberschwaben 7 (2005), 1-17.
2 *Karl Otmar von Aretin*: Das Alte Reich 1648 - 1806. Bd. 4. Stuttgart 2000, 504-513.
3 *Volker Press*: Das „droit d'épaves" des Kaisers von Österreich. In: Geschichte und Gesellschaft 6 (1980), 559-573.
4 *Mraz* 1993 (wie Anm. 1), 43.
5 Einen ausgezeichneten Überblick über die österreichische Politik von 1803 bis 1806 bietet: *Ulrich Hufeld*: Der Reichsdeputationshauptschluss von 1803. Stuttgart 2003, hier 122.
6 Haus- Hof- und Staatsarchiv Wien (HHStA), SK 225, f. 206, 18. November 1803.
7 HHStA, SK 225, f. 253, 254, 21. November 1803.
8 HHStA, SK 225, f. 503, 4. Januar 1804. Das war das Recht auf Einzelabstimmung beim Reichstag im Gegensatz zu den Kuriatstimmen, d.h. die nur als Kollegium berechtigen Stimmen der Reichsgrafen und Reichsprälaten.
9 HHStA, SK 225, f. 465-469, 24. Dezember 1803.
10 Correspondance de Napoléon Ier: publiée par ordre de l'Empereur Napoléon III. Paris 1858, hier: Bd. 9, Nr. 7735, Paris 2. Mai 1804.
11 *Press* 1980 (wie Anm. 3), 559-573.
12 Correspondance 1858 (wie Anm. 10), Bd. 9, Nr. 7906, 6.8.1804.
13 *Angela Kulenkampff*: Österreich und das Alte Reich. Die Reichspolitik des Staatskanzlers Kaunitz unter Maria Theresia und Josef II. 1728 – 1792. Köln 2005, 33f.
14 Bayerisches Hauptstaatsarchiv (BayHStA), Bayerische Gesandtschaft Wien, Nr. 562. Die Korrespondenz zwischen Trauttmannsdorff und dem Münchener Hof erfolgte über den bayerischen Minister am Wiener Hof, Freiherrn von Gravenreuth, und zog sich von Januar bis Juli 1805 hin.
15 HHStA, Reichstaxamt Kasten 1, Einnahmen aus Gratialexpeditionen, f. 7, 24. Mai 1805. Die Reichsgrafschaft Eglofs wird in ein Reichsfürstentum unter der Benennung „Fürstentum Windischgrätz" für Graf Alfred von Windischgrätz erhoben.
16 HHStA, Reichstaxamt Kasten 1, f. 13, 17. Dezember 1804.
17 HHStA, Reichstaxamt Kasten 1, f. 7, 29. März 1805. Manche der neuen Reichsfürsten waren nicht in der Lage, die Taxgebühr zu zahlen. So sollte Franz Wilhelm Altgraf zu Salm-Reifferscheidt-Bettburg für die Erhebung der Reichsbesitzungen Kraut-

heim und Gerlachsheim in ein Reichsfürstentum 32 400 Gulden bezahlen; weil er dazu nicht in der Lage war, wurden seine Schulden mit 4% verzinst.

18 BayHStA, Nr. 559, 24. Februar 1805.
19 Correspondance 1858 (wie Anm. 10), Bd. 11, Nr. 9104, 22. August 1805.
20 Correspondance 1858 (wie Anm. 10), Bd. 11, Nr. 9117, 23. August 1805.
21 *Clive Parry* (Hg.): The Consolidated Treaty Series. Bde. 1-231. New York 1969 – 1981; Bd. 57.
22 *Kulenkampff* 2005 (wie Anm. 13), 77-98.
23 Correspondance 1858 (wie Anm. 10), Bd. 11, Nr. 9541 und 9464 vom 7. und 8. November 1805.
24 *Hufeld* 2003 (wie Anm. 5), 129.
25 Correspondance 1858 (wie Anm. 10), Bd. 12, Nr. 1071 vom 10. April 1806.
26 *Ernst Rudolf Huber*: Dokumente zur deutschen Verfassungsgeschichte. Bd. 1. Stuttgart 1961, 37, Brief Napoleons an den Fürstprimas Dalberg.
27 Ebd., 78. Ich vertrete die Ansicht, dass die 1806 mediatisierten Fürsten vorher durch ihre Lehensbindung keine souveränen Herren in ihren Territorien waren, im Gegensatz zu: *Casimir Bumiller*: Adel im Wandel. 200 Jahre Mediatisierung in Oberschwaben. In: Oberschwaben 7 (2005), 43-48, 45.
28 *Heinz Gollwitzer*: Die Standesherren. Die politische Stellung der Mediatisierten 1815 – 1918. Göttingen 1961, 15-36.
29 *Huber* 1961 (Anm. 26), 77. Artikel 6 der Deutschen Bundesakte vom 8. Juni 1815.

TOTGESAGTE LEBEN LÄNGER ADEL IN DEUTSCHLAND IM 19. UND 20. JAHRHUNDERT*

Eckart Conze

Vor nur etwas mehr als zehn Jahren, 1994, feierten die Grafen v. Bernstorff unter starker Anteilnahme der Öffentlichkeit und mit großem medialen Echo in der Lokalpresse den 300. Jahrestag der Übernahme des im Hannoverschen Wendland gelegenen Gutes Gartow durch die Familie. Gleichsam als Festschrift zu diesem Jubiläum stellte der Hausarchivar der Gartower Bernstorffs unter dem Titel „300 Jahre Haus Gartow" eine umfangreiche Chronik der Familie und ihres Besitzes zusammen. Das Vorwort dieser Chronik beginnt mit der Feststellung: „Mit Stolz können Graf Andreas und Gräfin Anna von Bernstorff als gegenwärtige Besitzer des Hauses Gartow auf eine dreihundertjährige Hausgeschichte zurückschauen. Vom Herzogtum, über König- und Kaiserreich sowie Nationalsozialismus bis zur Demokratie unserer Tage, die bisher zehn Besitzer des Hauses Gartow haben alle Regierungsformen kennen gelernt und sich im Allgemeinen gegen negative Einflüsse zu Ungunsten ihres Besitzes zu behaupten gewußt."[1] Die Kontinuität einer Adelsfamilie, ihres Besitzes, ihres politischen, wirtschaftlichen und kulturellen Wirkens ist damit angesprochen, und diese Kontinuität reicht – die Familienchronik deutet das zwar an, denkt aber nicht weiter darüber nach – aus der Frühen Neuzeit bis ins 20. Jahrhundert, ja bis an die Schwelle der unmittelbaren Gegenwart.

Was der Familie v. Bernstorff und ihrem Archivar selbstverständlich ist, das wird, wie mir scheint, in der deutschen Geschichtswissenschaft erst seit wenigen Jahren allgemein akzeptiert: dass nämlich Adelsgeschichte nicht nur Angelegenheit von Mediävisten und Frühneuzeithistorikern ist beziehungsweise sein kann, sondern mindestens ebenso sehr Thema für Historiker des 19. und 20. Jahrhunderts. Nicht daß es nicht schon seit Jahr und Tag große und wichtige Arbeiten zur Adelsgeschichte des 19. Jahrhunderts gegeben hätte – man denke etwa an Heinz Reifs Pionierstudie über den westfälischen Adel oder an Heinz Gollwitzers Untersuchung zu den Standesherren[2]. Doch standen solche Arbeiten zu keinem Zeitpunkt im Zentrum des Interesses des Faches. Und für das 20. Jahrhundert verfügten wir bis vor kurzem noch nicht einmal über solche Untersuchungen, weil Adelsgeschichte, so die ‚opinio communis' der Zunft, spätestens 1918 mit dem Untergang der Monarchien in Deutschland an ihr Ende gelangt war. Erst in jüngerer Zeit, vielleicht seit einem halben Jahrzehnt, hat sich das zu ändern begonnen, Adelsgeschichte stößt – innerhalb und außerhalb der Zunft – auf Interesse. Man erkennt zunehmend die Bedeutung von Adelsgeschichte für die und in der allgemeinen Geschichte, und man betreibt adelshistorische Forschung zum 19. und auch zum 20. Jahrhundert in der Perspektive allgemeiner und übergreifender gesellschaftlicher und politischer Entwicklungen[3].

Fragt man nach Gründen, die das langlebige Desinteresse der Geschichtswissenschaft am Adel erklären können, so wird man zunächst auf ein Geschichtsbild verweisen müssen, in dem der Adel, gerade mit Blick auf das 19. Jahrhundert, als Verlierergruppe vorkam und Adelsgeschichte als Niedergangsgeschichte wahrgenommen wurde; ein Bild auch, in dem der Adel, so hat das Volker Press schon 1988 scharf beobachtet, nicht zu den Kräften des historischen Fortschritts zählte, denen sich nicht zuletzt

Philipp Herzog von Württemberg (1893 – 1975) bei seinem 80. Geburtstag 1973 im Gespräch mit Ministerpräsident Hans Filbinger und dem Vorsitzenden des Aufsichtsrats der Deutschen Bank Hermann Josef Abs.

schen Forschung, die sich beispielsweise für den Adel im Süden und Südwesten Deutschlands in weitaus geringerem Maße interessierte[4]. Noch schwerer aber wiegt, dass die vor allem am preußisch-ostelbischen Adel entwickelten Thesen oftmals ohne weitere Überprüfung auf den Adel Bayerns, Württembergs, Hessens oder Westfalens übertragen wurden.

Zwar mochte politikgeschichtlich die Konzentration auf den auch numerisch dominierenden preußischen Adel gerechtfertigt sein, adelshistorisch indes führte sie zu Verzerrungen und Kenntnislücken. Mit Blick auf das 20. Jahrhundert blieb Adelsgeschichte, so sie überhaupt betrieben wurde, eng auf die Sonderwegsthese bezogen. In Elitenstudien tauchte der Adel auf, darüber hinaus jedoch vor allem politikhistorisch und stets sehr punktuell, beispielsweise im Zusammenhang mit dem Ende der Weimarer Republik und dem Aufstieg des Nationalsozialismus (,Grüne Front', ,Kabinett der Barone') sowie im Zusammenhang mit dem Widerstand und insbesondere dem Attentatsversuch des 20. Juli 1944[5].

ADELSGESCHICHTE IM ,MAINSTREAM' DER NEUEREN GESCHICHTE

Doch fragen wir nicht nur nach den Gründen für das lange Desinteresse unseres Faches am Adel des 19. und 20. Jahrhunderts. Fragen wir auch nach den Gründen für die langsame Wanderung der Adelsgeschichte – und mit ihr der Adelshistoriker – in den ,mainstream' der Neueren Geschichte. Fragen wir nach den Gründen für die deutlich wahrnehmbare Konjunktur von Adelsgeschichte des 19. und nun auch des 20. Jahrhunderts. Das gestiegene Interesse hat verschiedene Ursachen, von denen nur drei hier herausgehoben seien: Es hängt, *erstens*, zusammen mit der im Zuge des gesellschaftlichen und politischen Wandels in Deutschland nach 1989/90 wieder neu gestellten Frage nach der Rekrutierung, der Zusammensetzung und den Handlungsbedingungen von Eliten. Adelsgeschichte ist in diesem Sinne als Elitengeschichte zu verstehen[6].

Sozialhistoriker bevorzugt zuwandten: zuerst der Arbeiterbewegung, später dann dem Bürgertum. In einer solchen Perspektive trat der Adel lediglich als Bremser des Fortschritts auf, als reaktionäre, als rückwärtsgewandte Kraft. Vor allem die ostelbischen ,Junker' übernahmen diesen Part des historischen Bösewichts; in der Sonderwegsthese spielten sie eine zentrale Rolle; und sie repräsentierten dabei den deutschen Adel insgesamt. Das war, wie in anderen Bereichen auch, Ergebnis einer sonderwegsbedingten borussischen Blickverengung der histori-

Zweitens: Ohne sein den gesellschaftlichen Strukturen und Prozessen verpflichtetes Erkenntnisinteresse aufzugeben, hat sich das sozialgeschichtliche Paradigma in den letzten Jahren in Richtung einer Historiographie sozialer Praktiken und Erfahrungen geöffnet.[7] Eine „Sozialgeschichte in der Erweiterung" thematisiert Selbstverständnis und Mentalität sozialer Gruppen vor allem dann, wenn sich dadurch Aufschlüsse über Strukturbedingungen der Gesamtgesellschaft und Prozesse gesamtgesellschaftlichen Wandels gewinnen lassen. Welche Gruppe könnte geeigneter sein als der Adel, Mechanismen von sozialer Inklusion und Exklusion, von Selbst- und Fremdpositionierung im sozialen Raum, der Produktion und Reproduktion von Kapital (Schumpeter, Bourdieu) oder die Kontinuität und den Wandel von Lebenswelten am konkreten historischen Beispiel zu studieren? Stärker als andere soziale Gruppen bietet sich der Adel als Gegenstand einer kulturhistorisch sensiblen Sozialgeschichte an.[8] Denn auch wenn er quantitativ mit etwa einem Promille der deutschen Bevölkerung kaum ins Gewicht fiel, konstituierte der Adel doch eine äußerst distinkte Sozialformation, die noch dazu bis mindestens 1918 in Deutschland in Gesellschaft, Politik und Kultur unbestritten eine führende Rolle gespielt hat und deren Ringen um diese führende Rolle und die Bewahrung einer exklusiven Identität auch über 1918 hinaus für die gesellschaftliche und politische Entwicklung in Deutschland von zentraler Bedeutung gewesen ist.

Drittens schließlich gibt es eine europäische Dimension von Adelsgeschichte, die in den letzten Jahren deutlicher in das Bewusstsein der Historiker getreten ist. Dies erklärt sich nicht zuletzt aus dem wachsenden Interesse an den Grundbeständen und Grundstrukturen europäischer Geschichte jenseits der nationalen Eigenwege und damit letztlich aus dem Bemühen um eine Definition ‚Europas'. Insbesondere Forschungen zum Adel im Mittelalter und in der Frühen Neuzeit haben herausgearbeitet, in welchem Maße das Gesicht Europas bis heute von der jahrhundertelangen Herrschaft des Adels geprägt ist und wie sehr die Wirkungen dieser Adelsherrschaft (vor allem auch im Sinne kultureller Hegemonie) zum gesamteuropäischen Erbe gehören. Aber auch adelshistorisch markiert das Spannungsverhältnis zwischen europäischem Erbe und Prozessen der Nationalisierung – wie im übrigen anders herum auch dasjenige zwischen Region und Nation – ein durchaus belangvolles Forschungsterrain.

Jenseits der adligen Binnendifferenzierung aber gilt natürlich, daß der Adel in Deutschland insgesamt von der Wirkung säkularer Entwicklungen im Laufe des 19. und 20. Jahrhunderts, von politischen, gesellschaftlichen, ökonomischen und kulturellen Veränderungen und Modernisierungsprozessen nicht ausgeschlossen blieb. Daher setzt sich die jüngere Adelsgeschichte für das 19. und 20. Jahrhundert im Kern mit der Frage auseinander,

Beerdigung von Philipp Herzog von Württemberg in Altshausen 1975.

König Juan Carlos von Spanien hält 1977 Eleonore Fleur, Tochter von Carl Herzog von Württemberg, als Täufling im Arm. Links neben ihm die Mutter Diane Herzogin von Württemberg, geb. Prinzessin von Orléans und Braganza.

wenden. Dabei droht dann allerdings die Frage nach längerfristigen Entwicklungen, welche die politikhistorischen Zäsuren übergreifen, in den Hintergrund zu geraten, die Frage nach Kontinuität und Wandel in der Geschichte des deutschen Adels im 20. Jahrhundert. Diese Geschichte muss man – auch in der historischen Analyse – mit der des Adels im 19. Jahrhundert verknüpfen. Wer adelshistorische Studien zum 20. Jahrhundert einfach mit dem Ende des Ersten Weltkriegs, der Revolution 1918/19 oder der Gründung der Weimarer Republik einsetzen lässt, kann die Verlust- und Niedergangserfahrungen nicht richtig ermessen, die das individuelle wie kollektive Verhalten von Adeligen in der Zwischenkriegszeit entscheidend prägten.[10] Und nur im vergleichenden Blick auf die erste Nachkriegszeit wird deutlich, warum der Adel in Deutschland sich in der zweiten Nachkriegszeit so ganz anders verhielt, warum er die Bundesrepublik und ihre politische und soziale Ordnung akzeptierte, während er der Weimarer Republik nie eine Chance gegeben hatte.[11]

wie sich der Status des Adels in diesen Entwicklungen wandelte, wie der Adel in diesen Prozessen seine alten Positionen einbüßte, vor allem aber wie der Adel, Statusverluste und Statuseinbußen kompensierend, seinen Rang aktiv verteidigte, neu festlegte und sich den beschleunigt wandelnden Umständen anpaßte.[9] Das ist schon für das 19., vor allem aber für das 20. Jahrhundert mit seinen dramatischen Umbrüchen und seinen politikhistorischen Zäsuren in dichtester Folge – 1918, 1933, 1945/49 – eine besondere Herausforderung. Denn die historische Kleinteiligkeit des 20. Jahrhunderts – zumindest seiner ersten Hälfte – verleitet sehr dazu, sich dem Adel in einzelnen Phasen, etwa in der Weimarer Republik oder im ‚Dritten Reich', zuzu-

HETEROGENITÄT UND HOMOGENITÄT

Es soll im Folgenden nicht um einen Parforce-Ritt durch die Adelsgeschichte des 19. und 20. Jahrhunderts gehen, zumal uns angesichts des gegenwärtigen Forschungsstands noch die Voraussetzungen für eine Synthese fehlen. Aber es sei doch auf einige Entwicklungsstränge hingewiesen, die uns durch die Geschichte des Adels in Deutschland beziehungsweise des deutschen Adels seit etwa 1800 leiten können.

Und schon stoßen wir auf ein *erstes* Problem. Worüber reden wir denn: über Adel in Deutschland oder über deutschen Adel, gar über *einen* deutschen Adel? Was für die Frühe Neuzeit völlig verfehlt wäre, nämlich von einem deutschen

Adel zu sprechen, gewinnt das nicht für das 19. und 20. Jahrhundert an Berechtigung? Doch was macht diesen deutschen Adel aus? Was konstituiert ihn? Sicher, wir können den Adel in Deutschland – und das durchaus bis 1918 – als Herrschaftsstand fassen oder auch andere verbindende Definitionskriterien gewinnen: den Bezug zu Land und ländlichem Leben beispielsweise oder die Bedeutung der Familie. Aber jenseits solcher übergreifender Zuschreibungen in definitorischer Absicht sind doch letztlich bis weit ins 20. Jahrhundert hinein Heterogenität und Binnendifferenzierung, nicht zuletzt in seiner Selbstsicht und Selbstwahrnehmung, kennzeichnend für den Adel in Deutschland (landsmannschaftlich-regional, konfessionell, adelsrechtlich oder funktional, um nur die klarer identifizierbaren Differenzierungskriterien zu benennen).

Ein Blick auf die deutsche Adelsgeschichte im 19. und 20. Jahrhundert, die weniger auf die Beziehung des Adels zu anderen Sozialformationen (vor allem zum Bürgertum) abhebt als vielmehr auf Adel und Adeligkeit für sich, zeigt indes, dass, wenn auch wohl zeitlich versetzt zur Außenwahrnehmung, Adelige in Deutschland sich selbst zunehmend als Angehörige einer gesellschaftlichen Gruppe, eines deutschen Adels wahrzunehmen begannen. Das hat zunächst zu tun mit allgemeinen Nationalisierungsprozessen, die auch den Adel und seine Teileinheiten erfassten und die traditionelle Differenzierungskriterien wenn auch nicht verschwinden ließen, so doch überwölbten und in manchen Fällen ihre Bedeutung verminderten. Schon diese Nationalisierung, ganz gleich ob man sich dagegen wehrte oder sie mit- und nachvollzog, führte also zu einem Homogenisierungsschub innerhalb des Adels, mit der Nation als gemeinsamer und an Bedeutung gewinnender Referenzgröße.

Doch binnenadlige Homogenisierung war nicht nur Nationalisierung. Auch die Diskussionen über einen sogenannten ‚Neuen Adel' oder ‚Neuadel' ließen die Existenz eines vergleichsweise einheitlichen ‚alten' Adels hervortreten. Der Neuadelsdiskurs demonstriert als ein Beispiel den zunehmenden Druck, dem der Adel auf allen Ebenen und in all seinen Teilformationen ausgesetzt war: Rechtfertigungsdruck, Selbstbehauptungsdruck und Anpassungsdruck (politisch, sozial, ökonomisch). Dieser Druck erhöhte und dynamisierte sich in einem bisher ungekannten Ausmaß. Adelsgeschichte lässt sich vor diesem Hintergrund auch schreiben als Geschichte des Umgangs mit der Erfahrung von Druck, von wachsendem Druck. Weniger als je zuvor waren – für das adlige Individuum wie für den Adel als Kollektiv – „Erwartungshorizont" und „Erfahrungsraum", wie es Reinhart Koselleck genannt hat, ungebrochen aufeinander bezogen.[12] Nicht nur traditionelle Krisenerfahrungen, sondern neuartige Verlust- und „Störerfahrungen" (Peter Sloterdijk)[13] brachten das lange relativ stabile oder relativ leicht zu restabilisierende Verhältnis von „Erwartungshorizont" und „Erfahrungsraum" aus der Balance.

ADEL ALS ERFAHRUNGSGEMEINSCHAFT

Mit Hilfe des konzeptionellen Begriffspaares „Erwartungshorizont" und „Erfahrungsraum" können wir uns der Geschichte des Adels in Deutschland zwischen dem Beginn des 19. und der zweiten Hälfte des 20. Jahrhunderts systematisch auf eine Art und Weise nähern, die individuelle und kollektive Reaktions- und Verarbeitungsformen ins Zentrum der Analyse rückt. Das gilt im Grunde schon für die Französische Revolution und die napoleonische Herrschaft und ihre Folgen oder für 1848, mehr noch aber für die Reichsgründung und dann im Hinblick auf den Ersten Weltkrieg, Kriegsniederlage und Revolution, die Weimarer Republik, Nationalsozialismus, den Zweiten Weltkrieg und die Besatzungszeit. Zwar taucht der Begriff ‚Erfahrung' in verschiedenen adelshistorischen Studien, vor allem zum 20. Jahrhundert, bereits auf, doch meist in eher unsystematischer, alltagssprachlicher Verwendung.[14] Demgegenüber plädiert dieser Aufsatz für einen im adelshistorischen Zusammenhang konzeptionell reflektierten Umgang mit der Kategorie ‚Erfahrung',[15] und er vertritt die These, dass ein nicht zuletzt politisch wirksamer und folgenschwerer Zusammenhang zwischen individueller und kollektiver Erfahrung einerseits und binnenadligen Homogenisierungsprozessen andererseits existiert. Wir können für das 19. und das 20. Jahrhundert wohl besser als für frühere Jahrhunderte den Adel analytisch als ‚Erfahrungsgemeinschaft' fassen (durchaus auch in Verbindung mit Generationenansätzen).

ADELIGKEIT ALS KULTURMODELL

Auf einer anderen Ebene angesiedelt ist die Frage nach Kernbeständen adliger Identität, die aus dem 19. Jahrhundert – wenn nicht von noch früher her – in das 20. Jahrhundert hineinreichen. Was sind konstitutive Elemente von Adeligkeit, hat die Forschung seit einigen Jahren zu fragen begonnen. Der Begriff ‚Adeligkeit' ist im Rückgriff auf Ergebnisse und terminologische Angebote der Bürgertumsforschung, namentlich den Begriff der ‚Bürgerlichkeit' eingeführt worden. Der primär kulturhistorisch definierte Begriff der ‚Bürgerlichkeit', also eine eher weiche Kategorie, bildet als „sozial bestimmter und kulturell geformter Habitus" eine Klammer für die alles andere als einheitliche Sozialformation Bürgertum. Analog zur ‚Bürgerlichkeit' meint ‚Adeligkeit' ein zwar nicht monolithisches, aber doch verbindendes und akzeptiertes Kulturmodell, welches entscheidend zur Herausbildung und zum Erhalt von Sozialidentität beiträgt.[16] Mentale Einstellungen und kulturelle Deutungsmuster, aus denen Eigen- wie Fremddefinitionen von Adel und Adeligkeit erwachsen sind und die adliges Handeln als kulturelle Praxis leiteten, kreisen auch im 19. und 20. Jahrhundert noch um die beiden miteinander verbundenen beziehungsweise aufeinander bezogenen Achsen Familie und ländlicher Besitz. Politische Positionsnahmen, wirtschaftliche Aktivitäten, aber auch sozialkulturelle Verhaltensweisen – vom Konnubium über die Erziehung der Kinder und die Pflege der Familientradition bis hin zur Berufswahl adliger Männer und Frauen – erweisen sich bis weit ins 20. Jahrhundert hinein als dadurch bestimmt. Selbst für die östlich der Elbe beheimateten adligen Familien endete die verhaltens- und handlungsprägende Wirkung von ländlichem Besitz

und Familienbewußtsein nicht im Jahre 1945, von den in Westdeutschland ansässigen Familien ganz zu schweigen.[17]

Das ist auch politisch durchaus bedeutsam, und ich möchte dies nur kurz an einem Sachverhalt aus der Zeit nach 1945 mit ganz aktuellen Bezügen verdeutlichen. Nicht nur konnten sich ganz allgemein im westdeutschen Antitotalitarismus des Kalten Krieges auch konservative und obrigkeitsstaatlich geprägte Adelige wiederfinden. Im Antikommunismus der Unionsparteien und der FDP sahen sich in der Ära Adenauer die aus dem Osten vertriebenen oder dort enteigneten Adeligen vertreten – wenn auch nicht mehr als Grundbesitzer, so doch als „Weltanschauungsbesitzer" (Elisabeth Plessen).[18] Obwohl die Bundesrepublik den ostelbischen Adelsfamilien ihr Land nicht zurückgeben konnte, enthielt doch der Wiedervereinigungsanspruch die Hoffnung auf eine dereinstige Rückgabe, verdammte die politische Rhetorik die Sowjetisierung Ostdeutschlands und als deren Teil auch die Bodenreform als rückgängig zu machendes Unrecht. Dass im gesellschaftlichen Klima der fünfziger Jahre derlei Rückgabeerwartungen erst geweckt und dann wachgehalten wurden, gehört zum historischen Hintergrund des seit 1990 so massiv vorgetragenen und bis heute nur oberflächlich verstummten Protests gegen die Eigentumsregelungen des Vertrags über die deutsche Einheit.[19]

Die Familien- und Besitzorientierung des Adels gehört fraglos zu den Kernelementen adliger Identität und, daraus abgeleitet, adliger Lebensführung. Die Prämissen und Maximen dieser Lebensführung werden bestimmt durch den sozialen und kulturellen Imperativ des sogenannten ‚Standesbewusstseins', welches das öffentliche und private Verhalten von Adeligen entscheidend beeinflusst (in welchem Maße, das wäre durch nähere Untersuchungen zu spezifizieren). Die ausgesprochenen oder unausgesprochenen Verhaltensmaßregeln (vom Konnubium über den gesellschaftlichen Verkehr bis hin zu politischen Präferenzen und gesellschaftlichen Ordnungsvorstellungen) zielten – und zielen – auf soziale Distinktion, auf Abgrenzung von anderen gesellschaftlichen Gruppen und Schichten. Das adlige Standesbewusstsein reflektiert den Wertehorizont des Adels. Diesen Wertehorizont in seinen historischen Ausprägungen und in seinem Wandel, aber durchaus in der Konstanz bestimmter Kernelemente, näher zu untersuchen, stellt ein wichtiges Aufgabengebiet der historischen Adelsforschung – auch als Bestandteil historischer Werteforschung – dar.[20]

Für den Adel gilt es dabei in besonderer Weise, die Spannung zwischen ständischer Geschlossenheit beziehungsweise ständisch begründeten Geschlossenheitsimperativen einerseits und den Prozessen gesellschaftlicher, politischer und kultureller Differenzierung, Individualisierung und Pluralisierung andererseits, die seit der Wende vom 18. ins 19. Jahrhundert an Dynamik gewannen, zu berücksichtigen. In der „entsicherten Ständegesellschaft", um den sprechenden Begriff von Ewald Frie zu verwenden,[21] in der „entsicherten Ständegesellschaft" wurden nämlich verbindliche und Zusammenhalt stiftende Standeswerte und Standesnormen nur von außen, beispielsweise durch politische Partizipationsansprüche des aufsteigenden Bürgertums oder die bürgerliche Betonung des Prinzips individueller Leistung, herausgefordert, ja bedroht, sondern auch dadurch, daß die aufsteigende bürgerliche Gesellschaft ganz prinzipiell dem Individuum breitere Entfaltungsmöglichkeiten zur Verfügung stellte, und das gilt nicht zuletzt für den gesamten Bereich politischer Orientierung und Positionierung. Die Entstehung der bürgerlichen Gesellschaft und ein säkularer Staatsbildungsprozess wirkten gerade auch für den Adel, für den Adel als Stand, individualisierend.

VOM GEBURTSSTAND ZUR REGIONALEN ELITE

Diese Entwicklung ist ein ganz zentrales Element jener schon in den Jahren um 1770 einsetzenden Adelskrise, die nicht nur eine Krise des Adels in

Diane Herzogin von Württemberg als Mutter der Braut und Georg Fürst von Waldburg-Zeil als Vater des Bräutigams bei der Hochzeit ihrer Kinder Mathilde Herzogin von Württemberg und Erich Erbgraf von Waldburg-Zeil 1988.

der Gesellschaft war in Folge der Infragestellung des politischen, gesellschaftlichen und kulturellen Führungsanspruchs des Adels, sondern auch eine Krise innerhalb des Adels in Folge massiver Einbußen an familialer und ständischer Kontroll- und Sanktionsgewalt, die nun nicht mehr staatlich abgesichert, ja garantiert waren.[22] Hier wurden die Voraussetzungen geschaffen für die Ausbildung von unterschiedlichen politischen Auffassungen,

Totgesagte leben länger

Gratulationscour bei der Hochzeit von Mathilde Herzogin von Württemberg und Erich Erbgraf von Waldburg-Zeil 1988.

insbesondere von ‚liberalen' und ‚konservativen' Auffassungen, wie sie nicht zuletzt in Preußen das politische Verhalten des Adels auf den Provinziallandtagen des Vormärz kennzeichneten. Betrachtet man die ‚Standespolitik' auf diesen Provinziallandtagen, so fällt es schwer, dem Adel noch eine konsistente Weltanschauung im Bewußtsein einer gemeinsamen Adelstradition und gemeinsamer ständischer Zielsetzungen zuzuschreiben.[23]

Das ist freilich nur die eine Seite der Medaille. Die andere Seite ist, dass der Adel rasch erkannte, welche Kontrollverluste, bezogen auf das Individuum und auf individuelles Handeln, der Aufstieg der „Gesellschaft der Individuen" (Monika Wienfort) mit sich brachte. Daraus resultierten nicht zuletzt all jene Bemühungen, diese Kontrollverluste durch eine Erhöhung der innerfamilialen Kohäsion und nicht zuletzt einen intensivierten erzieherischen Zugriff auf die Psyche der Kinder auszugleichen.[24] Am Beispiel des münsterländischen Adels hat Heinz Reif sehr eindringlich gezeigt, wie der Adel einer historischen Adelslandschaft danach strebte, vom homogenen Geburtsstand zur geschlossenen regionalen Elite zu werden. In Westfalen war es im 19. Jahrhundert insbesondere der Rekurs auf die katholische Religion, der die gefährdete beziehungsweise verlorene Einheit und das Sonderbewußtsein des Standes wieder stabilisierte. Die neu aufkommenden Welterklärungen und politisch-ideologischen Strömungen Liberalismus und Sozialismus, aber auch die Idee des modernen bürokratischen Staates, konnten als Verfall des Glaubens und als Tendenz zur Areligiosität bekämpft werden. Das sicherte dem westfälischen Adel nicht nur seinen regionalen politischen Führungsanspruch, sondern es disziplinierte und homogenisierte diese Adelsgruppe auch.[25] Hinzu traten freilich weitere Maßnahmen

Eckart Conze

gegen die Auflösung und den Verlust adliger Identität: die verstärkte Pflege der gemeinsamen – ständischen und familialen – Erinnerung, enge Heiratsbeziehungen oder eine exklusive Geselligkeit.

Aus einer ostentativen und geradezu programmatischen Allgemeinwohlorientierung, oftmals religiös fundiert, die nicht nur der Adel in Westfalen zur Legitimation seines politischen Führungsanspruchs verwandte, entwickelte sich ein im deutschen Adel bis weit ins 20. Jahrhundert hinein wirksames Argumentationsmuster, mit dem man politischen Aktivitäten oder Äußerungen begegnete, die tatsächlich oder vermeintlich den adligen Bemühungen zuwiderliefen, die gesellschaftliche und vor allem politische Dominanz des Adels zu erhalten. Der Topos der Allgemeinwohlorientierung, später zum Teil auch der Staatsorientierung, ließ sich nämlich verknüpfen mit dem Topos des ‚Unpolitischen', eines unpolitischen Adels. Natürlich war dieser Topos eminent politisch, eben weil er sich in seiner Verbindung mit dem Allgemeinwohl, dem Staat oder auch dem Volk gegen die Entwicklungen politischer Differenzierung und Pluralisierung, gegen die Entwicklung von Parteienstaatlichkeit und Parlamentarismus ins Feld führen ließ. Er gehörte zu den mächtigsten Argumenten der politischen Rechten in Deutschland, eben weil er politischen Konflikt im Sinne des Pluralismus diskreditierte und Obrigkeitsstaatlichkeit und Autoritarismus legitimieren half.[26]

ADEL UND BÜRGERTUM

Ganz allgemein ist für die Adelsgeschichte des 19. Jahrhunderts über lange Zeit – und völlig zu recht – das Verhältnis zwischen Adel und Bürgertum erkenntnisleitend gewesen. Das trug nur dem Umstand Rechnung, dass die deutsche Gesellschaftsgeschichte des 19. Jahrhunderts in starkem Maße nicht nur durch die Koexistenz, durch das Nebeneinander der beiden Sozialformationen Adel und Bürgertum charakterisiert war, sondern mehr noch durch ihre spannungsreichen und mehrdimensionalen – soziopolitischen, sozioökonomischen und soziokulturellen – Wechselbeziehungen. Thesen wie diejenige von der Feudalisierung des Bürgertums oder auch, umgekehrt, von der Verbürgerlichung des Adels haben die Geschichtsschreibung zum 19. Jahrhundert und insbesondere zum Kaiserreich deutlich geprägt. Eine solche Herangehensweise ist noch immer nützlich und fruchtbar. Sie darf aber nicht Adel und Bürgertum analytisch aneinander ketten. Das zu vermeiden, dazu tragen heuristisch die Kulturmodelle ‚Adeligkeit' und ‚Bürgerlichkeit' entscheidend bei. Wenig Sinn machte es freilich, die Beziehungsgeschichte von Adel und Bürgertum schlicht ins 20. Jahrhundert hinein zu verlängern. Denn auch wenn man das Bürgertum nicht vorschnell für tot oder untergegangen erklären sollte, hatte doch das Verhältnis zwischen diesen beiden Sozialformationen für die Sozial- und auch die Politikgeschichte des 20. Jahrhunderts nicht mehr die Bedeutung, die ihr im 19. Jahrhundert zukam. Zu fragen wäre freilich – und das knüpft an den vorigen Punkt an –, ob sich beispielsweise jenseits der Kernbestände von ‚Adeligkeit' adlige und bürgerliche Wertevorstellungen einander annäherten? Kam es nach dem Ende beziehungsweise im Niedergang oder in der Transformation des Bürgertums zu einer Verbürgerlichung adliger Werte? Hier liegen durchaus Ansätze für künftige adelsgeschichtliche Studien.

DAS KONSTRUKT DES ‚NEUEN' ADELS

Weit in das 20. Jahrhundert hinein zieht sich jedoch auch eine andere Linie, die an Überlegungen und Befunde zum Verhältnis von Adel und Bürgertum im 19. Jahrhundert anschließt. Dieses Verhältnis war ja keineswegs nur durch wechselseitige Abgrenzungs- und Abschottungsbestrebungen gekennzeichnet, nicht nur durch Rivalität und Konkurrenz, sondern auch durch Überlegungen, den Dualismus der beiden Sozialformationen produktiv umzusetzen und – beispielsweise – in eine gemischt adlig-bürgerliche Elitenbildung zu überführen. Die Ansätze und Konzepte

Heirat von Friedrich Herzog von Württemberg und Marie Prinzessin zu Wied 1993.

in diesem Zusammenhang sind hier nicht nachzuzeichnen. Sie bilden jedoch ein wichtiges Forschungsthema, das bis ins 20. Jahrhundert hinein zu verfolgen ist.[27] Überlegungen zur Elitenbildung und Elitenzusammensetzung kreisen dabei immer wieder um bereits erwähnte Idee eines ‚Neuen Adels'. Natürlich war die Schwäche, der Niedergang des alten Adels Voraussetzung für die anhaltende Suche nach einem ‚neuen Adel', nach einem ‚wahren Adel', nach einem ‚echten Adel'. Und dieser ‚neue Adel' war in der Regel ein ahistorisches Konstrukt. Auf der anderen Seite aber – und hier liegen die Bezüge zum historischen Adel – ist es bemerkenswert, dass sich diese Elitenkonzepte begrifflich wie inhaltlich vom alten Adel nicht lösen konnten. Dafür war offensichtlich seine Prägekraft noch lange viel zu stark, ja, der Adel beziehungsweise das Konzept von Adel wurden auch durch die Neuadelsüberlegungen immer wieder revitalisiert; der adlige Niedergang wurde dadurch gebremst, wenn auch wohl nie völlig aufgehalten oder gar umgekehrt. Allerdings war es keineswegs so, wie der konservative Publizist Hans Bogner 1932 das adlige Wunschdenken umschrieb: „Das Erbe [der alten adligen Standeswerte; E.C.] ist noch da; wir bedürfen nur neuer Schläuche für den alten Wein."[28] Eher war das Gegenteil der Fall: Der Begriff ‚Adel' war als Hülse offen für alle möglichen inhaltlichen Füllungen oder Neubestimmungen, und das gilt auch und gerade für die Zeit nach 1918. Neuadelskonzepte, aber auch binnenadlige Ansätze zu einer Selbstkonsolidierung (beispielsweise in der Deutschen Adelsgenossenschaft), luden sich dabei völkisch, rassistisch und antisemitisch auf und verbanden sich mit autoritären Führer-Konzepten und Züchtungsimperativen.[29] Beispiele hierfür finden sich ideengeschichtlich bei Oswald Spengler, bei Edgar J. Jung, bei Richard Coudenhove-Kalergi,[30] aber eben auch im aufsteigenden Nationalsozialismus, in den Werken des NS-Rasseforschers

Die Braut Marie Prinzessin zu Wied mit einem jungen Hochzeitsgast 1993.

Hans Günther[31] oder des späteren Reichsbauernführers Walther Darré.[32] Auch die Adelsbezüge der SS schlossen an solche Konzepte an, und es ist adelshistorisch durchaus belangvoll, dass innerhalb des „neuen Adels unter dem Totenkopf" Planungen vorangetrieben wurden, die eine langfristige Stabilisierung der SS als „großgermanische" Elite durch die Bindung von SS-Sippen an ländlichen Besitz vorsahen, der in der Sippe, in der Familie von Generation zu Generation weitergegeben werden sollte. Der ‚neue Adel' wurde nach dem Vorbild des alten konstruiert.[33]

Doch auch im Widerstand gegen den Nationalsozialismus, im Umfeld des 20. Juli, finden sich Elitenkonzepte, die eindeutig auf das Vorbild des alten Adels rekurrierten. Fritz-Dietlof von der Schulenburg beispielsweise sprach in seinen Überlegungen zu den politischen Eliten in einem neuen Staat von den „Regierungsträgern" als „Schwertadel". Und diese „Regierungsträger" sollten ihre Besoldung primär durch die Wirtschaftserträge eines großen Gutes erhalten.[34] Damit waren der Besitz und die Bewirtschaftung von Grund und Boden zur Grundlage der Übernahme und Ausübung von Herrschaft geworden – auch diese ‚Neuadels'-Konzeption orientierte sich an zentralen Bestimmungskriterien des alten Adels.[35] Der Hinweis auf die Neuadelsüberlegungen in der SS einerseits und im Widerstand andererseits soll nun keinesfalls die beiden auf eine Ebene rücken oder ihnen eine besondere Affinität unterstellen. Darrés wie Schulenburgs Überlegungen reflektieren vielmehr – es sei nochmals unterstrichen – die Such- und Hülsenfunktion des Adelsbegriffs einerseits sowie die Prägekraft des alten Adels als Elite andererseits. Adelsgeschichte verzahnt sich hier mit einer Ideengeschichte der Elitenbildung, und gerade in diesem weiten Verständnis von Adelsgeschichte liegen noch wichtige Forschungsdesiderate.

IDENTITÄTEN UND KONTINUITÄTEN

Eine so verstandene und so betriebene Adelsgeschichte weist in ihren Ergebnissen weit über den Adel hinaus. Sie überwindet politikhistorische Zäsuren, die nur dann eine Grenze für den Ertrag von Adelsforschung markieren, wenn man Adelsgeschichte lediglich als Geschichte eines Herrschaftsstandes betrachtet. Das soll andererseits nicht einseitig die Identität, Homogenität oder Beständigkeit der Sozialformation Adel postulieren. Man muss vorsichtig sein, dass man nicht als

Totgesagte leben länger

Ministerpräsident Erwin Teufel mit seiner Frau Edeltraut im Gespräch mit Elisabeth Herzogin in Bayern und deren Tochter 1993.

Historiker durch die Verwendung der Kategorie Adel die Lebensdauer der Sozialformation Adel mehr oder weniger artifiziell verlängert, ja Adel so erst konstruiert.[36]

Für eine gesellschaftsbezogene Analyse von Adel scheint es in diesem Zusammenhang eine wichtige Frage zu sein – das wäre der *vierte* Punkt –, in welchem Maße Adel und Adeligkeit für den einzelnen Adeligen, aber auch für den Adel als Gruppe eine primäre Referenz der Identitätsbildung waren beziehungsweise blieben. Lassen sich kollektive Zugehörigkeiten, Zugehörigkeitsgefühle und Identitäten hierarchisieren? Ein Adeliger oder eine Adelige waren, so banal das klingt, nie nur adlig, sondern stets auch protestantisch oder katholisch, bayerisch oder preußisch, Mann oder Frau; sie waren – oder wurden – Deutsche, gehörten bestimmten Generationen an oder teilten, wie Schelsky es genannt hat, bestimmte ‚Schicksalslagen'.[37] Diese multiplen Identitäten beeinflussten sich wechselseitig, sie wirkten aufeinander ein, und sie bestimmten auch je unterschiedliche Ausformungen adliger Existenz. Das widerspricht keineswegs den hier dargelegten Prozessen adliger Homogenisierung und auch nicht der Existenz von Kernbeständen von Adeligkeit. Im Gegenteil: Die im 19. Jahrhundert einsetzende Nationalisierung beispielsweise führte zur Herausbildung beziehungsweise Verstärkung einer neuen Dimension adliger Identität. Ob deshalb schon – in einer Art Nullsummenspiel – andere kollektive Zuordnungen zumindest relativ an Stärke verloren, bedürfte noch genauerer Untersuchung.

Möglicherweise könnte uns hier die Kategorie der Generation methodisch wie sachlich weiterbringen. Generation, Generationszugehörigkeit und Generationserfahrung, in jüngeren, kulturhistorisch inspirierten Ansätzen geradezu omnipräsent,[38] bieten in der Tat methodisch eine Möglichkeit, das Spannungsfeld zwischen sozialer Differenzierung und Prozessen der Vereinheitlichung und Entdifferenzierung auszumessen. Was verband und was trennte die Angehörigen einer Generation? Und welche kollektive Zuordnung war für den Einzelnen wie für die soziale Gruppe in je unterschiedlichen Situationen verhaltensbestimmend und handlungsleitend? In welchem Maße war das der Adel, war das noch der Adel? Generationenansätze lassen sich adelshistorisch auf so unterschiedliche Themen anwenden wie den Widerstand des 20. Juli 1944,[39] Prozesse der Professionalisierung[40] oder eben auch Wege und Ausprägungen von adligem Unternehmertum. Und gab es Versuche innerhalb des Adels, Adeligkeit als Werte- und Handlungshorizont zu konservieren, zu stabilisieren oder gar zu neuer Bedeutung zu verhelfen? Das führt hin zur Geschichte der adligen Familie, zu adliger Erziehung und Ausbildung, Bereiche, die im übrigen auch, ja gerade für die Zeit nach 1945, durchaus von Bedeutung sind, wenn wir Aussagen darüber treffen wollen, ob es Adel heute noch gibt und, wenn ja, auf welche Weise er sich denn, konstruktivistisch gesprochen, konstruiert und permanent rekonstruiert.

Max Willibald Fürst von Waldburg-Wolfegg (1924 – 1998) bedankt sich bei Bischof Georg Moser für die Verleihung eines kirchlichen Ordens.

Diese Frage weist im übrigen nicht nur auf den Ort des Adels in der modernen Massengesellschaft, sondern sie zielt auch – mit Blick auf die jüngste Vergangenheit – auf die Wirkung von postmodernen Individualisierungsprozessen, die den Adel als von seiner Geschlossenheit und Abgeschlossenheit lebende Sozialformation womöglich noch stärker treffen als vereinheitlichende Entwicklungen.

‚OBEN BLEIBEN'

Das führt nun zu einer letzten, einer *fünften* übergreifenden Fragestellung, die es in der Adelsgeschichte nach meinem Dafürhalten weiter zu verfolgen gilt. Es ist dies die alte und in der Adelsforschung seit Jahr und Tag leitende Frage nach Niedergang und ‚Oben bleiben'.[41] Das mag abgedroschen erscheinen, und es ist sicher richtig, dass diese Fragestellung nur dann neuen Nutzen entfalten kann, wenn man sich davon löst, Niedergang und ‚Oben bleiben' als einander ausschließende Interpretationsmuster von Adelsgeschichte zu betrachten. Das hat die Forschung recht lange so getan: erst, in vor allem politikhistorischer Perspektive, in zahlreichen Studien, die – nicht nur in der deutschen Forschung[42] – das Niedergangsthema variierten; neuerdings, im Zeichen der kulturgeschichtlichen Wende, wieder stärker in Geschichten und Analysen des ‚Oben bleibens'. Das hat damit zu tun, dass sich das – im übrigen nur selten definierte – ‚Oben bleiben' in erster Linie auf Adel als Kultur beziehen lässt, ganz unabhängig von den Bereichen adliger Herrschaft und adliger Wirtschaft. Es geht um soziale Schätzung, um Prestige, um die Verfügbarkeit von sozialem, kulturellem und symbolischem Kapital. Wir wissen beispielsweise noch recht wenig darüber, ob, in welchem Maße und wie der Adel nach dem Ende der Monarchie, dem Abbau seiner letzten Herrschaftsrechte sowie seiner ökonomischen, vor allem landwirtschaftlichen Privilegierung das ihm verbliebene soziale und kulturelle Kapital einsetzte, um sich als distinkte soziale und soziokulturelle Einheit zu stabilisieren und gesellschaftlich oben zu bleiben. Welche Vorteile verschafft die Zugehörigkeit zum Adel für berufliche Laufbahnen und Karrierechancen, aber auch für unternehmerischen Erfolg? Gab es Vorteile des Adels im Wettbewerb um Elitepositionen – und zwar unter ganz unterschiedlichen soziopolitischen Bedingungen?[43]

Solche Untersuchungen legen nahe, die weithin unhinterfragte Gegenüberstellung von Niedergang und ‚Oben bleiben' noch einmal in den Blick zu nehmen. Verschiedene Kapitalsorten – darin liegt ja nach Schumpeter und Bourdieu der Nutzen des Kapitalbegriffs[44] – können miteinander verrechnet und eingetauscht werden; in welchem Verhältnis und zu welchen Konditionen, das wäre gerade auch historisch noch genauer zu untersuchen. So müssen sich Niedergangsphänomene und Formen des ‚Oben bleibens' nicht

Totgesagte leben länger

widersprechen oder gar wechselseitig ausschließen. Vielmehr sind sie in einem komplexen und zum Teil durchaus widersprüchlichen Geflecht verschiedenartiger Entwicklungen aufeinander bezogen, die sich eben nicht auf einen Punkt oder einen Begriff bringen lassen.

All diese Entwicklungen lassen sich nur dann sauber analysieren, wenn wir den Adel nicht isoliert betrachten, sondern ihn in der ihn jeweils umgebenden Gesellschaft in den Blick nehmen. Adelsgeschichte, in diesem weiten Verständnis betrieben, ist nie nur Geschichte des Adels, sondern die Geschichte jener sozialen Bedingungen, ökonomischen Prozesse, politischen Ordnungen und kulturellen Räume, in denen Adel existierte, in denen er ‚oben blieb', niederging, sich behauptete, mit anderen sozialen Gruppen rivalisierte.

Durch adelshistorische Analysen können sich neue Erkenntnisse über die allgemeine Geschichte des 19. und 20. Jahrhunderts ergeben. Nehmen wir also den Adel auch als Sonde für die Untersuchung einer Gesellschaft, ihrer Funktionsbedingungen und ihres Wandels. Die ‚longue durée', die lange Dauer adliger Existenz ermöglicht dabei in besonderer Weise Aufschlüsse über das Verhältnis von Kontinuität und Wandel. Sie kann die in manchem problematische historiographische Trennung der Geschichte des sogenannten ‚langen 19. Jahrhunderts' von der Zeitgeschichte des 20. Jahrhunderts wenn auch nicht ganz überwinden, so doch zumindest relativieren; sie kann verhindern, dass die politikgeschichtliche Kleinteiligkeit der deutschen Geschichte des 19. und 20. Jahrhunderts auch zur Schablone sozialhistorischer Untersuchungen wird. Sicher, um das zu erreichen, braucht man nicht unbedingt den Adel. Aber genauso wenig gibt es einen Grund, Adelsgeschichte des 19. und auch des 20. Jahrhunderts zu einem randständig-exotischen Thema abzustempeln. Denn dafür war die Bedeutung des Adels – politisch, gesellschaftlich, kulturell und vielleicht auch ökonomisch – im Deutschland der letzten beiden Jahrhunderte viel zu groß.

Anmerkungen:

* Dieser Beitrag wurde von den Herausgebern mit Aufnahmen des Fotografen Rupert Leser, Bad Waldsee, illustriert, der seit Jahrzehnten als „Bildberichter" „Alltag" und „Kontraste" in Oberschwaben dokumentiert. Vgl. *Rupert Leser/ Michael Schnieber*: Alltag in Oberschwaben. Ulm o. J. (1993), v. a. 118-127 (Adel) und *Ders. / Peter Renz*: Kontraste in Oberschwaben. Ulm o. J. (1997), 74f., 82, 90-93.
1 *Otto Puffahrt*: 300 Jahre Haus Gartow 1694-1994. Wirken der Familie Bernstorff in und um Gartow. Gartow 1994 (Selbstverlag), 1.
2 *Heinz Gollwitzer*: Die Standesherren. Die politische Stellung der Mediatisierten 1815-1918. Göttingen 1964; *Heinz Reif*: Westfälischer Adel 1770-1860. Vom Herrschaftsstand zur regionalen Elite. Göttingen 1979.
3 Vgl. als Beleg für diese Entwicklung neben einer Reihe von Einzelstudien folgende Sammelbände: *Heinz Reif* (Hg.): Adel und Bürgertum in Deutschland. 2 Bde. Berlin 2000 und 2001; *Günther Schulz / Markus A. Denzel* (Hg.): Deutscher Adel im 19. und 20. Jahrhundert. St. Katharinen 2004; *Eckart Conze / Monika Wienfort* (Hg.): Adel und Moderne. Deutschland im europäischen Vergleich im 19. und 20. Jahrhundert. Köln u.a. 2004. Das gestiegene öffentliche Interesse reflektiert auch ein in einem Publikumsverlag erschienenes Adelslexikon: *Eckart Conze* (Hg.): Kleines Lexikon des Adels. München 2005.
4 Zu der Gefahr, durch einen einseitigen und ausschließlichen Blick auf Preußen Fehlinterpretationen zu erliegen, vgl. auch *Klaus Tenfelde / Hans-Ulrich Wehler*: Vorwort. In: *Dies.* (Hg.): Wege zur Geschichte des Bürgertums. Göttingen 1994, 7-11, hier 8. Zu den ‚Junkern' vgl. neuerdings den Essay von *Heinz Reif*: Die Junker. In: *Etienne François / Hagen Schulze* (Hg.): Deutsche Erinnerungsorte. München 2001, Bd. 1, 520-536, sowie *Ders.*: Art. „Junker". In: *Conze* 2005 (wie Anm. 3), 123-129.
5 Den besten adelshistorischen Forschungsüberblick verdanken wir gegenwärtig *Heinz Reif*: Adel im 19. und 20. Jahrhundert. München 1999. Dieser Überblick reicht jedoch, mit Ausnahme einiger Hinweise zum 20. Juli 1944, über das Jahr 1933 nicht hinaus; er kann es angesichts des For-

schungsstands zum Zeitpunkt seines Erscheinens allerdings auch nicht.

6 Vgl. hierzu *Heinz Reif*: Einleitung. In: *Ders.* 2000 (wie Anm. 3). Bd. 1, 7-27, insbesondere 13-15, sowie, in einem deutsch-britischen Vergleich, *Franz Bosbach u.a.* (Hg.): Geburt oder Leistung? Elitenbildung im deutsch-britischen Vergleich. München 2003; vgl. aber auch *Wolfgang Schwentker*: Die alte und neue Aristokratie. Zum Problem von Adel und bürgerlicher Elite in den deutschen Sozialwissenschaften (1900-1930). In: Les noblesses européennes au XIXe siècle. Rom 1988, 659-684. Mit einem berechtigten Plädoyer, die Begriffe ‚Adel' und ‚Elite' nicht gleichzusetzen oder zu vermischen vgl. *Stephan Malinowski*: „Wer schenkt uns wieder Kartoffeln?" Deutscher Adel nach 1918 – eine Elite? In: *Schulz / Denzel* 2004 (wie Anm. 3), 503-537.

7 Diese Öffnung verdankt sich der kulturhistorischen Herausforderung der Sozialgeschichte, wie sie sich in den Theoriedebatten der Geschichtswissenschaft des letzten Jahrzehnts widerspiegelt. Vgl. aus der Fülle der Literatur dazu *Wolfgang Hardtwig* (Hg.): Wege zur Kulturgeschichte. Göttingen 1997, oder auch *Thomas Mergel / Thomas Welskopp* (Hg.): Geschichte zwischen Kultur und Gesellschaft. München 1997. Auch kultursoziologische Analysen des Adels werfen für die historische Adelsforschung reichen Gewinn ab. Vgl. beispielsweise die schon 1993 auf Französisch, aber erst vor kurzem auf Deutsch erschienene Arbeit einer Mitarbeiterin von Pierre Bourdieu: *Monique de Saint-Martin*: Der Adel. Soziologie eines Standes. Konstanz 2003 (frz.: L'espace de la noblesse, Paris 1993).

8 Vgl. jetzt verschiedene Beiträge in *Conze / Wienfort* 2004 (wie Anm. 3).

9 Vgl. *Eckart Conze*: Von deutschem Adel. Die Grafen von Bernstorff im 20. Jahrhundert. Stuttgart-München 2004, 14; vgl. auch *Reif* 2000 (wie Anm. 3), 8.

10 Dazu jetzt umfassend *Stephan Malinowski*: Vom König zum Führer. Sozialer Niedergang und politische Radikalisierung im deutschen Adel zwischen Kaiserreich und NS-Staat. Berlin 2003.

11 Vgl. dazu *Conze* 2000 (wie Anm. 9), 189-206, sowie *Ders.*: Der Edelmann als Bürger? Standesbewußtsein und Wertewandel im Adel der frühen Bundesrepublik. In: *Manfred Hettling / Bernd Ulrich* (Hg.): Bürgertum nach 1945. Hamburg 2005, 347-371.

12 *Reinhart Koselleck*: „Erfahrungsraum" und „Erwartungshorizont" – zwei historische Kategorien. In: *Ders.*: Vergangene Zukunft. Zur Semantik geschichtlicher Zeiten. Frankfurt a.M. 2000⁴, 349-375.

13 *Peter Sloterdijk*: Literatur und Organisation von Lebenserfahrung. Autobiographien der zwanziger Jahre. München 1978, 113 f.; vgl. dazu auch *Martina Wagner-Egelhaaf*: Autobiographie, Stuttgart 2000, 29-32.

14 Beispielsweise bei *Reif* 1979 (wie Anm. 2) oder bei *Marcus Funck*: Schock und Chance. Der preußische Militäradel in der Weimarer Republik zwischen Stand und Profession. In: *Reif* 2001 (wie Anm. 3). Bd. 2, 127-171, aber auch in meiner eigenen Arbeit: *Conze* 2000 (wie Anm. 9), passim.

15 Wichtige Hinweise dazu, wenn auch nicht adelshistorischer Zuspitzung, bei: *Nikolaus Buschmann / Horst Carl* (Hg.): Die Erfahrung des Krieges. Erfahrungsgeschichtliche Perspektiven von der Französischen Revolution bis zum Zweiten Weltkrieg. Paderborn u.a. 2001. Adelshistorisch: *Ewald Frie*: Adelige Lebensweise in entsicherter Ständegesellschaft. Erfahrungen der Brüder Alexander und Ludwig v. d. Marwitz. In: *Conze / Wienfort* 2004 (wie Anm. 3), 273-288, oder *Wencke Meteling*: Der deutsche Zusammenbruch 1918 in den Selbstzeugnissen adeliger preußischer Offiziere. In: ebd., 289-321.

16 Zum Thema ‚Bürgerlichkeit' als kulturelle Praxis vgl. insbesondere *Wolfgang Kaschuba*: Deutsche Bürgerlichkeit nach 1800. Kultur als symbolische Praxis. In: *Jürgen Kocka* (Hg.): Bürgertum im 19. Jahrhundert. 3 Bde. Göttingen 1995. Bd. 2, 92-127, hier 92-95 und 98-103; ferner auch *Klaus Tenfelde*: Stadt und Bürgertum im 20. Jahrhundert. In: *Ders. / Wehler* 1994 (wie Anm. 4), 317-353. Zum Begriff der ‚Adeligkeit' vgl. u.a. *Malinowski* 2003 (wie Anm. 10), 40-42; kritisch zu Konzept und Begriff der ‚Adelgkeit': *Silke Marburg / Joseph Matzerath*: Vom Stand zur Erinnerungsgruppe. Zur Adelsgeschichte des 18. und 19. Jahrhunderts. In: *Dies.* (Hg.): Der Schritt in die Moderne. Sächsischer Adel zwischen 1763 und 1918. Köln 2001, 5-15.

17 Vgl. hierzu *Conze* 2000 (wie Anm. 9), 362-396.

18 *Elisabeth (v.) Plessen*: Mitteilung an den Adel (Roman) [1974], Zürich 1991.

19 Vgl. dazu eine Reihe von Beiträgen in *Bruno J. Sobotka* (Hg.): Wiedergutmachungsverbot? Die Enteignungen in der ehemaligen SBZ zwischen 1945 und 1949. Mainz 1998, oder auch *Karl Feldmeyer*: Schwirige Heimkehr. Neusiedler auf altem Boden. Berlin 1997; *Agnes v. Kopp-Colomb / Henning v. Kopp-Colomb* (Hg.): Schicksalsbuch II des Sächsisch-Thüringischen Adels. 1945 bis 1989 und von der Wende bis 2005. Limburg 2005.

20 Als einen Versuch dazu siehe *Conze* 2005 (wie Anm. 11). Auch für die Erforschung des ‚adligen Wertehimmels' bietet die Bürgertumsforschung vielfältige Anschluss- und Weiterentwicklungsmöglichkeiten. Vgl. beispielsweise *Manfred Hettling / Stefan-Ludwig Hoffmann*: Der bürgerliche Wertehimmel. Zum Problem individueller Lebensführung im 19. Jahrhundert. In: Geschichte und Gesellschaft 23 (1997), 333-359, oder verschiedene Beiträge in: *Dies.* (Hg.): Der bürgerliche Wertehimmel. Innenansichten des 19. Jahrhunderts. Göttingen 2000.

21 *Ewald Frie*: Friedrich August Ludwig von der Marwitz. 1777 – 1837. Paderborn 2001, 29-34.

22 Dazu noch immer: *Reif* 1979 (wie Anm. 2).

23 Vgl. dazu *Monika Wienfort*: Ostpreußischer Gutsbesitzerliberalismus und märkischer „Adelskonservatismus". Politische Perspektiven des preußischen Adels in der Lokalverwaltung des Vormärz. In: *Kurt Adamy / Kristina Hübener* (Hg.): Adel und

Staatsverwaltung in Brandenburg im 19. und 20. Jahrhundert. Berlin 1996, 305-323, hier 307 f.
24 *Reif* 1979 (wie Anm. 2), 456.
25 Ebd., 438 f.
26 Siehe *Raimund von dem Bussche*: Konservatismus in der Weimarer Republik. Die Politisierung des Unpolitischen. Heidelberg 1998. Als ‚locus classicus' selbstverständlich *Thomas Mann*: Betrachtungen eines Unpolitischen [1918]. Frankfurt a.M. 2001.
27 Vgl. hierzu für das 19 Jahrhundert *Heinz Reif*: Adelserneuerung und Adelsreform in Deutschland 1815 – 1874. In: *Elisabeth Fehrenbach* (Hg.): Adel und Bürgertum in Deutschland 1770 – 1848. München 1994, 203-230.
Für die Zeit zwischen Kaiserreich und Nationalsozialismus vgl. jetzt die umfassende Untersuchung von *Malinowski* 2003 (wie Anm. 10), insbesondere vgl. 293-320.
28 *Hans Bogner*: Die Bildung der politischen Elite. Oldenburg 1932, vgl. 9.
29 Die Skizze des langjährigen Leiters des Deutschen Adelsarchivs in Marburg, das durchaus bewusst an die Traditionen der Deutschen Adelsgesellschaft (DAG) anknüpft, verschweigt die Prozesse völkisch-antisemitischer Aufladung der DAG völlig. Vgl. *Walter v. Hueck*: Organisationen des deutschen Adels seit der Reichsgründung und das Deutsche Adelsarchiv. In: *Adamy / Hübener* 1996 (wie Anm. 23). Die Studie von *Iris Freifrau v. Hoyningen-Huene*: Adel in der Weimarer Republik. Limburg 1992, 55-74, behandelt sie ganz am Rande. Eine gründliche Analyse erfolgte erst jetzt durch *Malinowski* 2003 (wie Anm. 10), 144-197 und 321-357.
30 *Oswald Spengler*: Aufgaben des Adels. Rede vom 16. Mai 1924 auf dem Deutschen Adelstag in Breslau. In: *Ders.*: Reden und Aufsätze. München 1937, 89-95; *Edgar J. Jung*: Adel oder Elite. In: Europäische Revue (1933), 533-535; *Ders.*: Die Herrschaft der Minderwertigen. Berlin 1927; *Richard Graf von Coudenhove-Kalergi*: Adel. Leipzig 1923.
31 *Hans F. K. Günther*: Adel und Rasse. München 1926.
32 *Richard Walther Darré*: Neuadel aus Blut und Boden. München 1930.
33 Vgl. dazu *Eckart Conze*: Adel unter dem Totenkopf. Die Idee eines Neuadels in den Gesellschaftsvorstellungen der SS. In: *Ders. / Wienfort* 2004 (wie Anm. 3), 151-176, sowie *Malinowski* 1979 (wie Anm. 10), 520-530.
34 *Fritz-Dietlof von der Schulenburg*: Denkschriftfragment (1943), abgedruckt in: Ulrich Heinemann: Ein konservativer Rebell. Fritz-Dietlof v. d. Schulenburg und der 20. Juli. Berlin 1990, 226-241.
35 Vgl. *Eckart Conze*: Adel und Adeligkeit im Widerstand des 20. Juli. In: *Reif* 2001 (Anm. 3). Bd. 2, 269-295.

36 Vgl. zu diesem Argument die auf das Bürgertum bezogenen Überlegungen bei *Hettling / Hoffmann* 1997 (wie Anm. 20), 344.
37 *Helmut Schelsky*: Wandlungen der deutschen Familie in der Gegenwart. Dortmund 1954², 48.
38 Immer wieder im Rekurs auf *Karl Mannheim*: Das Problem der Generationen. In: *Ders.*: Wissenssoziologie. Neuwied 1970², 509-565; dazu noch immer: *Hans Jaeger*: Generationen in der Geschichte. In: Geschichte und Gesellschaft 3 (1977), 429-452. Vgl. auch die jüngeren generationenbezogenen Überlegungen und Analysen bei *Heinz Bude*: Das Altern einer Generation. Die Jahrgänge 1938 bis 1948. Frankfurt 1998.
39 Vgl. dazu die Studie von *Wolfgang Schieder*: Zwei Generationen im militärischen Widerstand gegen Hitler. In: *Jürgen Schmädeke / Peter Steinbach* (Hg.): Der Widerstand gegen den Nationalsozialismus. München 1994³, 436-459.
40 Siehe *Conze* 2000 (wie Anm. 9), 305-328, oder *Reif* 1999 (wie Anm. 5), 15-29.
41 Diese Frage schließt immer wieder an *Rudolf Braun*: Konzeptionelle Bemerkungen zum „Obenbleiben". Adel im 19. Jahrhundert. In: *Hans-Ulrich Wehler* (Hg.): Europäischer Adel 1750 – 1950. Göttingen 1990, 87-95, an.
42 Vgl. beispielsweise die große Studie zum britischen Adel von *David Cannadine*: The Decline and Fall of the British Aristocracy. New York 1990. Korrigierend zu dieser Generalinterpretation: *Peter Mandler*: The Fall and Rise of the British Aristocracy. In: *Conze / Wienfort* 2004 (wie Anm. 3), 41-58.
43 Für die Niederlande liegen jetzt soziologische Analysen vor, die die Beziehung zwischen Adeligkeit und Elitenzugehörigkeit im 20. Jahrhundert untersucht haben und die Positionierungsvorteile des Adels klar nachweisen können. Siehe *Jaap Dronkers*: Has the Dutch Nobility Retained Its Social Relevance during the 20th Century? In: European Sociological Review 19 (2003), 81-96; vgl. auch *Ders. / Huibert Schijf*: The Transmission of Elite Positions among the Dutch Nobility during the 20th Century. In: *Conze / Wienfort* 2004 (wie Anm. 3), 65-82.
44 Zum Kapitalbegriff Schumpeters vgl. insbesondere *Joseph Schumpeter*: Die sozialen Klassen im ethnisch homogenen Milieu. In: Archiv für Sozialwissenschaft und Sozialpolitik 57 (1927), 1-67. Zu Bourdieus Kapitalbegriff und zu seinem Konzept der Kapitalsorten siehe vor allem *Pierre Bourdieu*: Ökonomisches Kapital, kulturelles Kapital, soziales Kapital. In: *Reinhard Kreckel* (Hg.): Soziale Ungleichheit. Göttingen 1983, 183-198. Für eine gegenwartsbezogene Anwendung der Kapitaltheorie Bourdieus auf den (französischen) Adel vgl. *de Saint Martin* 2003 (wie Anm. 7).

Die zweite Aristokratisierung Oberschwabens MEDIATISIERUNG UND MODERNISIERUNG

Andreas Dornheim

Während noch vor 15 Jahren beklagt wurde, der Adel sei kein Thema der deutschen Geschichtsforschung, so kann man seit einigen Jahren geradezu einen Forschungsboom feststellen. Für die theoretische Auseinandersetzung war dabei vor allem das von Heinz Reif geleitete und von der Deutschen Forschungsgemeinschaft finanzierte Projekt „Elitenwandel in der gesellschaftlichen Modernisierung: Adel und bürgerliche Führungsschichten in Deutschland 1750 – 1933" von Bedeutung. Reif ging, anders als ein Großteil der Forscherinnen und Forscher vor ihm, davon aus, dass man nicht nur den Gegensatz zwischen adligem Stand und bürgerlicher Klasse beachten dürfe; vielmehr seien auch in Deutschland „die gesellschaftlichen Machtstrukturen nicht von Adel *oder* Bürgertum, sondern von Adel *und* Bürgertum in jeweils noch genauer zu bestimmenden Mischungslagen" geprägt worden. Folgerichtig wurde für Reif die ‚Elitenbildung' zum zentralen Forschungsansatz. Damit ist zum einen der Aufstieg in Führungspositionen gemeint (in sozialen Kontexten wie Heirat, Beruf, Vereine, Verbände, Freizeit), zum anderen das Entstehen von Normen, Verhaltensmustern, Orientierungen. Bei der Frage, wie das „Zusammenspiel" zwischen Adel und Bürgertum in Deutschland funktionierte, kommt Reif zu dem Ergebnis, dass man in Deutschland vom Scheitern einer Elitenbildung aus Adel und Bürgertum ausgehen müsse, welches aber „nicht vorprogrammiert" gewesen sei[1].

So wichtig und anregend diese neuen Forschungen waren und sind, so muss doch kritisch angemerkt werden, dass eine weitgehende Konzentration und Reduktion auf Preußen vorgenommen wurde. Obwohl Reif seine beiden Adelsbände, für die er als Herausgeber verantwortlich zeichnete, nicht systematisch regional, sondern eher nach sachlichen und chronologischen Gesichtspunkten differenziert hat, ist festzustellen, dass sich etwa die Hälfte aller Beiträge mit Preußen oder preußischen Phänomenen beschäftigt. Allenfalls Bayern wird noch am Rande zur Kenntnis genommen. Diese einseitige Wahrnehmung ist auch deshalb erstaunlich, weil Preußen erst seit 1866 die führende Stellung in Deutschland innehatte. Und auch nach der Gründung des Deutschen Reichs von 1871 gab es außerpreußische Regionen in Deutschland, in denen der Adel große Bedeutung hatte, so beispielsweise Oberschwaben.

Die oberschwäbische Adelsforschung dagegen steht noch am Anfang, was auch damit zusammenhängt, dass Pionierstudien kaum eine Würdigung fanden. Wichtig für die Entwicklung in Oberschwaben war, dass nach einer ersten Aristokratisierungsphase in Mittelalter und Früher Neuzeit, in der sich in Oberschwaben eine Reihe von Adelsherrschaften herausbildete, mit dem Reichsdeputationshauptschluss 1803 eine ‚zweite Aristokratisierung' erfolgte, die über das Jahr 1806 hinaus große Bedeutung für die Region hatte. In meiner Untersuchung über das Fürstenhaus Waldburg-Zeil stellte ich fest, dass nach 1806 rund 45 von etwa 100 in Deutschland mediatisierten Hochadelsfamilien in Württemberg begütert waren[2]. Das ist eine erstaunlich hohe Zahl. Von diesen 45 Familien waren etwa 25 in Oberschwaben zu Hause.

Familien des deutschen Hochadels, die bereits vor 1803 in Oberschwaben beheimatet waren oder sich bis 1804 einkauften und 1806 von Württemberg mediatisiert wurden

Fugger-Kirchberg-Weissenhorn: 1507 war die Grafschaft Kirchberg von Kaiser Maximilian I. an die Familie Fugger verpfändet worden.

Fürstenberg: 1806 wurden die fürstenbergischen Territorien (20 000 km² mit rund 100 000 Einwohnern) von Baden, Bayern, Hohenzollern und Württemberg mediatisiert.

Königsegg-Aulendorf: Das Territorium um Königsegg und Aulendorf umfasste 1806 rund 3 km² mit rund 3 000 Einwohnern.

Schwarzenberg: Seit dem Ende des 18. Jahrhunderts im Besitz der Herrschaft Kellmünz, die 1806 in der Hauptsache an Bayern kam; die westlich der Iller gelegenen Teile der ehemaligen Herrschaft Kellmünz kamen 1810 nach dem Grenzausgleich mit Bayern an Württemberg, 1833 Verkauf dieser Güter.

Thurn und Taxis: Seit 1785/1786 durch den Kauf der Reichsgrafschaft Friedberg-Scheer in Oberschwaben begütert, 1803 mit der Reichsstadt Buchau sowie den Reichsabteien Buchau, Marchthal und Neresheim sowie anderen Herrschaften entschädigt, 1806 zugunsten Bayern, Württemberg und Hohenzollern mediatisiert, bis 1867 Postmonopol.

Waldburg-Wolfegg-Waldsee: Mediatisiert.

Waldburg-Zeil-Trauchburg: Mediatisiert.

Waldburg-Zeil-Wurzach: Das rund 5,5 km² große Territorium hatte 1806 rund 10 000 Einwohner, die Linie erlosch 1903.

Windischgrätz: 1804 Kauf des Reichsgutes bzw. der Reichsgrafschaft Eglofs, 1805 zusammen mit der Herrschaft Siggen zum Reichsfürstentum Windischgrätz erhoben.

Stadion-Stadion-Thannhausen: Besitz der Herrschaften Oberstadion und Moosbeuren sowie der Hälfte der Herrschaft Emerkingen, galt in Württemberg als standesherrlicher Personalist, 1908 Erbstreitigkeiten, Besitz ging später im Erbgang an die Grafen von Schönborn-Buchheim über.

Stadion-Warthausen: Besitz der Herrschaft Warthausen und der Hälfte der Herrschaft Emerkingen, standesherrlicher Personalist.

Zum reichsständischen Hochadel rechnet man in Deutschland jene Adelsfamilien, die vor 1806 reichsunmittelbar waren, die Landesherrschaft über ein Territorium ausübten (also nicht zum „landsässigen" Adel gehörten) und mit einer Viril- oder Kuriatstimme auf dem Reichstag vertreten waren. Ich beschränke mich bei meinen folgenden Ausführungen fast ausschließlich auf diesen mediatisierten Hochadel.

Der 1806 in Oberschwaben mediatisierte Hochadel lässt sich in zwei Gruppen einteilen: erstens in die alteingesessenen, vor 1803 ansässigen Familien, zweitens in die Familien, die erst 1803 nach Oberschwaben kamen und dort mit oberschwäbischem Kirchengut entschädigt wurden.

Diesen Hochadelsfamilien wurden 1803 jene an die Seite gestellt, die durch den Reichsdeputationshauptschluss vom 24. März 1803 für den Verlust linksrheinischer Herrschaftsgebiete in Oberschwaben mit geistlichen Territorien entschädigt wurden. Man kann als Ergebnis zunächst festhalten, dass durch die Säkularisation 1803 in Oberschwaben eine fundamentale Machtverschiebung von den geistlichen in Richtung der weltlichen, genauer der hochadligen, Territorien stattfand. Auch die Forschung zur politischen Kultur der Region hat

Familien des deutschen Hochadels, die 1803 Herrschaften in Oberschwaben erhielten und durch Württemberg 1806 mediatisiert wurden

Dietrichstein: Erhielt 1803 die Herrschaft Neuravensburg, die am Ende des 18. Jahrhunderts über die Abtei St. Gallen zum schwäbischen Reichskreis gezählt hatte.
Metternich-Winneburg: Erhielt 1803 die Reichsabtei Ochsenhausen (ohne das Amt Tannheim und mit verschiedenen Renten belastet).
Nassau-Oranien: Erhielt 1803 das Benediktinerpriorat Hofen bei Friedrichshafen und die Benediktinerabtei Weingarten.
Quadt-Wykradt-Isny: Erhielt 1803 die „Grafschaft" Isny (gebildet aus der Reichsstadt und der Reichsabtei Isny).
Salm-Reifferscheidt-Dyck: Von 1815 bis etwa 1823 Anteil an der standesherrlichen Gemeinschaft Schussenried-Weissenau (ehemals Reichsabtei Schussenried und Reichsabtei Weissenau), 1817 Erwerbung der Standesherrschaft (ehemals Reichsabtei) Baindt.
Salm-Salm: Von 1815 bis etwa 1823 Anteil an der standesherrlichen Gemeinschaft Schussenried-Weissenau (ehemals Reichsabtei Schussenried und Reichsabtei Weissenau).
Aspremont-Lynden: Erhielt 1803 die Reichsabtei Baindt, die bereits 1812 an eine „Gesellschaft mehrerer Privatpersonen" verkauft wurde.
Wartenberg-Roth: 1803 kam die Reichsabtei Rot an der Rot an die Grafen von Wartenberg, die die Reichsgrafschaft Wartenberg-Roth gründeten, 1909 im Erbgang an die Grafen von Erbach.
Plettenberg-Mietingen: 1803 kamen die Dörfer Mietingen und Sulmingen, die bis dahin zur reichsunmittelbaren Abtei Heggbach (Frauenzisterze) gehört hatten, sowie der Großzehnt von Baltringen an die Grafen von Plettenberg, 1861 im Erbgang an die ungarischen Grafen Esterházy.
Schaesberg-Thannheim: 1803 erhielten die vom Niederrhein stammenden Grafen von Schaesberg das früher zur Reichsabtei Ochsenhausen gehörende Amt Tannheim und nannten sich seitdem Schaesberg-Thannheim.
Sternberg-Manderscheid: 1803 erhielt die Familie die Reichsabteien Schussenried und Weissenau, 1806 von Württemberg mediatisiert, der Besitz wurde zeitweise bis 1823 als standesherrliche Gemeinschaft geführt, 1823 wurden die Sternberg-Manderscheid Alleinbesitzer, 1835 Verkauf der Standesherrschaft an den württembergischen Staat.
Törring-Jettenbach-Gutenzell: Die Linie Törring-Jettenbach des oberbayerischen Adelsgeschlechts Törring erhielt 1803 die reichsunmittelbare Abtei Gutenzell, 1860 im Erbgang an Törring-Seefeld, standesherrlicher Status umstritten.
Waldbott-Bassenheim: Erhielt 1803 die Reichsabtei Heggbach und das Rittergut Ellmannsweiler, nach 1862/1875 Konkurs.

auf diesen Befund hingewiesen und festgestellt, dass die Freien Reichsstädte, die Bauern, die Katholische Kirche und der Adel diese in Oberschwaben gemeinsam und nachhaltig geprägt hatten[3]. Traten vor 1803 nur zehn Hochadelsfamilien als Träger von Herrschaft auf, so waren es ab 1803 immerhin ungefähr 25. Ich schreibe „ungefähr", weil es eine Reihe von Familien gibt, für die es aufgrund von Grenzausgleichen und Erbauseinandersetzungen strittig ist, ob sie zeitweise in Oberschwaben Herrschaft ausübten. Die reichsunmittelbare Herrschaft dieser etwa 25 Familien war jedoch nur von kurzer Dauer, weil sie durch die Rheinbundakte vom 12. Juli 1806 mediatisiert wurden. Welche staatsrechtlichen Folgen hatte die Mediatisierung?

Rapport bei König Wilhelm I. von Württemberg. Von links: Graf Lippe, Oberstallmeister Graf Taubenheim, Baron Massenbach, Fürst Hohenlohe-Öhringen, Graf Waldburg-Zeil, Baron Rüpplin, Graf Degenfeld, Baron Spitzemberg, Baron Ellrichshausen, Prinz Friedrich, Hofmarschall Graf Seckendorf, König Wilhelm, Graf Berlichingen, Kronprinz Karl, Prinz Sachsen-Weimar, Graf Wilhelm von Württemberg, Reischach, Graf Neipperg, Baron Valois, Graf Lippe, Baron Weißenstein. Ölgemälde, Privatbesitz.

DIE STAATSRECHTLICHEN FOLGEN

In den Jahren 1803 bis 1806 ging nicht nur das Alte Deutsche Reich unter, sondern es entstanden, wie allgemein bekannt ist, in Form der Rheinbund-Staaten neue Herrschaftsgebilde in Deutschland. Württemberg erhielt mit den sogenannten neuwürttembergischen Gebieten nicht nur einen erheblichen territorialen Zuwachs, sondern es drückte seine neue Stellung auch symbolisch im Namen aus. Das Herzogtum erhielt 1803 zunächst die Kurwürde und wurde noch am 30. Dezember 1805 zum Königreich erhoben. Es trat 1815 dem Deutschen Bund bei, erhielt 1819 eine Verfassung mit einem Zweikammersystem und wurde 1871 ein Bundesstaat des zweiten Deutschen Reiches.

Bis zum Untergang des Alten Deutschen Reiches waren die oberschwäbischen Hochadelsfamilien dem Haus Württemberg in staatsrechtlicher Hinsicht gleichgestellt. 1805/1806 erfolgte durch die Mediatisierung die staatsrechtliche Erhebung Württembergs zu einem souveränen Staat und damit die staatsrechtliche Degradierung des Hochadels, der nun zu einem landständischen Adel wurde und sei-

Andreas Dornheim

ne Reichsunmittelbarkeit verlor. Für den mediatisierten Hochadel in Deutschland bürgerte sich die Bezeichnung „Standesherren" ein. Eine offizielle Liste der standesherrlichen Familien in Deutschland ist nie erstellt worden. Die Angaben schwanken zwischen 93 und 107[4], so dass man von etwa 100 Familien ausgehen kann. Die unterschiedlichen Angaben haben ihren Grund in der Strenge der Kriterien, die man anlegt. So war in einigen Fällen strittig, ob mit einem bestimmten Territorium bis 1806 eine Reichstagsstimme verbunden war oder nicht. Jene Familien, die für ihre Person, nicht aber für früheres Territorium als Standesherren galten, wurden in Württemberg von der Adelsmatrikelkommission als standesherrliche ‚Personalisten' geführt.

Die Standesherren sahen sich einseitig in der Opferrolle: Durch willkürliche Annexion, „auf der Basis des Faustrechts", durch „Übermacht und Despotie der Souveräne" seien die kleinen Territorialherren „Opfer einer brutal-machiavellistischen Politik" geworden[5]. In einem Interview im Jahr 1984 sprach der damalige Bundestagsabgeordnete Alois Graf von Waldburg-Zeil davon, seine Familie sei 1806 gleichsam eine württembergische Kolonie geworden[6]. Der Ausdruck „Kolonie" ist in zweierlei Hinsicht aufschlussreich. Zum einen zeigt er das Ausmaß der empfundenen Degradierung, zum anderen das Bewusstsein, man habe bis 1806 ein eigenes kleines „Reich" besessen. Württemberg ging gegen seinen mediatisierten Hochadel bekanntlich besonders streng vor, so dass Heinz Gollwitzer feststellte, das Königreich sei unter der Regierung Friedrichs I. (1754-1816) zum „Purgatorium" der Standesherren geworden[7]. Der württembergische Rheinbund-Staat, der bis 1806 eine ausgeprägt bürgerlich-bäuerliche Tradition gehabt hatte, stand zweifellos vor besonderen Schwierigkeiten, da durch die Mediatisierung ein massives „Adelsproblem" entstanden war. Das bedeutete, dass die „volle Einordnung des Adels in eine moderne staatsbürgerliche Gesellschaft" nicht vollzogen, sondern aufgeschoben wurde[8]. Diese Problematik hat die württembergische Politik bis in die zweite Hälfte des 19. Jahrhunderts „zeitweise schwer belastet".[9] Kein Staat des Deutschen Bundes und später des Deutschen Reiches hatte in absoluten Zahlen mehr Standesherren als Württemberg. 1808 wohnten 23,2% aller Einwohner des Königreichs Württemberg in dem mediatisierten Adel unterstehenden Patrimonialämtern. Hinsichtlich des Umfangs des standesherrlichen Gebiets im Verhältnis zum Staatsgebiet wurde Württemberg nur vom Großherzogtum Hessen übertroffen. Dort machten die Standesherrschaften etwa ein Viertel des Staatsgebiets aus, während dieser Anteil in Württemberg ungefähr ein Sechstel betrug[10].

Es ist kein Zufall, dass Robert von Mohl (1799 – 1875) um 1830 sein Werk „Das Staatsrecht des Königreichs Württemberg" veröffentlichte, das als erste wissenschaftliche Bearbeitung des modernen Staatsrechts gilt. Gerade die Teile, die die Standesherren betreffen, sind wegen der Stringenz der Gedankenführung noch immer lesenswert. Bevor jedoch das Staatsrecht eingriff, den rechtlichen Status der Standesherren zu klären, durchschritt Württemberg eine geradezu gesetzlose Phase. Die Privilegien, die den Mediatisierten in der Rheinbundakte zugesichert worden waren, wurden ihnen in Württemberg bis auf wenige Ausnahmen genommen. Verweigert wurde den Standesherren unter anderem das „Gericht von Ebenbürtigen in Straffällen", die Patrimonialgerichtsbarkeit (niedere Gerichtsbarkeit), die Steuerfreiheit, der Bergzehnt, die freie Wahl des Aufenthaltsortes sowie das Recht, Familienverträge abzuschließen, die für die Vererbung eine wichtige Rolle spielten. Eingeführt wurde nicht nur eine dreimonatige Aufenthaltspflicht in Württemberg, sondern sogar eine dreimonatige Residenzpflicht in Stuttgart, die Bestimmung, in außergewöhnlichen Fällen persönliche Vasallendienste gegenüber dem Königshaus leisten zu müssen, und die bürgerliche Intestat-Erbfolge.

Die staatsrechtlichen Kommentatoren waren sich weitgehend einig: Robert von Mohl kam zu dem Ergebnis, die Absicht Württembergs sei es gewesen, „die Standesherren völlig in die Classe der gewöhnlichen Unterthanen zu versetzen". Die württembergischen Mediatisierten seien

Die zweite Aristokratisierung Oberschwabens

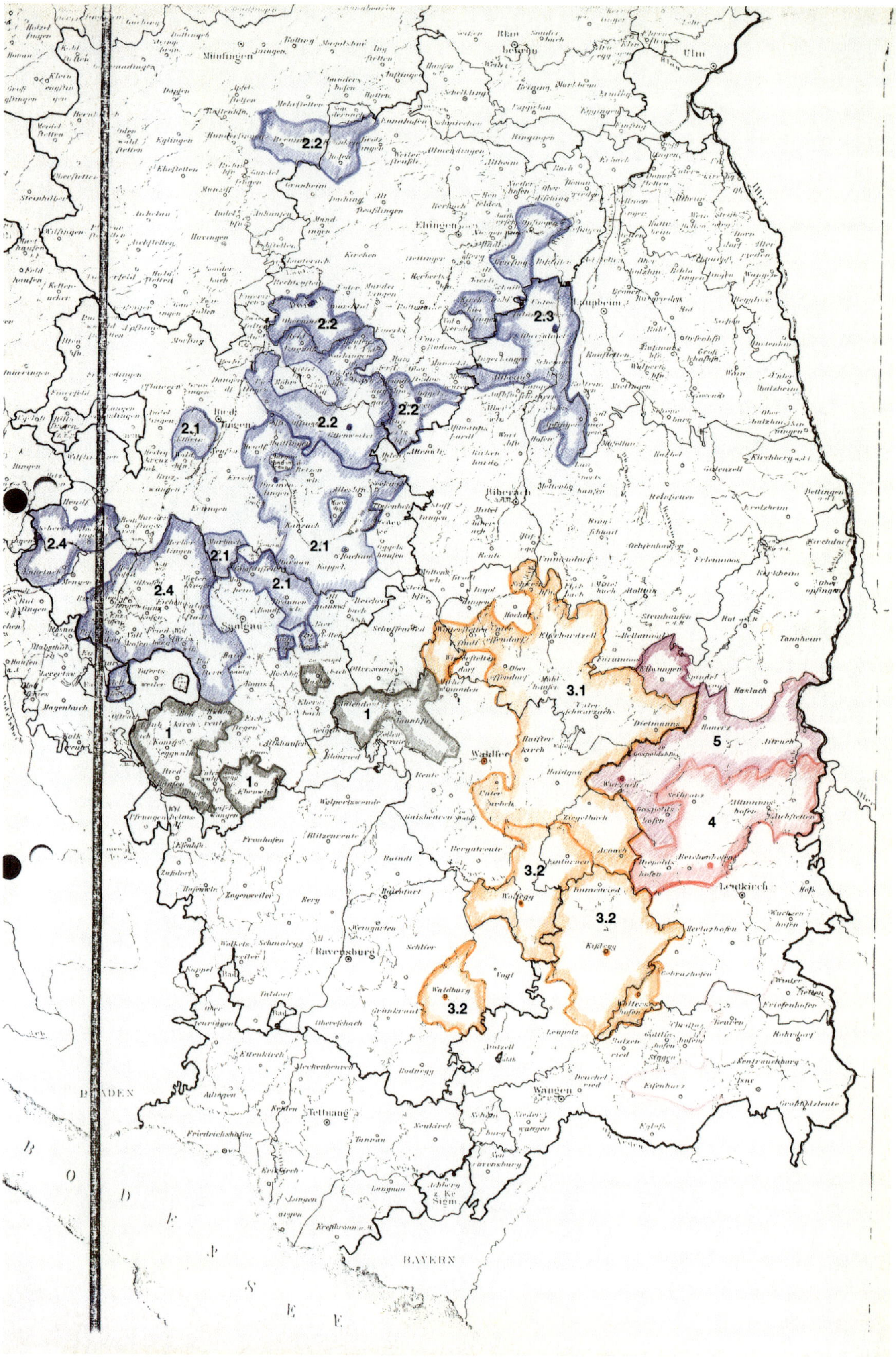
2.2
2.2
2.2
2.2
2.3
2.1
2.1
2.1
2.1
2.4
2.4
1
1
1
3.1
3.2
3.2
3.2
4
5
Ulm
Münsingen
Ehingen
Laupheim
Biberach
Saulgau
Waldsee
Ravensburg
Leutkirch
Wangen
Tettnang
Friedrichshafen
BADEN
BAYERN

Standesherrschaften mit mediater Verwaltung in Oberschwaben 1847.

grau: Grafen von Königsegg-Aulendorf
1 Amt Aulendorf
blau: Fürsten von Thurn und Taxis
2.1 Amtsgericht und Amt Buchau
2.2 Amtsgericht und Amt Obermarchtal
2.3 Amtsgericht und Amt Obersulmetingen
2.4 Amtsgericht und Amt Scheer
orange: Fürsten von Waldburg-Wolfegg-Waldsee
3.1 Amt Waldsee
3.2 Amt Wolfegg
rot: Fürsten von Waldburg-Zeil-Trauchburg
4 Amt Oberzeil
violett: Fürsten von Waldburg-Zeil-Wurzach
5 Amt Wurzach

„häufig in ihren Rechten noch unter der großen Masse der Staatsbürger" gestanden[11]. Nicht weniger scharf urteilte Carl Vollgraff, für den kein Rheinbund-Staat „so hart, so feindselig, so herabsetzend" handelte wie das Königreich Württemberg, das seine Standesherren „gleichsam gefangen gehalten" habe. Württemberg sei mit einer so „eigentümlichen Consequenz" vorgegangen, dass man meinen könne, der Unterwerfung der Standesherren habe ein „cosmopolitischer Zweck" zu Grunde gelegen[12].

Erst nach dem Ende der Rheinbundzeit, der Verabschiedung der Bundesakte am 8. Juni 1815, dem Tod des ersten württembergischen Königs Friedrich I. und nach der Ablehnung des Adelsstatuts am 2. Juni 1817 sowie den Verfassungsverhandlungen zwischen dem neuen König Wilhelm I. und den württembergischen Ständen ging das Königreich 1818 daran, mit seinen Standesherren Verhandlungen zu führen, die das Ziel hatten, die staatsrechtliche Stellung der Standesherren in Württemberg durch einzelne Abkommen zu klären. Die Absicht Württembergs war es, eine „Bildung von adligen ‚Staaten im Staate'" zu verhindern[13]. Dagegen wollten die Standesherren erreichen, ihre einstigen Territorien über sogenannte Patrimonialämter als geschlossene gerichtliche und administrative Einheiten zu erhalten. Das erste Abkommen, das geschlossen wurde, war das mit dem Haus Thurn und Taxis[14]. Bis 1844 wurden mit 22 standesherrlichen Familien (darunter vier „Personalisten") entsprechende Abkommen vereinbart[15]. Zu einer Errichtung adliger Patrimonialgerichte und Patrimonialämter im großen Stil kam es in Württemberg jedoch nicht, und zwar vornehmlich aus finanziellen Gründen. Die Unterhaltung solcher Patrimonialgerichte und Patrimonialämter war dem Adel schlicht zu teuer. Überdies wurden die Patrimonialgerichte und Patrimonialämter in Württemberg im Zuge der Revolution 1848/49 bereits wieder abgeschafft[16].

Robert von Mohl hat die rechtliche Stellung der Standesherren und ihre Privilegien, die sich bis 1918 noch mehrfach veränderten, in drei Kategorien eingeteilt, in die „persönlichen Vorrechte", die Stellung der Standesherren als „Staatsbürger" und die bereits genannten Patrimonialrechte. Auf eine Übersicht wird an dieser Stelle verzichtet, da diese Inhalte für den hier behandelten Zusammenhang ohne große Bedeutung sind. Als Fazit kann festgehalten werden, dass sich Württemberg hinsichtlich der staatsrechtlichen Behandlung seines Adels zu einem „Gegenmodell" zu Preußen entwickelte. Während der Adel in Preußen vielfach gefördert wurde, verhielt sich Württemberg neutral-korrekt bis ablehnend.

STAATSKRITISCHER KONSERVATISMUS UND SOZIALE DISTANZ

Die hier formulierte These ließe sich an vielen Beispielen belegen: an der württembergischen Nobilitierungspolitik ebenso wie an der Beamten- und Steuerpolitik. Statt diese These weiter auszuführen, soll aber ein anderer Aspekt hervorgehoben werden: Die Standesherren entwickelten sich nicht nur zu einem Unsicherheitsfaktor, der Peter Blickle von einem Typus, nämlich dem der „staatsfeindlichen württembergischen Standesherren" sprechen ließ[17]. Verband sich die

Staatskritik mit einer dezidert katholischen Position und traten Ereignisse wie die Revolution des Jahres 1848 hinzu, dann konnte diese Konstellation zu außerordentlich dynamischen Entwicklungen führen: Konstantin Fürst von Waldburg-Zeil-Trauchburg (1807 – 1862) wurde 1848 im oberschwäbischen Wahlbezirk Biberach-Leutkirch in die Frankfurter Nationalversammlung gewählt, unterstützte dort die Linken und den ultramontanen Katholizismus und votierte sogar für die Abschaffung der Fideikommisse und des Adels. Nachdem er der württembergischen Regierung im „Leutkircher Wochenblatt" „Schändlichkeit" vorgeworfen hatte, wurde er vor einem Schwurgericht in Tübingen angeklagt und wegen „Beleidigung der Staatsgewalt" am 18. September 1850 zu einer fünfmonatigen Festungshaft und einer Geldstrafe in Höhe vom 200 Gulden verurteilt. Die Strafe verbüßte er ab dem 1. November 1850 auf dem württembergischen „Demokratenbuckel", dem Hohenasperg[18].

Durch die Staatskritik und einen starken Katholizismus entstand eine ganz eigene Form von politischem Bewusstsein, fast eine Art Philosophie, eine spezifische Art von Konservatismus, die man als vorneuzeitlichen oder staatskritischen Konservatismus bezeichnen kann. Das wichtigste Merkmal dieser Art von Konservatismus war, dass nicht die Französische Revolution oder egalitäre oder demokratische Bewegungen als Hauptfeind angesehen wurden, sondern der moderne Staat. Der Staat, so schrieb Erich Fürst von Waldburg-Zeil (1899 – 1953), sei ein „Moloch", ein „Kinder fressender Götze der Menschheit"[19]. Die Überzeugung, dass es gegenüber einer „allmächtigen Staatsgewalt" keine Menschenrechte geben könne, führten Erich Fürst von Waldburg-Zeil und seinen Freund und Mitarbeiter Fritz Michael Gerlich (1883 – 1934) letztlich auch zur Gründung der Zeitschrift „Der Gerade Weg", die den Nationalsozialismus vor 1933 mit einer Konsequenz bekämpfte, die innerhalb des deutschen Katholizismus ihresgleichen suchte. Dabei beriefen sich Fürst Waldburg-Zeil und Gerlich, der 1934 von den Nationalsozialisten ermordet wurde, letztlich auf die göttliche Ordnung und ein vorneuzeitliches Naturrecht; beide stehen über allen menschlichen Gesetzen. Dieser Konservatismus hatte einerseits etwas sehr Antiquiertes an sich, da er sich gegen die von Jean Bodin in der zweiten Hälfte des 16. Jahrhunderts entwickelte Lehre von der Staatssouveränität wandte. Er hatte andererseits etwas durchaus Modernes, da die historische Erfahrung immer wieder gezeigt hat und zeigt, dass es tatsächlich keine uneingeschränkte Macht des Staates geben darf.

Es ist kein Zufall, dass nach 1848 ein spanischer Philosoph die Position des oberschwäbischen Adelskonservatismus weltanschaulich fundierte. In Spanien, dem vielleicht kämpferisch-fundamentalistischsten Land des europäischen Katholizismus, nahm Juan Donoso Cortés (1809 – 1853) genau die Position ein, die dem katholischen Adel entsprach: Donoso kritisierte um 1850 das unheimliche Wachstum der Staatsgewalt und sprach in diesem Zusammenhang von der „Drachensaat des Hegelianismus"[20]. Die Hauptfeinde waren für ihn der moderne Staat und der Liberalismus. Donoso vertrat die Meinung, dass mit der Neuzeit, das heißt mit der Reformation, Renaissance, Aufklärung und dem Absolutismus, ein „kontinuierlicher Abstieg" erfolgt sei. Da sich die Welt von Gott und dem katholischen Glauben emanzipiert habe, herrschten „der Irrtum und das Böse ohne Gegengewicht in der Welt". Die europäische Gesellschaft lag für ihn „im Sterben"[21]. Das war eine Position, die weitgehend der von Erich Fürst von Waldburg-Zeil entsprach.

Auffallend am oberschwäbischen Adel ist, dass er nicht – wie zum Beispiel der westfälische Adel im Staat Preußen – zu einer politischen Elite, zu einer Führungsschicht in Württemberg wurde. Die Voraussetzungen, zu einer Elite aufzusteigen, erscheinen auf den ersten Blick nicht schlecht gewesen zu sein, war doch im katholischen Oberschwaben der altwürttembergische, evangelisch-pietistische Beamtenstaat nicht sonderlich beliebt. Für den Adel, der gegenüber der Landbevölkerung im 19. und in der ersten Hälfte des 20. Jahrhunderts einen immensen Bildungs- und Kulturvorsprung hatte, wäre es nicht schwer gewesen, sich in der Region Oberschwaben gegenüber Württemberg zu profilieren. Indes gab es einige hemmende Faktoren: Erstens war der oberschwäbische Hochadel zwar eine geschlossene, aber keine homogene Gruppe. Es gab nicht wenige Hochadelsfamilien, die ihr 1803 und 1806 geknüpftes Verhältnis zu Württemberg relativ frühzeitig lösten. Auch der württembergische Staat scheint nicht unglücklich gewesen zu sein, wenn Standesherren aus dem württembergischen Staatsverband ausschieden. Bis etwa 1840 kaufte Württemberg geradezu systematisch Standesherrschaften und als Rittergüter immatrikulierte Besitzungen von Standesherren auf, in Oberschwaben zum Beispiel Ochsenhausen (1825), Warthausen (1827), Neuravensburg (1829) und Schussenried-Weissenau (1835). Ein Kauf der Standesherrschaft Eglofs scheiterte am Einspruch der Agnaten des Fürsten Windischgrätz. Andere Standesherrschaften wurden beschlagnahmt oder an Privatpersonen verkauft. Auch Faktoren wie Konkursverfahren oder Aussterben der Familien spielten eine Rolle. Bis 1914 verringerte sich die Zahl der standesherrlichen Familien in Württemberg von etwa 45 auf 24 (davon sechs „Personalisten"), was etwa eine Halbierung bedeutete. Der zweite Faktor, der eine Elitebildung verhinderte, war die Tatsache, dass viele standesherrliche Familien nach Bayern und Österreich ausgerichtet waren und mit Württemberg relativ wenig zu tun hatten. Als Anziehungspunkt und Vorbild galt nicht der württembergische Hof in Stuttgart, sondern der Hof in Wien.

Die wichtigste Klammer für ein politisches Bündnis zwischen Adel und Bevölkerung in Oberschwaben gegen Stuttgart war zweifellos die katholische Konfession. Indes scheint diese Klammer ebenfalls durch zwei Faktoren gestört worden zu sein: durch die soziale Distanz des Adels insbesondere zum städtischen Bürgertum, der zweiten potentiellen Gegenelite zu Stuttgart, und durch den Großgrundbesitz, der langfristig einem Bündnis mit den Bauern entgegenstand. Auffallend ist, dass der oberschwäbische Hochadel im landwirtschaftlichen Verbandswesen, das in der zweiten Hälfte des 19. Jahrhunderts

„Maria, Königin des Himmels, verehrt von Kirche, Staat und Familie". Deckenfresko in der Stiftskirche Zeil von August Braun, 1939. Oben: Rosenkranzverleihung. Mitte: „Thema Kirche und Staat. Die Großen der Geschichte, Hand in Hand mit den Kirchenlehrern, deren Gedanken sie verwirklichten". Ganz links abgewandt Hegel. Unten: „Thema Kirche und Familie".

entstand, kaum eine Rolle spielte. Zwar waren Adel und Hochadel bei der Gründung des württembergischen Ablegers des Bundes der Landwirte 1893 nicht nur vertreten, sondern sogar ‚tonangebend', aber dies war eine vorübergehende

Die zweite Aristokratisierung Oberschwabens

Die Waldburg-Zeiler Domäne Treherz.

Erscheinung. Bereits 1896 wandte sich der Adel ab, und der Bauern- und Weingärtnerbund, wie der Verband später hieß, entwickelte sich zu einer Interessenvertretung vornehmlich der kleinen und mittleren Bauern sowie der Weingärtner in Württemberg[22]. Wenn der Adel im agrarischen Verbandswesen in Württemberg später noch eine Rolle spielte, dann handelte es sich nicht um Vertreter des Hochadels, sondern des niederen Adels. Zu nennen ist hier vor allem Franz Schenk Freiherr von Stauffenberg (geb. 1878), der in Rißtissen wohnte.

Eine katholische Bauernorganisation entstand in Württemberg relativ spät. Zwar waren bei der Gründung der württembergischen Landesgruppe der Zentrumspartei 1895 drei katholische Geistliche zur „Bauernanwälten", sprich Beratern, bestimmt worden, aber erst am 22. November 1917 wurde in Ulm der „Schwäbische Bauernverein" gegründet, der vor allem die katholischen Bauern erreichte. Dieser Schwäbische Bauernverein fusionierte am 1. Februar 1923 mit dem Landwirtschaftlichen Hauptverband, worüber man im ka- tholischen Oberschwaben teilweise unglücklich war, weil man befürchtete, katholische Positionen preiszugeben. Innerhalb des Schwäbischen Bauernvereins war mit Albrecht Freiherr von Freyberg-Eisenberg (geb. 1876) aus Allmendingen wiederum der niedere Adel vertreten. Der Agrarflügel der württembergischen Zentrumspartei dagegen bestand aus Gutsbesitzern und Bauern wie Adolf Oskar Adorno (1872 – 1937), Josef Dangel (1863 – 1934), Oskar Farny (1891 – 1983), Franz Feilmayr (1870 – 1934) und Gerhard Maunz (1863 – 1930).[23]

BEHUTSAME WIRTSCHAFTLICHE MODERNISIERUNG

Es ist bekannt, dass adliges Wirtschaften bis ins 20. Jahrhundert relativ wenig von einem kapitalistischen Unternehmergeist geprägt war. Das galt im Südwesten sowohl für die Land- und Forstwirtschaft als auch für die Industrie- und Dienstleistungssektoren. Innerhalb der Land- und Forstwirtschaft blieb der Adel bis zur württembergi-

Umfang des standesherrlichen Besitzes in Oberschwaben 1918

Oberamt	Standesherr/Fideikommissbesitzer	Fläche gesamt ha	landwirtschaftliche Fläche ha	Wald ha
Biberach	Graf von Törring-Jettenbach	1 671,3	165,6 (9,9%)	1 505,7
Ehingen	Graf von Stadion-Thannhausen (Erben)	1 006,3	274,5 (27,3%)	731,8
Ehingen	Fürst von Thurn und Taxis	17 475,0	1 982,5 (11,3%)	15 492,5
Laupheim	Graf Fugger zu Kirchberg und von Weissenhorn	1 684,7	276,7 (16,4%)	1 408,0
Leutkirch	Fürst von Waldburg-Zeil	8 366,0	2 677,0 (32,0%)	5 689,0
Leutkirch	Graf von Schaesberg-Thannheim	1 575,0	265,0 (16,8%)	1 310,0
Leutkirch	Graf von Erbach-Wartenberg-Roth	2 303,8	827,6 (35,9%)	1 476,2
Riedlingen	Fürst von Fürstenberg	1 456,2	173,4 (11,9%)	1 282,8
Waldsee	Fürst von Waldburg zu Wolfegg und Waldsee	8 111,1	1 487,5 (18,3%)	6 623,6
Waldsee	Graf zu Königsegg-Aulendorf	Keine Angabe	Keine Angabe	Keine Angabe
Wangen	Fürst von Quadt zu Wykradt und Isny	2 120,7	836,4 (39,4%)	1 284,3
Wangen	Fürst zu Windischgrätz	251,0	54,3 (21,6%)	196,7

schen ‚Bauernbefreiung' im Jahr 1848 ein von den bäuerlichen Abgaben lebender Stand. Dieses Verständnis entsprach weitgehend dem bis 1806 vorherrschenden Typus der Agrarverfassung im deutschen Südwesten, der Rentengrundherrschaft. Die Grundherren verzichteten, anders als die ostelbischen Gutsherren, darauf, eigene Wirtschaftsbetriebe zu errichten, traten selber als Produzenten kaum in Erscheinung, sondern lebten in hohem Maß von den Geld- und Naturalabgaben der Bauern. Dazu kam ein zweites Element: Der süddeutsche Adel besaß und besitzt vor allem forstwirtschaftliches Grundeigentum. Die obige Übersicht zeigt für die zwölf oberschwäbischen Standesherren, die es 1918 noch gab, den Umfang der Fideikommisse.

Das Grundeigentum einiger Familien war und ist sehr umfangreich. Zudem wird deutlich, dass keine der Familien mehr als 40% ihres Grundeigentums landwirtschaftlich nutzte.

Nach 1848 wurde eine Grundsatzentscheidung erforderlich: Sollte das Grundeigentum selbst bewirtschaft oder verpachtet werden? Rund 100 Jahre nach der ‚Bauernbefreiung' stellte sich bei der Familie Waldburg-Zeil die Situation wie folgt dar: Im Jahr 1950 umfasste das Waldburg-Zeilsche Grundeigentum 7 160 ha, von denen 4 670 ha Forstbetriebsfläche waren. Das war ein Anteil von etwa 65% und entsprach der Tendenz des süddeutschen Adels, vor allem Forstbetriebe und weniger landwirtschaftliche Betriebe zu bewirtschaften. Die Forstbetriebe des Hauses Waldburg-Zeil galten dabei als qualitativ hochwertig.

Das landwirtschaftliche Grundeigentum umfasste etwa 1 800 Hektar. Von diesen 1 800 Hektar entfielen rund 600 Hektar auf Moore, Streuwiesen und Torfwerke, so dass etwa 1 200 als genutztes landwirtschaftliches Eigentum im engeren Sinn betrachtet werden können. Von diesen 1 200 Hektar betrieb das Haus Waldburg-Zeil um das Jahr 1950 etwa 580 Hektar in Eigenregie und unterhielt zu diesem Zweck sieben landwirtschaftliche Betriebe: den Marienhof bei Schloss Zeil (136,6 Hektar), den Attenhof bei Unterzeil (107,8 Hektar), Lampertsried zwischen Seibranz und Schloss Zeil (91,6

Papierfabrik Baienfurt. Aufnahme 1920er Jahre.

Hektar), Neutrauchburg bei Isny (79,3 Hektar), Treherz zwischen Aitrach und Hauerz (74,5 Hektar), den Hahnensteig bei Kißlegg (60 Hektar) und die Seppersburg bei Kißlegg (29,6 Hektar). Diese Aufstellung zeigt, dass innerhalb von 100 Jahren doch ein erhebliches Umdenken stattgefunden hatte. In der zweiten Hälfte des 20. Jahrhunderts wurden die landwirtschaftlichen Betriebe aus wirtschaftlichen Aspekten heraus jedoch wieder aufgegeben.

Noch deutlicher wird der Wandel, wenn man den Einstieg ins Unternehmertum betrachtet. Als Pioniere, die vor 1900 unternehmerisch aktiv waren, können allenfalls die Familien Fugger, Fürstenberg und Thurn und Taxis gelten. Die Fugger begannen ihren Aufstieg als Unternehmer und Kaufleute und wurden erst nach diesem Aufstieg in den Hochadel aufgenommen. Die Fürstenberg traten relativ früh bei der Erzgewinnung und im Hüttenwesen in Erscheinung. Die Thurn und Taxis etablierten sich als ‚Postunternehmer'. Die anderen oberschwäbischen Hochadelsfamilien hielten sich bis ins 20. Jahrhundert von industriellen Unternehmungen eher fern. Nach dem Ersten Weltkrieg wurde die Papierfabrik in Baienfurt zu einem Einfallstor für die industrielle Betätigung des oberschwäbischen Adels. Nachdem die 1871 gegründete Fabrik bereits 1877 einen langfristigen Holzlieferungsvertrag mit der Waldburg-Wolfeggschen Forstverwaltung abgeschlossen hatte, griffen die Familien Königsegg-Aulendorf, Waldburg-Wolfegg und Waldburg-Zeil im Jahr 1922 mit umfangreichen Kapitaleinlagen ins Firmengeschehen ein und hielten bereits 1924 mehr als 50% des Aktienkapitals. Das Engagement des oberschwäbischen Adels bei der Papierfabrik Baienfurt dauerte bis 1969 an. Für das Haus Waldburg-Zeil begann der eigentliche unternehmerische „Take-Off" in den 1950er und 1960er Jahren, als die Familie in den Medien- und Dienstleistungssektor zu investieren begann (Schwäbische Zeitung, Allgäuer Zeitung, Waldburg-Zeilsche Kurkliniken). Dabei agierte die Familie insgesamt außerordentlich erfolgreich[24].

FAZIT: ELITENVERWEIGERUNG UND VORBILD HABSBURG

Der oberschwäbische Hochadel und die hier paradigmatisch vorgestellte Familie Waldburg-Zeil entsprechen keinem der bisher in der Forschung diskutierten ‚Adelsmodelle'. Weder war dieser Adel staatstragend-konservativ wie die ostelbischen Junker noch liberal und sozial offen wie der englische Adel noch eine konservativ-katholische Elite wie der westfälische Adel. In politischer Hinsicht war ein staatskritisch-katholischer Konservatismus, der die Neuzeit als Zeitalter des apokalyptischen Untergangs ablehnte, kennzeichnend. Sozial gesehen blieb dieser Adel exklusiv, vor allem an Habsburg und dem Wiener Hof orientiert. Eine landesweit agierende Elite stellte der oberschwäbische Hochadel nicht dar, worauf – im Unterschied zum westfälischen Adel – als entscheidender Indikator das fast vollständige Fehlen im Führungsbereich des agrarischen Verbandswesens hinweist. Am aufgeschlossensten war noch das Handeln im wirtschaftlichen Bereich. Auch hier erfolgte die Öffnung zum agrarischen oder industriellen Adelsunternehmer spät, aber immerhin erfolgte sie.

Wenn man das Verhalten des oberschwäbischen Hochadels und der Familie Waldburg-Zeil umschreiben will, so kann man vielleicht am treffendsten von einer ‚Elitenverweigerung' sprechen. Man fühlte sich in der modernen Welt und im württembergischen Staat so wenig zu Hause, dass man es im Grunde ablehnte, auf Reichs-, Bundes- oder auf Landesebene als Führungsschicht aufzutreten. Man agierte in der oberschwäbischen Region und favorisierte, wenn man schon darüber hinausgehen musste, eindeutig habsburgische Zukunftsentwürfe. Indikatoren für diese Habsburg-These sind einerseits die „Abendländische Aktion" und die „Abendländische Akademie" mit der Zeitung „Neues Abendland", die Anfang der 1950er Jahre von der Familie Waldburg-Zeil finanziert wurden. Im neuen Abendland publizierte immer wieder auch „Otto von Österreich"[25]. Andererseits ist auf den nach 1945 zeitweise angestrebten schwäbisch-alemannischen Staat zu verweisen, der für Erich Fürst von Waldburg-Zeil gleichbedeutend war mit einem „Zusammenschluß des katholischen Südens [Deutschlands] einschließlich Österreichs in einer Konföderation"[26].

Für die Verweigerungsthese spricht auch, dass wir den oberschwäbischen Adel so gut wie nicht in der württembergischen und baden-württembergischen Landespolitik finden. In diesem Punkt unterscheidet sich der oberschwäbische Adel auch deutlich vom bayerischen Adel, der in der Landespolitik viel präsenter ist. Als Alois Graf von Waldburg-Zeil im Jahr 1980 für die CDU in den Deutschen Bundestag gewählt wurde, war dies auch Ausdruck eines neuen Politik- und Rollenverständnisses.

Titelblatt „Neues Abendland".

Anmerkungen:

1 *Heinz Reif*: Einleitung. In: *Ders.* (Hg.): Adel und Bürgertum in Deutschland. Bd. 1. Berlin 2000, 7-27, 11-14. Hervorhebungen im Original; vgl. auch *Heinz Reif*: Adel im 19. und 20. Jahrhundert. München 1999.
2 *Andreas Dornheim*: Adel in der bürgerlich-industrialisierten Gesellschaft. Eine sozialwissenschaftlich-historische Fallstudie über die Familie Waldburg-Zeil. Frankfurt 1993, 598-631.
3 *Hans-Georg Wehling*: Barock – bäuerliches Oberschwaben. Elemente einer politischen Kultur. In: Der Bürger im Staat 34 (1984) Heft 3, 192-196; vgl. auch *Hans-Georg Wehling*: Art. Regionale/Lokale politische Kultur. In: *Martin Greiffenhagen, Sylvia Greiffenhagen* (Hg.): Handwörterbuch zur politischen Kultur der Bundesrepublik Deutschland. Opladen ²2002, 521-525.
4 *Berchtold*: Art. Standesherren (Stammgüter). In: Deutsches Staats-Wörterbuch. Bd. 10 (1867), 163-205 (103 Familien für das Jahr 1863). Ein Verzeichnis des „Vereins der Deutschen Standesherren" aus dem Jahr 1865 kam nur auf 93 Familien. *Heinz Gollwitzer*: Die Standesherren. Göttingen ²1964, 352-354, führt 107 Familien auf.
5 Zitiert nach *Wilhelm Mößle*: Fürst Maximilian Wunibald von Waldburg-Zeil-Trauchburg 1750 – 1818. Stuttgart 1968, 110, 144, 148.
6 Interview mit Julian Aicher und Andreas Dornheim, 18. Dezember 1984.
7 *Gollwitzer* 1964 (wie Anm. 4), 54.
8 *Thomas Nipperdey*: Deutsche Geschichte 1800-1866. München ⁴1987, 75.
9 *Wolfgang von Hippel*: Die Bauernbefreiung im Königreich Württemberg. Bd. 1. Boppard am Rhein 1977, 313.
10 Zahlen zusammengestellt nach *Hippel* 1977 (wie Anm. 9), 314, Anm. 32; *Gollwitzer* 1964 (wie Anm. 4), 57. *Robert von Mohl*: Das Staatsrecht des Königreiches Württemberg. Bd. 1. Tübingen ²1840, 141.
11 *Mohl* 1840 (wie Anm. 10), 458f.
12 *Carl Vollgraff*: Die teutschen Standesherrn, Giessen 1824, 301f.
13 *Hippel* 1977 (wie Anm. 9), 373, 376.
14 Königliche Deklaration, die staatsrechtlichen Verhältnisse des fürstlichen Hauses Thurn und Taxis betreffend vom 8. August 1819. Regierungs-Blatt für Württemberg 1819, 505-521.
15 *Dornheim* 1993 (wie Anm. 2), 132.
16 Ein Patrimonialgericht in erster Instanz errichtete lediglich das Haus Thurn und Taxis, das aber auf die Ausübung der zweiten Instanz verzichtete. Dagegen gab es 15 standesherrliche Patrimonialämter: Thurn und Taxis (5), Hohenlohe-Kirchberg (2), Hohenlohe-Langenburg (2), Königsegg-Aulendorf (1), Rechberg-Rothenlöwen (1), Waldburg-Wolfegg-Waldsee, Waldburg-Zeil(-Trauchburg) und Waldburg-Zeil-Wurzach. Vom ritterschaftlichen Adel in Württemberg unterhielten lediglich die Freiherren von Berlichingen zeitweise ein Patrimonialamt in Jagsthausen.
17 *Peter Blickle*: Katholizismus, Aristokratie und Bürokratie im Württemberg des Vormärz. In: Historisches Jahrbuch 88 (1968), 369-406, 391f.
18 Vgl. *Walter-Siegfried Kircher*: Ein fürstlicher Revolutionär aus dem Allgäu. Fürst Constantin von Waldburg-Zeil 1807 – 1862. Kempten 1980.
19 *Erich Fürst von Waldburg-Zeil*: Soziallehren und Sozialerfahrungen der Menschheit. Die Lehre der Päpste mit besonderer Berücksichtigung von Quadragesimo anno. Vortrag vor dem hochwürdigen Klerus des Kapitels Leutkirch am Montag, den 28. Oktober 1946 in Leutkirch. Leutkirch 1946, 8.
20 Zitiert nach *Günter Maschke*: Endzeit, Zeitenende. Zum Spätwerk von Juan Donoso Cortés. In: *Juan Donoso Cortés*: Essay über den Katholizismus, den Liberalismus und den Sozialismus und andere Schriften aus den Jahren 1851 bis 1853. Hg. Günter Maschke. Weinheim 1989, XIII-LI, hier XXXI. Für den Hinweis auf Donoso danke ich Alexander Thumfart.
21 *Maschke* 1989 (wie Anm. 20), XVI, XIX, XXI.
22 *Hans Peter Müller*: Landwirtschaftliche Interessenvertretung und völkisch-antisemitische Ideologie. Der Bund der Landwirte/Bauernbund in Württemberg 1893 – 1918. In: Zeitschrift für Württembergische Landesgeschichte 53 (1994), 263-300, 270 (Zitat), 272.
23 Vgl. hierzu *Andreas Dornheim*: Der lange Weg in die Moderne. Agrarische Politik und ländliche Gesellschaft in Deutschland 1918 – 1960. Unv. Habil. Pädagogische Hochschule Erfurt 2000, 336-346.
24 Vgl. hierzu *Dornheim* 1993 (wie Anm. 2), 415-445, 521-526 und den Beitrag Thierer in diesem Band.
25 *Dornheim* 1993 (wie Anm. 2), 349-368.
26 *Jürgen Klöckler*: Abendland – Alpenland – Alemannien. Frankreich und die Neugliederungsdiskussion in Südwestdeutschland 1945/47. München 1998, zit. nach Diss. Konstanz 1995, 136.

‚Berufsbilder' des Adels in Oberschwaben im 19. Jahrhundert zwischen Standesinteressen und ausdifferenziertem Wirtschaftssystem

Friedrich Bratvogel

Nach dem Reichsdeputationshauptschluss entstand für den Adel in Oberschwaben insofern eine kritische Situation, als er seine Souveränitätsrechte weitgehend einbüßte und in die Königreiche Bayern bzw. Württemberg inkorporiert wurde, obwohl sich zumindest die Reichsfürsten den neuen Königen ebenbürtig fühlten[1]. Die staatsrechtlichen Auswirkungen, die aus den Reichsfürsten Standesherren machten, den Kirchenbesitz als Entschädigung an die Adeligen mit linksrheinischem Territorialbesitz veräußerten, und den Standesherren und dem ritterschaftlichen Adel politische Mitsprache in der Ersten bzw. Zweiten Kammer erlaubten, sind hinlänglich bekannt und viel erörtert worden[2]. Eine andere Frage ist es, inwieweit sich dieser Adel in die staatsbürgerliche Gesellschaft Württembergs integrieren ließ.

Der oberschwäbische Adel, hier begrenzt auf den Donau-Kreis, war katholisch und intern sehr vielschichtig nach Alter, Herkunft und Ansehen differenziert[3]. Das schuf Probleme im Blick auf das evangelische Württemberg, aber auch auf die interne Konsistenz als soziale Gruppe, auf das Verhältnis zu den lokalen Autoritäten (Oberämter), zur ländlichen – vormals vielfach leibeigenen und nun ‚befreiten' – Bevölkerung und auf die familiären Traditionen. Zumal sich dieser Strukturwandel in einer Zeit der beginnenden Industrialisierung (man denke insbesondere an den Zollverein, das Verkehrswesen und nicht zuletzt auch an die Wirtschaftsbeziehungen zur Schweiz)[4], allmählicher Verstädterung und Professionalisierung vollzog, ist zu fragen, wie sich der Adel diesen Veränderungen gegenüber verhalten hat.

Weil die zahlreichen adligen Privatarchive wegen der bisher vorherrschenden Befassung mit den politischen Aspekten[5] bislang noch nicht ausgewertet werden konnten, ist die Quellenbasis für diesen Beitrag noch gering. Es bedarf künftiger intensiver Studien, um im einzelnen aussagekräftige Darstellungen zu ermöglichen. Manches muss daher vorerst als Frage und als Programm formuliert werden, bevor wirklich gesicherte Erkenntnisse mitgeteilt werden können.

ADEL IN DER BÜRGERLICHEN GESELLSCHAFT

Berufstätigkeit als Erwerbsarbeit ist dem vormodernen Herrschaftsstand wesensfremd[6], da sich seine Funktion – Herrschaft über Land und Leute – von erblichen Privilegien herleitet. Verbrieftes Recht sichert die Existenz ab. Sie wird durch familiäre Traditionen – hier vor allem die Primogenitur – erhalten. Heirat, Kauf und Tausch, Erbe und Teilung pflanzen die am Bodenbesitz und seinen Einkünften haftende materielle Grundlage fort[7]. Die Verantwortung des Seniors für die Erhaltung des Vermögens ist wesentlicher Bestandteil des adligen Selbstverständnisses; darin ist die Familie geborgen, daran entzünden sich auch Konflikte, daran ist das Führungsverhalten des Familienoberhaupts zu messen. Hausordnungen, geschriebene und ungeschriebene Gesetze,

Familientreffen sind die Regulative, mit denen sich die Sippe nach außen und nach innen darstellt[8]; in dieser Weise familial begründete Verbindlichkeiten waren Vertretern eines bürgerlich-staatsbezogenen Normverständnisses suspekt. Dabei wechseln kluge Heiratspolitik, ökonomisches Geschick, geistige Kompetenz, politische und religiöse Überzeugung und Verantwortungsbewusstsein durchaus mit dem berühmten Quentchen Glück und der Gunst oder Ungunst der Verhältnisse. Immer aber sind Familientradition und Bodenständigkeit mit den erworbenen Rechtstiteln verbunden, mit Verdiensten und guten Beziehungen innerhalb des Standes[9]. Die Frage, welchen Beruf der Adelige hat, stellt sich somit erst einmal nicht. Der Adel rechtfertigt sich, gesellschaftlich betrachtet, aus sich selbst und reproduziert sich selbst, um die an sterbliche Individuen gebundene Herrschaft zu erhalten und sich verändernden Bedingungen anzupassen.

So ist es verständlich, dass der Entzug von Herrschaftsrechten den regierenden Adel in eine fundamentale Krise gestürzt hat. Privatrechtlich gesehen zwang der Entzug von Einkünften aus Liegenschaften, land- und forstwirtschaftlicher Nutzfläche, Arbeitskraft und Sonderrechten dazu, den verbleibenden Betrieb unternehmerisch zu führen, d.h. marktorientiert zu denken und zu handeln.

Diesem Ziel widerspricht idealtypisch der familiäre Versorgungsgedanke, der sich nach den vorhandenen Personen und nicht nach dem betriebswirtschaftlichen Gewinn des Gutes ausrichtet. Hinzu kommt der durch staatliche Rechtsvorschriften (Forstrecht, Nutzungsordnungen, Veterinäraufsicht, Zölle, Wegerecht und vieles andere mehr) erzwungene Anpassungsdruck an die nationale und nach 1871 sogar reichsdeutsche Normierung[10]. In diesem Kontext steht auch die Professionalisierung des Landwirts als Beruf. Viel schwerer aber ist die Unterwerfung unter ein staatliches Ausbildungs-, Prüfungs- und Berechtigungssystem zu akzeptieren, wenn man sich auf lange Traditionen und Erfahrungen berufen konnte[11]. Nicht jeder Adelige kann sich die staatlich geprüften Gutsverwalter leisten, oft reichen auch die Einnahmen aus einer möglichen Verpachtung nicht aus, um die adlige Familie zu ernähren, so dass der Weg in eine Berufsrolle letztlich unvermeidlich wurde.

Nun bleibt noch, zumal wenn die Familie groß genug ist, die Aufteilung der umfassenden Herrschafts- und Wirtschaftsfunktionen auf mehrere Personen der Familie. Eine solche Arbeitsteilung ist dem Adel, besonders in Gegenden der Primogenitur, im Prinzip nicht fremd und wurde auch schon im 18. Jahrhundert und früher so gehandhabt. Jetzt muss sie aber in ein anderes Gesellschaftssystem integriert werden. Der Adelige kann weiter Politiker, Offizier, Jurist oder Ökonom sein, aber er ist es nicht vermittels seiner adligen Herkunft, sondern wegen seiner fachlichen Qualifikation[12]. Wer sich darauf einlässt, verliert nach außen hin nicht das Ansehen als Adeliger, er kann es wegen der vollbrachten Anpassungsleistung vielleicht sogar noch stärken, zumindest dort, wo er bekannt ist. Verlässt er aber Dorf und Schloß, dann reichen Name und Titel allein nicht mehr aus, wie die wachsende Zahl verschämter Armut im Adel bewiesen hat[13]. In jedem Fall ist eine Umschichtung der inhaltlichen Schwerpunkte des gesellschaftlichen Ranges erforderlich. Ansehen und Einfluss als Adeliger wird personaler. Das Leistungsprinzip hält Einzug. Insofern kann der Adelige als Teil der traditionellen Elite nur verlieren oder, wenn er sich individuell durch Leistung bewährt, behaupten.

Adel, so könnte man danach vermuten, verdünnt sich beim Übergang in die Berufsrolle zu einem bloßen Verhaltensstil, zu Gesinnung, Titel oder äußerlichem Gepräge[14]. Es bleibt vorerst zu prüfen, ob sich ein adliger Student, ein Landwirt, ein Rechtsanwalt anders verhält als sein bürgerlicher Kollege. Daneben gilt aber auch, dass der gesellschaftliche Rang nicht nur von ‚objektiven' Faktoren bestimmt wird, sondern dass Selbst- und Fremdeinschätzung einen wesentlichen Anteil am Bewusstsein haben. Die soziale Kompetenz bemißt sich danach, wie es gelingt, Beziehungen zu Angehörigen anderer gesellschaftlicher Gruppen aufzubauen, bei ihnen das Interesse und die Akzeptanz eines Vorrangs zu erhalten[15]. Dieser Vorrang ist nun nicht mehr in den Zement eines Macht- und Sanktionsapparates gegossen, gleichwohl sind Werte, Religiosität, Familientradition, öffentliches Engagement, karitative Tätigkeiten durchaus weiterhin verfügbare Instrumente für eine ehemalige Herrschaftselite, die sich über Berufsbilder wie den Landwirt, den Anwalt, den Abgeordneten ohne weiteres transportieren lassen. Und auch in der Erwartung, die nichtadlige Staatsbürger dem Adel entgegenbringen, wird der Rang definiert[16]. Dabei spielt es eine beachtliche Rolle, ob diese Wertschätzung wegen eines gut ausgeübten, aber veränderbaren Berufes oder wegen der Identifikation mit dem Charisma des überlieferten Adels, als Honoratioren, erfolgt.

Schließlich bleibt zu fragen, wie sich Berufsausübung auf die innere Konsistenz des Adels auswirkt. Da Welten zwischen einem standesherrlichen Fürsten alter Provenienz und einem aufgrund der Rangordnung im Staat nobilitierten Bürger liegen, ist es wahrscheinlich, dass die denkbare Nivellierung zwischen den Adelsgruppen nicht spurlos am Zusammenhalt des alten Standes vorübergegangen ist[17]. Einerseits entzog die rationale Auffassung von einem erlernten und leistungsorientiert ausgeübten Beruf den traditionellen Beschäftigungen viel Zeit, was nicht ohne Auswirkungen auf die Familie bleiben konnte. Nimmt aber der Fürsorge- und Subsistenzgedanke ab, muss diese Entwicklung zu einer Individualisierung der adligen Familie führen, auf die sie, besonders hinsichtlich der Frauen, denen fast alle beruflichen Chancen im 19. Jahrhundert noch verschlossen blieben, nicht ohne weiteres vorbereitet war. Andererseits gerät das Gefüge zwischen aufstrebenden nobilitierten Bürgern oder selbst kleinen landsässigen Adeligen und der adligen Oberschicht ins Wanken, weil Berufe immer gesellschaftliche Mobilität zur Folge haben. Es ist schwer vorstellbar, dass diese Mobilisierung ohne Gegenwehr hingenommen wurde.

Berufsbilder sind demnach ein geeignetes Kriterium, um den Wandel des Adels als sozialer Gruppe in der durch Arbeit und Markt definierten bürgerlichen Gesellschaft zu analysieren und zu verstehen. Oberschwaben bietet dazu ein geeignetes Arbeitsgebiet: Hier gab es reichsunmittelbaren neben landsässigem Adel, durch Entschädigung neu zu Grundbesitzern gemachte Adelige neben geadelten Stadtpatriziern in mediatisierter Stellung, einen katholischen Adel in einem evangelisch bestimmten Territorialstaat. Mit dem Berufsverhalten kann man ein Stück weit ermessen, wie sich diese Familien auf die fundamentale Veränderung der politischen und sozialen Rahmenbedingungen eingelassen haben, die so ähnlich ja auch in anderen Regionen des alten Reiches stattgefunden haben.

WIRTSCHAFTLICHE VERHÄLTNISSE

Ein Standesherr übt im genannten Sinne keinen Beruf aus; jemand, der aufgrund seines ererbten Status' und Vermögens in der Ersten Kammer des württembergischen Landtags vertreten ist, ist auch nach der Mediatisierung nicht gezwungen, einer Erwerbsarbeit nachzugehen. Die Vermögensverhältnisse erlauben ein sicheres Einkommen aus seinen Gütern und – soweit noch möglich – aus diversen Abgaben[18]. Der Senior des Fürstenhauses regierte sein Land auch nach 1803/06 ökonomisch und gesellschaftlich, ging zur Jagd, kontrollierte sein Personal, er übte das Patronatsrecht oft weiterhin über Pfarreien und Schulen aus, vor allem repräsentierte er seine fürstliche Familie. Daneben traten die Sitzungen der Ständekammer, auch die Sessionen der Ausschüsse beider Häuser. Vielfach galt es – oft im auch weit entfernten Ausland – Ehrenämter in den Kommenden der Malteser oder Ordensritter wahrzunehmen, auch die Besitzungen in anderen Landesteilen bis nach Böhmen und Ungarn waren zu lenken[19]. Die Erhaltung der Schlösser, Höfe, Mühlen, Wege und Wälder verlangte viel Zeit und Aufwendungen. Ein großer Anteil der Arbeitskraft entfiel schließlich auf die Steuerung der eigenen Familie, wenn Hochzeiten vorzubereiten, Erbverträge zu schließen, Apanagen zu verteilen und Testamente zu erfüllen waren.

Der souveraine Herr.

Das souveraine Volk.

Das veränderte Verhalten des Volkes gegenüber dem Adel während der Revolution 1848/49. Lithographie von Joseph Bayer, 1848.

Aus bürgerlicher Sicht fehlt dem Adel damit ein wichtiges Kriterium: Erfolg und Leistung können nicht unmittelbar durch Geld abgebildet werden[21]. Der Reichtum des Adeligen liegt in den Immobilien, sein wirtschaftliches Verhalten ist subsistenzorientiert, durch Repräsentation zeigt er seinen privilegierten Zustand. Nun aber kostet selbst die Transformation ehemaliger Patrimonialrechte in privatrechtliche Positionen Geld, die Aufhebung der Leibeigenschaft entzieht, obschon die Frondienste formell im 19. Jahrhundert keine Rolle mehr spielten, nicht selten weiterhin zur Verfügung gestellte Arbeitskraft, zudem sind Schulden der Preis für den Erhalt einer gesellschaftlichen Sonderstellung[22]. Daher musste das bisherige Verhalten geändert werden. Andernfalls wogen die Enttäuschungen schwer, wie es sich oftmals in der Revolution von 1848 zeigte: auch reformwillige Adelige mussten erleben, dass das Volk selbst gut gemeinte Zugeständnisse nicht mehr nur dankbar und ehrerbietig entgegennahm.

Nicht alle Adeligen trifft das gleiche Schicksal. Die Übersicht Seite 142 macht klar, dass die Gruppe der Standesherren, die überwiegend in Oberschwaben begütert waren, klein und konstant blieb, während in Württemberg insgesamt durch Heimfall, durch Erlöschen von Stammlinien, durch Verkauf von Teilbesitz die Anzahl adliger Besitzer rückläufig war[23]. Anders gesagt, die Besitzkonzentration alter reichsunmittelbarer Fürsten in der Nähe des welfischen und staufischen Königtums wurde hierdurch noch nach sieben Jahrhunderten bestätigt und mittels der Primogenitur-Erbregelung konstant – besonders nachdem in den 1820er Jahren die Besitzverhältnisse konsolidiert hatten[24]. In Württemberg im ganzen war die Anzahl der Fürsten, Grafen, Freiherren und der sogenannten Personalisten, denen der nichterbliche Adelsstand persönlich bzw. amtshalber verliehen war, rückläufig[25].

Beziehungen zu anderen Häusern mussten gepflegt werden, Reisen, Feste und Besuche waren zu organisieren. Die Teilnahme an Veranstaltungen der großen Adelshäuser in Europa, besonders aber am königlichen Hof in Stuttgart, war Pflicht. So richtete sich das ökonomische Verhalten vorwiegend auf Besitz und Familie, das politische Verhalten auf Repräsentation und Wahrnehmung der verbliebenen Rechte[20].

Otto Graf von Quadt-Wykradt-Isny (1783 – 1849).

Der ritterschaftliche Adel wurde zwar nicht mehr in Kantonen zusammengefasst, durchaus aber noch in verbandspolitischen Gruppen, etwa in Angelegenheiten der Wahlen für die Zweite Kammer des Landtags. Hinsichtlich der sozialen Schichten gab es häufigere Übergänge zwischen landsässigem und nobilitierten Bürgern, mehr Besitzveränderungen durch Kauf, Heirat, Teilung oder Erbverlust, was insgesamt zu einer Abnahme dieser Gruppe führte und zwar wiederum mehr in Altwürttemberg als in Oberschwaben. Oberschwaben erwies sich auch hier als sehr konstant, die Anzahl nobilitierter Patrizier, besonders aus Ulm, ließ den ritterschaftlichen Adel sogar noch etwas größer werden[26].

Im 19. Jahrhundert lebte der standesherrliche Adel fortgesetzt von den Einkünften der Güter und besonders der Wälder. Industrielle Tätigkeit stand nicht im Vordergrund. Wohl gehörten zu den einzelnen Besitzungen Brauereien, Brennereien oder Pferdezuchtbetriebe, aber die industriellen Engagements außerhalb des Eigenbesitzes blieben begrenzt. Fürst Konstantin von Waldburg zu Zeil und Trauchburg, der wegen seiner Äußerungen gegen den württembergischen König 1850 zu Festungshaft verurteilt wurde, bekannte in seinen als Rechtfertigung gedachten „Grundsätzen", dass er nicht wie einige seiner Standeskollegen der Versuchung erlegen sei, sich durch Spekulationen in vorzugsweise britischen Eisenbahnaktien oder den Verkauf von Immobilien zu entschulden, sondern dass er bewusst die regionale Eisenbahn durch Aktienkauf unterstützt habe, um die heimische Wirtschaft anzukurbeln[27]. Sicher half es ihm auch selbst, für die Abfuhr von Holz einen Bahnanschluss zu erhalten, aber entscheidend ist in diesem Zusammenhang, dass er die Zeichen der Zeit verstanden hatte und sich nicht mehr ausschließlich auf die traditionelle Forstwirtschaft beschränkte. Otto Graf von Quadt-Wykradt-Isny förderte die Eisenbahn unter der Bedingung, dass die Linie durch seine Herrschaft geführt wurde[28]. Solche Aktivitäten belegen, dass Adelige durchaus verstanden haben, wie sie sich in eine bürgerliche, industrialisierte Marktwirtschaft einbringen mussten, wenn sie dauerhaft Erfolg haben wollten. Zwar war der Adel nicht generell dazu bereit oder in der Lage so zu handeln, doch bezeugt das Umdenken schon, dass Mitte des 19. Jahrhunderts im

Anzahl adliger Familien in Württemberg, besonders im Donau-Kreis im 19. Jahrhundert[29] (Os = davon Oberschwaben)

Jahr	1815	Os	1835	Os	1854	Os	1873	Os	1892	Os	1913	Os
A Standesherren												
davon Fürsten	25	10	18	6	17	6	15	6	15	6	14	6
davon Grafen	23	13	12	7	11	7	6	4	5	3	6	2
davon Personalisten			6	3	3	3	5	3	6	4	3	3
B Ritterschaftlicher Adel												
davon Grafen	15	3	15	3	15	4	17	1	15	3	15	2
davon Freiherren	83	18	82	20	82	22	71	24	61	19	47	17
davon Personalisten	15	3	13	9	10	8	10	8	11	10	13	9

Adel selbst der Wandel zu einer Berufsrolle als Unternehmer stattgefunden hatte.

Die Forstwirtschaft war der Haupterwerbszweig der adligen Herrschaften. Auch dieser Zweig musste marktwirtschaftlich betrieben werden, da die aufwendigen Kosten für den Erhalt der Gebäude, für Geräte, Personal und Konsum anders nicht gesichert waren[30]. Daher bedurfte es entweder eines befähigten und verläßlichen Vorstehers der fürstlichen Betriebe und/oder der fachlichen Qualifikation des Adeligen selbst. Studien an der Akademie in Hohenheim oder anderen Fachschulen wurden erforderlich, dazu betriebswirtschaftliche Kenntnisse und die Präsentation an Messen, Märkten und Wettbewerben. Eine wachsende Zahl von Adeligen nahm solche Studien auf sich, nicht unbedingt bis zum Examen, aber doch soweit, dass sie die Zusammenhänge verstehen und zusammen mit den Verwaltern gestalten konnten[31].

Indes waren die Besitzverhältnisse sehr verschieden. Die meisten Einkünfte konnte man aus Forstwirtschaft und der Jagdverpachtung ziehen, aber auch Pferdezucht, Viehhaltung, Nebengewerbe wie Brauereien, Brennereien, Mühlen, Stein- und Tonbetriebe brachten gute Erträge. Tabelle Seite 143 gibt einen Hinweis auf die Nutzflächen und zugeordnete Einwohnerzahl, die den Adeligen zur Verfügung standen.

Obwohl die Angaben nicht immer einheitlich und vollständig waren, lässt sich belegen, dass der oberschwäbische Adel einen teilweise erheblichen Anteil am Agrarbesitz hatte. Durchschnittswerte besagen dabei sehr wenig, denn Familien wie die Thurn und Taxis, Fürstenberg, Waldburg-Wolfegg-Waldsee oder Waldburg-Zeil-Trauchburg hielten auf mehrere Oberämter verteilt – allein – so viel Grundbesitz in Händen, wie die gesamte Ritterschaft in den Ämtern der Alb nicht aufbringen konnte; dabei sind Besitzungen in Bayern, Böhmen, Ungarn, Ostpreußen oder Schlesien noch gar nicht mitgerechnet[32].

Der oberschwäbische Adel trennte sich im wesentlichen nicht von seiner traditionellen Einkommensquelle, wenn Liegenschaften und forstwirtschaftliche Nutzung um 1900 auch intensiver als 1803 für die Sicherung des Familienbesitzes kapitalisiert wurden. Nachgeborene Söhne waren wegen der Primogenitur dann vielfach in Beamtenpositionen zu finden: im Offizierskorps der württembergischen, bayerischen und österreichisch-ungarischen Armeen, als Regierungsräte und im diplomatischen Korps. Akademische Laufbahnen, kirchlich-theologische Berufe, gewerblich-industrielle Berufe und der Handel mit Ausnahme der Banken kamen auch für den ritterschaftlichen Adel nur ausnahmsweise in Frage[33].

Wenn sich die Wirtschaft als Teilsystem der Gesellschaft im 19. Jahrhundert ausdifferenziert, dann

Besitz adliger Familien im Donaukreis[34]

Oberamtsbe-schreibung	Jahr	Standesherrlicher Besitz			Ritterschaftlicher Besitz		
		Anzahl	Gebiet in ha	Bevölkerungs-zahl	Anzahl	Gebiet in ha	Bevölkerungs-zahl
OA Biberach	1837	5	12410,00	5442	6	>5832,72	>3266
OA Blaubeuren	1830	keine			4	895,55	2843
OA Ehingen	1826	1	7285,01	4112	12	16092,09	8618
OA Geislingen	1842	keine			2	713,71	6519
OA Laupheim	1856	3	?	?	4 (ohne Balzheim) ?	?	
OA Leutkirch	1843	3	19679,59	8524	2	12280,28	4751
OA Münsingen	1825	2	?	?	10	?	?
OA Ravensburg	1836	3	2297,48	>1163	3	unvollständig	?
OA Riedlingen	1827	2	21380,41	13000	5	3373,10	1162
OA Tettnang	1838	keine			1	3,93	?
OA Ulm	1836	keine			6	?	?
OA Waldsee	1834	3	40261,03	14422	keine		
OA Wangen	1841	5	26461,54	13194	1	1376,75	646
Oberschwaben		**27**	**>108685,95**	**>59857**	**56**	**>34735,40**	**>27805**

fügt sich der oberschwäbische Adel in diese Funktionalität über den Beruf deutlich ein. Er macht nichts anderes als vorher, aber er macht es anders. Die Berufsstatistik Württembergs weist Adelige als eigene Gruppe gar nicht mehr aus. Die Personen, die nur von ihrem Vermögen leben, verschwinden ganz aus dem Blick, und in die Erwerbsklassen fügen sich Adelige wie Staatsbürger ein[35].

Anteil Adeliger im Staatsdienst in Österreich, 1804/1866 und 1918

	1804	1918
Diplomaten	68%	56%
Staatsverwaltung	91%	57%
Offizierskorps	92%	25%
Abgeordnete	23% (1866)	6%

BERUFSENTWICKLUNG

Im 19. Jahrhundert verändern sich die Berufsbilder für Adelige insgesamt. Ihr Anteil an den hohen Staatsämtern außerhalb der Gutsverwaltung ist in Österreich rückläufig gewesen. Nach einer Übersicht, die Stekl zusammengestellt hat[36], sanken die Raten von 1804 bis 1918 in den verschiedenen Ämtergruppen stark ab.

Dieser Rückgang spiegelt die Zunahme bürgerlicher Würdenträger wider, denn in absoluten Zahlen bekleidete der Adel auch im Deutschen Reich die wirklich führenden Posten in Staat und Militär im wesentlichen fast ausschließlich.

Beim oberschwäbischen Adel ist ein Wandel der Berufsbilder nicht unmittelbar nachzuweisen. Die Familien vererbten ihren Besitz an die erstgeborenen Söhne, die Töchter und anderen Söhne standen in engem Austausch mit dem europäi-

Edwin Freiherr von Hornstein (1848 – 1929), Großherzoglich-badischer Kammerherr, Königlich preußischer Oberstleutnant a. D., 1886 – 1896 im 1. Garde-Regiment zu Fuß, Potsdam.

schen, besonders österreichischen Adel, so dass sie zeitweise oder dauerhaft in anderen Ländern wohnten und arbeiteten[37].

Ein wichtiges Betätigungsfeld war und blieb das Militär. Offiziersämter wurden in Bayern, Württemberg, Österreich-Ungarn oder Preußen ausgeübt. Damit nahm die Distanz zu den neuen Territorialherren ab, wenngleich der Dienst in der kaiserlich-österreichischen Armee an Prestige ganz oben stand[38]. So wirkte Alfred Fürst von Windischgrätz (1787 – 1876), der Herr von Eglofs im Oberamt Wangen, als österreichischer Generalfeldmarschall-Leutnant. Seine nachgeborenen Söhne schlugen ebenfalls die militärische Karriere ein, August wurde kaiserlicher und königlicher Kämmerer, Oberst und I. Stallmeister des Kaisers, Ludwig Generalmajor und Joseph Oberst[39]. Franz Josef Fürst von Dietrichstein wurde 1815 als kaiserlich österreichischer Generalmajor genannt. Generalmajor und Kämmerer am Hof in Wien war Ludwig Bernhard von Waldburg-Zeil-Trauchburg. Die Windischgrätz und Dietrichstein sind in typologischer Hinsicht dem erbländischen Hofadel der Habsburger zuzurechnen – auch sie sind aufgrund ihres Besitzes aber zeitweise dem ‚oberschwäbischen' Adel zuzurechnen. Der ritterschaftliche Adel blieb dagegen meist in württembergischen und bayerischen Diensten, wie der Ulmer Patrizier Albrecht Freiherr Besserer von Oberthalfingen (1786 – 1839), der bayerischer Kämmerer, Generalmajor und Generaladjutant des Königs war und dessen Sohn Maximilian bayerischer Kammerherr und Oberst wurde[40]. Angehörige der Familie des Grafen von Normann-Ehrenfels (Oberamt Münsingen) besetzten militärische Ämter in Württemberg (Generalmajor, Rittmeister, Oberst, Major), Graf Reuttner von Weyl, aus einer ursprünglich Basler Familie mit Besitz im Oberamt Laupheim, hatte Söhne im Majorsrang der königlich württembergischen Armee[41].

Im Hofdienst wurden Ämter und Ehrenämter geschaffen, die auch vom oberschwäbischen Adel in Anspruch genommen wurden. Das Amt des Reichs-Oberhofmeisters des Königreichs Württemberg wurde 1803 von König Friedrich eigens für das Fürstliche Haus Waldburg erblich geschaffen[42], das seit dem 12. Jahrhundert die Reichstruchsessenwürde inne gehabt hatte und damit nun nicht gleichwertig, aber sinngemäß abgefunden werden sollte. Kammerherren in Württemberg und Bayern waren Fürsten und Ritter, so in den Fa-

Friedrich Bratvogel

milien von Königsegg-Aulendorf, von Quadt-Isny, von Törring-Gutenzell, Freiherr von Bömelburg, Freiherr von Speth-Untermarchtal, Freiherr von Welden-Großlaupheim und andere. Kammerherr zu sein bedeutete zwar neben dem privilegierten Zugang zum Hof oft nur, einen Titel zu haben, einige arbeiteten aber wirklich im Hofdienst.

Die Staatsämter hat Württemberg durch die Landesverfassung noch vermehrt, damit die neuen Gebiete dem Königreich inkorporiert werden konnten. Das Dienerhandbuch kennt 1816 schon 10 565 Staatsdiener, soviel wie im erheblich größeren Bayern[43]. Adelige fanden *neben* Bürgern, in den höchsten Ämtern aber *vor* den Bürgern ihre Posten. Dahinter steckte der Versuch, die entmachtete katholische Reichselite an das Königshaus zu binden. Ähnlich lag es bei der ständischen Vertretung, wenngleich diese kein Staatsamt im engeren Sinne war. So war Fürst Wilhelm Franz von Waldburg-Zeil-Trauchburg beispielsweise Präsident der Kammer der Standesherren in Württemberg[44].

In anderen Herrschaften fanden weitere Adelige ihre Funktion. August Friedrich Graf von Waldburg-Wolfegg-Waldsee war Geheimer Kämmerer des Papstes und Stadtpfarrer in Friedrichshafen[45]. Franz Xaver II. Graf von Königsegg-Aulendorf (1787 – 1863) war kaiserlicher und königlicher österreichischer Kämmerer, Magnat des Königreichs Ungarn und württembergischer Standesherr. Mitglieder dieser Familie besaßen hohe Staats- und Kirchenämter[46]. Wilhelm Otto Graf von Quadt-Wykradt zu Isny (1783 – 1849), vor 1848 der Herr der Stadt und Herrschaft Isny, der Herrschaft Leonen und Wolfem im Königreich der Niederlande, war zugleich Erbdroste und Erbhofmeister des Fürstentums Geldern und der Grafschaft Zuitphen[47]. Victor Karl Graf von Leutrum-Ertringen (1782 – 1842) machte sich einen Namen als württembergischer Oberkammerherr und Intendant des königlichen Hoftheaters, seine Brüder waren Offiziere in Preußen und Sardinien[48].

So wird sichtbar, dass die bedeutenden Ämter in Staat, Militär und bei Hofe während des gesamten 19. Jahrhunderts von Adeligen besetzt wurden, und dass mehr staatliche als kirchliche Ämter nachgefragt wurden und solche, bei denen der Name der Familie noch mehr bedeutete als eine qualifizierte Ausbildung. Gesellschaftlich konnte der Adel damit und durch den Grundbesitz seinen Rang verteidigen, auch wenn politische Herrschaftsrechte beschnitten worden waren. Für die adligen Frauen gab es im 19. Jahrhundert noch keinen Beruf, sie heirateten oder verbrachten als Unverheiratete ihre Zeit in einem adligen Damenstift; nach Schliessung des Stiftes Buchau im Zuge der Säkularisation indes außerhalb Oberschwabens[49].

AUSBILDUNG

Die Ausbildung des oberschwäbischen Adels zur künftigen Berufsrolle begann früh. Die Kinder wurden zu Hause erzogen und unterrichtet, wobei sich die Fürsten prominente Hauslehrer leisten konnten, während im ritterschaftlichen Adel Pfarrer und Lehrer diese Aufgabe übernahmen[50]. Natürlich hatten auch die Mütter und älteren Geschwister ein Wort mitzureden. Auf der Waldburg gefiel es den Kindern, Theater zu spielen, etwa Ritterstücke und Legenden[51]. Im Bildungsplan war vorgesehen, dass neben dem Elementarunterricht eine religiöse Grundbildung und dann das angemessene Benehmen zu erlernen waren[52]. Die erbenden Söhne mussten sodann auf die Wirtschaftsführung vorbereitet werden und dabei historisch-rechtliche, ökonomische und landwirtschaftliche Kenntnisse erwerben[53]. Neben diesem in alter Tradition gepflegten Hauptzweig lag die militärische Ausbildung bei den Regimentern[54]. Schließlich wurde, besonders im Hochadel, eine Rundreise zu befreundeten Höfen, die frühere Kavalierstour, absolviert, bei der man Erfahrungen sammeln, Beziehungen knüpfen, Heiratspartner finden und seine Kenntnisse erweitern konnte[55]. Dieses Muster wurde im 19. Jahrhundert nur unwesentlich modifiziert. Andererseits gab es auch früher schon immer spezielle Bildungswege für diejenigen, die in kirchliche Ausbildung gegeben wurden, obwohl

Kinder der Familien Stolberg und Waldburg-Wolfegg stellen das lebende Bild dar: „Die Hl. Elisabeth von Thüringen verteilt Brot an die Armen", 1903.

dies nunmehr eindeutig die Minderheit bei den Adeligen war.

Für die Töchter standen ähnliche Abläufe bereit. Die Vorbereitung auf die Haushaltsführung geschah im Elternhaus, verstärkt durch Erzieherinnen, und setzte sich dann an anderen Höfen, im Stift oder im Kloster fort[56]. Die Verheiratung blieb die wesentliche Bestimmung der adligen Mädchen. In der Familie von Königsegg-Aulendorf blieben von zwölf eigenen und angeheirateten Töchtern drei unverheiratet, die neun anderen heirateten mit im Mittel 21,5 Jahren (18 bis 27 Jahre) ohne eine Veränderung des Durchschnittsalters in diesem Jahrhundert[57].

Bei den ritterschaftlichen Adeligen sind wenige Abweichungen vom bildungsbürgerlichen Lehrplan zu erkennen, zumal viele von ihnen bürgerlicher Herkunft waren und erst nach der bürgerlichen Qualifikationsphase geadelt wurden. Hier begann der Unterricht privat oder in öffentlichen Schulen und setzte sich dann über die Militärzeit und ein Fach- oder Hochschulstudium fort. Promovierte oder habilitierte Adelige aus Oberschwaben habe ich nicht gefunden: Es lag auch weniger im Interesse dieser Personen, durch übermäßige Fähigkeiten hervorzuragen, als vielmehr wegen ihres Namens und der geleisteten beruflichen Arbeit schrittweise und damit langsam die Karriereleiter aufzusteigen[58]. Die Erfahrungsbildung durch wachsende Verantwortung in den jeweiligen Dienstgraden war im diplomatischen Bereich und beim Militär geradezu Prinzip.

Die berufliche Qualifikation auf der Basis von Ausbildungs- und Prüfungsordnungen, die Auswahl der Besten nach dem Leistungsprinzip, Professionalisierung durch fachliche Spezialisierung und Differenzierung – diese typischen Merkmale der beruflichen Entwicklung im 19. Jahrhundert[59] haben für den Adel in

Friedrich Bratvogel

Elisabeth Fürstin zu Waldburg-Wolfegg (geb. Königsegg-Aulendorf) und Friedrich Fürst zu Waldburg-Wolfegg. Lithographien von Johann Baptist Dreselly, um 1850.

Oberschwaben nicht das gleiche Gewicht bekommen wie im Bürgertum. Der Persönlichkeitsfaktor, gute Beziehungen und eine weitgehend vorherbestimmte Laufbahn behielten ihre bestimmende Bedeutung. Der Statusvorteil blieb allerdings auch äußerst nützlich für die hohen Staatsämter, so dass eine wirkliche Konkurrenz um Stellen mit Bürgerlichen nicht zu befürchten war[60].

Als Beispiel für viele mag der Bildungsgang des Fürsten Karl Egon III. von Fürstenberg (1820 – 1892) dienen, dessen Familie auch in dieser Region beheimatet war, im jetzt badischen Teil Oberschwabens (Neufra, Trochtelfingen). Karl Egon, 1820 geboren und zum Stammerben auserkoren, wurde ab seinem sechsten Lebensjahr von einem Hofmeister, dem damals 29jährigen Genfer Fürstenerzieher Johann Ruegger, zusammen mit seinen Brüdern unterrichtet. „Die Ausbildung des Körpers, des Gemüts und des Geistes, Erziehung zur Vaterlandsliebe, Geschichtskunde und Selbständigkeit im Denken" nennt sein Biograph die Bildungsziele, die sein Vater Karl Egon II. bei Ruegger in Auftrag gab[61]. Dieser sollte moderne Fremdsprachen, Geschichte und Naturwissenschaften unterrichten, während für die religiöse Erziehung und die deutsche Geschichte der katholische Hofkaplan Leopold Adams engagiert wurde. In romantischer Gesinnung wurde eine etwas schwärmerische Hingabe an Religion und Geschichte vermittelt, der 12stündige Tagesplan hatte aber auch Platz für Spiel, Sport und Jagd und für standesgemäße Anwendung des Lernstoffs. Als 18jähriger Externer bestand Karl Egon sein Abitur bei den beiden Lehrern vor der Prüfungskommission aus Gymnasialdirektor, Stadtpfarrer und Hofrat[62]. Dann wurde er in Begleitung eines Mentors, des Hauptmanns Karl Freiherr

‚Berufsbilder' des Adels in Oberschwaben

Hofmeister John Ruegger (gest. 1868).
Lithographie von P. Wagner nach H. Frank, 1837.

zuletzt um die feine Gesellschaft einschließlich der Damen kennenzulernen. Gesteigert wurde diese Erfahrung anschließend bei Studien in Berlin, die 1844 mit der Verlobung mit Elisabeth Prinzessin von Reuß-Greitz (1824 – 1861) endeten. 1846 wurde er dann von seinem Vater in die Verwaltung des Familienbesitzes eingeführt[63]. Nach dessen Tod 1854 übernahm der nun zweifache Vater die Verwaltung der Güter zusammen mit Johann Nepomuk Prestinari, den er als Domänendirektor 1856 einsetzte und mit dem er bis zu dessen Tod 1892 zusammenarbeitete. Karl Egon hat die meisten Entscheidungen seinem Angestellten Prestinari überlassen, aber auf effiziente Verwaltung geachtet, und etwa die Domänenverwaltung gründlich reformiert.

ZUSAMMENFASSUNG

Adeliges Berufsleben hat sich im 19. Jahrhundert nur ansatzweise entwickelt. Die Standesinteressen an der Erhaltung von Besitz, Macht, Repräsentation, Familie und Beziehungen hielten den Abstand zu bürgerlichen Karrieren trotz aller Annäherung im 19. Jahrhundert durchaus stabil. Dieses nicht nur in Oberschwaben beobachtete Phänomen[64] ist durch die standesherrliche Vereinigung auch interessenpolitisch abgesichert worden. Die Anpassung an die sich wandelnden Verhältnisse wurde teils sehr geschickt und erfolgreich, insgesamt aber nicht aus innerem Reformeifer aufgegriffen. Wo der Adel zu Zugeständnissen bereit war, wurde es ihm allerdings auch nicht gedankt. Ein entscheidendes Gegengewicht gegen den Anpassungsdruck blieb die weit verzweigte personale Verbindung zwischen den Familien, auch über die Region hinaus und besonders in die Länder der Habsburgermonarchie. Dazu kamen die weiterhin attraktiven Positionen in Diplomatie und Militär, mit denen die früher stärker genutzten und durch die Säkulari-

Marschall von Bieberstein, zum Studium nach Heidelberg geschickt, war dem Unerfahrenen das Studentenleben mit seinen Burschenschaften und bürgerlichen Gepflogenheiten doch suspekt. Der Hofmeister bereitete ihm also auch hier gegen ein gutes Jahresgehalt die Bahn und regelte den Studienplan für Karl Egon nach dessen Bedürfnissen. So wurde er in den Jahren 1838 bis 1841 in Nationalökonomie, Jura, Geschichte, Mathematik und Physik ausgebildet, vor allem aber seine Persönlichkeit gefestigt. In seiner Wohnung gibt es jede Woche einmal einen Teeabend, nicht

sation verlorenen kirchlichen Pfründen ansatzweise ausgeglichen werden konnten. Nicht zuletzt prägte die katholische Grundhaltung des Adels sein Sonderbewusstsein in der württembergischen Gesellschaft; den Weg in eine Verbürgerlichung etwa durch wirtschaftliches Engagement in Industrie, Handel und Dienstleistungen ist der Adel nicht gegangen. Die überwiegend ländliche Bevölkerung hat diese gesellschaftliche Rolle des Adels akzeptiert und erwartet. Das soziale Prestige blieb trotz Revolution und staatlicher Reformpolitik in Oberschwaben erhalten. Hätte man die Fürsten und Grafen in Oberschwaben vor 1900 nach ihrem Beruf gefragt, sie hätten wahrscheinlich mit ihrer Berufung zum Erhalt der Lebensgrundlagen für Land und Leute geantwortet und sich nicht auf die Beamtenposition eines Oberamtsmannes oder die Berufsrolle eines Land- und Forstwirtes zurechtschneiden lassen. Allerdings wären die Antworten am Ende des 19. Jahrhunderts deutlich differenzierter als zu Beginn ausgefallen, denn die soziale Wirklichkeit adligen Lebens hat sich in dieser Zeit stark aufgefächert. Um das substanziierter zu belegen, sind weitere Detailstudien erforderlich.

Fürst Karl Egon III. (1820 – 1892) (links) und Domänenkanzleidirektor Johann Nepomuk Prestinari (1810 – 1892).

Anmerkungen:

1 Aus der Literatur exemplarisch *Alfred Dehlinger*: Württembergs Staatswesen in seiner geschichtlichen Entwicklung bis heute. 2 Bde. Stuttgart 1951/53; *Karl Friedrich Eisele*: Oberschwaben 1803. Gliederung am Ende des alten Reichs. Wangen 1966; *Stefan Ott* (Hg.): Oberschwaben. Gesicht einer Landschaft. Ravensburg 1971; *Walter Grube*: Vogteien, Ämter, Landkreise in Baden-Württemberg. Bd. 1. Stuttgart 1975; *Karl Otmar von Aretin*: Das Reich. Friedensordnung und europäisches Gleichgewicht 1648 – 1806. Stuttgart 1986; *Peter Blickle / Hartwig Brandt*: Parlamentarismus in Württemberg 1819 – 1870. Düsseldorf 1987; *Manfred Hettling*: Reform ohne Revolution. Göttingen 1990; *Klaus-Peter Schröder*: Das Alte Reich und seine Städte. Untergang und Neubeginn. München 1991; *Hansmartin Schwarzmeier* (Hg.): Handbuch der Baden-Württembergischen Geschichte. Bd. 3. Stuttgart 1992; *Peter Eitel / Elmar Kuhn* (Hg.): Oberschwaben. Geschichte und Kultur. Konstanz 1995; *Hans-Georg Wehling* (Hg.): Oberschwaben. Stuttgart 1995.

2 *Heinz Gollwitzer*: Die Standesherren. Stuttgart ²1964; *Heinz Reif*: Westfälischer Adel 1770 – 1860. Göttingen 1979; *Ders.*: Der Adel in der modernen Sozialgeschichte. In: *Wolfgang Schieder u.a.* (Hg.): Sozialgeschichte in Deutschland. Bd. 4. Göttingen 1987, 34-60; *Hans-Ulrich Wehler* (Hg.): Europäischer Adel 1750 – 1950. Göttingen 1990; *Andreas Dornheim*: Adel in der bürgerlich-industrialisierten Gesellschaft. Eine sozialwissenschaftlich-historische Fallstudie über die Familie Waldburg-Zeil. Frankfurt 1993, 121-230; *Friedrich Bratvogel*: Landadel und ländliches Bürgertum. Mecklenburg-Strelitz und Oberschwaben 1750 – 1850. In: Geschichte und Gesellschaft 25 (1999), 404-428.
Die Abgeordneten des Ritterstandes waren bis 1907 Mitglieder der Zweiten, von 1907 bis 1918 Mitglieder der Ersten Kammer.

3 *Otto von Alberti*: Württembergisches Adels- und Wappenbuch. 2 Bde. Stuttgart 1899 – 1916; *Friedrich Freiherr von Gaisberg-Schöckingen* (Hg.): Das Königshaus und der Adel von Württemberg. Pforzheim [1909 – 1913]; *Clemens Bauer*: Politischer Katholizismus in Württemberg bis zum Jahre 1848. Freiburg 1929; *August Hagen*: Geschichte der Diözese Rottenburg. 3 Bde. Stuttgart 1956 – 1960; *Peter Blickle*: Katholizismus, Aristokratie und Bürokratie im Württemberg des Vormärz. In: Historisches Jahrbuch 88 (1968), 369-406; *Walter-Siegfried Kircher*: Adel, Kirche und Politik in Württemberg 1830 – 1851. Tübingen 1973; *Werner Blessing*: Staatsintegration als soziale Integration. Zur Entstehung einer bayerischen Gesellschaft im frühen 19. Jahrhundert. In: Zeitschrift für Bayerische Landesgeschichte 1 (1978), 633-700; *Deutsches Adelsarchiv* (Hg.): Genealogische Handbücher des Adels. Limburg 1951ff.; *Dass.*: Adelslexikon. Limburg 1972ff.; *Peter Frank-Döfering* (Hg.): Adelslexikon des österreichischen Kaisertums 1804 – 1918. Wien 1989. Von den 14 Oberämtern des Donaukreises zählt man nur die zehn katholischen südlich der Donau, nicht die vier evangelischen auf der Alb zu Oberschwaben.

4 *Elmar Kuhn*: Industrialisierung in Oberschwaben und am Bodensee, 2 Bde. Friedrichshafen 1984; *Ders.*: Schiffahrt und Verkehr im württembergischen Bodenseegebiet im 19. Jahrhundert. In: Zeitschrift für Württembergische Landesgeschichte 49 (1990), 269-281; *Willi A. Boelcke*: Sozialgeschichte Baden-Württembergs 1800 – 1989. Stuttgart 1989; *Rolf Walter*: Die Kommerzialisierung von Landwirtschaft und Gewerbe in Württemberg 1750 – 1850. St. Katharinen 1990; *Dornheim* 1993 (wie Anm. 2); *Jürgen Plieninger*: Die Verkehrspolitik in Württemberg 1820 – 1870. Neuried 1996; *Vadim Oswalt*: Staat und ländliche Lebenswelt in Oberschwaben 1810 – 1871. Leinfelden 2000, 14f.

5 *Gerhard Oestreich*: Geist und Gestalt des frühmodernen Staates. Berlin 1969, 179-197; *Wolfgang von Hippel*: Die Bauernbefreiung im Königreich Württemberg. 2 Bde. Boppard 1977.

6 *Hannes Stekl*: Adel und Bürgertum in der Habsburgermonarchie, 18. bis 20. Jahrhundert. Wien 2004, 15, zeigt, dass in Österreich die Bereitschaft groß war, Mediatherrschaften zu verkaufen, weil damit dort keine Vorteile verbunden waren.

7 Vgl. *Stekl* 2004 (wie Anm. 6), 32, 88-90; *Ilona Buchsteiner*: Pommerscher Adel im Wandel des 19. Jahrhunderts. In: Geschichte und Gesellschaft 25 (1999), 343-374; *Reif* 1979 (wie Anm. 2).

8 Vgl. zum Begriff der Sippe *Dietmar Schwab*: Art. Familie. In: Geschichtliche Grundbegriffe. Bd. 2. Stuttgart 1975, 253-301; *Otto Brunner*: Adeliges Landleben und europäischer Geist. Salzburg 1949 mit der entsprechenden These vom Niedergang des Adels. Kritisch dazu: *Hannes Stekl*: Österreichs Aristokratie im Vormärz. Herrschaftsstil und Lebensformen der Fürstenhäuser Liechtenstein und Schwarzenberg. Wien-München 1973 und *Arno Mayer*: Adelsmacht und Bürgertum. Die Krise der europäischen Gesellschaft 1848 – 1914. München 1984.

9 Vgl. *Stekl* 2004 (wie Anm. 6), 26; *Rudolf Braun*: Konzeptionelle Bemerkungen zum Obenbleiben: Adel im 19. Jahrhundert. In: *Wehler* 1990 (wie Anm. 2), 87-95. *Hans-Ulrich Wehler*: Deutsche Gesellschaftsgeschichte 1849 – 1914. München 1995, 167-179.

10 Vgl. *Stekl* 2004 (wie Anm. 6), 31; *Monika Wienfort*: Monarchie in der bürgerlichen Gesellschaft. 1993.

11 Zur Professionalisierungsdebatte vgl. *Niklas Luhmann*: Die Gesellschaft der Gesellschaft. Frankfurt 1997, 189.

12 *Karl S. Bader*: Zur Lage und Haltung des Schwäbischen Adels am Ende des Alten Reichs. In: Zeitschrift für Württembergische Landesgeschichte (1941), 335-389; *Armgard von Reden-Dohna / Ralph Melville* (Hg.): Der Adel an der Schwelle des bürgerlichen Zeitalters 1780 – 1860. Wiesbaden 1988; *Johannes Rogalla von Bieberstein*: Adelsherrschaft und Adelskultur in Deutschland. Frankfurt ²1991; *Elisabeth Fehrenbach* (Hg.): Adel und Bürgertum in Deutschland 1770 – 1848. München 1994.

13 *Walter Demel*: Der bayerische Adel 1750 – 1871. In: *Wehler* 1990 (wie Anm. 2), 137.
14 Vgl. *Norbert Elias*: Die höfische Gesellschaft. Neuwied-Berlin 1969 und *Stekl* 2004 (wie Anm. 6).
15 Vgl. *Friedemann Schulz von Thun*: Miteinander reden. Allgemeine Psychologie der Kommunikation, 2 Bde. Reinbek 1998.
16 *Robert von Friedeburg*: Ländliche Gesellschaft und Obrigkeit. Gemeindeprotest und politische Mobilisierung im 18. und 19. Jahrhundert. Göttingen 1997; *Oswalt* 2000 (wie Anm. 4); *Otto Borst*: Württemberg und seine Herren. Esslingen 1988; *Peter Blickle* (Hg.): Landschaften und Landstände in Oberschwaben. Tübingen 2000.
17 Interne politische Unterschiede im Adel: *Stekl* 2004 (wie Anm. 6), 28-31.
18 Das gilt besonders für den grundbesitzenden Adel; vgl. *Buchsteiner* 1999 (wie Anm. 7).
19 Ein Beispiel ist die Familie von Fürstenberg in Donaueschingen, vgl. *Erwein H. Eltz*: Die Modernisierung einer Standesherrschaft. Karl Egon III. und das Haus Fürstenberg in den Jahren nach 1848/49. Sigmaringen 1980.
20 Vgl. *Elias* 1969 (wie Anm. 14); *Stekl* 1973 (wie Anm. 8); *Allgäuer Zeitungsverlag* (Hg.): Zeiler Aspekte. Zum 50. Geburtstag von Georg Fürst von Waldburg zu Zeil und Trauchburg. Kempten 1980; *Franz Ludwig Fürst zu Waldburg-Wolfegg*: Die Nachkommen meiner Urgroßeltern. Kisslegg 1985.
21 Darüber klagt *Konstantin Fürst von Waldburg zu Zeil und Trauchburg* in seiner Schrift: Meine Grundsätze. Schaffhausen 1850, 33ff. Vgl. *Dornheim* 1993 (wie Anm. 2), 149-159.
22 Quelle: Hof- und Staatshandbuch des Königreichs Württemberg, Stuttgart 1815ff. Es ist nicht einfach, die Gruppe exakt auszuzählen, weil es sich manchmal um einzelne Rechte oder Besitzanteile handelte, deretwegen ein Adeliger aufgeführt wurde; zum Teil waren es auch Teillinien, die als solche erbberechtigt waren oder mehrere Adelige bildeten ein Kondominium. Diese Situation änderte sich mit der Zeit, sodass nicht jede Konstellation im nächsten Zähljahr noch Bestand hatte. Die Zahlen berücksichtigen diese Situation, soweit erkennbar.
23 *Karl S. Bader*: Der deutsche Südwesten in seiner territorialstaatlichen Entwicklung. Sigmaringen 1978.
24 *Kuhn* 1984 (wie Anm. 4): danach verhinderten die Standesherren die Aufhebung des Fallehens (1848 waren noch ca. 40% der landwirtschaftlichen Nutzfläche Fallehen) und die Ablösung der Grundlasten bis 1848. Vorteil war die Verhinderung von Besitzsplitterung. Es fehlte auch an Krediten für die Ablösesummen. Industrie gab es wenig, am ehesten in der Gegend von Ulm, Biberach und Ravensburg.
25 Quelle wie Anm. 22. Vgl. auch *Boelcke* 1989 (wie Anm. 4); *Schwarzmeier* 1992 (wie Anm. 1).
26 *Waldburg zu Zeil und Trauchburg* 1850 (wie Anm. 21), 33ff.
27 *Sylvia Greiffenhagen*: Politische Kultur Isnys im Allgäu. Kehl 1988; *Dies.*: Isny im 19. und 20. Jahrhundert. Isny 2003.
28 *Grube* 1975 (wie Anm. 1); *Hippel* 1977 (wie Anm. 5).
29 Vgl. die in Anm. 3 genannten Adelshandbücher sowie die Oberamtsbeschreibungen.
30 *Eltz* 1980 (wie Anm. 19); *Fehrenbach* 1994 (wie Anm. 12); *Gunther Franz* (Hg.): Universität Hohenheim 1818 – 1968. Stuttgart 1968; *Schwarzmaier* 1992 (wie Anm. 1), 530-533.
31 Quelle: Oberamtsbeschreibungen Königreich Württemberg. Die Berechnungen sind aus den angegebenen Maßen ermittelt. Dabei gilt 0,315 Morgen = 1 Hektar; in der Klasse mit mehr als 200 Morgen (63 Hektar) waren 1857 in Oberschwaben 0,3% aller Betriebe zu finden, vgl. *Kuhn* 1984 (wie Anm. 4), Bd. 2, 510.
32 So bei Wilhelm Graf Schenk von Stauffenberg. Freundlicher Hinweis von Dr. Casimir Bumiller, der mich auf das Doktordiplom aufmerksam machte (Staatsarchiv Sigmaringen, Dep. 38 T 4 Nr. 128).
33 *Kuhn* 1984 (wie Anm. 4), Bd. 2, 543f.
34 Übersichten: Hof- und Staatshandbuch (wie Anm. 22), 1812ff.; *Gaisberg-Schöckingen* 1909 – 1913 (wie Anm. 3).
35 *Stekl* 2004 (wie Anm. 6).
36 Württembergisches Hof- und Staatshandbuch. Stuttgart 1815, 648-672.
37 *Gaisberg-Schöckingen* 1909-1913 (wie Anm. 3), 275, *Edmund von der Becke-Klüchtzner*: Der Adel des Königreichs Württemberg. Stuttgart 1879, 20.
38 *Stekl* 1973 (wie Anm. 8); vgl. auch: Württembergische Jahrbücher für Statistik und Landeskunde 1879, 40.
39 Vgl. Anm. 36 und Württembergische Jahrbücher für Statistik und Landeskunde (1833). Bd. 2, 261.
40 *Becke-Klüchtzner* 1879 (wie Anm. 37), 67. Beschreibung des Oberamts Laupheim. Stuttgart 1856, 150 und Württembergische Jahrbücher für Statistik und Landeskunde (1879). Bd. 1, 45-48. *Deutsches Adelsarchiv e.V.* (Hg.): Genealogisches Handbuch des Adels, Gräfliche Häuser. Bd. 8. Limburg 1976, 283.
41 Ebd.; *Dornheim* 1993 (wie Anm. 2), 128f. Anders: *Greiffenhagen* 1988 (wie Anm. 28) und *Gollwitzer* 1964 (wie Anm. 2), 54-62.
42 *Hettling* 1990 (wie Anm. 1), 30.
43 *Dornheim* 1993 (wie Anm. 2).
44 *Becke-Klüchtzner* 1879 (wie Anm. 37), 21.
45 Ebd., 28.
46 Ebd., 32.
47 Ebd., 57f.
48 Vgl. den Beitrag von Bernhard Theil in Band 2.
49 *Stekl* 1973 (wie Anm. 8).
50 Familienfotos dazu sind seit der Renovierung in der Waldburg zu sehen.
51 *Eltz* 1980 (wie Anm. 19), *Allgäuer Zeitungsverlag* 1980 (wie Anm. 20).
52 Vgl. *Eltz* 1980 (wie Anm. 19); *Becke-Klüchtzner* 1879 (wie Anm. 37), 57f.
53 Ebd. und Hof- und Staatshandbuch (wie Anm. 22), 1815ff.
54 Vgl. *Eltz* 1980 (wie Anm. 19); *Karl Murk*: Adliges Universitätsstudium im 18. Jahrhundert am Beispiel der Freiherren v. Gemmingen-Guttenberg. In: Zeitschrift für Geschichte des Oberrheins 151 (2003), 263-283.
55 Zur Töchtererziehung vgl. das Württembergische Hausgesetz von 8. Juni 1828 (Mitgift wird mit 21.

Lebensjahr ausgezahlt, Art. 44-48); allgemein: *Heinz Reif*: Adel im 19. und 20. Jahrhundert. München 1999, 22.

56 Gezählt nach http://pages.prodigy.net/ptheroff/gotha/konigsegg.html. Württembergische Jahrbücher für Statistik und Landeskunde 1879, 41 und *Wilfried Stener* (Hg.): Der Kreis Saulgau. Stuttgart 1971, 155.

57 Vgl. *Eltz* 1980 (wie Anm. 19); *Braun* 1990 (wie Anm. 9), 92. *Bernd Wunder*: Der württembergische Personaladel (1806 – 1913). In: Zeitschrift für Württembergische Landesgeschichte 40 (1981), 494-518.

58 *Hannes Siegrist* (Hg.): Bürgerliche Berufe. Beiträge zu einer Sozialgeschichte der Professionen, freien Berufe und Akademiker im internationalen Vergleich. Göttingen 1988; *Jürgen Kocka* (Hg.): Bürger und Bürgerlichkeit im 19. Jahrhundert. Göttingen 1987; *Ders.* (Hg.): Bildungsbürgertum im 19. Jahrhundert, Teil 4. Stuttgart 1989.

59 *Werner Mosse*: Adel und Bürgertum im Europa des 19. Jahrhunderts. In: *Jürgen Kocka* (Hg.): Bürgertum im 19. Jahrhundert. Teil 2. München 1988, 276-315; *Fehrenbach* 1994 (wie Anm. 12).

60 *Eltz* 1980 (wie Anm. 19), 24.

61 Ebd., 28.

62 Ebd., 28-37.

63 Prestinari war Kaufmannssohn aus Bruchsal, hatte in Heidelberg Kameralistik studiert und 1836 als staatlicher Domänenassessor, Ministerialrat und 1855 als Geheimer Referendar und Vorstand des Katasteramts Karlsruhe gearbeitet. Bei Karl Egon erhielt er ein Jahresgehalt von 6 000 Gulden, vgl. *Eltz* 1980 (wie Anm. 19), 79.

64 Vgl. *Buchsteiner* 1999 (wie Anm. 7), sowie *Reif* 1979 (wie Anm. 2) und *Wehler* 1990 (wie Anm. 2).

Adliges Gestalten in schwieriger Zeit
PATRIMONIALE GUTS- UND GERICHTSHERRSCHAFTEN 1806 – 1848 IN SÜDDEUTSCHLAND

Wolfgang Wüst

Mit den politischen, sozialen sowie den noch weniger bekannten kulturellen Folgen[1] von Säkularisation und Mediatisierung war zu Beginn des 19. Jahrhunderts auch die süddeutsche Adelslandschaft in Bewegung gekommen. Privilegien, Pfründen, Ämter, Herrschafts- und Standestitel, die den Adel über Jahrhunderte zu einer tragenden Säule im komplexen Gehäuse des Heiligen Römischen Reiches Deutscher Nation werden ließen, schienen wie Seifenblasen zu zerplatzen, aber es eröffneten sich auch neue Optionen und Karrieren für Standesherren ebenso wie für Rittergutsbesitzer in Baden, Bayern und Württemberg. Vor allem profitierte aber von Ehrenstellungen bei Hofe, von Ministerämtern, Kabinettsposten[2] und von Militärlaufbahnen bereits in der ersten Hälfte des 19. Jahrhunderts eine neue Gesellschaftselite, die wie in Württemberg nach zahlreichen Nobilitierungen den ehemaligen Reichsadel in politischen und repräsentativen Funktionen zunehmend verdrängte. Freilich waren die Handlungsspielräume für den alten Stadt- und Landadel in den neuen Königreichen unter dem „schwäbischen Zar" Friedrich I.[3] (bis 1816) in Stuttgart und Maximilian I. Joseph in München (bis 1825) sowie im Großherzogtum Baden unter Carl Friedrich (bis 1811) höchst unterschiedlich, doch als schwierig konnte man aristokratische Herrschafts- und Lebenswege in der Zeit zwischen dem Reichsdeputationshauptschluss, der Rheinbundakte vom 12. Juli 1806 und dem Revolutionsjahr 1848/49 überall bezeichnen.

Als Säkularisationsentschädigte kamen neue Familien ins Land – wie die Grafen von Aspremont-Linden (Abtei Baindt), von Plettenberg (Abtei Heggbach), von Quadt (Abtei und Reichsstadt Isny) oder die Fürsten von Bretzenheim (Reichsstadt Lindau), von Metternich-Winneburg (Teile der Abtei Ochsenhausen) und die von Nassau-Oranien (ebenfalls Abtei Ochsenhausen). Über Erb- und Kaufverträge aus einer großen Masse fluktuierender Adels- wie aufgelassener Klostergüter verlagerten Familien wie die Fürsten von Windischgrätz (Grafschaft Eglofs, Herrschaft Siggen) oder die Grafen von Salm-Reifferscheidt-Dyck (Abteien Baindt, Schussenried und Weissenau) ihre geographische Orientierung und präsentierten sich auch in Oberschwaben als neue Herren[4]. Einige Familien der neuen Standeselite blieben dabei freilich Fremde im eigenen Land oder sie engagierten sich zumindest nicht für die regionalen Belange identitätssuchender Gerichts- und Grundholden zu Beginn des „langen 19. Jahrhunderts" von Freiheit und Einheit. Auch in der Frage des ersatzlosen Streichens von verbliebenen Leibherrschaften waren sie im Gegensatz zu den Landesherren unterschiedlicher Meinung gewesen[5]. Das rheinische Adelsgeschlecht der Ostein, die im Westfälischen Grafenkollegium[6] Sitz und Stimme führten, fand sich nach dem 25. Februar 1803 in der Herrschaftsverantwortung der ehemaligen Reichskartause Buxheim bei Memmingen wieder. Als die Herrschaft Buxheim 1806 von der bayerischen Krone mediatisiert wurde, antwortete der für Buxheim zuständige Osteinsche Oberamtmann mit Sitz im fernen und noch nicht zu Bayern gehörigen Aschaffenburg[7] resigniert: Man wisse sich „nun in der Stille mit andern gleichfalls unter die Kgl. baier. Souveränität mediatisierten Ämtern und Oberämtern [...] zu benehmen, um [...] nicht mehr zu tun, als diese in gleichen Fällen bereits getan haben oder tun werden"[8].

Fürst Karl August zu Bretzenheim (1769 – 1823) in der Kleidung des Malteserordens zwischen seiner Frau Walburga Josepha von Oettingen-Spielberg (rechts) und seiner Schwester Friederike, Äbtissin des Damenstifts Lindau (links). Ausschnitt aus einem Gemälde von Johann Baptist Hoechle, 1790.

telbar nach dem Herrschaftsübergang und vor allem nach Abschluss der Rheinischen Bundesakte mit Folgen für entstehende Standesherrschaften an Österreich gegen neuen Besitz in Ungarn aus[9]. Hier verhinderte eine offenbar rein fiskalische Interessenlage ein weitergehendes Engagement in der Seeregion. Mit dem Übergang des „Fürstentums" Lindau an Vorderösterreich verbanden sich deshalb vor Ort große Hoffnungen, die am Tage des Herrschaftswechsels deutlich wurden. Schon bei Sonnenaufgang des 14. März 1804 läuteten die Kirchenglocken eine volle Stunde den Neubeginn ein und abends strömte vom Land eine große Volksmenge in die Stadt. Schließlich folgten Pläne, den vorderösterreichischen Regierungssitz nach Lindau zu verlegen und Schwäbisch-Österreich um Vorarlberg zu vergrößern[10].

Andere Adelsfamilien konnten wegen ihrer weitverzweigten Besitztümer das für die Stimmführung in den Ständekammern der süddeutschen Verfassungsstaaten notwendige Indigenat nicht vorweisen und blieben dadurch vom politischen Mitgestaltungsprozess ausgeschlossen. Nach der 1819 erfolgten Verkündung der württembergischen Verfassung verblieben die Grafen Waldbott von Bassenheim außen vor, obwohl sie Inhaber der Württemberg unterstellten Grafschaft Heggbach[11] waren. Ausschlaggebend hierfür war 1818 die Aufforderung von bayerischer Seite an Graf Friedrich Carl Waldbott gewesen, er müsse sich für ein Mandat in der Münchener Kammer der Reichsräte entscheiden, ob er in Württemberg oder Bayern wohne oder aber „als Forensis behandelt werden wolle"[12]. Ebenfalls als schwäbisch-bayerische „Forensen" (Fremde) wurden die Angehörigen

Das fürstliche Haus Bretzenheim war kaum in der Region angekommen, als es seinen Besitz wieder veräußerte. Als Entschädigung für den linksrheinisch, unweit von Bad Kreuznach gelegenen Familiensitz wurden dem unehelichen Sohn Kurfürst Karl Theodors von der Pfalz und seit 1777 auch von Pfalzbaiern, Fürst Karl August zu Bretzenheim, im Februar 1803 die Reichsstadt und das adlige Damenstift Lindau zugesprochen. Zwar wurde die Zivilinbesitznahme bereits vor dem Reichsdeputationshauptschluss im Dezember 1802 durch die Bretzenheimsche Kanzlei vollzogen, doch tauschte man Lindau fast unmit-

Metternichsches Wappen auf dem Petschaftsiegel: R(eichs): Fürstl: Metternich(sches): Regierungs Kanzlei Insigill Ochsenhausen.

des fürstlichen Hauses Esterházy von Galántha bezeichnet, die trotz ihrer noch 1804 gefürsteten Grafschaft Edelstetten nicht in die bayerische Kammer der Reichsräte einziehen konnten. Auch der Fürst Franz Georg von Metternich-Winneburg und sein Sohn Clemens Wenzeslaus blieben als Herren zu Ochsenhausen, wo sie im Juli 1803 noch überschwenglich unter lauten Vivat-Rufen empfangen worden waren, unter der Krone Württembergs Landfremde. Zahlreichen Aufforderungen König Friedrichs, ins „Ländle" zu ziehen, folgte man mit Rücksicht auf die Güter in den böhmischen Kernlanden nicht. Nachdem man 1809 im fünften Koalitionskrieg auch noch gegen Württemberg stand, folgte zu Ochsenhausen eine Güterkonfiskation unter Aufsicht eines königlichen „Evacuationskommissärs", bei der kein Gramm Silber, geschweige denn irgend ein Stück Möbel am alten Platz blieb. 1810 wieder in Ochsenhausen restituiert, blieben die Metternichs ungeliebte Landfremde. Friedrich I. ließ seine Beamten in Ochsenhausen zurück und administrative Benachteiligungen verhinderten einen wirtschaftlichen Aufschwung. 1825/26 gab man auf und ließ über den Bankier Rothschild den oberschwäbischen Besitz für 1,2 Millionen Gulden veräußern[13].

Die Metternichs waren keineswegs die Einzigen, die sich wegen unüberbrückbarer Gegensätze zum Souverän enttäuscht aus Oberschwaben zurückzogen. An Württemberg verkauften die fürstlichen bzw. gräflichen Häuser Stadion-Warthausen 1827, Dietrichstein 1829 und Sternberg-Manderscheid 1835. Ein geplanter Exodus aus der Grafschaft Eglofs seitens des Fürsten Windischgrätz war nur am Einspruch der Agnaten gescheitert[14]. Auch das Haus Österreich war zunächst noch an den Diskontinuitäten der adeligen Herrschaftsformation entlang des bayerisch-württembergischen Grenzsaums beteiligt. So tauschten die im Jahr 1629 zu Reichgrafen aufgestiegenen Herren von Königsegg ihre Grafschaft Rothenfels im Jahr 1804 gegen Krongüter in Ungarn aus. Ein Jahr später durfte bereits Bayern den nunmehr österreichischen Besitz mediatisieren. Dies nahm man in Immenstadt zum Anlass, detaillierte Kartenwerke in Auftrag zu geben, um sich zumindest der Grenzen der Grafschaft zu vergewissern. Eustach Walk kopierte 1806 die Rothenfelser Topographie mit großem Maßstab. Sein Maß orientierte sich an deutschen Meilen „dergleichen 15 einen Grad des Equators ausmachen, ausgetheilet in 23 524 Wiener-Werkschuh"[15].

Regionale Überschreitungen waren aber auch in Zeiten sich verhärtender Grenzen und veränderter länderbezogener Matrikelführung des Adels in den deutschen Mittelstaaten durchaus an der Tagesordnung. Das bayerische Adelsgeschlecht der Grafen von Törring-Jettenbach zog kurzfristig in das säkularisierte, ehemals reichsunmittelbare Gebiet der Zisterzienserinnen von Gutenzell ein. Das Regensburger Haus der Thurn und Taxis intensivierte – obwohl seit 1724 vermittels der Reichsherrschaft Eglingen Mitglied im Schwäbischen Reichsgrafenkollegium, als Kompensation für verlorene Postprivilegien mit dem

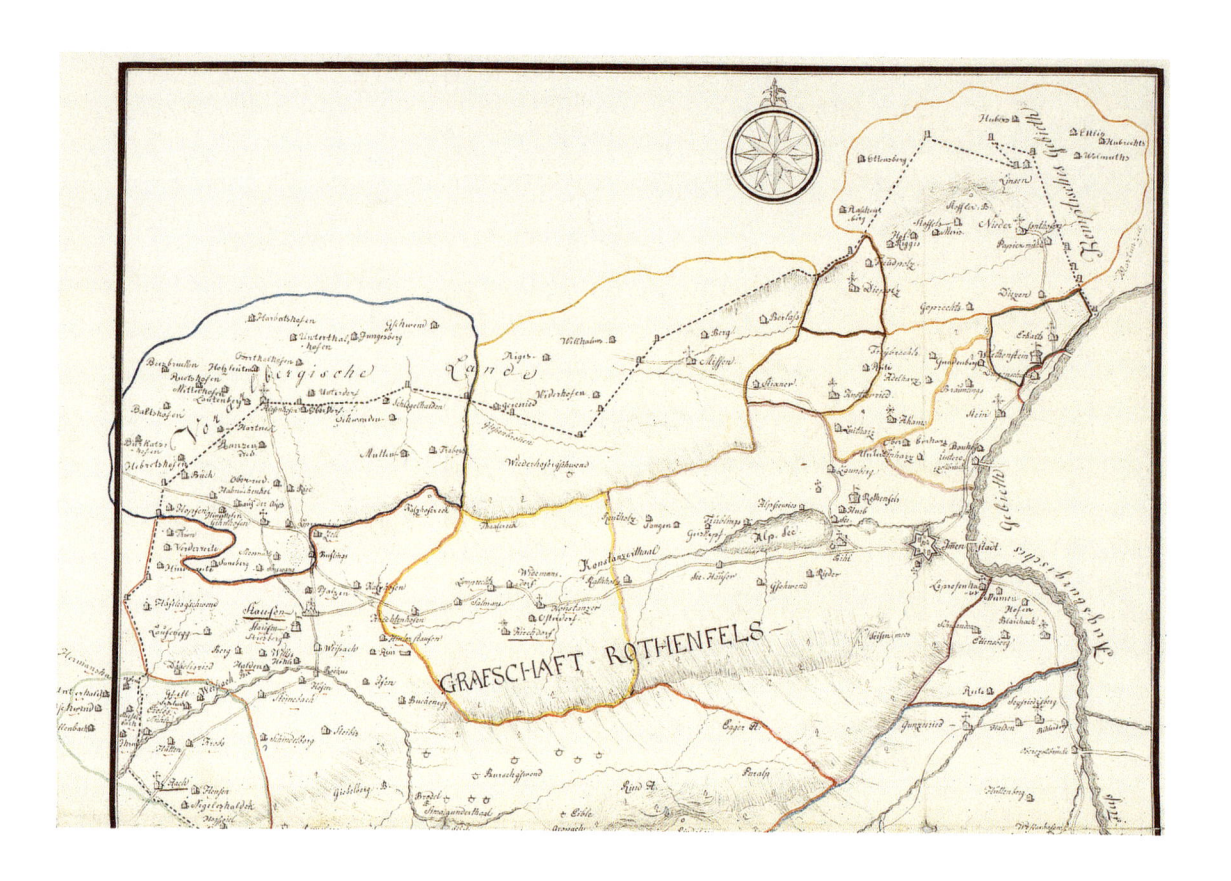

Karte der Grafschaft Rothenfels, 1806. Staatsarchiv Augsburg.

Erwerb von Reichsstadt und Damenstift Buchau, des Klosters Neresheim, des Stifts Marchtal, das sogar zur Hauptresidenz für Carl Anselm geplant war[16], und der Herrschaft Schemmerberg – sein Engagement im Westen erheblich. Die zum Teil weit auseinander gerissenen Herrschaftsteile versuchte man administrativ zu bündeln, um zunächst im Reichsfürstenrat und später in den Kammern der Reichsräte Stimmengewinne zu erzielen. So vereinte Thurn und Taxis seinen westlichen Besitz zum Fürstentum Buchau, dessen Repräsentanten der Reichsdeputationshauptschluss im Regensburger Reichsfürstenrat eine Virilstimme zubilligte[17].

Von längerer Dauer waren grenzüberschreitende Ambitionen bei der mit der Reichsgrafschaft Isny entschädigten Familie Quadt zu Wykradt und Isny. Mit der Grafschaft Isny[18] war man zwar württembergischer Standesherr geworden, doch ließ die Randlage zu Bayern, wo man auch nach dem Grenzvertrag von 1810 noch kleinere Landparzellen besaß, immer eine Option offen. Die Quadts strebten nicht zuletzt wegen der bekannt schwierigen Situation für den Adel im Königreich Württemberg immer eine doppelte Standesherrlichkeit an. In München wurde sie mit Blick auf die fehlende Landmasse diesseits der Grenze zwar zunächst 1847 abgelehnt, doch verlieh König Maximilian II. ungeachtet des negativen Exposés aus dem Staatsrat schließlich die erbliche Würde eines Reichsrats an Graf Otto aus dem Hause Quadt[19].

Doch der Transfer im Zeichen standesherrlicher Karriere und adliger Gutsherrschaft ging keineswegs immer von West nach Ost. So verdingten sich die Grafen Wolffskeel von Reichenberg aus dem Würzburger Raum, deren Herrschaft zunächst 1806 an das Großherzogtum Toskana-Würzburg und 1814 an Bayern fiel, mehrfach im württembergischen Militärdienst. König Friedrich I. ernannte 1807 Johann Karl Alexander von Wolffskeel zum Hauptmann, 1813 zum Oberst.

Wolfgang Wüst

Militär- und Hofdienst ließen hier Länderoptionen offen, die bei einer Entscheidung für die standesherrliche Vertretung im Landtag nicht gegeben waren[20]. Und als zum Jahreswechsel 1838/39 die Herrschaft Oettingen-Wallerstein ihre Klosterherrschaft St. Mang zu Füssen – sie war ihr neben Heilig Kreuz in Donauwörth und Kirchheim im Ries mit der Säkularisation zugesprochen worden – an Christoph Friedrich Freiherrn von Ponickau[21] verkaufte, unterzeichnete ein Fürst, der offenbar trotz seiner Verbindungen zu Österreich auch diesseits und jenseits der von Napoleon geschaffenen neuen Souveränitätslinien integriert war. Als Verkäufer trug sich zu Wallerstein in der Urkunde ein: „Friedrich Craft Heinrich Fürst und Herr von Oettingen-Oettingen, dann Oettingen-Wallerstein, Baldern und Söstern etc. Erblicher Reichsrath des Königreichs Bayern und erbliches Mitglied der Kammer der Standesherrn des Königreichs Würtemberg, Kaiserlich Königlich Oesterreichischer wirklicher Kämmerer und Obrister Ritter des goldenen Vlieses, Großkreutz des königlich Würtembergischen goldenen Adler-Ordens und Ritter des Königlich Französischen Ehren-Legion-Ordens"[22].

VERBLIEBENE FREIRÄUME GERICHTS- UND GUTSVERWALTUNGEN DES LANDADELS

Die Mediatisierung des Adels hatte bekanntlich zwar den schmerzlichen Verlust von Landeshoheiten, Reichsstandschaften und Steuerprivilegien – sie spielten seit dem ausgehenden 15. und frühen 16. Jahrhundert für ritterschaftliche Zusammenschlüsse[23] eine zentrale Rolle und wurden oft als Synonyme für adlige Freiheit verstanden – gebracht, nicht jedoch den des Eigentums. Das hieß, man blieb zumindest auf dem eigenen Besitz Herr im Hause. Adliger Grundbesitz war von beachtlicher struktureller Bedeutung für die Landesentwicklung.

In Oberschwaben hatten am Vorabend der Novemberrevolution 1918 die Thurn und Taxis noch 17 475 Hektar zu bewirtschaften, gefolgt von Waldburg-Zeil und Waldburg-Wolfegg mit jeweils gut über 8 000 Hektar Land[24]. In diesem Bereich konnten die reichen mediatisierten Häuser durchaus mit den regierenden Familien mithalten.

Hinzu kamen die Gerichtsrechte. In Württemberg und zunehmend auch in Baden wurde in der Folge allerdings der Gestaltungsrahmen für die adlige Selbstbehauptung neben den neuen königlichen Land- und Rentämtern restriktiver gehandhabt als in Bayern. Die Patrimonialgerichte blieben aber zumindest, wenn auch mit Unterbrechungen, auf beiden Seiten der Iller bis 1848 erhalten. Die Bundesakte vom 8. Juni 1815 (Art. 14) nivellierte unterschiedliche Entwicklungen in Baden, Bayern, wo ein Edikt 1812 bereits drei Klassen von Adelsgerichten spezifiziert hatte, und Württemberg dahingehend, dass fortan dem mediatisierten Adel unter anderem sein privilegierter Gerichtsstand, die patrimoniale Gerichtsbarkeit einschließlich aller Zuständigkeiten im Jagd- und Forstwesen, die Gutsherrschaft mit alten wie neuen Policeyrechten[25], das Kirchenpatronat und die Familienautonomie in Haus- und Erbangelegenheiten mitsamt der Fideikommisse anerkannt wurde. Die genannten Policeyrechte in Adelshand waren dabei regional durchaus unterschiedlich entwickelt, wenn beispielsweise in der Herrschaft Harthausen der Torfstich[26] im Akkordverfahren für wirtschaftlichen Aufschwung sorgte. Torf diente als Energiequelle auch für die königlich bayerischen Eisenbahnen. Ferner wurde die Ebenbürtigkeit der fürstlichen und gräflichen Häuser mit den regierenden Häusern als „erste Standesherren" in den deutschen Mittelstaaten 1815 ebenfalls ausdrücklich festgeschrieben. Einschränkend wirkte bei der Umsetzung des Artikels 14 der Bundesakte allerdings der föderale Gesetzeszusatz: „Diese Rechte werden jedoch nur nach der Vorschrift der Landesgesetze ausgeübt"[27].

Unter all diesen Vorzugsrechten kam den Herrschafts- und Patrimonialgerichten sicher besondere Bedeutung zu. Im Königreich Bayern unterstanden im Jahre 1817 noch immerhin fast 16% der rechtsrheinischen Bevölkerung einem dieser

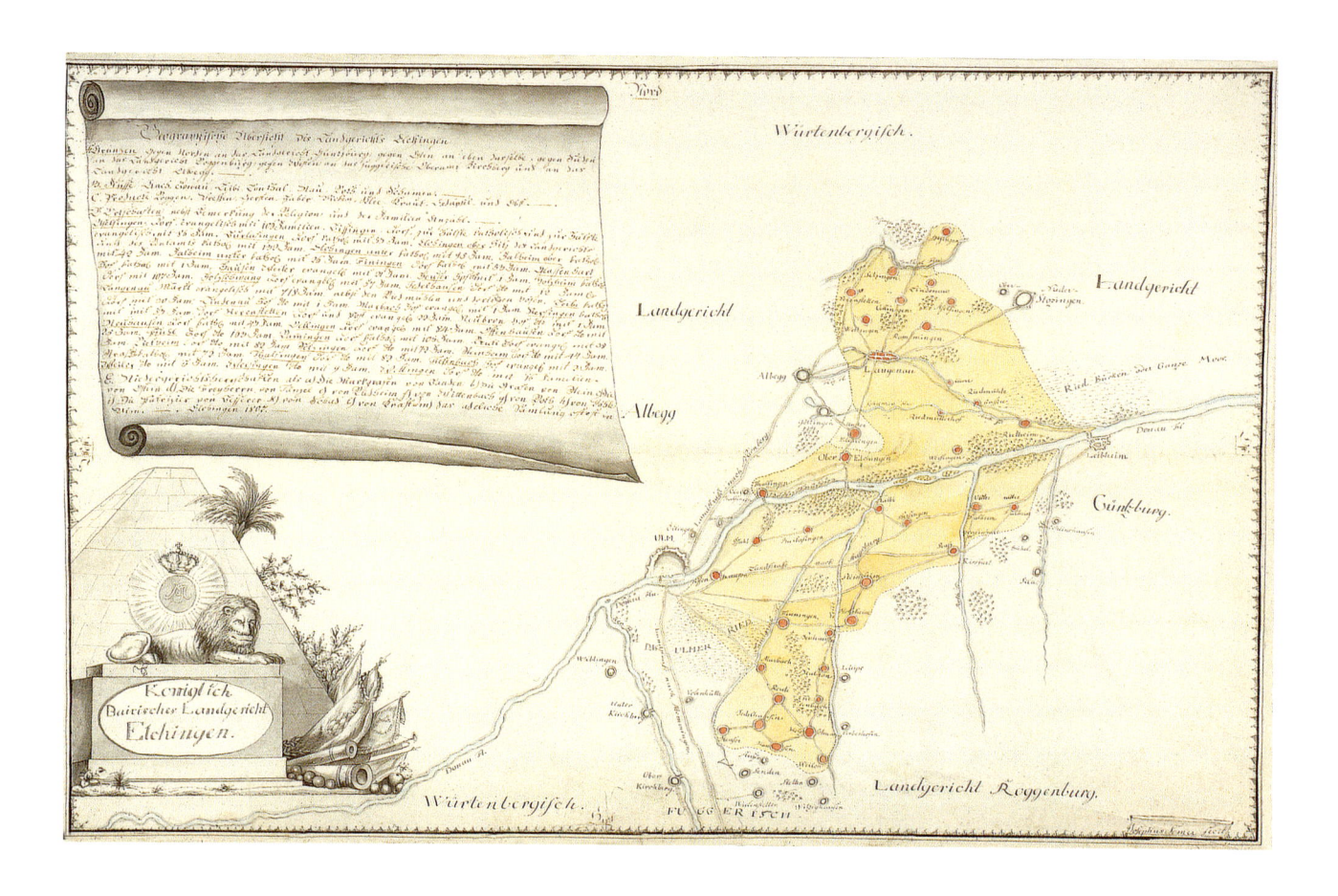

Karte des Landgerichts Elchingen, 1807.

Patrimonialgerichte[28]. Dort lag im Unterschied zum Militär- und Hofdienst der Gestaltungsrahmen primär nicht beim Souverän, sondern beim Landadel. Aus ihnen resultierten insbesondere bis 1848/49 die engen, öffentlich rechtlich gesicherten Verbindungen der Mediatisierten, ihrer Diener- und Beamtenschaft und der zum großen Teil zunächst noch grunduntertänigen Bevölkerung. Dort konnte adeliger Führungsstil und patrimonialer wie patriarchalischer Herrschaftsanspruch in Koordination, bisweilen auch in Konkurrenz zu den königlichen bzw. großherzoglichen Landgerichten umgesetzt werden. Sie bildeten formal gesehen nur eine für den modernen Zentralstaat etwas sperrige, herrschaftliche Zwischenebene im langen Institutionsgang zwischen Souverän und Untertan. Doch kam ihnen im Alltag der Regionen, ähnlich wie den früheren Niedergerichten, eine wichtige Stellung zu. Instanzenzüge zu den Appellationsgerichten waren sicher keine Alltäglichkeit, ebenso wie man im Alten Reich die „jurisdictio bassa" (Niedergerichtsbarkeit) vor Ort gegenüber der fiskalisch wenig interessanten landesherrlichen Malefiz-, Fraisch- und Blutgerichtsbarkeit in Oberschwaben auszubauen wusste[29]. Auf subsidiär eingelagerte Adelsrechte mussten auch die Vermesser der neuen bayerischen Landgerichte achten. Eine geographische Übersicht des königlichen Landgerichts von Elchingen mit allerlei statistischen Angaben aus dem Jahr 1807 ist hierfür ein anschauliches Beispiel. Auch in der Herrschaft Illertissen, die 1756 von den Vöhlin an Bayern verkauft werden musste, konnten die Wittelsbacher lange vor dem 19. Jahrhundert Grenzerfahrungen[30] mit regionalen Adelsfamilien sammeln. Das galt hier auch für Oberschwaben.

Die Gerichts- und Gutsverwaltung des süddeutschen Adels kann sich bis 1848/49 auf eine sehr breite archivalische Überlieferung stützen, die von der Forschung nicht annähernd aufgearbeitet wurde. Bekannt sind die legislativen Rahmenbedingungen des Souveräns für den Standes-, Hof- und Landadel, doch fehlen vielerorts Studien[31] über das Regieren, Gestalten, Wirtschaften und Haushalten im Adelsland selbst und über die Personalprofile ihrer Patrimonialrichter und Domänenverwalter. Sie waren als Bildungsbürger auf dem Lande entscheidend an der Regionalentwicklung im Vormärz beteiligt[32]. Dieses Forschungsdesiderat liegt zum Teil auch darin begründet, dass Teile der Überlieferung des bis 1806 reichsunmittelbaren wie des landsässigen Adels bis heute in privater Hand blieben. Ferner sind die meisten Adelsnachlässe in Staats- und Stadtarchiven nicht annähernd so gut erschlossen wie das Schriftgut der staatlichen oder kommunalen Behörden. Auch für Oberschwaben ist die gutsherrliche Gerichtsbarkeit des 19. Jahrhunderts im Gegensatz zu anderen europäischen Regionen wie etwa Preußen[33], Pommern[34], Mecklenburg[35] oder Westfalen[36] noch nicht ausreichend bewertet[37]. Wir wollen deshalb mit Blick auf den Aktenbestand der Appellationsgerichte, die in Streitfällen zwischen Standes- und Landesherr zu schlichten hatten, einige Schlaglichter auf die Patrimonialgerichte werfen.

Die patrimoniale Gerichtsbarkeit des Adels und die zugeordnete Domänenverwaltung, die beide allerdings unter einem großen Kostendruck standen und die wegen der von den Landgerichten vorgeschriebenen Mindestgrößen der Gerichtssprengel keineswegs immer am angestammten Schloss eingerichtet werden konnten, sorgten für ein gutes Stück Kontinuität zwischen dem Alten Reich und der neuen Staatlichkeit des 19. Jahrhunderts. Wegen der Standortfrage des Gerichts kam es da und dort zu einem längeren Schriftwechsel mit den Regierungen. Die ehemals reichsritterschaftliche, freiherrlich von Riedheimsche Gutsverwaltung zu Harthausen bei Günzburg fand sich beispielsweise nicht mit der Verlegung des Gerichtssitzes in das frühere Pflegamt

Offingen.
Ölgemälde um 1840.
Privatbesitz
Haldenwang.

Adliges Gestalten in schwieriger Zeit

Rettenbach ab. Es „ist die Gerichtsbarkeit eigentlich ein Apertinents der Herrschaft Harthausen, es führt auch das Patrimonial Gericht daher seinen Namen, und heißt [...] Gericht Harthausen und nicht Rettenbach. Es besteht auch in Harthausen für den Gutsherren zur Wohnung ein grosses weit umfaßendes Schloß und bedarf wohl keines Beweises, daß es für den [...] Gutsherrn in administrativer Hinsicht wegen [...] nothweniger Rücksprache mit dem Beamten wohl wünschenswerth erscheint, denselben an dem nämlichen Wohnorte situirt zu wissen"[38]. Grund für die Provinzialisierung ehemaliger Herrschaftszentren war die bayerische Forderung von 1808/09 nach mindestens 50 Anwesen in allen neuen Gerichtssitzen gewesen. Jetzt wurde so manche traditionsreiche Struktur auf den Kopf gestellt. Alte Oberämter wurden zu Außenstellen und ehemalige Unter- oder Landämter zu patrimonialen Gerichtszentren. Bis 1819 musste aus diesem Grund auch der Hauptsitz der von Freybergschen Gerichte in das größere (Unter-)Knöringen vor Burgau verlegt werden, während am Familienstammsitz Haldenwang und im Schloss zu Offingen nur noch Außenstellen verblieben[39].

Eine weitere Einschränkung adelsrichterlicher Gestaltungsbedingungen lag in der Qualifikation der Herrschaftsrichter selbst, die über Prüfungen, Leistungs- und Gesundheitszeugnisse vor landesherrlichen Institutionen nachgewiesen werden musste. Wiederholt griffen deshalb die benachbarten Landgerichte und königlichen Appellationsbehörden in die inneren Angelegenheiten adliger Guts- und Gerichtsverwaltung ein. 1819 kam eine Dienstunfähigkeitserklärung für den von Ponickauschen Patrimonialrichter Bernhard Wild zu Osterberg bis vor das Appellationsgericht des Oberdonaukreises zur Entscheidung. Im Gutachten des zuständigen Amtsarztes aus Illertissen hieß es aufschlussreich über die zu knappen Personalressourcen in Adelshand: „der Herr Patrimonialrichter [...] zu Osterberg hat bereits sein 67.tes Lebensjahr zurückgelegt, und empfindet die Gebrechlichkeiten des Greisenalters im höchsten Grade. Die äußeren Sinne überhaupt, zumal das Sehevermögen ist so geschwächt, daß derselbe beym Licht nicht einmal mit Beyhülf einer Brille zu lesen, weniger zu schreiben im Stand ist. So versagen auch die Gliedmassen alle, ganz verzüglich aber der rechte Arm in Folge eines früher an demselben erlittenen, und leider! übel kurirten Beinbruchs demselben fast gänzlich ihre Dienste, und derselbe vermag daher nicht sich alleine an- und auszuziehen, und nur durch Beyhülfe der linken Hand, mit welcher derselbe der rechten beständig nachhelfen muß, etwas, obgleich sehr undeutlich, zu schreiben"[40].

Andernorts wurden wie in Edelstetten Personaltabellen angelegt, in die neben Herkunft, Geburtsjahr, Familienstand, Beförderungen, Fleiß, Gesundheit, „Patriotismus" und Studienfortgang auch die Frage zu beantworten war, „wo einer Konkursprüfung unterworfen und mit welcher Klassifikation". Interessant sind die Antworten des örtlichen Gerichts zu Edelstetten, die Bildungsbrüche zwischen dem Alten Reich und den Staaten des 19. Jahrhunderts sicher überzeichneten[41]. Der 1762 geborene, leitende Herrschaftsrichter hätte bisher keine Concours-Prüfung abgelegt, „da selber Zeit [vor 1806] keine Konkurse verordnet waren, sondern das Zeugnis einer kaiserl. oestreichischen Universität über alle gehörte Rechtsgegenstände mit der Note I. Klasse hinlänglich war, das Breve Eligibilitatis zu begründen." Dies zeigt deutlich, dass mit der Formalisierung der Studienabschlüsse im 19. Jahrhundert kein wirklicher Kontinuitätsbruch zu beklagen war. Adelsgerichte zeigten in dieser Frage größere Flexibilität als Landgerichte. Und der Eintrag für seinen 1783 geborenen, ledigen und katholischen Stellvertreter, den Gerichtsassessor, lautete ganz ähnlich: „Nirgends, weil zur Zeit der vollendeten Studien noch keine Konkursprüfungen stattfanden"[42]. Beförderungen und Versetzungen konnten in Adelsgerichten sicher nicht den Stellenwert erreichen, der ihnen vielleicht in staatlichen Landgerichten und Rentämtern zukam. Dafür war die patrimoniale Guts- und Gerichtsverwaltung zu isoliert und zu inselförmig angelegt. Aber Karrieren waren wie unter Friedrich Freiherrn von Ponickau möglich. So zeigte der königlich bayerische Kammerherr in seiner Gutsver-

Das ehemalige Damenstift Edelstetten, ab 1804 im Besitz der Fürsten Esterházy von Galántha.

waltung 1839 die Beförderung des Osterberger Patrimonialrichters Joseph Riedele nach Füssen-St. Mang an. Riedele, der bis dahin offenbar zur „vollkommensten Zufriedenheit" gedient hatte, stieg vom Richter II. Klasse zur Gerichtsstelle I. Klasse mit einem respektablen Jahresgehalt von 600 Gulden auf[43]. Die oberschwäbischen Adelsarchive[44] sind zudem gesättigt mit Nachrichten über die Wohnverhältnisse oder die Bestallungs- und Besoldungskonditionen der Patrimonialrichter, die vielfach auch mit den Bediensteten in der Gutsherrschaft kooperierten, insbesondere mit den Pflegern und Ökonomieverwaltern. Auch die personelle Ausstattung vieler Adelsgerichte war trotz ihrer vergleichsweise geringen Größe meist an den bayerischen Landgerichten älterer Ordnung auszurichten.

Dies traf auch Fürstenhäuser von europäischem Rang wie die Esterházy von Galántha, die 1804 das säkularisierte Damenstift Edelstetten bei Krumbach für 28 000 Gulden als neue Reichsgrafschaft erworben hatten. Die Esterházy trugen sich zwar 1813 in die bayerische Adelsmatrikel ein, nahmen aber die damit verbundene Reichsratswürde wegen des fehlenden Indigenats nicht auf. Und bei der Etablierung ihres neuen Mediatgerichts zu Edelstetten[45] gab es nach 1806 wegen der genannten Standards Probleme. König Maximilian wies 1808 persönlich den Fürsten diesbezüglich zurecht: „Da aber die Vorschrift unsers organischen Edicts in Betref der Gerichtsverfassung vom 24. Julÿ laufenden Jahres im 8. §, wornach dergleichen Untergerichte gleiche Verfassung wie Unsere Landgerichte annehmen, folglich nebst dem richter noch mit wenigstens zween der Rechte kundigen und geprüften beisitzern bestellt seÿn sollen, auf die zugleich gesetzlich vorgeschriebene Justizverwaltung berechnet ist, auch die Unserer Souverainität unterworfenen Fürsten und Grafen bei der Versicherung ihres Rechts der Gerichtsbarkeit von den in Unserm Reiche gesetzlichen Sermon der Justizverwaltung nicht ausgenommen würden, so können wir dem Gesuche des benannten Fürsten nicht statt geben"[46].

Christoph Friedrich Freiherr von Ponickau in Uniform. Mit der linken Hand verweist er auf die Kaufurkunde über die Herrschaft Osterberg. Ölgemälde von Joseph Bernhardt, 1836.

Als Alternativen boten sich die Rückstufung zu einem einfachen Patrimonialgericht oder die Kompetenzabtretung an das königliche Landgericht in Ursberg an. 1809 schließlich präsentierten die Esterházy für Edelstetten endlich eine Lösung, die zwar die Kooperation des oberschwäbischen Gutsadels unter Beweis stellte, die aber wiederum nicht ganz mit den Normen bayerischer Gesetzgebung in Einklang stand. Edelstetten hatte sich nach den Bestimmungen des königlichen Edikts „über die Gerichts-Verfassung vom 24.ten Juli 1808 zu constituiren, in [ge]wiesen Gemäsheit [wurde] das Oberamt Edelstetten nebst dem Justiz Beamten, in der Person des Oberamtmans [Leonhard] Steinle mit 2 Assessoren, wovon der letztere die Stelle des Actuars oder Protokollisten zu versehen habe, besetzt. Und sonach zum 1.ten Assessor der benachbarte, nur eine Stunde von Edelstetten entlegene gräflich Stadionsche Oberamtmann Oberst zu Thannhausen, vnd zum 2.ten Assessor der Edelstettische Oberamts Actuar [Kaspar] Boek als von S.r hochfürstlichen Durchlaucht aufzustellende Individuen aller unterthänigst in Vorschlag gebracht werden sollen"[47]. Wegen der geringen Zahl an Gerichtsuntertanen zu Edelstetten wären alternierende Gerichtstage zwischen den benachbarten Herrschaften des Johann Philipp Graf von Stadion und Thannhausen (1780 – 1839) – seit 1813 auch im bayerischen Grafenstand – und des Fürsten Nikolaus Esterházy von Galántha durchaus vorstellbar gewesen. Und die Esterházysche Gutsverwaltung mit einem Anwalt in Memmingen hatte auch für Notfälle eine Lösung parat: „Sollten aber, was bis jetzt noch nicht der fall gewesen, dringende und unvorhergesehene Gerichts Geschäfte an einem und denselben Tage zu Thannhausen und zu Edelstetten zusammentreffen; so wäre es, wegen der geringen Anzahl derselben, sehr leicht, sie z.B. in Edelstetten vormittag, und zu Thannhausen nachmittag, und immerhin da, wo periculum in mora wäre zuerst, zu erledigen"[48].

Gerichtsübergreifende Personalstrukturen, die gerade kleinere Adelsgerichte belebt und professionalisiert hätten, waren aber unzulässig. Im Prinzip waren die Adelsgerichte als Hoheitsinseln innerhalb der neuen Landgerichte bei ihren Arrondierungsbemühungen benachteiligt. Schnell konnten sich dadurch im Zentralisierungswahn eines von ‚oben' diktierten Revolutionszeitalters bürokratische Vorurteile bilden, die einseitig den Standesadel trafen. Auch im ostschwäbischen Edelstetten ging es im Kern nur um Größenverhältnisse und das verständliche Bemühen einer landesfernen, aber den Wittelsbachern ebenbürtigen Dynastie – der Familiensitz lag westlich des Neusiedlersees in Eisenstadt[49] –, es den Landgerichten gleich zu tun. „Eure Königliche Majestaet haben für die Verwaltung eines Landgerichts der III.ten Klasse, einen Landrichter allein als zulänglich angenommen, und bey einem solchen Landgerichte nur einen verpflichteten Schreiber zu halten, angeordnet. Und doch wird kaum ein Landgericht existieren, dessen Seelenzahl unter viertausend stünde. – Da nun nach einer mir zugekommenen Information [so der ortsfremde Gutsherr über seine Kanzlei!] die Seelen Zahl der gefürsteten Grafschaft Edelstetten nur etwann auf zwölfhundert steigen soll, – so glaubt der Herr Fürst, daß Eure Königliche Majestät hierin einen überwiegenden Beweggrund finden werden," von überzogenen Personalforderungen an Adelsgerichte I. Klasse Abstand zu nehmen[50].

In den Patrimonialgerichten des süddeutschen Landadels herrschte aber insgesamt keinesfalls Chaos. Zum einen gab es für Patrimonialgerichte Traditionen, auf denen auch kleine Adelsherrschaften aufbauen konnten. Ein Blick in das Handwörterbuch zur deutschen Rechtsgeschichte zeigt, dass es sich auch keineswegs um eine Erfindung des 19. Jahrhunderts handelt. Ende des 18. Jahrhunderts mehrten sich die Belege für Gerichte, die an den Besitz eines Gutes (patrimonium) gebunden waren[51]. So wies der Codex Saxonicus für 1770 einen ersten Beleg aus: „[soll] bey denen uebrigen patrimonial-gerichten auf dem lande aber der gerichts-schreiber oder gerichts-halter, der dorf-richter nebst noch zweenen gerichts-schöppen [...] gegenwärtig seyn." Und die zu Ulm gedruckten „Wetzlarischen Nebenstunden" des Johann Ulrich Freiherr von Cramer fügten für 1772 einen weiteren frühen Nachweis hinzu: „beschweret sich der rath zu P., daß ihm von daßigem amt in seine patrimonialgerichte eingriffe geschehe"[52]. Patrimonial- und Herrschaftsgerichte standen mit oder ohne Dynastiewechsel in den Jahren 1802 bis 1810 in einer langen Tradition, wie in der Schlossherrschaft Harthausen, und sie knüpften ihre Amts-, Gerichts- und Protokollbücher einschließlich der komplexen Rechnungsführung direkt an die Strukturen des Ancien Régime an. Die 88 Bände der Hauptrechnungen aus dieser Adelsherrschaft laufen kontinuierlich von 1758 bis 1876, die elf Bände der Rechnungsmanuale von 1781 bis 1845, die 38 Fruchtrechnungen von 1778 bis 1843 und die 43 gebundenen Herbstrechnungen mit den Gültabgaben der Untertanen zum Erntejahr von 1750 bis 1824. Herrschaftliche Gültverzeichnisse gibt es für den Zeitraum zwischen 1528 und der Mitte des 19. Jahrhunderts[53].

Andernorts kam es nach kurzfristigen Diskontinuitäten zu Beginn des 19. Jahrhunderts, die meist aus strittigen Fragen zum Indigenat der Standesherren resultierten, zur Wiedereinsetzung der Familien in den Patrimonialgerichten. 1812 restituierte der bayerische Justizminister Graf von Reigersberg die Fürsten von Schwarzenberg zu Illereichen und zu Kellmünz in ihre alten Rechte, die aus der Zeit des Ancien Régime stammten. Das Königreich Bayern stellte klar, „daß dem gedachten herrn Fürsten insbesondere nun auch die Gerichtsbarkeit circa actus voluntariae jurisdictionis in den Mediat Herrschaften Illereichen und Kellmünz in dem Stande, wie er sie vor der Sequestration besessen, und ausgeübt hatte."[54]

Hier stellt sich die Frage nach den negativen infrastrukturellen Implikationen der Mediatisierung, die wie für die Säkularisationsjahre von der neueren Forschung sichtlich relativiert wurden[55]. In Oberschwaben war der Grad der Betroffenheit, auch in konfessioneller Sicht, sicher höher als im alten Württemberg und als in den größenmäßig vor 1800 durchaus überschaubaren badischen Markgrafschaften[56] oder als im alten Bayern, deren Gesellschaftssysteme man zum Teil ohne jede Anpassung auf die angefallenen Territorien verpflanzen wollte. Herrschaftsumschichtung bedeutete beim Adel eben zunächst noch keine Vermögensumschichtung, und die „unglückliche Unterwerfung", wie bei den Hohenlohe-Fürstentümern geschehen, unter die vergrößerten und machtbesessenen „Despotien"[57] im napoleonischen Europa war vielfach als verletzende Standesminderung eher ein mentalitätsgeschichtliches als ein besitzrechtliches Problem. Verwaltungskontinuitäten herrschten also vor. Es blieb ein regionaler Gestaltungsrahmen, der auch bei kleineren Gerichten und Gutsherrschaften neben dem Wirkungskreis als Abgeordneter vor Ort vom Wegebau („Wegeservituten"), der

Jagd- und Forstaufsicht bis zum Gewässerschutz einschließlich der Fluß- und Uferregulierung reichte. Er erstreckte sich vom Konsensrecht über Ansässigmachung und Verehelichung, von Tafern-, Brau- und Brennkonzessionen bis zur Policey-Investigation gegen Landfremde, Vaganten und Bettler, von der Pferde-, Vieh- und Schafhaltung über Berg- und Schürrechte bis hin zur Vermessungs- und Bauaufsicht in umliegenden Gemeinden.

Doch wie stand es mit der Sorgfalt im Geschäftsgang und der Fachkompetenz in den Adelsgerichten? Die zivil- wie strafrechtliche Aufgabenpalette war groß gewesen. Die Protokolle des gräflichen Oettingen-Wallersteinschen Gerichts[58] von St. Mang zu Füssen künden bereits für die Anfangsjahre 1804 bis 1811 von komplexen Vorgängen. Ausdifferenzierte Protokollregister lassen vor allem bei der Personen- und Ortsrecherche kaum Wünsche offen. Schlechter ist es mit den Sachregistern bestellt. Tagesgeschäfte ziviler Gerichtsbarkeit waren Güter- und Eigentumsübergaben jeglicher Art, Heiratsverträge, Güterbestandsaufzeichnungen, Schuld- und Pfandverschreibungen, Kautionshinterlegungen, Erb- und Nachlassangelegenheiten mit einer Fülle an Testamenten sowie auch Grundlastenablösungen. Die Einträge sind chronologisch angelegt und einheitlich geführt; sie enden mit den Unterschriften der Betroffenen. Der Streit- oder Verhandlungswert ist jeweils zu Beginn linksbündig ausgeworfen. Nach ihm bemaß sich die fällige Amtstaxe. Bei einem Kaufvertrag zwischen dem Wirt Johann Martin Zeller aus Schwabbruck und Pankraz Reichhardt aus Bernbeuren fielen beispielsweise bei einem Gütertransfer von 724 Gulden Gebühren in Höhe von 8 Gulden 2 Kreuzer an. Zwei Gulden waren zusätzlich für die Ausstellung eines Duplikats zu zahlen[59]. Und für St. Mang zu Füssen sind nun auch die Übergabeprotokolle des patrimonialen Gerichts an das bayerische Landgericht vom Herbst des Jahres 1848 vorhanden.

Ein Blick auf die kritische Prüfung der Oettingen-Wallerstein- und Ponickauschen Vorgängerzeit gibt uns eine Vorstellung von der Arbeitsweise adliger Gerichte im Vormärz. Zur Prüfung begab man sich am 18. Oktober „landgerichtsseits in das vormalige patrimonialgerichtliche geschäftslocal, woselbst man den vormaligen freiherrlichen Patrimonialrichter Vreneberg, für die gerichtsherrschaften jedoch niemanden traf. Es gab dann sogut wie keine Beanstandungen zu notieren." Die verzeichneten Vertragsprotokolle („Contracten") waren in einer großen Serie von 1604 bis 1848 komplett übergabefertig. Unter den Akten waren die „Verlaßenschafts Acten" in zwei Repertorien separat ausführlich beschrieben worden, die Pflegschaftsüberlieferung blieb ebenfalls mit eigenen Findbüchern für den kurrenten Geschäftsgang gut greifbar und alle Generalakten waren einschließlich einer gesonderten Serie mit Entwürfen „vollständig" vorhanden. Das Füssener Patrimonialgericht war zudem feinmaschig gegliedert; so gab es etwa für Hypothekensachen gleich drei Sprengel. „Für sämmtliche Distrikte zusammen sind 2 ältere Bände Hypothekenprotokolle gemeinsam vorhanden; vom Jahre 1839 an aber für jeden Hypotheken-Distrikt gesonderte laufende Protokolle, diese jedoch ungebunden, mit Tektur versehen; in derselben Tektur sind jedesmals Beilagen angelegt"[60]. Die Gerichtskasse wurde im Übrigen ebenfalls korrekt geführt. Am Ende notierte man befriedigt: Der staatliche Übernahme-Kommissär „hat über die gepflogene Geschäftsführung nichts zu eruirn und besonders die Registratur geordnet gefunden. Sämtliche überlieferte Acten wurden in die landgerichtliche Registratur gesondert untergebracht, und nach Empfangsnahme der Amtssiegel das vormalige Patrimonialgerichte St. Mang für aufgelöst erklärt"[61].

EPILOG

Überschaubare patriarchalische Verhältnisse, administrative Sorgfalt, Gerichts- und Amtskompetenz konnten also mitunter vor allem unter mediatisierten Aristokraten gut bestehen, ja florieren. Als diese aktive regionale Gestaltung nach der Revolution von 1848/49 und dem Übergang der Gerichtsbarkeit an den Staat kaum mehr zu Buche schlug, setzte aber statt Resignation vielfach eine Rückbesinnung auf alte Werte ein. 1848/49 und das hier nicht näher analysierte Schwellenjahr 1918 sind sicher wichtige politische Zäsuren gewesen, die aber, wie zuletzt Ekkart Conze und Monika Wienfort[62] verdeutlichten, die historische Adelsforschung „post rebellionem" für die Moderne keineswegs als eine Verlust- und Abstiegsgeschichte ohne Perspektive erscheinen lassen.

Im Gegenteil reizt gerade jetzt die Beschäftigung, da eine ausgesprochen dichte Überlieferung in Form von Selbstzeugnissen kollektiver wie individueller Art aus dem Adel vorliegt. Sie sind bisher erst in Ansätzen erforscht.

Mit dem Ende der von Riedheimschen Patrimonialherrschaft und nach dem Verlust der Steuer- und Herrschaftsprivilegien traf man beispielsweise auch in Nachfolge der vorderösterreichischen Markgrafschaft Burgau auf eine romantisierende Beschäftigung mit der eigenen Vergangenheit. Adelsmemoria und historiographische Ambitionen, wie wir sie natürlich vor allem aus dem Umfeld der Fürstenhäuser kennen – 1877 machte man sich im Donaueschinger Archiv mit Sigismund (von) Riezler[63] an die Arbeit der vielbändigen Fürstenbergischen Urkundenbücher, 1888 verlegte Joseph Vochezer in Kempten seine dreibändige Familiengeschichte zum Hause Waldburg –, waren jetzt in der zweiten Hälfte des 19. Jahrhunderts als Ersatz für eine gebrochene regionale Verankerung beliebt. Vieles, was eine intensive Beschäftigung mit der eigenen Herkunft und der Herrschaftsgeschichte indiziert, blieb ungedruckt. Deshalb ist wie bei den Lebenserinnerungen[64] Graf Alberts von Pappenheim (1777 – 1860), dem letzten Repräsentanten seines Geschlechts mit herrschaftlicher Exekutivgewalt, der Gang in die Adelsarchive unvermeidlich. In Harthausen verfasste 1868 der gutsherrliche Sekretär Staubwasser eine „Genealogische Familien-Chronik der Freiherren von Riedheim auf Harthausen, Reisensburg und Remshart." 1883 legte Carl Theodor von Riedheim mit einer Chronik seiner freiherrlichen Familie Lesenwertes nach. Die empirische Grundlage für diese Arbeiten stellte das 1863 neu verzeichnete umfangreiche Urkunden- und Aktenarchiv, das wie viele andere Sammlungen vor Ort kontinuierlich bis heute betreut wird[65]. Beließ man zu dieser Zeit in Harthausen die imposante Barockanlage mit Schloss, Remisen und französischem Park, so spielte im benachbarten Haldenwang das idealisierte „Mittelalter" eine noch größere Rolle.

Mit der kompletten neugotischen Neuformierung der Herrschaftsgebäude einschließlich der v. Freybergschen Hauskapelle und Grablege[66], einer englischen Parkanlage und der intensiven Beschäftigung mit der Vergangenheit durch Maximilian Prokop von Freyberg-Eisenberg (1789 – 1851), Vorstand des bayerischen Reichsarchivs und Mitglied der Münchener Akademie der Wissenschaften[67], manifestierte sich der auf langer Familientradition gründende historisierende Neubeginn auch in der Provinz. Aus seiner Feder stammen zahlreiche wissenschaftliche Publikationen – so auch über die Stauffer von Ehrenfels, die Agilolfinger und die ältesten Statuten der Stadt Regensburg; posthum ist 1884 auch die handschriftliche „Genealogische Geschichte" der eigenen Familie[68] nochmals aufgelegt worden. 1859/60 wurde auf Haldenwang der dreigeschossige Schlossbau der Freiherren von Freyberg aus dem 17. Jahrhundert nach Plänen Georg von Stengels grundlegend überformt[69]. Und ein aufgesetzter Zinnenkranz auf dem neu konstruierten, in seiner Ursprungsfunktion viel zu schmal geratenen Bergfried verkündete weithin neue wie alte Botschaften des Landadels. Singulär blieb das Haldenwanger Unternehmen nicht, denn fast zeitgleich ließen auch die Fugger ihr Landschloss Wellenburg bei Augsburg unter Bauleitung Georg Gollwitzers (1810 – 1890) neugotisch umgestalten[70].

Über die innere Um- und Ausgestaltung der Schloss-, Verwaltungs- und Wirtschaftgebäude nach dem Fortfall gutsherrlicher Gerichtsbarkeit mit dem Grundlastenablösungsgesetz vom 4. Juni 1848 wissen wir wenig. Reduzierung, aber

Adliges Gestalten in schwieriger Zeit

auch neue Perspektiven waren vielerorts angesagt. So wohnt beispielsweise Baron Georg von Freyberg-Eisenberg-Allmendingen zu Haldenwang heute nicht mehr im Schloss, sondern im längst frei gewordenen Rentamtsgebäude des 19. Jahrhunderts. Zahlreiche Auktionshäuser, wie das Stuttgarter Haus Dr. Fritz Nagel, haben hier einen ihrer Versteigerungsschwerpunkte angesetzt; so bot beispielsweise die Kunstauktion[71] von 1995 auf Schloss Osterberg an der Iller und unweit der bayerisch-baden-württembergischen Grenze zahlreiches Interieur aus der ersten Hälfte des 19. Jahrhunderts an. Der Familienbesitz, an dem von 1814 bis 1848 eines der Patrimonialgerichte[72] II. Klasse geführt wurde, blieb auch nach der Revolution in der Hand der Ponickau, so dass die Überlieferungssituation als günstig bewertet werden kann. Schreib-, Spiel- und Salontische, Hundertschaften an Stuhl- und Sesselgarnituren, edle Schmuck- und Wäschekommoden in allen Größen und Variationen, Bücherschränke, Diwane, Sofas, Gondelbetten, jede Menge Graphik, Bücher und Handschriften mit deutlichem Sammlungsschwerpunkt der 1820er bis 1840er Jahre kündeten von wirtschaftlicher Stabilität unter einer noch zur Herrschaft verpflichteten Adelsfamilie in Schwaben.

Anmerkungen:

1 *Elisabeth Fehrenbach*: Der Einfluß des „Code Napoléon" auf das Rechtsbewußtsein in den Ländern des rheinischen Rechts. In: *Joseph Jurt* (Hg.): Wandel von Recht und Rechtsbewußtsein in Frankreich und Deutschland. Berlin 1999, 133-141; *Dies.*: Adel und Adelspolitik nach dem Ende des Rheinbundes. In: *Hans-Peter Ullmann* (Hg.): Restaurationssystem und Reformpolitik: Süddeutschland und Preußen im Vergleich. München 1996, 189-198; *Wolfgang Wüst*: Regionaler Aufbruch oder Provinzialisierung? Identitätsverluste durch Säkularisation und Mediatisierung im neuen Bayern. In: *Konrad Akkermann / Hermann Rumschöttel* (Hg.): Bayerische Geschichte – Landesgeschichte in Bayern. Festgabe für Alois Schmid zum 60. Geburtstag. Bd. 2. München 2005, 781-815; *Gert Zang*: Eine Region wird peripher. Stadt und Kreis Konstanz in der zweiten Hälfte des 19. Jahrhunderts. In: *Pankraz Fried* (Hg.): Probleme der Integration Ostschwabens in den bayerischen Staat. Sigmaringen 1982, 217-231; *Werner K. Blessing*: Verödung oder Fortschritt? Zu den gesellschaftlichen Folgen der Säkularisation. In: *Alois Schmid* (Hg.): Die Säkularisation in Bayern 1803. München 2003, 335-366.

2 Für Bayern trotz statistischer Mängel noch immer: *Walter Schärl*: Die Zusammensetzung der bayerischen Beamtenschaft von 1806 bis 1918. Kallmünz 1955.

3 *Gert Kollmer*: Die wirtschaftliche und soziale Lage der Reichsritterschaft im Ritterkanton Neckar-Schwarzwald 1648 – 1805. In: *Franz Quarthal* (Hg.): Zwischen Schwarzwald und Schwäbischer Alb. Sigmaringen 1984, 285-301; *Paul Sauer*: Der schwäbische Zar. Friedrich, Württembergs erster König. Stuttgart 1984.

4 *Rudolf Endres*: „Lieber Sauhirt in der Türkei als Standesherr in Württemberg.." Die Mediatisierung des Adels in Südwestdeutschland. In: *Volker Himmelein / Hans Ulrich Rudolf* (Hg.): Alte Klöster – Neue Herren. Die Säkularisation im deutschen Südwesten 1803. Bd. 2, 2. Ostfildern 2003, 837-872, 845.

5 *Franz Laubenberger*: Zur Aufhebung der Leibeigenschaft in den badischen Landen 1783 unter Markgraf Carl Friedrich. In: Zeitschrift des Breisgau-Geschichtsvereins „Schau-ins-Land" 103 (1984), 71-92.

6 *Johannes Arndt*: Das Niederrheinisch-westfälische Reichsgrafenkollegium und seine Mitglieder (1653 – 1806). Mainz 1991.

7 *Günter Christ*: Aschaffenburg. Grundzüge der Verwaltung des Mainzer Oberstifts und des Dalbergstaates. München 1963.

8 Zitiert nach *Gerhart Nebinger*: Die Standesherren in Bayerisch-Schwaben. In: *Fried* 1982 (wie Anm. 1), 154-216, 183f.

9 *Karl Wolfart*: Geschichte der Stadt Lindau im Bodensee. Bd. I/2. Lindau 1909, 216-220; *Günther Ebersold*: Karl August Reichsfürst von Bretzenheim.Norderstedt 2004.

10 *Franz Quartal / Georg Wieland / Birgit Dürr*: Die Behördenorganisation Vorderösterreichs von 1753 bis 1805 und die Beamten in Verwaltung, Justiz und Unterrichtswesen. Bühl 1977; *Georg Wieland*: Die Integration der Städte in die neuen Staaten. In: *Daniel Hohrath / Gebhard Weig / Michael Wettengel* (Hg.): Das Ende reichsstädtischer Freiheit 1802. Zum Übergang zur Geschichte der Stadt Ulm. Ulm 2002, 56-110, 62f.

11 *Otto Beck*: Die Reichsabtei Heggbach. Sigmaringen 1980.

12 Bayerisches Hauptstaatsarchiv (BayHStA) Mün-

chen, Kammer der Reichsräte, Nr. 2107; *Nebinger* 1982 (wie Anm. 8), 206.
13 *Konstantin Maier*: Im Banne der Sturmglocke der allgemeinen politischen Erschütterung... Die Säkularisation der Benediktiner-Reichsabtei Ochsenhausen. In: *Himmelein / Rudolf* 2003 (wie Anm. 4). Bd. 2, 1, 425-434, 432-434.
14 *Andreas Dornheim*: Oberschwaben als Adelslandschaft. In: *Hans-Georg Wehling* (Hg.): Oberschwaben. Stuttgart 1995, 123-150, 131.
15 Staatsarchiv (StaatsA) Augsburg, Karten- und Plansammlung, N 35.
16 *Franz Quarthal*: Die Mediatisierung des Adels in Oberschwaben. In: *Peter Blickle / Rudolf Schlögl* (Hg.): Die Säkularisation im Prozess der Säkularisierung Europas. Epfendorf 2005, 351-372, 365.
17 *Nebinger* 1982 (wie Anm. 8), 203-205.
18 *Karl Friedrich Eisele*: Stadt- und Stiftsgebiet Isny in den Jahren 1803 – 1810. In: Ulm und Oberschwaben 38 (1967), 185-221.
19 *Nebinger* 1982 (wie Anm. 8), 187f.
20 *Michael Renner/Erich Stahleder*: Archiv der Grafen Wolffskeel von Reichenberg. München 1961, 45f.
21 *Hans-Uwe Rump*: Füssen. München 1977, 384.
22 StaatsA Augsburg, Appellationsgericht Schwaben und Neuburg, Akt 664, Vertrag vom 29. Dezember 1838 und 26. Januar 1839.
23 *Volker Press*: Die Ritterschaft im Kraichgau zwischen Reich und Territorium 1500 – 1623. In: Zeitschrift für die Geschichte des Oberrheins 122 (1974), 35-98; *Ders.*: Kaiser Karl V., König Ferdinand und die Entstehung der Reichsritterschaft. Wiesbaden 1980; *Ders.*: Die Reichsritterschaft im Reich der frühen Neuzeit. In: Nassauische Annalen 87 (1976), 101-122; *Gerhard Pfeiffer*: Studien zur Geschichte der fränkischen Reichsritterschaft. In: Jahrbuch für Fränkische Landesforschung 22 (1962), 173-280.
24 *Dornheim* 1995 (wie Anm. 14), 136.
25 Für die Zeit des Schwäbischen und Bayerischen Reichskreises *Wolfgang Wüst*: Die „gute" Policey im Reichskreis. 3 Bde. Berlin 2001-2004.
26 *Ludwig Schnurrer*: Schloßarchiv Harthausen. München 1957, 92; Schloßarchiv (SchloßA) Harthausen, Akten, Fasz. 52 (Verschiedene kleinere Wirtschaftszweige), Nr. 983-990.
27 *Karl Binding*: Deutsche Staatsgrundgesetze in diplomatisch genauem Abdrucke, Heft 3. Leipzig ⁴1913. Darin: Die Konföderations-Akte der rheinischen Bundesstaaten vom 12. Juli 1806, die deutsche Bundes-Akte vom 8. Juni 1815 und die Wiener Schluß-Akte vom 15. Mai 1820.
28 *Walter Demel*: Adelsstruktur und Adelspolitik in der ersten Phase des Königreichs Bayern. In: *Eberhard Weis* (Hg.): Reformen im rheinbündischen Deutschland. München 1984, 213-228, 222.
29 *Wolfgang Wüst*: Das inszenierte Hochgericht. Staatsführung, Repräsentation und blutiges Herrschaftszeremoniell in Bayern, Franken und Schwaben. In: *Konrad Ackermann / Alois Schmid / Wilhelm Volkert* (Hg.): Bayern. Vom Stamm zum Staat. Bd. 1, München 2002, 273-300.
30 StaatsA Augsburg, Karten und Plansammlung C 7.
31 Beispielsweise mit deutlicher Präferenz für die staatlichen Strukturen: *Maria Carola Schimke*: Die Herrschaften Hohenaschau-Wildenwart und Tutzing-Pähl 1808 – 1818. München 1995.
32 *Monika Wienfort*: Preußische Patrimonialrichter im Vormärz. In: *Klaus Tenfelde* (Hg): Wege zur Geschichte des Bürgertums. Göttingen 1994, 57-77.
33 *Monika Wienfort*: Patrimonialgerichte in Preußen. Ländliche Gesellschaft und bürgerliches Recht 1770 – 1848/49. Göttingen 2001.
34 *Paweł Gut*: Stand der Patrimonialgerichtsbarkeit in der preußischen Provinz Pommern und Schwedisch-Pommern am Anfang des 19. Jahrhunderts. In: *Dirk Alvermann* (Hg.): Justitia in Pommern. Münster 2004, 133-142.
35 *Carl Meltz*: Patrimonialgerichtsbarkeit und Stadtgerichte in Mecklenburg. In: *Wolfgang Dietz* (Hg.): Festschrift für Hildebert Kirchner zum 65. Geburtstag. München 1985, 241-248.
36 *Hermann Freiherr von Wolff Metternich*: Gutsherrliche Rechtsprechung im kurkölnischen Herzogtum Westfalen. Münster 2001.
37 *Sabine Werthmann*: Vom Ende der Patrimonialgerichtsbarkeit. Frankfurt 1995.
38 SchloßA Harthausen, Akten, Fasz. 26, Nr. 350; *Wolfgang Wüst*: Günzburg. München 1983, 236.
39 *Wüst* 1983 (wie Anm. 38), 238f.
40 StaatsA Augsburg, Appellationsgericht Schwaben und Neuburg, Akt 698, „Zeugniß" vom 8. Februar 1819.
41 Im hochstiftisch augsburgischen Pflegamt Zusmarshausen waren Concoursverfahren im 18. Jahrhundert jedenfalls üblich. Vgl. *Wolfgang Wüst*: Zusmarshausen. Die Entwicklung eines bischöflichen Amtsortes. In: *Walter Pötzl* (Hg.): Zusmarshausen: Markt, Pflegamt, Landgericht und Bezirksamt. Augsburg 1992, 91155.
42 Obige Zitate aus StaatsA Augsburg, Appellationsgericht Schwaben und Neuburg, Akt 729, Leistungstabelle vom 24. November 1806.
43 Ebd., Akt 664, Urkunde vom 12. März 1839.
44 Beispielsweise *Schnurrer* 1957 (wie Anm. 26), 76f., 81f.
45 *Joseph Hahn*: Krumbach. München 1982, 179f.
46 StaatsA Augsburg, Appellationsgericht Schwaben und Neuburg, Akt 729, Schreiben vom 24. Dezember 1808.
47 Ebd., Schreiben vom 6. April 1809.
48 StaatsA Augsburg, Appellationsgericht Schwaben und Neuburg, Akt 730, Expertise vom 11. Juli 1811.
49 *Imre Ress*: Das Esterházysche Hauptarchiv in Eisenstadt zwischen Verwaltung und historischer Forschung (1790 – 1918). In: *Felix Tobler* (Hg.): Archivar und Bibliothekar: Bausteine zur Landeskunde des burgenländisch-westungarischen Raumes. Eisenstadt 1999, 407-419.
50 Ebd.
51 De facto kann man sicher auch viele Gerichte in spätmittelalterlicher und frühneuzeitlicher Tradition als Patrimonialgerichte bezeichnen. Vgl. hier etwa *Christiane Birr*: Wer spricht dem Bauern Recht? Organe der Rechtspflege in fränkischen Dörfern der frühen Neuzeit. In: Zeitschrift für bayerische Landesgeschichte 64 (2001), 727-744.

52 Obige Zitate aus *Adalbert Erler* u.a. (Hg.): Handwörterbuch zur deutschen Rechtsgeschichte. Bd. 3. Berlin 1983, 1547f.
53 *Schnurrer* 1957 (wie Anm. 26), 58f.
54 StaatsA Augsburg, Appellationsgericht Schwaben und Neuburg, Akt 732, Schreiben vom 25. Februar 1812.
55 *Blickle / Schlögl* 2005 (wie Anm. 16); *Wolfgang Wüst*: Regionaler Aufbruch oder Provinzialisierung? Identitätsverluste durch Säkularisation und Mediatisierung im neuen Bayern. In: *Ackermann* 2005 (wie Anm. 1), Bd. 2, 781-814.
56 *Hansmartin Schwarzmaier*: Die Säkularisation der Jahre 1802/03 in Baden und Württemberg. In: *Thomas Adam* u.a. (Red.): Kirchengut in Fürstenhand. 1803: Säkularisation in Baden und Württemberg. Heidelberg 2003, 9-16.
57 So der Titel bei *Gerhard Taddey*: „Unsere unglückliche Unterwerfung unter die württembergische Despotie betreffend". Die Mediatisierung der hohenlohischen Fürstentümer. In: *Himmelein / Rudolf* 2003 (wie Anm. 4). Bd. 2, 2, 883-906.
58 StaatsA Augsburg, Patrimonialgericht St. Mang Füssen, Bände 1804 bis 1848 (insgesamt 14 Amtsbücher), Band 1: Oettingen-Wallersteinische Kontraktenprotokolle 1804 – 1811.
59 StaatsA Augsburg, Patrimonialgericht St. Mang Füssen, Nr. 1, 771f.
60 StaatsA Augsburg, Appellationsgericht Schwaben und Neuburg, Akt 664, Protokoll vom 18.10. 1848.
61 Ebd.
62 *Eckhart Conze/Monika Wienfort*: Einleitung. Themen und Perspektiven historischer Adelsforschung zum 19. und 20. Jahrhundert. In: *Dies.* (Hg.): Adel und Moderne. Köln 2004, 1-16.
63 *Sigmund Rietzler* (Bearb.): Quellen zur Geschichte der Grafen von Achalm, Urach und Fürstenberg bis zum Jahre 1299. Bd. 1. Tübingen 1877.
64 StaatsA Nürnberg, Repertorium 211d/2, Nr. 2708/III; *Hans Schwackenhofer*: Die Reichserbmarschälle, Grafen und Herren von und zu Pappenheim. Treuchtlingen 2002, 335.
65 *Schnurrer* 1957 (wie Anm. 26), 57.
66 Zur Bedeutung von Grablegen für den sozialen Rang und die räumliche Verankerung des Adels grundlegend: *Mark Hengerer*: Zur symbolischen Dimension eines sozialen Phänomens: Adelsgräber in der Residenz (Wien im 17. Jahrhundert). In: *Andreas Weigl* (Hg.): Wien im Dreißigjährigen Krieg. Wien 2001, 250-352; *Ewald Frie*: Herrschaftsstäbe und des Königs Rock. Vom Bestattungsverhalten der brandenburgischen Nobilität. In: *Mark Hengerer* (Hg.): Macht und Memoria. Begräbniskultur europäischer Oberschichten in der Frühen Neuzeit. Köln 2005, 291-315.
67 [*Maximilian Prokop Freiherr von Freyberg*]: Maximilian Prokop, Freiherr von Freyberg-Eisenberg, königlich-bayerischer Staatsrat, Vorstand des Reichsarchivs und der Akademie der Wissenschaften. Eine Lebensskizze, nach dessen hinterlassenen Papieren zur Erinnerung für die Familie entworfen. Jetzendorf 1984.
68 *Maximilian [Prokop] Freiherr von Freyberg*: Genealogische Geschichte des Geschlechts der Freiherrn von Freyberg nach urkundlichen Quellen zusammengestellt, o.O. 1884. Das Manuskript wurde von anderer Hand 1859 abgeschlossen.
69 *Bruno Bushart / Georg Paula*: Schwaben. München 1989, 410.
70 *Bernt von Hagen*: Stadt Augsburg: Ensembles, Baudenkmäler, archäologische Denkmäler. München 1994, 482-488.
71 Katalog des Hauses Nagel zur Sonderauktion auf Schloß Osterberg vom 16.-19. September 1995. Stuttgart 1995.
72 StaatsA Augsburg, Appellationsgericht Schwaben und Neuburg, Akt 697, 698: Patrimonialgericht II. Klasse Osterberg (Freiherr von Ponikau), 1814 – 1849.

Der oberschwäbische Adel in der Kommunalpolitik AUF DEM WEG ZUR DEMOKRATIE

Hans-Georg Wehling

Wenn wir unter „oberschwäbischem Adel" die ehemaligen weltlichen Landesherren verstehen, die bis zur Mediatisierung von 1806 die Herrscher jener quasi-souveränen Territorien im Süden des späteren Königreiches Württemberg waren – hoher und niederer Adel; Standesherren und Reichsritter: Fürsten, Grafen, Freiherren –, dann hatten sie nach 1806 jenseits ihrer internen Standesunterschiede ein gemeinsames Problem: Der König von Württemberg hatte sie ihrer Herrschaft beraubt, wenngleich nicht ihres Besitzes; hatte sie, die ehemals selbständigen Herren, zu Untertanen gemacht[1]. Das Ende der Monarchie im Jahr 1919 ließ ihre Erwartungen auf eine Änderung ihres Status dann endgültig ins Nichts zerrinnen. Aus Bevorrechtigten, Privilegierten waren ‚normale' Bürger geworden, die nur noch ihre Traditionen, ihre Vergangenheit, ihre adlige Abkunft, den Adelstitel (wenngleich nur noch als Namensbestandteil) und ihren ‚noblen' Lebensstil besaßen – allerdings neben einem, zum Teil wenigstens, nicht unbeträchtlichen materiellen Besitz vornehmlich an Grund und Boden, der sie zu Reichen machte. Der Verlust der Herrschaft sowie der Verlust des Herrschaftsanspruchs mit den damit verbundenen Standesprivilegien: beides musste verkraftet werden – gesellschaftlich, politisch, emotional.

Demokratisch gesonnen konnte der Adel von Hause aus zunächst schwerlich sein. Denn Demokratie und monarchisch überhöhte Standesgesellschaft unterliegen einer unterschiedlichen Ratio: Beide Herrschafts- und Gesellschaftsformen sind unterschiedlich begründet, berufen sich auf unterschiedliche Legitimierungen, die einander konträr gegenüberstehen. Die erbmonarchische Legitimation leitet sich aus der Tradition her, vom Geblüt und von der Familie ab, letztlich aus der Gnade Gottes: Man ist zur Herrschaft ‚geboren'; die demokratische Legitimation beruht demgegenüber auf Volkssouveränität und Zustimmung der Regierten, die in regelmäßig wiederkehrenden Wahlen diese Zustimmung erneuern. Zur monarchischen Tradition gehören Privilegien, die in der Zugehörigkeit zu einem höheren Stand begründet sind. Die Demokratie ist privilegienfeindlich, egalitär – zumindest prinzipiell.

Insofern war die Mediatisierung ein revolutionärer Akt, der in Verfasstheit und Verhältnisse der Herrschaft radikal eingriff: nicht lediglich einzelne Adelsfamilien verloren ihre Herrschaft, was immer wieder einmal vorkam, sondern massenhaft wurde ‚aufgeräumt', nicht nur die Landkarte verändert. Nichts war in Oberschwaben nach der Säkularisation der geistlichen Herrschaften 1803 und der Mediatisierung 1806 mehr so, wie es vorher gewesen war. Das betraf Landesherren wie auch Untertanen, nur dass es für die Untertanen keinen Statusverlust bedeutete, sondern lediglich einen Herrschaftswechsel, der nicht unbedingt negativ empfunden werden musste.

Demokratie tritt nicht in vollendeter Form auf, fällt nicht gleichsam vom Himmel, sondern präsentiert sich als Prozess, als Demokratisierung, die sich historisch vollzieht, ja durchgesetzt, erkämpft werden muss. Die württembergische Beamtenschaft – bürgerlich von Herkunft, liberal gesonnen, protestantisch-kirchlich geprägt – trieb diesen Prozess der Demokratisierung voran und dies auch und sehr zum Wohlgefallen ihres im schwäbischen Sinne „gewalttätigen" Herrschers, des ersten Königs Friedrich, indem sie den der Herrschaft beraubten Adel die eigene Macht spüren ließ, die Abschaffung der Adelsprivilegien massiv betrieb und dies Schritt für Schritt auch zu erreichen wusste, mit einem besonderen Einschnitt in der Revolution von 1848/49, die in Württemberg nur teilweise eine ‚echte' Revolution war, sondern eher eine willkommene Gelegenheit, diesen Reformprozess im Sinne einer Modernisierung weiterzutreiben[2]: Man denke an die Aufhebung der adligen Ämter und Gerichte (Patrimonialgerichtsbarkeit, Forstgerichtsbarkeit) und damit die Beseitigung der Unter-Untertanenschaft der Menschen in den ehemals quasi-souveränen weltlichen Herrschaften, vor allem an die Aufhebung der Grundherrschaft dort. Es kommt nicht von ungefähr, dass sich Unruhen während der Revolutionsjahre auf dem Lande eher gegen den dortigen Adel und seine Ämter richteten als gegen den König.

Historische Schlüsselerlebnisse dieser Intensität machten es für den betroffenen Adel schwer, sich mit der Demokratie anzufreunden. Von daher ist die Frage nicht unberechtigt: Inwieweit ist der oberschwäbische Adel 200 Jahre nach dem skizzierten tiefen Einschnitt in der modernen Demokratie angekommen? An welchen Indikatoren lässt sich das ablesen? Das sind die Leitfragen, denen dieser Beitrag nachgeht. Über die Rolle des Adels in der Kommunalpolitik liegen keine systematischen Studien vor. Von daher kann ich dieses Thema nur punktuell behandeln, stützend auf eigene Beobachtungen, essayistisch[3].

POLITISCHE BETÄTIGUNG DES OBERSCHWÄBISCHEN ADELS IM ZEICHEN DER MONARCHIE[4]

Den ehemaligen hochadligen Herrschaftsinhabern, für die eine eigene Adelskategorie geschaffen wurde – die der „Standesherren" in halbwegs gleicher Augenhöhe zu den regierenden Häusern und deren Mitgliedern –, war durch die Schlussakte des Wiener Kongresses die Vertretung in der landständischen Verfassung garantiert worden, in Form eines Sitzes in der Ersten Kammer, derjenigen der Standesherren. Das ermöglichte ihnen, zumindest in gewissem Umfang ihre Standesinteressen in den neuen Staaten zu verteidigen. Darüber hinaus gab dies ihnen aber auch die Möglichkeit, regionale Interessen zu artikulieren, zudem konfessionelle Anliegen zu verfolgen. Gerade im Königreich Württemberg war ja ein beträchtlicher katholischer Bevölkerungsteil hinzugekommen, gewissermaßen als Fremdling, wenn auch seit 1807 gleichberechtigt; das aufnehmende bisherige Herzogtum war bis dahin ein rein protestantisch-lutherisches Territorium gewesen. Die hochadligen Mitglieder der Ersten Kammer konnten somit in die Rolle der regionalen sowie konfessionellen Interessenvertretung auch im Sinne eines modernen Parlamentarismus hineinwachsen, als Vertreter ihrer Region mit deren spezifischen sozio-ökonomischen und konfessionellen Strukturen, und dies auch ohne demokratisches Mandat auf Wahlkreisebene. Die vier Vertreter der Ritterschaft des Donaukreises waren Mitglieder in der Zweiten Kammer – seit 1906 in der Ersten Kammer –, gewählt, doch ausschließlich von ihren

Hans-Georg Wehling

Die Landstände (links die Vertreter der Ersten und rechts die Abgeordneten der Zweiten Kammer) beschwören die württembergische Verfassung vom 25. September 1819. In der Mitte Wilhelm I., König von Württemberg 1816 – 1864. Relief auf der Jubiläumssäule auf dem Schlossplatz in Stuttgart zum 25jährigen Regierungsjubiläum des Königs 1841. Relief von Theodor Wagner nach Joseph Joachim von Schnizer.

Standesgenossen; schon rein zahlenmäßig konnten sie nicht im gleichen Ausmaß als Vertreter Oberschwabens fungieren.

Für die Integrationspolitik und den Modernisierungsprozess im Königreich Württemberg konnte man in der starken Stellung des hohen Adels in der Ständeversammlung eine Gefahr erblicken: Ein regional verankertes Bündnis zwischen katholischem Adel und katholischen Bauern gegen den König und seine liberal-protestantische Beamtenschaft konnte den Zusammenhalt des neu gegründeten Königreichs durchaus gefährden. Von daher musste aus Stuttgarter Sicht ein solches Bündnis zwischen Adel, Bauern und katholischer Kirche unbedingt verhindert werden. Auf der anderen Seite bestand beim oberschwäbischen Adel die Furcht vor einem gegen ihn gerichtetes Bündnis der württembergischen Bürokratie mit der Bauernschaft, wegen der zunächst nach wie vor existierenden Grundherrschaft. Hinzu kam eine Konkurrenz um Land, die bis heute besteht, wenn auch in deutlich abgeschwächter Form. Die württembergische Bürokratie stand so in einem Zielkonflikt: Prinzipiell war sie für eine Aufhebung bzw. Ablösung der Grundherrschaft, aus taktischen Gründen konnte ihr aber deren Fortbestand nicht ungelegen sein, stand sie doch einem Bündnis von oberschwäbischen Bauern und Adel im Wege.

Der württembergische Staat entschied sich für das Prinzip und betrieb seit 1836 die Aufhebung der Grundherrschaft, die dann im Zuge der Revolution von 1848/49 endgültig durchgesetzt werden konnte. Damit stand einem Bündnis von Adel und Bauern materiell und ideell, also auf der Grundlage gleicher regionaler Interessen und auf der Basis der gemeinsamen katholischen Konfessionszugehörigkeit, nichts mehr im Wege.

Im Gegenzug versuchte die württembergische Politik, einen Kulturkampf zwischen liberalem Staat und katholischer Kirche – wie er früh schon und besonders heftig im benachbarten Baden tobte – unbedingt zu vermeiden. Eine solche Konfliktvermeidungsstrategie einzuschlagen, fiel dem protestantisch kirchlich gebundenen Beamtenapparat nicht sonderlich schwer, fürchtete man doch ein eher kirchenfeindliches Überschwappen auf den protestantischen Bereich. Eine wichtige Rolle beim Herunterspielen der Konfessionsproblematik kam dabei dem lange regierenden zweiten württembergischen König Wilhelm I. (reg. 1816 – 1864) zu, der geschickt eine Äquidistanz zwischen Katholiken und Protestanten zu halten wusste, nicht zuletzt auch, weil er selbst Agnostiker war. So hatte er sich durch die ihm zugeschriebene offizielle Wiederzulassung des Weingartener Blutritts und den Ankauf der bedeutenden mittelalterlichen Skulpturensammlung des Rottweiler Stadtpfarrers Dursch aus der eigenen Tasche und der Überlassung dieser Sammlung an die Stadt Rottweil viele Freunde im katholischen Bereich erworben – besonders in Anbetracht des Umstandes, dass die staatliche Kommunalaufsicht der Stadt Rottweil den Ankauf der Sammlung aus öffentlichen Mitteln verboten hatte. Zum Dank widmeten die Rottweiler ihrem König sogar ein Porträtfenster im Chor des Heilig-Kreuz-Münsters.

Nachvollziehbar erscheint durchaus, dass der oberschwäbische Adel die auch in Oberschwaben aufkommende ultramontane Bewegung unterstützte, durch Förderung junger ultramontan gesonnener Geistlicher mit Hilfe des Kirchenpatronats des Adels. Auch für die Finanzierung der im ultramontanen Kontext erforderlich gewordenen katholischen Massenpresse kam der Adel in Frage; hier liegen die Ursprünge des finanziellen Engagements des Hauses Waldburg-Zeil für die wichtigste Tageszeitung im oberschwäbischen

Raum bis heute. Doch trotz des fortschreitenden Erfolgs der ultramontanen Bewegung auch in Oberschwaben – mit ihrer Klerikalisierung, Hierarchisierung und Sammlung der katholischen Bevölkerung in einem ‚Lager' – konnte in Württemberg ein Kulturkampf nahezu vermieden werden. Ein Indiz dafür ist, dass eine eigene katholische Partei – in Gestalt des Zentrums – in Württemberg ein Nachzügler ist. Im Mutterland des Kulturkampfes in Deutschland, in Baden, wurde der Vorläufer des Zentrums nicht zufällig bereits 1869 gegründet, das Zentrum in Württemberg jedoch erst 1895. Zudem blieb die Zentrumspartei in Oberschwaben eher eine Regionalpartei, wie auch heute noch weitgehend die oberschwäbische CDU, die die Interessen innerhalb der Konfliktlinie zwischen Zentrum und Peripherie artikuliert und in den Entscheidungsprozess weiterleitet. In Baden hingegen stellte das Zentrum die Kulturkampfpartei dar, im Rahmen der Konfliktlinie zwischen Kirche und Staat; dieses historische Erbe ist in der badischen CDU ebenfalls noch bis heute erkennbar[5].

Der antiwürttembergische Groll des oberschwäbischen Adels ließ ihn in der Regel (die natürlich ihre Ausnahmen kennt) von Karrieren in Beamtenschaft und Militär Württembergs Abstand halten – im übrigen bis zum heutigen Tag. Man orientierte sich eher nach Österreich und Bayern. Anders als etwa in Preußen während der Monarchie kann man in Württemberg vom Adel nicht als einer herrschenden Klasse sprechen. Sich um parlamentarische Mandate innerhalb Württembergs zu bewerben, machte für den Adel keinen Sinn, weil man ohnedies Mitglied in der Ersten Kammer war. Kommunale Mandate kamen nicht in Betracht, weil man exemt, mit seinem Besitz faktisch nicht Teil einer Gemeinde war. Auch nach Änderungen der Rechtslage empfand man sich nach wie vor als der geborene „Herr", unter dessen Würde es lag, sich mit den früheren Untertanen ‚gemein' zu machen.

Anders sah es auf der höheren politischen Ebene aus, oberhalb Württembergs, als sich ein Deutsches Reich herausbildete. So ließ sich Constantin Fürst von Waldburg-Zeil-Trauchburg in das Parlament der Frankfurter Paulskirche wählen, wo er mit der Linken stimmte, sogar für die Auflösung des Adels – was alles ihm den Beinamen des „Roten Fürsten" eintrug. Über seine Motive, sich politisch in dieser Weise zu profilieren, ist viel diskutiert worden[6]. Sicherlich spielte die Überlegung eine Rolle, wie man in einem Revolutionsprozess die eigenen Interessen am besten wahren könnte; hier ging die Tendenz dahin, sich mit an die Spitze der Bewegung zu setzen. Niemand wusste schließlich, was aus der begonnenen Revolution werden würde. Die Französische Revolution mit der Gefangennahme und Guillotinierung des Königs und der Verfolgung des Adels war allseits in noch frischer Erinnerung. Aber auch das antiwürttembergische Ressentiment dürfte für Fürst Constantin eine Rolle gespielt haben, wollte doch das deutsche Reich die Kleinstaaterei überwinden. Nicht zufällig auch fand die Revolution von 1848/49 in Württemberg ihren größten Widerhall in den ehemaligen Reichsstädten, aus demselben antiwürttembergischen Ressentiment heraus.

Über 150 Jahre deutscher Geschichte hinweg betrachtet, sieht es aber so aus, als ob die Familie Waldburg-Zeil-Trauchburg so etwas wie einen Anspruch auf politische Mitgestaltung gesamtdeutscher Angelegenheiten verkörperte, dass sie sich quasi im vollen Wortsinn als „Reichsfürsten" verstand. Denn die Linie zieht sich weiter über die beiden Söhne des „Roten Fürsten" bis hin zum Grafen Alois im Deutschen Bundestag gegen Ende des 20. Jahrhunderts. So traten nach Gründung des Deutschen Reiches 1871 die beiden ältesten Söhne des „Roten Fürsten" in die Fußstapfen ihres Vaters und ließen sich in den Reichstag wählen: Wilhelm Fürst von Waldburg-Zeil von 1871 bis 1873 (Wahlkreis Biberach-Leutkirch-Waldsee-Wangen, Deutsche Reichspartei) und Konstantin Leopold Graf von Waldburg-Zeil von 1874 bis 1887 (Wahlkreis Ravensburg-Riedlingen-Saulgau-Tettnang, Zentrums-Fraktion). Innerhalb des oberschwäbischen Adels blieben sie eine Ausnahmeerscheinung. Über sie hinaus lassen sich allenfalls noch Reichstagabgeordnete finden, die aus oberschwäbischen Adelsfamilien stammen, aber ihren politischen Wirkungskreis (einschließlich Wahlkreis) im Nachbarland Bayern hatten, so etwa Mitglieder des Hauses Quadt-Wykradt (Graf Friedrich im Kaiserreich, Graf Eugen in Weimar und im „Dritten Reich").

Natürlich hatten die Mitglieder oberschwäbischer Adelshäuser im Reichstag auch ihre Standesinteressen im Auge, waren aber zugleich, wenn nicht sogar vorwiegend Vertreter regionaler Interessen. Indem sie sich zur Wahl stellten – aufgrund des allgemeinen, freien, gleichen (Männer-)Wahlrechts im Reich –, akzeptierten sie die demokratischen Spielregeln und konnten so als Mitglieder standesherrlicher Familien im Deutschen Kaiserreich in ein sich herausbildendes demokratisches politisches System hineinwachsen, auch wenn sie konservativ gesonnen waren und sich als die ‚geborenen' Vertreter der Interessen ihrer Region und Religion verstehen mochten. Sie waren und blieben gewählt, nicht auserwählt.

DER EINSCHNITT VON WEIMAR UND NATIONALSOZIALISMUS

Der Untergang der Monarchie mit dem Ende des Ersten Weltkriegs war nicht geeignet, das demokratische Engagement des Adels zu fördern. Hier zeigte sich reichsweit sogar eine deutliche Zäsur auf dem Wege des Adels zur Demokratie, ja eine Blockade. Sie brachte – auf Reichsebene – nicht nur eine Annäherung an monarchistisch-republikfeindliche Kreise, sondern auch eine Aufgeschlossenheit gegenüber dem Nationalsozialismus, die nicht selten zur Mitgliedschaft in der NSDAP führte. Bei aller Ablehnung von Republik und Demokratie, die weitgehend gleichgesetzt wurden, stellte sich immer die Frage, wie weit man in der Gegnerschaft zur Republik zu gehen bereit war.

Eine wirksame Barriere, in Richtung Nationalsozialismus abzugleiten, bildete die katholische Konfessionszugehörigkeit, die zu Distanz, Ablehnung, wenn nicht gar zum Widerstand gegen den Nationalsozialismus führte, wie sich besonders eindrucksvoll am Beispiel von Erich Fürst von Waldburg-Zeil dokumentiert. Generell lässt sich – von wenigen Ausnahmen abgesehen – konstatieren, dass der oberschwäbische Adel, katholisch, sich auf Distanz zu den Nationalsozialisten hielt – was aber nicht eine Präferenz für die Demokratie bedeutete[7].

Denn schließlich musste man ja auch vom Zentrum enttäuscht sein, das sich als Stütze der Republik erwies. Von daher ist es nicht verwunderlich, dass wir in der Zeit der Weimarer Republik oberschwäbische Adelige weder im Landtag noch im Reichstag finden, von einer Ausnahme abgesehen: Franz Schenk Freiherr von Stauffenberg, von Reinhold Weber treffend als „Ausnahmekatholik" bezeichnet[8], der bereits 1907 bis 1912 ritterschaftlicher Abgeordneter in der Ersten Württembergischen Kammer war, ein ausgesprochen agrarischer Interessenvertreter. Von 1924 bis 1928 und dann wieder von 1930 bis 1945 war er Reichstagsabgeordneter, zunächst als Mitglied des Bauern- und Weingärtnerbundes/Deutschnationale Volkspartei (DNVP), dann als Hospitant der NSDAP. Nach dem Hitler-Attentat vom 20. Juli 1944 fiel er der Sippenhaft anheim.

POLITISCHE MANDATE NACH DEM ZWEITEN WELTKRIEG

Der Weg zur Demokratie setzte sich erst in der Bundesrepublik Deutschland nach dem Zweiten Weltkrieg fort: Erst seit 1980 hatte ein Vertreter des oberschwäbischen Hochadels wieder ein Mandat im nationalen Parlament, dem Deutschen Bundestag, inne – und wieder war es ein Nachkomme des „Roten Fürsten": Graf Alois von Waldburg-Zeil (MdB von 1980 bis 1998), und zwar für den Wahlkreis Biberach, nach zunächst vier vergeblichen Anläufen im heimischen Wahlkreis Ravensburg (bzw. Ravensburg-Bodensee), die er seit 1969 unternommen hatte. Graf Alois war kein Seiteneinsteiger, durch Namen und Herkunft begünstigt; vielmehr hat er die ganz normale „Ochsentour", mit Positionen im vorpolitischen Raum

Der oberschwäbische Adel in der Kommunalpolitik

⁞⁞ Graf von WALDBURG-ZEIL   CDU

Alois Graf von Waldburg-Zeil; Forstwirt; 88260 Argenbühl (Ratzenried) – * 20.9.1933 Schloß Zeil (Württemberg), kath., verh., 3 Kinder – Human. Gymnasium, Jesuitenkolleg St. Blasien, Abitur 1953. Studium der Volkswirtschaft und der Pol. Wissenschaft in Rom, München und Bonn. 1957 Übernahme des land- und forstwirtschaftl. Besitzes Ratzenried. 1964 Gründung des Weltforum-Verlages in München, bis 1979 dessen Geschäftsführer. Mitherausgeber der Zeitschrift „Internationales Afrika Forum" und der Zeitschrift „Internationales Asien Forum". Elternbeiratsarbeit seit 1964, Vors. Landeselternbeirat von BW 1972/81, Vors. Bundeselternrat. 1977/81 Mitgl. Bauernverband. Mitgl. der CDU seit 1962, 1981/93 Mitgl. des Landesvorst. von BW, Mitgl. Bezirksvorst. Mitgl. Gemeinderat Argenbühl 1972/80. – MdB seit 1980; 1982/90 Obmann der CDU/CSU-Fraktion im Ausschuß für Bildung und Wissenschaft, 1990/94 Vors. der Arbeitsgruppe Bildung und Wissenschaft und bildungspol. Sprecher der CDU/CSU-Fraktion.
Wahlkreis 196 (Biberach)
CDU 58,9 – SPD 20,6 – Grüne 9,8 – F.D.P. 2,6 – PDS -

Alois Graf von Waldburg-Zeil. Kurzvorstellung als Mitglied des Bundestages in Kürschners Volkshandbuch Deutscher Bundestag, 13. Periode 1994.

(Vorsitzender Landeselternbeirat, Bundeselternbeirat), verbunden mit politischen Niederlagen, durchlaufen, bevor er sich den Wählerinnen und Wählern im Wahlkreis stellen konnte. Auch sein Bruder, Fürst Georg, hatte 1965 versucht, ein Bundestagsmandat zu erringen, allerdings nicht in direkter Wahl im Wahlkreis, sondern auf der Landesliste der als adelsfreundlicher angesehenen CSU. Die schlechte Plazierung verhinderte seinen Einzug in den Bundestag; einen zweiten Anlauf hat er nicht unternommen.

KOMMUNALE MANDATE – EINE EPISODE?

Die Übernahme kommunaler Mandate durch die mediatisierten Standesherren und die ehemalige Reichsritterschaft erscheint zunächst nicht naheliegend. Auch nach der Mediatisierung blieben eigene Ämter und Gerichte der ehemaligen Landesherren erhalten, die Grundherrschaft blieb zunächst bestehen, der eigene Besitz war exemt. Die bisherige Distanz zwischen Herren und Untertanen wäre aufgegeben worden, man hätte sich nach der Aufhebung der adligen Privilegien mit den ehemaligen Untertanen im kommunalen Entscheidungsprozess „gemein" gemacht. Mehr noch: Gerade nach dem Verlust nicht nur von Herrschaft, sondern auch von Privilegien war es – zumindest psychologisch – um so wichtiger, auf Abstand zu halten und bisherige Vorrechte traditionell weiter in Anspruch zu nehmen. Das betraf beispielsweise Beflaggung bei Ereignissen in der adligen Familie (Heirat, Geburt, Todesfall), auch bevorrechtigte Plätze in der Öffentlichkeit (Kirche, Prozessionen, Festveranstaltungen). Gerade auch im Lokalen konnte der Zusammenprall von überkommenen Rechten und demokratisch-republikanischer ‚Kleiderordnung' bei den Standesherren und den Mitgliedern ehemals regierender Häuser recht massiv ausfallen. Fritz Kallenberg hat dies an einem, wenn auch aus der Zeit der Weimarer Republik ausgewählten, so doch für die Grundproblematik exemplarischen Konflikt zwischen Staatsrepräsentanten und dem Haus Hohenzollern-Sigmaringen deutlich gemacht[9]. Bei einem solchen hochadligen Selbstverständnis scheint die Barriere für die Übernahme kommunaler Mandate ungleich höher zu sein als bei der Bewerbung um nationale Mandate.

Aber auch hier bilden das Ende von Nationalsozialismus und Zweitem Weltkrieg und die damit verbundenen Probleme des Wiederaufbaus unter einem Besatzungsregime eine deutliche Zäsur. So engagierte sich beispielsweise Therese Gräfin von Waldburg-Zeil unmittelbar nach Kriegsende in Friesenhofen (heute Stadt Leutkirch) im Gemeinderat. Nicht das politische, jedoch das kommunalpolitische Engagement von Fürst Erich von Waldburg-Zeil setzte erst später ein. Der erklärten Gegner des Nationalsozialismus, der im Dritten Reich um Vermögen, Freiheit und Leben begründet fürchten musste, engagierte sich sofort nach Kriegsende im Sinne seiner naturrechtlichen und eher ständestaatlichen, „katholisch-abendländischen" Vorstellungen in CDU und CSU deutlich über den lokalen Umkreis hinaus. Dabei blieben die Beziehungen zur CDU nicht konfliktfrei. Mitglied des Kreistags von Wangen im Allgäu war er erst von 1949 bis zu seinem Unfalltod 1953. In den nur wenigen Sitzungen des Gremiums propagierte er Bürokratieabbau, sprach sich für kulturelle Zurückhaltung des Landkreises aus und machte sich für den sozialen Wohnungsbau stark, der dringend erforderlich wurde, nachdem auch die französische Zone sich an der

Erich Fürst von Waldburg-Zeil
zu Schloß Zeil, Reichenhofen
(KT seit 1949, † 24. 5. 1953)

Georg Fürst von Waldburg-Zeil
zu Schloß Zeil, Reichenhofen
(KT 1960—1965)

Erich Fürst von Waldburg-Zeil (1899 – 1953) und Georg Fürst von Waldburg-Zeil (geb. 1928). Ausschnitt aus der Broschüre „25 Jahre Landkreis Wangen im Allgäu". Wangen 1965 mit Bildseiten der Mitglieder des Kreistags.

Aufnahme von Flüchtlingen beteiligen musste. Aufgefallen ist er mit seiner nachträglichen Ehrenerklärung im Kreistag für den neuen Landrat Dr. Walter Münch, nachdem die Tübinger Landesregierung von Württemberg-Hohenzollern gegen den Widerstand des Wangener Kreistags Münch 1949 zum Landrat ernannt hatte. Man sei zwar gegen dieses Verfahren gewesen, aber man hätte keinen besseren Landrat bekommen können, so der Tenor seiner Rede. Mehr geben die Kreistagsprotokolle nicht her. Doch trotz dieser noblen Geste blieb die Feindschaft Münchs gegen den oberschwäbischen Adel zeitlebens bestehen. Insgesamt jedenfalls lässt sich in den Diskussionsbeiträgen von Fürst Erich nichts entdecken, das in irgendeiner Weise Bezug zu seiner adligen Herkunft hätte. Auch in anderen Gemeinderäten mit einem adligen Mitglied lässt sich später kein adelspezifisches Profil der Mandatsausübung ausmachen. Dass in der Wahrnehmung des Mandats die eigenen wirtschaftlichen Interessen im Auge behalten werden, gilt für alle Mandatsträger, ob adlig oder bürgerlich. Die zu beobachtende Zeitknappheit der adligen Mandatsträger (Absenzen, Zuspätkommen) ist eher abhängig von ihrem wirtschaftlichen Engagement – wie auch bei anderen Unternehmern; als einzige Besonderheit ließe sich nur anführen, dass man oft auch zu „standesgemäßen" Freizeitbeschäftigungen wie der Jagd oder exklusiven sportlichen Betätigungen außer Landes ist.

Auch Fürst Erichs Sohn und Nachfolger, Fürst Georg, engagierte sich in der Kommunalpolitik und war von 1960 bis 1973 im Kreistag zu Wangen; für den Kreistag des neu gebildeten Kreises Ravensburg – in dem der bisherige Landkreis Wangen aufgegangen war –, kandidierte Fürst Georg nicht mehr. In Sachen Mülldeponie und Flughafen wusste er dennoch sehr wohl seine Interessen zu wahren. Mitglied im Kreistag von Wangen und anschließend von Ravensburg war ferner Paul Fürst von Quadt-Wykradt-Isny von 1973 bis 1984; von 1971 bis 1980 war er zudem Gemeinderat in Isny.

In der Kommunalpolitik aktiv war zudem der oben genannte jüngere Bruder von Georg Fürst von Waldburg-Zeil, Graf Alois, und zwar im Gemeinderat von Argenbühl, zu welcher Gemeinde sein Wohnort Ratzenried gehört, und zwar von

Der oberschwäbische Adel in der Kommunalpolitik

Verleihung der Ehrenbürgerwürde der Stadt Bad Waldsee an Franz Fürst von Waldburg-Wolfegg durch Bürgermeister Rudolf Forcher, rechts daneben Adelheid Fürstin von Waldburg-Wolfegg.

1972 bis 1980, also unmittelbar vor Erwerb seines Bundestagsmandats. Bei den Wolfeggern gibt es beinahe so etwas wie eine kommunalpolitische Tradition: Über längere Zeiträume als Mitglied im Gemeinderat und schließlich stellvertretende ehrenamtliche Bürgermeister waren sowohl Johannes Graf von Waldburg-Wolfegg in Kißlegg (seit 1963) als auch Michaela Gräfin von Waldburg-Wolfegg (1984 bis 1999), ebenfalls in Kißlegg, davon von 1989 bis 1999 als stellvertretende Bürgermeisterin in einer ortspolitisch nicht gerade leichten Zeit. Maximilian Willibald Fürst zu Waldburg-Wolfegg war schon in seiner Zeit als Erbgraf Gemeinderat in Wolfegg, und zwar über den langen Zeitraum von 1953 bis 1997, am Ende als stellvertretender Bürgermeister. Auch die Mutter von Maximilian Willibald, Fürstin Adelheid, war zehn Jahre Gemeinderatsmitglied in Bad Waldsee (1965 – 1975). Der gegenwärtige Fürst von Waldburg-Wolfegg, Johannes, ist seit 1994 Mitglied im Kreistag von Ravensburg, nicht aber im Gemeinderat.

Die Zeiten kommunalpolitischen Engagements des Hochadels scheinen heute weitgehend vorbei zu sein. Gegenwärtig findet sich nur noch ein einziges Mitglied des Hochadels in einem Gemeinderat, nämlich Max Erbgraf zu Königsegg im achtköpfigen Gemeinderat von Königseggwald. In einer so kleinen Gemeinde – Königseggwald zählt 653 Einwohner – scheint in Anbetracht der engen Bezüge zwischen Adel und Gemeinde die Bereitschaft seitens der Königsegg ausgeprägt zu sein, der Erwartung der Gemeinde zur Mitwirkung zu entsprechen.

Hans-Georg Wehling

HOCHADLIGE KOMMUNALE MANDATSTRÄGER: NEIN, RITTERSCHAFTLICHE: JA

Dort, wo Mitglieder des Hochadels Gemeinderatsmitglieder sein könnten – so beispielsweise in Altshausen, Argenbühl, Aulendorf, Friedrichshafen, Gutenzell-Hürbel, Isny, Kißlegg, Leutkirch, Bad Waldsee, Waldburg, Warthausen, Wolfegg, Bad Wurzach; und außerhalb Oberschwabens im engeren Sinne in Donaueschingen, Salem, Sigmaringen – sind heute keine Adeligen im Gemeinderat mehr zu finden. Anders der niedere Adel, die Ritterschaft. So sind beispielsweise gegenwärtig Mitglied im Gemeinderat: Constantin Freiherr von Ulm-Erbach in Erbach (er ist auch Mitglied im Kreistag des Alb-Donau-Kreises), Franz Schenk von Stauffenberg in Langenenslingen, Clemens Graf Leutrum in Laupheim, Burkhard Freiherr von Ow-Wachendorf (außerhalb des engeren Oberschwaben) in Starzach, Michael von Thannheim in Tannheim und Benedikt-Joachim Freiherr von Herman in Wain.

Man könnte das so interpretieren: In den – sowohl was die Ortsgröße, den sozialen Rang als auch den adligen Besitz angeht – vergleichsweise kleineren Verhältnissen ist das Selbstverständnis, Teil der Gemeinde zu sein, stärker ausgeprägt; die Verpflichtung, sich lokal zu engagieren, größer; andererseits aber auch der soziale Abstand zu Bürgermeister und Mitbürgern geringer: man stellt nicht viel mehr dar als eine lokale Oberschicht: im Besitz eines Hofgutes, von Wald, einer Baumschule und einigen Aktienpaketen vielleicht, zwar ein bisschen ‚vornehmer', doch mit engen sozialen Kontakten zu den Mitbürgern, denen man täglich über den Weg läuft. Charakteristisch für den niederen Adel – und meine These stützend – ist, dass er in das lokale Vereinswesen in der Regel voll integriert ist; auch hier manifestiert sich ja Kommunalpolitik, nehmen doch die Vereine weitgehend die Funktionen von Parteien in den kleineren Gemeinden wahr (wie beispielsweise Orientierungsfunktion bei Wahlen, Kandidatenauslese und Sozialisation für die Übernahme eines Mandats bzw. für Interessenvertretung).

Besichtigung einer sanierten Ortsstraße in Wain (Landkreis Biberach) im Juli 2005 durch Bürgermeister Christian Schlenk (2. von links) und Mitglieder des Gemeinderats, rechts Benedikt-Joachim Freiherr von Herman.

„ADELSMACHT" ALS ÖKONOMISCHE RESSOURCE: DER KONFLIKT UM GRUND UND BODEN

Adel heute scheint recht ‚normal' geworden zu sein: Sein Einfluss auf die Kommunalpolitik gründet sich im wesentlichen auf seinen Besitz; seine tatsächliche Macht im Kommunalen ist eine Funktion von ökonomischer Macht. Geheiligte Traditionen, wohlklingende Titel – mögen sie rein rechtlich auch als Namensbestandteile gelten – vermögen sicherlich als weitere Ressource von Macht bedeutsam zu sein, können manches leichter machen, als Türöffner bei Entscheidern außerhalb des eigenen Umfelds und der eigenen Gemeinde dienen; doch auch der Titel eines bürgerlichen Professors vermag das ja in gewissem Maße. Insgesamt trifft die These von Andreas Dornheim zu, dass der Adel längst in der bürgerlich-industrialisierten Gesellschaft angekommen ist – und wohl auch in der demokratischen Gesellschaft.

Konflikte zwischen Adel und Kommunalpolitik stellen sich auch heute noch vielfach als Konflikte um Grund und Boden dar. Das hat Tradition:

Auch nach der Aufhebung der Grundherrschaft gab es zwischen Adel und Bauern in Oberschwaben permanente Konflikte um Grund und Boden. Wenn Land zum Verkauf angeboten wurde, standen sich Adelige und Bauern als Interessenten und Bieter gegenüber, wobei der Adel der potentere Bieter sein konnte und seinen Besitz zu arrondieren und auszudehnen suchte. Die Bodenreform im französisch besetzten Württemberg-Hohenzollern von 1948, wonach der Adel einen Teil seines landwirtschaftlichen Grundbesitzes zugunsten von Neubauern zu veräußern hatte, konnte auf lange Frist den adligen Grundbesitz nicht einschränken, man fand auch genügend Wege – wie zum Beispiel Aufforstung –, das Gesetz zu umgehen. Die abhängigen Kleinpächter – potentielle Nutznießer der Reform, aktuell jedoch von Kündigung bedroht – ließen sich unter Druck setzen. Vor allem spielte man erfolgreich auf Zeit, im Verein mit einer gekonnten Strategie juristischer Auseinandersetzungen. Der Konflikt stellte sich auch innerhalb des Landesbauernverbandes Württemberg-Hohenzollern dar, personalisiert in Präsident Bernhard Bauknecht auf der einen Seite, Georg Fürst von Waldburg-Zeil auf der anderen – ein Konflikt, der 1964 zum Ausschluss des Fürsten aus dem Bauernverband führte. Diese langwierigen Auseinandersetzungen um die Bodenreform hat Andreas Dornheim detailliert aus den Akten des Landesamtes für Flurbereinigung und Siedlung Baden-Württemberg herausgearbeitet[10]. Die Auseinandersetzungen um die Bodenreform vollzogen sich naturgemäß auf der ‚Bühne' von Gemeinden, es waren aber keine Konflikte kommunalpolitischer, sondern landespolitischer Natur.

DAS BEISPIEL ISNY

Anders sieht es bei Konflikten im Rahmen kommunaler Gestaltungspolitik aus, die auf Boden angewiesen ist. Hier handelt es sich primär, sogar ausschließlich, um kommunalpolitische Agenden. Exemplarisch soll hier das Beispiel Isny im Allgäu herangezogen werden[11]. Eingezwängt zwischen weltlichen und geistlichen Territorien im Alten Reich, konnte die Freie Reichsstadt Isny nie ein nennenswertes Territorium ausbilden; namentlich die räumlich eng verbundene Klosterherrschaft Isny behinderte die Entwicklungschancen der Stadt. Das Kloster verfügte, unmittelbar vor den Toren der Stadt, über den notwendigen Grund und Boden. Für die Zeit des Alten Reiches und die Protoindustrialisierung noch wichtiger: Das Kloster verfügte auch über die Wasservorräte. Der Konflikt ideologisierte sich, als die Reichsstadt der Reformation beitrat, das Kloster beim alten Glauben blieb. Nach der Säkularisierung und der Aufhebung des Status als Reichsstadt 1803 trat das Adelsgeschlecht derer von Quadt-Wykradt vom Niederrhein in die Besitzrechte des Klosters ein und wurde somit der „Konfliktpartner der Stadt" in der Nachfolge des Klosters.

Auch heute noch verfügt die Stadt Isny kaum über Grund und Boden. Für ihre Baupläne war sie stets auf drei Kategorien von Landbesitzern angewiesen: auf die evangelische Kirche (Stiftungsbesitz), das Haus Quadt-Wykradt-Isny und auf Angehörige des ehemaligen „Reichsstadtpatriziats". Die evangelische Kirche verkaufte grundsätzlich nicht (zumindest nicht bis vor wenigen Jahren), die anderen konnten – angesichts der Zwangslage der Stadt – hohe Preise aushandeln. Die Auseinandersetzungen zwischen dem Stadtrat und dem Haus Quadt erreichten in den 20er Jahren des 20. Jahrhunderts einen Höhepunkt, als die Stadt für etliche private Siedlungsprojekte Baugrund ausweisen wollte und dafür Grundstücke benötigte, die sich im Besitz des Hauses Quadt befanden. Über Jahre zogen sich die Verkaufsverhandlungen hin. Das Ganze wiederholte sich in den dreißiger Jahren. Zwar signalisierte das Haus Quadt Verkaufsinteressen, doch die geforderten Grundstückspreise erschienen der Stadt deutlich überhöht oder die angebotenen Grundstücke lagen abseits des Stadtgebietes. In dieselbe Zeit fiel ein heftiger Konflikt um die zeitlich befristete Nutzung eines fürstlichen Privatwegs während der Sperrung der Hauptstraße wegen der dortigen Kanalisationsarbeiten. Vor diesem Hintergrund wird deutlich, warum die Frage eines Glückwunsches der Stadt zur Hochzeit des Grafen Alexander von Quadt ein Politikum werden konnte, über das lange diskutiert wurde und für das man eine diplomatische Lösung finden musste.

Die Situation verschärfte sich nochmals erheblich, als die Stadt nach dem Zweiten Weltkrieg rund 4 000 Neubürger unterbringen musste. Der Stadt blieb nichts anderes übrig, als die von Quadt geforderten Preise zu zahlen. Weitere Höhepunkte im Streit zwischen Stadt und Fürstenhaus ergaben sich in den späten siebziger und dann in den achtziger Jahren des 20. Jahrhunderts, als die Stadt ein Freizeitzentrum und dann eine Turnhalle bauen wollte und in beiden Fällen auf Grundstücke des Hauses Quadt angewiesen war. Die Empörung in der Stadtverwaltung und in der Bürgerschaft machte sich stets mit denselben Schlagworten Luft: Der Fürst wolle für seine „sauren Wiesen" überhöhte Preise, im Bewusstsein der Zwangslage der Stadt. Die Frage des Grundstückspreises spielte bei einem (erfolgreichen) Bürgerentscheid gegen das Stadthallenprojekt (1979) und bei der Nicht-Wiederwahl von Bürgermeister Hubert Benk (1984) zumindest auch eine Rolle. Der Nachfolger Benks, Bürgermeister Dr. Christoph Eichert, gab in der Frage des Grundstückspreises nach, um das Projekt voranbringen zu können. Noch vor einer anstehenden Wiederwahl verließ er während der ersten Amtszeit die Stadt, um Referatsleiter im Sächsischen Innenministerium zu werden – man könnte interpretierend sagen: aus banger Vorahnung heraus, ‚sicherheitshalber' (damit war seine Karriere – außerhalb von Isny – noch nicht zu Ende).

Trotz dieser Konfliktlage zwischen Stadt und Fürstenhaus wurde Paul Fürst zu Quadt-Wykradt sowohl 1971 als auch 1975 in den Gemeinderat, 1973 und 1984 in den Kreistag gewählt. Das wirft Fragen sowohl an den Fürsten als auch an die städtischen Wähler auf: Was macht das kommunale Mandat für den Fürsten eigentlich attraktiv? Wollte er damit demonstrieren, dass er sich der Verantwortung keinesfalls entzieht, sich einem demokratischen Votum stellt? Unverkennbar ist ja, dass er sich dadurch zugleich in eine unbequeme Situation begab: Auf höheren Grundstückspreisen zu bestehen, fällt leichter, wenn

Isny und sein Umland. Luftbild von Albrecht Brugger, um 1975.

Der oberschwäbische Adel in der Kommunalpolitik 179

man sich in seiner Villa im Schlosspark (das Schloss, das frühere Kloster, war an die Stadt Stuttgart zur Nutzung als Heim verkauft worden) oder in der Kanzlei verschanzen kann, als wenn man den übrigen Gemeinderatsmitgliedern gegenübersitzt, Auge in Auge. Wiegt der – durchaus geldwerte – Informationsvorsprung, den man als Gemeinderatsmitglied gegenüber den Entwicklungsplänen der Stadt bekommt, diese unbequeme Lage eigentlich auf? Auf Seiten der städtischen Wählerschaft könnte gerade das ein Motiv gewesen sein: Man bindet den Fürsten ein, erschwert es ihm, auf den angeblich „überhöhten" Preisen zu bestehen. Das Beispiel Isny mag untypisch sein. Die Vorgänge in dieser Stadt erinnern – zumindest streckenweise – an die Konfliktmuster des täglichen Umgangs zwischen Klosterherrschaft und Reichsstadt aus früheren Zeiten; es lässt sich deshalb fragen, ob es sich hier um adelstypische Muster in der Kommunalpolitik handelt – oder ob sich hier ein überkommenes Muster des Konfliktaustrags perpetuiert.

Andernorts verweist so mancher Bürgermeister darauf, dass es einfacher sei, mit einem einzigen Adeligen bzw. dessen Hof- oder Domänenkammer wegen eines Grundstücks zu verhandeln, als mit einer Vielzahl von Kleinbesitzern handelseinig werden zu müssen. Es gibt sogar Beispiele moderner Public Private Partnership zwischen Kommune und Adelshaus, wenn beispielsweise in Achstetten bei Laupheim ein Wohngebiet erschlossen wird: auf dem Grund und Boden der Adelsfamilie Reuttner von Weyl und von ihr bebaut, auf der Grundlage eines förmlichen Vertrags zwischen Kommune und grundbesitzender Familie. Bei der Kommunalwahl 2004 hat sich der Freiherr von Weyl auch um ein Gemeinderatsmandat beworben, ist aber nicht gewählt worden.

Eher adels-untypisch liegt der Fall, wenn ein Adeliger irgendwo in Oberschwaben irgendeinen Grundbesitz ohne traditionellen Herrschaftshintergrund erbt: Er verwaltet ihn dann wie jeder andere Besitzer von Grund und Boden auch. Spezielle Adelsinteressen hat er dann nicht. Ein Beispiel dafür ist Graf Rudolf Spreti in Leupolz (heute Stadt Wangen im Allgäu), der von 1973 bis 1989 im Gemeinderat von Wangen war und sich dort vorwiegend für die Interessen des Ortsteils Leupolz einsetzte. Ähnliche Fälle wird man vermutlich auch andernorts finden. Schaut man sich Gemeinderatsberatungen näher an, wenn es um den Erwerb von fürstlichen Grundstücken für kommunale Vorhaben geht, fällt auf, dass hier die Diskussionen kaum je rein sachlich verlaufen, sondern dass hier ein gewisses Spannungsverhältnis sichtbar wird, ja eine gewisse Adelsfeindschaft zumindest kurz aufblitzt, indem auf den Bauernkrieg, den „Bauernjörg" speziell, angespielt wird, und unter welchen Umständen das zur Frage stehende Grundstück seinerzeit an „den Fürsten" gekommen sei. Am Ende jedoch beugt man sich den Realitäten.

‚AUTOMATISCHER' EINFLUSS AUF DIE KOMMUNALPOLITIK

Insgesamt gilt für den Adel heute – wie für Industrielle –, dass ihr Einfluss auf die Kommunalpolitik gleichsam automatisch ist; das betrifft die Häuser Waldburg-Zeil oder Waldburg-Wolfegg, Hohenzollern-Sigmaringen, Fürstenberg genau so wie Industrielle wie Liebherr (beispielsweise in Biberach, Ehingen oder Ochsenhausen) oder Weishaupt (in Schwendi): weil sie Anbieter von Arbeitsplätzen und Gewerbesteuerzahler sind und als Wohltäter für die Gemeinde fungieren können, hütet man sich, es sich mit ihnen zu verderben; beinahe könnte man sagen: man ist sogar bereit, ihnen die Wünsche ‚von den Augen abzulesen'. Für den Adel kommt jedoch ein wichtiger Trumpf hinzu: der Besitz von Grund und Boden, der für eine gestaltende Kommunalpolitik unverzichtbar ist. Hierin liegt eine wesentliche Machtquelle für den Adel in der Kommunalpolitik, dort, wo er ansässig ist und über Grund und Boden verfügt: Man ist auf ihn angewiesen, wenn man kommunalpolitisch gestalten will. Warum sollte man sich da durch das Streben nach einem Mandat noch zusätzlich kommunalpolitisch engagieren? Hinzu kommt, dass stets etliche Beschäftigte des eigenen Hauses bzw. Betriebes sich in der Kommunalpolitik betätigen. Diese dürften zwar wohl kaum Weisungen empfangen, wie sie sich im Gemeinderat oder im Kreistag zu verhalten haben. Doch wird man davon ausgehen können, dass sie sich nicht gegen vitale Interessen ihres Arbeitgebers verhalten werden – auch das läuft ‚automatisch'.

Die noch bis 1918 regierenden Häuser – Baden und Württemberg, in Salem bzw. Altshausen sowie in Friedrichshafen heimisch geworden – haben sich genausowenig in der Kommunalpolitik engagiert wie das ihnen gleichgestellte Haus Hohenzollern-Sigmaringen (das bis 1850 regierte). Sie empfanden und empfinden es unter ihrer – königlichen – Würde, sich in den Niederungen der Kommunalpolitik zu engagieren und unterlassen es auch in der Landes- und Bundespolitik.

Das kommunalpolitische Engagement der Standesherren blieb eine Episode nach dem Zweiten Weltkrieg. Angesichts des Bedeutungsverlustes von Land- und Forstwirtschaft hat der strukturelle Konflikt um land- und forstwirtschaftlich genutztem Boden, der das Verhältnis zwischen adligen Grundbesitzern und Bauern – latent oder offen – über einen langen Zeitraum belastete, seine Brisanz verloren; adlige Häuser sind Wirtschaftsunternehmen geworden, Familien-Holdings, die längst auch Global Player sind; nicht zufällig verfügt das Haus Waldburg-Zeil über einen eigenen Flughafen unterhalb des Stammsitzes in Unterzeil. Von daher hat das eigene kommunalpolitische Interesse an Bedeutung eingebüsst.

Von der Kommunalpolitik geschätzt wird der Adel nach wie vor in seiner Funktion als Schirmherr und Sponsor für kommunale Ereignisse und Vorhaben. Entsprechend werden die Adeligen hofiert – jedoch kaum anders als Unternehmer am Ort. Und natürlich sind sie wichtige Arbeitgeber, was sich günstig im Arbeitsplatzangebot niederschlägt, aber zugleich, zumal bei Pachtverhältnissen, Abhängigkeiten begründen kann. Die lokale Arbeitgeberfunktion beschränkt sich längst nicht mehr auf die Land- und Forstwirtschaft und die ehemals herrschaftliche Verwaltung: Andere Gewerbe und Dienstleistungen kommen hinzu, so beispielsweise Kurbetriebe (Waldburg-Zeil, Waldburg-Wolfegg).

IN DER DEMOKRATIE ANGEKOMMEN

Nach wie vor gibt es den adligen Lebensstil, zu dem das Heiratsverhalten mit Konnubium im eigenen Stand genau so gehört wie die adlige Residenz. Als standesgemäß wird nach wie vor angesehen, dass der Chef des Hauses, der Fürst, im Stammschloss Zeil residiert, die Fürstenwitwe im Schloss Neutrauchburg, der Erbgraf in Schloss Rimpach. Aus der Sicht der Denkmalpflege ist ein solches Verhalten zu begrüßen; nur so werden sichtbare Zeugnisse der Vergangenheit angemessen unterhalten. Ökonomisch sinnvoll ist ein solches Verhalten für den Adel jedoch nicht, Schlösser sind unter diesem Gesichtspunkt ein unnötiger Kostenfaktor. Insofern sind die Adeligen auch heute noch mehr als Unternehmer, fühlen sich ihrer Vergangenheit verpflichtet und pflegen einen ‚standesgemäßen' Lebensstil, der sich für die Allgemeinheit beim Unterhalt von Kulturgütern als überaus nützlich erweist. Somit ist das Verantwortungsbewusstsein gegenüber der Tradition, gegenüber der eigenen Geschichte, gegenüber der eigenen Familie das Pendant zur Bedeutung von Titeln und der von ihnen ausstrahlenden Würde. Es ist zu wünschen, dass diese Verantwortung bleibt und dass diese eigene Vergangenheit nicht versteigert wird, wie das im Hause Hannover zu beobachten war, ansatzweise auch im Haus Baden und bei den Fürstenberg.

Resümiert man das politisch-ökonomische Verhalten des oberschwäbischen Adel in den letzten Jahrzehnten, dann kann kein Zweifel bestehen, dass der Adel nicht nur in der modernen Wirtschaftsgesellschaft, sondern auch in der Demokratie angekommen ist, versehen mit der Zier der eigenen adligen Vergangenheit – Schlössern, distinkten Verhaltensformen, Titeln und Anreden –, aber zweifellos angekommen.

Anmerkungen:

1 Grundlegend hier immer noch: *Heinz Gollwitzer*: Die Standesherren. Göttingen ²1964.
2 Vgl. *Manfred Hettling*: Reform ohne Revolution. Bürgertum, Bürokratie und kommunale Selbstverwaltung in Württemberg von 1800 bis 1850. Göttingen 1990.
3 Allerdings bin ich in der glücklichen Lage, mich in diesem Beitrag auf zwei Untersuchungen, die dieses Thema zumindest ‚berühren' und die ich als ‚Doktorvater' angeregt und betreut habe, teilweise berufen zu können: auf die Arbeit von *Sylvia Greiffenhagen*: Politische Kultur Isnys im Allgäu. Kehl – Straßburg - Arlington 1988 und auf die Arbeit von *Andreas Dornheim*: Adel in der bürgerlich-industrialisierten Gesellschaft. Eine sozialwissenschaftlich-historische Fallstudie über die Familie Waldburg-Zeil. 1993.
4 Grundlegend, in wörtlichem Sinne, ist hier *Frank Raberg*: Biographisches Handbuch der württembergischen Landtagsabgeordneten 1815 – 1933. Stuttgart 2001. Frank Raberg verdanke ich darüber hinausgehende Hinweise. So schrieb Raberg mir: „Das Thema war bisher noch nie Gegenstand wissenschaftlicher Forschung, daher existiert m. W. auch noch keine Zusammenstellung aller oberschwäbischen Adligen in den Parlamenten." In einer zweiten Mitteilung schrieb Raberg mir: „Je mehr man sich mit dem Thema ‚Oberschwäbische Adlige in der Politik' befaßt, je mehr gelange ich zu der Überzeugung, dass dies ein lohnendes Thema für eine Dissertation, Habilitation oder für ein Kolloquium wäre [...]." Was Raberg zum Thema ‚Oberschwäbische Adlige als Mitglieder des Reichstags und des Württembergischen Landtags 1815 – 1933' konstatiert, gilt erst recht für die Mitgliedschaft in Gemeinderäten.
5 Zur Terminologie der Konfliktlinien vgl. *Seymour M. Lipset / Stein Rokkan*: Party Systems and Voter Alignments. Cross-National Perspectives. New York 1967. Ferner: *Hans-Georg Wehling*: Politische Kultur, Wahlverhalten und Parteiensystem im Baden-Württemberg. In: *Michael Eilfort* (Hg): Parteien in Baden-Württemberg. Stuttgart 2004, 201-218.
6 Vgl. beispielsweise *Peter Blickle*: Katholizismus, Aristokratie und Bürokratie in Württemberg des Vormärz. In: Historisches Jahrbuch 88 (1968), 369-406. *Dornheim* 1993 (wie Anm. 3), 166ff. *Walter-Siegfried Kircher*: Ein fürstlicher Revolutionär aus dem Allgäu. Fürst Constantin von Waldburg-Zeil 1807 – 1862. Kempten 1982. Siehe auch den Beitrag Kircher in diesem Band.
7 Vgl. hierzu *Andreas Dornheim*: Oberschwaben als Adelslandschaft. In: *Hans-Georg Wehling* (Hg.): Oberschwaben. Stuttgart 1995, 123-150.
8 *Reinhold Weber*: Bürgerpartei und Bauernbund in Württemberg. Konservative Parteien im Kaiserreich und in Weimar (1895 – 1933). Stuttgart 2004, 415.
9 *Fritz Kallenberg*: Die Staatsautorität der Republik. Der preußische Regierungspräsident, der Fürst von Hohenzollern und die Stadt Sigmaringen 1919 – 1933. In: Deutschland und Europa in der Neuzeit. Festschrift für Karl Otmar Freiherr von Aretin. Stuttgart 1988, 751-779. Vgl. auch *Fritz Kallenberg* (Hg.): Hohenzollern. Stuttgart 1996, 185ff.
10 *Dornheim* (wie Anm. 3), 505-582.
11 Vgl. *Greiffenhagen* (wie Anm. 3), 149ff.

"Widerwerttigkheit vnd Aufruor"[1] im Klettgau
Die Herrschaftskrise der Grafen von Sulz an der Schwelle des 17. Jahrhunderts

Monika Baumann

In einem Schreiben vom 1. Mai 1598 an die Stadt Zürich brachte Rudolf von Sulz, der von 1583 bis 1602 als Landgraf im Klettgau regierte, seinen Verdruss über seine Untertanen zum Ausdruck: „Waßmassen vilgedachte meine widerspenige aidtsvergessne vnderthonen sonderlich Zu eüch [der Stadt Zürich] vnnd anderen benachbaurten hin: vnd wider geloffen, Rath, Hilff vnd beÿstandt wider mich [Rudolf von Sulz], Jren. Natürliche angeborne Obrigkeit, vnd die meinigen vnbefuegter weiß gesucht. Beÿ ettlichen deren vnnderthonen wöhr vnd waffen endtlehendt, derselben vnd fürnemblich des obangezognen Zürchischen Burgkhrechtens eines vermeintlichen hochmuets sich beruemet vnd Offentlich mit vil beesen, vnnutzen reden vnd betrouwungen [...] dargeben, es werde ein Statt Zürch vnd die Herrn ettlicher Ybrigen Orthen der Eÿdtgnoßschafft Sie bej allem Jrem gefasten meitischen Jntent vnd vorhaben wider mich handthaben, schützen vnd schürmen."[2] Der Aufstand seiner Untertanen und die drohende Intervention der Eidgenossen waren nicht die einzigen Probleme, mit denen sich Rudolf von Sulz und sein jüngerer Bruder Carl Ludwig am Übergang zum 17. Jahrhundert konfrontiert sahen[3].

DIE GRAFEN VON SULZ ALS LANDGRAFEN IM KLETTGAU

Das Geschlecht von Sulz gehörte dem schwäbischen Hochadel an. Sein Stammgebiet lag am oberen Neckar zwischen Rottweil und Sulz[4]. Die Wurzeln dieses Grafengeschlechts können bis in die zweite Hälfte des 11. Jahrhunderts zurückverfolgt werden[5]. Die sulzische Stammburg und der Landbesitz[6] gingen in der zweiten Hälfte des 13. Jahrhunderts an die Grafen von Geroldseck über.

Der Klettgau ist ein kleineres Territorium am Hochrhein, das westlich von Schaffhausen an der unteren Wutach liegt und sich heute auf baden-württembergischem und schweizerischem Gebiet befindet. 1023 erhielt das Haus Habsburg durch eine Schenkung von Kaiser Heinrich II. die Rechte am Klettgau[7]. 1288 wurde Rudolf III. von Laufenburg, ein Mitglied der Habsburger Nebenlinie, von König Rudolf I. von Habsburg als Landgraf im Klettgau eingesetzt. Das Reichslehen wurde während rund hundert Jahren weitervererbt. 1383 ging die Landgrafschaft an Graf Johann IV. über, den letzten männlichen Vertreter von Habsburg-Laufenburg. Als sich seine Tochter Ursula im Jahr 1408 mit Rudolf III. von Sulz vermählte, kam der Klettgau mit dem Landgericht und den zur Herrschaft gehörenden Rechten an die Grafen von Sulz[8]. Nach zwei kaiserlichen Lehensbriefen aus den Jahren 1473 und 1490 verlief die Grenze der Landgrafschaft vor Schaffhausen in den Rhein, zog sich weiter bis zur Einmündung der Wutach, folgte dieser bis zum Zufluss des Schleitheimer Bachs und erstreckte sich weiter bis zum Fuß des Randen, wo sie vor Schaffhausen endete[9].

Beim Versuch, ihre Herrschaft im Verlauf des 15. Jahrhunderts zu festigen, gerieten die Grafen von Sulz in lang andauernde Konflikte unter anderem mit Schaffhausen, Zürich, dem Kloster Rheinau und dem Bischof von Konstanz. In dieser Zeit erweiterten die Landgrafen ihren Besitz: Durch die Heirat von Alwig VIII. von Sulz mit der Freiherrin Verena von Brandis 1477 gewannen sie Vaduz, Schellenberg und Blumeneck. 1482 erwarben sie die Herrschaft Tiengen, 1497 die Herrschaft Küssenberg[10]. Das Schloss Tiengen, das sich in der Landgrafschaft Stühlingen befand, wurde zum offiziellen Sitz der Grafen von Sulz, obwohl sie sich selten dort aufhielten[11].

DIE HERRSCHAFTSKRISE AN DER WENDE ZUM 17. JAHRHUNDERT

Wappen von Rudolf Graf zu Sulz (Mitte) und seinen beiden Gemahlinnen, Barbara Gräfin zu Sulz, geb. Freiin von Staufen (links), und Agnes Gräfin zu Sulz, geb. Schenkin Freiin von Limburg (rechts). Das Wappen befindet sich am Torbogen des Schlosses Tiengen.

Ursachen

Die Grafen von Sulz befanden sich am Übergang vom 16. zum 17. Jahrhundert in einer schweren Regierungskrise. Der Konflikt in der Landgrafschaft illustriert, mit welchen Schwierigkeiten sich der Adel, insbesondere die Herren von kleineren Territorien im oberdeutschen Raum, seit dem ausgehenden 16. Jahrhundert auseinander zu setzen hatte[12]. Die Situation im Klettgau hatte große Ähnlichkeit mit derjenigen im benachbarten Oberschwaben, wo den adligen und geistlichen Herren ähnliche Optionen und Instrumente zur Verfügung standen, um sich der Herausforderung durch unzufriedene Untertanen, steigende finanzielle Belastung, Zersplitterung der Herrschaftsrechte und den Druck mächtiger Fürstenhäuser zu stellen[13].

1583 hatten die beiden Brüder Rudolf (1559 – 1620) und Carl Ludwig (1560 – 1616) den sulzischen Besitz unter sich aufgeteilt, wobei der Klettgau zusammen mit der Herrschaft Blumeneck an ersteren, Vaduz und Schellenberg an letzteren übergingen[14]. Im Jahr 1595 führten insbesondere zwei Begebenheiten Rudolf von Sulz in Bedrängnis: die angestiegenen Reichs- und Kreissteuern sowie sein Versuch, seinen Untertanen einen beträchtlichen Teil seiner Schulden aufzubürden[15]. Über die Gründe der hohen Verschuldung von Rudolf von Sulz herrscht Unklarheit: Einerseits schien er bereits bei Antritt seiner Regierung im Jahr 1583 von seinem Vater, Alwig von Sulz, einen hohen Schuldenberg übernommen zu haben[16]; andererseits wird die schlechte finanzielle Lage der Landgrafschaft auf sein verschwenderisches Wirtschaften zurückgeführt[17]. Insgesamt belief sich die Höhe seiner Schulden auf 315 000 Gulden[18], was in Relation zu den Einkünften der Herrschaft, die jährlich auf 10 000 bis 15 000 Gulden geschätzt wurden[19], eine beträchtliche Summe war. Angesichts dieser Bilanz erstaunt es nicht, dass die seit der erneut drohenden Türkengefahr an der südöstlichen Grenze des Reichs kontinuierlich auf sechzig Römermonate angestiegenen Reichssteuern den Landgrafen in eine finanzielle Zwangslage brachten[20]. Als er in der Folge versuchte, seinen Untertanen einen Teil seiner Schulden in der Höhe von rund 20 000 Gulden aufzubürden, und zugleich höhere Steuern forderte, setzte dies der Duldsamkeit der Klettgauer ein Ende. Nicht nur wehrten sie sich dagegen, für die gräflichen Schulden aufzukommen; 1595 organisierten sich die 16 Gemeinden zum Widerstand gegen ihren Herrn und verweigerten die Entrichtung der Reichssteuern sowie die Leistung diverser weiterer Abgaben und Dienste[21].

Die Situation von Rudolf von Sulz war höchst prekär. Zum einen hatte er den Anforderungen der Reichspolitik zu genügen und musste die erhöhten Reichssteuern aufbringen. Zum anderen war er durch den Aufstand seiner Untertanen auch einem Druck ‚von unten' ausgesetzt. Durch die mit dem Widerstand verbundenen Einkommenseinbußen wurde das gräfliche Haushaltsbudget zusätzlich belastet, ganz abgesehen davon, dass die Herrschaftsordnung innerhalb der Landgrafschaft erschüttert und seine Legitimation als Herr von den aufständischen Untertanen grundsätzlich in Frage gestellt wurde. Schließlich drohte ihm von Seiten der ungeduldigen Gläubiger, die die Rückzahlung ihrer Darlehen forderten, ein Prozess am Reichskammergericht[22]. Als überdies die Eidgenossen ankündigten, sich in den Konflikt mit seinen Untertanen einzumischen, schien er die Kontrolle über die Geschehnisse in seiner Landgrafschaft völlig zu verlieren.

Schloss Tiengen

Die Intervention von außen

Vor diesem Hintergrund kam es von außen zu Versuchen, den Konflikt im Klettgau zu beenden. Diese Entwicklung nahm ihren Anfang, als die Klettgauer Untertanen im Frühjahr 1597, zwei Jahre nach Ausbruch ihres Aufstandes, der sich bis dahin allein in der Landgrafschaft abgespielt hatte, eine kleine Delegation nach Zürich sandten[23]. Diese beschwerte sich bei Bürgermeister und Rat über die Herrschaftspraxis von Rudolf von Sulz und bat die Stadt um Unterstützung[24].

Was verband den Klettgau mit der Limmatstadt? Im Jahr 1478 hatten die beiden Brüder Alwig und Rudolf von Sulz mit Zürich ein Burgrecht geschlossen, aus dem neben verschiedenen gegenseitigen Verpflichtungen vor allem ein Schutzverhältnis resultierte[25]. Indem die aufständischen Untertanen die Hilfe der Zürcher ersuchten, verließen sie den üblichen ‚Pfad der Konfliktregulierung' innerhalb der Herrschaft; zugleich leiteten sie aus dem Burgrecht ein Recht auf den Schutz der Stadt vor ihrem eigenen Herrn ab, obwohl sie selbst nicht in einem direkten Rechtsverhältnis zu Zürich standen, denn nicht sie, sondern der Landgraf war ‚Burger' der Stadt. Ihr Vorgehen war zweifellos beeinflusst durch die Eidesleistung, die sie gemäß einer Bestimmung des zweiten Burgrechtsvertrages aus dem Jahr 1488 auf das Burgrecht zwischen ihrem Herrn und der Stadt Zürich ablegen mussten. Möglicherweise nahmen sie sich auch ihre Vorfahren zum Vorbild, die bereits in früheren Auseinandersetzungen mit den Landgrafen Rat und Hilfe von Zürich erwartet hatten[26]. Vielleicht übte auch die Eidgenossenschaft eine Anziehungskraft auf die Klettgauer aus, die durch die unmittelbare Nachbarschaft noch verstärkt wurde.

Kurz nachdem der Zürcher Rat von den sulzischen Untertanen um Hilfe gebeten worden war, schaltete sich die Stadt in die Auseinandersetzung ein, womit der Konflikt zwischen Rudolf

Bildnis von Carl Ludwig Graf von Sulz. Goldmedaille in emaillierter Fassung, 1596. Württembergisches Landesmuseum Stuttgart[39].

an einem schnellen Ende des Konflikts interessiert war[28].

Aus der Reaktion des Landgrafen und seiner Beamten auf die Einmischung der Zürcher wird ersichtlich, dass ihr Vertrauen in die Stadt gering war. Zunehmend interpretierten sie die Bemühungen Zürichs als Versuch, die Klettgauer in ihrem Widerstand zu bestärken. Überdies fürchtete Rudolf von Sulz eine Aushöhlung seiner Herrschaftsrechte[29]. Daher wandte er sich noch während der laufenden Verhandlungen unter der Leitung von Zürich mehrmals an das Reichskammergericht[30].

Als trotz der Schlichtungsversuche von Seiten der Zürcher keine Lösung in Aussicht stand[31], sondern der Konflikt sich vielmehr auszuweiten drohte, delegierte der Kaiser eine Kommission in den Klettgau, die den Streit zwischen Rudolf von Sulz und seinen ungehorsamen Untertanen mittels einer gütlichen Einigung beilegen sollte[32]. Damit wurde der Landgraf um die Möglichkeit gebracht, seine rebellischen Untertanen gewaltsam zur Aufgabe ihres Widerstandes zu zwingen. Diese Zurückhaltung gegenüber dem Einsatz von militärischen Mitteln verdeutlicht eine Entwicklung weg vom ohnehin relativ schwach ausgebildeten Recht der Herren, Untertanenaufstände gewaltsam niederzuschlagen, hin zu einem verstärkten Bemühen, die Konflikte gewaltfrei und in geordneten Verfahren zu lösen[33]. Trotz der Arbeit der kaiserlichen Kommission spitzte sich die Lage in der Landgrafschaft merklich zu. Zum einen verstärkte sich der seit längerer Zeit gegen die Stadt Zürich bestehende Verdacht, sie würde die Rebellen in ihrem Widerstand unterstützen; zugleich wurde der Zürcher Rat beschuldigt, den Bemühungen der kaiserlichen Kommission vorzugreifen, zumal die Untertanen nach wie vor Rat und Hilfe in Zürich suchten[34]. Tatsächlich

von Sulz und den Klettgauern eine neue Dimension erhielt. Es steht außer Zweifel, dass Zürich viel an einer friedlichen Beilegung des Streits gelegen war. So bemühten sich die städtischen Gesandten intensiv darum, zwischen den Parteien zu vermitteln[27]. Im Verlauf des Konflikts wurde jedoch zunehmend deutlich, dass die Stadt in erster Linie ihre eigenen Interessen verfolgte. Im Vordergrund stand weniger das Wohl der Klettgauer Bauern als vielmehr ihre Angst, der Aufstand könnte auf das eigene Herrschaftsgebiet übergreifen – eine Sorge, die nicht unberechtigt war, insbesondere dann, wenn Rudolf von Sulz mit Gewalt gegen seine rebellischen Untertanen vorgehen würde. Darüber hinaus war die Stadt Zürich eine wichtige Gläubigerin des hoch verschuldeten Landgrafen, weshalb sie zusätzlich

Monika Baumann

hatten die Gesandten der Stadt Zürich mit Vertretern der eidgenössischen Orte erörtert, wie sie der Unruhe in ihrer Nachbarschaft, die ihnen „also an der thür Zenach vnd vnlÿdenlich sÿn [und] daruß alsbald mehr vnruw vnd nüt guts ervolgen möchte", abhelfen könnten[35].

Wie dem regen Briefwechsel zwischen den sulzischen Beamten, den zwischenzeitlich im Klettgau eingesetzten Verwaltern (den Grafen Rudolf von Helfenstein sowie Friedrich von Fürstenberg), dem Landgrafen sowie der kaiserlichen Kommission zu entnehmen ist, war man über die drohende Intervention der Schweizer höchst besorgt[36]. Nachdem der Kaiser im März 1601 die Stadt Zürich in einem Schreiben ermahnt hatte, dass ausschließlich die Kommission für die Beilegung der Auseinandersetzung im Klettgau zuständig sei, zog sich die Stadt weitgehend aus dem Konflikt zurück[37]. Bis der Streit zwischen dem Landgrafen und seinen Untertanen zu einem Ende kommen würde, sollte es aber noch einige Jahre dauern. Da sich die finanzielle Lage von Rudolf von Sulz nicht besserte und sein Verhältnis zu seinen Untertanen inzwischen völlig zerrüttet war, kam es 1602 zu einem Herrschaftswechsel, und Carl Ludwig von Sulz, Rudolfs jüngerer Bruder, wurde Landgraf im Klettgau[38].

Doch auch damit waren die Probleme im Klettgau längst nicht gelöst. Nachdem die Untertanen ihren neuen Herrn gebeten hatten, keinen Prozess gegen sie zu führen, liess Carl Ludwig von Sulz die Verhandlung durch die kaiserliche Kommission wieder aufnehmen[40]. Hinter seiner entgegenkommenden Haltung verbarg sich zweifellos auch politisches Kalkül. So wollte er als neuer Landesherr das Verhältnis zu seinen Untertanen nicht gleich zu Beginn seiner Herrschaft belasten. Er erhoffte sich wohl, mit einer milden Haltung die Bauern von einer Fortsetzung ihres Widerstandes abhalten zu können. Trotz aller Anstrengungen von Seiten der Kommissare kamen die Verhandlungen über eine gütliche Einigung indes nicht in Gang. Bis im Frühjahr 1603 verweigerten die Klettgauer ihrem neuen Herrn die Leistung des Huldigungseides[41], und selbst nach zahlreichen weiteren Verhandlungsrunden vor der Kommission wehrten sie sich nach wie vor, ihrem Herrn die Steuern sowie weitere Abgaben zu entrichten. Angesichts der ausweglosen Situation in der Landgrafschaft gestanden die Kommissare dem Kaiser ein, dass im Klettgau wohl erst Ruhe einkehren würde, wenn gegen die Rädelsführer der einzelnen Gemeinden mit Härte durchgegriffen werde[42]. 1610 beendeten die sulzischen Untertanen ihren nahezu fünfzehn Jahre lang andauernden Widerstand, nicht zuletzt deswegen, weil sie an der Ausarbeitung einer Polizei- und Landesordnung mitgewirkt hatten[43].

DIE POLIZEI- UND LANDESORDNUNG VON 1603

Der Untertanenaufstand und der damit verbundene Herrschaftswechsel in der Landgrafschaft führten 1603 zum Erlass einer Polizei- und Landesordnung, die fortan die Beziehung zwischen dem neuen Landgrafen und seinen Untertanen, aber auch das Zusammenleben der Klettgauer untereinander detailliert regeln sollte[44]. Diese Polizei- und Landesordnung zeichnet sich durch ihren inhaltlichen Reichtum aus. Wie es für die frühneuzeitliche Polizeigesetzgebung charakteristisch ist[45], versuchte sie von religiösen über sittliche bis zu wirtschaftlichen alle möglichen Lebensbereiche der Menschen zu normieren. In 101 Titeln zeichnete dieses umfassende Regelwerk ein eindrückliches und farbiges Bild der vielfältigen Herausforderungen, mit denen der Landgraf und seine Untertanen im frühen 17. Jahrhundert konfrontiert waren. Die Mehrzahl der Bestimmungen beschränkte sich nicht auf Gebote und Verbote, sondern hielt zugleich die strafrechtlichen Konsequenzen fest, die eine Normverletzung nach sich zog.

Aber nicht nur diese umfangreiche Ordnung selbst, sondern auch die Umstände ihrer Entstehung verdienen Beachtung. Der Impuls für ihre Ausarbeitung ging von den rebellierenden Klettgauern aus[46], und an ihrer Redaktion war ein Untertanenausschuss beteiligt. Allerdings verlief die Einbeziehung der Untertanen in die Ausarbeitung

Titelblatt der Polizei- und Landesordnung von 1603. Generallandesarchiv Karlsruhe.

Kommissare denn auch ausdrücklich fest, dass sich die sulzischen Oberamtleute mit einem Untertanenausschuss zusammensetzen sollten, um die einzelnen Titel der 1603 verfassten Ordnung nochmals durchzusehen und gegebenenfalls zu revidieren[47]. Da sich die Klettgauer nach 1605 nicht mehr über diesen Punkt beschweren, darf davon ausgegangen werden, dass dies schließlich geschah.

Eine eingehende Befassung mit der Polizei- und Landesordnung macht deutlich, dass die Herrschaft nicht nur bei der Rechtsetzung, sondern auch bei der Rechtdurchsetzung auf die Mitwirkung der Untertanen zurückgriff. Aus den einzelnen Titeln wird ersichtlich, wie groß die Bedeutung der gegenseitigen sozialen Kontrolle für die Implementierung und Durchsetzung der Normen war. Besonders augenfällig wird dies anhand der Vorschriften, welche die Untertanen zur Aufsicht und Anzeige anhalten[48]. So wurden die Klettgauer in der Polizei- und Landesordnung nicht nur wiederholt zur Einhaltung der Gesetze ermahnt; zugleich erhielten sie die Anweisung, ihre Mitbürger, aber auch die Amtleute zu kontrollieren und allfällige Rechtsverletzungen unverzüglich der Obrigkeit zu melden[49].

DIE WEITERE ENTWICKLUNG IN DER LANDGRAFSCHAFT

Obwohl Carl Ludwig von Sulz zu Beginn des 17. Jahrhunderts seine Herrschaft wieder stabilisiert hatte, gelang es ihm nicht, den hohen Schuldenberg abzubauen. 1613 musste er Vaduz und Schellenberg an den Grafen von Hohenems und Blumeneck an das Kloster Weingarten verkaufen[50]. Auch unter seinen Erben erholte sich die Landgrafschaft finanziell nicht mehr. Der Dreißigjährige Krieg hinterließ seine Spuren – so der

der Polizei- und Landesordnung nicht reibungslos. Nach deren Inkraftsetzung im Jahr 1603 klagten die Klettgauer mehrfach, ihr Rat sei entgegen der Vereinbarung mit der Kommission nicht eingeholt worden. Es scheint mehr als wahrscheinlich, dass die sulzischen Beamten versucht hatten, die Untertanen zu umgehen. 1605 hielten die

Herzkapsel. Kapsel aus Silber, in der das Herz von Johann Ludwig II. Graf von Sulz (1626 – 1687), einem Enkel von Carl Ludwig von Sulz (1560 – 1616), aufbewahrt wurde. Ausgestellt im Museum in Tiengen.

Inschrift (ins Deutsche übersetzt):
Das Herz des sehr berühmten Herrn, Johannes Ludwig, Graf zu Sulz, Landgraf im Klettgau, Herr in Thiengen, Montclair, Menzburg und Wutental, des Heiligen Römischen Reiches Kammerherr und Erbrichter in Rottweil und auch Direktor des sehr berühmten Schwäbischen Grafenkollegiums etc., der Letzte aus diesem uralten Stamm.
Es [das Herz] ruhte zu seinen Lebzeiten niemals, sondern war unaufhörlich mit öffentlichen und privaten Angelegenheiten befasst, vor allem aber wandte es sich Gott zu.
Jetzt ruht es hier im Tode aus bei denen, die es vor allem geliebt hat Es ist hier geborgen.
Im Jahre des Herrn 1687

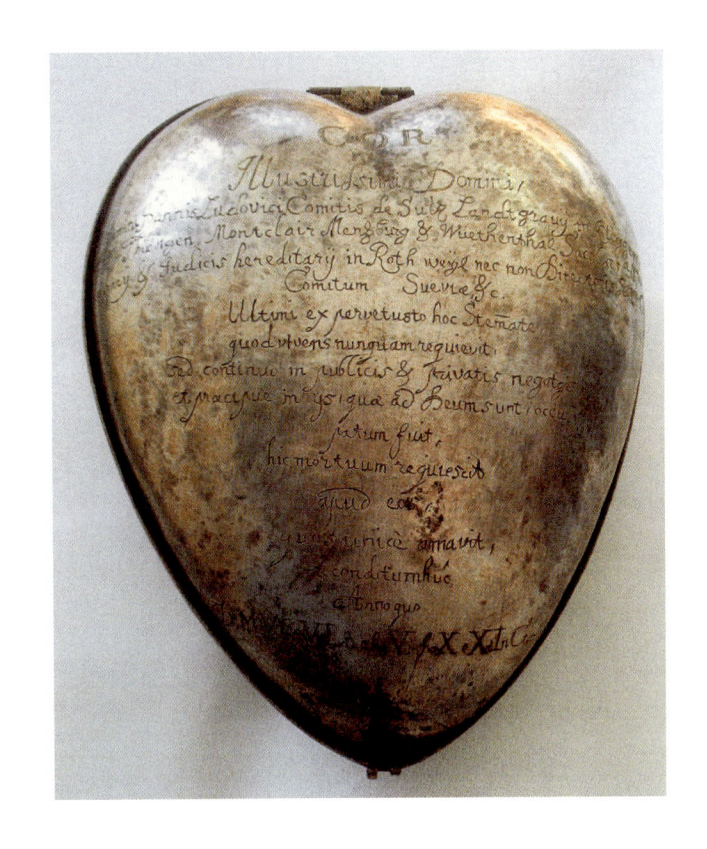

Durchzug verschiedener Truppen, Brandschatzung, die Pest in Teilen des Klettgaus im Jahr 1626, der Verlust der Küssenburg durch Feuer im Jahr 1634 –, und bei seinem Ende war die Landgrafschaft wirtschaftlich am Boden, was die Landgrafen zwang, einen großen Teil ihrer herrschaftlichen Rechte zu veräußern[51]. So erwarb die Stadt Zürich 1651 die hohe Gerichtsbarkeit über das Rafzerfeld und Nohl; 1657 erhielt Schaffhausen die hohe Gerichtsbarkeit über die nördlichen, heute im Kanton Schaffhausen gelegenen Gebiete der Landgrafschaft[52]. Mit dem Tod von Johann Ludwig II. im Jahr 1687 erlosch die männliche Linie des Geschlechts von Sulz[53]. Da seine älteste Tochter, Maria Anna von Sulz, 1674 Fürst Ferdinand von Schwarzenberg geheiratet hatte, kamen die Herrschaft im Klettgau sowie die damit verbundenen Rechte und Titel an das Haus Schwarzenberg[54]. Der letzte Landgraf im Klettgau war Josef von Schwarzenberg. Im Zuge der durch die Französische Revolution ausgelösten Ereignisse ging die Landeshoheit 1805/06 an das Großherzogtum Baden über[55].

ZUSAMMENFASSUNG

Gerade wegen seiner Vielschichtigkeit ist der hier dargelegte Herrschaftskonflikt in der Landgrafschaft Klettgau besonders geeignet, einen Einblick in die Ausgestaltung des Verhältnisses zwischen Herren und Untertanen zu geben. Während fast 15 Jahren hielt die Auseinandersetzung die beiden Grafen von Sulz, ihre Beamten und die Untertanen in Trab, bewog die Stadt Zürich zur Intervention, erforderte den Einsatz einer kaiserlichen Kommission, bewirkte einen Herrschaftswechsel in der Landgrafschaft, beschäftigte den Kaiser, das Reichskammergericht und die Eidgenossenschaft und führte zum Erlass einer Polizei- und Landesordnung. Die Ereignisse im Klettgau verdeutlichen, wie komplex sich

Die Küssenburg, Stich von Johann Melchior Füssli, frühes 18. Jahrhundert.

die Beziehung zwischen Herrschaft und Untertanen in der Frühen Neuzeit ausgestaltete, war sie doch bei allen zweifellos vorhandenen Gegensätzen immer auch von der Suche nach einvernehmlichen Lösungen geprägt.

Es ist kein Zufall, dass sich Konflikte wie der geschilderte, die insbesondere durch zunehmenden ökonomischen Druck ausgelöst wurden, größtenteils auf den oberdeutschen Raum konzentrierten, charakterisiert sich dieses Gebiet doch unter anderem durch die Kleinräumigkeit vieler seiner Territorien, in denen der Landesherr zumeist auch Grundherr war und in denen eine ausgebaute Verwaltungsorganisation weitgehend fehlte. Dies trug entscheidend dazu bei, dass der Druck auf die Untertanen, etwa durch die angestiegenen Reichssteuern sowie die Erhöhung der Abgaben und Dienste durch ihre Herren, häufig größer war als in anderen Gebieten des Reichs[56].

Der Klettgau ist in dieser Hinsicht ein Paradebeispiel für eine konfliktträchtige Herrschaft. Die enormen Schulden der Grafen von Sulz machen deutlich, dass die Ressourcen der Landgrafschaft bei weitem nicht ausreichen, um die Aufwendungen der Landesherren, die zugleich Grundherren waren, zu finanzieren. Die wirtschaftliche Belastung wurde von den Untertanen spätestens zu dem Zeitpunkt als unerträglich empfunden, als die grundherrlichen Abgaben und Leistungen sowie die Türkensteuer erhöht wurden. Die mehrheitliche Abwesenheit der beiden Landgrafen, Rudolf und Carl Ludwig von Sulz, die zeitweilige Einsetzung von zwei Verwaltern, die beschränkte Größe der Herrschaft sowie die mangelnde Herausbildung einer organisierten und gut verankerten Verwaltung und Gerichtsbarkeit waren Gründe für die fehlende Durchsetzungskraft der Grafen von Sulz zu Beginn des 17. Jahrhunderts.

Anmerkungen:

1 Staatsarchiv des Kantons Zürich (StAZ) A 192.3 Nr. 134, fol. 1r-3r, 2r.
2 StAZ A 192.3 Nr. 134, fol. 2r.
3 Winfried Schulze hat die Erhebung der Klettgauer gegen ihren Herrn im Rahmen seiner umfassenden Forschung zu frühneuzeitlichen Bauernaufständen wiederholt als Beispiel herangezogen und auf ihre besonderen Umstände aufmerksam gemacht. *Winfried Schulze*: Klettgau 1603. Von der Bauernrevolte zur Landes- und Policeyordnung. In: *Heinrich R. Schmidt / André Holenstein / Andreas Würgler* (Hg.): Gemeinde, Reformation und Widerstand. Tübingen 1998, 415-431.

4 Zur Geschichte der Grafen von Sulz und zum Klettgau siehe *Karl Schib*: Die Entstehung der Landgrafschaft Klettgau und ihre Spiegelung in den Kundschaften. In: Festschrift für Theodor Mayer. Aus Verfassungs- und Landesgeschichte. Bd. 2. Lindau 1955, 155ff.; *Alfons Peter*: Das Landgericht Klettgau. Diss. jur. Zürich 1966, 10-24; *Volker Schäfer*: Die Grafen von Sulz. Diss. phil. Clausthal-Zellerfeld 1969, 19-55; *Ilse Fingerlin*: Die Grafen von Sulz und ihr Begräbnis in Tiengen am Hochrhein. Stuttgart 1992, 10-14; Kurt Hodapp: Die Landgrafschaft: Herrschaft der Sulzer. In: *Karl-Hellmuth Jahnke / Erich Danner* (Hg.): Das Jestetter Dorf-

buch. Altenburg und Jestetten in Geschichte und Gegenwart. Lindenberg 2001, 118-132, 136-157.

5 Besonders ausführlich zur Herkunft der Grafen von Sulz *Schäfer* 1969 (wie Anm. 4), 19-24.

6 Seine westliche Grenze verlief bis zum Schwarzwald, die südliche und östliche bis zu den Albgebieten. Siehe *Peter* 1966 (wie Anm. 4), 15f. (Anm. 40).

7 Zuvor regierten verschiedene Grafen im Klettgau. Vgl. *Peter* 1966 (wie Anm. 4), 11. Zudem hatten das Kloster Rheinau, das Kloster Allerheiligen in Schaffhausen, die Freiherren von Krenkingen, die Grafen von Küssenberg und der Bischof von Konstanz einen Teil ihrer Güter in der Grafschaft: *Ders.* 1966 (wie Anm. 4), 12-14.

8 *Ders.* 1966 (wie Anm. 4), 20f., sowie *Hodapp* 2001 (wie Anm. 4), 118-132, 136-157.

9 *Peter* 1966 (wie Anm. 4), 11.

10 Ausführlich *Catherine Schorer*: Herrschaft und Legitimität. Ein Huldigungskonflikt im Küssenbergertal. In: Zeitschrift für Geschichte am Oberrhein 134 (1986), 99-117, 101f., sowie *Hodapp* 2001 (wie Anm. 4), 126, 136f.

11 Alwig IX. war seit 1567 Landvogt im Oberelsass. Auch seine beiden Söhne, die während des hier dargestellten Herrschaftskonflikts im Klettgau regierten, waren ausserhalb der Landgrafschaft tätig. So amtete Rudolf von Sulz als Statthalter im bayerischen Straubing; sein Bruder Carl Ludwig verfolgte eine militärische Laufbahn: Seit 1601 gehörte er dem Reichshofkriegsrat an, den er von 1603 bis 1610 präsidierte. Nach 1610 war er in Dienste von Erzherzog Leopold von Österreich als oberster Feldgeneralleutnant. Im übrigen bekleideten die Grafen von Sulz seit 1360 das Amt der Erbhofrichter zu Rottweil. Siehe *Fingerlin* 1992 (wie Anm. 4), 12f., sowie *Hodapp* 2001 (wie Anm. 4), 140.

12 Siehe dazu *Winfried Schulze*: Bäuerlicher Widerstand und feudale Herrschaft in der frühen Neuzeit. Stuttgart 1980, 59f.; *Ders.*: Oberdeutsche Untertanenrevolten zwischen 1580 und 1620. In: *Peter Blickle* (Hg.): Bauer, Reich und Reformation. Stuttgart 1982, 120-147. Allgemein dazu *Peter Blickle*: Unruhen in der ständischen Gesellschaft 1300 – 1800. München 1988, 96-109; *André Holenstein*: Bauern zwischen Bauernkrieg und Dreissigjährigem Krieg. München 1996, 103-112.

13 Vgl. weitere Beispiele bei *Schulze* 1998 (wie Anm. 3), 423f.; *Rudolf Endres*: Oberschwäbischer Adel und absoluter Staat. In: *Peter Blickle* (Hg.): Politische Kultur in Oberschwaben. Tübingen 1993, 147-173, insb. 169; *Martin Zürn*: Herrschaft, Landschaft und Gemeinde im westlichen Oberschwaben. In: *Peter Blickle* (Hg.): Landschaften und Landstände in Oberschwaben. Tübingen 2000, 161-177.

14 Rudolf und Carl Ludwig hatten fünf weitere Geschwister: Der älteste Sohn Christoph (1557 – 1591) wurde Domherr zu Straßburg und Köln; Georg (*1561) verstarb in seinem ersten Lebensjahr; es folgten drei Schwestern: Johanna (1563 – 1625), Katharina (1565 – 1633) und Elisabeth (1568 – 1601). Siehe *Fingerlin* 1992 (wie Anm. 4), 11.

15 Die Klettgauer beklagten sich später bei der Stadt Zürich (siehe StAZ A 192.3 Nr. 91, fol. 5r.) sowie der kaiserlichen Kommission (siehe Generallandesarchiv Karlsruhe (GLAK) 116/1644, fol. 26), dass der Landgraf und seine Beamten versucht hätten, sie zur Übernahme der gräflichen Schuldenlast zu zwingen.

16 So *Schulze* 1998 (wie Anm. 3), 420.

17 Wie *Hodapp* 2001 (wie Anm. 4), 139, *Fingerlin* 1992 (wie Anm. 4), 12, sowie *Peter* 1966 (wie Anm. 4), 17, feststellen.

18 Siehe *Fingerlin* 1992 (wie Anm. 4), 12.

19 Vgl. *Schulze* 1998 (wie Anm. 3), 422.

20 Detailliert zur Entwicklung der Reichssteuern siehe *Winfried Schulze*: Reich und Türkengefahr im späten 16. Jahrhundert. München 1978, 75-111, 191-222.

21 Eine Übersicht über die verschiedenen Widerstandsaktionen der Klettgauer Bauern findet sich etwa in der Berichterstattung der sulzischen Amtleute an den Bischof von Konstanz vom 14. Januar 1601, vgl. GLAK 116/1641, fol. 15r-20v.

22 Siehe *Schulze* 1998 (wie Anm. 3), 422.

23 Wie der Zürcher Rat am 30. Mai 1597 dem Landvogt Michael Meyer berichtete. Vgl. StAZ A 192.3 Nr. 86.

24 Bereits in früheren Herrschaftskrisen hatten sich die Klettgauer Bauern von den Zürchern Hilfe erhofft. Im Schwabenkrieg von 1499 meinte ein Teil der sulzischen Untertanen gar, in der Stadt ihre neue Herrin zu finden, da der damalige Landgraf nach ihrem Rechtsempfinden seine Schutzfunktion nicht erfüllt hatte. Siehe *Schorer* 1986 (wie Anm. 10), 99-117. Auch während des Bauernkriegs von 1525 hatten die Klettgauer Rat in Zürich gesucht. Vgl. dazu *Peter Blickle*: Zürichs Anteil am deutschen Bauernkrieg. Die Vorstellung des göttlichen Rechts im Klettgau. In: Zeitschrift für Geschichte am Oberrhein 133 (1985), 81-101; *Hiroto Oka*: Südlicher Schwarzwald und Hochrhein. In: *Elmar L. Kuhn* (Hg.): Der Bauernkrieg in Oberschwaben. Tübingen 2000, 363-386, 373f.

25 Vgl. den Burgrechtsvertrag vom 25. Juni 1478, StAZ C I Nr. 3181. Gedruckt ist er (allerdings unvollständig) bei *Franz Blaschko*: Das Zürcher Bürgerrecht der Schwarzenberger. In: Schwarzenbergisches Jahrbuch. Wien 1953, 201-246, 216. Am 11. Oktober 1488 wurde das Burgrecht zwischen Alwig von Sulz (sein Bruder Rudolf war in der Zwischenzeit verstorben) und Zürich in ein ewiges Burgrecht umgewandelt. Vgl. StAZ C I Nr. 3184 sowie die Abschriften StAZ A 192.1 Nr. 14 und GLAK 67/681, fol. 8-15. Gedruckt ebd., 218ff., sowie bei *Blickle* 1985 (wie Anm. 24), 96-99.

26 Siehe Anm. 24.

27 Wiederholt appellierten sie an den Landgrafen und seine Untertanen, auf jegliche Form von Gewaltanwendung zu verzichten; immer wieder forderten sie die rebellischen Untertanen auf, ihren Widerstand zu beenden und ihrem Herrn bzw. dessen Beamten Gehorsam zu erzeigen. Zugleich ermahnten sie den Landgrafen, die Untertanen nicht für strittige Punkte zu belangen. Vgl. z.B. GLAK 116/1641, fol. 13r-14v, sowie StAZ A 192.3 Nr. 122.

28 Siehe dazu *Thomas Neukom*: «Hoche grichte und übrige herrligkeit». Das Rafzerfeld zwischen Zürich und der Landgrafschaft Klettgau. Separatdruck aus dem Zürcher Taschenbuch auf das Jahr 2002. Zürich 2001, 44.
29 Wiederholt erinnerte der Landgraf die Stadt an ihre im Burgrechtsvertrag verankerte Schutzpflicht. Vgl. etwa StAZ A 192.3 Nr. 128.
30 Worauf das Reichskammergericht am 17. September 1597 ein Mandat erließ, das die Rebellen zum Gehorsam aufforderte. Siehe GLAK 116/1639, fol. 41r-43v.
31 Wie unter anderem der Zürcher Rat am 18. März 1598 dem Landgrafen schrieb. Vgl. StAZ A 192.3 Nr. 122.
32 Siehe GLAK 116/1639, fol. 60r-62v.
33 Vgl. dazu *Schulze* 1980 (wie Anm. 12), 83.
34 So sah sich Zürich etwa mit dem schwerwiegenden Vorwurf konfrontiert, den Inhalt des Burgrechtsvertrages gegenüber den aufständischen Untertanen falsch ausgelegt zu haben, weshalb diese einen Schutz der Stadt für sich beanspruchen würden. Siehe dazu StAZ A 192.3 Nr. 148, Nr. 150.
35 Wie sie in ihrem Schreiben von Mitte November 1600 an die kaiserliche Kommission festhielten. Vgl. StAZ A 192.3 Nr. 158, fol. 1v.
36 Vgl. etwa das Schreiben der Kommission an den Landvogt vom 18. Januar 1601, GLAK 116/1642, fol. 61v-62v.
37 Siehe StAZ A 192.3 Nr. 169 sowie GLAK 116/1641, fol. 23r-24v.
38 Vgl. GLAK 116/1641, fol. 50r-52v.
39 Frau Dr. Ilse Fingerlin verdanken wir den Hinweis auf den Aufbewahrungsort (Landesmuseum Württemberg) der lange verschollenen Medaille.
40 So teilte er seinen Oberamtleuten Martin Weissenberger und Hans Ludwig Braun im April 1602 mit, dass er gegen einen „tractatus concordia" nichts einzuwenden habe. Vgl. GLAK 116/1641, fol. 65r-66v, 65v.
41 Vgl. den Bericht der Kommission, GLAK 116/1641, fol. 85r-86v.
42 Siehe *Schulze* 1998 (wie Anm. 3), 423.
43 Darüber, wie sich die Widerstandsbewegung in der Landgrafschaft letztlich auflöste, geben die Quellen keine genaue Auskunft. Ob Carl Ludwig von Sulz gewaltsam gegen die Rädelsführer vorgegangen war (wie Schulze andeutet, siehe Anm. 42) oder ob unter der Bauernschaft nach eineinhalb Jahrzehnten Aufstand auch eine gewisse Resignation um sich griff und letztlich vor allem Ermüdungserscheinungen die ungehorsamen Untertanen zum Einlenken bewegt hatten, bleibt ungewiss.
44 Vgl. GLAK 65/11252. Auf diese umfassende Ordnung aufmerksam gemacht hat *Schulze* 1998 (wie Anm. 3).
45 Siehe dazu *Karl Härter / Michael Stolleis* (Hg.): Repertorium der Policeyordnungen der frühen Neuzeit. Bd. 1. Frankfurt 1996, 21-31.
46 Erstmals forderten sie die Ausarbeitung der Polizei- und Landesordnung in ihrer Beschwerdeschrift an die Stadt Zürich vom Juni 1597. Vgl. StAZ A 192.3 Nr. 96, fol. 7.
47 Vgl. GLAK 116/1642, fol. 64v-65r.
48 Dieser Befund deckt sich mit den Untersuchungsergebnissen der jüngeren Forschung zur „guten Policey", die der sozialen Kontrolle der Normadressaten eine große Bedeutung beimisst. Vgl. *André Holenstein*: Die Umstände der Normen – die Normen der Umstände. Policeyordnungen im kommunikativen Handeln von Verwaltung und lokaler Gesellschaft im Ancien Régime. In: *Karl Härter* (Hg.): Policey und frühneuzeitliche Gesellschaft. Frankfurt 2000, 1-46; *Ders.*: »Gute Policey« und lokale Gesellschaft im Staat des Ancien Régime. Das Fallbeispiel der Markgrafschaft Baden(-Durlach). Tübingen 2003; *Achim Landwehr*: Policey im Alltag. Die Implementation frühneuzeitlicher Policeyordnungen in Leonberg. Frankfurt 2000; *Matthias Weber*: „Anzeige" und „Denunciation" in der frühneuzeitlichen Policeygesetzgebung. In: *Härter* 2000 (wie Anm. 48), 583-609, sowie die Beiträge in *André Holenstein* u.a. (Hg.): Policey in lokalen Räumen. Frankfurt 2002.
49 Für Beispiele siehe GLAK 65/11252, fol. 189v-190r, 197r-198v.
50 Weingarten zahlte dafür 150 000 Gulden. Vgl. *Hodapp* 2001 (wie Anm. 4), 143.
51 Siehe dazu *Fingerlin* 1992 (wie Anm. 4), 13.
52 Ausführlich dazu *Hodapp* 2001 (wie Anm. 4), 150-157.
53 1676 hatte Johann Ludwig von Sulz vom Kaiser die Bewilligung erhalten, die Landgrafschaft auch an weibliche Nachkommen zu vererben, vgl. *Peter* 1966 (wie Anm. 4), 23.
54 Siehe GLAK 116/1139, fol. 3v. 1689 wurde der Klettgau zu einer gefürsteten Landgrafschaft erhoben, die zum Schwäbischen Reichskreis zählte. Vgl. *Gerhard Köbler* (Hg.): Historisches Lexikon der deutschen Länder. 6München 1999, 312.
55 Vgl. *Peter* 1966 (wie Anm. 4), 24.
56 Siehe *Schulze* 1980 (wie Anm. 12), 59-61.

Im Schatten der Montforter Zeder. Beobachtungen zur Historiographie des oberschwäbischen Adels am Beispiel der Grafen von Montfort*

Clemens Joos

Eine Geschichte der Historiographie des oberschwäbischen Adels ist noch zu schreiben. Sie müsste nach den Trägern dieser Historiographie und ihrer ständischen Einordnung fragen, sozialem und geistesgeschichtlichem Wandel nachgehen und ihre Zusammenhänge mit anderen Aufzeichnungen und Ausdrucksformen historischer Reflexion in den Blick nehmen. Bisher haben vor allem die großen Hauschroniken des schwäbischen Adels Beachtung gefunden[1], während man über die Geschichtsschreibung des Ritteradels noch sehr wenig weiß. Auch hier soll es nicht um einen Überblick gehen, sondern um eine exemplarische Studie; genauer um einige Beobachtungen am Beispiel der Grafen von Montfort, die unter die Stichworte ‚Innovation', ‚Komposition', ‚Visualisierung' und ‚Wandel' gestellt sind.

Die Grafen von Montfort[2] und ihre Geschichtsschreibung können in mancherlei Hinsicht repräsentativ für den oberschwäbischen Hochadel stehen. Sie haben mit ihrem beeindruckenden Schloss Tettnang Oberschwaben nicht nur als Barocklandschaft mitgeprägt. Als Erben der Grafen von Bregenz gehören sie auch zu den alten Geschlechtern der Region und konnten auf eine nahezu 1000jährige Herrschaftskontinuität zurückblicken, als nach dem Tod des letzten Grafen Anton IV. ihr Wappen 1787 gestürzt[3] wurde.

INNOVATION

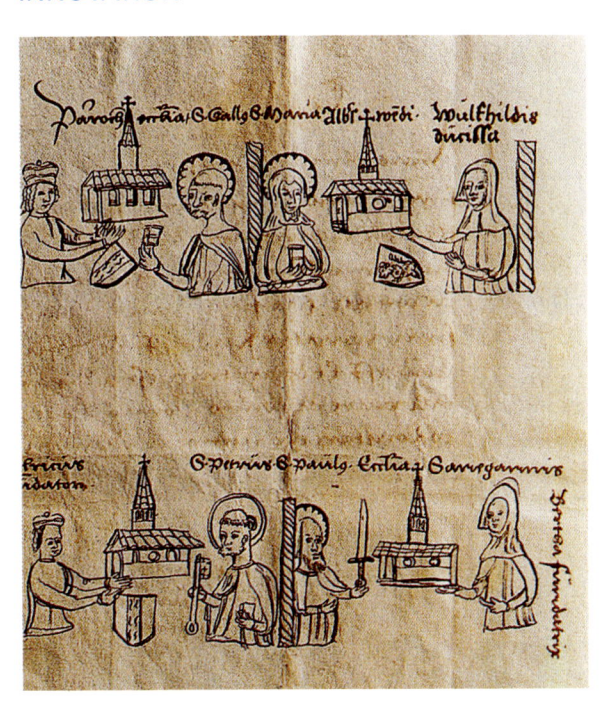

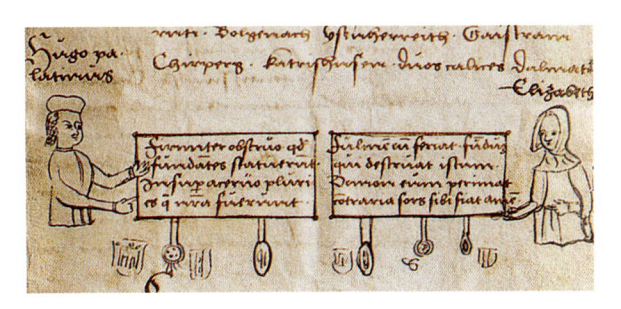

Jakob Mennel: Charta fundatorum monasterii nostri Prigantini (Urkunde der Gründer unseres Klosters Bregenz). Darstellung oben: Graf Rudolf von Bregenz und seine Frau, die Welfin Wulfhilde, mit den Kirchenpatronen St. Gallus von Bregenz und Maria von Alberschwende, Mitte: Graf Ulrich von Bregenz und seine Frau Bertha von Rheinfelden als Gründer des Klosters Mehrerau mit den Patronen St. Petrus und Paulus, unten: Pfalzgraf Hugo von Tübingen und seine Frau Elisabeth von Bregenz. Vorarlberger Landesarchiv.

Familientreffen der Grafen von Rotenfahn (Tübingen, Montfort, Werdenberg). Holzschnitt aus Thomas Lirer: Schwäbische Chronik. Ulm 1486.

schrieb. Er hatte für Kaiser Maximilian I. eine fünfbändige „Fürstliche chronickh, kayser Maximilians geburt spiegel genannt" verfasst[5], deren beiden letzte Bände die Heiligen der „Sipp-, Mag- und Schwägerschaft" des Kaisers umfassen[6]. Mehrere Jahre lang hatte er die habsburgischen Lande bereist, um Überreste früher „habsburgischer" Herrschaft zu finden und besonders den Klöstern zu entlocken, was sie darüber besaßen; was der Adel ihnen in den Jahrhunderten zuvor mangels Interesse und Schriftkompetenz aufzubewahren anvertraut hatte. Auch in Oberschwaben – er spricht von Allgäu und Bodensee – ist er gewesen, in „Weingarten, Eysin [Isny], Kempten und annder, [...] Petershusen zu Costenz, Richenow bey Costenz, Weyssenow bey Raffenspurg, Schwarzenow bey Bregenz"[7]. Auf die Aufnahme der Kemptener Hildegard-Tradition durch Mennel hat Klaus Schreiner hingewiesen[8]. Das Interesse galt zunächst der Klostergründung. Die Überlieferung des Textes in einer Sammelhandschrift über die Geschichte der Grafen von Montfort belegt aber, dass Mennels Ausführungen auch für das Adelsgeschlecht fruchtbar gemacht werden konnten.

Am Anfang der Historiographie des schwäbischen Adels stehen verschiedene Innovationsprozesse. Dazu zählen der Humanismus, dessen Anhänger ihren Ort als Sänger von Ruhm bei Hof und Adel fanden[9], sowie neue, vom Humanismus beeinflusste historiographische Techniken, die vor allem in der Erinnerungskultur[10] am Hof Kaiser Maximilians I.[11] erprobt wurden. Nicht die historische Kritik im modernen Sinn stand dabei im Vordergrund, sondern die Fähigkeit, neue Quellen aufzutun. Fiktion, „Invention" und Konstruktion wurden zu gängigen historiographischen Mustern. Auf diese Weise konnte die Genealogie des Kaisers weit in die Antike und zu den Flücht-

Um 1519 verfertigte Jakob Mennel aus Bregenz eine „epistola" für den Abt des Klosters Mehrerau Caspar I. Haberstro, mit der er ihm die Gründungsurkunde des Klosters, eine „vetustissimam in pergameno chartam" (sehr alte Pergamenturkunde), erläuterte, die Stifter in ihre genealogischen Zusammenhänge stellte und die Heiligen und Seligen aufwies, mit denen Gott das Kloster ausgezeichnet hatte[4]. Mennel wusste, wovon er

Clemens Joos

lingen aus Troja, ja in biblische Zeiten vorangetrieben werden.

Bereits vor Mennel hatte sich Ladislaus Sunthaym aus Ravensburg, einer der ersten Hofhistoriographen des Kaisers, auf Spurensuche begeben. Im Kloster Weingarten war er auf die hochmittelalterliche „Historia Welforum" gestoßen, deren Herkunftsfiktionen für die Welfen bereits in das antike Troja wiesen[12]. Nebenbei sammelte Sunthaym auch allerlei Materialien über andere Geschlechter, deren Interessen dem kaiserlichen Vorbild folgten: Er hinterließ Aufzeichnungen über die Markgrafen von Baden, Grafen respektive Herzöge von Württemberg und die (brandenburgischen) Zollern[13]. Gelehrte Sammler wie der Augsburger Domherr Matthäus Marschalk von Pappenheim trugen gleichfalls historische Nachrichten über den schwäbischen Adel zusammen, darunter auch zu den Grafen von Montfort[14].

Hinzu trat der Buchdruck mit beweglichen Lettern als die technische und mediale Revolution am Ausgang des Mittelalters, die erstmals zu einer massenhaften Verbreitung von Büchern führte und die Quellenfülle der Chronikwerke erst möglich gemacht hat. Den Buchdruck und das durch ihn generierte Publikum zur Voraussetzung hat auch jene merkwürdige „Cronick" eines Autors, der sich Thomas Lirer von Ranckweil nennt, die erstmals 1485/86 bei Konrad Dinckmut in Ulm erschien. Drei Auflagen belegen, dass sie auf großes Interesse stieß. Der kritische Ulmer Dominikaner Felix Fabri merkte zu ihr an, dass sie die Ohren der Adligen streichle („ad demulcendum aures nobilium"), und ganz besonders jene der Grafen von Montfort[15]. Tatsächlich vermutet man ihre Entstehung im Umfeld der Grafen von Montfort und Werdenberg, denen sie „ein exzellentes stadtrömisches Herkommen bot"[16]: Im zweiten Jahrhundert nach Christus erhielt demzufolge ein Sohn des fabelhaften römischen Kaisers Kurio die Burg Starkenberg in Kurwalchen und das Wappen mit der Kirchenfahne verliehen: „Dem teütsch nach wirt das geschlächt vast gehaissen die von der Rotenfan, und dar nach, als sich die wellischen Kurwalhen gemert heten, do ward der namm in wellisch beköret und gehaissen von Montfort."[17] Nach und nach werden wichtige Adelsgeschlechter Schwabens in die Erzählung eingeführt: die Herzöge von Teck, die Helfensteiner, Waldburger, Stoffeln und andere. Die Chronik ist, wie Klaus Graf deutlich gemacht hat, als fiktiver Beitrag über das Land Schwaben zu lesen, das adlige Schwaben. „[Sie] fabuliert derhalben wunderbarlich und ohne alle ordnung, jez von dem, dann von aim andern geschlecht, gleichwol ohne allen grundt, das ain jeder, dem die alten geschichten bewisst, [be]greifen müesen, das er nur von hörensagen und wie von aim traum geschriben hat [...]", urteilte Graf Froben Christoph von Zimmern später vernichtend[18]. Trotz dieser Kritik war das Diskursangebot[19], das Lireres Chronik machte, zu verlockend, als dass die Chronistik des Adels, der Montforter zumal, auf Anleihen daraus verzichtet hätte.

Zu diesen geistes- und mediengeschichtlichen Innovationen traten sozial- und verfassungsgeschichtliche Entwicklungen hinzu:

Die zunehmende Territorialisierung und der damit verbundene Druck auf den nichtfürstlichen Adel. Die Formierung der niederadligen Turniergenossenschaften, für die die Turnierbücher eine gemeinsame historische Tradition schufen[20]. Die Rangerhöhungen der alten edelfreien Geschlechter gegenüber dem nachdrängenden Niederadel[21]. Schließlich der Zusammenschluss des schwäbischen und gerade auch des oberschwäbischen Adels[22] in Einungen und Bünden, die Schwaben – und als Ausschnitt daraus auch Oberschwaben[23] – als Adelslandschaft strukturierten. Nicht zu vergessen die religiösen Bruderschaften[24] und wechselseitigen Heiratsverbindungen, die ein dicht geknüpftes Netz „adliger Freundschaft" schufen[25]. Damit einher ging eine kommunikative Verdichtung: Man traf sich bei Hof, bei Turnieren, bei Bundestagen und anderen Veranstaltungen, die zugleich „auch den Charakter eines Familientreffens"[26] erhielten. Genealogisches Wissen wurde ausgetauscht und beständig verbreitet[27]. Vor diesem Hintergrund ist die Entstehung der großen Hauschroniken des (ober)schwäbischen Adels: der Truchsessen von Waldburg, der Zimmern, der Zollern, der Helfensteiner zu sehen[28].

Der Bedeutungszuwachs von genealogischem Wissen ist auch bei den Grafen von Montfort zu erkennen. Eine Sammelhandschrift der Württembergischen Landesbibliothek[29] legt Zeugnis ab von den ersten historiographischen Bemühungen im Umfeld der Grafen: Ein Bittschreiben, das Graf Georg IV. (†1590) im Zusammenhang mit dem Antritt der Erbschaft der 1574 ausgestorbenen ersten Tettnanger Linie anfertigte und mit historischen Deduktionen sowie einem älteren „verzeichnus herkomens der grafen von Montfort" versah, Aufzeichnungen Graf Hugos XIII. (†1491), Forschungen von Jakob von Rammingen, der sich nach einem unter Montforter Hochgerichtsbarkeit gelegenen Gut „von Laiblachsberg" nannte[30], Abschriften aus der gedruckten Literatur, Schriftwechsel, Notizen. All dies ergibt noch ein ungeordnetes Bild, reicht kaum über eine Kollektaneensammlung hinaus. Umso aufschlussreicher ist diese Handschrift im Hinblick auf die zeitgenössische historiographische Praxis: Historiographie ist häufig anlassgebunden; man exzerpierte, tauschte im kleinen Kreis aus, gab weiter – oder schwieg, damit wertvolles historisches Wissen nicht in die falschen Hände gelangte.

KOMPOSITION

Herkommen und Exemplum

Klaus Graf hat unter anderem am Beispiel der Chronik Lirers „Herkommen" und „Exemplum" als Leitbegriffe vormoderner Historiographie herausgestellt[31]. Der Begriff Herkommen meint zweierlei: Recht und Vergangenheit. Deshalb konnte Peter Blickle „das Alte Herkommen" als „Schlüsselbegriff für mittelalterliches Rechtsdenken schlechthin" bezeichnen[32], während es Graf einen „Schlüsselbegriff für die Theorie des vormodernen historiographischen Diskurses" nennt[33]. Beiden Aspekten ist gemeinsam, dass die Geschichte ein Arsenal für aktuelle Ansprüche abgibt, umgekehrt aber auch zur Projektionsfläche für gegenwärtige Zustände wird, die in die Vergangenheit zurückgeschrieben werden. Da das Alte Reich auch rechtlich ganz wesentlich aus seiner Tradition heraus lebte, aus dem Reichsherkommen, das die Juristen des 18. Jahrhunderts noch zu systematisieren suchten[34], eignete dem Herkommen ein enormes Legitimationspotential, wie Alter überhaupt eine der wichtigsten Legitimationsformen von Adel darstellt[35].

Das Herkommen ist statisch, weil es keine Entwicklung kennt, aber es ist auch anpassungsfähig, indem es tatsächliche historische Entwicklung in die Vergangenheit zurückverlegt. Es war Aufgabe der Chronikschreiber, die eher diffusen Vorstellungen über die Vergangenheit mit konkretem historischem Wissen zu füllen und an den jeweiligen wissenschaftlichen Diskurs anzubinden, weshalb sich die Herkommen fortentwickelten: An Stelle der kollektiven Ableitung des Adels aus Rom, traten zu späterer Zeit die Trojaner und schließlich die antiken Stämme im transalpinen Germanien.

Das Exemplum verweist auf eine Nutzanwendung von Geschichte als Beispielsammlung für positives oder negatives Verhalten. Seit Cicero (De div. I, 50) fand gerade das historische Exempel als rhetorisches Mittel Verwendung, die Geschichte selbst wurde zur „magistra vitae" (Lehrmeisterin für das Leben)[36]. Nicht selten verdichten die vormodernen Chroniken daher Personen der Vergangenheit zu Handlungstypen und historische Situationen zu handlungsleitenden Verhaltensmustern.

Erinnerung

Im Archiv der Fürsten zu Waldburg-Wolfegg ist eine eigenartige Handschrift überliefert, die im ersten Drittel des 18. Jahrhunderts entstand und „ex Actis Archivii Tetnangensis" stammt[37]. Zum Inhalt hat sie nach Monaten und Tagen geordnete Montforter Gedenktage für nahezu jedes Datum des Jahres. Sie wurden aufgrund von sorgfältigem Archiv- und Literaturstudium, z.B. von Kaiser Maximilians ‚Spiegel der Ehren', zusammengetragen[38]. Da die erinnerten Anlässe unterschiedlichster Natur sind, handelt es sich um kein liturgisches, sondern profanes Gedenken. Es ist nicht ganz eindeutig zu klären, welche Funktion diese Schrift hatte. Sie verweist jedoch auf den zentralen Stellenwert der Erinnerung in der adligen Kultur[39]. Die Rückbindung an die eigenen Vorfahren, das Wissen von ihrem Leben und ihren Taten, die Einbindung des eigenen Lebens in eine diachrone Reihe von Vorfahren, sind Kennzeichen adliger Identität[40]. Die Handschrift mit den Montforter ‚Ephemeriden' ermöglichte solche Erinnerung beinahe täglich, präsentierte Montforter Geschichte „von Tag zu Tag".

Verwandtschaft

Verwandtschaft als weitere bedeutsame Kategorie der Historiographie des Adels bringt eine ehemals Donaueschinger Handschrift des gelehrten Grafen Wilhelm Werner von Zimmern (†1575) zum Ausdruck. Zimmern hatte, wie sein Neffe Graf Froben Christoph in seiner Familienchronik beteuert, „von der merertail grafen und herrn geschlechter deutscher Nation, von irem herkommen und gepurt linien" Aufzeichnungen gefertigt, von denen sich manches auch erhalten hat[41]. Vor 1546 entwarf er eine „Genealogie der Grafen von Heiligenberg, Kirchberg und Montfort"[42]. Sie umfasst die Nachkommen der beiden Schwestern Agnes und Kunigunde von Werdenberg-Heiligenberg, eine Art Erbengemeinschaft also, der außer den Grafen von Montfort ein Großteil des schwäbischen Adels und der Verfassser selbst angehörten. Ob den Montfortern die Handschrift bekannt wurde, ist nicht eindeutig zu entscheiden[43].

In der Vorrede erwähnt Zimmern das Herkommen der Grafen von Heiligenberg („man sy vor den thaüsend jaren in wyrde, wesen und eren fint") und seinen exemplarischen Wert („das aüch andere herren dardürch zw tügenden geraytzet und getzogen werdend"), hebt die „redlich, erlich thäten" und Frömmigkeit des Geschlechts hervor und kommt dann auf sein Vorhaben zurück, seine Nachkommenschaft aufzuzeigen: „Wie vil nün dise zway letsten eegemacht kynder bey ayn andern gezylt und welche aüß den selben kynden weyter verheyret worden, aüch wem und wer oder wie vil personen von in abkümmen, desgleychen, ob etliche aüß ynen geystlich worden oder sünst ledig belyben und weyter welche in ierer jügent gestorben, das alles würt hernach ordenlich aüf ayn andern volgen, von ayner linien aüf die andern, bis in den fierten grad."[44] Hinter diesem, fast soziologisch erscheinenden Interesse steht auch der Wunsch, am Ehrkapital der Grafen teilzuhaben und die gemeinsame Verwandtschaft bewusst zu machen. Da der schwäbische Grafen- und Herrenadel im Prinzip ein einziger großer Verwandtschaftsverband war, konnte das Hervorheben einzelner Verbindungen auch zu einem gemeinschaftstiftenden Mittel werden, in einem komplexen Feld aus Konvergenz und Konkurrenz, Solidarität und Hegemoniestreben.

Jörg Graf von Montfort zu Rothenfels und Argen, jung gest., ca. 1540. Zeichnung aus Wilhelm Werner Graf von Zimmern: Genealogie der Grafen von Kirchberg, vor 1546. Württembergische Landesbibliothek Stuttgart.

Ruhm

1579 ließ der Ingolstädter Rhetorikprofessor Johannes Engerd († nach 1587)[46] das panegyrische Werk „Epaenesis duarum illustrium Germaniae familiarum, dominorum videlicet comitum Montfortiorum et Fuggerorum" in den Druck gehen[47]. Es verherrlicht die Verbindung des altadligen Hauses Montfort mit den neuadligen Fuggern durch die Hochzeit Graf Jakobs I. mit Katharina Fugger im Jahr 1553.

Im ersten Teil des dreiteilig angelegten Werks behandelt Engerd die Geschichte der Grafen von Montfort. Auch er widmet dem Ursprung und Herkommen des Geschlechts seine Aufmerksamkeit: Für Engerd sind die Montforter Nachkommen der fränkischen Könige und mit Heroen des allgemeinen Geschichtsbewusstseins wie Karl dem Großen und Herzog Widukind verwandt[48]. Ausführliche, als Marginalie gesetzte historische Anmerkungen belegen, dass Engerd sich sehr sorgfältig in der Geschichte der Grafen umgetan hatte. Die Abschrift eines genealogischen Stemmas mit knappen lateinischen Biographien, die Johann Engerd „ex archivis" erhoben hatte, ist unter den Papieren des württembergischen Historiographen Oswald Gabelkover überliefert[49]. Ob Engerd Materialien von der Familie selbst erhalten hatte, müsste eingehender untersucht werden.

Die beiden Handschriftenbände waren zur Illustration vorgesehen, nur im ersten Teil ist dies aber mit feinen Federzeichnungen geschehen. Wie in einem Stammbaum stellen aus den dargestellten Personen hervorgehende Äste die Kontinuität her; ihnen beigestellt sind die jeweiligen Wappen. Der Text fällt demgegenüber spärlich aus, beschränkt sich auf knappe Angaben zu Biographie und Heirat.

Besonders anrührend sind die Darstellungen von jung verstorbenen Kindern, die mit Spielzeug, in der Wiege oder im Laufwagen abgebildet sind oder denen ein Hündchen oder Äffchen beigegeben ist[45]. Sie sind nicht nur interessante Quellen zur adligen Sachkultur, sondern verdeutlichen, dass hinter dem Fehlen dynastischer Kontinuität immer auch menschliche Tragödien stehen.

Im Zentrum der Ausführungen steht, der Gattung des Werkes entsprechend, der Ruhm des Geschlechtes. Tugend, Frömmigkeit und Kriegsmut seien den Montfortern zu eigen[50]: „At vos, o comites, Montis dignißima Fortis / Nomine, quae semper duro fortißima bello, / Progenies, o fama ingens, ingentior armis / Et pietate; quibus coelo vos laudibus aequem?" (Ihr aber, o Grafen, ein Geschlecht, überaus würdig des Namens: starker Berg, das im harten Krieg immer überaus tapfer war, o Geschlecht, groß an Ruhm, größer an Kampfesstärke und an frommer Gesinnung. Mit welchem Lob soll ich euch zum Himmel erheben?) Engerd erwähnt sodann herausragende Gestalten und ihre Taten: Wilhelms II. von Montfort Aufstieg unter Ludwig dem Bayern, die Rolle Rudolfs VI. und Wilhelms V. auf dem Konstanzer Konzil, die Karrieren Wolfgangs I. am Innsbrucker Hof und Johanns II. am Reichskammergericht, die Gründung von Kloster Langnau durch Heinrich IV., die Herrschaftsteilungen, schließlich Tod und Wunder des seligen Johannes von Montfort und die Frömmigkeit des Hauses. Tettnang lobt Engerd mit dem klassischen Topos des „locus amoenus et florens" (lieblichen und blühenden Ortes)[51].

Mit dem Antritt seiner Professur 1572 hatte Engerd den Poetenlorbeer empfangen und damit, einem humanistischen Konzept folgend, seine Bereitschaft signalisiert, seine Kunst in den Dienst des Fürstenruhms zu stellen[52]. Der Klammersatz ermöglicht eine Komposition des Werks auf drei Ebenen[53]: Neben dem poetischen Haupttext erklärt ein Paratext in den Marginalien die historischen Zusammenhänge und die rhetorische Gliederung. Die Autoritäten, auf die sich Engerd stützt, sind in einer dritten Ebene mittels Fußnoten angefügt. Engerd will auch in dreifacher Weise belehren: Das Werk war als Herkommen des Geschlechtes und als Exempel über seine Vergangenheit zu lesen, als Einführung in die Rhethorik, bei der zu dieser Zeit die Geschichte ihren universitären Ort hatte, und als Verherrlichung der Hochzeit Graf Jakobs I. Das Titelblatt, auf dem Engerd seinen Poetentitel vor dem Professorenamt nennt, stellt den Bezug zu Graf Wolfgang III. von Montfort her, einem Sohn Jakobs, der zu jener Zeit als (Adels-)Rektor der Universität Ingolstadt fungierte[54]. Von dem Lobgedicht wird sich Engerd materielle Vorteile erhofft haben; für den Grafen bedeutete die Huldigung des Poeten eine Mehrung von Ruhm und Ansehen seines Geschlechtes.

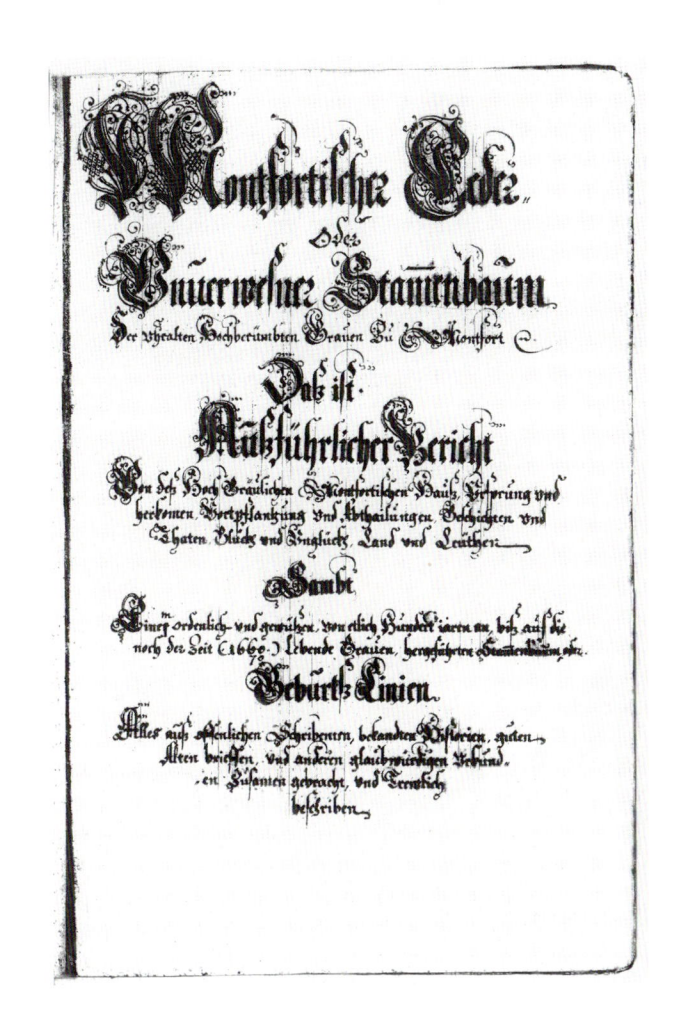

Titelblatt der Familiengeschichte der Grafen Montfort von Andreas Arzet S.J. Bayerische Staatsbibliothek.

Hauschronik

Eine eigene Chronik gaben die Montforter erst Mitte des 17. Jahrhunderts in Auftrag. Ihr Verfasser ist der Jesuit Andreas Arzet (†1675) aus dem Konstanzer Kollegium, das enge Beziehungen zum Adel des Bodenseeraums pflegte[55]. Eigentlich Mathematiker, begab sich Arzet nach einem Schlaganfall als Beichtvater in die Dienste der Grafen von Montfort, die ihn als Trostspender in guter Erinnerung behielten. 1675 widmete er ihnen eine Karte des Bodenseegebietes[56].

Die Entstehungsgeschichte der Montforter Chronik ergibt sich ungefähr aus den erhaltenen Handschriften: Ein erster Entwurf[57] von der Hand des Verfassers ist auf Arbon 1648 datiert, was später getilgt wurde, ebenso wie man in der Reinschrift[58]

Im Schatten der Montforter Zeder

das abschließende Jahr 1660 in 1670 verbesserte. Arzet hatte also mehr als 20 Jahre lang daran gearbeitet. Vermutlich fallen seine Archivstudien bereits in die 1630er Jahre, für die ein längerer Aufenthalt im Schloss der Grafen belegt ist[59].

Arzets jesuitische Prägung ist schon dem Titel der Chronik und seiner allegorischen Auslegung deutlich anzumerken: „Montfortischer ceder- oder unverwesner stammenbaum der uhralten hochberümbten graven zu Montfort". Die stets grüne Zeder, die dem, dem Werk vorangestellten Psalm 91,13 entnommen ist, gelte als Zeichen der Unsterblichkeit. Arzet deutet dies dreifach aus: Da man auch die Geschlechter in Gestalt eines Baumes darstelle, habe „zu disem vorhaben kain anderer baum sich besser fügen künden alß eben der ceder"; so wie bereits die Alten ihre Ahnenbilder in Zeder geschnitten hätten, sei auch das „Montfortische hauß wegen seines uhralten adels, berüembten namen und heroischen thaten etc. für sich selber cedro digna, würdig und werth [...], daß es in ceder geschniten und abgeformet werde" und schließlich – durchaus humorvoll zu verstehen – habe er den Namen der Zeder über das ganze Werk geschrieben, „weilen man schon von alters her darfür gehalten hat, daß die bücher und schrifften, so mit cedersafft überstrichen werden, vor den schnackhen und schaben versicheret seyen". Dann wieder ernsthaft: Trotz seines Alters habe der „uhralte, doch aber noch ganz frische Montfortische cederbaum annoch bishere sowol sommer alß winter, das ist: zu gut und bösen zeiten, immer gegrünet, auch niemalen weder faul noch wurmstichig worden, vill weniger gar umbgefallen [...], ohnangesehen der todt (alß der gemaine aller welt holzhackher) ein und den anderen ast hinweggestürzet und herab gehawen hat [...]."[60]

Trotz der barocken Sprach- und Ausdeutungsfreude bleibt Arzet methodisch weitgehend der historiographischen Praxis des 16. Jahrhunderts verhaftet. Als Quellen dienen ihm „scribenten" (Schriftsteller), Urkunden und Schriften[61]. Außer den „monumenta Montforti", womit archivalische Quellen gemeint sind, nennt er antike und christliche Autoritäten (Plinius, Tacitus und Paulus Diaconus), Vertreter der Landesgeschichtsschreibung (Crusius, Tschudi oder Brusch) und Historiographen der Habsburger (Lazius, Besold und Guillimann) – wie auch „Matthaeus a Pappenheim de Dapiferis in Waldpurg", die um 1530 entstandene Chronik der Truchsessen von Waldburg[62]. Vieles davon wird Arzet in der Bibliothek des Konstanzer Jesuitenkollegs gefunden haben[63]. Was er tatsächlich benutzt hat, was er nur aus zweiter Hand kannte, müsste eingehender analysiert werden. Interessant ist, dass er neben den Schriftquellen auch allerlei anderes heranzieht: archäologische Befunde (in Tettnang gefundene römische Steine), Bildquellen (Votivbild auf der Schlosskapelle Hohenbregenz), Rechtsaltertümer (das rhätische Landgericht zu Ranckweil) oder Sprachbefunde (z.B. den Hinweis, dass im Kölnischen und Sächsischen das Wort Graf für Richter stehe, oder eine rhätisch-lateinisch-deutsche Synopse)[64].

Arzets Chronik darf als Höhepunkt Montforter Geschichtsschreibung bezeichnet werden, sie schlägt fast alle Themen der Historiographie des Adels an. Nur weniges sei davon an dieser Stelle hervorgehoben[65]. Den ersten Teil des Werkes nimmt eine Diskussion der unterschiedlichen Herkunftstheorien des Hauses ein. Eine Ableitung aus Troja, von jenen Kriegern, die vom Bauch des Trojanischen Pferdes aus die Stadt erobert hätten, lehnt Arzet ab. Jedoch nicht, weil sie ihm gänzlich ausgeschlossen schiene, sondern weil ihm die ganze Trojaerzählung als „pöetisch gedicht", als Allegorie gilt, die bedeute, „daß die statt Troja sey eintweder durch die reiterey oder aber bey dem Roßthor eingenomen worden"[66]. Thomas Lirer bezeichnet er bald als „ainen schmaichler, idioten und fabelhansen", der sich manches Mal „übel verschossen" habe, bald verteidigt er ihn gegen eine angeblich verdorbene Überlieferung[67]. Arzet übernimmt aber von ihm die Namensformen Starkenberg und Rotenfahn und den Hinweis auf eine Abkunft aus Rhätien, wo auch er die Ursprünge des Geschlechts sucht: Die Montforter seien mit dem (sagenhaften) Anführer Rhaeto von Tuscien nach Rhätien eingewandert und hätten dort ihren (rhätischen) Namen erhalten[68]. Interessant im Hinblick auf Arzets historiographische Methode ist ein Kapitel, in dem er alte, ihm zweifelhaft erscheinende Traditionen versammelt, die er zwar nicht für falsch, aber doch für ungewiss hält, weshalb er jede einzelne einem „examen" unterzieht. Hier kommt er nun zunächst auf die „allte tradition unnd stäts imer eingepflanzter wohn, auch bey gemainem man, es seye ein grav von Montfort schon damahlen zu Jerusalem gewesen, alß Christuß unnser erlösser am stamen deß hailigen creütz für unnß menschen gestorben ist, oder, wie andere sagen, da er zu Bethlehem gebohren ware." Der Graf soll in einem Brief über die damaligen Ereignisse berichtet haben. Nach diesem Brief hatte bereits Martin Crusius vergeblich gefragt, als Alumnen aus dem Geschlecht der Pfalzgrafen von Tübingen bei ihm an der Universität weilten[69]. Arzet vermutet den Verlust bei den Schlossbränden in Tettnang 1488 und 1633, erwägt dann aber, ob es sich nicht anstatt einer „histori" vielmehr um einen missverstandenen Lobspruch handle, mit dem man das Alter der Montforter habe rühmen wollen. Dann will er aber „einer so alten tradition unnd von unerdencklichen jahren her allgemainem wohn unnd rueff" doch nicht jede Glaubwürdigkeit absprechen. Denn die Auswanderung der Montforter aus Tuscien unter Herzog Rhaeto habe schon 500 Jahre vor Christus stattgefunden und nach der Unterwerfung der Rhätier durch Drusus und Tiberius könne sehr wohl „deß Montfortischen geschlechts einer mit einem römischen herrn unnd beambten nach Rom und von dannen in daß jüdische landt gezogen" sein[70]. Die weiteren Teile der Chronik enthalten ausführliche Beschreibungen der Montforter Herrschaften, der unterschiedlichen Linien und einen 650seitigen Quellenanhang.

Einen Anlass zur Abfassung des umfangreichen Werkes lässt Arzet an einer Stelle der Vorrede durchblicken, in der er, noch immer im Bild seiner Allegorie bleibend, bemerkt: Obwohl die Montforter Zeder „biß auf daß gegenwärtige 1660. jar ganz unverwesen gestanden seye, welches auch noch jezt in seinem so hochen alter sich nichts zubefahren hat von den jenigen holzwürmen, welche newlicher zeit vergebens daran zu nagen sich underfangen haben, in deme sie nemblich auß unwüssenhait der Montfortischen sachen, frevenlich und fälschlich (damit ichs nit gröber sag) haben außgeben dörffen, ob solte der recht Montfortische stammen nuhn mehr ganz umbgefallen und gänzlich abgangen sein." Zwar schreibe er sein Werk nicht als Apologie, „dan solches schir nichts anders sein wurd, alß der klaren sonnen ein vergebenes liecht anzünden wöllen", gleichwohl scheint ihm die Feststellung angebracht, dass trotz des Aussterbens einzelner Linien „die noch heüt lebende graven zu Montfort auß dem recht alt teütschen Montfortischen geschlecht ohn allen zweiffel herrühren"[71]. Das Wissen um die „Montfortischen Sachen", um die Herkunft und Zusammengehörigkeit der einzelnen Linien, musste offenbar betont werden. Vielleicht spielt Arzet damit auf Begehrlichkeiten an, die das Aussterben der ersten Tettnanger Linie 1574 geweckt hatte[72]. Arzet selbst erwähnt eine andere Situation, bei der es auf die Abweisung von ‚Holzwürmern' angekommen war: Als das Geschlecht auf zwei Augen stand, oder wie er schreibt „ein einziges zweyglin noch überig ware", hätten die Grafen von Altemps aus naheliegenden Gründen darum gebeten, dem eigenen auch das Montforter Wappen beistellen zu dürfen, „zu einem zaichen, daß sy eben auch auß disem Rottenfahnischen geschlecht herkhomen seyen". Man habe sich jedoch damals entschlossen, das Wappen „nit auß handen zulassen", und durch die Geburt eines Stammhalters wurde die dynastische Krise auch überwunden: „Volgents, allß von baiden thailen ein Montfortisch- unnd Attembsischer junge grav zu Hochen Siena im wälsch landt zusamen khomen, hat eben deßwegen auch diser zu jennem ein solche khundt- und verwandtschafft gesuocht, unnd aber khainer den anderen berichten könden, ob unnd wie baider geschlechter von einem stammen erwachsen seyen."

Kurz darauf habe der Vater des jungen Altempser Grafen einen genealogischen Aufriss nach Tettnang geschickt, aus dem hervorgegangen

Schloss Argen der Grafen von Montfort. Ausschnitt aus der Bodensee-Karte von N. Hautt nach Andreas Arzet S.J., 1675.

sei, dass die Brüder Arbon und Heinrich von Montfort „anno Christi 1168 auß Franckhenlandt in Wälschlandt komen". Arzet weiß mit einer solchen Verwandtschaft nichts anzufangen und resümiert: „Allso ist billich noch ein groser zweifel, ob die graven von Attembs auß dem Rottenfanischen geblüet der graven zu Montfort hergeflossen?"[73]. Auch Arzets Chronik diente also der Orientierung in einem immer komplexer werdenden System aus adligen Familienverbindungen. Indem sie Wissen über Verwandtschaft – oder auch: Nicht-Verwandtschaft – festhielt, diente sie, wie man sieht, ganz praktischen Zwecken.

Der Zeitpunkt unmittelbar nach dem Dreißigjährigen Krieg gab wohl nicht zufällig zur Abfassung einer Chronik Anlass. Die langen Kriegsjahre hatten die Tettnanger Herrschaften stark in Mitleidenschaft gezogen. Während Arzet schrieb, konnte er den Neubau der Schlösser Tettnang (Altes Schloss) und Langenargen verfolgen; das letztgenannte pries er auf seiner Bodenseekarte als „Acronii magnum maris ornamentum" (des Bodenseemeeres große Zierde), Graf Johann X. als dessen „restaurator"[74].

Die Beschäftigung mit der Vergangenheit fällt also in eine Phase der Neuausrichtung der Herrschaft. Das Wissen um historische Zusammenhänge, um die Herkunft von Besitzungen und Rechtstiteln, war eine Voraussetzung für deren Handhabung und erfolgreiche Behauptung, die Konsolidierung einer Herrschaft ging mit der Neubegründung historischer Identität Hand in Hand. Herkommen und Repräsentation waren für die Grafen von Montfort, um deren finanzielle Herrschaftsgrundlagen es bekanntlich nicht zum besten stand, auch die wichtigsten Voraussetzungen, um zu Beginn des 18. Jahrhunderts die Erhebung in den Reichsfürstenstand anzustreben[75].

Visualisierung

Die Chroniken des Adels waren nur für einen sehr kleinen Rezipientenkreis bestimmt. Mit dieser engen Öffentlichkeit korrespondiert jedoch eine weitere, öffentliche Ebene, auf der genealogisches Wissen veranschaulicht und demonstrativ nach außen getragen wurde[76]. Engerds Rede, die im akademischen Rahmen Herkommen in soziale Ehre umgoss, stellt eine mögliche Funktionalisierung der Chronistik dar. Genealogisches Wissen wurde aber vor allem auch im Bild festgehalten: Dies konnte in liturgisch-kommemorativen Zusammenhängen geschehen wie mit dem spätgotischen Wappenschmuck der St. Anna-Kapelle in Tettnang, der an die Vorfahren Graf Ulrichs VII. und seiner Frau erinnert und zutreffend als „eine Art steinerne Familienchronik des Hauses Montfort" bezeichnet worden ist[77]. In profanen Zusammenhängen konnte eine solche Visualisierung in Form von Bildtafeln und -reihen erfolgen. Die Krisensituation von 1574 gab nicht nur zu historiographischer Aktivität Veranlassung, sondern auch zur Entstehung einer Stammtafel, die im Bild eines Baums die Einheit der Familie sinnfällig zum Ausdruck brachte[78]. Ein Entwurf dazu stammt von dem württembergischen „historicus" Andreas Rüttel dem Jüngeren (†1587), der sich auf das Anfertigen solcher Tafeln verstand[79]. Schon ein flüchtiger Blick ver-

Stammbaum der Grafen von Montfort mit Ansichten des Schlosses Argen und der Stadt Tettnang, um 1575. Hauptstaatsarchiv Stuttgart.

Im Schatten der Montforter Zeder

deutlicht, dass die rechtlich bedeutsamen Zusammenhänge hier nicht nur festgehalten, sondern auch präsentiert werden sollten: Die liebevolle Darstellung des liegenden Stammvaters, aus dem der Baum hervorwächst, samt seiner Wappenfahne, die Ansichten der Burg Langenargen und der Stadt Tettnang und die Zeichnung eines – wohl an die habsburgische Ikonographie angelehnten[80] – Pfaus sowie eines über der Baumkrone schwebenden Adlers geben dem Blatt den Rang eines Schaustücks.

Auch Arzets Chronik wurde nach ihrer Fertigstellung von den Grafen mit einer bei Michael Wening in München gestochenen Stammtafel öffentlich gemacht[81]: Sie visualisiert das Geschlecht in Gestalt des Zederbaumes. Eine Steinplatte mit dem Montforter Wappen, die Engel an der Wurzel ausgraben, verweist auf die Herkunft aus Rhätien. Die Stammreihe beginnt mit Graf Rudolf I. und verzweigt sich mit Wilhelm III. und Heinrich IV. in die Bregenzer und erste Tettnanger Linie. Mit Graf Ulrich IX. läuft der Tettnanger Ast, sich dem Bregenzer zuneigend, aus, während ein Putto eine Fahne mit einer Inschrift hält, die abermals die Rechtmäßigkeit der Erbfolge betont: „[...] in eorum feudum imperiale successerunt comites Montfortii lineae Brigantinae [...] iure feudali cum approbatione et autoritate Rudolphi II. imperatoris anno 1577 [...]" (in ihre kaiserlichen Lehen traten die Grafen von Montfort Bregenzer Linie ein, nach Lehensrecht mit Billigung und Ermächtigung Kaiser Rudolfs II. im Jahr 1577).

Die übrigen Linien des Hauses, die Feldkircher und Pfannberger, wie auch die Grafen von Werdenberg rufen Spruchbänder an den Seiten des Baumes in Erinnerung; den Verlust der Bregenzer und Pfannberger Herrschaft verkünden Putten, die ihre Tränen trocknen. Die Baumkrone nehmen Graf Anton III., seine Frau Maria Anna von Thun und ihre Söhne Joseph und Ernst ein. In den oberen Ecken der Tafel verheißen der heilige Hugo und der selige Johannes von Montfort himmlischen Beistand. Gott selbst wacht über dem Baum, dargestellt durch eine Kartusche mit dem Tetragramm. Eine weitere Schriftkartusche auf der linken Seite trägt Arzets Widmung an die Grafen Johann V. und Anton II. von Montfort. Mit ihrem barocken Zierrat ist auch diese Tafel ein Schaustück, zugleich wandte sie sich an diejenige Öffentlichkeit, der Einblicke in Arzets Chronik selbst versagt blieben.

Eine biographische Gliederung der Chroniken wie bei der Kirchberger Chronik des Grafen von Zimmern eröffnete den Weg zu repräsentativen Figurengenealogien, Stammtafeln oder genealogischen Zyklen in repräsentativen Räumen. Der Rittersaal im Schloss Tettnang ging zwar 1753 verloren; vom Typus eines solchen Saales geben aber verschiedene andere oberschwäbische Beispiele Auskunft, wie die Bilderahnengalerie im Truchsesszimmergang auf Schloss Zeil, der Rittersaal in Wolfegg[82], die Ahnengalerien auf der Kronburg und auf Schloss Hechingen[83], die Ahnensäle in Sigmaringen und Heiligenberg oder auch der ehemalige Rittersaal in Kißlegg. Mit dieser Hofkunst und ihrer Situierung an „symbolischen Orten" wurden Erkenntnisse aus Archiv und Gelehrtenstube im Alltag visualisiert, Herrschaft und Herkommen sichtbar gemacht[84].

Auf einen letzten Aspekt der Funktion von Herkommen im öffentlichen Raum macht Arzet aufmerksam mit der Behauptung: „Dahero dann in dem schwäbischen craiß [...] noch diser zeit sowoll in den collegial alß auch craißtägen, die graven von Montfort, Öttingen, Sulz unnd Fürstenberg, alß derzeit in disem landt die elteste gräveliche heüser noch biß dato disen brauch gehallten, daß welcher under ihnen an jaren elter gewesen, derselbig alß dann in solchen zuosamenkunfften unnder ihnen den vorsiz hat und erstere stim zue füehren pflegt"[85]. Sitzordnung und Ablauf der schwäbischen Kreistage habe also den historisch begründeten Vorrang der vier Geschlechter abgebildet. In der Rangfolge auf Kreis- und Reichstagsbänken und dem damit verbundenen Zeremoniell, das eine soziale Platzanweisung vornahm[86], realisierte sich das sonst imaginäre adlige Feld, geordnet nach Vorrang, Alter und Herkommen. Die vormodernen Chroniken schrieben Prestige und Maginifizenz eines

Geschlechtes fest. In den Ahnengalerien oberschwäbischer Schlösser und im Zeremoniell hatte dieses Wissen seinen ‚Sitz im Leben'.

WANDEL

Als Johann Nepomuk von Vanotti 1845 die erste gedruckte Monographie über die „Geschichte der Grafen von Montfort und von Werdenberg" veröffentlichte[87], hatten sich die Bedingungen für die Geschichtsschreibung des Adels gewandelt. Zum Teil kündigte sich dieser Wandel bereits mit der Sattelzeit[88] des 18. Jahrhunderts an, einschneidende Veränderungen ergaben sich aber erst durch den Untergang des Alten Reiches. Erst nach Auflösung der Reichsverfassung, in der prinzipiell jede Urkunde Karls des Großen noch Gültigkeit besaß, war eine konsequente Historisierung der Quellen und mit ihnen auch der Vergangenheit möglich. Das statische Herkommen, in dem Vergangenheit und Gegenwart, Geschichte und gültiges Recht untrennbar ineinanderflossen, wurde vom Historismus mit seiner Forderung, jede Epoche aus sich selbst heraus zu verstehen, abgelöst. Reinhart Koselleck hat gezeigt, dass sich zur gleichen Zeit mit der Emanzipation der Geschichtsschreibung von der Rhetorik auch der Topos der „historia magistra vitae" und damit der exemplarische Gebrauch der Geschichte als Reservoir von Beispielen auflöste[89]. An die Stelle von rhetorischer Tradition und historiographischer Komposition traten nun das „forschende Verstehen" und die Forderung nach Tatsachentreue[90].

Eine Zäsur innerhalb dieser Entwicklung stellte der Wiener Kongress dar, der nicht nur politisches Forum, sondern auch Buchmarkt und Kontaktbörse war. Von den Impulsen, die davon für die germanistische und historische Forschung ausgingen, sei nur die Gründung der „Gesellschaft für ältere deutsche Geschichtskunde" durch Karl Freiherr vom Stein genannt, die die „Monumenta Germaniae Historica" edierte[91]. In der Folge entstanden allenthalben auch regionale Geschichtsvereine. Das Aufkommen des Historismus im Verlauf des 19. Jahrhunderts brachte dann eine Professionalisierung und Verwissenschaftlichung der Geschichte durch Historiker, die sich dezidiert von der älteren Historiographie und den nicht-professionellen Dilettanten abgrenzten. Dieser Entwicklung lag neben der neuen Verfügbarkeit von historischen Quellen auch eine Verlusterfahrung zu Grunde. Nicht wenige Kulturgüter waren infolge der politischen „Flurbereinigung" verschoben oder durch schiere Barbarei vernichtet worden. Auch die Geschichtswerke der Grafen von Montfort waren 1805 mit den Archiven der ehemaligen Montforter, nun bayerischen Herrschaften, nach München verbracht worden[92].

Wie groß die Vorbehalte gegenüber der neuen historischen Forschung zunächst noch waren, zeigt die Position von König Wilhelm von Württemberg, der den „Monumenta Germaniae Historica" seine Unterstützung versagte, weil er wegen der Beteiligung des Grafen von Solms-Laubach, der Fürstin von Fürstenberg und Joseph von Lassbergs fürchtete, dass das Unternehmen vor allem die Ansprüche der Mediatisierten vertrete „und die Privilegien des Feudalismus urkundlich zu belegen bestimmt sei"[93]. Tatsächlich war genau diese von ihm genannte Gruppe auf dem Wiener Kongress energisch für die Sache der Mediatisierten eingetreten und hatte schließlich dem letzten römischen, nunmehr ersten österreichischen Kaiser Franz II./I. nochmals die deutsche Kaiserkrone angetragen[94].

Johann Nepomuk von Vanotti (1777 – 1847)[95] stammte aus Freiburg, wurde Stadtpfarrer in Ehingen und schließlich Domkapitular in Rottenburg. Gedruckt wurde seine Geschichte der Montforter in der Exildruckerei des Revolutionärs Ignaz Vanotti (1798 – 1870) Belle-Vue in Kreuzlingen, unmittelbar hinter der Grenze nach Konstanz[96] – vielleicht um der Druckerei des Verwandten[97] zu Renomee zu verhelfen. Vanotti widmete sich der Geschichtsforschung „in meinen wenigen Freistunden [...] zur Erholung" – war also ein Dilettant im Wortsinne – und entwickelte dabei eine „Vorliebe für die Geschichte

Cedrus Montfortia. Ausschnitt aus dem Kupferstich von Michael Wenig nach Andreas Arzet S. J., 1687, fortgeführt bis 1718.

Oberschwabens"[98]. Sein Buch beruhte auf Quellenforschung. Er fand „mehrere bisher unbenützte Hülfsquellen besonders in den Archiven der aufgehobenen zahlreichen Klöster dieser Gegend" und betrieb Nachforschungen in Stuttgart und „dem Auslande", nämlich in Sigmaringen, Donaueschingen, St. Gallen, Konstanz, Augsburg und Wien. Besonders wichtig wurde der Kontakt zu Joseph von Laßberg (1770 – 1855), der sich mittlerweile ins Privatleben zurückgezogen hatte und mit den Worten Volker Schupps „adlige Wissenschaft" betrieb, die „den Zug des Dilettantischen nie verloren hat"[99]. Laßberg hatte sich selbst mit den Montfortern beschäftigt, besonders mit dem ‚Minnesänger' Hugo XII.[100]. Nach eigenen Angaben hat er zu Vanottis Werk „manches scherflein geliefert", arbeitete das ganze Manuskript im Winter 1842/43 durch[101] und versah auch den Druck nochmals mit minutiösen Korrekturen[102]; außerdem vermittelte er wohl zwei Darstellungen aus der Kirchberger Chronik, die dem Band als Fakismile beigegeben sind[103]. Die Nennung seines Namens im Druck verweigerte er jedoch.

Vanottis Darstellung wollte „klar, unbefangen und wahr" sein. Er gliederte sie in eine Einleitung, die im wesentlichen das Frühmittelalter umfasst, zwei biographisch geordnete Abteilungen über die Grafen von Montfort und Werdenberg und einen fast 200 Seiten starken Anhang von Urkunden und Regesten. Bereits 1843 war dem Werk eine kurze Urkundenedition in der ersten Ausgabe des „Archivs für schweizerische Geschichte" vorausgegangen[104]. Problematischer erweisen sich Vanottis Anleihen bei den „bewährtesten Schriftstellern" der Vergangenheit: Aus der Turnierbuchliteratur übernahm er fiktive Frühdatierungen; von Lirer, den auch er nicht gänzlich verwerfen wollte, die Herleitung aus Rhätien; von Lazius, Arzet, Bucelin und anderen die auf eine St. Galler Urkunde[105] gestützte Rückprojektion der Montforter ins 10. Jahrhundert[106]. Bemerkenswerterweise kam es genau über diese Ursprungsfragen auch zu Differenzen mit Laßberg: Während Vanotti die Frage aufgeworfen hatte, ob sie als Nachkommen der Pfalzgrafen von Tübingen oder „der alten Grafen von Montfort in Churrhätien" anzusehen seien, und sich mit der Tradition für die zweite Lösung entschieden hatte, betonte Laßberg die Abstammung von den alemannischen Grafen[107]. An dieser Stelle zeigt sich die Bindekraft der historiographischen Tradition, von der sich Vanotti noch nicht mittels eigener Quellenarbeit lösen konnte. Wandel machte sich an der Funktion der Geschichtsschreibung, noch nicht unbedingt an ihrer Methode bemerkbar.

Das eigentlich Zukunftweisende an Vanottis Werk war seine Einordnung der Montforter Geschichte in die Landesgeschichtsschreibung. Denn obwohl er beteuert, „keine allgemeine Landes-, keine Volksgeschichte, sondern nur eine Familiengeschichte" schreiben zu wollen[108], sah er sein Werk als Beitrag zur, wie er es zeittypisch nennt, „vaterländischen Geschichte": Einer Landesgeschichte, die ihre Aufgabe in der Bildung staatlicher Identitäten in den neu geschaffenen Ländern sah[109]. Vor der Monographie über die Montforter hatte Vanotti bereits Studien über die Schenken von Winterstetten (1833) und die Fürsten von Waldburg (1834) verfasst[110]. Er präsentierte damit Oberschwaben, das er übrigens konsequent so benennt, in seiner Genese aus unterschiedlichen historischen Kräften, ohne das neue Land Württemberg in Frage zu stellen.

Erklärbar erscheint dies einerseits aus Vanottis Biographie: Er gehörte einer Priestergeneration an, die von Wessenberg und der katholischen Aufklärung geprägt war. Das ermöglichte ihm den Schulterschluss mit dem württembergischen Staat, noch bevor sich der Ultramontanismus mit seiner Frontstellung gegenüber dem protestantischen Königshaus formierte. Diese Loyalität trug ihm unter anderem das Komturkreuz des Ordens der württembergischen Krone ein. 1819 bis 1831 war Vanotti Abgeordneter in den verschiedenen württembergischen Landtagen; zeitweise wurde er auf Vorschlag der württembergischen Regierung als Kandidat für die Erstbesetzung des Rottenburger Bischofsstuhls gehandelt[111]. Zum anderen scheint Vanottis historischer Standort durch eine „freundschaftliche Bekanntschaft" erklärbar, die ihn mit Johann Daniel Georg Memminger (1773 – 1840) verband[112]. Dieser war 1820 zur Leitung des württembergischen „Statistisch-topographischen Bureaus" berufen worden, das zur historisch-statistischen Erfassung Württembergs vor allem mittels der Oberamtsbeschreibungen eingerichtet worden war. Vanotti beteiligte sich an den Bänden über Ehingen (1826), Ravensburg (1836), Tettnang (1838), Wangen (1841) und Leutkirch (1843)[113]. Aus dieser Tätigkeit heraus erwuchsen die genannten historischen Arbeiten, die in den von Memminger herausgegebenen Württembergischen Jahrbüchern veröffentlicht wurden. Auch in dieser Hinsicht steht Vanotti am Übergang, ist ein früher Vertreter jener Historiographen, die Oberschwaben im Verlauf des 19. Jahrhunderts eine historische Identität schaffen sollten[114].

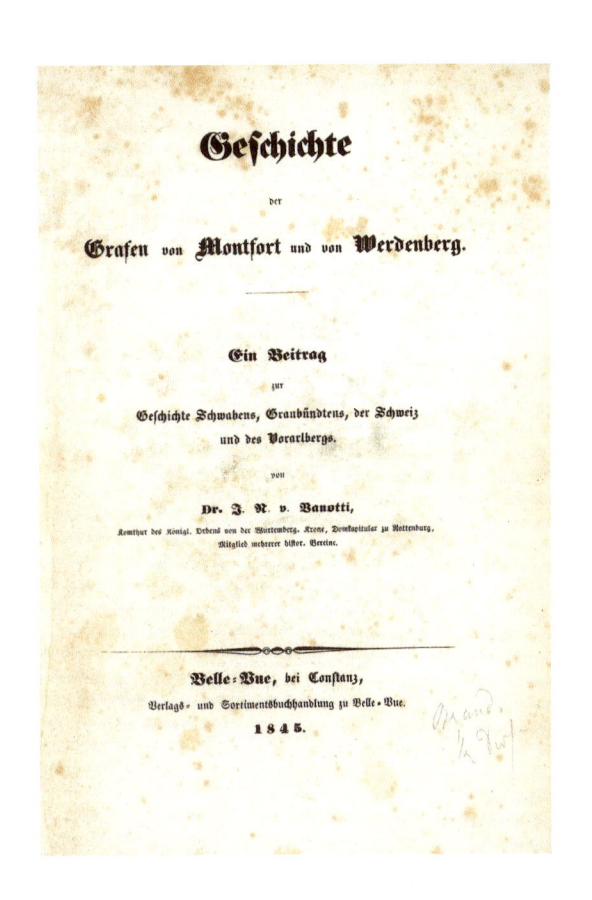

Der hier skizzierte Weg führte von Innovationsprozessen am Beginn der frühen Neuzeit über barocke Gelehrsamkeit zur Landesgeschichtsschreibung des 19. Jahrhunderts; von einer Chronistik, die sich als Dienerin des Adels verstand, zu einer Geschichtsschreibung, die den Adel als eine der historischen Kräfte in den neu geschaffenen Ländern betrachtete. Der Wendezeit zum

19. Jahrhundert kommt dabei Bedeutung zu, weil sie den Weg zu modernem historischem Denken ebnete, auch wenn ältere historiographische Traditionen zunächst noch nachwirkten. Vanottis Monographie steht erst am Anfang einer modernen Erforschung der Grafen von Montfort, von heutigen Ansprüchen an eine Adelsgeschichte ganz zu schweigen. Mit dem Hinweis auf sein Werk können unsere Beobachtungen „im Schatten der Montforter Zeder" aber enden.

* Mein Dank gilt den genannten Archiven und Bibliotheken. Für Rat und Hilfe danke ich besonders Herrn Dr. Elmar L. Kuhn; außerdem Frau Dr. Brigitte Gullath und Frau Magdalene Popp-Grilli sowie den Herren Dr. Klaus Graf, Dr. Felix Heinzer, Dr. Bernd Mayer und Dr. Andreas Wilts.

Anmerkungen:

1 *Rudolf Seigel*: Zur Geschichtsschreibung beim schwäbischen Adel in der Zeit des Humanismus. In: Zeitschrift für Württembergische Landesgeschichte 40 (1981), 93-118; *Beat Rudolf Jenny*: Graf Froben Christoph von Zimmern. Lindau-Konstanz 1959; *Gerhard Wolf*: Von der Chronik zum Weltbuch. Berlin 2002; *Markus Müller*: Hausgeschichten und Kuriosa. Adlige als Chronisten und Sammler. In: *Ulrich Gaier / Monika Küble / Wolfgang Schürle* (Hg.): Schwabenspiegel. Literatur vom Neckar bis zum Bodensee 1000 – 1800. Bd. 2. Ulm 2003, 79-88, Bd. 1, 75-82; vgl. auch *Klaus Schreiner*: Geschichtsschreibung und historische Traditionsbildung in Oberschwaben. In: *Peter Blickle* (Hg.): Politische Kultur in Oberschwaben. Tübingen 1993, 43-70 sowie *Clemens Joos*: Herkommen und Herrschaftsanspruch. Das Selbstverständnis von Grafen und Herren im Spiegel ihrer Chronistik. In: *Kurt Andermann / Clemens Joos* (Hg.): Grafen und Herren in Südwestdeutschland vom 12. bis ins 17. Jahrhundert. Epfendorf 2006, 121-153.
2 *Hans Georg Hofacker*: Montfort. In: *Meinrad Schaab* u.a. (Hg.): Handbuch der Baden-Württembergischen Geschichte. Bd. 2, Stuttgart 1995, 429-433; *Bernd Wiedmann* (Hg.): Die Grafen von Montfort. Friedrichshafen 1982; *Vorarlberger Landesmuseum* (Hg.): Die Montforter. Bregenz 1982; *Karl Heinz Burmeister*: Die Grafen von Montfort. Konstanz 1996; *Roland Weiß*: Die Grafen von Montfort im 16. Jahrhundert. Markdorf-Tettnang 1992. Zur Geschichtsschreibung der Montforter vgl. Beschreibung des Oberamts Tettnang. Stuttgart ²1915, 178.
3 Vgl. das Epitaph in der Pfarrkirche Tettnang, abgebildet in: *Wiedmann* 1982 (wie Anm. 2), 17 und im Beitrag Hosch in diesem Band.
4 Cartha fundatorum monasterii nostri Brigantini. In: Württembergische Landesbibliothek (WLB) Stuttgart, Cod. hist. fol. 618, [alt:] 250r-255v; zur weiteren Überlieferung und über Mennel vgl. *Karl Heinz Burmeister / Gerard F. Schmidt*: Art. Mennel, Jakob. In: Verfasserlexikon. Bd. 6 (Berlin ²1987), 389-395.
5 Österreichische Nationalbibliothek (ÖNB) Wien, Cvp 3072*-3077**; dazu *Dieter Mertens*: Geschichte und Dynastie – zu Methode und Ziel der ‚Fürstlichen Chronik' Jakob Mennels. In: *Kurt Andermann* (Hg.): Historiographie am Oberrhein im späten Mittelalter und in der frühen Neuzeit. Sigmaringen 1988, 121-153.
6 ÖNB Wien, Cvp 3077* und 3077**, dazu künftig *Tanja Reinhardt*: Die Habsburger Heiligen des Jakob Mennel. Diss. Freiburg 2006 (masch.).
7 ÖNB Wien, Cvp 3072*, 12r.
8 *Klaus Schreiner*: „Hildegardis regina". Wirklichkeit und Legende einer karolingischen Herrscherin. In: Archiv für Kulturgeschichte 57 (1975), 1-70, 39f.; ebd. 42 Hinweis auch auf Pappenheim.
9 *Sven Lembke / Markus Müller* (Hg.): Humanisten am Oberrhein. Leinfelden-Echterdingen 2004.
10 *Klaus Graf*: Fürstliche Erinnerungskultur. Eine Skizze zum neuen Modell des Gedenkens in Deutschland im 15. und 16. Jahrhundert. In: *Chantal Grell / Werner Paravicini / Jürgen Voss* (Hg.): Les princes et l'histoire du XIVe au XVIIIe siècle. Bonn 1998, 1-11.
11 Die wichtigste Literatur erschließt *Jan-Dirk Müller*: Art. Kaiser Maximilian I. In: Verfasserlexikon. Bd. 6 (Berlin ²1987), 204-236.
12 *Birgit Studt*: Historia Welforum. In: *Volker Reinhardt* (Hg.): Hauptwerke der Geschichtsschreibung. Stuttgart 1997, 284-287; zu Sunthaym vgl. *Winfried Stelzer*: Art. Sunthaym, Ladislaus. In: Verfasserlexikon. Bd. 9 (Berlin ²1995), 537-542.
13 *Friedrich Eheim*: Ladislaus Sunthaym. In: Mitteilungen des Instituts für Österreichische Geschichtsforschung 67 (1959), 53-91, 75-78 mit weiteren Nachweisen.
14 Bayerische Staatsbibliothek (BSB) München, Cgm 7249, 60v-62r; ÖNB Wien, Cvp 9338, 183r-192v.
15 Zitiert nach *Klaus Graf*: Exemplarische Geschichten. Thomas Lirers „Schwäbische Chronik" und die „Gmünder Kaiserchronik". München 1987, 48, Anm. 1.
16 Ebd., 122.
17 *Thomas Lirer*: Schwäbische Chronik. ND Leipzig 2005, [11].

18 Zimmerische Chronik, hg. von *Karl August Barack*. Bd. 3. Freiburg-Tübingen ²1881, 24.
19 *Graf* 1987 (wie Anm. 15), 31.
20 *Joseph Morsel*: Die Erfindung des Adels. Zur Soziogenese des Adels am Ende des Mittelalters – das Beispiel Frankens. In: *Otto Gerhard Oexle / Werner Paravicini* (Hg.): Nobilitas. Funktion und Repräsentation des Adels in Alteuropa. Göttingen 1997, 312-375; *Heinz Krieg*: Ritterliche Vergangenheitskonstruktion. Zu den Turnierbüchern des spätmittelalterlichen Adels. In: *Hans-Joachim Gehrke* (Hg.): Geschichtsbilder und Gründungsmythen. Würzburg 2001, 89-118.
21 *Karl-Heinz Spieß*: Ständische Abgrenzung und soziale Differenzierung zwischen Hochadel und Ritteradel im Spätmittelalter. In: Rheinische Vierteljahrsblätter 56 (1992), 181-205, 204.
22 *Horst Carl*: Der Schwäbische Bund 1488 – 1534. Leinfelden-Echterdingen 2000, besonders 99-140; *Ders.*: Einungen und Bünde. Zur politischen Formierung des Reichsgrafenstandes im 15. und 16. Jahrhundert. In: *Andermann / Joos* 2006 (wie Anm. 1), 97-119.
23 *Franz Quarthal*: Historisches Bewußtsein und politische Identität. Mittelalterliche Komponenten im Selbstverständnis Oberschwabens. In: *Peter Eitel / Elmar L. Kuhn* (Hg.): Oberschwaben. Konstanz 1995, 15-99, 65-67; *Elmar L. Kuhn*: Oberschwaben. Politische Landschaft, Bewußtseinslandschaft, Geschichtslandschaft. In: Allmende 17 (1997), 177-202, 179f.; zur heutigen oberschwäbischen Adelslandschaft: *Andreas Dornheim*: Oberschwaben als Adelslandschaft. In: *Hans-Georg Wehling* (Hg.): Oberschwaben. Stuttgart 1995, 123-150.
24 Beispielsweise in der seit mindestens 1500 bestehenden Sebastiansbruderschaft Neufra. Vgl. *Selig*: Die Bruderschaften des Dekanats Riedlingen, hier Neufra. In: Schwäbisches Archiv 29 (1911), 124-127.
25 Für die Grafen von Montfort *Weiß* 1992 (wie Anm. 2), 22-26.
26 Mit Blick auf den Fürstenadel und die Reichstage: *Volker Press*: Reichsgrafenstand und Reich. In: Wege in die Zeitgeschichte. Berlin 1989, S. 3-29, wieder in: *Ders.*: Adel im Alten Reich. Tübingen 1998, 113-138, 115.
27 Vgl. exemplarisch *Dieter Mertens*: Die Schalksburgsage. In: *Andreas Zekorn / Peter Thaddäus Lang / Hans Schimpf-Reinhardt* (Hg.): Die Herrschaft Schalksburg zwischen Zollern und Württemberg. Epfendorf 2005, 17-42, 34f.
28 Dazu *Seigel* 1981 (wie Anm. 1).
29 Abbildung Seite 196. WLB Stuttgart, Cod. hist. fol. 618; vgl. *Jenny* 1959 (wie Anm. 1), 32f.; *Seigel* 1981 (wie Anm. 1), 96, Anm. 16.
30 *Beat Rudolf Jenny*: Vom Schreiber zum Ritter, Jakob von Rammingen 1510 – nach 1582. In: Schriften des Vereins für Geschichte und Naturgeschichte der Baar 26 (1966), 1-66, 21.
31 *Graf* 1987 (wie Anm. 15), 21f.; *Ders.*: Ursprung und Herkommen. Funktionen vormoderner Gründungserzählungen. In: *Gehrke* 2001 (wie Anm. 20), 23-36; *Ders.*: Genealogisches Herkommen bei Konrad von Würzburg und im ‚Friedrich von Schwaben'. In: Jahrbuch der Oswald von Wolkenstein Gesellschaft 5 (1988/89), 285-295; *Ders.*: Heroisches Herkommen. Überlegungen zum Begriff der „historischen Überlieferung" am Beispiel heroischer Traditionen. In: *Leander Petzoldt* u.a. (Hg.): Das Bild der Welt in der Volkserzählung. Frankfurt a.M. 1993, 45-64; *Ders.*: Art. Ritter. In: Enzyklopädie des Märchens. Bd. 11 (2004), 707-723.
32 *Peter Blickle*: Die Revolution von 1525. München ⁴2004, 142.
33 *Graf* 1987 (wie Anm. 15), 117.
34 *Bernd Roeck*: Reichssystem und Reichsherkommen. Die Diskussion über die Staatlichkeit des Reiches in der politischen Publizistik des 17. und 18. Jahrhunderts. Stuttgart 1984.
35 *Klaus Schreiner*: Religiöse, historische und rechtliche Legitimationen spätmittelalterlicher Adelsherrschaft. In: *Oexle / Paravicini* 1997 (wie Anm. 20), 376-430.
36 *J. Klein*: Art. Exemplum. In: Historisches Wörterbuch der Rhetorik. Bd. 3 (1996), Sp. 60-66.
37 Gesamtarchiv der Fürsten zu Waldburg-Wolfegg und Waldsee, Wolfegg 7663b Bü 1: „Chronologische Ehren Jahre deren sammentlichen reichsgräflichen Montfortischen Personen und Verwandten. Abschrift ex Actis Archivii Tetnangensis". Der letzte Eintrag (zum 22. August) datiert von 1726.
38 Vgl. auch die Auszüge aus dem Ehrenspiegel in BSB München, Cgm 6366.
39 *Werner Rösener* (Hg.): Adelige und bürgerliche Erinnerungskulturen des Spätmittelalters und der Frühen Neuzeit. Göttingen 2000.
40 *Otto Gerhard Oexle*: Aspekte der Geschichte des Adels im Mittelalter und in der Frühen Neuzeit. In: *Hans-Ulrich Wehler* (Hg.): Europäischer Adel 1750 – 1950. Göttingen 1990, 19-56, 21-23.
41 Zimmerische Chronik (wie Anm. 18), Bd. 4, 72, vgl. 105; *Jenny* 1959 (wie Anm. 1), 55-63; *Felix Heinzer*: Handschrift und Druck im Œuvre der Grafen Wilhelm Werner und Froben Christoph von Zimmern. In: *Gerd Dicke / Klaus Grubmüller* (Hg.): Die Gleichzeitigkeit von Handschrift und Buchdruck. Wiesbaden 2003, 141-166; *Markus Müller*: Die spätmittelalterliche Bistumsgeschichtsschreibung. Überlieferung und Entwicklung. Köln 1998, passim.
42 WLB Stuttgart, Cod. Don. 593a/b; zur Handschrift *Felix Heinzer* (Hg.): „Unberechenbare Zinsen". Handschriften der Fürstlich Fürstenbergischen Hofbibliothek. Stuttgart ²1994, 144f.
43 Möglicherweise wurde sie von Rammingen benutzt, vgl. *Jenny* 1966 (wie Anm. 30), 8f. Anm. 13 und 65.
44 WLB Stuttgart, Cod. Don. 593a, 1r-3r.
45 Ebd., 18v, 20v-21r, 23v-25r, 29v-30r, 95v-96r. Vgl. auch die Abbildung in Katalog: Meisterwerke massenhaft. Die Bildhauerwerkstatt des Niklaus Weckmann und die Malerei in Ulm um 1500. Stuttgart 1993, 411.
46 Zu Engerd vgl. *Georg Westermayer*: Art. Engerd, Johannes E. In: ADB. Bd. 6 (1877), 144f.; Deutsches Literatur-Lexikon. Bd. 4. Bern-München ³1972, 325-327.

47 *Johannes Engerd*: Epaenesis duarum illustrium Germaniae familiarum, dominorum videlicet comitum Montfortiorum et Fuggerorum etc. [...]. Ingolstadt 1579; dazu *Markus Völkel*: Der alte und der neue Adel. Johannes Engerds panegyrische Symbiose von Fugger und Montfort. In: *Johannes Burkhardt* (Hg.): Augsburger Handelshäuser im Wandel des historischen Urteils. Berlin 1996, 107-117.
48 *Engerd* 1579 (wie Anm. 47), 4r.
49 Hauptstaatsarchiv (HStA) Stuttgart, J1 48a, 173r-175v.
50 Ebd., 4v.
51 Ebd., 17v.
52 *Karl Schottenloher*: Kaiserliche Dichterkrönungen im Heiligen Römischen Reiche deutscher Nation. In: *Albert Brackmann* (Hg.): Papsttum und Kaisertum. München 1926, 648-673, 671; über die, mit den Ingolstädter *poetae laureati* des späten 16. Jahrhunderts schon verblassende Tradition der Dichterkrönung *Albert Schirrmeister*: Triumph des Dichters. Gekrönte Intellektuelle im 16. Jahrhundert. Köln 2003.
53 *Völkel* 1996 (wie Anm. 47), 109.
54 Vgl. zum Universitätscurriculum des Grafen *Alois Niederstätter*: Grafen von Montfort als Studenten an den Universitäten Europas. In: Montfort 34 (1982), 270-276, 273.
55 *Konrad Gröber*: Geschichte des Jesuitenkollegs und -Gymnasiums in Konstanz. Konstanz 1904, 99, 186, 287f. Zum Verhältnis der Jesuiten zur Hegauer Ritterschaft ebd. 45f., 62, 75.
56 *Ugo Bonaconsa*: Auflösung des Monogramms AA.SJ. auf einer Bodenseekarte von 1675. In: Jahrbuch des Vorarlberger Landesmuseumsvereins 112/113 (1968/69), 201-224, bes. 209-211.
57 BSB München, Cgm. 6364.
58 BSB München, Cgm. 6365, 3 Bde.
59 *Gröber* 1904 (wie Anm. 55), 186.
60 BSB München, Cgm. 6365. Bd. 1, [I]-[V].
61 Ebd., [IV].
62 Ebd., 30f.
63 *Otto Kunzer*: Katalog der Grossh. Gymnasiums-Bibliothek zu Konstanz. Konstanz 1893; *Hans Hesse*: Bibliothek des Heinrich-Suso-Gymnasiums. In: *Bernhard Fabian* (Hg.): Handbuch der historischen Buchbestände in Deutschland. Bd. 8. Hildesheim 1994, 101-106; *Ulrich Zeller*: 400 Jahre Suso-Bibliothek 1604 – 2004. Bad Buchau 2004.
64 BSB München, Cgm. 6365. Bd. 1, 214f., 236f., 56, 5f., 57.
65 Eine Edition der Chronik ist in Vorbereitung. Eine ausführliche Würdigung wird in der Einleitung dazu erfolgen.
66 Ebd. Bd. 1, 35.
67 Ebd. Bd. 1, 37, 73; Bd. 2, 642, 667.
68 Ebd. Bd. 1, 68.
69 *Martin Crusius*: Annales Suevici sive chronica rerum gestarum antiquissimae et inclytae Suevicae gentis [...]. Bd. 1. Frankfurt 1596, 74.
70 BSB München, Cgm. 6365. Bd. 2, 642-645; vgl. auch Bd. 1, 28-30.
71 BSB München, Cgm. 6365. Bd. 1, [II]-[IV].
72 Dazu *Weiß* 1992 (wie Anm. 2), 13-15.
73 BSB München, Cgm. 6365. Bd. 1, 625-629. Vermutlich spielt Arzet auf die Situation vor der Geburt seines Auftraggebers Graf Johann X. an, der sich auch in Siena nachweisen lässt, vgl. *Niederstätter* 1982 (wie Anm. 54), 273f.
74 *Klaus Merten*: Die Burgen und Schlösser der Grafen von Montfort-Tettnang und Rothenfels. In: *Wiedmann* 1982 (wie Anm. 2), 138-148, 138; Ders.: Neues Schloß Tettnang. München 1986, 2; *Elmar L. Kuhn*: „Das schöne und feste Schloß Argen". Festung, Residenz, Ruine vom 17. zum 19. Jahrhundert. In: *Gemeinde Langenargen* (Hg.): Das Schloß Montfort. Langenargen 1993, 12-32.
75 *Hofacker* 1995 (wie Anm. 2), 432.
76 *Birgit Studt*: Symbole fürstlicher Politik. Stammtafeln, Wappenreihen und Ahnengalerien in Text und Bild. In: *Rudolf Suntrup / Jan R. Veenstra / Anne Bollmann* (Hg.): The mediation of symbol in late medieval and early modern times. Medien der Symbolik im Spätmittelalter und Früher Neuzeit. Frankfurt u.a. 2005, 221-256.
77 *Gisbert Hoffmann*: Kapellen in Tettnang und Mekkenbeuren. Tettnang 2004, 47.
78 HStA Stuttgart, J 90, Nr. 12a.
79 HStA Stuttgart, J1 48a, 227r; vgl. *Rolf Götz*: Die Stammtafel der Herzöge von Teck im städtischen Museum Kirchheim u.T. Eine Arbeit des Stuttgarter Archivars Andreas Rüttel (†1587). In: Schriftenreihe des Stadtarchivs Kirchheim unter Teck 6 (1987), 45-57.
80 Vgl. etwa den auf Clemens Jäger zurückgehenden „Habsburger Pfau" auf Schloß Ambras, *Elisabeth Scheicher* u.a.: Kunsthistorisches Museum, Sammlungen auf Schloß Ambras: Die Kunstkammer. Innsbruck 1977, 133.
81 Exemplare im Montfort-Museum Tettnang und Fürstlichen Hausarchiv Vaduz.
82 *Bernd M. Mayer*: Die Truchsessen als Tugendhelden. Das Bildprogramm des Rittersaales in Schloß Wolfegg. In: Im Oberland 6 (1995), Nr. 2, 3-14.
83 *Johann Sebald Baumeister*: Familienbilder des Hauses Hohenzollern. Von den in dem Hochfürstlichen Schlosse zu Hechingen befindlichen Originalien copirt. O.O. 1817; *Seigel* 1981 (wie Anm. 1), 118.
84 *Barbara Welzel*: Sichtbare Herrschaft – Paradigmen höfischer Kunst. In: *Cordula Nolte / Karl-Heinz Spieß / Ralf-Gunnar Werlich* (Hg.): Principes. Dynastien und Höfe im späten Mittelalter. Stuttgart 2002, 87-106.
85 BSB München, Cgm. 6365. Bd. 1, 33.
86 *Hartmut Zückert*: Das Andersartige des Barock. Bauwerke und Repräsentation im 17./18. Jahrhundert. In: *Volker Himmelein / Hans Ulrich Rudolf* (Hg.): Alte Klöster – Neue Herren. Die Säkularisation im deutschen Südwesten 1803. Bd. 2, 1. Ostfildern 2003, 145-162, 151; zur Reichstagsebene: *Barbara Stollberg-Rilinger*: Die zeremonielle Inszenierung des Reiches oder: Was leistet der kulturalistische Ansatz für die Reichsverfassungsgeschichte? In: *Matthias Schnettger* (Hg.): Imperium Romanum – Irregulare Corpus – Teutscher Reichs-Staat. Das Alte Reich im Verständnis der Zeitgenossen und der Historiographie. Mainz 2002, 233-246; einen Streit um den Vorrang auf der Grafenbank mit

Truchsess Jakob von Waldburg erwähnt *Vannotti* 1834 (wie unten Anm. 110), 327. Vgl. die Darstellung eines Schwäbischen Kreistags im Beitrag Wunder in diesem Band.

87 *Johann Nepomuk von Vanotti*: Geschichte der Grafen von Montfort und von Werdenberg. Belle-Vue bei Konstanz 1845. ND Bregenz 1988.

88 *Reinhart Koselleck*: Einleitung. In: Geschichtliche Grundbegriffe. Bd. 1 (1972), XIII-XXVII, XV.

89 *Ders.*: Historia magistra vitae. Über die Auflösung des Topos im Horizont neuzeitlich bewegter Geschichte. In: Natur und Geschichte. Stuttgart 1967, S. 196-219, wieder in: *Ders.*: Vergangene Zukunft. Frankfurt a.M. ³1995, S. 38-66.

90 *Wolfgang Hardtwig*: Die Verwissenschaftlichung der Historie und die Ästhetisierung der Darstellung. In: *Reinhart Koselleck / Heinrich Lutz / Jörn Rüsen* (Hg.): Formen der Geschichtsschreibung. München 1982, 147-191; *Jörn Rüsen*: Von der Aufklärung zum Historismus. In: *Horst Walter Blanke / Jörn Rüsen* (Hg.): Von der Aufklärung zum Historismus. Paderborn 1984, 15-57.

91 *Harry Bresslau*: Geschichte der Monumenta Germaniae historica. Hannover 1921.

92 Daher rühren die Signaturschilder auf Arzets Chronik „K. B. allgemeines Reichsarchiv Mediat. Fürsten 11: Montfort Grafen". Erst 1906 wurden die Handschriften an die BSB überstellt. Zur Archivfolge: Oberamtsbeschreibung 1915 (wie Anm. 2), 178.

93 *Bresslau* 1921 (wie Anm. 91), 56.

94 *Karl Siegfried Bader*: Fürstin Elisabeth zu Fürstenberg im Kampf um die Erhaltung der Rechte ihres mediatisierten Hauses. In: Schriften des Vereins für Geschichte und Naturgeschichte der Baar 24 (1956), 119-153; zu Lassberg *Martin B. Harris*: Joseph Maria Christoph Freiherr von Lassberg 1770 – 1855. Briefinventar und Prosopographie mit einer Abhandlung zu Lassbergs Entwicklung zum Altertumsforscher. Heidelberg 1991.

95 *Stephan Jakob Neher*: Statistischer Personal-Katalog des Bisthums Rottenburg. Schwäbisch Gmünd 1878, S. 19f.; *Friedrich Wintterlin*: Art. Vanotti, Johann Nepomuk. In: ADB. Bd. 39 (1895), 484f.; *Karl Heinz Burmeister*: Dr. Johann Nepomuk von Vanotti. In: *Vanotti* 1988 (wie Anm. 87), 17, Abb. S. 5; Harris 1991 (wie Anm. 94), 379; *Frank Raberg* (Bearb.): Biographisches Handbuch der württembergischen Landtagsabgeordneten 1815 – 1933. Stuttgart 2001, 940f.; *Franz Michael Weber*: Ehingen. Geschichte einer oberschwäbischen Donaustadt. Ehingen (Donau) 1955, 365f.

96 *Heinz Bothien* (Hg.): Belle-Vue. Die Exilantendruckerei bei Constanz 1840 – 1848. Frauenfeld 1998, bes. S. 218f.

97 Diese Verwandtschaft ist nicht eindeutig zu klären. Zu Ignaz Vanotti vgl. ebd., passim sowie *Heinrich Raab*: Revolutionäre in Baden 1848/49. Biographisches Inventar für die Quellen im Generallandesarchiv Karlsruhe und im Staatsarchiv Freiburg. Bearb. von *Alexander Mohr*. Stuttgart 1998, 963; *August Dänzer-Vanotti*: Die Vanotti in Überlingen im 18. Jahrhundert. In: Badische Heimat 46 (1966), 85-105, 100.

98 Diese und die folgenden Zitate aus *Vanotti* 1845 (wie Anm. 87), III-VI (Vorwort).

99 *Volker Schupp*: Die adlige Wissenschaft des Reichsfreiherrn Josef von Lassberg. In: Beiträge zur Droste-Forschung 5 (1978 – 1982), 144-159, 144.

100 Vgl. die Materialsammlung in Badische Landesbibliothek Karlsruhe, Nachlass Lassberg. K 2914, II B1 (Dichterbuch), 315r-322v sowie *Max Binder*: Über Joseph Freiherrn von Laßberg und seinen Anteil an der Geschichtsschreibung des Bodenseegebietes. In: Schriften des Vereins für Geschichte des Bodensees und seiner Umgebung 57 (1929), 83-116, bes. 101, 106-113.

101 Zitat in einem Brief an Friedrich Carl Freiherr von und zu Brenken vom 14. Februar 1845 nach *Alfred Cohausz* (Hg.): Der Schwager der Annette von Droste. 20 unbekannte Briefe des Reichsfreiherrn Joseph von Laszberg aus den Jahren 1814 – 1849. In: Westfälische Zeitschrift 95 (1939), 45-87, 69, vgl. auch 66f.: Vanottis Beteiligung an einem Ehrengeschenk für Lassberg. Außerdem *Karl Siegfried Bader*: Lassberg-Studien. In: Montfort 9 (1957), 127-164, 158-160.

102 Fürstlich Fürstenbergisches Archiv Donaueschingen, I Ha 5 Montfort: durchschossenes Exemplar von *Vanotti* 1845 (wie Anm. 87) mit Anmerkungen Laßbergs. Bezeichnend ist etwa der Kommentar zum Literaturverzeichnis S. VIII Nr. 7: „da nach dem verkaufe Weissenau's [muss heißen: Schussenrieds] an Wirtemberg bis nun zu schon so viele iare verflossen sind, so haette ein Wirtemberger wol erforschen koennen, wohin diese handschrift gekommen ist?"

103 Laßberg besaß selbst eine Abschrift der Chronik: WLB Stuttgart, Cod. hist. fol. 594.

104 [Johann Nepomuk] *von Vanotti*: Urkunden zur Geschichte der Grafen von Montfort und Werdenberg. In: Archiv für schweizerische Geschichte 1 (1843), 145-164.

105 *Vanotti* 1845 (wie Anm. 87), 12, vgl. dazu *Hermann Wartmann* (Bearb.): Urkundenbuch der Abtei Sanct Gallen. Bd. 1. Zürich 1863, 362f., Nr. 761.

106 *Vanotti* 1845 (wie Anm. 87), 1-25.

107 *Vanotti* 1845 (wie Anm. 87), 9-25; *Bader* 1957 (wie Anm. 101), 159 Anm. 10; zur heutigen Sicht der Frühgeschichte der Grafen vgl. *Karl Schmid*: Adelssitze und Adelsgeschlechter rund um den Bodensee. In: Zeitschrift für Württembergische Landesgeschichte 47 (1988), 9-37.

108 *Vanotti* 1845 (wie Anm. 87), VI.

109 *Hansmartin Schwarzmaier*: Die Geschichte des Landes als Auftrag zur Bildung staatlicher Identitäten. In: Jahrbuch für Regionalgeschichte und Landesforschung 21 (1997/1998), 49-60.

110 *Johann Nepomuk Vannotti* [sic]: Zur Geschichte der Schenken von Winterstetten und der mit denselben verwandten Familien von Schmalnegg, Otterschwang und Emerkingen. In: Württembergische Jahrbücher für vaterländische Geschichte, Statistik und Topographie (1833), 155-193; *Ders.*: Entwurf einer Geschichte der Fürsten von Waldburg. In: Ebd. (1834), 134-181, 205-368. Vgl. auch *Ders.*: Steuerwesen in den schwäbisch-vorder-

östreichischen Landen. In: Ebd. (1825), 398-407. Zur forschungsgeschichtlichen Einordnung dieser Arbeiten *Quarthal* 1995 (wie Anm. 23), 48, 55.

111 *August Hagen*: Geschichte der Diözese Rottenburg. Bd. 1. Stuttgart 1956, 51, 480; *Wolfgang Zoll*: Die Rottenburger Bischofswahlen 1845 – 1847. Zur Kirchenpolitik Metternichs. St. Ottilien 1994.

112 Zitat: *Vanotti* 1845 (wie Anm. 87), III; zu Memminger vgl. *Franz Quarthal*: Art. Memminger, Johann Daniel Georg v. In: Neue Deutsche Biographie 17 (1994), 31f.; *Helmut Kluge*: Die amtliche Landesbeschreibung. In: 150 Jahre amtliche Statistik in Baden-Württemberg. Stuttgart 1970, 255-272; *Eugen Reinhard*: Oberamtsbeschreibungen und Kreisbeschreibungen. 175 Jahre amtliche Landesforschung im deutschen Südwesten. In: *Ders.* (Hg.): Regionalforschung in der Landesverwaltung. Stuttgart 1995, 89-111; über Memmingers mitunter schroffe Charakterisierungen von Land und Leuten *Quarthal* 1995 (wie Anm. 23), bes. 34f., 37.

113 *Kluge* 1970 (wie Anm. 112), 262; *Karl Heinz Schröder*: Die amtliche Landesbeschreibung als kulturelle Leistung. In: Zeitschrift für Württembergische Landesgeschichte 33 (1974), 5-23, 9f.

114 Dazu *Quarthal* 1995 (wie Anm. 23), 45-50.

"Das Augenmerk auf die Erlangung der ganzen Grafschaft Montfort zu richten"[1] Das Ende der Grafen von Montfort

Elmar L. Kuhn

Der Aufklärer Wilhelm Ludwig Wekhrlin zeichnet in seiner fiktiven „Reise durch Oberdeutschland" 1783 eine Karikatur der oberschwäbischen Kleinstaatenwelt: „Die Regenten der kleinen Staaten, welche den Strich von Oberschwaben, längs dem Schwarzwalde hin, bewohnen, herrschen öfters wie die Nabas in Indien. Sie haben ihren Hofstaat, ihre Armeen, ihre Vezire, und ihre Serails."[2] Bei heutigen Historikern fällt das Bild nicht viel freundlicher aus. Nach Volker Press stürzten sich manche oberschwäbischen Grafen und Ritter „in eine Orgie der Verschwendung"[3]. Sowohl die „Erfordernisse einer verstärkten Bürokratisierung" wie „die barocke Selbstdarstellung im höfischen Gewande [habe] gerade die kärglichen Mittel der Reichsgrafschaften oft zum Äußersten angespannt"[4], so dass die Mediatisierung letztlich unvermeidlich gewesen sei. Als Beispiel für Misswirtschaft wird gerne das Haus Montfort angeführt, das auch in die neueste Auflage des Gebhardt Aufnahme gefunden hat: „Die kleine oberschwäbische Grafschaft Montfort ging 1776 sogar endgültig bankrott und wurde daraufhin von Österreich übernommen."[5] Dieses Urteil kann sich auf die ältere Hausgeschichtsschreibung stützen. Nach Vanotti 1845 haben „Mangel an Sparsamkeit und eines geordneten Haushaltes" den „Verfall dieser edlen Familie herbei" geführt[6]. Vernichtender urteilt Kastner 1957: „Statt die Kriegswunden zu heilen, Wirtschaft und Finanzen zu ordnen und zu heben, frönten sie, [...] als echte Barockmenschen ungezügelt und hemmungslos ihrer Baulust und Prachtliebe und besiegelten so ihren Untergang."[7] Auch in einem neueren Beitrag zum montfortischen Schuldenwesen sieht Susanne Herrmann 1999 die „Hauptursache der finanziellen Misere [...] in den für eine Herrschaft dieser Größe überzogenen Kosten für eine standesgemäße Hofhaltung"[8].

Eine Durchsicht der Quellen zum Finanz- und Schuldenwesen der Grafen ergibt ein komplexeres Bild. Der Herrschaftsverlust der Grafen ist maßgeblich auf die zielgerichtete Territorialpolitik Österreichs zurückzuführen. Im Zusammenhang mit weiteren Erwerbungen Österreichs im nordöstlichen Bodenseeraum könnte man zugespitzt von einer Politik der ‚österreichischen Immediatisierung vor der napoleonischen Mediatisierung' sprechen.

CHRONOLOGIE

Die Grafen von Montfort konnten als eines der ältesten Adelsgeschlechter Schwabens ihren Stammbaum bis in die Zeiten der Karolinger zurück verfolgen[9]. Die Geschichte der Familie ist bis ins 16. Jahrhundert eine Geschichte der Teilungen in einzelne Linien und des sukzessiven Verkaufs vor allem der Stammlande in Vorarlberg an die Habsburger. Nach 1659 verblieben den Grafen nur noch die Herrschaften Tettnang und Argen als Reichslehen und die zur Ritterschaft steuerbare Herrschaft Schomburg mit zusammen etwa 10 000 Untertanen. Im 30jährigen Krieg waren beide Schlösser in Tettnang und Argen zerstört worden. Zunächst begnügte sich Graf Johann V.

Karte der Herrschaften Tettnang, Argen und Schomburg der Grafen von Montfort. Die Herrschaft Hirschlatt westlich der Schussen verkauften die Grafen 1659 an das Chorherrenstift Kreuzlingen. Auch die Gebiete mit roter Flächenfärbung östlich der Herrschaften Tettnang und Argen besaßen die Grafen im 18. Jahrhundert nicht mehr: Oben Herrschaft Neuravensburg (seit 1699 Hoch- und Niedergericht der Fürstabtei St. Gallen), unten Herrschaft Achberg (seit 1700 Hoch- und Niedergericht des Deutschen Ordens). Westlich schlossen sich gräfliche Hochgerichtsbezirke über Niedergerichte der Reichsstädte Lindau (ab 1748 an Lindau verpfändet) und Wangen (1700 – 1711 und ab 1716 an Wangen verpfändet) an. Karte aus dem Atlas der Territorien des Schwäbischen Kreises von Jacques de Michal. Kol. Zeichnung, um 1725. Generallandesarchiv Karlsruhe.

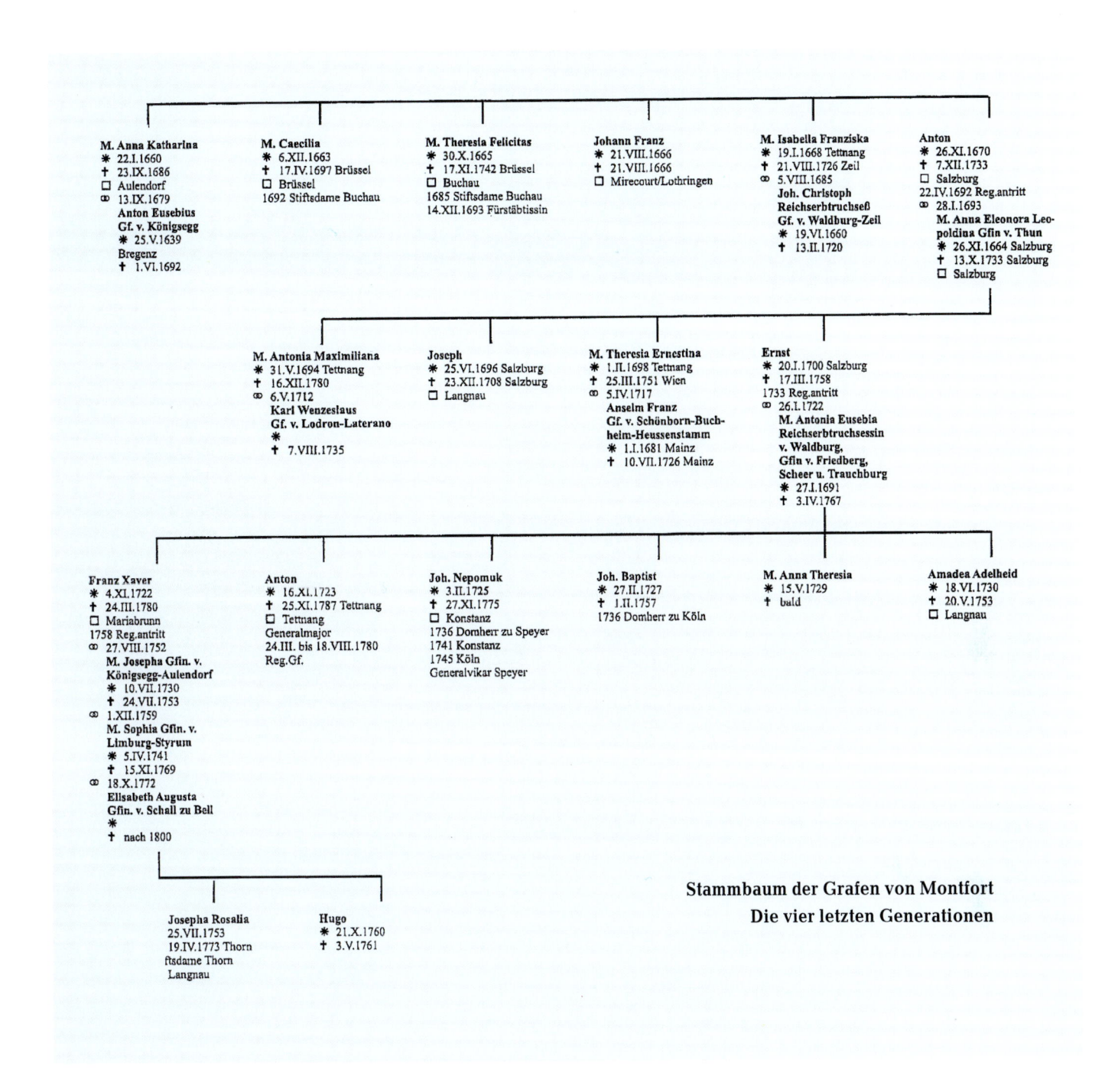

M. Anna Katharina
* 22.I.1660
† 23.IX.1686
☐ Aulendorf
∞ 13.IX.1679
Anton Eusebius
Gf. v. Königsegg
* 25.V.1639
Bregenz
† 1.VI.1692

M. Caecilia
* 6.XII.1663
† 17.IV.1697 Brüssel
☐ Brüssel
1692 Stiftsdame Buchau

M. Theresia Felicitas
* 30.X.1665
† 17.XI.1742 Brüssel
☐ Buchau
1685 Stiftsdame Buchau
14.XII.1693 Fürstäbtissin

Johann Franz
* 21.VIII.1666
† 21.VIII.1666
☐ Mirecourt/Lothringen

M. Isabella Franziska
* 19.I.1668 Tettnang
† 21.VIII.1726 Zeil
∞ 5.VIII.1685
Joh. Christoph
Reichserbtruchseß
Gf. v. Waldburg-Zeil
* 19.VI.1660
† 13.II.1720

Anton
* 26.XI.1670
† 7.XII.1733
☐ Salzburg
22.IV.1692 Reg.antritt
∞ 28.I.1693
M. Anna Eleonora Leopoldina Gfin v. Thun
* 26.XI.1664 Salzburg
† 13.X.1733 Salzburg
☐ Salzburg

M. Antonia Maximiliana
* 31.V.1694 Tettnang
† 16.XII.1780
∞ 6.V.1712
Karl Wenzeslaus
Gf. v. Lodron-Laterano
*
† 7.VIII.1735

Joseph
* 25.VI.1696 Salzburg
† 23.XII.1708 Salzburg
☐ Langnau

M. Theresia Ernestina
* 1.II.1698 Tettnang
† 25.III.1751 Wien
∞ 5.IV.1717
Anselm Franz
Gf. v. Schönborn-Buchheim-Heussenstamm
* 1.I.1681 Mainz
† 10.VII.1726 Mainz

Ernst
* 20.I.1700 Salzburg
† 17.III.1758
1733 Reg.antritt
∞ 26.I.1722
M. Antonia Eusebia
Reichserbtruchsessin
v. Waldburg,
Gfin v. Friedberg,
Scheer u. Trauchburg
* 27.I.1691
† 3.IV.1767

Franz Xaver
* 4.XI.1722
† 24.III.1780
☐ Mariabrunn
1758 Reg.antritt
∞ 27.VIII.1752
M. Josepha Gfin. v. Königsegg-Aulendorf
* 10.VII.1730
† 24.VII.1753
∞ 1.XII.1759
M. Sophia Gfin. v. Limburg-Styrum
* 5.IV.1741
† 15.XI.1769
∞ 18.X.1772
Elisabeth Augusta
Gfin. v. Schall zu Bell
*
† nach 1800

Anton
* 16.XI.1723
† 25.XI.1787 Tettnang
☐ Tettnang
Generalmajor
24.III. bis 18.VIII.1780
Reg.Gf.

Joh. Nepomuk
* 3.II.1725
† 27.XI.1775
☐ Konstanz
1736 Domherr zu Speyer
1741 Konstanz
1745 Köln
Generalvikar Speyer

Joh. Baptist
* 27.II.1727
† 1.II.1757
1736 Domherr zu Köln

M. Anna Theresia
* 15.V.1729
† bald

Amadea Adelheid
* 18.VI.1730
† 20.V.1753
☐ Langnau

Josepha Rosalia
25.VII.1753
19.IV.1773 Thorn
ftsdame Thorn
Langnau

Hugo
* 21.X.1760
† 3.V.1761

Stammbaum der Grafen von Montfort
Die vier letzten Generationen

(1627 – 1686) mit der Wiedererrichtung zweier relativ einfacher Schlossbauten.

Sein Sohn Graf Anton III. (1670 – 1733) verpachtete 1699 in der Hoffnung auf eine Karriere am fürsterzbischöflichen Hof seines Schwagers Johann Ernst Graf von Thun in Salzburg die Einkünfte seiner Herrschaften an seinen Oberamtmann, musste aber bereits 1701 erwägen, beim Kaiser eine Debitkommission zur Untersuchung seiner „übermäßigen Schuldenlast" beantragen zu müssen[10].

Nach dem Tod seines Schwagers 1712 gab Anton sein Amt als Obristmarschall in Salzburg auf und kehrte an den Bodensee zurück. Nun genügten ihm die beiden bescheidenen Schlösser nicht mehr. Nach dem Beispiel der mit ihm verschwägerten

Anton III. Graf von Montfort (1670 – 1733). Ölgemälde von Frans van Stampart, 1709. Salzburger Museum Carolino Augusteum.

terganges verwickeln". Bevor er „mit den Reichslehen begnadigt" werde, bitte er um die Einsetzung einer kaiserlichen Debit-Kommission[13]. Zu diesem Zeitpunkt beträgt die Schuldenlast etwa 3 700 000 Gulden. Die Kommission verhandelt jahrelang, produziert Aktenmassen und legt Sanierungspläne vor. Zwei konkrete Vorschläge werden erwogen: der Verkauf der Herrschaft Schomburg um 80 000 Gulden an den Deutschen Orden und die Einrichtung eines Landkommerziums. Beide Vorschläge lehnt der Kaiser ab, den ersten wegen des Verbots der Veräußerung einer reichsritterschaftlichen Herrschaft an die tote Hand, den zweiten wegen des Einspruchs der benachbarten Reichsstände gegen die Errichtung eines Handelsmonopols in der Grafschaft. De facto stimmt der Kaiser einem Zahlungsmoratorium und Schuldnerschutz zu, um dem „uralten und um Ihre Kaiserliche Majestät [...] so wohl verdienten Reichs-Gräflichen Haus [...] mit allen gedeihlichen Rettungs-Mitteln auslänglich zu Hülfe zu kommen"[14]. Durch Verhandlungen mit den Gläubigern gelingt es immerhin die auf 560 257 Gulden gestiegenen Schulden auf 344 497 zu reduzieren[15]. 1738 aber erklärt die Kommission ihre Bemühungen zur Sanierung für gescheitert. Der Reichshofrat sieht nur deshalb von der Einleitung eines förmlichen Konkurs-Verfahrens ab, weil der Graf sich bereit erklärt, einen Zahlungsplan anzunehmen, die Kameralverwaltung abzutreten und sich jeglicher Eingriffe zu enthalten[16].

Häuser Thun und Schönborn begann er 1712 mit dem Bau der großen Vierflügelanlage des Neuen Schlosses in Tettnang, der „unumgänglich geworden sei [...] zu des hohen Hauses Ehre"[11]. 1718/19 sondierte er gar die Möglichkeit einer Erhebung in den Reichsfürstenstand[12]. Als ihn die Finanzierung des Baus überforderte, verzichtete er noch vor der Fertigstellung auf die Regierung und zog sich 1728 in ein kleines Landhaus bei Salzburg zurück.

Sein Sohn, Graf Ernst (1700 – 1758), schreibt 1727 an den Kaiser, sein Vater habe die Regierung an ihn abgetreten. Er finde „eine ungeheure Schuldenlast" vor, die gerichtlichen Verfolgungen würden sein Haus in die „Gefahr eines völligen Un-

1739 entspannt sich die Situation etwas durch einen Fron- und Jagdkontrakt, wonach gegen jährlich 5 500 Gulden die Fronpflichten der Untertanen und Jagdrechte der Grafen abgelöst werden[17]. Mehr noch entlastet den Grafen ein Darlehen von 200 000 Gulden, das ihm Kardinal von Schönborn, ein Schwager des Grafen Ernst, als Bischof von Speyer zu günstigen Zinsbedingungen überlässt und das zur Abzahlung älterer Schulden

Ernst Graf von Montfort (1700 – 1758) als Hl. Eustachius. Altarbild in der Wallfahrtskapelle Mariabrunn von Joseph Esperlin, um 1750.

verwendet werden soll[18]. Schönborns Wahl zum Koadjutor in Konstanz hat Ernst als kaiserlicher Wahlkommissar 1722 unterstützt. Schönborn revanchiert sich schon 1735, als er zwei Brüdern von Ernst Domherrenstellen in Speyer und Konstanz verschafft. Die Auszahlung verzögert sich durch den Tod des Kardinals bis 1744, doch hält sich das Speyrer Domkapitel an den Vertrag. Ein schöner Zahlungsplan legt fest, dass nach einem Verzicht der Gläubiger auf mehr als ein Drittel ihrer Forderungen bei jährlichen Zahlungen von 20 000 Gulden das Haus nach 20 Jahren von allen Schulden frei sein soll. Der gräfliche Hofchronist jubelt, „das ganze Schuldenwesen [sei] ganz glücklich gehoben, [...] dass kein Zweifel waltet, es werde das hochgräfliche Haus mit göttlicher Beihilfe in 20 Jahren von allen Passiva liberiert und an wiederum in florisanten Stand gesetzt werden".[19]

Es mangelt sowohl an der göttlichen wie an der gräflichen Beihilfe. Es geht ungebremst mit Kreditaufnahmen weiter. 1753 brennt das Neue Schloss ab mit einem Schaden von mehreren 100 000 Gulden[20] und unverzüglich wird mit dem Wiederaufbau begonnen. Die Zinszahlungen an Speyer stocken schon vorher, woraufhin das Darlehen gekündigt wird. Österreich springt mit einem Kredit in die Bresche und gewährt „zu Aufrechthaltung des uralt katholischen [...] hochmeritierten Gräflichen Hauses von Montfort [...] eine beträchtliche Aushilfssumme" von 500 000 Gulden[21]. Damit können der Speyrer Kredit abgelöst und weitere Gläubiger befriedigt werden. Der Schuldenstand hat sich also wieder beträchtlich erhöht. Das Darlehen vermittelt der Bischof von Konstanz, Kardinal von Rodt, dessen Wahl vom Domherrn Johann Nepomuk von Montfort entscheidend gefördert worden war. Doch da der Graf die Bedingung des Darlehensvertrags nicht erfüllen kann, verpfändete Hochgerichtsrechte einzulösen, behält Österreich von den 500 000 Gulden 100 000 Gulden zurück. Bereitwillig geht es aber auf den Vorschlag des Grafen ein, die Zinszahlungen des ausbezahlten Betrags auf die Hälfte zu reduzieren und die andere Hälfte mit den nicht ausbezahlten 100 000 Gulden zu verrechnen, also Zinszahlungen mit dem Kredit zu finanzieren.

Aber selbst mit der Zahlung der restlichen 5 000 Gulden Zins gerät Graf Franz Xaver bald in Verzug. Auf die allmählich immer dringenderen Mahnschreiben Österreichs reagiert der Graf mit Verzögerungstaktiken und mit der zweifellos richtigen Bemerkung: „Der Hof wird das Geld weit leichter entbehren, als ich derzeit zahlen kann"[22].

Das Ende der Grafen von Montfort

Franz Xaver Graf von Montfort (1722 – 1780). Ölgemälde, um 1770. Neues Schloss Tettnang.

Eine Befreiung von der Schuldenlast zeichnet sich ab, als 1765 Verhandlungen mit Bayern über einen Verkauf der Herrschaft Argen aufgenommen werden, für die es 1769 800 000 Gulden bietet, was aber Österreich unter Berufung auf sein Vorkaufsrecht verhindert. Verhandlungen über einen Verkauf Argens an Österreich werden hinhaltend geführt[26]. Die Auszahlung der Kaufsumme der Reichsabtei Weingarten für die Überlassung des Hochgerichts in der Herrschaft Liebenau mit kaiserlicher Genehmigung von 1764 verzögert Österreich bis 1773[27]. Als Befürchtungen aufkommen, das Heiratsgut der dritten Frau Franz Xavers könne den Grafen aus seiner Zwangslage befreien, will Österreich keine Risiken mehr eingehen und erwirkt 1773 die Exekution und förmliche Immission mit der Beschlagnahme aller Einkünfte der Herrschaft Argen und des Amts Hemigkofen[28]. Der Kaiser lässt mitteilen, „von einer weiteren Kaufhandlung keine Frage mehr sein könne" und der Graf könne froh sein, wenn er nicht „noch zwischen vier Mauern komme"[29]. Gleich drei Beamte, der Oberamtmann von Wasserburg, der Landrichter von Altdorf und der Administrationsbeamte in Langenargen berichten regelmäßig an die vorderösterreichische Regierung über die verzweifelten Versuche des Grafen, den Kopf noch aus der Schlinge zu ziehen. Die Beamten registrieren, wohin aus dem Schloss Briefe abgehen, mit wem der Graf spricht, wohin der Oberamtmann reist. Alle drei unterbreiten Vorschläge, wie Österreich endlich die Herrschaft ganz übernehmen könne, alle drei mit Ambitionen auf die zu erwartenden Stellenneubesetzungen[30].

Doch nun droht Österreich, die Worte des Grafen „wie Versprechen eines zahlungsflüchtigen Schuldners zu betrachten"[23] und kündigt 1763 und 1764 das gesamte Darlehen. Der Schuldenstand ist mittlerweile über 800 000 Gulden gestiegen. Der Graf wendet sich in seiner Not an die Konservatoren seiner Familie, die wieder eine Kommission einsetzen, die wiederum einen Zahlungs- und Sanierungsplan aufstellt. Eine Sanierung sei aber nur möglich, wenn dem Graf die Finanzverwaltung entzogen und eine Administrationskommission eingesetzt werde. Davon will der Kaiser aber nochmals absehen[24]. Der Graf jubelt, dass seine Verhältnisse „noch nicht administrationsmäßig befunden werden", die Konservatoren beginnen zu resignieren, da der Graf weiterhin „offene Hände behält"[25].

1776 muss der Graf seine Zahlungsunfähigkeit bekennen[31]. Der Schuldenstand beträgt nun etwa 1,2 Mio. Gulden, davon ein Viertel allein Zinsrückstände. Der Reichshofrat lässt nun auch die restlichen Herrschaften Tettnang und Schom-

Anton IV. letzter Graf von Montfort (1723 – 1787). Ausschnitt aus einem Ölgemälde von Andreas Brugger, um 1772. Bacchussaal Neues Schloss Tettnang.

burg von einer kaiserlichen Kommission unter Leitung des bischöflich konstanzischen Kanzlers verwalten und leitet ein förmliches Konkursverfahren ein. Es gibt also zwei Administrationen: Die Einkünfte der Herrschaft Argen werden von Österreich, die der Herrschaften Tettnang und Schomburg von einer kaiserlichen Kommission verwaltet, obwohl hinter beiden letztlich das Haus Habsburg steht, repräsentiert durch zwei Personen, Maria Theresia als österreichische Landesherrin und Joseph II. als Kaiser.

Das Interesse des neureichen Fürsten von Palm an einem Ankauf der Herrschaften zu prüfen, ist nicht mehr möglich. Dem Grafen fehlt nun das Geld für das Nötigste. Er weiß sich nicht mehr anders zu helfen, als sich Erb-, Waisen- und Depositengelder anzueignen. Er bittet seinen Kanzleidirektor, „seinen äußersten Notpfennig aufzuopfern und die beschwerliche Reise nach Wien zu unternehmen, um alldort seinem dermaligen Elend […] ein Ende zu machen und letzte Verhandlungen zu führen"[32]. Am 19. Juli 1779 müssen Graf Franz Xaver und sein Bruder Anton der Abtretung aller Herrschaftsrechte gegen Übernahme aller Schulden durch Österreich und eine Pension von 6 000 bzw. 3 000 Gulden für die Grafen zustimmen und stellen darüber am 13. August 1779 in Tettnang eine Urkunde aus. Mit der Vermittlung des Verkaufs hat der Bischof von Konstanz, der als Konservator des gräflichen Hauses eigentlich dessen Interessen vertreten müsste, getreu die ihm von den österreichischen Beamten übermittelten Instruktionen exekutiert[33]. Die österreichischen Beamten finden den Kauf eine sehr preisgünstige Lösung, denn Österreich handelt die anderen Gläubiger auf die Hälfte ihrer Forderungen herab und kommt mit knapp 900 000 Gulden davon, wenig mehr, als es 1769 für die Herrschaft Argen allein geboten hat. Der Altdorfer Landrichter schätzt den Wert der Grafschaft „auf paar Millionen" Gulden[34]. Die Waldburger können die etwas kleinere Grafschaft Friedberg-Scheer um 2,1 Mio. Gulden an Thurn und Taxis verkaufen[35].

Graf Franz Xaver stirbt noch vor der Regierungsübernahme durch Österreich am Karfreitag 1780. Für kurze Zeit tritt formell noch sein Bruder Anton IV. als regierender Graf die Nachfolge an. Am 22. August 1780 übergeben bzw. übernehmen die kaiserlichen und österreichischen Kommissare die Regierung in betont nüchternen Reden, in denen vor allem die Pflicht der Untertanen zur Dankbarkeit für die Befriedigung der Gläubiger betont wird[36]. 1787 stirbt Graf Anton IV. als letztes männliches Glied der Familie 1787 unter Hinterlassung von wieder 13 000 Gulden Schulden[37]. 1803 wendet sich die „Comtesse de Montfort",

Das Ende der Grafen von Montfort

geb. Gräfin von Schall zu Bell aus Mannheim, an die vorderösterreichische Regierung wegen einer Kopie des Ehevertrags, den der Tettnanger Registrator aber nicht mehr finden kann. König Friedrich von Württemberg vergibt den Titel eines Fürsten von Montfort 1816 neu an seinen als König von Westfalen entthronten Schwiegersohn Jérôme[38].

Den Verkauf begründet Graf Franz Xaver mit der „Reihe aller Gattung Unglücksfällen, die dasselbe [Haus] seit vielen Jahren unaufhörlich verfolgt haben [...], so dass wir unmöglich mehr daraus uns zu erschwingen im Stande waren, sondern in Ermanglung hinreichender Einkünfte uns standesmäßig aufzuführen und zugleich den zahlreichen Creditoren Genüge zu leisten, immer noch tiefer hinein gerieten"[39]. Diese Begründung und die geschilderten Vorgänge scheinen die These von Volker Press zu bestätigen, dass die Grafen der Schere zwischen „repräsentativer Rationalität" oder „kompensatorischer Repräsentation" auf der einen und den Zwängen „ökonomischer Rationalität" auf der anderen Seite zum Opfer gefallen sind[40].

FINANZEN

Um die Verschuldung einordnen zu können, bedarf es eines Blicks auf Einkommen und Ausgaben der Grafen. Dazu stehen für 40 Jahre, also die Hälfte der Regierungsjahre zwischen 1700 und 1780, vergleichbare Jahresrechnungen der Herrschaft Tettnang und für 17 weitere Jahre teilweise verwertbare Daten zur Verfügung. Auf die methodischen Probleme der Auswertung kann ich hier nicht eingehen. Zu bedenken ist, dass es sich ausschließlich um Geldrechnungen handelt, also Lieferungen von Naturalien zum Verbrauch am Hof, als Gehaltsbestandteile und zur Bezahlung von Fremdleistungen nicht berücksichtigt sind, und dass ein Großteil der aufgenommenen Kredite und wohl auch ein Teil der Schuldablösungen in den Rechnungen nicht auftauchen, die Aufwendungen für die Lebenshaltung der gräflichen Familie und für Bauten also sicher deutlich höher liegen als aus den Rechnungen zu ersehen.

Wenn ich von den Durchschnittswerten ausgehe, die sich für die 40 Jahre errechnen lassen[41], dann ist festzustellen, dass Einnahmen und Ausgaben des ordentlichen Haushalts, also ohne Kapitalaufnahmen und -ablösungen sowie Zinszahlungen, sich mit ca. 23 000 Gulden in etwa die Waage halten, erst die Zinszahlungen in Höhe von ca. 5 700 Gulden und damit immerhin ein Viertel der ordentlichen Ausgaben und erst recht die Ablösungszahlungen bringen den Haushalt der Herrschaft aus dem Gleichgewicht. Rechnet man die Einnahmen der Herrschaften Argen und Schomburg in Höhe von netto etwa 10 000 Gulden dazu, dann hätte man mit Mühe die Zinszahlungen aufbringen können, aber keinen Spielraum mehr für Schuldablösungen gehabt. In Wirklichkeit muss man davon ausgehen, dass zu den ca. 30-35 000 Gulden ordentlichen Einnahmen jährlich nochmals 20 000 Gulden Schuldaufnahmen dazu kamen. Zusätzlich zu den ca. 25 000 Gulden ordentlicher Ausgaben wurden jährlich ca. 10 000 Gulden Schulden beglichen und die 5 700 Gulden Zinsen bezahlt, so dass für Hof und Bauwesen zusätzlich zu den ordentlich abgerechneten 12 000 Gulden mindestens nochmals dieselbe Summe aufgewendet wurde.

In den 1770er Jahren errechneten die Administratoren einen Bruttoertrag der Herrschaft Tettnang von über 30 000, der Herrschaft Argen von etwa 10 000 und der Herrschaft Schomburg von 2 000 Gulden unter Einbezug aller Naturaleinkünfte. Nach Abzug aller unabdingbaren Kosten von etwa 10 000 Gulden hätten für die Hofhaltung etwa 10 000 und für den Schuldendienst etwa 20 000 Gulden zur Verfügung gestanden. Damit wäre man Mitte des Jahrhunderts noch einigermaßen über die Runden gekommen, aber zu diesem Zeitpunkt wären allein an Zinsen 32 000 Gulden jährlich angefallen und für Hofhaltung und Bauwesen reichten zu keinem Zeitpunkt 10 000 Gulden. Diese Berechnungen bestätigen nun erst recht die Thesen von Volker Press. Aber wie sieht es bei anderen Adelsfamilien aus?

Einnahmen der Herrschaft Tettnang 1708 – 1778

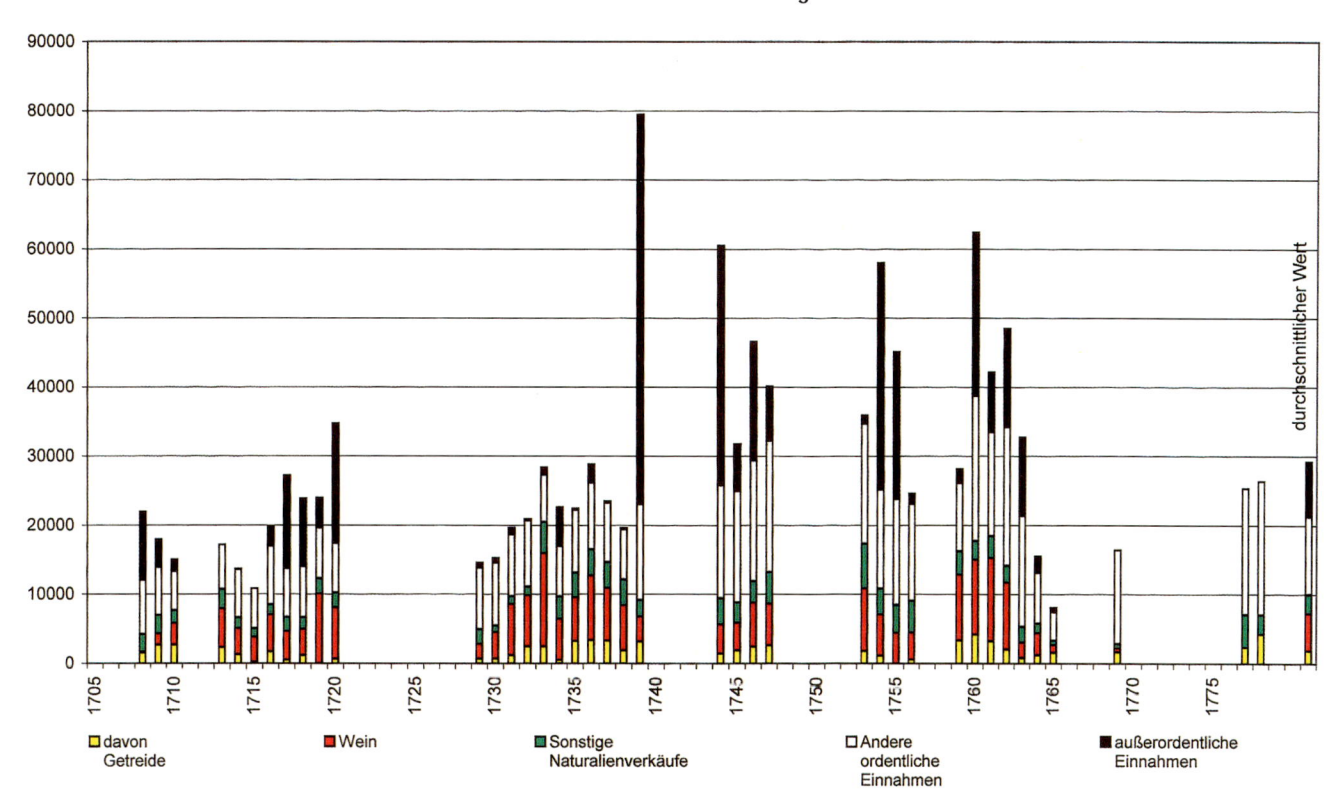

Ausgaben der Herrschaft Tettnang 1708 – 1778

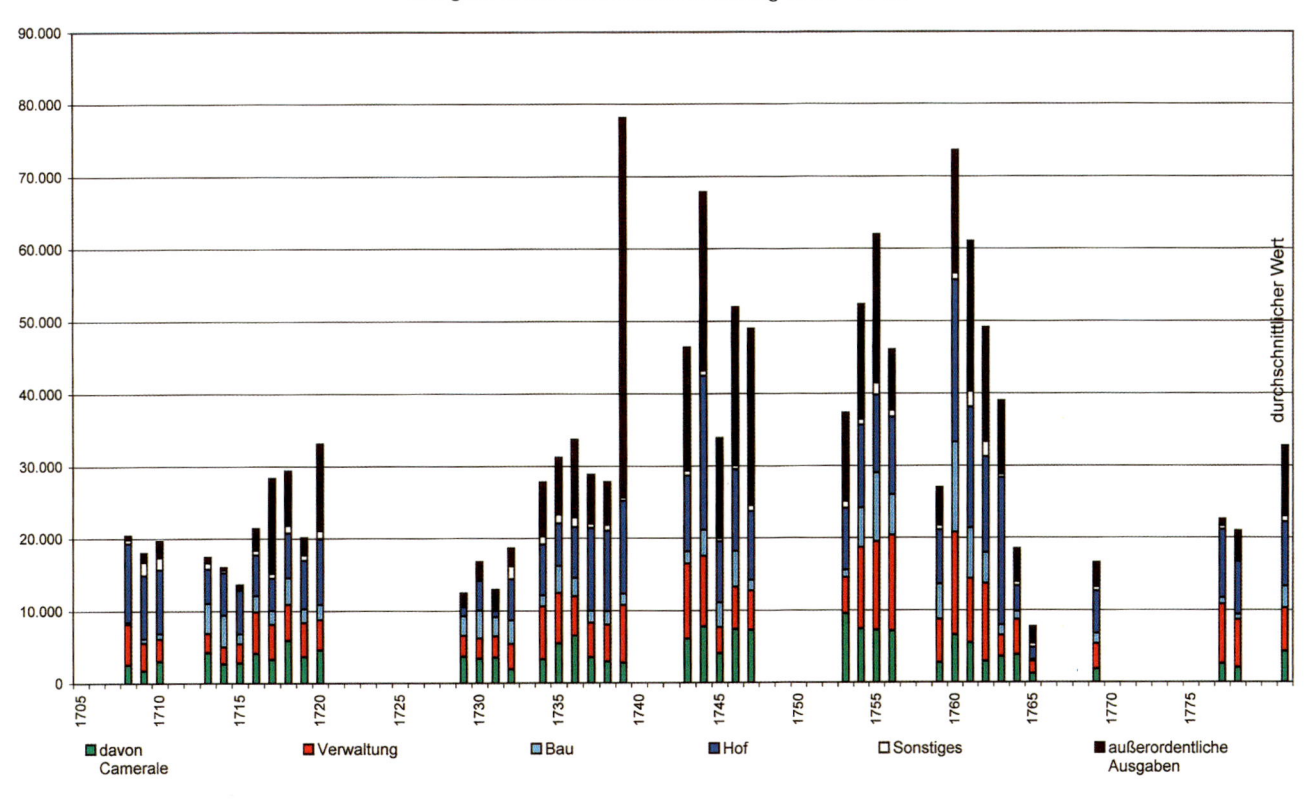

Das Ende der Grafen von Montfort

ANDERE ADELSFAMILIEN

Finanzgeschichte ist mühsam und wenig attraktiv. Deshalb gibt es auch nur eine einzige, aber vorbildliche Finanzgeschichte eines anderen oberschwäbischen Territoriums: von Jürgen Richter über die Grafschaft Friedberg-Scheer[42]. Die ordentlichen Einnahmen und der disponible Ausgabenspielraum lagen dort etwa um ein Viertel niedriger als bei den Grafen von Montfort. Auch dort kam es zu einer Finanzkrise und Debitkommissionen, 1679 sogar zu einer Gefangennahme des Grafen wegen Misswirtschaft und einem Schuldenberg von dort maximal 318 000 Gulden 1752. Die Friedberg-Scheerer Linie der Grafen von Waldburg-Zeil starb 1772 aus, ihr Besitz fiel durch Erbvergleich an die Wolfegger Linien, die die Grafschaft 1785 an den Fürsten von Thurn und Taxis um die erwähnten 2,1 Mio. Gulden verkauften und sich dadurch sanieren konnten.

In Oberschwaben, westlich der Iller und in Vorarlberg residierten Anfang des 18. Jahrhunderts 14 Hochadelsgeschlechter (sechs Linien der Waldburger, drei der Fürstenberger), Anfang des 19. Jahrhunderts nur noch sechs. Soweit bekannt galten alle als verschuldet, man findet in der Literatur aber kaum klare Zahlen. Nur die Fürstenberger verfügten über deutlich höhere Einnahmen als die Montforter, aber auch sie standen mehrfach vor dem finanziellen Zusammenbruch[43].
Kaiserliche Debitkommissionen[44] sind außer für Montfort und Friedberg-Scheer bekannt von Waldburg-Trauchburg-Kißlegg, Waldburg-Waldsee, 1778 – 80, ebenfalls mit Gefangennahme des Grafen, Fugger-Wellenburg mit der Herrschaft Wasserburg, beiden Linien Hohenems[45], wo Graf Anton von Montfort sogar 1716 – 18 als Administrator waltete.
Fünf dieser Fälle endeten letztlich mit dem Aussterben der Geschlechter (Hohenems, Waldburger) und damit überschneidend in drei Fällen mit Verkäufen (Wasserburg, Tettnang, Friedberg-Scheer). Der Konkurs wurde festgestellt bei den Fugger-Wellenburg und den Montfortern.

Ein Blick auf die Schlossbauten: Von der Renaissance bis zum Klassizismus bauten 15 Familien (mit den Zimmern) 16 Schlösser, davon drei die Montforter, und nehmen neun Familien größere Um- und Ausbauten vor, davon zwei die Montforter, sie waren also von 25 größeren Baumaßnahmen allein für ein Fünftel verantwortlich. Alle anderen größeren Schlösser Oberschwabens wurden im späten 16. und frühen 17. Jahrhundert erbaut. Von den barocken Schlössern ist Tettnang das größte und musste nach dem Brand überdies ein zweites Mal ausgestattet werden[46]. Die Montforter gaben also im 18. Jh. wesentlich mehr Geld aus für Baumaßnahmen als ihre Standesgenossen. Außer den Schlössern finanzierten die drei letzten Generationen von Grafen u.a. den Bau eines Klosters, einer Pfarrkirche, eines Spitals sowie dreier Kapellen und stifteten fünf Kaplaneien.

Die Waldburger und Fürstenberger konnten sich konsolidieren nach dem Erlöschen von Linien durch den Anfall deren Herrschaften. Anders als die Fürstenberger, Waldburger und Königsegger erhielten die Montforter auch keine Ämter des Kaisers oder der bayerischen Kurfürsten mit ihren Zusatzverdiensten übertragen. Entlastung brachten nur die Domherrenstellen, die sie dem verschwägerten Kardinal Schönborn verdankten und die Pfründen der Damenstifte für ihre Töchter. Aber gerade der Verzicht von drei Grafen in der letzten Generation auf Heirat und die Versorgung von zweien mit kirchlichen gut dotierten Kanonikaten führten dann auch zum Aussterben der Familie.

Die finanzielle Lage der oberschwäbischen Hochadelsfamilien unterschied sich nicht wesentlich. Aber nur zwei Familien, die Montforter und die unbedeutenden Fugger-Wellenburg schlidderten in den Konkurs. Die Schlossbauten der Montforter nach den Zerstörungen im 30jährigen Krieg und dem Brand sowie ungünstigere Randbedingungen mögen die Montforter in eine besonders prekäre Lage gebracht haben. Aber wir dürfen den Blick nicht nur auf die Scheiternden, sondern müssen ihn auch auf den Nutznießer Österreich richten.

ÖSTERREICH

Die österreichische Politik insbes. in der zweiten Hälfte des 18. Jahrhunderts ließ sich immer weniger vom Wohl des Reichs und immer mehr von erbländischen Interessen leiten. An die Stelle indirekter Herrschaft über Klientelbeziehungen im Reich trat verstärkt die Stärkung der eigenen Position durch territoriale Zugewinne und Ausbau der eigenen Hausmacht. Angela Kulenkampff spitzt das dahingehend zu, dass das Ziel der Politik des Staatskanzlers Kaunitz die „Umgestaltung der Reichsverfassung im Interesse Österreichs" und eine „Neuorganisation Süddeutschlands, um von Süden her unter Einschluss der gesamten wittelsbachischen Länder die Brücke zu den südlichen Niederlanden zu schaffen" gewesen sei. Sie überzieht jedoch, wenn sie die „Auflösung der süddeutschen Reichskreise 1780/81" und die Eingliederung der schwäbischen Grafen „in den Untertanenverband Vorderösterreichs" konstatiert[47].

Österreich hatte den Niedergang der Grafen von Montfort im Spätmittelalter bereits nutzen können, um Vorarlberg zu einer fast geschlossenen Landesherrschaft auszubauen. Bis 1755 hat das Kaiserhaus dann die Grafen als seine Klientel eher gestützt, die Gläubiger immer wieder vertröstet und sich um die „Aufrechterhaltung des uralt katholischen, um das Hl. Römische Reich und das allerdurchlauchtigste Erzhaus Österreich in vielen Wegen hochverdiente gräfliche Haus von Montfort" bemüht[48].

Nun aber wurden die montfortischen Herrschaften zum Objekt eines ‚Wirtschaftskrieges' zwischen Österreich und Bayern um die Steigerung des Salzexports in die Schweiz[49]. Um nicht gegen Österreich ins Hintertreffen zu gelangen, wollte Bayern ein „dominium" am Bodensee als sicheren Ausfuhrhafen erwerben. „Es begann ein ‚Wettlauf' zum Bodensee."[50] 1752 hatte der Kaiser den Verkauf der bis 1592 montfortischen und unmittelbar an die Herrschaft Argen angrenzenden kleinen Herrschaft Wasserburg angeordnet, die im Besitz der Grafen von Fugger-Wellenburg mit 410 000 Gulden verschuldet war[51]. 1754 meldete sich der Kurfürst von Bayern als Kaufinteressent, um anstelle der bisherigen Salzfaktorei in Lindau eine eigene Salzniederlage in Wasserburg zu errichten. Ein Gutachten der österreichischen Staatskanzlei kam 1755 zu dem Ergebnis, dass man „die Herrschaft Wasserburg nicht aus Händen [...] lassen" könne, da der „tirolische Salz-Verschleiß nach der Schweiz und Schwaben um so vieles abnehmen müsse, als der kurbayerische anwachse [...], weil [...] Kurbayern besseres Salz um ein wohlfeileres Geld liefere, und die Schweizer, so nur auf die Gelegenheit warteten, an sich ziehen könnte". Es sei generell bedenklich, „wenn Kurbayern sich an dem Bodensee festsetze, den Getreidehandel mit der Schweiz an sich ziehe und die Gelegenheit erhalten sollte, der Grafschaft Bregenz die Zufuhr sperren und diesen Schlüssel zu Tirol und den italienischen Landen beunruhigen zu können"[52]. Mithilfe eines Kredits des Reichsstifts Salem erwarb daraufhin Österreich die Herrschaft.

Im gleichen Gutachten wird auch erörtert, dass „Langenargen, so gleichfalls an dem Bodensee sehr wohl gelegen und mit einem guten Hafen versehen ist, sich in des Grafen Montfort Händen befindet", der wegen seiner Schulden dringend 500 000 Gulden gegen Verpfändung seiner Rechte in der Herrschaft und im Lindauer Hochgericht auftreiben müsse. Würden diese Rechte an das Haus Bayern gelangen, so sei mit einem Erwerb Wasserburgs gar nichts erreicht, da dann eben in Langenargen die „Beförderung seines Salz- und Getreidehandels" betrieben würde. Gewähre Österreich dem Grafen den benötigten Kredit, so könne es sich „von den kurbayerischen Salz-Beeinträchtigungen und anderen nachteiligen Folgen beständig sicher ... stellen". Bleibe der Graf mit den Zinszahlungen im Rückstand, so könne sich Österreich „in den wirklichen Besitz der besagten Herrschaft setzen" und dem Grafen seien „die Hände völlig gebunden" und damit „der Weg gebahnt, mit der Zeit die schöne und wohl gelegene Herrschaft Langenargen vollkommen an das durchlauchtigste Erzhaus zu bringen". Die Argumente überzeugten, der Graf von Montfort bekam sein Darlehen, die Rechnung ging auf.

Gleichzeitig bot 1755 die verschuldete Reichsstadt Buchhorn Österreich das Hafen- und Stapelrecht an und wollte sich seinem Schutz unterstellen bei formeller Erhaltung seiner Reichsstandschaft. Dagegen legte aber der Schwäbische Kreis Protest ein. In Wasserburg und Argen gescheitert, versuchte daraufhin Bayern in Buchhorn Fuß zu fassen. Dort gelang es Bayern, am 21. August 1755 den sog. „Salzvertrag" zu schließen, wonach es in Buchhorn seine Salzniederlage errichten konnte[53]. Dagegen erhob Österreich nach anfänglichem Widerstand aus unbekannten Gründen keinen Widerstand. Vielleicht war Österreich zufrieden, dass es Bayern immerhin nicht gelungen war, sich ein „dominium" am Bodensee zu sichern. Wirtschaftlich operierte Bayern dagegen erfolgreich, die Schweiz wurde Bayerns größter Salzexportmarkt. 1777 beendeten Bayern und Österreich ihren Handelskrieg mit einem Transitvertrag.

1769 schien Bayern doch noch mit dem Erwerb eines „dominium" am Bodensee Erfolg zu haben. Da die Straße von Ravensburg nach Buchhorn oft nicht passierbar sei und sich die Straße über Tettnang nach Langenargen in einem besseren Zustand befinde, verhandelte Bayern seit 1765 mit dem Grafen Franz Xaver von Montfort über den Kauf der Herrschaft Argen und bot 800 000 Gulden als Kaufpreis. Unter Berufung auf sein Vorkaufsrecht konnte Österreich aber wiederum verhindern, dass sich Bayern am Bodensee festsetzte. Mit seinem Veto gegen den Verkauf an Bayern blockierte Österreich erfolgreich die letzte Möglichkeit einer Sanierung des Hauses Montfort. Die eigenen Verkaufsverhandlungen über einen Ankauf der Herrschaft Argen zögerte es so lange hinaus, bis 1773 die Hofkammer die Immission in die Kameralverwaltung der Herrschaft erwirkt hatte und 1776 der Graf seine Zahlungsunfähigkeit erklären musste.

Zwischen Hofkanzlei und Hofkammer stritten sich die Beamten zunächst noch um die Gewich-

Die Schlösser der Grafen von Montfort. Ölgemälde von Johann Joseph Kauffmann, um 1760. Neues Schloss Tettnang. Von links: Tettnang mit Stadtansicht, (Langen)Argen, Schomburg.

tung der territorialen Interessen gegen finanzielle Bedenken und ob man nicht einfach den Rückfall der Herrschaften an das Reich nach dem Tod der beiden Grafen abwarten solle. „Mich dünkt immer, man sehe nur auf den Ertrag, wie er dato liegt, ohne auf die Jura und Regalia auch andere Vorteile [...] eine Rücksicht zu nehmen. Tettnang mit Zubehör ist und bleibt halt immer für das allerdurchlauchtigste Erzhaus eine sehr vorteilhafte Aquisition"[54]. Schließlich entschloss man sich zum Kauf, da die „Aquisition nicht nur wegen der Lage der Herrschaften zu Verbindung der zerstreuten österreichischen Besitzungen sehr verträglich befunden", und um alle Unwägbarkeiten eines noch lange dauernden Konkursprozesses und die Trennung der Allodien von den Lehen zu vermeiden. So wurde „die Verbindung der Landvogtei mit Vorarlberg und also eines großen Teils von Vorderösterreich, welche schon so lange gesucht worden" sei, erreicht[55]. Der Erwerb der Grafschaft brachte Österreich zudem eine zweite Stimme im Grafenkollegium des Schwäbischen Kreises ein, nachdem es 1769 bereits mit dem Anfall der Grafschaft Hohenems eine erste Stimme erhalten hatte, womit es nicht nur direkten Einfluss auf die Kreispolitik gewann, sondern auch seine Vorarlberger Herrschaften arrondieren konnte.

Kurz vor der napoleonischen Flurbereinigung konnte Österreich seine Herrschaft in Oberschwaben weiter arrondieren: Nach der Säkularisation eignete es sich mittels des Epavenrechts ehemals geistlichen Besitz an, in der Herrschaft Tettnang die Rechte der aufgehobenen Klöster Weingarten und Weissenau, in Vorarlberg die Herrschaften Blumenegg und St. Gerold[56]. 1804 bewegte es den Grafen von Königsegg-Rothenfels zum Eintausch seiner Grafschaft Rothenfels im Allgäu gegen Besitzungen in Ungarn[57] und kaufte vom Fürsten von Bretzenheim die ehemalige Reichsstadt Lindau[58]. Damit war die Landbrücke zwischen Vorarlberg und der Landvogtei nun auf breiter Front geschlossen. Der Kauf der Grafschaft Weissenau zwischen Landvogtei und der Herrschaft Tettnang konnte nicht mehr vollzogen werden. Zweimal hatte ein Verlust von Tettnang abgewehrt werden müssen, 1802 hatte der Fürst von Bretzenheim eigentlich lieber Tettnang als Lindau haben wollen und 1804 wäre der Graf von Königsegg-Rothenfels lieber nach Tettnang als auf ungarische Güter umgezogen.

Dieser Ausbau der österreichischen Position am Bodensee kontrastiert allerdings zu den mehrfachen Überlegungen, ganz Vorderösterreich aufzugeben, so 1740 und wieder 1780 an Bayern und schließlich wurde im Wiener Kongress auf den Rückerwerb der Vorlande zugunsten des Zugewinns von Salzburgs verzichtet[59].

Das Ende der Grafen von Montfort

Es gab also im 18. Jahrhundert keine durchgehende stringente Strategie. Es konkurrierten

1. dominant die Linie des Ausbaus der schwäbisch-österreichischen Besitzungen vom 17. Jahrhundert bis 1805,
2. flankierend die Strategie indirekter Herrschaft über Klientelbeziehungen. So wird Anfang des 18. Jahrhunderts den Liechtensteinern und Ende des Jahrhundert den Thurn und Taxis der Erwerb von Reichsgrafschaften ermöglicht. Beide Grafschaften, Vaduz-Schellenberg und Friedberg-Scheer, hätten auch gut zur Abrundung österreichischer Besitzungen getaugt.
3. die wiederkehrenden Überlegungen, sich die ganzen Vorlande als Ballast vom Hals zu schaffen.

RESÜMEE

Was haben nun die verschiedenen Perspektiven auf den Niedergang der Grafen von Montfort gebracht? Unstrittig ist, dass der Adel im Laufe des 18. Jahrhunderts in eine Finanzkrise geriet. Es ist auch nicht zu bestreiten, dass die Grafen von Montfort besonders hohe Schuldenlasten aufhäuften und auch im Urteil der Standesgenossen wohl noch schlechter wirtschafteten als üblich. Es ist aber auch nicht zu bestreiten, dass allen überlebenden Familien in Oberschwaben nach der Mediatisierung die Sanierung gelang, es folglich auch den Montfortern hätte gelingen können.

Den Konkurs der Grafen von Montfort und den Verkauf ihrer Herrschaften hat die zielstrebige Politik Österreichs aufgrund seiner territorial- und wirtschaftspolitischen Interessen erzwungen. Das Ergebnis relativiert sich, denn sieben Jahre nach dem Verkauf hätte die Herrschaft der Grafen von Montfort mit dem Tod des letzten männlichen Namensträgers ohnehin ihr Ende gefunden. Die Beschäftigung mit ihrer Geschichte mag als anschauliches Exempel für die Strukturprobleme des oberschwäbischen Adels und die Windungen der österreichischen Territorialpolitik im 18. Jahrhundert dienen, aber auch den Blick für mögliche Alternativen des historischen Verlaufs weiten.

Die gräflichen Untertanen atmeten 1779 und 1780 offensichtlich auf. 1764 hatte der Tettnanger Stadtpfarrer in seiner Chronik notiert: „die große Schuldenlast häuft sich alltäglich, wodurch der Untertan vieles leidet". Man glaubt die Erleichterung bei der Feststellung 1779 spüren zu können: „In diesem Jahr ist endlich das Schicksal des Hauses Montfort entschieden worden. [...] Man hat die Bezahlung [der Schulden durch Österreich] schon den ganzen Herbst erwartet" und sieht es als ein Glück an, „wenn man nur das, was man noch hofft, sicher erhalten wird."[60] Aber schon 1808 klagen die bayerischen Beamten: „Die Stadt Tettnang träumt noch von den goldenen Zeiten der Grafen von Montfort, wo ihre Bürger, ohne zu arbeiten, denselben die Einkünfte der ganzen Herrschaft durchzubringen halfen"[61].

Anmerkungen:

1 Hauptstaatsarchiv Stuttgart (HStAS) B 123 I, Bü 33, 1777. Alle Zitate werden modernisiert, d. h. wort-, aber nicht buchstabengetreu wiedergegeben.
2 *Anselmus Rabiosus [Wilhelm Ludwig Wekhrlin]*: Reise durch Oberdeutschland. München 1988 (Salzburg-Leipzig 1778), 57.
3 *Volker Press*: Oberschwaben in der frühen Neuzeit. In: *Peter Eitel / Elmar L. Kuhn* (Hg.): Oberschwaben. Konstanz 1995, 101-131, 123.
4 *Volker Press*: Reichsgrafenstand und Reich. In: *Ders.*: Adel im Alten Reich. Tübingen 1998, 113-138, 129. Vgl. : *Ders.*: Die aufgeschobene Mediatisierung. Finanzkrise der Kleinstaaten und kaiserliche Stabilisierungspolitik. In: Bericht über die 32. Versammlung deutscher Historiker in Hamburg. Stuttgart 1979, 139-141. Weitere neuere Literatur zu den Reichsgrafen: *Bernhard Theil*: Reichsgrafen und Stift. In: Archiv für hessische Geschichte und Altertumskunde 51 (1993), 235-243; *Johannes Arndt*: Zwischen kollegialer Solidarität und persönlichem Aufstiegsstreben. Die Reichsgrafen im 17. und 18. Jahrhundert. In: *Ronald G. Asch* (Hg.): Der europäische Adel im Ancien Régime. Köln 2001, 105-128; *Barbara Stollberg-Rilinger*: Der Grafenstand in der Reichspublizistik In: *Heide Wunder*: Dynastie und Herrschaftssicherung in der Frühen Neuzeit. Berlin 2002, 29-53. Die Frage der prekären Staatlichkeit der Herrschaft der Grafen von Montfort kann hier nicht thematisiert werden.
5 *Walter Demel*: Reich, Reformen und sozialer Wandel 1763-1806. In: *Gebhardt*: Handbuch der deutschen Geschichte. Bd. 12. Stuttgart 2005, 208f.
6 *Johann Nepomuk Vanotti*: Geschichte der Grafen von Montfort und von Werdenberg. Belle-Vue bei Konstanz 1845 (ND Bregenz 1988 hg. von *Karl Heinz Burmeister*), 206.
7 *Adolf Kastner*: Die Grafen von Montfort-Tettnang. Konstanz 1957, 17.
8 *Susanne Herrmann*: Die Durchführung von Schuldenverfahren im Rahmen kaiserlicher Debitkommissionen im 18. Jahrhundert am Beispiel des Debitwesens der Grafen von Montfort. In: *Wolfgang Sellert* (Hg.): Reichshofrat und Reichskammergericht. Köln 1999, 111-127, 113.
9 Zur Familiengeschichte vgl. Vanotti 1845 (wie Anm. 6); *Viktor Ernst*: Geschichte. In: *K. Statistisches Landesamt* (Hg.): Beschreibung des Oberamts Tettnang. Stuttgart 1915, 177-417; *Bernd Wiedmann* (Hg.): Die Grafen von Montfort. Friedrichshafen 1982; *Karl Heinz Burmeister*: Die Grafen von Montfort. Konstanz 1996; *Ders.*: Grafen von Montfort. In: Neue Deutsche Biographie. Bd. 18 (1997), 51-54; *Alois* Niederstätter: Österreichische Geschichte 1400-1522. Wien 1996, 209-212; *Karl* Brunner: Zwischen Arlberg und Bodensee. Die unvollendete Landesbildung der Grafen von Montfort. In: *Heinz Dopsch u.a.*: Österreichische Geschichte 1122-1278. Wien 1999, 420-440, 538-541. *Alois Niederstätter*: Österreichische Geschichte 1278 – 1411. Wien 2001, 265-274. Vgl. auch den Beitrag Joos in diesem Band.

10 HStAS B 571, Bü 330. Zur Verpachtung vgl. *Lui von Frizberg*: Friz von Cauenstein und die letzten Montforter. In: Montfort 9 (1957), 208-215. Zu den Debitkommissionen vgl. *Johann Jacob Moser*: Von dem Reichs-Ständischen Schuldenwesen. Frankfurt-Leipzig 1774; *Martin Fimpel*: Reichsjustiz und Territorialstaat. Württemberg als Kommissar von Kaiser und Reich im Schwäbischen Kreis (1648-1806). Tübingen 1999; Herrmann 1999 (wie Anm. 8); *Eva Ortlieb*: Im Auftrag des Kaisers. Die kaiserlichen Kommissionen des Reichshofrats und die Regelung von Konflikten im Alten Reich (1637 – 1657). Köln 2001.
11 HStAS B 571, Bü 330. Zu den Schlössern vgl. *Michael Wenger / Angelika Barth / Karin Stober*: Tettnang. Neues Schloss und Stadt. München-Berlin 2004; *Elmar L. Kuhn*: „Das schöne und feste Schloß Argen". Festung, Residenz, Ruine vom 17. zum 19. Jahrhundert. In: Langenargener Geschichte(n) 7 (1993), 12-32. Abbildungen des Neuen Schlosses Tettnang in den Beiträgen Dippel und Knapp in diesem Band.
12 HStAS B 123 I, Bü 17.
13 HStAS B 123 II, Bü 211.
14 *Moser* 1774 (wie Anm. 10), 317.
15 B 123 I, Bü 32.
16 Vgl. *Johann Jacob Moser*: Teutsches Staats-Recht. 24. Teil. Leipzig-Ebersdorf 1746, 81-117; *Moser* 1774 (wie Anm. 10), 328-340.
17 HStAS B 123 I, Bü 177. Vgl. die Abbildung der Unterschriften der Landschaftsvorgesetzten im Beitrag Zückert in diesem Band.
18 Zum Speyrer Darlehen vgl. v.a. HStAS B 63, Bü 153; B 123 I, Bü 32; *Moser* 1774 (wie Anm. 10), 340-350.
19 HStAS B 123 I, Bü 48, f.71v f.
20 Dazu vgl. ebd., f.144v-147r.
21 HStA B 123 I, Bü 32. Vgl. B 63, Bü 153. Detailliert schildert der montfortische Kanzleidirektor Weilhammer die Entwicklung des Schuldenwesens und die Rettungsversuche im wesentlichen ab 1755 und sehr detailliert für die 1770er Jahre in einem umfangreichen Rechenschaftsbericht 1776, fortgeführt bis 1779: HStAS B 123 I, Bü 34.
22 HStA B 63, Bü 151.
23 Ebd.
24 Vgl. *Moser* 1774 (wie Anm. 10), 352-355.
25 HStAS B 571, Bü 331. Vgl. insges. Bü 330-332 zu den Bemühungen des Schwäbischen Grafenkollegiums um Sanierung des Hauses Montfort.
26 Vgl. HStAS B 63, 151 und 154; B 571, Bü 331; *Johann Jacob Moser*: Reichs-Staats-Handbuch auf die Jahre 1769-1775. Teil 1. Frankfurt-Leipzig 1776, 133-116.
27 Vgl. HStAS B 63, Bü 152; B 571, Bü 332.
28 Vgl. HStAS B 63, Bü 154-155; B 63a, Bü 411; B 123 I, Bü 32.
29 B 123I, Bü 34.
30 Vgl. HstAS B 63, Bü 153.
31 Vgl. HStAS B 123I, Bü 33-34. Zum juristischen Verfahren vgl. *Herrmann* 1999 (wie Anm. 8).

32 B 63, Bü 155.
33 Zu den beiden Rodt als Bischöfen von Konstanz und Interessenvertretern Österreichs vgl. *Rudolf Reinhardt*: Die Beziehungen von Hochstift und Diözese Konstanz zu Habsburg-Österreich in der Neuzeit. Wiesbaden 1966, v.a. 148-151.
34 HStAS B 63, Bü 155.
35 Vgl. *Jürgen Richter*: Der Niedergang der Reichserbtruchsessen von Waldburg-Friedberg-Scheer im Siebzehnten und Achtzehnten Jahrhundert. In: Zeitschrift für Hohenzollerische Geschichte 113 (1990), 165-232, 216.
36 HStAS B 123I, Bü 34; vgl. Bü 32 und 33.
37 Vgl. HStAS B 123I, Bü 115; *Alex Frick / Angelika Spindler*: Leben, Sterben und Vermächtnis Anton IV. In: Schwäbische Zeitung, Ausgabe Tettnang, 5. Dez. 1987, Nr. 281. Eine Abbildung seines Epitaphs im Beitrag Hosch in diesem Band.
38 Vgl. *Peter Heidtmann*: „König Lustik" – ein Montforter h.c. In: Förderkreis Heimatkunde Tettnang Kurier (2006) 34, 1-2.
39 Abtretungserklärung von Graf Franz Xaver in HStAS B 63, Bü 156 und B 123I, Bü 33, die Zustimmung Josephs II. in B 63a, Bü 1.
40 *Johannes Arndt*: Monarch oder der „bloße Edelmann"? Der deutsche Kleinpotentat im 18. Jahrhundert. In: *Ronald G. Asch / Ders. / Matthias Schnettger* (Hg.): Die frühneuzeitliche Monarchie und ihr Erbe. Münster 2003, 60-90, 82 und 85. Vgl. dazu *Norbert Elias*: Die höfische Gesellschaft. Darmstadt-Neuwied ³1977, 99: „Der Zwang zur Repräsentation des Ranges ist unerbittlich. [...] Der Grandseigneur des ancien régime muß zur Aufrechterhaltung seiner sozialen Existenz seine Ausgaben nach den Erfordernissen seines Ranges richten." Vgl. auch 98-113. Zu Elias vgl. *Claudia Opitz* (Hg.): Höfische Gesellschaft und Zivilisationsprozess. Köln 2005.
41 Die folgenden Angaben basieren auf der Auswertung der Geldrechnungen im Bestand HStAS B 123L. Eine detaillierte Analyse des montfortischen Finanzwesens ist aus Platzgründen hier nicht möglich. Bei den Durchschnittsangaben ist die Geldentwertung bzw. der Preisanstieg während des 18. Jahrhunderts zu bedenken. Vgl.: *Frank Göttmann*: Getreidemarkt am Bodensee. St. Katharinen 1991, 366-376.
42 *Richter* 1990 (wie Anm. 35). Vgl. *Wolfgang v. Hippel*: Die Bauernbefreiung im Königreich Württemberg. Bd. 2. Boppard 1977, 12-20 (Revenuenetats der Graf- und Herrschaften Zeil und Trauchburg, Wurzach und Marstetten, des Hauses Hohenlohe-Kirchberg, des Amts Wallerstein); *Edwin Ernst Weber*: Der fürstenbergische Hof und die Residenzstadt Meßkirch zu Beginn des 18. Jahrhunderts. In: Meßkircher Heimathefte 1 (1996) 1, 5-36.
43 Vgl. *Ingfried Dold*: Die Entwicklung des Beamtenverhältnisses im Fürstentum Fürstenberg in der Zeit des späten Naturrechts (1744-1806). Allensbach 1961, 98-101.

44 Vgl. *Moser* 1774 (wie Anm.10), 1-634.
45 Vgl. *Ludwig Welti*: Geschichte der Reichsgrafschaft Hohenems und des Reichshofes Lustenau. Innsbruck 1930; *Volker Press*: Die Entstehung des Fürstentums Liechtenstein. In: *Wolfgang Müller* (Hg.): Das Fürstentum Liechtenstein. Bühl 1981, 63-91.
46 Ganz andere Dimensionen haben freilich die Bauten der oberschwäbischen Reichsklöster, aber sie verfügen auch über wesentlich höhere Einnahmen. Zur Finanzsituation der Klöster und zu ihren Bauten vgl. *v. Hippel* 1977 (wie Anm. 42), 1-11; *Markwart Herzog / Rolf Kießling / Bernd Roeck* (Hg.): Himmel auf Erden oder Teufelsbauwurm? Wirtschaftliche und soziale Bedingungen des süddeutschen Klosterbarock. Konstanz 2002; *Hartmut Zückert*: Die sozialen Grundlagen der Barockkultur in Süddeutschland. Stuttgart 1988.
47 *Angela Kulenkampff*: Österreich und das Alte Reich. Köln 2005, 7 und 101.
48 HStAS B 123I, Bü 32.
49 Vgl. *Eckart Schremmer*: Die Wirtschaft Bayerns. München 1970, v.a. Kap. 3, III, A 2b) Der Verkauf (Export) des Salzes 277-309.
50 *Schremmer* 1970 (wie Anm. 49), 292.
51 Vgl. *Viktor Kleiner*: Der Uebergang der Herrschaft Wasserburg a. B. an Oesterreich 1755. In: Bodensee-Chronik 21 (1932) 17, 65-66.
52 Haus-, Hof- und Staatsarchiv Wien, Staatskanzlei, Vorträge 76.
53 Vgl. *Max Messerschmid*: 200 Jahre Salzstadel in Friedrichshafen (1760 – 1960). In: Schriften des Vereins für Geschichte des Bodensees 79 (1961), 52-106.
54 HStAS B 63, Bü 156.
55 HstAS B 63, Bü 155.
56 Vgl. *Volker Press*: Das „Droit d'Epaves" des Kaisers von Österreich. In: Geschichte und Gesellschaft 6 (1980) 4, 559-573.
57 Vgl. *Horst Boxler*: Die Geschichte der Reichsgrafen zu Königsegg seit dem 15. Jahrhundert. Bannholz 2005, 595-597.
58 Vgl. *Heiner Stauder*: Karl August von Bretzenheim, kurzzeitiger Fürst von Lindau. In: Jahrbuch des Landkreises Lindau 19 (2004), 156-170.
59 Zur österreichischen Territorialpolitik in Schwaben vgl. u.a. *Volker Press*: Vorderösterreich in der habsburgischen Reichspolitik des späten Mittelalters und der frühen Neuzeit. In: *Hans Maier / Ders.*: Vorderösterreich in der frühen Neuzeit. Sigmaringen 1989, 1-41; *Franz Quarthal*: Vorderösterreich in der Geschichte Südwestdeutschlands. In: Vorderösterreich nur die Schwanzfeder des Kaiseradlers? Stuttgart 1999, 15-59; *Ders.*: Vorderösterreich. In: Handbuch der baden-württembergischen Geschichte. Bd. 1, 2. Stuttgart 2000, 587-780.
60 „Pfarr-Kronik von Tettnang von 1759 an", f. 19v und 35r. Pfarrarchiv Tettnang.
61 *K. Statistisches Landesamt* 1915 (wie Anm. 9), 682.

Die Reichsgrafen zu Königsegg im Dienst von Kaiser und Kirche – Territorialherren, Landvögte und Grundbesitzer

Horst Boxler

Aus der Schicht der welfischen Ministerialen zur Mitte des 12. Jahrhunderts hervorgegangen, etablierten sich die Mitglieder der Familie derer zu Fronhofen und Königsegg nach dem Machtwechsel zu den Staufern rasch im Zentrum der neuen Macht. Sie dienten dem schwäbischen Königshaus als Reichsministerialen, ein Dienst, der ihnen nach dem Übergang der Krone auf die Habsburger auch die Möglichkeit eröffnete, den eigenen Besitz zu erweitern, zu festigen und zu Territorialherren in Oberschwaben aufzusteigen. Heiratsverbindungen mit anderen aufstrebenden Geschlechtern der Region, besonders den Waldburgern, und namentlich seit Ende des 14. Jahrhunderts mit den Töchtern der reich und mächtig gewordenen Patriziergeschlechter der umgebenden Städte taten ein Eigenes, das Haus in der Region um die alte, von den Herren von Entringen ererbte Ringburg Egga nahe Ebenweiler und die neue Residenz Aulendorf nicht nur zu einer politischen Größe werden zu lassen[1]. Schon früh kam es zu einer Erbteilung, die jedoch nach Aussterben der Linie zum Königseggerberg zu Beginn des 16. Jahrhunderts wieder rückgängig gemacht wurde. Anders verhielt es sich mit einem Abwanderer, der wenige Jahre vor der Schlacht von Tannenberg dem Ruf des Deutschen Ordens ins preußische Ordensland folgte und dessen Nachfahren heute noch in Deutschland und Schweden zuhause sind. Nach Ansprüchen, die zu Beginn der Ansiedelung in Ostpreußen noch mit den Zuhausegebliebenen zu regeln waren, verflüchtigte sich der Kontakt zur oberschwäbischen Heimat, wenn auch das Bewusstsein, aus Schwaben gekommen zu sein, immer wach blieb. Legendäres vermischte sich hier allerdings mit Historischem[2].

SCHUTZHERREN DER KESSLER

Schon früh hielten die Königsegger zwei Ämter, deren Bedeutung über die Grenzen ihres Territoriums hinausgingen, den Keßlerschutz und das des Landvogtes über die österreichische Landvogtei in Oberschwaben. Die Keßler waren nicht sesshaft, sondern stellten Kessel und andere Haushaltsgeräte her und reparierten sie auf ihrer Wanderschaft von Ort zu Ort. Der Keßlerschutz beruhte auf einem königlichen Privileg, das für das Haus Königsegg bereits für das Jahr 1294 belegt ist und damit die früheste Erwähnung eines Keßlerkreises darstellt, als Ritter Ulrich I. von Königsegg (1266 – 1296) zusammen mit seinem gleichnamigen Sohn die Burg Leiterberg im Hohenzollerischen an das Kloster Salem verkaufte[3]. Wie Oberschwaben und das Elsaß waren auch andere Gegenden einem Lehensträger zugeteilt, so zum Beispiel der Rheinische Kreis den Pfalzgrafen bei Rhein, der Mainzer Kreis dem Markgrafen von Brandenburg oder der Hohenlohe-Kreis den gleichnamigen Grafen[4]. Das 19. Jahrhundert mit seiner naiv-völkischen Renaissance veranlasste die Tatsache, dass Keßlerkreise nur im Süden des Reiches anzutreffen waren und deren neun zu identifizieren waren, zu Spekulationen, sie deckten sich mit den Herrschafts- oder Militärbezirken der neun alamannischen „reguli" des frühen Mittelalters. Wann die Keßlerkreise letztlich entstanden sind, ist unklar, doch reden schon die Freiheitsbriefe des 14. Jahrhunderts vom alten Herkommen und ein Keßler von Ebingen rühmt sich 1448, er und seine Vorfahren seien bereits seit 200 Jahren Keßler gewesen und hätten die angegebenen Freiheiten genossen[5].

DIE ERSTEN LANDVÖGTE

Kurz danach finden wir Mitglieder der Familie auch in der Rolle der Landvögte in Oberschwaben. König Rudolf von Habsburg wollte mit der Schaffung dieses Amtes den Landfrieden sichern und das nach dem Untergang der Staufer wieder zurückgewonnene Reichsgut neu organisieren. Die als Reichspfandschaften ausgegebenen Landvogteien erlebten vom 13. bis 15. Jahrhundert eine wechselvolle Geschichte. Das Haus Waldburg, das während der Stauferzeit als Königsministeriale erhebliche Macht errungen hatte, versuchte als mehrmaliger Pfandherr der Landvogtei in Schwaben immer wieder Habsburgs Pläne zu durchkreuzen, besonders in den Zeiten, da kein Habsburger des Reiches Krone trug. Erst 1541 gelang

Die Herrschaften Aulendorf und Königsegg sowie die Grafschaft Rothenfels. Karte aus dem Atlas der Territorien des Schwäbischen Kreises von Jacques de Michal. Kol. Zeichnung um 1725. Generallandesarchiv Karlsruhe.

es endgültig, die Landvogtei an Österreichs Schicksal zu binden[6].

1259 richtete ein Landfriedensrichter als „judex novae pacis" in Person des Ministerialen Heinrich von Schmalegg, dessen Nachfolger im darauffolgenden Jahr Berthold II. von Fronhofen und Königsegg (1239 – 1290) wurde, ein Vorläufer der Familie in Befugnissen der Landvogtei,

zusammen mit seinen „consules" über die grundherrlichen Rechte des Klosters Salem. Gerichtsstätte war Mühlbruck bei Ravensburg, schon ganz in der Nähe des später institutionalisierten Zentrums der Vogteiverwaltung. Erstmals in die Nähe der Königsegger rückte das nun so auch bezeichnete Amt des Landvogtes, als am 29. Oktober 1345 Landvogt Heinrich von Schwenningen in einem Streit zwischen dem Abt Hermann von St. Gallen und den Grafen von Montfort-Feldkirch wegen der Burg Blatten bei Oberriet nahe dem Rheinzufluss in den Bodensee zur Vermittlung gerufen wurde. Das Versprechen, kaiserliche Briefe zu verschaffen, bekräftigte der Vogt mit der Stellung von Bürgen, als deren ersten er seinen Schwager Eberhard III. von Fronhofen, Königsegg und Stuben (1300 – 1373) nannte, noch vor dem eigenen Bruder. Eberhard hatte des Schwenningers Schwester Elisabeth geheiratet und ist offensichtlich sehr alt geworden, denn er taucht zwischen 1300 und 1373 in den Quellen auf.

Erster Landvogt aus der Familie wurde dann Eberhards ältester Bruder Ulrich II. (1287 – 1360); ob dabei eine Rolle gespielt haben mag, dass er mit einer Waldburgerin verheiratet war, lässt sich nur vermuten. Zum zweiten Mal verbanden sich diese beiden bedeutenden oberschwäbischen Häuser. 1347 wurde Ulrich als erster Landvogt von Oberschwaben aus der Familie bestätigt, eine innerfamiliäre Kontinuität war aber zu diesem Zeitpunkt weder beabsichtigt, noch denkbar. Den Amtsantritt des nächsten Landvogts in der Familie können wir nicht exakt datieren, doch kennen wir etwa ab 1390 Landvogt Ulrich IV. von Königsegg (1359 – 1411), dessen Rolle merkwürdig blass bleibt. Er war zwar ein Sohn Ulrichs II., aber ein nachgeborener und hatte den Sitz der kleinen Nebenlinie zum Hatzenthurm inne, die um die Zeit des Todes von Ulrich IV. ihre Besitztümer in Oberschwaben aufgab und dem Ruf des Deutschen Ordens nach Ostpreußen folgte. Acht Jahre nach dem Tod Ulrichs 1411 wurde der Besitz der Hatzenthurmer in Ravensburg liquidiert.

Karte der Landvogtei Schwaben, Ende 18. Jahrhundert.

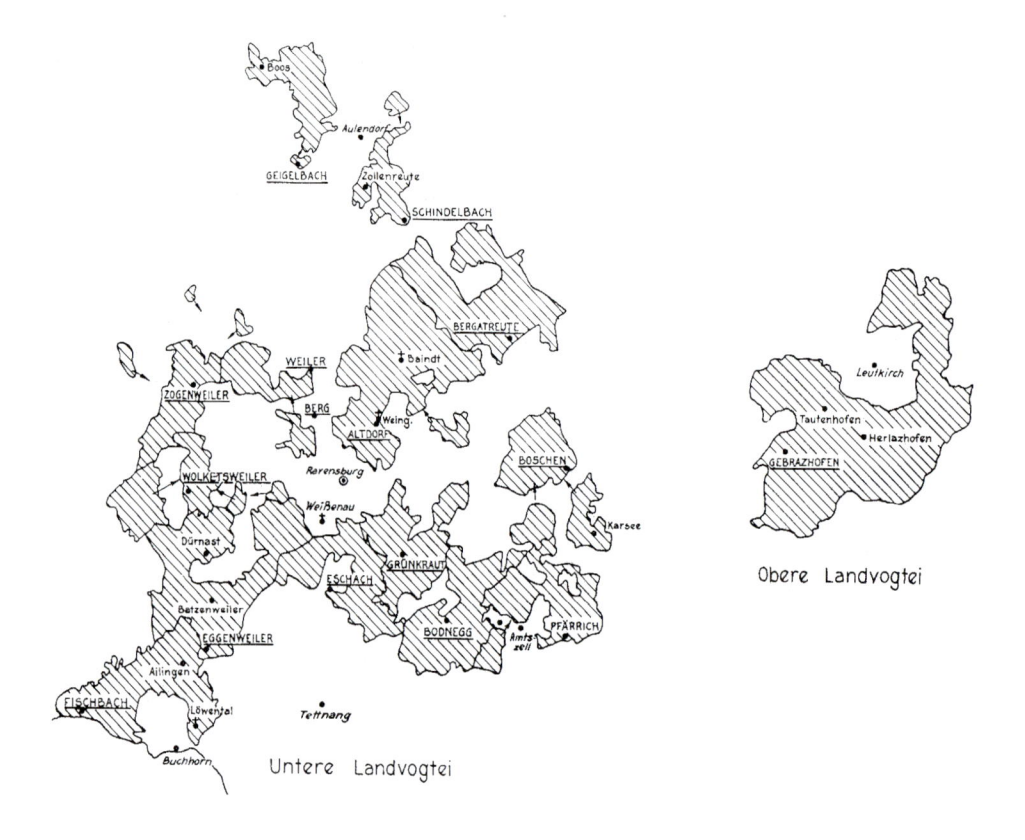

Während Ulrichs IV. Amtszeit als Landvogt war sein Neffe Walther II. (1390 – 1441) schon Unterlandvogt, wobei die tradierte Jahreszahl von 1373 nicht stimmen kann, weil Walther erst seit 1390 nachgewiesen ist. Fünf Jahre danach erbte er das Amt seines Onkels für ganz Schwaben. Er und seine Nachkommen verbanden sich mit den Häusern Hürnheim und Schellenberg und gingen daran, sich auf der Feste Wartstein im Lautertal eine neue und eigenständige Herrschaft aufzubauen, was auch sein Stiefbruder Ulrich V. (1373 – 1443) in Marstetten mit wesentlich durchschlagenderem Erfolg begann. Wurde letzterer zum Stammvater aller noch heute existierenden Mitglieder der Familie mit Ausnahme der preußischen, so verstrickte sich Walthers Enkelgeneration ein Vierteljahrhundert nach seinem Tode in einen sinnlosen Kampf mit den immer mächtiger werdenden Städten. Die Kommunen, allen voran Ulm, gingen mit aller Härte gegen Walthers Enkel und seine Mitstreiter vor, die 1467 auf dem Richtblock endeten. Ab 1405 gelangte das Amt an Graf Hugo von Werdenberg, der in Schlichtungsverhandlungen zwischen den Linien Königsegg-Aulendorf und zum Königseggerberg vermitteln musste.

Im 15. und 16. Jahrhundert setzen die Habsburger gelegentlich Königsegger auch als Landvögte im Elsaß ein, so Ulrich V., genannt Rolle (s.o.), im Bund gegen die Appenzeller (1547 – 1550), Johann Marquard I. (1516 – 1553) in Verhandlungen mit Basel und Ende des 16. Jahrhunderts Georg II. (1553 – 1622), einen streitbaren Charakter, Vertrauensmann der Habsburger in ihren Vorlanden.

DIE ERBLANDVÖGTE

In der Mitte des 16. Jahrhunderts eignete sich Österreich endgültig die Landvogtei Schwaben an und setzte dann ab dem 17. Jahrhundert seine treuen Gefolgsleute, die Freiherren und seit 1629 Reichsgrafen zu Königsegg, regelmäßig als Landvögte ein. Am 11. Februar 1637 erschien Johann Georg II. von Königsegg (-Aulendorf) (1604 – 1666), der sich durch Zukäufe des Großvaters mit seinem älteren Bruder die beiden Herrschaften Aulendorf und Rothenfels teilen konnte, erstmals wieder als Landvogt, und seither wurden Amt und Titel in der Familie tradiert. Zuletzt trugen sie sogar den Titel „Erblandvögte". Bis 1647 residierten sie in der Veitsburg oberhalb Ravensburgs, dann entzogen sie sich der unmittelbaren Nähe der selbstbewussten Reichsstadt und verlegten den Sitz in ihre Schlösser Aulendorf oder Königseggwald. Dass der Ort der Herrschaftsausübung durchaus nicht gleichgültig war, belegten nicht nur dieser Umzug, der den Vogt wohl aus dem Einflussbereich der Reichsstadt bringen sollte, sondern auch andauernde Reibereien, die ein Jahrhundert später mit dem Personal des Altdorfer Oberamtes auftraten, das die Verwaltung am Herrensitz nicht so ohne weiteres tolerieren wollte. Dass es aber auch Unstimmigkeiten innerhalb eigener Interessenbereiche geben konnte, davon zeugt eine Grenzbegehung Graf Johann Georgs II. am 10. Mai 1640, welche die Hoheitsrechte zwischen der Landvogtei und der königseggschen Herrschaft festlegen sollte. In einer Belehnung für die Stadt Leutkirch von 1653 treffen wir ihn wieder und als sich sein Leben dem Ende zuneigte, sorgte er sich elf Jahre später um die Mitgift seiner Frau Eleonore von Hohenems, von der ein erklecklicher Teil an Erzherzog Sigmund v. Österreich verliehen wurde. Weder er noch seine Witwe haben je wieder einen Heller davon gesehen. Mag sein, dass sich das Haus Habsburg ein weiteres Mal verpflichtet sah, für nicht zurückgezahlte Darlehen Ämter und Pfründen zu verleihen.

Im September 1669 übernahm Johann Georgs Sohn Anton Euseb zu Königsegg-Aulendorf (1639 – 1692) die Herrschaft von seinem Vater. Eine anrührende Szene aus dem Jahr 1692 überliefert dessen Sohn Franz Maximilian, als er den versammelten Beamten der Vogtei ausrichtete, sein Vater, der so schwer krank darnieder liege, dass seines Aufkommens schwerlich mehr zu hoffen sei, lasse anfragen, ob sie Bericht oder Wissen davon hätten, „daß noch ainiche Acta Ihro kays. Majestät" in seines Vaters Händen

Carl Seyfried Euseb Graf von Königsegg-Aulendorf (1695 – 1765), Landvogt 1720 – 1751. Schloss Aulendorf.

war einmal für die Landvogtei Schwaben tätig, wenn auch nur kurz. Im März 1730 wirkte er als Kommissar seines Verwandten zu Ravensburg. Das meist, wenn auch nicht immer gute Einvernehmen zwischen den Aulendorfern und den Immenstädtern machte eine solche Aushilfe möglich.

Am 20. Juli 1750 wurde die Landvogtei Carl Seyfrieds Sohn Hermann (1723 – 1786) übertragen, der zehn Jahre später bei einem Munderkinger Aufruhr der Zünfte gegen die Kaufleute als „Mediator" eingreifen musste.

Am 3. Mai 1781 übergab Hermann das Amt an seinen Sohn Ernst (1755 – 1803). Der schien seine Oberaufsicht nicht immer mit dem nötigen Nachdruck versehen zu haben, denn 1793 beschwerte sich der neue Oberamtsrat von Altdorf, Johann Baptist Martin von Arand, bei Ernst über das Chaos in der Verwaltung und sandte noch bis 1796 aus verschiedenen Orten Berichte über Ernsts Tätigkeit nach Wien[7]. Als Habsburg noch glaubte, seinen Machtbereich in Oberschwaben weiter ausbauen zu können, nicht zuletzt durch Erwerb der Herrschaft Königsegg-Rothenfels, schien sich zu Ende des Heiligen Römischen Reiches Deutscher Nation wieder ein Glied in die Kette der Herrschaftsgebiete zwischen Innerösterreich und den vorderösterreichischen Landen zu fügen. Am 10. Mai 1803 ernannte Wien Graf Ernst noch zum Präsidenten von Schwäbisch-Österreich unter Einschluss der Grafschaft Montfort und der Stadt Konstanz, eine letzte Ehrung, von der Graf Ernst vermutlich nur noch im Vorfeld erfahren hatte, denn am selben Tag starb der letzte Landvogt der Familie im Amtshaus zu Altdorf während der Arbeit. Mit ihm erfolgte der Übergang aus dem alten Reichsgefüge in eine neue staatliche Ordnung, die durch das Eingreifen Napoleons ihre bestimmenden Akzente erhielt.

seien. Die Beamten jedoch konnten die Frage verneinen und wünschten dem Sterbenden noch ein langes Leben. Zwei Tage später war der Landvogt tot. Schon im folgenden Jahr wurde Franz Maximilian Euseb (1669 – 1710) Landvogt und bestimmte Altdorf zum Sitz der Landvogtei. Als er starb, war sein Sohn Carl Seyfried (1695 – 1765) noch nicht volljährig. So sehr hatte sich die Erblichkeit des Amtes innerhalb der Familie verfestigt, dass man bis zur Bestallung des jungen Königseggers am 12. Oktober 1720 mit einer provisorischen Leitung aufwartete.

Auch ein Familienmitglied aus der Linie zu Königsegg-Rothenfels, Carl-Fidel (1675 – 1731),

Ernst Graf von Königsegg-Aulendorf (1755 – 1803), Landvogt 1785 – 1803. Schloss Aulendorf.

ERWERB DER GRAFSCHAFT ROTHENFELS IM ALLGÄU

Johann Jakob I. (1521 – 1567), der eine Gräfin von Montfort geheiratet hatte, konnte aus deren Familienbesitz ein vielversprechendes Stück erwerben, die Grafschaft Rothenfels mit der Residenzstadt Immenstadt und der Herrschaft (Ober-)Staufen. Dass es sich dabei trotz gegenteiliger Vorstellungen auch nicht gerade um eine günstig erworbene Preziose handelte, belegen die heftigen Auseinandersetzungen um Zölle und Steuern, die Johann Jakobs Sohn Georg II. (1553 – 1622) durchzufechten hatte. Er ist als Negativfigur in die Geschichte eingegangen, da sein Wesen als recht zwiespältig zu werten ist. Hart in der Regierung, teils auch brutal in der Durchsetzung seiner Interessen, sah er sich vor die Entscheidung gestellt, in Immenstadt, wo er sich vorwiegend aufhielt, wirtschaftlich zu überleben oder die gerade erst erworbene Besitzung wieder zu verlieren. So spielten sich die Auseinandersetzungen nicht nur jahrelang vor dem Reichskammergericht ab, wo Georg II. sehr wechselhafte Ergebnisse erzielen konnte, sondern eskalierten zuletzt derart, dass er beim Heimritt von einer Jagd meuchlings ermordet wurde. Doch als ihn der überraschende Tod ereilte, hatte er sein Haus schon bestellt: Die beiden ältesten Söhne hatten Dompräbenden inne und der dritte ging überaus tatkräftig daran, nicht nur den Tod des Vaters auf dem Rechtsweg sühnen zu lassen, sondern auch die neue und die alte Herrschaft zu sichern und in eine gute Zukunft zu führen. Hugo II. zu Königsegg (1596 – 1666) gelang dies auf eindrucksvolle Weise. Er wurde nicht nur 1629 in den Reichsgrafenstand erhoben, sondern gilt noch heute als strahlende Vaterfigur in der ehemaligen Herrschaft Staufen. Seine drei Ehen mit Töchtern aus den Häusern Hohenzollern-Hechingen, Sulz und den Wild- und Rheingrafen taten ein Übriges, wobei immerhin erstaunt, dass er, der sein politisches Leben während der grausamen Auseinandersetzungen des Dreißigjährigen Krieges im Dienste der kaiserlichen Seite verbrachte, zuletzt eine Protestantin heiratete.

DIE LINIE ROTHENFELS

Unter Hugo erfolgte eine rechtliche, wenn auch noch nicht endgültige Trennung der beiden Häuser Königsegg-Rothenfels und Königsegg-Aulendorf. Hugo hielt für seinen jüngsten Bruder Johann Georg II. (1604 – 1666), der bei der Ermordung des Vaters erst 18 Jahre alt war, die Heimatherrschaft um Aulendorf bereit und übergab ihm diese, als er reif genug dafür geworden war. Die Übernahme des Amtes des Landvogtes in Schwaben und eine überaus erfolgreiche Heiratsverbindung mit dem Haus der Grafen zu

Die Reichsgrafen zu Königsegg

Leopold Wilhelm Graf von Königsegg-Rothenfels (1630 – 1694), 1665 – 1671 Vizepräsident des Reichshofrats, 1666 – 1694 Reichsvizekanzler. Schloss Immenstadt.

Hohenems im Vorarlberger Rheintal schufen ausgezeichnete Voraussetzungen zur Verwaltung einer alten und doch jetzt neuen Herrschaft, die der jüngeren Linie ihre Stellung im Lande sicherte.

Hugos II. Sohn Leopold Wilhelm (1639 – 1694), der das Erbe seines umsichtigen Vaters antrat, war ein überaus fähiger Mann, der nicht nur Reichsvizekanzler wurde, sondern im besten Mannesalter die Koalitionen organisierte, die letztlich zur Rettung von Wien führten. So stehen zwar die Namen der beiden Kriegshelden, Graf Starhemberg für die Verteidigung und des polnischen Königs Jan Sobieski für den Entsatz von Wien, in jedem Geschichtsbuch, nicht jedoch der des Mannes, der die eher unwilligen Helfer mit Geld, Versprechungen und Ermahnungen zum rechten Zeitpunkt am bedrohten Ort zusammenbrachte und den französischen Widersacher, der auf den Erfolg Kara Mustafas hoffte, auf Abstand hielt. Mit dem Tabakmonopol reich belohnt, errichtete Königsegg auf einem verwüsteten Grundstück vor den Toren der Donaustadt ein Schloss, das derart beindruckend war, dass es wenige Jahre später zum Domizil des jungen russischen Zaren Peter bestimmt wurde, als dieser angeblich incognito durch Westeuropa reiste. Beim Sieger von Belgrad, Sigismund Wilhelm (1663 – 1709), Sohn Leopold Wilhelms, logierte der Zar 1698 und von dessen Schloss aus schwang er sich mit wenigen Getreuen aufs Pferd, um in einem unglaublichen Gewaltritt nach Moskau zu jagen, wo ihm eine Koalition aus altrussischen Bojaren und der kaiserlichen Leibwache, den Strelitzen, die Herrschaft zu entreißen drohte.

Doch schon hinter diesen glanzvollen Ereignissen lauerte der Niedergang der älteren Linie Königsegg. So musste sich Sigismund Wilhelm gegen Ende seines Lebens die Führung des Hauses aus der Hand nehmen lassen, wobei sicher eine Rolle spielte, dass seine Ehe mit Josefine Gräfin zu Solms-Lich ohne Nachkommen blieb. Ungeachtet der zunehmenden wirtschaftlichen Schwierigkeiten nahm der äußere Glanz vorerst nicht ab und die Familie Königsegg-Rothenfels brachte in den nächsten beiden Generationen einen Generalfeldmarschall und einen Hofgerichtspräsidenten, einen Statthalter in Böhmen, einen Generalfeldmarschalleutnant und einen Gesandten am Haager Hof hervor. Höhepunkt war zweifellos die Wahl Maximilian Friedrichs zum Kurfürsten von Köln, der als später gerne verkannter Kompromisskandidat seine Wahl den protestantischen europäischen Mächten verdankte. Ungeachtet seines hohen geistlichen Amtes wurde er zu einem geistvollen Vertreter der Aufklärung und zu einem bedeutenden Förderer der Kunst, besonders der Musik und des Theaters.

Zwei Generationen später stand der Offenbarungseid an, nachdem der glanzvoll auftretende, aber gescheiterte Deutschordenskomtur Christian Moritz (1705 – 1778) die Finanzen seines um die Existenz ringenden Neffen vollends zerrüttet hatte. Seine Möglichkeiten maßlos überschätzend und mit dem Spottnamen „Schlemmergraf" bedacht, liebte er besonders sein privates Hoforchester, das er selbst in den erzwungenen Ruhestand nach Immenstadt mitnahm. Er förderte, natürlich auf Kosten seines Neffen, die Musik und lokale Komponisten und ließ immerhin eine Haydn-Symphonie uraufführen. Der Neffe Franz Fidel Anton (1750 – 1804), der letzte Graf zu Immenstadt, war gezwungen, sein bankrottes Herrschaftsgebiet an Österreich zu verkaufen, das damit die Landbrücke zu seinen vorderösterreichischen Gebieten schließen konnte. Das Ende nahte endgültig, als napoleonische Truppen am 13. Juli 1800 in Immenstadt einrückten. Nach dem Frieden von Lunéville kehrte der nach Innsbruck geflohene Graf mit seiner Familie zurück und als habe er die spätere Einverleibung seiner Grafschaft ins bayrische Königreich geahnt, ist 1802 als letzte Amtshandlung eines Rothenfelsers die Festlegung des Bierpreises bezeugt. Dann meldete sich Wien und bot in Kenntnis der verzweifelten Finanzlage einen Tausch gegen Krongüter und die Tilgung aller Schulden an. Auch Bayern bot mit und, als sie davon erfuhren, auch die Hauptleute der Grafschaft, die ihren Herrn nicht verlieren mochten, doch waren ihre Möglichkeiten nicht im Entferntesten der fatalen Realität entsprechend. De facto am 23. September 1803, de iure am 15. Juni 1804 wurden Rothenfels und Oberstaufen von der österreichischen Regierung übernommen. Königsegg verlor Sitz und Stimme im Grafenkollegium und seine Reichsstandschaft. Während der alte Graf, der Wohnrecht im Immenstädter Schloss zugesprochen bekommen hatte, im Sterben lag, erfolgte die Inbesitznahme in aller Stille. Im Frieden zu Preßburg des Jahres 1805 allerdings erhielt der Bayer die soeben noch verloren geglaubte Herrschaft gratis geliefert.

Die Söhne Franz Fidel Antons aber waren bereits nach dem damaligen Oberungarn abgefahren, um die Huldigung in ihrem neuen Wirkungskreis Boros Sebes im Komitat Arad entgegenzunehmen. So hatte der für den Adel so schmerzhafte Prozess der Mediatisierung für die Linie Königsegg-Rothenfels keinerlei praktische Bedeutung mehr. Mag sein, dass man auch recht froh war, den revolutionären Umbrüchen im Reich gerade noch entgangen zu sein, und glaubte sicherlich an eine bessere Zukunft in der neuen Heimat. Dass es dazu nicht kam, sondern ein kontinuierlicher Abstieg bis zur völligen Mittellosigkeit einsetzte, war sicher zuerst dem Unvermögen der Nachkommen zuzuschreiben, die einmal gewonnenen Güter zu bewahren, dann aber auch den wachsenden politischen Belastungen, die schon mit dem zunehmenden ungarischen Nationalismus in der zweiten Hälfte des 19. Jahrhunderts

Franz Fidel Anton Graf von Königsegg-Rothenfels (1750 – 1804) mit seiner Familie. Privatbesitz.

Die Reichsgrafen zu Königsegg

237

einsetzten und in den Wirren der kommunistischen Machtübernahme nach dem Zweiten Weltkrieg ihr Ende fanden. Fast wäre die Linie auch physisch ausgelöscht worden, doch hat sie sich nach Jahrzehnten wieder erholt.

DIE LINIE AULENDORF

Anders als die Rothenfelser Linie, welche die reichere Herrschaft im Allgäu angetreten hatte und weiteren Wohlstand in kaiserlichen Diensten fand, konzentrierte sich das in Oberschwaben verbliebene Haus Königsegg-Aulendorf auf die Konsolidierung der heimatlichen Herrschaft, wozu Johann Georg II. (1604 – 1666) von seinem Bruder Hugo II. vorgesehen war. In kluger Bescheidung hatte dieser eine Trennung der beiden Linien in die Wege geleitet, auch wenn der nominelle Anspruch erst Jahrzehnte später aufgegeben wurde. Wie schon so häufig hing der Fortbestand des Hauses vom Überleben eines einzigen Sohnes ab, so auch im Falle von Johann Georgs Sohn Anton Euseb (1639 – 1692), Landvogt in Schwaben, der aus vier Ehen, geschlossen mit den Häusern Thun-Hohenstein, Hohenzollern-Sigmaringen, Montfort und Hohenlohe-Langenburg lediglich zwei überlebende Kinder hatte, darunter den Sohn Franz Maximilian Euseb (1669 – 1710). Dieser entschied mit seiner Heirat für mehr als zweihundert Jahre über das weitere Schicksal der Familie. Mit Maria Antonia Gräfin von Breuner kam er zu einem reichen Erbe in Ungarn, Ländereien um Pruska und Illava, die in der heutigen Slowakei liegen. Erst der Sohn Carl Seyfried (1695 – 1765), Landvogt wie seine Väter, kam jedoch in den Genuss des Erbes, das seine Mutter, früh verwitwet, gegen unberechtigte Ansprüche zäh und mit Umsicht verteidigt hatte.

Nachdem man in den letzten drei Generationen geradezu von einer gefährlichen Kinderarmut sprechen konnte, explodierte die Kinderzahl in den beiden folgenden. So erblickten 16 beziehungsweise 17 Nachkommen – jeweils nur von einer Ehefrau – das Licht der Welt, darin der Kaiserin Maria Theresia im fernen Wien durchaus ebenbürtig. Doch wollte eine Großzahl von ihnen, die überlebt hatten, auch standesgemäß versorgt sein. Dies gelang nicht nur durch entsprechende Heiratsbündnisse, sondern es waren darunter auch welche, die Aussicht auf die Mehrung des Besitzes versprachen, selbst wenn diese Aussicht nicht allzu lang Bestand hatte. Äußerungen eines fuggerschen Bräutigams aus dem 16. Jahrhundert, er habe sich mit seiner Braut aus dem Hause Königsegg eine Liebesheirat erlaubt, weil er es nicht nötig habe, Geld zu heiraten, blieben allerdings die Ausnahme. Doch war es dem Vater jeweils gelungen, seine Söhne in lukrativen Positionen unterzubringen und die Töchter ‚gut' zu verheiraten. Neben dem Haupterben Hermann Friedrich (1723 – 1786) finden wir so einen Generalleutnant des Schwäbischen Kreises, einen Kölner Weihbischof, einen Malteserritter, der im Österreichischen Erbfolgekrieg kämpfte und von dem ein sehr schönes Reiterbild überdauert hat, einen Generalfeldzeugmeister und einen Kölner Domdechanten. Und in der zweiten dieser kinderreichen Generationen übernahm Ernst (1755 – 1803) die Herrschaft und als letzter der Familie das Amt des Landvogtes. Seine Brüder waren Dompröpste in Köln, Straßburg und Salzburg, während der jüngste sich auf dem Erbe seiner Frau, einer Gräfin Daun, in Mähren einrichtete.

Die Stürme der europäischen Neuordnung erlebte Ernst nur noch in Ansätzen, während sein Erbe Franz Xaver Josef Euseb (1787 – 1863), der jüngste von drei Brüdern, der wie sein älterer zur Herrschaft vorgesehene Bruder beinahe an den Pocken gestorben wäre, alle Kämpfe um den Erhalt der alten Stellung in der neuen Staatenkonstellation zu bestehen hatte. Er fand sich in der Fronde der mittleren Standesherren zusammen mit den Waldburgern, Fürstenbergern und anderen, die letztlich erfolglos blieben. Erst Jahrzehnte nach der Mediatisierung, die die mittleren und kleineren Fürsten als eine weitgehende Enteignung empfanden, wurde milder mit ihnen verfahren, doch da war das innere Band zum neuen Herrscherhaus bereits zerrissen und man neigte sich noch mehr nach Wien, wohin spätestens seit

Franz Xaver Graf von Königsegg-Aulendorf begrüßt in ungarischer Uniform am 8. Juni 1814 den von Paris nach Wien zurückreisenden österreichischen Kaiser Franz I. vor dem Schloss Aulendorf. Johann Georg Sauter, Öl auf Leinwand, 1814/17. Privatbesitz.

dem großen Religionskrieg die Ausrichtung der katholischen Häuser tendiert hatte. Da Österreich jetzt plötzlich ‚Ausland' sein sollte, zog man wie die Rothenfelser lieber nach Ungarn, allerdings ohne zwingende wirtschaftliche Notwendigkeit. Hier kam das breunersche Erbe zupass, das nun zum persönlichen Mittelpunkt der Familie wurde. Hatte man wie früher schon eine Heiratsbeziehung zu den Esterházy aufgenommen, so häuften sich nun die Verbindungen nach Ungarn; Namen wie Károlyi, Czáky und Andrassy zeugen davon. Aulendorf wurde von einem Verwalter mehr schlecht als recht bewirtschaftet und wenn man einmal in Oberschwaben war, schaute man darauf, möglichst bald wieder in die neue Heimat zurückzukommen.

Dass der Linie Aulendorf nicht dasselbe Schicksal beschieden war wie den Rothenfelsern, lag natürlich einmal daran, dass die schwäbischen Besitztümer nicht aufgegeben werden mussten, dass man nach dem Anwachsen des ungarischen Nationalismus, der sich auch und besonders gegen die Familie richtete, Alternativen des Ausweichens hatte, und dass ein guter

Die Reichsgrafen zu Königsegg

‚Riecher' oder eben der Zufall den wiederum einzigen Erben Franz Xaver (1858 – 1927) mitten im Ersten Weltkrieg veranlasste, seine ungarischen Gebiete abzustoßen, auch wenn er den Gelderlös teilweise erst lange nach dem Kriegsende erhielt, teilweise auch gar nicht. So entging man aber zumindest der Auflösung des habsburgischen Vielvölkerstaates in sich extrem gebärdende Nationalstaaten. Die ehemals ungarischen Besitztümer gerieten unter die Kuratel des neugeschaffenen tschechoslowakischen Staates, während die Rothenfelser plötzlich Rumänen werden sollten, es aber vorzogen, nach Budapest überzusiedeln; ein kluger Schritt, denn nach dem Entstehen der ‚Sozialistischen Bruderstaaten' Ungarn und Rumänien eskalierte der alte Gegensatz in kaltem Hass, der auch für einige Familienmitglieder den Tod brachte.

In Aulendorf aber bemühte man sich, den verbliebenen oberschwäbischen Besitz zusammenzuhalten, was nur teilweise gelang. Preziosen, wie zum Beispiel die sogenannte ‚Aulendorfer Ausgabe' der Richenthal-Chronik des Konstanzer Konzils, mussten verkauft werden und zuletzt traf es auch Schloss Aulendorf, das in Staatsbesitz überging. Doch bewirkte eine umsichtige Hauspolitik der Konsolidierung nach dem Zweiten Weltkrieg, dass die Linie Königsegg-Aulendorf heute mit dem Mittelpunkt in Königseggwald wieder auf einer soliden Basis steht.

Anmerkungen:

1 *Horst Boxler*: Die Herren von Entringen und die Frühgeschichte der Grafen zu Königsegg. Bannholz 1993.
2 Die weiteren Ausführungen stützen sich auf *Horst Boxler*: Die Geschichte der Reichsgrafen zu Königsegg seit dem 15. Jahrhundert. Bannholz 2005, so dass auf Einzelbelege verzichtet werden kann.
3 *Ders.* 1993 (wie Anm. 1), 99, 110.
4 *Michel Richard Buck*: Das freie Handwerk der Keßler in Oberschwaben. Mittheilungen aus den Keßleracten des gräfl. Königsegg'schen Archives zu Aulendorf. In: Verhandlungen des Vereins für Kunst und Altertum in Ulm und Oberschwaben NR 4 (1872), 9-19.
5 *Michael Richard Buck*: Keßlerlehen in Schwaben. In: Württembergische Vierteljahreshefte für Landesgeschichte 7 (1884), 101-102; *Horst Boxler*: Das freie Handwerk der Keßler, Rathsamhausen und der Untere Sturz von Königsegg. In: Land zwischen Hochrhein und Südschwarzwald. Jahrbuch des Geschichtsvereins Hochrhein, Waldshut 2000, 67-77.
6 Zur Landvogtei Schwaben vgl. *Eberhard Gönner / Max Miller*: Die Landvogtei Schwaben. In: *Friedrich Metz* (Hg.): Vorderösterreich. Freiburg ²1967, 683-704 (4. Aufl. Freiburg 2000: 407-420); *Hans-Georg Hofacker*: Die schwäbischen Reichslandvogteien im späten Mittelalter, Stuttgart 1980; *Ders.:* Die Landvogtei Schwaben. In: *Hans Maier / Volker Press* (Hg.): Vorderösterreich in der frühen Neuzeit. Sigmaringen 1989, 57-74; *Franz Quarthal / Georg Wieland*: Die Behördenorganisation Vorderösterreichs von 1753 bis 1805. Bühl 1977; *Peter Steuer*: Der Oberamtsbezirk Altdorf: Territorial- und Verwaltungsgeschichte. In: Schriften des Vereins für Geschichte des Bodensees 114 (1996), 17-48; *[Johann Reinhard Wegelin]*: Gründlich-Historischer Bericht Von der Kayserlichen und Reichs Landvogtey in Schwaben ... 2 Bde. o. O. 1755.
7 Vgl. *Johann Baptist Arand*: In Vorderösterreichs Amt und Würden. Stuttgart 1996, 154-57.

Stillstand im Wandel oder Wandel im Stillstand? Waldburg und Habsburg im 18. Jahrhundert

Martin Zürn

Es sei weltbekannt, schrieb um ca. 1720 ein Beamter oder Advokat des damals noch reichsgräflichen Hauses Waldburg-Trauchburg über seinen Brotherrn, dass „kein Ritter oder Heldt so sehr über die rebellische Schwäbische, und Ländliche Pauren hergewischt, alß der unter Ewer Exzell: Vorvordern erfindliche herr geörg Truchsäß, welcher deren mit einer kleinen anzahl gewaffneter knechten in einer nacht viel tausendt Jämmerlich erschlagen; Und andurch Ihr vorgehabtes Teufflisches ansehen, nämblich alle obrigkeiten auszurotten, und umbzubringen, auch Clöster und Gotteshäuser zustürmen, und selbsten inn Landt maister zuseyn, auf einmahl zu wasser gemacht hat"[1]. Dieses Zitat zeichnet das Bild von einem Adel, der furchtlos Kirche und Reich gegen alle Umsturzversuche des Bauernstandes verteidigt, der somit berufen ist, mit harter Hand die gottgewollte Ordnung zu schützen. Die stolzen Worte wurden allerdings in einer Zeit verfasst, in der Waldburg-Trauchburg am Boden lag, erdrückt von Schulden, überwacht von Habsburg und bedrängt von den eigenen Untertanen. Absicht des Autors war demzufolge, die waldburgische Herrschaft aus der glorreichen Tradition heraus zu legitimieren. Dahinter stand ein autokratisches Herrschaftsverständnis auf dem Boden der Reichsfreiheit. Allerdings barg ein solches Verständnis auch und gerade damals im Kern immer eine politische Partizipationskrise in sich; es ging um die Teilhabe an der Herrschaft unter der angeblich „absolutistisch" ausgerichteten Territorialmacht Österreich. Französische Aufstände, der große Schweizer Bauernkrieg und auch Erhebungen in den österreichischen Erblanden führten den Zeitgenossen diese Frage immer wieder vor Augen. Oberschwabens politische Kleinkammerung erzeugte im späten 17. und im 18. Jahrhundert andere Formen des Konfliktaustrags. Das Problem war vielschichtig, denn wie erwähnt verschafften sich nicht nur die Untertanen auf dem Land Gehör, sondern der Adel selbst hatte im Zuge „absolutistischer" Territorialpolitik eine neue, nicht unbedingt akzeptierte Rolle zu übernehmen. Unter solchen Voraussetzungen lohnt es sich, neu über Strukturen und Begriffe des so genannten „absolutistischen" Zeitalters nachzudenken.

Oberschwaben bekam im 16. und 17. Jahrhundert, insbesondere im Dreißigjährigen Krieg, die erstarkten Staatsgewalten mit verheerenden Folgen zu spüren, ohne selbst zur territorialen Vereinheitlichung oder zur ernst zu nehmenden Steigerung seiner militärischen Möglichkeiten in der Lage zu sein. Wirtschaftlich blieb Oberschwaben das „Brotland" der proto-industriellen Schweiz, auch wenn in Teilen Ostschwabens eine Landweberei existierte, deren Produktionsqualität und Wohlstand lange unterschätzt wurden[2]. Ebenso zu beachten ist Oberschwabens Verhältnis zur Aufklärung. Zwar erlangten Reichsabteien wie Kempten im Allgäu oder Marchtal traurige Berühmtheit, indem sie zu den letzten Herrschaftsgebieten des Reiches gehörten, in denen Hexen verbrannt wurden. Auch in Waldburg-Trauchburg sind späte Prozesse nachweisbar. Anderseits zeigten sich Klöster in naturwissenschaftlicher Hinsicht sehr innovativ, galt es doch als Gottesdienst, im „Buch der Natur" zu lesen. Christoph Martin Wieland steht für das Bürgertum der konfessionell paritätischen Reichsstädte, die aus praktisch notwendiger Duldung, ja Toleranz gegenüber fremder Konfession,

Die Waldburger Herrschaften Zeil und Trauchburg. Karten aus dem Atlas der Territorien des Schwäbischen Kreises von Jacques de Michal. Kol. Zeichnung, um 1725. Generallandesarchiv Karlsruhe.

aufklärerisches Denken zumindest rezipierten, und sei es in Selbstironie. Schließlich existierte in Form der Kameralistik eine praxisorientierte wie herrschaftskonforme Variante der Aufklärung – die administrativ-statistische Durchdringung des Landes zur Steigerung der ökonomischen Möglichkeiten. Darauf wird näher einzugehen sein. Gegen Ende des 18. Jahrhunderts erwarben sich Amtleute und Pfarrer überregionales Ansehen in ihrem Bemühen, die Produktivität der Landwirtschaft zu erhöhen.

Ist es da gerechtfertigt, das 18. Jahrhundert als Zeit zu beschreiben, in der in barockem Pomp alles mögliche erstickt oder erstarrt sein soll – das Leben am Hof, die wirtschaftliche Entwicklung, politische Mitbestimmung des Dritten Standes? Konkret: Gab es in den waldburgischen Herrschaftsgebieten Stillstand im Wandel oder Wandel im Stillstand?

Die Waldburger Herrschaften Wolfegg und Waldsee. Karten aus dem Atlas der Territorien des Schwäbischen Kreises von Jacques de Michal. Kol. Zeichnung, um 1725. Generallandesarchiv Karlsruhe.

UMFANG UND ENTSTEHUNG DES WALDBURGISCHEN BESITZES

Der folgende Beitrag muss sich aus Raumgründen auf die Fragen nach der politischen Entwicklung dieser Gebiete beschränken. Zunächst geht es um die Territorialisierung von Herrschaft in Verbindung mit hausgeschichtlichen Belastungen, dann um die politische Partizipation, das heißt um die Mitwirkung der Betroffenen an politischen Entscheidungen. Nicht nur im Falle Waldburgs hatten beide Aspekte eine Vorgeschichte, die bis ins Mittelalter zurückreicht.

War Oberschwaben insgesamt ein herrschaftlich vielgliedriges Gebilde, so galt das auch für die waldburgischen Territorien. Burg und Herrschaft Waldburg waren Reichslehen, der ursprüngliche Eigenbesitz Trauchburg musste 1429 ebenfalls in ein Reichslehen umgewandelt werden[3]. Die Reichslehen waren relativ sichere Besitztitel im

Vergleich zu den Pfandschaften, in deren Besitz Waldburg im 14. Jahrhundert gelangt war. Insbesondere die Erzherzoge von Österreich, finanziell notorisch klamm, mussten Waldburg neu erworbenen Besitz zwischen Allgäu und Schwäbischer Alb überlassen. Im Norden war dies die eher unbedeutende, zersplitterte Herrschaft Kallenberg, im Nordwesten die Grafschaft Friedberg mit der Herrschaft Scheer, die Herrschaft Bussen, im Zentrum der waldburgischen Territorien Stadt und Herrschaft Waldsee. Der Südosten umfasste große Teile der alten Grafschaft „Nibelgau", aus der sich die Herrschaften Kißlegg, Trauchburg und Zeil sowie die Reichstädte Leutkirch und Isny lösten. Wurzach im Osten gehörte möglicherweise zusammen mit Burg Tanne zum ältesten Besitz, der auf die Ministerialen von Tanne-Waldburg zurückgeht, besaß aber das Memminger Stadtrecht und trotzte Waldburg früh steuerliche Privilegien ab[4]. Waldsee bildete mit Saulgau, Mengen, Riedlingen und Munderkingen die sogenannten „Donaustädte". Weder deren Bürger noch Habsburg verwanden die Verpfändungen an Waldburg. So entspann sich eine 250 Jahre andauernde Konfliktgeschichte, in der die pro-österreichischen Fraktionen versuchten, die waldburgischen Amtleute zu entmachten, die Blutgerichtsbarkeit eigenständig auszuüben, in denen Gehorsams- und Steuerverweigerungen häufig, bewaffnete Aufstände gelegentlich vorkamen. Vor allem unternahmen die Bürger zahlreiche Initiativen, um wieder unter direkte österreichische Herrschaft zurückzukehren. Der Erfolg stellte sich für die Städte zur Jahresmitte 1680 ein. Sie mussten allerdings die Pfandauslösung selbst finanzieren. Hingegen blieb das städtische Umland, besonders die Herrschaften Waldsee und Bussen, dem Haus Waldburg erhalten. Die Grafschaft Friedberg-Scheer, eigentlich 1452 von Erzherzog Sigismund förmlich an Waldburg verkauft, wurde 1680 einschließlich der darin enthaltenen truchsessischen Allodialgüter und aller Neuerwerbungen in ein österreichisches Mannlehen umgewandelt[5].

Dieser für Waldburg verlustreiche Vertrag von 1680 hatte eine Vorgeschichte, die bis ins 15. Jahrhundert zurückreicht. Denn Habsburg versuchte in mehreren Anläufen, veräußerte Rechte und Territorien zurückzuerlangen. Waldburg begegnete dem durch einen geschickten Wechsel der Fürstendienste, vor allem zwischen Habsburg, Bayern und Württemberg, verbunden mit Engagements im vorarlbergischen Raum und in der Schweiz. Das 16. Jahrhundert behinderte im Zeichen der Konfessionalisierung eine Fortsetzung dieser Schaukelpolitik. Wie Habsburg und Wittelsbach bekannte sich auch das Haus Waldburg zum Katholizismus, musste sich also vom lutherischen Württemberg abwenden. Auch der tatkräftige „Bauernjörg", Georg III. von Waldburg-Wolfegg, Feldherr im Bauernkrieg und anschließend österreichischer Statthalter in Stuttgart, konnte den relativen Bedeutungsverlust nicht aufhalten. Waldburg verlor schließlich 1541 die verpfändete Reichslandvogtei, ein Reichsgut, das sich als Basis für weitere territoriale Erwerbungen hervorragend eignete. In der Folgezeit gelang es Österreich bis 1620, die Donaustädte mit den Untertanen in Kallenberg und Bussen endgültig zu den schwäbisch-österreichischen Landtagen zu laden. Das heißt, diese unterstanden nun in Krisenzeiten direkt der österreichischen Besteuerung respektive Oberhoheit und waren der adligen Herrschaft teilweise, der Verwaltung durch den Schwäbischen Kreis ganz entzogen. Hingegen wurden die Grafschaft Friedberg-Scheer und die truchsessischen Reichslehen weiterhin über den Schwäbischen Kreis veranlagt.

Der Schwäbische Kreis bildete angesichts der inneren ständischen und konfessionellen Grenzen Südwestdeutschlands ein wichtiges Instrument politischer Integration und Selbstverwaltung. Militärisch war er schwach, leistete aber einen hohen finanziellen Beitrag für die Reichskriege gegen Frankreich und war deshalb für den Kaiser unverzichtbar. Damit wurde er gleichzeitig für seine Mitglieder, u. a. eben unter Druck gesetzte Adelshäuser wie Waldburg, zur Überlebensversicherung. Wäre der Kaiserhof im 18. Jahrhundert konsequenter gegen Waldburg vorgegangen mit dem Ziel, sich auch die ländlichen Pfandschaften wieder einzuverleiben, dann wäre letztlich eine Destabilisierung des Schwäbischen Kreises die Folge gewesen, im Extremfall der Zusammenbruch dieses Exekutionsorgans, das trotz innerer konfessioneller Differenzen seine Zwecke für das Reich insgesamt erfüllte. Im Endeffekt trug der Kaiserdienst für Waldburg die reichsten Früchte. Zwar war er finanziell wohl selten lukrativ, aber so ließ sich relativ leicht kaiserlicher Schutz gewinnen. Bis zum Aussterben ihres Zweiges 1665 versuchten die kaiserlichen Vettern, die Tiroler Erzherzöge in Innsbruck, immer wieder, Waldburgs Herrschaft vor allem an der oberen Donau zu destabilisieren. Durch Kaiserdienst verhinderte insbesondere Erbtruchseß Christoph von Waldburg-Trauchburg im frühen 17. Jahrhundert den Untergang seiner Linie. Denn seine Brüder, die Erbtruchsessen Gebhard und Karl waren zum reformierten Glauben übergetreten. Gebhard war infolgedessen als Erzbischof von Köln abgesetzt worden, was lange militärische Konflikte am Niederrhein auslöste. Ständig auf der Suche nach „schnellem Geld" für ihr Abenteuer, hatten die Brüder die Hausgüter völlig überschuldet. Nach heftigem Streit mussten sie auf ihre Ansprüche verzichten und ihre Anteile an den Donau-Besitzungen an Christoph abtreten. Christoph konnte sich gegenüber den Gläubigern, der oberösterreichischen Regierung und den aufständischen Untertanen am Bussen, in Kallenberg und Friedberg-Scheer nur behaupten, indem er als kaiserlicher Rat in Prag seinen ganzen Einfluss geltend machte. Die Schuldenlast konnte er aber nicht bewältigen.

REPRÄSENTATIONSKUNST UND SCHULDENLAST

Überhaupt ist Verschuldung des Adels ein breit diskutiertes Phänomen. Die Ursachen dafür sind vielschichtig. Prestigefördernde Bautätigkeit und Konsum konnten Ursachen von Verschuldung und innerem Unfrieden sein[6]. Teils aus Repräsentationslust, teils wohl auch aus Verlusten im Kampf um Land und Untertanen war das Erbe des Truchsessen Wilhelm d. Ä. von Waldburg-Trauchburg 1504 mit Verbindlichkeiten von 100 000 Gulden belastet[7]. Die Trauchburger Linie residierte in Scheer in einem Renaissanceschloss mit charakteristischen Staffelgiebeln, dessen heute noch vorhandene wesentliche Bausubstanz auf das Wirken des „Meisters Lienhard aus Mengen" ab 1485 zurückgeht. Die Schlosskapelle wurde 1505 geweiht. Die Anlage wurde 1565 bis 1569 erweitert. Ab 1659 versuchte man trotz Überschuldung eine bescheidene „neue Residenz" links der Donau zu errichten, doch wurde der Plan bald aufgegeben, die neuen Gebäude zum Fruchtkasten, Forsthaus und Dienerwohnungen umgewidmet. Nun begnügte man sich wieder mit kleineren Umbauten am „alten Schloss" Scheer. Das adlige Herrschaftsprogramm der Renaissance fand eher in den waldburgischen Schlössern Zeil (neu gebaut 1598 bis 1614) und Wolfegg (nach Brand 1578 neu gebaut) Ausdruck. Modell für diese viertürmigen, kastellartigen Anlagen war wohl das Schloss des Grafen Froben von Zimmern in Meßkirch aus der Mitte des 16. Jahrhunderts. Dieser Bau war bereits vor seiner Entstehung wegen der zu erwartenden hohen Kosten von Zeitgenossen kritisiert worden[8].

Auffällig ist nun, dass im 18. Jahrhundert die Klöster den Adel als Bauherren weitgehend ablösten. Die oberschwäbische Barockkultur ist geistlich geprägt, und sie ist, im Gegensatz zu den Höfen in Versailles und Wien, zu großen Teilen keine Kultur des Adels. Denn durch eine Klosterlaufbahn konnte ein tüchtiger Bauernsohn zum geistlichen Reichsfürsten aufsteigen. Die Bauprogramme gerade dieser Äbte richteten sich an das Volk und unterstrichen ihren Herrschaftsanspruch, der für das eine oder andere Kloster im Aufstieg in der Reichsstandschaft gipfelte. „Absolutismus sollte primär als kulturell konstituierte Vorstellungswelt analysiert werden, in der Einflussmöglichkeiten und Herrschaftsansprüche zu allererst symbolisch repräsentiert wurden". Unter dieser kulturalistischen Perspektive zog der oberschwäbische Adel im Wettbewerb der Symbole den Kürzeren, rechnet man seine Bautätigkeit im 18. Jahrhundert gegen die der Reichsäbte auf. Freilich hatte z. B. die Beschränkung der waldburgischen Linien im Barock auf

Blick auf den Bussen mit Burg und Kirche. Ausschnitt aus der Landtafel des oberen Donaugebiets von Philipp Renlin, 1589. Württembergisches Landesmuseum Stuttgart.

Innenausbauten, auf Kirchen- und Spitalstiftungen auch positive Seiten. Wo Bauprojekte im Zeichen der „caritas" standen, also der tätigen christlichen Nächstenliebe, wurden adlige Repräsentationskunst und Herrschaftsansprüche wohl gut akzeptiert. Dagegen mussten einige Äbte wegen pompöser Bauprogramme umso mehr die öffentliche Kritik aus allen Ständen fürchten, je mehr aufklärerisches Gedankengut um sich griff[9].

Ganz offenbar verkrafteten die Klöster bei gleichen äußeren Voraussetzungen die Agrardepression nach dem Dreißigjährigen Krieg weitaus besser als der Adel. Das dürfte nicht unbedingt an der angeblich „rationelleren" Klosterwirtschaft gelegen haben, da der Adel in puncto Verschriftlichung der Verwaltung und Professionalität der Vögte und Amtschreiber seit dem 16. Jahrhundert mit dem Klerus gleichgezogen hatte. Entscheidend dürfte vielmehr gewesen sein, dass adlige Herrschaft schon immer dem genealogischen Zufallsgenerator unterworfen war. Das heißt, die Zahl der erbberechtigten Söhne und auszusteuernden Töchter entschied wesentlich über die Ressourcenbasis, während Klosterbesitz nie geteilt, mit Apanagen oder Heiratsgütern belastet wurde. Wahrscheinlich spielte auch die Tatsache eine Rolle, dass viele Adelsfamilien vor dem großen Sterben der 1630er Jahre auf die Agrarkonjunktur spekuliert hatten in der Hoffnung, trotz hoher Schuldenaufnahme über die Runden zu kommen. Nachdem sich aber bis 1648 der Verkäufermarkt für Getreide in einen Käufermarkt gewandelt hatte, reichten die Verkaufserlöse aus den adligen Naturaleinnahmen nicht mehr zur Schuldentilgung und standesgemäßen Hofhaltung aus.

Gerade das Haus Waldburg-Trauchburg war von dieser Situation betroffen. Beim Tod des Erbtruchsessen Wilhelm Heinrich 1652 mussten Bussen und Trauchburg mit Riedlingen und Munderkingen 67 072 Gulden, Scheer mit Kallenberg, Mengen und Saulgau 66 692 Gulden an Verbindlichkeiten tragen[10]; wobei der Besitz unter vier Erben (Christoph Karl und Otto einerseits und Christoph Franz und Hans Ernst andererseits) zu teilen war. Aufgrund der Agrardepression und der Ansprüche der vier Erben war an Schuldentilgung nicht zu denken; vielmehr reichten die Einkünfte phasenweise nicht einmal für die Zinszahlungen aus. Aus diesem Grund erließ das Reichskammergericht 1664 ein Exekutionsmandat wegen Schulden bei Württemberg; 1673 bewilligte der Kaiser auf Bitten der Trauchburger Vormundschaft eine Debitkommission, der 1677 die Zwangsverwaltung folgte. Die Schuldenlast war jedoch zu hoch, um je wirklich abgetragen zu werden. Jürgen Richter hat errechnet, dass 1700 bis 1711 29 Prozent, 1715 bis 1719 bereits 39 Prozent und unter Erbtruchsess Josef Wilhelm „deutlich über 40 Prozent" aller Einnahmen in den Schuldendienst flossen. Schon 1729 drohte deshalb erneut die Zwangsverwaltung; 1749 erwog eine vom Reichshofrat eingesetzte Debitkommission vorteilhafte Gebietsveräußerungen[11]. Als Manövriermasse diente fortan allerdings weniger der Besitz in der oberen Grafschaft, sondern Trauchburg.

Da laut Erbeinigung vom 19. Dezember 1463 nach dem Aussterben einer Linie der Besitz an die verwandten Linien fallen sollte[12], bestand zumindest theoretisch ein Interesse der anderen waldburgischen Linien, sich für den Erhalt des Besitzes einzusetzen. Ein Kreditengagement ist aber nicht nachweisbar, vermutlich weil auch die anderen Linien Schulden zu bedienen hatten, oder auch weil die Finanzprobleme die anderen Linien schlicht überforderten. Nach dem Aussterben der Trauchburger Linie 1764 wurden deren Besitzungen von einem Kondominat der anderen Zweige verwaltet. Dem Kondominat gelang zwar ein Schuldenabbau von 67 000 Gulden zwischen 1764 und 1775, wozu die gute Agrarkonjunktur und der Fortfall der Scheerer Hofhaltung beitrugen. Andererseits aber war es 1765 Graf Franz Ernst von Waldburg-Zeil nicht möglich, den Verwandten für eine alleinige Übernahme der Herrschaft statt der gebotenen 50 000 Gulden 75 000 Gulden zu zahlen.

Bei dieser dauerhaft angespannten finanziellen Lage blieb nur die Nutzung von Reichsämtern oder Kommissionen, um auf den Gang der Dinge an der oberen Donau für die Ziele des Gesamthauses einzuwirken. Interessanterweise stand aber Sebastian Wunibald von Waldburg-Zeil-Wurzach, 1684 bis 1700 Reichshofratspräsident bzw. -vizepräsident, einer Umwandlung der Grafschaft Friedberg-Scheer in eine Pfandschaft positiv gegenüber. Offenbar wogen für ihn die Interessen seines kaiserlichen Herrn höher als die Sanierung entfernter Verwandter. Andere Erbtruchsessen waren zu jung bzw. zu kurz im Reichshofrat, um nachhaltigen Einfluss auszuüben[13]. Als Richter am Reichskammergericht engagierten sich Mitglieder des Hauses Waldburg im 18. Jahrhundert gar nicht mehr. Vor dem Dreißigjährigen Krieg hatten Gläubiger versucht, über das Reichskammergericht in Speyer oder das kaiserliche Hofgericht in Rottweil Zinsen und Kredite einzutreiben. Doch nach 1648 wurden Konfliktschlichtung und Rechtsprechung mehr und mehr durch die Innsbrucker Regierung und durch kaiserliche Kommissionen in die Hand genommen.

Diese Entwicklung widersprach eigentlich dem alten Privileg der Reichsfreien, nur vor Reichsgerichten und nicht vor der Justiz der Territorialstaaten belangt werden zu können. Habsburg konnte jedoch als Lehenherr seine Gerichtshoheit durchsetzen und somit zu einer Art indirekter Landesherrschaft gelangen. Hier nutzte Habsburg nicht nur die finanzielle Erschöpfung der Linie Trauchburg, sondern auch den Widerstand der Untertanen gegen Waldburg. Dieser wiederum hing von der waldburgischen Verschuldung ab, die den Erbtruchsessen Christoph, so Joseph Vochezer, ab 1590 zu einer „rücksichtslose[n] Bedrückung und Aussaugung seiner Untertanen" trieb. Deshalb rebellierten ab 1590 die Hohentenger, spätestens ab 1600 die Bussener Untertanen, beide unterstützt von auswärtigen Lehenherren bzw. der Innsbrucker Regierung. Da der Dreißigjährige Krieg den Konfliktrahmen nicht veränderte, dauerte der Widerstand weitere hundert Jahre an.

UNTERTANENWIDERSTAND UND INDIREKTE ÖSTERREICHISCHE HERRSCHAFT

Der Vertrag von 1680, der wie erwähnt die Rückkehr der Donaustädte unter habsburgische Herrschaft gebracht hatte, stieß bei den Untertanen auf dem Land auf heftige Kritik, da Österreich ihrem Wunsch nach Selbstauslösung nicht entsprach. Weil keine Huldigung durchzusetzen war, empfahl der Reichshofrat, die Aufständischen „manu militari", mit gewaffneter Hand, zur Raison zu bringen, was der Innsbrucker Gubernator,

Herzog Karl von Lothringen, schließlich in die Wege leitete[14]. Die Untertanen wurden schließlich 1686 zu einem Vergleich gedrängt. Gegen 20 000 Gulden, zahlbar in zehn Jahresraten, wurden in der Grafschaft die Leibeigenschaft aufgehoben, ungemessene in gemessene Fronen verwandelt, das Umgeld begrenzt und die Umzugsgebühren innerhalb der Grafschaft aufgehoben. Der Gemeinde Herbertingen und dem Gericht Hohentengen wurden begrenzte Selbstverwaltungsrechte bestätigt. Vielen Untertanen ging dieser Vergleich zu weit, denn die truchsessische Leibherrschaft hatten sie schon immer abgelehnt und nun sahen sie nicht ein, warum sie kostenträchtig abzulösen sei. Ihr Widerstand war so heftig, dass nach dem Landkomtur in Altshausen nun auch der Bischof von Konstanz sein Amt als kaiserlicher Zwangsverwalter in Friedberg-Scheer aufgeben wollte, da „nit allein der Scheerische Estat, je länger je mehrer zerfallet, und schwäher [schwächer] gemacht würdt"[15]. In dieser Situation nahm Österreich die Grafschaft rechtswidrig in Besitz. Allerdings gelang es den Untertanen auch jetzt nicht, sich nun wie die Städte selbst von Waldburg freizukaufen. Die waldburgischen Bevollmächtigten rechneten dagegen, dass die von den Ämtern und Gemeinden gebotenen 50 000 Gulden nie reichen würden, die Truchsessen wegen des Pfandschillings zu entschädigen und die Schulden auf Friedberg-Scheer in Höhe von nunmehr 200 000 Gulden abzudecken.

Paradoxerweise war es folglich die Schuldenfrage, die Österreich zum vorsichtigen Rückzug aus seiner aggressiven Territorialpolitik bewog und Waldburg rettete. Man einigte sich 1695 auf einen neuen Vertrag, in dem Waldburg-Trauchburg die Herrschaft Kallenberg abtrat und versprach, die Grafschaft zu entschulden und sich mit den Aufständischen auf der Basis des Vertrages von 1686 zu einigen. Die Vorhaben standen allerdings unter dem schlechten Stern des Pfälzischen Krieges (1688 bis 1697), der Süddeutschland durch französische Vorstöße schwer in Mitleidenschaft zog. Auch im Spanischen Erbfolgekrieg stand die Donau als Heerstraße bis zur Schlacht bei Höchstädt am 13. August 1704 im Zentrum militärstrategischer Interessen. Stadt und Land wurden durch Einquartierungen und Kontributionen sehr belastet. In dieser Situation fehlte den Untertanen mehr denn je die Motivation, die Vergleichsgelder zur Ablösung der Leibeigenschaft aufzubringen, außerdem begegneten sie der Verteilung und Abrechnung der Kriegslasten durch die Truchsessen mit offener Opposition. Die Einquartierungen hätten die Truchsessen angeblich selbst angefordert, um den Widerstand zu erstikken. Der Kaiser verordnete deshalb eine Kommission, um die Landschaftskasse in Scheer zu prüfen. Bei dieser „Landschaft" handelte es sich nicht wie andernorts um eine Interessenvertretung der Untertanen, sondern um eine vom truchsessischen Hausvermögen getrennt geführte Kasse, in der Kreissteuern und Kriegslasten verrechnet wurden. Später übernahm sie außerdem die Funktion einer Sparkasse, bei der Untertanen Einlagen bilden und – wie auch die Herrschaft – Kredit erhalten konnten. Unter der außergewöhnlichen Belastung des Spanischen Erbfolgekrieges war die Landschaft ein wichtiger Zankapfel im Rahmen der allgemeinen Partizipations- und Territorialkrise. Die Untertanen betrachteten sich grundsätzlich als zu Österreich gehörig und wollten sich nicht über den Schwäbischen Kreis besteuern lassen. Sodann bemühten sie sich, die Kreisgelder unter Umgehung der Kanzlei in Scheer selbst abzurechnen. Per Kommissionsurteil wurde aber 1707 das herrschaftliche Recht auf Verwaltung der Landschaftskasse bestätigt. Allerdings wurde die jährliche Abrechnung zur Pflicht gemacht, die die Untertanen durch gewählte Ausschüsse kontrollieren lassen durften. Auch musste die Überprüfung der Belege jederzeit möglich sein.

Den Untertanen war dieser Teilerfolg viel zu wenig; der Widerstand konnte auch durch Strafaktionen (elf Bauern wurden der Herrschaft verwiesen) nicht gebrochen werden. Nach vielen weiteren Steuerverweigerungen und Boykotten entschied die österreichische Kommission von Elsässer / von Bach 1720 in wesentlichen Punkten zu Gunsten der Herrschaft, wobei sie sich auf die Verträge von 1680, 1686 und 1695 bezog. 1732 wurde per Urteil

Ansicht von Herbertingen. Aquarell von Nikolaus Hug, 1803. Fürst Thurn und Taxis Zentralarchiv Regensburg.

der Kommission Lothar Karl Friedrich von Landsberg, Oberamtsdirektor der österreichischen Landgrafschaft Nellenburg, endgültig festgestellt, die Bewohner von Friedberg-Scheer „seyen allzeit Crayß Collectable Unterthanen gewesen". Allerdings wurden ihre Kontrollrechte ausdrücklich bestätigt. Auch sollte der Kassierer auf die Kommissionsentscheide verpflichtet werden und mit seinem ganzen Vermögen haften, um Amtsmissbrauch und Unterschlagung vorzubeugen.

1749 schließlich setzte ein Innsbrucker Urteil der Praxis ein Ende, dass der Oberamtmann in Scheer gleichzeitig Landschaftskassierer war. Nun wurde den Untertanen das Recht zugestanden, einen integren Mann als Kassierer zu fordern, der zuvor nicht in der Herrschaft ansässig oder herrschaftlicher Beamter war. Die Tabellen mit den Kreisanlagen sollten nicht, wie bisher üblich, einfach auf den Tisch gelegt, sondern als beglaubigte Kopien den Untertanen zur Prüfung vorgelegt werden. Die Belastungen seien vor versammelten Gemeindeausschüssen auszuschreiben und durch die Dorfpfleger einzuziehen, die sowohl von der Herrschaft als auch von der Gemeinde einzusetzen seien. Die Landschaft dürfe nur mit Wissen der Ammänner und Ausschüsse neue Kredite aufnehmen. Der letzte Punkt war deshalb bedeutsam, weil die Untertanen über die Landschaft fast 20 000 Gulden Kapital- und weitere 10 000 Gulden Zinsschulden bedienen mussten. Die dafür verantwortlichen Kassierer wurden allerdings entlastet. Drei Jahre später, beim Tod des Erbtruchsessen Joseph Wilhelm, stellte sich heraus, dass allein auf Friedberg-Scheer und Dürmentingen-Bussen 318 000 Gulden herrschaftliche Schulden lasteten, davon 13 Prozent Zinsrückstände. Die größten Einzelsummen – 14 000 Gulden – stammten von den Landschaften. Das heißt, die Untertanen waren zu Gläubigern geworden und ein förmlicher Konkurs der Linie Trauchburg wäre sie teuer zu stehen gekommen[16].

Das durchaus autokratische, zumindest paternalistische Herrschaftsverständnis Waldburgs an der oberen Donau hatte durch solche Abhängigkeiten

Stillstand im Wandel oder Wandel im Stillstand?

allmählich Risse bekommen, wenn auch die Untertanen ihre Freiheitsvorstellungen und Partizipationserwartungen an der oberen Donau nie verwirklichen konnten. Denn allen Widrigkeiten zum Trotz zielte Waldburgs Strategie in Friedberg-Scheer und am Bussen auf Besitz- und Rechtesicherung nach oben (Österreich) und unten (Untertanen). Deshalb tauschte Waldburg mit Salem sogar Lehengüter und Hoheitsrechte, um die Herrschaftsverhältnisse zu entflechten und abzurunden.

Ganz anders dagegen das Vorgehen in Trauchburg. Dort pachtete die bäuerliche Landschaft, die schon seit dem Bauernkrieg existierte, wohl um 1727 von Erbtruchsess Johann Ernst II. Forst und Wildbann für 200 Gulden jährlich. Johann Ernst trat ferner für insgesamt 28 300 Gulden obrigkeitliche und grundherrliche Rechte an das Kloster Isny ab, das damit die Grundlage für seine Reichsstandschaft schuf. Isny gelang dieser Schritt schließlich nach Verhandlungen mit Erbtruchseß Franz Karl Eusebius, Fürstbischof zu Chiemsee, über Zins- und Darlehensforderungen. Das Kloster brachte u. a. ein zinsgünstiges Darlehen über 100 000 Gulden auf, für das Trauchburg und Isny verpfändet worden waren. Graf Franz Anton zu Zeil, der Trauchburg von Franz Karl Eusebius als Geschenk erhalten hatte, veräußerte 1781 Gefälle für 55 000 Gulden an das Kloster. In Wien wurde 1785 ausdrücklich verfügt, dass die Zahlungen des Klosters nur zur Tilgung der auf Kißlegg und Trauchburg lastenden Schulden verwendet werden dürften. In der Tat gelang eine Absenkung von 70 000 auf 15 000 Gulden[17].

Sanierung durch Ausverkauf lautete hier also die Devise. Denn Waldburg-Trauchburg hatte bis zu seinem Aussterben im Jahr 1764 über 643 000 Gulden Schulden angehäuft, wovon 414 000 Gulden auf Friedberg-Scheer, 132 000 Gulden auf Kißlegg und fast 100 000 Gulden auf Trauchburg lasteten. Weil in dieser Situation auch noch die im 16. Jahrhundert nach Preußen ausgewanderte Linie Waldburg-Capustigall Ansprüche an das Erbe stellte, mussten die Linien Waldsee-Wolfegg und Zeil-Wurzach einer Vergleichszahlung über 95 000 Gulden zustimmen, was die mehr als 50 Jahre andauernden und doch bescheidenen Sanierungserfolge zunichte machte[18]. Der faktische Konkurs der Trauchburger Linie hat seine Wurzeln in der Fehlspekulation der Erbtruchsessen Gebhard und Karl in den „Kölner Wirren" des späten 16. Jahrhunderts. Langfristig betrachtet, ist er letztlich das Ergebnis einer fatalen Verflechtung von herrschaftlicher Konkurrenz um territoriale Rechte mit dem Widerstand der Untertanen.

Es finden sich Anzeichen dafür, dass der Grundkonflikt um die Landesherrschaft auch in anderen waldburgischen Gebieten vorhanden war. Waldburg hatte dort aber wegen gesünderer Hausfinanzen und besseren Beziehungen zu den Untertanen, die teilweise seit der Bauernkriegszeit vertraglich abgesichert waren, eine deutlich bessere Position. Gleichwohl eröffnete Österreich als Lehenherr großer Teile der waldburgischen Stammlande den dortigen Untertanen den Rechtsweg[19]. Dauerhaft standen die Truchsessen mit ihren Nachbarn im Streit um Nutzungsrechte im Altdorfer Wald. Mit der österreichischen Landvogtei Schwaben bestanden Differenzen u.a. um Grenzziehungen und Straßenbau. Besonders bemerkenswert ist, dass noch 1781 bis 1786 Österreich nicht nur in Scheer, sondern auch in der Grafschaft Waldsee, in Winterstetten und dem Gericht Ellwangen die von Waldburg „erhobenen Ansprüche" auf Gerichts- und Landeshoheit prüfen lassen wollte und zur Beschreibung der Lehen Wolfegg und Waldsee schritt. Weiter mussten sich die Truchsessen gefallen lassen, dass Urbare über ihre österreichischen Lehen in Waldsee und Wolfegg gefertigt wurden[20]. Und als bereits die Totenglocken der Revolutionszeit für das politische Gebilde „Schwäbisch-Österreich" läuteten, schien plötzlich eine neue Dynamik in die alte territoriale Rivalität zu kommen. Die österreichischen Zentralbehörden erwogen den Erwerb der Reichsgrafschaft Eglofs (nicht zu verwechseln mit dem Personenverband der Eglofser Freien), um dem Haus Waldburg zuvorzukommen. Waldburg war zu diesem Zeitpunkt plötzlich liquide – Karl Anselm von Thurn und

Taxis hatte nämlich 1786 Friedberg-Scheer und Bussen für 2,1 Millionen Gulden erworben, um in den Reichsgrafenstand zu gelangen[21]. Ironischerweise bot gleichzeitig die Josephinische Offensive gegen den Ordensklerus Waldburg Chancen auf Abrundung des eigenen Besitzes. So stand 1787 die Veräußerung der Realien des Augustiner-Chorherrenstifts Waldsee an das Haus Waldburg-Waldsee an, insbesondere des Gerichts Reute[22].

In all diesen Vorgängen lassen sich Züge einer kameralistischen Modernisierung ausmachen. Die österreichischen Zentralbehörden bemühten sich um eine neuartige, auf statistischen Erhebungen und Landvermessungen beruhende Durchdringung des Landes. Dieses Vorgehen war gleichzeitig Vorrecht und Ausdruck der Souveränität, und so müssen Urbaranfertigung und Lehenbeschreibung den waldburgischen Linien deutlich gemacht haben, wer der eigentliche Herr im Lande war[23]. In der Grafschaft Friedberg-Scheer kam es wohl nicht zu einer systematischen Neuerfassung des Landes, sei es wegen der finanziellen Lage oder wegen der schwachen Herrschaft des Kondominats nach 1768. Eine undatierte Karte, entstanden gegen Ende des Jahrhunderts und nicht genordet, sondern grob nach Süd-Südwest ausgerichtet, erfasst lediglich Forstbezirke, Herrschaftsgrenzen, Straßen und einige Flurnamen genau. Vielleicht dokumentiert sie eine erste Orientierungsphase, nach der der neue Eigentümer, der erwähnte Karl Anselm von Thurn und Taxis, ab 1789 eine ähnliche kameralistische Praxis durchzusetzen versuchte. Die Beamten begannen damit, Bevölkerung, Viehbestand und Gewerbe nach Orten getrennt erfassen zu lassen. Herbertingen reagierte mit einem förmlichen Boykott, der trotz Arresten und Beugehaft gegen Gemeindeausschüsse andauerte. Hinter der Halsstarrigkeit verbarg sich die Angst vor höheren Steuern, aber auch die Irritation darüber, wie die neue Herrschaft mit der österreichischen Tradition umging: sie hatte nämlich die alten österreichischen Wappen abhängen lassen. 1790 wurde der Konflikt gelöst, nachdem sich die Herrschaft in einigen Beschwerdepunkte kulant gezeigt und im Vorfeld versichert hatte, die erhobenen Daten zu verwenden, um den Wohlstand des Landes zu steigern. Glaubt man dem Lob in den württembergischen Oberamtsbeschreibungen, war Thurn und Taxis mit seinen Agrarreformen erfolgreich. Unter dem heute bekannten Schlagwort „Vereinödung" wurde die Modernisierung der Landwirtschaft auf den Weg gebracht. Hierzu wurde 1792 auch ein neues „Allgemeines Bürgerliches Gesetzbuch" eingeführt. Dieses stieß sowohl bei Untertanen als auch bei der Geistlichkeit auf Widerspruch, da es in das alte Herkommen und in die Zehntrechte des Klerus eingriff[24].

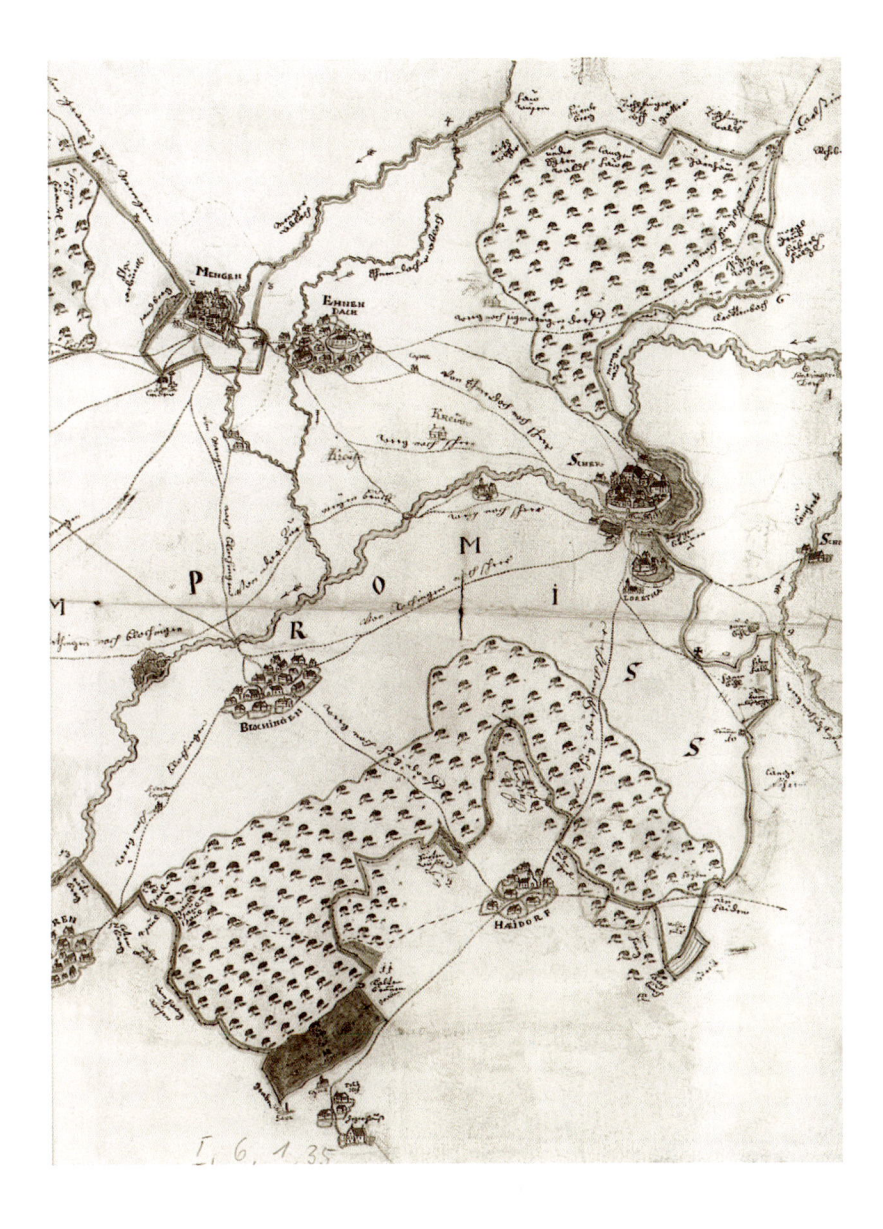

Karte der Herrschaft Scheer mit Scheer, Ennetach und Blochingen, Ende des 18. Jahrhunderts. Staatsarchiv Sigmaringen.

Stillstand im Wandel oder Wandel im Stillstand?

Ansicht der Stadt Scheer. Kupferstich, um 1800.

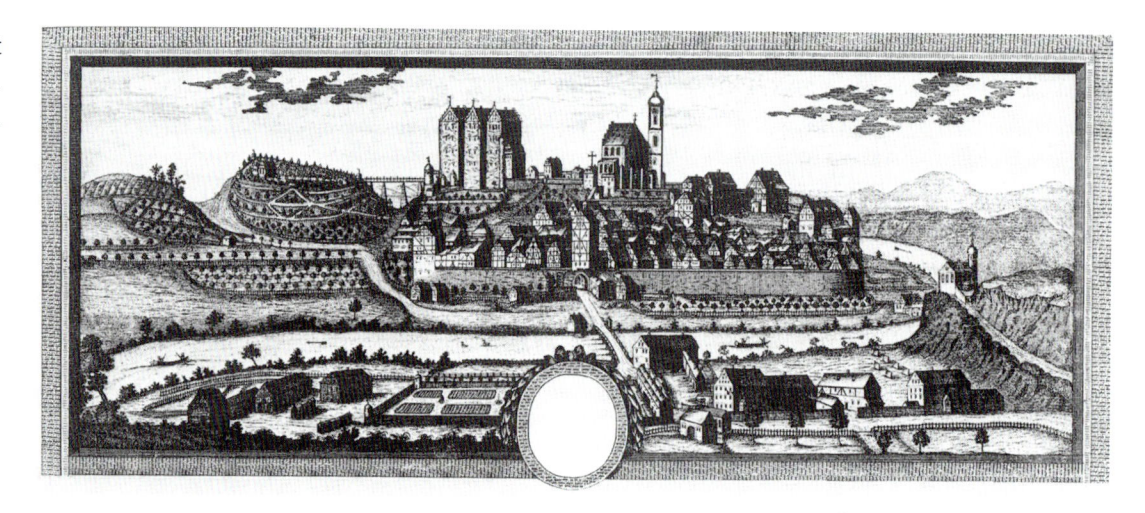

Wo also aufklärerische Ideen praktisch wirksam werden sollten, mussten sie Menschen überzeugen, die sich aus Tradition genötigt sahen, ihre angestammten Rechte zu verteidigen. Es wäre deshalb zu viel verlangt, von einem Adelshaus wie Waldburg, dazu noch traditionell dem Jesuitenorden verbunden, ein Bekenntnis zur Aufklärung zu erwarten. Ging doch das Josephinische Österreich daran, seine Kräfte zu optimieren, so dass der Adel aus seiner alten strategischen Defensivhaltung nicht mehr entrinnen konnte. Diesen Wesenszug politischer Praxis hatten die Herren mit ihren Untertanen gemeinsam, doch betrieben die Untertanen – Ironie der Geschichte – durch ihren Widerstand ein Stück weit das Geschäft politischer Aufklärung, indem sie wie erwähnt ihre Leibfreiheit sowie für zentrale Verfahren des Steuerwesens ein Stück Objektivität und öffentliche Kontrolle erzwangen. Doppelte Ironie der Geschichte – sie blieben gleichzeitig aus Eigeninteresse der barocken Repräsentationslogik verhaftet, wie aus einer Eingabe der Bürgerschaft Scheer an Karl Anselm von Thurn und Taxis hervorgeht: Unter Waldburg sei „eine gar genaue Kameralwirtschaft getrieben alle Einkünften zur zwar nöthigen Abzahlung der herrschaftlichen Schuld verwendet, wodurch das Land an Geld ziemlich entblöst wurde". Durch die Auflösung der Hofhaltung nach Aussterben der Trauchburger Linie sei der Stadt „vieler Verdienst, Guttaten und andere Nutzungen abgestorben". Man hoffe, Fürst Karl Anselm werde wenigstens einige Monate in Scheer residieren und dem Gewerbe dadurch aufhelfen[25].

WANDEL IM STILLSTAND

Es waren verschleppte Territorial- und Partizipationskonflikte auf allen gesellschaftlichen Ebenen, die Oberschwaben nach dem Dreißigjährigen Krieg ihren Stempel aufdrückten. Die benachbarte „absolutistische" Staatsmacht beeinflusste, korrigierte den Gang der Dinge zum eigenen Vorteil. Die Erstarkung der absolutistischen österreichischen Staatsgewalt führte in Oberschwaben zu einer Schwächung des politischen Systems, da der Adel nur partiell österreichische Dienste übernahm und sich in die entfernten Hofgesellschaften in Wien und Innsbruck längst nicht in dem Ausmaß integrieren ließ, wie es beispielsweise in Frankreich der Fall war. Gleichwohl wies die adlige Abwehrmauer gegen frühmoderne Staatlichkeit eine gewaltige Bresche auf, genauer gesagt das unendliche Loch ererbter Schulden. Statt absolutistisch direkt zu regieren, konnten sich die Beamten unter dem Doppeladler auf die relativ bequeme Position einer Ordnungs- und Regulierungsinstanz zurückziehen. Das bedeutete konkret, dass der bäuerliche Protest gegen die Belastungen der Reichskriege an Waldburg hängen und die Akzeptanz adliger Herrschaft fragwürdig und zerbrechlich blieb.

Hingegen bekamen ausgerechnet die Bürger der Donaustädte, die mit Österreich immer Freiheitsperspektiven verbunden hatten, den erstarkten Staat nach 1680 schmerzhaft zu spüren. Sie mussten – teilweise unter bewaffnetem Zwang – massive Eingriffe in die kommunale Autonomie hinnehmen, die die Truchsessen nie hätten durchsetzen können. Die Landuntertanen hingegen erkämpften mit kaiserlicher Unterstützung bis 1686 die Freiheit von der Leibeigenschaft, in der Folgezeit sehr begrenzte landschaftliche Kontrollrechte bei der Abrechnung der Steuern an den Schwäbischen Kreis. Gegen das hausrechtliche Prinzip, demzufolge ein Beamter in erster Linie Haus-Diener war, entwickelten sich ansatzweise Formen von Öffentlichkeit und objektivierbarer Kontrolle der Besteuerung. Hinter diesen wichtigen Merkmalen staatlicher Modernisierung stand keine aufgeklärte Staatstheorie, sondern das jahrhundertealte Erfahrungswissen um die Konflikthaltigkeit der Herrschaftspraxis. So betrachtet beruhte die Legitimation der bäuerlichen Landschaft darauf, der Herrschaft die Unterscheidung zwischen privaten und öffentlichen Angelegenheiten abgerungen zu haben. In einer solchen Konflikttradition lag es wohl begründet, dass sich in der Revolutionszeit in Oberschwaben eine „republikanische" Programmatik artikulieren konnte[26]. Paradoxerweise war dies nur möglich mit Hilfe des absolutistischen österreichischen Staates. Er sorgte an seiner Peripherie dafür, dass der dritte Stand seine politischen Vorstellungen wenn nicht durchsetzen, so doch regelmäßig und über längere Zeiträume hinweg artikulieren konnte und an der Herrschaftspraxis vor Ort partizipierte. Deshalb besteht die Adelsgeschichte Waldburgs doch aus mehr als aus der Wiederkehr des Immergleichen, auch wenn die Konfliktlinien seit der österreichischen Verpfändungspolitik des Spätmittelalters vorgezeichnet waren. Interessant ist schließlich, dass gegen Ende des Jahrhunderts die territorialen Verhältnisse neu geordnet wurden. Mit Thurn und Taxis kaufte sich ein Aufsteiger an der oberen Donau ein, während Österreich selbst mit dem Erwerb von Montfort-Tettnang signalisierte, dass es sein Interesse an einem homogenen Staatsgebiet in Oberschwaben langfristig weiterzuverfolgen gedachte. Mit der Zwangsintegration des oberschwäbischen Adels in das Königreich Württemberg wurden die Karten neu gemischt. Bestehen blieb der adlige Anspruch, der eigentliche Repräsentant „seines" Landes zu sein.

Anmerkungen:

1 *Martin Zürn*: „Ir aigen libertet". Waldburg, Habsburg und der bäuerliche Widerstand an der oberen Donau 1590 bis 1790. Tübingen 1998, 409f.
2 Übersicht mit dem Schwerpunkt 15. und 16. Jahrhundert von *Rolf Kießling*: Oberschwaben – eine offene Gewerbelandschaft. In: *Peter Blickle* (Hg.): Verborgene republikanische Traditionen in Oberschwaben. Tübingen 1998, 25-55; zur Landweberei neuerdings *Anke Sczesny*: Zwischen Kontinuität und Wandel. Ländliches Gewerbe und ländliche Gesellschaft im Ostschwaben des 17. und 18. Jahrhunderts. Tübingen 2002, 125, 140, mit Hinweisen, dass auch die waldburgischen Stammlande und die Städte Wurzach und Waldsee früh zu den ländlichen Produzenten für städtische Kompanien zählten. Eine aktive Förderung des Landgewerbes betrieb Waldburg hingegen wohl nicht.

3 *Joseph Vochezer*: Geschichte des Fürstlichen Hauses Waldburg in Schwaben. 3 Bde. Kempten 1888 – 1907, hier Bd. 1, 504f.
4 Zeil wurde 1337 von Truchsess Johann als Pfand erworben, im ersten Drittel des 16. Jahrhunderts in ein Reichslehen umgewandelt und weitere 100 Jahre später zur Grafschaft erhoben. *Vochezer* 1888 (wie Anm. 3), Bd. 1, 343f., zu Wurzach ebd., 345, 382f.
5 *Zürn* 1998 (wie Anm. 1), 343-345, dazu bislang nicht bearbeitete Quellen nach: *Peter Steuer* (Bearb.): Vorderösterreichische Regierung und Kammer 1753 bis 1805. Oberamt Altdorf. Stuttgart 1998 (Gesamtinventar der Akten und Amtsbücher der vorderösterreichischen Zentralbehörden in den Archiven der Bundesrepublik Deutschland 5), 278, Nr. 1398.

6 In Hohenzollern-Hechingen führten Fronforderungen zum Schlossbau in den 1580er Jahren zu einer Revolte. *Eberhard Elbs*: Owingen 1584. Der erste Aufstand in der Grafschaft Zollern. In: Zeitschrift für Hohenzollerische Geschichte 17 (1981), 9-127.
7 *Vochezer* 1900 (wie Anm. 3), Bd. 2, 259f.
8 *Gabriele Heidenreich*: Schloss Meßkirch. Tübingen 1998, 136; zum Scheerer Schloss siehe *Walter Bleicher*: Chronik der ehemaligen Residenzstadt Scheer/Donau. Horb 1989, 52-58.
9 Zitat von *Guido Braun*: Tagungsbericht „Absolutismus". Deutsches Historisches Institut Paris, 17. Juni 2005. In: http://hsozkult.geschichte.hu-berlin.de/tagungsberichte/id=859, 1.10.05, 9:35 MEZ. Zur klösterlichen Bautätigkeit siehe *Hartmut Zückert*: Die sozialen Grundlagen der Barockkultur in Süddeutschland. Stuttgart 1988; *Ders.*: Das Andersartige des Barock. Bauwerke und Repräsentation im 17. / 18. Jahrhundert. In: *Volker Himmelein / Hans Ulrich Rudolf* (Hg.): Alte Klöster – neue Herren. Die Säkularisation im deutschen Südwesten. Bd. 2.1. Ostfildern 2003, 145-162. Die positiven Folgen des Klosterbaus für Handwerker und Tagelöhner betont *Franz Quarthal*: Unterm Krummstab ist's gut leben. Prälaten, Mönche und Bauern im Zeitalter des Barock. In: *Peter Blickle* (Hg.): Politische Kultur in Oberschwaben. Tübingen 1993, 269-286.
10 *Vochezer* 1907 (wie Anm. 3), Bd. 3, 433.
11 Fürstlich Waldburg-Zeil'sches Gesamtarchiv Schloss Zeil, Archiv Trauchburg, Akten 963, fol. 5r-5v. Die ersten Sequester waren der Bischof von Konstanz, der Deutschordenskomtur in Altshausen und Erbtruchsess Hans Ernst aus der jüngeren Trauchburger Linie (ebd., 341). Die Zahlen nach *Jürgen Richter*: Der Niedergang der Reichserbtruchsessen von Waldburg-Friedberg-Scheer im 17. und 18. Jahrhundert. In: Zeitschrift für Hohenzollerische Geschichte 113 (1990), 165-232, hier 209, 212, 217; zusammenfassend *Zürn* 1998 (wie Anm. 1), 333, 341, 406.
12 Das truchsessische „Hausgesetz", das noch keine Fideikommiss-Vereinbarung bedeutete, behandeln *Vochezer* 1888 (wie Anm. 3), Bd. 1, 557f. und *Rudolf Rauh*: Das Hausrecht der Reichserbtruchsessen Fürsten von Waldburg. 2 Bde. Kempten 1971/72, Bd. 1, 153f.
13 Zu Sebastian Wunibald von Waldburg-Zeil-Wurzach siehe *Oswald von Gschließer*: Der Reichshofrat. ND Nendeln / Liechtenstein 1970 (1942), 289; zu seiner Haltung betreffs Friedberg-Scheer Landesregierungsarchiv Innsbruck, Regierungskopialbuch 222, fol. 262r, 16. Sept. 1679. Sebastian Wunibalds Sohn Ernst Jakob, Domherr in Köln, war 1698 bis 1714 unregelmäßig im Reichshofrat. Christoph Franz von Waldburg-Trauchburg, Sohn des Hans Ernst, war nur 1698 kurz im Reichshofrat; er führte ab 1711 den Titel Geheimer Rat. Johann Jakob von Waldburg-Zeil und sein Sohn Franz Anton wirkten zur Zeit des bayerischen Kaisers Karl VII. 1743/44 als Reichsvikar bzw. als Reichshofrat (Gschließer 1970, 342, 337, 429, 427).
14 Reichshofratsgutachten 17. April / 29. Okt. 1681, nach Haus- Hof- und Staatsarchiv Wien (HHStA), Reichshofrat Antiqua 1015, Nr. 4; *Zürn* 1998 (wie Anm. 1), 345f.
15 *Zürn* 1998 (wie Anm. 1), 351 (Vertrag von 1680), Zitat 353.
16 Ebd.,Zitat 422, 425, zur herrschaftlichen Verschuldung bei den Untertanen 431.
17 *Rudolf Rauh* (Bearb.): Inventar des Archivs Trauchburg im Fürstlich von Waldburg-Zeil'schen Gesamtarchiv in Schloß Zeil vor 1806. Karlsruhe 1968, 49-51 (Landschaft Trauchburg), 11, 13-18 zum Ausverkauf der Herrschaftsrechte an das Kloster Isny; „Absolutus Relatio et Conclusum", 29. April 1785 (HHStA Wien Kleinere Reichsstände, Nr. 523).
18 Aufstellung des Schuldenstandes Wien, 15. Juni 1777, nach HHStA Wien Kleinere Reichsstände Nr. 523; genaue Zahlen nach *Richter* 1990 (wie Anm. 11), 216 (dagegen ebd. 231), *Zürn* 1998 (wie Anm. 1), 433f. Für den Vergleich musste der Eigenbesitz Dürmentingen mit 35 000 Gulden belastet werden, wozu Kaiser Joseph II. 1776 seine Zustimmung erteilte. Siehe *Robert Kretzschmar*: Fürstlich Thurn und Taxissches Archiv Obermarchtal, Grafschaft Friedberg-Scheer. Urkundenregesten 1304 bis 1802. Stuttgart 1993, 670, Nr. 1446.
19 1792 beschwerte sich die Gemeinde Winterstettenstadt über Eingriffe der Truchsessen von Waldburg zu Waldsee und Wolfegg in ihre Rechte. *Steuer* 1998 (wie Anm. 5), 96, Nr. 405.
20 Da das umfassend angelegte Werk von *Vochezer* 1888 – 1907 (wie Anm. 3) für alle Linien bald nach Ende des Dreißigjährigen Krieges endet, ist für das späte 17. und das 18. Jahrhundert noch viel Forschungsarbeit zu leisten.
21 *Steuer* 1998 (wie Anm. 5), 46, Nr. 72f. (1791 – 1796). Zu Eglofs und den Eglofser Freien siehe *Peter Kissling*: Die Eglofser Freien. In: *André Holenstein* u. a. (Hg.): Nachbarn, Gemeindegenossen und die anderen. Tübingen 2004, 153-171.
22 *Steuer* 1998 (wie Anm. 5), 364f., Nr. 1838 (1787 – 1803); 370, Nr. 1867 (1788 – 1795).
23 Das umfassendste Projekt einer modernen Landeserfassung in der Region beschreibt *Daniel Wesely*: Steuerreform und Katastergeographie im Fürstentum Fürstenberg im 18. Jahrhundert. Frankfurt am Main 1995, 225-241, mit dem aufschlussreichen Exkurs zum habsburgischen Kataster im Herzogtum Mailand, der 1720 bis 1723 angelegt wurde.
24 Karte (Ausschnitt) nach Staatsarchiv Sigmaringen, Dep. 30, K 600; weiter *Zürn* 1998 (wie Anm. 1), 443-446, 723.
25 *Bleicher* 1989 (wie Anm. 8), 122.
26 *Blickle* 1998 (wie Anm. 2); darin vor allem *Elmar L. Kuhn*: „Kein Land zu einer Republik besser geschaffen als Oberschwaben". Der Plan einer oberschwäbischen Republik 1798, 227-241.

Gott zur Ehre und dem Haus Waldburg zum Ruhm Die Vollendung der idealen oberschwäbischen Adelsresidenz Wolfegg im 18. Jahrhundert

Bernd Mayer

Wie in anderen Gebieten des Heiligen Römischen Reiches, ist auch in der Grafschaft Waldburg im letzten Jahrzehnt des 17. Jahrhunderts ein Anwachsen der Bautätigkeit zu beobachten. Beim Wolfegger Zweig des Hauses Waldburg wurde diese Baukonjunktur durch das Zusammentreffen mehrerer günstiger Faktoren beflügelt. Zum ersten hatte sich in der vergleichsweise friedlichen Periode nach den jahrzehntelangen Kriegen des 17. Jahrhunderts und dem Ende der Türkenbedrohung die wirtschaftliche Lage wieder gebessert. Zum zweiten war mit Graf Ferdinand Ludwig (1678 – 1735) ein gleichermaßen baufreudiger wie dem katholischen Glauben eng verbundener Regent an die Herrschaft gelangt. Mit Gräfin Maria Anna (1681 – 1754) aus dem in Kißlegg residierenden gräflichen Hause Schellenberg stand ihm eine gleichgesinnte Frau zur Seite. Schließlich bildete das reiche Erbe seiner Gemahlin eine solide finanzielle Basis für die seit dem zweiten Jahrzehnt des 18. Jahrhunderts verstärkt in Angriff genommenen ambitionierten Bauvorhaben. Mit den damals realisierten kirchlichen und profanen Bauten und landschaftsgestaltenden Maßnahmen, die bis heute das Erscheinungsbild des Residenzortes prägen, wurde Wolfegg zur idealtypischen oberschwäbischen Adelsresidenz.

Was charakterisiert eine ideale Residenz? Nach Siegfried Kullen sind folgende Grundelemente unabdingbar: Repräsentativer Ausbau des Herrschaftssitzes, Gründung sozialer und karitativer Einrichtungen, Neu- oder Umbau von Kirchen und schließlich die Einrichtung von Wallfahrtsorten[1]. Diese Punkte wurden in Wolfegg in nur einer Generation verwirklicht. Die Aktivitäten konzentrierten sich dabei in erster Linie auf das unmittelbare Residenzareal in Wolfegg mit dem Schloss im Mittelpunkt. Das in den Jahren nach 1578 von Grund auf neu errichtete Gebäude war kurz vor Ende des 30jährigen Krieges von schwedischen Truppen angezündet worden. Dabei erlitt vor allem das zweite Obergeschoss starke Schäden. Ab 1690 ließ man dieses Stockwerk durch den Wangener Bildhauer Balthasar Krimmer neu stuckieren und den Rittersaal mit Skulpturen ausstatten. Die Fertigstellung dieses großen Saales zog sich bis in die erste Hälfte des 18. Jahrhunderts hin und damit in eine Zeit, in der bereits der Rokokostil vorherrschend geworden war. Im Zuge der Verlegung der Wohnräume des herrschaftlichen Paares in das erste Obergeschoss erhielt ein Teil der dortigen Räume ab den 1720er Jahren eine Ausstattung im Geschmack der Zeit. Den Schwerpunkt der Maßnahmen legte man auf die Dekoration der Decken mit einem kosmologisch-imperialen Bildprogramm und der allegorischen Verherrlichung des Hauses Waldburg. Dieses Programm nimmt im Kleinen die spätere monumentale Version im Rittersaal vorweg.

Diese Maßnahmen im profanen Bereich waren allerdings bescheiden, sieht man daneben die Kirchenneubauten, die mit ungleich größerem Aufwand realisiert wurden. So musste die dem Schloss benachbarte spätmittelalterliche, architektonisch schlichte Stiftskirche einem prächtigen Neubau

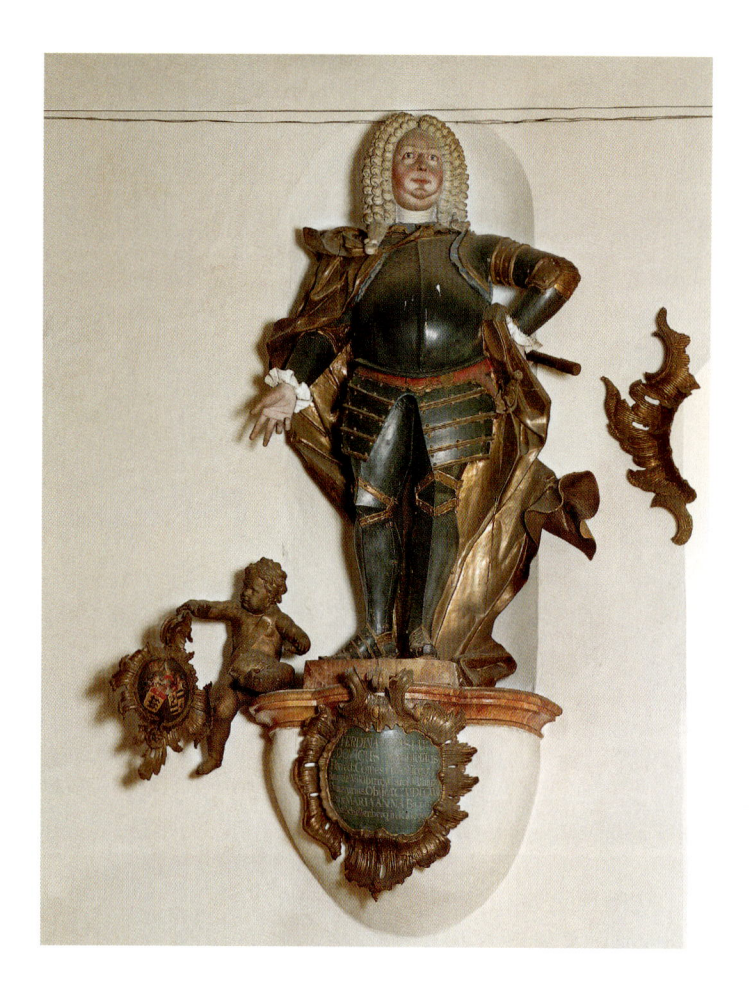

Reichserbtruchseß Ferdinand Ludwig Graf von Waldburg-Wolfegg (1678 – 1735). Holzskulptur von Johann Wilhelm Hegenauer im Rittersaal von Schloss Wolfegg.

weichen. Weitere in dieser Zeit entstandene Sakralbauten sind bis heute Zeugnis einer auf das jenseitige Wohlergehen ausgerichteten Frömmigkeitshaltung, die einhergeht mit einer leidenschaftlichen Begeisterung für Architektur. Dieser Haltung verdankt Kißlegg die Umgestaltung der Pfarrkirche und die St. Anna-Kapelle, Wolfegg neben der Stiftskirche eine neue Loretokapelle und Neutann den Neubau der Spitalkirche.

Damit bestätigt sich aufs treffendste die Beobachtung, dass „der durch die Gegenreformation gestärkte katholische Glaube einen prägenden Einfluss auf die bauliche Gestaltung der oberschwäbischen Residenzorte nahm"[2]. In Wolfegg wird dies nicht nur durch das unmittelbare Nebeneinander von Schloss und Chorherrenstift mit zugehöriger Kirche augenfällig. Auch der Bau einer Wallfahrtskirche mit Loretoheiligtum auf einem Drumlinhügel am südlichen Ortsrand ist ein klares Postulat katholischen Glaubens und setzt darüber hinaus einen deutlichen ortsgestalterischen Akzent. Im 18. Jahrhundert schließlich gewinnt mit der Gründung eines Spitals in Neutann auch das karitative Engagement an Bedeutung. Es kann kaum verwundern, dass großer Wert auf den Spitalkapellenbau gelegt wurde. Bei allen oben aufgezählten Baumaßnahmen kommt immer wieder ein Mann ins Spiel: Johann Georg Fischer. Der Architekt und Baumeister aus Füssen ist in der ersten Hälfte des Jahrhunderts in Baufragen der wichtigste Ansprechpartner der gräflichen Familie.

SCHLOSS WOLFEGG: AUSSTATTUNG UND PROGRAMM DES PIANO NOBILE UND DES RITTERSAALES

Erstmals wurde Johann Georg Fischer bei den Umbaumaßnahmen des Wolfegger Schlosses zu Rate gezogen. In dem ab 1578 erbauten Gebäude war das zweite Obergeschoss als Piano Nobile eingerichtet worden. Hier befanden sich sowohl die Wohnräume des herrschaftlichen Paares als auch die Repräsentationsräume. Obwohl man dieses Stockwerk nach den Zerstörungen des 30jährigen Krieges ab den 1690er Jahren komplett neu ausgestattet hatte, verlegte man unter Ferdinand Ludwig und Maria Anna die Wohnräume in das ab 1720 zum Teil neu dekorierte erste Obergeschoss. So kam es in Wolfegg im 18. Jahrhundert zum ungewöhnlichen Fall eines zweigeteilten Piano Nobile: Die offiziellen Wohnräume waren nun im ersten Obergeschoss, während die Repräsentationsräume – Rittersaal und Bankettsaal – im zweiten Obergeschoss zu finden waren.

Schloss Wolfegg von Süden. Ölbild von Johann Andreas Rauch, 1628. Schloss Wolfegg.

Im Schlossbau von 1578 hatten sämtliche Räume Holzkassettendecken, die nicht als Träger eines Bildprogramms dienen konnten. Mit der Neugestaltung der repräsentativen Raumfolge im Südflügel des ersten Stockwerks bot sich nun diese Möglichkeit. An Künstlern waren laut Baurechungen neben den Stuckatoren Johann Jakob Herkommer (1728) und Johannes Schütz (1729) auch die Maler Franz Joseph Spiegler und Johann Georg Hermann tätig. Realisiert wurde ein Bildprogramm mit der allegorischen Verherrlichung des guten Regiments des Hauses Waldburg. Das Programm kulminiert in der Apotheose des Adelsgeschlechtes im roten Salon, dem wichtigsten Raum der Zimmerfolge. Auf dem Bildfeld öffnet sich der Blick in den Götterhimmel. Im Zentrum präsentiert Minerva dem auf dem Adler des Zeus reitenden Ganymed den Reichsapfel, der das Truchsessenamt der Grafen von Waldburg symbolisiert. Darunter ist zwischen den Wolken die Waldburg, die Stammburg der Familie, zu sehen. Diese Apotheose wird eingefasst von fein gearbeitetem Stuck, der in den Ecken des Raumes Allegorien der Vier Elemente in Form von Putti mit den entsprechenden Attributen zeigt. Im Zusammenhang mit dem „Guten Regiment" ist auch die Krönung der Justitia im so genannten „Vogerlzimmer" mit den in den Abgrund gestoßenen Personifikationen des Neids und der Wollust zu sehen. Eine kosmologische Dimension erhält die Decke durch die stuckierte Allegorie der Vier Jahreszeiten. Der Raum am Ende der Raumfolge zeigt Cäsarenköpfe

Gott zur Ehre und dem Haus Waldburg zum Ruhm

in Stuckrelief, die umgeben sind von militärischen Insignien. Diese Dekoration ist zum einen der militärischen Tradition der Familie geschuldet und demonstriert zum anderen die traditionelle Nähe des reichsgräflichen Hauses Waldburg zum Kaiser. Auch ist sie als Hinweis auf die wichtige Rolle zu sehen, die Vertreter der Familie im Lauf der Jahrhunderte in der Reichspolitik gespielt hatten. In das übergreifende Thema der Verherrlichung des Guten Regiments fügen sich auch die Deckenbilder in den vom Südflügel entfernt liegenden Räumen: im so genannten Alttann-Zimmer eine Allegorie der schönen Künste und Wissenschaften, im benachbarten Raum eine Darstellung der christlichen Tugenden und schließlich im sogenannten Großen Speisezimmer die Tugenden Fortitudo, Temperantia, Humilitas und Justitia (Tapferkeit, Mäßigung, Demut und Gerechtigkeit) als stuckierte Personifikationen.

Das Bildprogramm, das sich in den Räumen des ersten Obergeschosses erst in der Zusammenschau erschloss, fand eine monumentale bildnerische Umsetzung im größten und wichtigsten Raum des Schlosses, dem Rittersaal[3]. Begonnen hatte die Wiederherstellung der im Krieg zerstörten Räume mit der Aufstellung der Skulpturen durch Balthasar Krimmer 1691. Die Federführung für die Maßnahmen lag in den Händen von Gräfin Marie Ernestine, geb. Salm-Reifferscheid, der Mutter des noch minderjährigen Ferdinand Ludwig. Obwohl die Ausmalung des Raumes erst mit der Lieferung der Kaminbilder in den Jahren um 1750 abgeschlossen gewesen sein dürfte, kann man davon ausgehen, dass das Programm der Deckenfresken bereits lange vorher vorlag und unter Ferdinand Ludwig konzipiert wurde.

Dominierende Elemente des Rittersaales sind ohne Zweifel die überlebensgroßen Ritterfiguren, die auf kolorierten Holzschnitten von Hans Burgkmair d.Ä. aus der Chronik des Hauses Waldburg basieren. Diese familiengeschichtlich bedeutsame Chronik verfasste 1526/27 der Augsburger Domherr und Historiograph Matthäus von Pappenheim im Auftrag des als Bauernjörg bekannten Truchsess Georg III. (1488 – 1531). Der Auftrag für diese Chronik entsprang sowohl dem gerade in dieser Zeit hoch im Kurs stehenden genealogischen Interesse als auch der Absicht, durch die Dokumentation einer verdienstvollen und weit in die Geschichte zurückreichenden Ahnenreihe dem eigenen Geschlecht zusätzliche Reputation und Legitimation zu verschaffen[4].

Die Aufteilung der Deckengemälde erfolgte hierarchisch nach der von dem Maler und Kunsttheoretiker Gerard de Lairesse in seinem „Großen Malerbuch" formulierten Regel, derzufolge das Deckenzentrum den Kern des Bildgedankens zu enthalten habe. Um dieses gruppieren sich die weniger bedeutenden Inhalte[5]. Die Mitte nimmt das größte Bildfeld mit der „Apotheose des Herkules" ein, das als Kulminationspunkt des gesamten Programms gesehen werden muss. Herkules steht als „exemplum virtutis" (Beispiel an Tugend) stellvertretend für den waldburgischen Regenten, dessen „virtus", respektive gutes und tugendhaftes Regiment damit verherrlicht wird. Die Personifikationen der Erdteile, der Elemente und der Jahreszeiten rahmen die zentralen Darstellungen und stehen für die kosmologische Ordnung, in die sich das Gute Regiment der Truchsessen einfügt. Deren „segensreiche" Herrschaft erhält damit einen ins Universelle gesteigerten Anspruch. Als Vorbild für die in Wolfegg gefundene Form einer absolutistischen fürstlichen Selbstdarstellung mit der um die zentrale Herkulesgestalt gruppierten kosmologischen Ordnung könnten zahlreiche vergleichbare Ausstattungsprogramme gedient haben[6].

DIE WOLFEGGER STIFTSKIRCHE

Als wohl anspruchsvollste Baumaßnahme unter der Regentschaft Ferdinand Ludwigs, die in der Wolfegger Residenzanlage einen neuen Akzent setzte, darf der Neubau der Stiftskirche gelten. Bevor man mit dem Bau beginnen konnte, galt es die alte Kirche abzutragen und einige Objekte, so z.B. das Epitaph des Kirchenstifters Johannes zu Waldburg und seiner Gemahlin zu sichern. Dieser hatte Anfang des 16. Jahrhunderts aufgrund eines Gelöbnisses auf dem Wolfegger Schlossareal ein kleines Kloster mit zugehöriger Kirche errichten lassen. Durch den Schlossbrand schwer in Mitleidenschaft gezogen, war der Bau nach der Erneuerung erst 1656 wieder geweiht worden.

1725 begannen unter Graf Ferdinand Ludwig die Planungen zu einem Neubau der Kirche und des Stiftsgebäudes. 1733 konnte der Grundstein gelegt werden, 1742 fand die Einweihung statt. Die Wolfegger Stiftskirche gilt als ambitioniertestes Bauprojekt in der Grafschaft Waldburg im ersten Drittel des 18. Jahrhunderts. Mit der Planung der Kirche wurde der bereits erwähnte Füssener Baumeister Johann Georg Fischer, der sich mit zahlreichen profanen und kirchlichen Bauwerken im heutigen bayerischen Schwaben und Tirol einen Namen gemacht hatte, beauftragt. Die Verbindungen nach Wolfegg waren wohl über seine Tätigkeit in Innsbruck zustande gekommen, wo er Kontakt zu einigen als Regierungsbeamte tätigen Mitgliedern der Familie Waldburg gehabt hat. Nach eigener Aussage war für ihn der Wolfegger Auftrag der bedeutendste nach der Innsbrucker Pfarrkirche St. Jakob von 1717[7]. Zwar hatte Johann Georg Fischer seit 1725 eine ganze Reihe von Plänen und Plan-Änderungen zum Neubau der Wolfegger Stiftskirche vorgelegt, doch erhielt er erst am 18. April 1733 vom Bauherrn Graf Ferdinand Ludwig den Auftrag zur Realisierung. Insgesamt haben sich in der

Inneres der ehemaligen Stiftskirche, heutigen Pfarrkirche Wolfegg, erbaut 1733 – 1742 durch Johann Georg Fischer. Deckenbilder von Franz Anton Erler, Altäre von Petrus Hohl.

Gott zur Ehre und dem Haus Waldburg zum Ruhm

Tempelgang Mariens. Deckenbild 1719 von Cosmas Damian Asam in der St. Anna-Kapelle Kißlegg.

Wolfegger Sammlung und im Archiv 38 Pläne, darunter einige Kopien, und der umfangreiche, wenn auch unvollständige Schriftwechsel, erhalten. Mit der Weihe der Grüfte am 7. Mai 1742 war der Bau vollendet.

DIE ERWEITERUNG DER WOLFEGGER LORETOKAPELLE 1706

Die Loretokapelle am südlichen Ortsrand von Wolfegg, die 1668 als Wallfahrtskirche erbaut worden war, verdankt ihr heutiges Aussehen ebenfalls Ferdinand Ludwig. Die Geburt des ersten Sohnes Joseph Franz am 17. Dezember 1704 war für den Grafen und seine Gemahlin der äußere Anlass, ab 1706 das Gebäude um ein Oratorium im Westen und eine Einsiedelei, das so genannte Bruderhaus, im Osten erweitern zu lassen. Für die der „Santa Casa" im italienischen Wallfahrtsort nachgebildete Kapelle stifteten die Eltern eine Kopie des Gnadenbildes, die sie in Loreto weihen ließen. Am 28. November 1708 wurde die Madonna mit dem Jesuskind feierlich in Wolfegg empfangen und in einer festlichen Prozession in die Kapelle gebracht.

SPITALSTIFTUNGEN UND LEPROSENPFLEGE IN WOLFEGG UND KISSLEGG

Dem karitativen Engagement der gräflichen Familie ist eine bemerkenswerte Zahl von Stiftungen in den Herrschaften Wolfegg und Kißlegg zu verdanken. Dies sind neben dem Spital Neutann das Heilig-Geist-Spital in Kißlegg und die dortige Leprosenpflege zu St. Anna. Die Spitäler sorgten für Unterkunft und Verpflegung der Pfründner, geistlichen Beistand boten in der Regel angestellte Spitalkapläne oder Hausgeistliche.

Für die Bedürftigen im Wolfegger Teil der Grafschaft ließ die Herrschaft auf einer Ebene über dem Aachtal nördlich von Wolfegg ein Spital einrichten. Dort war 1318 anstelle der zerstörten Burg Tanne ein neues Schloss errichtet worden, das den Namen „nuwe Tanne" erhielt[8]. 1581 kam der Besitz an die Truchsessen von Waldburg, die es 1653 an den Wolfeggischen Obervogt Johann Ernst von Altmannshausen veräußerten. 1681 wieder vom Wolfegger Landesherrn erworben, widmete es Ferdinand Ludwig 1718 zu einem Spital für seine leibeigenen Untertanen, Witwen und Waisen um. Am 18. Mai 1733 wurde das Spital endlich eröffnet, das „einzig und allein arme Leute und Waisen, welche der Herrschaft Wolfegg mit Leibeigenschaft angehören und derselben unterthänig, getreu und redlich gediente, auch sich Alters- und sonstiger Gebrechen halber nicht mehr ernähren oder erhalten können, auf- und eingenommen, und allda mit Leibsnahrung, Kleidung, wie es solchen Personen um Gotteswillen gebührt, unterhalten werden solle"[9]. Gräfin Maria Anna, die Gemahlin des Stifters, steuerte einen bedeutenden Geldbetrag für den Unterhalt der Einrichtung bei. Überhaupt erhielt die Einrichtung immer wieder beträchtliche Dotationen von Angehörigen der Familie, sei es für praktische oder auch ideelle Zwecke. So stiftete Graf Johann Ferdinand, Dompropst zu Konstanz und Sohn des Ferdinand Ludwig und der Maria Anna, eine namhafte Summe zur Unterhaltung einer Seelsorgerstelle. 1756 und 1760 vermachte Gräfin Maria Antonia, Stiftsdame in Stift Buchau, dem Spital die hohe Summe von 7 000 Gulden. Noch bevor der Bau eröffnet werden konnte, bat Ferdinand Ludwig Johann Georg Fischer um Pläne für eine neue Spitalkapelle. Erste Risse legte der Baumeister 1732 vor, denen in den darauffolgenden Jahren weitere Entwürfe folgten[10]. Die Fertigstellung des architektonisch bescheidenen Gebäudes 1742 erlebte der Bauherr nicht mehr. Die Ausstattung der Kapelle ist zurückhaltend; auffällig sind lediglich die beiden überlebensgroßen Stifterporträts an den Seitenwänden.

In Kißlegg lag nach dem Stadtbrand von 1704 das dortige Spital in Schutt und Asche. Unverzüglich ließ Ferdinand Ludwig die 1575 von Hans Ulrich von Schellenberg, einem Ahnen seiner Gemahlin, gestiftete Anlage samt Kapelle wieder aufbauen. Mit der Weihe der innerlich und äußerlich schlichten Kapelle am 12. September 1723 waren die Baumaßnahmen abgeschlossen. Am selben Tag wurde auch die mit wesentlich größerem Aufwand neu erbaute Kapelle des Seelhauses zu St. Anna konsekriert. Diese im westlichen Außenbereich von Kißlegg gelegene, 1566 erstmals erwähnte Einrichtung diente der Unterbringung von Personen mit ansteckenden Krankheiten. Direkt beim Siechen- oder Leprosenhaus befanden sich der obligatorische Gottesacker und eine Kapelle.

Auch hier taucht wieder Johann Georg Fischer als Architekt auf. Es ist der erste Bau, den er für den Wolfegger Regenten entwirft. Der Grundstein wird 1718 gelegt, am 12. Oktober wird der Bau benediziert; die endgültige Weihe findet, wie oben erwähnt, erst vier Jahre später statt. Der Kirchenraum besticht durch seine architektonische Klarheit, die akzentuiert wird vom feingliedrigen, teilweise farbig abgesetzten Stuck des Augsburger Stuckators Johann Herkommer an den Gewölben. Gekrönt werden Langhaus und Chor vom Freskenzyklus des Münchener Malers Cosmas Damian Asam mit Szenen aus dem Leben der hl. Anna. Im Spätsommer oder Frühherbst des Jahres 1719 dürfte Asam in Kißlegg gearbeitet haben, also in der Zeit, als er auch in der Weingartner Basilika tätig war[11].

ARCHITEKTURUTOPIEN

Hochfliegende Pläne, denen die finanziellen Möglichkeiten nicht standhalten konnten, gab es zu allen Zeiten, doch scheinen sie gerade im 18. Jahrhundert Hochkonjunktur gehabt zu haben. „Castelli in aria" – also „Luftschlösser", wie sie der nach eigener Aussage vom „Bauwurmb" befallene Erzbischof von Mainz und Fürstbischof von Bamberg, Lothar Franz von Schönborn, bezeichnete, gab es auch in der Herrschaft Wolfegg zur Genüge. Eine Fülle von Plänen nicht realisierter Schlossbauten, Kirchen und Wohnhäusern geben davon Zeugnis.

Ein dreiflügeliger Schlossbau mit Doppelwalmdach und Ehrenhof wurde ebenso wenig realisiert wie ein gewaltiges, vom Füssener Baumeister Johann Georg Fischer entworfenes Beamtenwohn-

Entwurf eines Lusthauses für den Hofgarten. Lavierte Federzeichnung, 1. Hälfte 18. Jahrhundert. Gesamtarchiv der Fürsten zu Waldburg-Wolfegg.

haus in Wolfegg. Unter den erhalten Baurissen für Kirchen sticht das Projekt eines überkuppelten Zentralbaus von der Hand eines bisher nicht identifizierten Baumeisters hervor. Diese „vor Ihro Hochgrfl. Excellenz Graffen von Wolfegg" entstandenen, in die 1760er Jahre zu datierenden Pläne zeigen Grund- und Aufriss und den Querschnitt durch den Kirchenraum. Mangels Quellen lässt sich über Ort und Funktion dieses Kirchenprojektes nur spekulieren. Die in Grund- und Aufriss beiderseits von der Hauptfassade abgehenden Gebäudeflügel lassen an eine Klosteranlage denken, wofür auch die vergleichsweise große Zahl von Nebenaltären spricht. Fragen wirft auch die Beschriftung der Grundrisszeichnung auf, die in zwei Richtungen interpretierbar ist: Die Pläne könnten entweder im Auftrag des Grafen Wolfegg – also vermutlich von Joseph Franz (1704 – 1774) – entstanden sein oder aber sie wurden dem Landesherrn vom Architekten in der Hoffnung auf künftige Aufträge zugeeignet, ohne dass sie ausdrücklich verlangt worden wären.

DER WOLFEGGER HOFGARTEN

Die Aufmerksamkeit der Wolfegger Landesherren galt neben der Architektur gleichermaßen der die Residenz umgebenden Landschaft und damit auch dem deutlich vom Schloss abgesetzten Hofgarten[12]. Zwar sollte nach den gängigen Architektur- und Gartenwerken der sogenannte Lustgarten in der Nähe des Wohnhauses liegen, doch ließ das abschüssige Gelände einen solchen in unmittelbarer Nähe des Schlosses nicht zu. Daher wich man, den Umständen gehorchend, auf die ebene Fläche oberhalb des Aachtales im Südosten aus.

Ein derartiger Lustgarten ist natürlich repräsentativen Ansprüchen geschuldet und seine Gestaltung erfolgte nach ästhetischen Prinzipien. Die einschlägige Literatur des 16. und 17. Jahrhundert bot aber auch eine theologisch begründete Rechtfertigung für die Anlage von Gärten. So schreibt zum Beispiel der niederländische Philologe und Geschichtsforscher Justus Lipsius in seinem Buch „Von der Bestendigkeit" 1599: „Indem der Mensch die Fülle der Natur ordnet, erfährt er Gott"[13]. Dieser Gedanke zieht sich durch die Gartenbücher bis ins späte 17. Jahrhundert. Zugespitzt formuliert es Wolff Helmhard von Hohberg in seinem „Adelichen Land- und Feld-Leben" von 1695: Gott habe den Garten Eden nicht erschaffen, was er aus seiner Allmacht hätte tun können, nein, „den Garten hab er gepflanzet, als wolle Er seine Allmögenheit hier beyseits setzen und ruhen lassen, lieber Fleiß, Arbeit und Lust darzu anwenden, und dem Menschen damit ein Beyspiel geben, dass er ihn [nach seinem Exempel] pflanzen und bewahren solle[14]. Nach dem allgemeinen Verständnis der Zeit war die Gartenarbeit eine „Lustübung der Gesundheit, eine Nachahmung der Göttlichen Natur, ein Spiegel des künftigen Paradieses und eine kleine Academie des Glaubens, der Liebe, der Hoffnung, der Geduld". Zwar kommt es im Verlauf des 17. Jahrhunderts zu einer kritischen Auseinandersetzung mit den theologisch fundierten Ansätzen, doch halten sich diese Sichtweisen bis über die Jahrhundertwende hinaus. Somit rundet die Wolfegger Gartenanlage aufs Trefflichste das Bild einer katholisch geprägten Residenzanlage ab.

Wir wissen über den Zustand des Hofgartens zu Beginn des 18. Jahrhunderts nur wenig, doch lassen sich aus den erhaltenen Quellen, Büchern und Zeichnungen, aber auch aus überkommenen baulichen Spuren Schlüsse auf eine grundlegende Veränderung des Gartens in dieser Epoche schließen. Zeugnis von Veränderungen in dieser Zeit geben vier stark verwitterte Sandsteinskulpturen, die die Vier Jahreszeiten darstellen. Derartige allegorische Figurengruppen sind in nahezu allen repräsentativen Gartenanlagen dieser Zeit zu finden.

In baulicher Hinsicht hat es in der ersten Hälfte des Jahrhunderts an Plänen zur architektonischen Belebung des Gartens nicht gemangelt. Einige der erhaltenen Architekturentwürfe reflektieren hochfliegende Vorhaben zur Verschönerung. Ein repräsentatives Eingangstor wurde aber ebenso wenig realisiert wie die zum Teil außerordentlich ambitionierten Lusthäuser. Erst gegen Ende des 18. Jahrhunderts gerieten der Hofgarten, die das Schloss umgebenden Gartenbereiche und das Aachtal wieder verstärkt in den Mittelpunkt des Gestaltungswillens des Wolfegger Hausherrn. Dieses neu erwachte Interesse und die einschneidenden Maßnahmen hängen offensichtlich mit dem Erlöschen der Linie Waldburg-Wolfegg-Wolfegg und der Übernahme des Besitzes durch den Waldseer Zweig der Familie 1798 zusammen. Möglicherweise wirft auch schon ein anderes großes Ereignis seine Schatten voraus: Die Erhebung des Gesamthauses Waldburg in den Fürstenstand 1803.

Mit den von ihnen in der ersten Hälfte des 18. Jahrhunderts initiierten Bauten haben sich Truchsess Ferdinand Ludwig Graf von Waldburg-Wolfegg und seine Gemahlin Maria Anna architektonische Denkmäler gesetzt. Und nicht nur das. Mit den von ihnen gegründeten oder fortgeführten sozialen Einrichtungen könnten sie sich – wie von ihnen intendiert – einen Platz im Himmel gesichert haben.

Anmerkungen:

1 *Siegfried Kullen*: Die Waldburger Residenzen in Oberschwaben. In: Im Oberland 13 (2002) 2, 24-32, 25.
2 Ebd. 24. Vgl. zur breiteren historischen Diskussion *Peter Johanek* (Hg): Vorträge und Forschungen zur Residenzenfragen. Sigmaringen 1990.
3 Vgl. *Bernd M. Mayer*: Die Truchsessen als Tugendhelden. Das Bildprogramm des Rittersaales in Schloß Wolfegg. In: Im Oberland 6 (1995) 2, 3-14.
4 Zur Entstehungsgeschichte der Chronik siehe *Gerhard Wolf*: Von der Chronik zum Weltbuch. Sinn und Anspruch südwestdeutscher Hauschroniken am Ausgang des Mittelalters. Berlin 2003, 47 ff., bes. 51 ff.
5 *Gerard de Lairesse*: Grosses Malerbuch. Nürnberg 1730, 157.
6 Vgl. die Beiträge Dippel und Knapp in diesem Band, im Beitrag Dippel auch Bilder des Rittersaals und dessen Deckengemälde.
7 *Heinz Jürgen Sauermost*: Der Allgäuer Barockbaumeister Johann Georg Fischer. Augsburg 1969, 106.
8 *Adolf Schaal* (Bearb.): Die Kunstdenkmäler des ehemaligen Kreises Waldsee. Stuttgart – Berlin 1943, 177 ff.
9 Stiftungsbrief, datiert 18. Mai 1733, Gesamtarchiv der Fürsten zu Waldburg-Wolfegg, Schloss Wolfegg, WoWo 9919.
10 *Sauermost* 1969 (wie Anm. 5), 79 f.
11 Zur kunsthistorischen Einordnung der Kißlegger Fresken siehe *Bruno Bushart*: Unbekannte Werke aus Cosmas Damian Asams früher Meisterzeit. In: Jahrbuch der Staatlichen Kunstsammlungen in Baden-Württemberg (1982), 27ff.
12 Vgl. *Bernd M. Mayer*: Dort, wo die Zitronen blühn. Die Geschichte des Fürstlichen Hofgartens und des Wolfegger Landschaftsparks. In: Im Oberland 16 (2005) 2, 3-14.
13 Siehe *Cornelia Jöchner*: Die Ordnung der Dinge: Barockgarten und politischer Raum., In: Icomos 28 (1998), 177.
14 *Wolff Helmhard von Hohberg*: Georgica Curiosa Aucta. Das ist: Umständlicher Bericht und klarer Unterricht Von dem Adelichen Land- und Feld-Leben... Nürnberg 1695, 528.

„...ALS UNSCHULDIGES STAATSOPFER HINGESCHLACHTET..." DIE MEDIATISIERUNG DES HAUSES WALDBURG

Rudolf Beck

Von den ursprünglich drei Hauptlinien der Reichserbtruchsessen von Waldburg, der Jakobinischen, der Eberhardinischen und der Georgischen, bestand zu Beginn des 19. Jahrhunderts in Oberschwaben noch eine, die Georgische, mit den gräflichen Häusern Waldburg-Wolfegg-Waldsee, Waldburg-Zeil-Trauchburg und Waldburg-Zeil-Wurzach.

In Wolfegg regierte Graf Joseph Anton von Waldburg-Wolfegg-Waldsee (1766 – 1833). Er war durch den Verzicht seines älteren Bruders Carl Maximilian 1791 in Waldsee Regierungsnachfolger geworden und erbte nach dem Tod des letzten Grafen von Waldburg-Wolfegg-Wolfegg, Carl Eberhard, der Generalleutnant des Schwäbischen Kreises gewesen war, 1798 die Grafschaft Wolfegg. Nach Studien in Straßburg und Freiburg hatte er die Wiener Verwaltungspraxis kennengelernt und suchte nun nach der Regierungsübernahme seine Herrschaften im Geiste katholischer Aufklärung zu modernisieren. Wie

Ansicht der standesherrlichen Residenz Zeil von Süden. Im Vordergrund Kirche und Mühle von Unterzeil. Aquarell von Caspar Obach, 1847. Waldburg-Zeil'sches Gesamtarchiv Schloss Zeil.

Schloss Wolfegg von Westen. Aquarell von Caspar Obach, 1848. Waldburg-Zeil'sches Gesamtarchiv Schloss Zeil.

sein Vorbild Joseph II. neigte er dabei manchmal zur Überregulierung. Seit 1791 war er mit Gräfin Maria Josepha Fugger-Babenhausen verheiratet. Seine Hauptsorge galt dem Fortbestand der eigenen Familie. 1801 regelte er die Erbfolge in Wolfegg durch Einführung einer Primogeniturordnung, wie sie in Zeil und Wurzach schon seit 1687 bzw. 1701 in Kraft war. Er hatte aber noch keinen männlichen Erben, sechs Söhne waren schon im Kindesalter gestorben. Um die Versorgung der Wolfegger Töchter sicherzustellen und langwierigen Erbauseinandersetzungen vorzubeugen, wie sie nach dem Erlöschen der Jakobinischen Linie in Schwaben 1772 entstanden waren, schloss er 1803 und 1807 Abkommen mit seinen Vettern in Zeil und Wurzach. Dem gleichen Ziel diente ein mit dem Haus Wolfegg abgestimmter Eventualerbvertrag zwischen Zeil und Wurzach 1805. Im Jahre 1808 wurde in Wolfegg jedoch nochmals ein Sohn geboren, der am Leben blieb, und es folgten noch zwei weitere Söhne, so dass der Bestand des Hauses nicht mehr gefährdet schien. Ein Onkel Joseph Antons, Graf Anton Willibald (1729 – 1821), Domherr zu Salzburg und Präsident der Salzburger Hofkammer, zeichnete sich durch Wohltätigkeit aus und hinterließ später sein ganzes Vermögen dem Armenfonds der Stadt Salzburg. Leitender Beamter der Herrschaft Wolfegg war bis 1807 der Geheime Rat und Kanzler Johann Baptist Partenschlager Edler von Sonnenthal. Auch der Schwager des regierenden Grafen, Graf Firmas-Perrier, betätigte sich als politischer Ratgeber und Unterhändler des Hauses Wolfegg.

Die gräfliche Familie in Zeil hatte 1772 aus der Erbmasse der in Schwaben erloschenen Jakobinischen Linie die Grafschaft Trauchburg geerbt und führte seither den Namen „Waldburg-Zeil-Trauchburg". Seit 1790 war dort Graf Maximilian Wunibald (1750 – 1818) an der Regierung. Er hatte in Salzburg und Göttingen studiert und von seinem Vater eine vorbildlich geordnete Herr-

Rudolf Beck

schaft, aber auch eine Schuldenlast von rund 100 000 Gulden übernommen, die hauptsächlich von der Trauchburger Erbschaft herrührte. Bei den letzten Kaiserkrönungen des Heiligen Römischen Reiches 1790 und 1792 hatte er in Vertretung des waldburgischen Seniors das Reichserbtruchsessenamt verrichtet. Verheiratet war er in zweiter Ehe mit einer Tochter des Grafen Ferdinand Maria von Waldburg-Wolfegg-Wolfegg, Maria Anna. Zwei Jahre vor dem Ende des Heiligen Römischen Reiches wurde er Direktor des Schwäbischen Reichsgrafenkollegiums und nach dem Tod des Grafen von Wurzach 1807 Senior des Gesamthauses Waldburg. Von 1804 an hatte er die Vormundschaft über die fünf minderjährigen Kinder seines verstorbenen Schwagers Franz Fidel von Königsegg-Rothenfels zu führen und mit Österreich den Eintausch der Herrschaft Immenstadt gegen ungarische Krongüter zum Vollzug zu bringen. 1807 kam die Vormundschaft in Wurzach und die Kuratel über den Fürsten Dietrichstein in Neuravensburg hinzu. Sein Bruder Sigmund Christoph war Fürstbischof von Chiemsee und trug in der schweren Zeit der Napoleonischen Kriege als Administrator die Verantwortung für das Erzbistum Salzburg, weil Erzbischof Hieronymus Colloredo nach Wien geflohen war. Er starb 1814 kurz vor seiner Ernennung zum Erzbischof von Freising. Ein weiterer Bruder Maximilian Wunibalds, Ferdinand, war zunächst Domherr in Augsburg und seit 1799 Pfarrer in Aichstetten, Bruder Clemens Major beim Schwäbischen Kreisregiment. Die Regierungskanzlei in Zeil leitete 40 Jahre lang der vom gesamten Haus Waldburg hoch geschätzte Geheime Rat und Kanzler Joachim Fidel von Gimmi, der auch Syndikus des Grafenkollegiums war. Von ihm und seinem Dienstherrn Graf Maximilian Wunibald stammen alle maßgeblichen Schriftsätze zu den existenziellen Problemen, mit denen sich das Haus Waldburg in der Zeit um 1806 konfrontiert sah.

Der regierende Graf von Wurzach, Eberhard Ernst (1730 – 1807), Senior des Gesamthauses Waldburg, konnte aus gesundheitlichen Gründen die mit dieser Funktion verbundene Führungs- und Vermittlerrolle in der Familie nur noch eingeschränkt wahrnehmen und überließ die Initiative des politischen Handelns weitgehend seinen Vettern in Zeil und Wolfegg. Überdies stand die gräfliche Familie in Wurzach immer noch unter dem Schock, den die rätselhafte Ermordung des 33jährigen Erbgrafen Leopold durch österreichische Husaren vor dem Wurzacher Schloss am 18. Juni 1800 ausgelöst hatte. Der idealistisch gesinnte, politisch fortschrittlich denkende junge Mann, der fünf unmündige Kinder hinterließ, war eine große Hoffnung für die Herrschaft Wurzach gewesen. Ein Bruder des ermordeten Erbgrafen, Eberhard, nahm als württembergischer Generalmajor am Russlandfeldzug Napoleons teil, starb aber kurz nach seiner Heimkehr an den Folgen der im Krieg erlittenen Verletzungen. In anderer Hinsicht tragisch war auch das Schicksal des vormaligen Domdekans von Straßburg, Graf Joseph Franz von Wurzach (1748 – 1813). Er plante in Wurzach eine Akademie der Schönen Künste zu errichten und hatte zu diesem Zweck seine einzigartige Gemäldesammlung, zu der Spitzenwerke der europäischen Malerei wie der Wurzacher Altar von Hans Multscher gehörten, bereits ins Schloss nach Wurzach verbringen lassen. Sie musste aber wegen des zweiten Koalitionskrieges nach Wien geflüchtet werden und kam schließlich in London unter den Hammer. Der kunstsinnige Domherr starb fast mittellos in Wien. Graf Franz Fidel von Wurzach (1733 – 1805), wie Joseph Franz ein Bruder des regierenden Grafen, war bis 1789 Generalmajor des Schwäbischen Kreises und verbrachte seine letzten Lebensjahre als Deutschordenskomtur auf der Insel Mainau. Die Familie Waldburg-Wurzach war durch Connubium eng mit dem gräflichen Haus Fugger verbunden. 1793 fand in Mooshausen sogar eine Doppelhochzeit statt: Der Wurzacher Erbgraf Leopold heiratete Gräfin Maria Walburga Fugger-Babenhausen, seine Schwester Maria Antonia den regierenden Grafen von Babenhausen, Anselm Maria.

Die finanzielle Lage des Hauses Wurzach war bedenklich. Vor allem der Bau des neuen Wurzacher Schlosses im 18. Jahrhundert hatte zu hohen Schulden geführt. Ende 1802 betrug der Passivstand

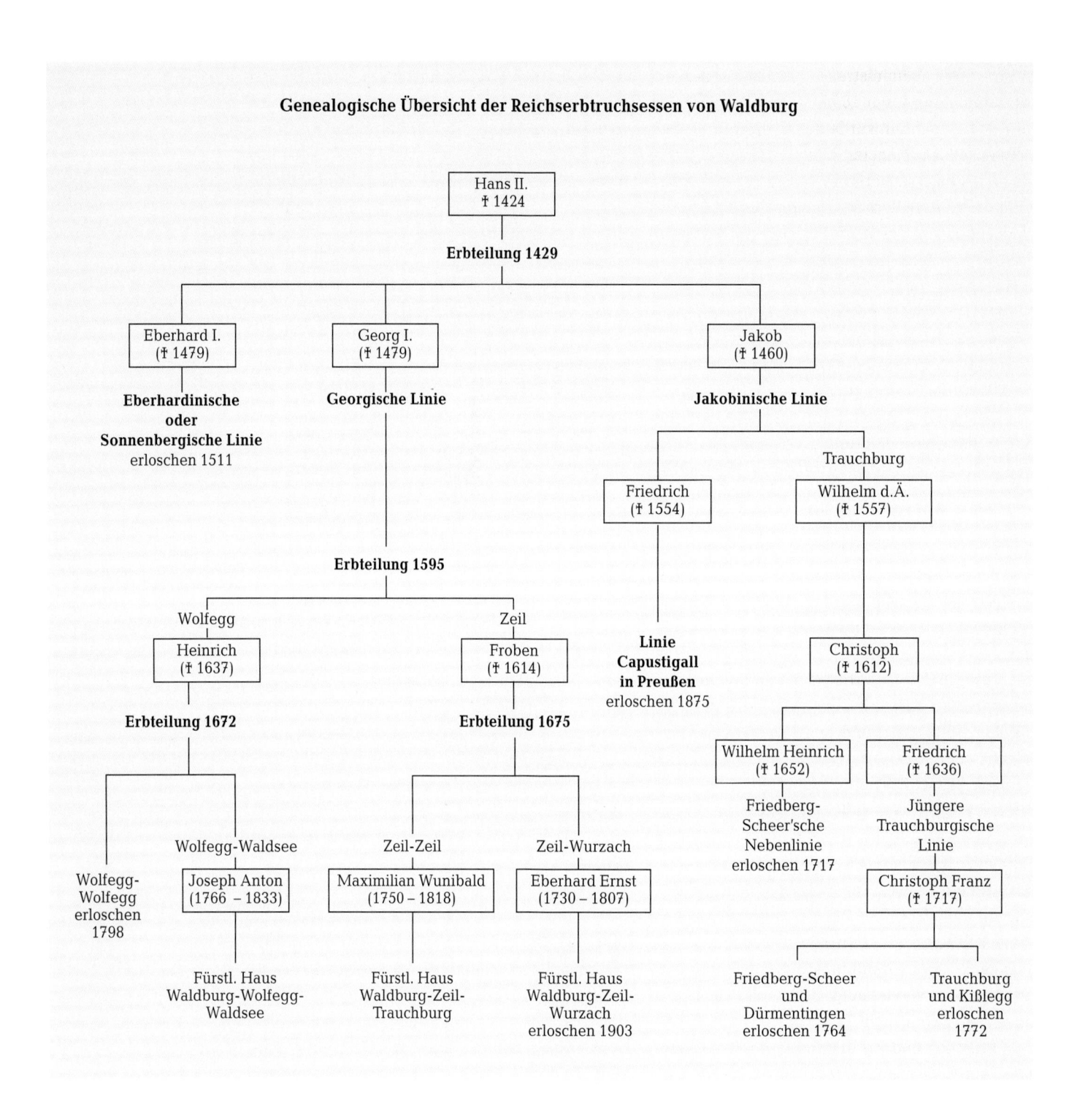

Genealogische Übersicht der Reichserbtruchsessen von Waldburg

```
                        Hans II.
                        † 1424
                    Erbteilung 1429
        ┌───────────────┬───────────────────────┐
   Eberhard I.       Georg I.                Jakob
   († 1479)         († 1479)              († 1460)

 Eberhardinische   Georgische Linie       Jakobinische Linie
      oder                           ┌──────────────┬─────────────┐
 Sonnenbergische Linie                                          Trauchburg
 erloschen 1511                    Friedrich              Wilhelm d.Ä.
                                   († 1554)                 († 1557)

                 Erbteilung 1595                              │
              ┌──────────┴─────────┐    Linie             Christoph
            Wolfegg              Zeil   Capustigall       († 1612)
           Heinrich            Froben   in Preußen    ┌───────┴────────┐
           († 1637)           († 1614)  erloschen   Wilhelm Heinrich  Friedrich
              │                  │       1875        († 1652)         († 1636)
        Erbteilung 1672    Erbteilung 1675
                                                    Friedberg-        Jüngere
                                                    Scheer'sche       Trauchburgische
                                                    Nebenlinie        Linie
                                                    erloschen 1717
                                                                    Christoph Franz
                                                                      († 1717)
         Wolfegg-Waldsee  Zeil-Zeil    Zeil-Wurzach
 Wolfegg-   Joseph Anton  Maximilian   Eberhard Ernst   Friedberg-Scheer  Trauchburg
 Wolfegg    (1766-1833)   Wunibald     (1730-1807)      und               und
 erloschen               (1750-1818)                    Dürmentingen      Kißlegg
 1798                                                   erloschen 1764    erloschen
                                                                          1772
           Fürstl. Haus   Fürstl. Haus  Fürstl. Haus
           Waldburg-      Waldburg-Zeil- Waldburg-Zeil-
           Wolfegg-       Trauchburg    Wurzach
           Waldsee                      erloschen 1903
```

584 555 Gulden, etwa das Zwanzigfache der jährlichen Netto-Einnahmen. Graf Eberhard Ernst gelang es zwar, von Hessen-Kassel ein Darlehen von 300 000 Gulden zu bekommen. Der Betrag musste aber vom Gesamthaus als Fideikommissschuld anerkannt werden. Die Agnaten in Wolfegg und Zeil erteilten den hierzu nötigen Konsens, verlangten aber ihrerseits, dass Wurzach sich freiwillig einer Familienadministration unterstellte und einem verbindlichen Schuldentilgungsplan zu-

stimmte. Die Administration und der Tilgungsplan traten im Januar 1804 in Kraft. Als Administrationskommissar wurde der Wurzachische Geheime Rat und Kanzler Aloys von Steffelin bestellt[1]. Allgemein verschlechterte sich die wirtschaftliche Situation der waldburgischen Herrschaften im Jahrzehnt vor der Mediatisierung infolge der zunehmenden Kriegslasten. Keines der waldburgischen Residenzschlösser in Waldsee, Wolfegg, Wurzach und Zeil blieb von Einquartierungen verschont. Vor allem hatten aber die Untertanen zu leiden. Die Landschaftskassen waren überschuldet.

Außer den Reichserbtruchsessen in Schwaben gab es noch Nachkommen der Jakobinischen Linie in Preußen. Ihr Stammvater, der Deutschordensritter Truchseß Friedrich, war 1525 zum evangelischen Glauben übergetreten, hatte geheiratet und in Ostpreußen die evangelische Linie Waldburg-Capustigall begründet. Aus ihr gingen im 17. und 18. Jahrhundert bedeutende Diplomaten und hohe Offiziere hervor. 1686 wurde sie in den Grafenstand erhoben. Die freundschaftlichen Beziehungen zu den schwäbischen Vettern waren nie ganz abgerissen und überdauerten auch die jahrelangen Prozesse um das Jakobinische Erbe in Oberschwaben. 1804 besuchte der Chef des Hauses Waldburg-Capustigall, Graf Friedrich Ludwig II. (1740 – 1810), „ein ansehnlicher, allter, belebter Herr, der allgemeinen Beyfall sich erwarb"[2], seine Verwandten in Wolfegg, Wurzach und Zeil und schloss Freundschaft mit ihnen. Den Plan, die Fürstenwürde von Kaiser Franz I. von Österreich 1808 auch für das Haus Waldburg-Capustigall zu erhalten, musste er wieder aufgegeben, weil die Familie in Österreich nicht begütert war. Sein Sohn Graf Friedrich Ludwig III. (1776 – 1844) heiratete 1803 Prinzessin Maria Antonia von Hohenzollern-Hechingen, stieg in der preußischen Armee bis zum Generalleutnant auf und wurde später preußischer Gesandter in Den Haag und Turin. Er begleitete den besiegten Napoleon durch Frankreich ins Exil auf der Insel Elba und veröffentlichte über diese Reise einen interessanten Bericht. Während des Wiener Kongresses ließ er seinen Vettern in Oberschwaben, die unter scharfer württembergischer Beobachtung standen, aus Wien wichtige Informationen über den Gang der Verhandlungen zukommen. Der Stammsitz der Familie, Capustigall bei Königsberg, wurde im 19. Jahrhundert in „Schloss Waldburg" umbenannt. 1875 erlosch das Haus Waldburg-Capustigall im Mannesstamm.

DIE FÜRSTENWÜRDE: DER RETTUNGSANKER?

Spätestens seit dem Friedensschluss von Lunéville rechnete man im Haus Waldburg mit der „vorzusehenden gänzlichen Umänderung der teutschen Reichsverfassung". Wenn davon zunächst auch nur die geistlichen Territorien betroffen waren, so musste man doch bei nüchterner Einschätzung der Lage davon ausgehen, dass die Reichsgrafen nur „par miséricorde verschont und nicht in die Indemnisationsmasse geworfen worden" waren[3]. „Es scheinet nun, daß das politische Ungewitter nächstens ausbrechen dörfte und dermal nur eine sogenannte Henkersfrist sey. Uns Schwaben und Francken trift es am stärcksten. [...] Auch möchten wohl alle kleinere Reichsstände, Stätte und Grafen mit unter die Zahl der Zech zahlenden kommen, wo uns Truchsessen das Loos treffen könnte, Toscanisch zu werden [...]", schrieb Graf Clemens von Waldburg-Zeil am 17. Juli 1802 seinem Neffen Erbgraf Franz Thaddäus[4].

Da schien sich für die Reichserbtruchsessen gerade infolge der Säkularisation eine Möglichkeit zu ergeben, die eigene politische Existenz auch für die Zukunft zu sichern. Durch den Wegfall der geistlichen Fürsten, welche traditionell die habsburgische Politik unterstützt hatten, veränderte sich im Fürstenrat das Stimmenverhältnis zugunsten der Evangelischen. Österreich versuchte nun, durch Standeserhöhungen und die Vergabe von Virilstimmen an verdiente katholische Reichsgrafen dem entgegenzuwirken. Auch das Haus Waldburg in Schwaben wurde unter der Hand dazu ermutigt, sich um die Fürstenwürde zu bewerben. Erbgraf Franz Thaddäus von Waldburg-Zeil, der sich als Bevollmächtigter des

Fürst Maximilian Wunibald von Waldburg-Zeil-Trauchburg (1750-1818). Der erste Fürst von Waldburg-Zeil-Trauchburg, zugleich letzter regierender Landesherr auf Schloß Zeil, ließ sich für die Ahnengalerie mit dem Reichsapfel und im golddurchwirkten Brokatgewand des Reichserbtruchsessen porträtieren, das er bei den Krönungen Leopolds II. 1790 und Franz II. 1792 in Frankfurt getragen hatte – ein Bekenntnis zum 1806 untergegangenen Heiligen Römischen Reich deutscher Nation. Ölgemälde, Schloss Zeil.

Schwäbischen Grafenkollegiums in Regensburg aufhielt, erhielt im Dezember 1802 durch diplomatische Kanäle entsprechende Signale und empfahl seinen Angehörigen umgehend, diesen Schritt zu tun[5]. Trotz großer Bedenken wegen der zu erwartenden hohen Kosten beschlossen die regierenden Grafen von Wolfegg, Wurzach und Zeil auf einer eilends nach Wurzach einberufenen Familienkonferenz am 4. Januar 1803, in Wien ein gemeinsames Gesuch um Erhebung in den Reichsfürstenstand und die Verleihung einer Virilstimme einzureichen. Den Ausschlag für diese Entscheidung gab die Hoffnung, durch eine engere Verbindung mit der künftigen Reichsverfassung politisch eher überleben zu können. Auch sah man sich gegenüber den Nachkommen in der Pflicht. „Man würde sich bey der Posterität vielleicht nicht unbillige Vorwürfe zuziehen, die gute Gelegenheit für immer versäumt zu haben", war die einhellige Meinung[6]. Illusionen machte man sich allerdings nicht. „Bei einer künftigen vielleicht nicht lang verschobenen Totalumwälzung der deutschen Constitution werden die kleinen Fürsten kein besseres Los als die Grafen zu hoffen haben und mit diesen aus der Reichsständischen Cathegorie verschwinden", zeigte sich Graf Maximilian Wunibald von Waldburg-Zeil skeptisch. Aber vielleicht werde auf Reichsfürsten mit Virilstimme eher Rücksicht genommen. Schon mancher habe sich im Schiffbruch an einem Schilfrohr gerettet. Schaden könne die Fürstenwürde jedenfalls nicht[7].

Kaiser Franz II. nahm das Gesuch der Grafen von Waldburg, das Erbgraf Zeil im Auftrag des Gesamthauses in Wien übergab, sehr wohlwollend auf mit der Bemerkung, die Truchsessen seien immer rechtschaffene, brave Männer gewesen, die Rücksicht verdienten, und verlieh den drei waldburgischen Linien in Wolfegg, Wurzach und Zeil schon am 21. März 1803 als ersten von allen „Competenten" im Reich den Fürstentitel[8].

Die nun folgenden, monatelangen Verhandlungen über die inhaltlichen Details des Fürstendiploms und die Höhe der Taxen gestalteten sich jedoch äußerst schwierig[9]. Sie endeten schließlich, was die Kosten betraf, mit einer herben Enttäuschung. War man anfangs von einer Gesamtsumme von 30 000 bis 40 000 Gulden ausgegangen, so ergab sich jetzt nach den Berechnungen der Reichskanzlei ein Betrag von 81 759 Gulden Wiener Währung. Reichsvizekanzler Fürst Colloredo und Kurerzkanzler von Dalberg waren nicht bereit, irgendwelche Gründe für eine „Moderation" anzuerkennen, auch nicht den erneuten Antrag des Hauses Wolfegg, die immer noch nicht beglichene Reichsschuld für die Verteidigung der Städte Konstanz und Lindau durch Graf Max Willibald Wolfegg im Dreißigjährigen Krieg in Ansatz zu bringen. Erbgraf Zeil, den die Familie deswegen nochmals nach Regensburg entsandte, erreichte in der Kostenfrage trotz bester Kontakte keine Zugeständnisse. Der Wolfegger Kanzler von Sonnenthal machte im Herbst 1803 in Wien einen letzten Versuch, aber auch er konnte nur berichten: „Moderatio Taxorum omnino nulla est speranda!" (Es besteht überhaupt keine Hoffnung auf eine Ermäßigung der Taxen!)[10]. Dies war umso enttäuschender, als Erbgraf Zeil in Regensburg Papiere zu Gesicht gekommen waren, aus denen hervorging, dass Württemberg den Preis für seine neue Kurwürde von 146 340 Gulden auf 69 000 Gulden heruntergehandelt hatte[11]. Überlegungen, auf die Erhebung der waldburgischen Territorien zu einem Fürstentum aus Ersparnisgründen zu verzichten und nur die Personalfürstenwürde anzustreben, wurden wieder aufgegeben, weil dies auch den Verzicht auf die Virilstimme im Reichsfürstenrat bedeutet hätte. Eine Bewerbung um eine zweite Virilstimme, die auf den Familienkonferenzen diskutiert wurde, kam unter diesen Umständen nicht mehr in Betracht. Sie hätte zusätzliche Kosten verursacht. Auch von einer Standeserhöhung der nachgeborenen Söhne und Töchter wurde aus diesem Grund abgesehen.

Die Endfassung der drei gleichlautenden, auf den 21. März 1803 zurückdatierten Fürstendiplome beinhaltete dementsprechend die Verleihung der Reichsfürstenwürde an den jeweils Regierenden der drei Linien verbunden mit dem Prädikat „Hochgeboren" und dem Recht, vom Fürstentitel keinen Gebrauch zu machen, die Erhebung der waldburgischen Herrschaften zu einem Fürstentum unter der Benennung „Waldburg" und ein neues, vom Gesamthaus einvernehmlich gestaltetes Familienwappen. Es zeigt auf dem gevierten Hauptschild zweimal die drei übereinander gestellten schwarzen staufischen Löwen auf gelbem Grund, die goldene, über Bergen stehende Sonne der Grafschaft Sonnenberg und den schwarzen Adler der Grafschaft Trauchburg. Auf dem vom Fürstenhut bekrönten Mittelschild ist das älteste Familienwappen der Tanne-Waldburg, drei goldene Tannenzapfen auf blauem Grund, zu sehen. Im roten Schildhaupt steht der Reichsapfel für das Truchsessenamt. Schildhalter sind ein schwarzer Greif und die schwäbische Jungfrau.

Das neu gestaltete Familienwappen des Hauses Waldburg im Fürstendiplom vom 21. März 1803. Deckfarben auf Pergament. Waldburg-Zeil'sches Gesamtarchiv Schloss Zeil.

Humorvoller Glückwunsch zur Fürstenwürde. Eine antik gekleidete Frauengestalt (Tugend? Fortuna?), an deren Gewand ein Hündchen mit Löwenkopf und Löwenmähne zerrt, krönt den Wappenschild der Grafen von Waldburg-Zeil-Trauchburg mit dem Fürstenhut.
Die Inschrift auf dem Stein lautet: „Max von Zeil lebe in seiner neuen Fürstenwürde noch lang vergnügt." (mit Chronogramm 1803).
Im Hintergrund Schloß Zeil.
Lavierte Federzeichnung, signiert „GH".
Waldburg-Zeil'sches Gesamtarchiv Schloss Zeil

sich die Verhandlungen über die Virilstimme für das Haus Waldburg bis 1806 hin. Sie kamen nicht mehr zum Abschluss.

Am 9. November 1803 gaben die drei regierenden Grafen von Wolfegg, Wurzach und Zeil durch Dekrete an ihre Oberämter bekannt, dass sie von nun an den Fürstentitel führen wollten[13]. Das große Ereignis wurde in ihren Herrschaften mit schlichten Feiern begangen. Auch in diesem wichtigen Augenblick der Familiengeschichte waren Bescheidenheit und nüchterne Einschätzung der eigenen Möglichkeiten die kennzeichnenden Verhaltensmerkmale. Die gemeinsamen Notifikationen an Verwandte, Standesgenossen und alle wichtigen Höfe weisen feine Nuancen auf. So unterzeichneten die Fürsten von Waldburg ihr Schreiben nach Stuttgart als „gehorsamste Diener", das nach München aber als „gehorsamste treueste Diener". Der kurze, trockene Glückwunsch aus Stuttgart trägt die Unterschrift „der Herren Fürsten gutwilliger Friedrich Churfürst"[14]. In ihrem ausführlichen, sehr persönlich gehaltenen Schreiben an die Vettern in Preußen erläuterten die drei Linienchefs nochmals die Beweggründe für ihre Bewerbung um die Standeserhöhung:

Die Kosten der Fürstenwürde beliefen sich einschließlich aller Auslagen auf rund 90 000 Gulden, so dass jede der drei Linien 30 000 Gulden aufbringen musste. Für Zeil und Wurzach war die Finanzierung nur mit Hilfe von Krediten möglich, was dem Haus Wurzach besonders schwer fiel[12]. Die drei auf Pergament geschriebenen und in roten Samt gebundenen Diplome wurden von der Reichskanzlei erst 1804 ausgehändigt, nachdem auch Wurzach seinen Anteil vollständig bezahlt hatte. Da die evangelischen Reichsstände ihre Zustimmung zu einer Vermehrung der katholischen Stimmen auf dem Reichstag von immer neuen Bedingungen abhängig machten, zogen

„Wir sind vollkommen überzeugt, daß Euer Liebden das unserm Gesamthaus hierdurch zugehende Lustre mit Vergnügen vernehmen und uns diese Erwerbung gern gönnen werden, die nicht eitle Titlsucht, sondern die engere Verbindung unsres Hauses mit der teutschen Reichsverfassung und die Erhalltung desselben mit der vatterländischen Constitution zu ihrem reinen Zweck hat."15 Und Fürstbischof Sigmund Christoph drückte im Gratulationsbrief an seinen Bruder Maximilian Wunibald die Gefühle und Erwartungen der Familie so aus: „Gott gebe seinen heyligen Seegen darzu und mache, daß dieser nur durch die leydige Zeitumstände abgenöthigte theure Schritt wenigstens in seinen Folgen für die solidere Erhaltung unseres Gesamthauses ersprießlich und nüzlich seye. Daß du weder aus Stolz noch eitler Ehrsucht Fürst geworden seyest, davon ist gewiß jeder überzeugt, der deine Denkungsarth kennet, und folglich wird auch die Durchlauchtigkeit dich gewiß nicht weder im Kopf noch Geldbeutl verrücken."16

WARTEN AUF DIE ENTSCHEIDUNG NAPOLEONS

Die Hoffnung, mit Hilfe der Reichsfürstenwürde politisch überleben zu können, erfüllte sich für die Reichserbtruchsessen von Waldburg nicht. Schon drei Jahre nach der Standeserhöhung trat das ein, was Maximilian Wunibald von Waldburg-Zeil bereits im Dezember 1802 befürchtet hatte: „Komt eine neue Revolution, die alle Kleine aufreibt, so siedet man alle Grafen im Hafen und frißt die Fürstlein auf dem Kraut wie Würstlein. Die Grafen ohne die Fürsten minorum gentium würden alsdann den Appetit der Großen nicht sättigen und eine magere Speise bleiben."17

Der Friede von Preßburg am 26. Dezember 1805 besiegelte zunächst nur das Schicksal der Reichsritterschaft, deren Besitzungen schon vorher zahlreichen Übergriffen Bayerns und Württembergs ausgesetzt gewesen waren. Aber auch die übrigen „mindermächtigen" Reichsstände waren nun akut gefährdet. Würde man sie noch einmal verschonen oder würde Napoleon sie seinen Verbündeten, den neuen Königreichen Bayern und Württemberg, überlassen? In dieser bedrohlichen Situation entschloss sich Fürst Zeil als Direktor des Schwäbischen Reichsgrafenkollegiums nach Absprache mit den beiden gräflichen Kurien, den mächtigsten Mann Europas persönlich aufzusuchen und ihm die Anliegen seiner Standesgenossen vorzutragen. Die Audienz fand am 6. Januar 1806 in der Münchener Residenz statt. Fürst Zeil wurde begleitet von seinem Sohn Erbgraf Franz Thaddäus, seinem Freund Fürst Anselm Maria Fugger-Babenhausen und den Grafen Toerring-Gutenzell und Wartenberg-Rot. Napoleon gab sich zunächst schroff ablehnend, weil er offenbar der Meinung war, eine Abordnung der Reichsritterschaft vor sich zu haben. Als Fürst Zeil ihn über den wahren Sachverhalt aufklärte, versicherte er ihm: „Sojez tranquils! Il ne Vous arrivera rien et Vous serés conservés comme Etats de l'Empire!" (Seien Sie beruhigt! Ihnen wird nichts geschehen und Sie werden als Reichsstände erhalten bleiben.) Eine Bittschrift, die ihm Fürst Zeil überreichte, begann er sofort zu lesen und äußerte dann: „Cela contient differentes choses, il faut reflechir là dessus. Cependant il a été toujours l'interest de la France de soutenir et proteger les Etats de l'Empire germanique." (Ihre Note enthält verschiedene Dinge, über die nachgedacht werden muss. Übrigens lag es immer im Interesse Frankreichs, die Stände des Deutschen Reiches zu erhalten und zu schützen.)18 Auch wenn der französische Außenminister Talleyrand, der die Adelsdelegation am folgenden Tag empfing, konkrete Zusagen vermied, konnten die Deputierten mit dem Erfolg ihrer Mission zufrieden sein, zumal sich ein etwas undurchsichtiger Agent namens Brissot erboten hatte, gegen eine angemessene Summe beim französischen Außenministerium eine rasche Resolution zu erwirken. Erbgraf Zeil blieb in München, um die weitere Entwicklung zu beobachten. Denn unter Leitung des französischen Gesandten Otto sollte dort ein von Bayern, Württemberg und Baden gebildetes Comité zusammentreten und über die künftigen Verhältnisse des Schwäbischen Kreises entscheiden.

Die folgenden Monate vergingen zwischen Hoffen und Bangen. Nach dem günstigen Verlauf der Begegnung mit Napoleon war die Stimmung unter den Reichsgrafen und Fürsten zunächst zuversichtlich. Es gab sogar neue Bewerber, die der schwäbischen Grafenkurie beitreten wollten, wie Graf Pappenheim oder Freiherr von Rechberg. Auch der Kurerzkanzler sicherte den Grafen und Fürsten seine Protektion zu. Fürst Zeil berichtete auf der Konferenz der altschwäbischen und schwäbisch-westfälischen Kurie am 3. bis 6. Februar 1806 in Ochsenhausen über die politischen Gespräche, die er in München geführt hatte. Es wurde beschlossen, eine eigene Operationskasse einzurichten, einen engeren Ausschuss zu bilden, dem Zeil-Trauchburg, Oettingen-Spielberg, Fugger-Babenhausen, Metternich-Ochsenhausen und Törring-Gutenzell angehören sollten, sowie den Zeiler Kanzler von Gimmi und den Metternichschen Kanzler von Steinküll nach München zu entsenden, um gemeinsam mit Erbgraf Zeil die Interessen der Kurie wahrzunehmen. Da die Souveräne von Bayern, Württemberg und Baden zur gleichen Zeit in Paris mit Napoleon direkt verhandelten, wurde auf Vorschlag des Fürsten Zeil auch dort ein eigener Geschäftsträger aufgestellt. Diese Aufgabe übernahm der Fürstenbergische Regierungspräsident Joseph von Kleiser. Größere Adelshäuser wie Hohenzollern, Fürstenberg oder Hohenlohe schickten eigene Vertreter dorthin, einige Mitglieder der Grafenkollegien begaben sich sogar persönlich nach Paris. Insgesamt lauteten die Nachrichten, die aus Paris einliefen, günstiger als die aus München. Bald aber erfuhr man, dass die neuen Königshöfe, allen voran Württemberg, unter der Hand mit aller Macht am Sturz der kleinen Reichsstände arbeiteten. Die Verhandlungen in München kamen nicht voran. Das Comité stritt sich über die Frage, welches Maß an Selbständigkeit den schwäbischen Adelsherrschaften noch zugestanden werden sollte. Sollten sie in enger Bindung an die drei Souveräne eine Union und einen eigenen Kreis bilden oder sogenannten Influenzkreisen der drei Staaten zugeteilt werden, ohne ihre Selbständigkeit ganz zu verlieren? Jeder der drei Hauptinteressenten wollte dabei möglichst viel für sich herausschlagen. Auch die bis dahin halbwegs geschlossene Front der betroffenen Reichsstände begann sich aufzulösen, Verunsicherung, Ratlosigkeit und gegenseitiges Misstrauen machten sich breit. Die fürstlichen Häuser Hohenzollern, die zu den Gründungsmitgliedern der Fürstenunion von 1805 gehört hatten, trennten sich ganz von der Grafenkurie und führten eigene Geheimverhandlungen, wobei ihnen die engen Beziehungen der Fürstin von Hohenzollern-Sigmaringen zu Napoleons Gemahlin Josephine Beauharnais zustatten kamen. Die Grafen Fugger mit Ausnahme des Fürsten von Babenhausen wollten sich der bayerischen Landeshoheit unterwerfen, nachdem die bis dahin österreichische Markgrafschaft Burgau durch den Frieden von Preßburg an Bayern gekommen war. Minister Otto hatte auch dem Fürsten Zeil den freundschaftlichen Rat gegeben, diesem Beispiel zu folgen und sich ebenfalls freiwillig einem benachbarten Souverän zu unterstellen. Fürst Zeil lehnte es jedoch ab, sich eigenmächtig von der Reichsverfassung zu trennen, „die noch keineswegs in ihren bestehenden Überresten aufgehoben sey."[19]

Eigene Wege ging auch Fürst Joseph Anton von Wolfegg. Er hatte den Konferenzrezess vom 6. Februar 1806 nicht mitgetragen und seinem Kanzler von Sonnenthal gegenüber geäußert, er wolle „zu Mit- oder Alleinwirkung seiner politisch reichsständischen Existenz keinen Kreuzer mehr Aufwand machen."[20] Als ihm Sonnenthal aus München keinerlei Fortschritte melden konnte, schickte er ihm am 17. März 1806 einen detailliert ausgearbeiteten „Übergabe- und Entschädigungsplan" zur Weiterleitung an Bayern zu. Darin erklärte er seinen Verzicht auf die Landeshoheit einschließlich der oberstrichterlichen Gewalt und des Waffenrechts, auf das Collectationsrecht und alle Regalien. Die Patrimonialgerichtsbarkeit, das Jagd- und Patronatsrecht, das Eigentumsrecht an seinen Waldungen, Liegenschaften und Mobilien und bestimmte Einkünfte behielt er sich vor. Außerdem sollte Bayern eine Abfindung von 1,5 Mio. Gulden zahlen und ihm „ein schönes Hotel in der Reichsstadt Augsburg im Wert von 50 – 60 000 fl. [Gulden]" bei völliger Steuerfreiheit stellen. Eine Reihe von Bestimmungen zu den Familienverträgen, zum Unterhalt der Töchter und Schwestern, zur Titelführung und zur Versorgung der Wolfeggschen Beamten ergänzten den Entschädigungsplan.

Er wolle mit diesem Plan „offen und mit patriotischer Freymüthigkeit" zeigen, dass er „lieber ein bürgerlicher Privatmann und Gütterbesitzer als ein elender, verachteter politischer Sclave seyn wolle. [...] Ich für meinen Theil glaube eben, daß das so kleinsinnige Zurückhalten der kleinen Stände ihren Schaden und Verlust vergrößern wird", begründete Fürst Wolfegg seinen Alleingang. „Ich glaube, uns wird es gehen wie dem Hunde in der Fabel, der über einen Steeg gieng, noch einen Brocken Fleisch im Maul hatte, und als er sahe, daß das Stück im Waßer, i(d) e(st) der Schatten, größer ware, wollte er dieses erhaschen, ließ das wirkliche in das Waßer fallen und hatte nichts mehr." Die Hoffnung der kleinen Fürsten und Grafen auf eine sichere politische Existenz sei eine Chimäre, die in kurzer Zeit ganz zerfallen müsse[21].

Sonnenthal hielt es jedoch nicht für zweckmäßig und fand auch keine passende Gelegenheit, den Plan des Fürsten als Ganzes oder in Teilen zu übergeben, was zu einer schweren Verstimmung mit seinem Dienstherrn führte.

Die Gründung des Rheinbundes am 12. Juli 1806 in Paris machte allen Planungen und Bemühungen, die auf die „fernere Erhaltung der mindermächtigen Reichsstände" abzielten, ein Ende. Napoleon hatte sein in München gegebenes Versprechen nicht gehalten. „Nach gestern erhaltenen Pariser Nachrichten heißt es mit uns Principoribus et Diis minorum gentium consummatum est! [Mit uns Fürsten und Göttern der kleineren Völker hat es ein Ende] Die bisherige deutsche Reichsverfassung erhalte ihr seel. Ende, und was Napoleon nun decretiert haben wird, muß geschehen. [...] Gottes Vorsicht wird alles recht machen. Sein heiliger Wille geschehe", schrieb Fürst Zeil seinem Sohn am 28. Juli 1806[22]. Die Abdankung Franz II. als Kaiser des Heiligen Römischen Reiches Deutscher Nation am 6. August 1806 löste, auch wenn sie nicht unerwartet kam, im Haus Waldburg wie überall beim schwäbischen Adel Trauer und Bestürzung aus. Als letzte landesherrliche Amtshandlung verfügten die Fürsten von Zeil und Wurzach am 16. August 1806 die Aufhebung des seit 1608 bestehenden gemeinsamen Kollegiatstifts Zeil, um dessen Vermögen vor dem Zugriff des künftigen Landesherrn zu sichern. Mit dem Heiligen Römischen Reich endete für das Gesamthaus Waldburg auch das Reichserbtruchsessenamt, für die Linie Waldburg-Zeil das große Palatinat.

Der Abschied von der Reichsunmittelbarkeit fiel schwer, aber man trug den Verlust der politischen Selbständigkeit in Wolfegg, Wurzach und Zeil mit Fassung. Die Reaktionen reichten von christlicher Ergebung in das unvermeidbare Schicksal bis zur bewussten Annahme der neuen Rolle im Staatswesen. Obwohl alle Anstrengungen der letzten Jahre umsonst gewesen waren, verlor Fürst Zeil, bestärkt durch Gedanken aus der antiken Philosophie, nicht die Haltung: „Quid quisque vitet, numquam homini satis cautum est in horas. [...]

Fürst Joseph Anton von Waldburg-Wolfegg-Waldsee (1766 – 1833) Ölgemälde, Schloss Wolfegg.

Die Mediatisierung des Hauses Waldburg

Sed improvisa leti vis rapuit rapietque gentes. (Weiß doch der Mensch von Stunde zu Stunde nie, wovor er fliehen soll. [...] Die jähe Gewalt des Todes hat sogar schon Völker dahingerafft und wird sie auch in Zukunft dahinraffen.) Dieses Motto, ich glaube, es ist aus Horatz, [...] geht bey uns wirklich in Erfüllung. Als Christen wollen wir dabey Gottes Fügung anbetten und derselben uns aus höhern Zwecken willig unterwerfen", tröstete der Fürst seinen Sohn Franz Thaddäus[23]. Es ist dieselbe Einstellung, mit der man in der Familie auch den Tod naher Angehöriger und Freunde hinnahm oder anderen schweren Schicksalsschlägen begegnete.

Ähnlich äußerte sich Fürstbischof Sigmund Christoph: „Die politischen Verhältnisse sind leyder nun entschieden, und unsere famille muß sich gleich den meisten übrigen gleichwohl gefallen lassen, als unschuldiges Staatsopfer unter den Ruinen des deutschen Reiches in Betreff der durch Jahrhunderte gehabten Immediität vergraben zu werden. So hart dieser Schlag immer ist, muß mann sich doch damit trösten, selbst nicht dazu Veranlassung gegeben oder beygewürckt zu haben – lange war dieser unglückliche Fall vorzusehen [...] tela praevisa minus feriunt. (Wurfgeschosse, auf die man gefasst ist, treffen einen weniger schlimm.) Wenn nur wenigstens jetzt noch eine solche neue Organisation zu Stande kömt, wodurch man für die Zukunft gesichert und wenigstens noch bey seinem Eigenthum erhalten wird."[24]

Fürst Wolfegg beschloss das schicksalsträchtige Jahr 1806 mit der Feststellung: „Das alte Jahr hat sich mit der Auflösung meiner politischen Existenz geendet, daß ich unter die Landeshoheit S.M. des Königs von Würtenberg gekommen bin. Eine neue Epoche fängt nun für mich an. Vorhero habe ich als Regent 15 Jahre gelebt. [...] Ich wollte das Beste meiner Unterthanen. Mein Trost ist, ihnen nie neue Lasten aufgelegt noch mich eines vorsezlich ungerechten Machtspruchs schuldig zu wissen; und wären die schrecklich verherende Kriege nicht gewesen, so glaube ich meine Unterthanen würden, soviel es in einem Particularstaat seyn kann, glücklich gewesen seyn. [...] Nun bin ich Privatmann und Bürger geworden, und mein erstes Ziel und Bestreben soll seyn, ein guter und gegen Staat und Regent möglichst getreuer und gehorsamer Bürger zu seyn."[25]

Es fehlte den Betroffenen also nicht am Sinn für die politische Realität, nicht am Willen, sich den neuen Gegebenheiten anzupassen. Sie waren nicht vom Starrsinn der Ewiggestrigen geleitet, die sich um keinen Preis von ihren althergebrachten Privilegien trennen wollten. Es gab im katholischen Haus Waldburg zu diesem Zeitpunkt auch noch keine Bedenken, einem evangelischen Landesherrn unterstellt zu werden. Aber man vertraute darauf, dem neuen Souverän auf Augenhöhe begegnen zu können und von ihm als Standesgenossen fair behandelt zu werden. Ein Adelshaus, das seit dem Hochmittelalter zu den maßgeblichen politischen Kräften der Region gehörte, durfte dies auch erwarten.

IN DER MEDIATISATIONSHÖLLE

Artikel 24 der Rheinbundakte sprach dem König von Württemberg sämtliche waldburgischen Besitzungen zu, ausgenommen die Souveränität „sur la grande route allant de Memmingen à Lindau" [auf der großen Straße von Memmingen nach Lindau], die Bayern zufiel. Hatte Fürst Zeil zunächst noch gehofft, „daß die Staatsopfer doch mit Schonung und Rücksicht massacriert [...] werden sollen"[26], so wurde er bald eines Schlechteren belehrt. König Friedrich I. von Württemberg ging sofort daran, sich die neu erworbenen Gebiete in Oberschwaben untertan zu machen. Auf Standesgenossen wie die Fürsten von Waldburg nahm er dabei keine Rücksicht.

Schon am 8. August 1806 machte er sie mit der Tatsache bekannt, dass ihm alle ihre Territorien mit voller Souveränität zugefallen seien. Gleichzeitig sprach er die Erwartung aus, dass alle, „wes Standes, Würde oder Wesens sie seyn mögen, [...] sich Unserer Souverainität und Regie-

Das Fürstentum Waldburg-Zeil wird württembergisch. Notifikationsreskript König Friedrichs I. vom 8. August 1806 an Fürst Maximilian Wunibald von Waldburg-Zeil-Trauchburg. Ausdrucksweise und Tonfall zeigen die Absicht des Königs, den künftigen Untertanen zu erniedrigen. Waldburg-Zeil'sches Gesamtarchiv Schloss Zeil.

rung willig unterwerfen, sich dieser Besitznahme und den zu solchem Ende von Uns abgeschickten Civil-Commissarien und militairischen Befehlshabern auf keine Art widersetzen, sondern vielmehr von nun an Uns allein als ihren wahren Souverain und König erkennen, Uns vollkommenen Gehorsam in Unterthänigkeit und Treue beweisen [...]". Und mit drohendem Unterton fügte er hinzu: „Übrigens hoffen Wir, nicht in die unangenehme Nothwendigkeit versezt zu werden, irgend einer Widersezlichkeit gegen diese von Uns getroffene Anordnungen mit Strenge beggnen zu müßen."[27] Ausdrucksweise und Tonfall des Notifikationsreskripts ließen die Absicht des Königs erkennen, seine Standesgenossen und künftigen Untertanen zu demütigen.

Die Mediatisierung des Hauses Waldburg

Die formelle Übergabe der waldburgischen Herrschaften an Württemberg erfolgte am 11. September 1806 im Schloss zu Wolfegg. Generaladjutant Börner als Vertreter Napoleons und der württembergische Kommissar Regierungsrat von Maucler zeigten sich bei der feierlichen Zeremonie sehr höflich. Zwei Wochen später legten die waldburgischen Räte und das Kanzleipersonal vor Baron Maucler in Wolfegg, Wurzach und Zeil das Handgelübde ab. Dankbar wurde von Seiten der mediatisierten Fürsten registriert, dass auch dies „mit möglichster Schonung" geschah. Die Huldigung der waldburgischen Untertanen an den neuen Souverän fand im Oktober und November in Wurzach, Waldsee, Isny und Kißlegg statt. Nur die Einwohner von Aitrach, Aichstetten und Altmannshofen brauchten dabei nicht zu erscheinen, weil Bayern wegen des Souveränitätsstreits mit Württemberg Einspruch eingelegt hatte.

Zu einem großen Spektakel, einem Akt öffentlicher Unterwerfung, stilisierten König und Regierung die Huldigung der Mediatisierten am 6. Januar 1807 in der Stuttgarter Residenz. Von den Fürsten von Waldburg war nur Fürst Zeil anwesend. Seine Vettern in Wolfegg und Wurzach hatten sich wegen Krankheit entschuldigen lassen. Der König verlieh ihm bei dieser Gelegenheit „mit eigener Hand auf das huldreichste" den Großen Orden vom goldenen Adler. „So schmeichelhaft dieses einerseiths für ihn war, so schmerzhaft war es aber an und vor sich selbst, seiner teutschen Freyheit, Reichsständigkeit und Regierung auf eine so feyerliche Weise entsagen zu müssen", kommentierte der Fürst seinen Auftritt in Stuttgart[28]. Als er 1782 als junger Erbgraf stellvertretend für seinen Vater von Kurfürst Karl Theodor mit dem Reichserbtruchsessenamt belehnt worden war, waren zu dieser feierlichen Zeremonie in der Münchener Residenz der gesamte Hofstaat und das diplomatische Corps erschienen. Jetzt gehörte er selbst nur noch zum Hofstaat des württembergischen Königs und wurde wie die anderen Mediatisierten zu besonderen Anlässen – z. B. der Durchreise der Erzherzogin Louise von Österreich am 21. März 1810 – nach Stuttgart beordert, um zum Glanz der Krone Württembergs beizutragen. Auch die Verleihung des neu geschaffenen „Reichserboberhofmeisteramtes des Königreichs Württemberg" am 23. Juli 1808 an das Haus Waldburg, die am 1. Januar 1809 in einer pompösen Belehnungszeremonie in Stuttgart begangen wurde, war weniger eine Ehre für das Haus Waldburg als eine Bereicherung des königlichen Hofstaates.

Während der König im persönlichen Umgang und im gesellschaftlichen Verkehr mit den mediatisierten Standesgenossen die Form wahrte und es besonders gegenüber dem Haus Zeil nicht an freundlichen Gesten fehlen ließ, gab es bei der Durchsetzung staatlicher Maßnahmen keinerlei Entgegenkommen. Eine Flut von Gesetzen und Verordnungen brach über die neuwürttembergischen Gebiete herein, die nicht nur die wirtschaftliche Lage der Mediatisierten auf schmerzhafte Weise einschränkte, sondern auch ihr Privatleben einem kleinlichen, oft entwürdigenden Reglement unterwarf. Dass Teile der ehemaligen Herrschaften Wurzach, Zeil und Wolfegg bis zum Staatsvertrag vom 10. November 1810 zu Bayern gehörten, erschwerte die Lage zusätzlich.

Schon bald nach der Übernahme der Regierungsgewalt entzog Württemberg den Fürsten von Waldburg sämtliche Einkünfte, die sich als Souveränitätsgefälle deklarieren ließen. Sie mussten aber weiterhin wie früher wie Reichsstände ihre Beamten und Justizbediensteten besolden und ihre Schulden verzinsen. 1807 erhöhte der König den Zinssatz für Anlagekapitalien von Kommunen und Körperschaften auf fünf Prozent – eine Maßnahme, die die Fürsten von Waldburg hart traf, weil besonders Kapitalien der Pia Corpora bei ihnen seit Jahren angelegt waren. Entgegen den Bestimmungen der Rheinbundakte entzog eine Verordnung vom 10. Mai 1809 den Standesherren sogar „ihr edelstes Kleinod", die Steuerfreiheit, und „würdigte sie in die Klasse simpler Bürger und Bauren herab"[29]. Die Regulierung ihrer finanziellen Verhältnisse durch das württembergische Organisationskomitee ließ dagegen auf sich warten. Bayern seinerseits nahm den wurzachischen Brückenzoll in Ferthofen und den zeilischen Zoll, das Chausseegeld und das Umgeld in Aichstetten und Altmannshofen in Beschlag. Das Zeiler Bräuhaus durfte sein Bier nicht mehr im jetzt bayerischen Altmannshofen verkaufen, die Bierbanngerechtigkeit war aufgehoben. Der Verkauf des bayerischen Salzes in Diepoldshofen und Großholzleute, früher ebenfalls eine sichere Einnahmequelle der Herrschaft Zeil, musste eingestellt werden. Weitere durch die Mediatisierung bedingte Einbußen kamen hinzu.

Insgesamt veranschlagte Fürst Zeil 1809 seine jährlichen Verluste an Württemberg einschließlich der Gefälle von Balgheim, Zimmern und Vollmaringen auf ca. 5 250 Gulden, an Bayern auf ca. 2 850 Gulden. 1814 ermittelte der Zeiler Hofkammerrat Rist für den Zeitraum von 1806 bis 1814 einen Verlust von 9 007 Gulden im Jahresdurchschnitt[30]. Dazu kamen kriegsbedingte Abgaben und Steuerausfälle. Bis 1809 waren die Schulden der Standesherrschaft Zeil auf 485 000 Gulden angestiegen. Andererseits häuften sich Kapitalaufkündigungen, neue Kredite waren kaum oder nur unter sehr ungünstigen Bedingungen zu bekommen. So sah sich Fürst Zeil beispielsweise 1811 außerstande, ein Darlehen von 20 000 Gulden zurückzuzahlen, das er zehn Jahre vorher bei seinem Freund Heinrich XLII. Reuß zur Unterstützung der Zeiler Landschaftskasse aufgenommen hatte.

„Ich muß Euer Liebden zu hoher Erwägung geben", begründete er seine Bitte um Zahlungsaufschub, „daß das höchsttraurige Los der Mediatisation, welches mich mit so viel andern unglücklichen vormals Reichsfürstlichen und Gräflichen Häusern betroffen hat, mich nicht nur um einen sehr beträchtlichen Theil /: ich darf es auf den dritten berechnen :/ meiner besten und liquidesten Revenues gebracht, sondern zugleich meinen sonst gehabten Credit durch die Herabwürdigung meiner Person und Güter und die Erarmung meiner Unterthanen, von denen ich die mir noch überlassenen Einkünfte erheben solle, überaus gestört hat, wozu das für mich doppelte Unglück sich noch gesellet, daß ich weder von der Krone Württemberg noch der Krone Bajern, unter deren Souverainität nun nach dem allerneuesten Staatsvertrag ein beträchtlicher Theil meiner Grafschaft Trauchburg gefallen ist, mich bisher organisiert befinde, folglich ich auch noch zur Stunde nicht weiß, welche und wie viele Revenues mir am Ende noch übrig bleiben dörften! Auch ob und was ich von einer zwar öfentlich versprochenen, gegen mich aber noch nicht im geringsten realisierten Entschädigung zu hoffen habe! [...] Ich muß Euer Liebden inständigst um Geduld bitten, bis sich die Umstände Gott gebe! zum Bessern ändern, oder doch wenigstens so fixieren, daß ich endlich weiß, woran ich bin. Wie schmerzlich einem redlichen Manne dieses Geständnis falle und wie tief ich die harten Schläge des Schicksal fühle, werden Eure Liebden erleuchtest selbst ermessen. Nur den Trost habe ich dabey, daß ich keine Schuld in meinem Gewissen hierwegen mir vorzuwerfen habe."[31]

Ein solches Bekenntnis musste nur wenige Jahre nach der Erhebung in den Fürstenstand besonders schwer fallen. Angesichts ihrer desolaten Finanzlage sahen sich die fürstlichen Häuser in Wolfegg, Wurzach und Zeil zu größter Sparsamkeit gezwungen. Fürst Zeil musste gestehen, er sei „mit der genauesten und ich darf sagen, oft nur bürgerlichen Haushaltung kaum in der Lage, auf dem Lande nur einigermaßen anständig zu leben."[32] Er bestimmte, dass künftig für den Unterhalt seiner Familie und die Hofhaltung jährlich höchstens 16 000 Gulden aufgewendet werden durften, und führte selbst Buch über die Ausgaben. Die Schuldentilgung erhielt absoluten Vorrang. Zu diesem Zweck wurden in Zeil und Wurzach auch der Hausschmuck und das Tafelsilber verkauft. Dankbar nahm Fürst Zeil deshalb 1811 das Angebot seiner Beamten und Bediensteten an, „mit Rücksicht auf den bedrängten Finanzzustand und die große Schuldenlast des fürstlichen Hauses" für die nächsten Jahre auf einen Teil ihrer Besoldungen und Pensionen zu verzichten[33].

Stellten die finanziellen Einbußen schon einen beträchtlichen Verlust an Lebensqualität für den vormals reichsständischen Adel in Württemberg dar, so mussten die Mediatisierten es darüber hinaus hinnehmen, dass der König, der „Stuttgarter dicke Herodes", ihre persönlichen Freiheitsrechte beschnitt und ihre privilegierte Stellung in Staat und Gesellschaft ohne Rücksicht auf die Bestimmungen der Rheinbundakte drastisch einschränkte. Das Hausgesetz vom 1. Januar 1808 sprach den Fürsten und Grafen die Ebenbürtigkeit ab, was deren Standesbewusstsein aufs Schwerste kränken musste. Friedrich ging sogar soweit, dass er als einziger deutscher Souverän seinen Familienangehörigen Heiratsverbindungen mit standesherrlichen Familien untersagte. Um den Geburtsadel zu demütigen, schuf er einen zahlreichen Militär- und Verdienstadel, der den Standesherren gleichgestellt war. Die „Normalverordnung über die Erbfolge in den fürstlichen, gräflichen und adeligen Familien" vom 22. April 1808 hob alle Familienfideikommisse und andere Sukzessionsverträge auf, soweit sie nicht mit den Gesetzen des Königreichs Württemberg überstimmten. Davon waren auch die Erbeinigung des Hauses Waldburg von 1429 und sämtliche Folgeverträge betroffen. Ziel der Verordnung konnte nur sein, „dem alten Adel allen Credit zu nehmen, die Zersplitterung der Familiengüter zu veranlassen und die alten Häuser in ihrem innersten Grund zu schwächen."[34] Fürst Zeil errichtete deshalb 1811 ein Testament nach gemeinem württembergischem Landrecht. Ende 1808 verfügte der König, dass keinem Adeligen seines Herrschaftsbereiches „ohne alleruntertänigste Anzeige und Allerhöchste Erlaubnis eine länger als sechswöchige Abwesenheit aus dem Königreich" gestattet sei. Eine weitere Verordnung vom 10. Mai 1809 entzog den Mediatisierten die gesamte Patrimonialgerichtsbarkeit und die Ortspolizei, was eindeutig gegen Artikel 27 der Rheinbundakte verstieß. Auch diese Verordnung schrieb man wie die vorausgegangenen Minister Graf Normann-Ehrenfels „als einem Feind des alten illustren Adels" zu[35].

Das Haus Waldburg und benachbarte Fürsten und Grafen beschlossen, beim König Einspruch einzulegen, „jedoch nur einzeln, um allen gehässigen Vorwurf einer Complotierung zu vermeiden." Die Fürsten von Waldburg taten dies am 24. Mai 1809 und nochmals am 12. September 1809, jedoch ohne Erfolg. Beim zweiten Mal wurde ihnen durch Ministerialreskript mitgeteilt, der König wolle von derlei Vorstellungen durchaus nichts mehr wissen und habe befohlen, mehrere Eingaben dieser Art ungeöffnet zurückzugeben. Der württembergische Staat übernahm aber nicht – wie versprochen – die mit der Jurisdiktion befassten Beamten und Justizbediensteten. Sie wurden von den Fürsten von Waldburg freiwillig weiter besoldet. Am 11. November 1809 befahl der „schwäbische Zar" schließlich, die Standesherren sollten künftig mehrere Monate im Jahr in der Residenzstadt Stuttgart verbringen und ihre nachgeborenen Söhne an Stuttgarter Erziehungs- und Unterrichtsanstalten zu württembergischen Staatsdienern ausbilden lassen. Um der Residenzpflicht mehr Nachdruck zu verleihen, wurden Verstöße mit der Sequestrierung des vierten Teils der Einkünfte bedroht – alles in allem eine Politik, die nicht geeignet war, die Mediatisierten mit dem neuen System zu versöhnen und sie in Württemberg politisch zu integrieren. Mediatisierung in Württemberg – das war für Betroffene wie die Fürsten von Waldburg eine traumatische Erfahrung. Sie waren politisch entmündigt, wirtschaftlich ruiniert und menschlich gedemütigt. Der Verfasser der um 1813 entstandenen Kampfschrift „Würtenberg", der nicht dem Umfeld der Mediatisierten zuzurechnen ist, konstatiert in Bezug auf den ehemals reichsständischen Adel nüchtern: „Die mediatisierten Fürsten, Grafen und Freyherrn werden nach allen Rücksichten wie die Bauren behandelt. Sie haben so wenig persöhnliche Freyheit wie diese. Ihre Lasten und Abgaben übersteigen allen Glauben, alles ist darauf angelegt, sie zu Nullen im Staatsverbande herunter zu würdigen. Die Aufhebung der Majorate hat keinen andern Zweck als derselben Besitzungen bis ins Unendliche zu zerstückeln."[36]

KAMPF UM RECHTSSICHERHEIT

Das Ende der Gewaltherrschaft Napoleons musste daher gerade bei den Standesherren in Württemberg große Hoffnungen wecken, waren damit doch auch der Rheinbund und die mit ihm verknüpften staatsrechtlichen Vereinbarungen hinfällig geworden. Nationale Begeisterung, Ablehnung württembergischer Unterdrückung und Standesinteressen einigten auch das Haus Waldburg. „Welcher wahre deutsche rechtliche Mann sollte es nicht fühlen, daß es nicht nur allein um Befreyung von dem französischen Joche, sondern auch von dem gegenwärtigen W(ürttemberg)s zu tun seye!!! Denn Despothie bleibt Despothie, sie mag französisch, welsch oder deutsch seyn!!!" machte Fürst Wolfegg seinem Herzen Luft[37]. Sogar die Wiedererrichtung des Heiligen Römischen Reiches schien möglich. „Kaiser Franz dörfte allernächst wieder als deutscher Kaiser proclamiert werden, und noch in diesem Jahr soll auch der öster. Kronprinz die Kron erhallten. Ergo auch das Reichserbtruchsessenamt in Vigore wieder aufstehen", schrieb Fürst Zeil am 15. Januar 1814 begeistert seinem Sohn Franz Thaddäus[38].

Wie populär Kaiser und Reich nach acht Jahren württembergischer Herrschaft in den neuwürttembergischen Gebieten waren, wurde am 8. Juni 1814 bei der Fahrt Kaiser Franz I. durch die ehemals waldburgischen Herrschaften deutlich: Sie glich einem Triumphzug. In Memmingen, wo der Kaiser Station machte, konnte ihm Fürst Zeil als Sprecher der Standesherren ausführlich die Sorgen und Wünsche seiner Standesgenossen darlegen. Franz I. empfing den Fürsten mit größter Liebenswürdigkeit, zeigte sich gut informiert, wies aber darauf hin, dass die Entscheidung auf dem bevorstehenden Friedenskongress in Wien nicht von ihm allein abhänge. Welche Bedeutung dieser Einschränkung zukam, sollte sich nur allzu bald zeigen. Die oberschwäbischen Standesherren, die sich aus Furcht vor Repressalien aus Stuttgart nicht einmal von einem offiziellen Gesandten in Wien vertreten lassen konnten, mussten bald erkennen, dass an eine Wiederherstellung der früheren Verhältnisse nicht mehr zu denken war. „Eine vollkomne Herstellung mit der Reichsunmittelbarkeit ist wohl kaum mehr zu erwarthen, ein approximativer Zustand aber möglich", urteilte Fürst Maximilian Wunibald schon im Juli 1814[39]. Die Entscheidung war längst gefallen, da die alliierten Großmächte den Königen von Württemberg und Bayern und dem Großherzog von Baden die Souveränität und den territorialen Bestand schon vor deren Bündniswechsel 1813 garantiert hatten. Auch die Hoffnung, Österreich statt Württemberg als neuen Souverän zu bekommen, zerschlug sich. Die erste Euphorie machte einer realistischen Lagebeurteilung Platz. „Wenn nur einmal die Hauptsache richtig bleibt, nemlich der allgemeine Fried, und für uns ein künftig besseres Los, so können wir, wenn es seyn muß, die Entschädigung pro praeterito verschmerzen, obwohl wir auch mit dieser sicher nicht ganz durchzufallen Hoffnung haben", gab Fürst Zeil die Stimmung in seiner Familie im Dezember 1814 wieder[40]. Die deutlich bescheidener gewordenen Erwartungen der Fürsten von Waldburg wurden wenigstens zum Teil erfüllt. Was die der Wiener Schlussakte beigefügte Deutsche Bundesakte vom 9. Juni 1814 für die künftige Rolle der Standesherren in Staat und Gesellschaft vorsah, war ein Ergebnis, mit dem diese leben konnten. Sie mussten zwar endgültig auf die Gesetzes-, Militär- und Rechtshoheit verzichten und damit ihre in der Rheinbundakte festgeschriebene Stellung akzeptieren. Aber in Artikel 14 der Deutschen Bundesakte wurden ihnen wichtige Vorrechte eingeräumt, unter anderem Aufenthaltsfreiheit, Familienautonomie, privilegierter Gerichtsstand, Ortspolizei, Patrimonial- und Forstgerichtsbarkeit, Freistellung von der Militärpflicht und die Patronatsrechte. Die Ebenbürtigkeit der fürstlichen und gräflichen Familien mit den regierenden Häusern wurde ausdrücklich bestätigt. So war denn die Bilanz, die Fürst Zeil zog, als er im Juni 1815 die entscheidende Depesche des Geschäftsträgers der Standesherren, von Gärtner, aus Wien erhielt, im Ganzen positiv: „Obgleich noch vieles für uns zu wünschen übrig bleibt und der eifrige, unermüdete und nicht genug zu schätzende H. v. Gärtner damit nur halb zufrieden ist, so können wir doch Gott danken, daß unser Zustand doch ehrenhaft und erträglicher wird."[41]

Allerdings blieb ungewiss, welche Haltung Württemberg einnehmen würde. Schon im November 1814 hatte Graf Friedrich Ludwig III. Waldburg-Capustigall seinen schwäbischen Vettern aus

Wien berichtet, auf dem Kongress herrsche zwischen allen maßgeblichen deutschen Fürsten Einigkeit darüber, dass das Los der Mediatisierten verbessert werden müsse. Nur Württemberg sei „desto halsstarriger"[42]. Dies änderte sich auch in den folgenden Monaten nicht. Als bekannt wurde, Württemberg habe an den abschließenden Verhandlungen des Wiener Kongresses über die deutschen Angelegenheiten nicht mehr teilgenommen und die Bundesakte als einziger deutscher Staat neben Baden noch nicht unterzeichnet, wertete Fürst Zeil dies als Beweis, „daß unser König durchaus sich zu keiner Milderung bequemen, sondern seine absolute Alleingewallt fernerhin fortsetzen will. In diesem Fall kommen wir weder zu einer Landesverfassung, noch zu einer Restitution der uns verbleiben sollenden Rechten anders, als durch Vermittlung der höchsten Mächten, die mit positiven Vorschriften und Garantie einschreitten müssen."[43] Und er prophezeite: „Indessen wird bey denen beharrlichen despotischen und dem Adel feindlichen Gesinnungen unsres Königs es noch unzählige Schwierigkeiten haben, bis wir wieder in tantum in quantum restituirt werden."[44]

Württemberg unterzeichnete die Bundesakte zwar nachträglich am 1. Juli 1815, aber dies war für die Standesherrn nach den Erfahrungen der Rheinbundzeit keine Garantie dafür, dass der Artikel 14 auch umgesetzt würde. Auch ließ die in großer Eile redigierte Bundesakte Interpretationsspielraum und bot Württemberg deshalb die Möglichkeit, ihre Bestimmungen zu unterlaufen. Das Misstrauen der Standesherren war nur allzu begründet. Nach wie vor war die Politik des Königs auf Unterwerfung des alten Adels ausgerichtet und seine Minister, allen voran Normann-Ehrenfels und Wangenheim, überboten ihn dabei noch. Demgegenüber verfolgten die Standesherren das Ziel der „Gewährung eines bleibenden Rechtszustandes und derjenigen Rechte und Befugnisse, welche den h. Standesherren in Art. 14 der deutschen Bundesakte zugesagt sind."[45] Fürst Metternich-Winneburg brachte es in einem Brief an den Fürsten Zeil vom 17. Januar 1816 auf den Punkt: Das staats- und völkerrechtliche Verhältnis der vormaligen schwäbischen Reichsmitstände zur Krone Württemberg sei bisher immer nur „von Gewalt bestimmt" gewesen, jetzt müsse es endlich „von Recht" bestimmt werden. Dafür sollten die Mediatisierten „mit bescheidener, aber durch nichts zu erschütternder Standhaftigkeit" kämpfen[46]. Zur Wahrung ihrer Interessen gegenüber den Souveränen und im Deutschen Bundestag gründeten die Standesherren am 12. Dezember 1815 einen Verein. Das Direktorium übernahm Fürst Zeil, der als letzter Direktor des Reichsgrafenkollegiums für diese Aufgabe prädestiniert war. Nach und nach traten 35 gräfliche und fürstliche Häuser bei. Die Aktivitäten des Vereins der Standesherren, die hier im einzelnen nicht dargestellt werden können[47], erregten in Stuttgart Zorn und Argwohn. Der König zeigte in der Sache kein Entgegenkommen, er reagierte vielmehr mit verstärktem Druck. Unvorsichtige Äußerungen von Standesherren wurden scharf geahndet. Im März 1816 schilderte Fürst Zeil, der am Landtag in Stuttgart teilnahm, dem Fürsten Wolfegg „die sehr kritischen Umstände für uns Fürsten und Grafen, da man uns beharrlich von Seithe des Königs zumuthet, wir sollen unsern Grundsäzen entsagen und mit bey Seithe Setzung des Bundestages uns dem König auf Discretion überlassen, das nun freylich nie geschehen wird!"[48]

Die Auseinandersetzungen eskalierten im Frühsommer 1816. Als Fürst Zeil in seiner Eigenschaft als Direktor des Vereins der Standesherren Preußen und Österreich um Unterstützung beim Deutschen Bundestag bat, warf man ihm revolutionäre Gesinnung und Widersetzlichkeit gegen den König vor und bedrohte ihn mit Haftstrafe. Er verteidigte sich beim Verhör durch den Innenminister mit dem Hinweis, dass er lediglich seine vom Deutschen Bund garantierten Rechte beanspruche, die ihrerseits wieder auf den Grundsätzen beruhten, die vom Wiener Kongress aufgestellt worden seien. „Und diesen wird doch wohl nicht im Ernst eine revolutionäre Tendenz wollen beygemessen werden", kommentierte Fürst Metternich-Winneburg die skandalöse Vorgehensweise von König und Regierung[49]. Am 6. Juni 1816 verbot der König schließlich den Verein. Zu diesem Zeitpunkt war immer noch nicht klar, ob er dem

Fürst Franz Thaddäus, der zweite Fürst von Waldburg-Zeil-Trauchburg (1778 – 1845). Porträt aus der Ahnengalerie auf Schloss Zeil. Ölgemälde, Schloss Zeil.

Deutschen Bund in aller Form beitreten und die Bundesakte anerkennen würde. Einmal mehr bestätigte Württemberg damit seine Außenseiterrolle, wenn es um die Rechte der Mediatisierten ging.

Auch nach dem Tod König Friedrichs I. ging der Streit zunächst mit unverminderter Heftigkeit weiter. Der Versuch der Regierung, das Adelsproblem durch das an den Verfassungsentwurf von 1817 angehängte Adelsstatut zu lösen, scheiterte am Widerstand des Landtags. Erst nach der Annahme der neuen Verfassung 1819, die ein Zweikammersystem vorsah, begannen sich die Beziehungen zwischen Hochadel und König allmählich zu entspannen, wozu die Person des neuen Regenten, des liberaleren Königs Wilhelm I., viel beitrug. Württemberg ging dazu über, mit den einzelnen standesherrlichen Familien Verträge abzuschließen, in denen ihre staatsrechtlichen Verhältnisse geregelt wurden. Für Zeil geschah dies im Jahr 1826. Fürst Franz Thaddäus von Waldburg-Zeil (1778 – 1845), der Nachfolger Maximilian Wunibalds, erreichte durch Vorsprache bei Wilhelm I. eine Erhöhung der Entschädigungssumme auf 110 000 Gulden. Entsprechende Verträge mit Wolfegg und Wurzach wurden 1831 bzw. 1834 geschlossen[50]. Mit den Entschädigungszahlungen des württembergischen Staates konnten die Fürsten von Wolfegg, Wurzach und Zeil einen Teil ihrer Schulden tilgen. Damit war wieder eine solidere wirtschaftliche Basis gewonnen.

BLEIBENDE RESSENTIMENTS

Die traumatischen Erfahrungen der Mediatisierung in Württemberg und der darauf folgende jahrelange politische Kampf, der nur aus diesen Erfahrungen heraus verständlich wird, hinterließen bleibende Spuren im Haus Waldburg. Die Fürsten und Grafen von Waldburg spielten zwar auch als Standesherren eine bedeutende Rolle in Politik, Wirtschaft und Gesellschaft des Landes, aber ihr Verhältnis zum württembergischen Staat und zum Königshaus blieb distanziert. Die Erinnerung an das Jahrzehnt, in dem man einem Gewaltstreich zum Opfer gefallen und der Willkür eines ehemaligen Standesgenossen ausgeliefert gewesen war, wurde bewusst wach gehalten und von Generation zu

Die Mediatisierung des Hauses Waldburg

Fürst Constantin von Waldburg-Zeil-Trauchburg (1807 – 1862), neben ihm die Reichsverfassung von 1849 mit schwarz-rot-goldenem Lesezeichen. Ölgemälde von Karl Friedrich Göser, 1851. Schloss Zeil.

Familientradition entsprechend, als Wortführer des katholischen Oberschwaben gegenüber der evangelisch dominierten Regierung in Stuttgart und dem evangelischen Königshaus. Der Gegensatz verschärfte sich noch in der Zeit der Revolution von 1848/49.

Als König und Kronprinz im März 1848 nicht bereit waren, dem Rat des konservativen Fürsten Constantin von Waldburg-Zeil zu einem entschiedenen Vorgehen gegen die Aufständischen zu folgen, brach dieser jede Verbindung ab und ging zur Gegenseite über. „Diese Antwort [sc. des Kronprinzen] wie überhaupt die allgemeine Feigheit und Charakterlosigkeit des Hofes waren" – so urteilt sein Sohn Constantin, der spätere Reichstagsabgeordnete – „die Genesis des Hasses meines Vaters gegen alles Württembergische, der ihn dann in das andere Extrem trieb."[51] Seine scharfe Kritik an der Stuttgarter Regierung brachte dem Zeiler Fürsten sogar einen Prozess wegen Beleidigung der Staatsgewalt und fünf Monate Festungshaft auf dem Hohenasperg ein. In seiner Privatrechnung vermerkte Fürst Constantin Jahr für Jahr unter „alten Exstanzien" die Ansprüche seines Hauses an Württemberg: „An den König von Württemberg bzw. seine Erben bin ich berechtigt vorkommenden Falles für allen Raub an meinem Familienvermögen seit 1806 nach oberflächlicher Berechnung – vorbehaltlich einer genauen – für das Fideicommißvermögen zu verlangen 5 000 000 fl. [Gulden]"[52]. Sein Stoßseufzer „Lieber Sauhirt in der Türkei als Standesherr in Württemberg" brachte die Gefühle vieler Betroffener, vor allem seine eigenen, drastisch, aber treffend zum Ausdruck. Der emotional geführte Kampf des Fürsten Zeil gegen Württemberg blieb zwar in seiner extremen Form ein singulärer Vorgang im Haus Waldburg. Sein Sohn Fürst Wilhelm von Wald-

Generation weitergegeben. Die von der Mediatisierung verursachten Vorbehalte gegen Württemberg erhielten im Vormärz eine kirchenpolitische Komponente, weil die Vertreter der Familie in der Ersten Kammer sich mit großem Engagement für die Rechte der katholischen Kirche und die Belange der neu gegründeten Diözese Rottenburg einsetzten. Sie verstanden sich, der

Schild zur Erinnerung an den Streit des Fürsten Constantin von Waldburg-Zeil-Trauchburg mit Württemberg 1848 – 1851. Links das älteste Familienwappen der Tanne-Waldburg, drei goldene Tannenzapfen auf blauem Grund, mit dem Fürstenhut, rechts das Wappen des Hauses Württemberg, drei schwarze Hirschstangen, mit der Königskrone. Darüber ein Totenkopf und gekreuzte Degenklingen. Holzrelief, mit Ölfarben gefasst. Schloss Zeil.

burg-Zeil gehörte als langjähriger Präsident der Ersten Kammer zum württembergischen Establishment, und einzelne Mitglieder der fürstlichen Häuser in Wolfegg, Wurzach und Zeil hatten ein gutes persönliches Verhältnis zu Angehörigen des Königshauses. Insgesamt blieben die Beziehungen aber kühl. Es gab bis ins 20. Jahrhundert nicht die sonst in Adelshäusern üblichen Einladungen zu Familienfesten. Erstmals wurde das Haus Württemberg 1926 zur Hochzeit von Gräfin Elisabeth von Waldburg-Wolfegg offiziell nach Wolfegg eingeladen.

Inzwischen gehören alle von der Mediatisierung herrührenden Spannungen und Ressentiments längst der Vergangenheit an. Hätte es dafür noch eines Beweises bedurft, so wurde er 1988 durch die Heirat von Herzogin Mathilde von Württemberg und Erbgraf Erich von Waldburg-Zeil auf überzeugende Weise erbracht.

Anmerkungen:

1 Waldburg-Zeil'sches Gesamtarchiv, Abt. Wurzach (ZAWu) 387.
2 Waldburg-Zeil'sches Gesamtarchiv, Abt. Zeil (ZAZ) 135 B.24; vgl. auch ZAZ 949. Zur Linie Waldburg-Capustigall vgl. *Hans Graf zu Dohna*: Waldburg-Capustigall. Limburg 1998.
3 „Gedanken über die Virilstimme für das Haus Reichserbtruchseß", verfasst von Graf Maximilian Wunibald von Waldburg-Zeil für die Familienkonferenz in Wurzach am 29. Dezember 1802, ZAZ 528. Zur Person des Fürsten Maximilian Wunibald und seiner Zeit vgl. *Wilhelm Mößle*: Fürst Maximilian Wunibald von Waldburg-Zeil-Trauchburg 1750 – 1818. Stuttgart 1968.
4 ZAZ 889.
5 Briefwechsel zwischen Erbgraf Franz Thaddäus und Graf Maximilian Wunibald 1802, ZAZ 894.
6 ZAZ 528 (wie Anm. 3).
7 Ebd.
8 Brief des Erbgrafen Franz Thaddäus an Graf Maximilian Wunibald vom 26. Januar 1803, ZAZ 528; vgl. Resolution Franz II. vom 21. März 1803, ZAZ 528.
9 Vgl. „Consideranda et Deliberanda" von Joachim Fidel von Gimmi und „Unmaßgebliche Bemerkungen" von Johann Baptist von Sonnenthal, verfasst für die Familienkonferenz in Wurzach am 26. April 1803, Waldburg-Zeil'sches Gesamtarchiv, Abt. Wurzach (ZAWu) 489 und 596. Vgl. auch Waldburg-Wolfeggsches Gesamtarchiv (WoWo) 16 981 und 8 791.
10 Sonnenthal an den Zeiler Kanzler von Gimmi am 2. September 1803, ZAZ 528.
11 ZAZ 528 und 531.
12 ZAZ 1 578. Vgl. Brief des Fürsten Zeil an Fürst Wurzach vom 3. Oktober 1803, ZAWu 489.
13 Brief des Kanzlers von Gimmi an Fürst Wurzach vom 10. November 1803, ZAWu 489. Brief des Erb-

grafen Franz Thaddäus an das Oberamt in Neutrauchburg vom 10. November 1803. Tagebucheintrag des Fürsten Maximilian Wunibald vom 13. November 1803, ZAZ 122.

14 Schreiben vom 29. November 1803 mit Unterschrift Friedrichs, ZAZ 535.
15 Brief vom 20. November 1803, ZAZ 533.
16 Brief vom 21. November 1803, ZAZ 881.
17 Brief an Erbgraf Franz Thaddäus vom 21. Dezember 1802, ZAZ 984.
18 „Relation ad acta. München am 6ten Jänner 1806. Audienz bey des Kaisers Napoleon Majestät." Verfasst von Fürst Zeil, ZAZ 1 106. Anrede des Fürsten Zeil an Napoleon bei der Audienz am 6. Januar 1806, ZAZ 1 069. Denkschriften, die von Fürst Zeil an Napoleon und Talleyrand überreicht wurden, in ZAZ 1 398. Vgl. ZAZ 135, B. 30ff. Übersetzung nach *Mößle* 1968 (wie Anm. 3), 125.
19 ZAZ 135, B. 31.
20 Brief Sonnenthals an Fürst Wolfegg vom 16. Januar 1806, WoWo 16 910 / 19b.
21 Brief des Fürsten Wolfegg an Sonnenthal vom 31. März 1806, WoWo 16 910 / 19b.
22 Brief vom 28. Juli 1806, ZAZ 986.
23 Brief vom 1. August 1806, ZAZ 986.
24 Brief an Erbgraf Zeil vom 11. August 1806, ZAZ 888.
25 Schreibkalender des Fürsten Wolfegg 1807, WoWo 16 670.
26 Brief an Erbgraf Franz Thaddäus vom 1. August 1806, ZAZ 986.
27 Waldburg-Zeil'sches Gesamtarchiv, Abt. Neues Zeiler Archiv (NZA) 990.
28 ZAZ 135, B. 37.
29 Ebd., B. 42.
30 NZA 998.
31 Brief vom 10. April 1811, ZAZ 1577.
32 Brief an Staatsminister von Reischach vom 23. November 1809, NZA 999.
33 Dekret des Fürsten Maximilian Wunibald vom 24. Mai 1811. Die Besoldungsreduktion in Zeil dauerte bis 1829, ZAZ 1401.
34 ZAZ 135, B. 39.
35 Ebd., B. 42
36 Die 13 Seiten umfassende Schrift ist ein Klagelied auf die Verhältnisse in Württemberg unter Friedrich I. Der Verfasser prangert vor allem den Despotismus des Königs, die Unterdrückung der Untertanen, die Verschwendungssucht des Hofes und den württembergischen Polizeistaat an. WoWo 13 529.
37 Briefkonzept an Fürst Zeil o. J. [1814], WoWo 13 408.
38 ZAZ 880.
39 Brief an Erbgraf Franz Thaddäus vom 16. Juli 1814, ZAZ 880.
40 Brief an Fürst Wolfegg vom 20. Dezember 1814, WoWo 16 210 / 19c.
41 Brief an Fürst Wolfegg vom 22. Juni 1815, WoWo 16 210 / 19c.
42 Brief an Graf Carl Wurzach vom 27. November 1814, WoWo 16 210 / 19c.
43 Brief an Fürst Wolfegg vom 14. Juni 1814, WoWo 16 210 / 19c.
44 Brief an Fürst Wolfegg vom 22. Juni 1815, WoWo 16 210 / 19c.
45 Aufschrift auf einem Umschlag mit Akten des Vereins der Standesherren. WoWo 16 210 / 19d.
46 Waldburg-Wolfeggsches Gesamtarchiv, Abt. Senioratsarchiv (WoSe) 459,4.
47 Vgl. *Wilhelm Mößle* 1968 (wie Anm. 3) 225ff.; *Frank Meier*: Die Verhältnisse der mediatisierten Herren, Fürsten und Grafen betreffend. Fürst Maximilian Wunibald von Waldburg-Zeil-Trauchburg (1750 – 1818) und die Vereine der Mediatisierten 1813 und 1815/16. In: *Volker Himmelein / Hans Ulrich Rudolf* (Hg.): Alte Klöster – Neue Herren. Die Säkularisation im deutschen Südwesten. Bd. 2, 2. Ostfildern 2003, 943ff.
48 Brief vom 25. März 1816, WoWo 16210 / 19d.
49 Brief an Fürst Zeil vom 3. April 1816, WoSe 459, 4.
50 NZA 1 031, 1 032; ZAWu 841, 842, 858.
51 NZA 55, Jg. 1864/65, 51.
52 NZA 3 072; zu Fürst Constantin vgl. *Walter-Siegfried Kircher*: Ein fürstlicher Revolutionär aus dem Allgäu. Fürst Constantin von Waldburg-Zeil 1807 – 1862. Kempten 1980; vgl. auch *Rudolf Beck*: Fernweh und Heimweh. Zum 100. Todestag des Forschungsreisenden Graf Karl von Waldburg-Zeil. In: Im Oberland (1992) 1, 46ff.

„KATHOLISCH VOR ALLEM"? DAS HAUS WALDBURG UND DIE KATHOLISCHE KIRCHE VOM 19. INS 20. JAHRHUNDERT

Walter-Siegfried Kircher

„Mir scheint Gott habe so recht Dich dazu ersehen seine hl. Religion zu schützen..." So schreibt Pater Georg von Waldburg-Zeil S.J.[1], Volksmissionar in Süddeutschland, an seinen Bruder, Constantin Fürst von Waldburg-Zeil-Trauchburg, aus Rom Mitte des 19. Jahrhunderts. Folgen wir der Aussage ihrer Schwester Mechthild, so ist in dieser hochadligen Familie zur Zeit ihres Vaters, des Fürsten Franz Thaddäus und seiner (dritten) Frau Therese, Freiin von Wenge, „die Hochachtung und Hingabe an die katholische Kirche [...] ein Erbstück der Familie"[2]. Constantin selbst, der „fürstliche Revolutionär", nimmt während der Revolution von 1848/49 für sich in Anspruch, „katholisch vor allem" zu sein. Eine andere adlige Zeitzeugin sieht diese enge Bindung zur Kirche, zumal zur romtreuen Richtung, kritisch. Baronin von Spitzemberg, die zum engsten Kreise der Bismarcks in Berlin gehörte, notiert in ihrem Tagebuch Ende 1874 über den Reichstagsabgeordneten Constantin Graf Waldburg-Zeil: „Zum Unglück ist nun Zeil der tollsten Ultramontanen einer"[3].

Dies weist auf besonders enge Verbindungen des adligen Hauses mit der katholischen Kirche hin. Decken sich diese immer mit den Standesinteressen der Mediatisierten? Gibt es auch Meinungsunterschiede, gar Kontroversen mit ihrer Kirche? Wie agieren die Mitglieder des Hauses auf den politischen Bühnen in Stuttgart, München und Berlin, wenn es um umstrittene kirchenpolitische Fragen ihrer Zeit geht? Welche Verbündeten suchen sie sich, um ihre Ziele durchzusetzen, welche Mittel wenden sie dabei an? Welche Positionen beziehen sie bei wichtigen innerkirchlichen Fragen? Und es ist zu fragen, ob der Wahlspruch „katholisch vor allem" über Generationen hinweg ihr Denken und Handeln bestimmt. Diesen Fragen soll im folgenden anhand einer Reihe verschiedener Handlungsfelder nachgegangen werden.

NACH 1806: DER ERSTE „UMSTURZ"

Durch Säkularisation und Mediatisierung war die politische Bedeutung des katholischen Adels in Deutschland stark geschwächt[4]. Sowohl der reichsritterschaftliche als auch der reichsständische Adel waren vor ihrer Mediatisierung mit der Kirchenorganisation des Heiligen Römischen Reichs eng verbunden gewesen. Nach dem Reichsdeputationshauptschluss war eine Neuorganisation der Reichsverfassung vorauszusehen. Für die kleineren Reichsstände war es darauf angekommen, einer Auflösung der Verfassung, welche ihre politische Existenz garantierte, mit allen Mitteln entgegenzuarbeiten. Der schwäbische Adel hatte dazu 1804 den „Schwäbischen Fürstenverein" gegründet, der sich fast ausschließlich aus katholischen Fürsten und Grafen zusammensetzte. Zweck des Vereins war es, zu verhindern, dass die katholischen Adeligen sich in einem für Deutschland geplanten Konkordat in der geistlichen Jurisdiktion fremden, landsässigen Bischöfen zu unterwerfen hätten. Dagegen hatten die katholischen Fürsten, Grafen und Stände versucht, einen eigenen Bistumsplan zu realisieren, was ihnen jedoch ebensowenig gelungen war, wie der Mediatisierung ihrer Häuser zu entrinnen. Eine weitere Schwächung des katholischen Adels war in der Kirchenorganisation erfolgt. Dort musste er nun seine Position mit dem theologisch

Die Patrone der fürstlichen Familie Waldburg – die heiligen Geschwister Wunibald, Willibald und Walburga. Kolorierter Kupferstich von Johann Heinrich Störcklein nach einer Vorlage von I. G. Roth, 1728.

mal, 1814, waren konfessionelle Elemente in die politische Diskussion eingedrungen, als die katholischen Reichsstände in Oberschwaben bei der Frage der Neuordnung Deutschlands auf dem Wiener Kongress für die Errichtung eines Katholischen Schwäbischen Kreises eintraten. Aber erst, nachdem in der württembergischen Verfassung von 1819 die politischen Privilegien der Standesherren in der Ständeversammlung gewährleistet und im Verlauf der 1820er und 1830er Jahre die staatsrechtlichen Verhältnisse der meisten standesherrlichen Häuser in Württemberg geregelt worden waren, wandte der katholische Adel, vor allem der oberschwäbische standesherrliche, und hier besonders das Haus Waldburg, seine Aufmerksamkeit stärker der Lage der katholischen Kirche und der allgemeinen Politik zu. Zu dieser Zeit nämlich war auch die seit dem Reichsdeputationshauptschluss dringend notwendig gewordene Neuordnung der katholischen Kirche in Südwestdeutschland durch eine neue Diözesaneinteilung und die Einsetzung der Bischöfe zustandegekommen.

ausgebildeten Klerus teilen. Das Interesse der Mediatisierten an den rein kirchlichen Ämtern wurde geringer, weil die Auflösung der geistlichen Territorien und ihre Eingliederung in die neuen Staatsverbände diese Ämter ihrer politischen Bedeutung beraubte. Nur noch selten wurde von ihnen im 19. Jahrhundert die kirchliche Laufbahn eingeschlagen.

In den ersten zwei Jahrzehnten des 19. Jahrhunderts standen standespolitische Interessen des Adels im Vordergrund der Adelsaktivitäten. Ein-

CONSTANTIN WALDBURG-ZEIL: GEGEN „LIBERALE UND IRRELIGIOSITÄT"

Seit Beginn des 19. Jahrhunderts hatte der württembergische Staat versucht, die Organisation der katholischen Kirche in den neuen Landesteilen der Verfassung der evangelischen Landeskirche anzugleichen. Die Kirche gilt als Staatsanstalt, der Katholische Kirchenrat in Stuttgart ist ihr übergeordnetes staatliches Lenkungsorgan. Der Bischof von Rottenburg, seit 1827 Johann Baptist von Keller, nimmt die „Rolle eines unter staatlicher Mitwirkung angestellten Weihbischofs" ein[5]. Denn nach der 1830 erlassenen und bis 1862 grundlegenden Verordnung „betreffend die Ausübung des verfassungsmäßigen Schutz- und Aufsichtsrechtes des Staates über die katholische Landeskirche" unterliegen „der staatlichen Erlaubnis […] alle erzbischöflichen und bischöflichen Verordnungen und sonstigen Verfügungen kirchlicher Stellen, also auch römische Bullen und Breven, ebenso die Abhaltung von Provinzial- und Diözesansynoden. Kirchliche Streitsachen dürfen nicht außerhalb der Kirchenprovinz verhandelt werden, nicht zugebilligt wurde der katholischen Kirche das ‚privilegium fori', das Recht der freien Kommunikation mit Rom, nur dem Bischof und einem Bischofsverweser ist der Verkehr mit Rom erlaubt."[6] Der Staat sorgt für die theologische und praktische Ausbildung der Priester, beruft Theologieprofessoren und Seminarregenten. Orden und Klöster sind verboten, auch Bruderschaften und andere kirchliche Vereinigungen. Die staatliche Zensur wird als rigoros empfunden[7].

Schon Constantin Zeils Vater, Fürst Thaddäus, war zusammen mit weiteren katholischen Mediatisierten, August Freiherr von Hornstein und Albert Erbgraf von Rechberg, gegen die landesherrliche Verordnung von 1830 aufgetreten. Doch ihr Ziel, die Aufhebung dieser Verordnung zu erreichen, konnten sie nicht durchsetzen, nur wenige Formulierungen darin waren gemildert worden. In dieser gespannten kirchenpolitischen Situation erhebt der 24jährige Erbgraf Constantin von Waldburg-Zeil (1807 – 1862) im Jahre 1831 seine Stimme gegen das Staatskirchentum. Streng katholisch, ganz nach den theologischen und pädagogischen Prinzipien der katholischen Erneuerung und in Skepsis gegenüber der Aufklärung erzogen, hatte sich seine aristokratische Sozialisierung ohne Bruch vollzogen. Sein Politikkonzept ist weitgehend am Alten Reich und seinen Landständen orientiert. Vom konservativen ‚System Metternich' erwartet er, dass es die Position des ehemaligen Reichsadels und der katholischen Kirche stärken, die Stellung der Mittelstaaten wie Württemberg schwächen sowie liberale und demokratische Strömungen eindämmen möge. „Liberale, Constitutionelle, Revolutionäre, Jakobiner" nennt er „demagogische Vereine"; in der Bevölkerung herrsche „Irreligiosität", auch in Kirche und Presse seien die „zersetzenden Einflüsse" der Liberalen und Radikalen am Werk. Zeil setzt seine Hoffnung auf eine wachsende Religiosität der Bevölkerung, auf die Erneuerungsbewegung in Klerus und Wissenschaft und sieht darin das Gegengewicht gegen den „Zeitgeist", der „Unrecht" bedeute. Nur eine geeinte katholische Opposition könne diesen bekämpfen. Die Kirche müsse unabhängig und frei von staatlichen Eingriffen sein[8].

DIE KONTROVERSE UM BISCHOF KELLER: „GEMEINSAME PROTESTATION"?

Zur Verbreitung seiner Kritik am Staatskirchentum bedient sich der Erbgraf katholischer Presseorgane und zeigt sich damit ganz auf der medialen Höhe der Zeit. Die Zeitschriften „Allgemeiner Religions- und Kirchenfreund" und „Sion" sind darunter. Der „Fränkische Courier" wird vom Haus Waldburg mitfinanziert, die „Historisch-Politischen Blätter" bringen eine Artikelserie „Briefliche Mittheilungen aus Württemberg". Etliche anonyme Artikel stammen höchstwahrscheinlich aus der Feder Zeils und seines Standesgenossen Rechberg. Auch Briefe an Minister und Eingaben an die Kammern sollen den württembergischen Staat dazu bewegen, das Verhältnis der Staatsgewalt zur katholischen Kirche im Sinne der Strengkirchlichen zu klären. Diese Vorstöße werden von der Regierung in Stuttgart zurückgewiesen. Auch alle Eingaben um die Erlaubnis, in Württemberg eine katholische Zeitung zu gründen, die „in einer kräftigen, ruhigen, wahren Sprache die katholischen Interessen württemberg. Katholiken verhandeln würde", stoßen beim Minister des Innern, Kirchen- und Schulwesens, von Schlayer, auf harsche Ablehnung. Er sieht darin die „Agitation einzelner Unruhestifter", die beabsichtigen, eine „künstliche Unzufriedenheit" zu schaffen[9]. In der Kontroverse um Bischof Keller, dessen Rücktritt von Amt und Würden nach seiner unentschlossenen Haltung in der Frage der Mischehengesetzgebung von Rom gegen den Willen Stuttgarts betrieben wird, unterstützen Zeil und weitere Standesherren wie

Rechberg nachhaltig dessen Beschwerdekatalog über die Situation der katholischen Kirche im Königreich. Darin fordern sie unter anderem „freie Aufsicht und Leitung der Geistlichen, kirchenrechtlichen Einfluß auf die Besetzung der Kirchenpfründen, Selbstverwaltung des Kirchenvermögens, Visitation der Dekane, Wegfall des Zwangs zur Einsegnung der gemischten Ehen, [...] freie Erteilung der Weihen, Abschaffung der Zensur theologischer Schriften"[10].

Sie bestärken Keller darin, seine diesbezügliche, in die Abgeordnetenkammer gebrachte und öffentliches Aufsehen erregende Motion trotz des Drucks der Regierung nicht zurückzuziehen. Strengkirchliche Geistliche aus den standesherrlichen Kirchenpatronaten wie der Zeilsche Hofmeister Karl Lichtenstein werden in die Kampagne einbezogen. Sie sorgen für die „Circulation" einer bischöflichen Nachtragsmotion unter der katholischen Geistlichkeit Oberschwabens. Im Zusammenhang mit der Landtagsdebatte um die bischöflichen Beschwerden und mit einer standesherrlichen Adresse an den König zu den „katholischen Kirchen-Angelegenheiten" mobilisieren die Patronatsherren ihre Pfarrbezirke: 54 Petitionen an den Landtag, unterschrieben von 180 Geistlichen, 75 Stadtkollegien, Gemeinden und Bürgerausschüssen sowie 1729 Bürgern, kommen zustande. In einem Gespräch mit Graf Rechberg versucht König Wilhelm die Standesherren von ihren in der Ersten Kammer geplanten Schritten abzuhalten. Dabei bemerkt der König: „Mit dem Erbg[raf] Zeil könne er aber nie u. nimmermehr diese Sachen besprechen, der sei unruhig, von ihm gingen die meisten Petitionen aus er habe Circulare veranlasst u[nd] Petitionen mit der Unterschrift seines Nahmens herumgehen lassen, und sie seien von Decanen eingeschikt worden. [...] Ich weiß, dass Zeil in München mit dem Bischof Reisach die Sache ausgemacht hat."[11]

In Rottenburg wird konstatiert, dass besonders aus den Patronaten der Waldburgischen Häuser Geistliche diese Eingaben unterschrieben haben. Auch ein ‚volksnaher Mitstreiter' und einflussreicher Katholik, Andreas Wiest, ‚Vorkämpfer' der Bauernbefreiung, Oberjustizprokurator am Gerichtshof für den Donaukreis, Kammerabgeordneter sowie Vorstand des oberschwäbischen landwirtschaftlichen Vereins, wird nach Absprache mit Erbgraf Constantin aktiv und verfasst eine Broschüre „Beschwerden der katholischen Kirche und der Katholiken in Württemberg", an der Zeil mitarbeitet. In einer umfangreichen Korrespondenz (1841/42) schlägt Wiest dem Erbgrafen vor, die katholischen Standesherren des Oberlandes sollten, um ein gemeinsames Vorgehen der Katholiken in Oberschwaben zuwege zu bringen, in den noch offenen Ablösungsfragen Zugeständnisse an ihre Bauern machen. Zeil ist nicht abgeneigt. Denn er war schon 1838 bereit gewesen, „alle Rechte, Gefälle und dergleichen, die gegen das Volk uns in eine ungünstige Stellung bringen, aufzugeben, aber nur gegen große, möglichst große Geldentschädigung, welche dann in Grundbesitz [...] umgesetzt werden muß."[12]

Zu vollständigem Verzicht sind aber weder die Waldburger noch die übrigen Standesherren bereit. „Eine allgemeine Protestation Oberschwabens" von Volk und Adel in Sachen „katholische Kirchenangelegenheiten" kommt nicht zustande. Aus der katholischen Landbevölkerung gibt es Vorbehalte gegen Bischof und Klerus, deren Widerstand gegen eine Zehntfixierung bei den Bauern auf Unverständnis stößt. Auch der grundherrliche katholische Adel kann wegen der ungelösten Ablösungsfrage bei der bäuerlichen Bevölkerung nicht auf breite Unterstützung für seinen Kampf gegen staatliche Bürokratie und für die Autonomie der Kirche rechnen. In der Abgeordnetenkammer wird die bischöfliche Motion zu Fall gebracht, nicht einmal darüber abgestimmt, nachdem der staatskirchlich orientierte Domdekan Ignaz von Jaumann der Regierung das Vertrauen des bischöflichen Ordinariats ausgesprochen hat. Die Kammer der Standesherren unterstützt dagegen mehrheitlich die von Zeil initiierte Adresse an den König. Das Ziel der strengkirchlich katholischen Adeligen und ihres Vorkämpfers Zeil, mit dieser Motion und den Beschwerden die Regierung zum Abschluss eines Konkordats zu bringen, wird aber nicht erreicht[13].

BISCHOFSFRAGE UND LANDTAGSWAHLEN 1844/45: KONFESSIONALISIERUNG

Erfolgreicher sind die katholischen Erneuerer in Württemberg, als es um die Nachfolge des Bischofs Keller († 1845) geht. Bei dem Tauziehen ist vor allem Graf Rechberg über seine Münchener Kanäle und den dortigen päpstlichen Nuntius aktiv. Constantin, der im Dezember 1845 seinem Vater als standesherrliches Familienoberhaupt nachfolgt und zuerst die Erbfolgeregelungen klären muss, hält sich im Hintergrund. Doch er steht bei all' diesen staatlich-kirchlichen Auseinandersetzungen mit Geistlichen seines Patronats in Verbindung, auf vakanten Stellen sucht er von Stuttgart „gemaßregelte" Kleriker unterzubringen[14]. Ultramontan orientierte Kleriker erreichen im Zusammenspiel mit dem katholischen Adel durch entsprechende Berichte nach München und Rom, dass die erste Bischofswahl von Rom verworfen und nach langen Verhandlungen 1847 der Ehinger Stadtpfarrer Joseph Lipp aus einer von Rom aufgestellten Dreierliste vom Kapitel gewählt und von Stuttgart akzeptiert wird – ein „entscheidender Putsch", „ein Sieg über das Staatskirchentum und die Einleitung einer grundsätzlichen Wende im künftigen Verhältnis von Kirche und Staat"[15].

Schon zuvor errang eine Interessenkoalition zwischen katholischen Patronatsherren, klerikalen Geistlichen und politisch Liberalen große Erfolge bei der Wahl zur württembergischen Abgeordnetenkammer, als sie regierungsfreundliche, staatskirchliche Kandidaten verhindern konnte. Man kann geradezu von einer Konfessionalisierung der Landtagswahlen von 1844/45 sprechen. Die Wahl mehrerer ultramontaner oppositioneller Katholiken, unterstützt nachdrücklich vom katholischen Adel, zeigt, dass bereits in diesen Jahren, nicht erst 1848 mit der Revolution, die strengkirchliche Richtung im Katholizismus in Württemberg mächtigen Aufschwung erhält. Gewählt werden in Saulgau Andreas Wiest, in Riedlingen der von Zeil vehement unterstützte Tübinger Theologe Prof. Dr. Joseph Martin Mack. In Leutkirch gewinnt in einer Nachwahl der von Liberalen und Strengkirchlichen unterstützte Oberamtspfleger gegen einen „altwürttembergischen protestantischen Advocaten". In jenen Jahren zählt sich Constantin Zeil ausdrücklich zu den „Redemptoristen" und „Ultramontanen, zu denen ich zu gehören mir zur Ehre anrechne". Den konservativen Kurs des bayerischen Ministerpräsidenten Carl von Abel in den Jahren vor der Revolution von 1848 verteidigt er in der bayerischen Ersten Kammer der Reichsräte im Verein mit weiteren Mitgliedern aus dem katholischen Adel gegen Abels Kritiker aus dem Lager der Protestanten und liberal-katholischer Kreise um den Fürsten Ludwig von Öttingen-Wallerstein. Zeil und Rechberg gehen in ihrem Eintreten für ihre ultramontanen Ansichten so weit, dass sie selbst Missbilligung aus Rom befürchten[16]. Der bayerische König Ludwig I. wie auch der Vatikan halten die „Übertreibungen" der konservativen Katholiken „in kirchlichen Dingen" für nicht zweckdienlich. Rom befürchtet beträchtliche negative Auswirkungen auf das Ansehen der ultramontanen „Partei" in Presse und Öffentlichkeit. Das tritt auch ein, der Einfluss der Ultrakirchlichen in der bayerischen Kirchenpolitik wird kräftig beschnitten. Das Engagement Zeils, der auch den Münchener Aufenthalt eines im Sinne der Strengkirchlichen wirkenden Redakteurs finanziert, hat sich in Bayern nicht ausgezahlt[17].

Mitglieder des Hauses Waldburg unterstützen Zeils ultramontane Anliegen, wie seine Schwester Anna Gräfin von Preysing schreibt: „ich bete täglich zu Gott, dass er Dir Muth verleihen möge das zu vollenden was du begonnen hast, wodurch nicht allein d. Interesse der Katholiken Württembergs, sondern auch das, derer von ganz Deutschland betheiligt ist u. so Gott will, verbessert werden wird."[18] Und Pater Georg S.J., sein Bruder, richtet an ihn zur Zeit der umstrittenen Bischofswahlen und umkämpften Landtagswahlen in Württemberg die eingangs erwähnten Worte: „Mir scheint Gott habe so recht Dich dazu ersehen seine hl. Religion zu schützen."

Erbgraf Constantin von Waldburg-Zeil-Trauchburg (1807 – 1862) um 1830. Ölgemälde.

„MEINE SACHE IST DEUTSCHLAND UND DER KATHOLISCHE GLAUBE": KONFESSION UND REVOLUTION 1848/49

„Katholisch vor allem", auch in seinen politischen Ansichten, so äußert sich Fürst Constantin Zeil im Herbst 1848 im Familienkreis[19]. Spiegeln seine Worte die Realität wider? Die Sache ist vielschichtig. Den Gang der revolutionären Entwicklung mit den für den grundbesitzenden Adel zu erwartenden Folgen versucht Fürst Zeil anfangs noch aufzuhalten. Als Präsident des Ständischen Ausschusses der beiden württembergischen Kammern spricht er sich gegen die Einführung der Pressefreiheit, gegen öffentliche Gerichte, Volksbewaffnung und das öffentliche Versammlungsrecht aus, als aus Paris die Nachrichten von der Revolution eintreffen. Die Mehrheit der Ausschussmitglieder, darunter sein katholischer Standeskollege Graf Rechberg, sprechen sich jedoch in einer Adresse an den König dafür aus. Als Zeils Appelle an den König, eine „gewaltsame Contrerevolution" zu starten, kein Gehör finden, versucht er zusammen mit dem konservativen und katholischen Ulmer Redakteur und Verleger Heinrich Elsner einen antirepublikanischen „conservativen Erhaltungs=Verein" zu gründen gegen „Anarchie" und für Recht, Gesetz, Besitz und Eigentum, Ruhe und Ordnung, für das monarchische System und das Zensuswahlrecht. Besitzbürgertum, grundherrlicher Adel, Geistlichkeit und Staatsbeamte sollen mit dem Vereinsprogramm angesprochen werden[20]. Doch dieses konterrevolutionäre Projekt scheitert. Die „Sache des Conservatismus in Kirche und Staat" wird von den Entwicklungen in den Monaten März und April überrollt. Vor allem im „Ablösungsgesetz über die Beseitigung der auf dem Grund und Boden liegenden Lasten" – dem „Leichenbegräbnis des Adels", um mit den Worten des Standesherren zu sprechen – sieht Zeil eine adels- und kirchenfeindliche Politik fortgesetzt, die mit der Säkularisation und Mediatisierung begonnen hatte und den Edikten von 1817 (Aufhebung der Leibeigenschaft, Verminderung der grundherrlichen Abgaben) fortgesetzt worden war.

Das spornt ihn zu politischem Engagement auf Reichsebene an. Dieses steht nach eigener Aussage unter dem Motto: „Meine Sache ist Deutschland und der katholische Glaube." Er hofft, in einem „einen freien Deutschland" werde die katholische Kirche wie alle übrigen Konfessionen in den Genuss der vollen Freiheit, der selbständigen Verwaltung der inneren und äusseren Angelegenheiten und der Rückgabe des Kirchengutes kommen. Eine Restaurierung des Kirchengutes, die Aufhebung der Säkularisation, könnte dann die Restitution des Reichsadels nach sich ziehen und die verhasste Mediatisierung rückgängig machen. Waldburg-Zeil reagiert auf die Adelskrise des Vormärz und der Revolution von 1848 mit dem Instrument der „Volkssouveränität". Diese soll Schutz bieten für Glaubens- und Gewissensfreiheit, die er von einer absoluten Monarchie bedroht sieht. Damit vollzieht Constantin Waldburg-Zeil den „Schritt vom restaurativen zum revolutionären konservativen Denken"[21].

Die Forderung nach Freiheit der Kirche und ihrer vollständigen Trennung von der Staatsgewalt erhebt Zeil immer wieder während seiner Abgeordnetentätigkeit in der Frankfurter Nationalversammlung zusammen mit ultramontanen katholischen Geistlichen und mit Abgeordneten der äußersten Linken. Auf Landesebene gewinnt im Wahlbezirk Leutkirch ein von Zeil protegierter Geistlicher aus seiner Patronatspfarrei Oberzeil die Wahl zur zweiten Landesversammlung. Bei der Wahl zur dritten verfassungsgebenden Landesversammlung 1850 wird Zeil selbst gewählt. 1851, die Abgeordnetenwahlen werden nun wieder nach dem Wahlrecht von 1819 durchgeführt, unterstützt der „Bürger Waldburg-Zeil" massiv die Kandidatur des Demokraten Wilhelm Zimmermann. Bei allen Wahlkämpfen gehören die vollkommene Selbständigkeit der Kirche vom Staat, Bürokratieabbau und Beschränkung der Macht der Monarchie zum Wahlprogramm der Kandidaten. Constantin Waldburg-Zeil, der radikal-konservative Revolutionär, bleibt auch nach dem Scheitern der Nationalversammlung seinen politischen und ultramontanen Überzeugungen treu.

„IM GEIST DER KATHOLISCHEN KIRCHE": DAS ERZIEHUNGSINSTITUT NEUTRAUCHBURG 1848 – 1855

Katholische Adelige, die sonst die ultramontane Richtung im süddeutschen Katholizismus massiv unterstützen, halten sich bei der Gründung der „Piusvereine für religiöse Freiheit" und weiterer katholischer Vereine auffallend zurück. Vermutlich gab es beim Adel Vorbehalte gegen Vereine als Massenorganisationen[22]. Aber überaus stark engagiert sich das Haus Waldburg bei der Gründung eines katholischen Knabenerziehungsinstitutes in der Gemeinde Neutrauchburg. In Württemberg werden Ende Dezember die Frankfurter Grundrechte als Landesrecht verkündet; für die Kirche bedeutet dies einerseits das Selbstverwaltungsrecht mit allen seinen Möglichkeiten, andererseits soll das Unterrichts- und Erziehungswesen ihrer Aufsicht entzogen werden. Im Vormärz konnten katholische Eltern in Württemberg ihre Söhne, wenn sie diese dem staatlichen Erziehungseinfluss in den weiterführenden Schulen entziehen wollten, mangels privater Erziehungsanstalten nur auf ausländische Internate senden. Constantin Zeils Bruder Georg war von 1832 bis 1840 am Jesuitenkolleg in Freiburg/Schweiz unterrichtet worden, bevor er sich entschloss, in die Gesellschaft Jesu einzutreten. Nach mehreren Jahren der schulischen Erziehung in katholischen Internaten in Frankreich beschließen Fürst Constantin und Fürstin Maximiliane, die Unterrichtung ihrer Söhne in die nähere Umgebung zu verlegen. Mit den revolutionären Veränderungen 1848 und der neuen Unterrichtsfreiheit kann das ‚Neutrauchburger Experiment' in Angriff genommen werden, das zuständige württembergische Kultusministerium genehmigt die Institutsgründung.

Federführend bei dem Projektentwurf sind die Hofmeister der Familien Waldburg-Zeil-Trauchburg und Waldburg-Wolfegg. Der Zeil-Trauchburgsche Hofmeister, strengkirchliche Geistliche und spätere Leiter des Instituts, Dr. Karl Lichtenstein, weist selbst auf das Junktim zwischen Politik und Religion hin, wenn er als Motiv für die Gründung auf die „Unsicherheit der Zeit" hinweist und des Fürsten Constantin Grundsatz zitiert, „dass die Regeneration des socialen Lebens von der Kirche ausgehen müsse". Im „Geist der katholischen Kirche" soll das Institut geführt werden, eine streng katholische Erziehung hält Zeil für „die beste Garantie für geordnete gesellschaftliche Verhältnisse"[23]. Fast ausschließlich werden Geistliche als Lehrer angestellt, vorzugsweise aus Waldburgischen Patronatsbezirken. Die Räumlichkeiten stellt der Zeiler Fürst zur Verfügung. Man beginnt mit der Unterrichtung der Knaben der Familien Wolfegg und Zeil-Trauchburg, drei Jahre später sind bereits 80 Zöglinge am Ort. Zumeist Kinder „von höchsten u. höhern Ständen" aus „der nothwendigen" Schicht, dem standesherrlichen und ritterschaftlichen Adel, werden bei

Die Familie Fürst Constantins (1807 – 1862).
Von links: der älteste Sohn Erbgraf Wilhelm, Fürstin Maximiliane,
Fürst Constantin, die Erzieherin Rose de Maisonneuve, Tochter Anna,
Sohn Carl, Hauslehrer und Geistlicher Dr. Karl Lichtenstein,
im Hintergrund Sohn Constantin. Die Engelsfiguren stellen die verstorbenen
Kinder Ottoline und Alexandrine dar. Auf der Anhöhe Schloss Zeil.
Ölgemälde, um 1850.

der Aufnahme berücksichtigt. Die nichtadligen Kinder kommen aus der näheren Umgebung, aus Isny, Leutkirch, Ochsenhausen, Ravensburg, Tettnang, Wangen und Wurzach. Aufschlussreich ist, welche Berufe die Zöglinge später ergreifen, welche Laufbahnen sie einschlagen werden, sollte der Nachwuchs doch, so hofften die Gründer, „katholische Prinzipien in der Politik stärken". Achtzehn Zöglinge ergreifen den geistlichen Beruf, sie sind alle bürgerlicher Herkunft, mit Ausnahme von August Graf Waldburg-Wolfegg, dem späteren Domkapitular. Mehrere Geistliche werden in Waldburgische Patronatsdienste treten, darunter auch der Jugendfreund des Erbgrafen Wilhelm, Josef Anton Schneider. Zwei Zöglinge nur werden in der Politik aktiv, und diese kommen aus der Familie Zeil-Trauchburg: der spätere Fürst Wilhelm und sein Bruder Graf Constantin. Für den gut katholischen Ruf des Instituts und seiner Lehrer spricht, dass unter den von Bischof Lipp 1858 für die Besetzung der vakanten Stelle des Direktors des Tübinger Wilhelmsstifts vorgeschlagenen drei Kandidaten zwei, darunter Lichtenstein, in Neutrauchburg lehrten – auch wenn beide nicht zum Zuge kommen werden.

FÜRST WILHELM VON WALDBURG-ZEIL, DIE „ROTTENBURGER WIRREN" UND DAS ERSTE VATIKANISCHE KONZIL

1869 kommt es zu einer heftigen Auseinandersetzung zwischen Fürst Wilhelm (1835 – 1906) und der katholischen Tageszeitung „Deutsches Volksblatt" im Zusammenhang mit den sogenannten ‚Rottenburger Wirren'[24]. Fürst Wilhelm, seit dem Tod seines Vaters Constantin (†1862) Chef der Familie, wollte in dem Presseorgan einen Artikel unterbringen, in dem er für die Strengkirchlichen Partei ergreift. Darin unterstützt er die Ultramontanen, das „Volksblatt" den Bischof und die „angeschwärzte Diözese", wie Dr. Uhl, der Verleger und Herausgeber der Zeitung, an Zeil schreibt. Uhl nimmt für das Blatt in Anspruch, „dass jemand eine andere kirchenpolitische Auffassung habe". Zeil hatte den Verleger aufgefordert, dafür zu sorgen, „dass die Redaktion ihre Stelle räume". Die

Kritiker des Bischofs bezeichnet Uhl als „eine Partei". Zu diesen rechnet er den Geistlichen Dr. Mast und seinen Anhang[25]. Was sind die Hintergründe dieser scharfen Replik des Verlegers?

Fürst Wilhelm hat sich in eine kirchenpolitisch hoch kontroverse Angelegenheit eingemischt: Die württembergische Verfassung von 1819 sowie die Verordnung von 1830 sind seit 1852 wieder in Kraft, aber die Ideen von 1848/49 sind lebendig. Der Katholizismus hat seitdem an Geschlossenheit gewonnen und das landesherrliche Kirchenregiment in Württemberg wird erneut in Frage gestellt. Der Einfluss der Ultramontanen im Bistum war gestiegen, mit dem nach 1848 nicht mehr als ‚liberal' zu bezeichnenden Lipp verloren die Befürworter des Staatskirchentums im Domkapitel an Einfluss. „Im Innern der katholischen Kirche Württembergs selbst war eine Wende eingetreten"[26]. Nicht alle ultramontanen Kreise sind jedoch mit dem Kurs des Bischofs zufrieden, vielen geht er nicht weit genug. Und so versuchen sie, die Kirchenpolitik Lipps, über einen Ausgleich mit Stuttgart möglichst viel Handlungsspielraum zu gewinnen, zu bremsen.

Im Zusammenhang mit dem schließlich 1862 verabschiedeten „Gesetz betreffend die Regelung des Verhältnisses der Staatsgewalt zur katholischen Kirche", einer einseitigen staatlichen Regelung, hatten „die mit der Friedenspolitik des Bischofs unzufriedenen Elemente" zwei ehemalige Lehrer des Neutrauchburger Erziehungsinstituts, Lichtenstein und Schreiber, nach Rom geschickt, „angeblich zu Studienzwecken, in Wirklichkeit, um den Kardinal Reisach zu informieren. In der gleichen Richtung arbeiteten ihre Gesinnungsgenossen"[27], unter anderem Mast aus Rottenburg. Jahrelang hat dieser Geistliche, so ist aus dem erwähnten Schreiben des Herausgebers des „Deutschen Volksblatts" an Fürst Wilhelm, der Mast verteidigt, zu schließen, negativ über den Bischof und die Diözese nach Rom berichtet. Uhl lehnt nun kategorisch ab, eine Stellungnahme Fürst Wilhelms zu den Denunziationen des Bischofs in seiner Zeitung zu veröffentlichen.

Die Intervention des Fürsten erfolgt einige Monate nach Lipps Tod, der Verleger antwortet wenige Wochen vor der Inthronisation des neuen Bischofs Dr. Carl Joseph von Hefele am 29. Dezember 1869. Dieser, früher den Ultramontanen zuneigend, nimmt nach den Attacken der strengkatholischen Geistlichen in Rom gegen seine Kandidatur eine gemäßigtere Haltung ein, auch um in Stuttgart mehr erreichen zu können. Der Verleger des „Volksblattes" hebt gegenüber dem Fürsten die Verdienste der Zeitung im Vergleich zu denen der Strengkirchlichen hervor. Klar ist, dass dem katholischen Adeligen die ganze Richtung des „Volksblatts" nicht zusagt.

Dagegen haben die Konzilsbeschlüsse vom 18. Juli 1870, welche die Unfehlbarkeit des Papstes in Fragen der Lehre formulierten, in der Diözese Rottenburg kaum Unruhe entfacht, und beim katholischen Hochadel schon gar nicht. Dieser sieht im Papst ohnedies eher den ihm übergeordneten „Souverän" als in den Bischöfen oder gar in der Staatsgewalt. Im Königreich Württemberg bricht jedenfalls kein mit den Vorgängen in Preußen vergleichbarer „Kulturkampf" aus, obschon in den Quellen des bischöflichen Ordinariats dieser Terminus oft für Differenzen mit dem württembergischen Staat gebraucht wird; gleichwohl findet sich in den nachgelassenen Papieren des Fürsten Wilhelm ein lesenswertes Exemplar der von Friedrich Karl Fürst von Hohenlohe-Waldenburg an die Bevölkerung seiner Kirchenpatronatsbezirke ausgegebenen Schrift „Ein Wort an meine Kinder zur Beantwortung der Frage: Worin besteht der ganze Unterschied zwischen dem, was ein Katholik *vor* und *nach* dem 18. Juli 1870, in Betreff der päpstlichen Unfehlbarkeit zu glauben verpflichtet ist?"[28]

DIE „CIVILEHE VOM STANDPUNKT DER KATHOLISCHEN KIRCHE": DOMKAPITULAR AUGUST GRAF WOLFEGG

Mit August Graf von Waldburg-Wolfegg-Waldsee (1838 – 1896) zieht 1879 zum ersten Mal ein Mitglied des katholischen Hochadels in das Domkapitel des Bistums Rottenburg ein. Ordiniert wurde

Domkapitular August Friedrich Graf Waldburg-Wolfegg-Waldsee (1838 – 1896).

er zu Brixen 1861, war dann Vikar in Rottenburg-Ehingen, Domvikar in St. Gallen (1870), Dompräbendar in Rottenburg (bis 1875), anschließend Stadtpfarrer in Friedrichshafen. Während seiner Mitgliedschaft im Domkapitel ist er in Rottenburg gleichzeitig Dompfarrer und Stadtdekan. Er wird „Hausprälat Sr. Heiligkeit" Papst Leos XIII. und „Geheimer Kämmerer" Papst Pius' IX.

Bereits als Dompräbendar in Rottenburg befasst sich August Graf Waldburg-Wolfegg während des „Kulturkampfes" mit umkämpften Streitpunkten des frühen Bismarckreichs und der Jahre nach dem Vatikanischen Konzil. In einem Gutachtenentwurf von 1873 warnt er vor „der von dem Liberalismus angeblich angestrebten Trennung von der Kirche vom Staat". Zwei Jahre zuvor hatte Wolfegg eine ausführliche Stellungnahme zur „Civilehe vom Standpunkt der katholischen Kirche" verfasst. Darin formulierte er unmissverständlich: „Gott selbst hat die Ehe eingesetzt." Für die Diözesanspitze entwirft er 1874 eine weitere Vorlage zur Frage: „Wer ist als Spender des Sakraments der Ehe anzusehen? Kann die Lösung dieser Frage auf die Beurtheilung der Civilehe einen Einfluß haben?" Nach sehr diffizilen Untersuchungen darüber, wer das Sakrament der Ehe spende, kommt der Dompräbendar zum Ergebnis, ein Nachgeben gegenüber dem Staat „würde eine gewisse Anerkennung [...] des Grundsatzes der Trennung des Staates von der Kirche [...] in sich schließen", das hieße gleichzeitig eine Trennung „des bürgerlichen Lebens von der Religion, [...] Anschauungen, welche die Kirche niemals begünstigen [könne], geschweige denn, wenn auch nur indirect billigen kann"[29]. Auch zu innerkirchlichen Themen wie „Geistliche als Prediger" (1878) entwirft er Stellungnahmen. Auch als Domkapitular gehört Graf Wolfegg zu den Ratgebern des Bischofs. Er hinterlässt, wie er drei Tage vor seinem Ableben in Wolfegg (August 1896) schriftlich niederlegen lässt, „im Hinblick darauf, daß ich eine Reihe von Jahren hindurch kirchliches Einkommen bezogen habe: dem hochwürdigsten Bischof von Rottenberg, Dr. Wilhelm von Reiser oder dessen rechtmäßigem Nachfolger 30 000 Mark."

Die Zinsen daraus erhalten, nach Abzug der Verwaltungskosten, seine „Dienstboten Marie Neher und Kreszentia Branz", solange sie leben. Danach soll die ganze Summe für „kirchliche und wohlthätige Zwecke" dem Bischof beziehungsweise der Stiftungskasse des Bistums zufallen[30]. Die Domänenverwaltung Wolfegg sendet die aufgeführten Legaten, 30 000 Mark in Wertpapieren, Kelch, Messkännchen und Reliquien, nach Rottenburg. Noch Jahre nach des Domkapitulars Tod sowie nach dem Ableben seiner Haushälterin fließen an das bischöfliche Ordinariat nicht unbeträchtliche Summen aus dem Geldvermögen und den anfallenden Zinsen.

IN „VERBA BISMARKII" ODER „VOLLSTÄNDIGE GLAUBENS- UND GEWISSENSFREIHEIT"

Kein heißer „Kulturkampf" wird für Württemberg festgestellt, auch wenn er in Berlin noch so heftig tobt. Dennoch nimmt der Reichstag geraumen Platz ein in der Korrespondenz zwischen Fürst Wilhelm, dem Chef des Hauses Waldburg-Zeil-Trauchburg, und Graf Constantin, seinem Bruder. Beide sind zu verschiedenen Zeiten und mit ganz unterschiedlicher Dauer Reichstagsabgeordnete. „Es ist traurig. Daß die kath. Kreise bei uns so arg beschränkt sind daß man sogar auf meine pauvre petite personne verfallen kann", bemerkt Constantin Graf Waldburg-Zeil Anfang 1872 in einem Brief an seinen Bruder. Constantin antwortet auf dessen Vorschlag, für den deutschen Reichstag zu kandidieren. Das kommt dem jüngeren Bruder aus finanziellen Gründen eigentlich ungelegen. Aus einem anderen Grund freut er sich jedoch über den Vorschlag, „weil ich daraus schließe, daß Du nicht mehr so unbedingt in verba Bismarkii schwörst"[31]. Fürst Wilhelm ein Anhänger Bismarcks?

Im ersten Reichstag 1871 sitzt das Oberhaupt der Zeiler Familie selbst. Gewählt ist er im Wahlkreis 16 Württemberg (Biberach-Leutkirch-Waldsee-Wangen). Der Standesherr, früher Anhänger der großdeutsch-österreichischen Politik, wendet sich damit dem Neuen Reich zu, was spöttisch kommentiert wird: „Die Herren von Zeil haben das Haus Württemberg immer gehaßt und auf ihr Niveau herunterzuziehen versucht, und geht es nicht mit Österreich, so geht es mit Preußen"[32]. Zeil schließt sich der Fraktion der Deutschen Reichspartei und nicht der des „Centrums" an, sehr zum Verdruss des Korrespondenten der katholischen Tageszeitung „Deutsches Volksblatt". Dieser schreibt: „Wenn man uns [...] schreibt, daß der Herr Fürst Zeil der Centrumsfraktion wegen ihrer politischen Grundsätze sich nicht anzuschließen vermöge, so ist das eine Ausrede. Nach den officiellen Kundgebungen dieser Partei [...] hat das Centrum ja gar kein politisches Programm aufgestellt, zählt vielmehr Mitglieder von verschiedener politischer Färbung. Nur für katholische Interessen besteht die Vereinigung. Darum ist es um so unverzeihlicher, daß Fürst Zeil da, wo es galt, für die katholische Kirche einzustehen, das eine mal nicht stimmte, das andere mal sich mehr und mehr der Thüre zudrängte, und hinausging, um der Einladung zur kaiserlichen Tafel zu folgen. [...] Das Benehmen des Fürsten steht in direktem Gegensatz zu den Erwartungen seiner Wähler und den ihnen gemachten Zusagen."[33] Der Reichstagsabgeordnete der Zentrumspartei, Franz Rudolf Probst, erhebt sogar den Vorwurf, „Fürst Zeil gehört einer der vielen Fraktionen an, die nur in ihren Bestrebungen gegen den Katholicismus einig sind"[34]. Da ist Polemik mit im Spiel, denn es gibt ja auch das Wirken Wilhelms für die konservativ-katholische Sache auf Landesebene und in seinen Patronatsbezirken.

Vielleicht hat der katholische konservative Adelige in der Zentrumsfraktion ihm zu weitgehende politisch liberale Anschauungen gesehen – eine zu große Wertschätzung der Grundrechte, der Presse- und Vereinsfreiheit, wie Probst sie vertritt und was oft Kritik erregt in konservativen Kreisen – und ist dem Zentrum[35] deshalb fern geblieben? Zeil legt jedenfalls 1872 sein Mandat nieder, als er zum Präsidenten der Ersten Kammer Württembergs, der Kammer der Standesherren, gewählt wird und fördert eine Kandidatur seines Bruders Graf Constantin (1839 – 1905). Dieser hatte schon früher, noch nach dem Krieg 1866, eine pro-österreichische Haltung eingenommen in der Hoffnung auf „Österreichs Wiedereintritt in Deutschland"[36].

Seine Reichstagskandidatur geht Constantin in Ruhe an. Er hat Bedenken, „da ich nie öffentlich aufgetreten bin und nie aus dem engsten Zeiler Kreise hinaus kam". Trotzdem wird er 1874 im Wahlkreis 17 Württemberg (Ravensburg-Riedlingen-Saulgau-Tettnang) aufgestellt. Der bisherige Reichstagsabgeordnete im Wahlkreis und Kritiker des Fürsten Wilhelm, Probst, verzichtet aus beruflichen Gründen auf eine erneute Kandidatur. Bei seiner Bewerbung stellt Graf Constantin in Ravensburg „den Kernpunkt seines Programms

(Bekämpfung des kirchen-polit. Systems von Bismarck, Erhaltung der größtmöglichen Selbständigkeit der Einzelstaaten, Abkürzung der Militärpräsenzzeit etc." dar. Probst ist zuversichtlich, „daß wie der Vater des Kandidaten [d.i. Fürst Constantin] sich über die Vorurtheile seines Standes zu erheben gewußt habe, so auch der Sohn sich seines Vaters würdig zeigen werde." In der Aussprache geißelt Graf Constantin „die Ultramontanenfresserei der Nat[ional]-Liberalen", ein Thema, das ihn während seiner ganzen Abgeordnetentätigkeit nicht mehr loslassen wird.

Beide, Probst und Graf Zeil, treten für die Trennung von Kirche und Staat ein: „Was des Staates ist, [...] das soll auch des Staates sein, aber was unser und aller Konfessionen ist, soll auch unser sein: vollständige Glaubens- und Gewissensfreiheit." Kritik üben sie am Abstimmungsverhalten der „liberalsten der Liberalen", der Fortschrittspartei. Bezüglich der Vereinsfreiheit und der Pressefreiheit konstatieren sie, diese sei „eine nothwendige Sache auch für uns". Nach dieser Vorstellung wird Graf Constantin Zeil als Zentrumskandidat aufgestellt mit der Hoffnung, „daß seine Wahl eine glänzende werden wird"[37].

Der Korrespondent des „Volksblatts" versprach nicht zu viel. Zeil wird von Januar 1874 bis Februar 1887 kontinuierlich für fünf Wahlperioden als Zentrumsabgeordneter in den Reichtag nach Berlin entsandt. Von 1882 bis 1887 ist er Mitglied im Vorstand der Reichstagsfraktion. Er kann als preußenfeindlicher süddeutscher Partikularist mit großdeutschen Sympathien bezeichnet werden. Mit dieser Haltung knüpft er an die von seinem Vater Fürst Constantin exponiert vertretenen regionalen und zugleich großdeutschen Positionen[38] an und korrigiert damit die pro-preußische Haltung seines Bruders.

Von Berlin aus hält er regen Kontakt mit seinen Wählern und verfasst die seinerzeit nicht unbekannten „Briefe aus dem deutschen Reichstag"[39]. Seine Verwandte, Sophie Fürstin von Waldburg zu Wolfegg und Waldsee, eine geborene Gräfin von Arco-Zinnenberg – ihre Mutter war Leopoldine von Waldburg-Zeil-Trauchburg –, sehr religiös erzogen, stark sozial engagiert und extrem konservativ, notiert mit Blick auf die Reichstagsabgeordnetentätigkeit ihres Vetters in ihr Tagebuch: „Zentrum über alles ist jetzt die Parole. Deo gratias."[40]

Wenig erfreut dürfte man in Zeil und Wolfegg gewesen sein, wenn Constantin einmal über sein Abstimmungsverhalten äußert: „Dieser Bismarck verliert alle Besinnung [...] A propos Antrag Liebknecht – so habe ich den unterschrieben, um die Discussion desselben überhaupt zu ermöglichen – [...]

Das sage ich ganz offen: Die Socialdemocraten sind mir lieber als Nationalliberale, Fortschritt, Reichspartei und Conservative. Sie wissen was sie wollen & sind consequent – die Andern stehen auf demselben revolutionären Boden – dem Boden der Staatsallmacht – aber sie wollen die Folgen ihrer Maximen an dem Puncte sistiren – wo sie ihnen unangenehm werden. Deßhalb sind mir vor Allem diese Pseudo Conservativen in den Tod verhaßt."[41]

Constantin sendet seinem Bruder regelmäßig Berichte aus dem Reichstag, schildert persönliche Eindrücke von Politikern unterschiedlicher Fraktionen. Besonders hebt er die Verdienste von Zentrumskollegen hervor wie Ludwig Windthorst, Franz Graf von Ballestrem, Hermann von Mallinkrodt und Paul Majunke. Im Visier seiner Kritik hat er von Anfang an die Nationalliberalen, von ihm durchweg als „Nationalmiserable" bezeichnet, auch Bismarck, über den er in seinen späteren Briefen nur noch als „Er" schreibt. Constantin spricht, auch nach Bismarcks innenpolitischer Wende von 1878, von den „nationalliberalen Schreiern", freut sich, wenn „Richter & Bamberger auf Bismarck losfahren werden & dieser sie en canaille behandeln wird. [...] der Genuß des Kampfspiels wird aber um so ungetrübter, da die Kampfhähne mir gleichermaßen zuwider sind." Er kommentiert 1874 „die Attentats-Schnüffelei", die erwarten lasse, „dass wieder einige infame Geseze mehr im Anzuge sind", und tritt rhetorisch in die Spuren seines Vaters: „Wenn es so

Graf Constantin von Waldburg-Zeil (1839 – 1905)

fortgeht wandre ich noch aus, nach Quito oder Canada oder zum Großtürken, unter Lezterem lebt es sich gegenwärtig noch angenehmer als unter Kaisern und Königen von Gottes Gnaden."

Mit dem Reichskanzler hadert Zeil insbesondere wegen dessen von den liberalen Parteien unterstützter „Kulturkampfpolitik". Der Abgeordnete verknüpft seine parlamentarische Tätigkeit quasi mit dieser großen Auseinandersetzung, in der sich zeigen werde, „ob die kath. Bewegung auch nachhaltig ist oder nicht". Deshalb stellt er sich immer wieder erneut dem Wahlvolk und seiner Verantwortung gegenüber der katholischen Bevölkerung, obwohl er das Leben in Berlin für „ziemlich monoton" hält. Ende des Jahres 1876 fasst er ein „leztes mandat" ins Auge, denn: „geht der Cult[ur]kampf zu Ende, so geht auch das Centrum auseinander & einer andern Partei möchte ich mich nicht anschließen, denn mir missfällt der borniert gemäßigte Conservatismus gerade so wie der Radikalismus vieler Democraten namentlich in Süddeutschland." Als „Wilder", also fraktionslos, sieht er keine Perspektive.

Zeils Vorhersagen treffen teils ein, teils nicht: Wie er vermutet, verliert der „Kulturkampf" seit etwa Ende 1876 an Schärfe: „in den gegnerischen Kreisen ist große Culturkampfmüdigkeit eingerissen". 1878 wird die Beendigung der Auseinandersetzung eingeleitet, aber das Zentrum ist im „Kulturkampf" stark angewachsen und stellt seit 1874 die zweitstärkste, seit 1881 mit zwei Ausnahmen (1887 und 1912) die stärkste Fraktion im Reichstag. Und so sehen wir den oberschwäbischen adligen Abgeordneten nach den Wahlen 1877 für weitere zehn Jahre im deutschen Reichstag. Immer wieder schwankt er zwischen Rückzugsgedanken und Vorfreude auf die kommenden Debatten. Mal meint er, „Vor lauter Land- & Reichstagen ist's schon so weit gekommen dass sich bald beim bloßen Wort Parlament Jedermann sowohl Herz als Magen umkehrt"; das nennt er „den Parlamentarismus durch den Parlamentarismus ruiniren" und glaubt, „das ist offenbar Absicht der Regierung". Immer stärker wird Constantins Abneigung gegen das „constitutionelle" Wesen, das wie gemacht sei „für Juden & Liberale", für die „Berufs-Parlamentarier", die „Advocaten & Journalisten". Mal wünscht der Zentrumsabgeordnete „den Reichstag zum Teufel", mal prangert er die „Regierungs-Dummheit" an und spricht von einem „Zug nach links mit Expressgeschwindigkeit".

Hinsichtlich des Zentrums zweifelt er, ob es selbst bei „Majorität [...] auf einen grünen Zweig" kommen kann. Aus diesem Grund propagiert er, politisch ganz traditionell und restaurativ, in seinen Briefen das ständische als „allein natürliche[s] Vertretungssystem" und stimmt einem Gesetzesentwurf dann zu, wenn er „in demselben einen Keim für ständische Vertretung" erblickt: Auch hier sehen wir ein Junktim zwischen Konfession und Politik, speziell Standespolitik. Bismarck allein hätte nach Constantins Einschätzung „die Macht [...] zu einer soliden Gesellschaftsordnung" nach ständischen Prinzipien gehabt. Da

Fürst Wilhelm von Waldburg-Zeil-Trauchburg (1835 – 1906). Ölgemälde von H. Läpple, 1885.

der Reichskanzler jedoch nicht willens war, diese Ordnung anzustreben, bleiben Zeils Äußerungen über ihn, den „unumschränkten Beherrscher des Kaisers", und über Bismarcks „despotische Natur", aber auch über die Reichspolitik bis zum letzten Brief aus Berlin grundsätzlich negativ[42]. Im Jahr 1887, als der Kulturkampf einigermaßen entschärft ist, geht die Reichstagsabgeordnetentätigkeit des Waldburger Grafen zu Ende.

„BETHEILIGUNG AN ALLEN WAHRHAFT CONSERVATIVEN BESTREBUNGEN" SOWIE „WAHRUNG DES GLAUBENS"

Unterdessen engagiert sich auch „der Majoritätsherr", wie Fürst Wilhelm von Graf Constantin hin und wieder genannt wird, für seinen Stand sowie die katholische Kirche auf verschiedenen Ebenen, besonders in Richtung Rottenburg, Stuttgart, in der katholischen Diaspora sowie selbstverständlich in den eigenen Patronatsbezirken und darüber hinaus in Oberschwaben. Immer wieder beklagen die Katholiken in Württemberg noch in den 1880er Jahren ihre Benachteiligung bei der Religionsausübung. Fürst Wilhelm interveniert in dieser Frage bei der Diözesanspitze. In einem Briefwechsel des Fürsten mit Wilhelm von Reiser, dem späteren Bischof, kritisiert er die Praxis des „Gottesdienst Gebrauchs" in Isny, nach der die Katholiken nur in der dortigen evangelischen Nikolauskirche Gottesdienst halten sollen. Die Gläubigen wollen, unterstützt vom Fürsten in einem achtseitigen Schreiben 1885, eine eigene Kirche. Laut Wilhelm von Reiser, der zu dieser Zeit Mitglied des Rottenburger Domkapitels, Dompfarrer und Vertreter des Kapitels in der württembergischen Kammer der Abgeordneten ist, fehlen dazu jedoch auch die finanziellen Mittel. Deshalb müsse, so Waldburg-Zeil, „Stuttgart [..] in Gottes Namen den Katholiken in den Vorstädten seine Kirchen auch öffnen". Als Vorbild gilt ihm dabei die Stadt Ulm.

Der innere und äußere Aufbau der Diözese ist überhaupt damals vorrangiges Thema. Denn die Anzahl der Gläubigen wächst, Industrialisierung und Bevölkerungsverschiebungen verlangen nach Ausbau der seelsorgerischen Aktivitäten, Kirchen gilt es zu bauen, die Diasporagemeinden in den altwürttembergischen Gebieten zu betreuen. Der Fürst beteiligt sich maßgeblich an der Finanzierung von Kirchenglocken in Diasporagemeinden wie der von Calw, an Kirchenbauten in Böckingen und Künzelsau, er ist Präsident eines Komitees, das über Spenden den Neubau der St. Eberhardskirche in Stuttgart 1895 mitfinanziert[43].

Um 1900 gibt es in Württemberg 395 Patronatsstellen, 133 evangelische und 262 katholische. Der Fürst von Thurn und Taxis besitzt um 1905 etwa 50 Kirchenpatronate, der Fürst von Waldburg-Zeil-Trauchburg einschließlich der Wurzacher Linie 25, neunzehn der Fürst von Waldburg-Wolfegg-Waldsee[44]. So ist es nicht außergewöhnlich, wenn der Patronatsherr auf der Suche nach geeigneten Kandidaten für freie Stellen mit den Bischöfen der Diözese Kontakt aufnimmt.

Im Bereich des Schulpatronats, das seit den staatsrechtlichen Deklarationen des frühen 19. Jahrhunderts den Standesherren garantiert ist, unternimmt der oberschwäbische Adelige knapp nach der Jahrhundertwende, wenige Jahre vor seinem Tod, einen weiteren Schritt, die Sache des Katholizismus und der katholischen Kirche zu festigen, das Nominierungs- und Präsentationsrecht des mediatisierten Adels zu bewahren. Damit will er Versuchen der staatlichen Kirchen- und Schulaufsicht begegnen, die noch bestehenden Rechte und Möglichkeiten des Adels und der Kirche im Bereich der Bildung und des Erziehungswesens weiter zu beschneiden. Zu Beginn des 20. Jahrhunderts mehren sich nämlich die Stimmen, die eine Änderung des 1836 verabschiedeten „Königlichen Gesetzes betreffend die Volksschulen" fordern. Danach ist in allen Volksschulen der Religionsunterricht „unter angemessener Theilnahme der Schullehrer von den Ortsgeistlichen zu ertheilen". Waren die Schullehrer „gut christkatholisch", die Geistlichen in den Adelspatronatspfarreien und -kaplaneien in der Mehrzahl ebenfalls, so waren günstige Voraussetzungen für eine entsprechende Erziehung gegeben. Um diese weiterhin und in allen Fächern zu gewährleisten, sollen laut einem von Fürst Wilhelm in Auftrag gegebenen und dann eigenhändig korrigierten „Konzept eines Rundbriefs an ein Reihe von Standesherren" die adligen katholischen Patronatsherren künftig „keinen Lehrer präsentieren und ernennen, außer einen solchen, welcher die Erklärung abgibt, dass er dem neuen katholischen Schullehrerverein beitrete und sich demjenigen unterwerfe, was der hochwürdige Bischof in bezug auf die Schule ausgesprochen hat." Begründet wird dies mit der Tatsache, „dass in der letzten Zeit unter den Schullehrern in Württemberg eine Strömung sich gezeigt hat, sich der religiösen und kirchlichen Aufsicht zu entziehen durch Schaffung einer sogen. Fachaufsicht über die Schulen und Beiseiteschiebung der jetzigen geistlichen Schulinspektoren."

Nach der Spaltung des seitherigen katholischen Lehrervereins beabsichtigen „die der katholischen Kirche treu gebliebenen Lehrer einen neuen katholischen Lehrerverein zu gründen. [...] Infolge dessen hat sich bei mir der Gedanke nahegelegt, ob nicht auch die katholischen Patronatsherren etwas beitragen sollten, um die Rechte der Kirche auf die Schule zu sichern, sowie für die Eltern der Kinder die Zuversicht zu schaffen, daß die Kinder wirklich im christkatholischen Glauben erzogen und belehrt werden." Und Waldburg-Zeil versichert allen Empfängern seines Schreibens: „Ich meinerteils werde in diesem Sinne handeln. Es wäre aber von großer Bedeutung, wenn auch Euer Durchlaucht und Liebden einverstanden wären, ein Gleiches zu thun, [...]. Denn nur wenn der größte Theil der katholischen Patronatsherren in solcher Weise handelt kann Ersprießliches erlangt werden." Vollkommenes Einverständnis mit diesem Vorschlag signalisieren nahezu alle adligen Patronatsherren. Johannes Fürst zu Hohenlohe-Bartenstein und Jagstberg verlangt von dem Schullehrerkandidaten die Erklärung, dass er „der Richtung, welche die geistliche Schulaufsicht zu entfernen strebt, nicht angehört". Otto Graf Rechberg lässt seine Bewerber dies schriftlich erklären. Wilhelms Schwager, Franz Fürst von Waldburg-Wolfegg, ist mit von der Partie. Wenige Wochen später haben sich laut Rechberg 190 Lehrer zum neuen Verein gemeldet[45]. Die patronatsübergreifende Initiative Fürst Wilhelms ist wenigstens zeitweise von Erfolg gekrönt. Eine Gesetzesnovelle zum Volksschulwesen in Württemberg 1909 entzog jedoch den Standesherren das Ernennungsrecht und gewährte ihnen nur noch ein Bestätigungsrecht der Volksschullehrer. Im Jahr 1920, nach der 1918/19er-Revolution, fällt im württembergischen Staat das Schulpatronat. Der fürstlichen Familie Waldburg-Zeil gelingt es aber, bis weit in das 20. Jahrhundert hinein, „Restbestände" des Privilegs – zum Beispiel die Volksschule Schloss Zeil – zu bewahren[46].

KATHOLIKENTAGE, MÄNNERKLÖSTER

Seit langem schon besteht der Wunsch der katholischen Kirche, in Württemberg religiöse Männerorden und Kongregationen einzuführen – was nach dem Gesetz von 1862 nur mit ausdrücklicher Genehmigung der Staatsregierung möglich ist. Wilhelm Fürst Waldburg-Zeil äußert sich wiederholt sehr nachdrücklich zu diesem Anliegen. Bereits seit den 1860er Jahren bestehen briefliche Kontakte des Fürsten mit den Rottenburger Bischöfen „in Sachen katholische Männerorden". Es gibt immer wieder Hoffnungsschimmer, vom Kultministerium die Gründung dieser Orden genehmigt zu bekommen. Bei Bischof Carl Joseph von Hefele setzt sich Fürst Wilhelm zum Beispiel 1870 persönlich für die Errichtung von Benediktiner-, Kapuziner und Franziskanerklöstern ein[47].

Sehr pointiert äußert sich Zeil nach dem für die katholische Kirche in Württemberg so wichtigen Katholikentag am 23. und 24. November 1890 in Ulm, der von etwa 18 000 Teilnehmern besucht und von Otto Graf Rechberg als Präsident geleitet wird. In der Literatur wird diese Versammlung meistens mit Blick auf die erfolgreiche Gründung eines Volksvereins in der Diözese erwähnt. Eine besonders wichtige Resolution des Katholikentags, welche die Einführung von Männerorden fordert, scheitert dagegen. Bischof Hefele wendet sich deshalb in einer Eingabe an die Regierung, örtliche Katholikentage nehmen diese Forderung auf. Jedoch auch der vom Katholikentag eingesetzte Ausschuss unter Vorsitz von Graf Rechberg verhandelt in Stuttgart ohne Erfolg mit Kultminister Sarwey und Ministerpräsident Mittnacht. Fürst Zeil formuliert daraufhin „Gedankensprüche über die Antwort des Kultminsters Dr. v. Sarwey an die Ausschußmitglieder des Katholikentages". Darin verknüpft er seine Argumente mit dem Komplex Säkularisation und Mediatisierung und meint: „Darüber, ob die Einführung von Männerorden in Württemberg im Interesse der Katholiken sei oder nicht hat denn doch in erster Linie das geistliche Oberhaupt derselben, der Bischof, zu entscheiden; er allein ist diejenige Persönlichkeit, die hierüber ein kompetentes Urteil fällen kann. Der protestantische Minister ist entschieden am allerwenigsten in der Lage, hierüber ein Urteil zu fällen."[48]

Zeil bezieht sich knapp 100 Jahre nach Reichsdeputationshauptschluss, Säkularisation und Mediatisierung auf diese Umwälzungen. Dem ministerialen Argument, in Württemberg habe nie eine Niederlassung von Männerorden bestanden, erwidert der Mediatisierte, dies sei „nur dann richtig, wenn man das größere Württembg, wie es seit dem Reichsdeputations-Hauptschluß besteht, in Betracht zieht. Zieht man aber das gesammte Land an und für sich in Betracht, wie es seit Jahrhunderten bestanden hat, allerdings zum größten Theil nicht unter württembergischer Hoheit, so ist es höchst sonderbar, wenn es heißt, es habe nie ein Männerorden bestanden. Ein großer Teil von Württemberg, wie es jetzt besteht, ist hervorgegangen aus klösterlichem Besitz und vor der Reformation hat es auch im alten württ. Lande der Klöster genug gegeben." Zeil betont: „Man hat bei der Mediatisierung, bei der Aufhebung und Inkamerierung der Klöster den Katholiken vollständige Religionsfreiheit zugesichert, man hat ihnen verfassungsgemäß alles eingeräumt, was sie zu fordern berechtigt sind und unter diese Forderungen gehört auch die, daß ihnen die Klöster nicht vorenthalten werden." Zeil beklagt den Mangel an katholischen Seelsorgern in Württemberg und hofft, durch Ansiedelung von Klöstern religiöse Bedürfnisse befriedigt zu sehen. Er hebt die hervorragende Arbeit der aus Württemberg stammenden katholischen Ordenspriester im Ausland hervor und kritisiert, dass diesen das eigene Vaterland verschlossen sei. Wörtlich fügt er hinzu: „Jeden Sozialdemokraten läßt man im Land [...], den Priester, der viel eher für das Wohl und die Sicherheit des Staates wirkt als jener, schließt man aus." Im Ministerium scheine nun aber die Ansicht zu herrschen, man dürfe nun den Katholiken „alles bieten, weil sie sich des Friedens wegen alles gefallen lassen." Ein paar Ordensgeistliche in Württemberg würden den Frieden zwischen den Konfessionen nicht gefährden. Seine „Gedan-

Die spätere Fürstin Sophie von Waldburg-Wolfegg-Waldsee (1836 – 1909) mit ihrem Gatten Franz Erbgraf von Waldburg-Wolfegg-Waldsee (1833 – 1906) und den Kindern Friedrich (1861 – 1895), später Mitglied des Jesuitenordens, Maximilian (1863 – 1950) und Joseph (1864 – 1922).

kensprüche" schließt Fürst Wilhelm mit einem weiteren Hinweis auf die Mediatisierung und Säkularisation:

„Es wäre doch auch gut, wenn der Herr Minister sich vergegenwärtigen würde, daß der größte Teil vom jetzigen Württemberg nicht altwürttembergisch sondern aus ganz anderen Elementen zusammengesetzt ist, daß es somit nicht zweckmäßig sein kann, wenn man sozusagen diesen Landesteilen klar macht, daß es eigentlich für sie in religiöser Hinsicht ein Unglück gewesen ist an Württemberg gekommen zu sein."

Im Gefolge des Katholikentags nehmen lokale Katholikenversammlungen, auch von Adeligen geleitet, die Forderung nach Einführung von Männerklöstern auf. Auch auf der 38. Generalversammlung der Katholiken Deutschlands in Danzig 1891 kommen die kirchlichen Verhältnisse im deutschen Südwesten zur Sprache. Graf Rechberg, an das Ulmer Treffen erinnernd, fordert größere Freiheit für die dortige katholische Kirche und beschwört die Einheit der Zentrumspartei, Bischof Hefele, schon erkrankt, hofft, wie er an die Teilnehmer schreibt, seiner Diözese Männerklöster „als letztes Angebinde bei meinem Ableben hinterlassen zu können, muß aber [...] meiner Lieblingshoffnung entsagen." Mitglieder der Familie Waldburg-Wolfegg engagieren sich in jenen Jahren ebenfalls intensiv für die Belange des Katholizismus in Zusammenarbeit mit der Kirche sowie im privaten Kreis. Unter Vorsitz von Maximilian Erbgraf von Waldburg-Wolfegg-Waldsee tagt zu Pfingsten 1892 der Oberschwäbische Katholikentag (Volksvereinstag) in Ravensburg, besucht von etwa 8 000 Teilnehmern. Bischof Hefele äußert in seinem Dankschreiben an den Grafen: „Es waren Männer in Ravensburg, fest und treu, offen und bieder, mannhaft in Wort und Tat. [...] Die traurigsten Jahre für die katholische Sache waren jene, in welchen niemand den Mut hatte, offen und furchtlos für das Recht der Kirche einzutreten. Daß solche Zeiten nicht mehr kommen, sind solche Versammlungen Bürgschaft und Zeugnis."[49] An den Katholikentagen Ende der 1880er und Anfang der 1890er Jahre nimmt Sophie Fürstin von Waldburg zu Wolfegg und Waldsee (1836 – 1909) regelmäßig teil. In ihrem Tagebuch[50] kommentiert sie auch kirchenpolitische Angelegenheiten.

In ihrer Jugend hatte sie den Wunsch gehabt, ins Kloster einzutreten, den ihr Vater, Graf Arco-Zinnenberg, jedoch nicht erfüllen wollte. Nach ihrer Heirat mit Franz Erbgraf von Waldburg-Wolfegg-Waldsee 1860 lässt sie als Erbgräfin in Waldsee 1862 einen katholischen Gesellenverein gründen. Seit 1871 Fürstin und nun im Wolfegger Schloss wohnend, widmet sie sich neben ihrer Familie weiterhin ganz der Kirche. Sie treibt u.a. die Renovierung und den Umbau der Wolfeggschen Kapelle voran. Sie unterstützt den Plan des Fürsten, das ehemalige Kloster Heggbach bei Biberach der Kongregation der barmherzigen Schwestern des Klosters Reute zu überlassen; dort werden dann Arme, geistig Kranke und Epileptiker betreut. Ihre drei ältesten Söhne werden im Erziehungsinstitut der Gesellschaft Jesu, Stella Matutina, in Feldkirch/ Vorarlberg erzogen. Der Älteste, Erbgraf Friedrich, tritt zur Freude der Mutter und nach Beratung mit seinem Onkel, Domkapitular August Graf Wolfegg, 1887 in den Jesuitenorden ein. Wenige Wochen zuvor hatte er ein Angebot der Zentralleitung des Zentrums ausgeschlagen, für den Wahlreis 16 Württemberg (Biberach-Leutkirch-Waldsee-Wangen) bei den Reichstagswahlen zu kandidieren. Seinen Onkel Graf Constantin, den ehemaligen Zentrumsabgeordneten, zog der Erbgraf bei dieser existentiellen Frage ebenfalls zu Rate.

Die stärker werdende Bewegung des Katholizismus in den 1880er Jahren registriert Fürstin Sophie mit Begeisterung. Äußerst zufrieden ist sie mit dem Verlauf des ersten Ulmer Katholikentages, großartig findet sie das Echo der Versammlung und genau notiert sie die Teilnehmerzahlen der Veranstaltungen. Erbgraf Maximilian, ihr Sohn, leitet dann 1901 den zweiten Ulmer Katholikentag.

Ein wichtiger Erfolg des Katholizismus in diesen Jahren war die Gründung der Zentrumspartei in Württemberg, die zu Pfingsten 1894 bezeichnenderweise in Ellwangen, dem früheren Sitz des ehemaligen Generalvikariats, verkündet wird. Überhaupt keinen Erfolg haben dagegen alle Unternehmungen und Petitionen, so die in den frühen 1890er Jahren in Stuttgart eingegangenen etwa 100 000 Unterschriften aus der katholischen Bevölkerung, für die Zulassung der Orden und Klöster. Auch die Versuche katholischer Adeliger sowie der Bischöfe, die Genehmigung zur Ansiedelung katholischer Männerorden im Land zu erhalten, scheitern immer wieder[51]. Nach dem Ersten Weltkrieg war die Situation dann eine grundsätzlich andere.

DER ENDGÜLTIGE „UMSTURZ" NACH DEM ERSTEN WELTKRIEG: „MIT DEM FÜRSTEN WALDBURG WOLFEGG [...] BEGINNEN"

Der Artikel 137 der Weimarer Reichsverfassung regelte, dass jede Religionsgesellschaft „ihre Angelegenheit selbständig innerhalb der Schranken des für alle geltenden Gesetzes" ordnet. Und in Artikel 124 der Verfassung wurde die Vereinigungsfreiheit garantiert. Orden und Kongregationen hatten nun freies Niederlassungsrecht. Das württembergische Gesetz über die Kirchen vom 3. März 1924 beseitigte dann wenige Jahre später das von den Katholiken seit seiner Verabschiedung attackierte, weil als Unrecht empfundene Gesetz von 1862.

Indes: Nach Verabschiedung der württembergischen Verfassung durch die Landesversammlung am 26. April 1919 erhalten die katholischen Patronatsherrschaften ein brisantes Schreiben aus Rottenburg, in dem Bischof Paul Wilhelm von Keppler die veränderte Situation für die Kirche und die privaten Patronatsherren darlegt: Die Verfassungsurkunde des freien Volksstaates Württemberg vom 20. Mai 1919 bestimmt in § 19 Abs. 2 (Reg. Bl. S. 89): die Patronatsrechte des Staates und staatlicher Anstalten sind aufgehoben; die übrigen Patronatsrechte werden von den Kirchen geregelt. Der Bischof reklamiert nun die „ausschließliche kirchliche Gerichtsbarkeit" über die Privatpatronate. Nach der Rechtsauffassung der katholischen Kirche gilt für das Patronatsrecht nun allein der neue, 1917 durch Benedikt XV. publizierte und 1918 in Kraft getretene „Codex juris canonici" (bes. can. 1448 – 1483). Neues Patronatsrecht kann nicht mehr entstehen. Aber auch altes Patronatsrecht, das vor 1806 bestand, würde die katholische Kirche am liebsten vollständig an sich ziehen, ist ihr doch bewusst, „daß durch das Patronatsrecht die Freiheit der Kirche und ihre Selbständigkeit in der Besetzung der Kirchenämter oft stark eingeschränkt sind", nun nicht mehr durch den Staat, sondern durch zumeist katholische adlige Privatpatrone.

Rottenburg rechnet allerdings realistischerweise damit, „daß die Patrone nicht auf ihr bisheriges Recht verzichten wollen." Überhaupt nicht mehr anerkannt und als erloschen betrachtet werden von der katholischen Kirche Erwerbstitel, welche sich aus der „sog. Säkularisation" herleiten[52]. Das trifft diejenigen Patrone, welche durch die Säkularisation und Mediatisierung nach Württemberg und dort besonders in die neuwürttembergischen Gebiete kamen. Der Bischof reklamiert ausschließlich für die Kirche auch das private Schul-, Mesner- und Organistenpatronat. Zum Schluss setzt Bischof Keppler sämtlichen Patronatsherren eine zeitliche Frist für die Vorlage aller Stellen, für welche die adligen Privatpatrone das Patronatsrecht unter Vorlage aller Beweismittel, das heißt vor allem für die vor 1806 erworbenen Rechte, aufrecht erhalten wollen. Vorsorglich hatte der Zeil'sche Sekretär Schwanzer schon im Februar 1919 in einem Schreiben an die Kanzlei des bischöflichen Ordinariats Rottenburg darauf hingewiesen, dass auch noch „nach 1918 die Patronatsrechte der Privatpatrone trotz der württembergischen Verfassung" fortbestünden[53].

Wie Rottenburg ahnte, sind die katholischen Patronatsherren nicht bereit, auf ihre Rechte, zu denen selbstverständlich auch Pflichten gehören, zu verzichten. Es entspinnt sich eine jahrelange Korrespondenz zu diesem Themenkomplex zwischen den Erzbistümern und Bistümern Rottenburg, Freiburg, München, Mainz und Köln. Die päpstliche Nuntiatur in München schaltet sich ein, Nuntius Pacelli, der spätere Papst Pius XII., übermittelt noch 1931 den Standpunkt Roms, Juristen werden bemüht, Gutachten eingeholt. Die Adelspatrone geraten früh auch unter Druck der Zivilgesellschaft. Schon seit 1919 bestürmen Fideikommissgemeinden die Diözese mit Eingaben, um die „Auflösung der Patronatsrechte des Adels" zu erreichen. Die Gemeinden argumentieren ebenfalls mit den gewandelten politischen Verhältnissen, mit den neuen Verfassungen.

Dagegen schließen sich die Patronatsherren im Württembergischen Grundbesitzerverband zusammen. Doch wie sich bereits im bischöflichen Schreiben 1919 zwischen den Zeilen andeutete, nimmt Rottenburg zunehmend eine vorsichtigere Haltung gegenüber dem ehemaligen mediatisierten Patronatsadel ein und akzeptiert früh den bestehenden status quo, besonders, nachdem ein namhafter Jurist in einem Rechtsgutachten vom September 1919 für Baden zum Ergebnis kam: „Eine Aufhebung der nachweislich privaten Kirchenpatronate durch Kirchengesetz ist [...] nicht möglich." Weit auf die Seite der ehemaligen Verbündeten schlägt sich schließlich Bischof Keppler in einem Brief, in dem er auf die Forderungen des die Privatpatrone vertretenden Grundbesitzerverbandes eingeht und versichert: „die Angelegenheit der kirchlichen Patronatsrechte sei von der kath. Kirche schon längst geregelt und zwar nicht nach dem Wunsch des Volkes, sondern der Patronatsherren zu berücksichtigen."[54] Rottenburg besteht allerdings darauf, dass die Namen der Bewerber auf Privatpatronatsstellen dem Ordinariat und nicht mehr der Regierung in Stuttgart, dem damals noch bestehenden Katholischen Kirchenrat, vorzulegen seien. Rom ist mit diesen Konzessionen an die vorwiegend katholischen Adelspatrone nicht einverstanden, und so gibt es immer wieder Versuche in der ersten Hälfte des 20. Jahrhunderts, diese doch noch zum Verzicht auf ihre verbliebenen Rechte zu bewegen.

In diesem Zusammenhang ist ein 1930 in Ravensburg abgefasstes Schreiben des Benediktinerpaters Odo an Bischof Johannes Baptist zu sehen. Pater Odo, Trauergast bei einer Beerdigung im Hause Waldburg, Augenzeuge und Gesprächsteilnehmer, berichtet dem Bischof: „Anläßlich des Begräbnisses der Fürstin Therese zu Waldburg Zeil in Zeil und eines kurz darauf stattgefundenen Besuches in Wolfegg beim Fürsten dort kam die Patronatsangelegenheit zur Sprache. Vielleicht darf ich es wagen, Euer Bischöflichen Gnaden darüber Bericht zu erstatten. Ich hatte den Eindruck, daß die verschiedenen Standesherren nicht klar waren, um was es sich eigentlich handlen würde."[55] Der Adressat des im September 1930 aus Weingarten nach Rottenburg gesandten Schreibens ist Bischof Sproll, der Verfasser zeichnet mit „Pater Odo von Württemberg O.S.B.". Die Aufhebung der Patronatrechte – so schreibt dieser – fassten die Standesherren „als Folge des Umsturzes", als eine „neuzeitlich demokratische Bestrebung auf, den Fürsten und dem Adel alle Rechte zu nehmen".

Pater Odo ist kein anderer als Carl Alexander Herzog von Württemberg, der nach seiner Teilnahme am Ersten Weltkrieg 1923 auf die „Thronfolge" verzichtet hat und 1926 in die Benediktinerabtei Beuron eingetreten ist. Bevor der Pater dem Bischof Vorschläge unterbreitet, wie die „Standesherren" – diese Bezeichnung verwendet er noch – doch „dazu zu bringen sind, dass sie auf ihre Patronate ganz oder zum größten Teil verzichten", versichert er mehrmals, „die Mentalität dieser Kreise zu kennen". Der Pater schlägt Bischof Sproll folgenden Weg vor: die „Standesherren" geben ihre Patronatsrechte auf, und zwar freiwillig; die „kirchlichen Ehren" – zum Beipiel „der besondere Patronatsstuhl in der Kirche, die Nennung des Namens des Patronatsherren im Allgemeinen Gebet, das Hochamt für den Patronatsherren am Geburts- und Namenstag desselben, das Reichen des Weihwassers durch den Geistlichen an den Patronatsherren" – werden ihnen belassen; diese sind im einzelnen und separat mit den einzelnen Familien festzulegen. Um sie geneigter zu machen, ihre Patronate abzugeben, solle Rottenburg in Rom für „alle Standesherren und Mitglieder des Ritterschaftlichen Adels [...] ein eigenes päpstliches Belobungsbreve" mit Namensnennung zu erlangen suchen. Dieses könne in den „Acta Apostolici Sedis" abgedruckt werden.

Die Chefs der beiden Familien Wolfegg und Zeil betrachten, wie sie im Gespräch äußern, diesen Vorschlag als möglichen Weg, die komplizierten Patronatsrechtsverhältnisse mit der Kirche einvernehmlich zu lösen. „Fürst Maximilian zu Waldburg Wolfegg z. B." erwägt, von seinen 15 Patronaten etwa 12 an den Bischof abzugeben, will die drei „seiner Wohnsitze" allerdings behalten. Eine Reihenfolge der „anzugehenden Standesherren", die Pater Odo dem Bischof übermittelt, gibt den Grad der Kompromissbereitschaft unter dem Patronatsadel wieder: „würde ich vorschlagen mit dem Fürsten Waldburg Wolfegg zu beginnen, dann Fürst Waldburg Zeil, Graf Königsegg, Fürst Quadt, Fürst von Hohenzollern, Fürst Fürstenberg, die übrigen Standesherren mit Ausnahme von Hohenlohe und Taxis, dann der ritterschaftliche Adel. [...] Zum Schluss dann die Fürsten Hohenlohe und ganz am Ende der Fürst von Thurn und Taxis. Wenn alle anderen ihre Patronatsrechte abgegeben haben, vielleicht nimmt dann auch Taxis Vernunft an." Die von den Teilnehmern am Begräbnis geäußerte Befürchtung, der neue Kurs der Kirche in Sachen Patronatsrechte habe mit der von ihnen völlig abgelehnten „neuzeitlichen demokratischen Bestrebung" zu tun, dem Adel nach der Revolution von 1918/19 endgültig alle Rechte zu nehmen, sucht der Benediktinerpater mit dem Hinweis auf den neuen Kodex des Kirchenrechts zu besänftigen[56].

Doch die Adelspatrone halten an ihren Patronatsrechten fest. Eine Anfrage des bischöflichen Ordinariats des Bistums Eichstätt im Jahr 1957 nach dem Verhalten der Patrone im Bistum Rottenburg in diesem umstrittenen Komplex lässt Bischof Carl Joseph Leiprecht nüchtern und „dem heutigen Empfinden etwas angepasst" beantworten: „Der Fall, dass ein Patronatsherr auf ein unbestrittenes Patronats- bzw. Präsentationsrecht verzichtet hätte, ist in unserer Diözese noch nicht praktisch geworden.[...] Dieser Aufforderung ist aber kein einziger nachgekommen."[57]

Die meisten adligen Kirchenpatronate bestehen auch heute noch. Nur mit einer Haltung des Beharrens ist aus Sicht der Aristokratie das „endgül-

Inschriften:
WER GOTT FVRCHT /
VND DEN KEYSER EERT /
DEM IST GROSSE GNAD /
VND GLVCK
BESCHERT

An den Säulen die Devise Kaiser Karls V.:
PLVS VLTRA

Bronzetafel Kardinal Ottos von Waldburg (1514 – 1573). Schloss Zeil, Durchgang zum Innenhof von Westen.

tige Leichenbegräbnis" der Adelswelt – man könnte neutraler formulieren: der endgültige, vollständige Abschluss einer revolutionären Entwicklung, die mit der Säkularisation und Mediatisierung mehr als einhundert Jahre zuvor begonnen hatte – zu verhindern gewesen. Das Haus Waldburg war und ist da keine Ausnahme und hat bis heute seine Kirchenpatronate bewahrt. Diese beharrende Haltung führte nur zu Meinungsverschiedenheiten, jedoch zu keiner Friktion mit der katholischen Kirche. Aristokratisch, konservativ und katholisch bleiben die Grundpfeiler.

Anmerkungen:

1 Rom, 19. Dezember 1845, Fürstl. Waldburg-Zeil'sches Gesamtarchiv, Schloss Zeil, Abtl. NZA (im folgenden NZA) 350.
2 Zit. nach *Johannes Mundwiler S.J.*: P. Georg von Waldburg-Zeil. Ein Volksmissionär des 19. Jahrhunderts. Freiburg i. Br. 1906, 6.
3 *Rudolf Vierhaus* (Hg.): Das Tagebuch der Baronin Spitzemberg, geb. Freiin v. Varnbüler. Göttingen 1981, 150.
4 Jüngst u.a. *Rudolf Endres*: „Lieber Sauhirt in der Türkei als Standesherr in Württemberg ..." Die Mediatisierung des Adels in Südwestdeutschland. In: *Volker Himmelein / Hans-Ulrich Rudolf* (Hg.): Alte Klöster – Neue Herren. Die Säkularisation im deutschen Südwesten 1803. Bd. 2. Ostfildern 2003, 837-856; für das Haus Waldburg *Rudolf Beck*: „Man frisst die Fürstlein auf dem Kraut wie Würstlein". Die Mediatisierung des Hauses Waldburg. In: *Himmelein / Rudolf* 2003 (wie Anm. 4), 919-928; *Martin Zürn*: „Vom Untergang retten, was man noch kann ...". Das Fürstliche Haus Waldburg zwischen 1806 und 1848. In: ebd., 929-942.

5 *Elmar L. Kuhn*: Die katholische Kirche. „Die wahre Gewinnerin" oder Opfer der zweiten Säkularisation? In: *Haus der Geschichte Baden-Württemberg / Gesellschaft Oberschwaben* (Hg.): Ohne Gerechtigkeit keine Freiheit. Revolution 1848/49 in Oberschwaben. Stuttgart 1999, 168-181, 168.
6 *Walter-Siegfried* Kircher: Adel, Kirche und Politik in Württemberg 1830 – 1851. Kirchliche Bewegung, katholische Standesherren und Demokratie. Göppingen 1973, 26f.
7 *Dominik Burkard*: Wie Feuer und Wasser? Die katholische Kirche und die Revolution von 1848/49. In: *Haus der Geschichte Baden-Württemberg / Gesellschaft Oberschwaben* 1999 (wie Anm. 5), 144-167, 145.
8 *Walter-Siegfried Kircher*: Ein fürstlicher Revolutionär aus dem Allgäu. Fürst Constantin von Waldburg-Zeil 1807 – 1862. Kempten 1980, 46-49.
9 Ebd. 78ff.
10 *August Hagen*: Geschichte der Diözese Rottenburg. Bd.1. Stuttgart 1956, 514f.
11 Zitiert in *Kircher* 1973 (wie Anm. 6), 280.
12 Erbgraf Zeil an seinen Vater, Fürst Franz Thaddäus, 11. Mai 1838, NZA 338.
13 Vgl. *Kircher* 1973 (wie Anm. 6), 68-135.
14 „Verzeichnis aller noch nicht angestellten katholischen Geistlichen Württembergs sowie der Zöglinge des Priester-Seminars und des Wilhelmstifts", NZA 410-84, ZAC 18.
15 *Burkard* 1999 (wie Anm. 7), 149.
16 NZA 410-84, 19/3.
17 *Kircher* 1973 (wie Anm. 6), 161-169.
18 Brief vom 30. Mai 1842, NZA 410-84, ZAC 3.
19 *Kircher* 1973 (wie Anm. 6), 236.
20 Statut, von Fürst Constantin entworfen. In: NZA 410-84, ZAC 19/6; *Kircher* 1973 (wie Anm. 6), 292-293.
21 *Kircher* 1980 (wie Anm. 8), 164; siehe auch *Andreas Antonin*: „Der gesunde und rechtliche Sinn der Oberschwaben. Constantin, der „rote Fürst", und die Revolution im Oberland. In: Im Oberland 9 (1998) 2, 3-15.
22 *Burkard* 1999 (wie Anm. 7), 163; *Kircher* 1980 (wie Anm. 8), 145.
23 *Kircher* 1980 (wie Anm. 8), 151-154; Statut des Instituts ebd., Anhang XVIII, 190-192.
24 Zusammenfassend *Joachim Köhler*: Das Bistum Rottenburg von der Gründung bis zur Zeit nach dem Zweiten Weltkrieg. In: *Heinz Sproll / Jörg Thierfelder* (Hg.): Die Religionsgemeinschaften in Baden-Württemberg. Stuttgart 1984, 98-101.
25 NZA 485-721, Nr.198. Hervorhebung im Original.
26 *Burkard* 1999 (wie Anm.7), 157.
27 *August Hagen*: Geschichte der Diözese Rottenburg. Bd. 2. Stuttgart 1958, 58f.
28 NZA 485-721, Nr. 88. Hervorhebung im Original.
29 Diözesanarchiv Bistum Rottenburg, G1.7.1.1.
30 Ebd.
31 NZA 485-721, 15. Februar 1872.
32 Zitat in *Heinz Gollwitzer*: Die Standesherren. Göttingen 1964, 150 und 421.
33 Deutsches Volksblatt Nr. 97, 28. April 1871, 2.
34 Deutsches Volksblatt Nr. 96, 27. April 1871, 1.
35 In Württemberg wurde die Zentrumspartei offiziell erst 1894/95 gegründet. Der Bischof der Diözese, Carl Joseph Hefele, sprach sich dagegen aus; er wollte das Verhältnis zum württembergischen Staat nicht belasten.
36 NZA 485-721, Nr. 47. Brief vom 23. April 1867.
37 Deutsches Volksblatt Nr. 6, 9. Januar 1874, 1-2.
38 *Walter-Siegfried Kircher*: Fürst Constantin von Waldburg-Zeil. „... im gemeinsamen Interesse des Oberlandes". In: *Haus der Geschichte Baden-Württemberg / Gesellschaft Oberschwaben* 1999 (wie Anm. 5), 120-121.
39 *Vgl. Josef Rottenkolber*: Geschichte des Allgäus. Bd. 4. München 1938, ND Aalen 1973, 248.
40 Zitiert in *Carl Haggeney, S. J.*: Fürstin Sophie von Waldburg zu Wolfegg und Waldsee. Mergentheim 1910, 91.
41 Graf Constantin an Fürst Wilhelm, Berlin 12. Dezember 1874, NZA 485-721, Nr. 47.
42 Alle Briefe ebd.
43 NZA 485-721, Nr. 151 und Nr. 195.
44 In Württemberg gibt es in den 1870er Jahren 809 katholische Kirchenstellen. Davon unter den 666 katholischen Pfarreien 230 Privatpatronatsstellen, unter den 143 Kaplaneien 59 des Privatpatronats; für Zahlen um 1900 vgl. *Andreas Dornheim*: Adel in der bürgerlich-industrialisierten Gesellschaft. Eine sozialwissenschaftlich-historische Fallstudie über die Familie Waldburg-Zeil. Frankfurt u.a. 1993, 469.
45 Alle Zitate in: NZA 485-721, Nr. 229.
46 Dazu ausführlich *Dornheim* 1993 (wie Anm. 44), 474-479.
47 Bischof Dr. C.J. v. Hefele an Fürst Wilhelm, 1. Januar 1870, NZA 485-721, Nr. 151.
48 NZA 485-721, Nr. 230.
49 Zit. in *Franz Stärk*: Die Diözese Rottenburg und ihre Bischöfe. Stuttgart 1928, 189, 192.
50 Ausführlich wiedergegeben von *Haggeney* (wie Anm. 40), passim.
51 Weibliche Kongregationen sind in Württemberg im 19. Jahrhundert „zugelassen beziehungsweise geduldet", wenn sie unter der Jurisdiktion des Landesbischofs stehen und somit reine Diözesaninstitute sind. Staatsminister v. Sarwey an Fürst Wilhelm, NZA 485-721, Nr. 178.
52 Alle Zitate: Diözesanarchiv Bistum Rottenburg, G1.1 B 5.1 d., 4. Juli 1919 (Entwurf).
53 Ebd. Brief vom 13. Februar 1919.
54 Ebd. 23. und 29. September 1919.
55 Ebd. 22. September 1930.
56 Ebd.
57 Ebd. 3. Dezember 1957.

Neutrauchburg im Allgäu eine fürstliche Domäne
wird Zentrum der Rehabilitation

Manfred Thierer

Burg Alt-Trauchburg vor dem Abbruch.

Durch kluges politisches und wirtschaftliches Handeln ist es den Angehörigen des Adelsgeschlechts derer von Waldburg im Laufe der Jahrhunderte gelungen, beträchtlichen Besitz zu erwerben, den Wohlstand zu mehren und diesen auch nach der Mediatisierung 1806 zu bewahren. Besonders in den ehemaligen kleinen Residenzen der verschiedenen Linien ist die Präsenz des Geschlechts auch heute noch deutlich spürbar. Das Schwarz-Gelb-Streifenmuster, das die Fensterläden und Türen der Schlossbauten und vieler Gebäude ziert, weist unübersehbar darauf hin.

Nach wie vor ist Georg Fürst von Waldburg-Zeil einer der größten Grund- und Waldbesitzer des Landes. Der Wald und die Landwirtschaft waren lange Zeit die wirtschaftlichen Standbeine der Familie. Ein Engagement im sekundären Sektor gab es erst in der Zeit zwischen den Weltkriegen, vor allem durch die Beteiligung an der Papierfabrik Baienfurt. Verstärkt diversifiziert wurde aber erst seit den 50er Jahren des 20. Jahrhunderts mit dem Einstieg in den Medienbereich (Schwäbische Zeitung, Allgäuer Zeitung). Die Skifahrer und Wanderer werden sicherlich auch auf die Waldburg-Zeil'schen Farben aufmerksam, wenn sie die Hochgrat-Seilbahn bei Oberstaufen benutzen. Zum quantitativ wichtigsten Engagement des Fürsten entwickelte sich indessen der Gesundheitssektor. Im Jahre 2005 gibt es fünfzehn Waldburg-Zeil'sche Einrichtungen des Gesundheitswesens, darunter ein therapeutisches Bewegungszentrum, zwei Krankenhäuser, zwei Fachkliniken mit Akut- und Rehamedizin, acht Rehakliniken und zwei Seniorenresidenzen. Etwa 3 300 Mitarbeiter finden darin Arbeit und Lohn, umgesetzt werden ca. 167 Millionen Euro im Jahr[1].

Schloss Neutrauchburg um die Mitte des 19. Jahrhunderts. Aquarell von Caspar Obach. Waldburg-Zeil'sches Gesamtarchiv Schloss Zeil.

Die meisten der Einrichtungen stehen in der Wirtschaftsregion Allgäu-Oberschwaben: in Bad Waldsee, Bad Wurzach, Neutrauchburg, Tettnang und Wangen. Besonders prägend sind sie in dem unweit von Isny gelegenen Neutrauchburg, das sich von einem winzigen Dorf zum weithin bekannten Kurort und Rehabilitationszentrum entwickelt hat. Was sind die Gründe dafür? Welche Veränderungen gingen in Dorf und Umgebung damit einher? Diesen Fragen wird im folgenden unter geographischem Blickwinkel nachgegangen. Vor allem sozialgeographisch ist es aufschlussreich, das Augenmerk auf die Akteure zu richten, die die Entwicklung in Gang gesetzt haben.

DIE HERRSCHAFT TRAUCHBURG

Wer sich mit Neutrauchburg beschäftigt, kommt nicht umhin, zunächst einen Abstecher zur „alten" Trauchburg zu machen. Diese gewaltige Burg, oft auch als Feste bezeichnet, ist heute nur noch als („sanierte") Ruine erhalten. Sie thront hoch über dem Tal der Unteren Argen, etwa 6 km südöstlich von Isny, und war die Stammburg der Freiherren von Trauchburg. Die Grafen von Waldburg erwerben sie 1306. Ihnen gelingt es, mit der Herrschaft Trauchburg ein einigermaßen geschlossenes Territorium zu schaffen. Bei der waldburgischen Erbteilung von 1429 fällt die Herrschaft an die jakobinische (trauchburgische) Linie. Mit Graf Franz Carl zu Trauchburg, Fürstbischof zu Chiemsee, der alljährlich zur Jagd ins Allgäu kommt und das schmucke Schlösschen Rimpach um 1755 erbauen lässt, erlischt 1772 die trauchburgische Linie. Schon vor seinem Tod überlässt er die Herrschaft Graf Anton von der Linie Waldburg-Zeil (seitdem Waldburg-Zeil-Trauchburg).

Von 1429 bis 1690 hatte die Herrschaft auf der Höhe gewohnt – in der Trauchburg. Nach einem Intermezzo im (bequemeren) Kißlegger Schloss richtet man sich im 18. Jahrhundert in Rimpach sowie in Mechensee ein. In Mechensee, später umbenannt in Neutrauchburg, besteht ansehnlicher Besitz. Der auch innerhalb des Territoriums einigermaßen zentral gelegene Ort entwickelt sich fortan zum Verwaltungssitz der Herrschaft. Sie lässt 1776 ein neues Renthaus, 1777 ein Wacht-, Schul-, Amtsdiener- und Amtswaibelhaus, 1778 eine Wohnung für den Oberamtssekretär und 1785/86 das stattliche Amtshaus mit Kanzlei und Archiv – das heutige Schloss – errichten. Man verwendet beim Bau die Steine des alten Schlosses Trauchburg.

BESCHAULICHER ORT IM 19. UND 20. JAHRHUNDERT

1806 kommt der überwiegende Teil der Herrschaft Trauchburg unter württembergische, der östliche unter bayerische Oberhoheit. 1824 wird die Gemeinde Neutrauchburg gebildet. 1841 wohnen in ihr 683 katholische Einwohner, auf 13 Wohnplätze verteilt[2]. Größter darunter ist Neutrauchburg mit 88 Einwohnern. Ein Aquarell von Caspar Obach zeigt ihn um die Mitte des Jahrhunderts von Süden her. Im Vordergrund herrscht heiteres, beschauliches Landleben: Man belädt ohne große Mühe einen Heuwagen; im Schatten eines Baumes ruhen Mensch und Tier. Dahinter steigt das Gelände zu dem kleinen Ort an, der fast ausschließlich aus Gebäuden der Herrschaft besteht[3]. Baulich dominant ist das Schloss mit seinem mächtigen, gestuften Walmdach. Alles in allem ein malerisches Ensemble. Neutrauchburg – wohl ein beschaulicher Ort!

Und so sollte das lange bleiben. Von sich reden macht die Gemeinde allenfalls in den Jahren von 1848 bis 1856, als im Schloss eine „Akademie", ein Lehr- und Erziehungsinstitut für adlige und auch bürgerliche Knaben, eingerichtet wird. Ansonsten ist das Schloss regelmäßig Witwensitz der Fürstinnen oder Wohnung der Erbgrafen. 1934 und 1935 dient es als Erholungsheim für Benediktinerinnen aus Eichstätt, zwei Jahre später dann als Arbeitsdienstlager für den weiblichen Reichsarbeitsdienst. 1939 zählt die Gemeinde Neutrauchburg weniger Einwohner als zu Zeiten der ersten Oberamtsbeschreibung.

DIE ANFÄNGE DES KURWESENS

Zu Beginn der 1950er Jahre halten sich hier allenfalls einige Sommerfrischler auf – ein Jahrzehnt später ist Neutrauchburg bereits leistungsfähiger Kurort. Wie ist das zu erklären? Unbestritten – die landschaftlichen Voraussetzungen sind ausgezeichnet. Neutrauchburgs Lage am nördlichen Rande des Isnyer Beckens ist idyllisch. Nach Süden weitet sich so der Blick; man hat das nahe Isny mit seinen schönen Türmen vor sich, dahinter das Alpenpanorama. Das reizvolle Voralpenland mit seinen Bergen, Hügeln, gewässergefüllten Senken und dem Tal der Unteren Argen bietet dem Auge ständig Neues. Die vielen „Randeffekte" – so nennen das die Fachleute – machen die Landschaft für Erholung und Gesundung Suchende besonders attraktiv.

Ideal für viele Heilungsprozesse sind auch die klimatischen Bedingungen, etwa die wegen der großen Höhe (von etwa 700 m bis über 900 m) weitgehend nebelfreie Lage. Drückende Luft und schwüle Tage sind im Sommer wegen der immer vorhandenen leichten Luftbewegung sehr selten. Die Adelegg und der Menelzhofer Berg halten Nord- und Ostwinde ab. Das Voralpenklima gilt als Reizklima. Für sauerstoffreiche und frische Luft sorgen die großen Wälder der Umgebung. Darüber hinaus verfügt Neutrauchburg über sehr günstige Aerosolverhältnisse. So war es keine Frage, dass dem Ort 1964 das Prädikat eines „Heilklimatischen Luftkurorts" verliehen wurde[4]. Unter dem Strich somit nahezu ideale naturgeographische Voraussetzungen. Gleichwohl: Sie können den „Aufstieg" Neutrauchburgs nicht hinreichend erklären, schließlich ist auch in anderen Teilen des Allgäus ein ähnliches Potenzial gegeben. Es bedurfte der Initiativleistung einzelner Akteure, um dieses zu nutzen.

Das alles entscheidende Kriterium für Neutrauchburgs Entwicklung lag sicherlich im wirtschaftlichen Umdenken der Fürsten von Waldburg-Zeil weg vom primären und sekundären Sektor hin zu Engagements im tertiären Bereich (vgl. das Interview mit Georg Fürst von Wald-

Neutrauchburg von Nordwesten. Auf dem Luftbild von 1958 ist ein Wachstum des Dorfes noch kaum feststellbar. Architektonisch dominiert das Schloss mit dem Mansardenwalmdach. An der Straßengabelung in Ortsmitte das Rathaus. Rechts führt die wichtige Straße nach Isny.

burg-Zeil). Investitionen im Gesundheitswesen rechnen sich – das wurde frühzeitig erkannt. Und dafür erschien Neutrauchburg geradezu prädestiniert, ob der dargestellten günstigen natürlichen Bedingungen und – wohl noch wichtiger – ob des hier vorhandenen ausgedehnten Besitzes in der Hand der fürstlichen Familie: Schloss, Gasthof, Verwaltungs- und Ökonomiegebäude, landwirtschaftliche Flächen und Wälder. Die Gebäude des Schlossgasthofs „Sonne" und der Domäne bilden dann auch die Keimzelle des aufstrebenden Kurbetriebs. 1953 werden die ersten Zimmer für Sommerfrischler und Kurgäste eingerichtet. Schon drei Jahre später bietet der inzwischen zur „Kuranstalt" arrivierte, von der Schlesierin Edelgard von Watzdorf in Schwung gebrachte Gasthof bereits 68 Betten an.

Noch aber gilt es, weitere Fachkräfte zu gewinnen, vor allem für eine Entwicklung hin zum medizinisch orientierten Kurwesen. Eine ausgezeichnete Kraft findet der Fürst in der Person des Arztes Dr. Karl Sell. Dieser ist ein Pionier der im Nachkriegsdeutschland aufkommenden Chirotherapie, vor allem der Wirbelsäulentherapie. Er zieht 1952 von Wetzlar nach Isny. Dort wird er zum Chefarzt des Sportsanatoriums ernannt, einer weithin bekannten Isnyer Einrichtung für Kriegsversehrte. Die Stadt, vor allem Bürgermeister Karl Wilhelm Heck, hatte sich sehr dafür verwendet, um diesen kompetenten Mediziner zu gewinnen. Schließlich sollte er der Motor für den zu schaffenden Kurort Isny werden[5]. Aber Isny kann den ehrgeizigen, manchmal auch unbequemen Dr. Sell nicht halten, zumal es Differenzen zwischen dem Trägerverein des Sportsanatoriums und dem Chefarzt, ebenso mit Bürgermeister und Stadt gibt. Sell sieht in Isny keine Chance für seine hochfliegenden Pläne, die vor allem die Ausbildung von Ärzten seiner Fachrichtung zum Ziel haben. Er findet schließlich in Georg Fürst von Waldburg-Zeil einen neuen Partner – von Sell als „sehr aufgeschlossen und begeisterungsfähig" für seine Vorstellungen bezeichnet[6].

In Neutrauchburg wird Dr. Sell zum Chefarzt berufen. Sell, zunächst noch in Isny wohnend, kauft vom Fürsten ein Grundstück neben der Schwabenklinik und baut darauf eine herrschaftliche Villa. Er gibt in den Folgejahren in Kursen viel von seinem Wissen weiter, indem er das bis heute lebendige Ärzteseminar Isny-Neutrauchburg der Deutschen Gesellschaft für manuelle Medizin gründet. Über 1 800 Ärzte gehen „durch die Hände" Sells. Hohe Ehrungen kommen zuhauf: Er wird Gemeinderat, Stellvertretender Bürgermeister, Ehrenbürger der Gemeinde (1972) und erhält 1973 das Bundesverdienstkreuz. Ein Nachruf schildert ihn treffend – was alte Neutrauchburger bestätigen –, und er spiegelt gleichzeitig ein Stück Wirtschaftswunder-Deutschland: „Durch seine gerade Haltung, ein Orthopäde würde es Arroganzlordose nennen, wirkte er größer. Er trug seine Haare, die später lichter wurden, streng nach hinten gekämmt. Stets umgab ihn der Duft von Old Spice. Der wie bei Leo Slezak genial um den Hals geschlungene gelbe Schal war sein Markenzeichen, passte zu ihm wie sein BMW V8 mit schweinslederen Sitzen. Der Lippizaner im Stall und die Golfcaddys im Eingang. Das waren seine Symbole [...]. Seine Worte wirkten gesetzt, seine Rede ernst, selten, fast gar nicht ging er aus sich heraus [...]. In seinem Neutrauchburg, vor seinen Schülern kompensierte er die ständigen Widrigkeiten, die ihm alle möglichen Gremien bereiteten."[7]

Wichtiger Akteur auf der Seite des Managements ist Hermann Rösner. Fürst Erich gibt dem mit seiner Familie aus Oberschlesien Vertriebenen Arbeit und Unterkunft, macht ihn 1949 zum leitenden Beamten der Fürstlich Waldburg-Zeil'schen Schlossgut- und Kurverwaltung Neutrauchburg. Der nicht nur bei den Allgäuern mit seiner Eloquenz und besten Manieren glänzende Rösner ist ein ausgezeichneter Verhandler, etwa bei den Kontakten mit der Bundesversicherungsanstalt für Angestellte (BfA). Er vollzieht die stürmische Anfangsphase beim Auf- und Ausbau der Kurkliniken. Rösner – von alten Neutrauchburgern als liebenswerter Gesellschafter mit einem Hauch von Adel geschildert – trägt sogar mit eigenen Zeichnungen zur Gestaltung des ersten Prospektes bei. Rösner wird 1967 vom Juristen Dr. Joseph Graf von Waldburg-Zeil abgelöst, der dann 32 Jahre lang die Waldburg-Zeil-Kliniken als Geschäftsführer leitet.

„EWIGE BAUSTELLE"

Bei den ersten Fremden dominieren die Privatpatienten. Ihr Anteil spielt keine Rolle mehr, als 1958 feste Belegungsverträge mit der BfA abgeschlossen werden. Der vermögende Allgäuer Standesherr bietet der BfA die Gewähr für eine seriöse Zusammenarbeit. Das garantiert eine kontinuierliche Belegung der Betten und legt den Grundstein für eine sukzessive Aufwärtsentwicklung. In gegenseitiger Absprache können so die bestehenden Einrichtungen ständig verbessert und erweitert werden. Die Anfänge erscheinen aus heutiger Sicht geradezu improvisiert. Man ist stets pragmatisch: das Heulager der Domäne wandelt sich zum Kursaal; Keller, Ställe und Scheunen werden zu Praxen und Räumen für Anwendungen umgebaut, Feldwege geteert

„Käferversammlung" vor der „Sonne" in den 1950er Jahren. Die dörfliche Gaststätte war Ausgangspunkt des Kurbetriebs.

und in rascher Folge Wohnhäuser gebaut. Ein Bautrupp – vor allem aus einheimischen Waldarbeitern – ist die Speerspitze vieler Aktionen.

1961 wird westlich der Ortsmitte die erste große Kuranstalt „Mechensee" zur Rehabilitation von Herz- und Kreislauferkrankungen fertig gestellt. In den Jahren 1963 und 1966 eröffnen die Kuranstalten „Alpenblick" zur Behandlung psychosomatischer und psychoneurotischer Erkrankungen im Nordwesten des Dorfes sowie die Kurklinik „Schwabenland" für innere Medizin, jeweils mit Kapazitäten von über 200 Betten. Die Feiern bei den Klinik-Einweihungen bieten nicht nur ein Beisammensein der vielen beteiligten Handwerker[8], sondern stets auch ein Stelldichein von hochrangigen Vertretern aus Politik, Universitäten und Behörden sowie Angehörigen des Hauses Waldburg, allen voran ‚Kurfürst' Georg von Waldburg-Zeil. Er erhält 1972 in Würdigung seiner Verdienste beim Auf- und Ausbau Neutrauchburgs das Ehrenbürgerrecht der Gemeinde.

Auch in den 1970er Jahren bleibt Neutrauchburg trotz Kostendämpfungsgesetz Baustelle. Mit einem neuen Diagnosezentrum trägt man dem sich gesetzten hohen medizinischen Anspruch Rechnung und versucht so auch, den mitunter schlechten Ruf der Kur (morgens Fango, abends Tango!) zu korrigieren. Alles in allem verschafft sich Neutrauchburg im Gegensatz zu vielen Kurorten mit medizinischer ‚Monostruktur' eine Rehabilitation in vielen Bereichen. Das sichert die Belegung. Man kann weiter bauen: 1977 ist das Bewegungszentrum fertig. Es ordnet sich demütig der barock geprägten Umgebung unter. Im gleichen Jahr entsteht die 20 Millionen DM teure „Argentalklinik", Fachklinik für Konservative Orthopädie und Rheumatologie. Viele Oberschwaben werden die Häuser „Adelegg", „Grünten", „Hochgrat" und „Säntis" aus eigener leidvoller Erfahrung kennen. Insgesamt verfügen alle Einrichtungen in Neutrauchburg im Jahre 2005 über 880 Betten (insgesamt in Isny, Neutrauchburg eingerechnet: 2 500 Betten)[9]. Rund 300 000 Übernachtungen werden im Jahr 2004 in Neutrauchburg gezählt[10].

DER KURORT HEUTE

Das Dorf Neutrauchburg ist heute ausschließlich vom Kur- und Klinikbetrieb geprägt. Die Patienten bestimmen das Straßenbild. Treffpunkt ist oft die „Mitte". Dort stehen die allein schon durch die barocken Dächer auffallenden „herrschaftlichen" Gebäude sowie das Rathaus und der Kursaal. Dazwischen befinden sich kleine Grünanlagen mit Sitzgelegenheiten, Brunnen, Bushaltehäuschen und Informationstafeln. Im Kern dann auch einige Geschäfte sowie Praxen des Gesundheitsbereichs. Alle anderen Bauten entstanden nach 1950, plaziert nach einem großzügig konzipierten Grundriss. Sie spiegeln Baugesinnung und Bauformen seit dieser Zeit wieder, von schlichten Ein- und Mehrfamilienhäusern bis zu teurer Moderne im südöstlichen Dorf. Dort wohnen viele leitende Angestellte der Waldburg-Zeil-Unternehmungen, beispielsweise Ärzte und Verwaltungsfachleute. Der Fürst – immer bestrebt, tüchtige Leute an sein Haus zu binden – hat ihnen zu günstigen Konditionen das Gelände verkauft. Unentgeltlich überlässt er der Kommune das Gelände für Kindergarten (Fürstin Monika-Kindergarten), Grundschule und Friedhof. Am östlichen Ortsrand steht die 1965 eingeweihte, dem fürstlichen Haus gehörende katholische Kirche „Zum kostbaren Blut". Mit wachsendem Kurbetrieb steigen durch Zuzug auch die Einwohnerzahlen (1939: 664; 1961: 741; 1970: 1 078; 1990: 1 156; 2005: 1 204). Probleme gibt es dabei, im Allgäu weibliches Personal für Küchen- und Putzdienste zu bekommen[11]. Gastarbeiterinnen müssen einspringen.

Im Gegensatz zum Dorf wachsen die anderen Wohnplätze der Ortschaft baulich kaum. Etwa die Hälfte der Bevölkerung wohnt außerhalb des Dorfs. Ein Stück weit hat die Entwicklung zum Kurort dazu beigetragen, das Zusammengehörigkeitsgefühl und die Identifikation der Bewohner mit der Ortschaft zu stärken. Immerhin sind um das früher geradezu einsam stehende Rathaus neue Bebauung und Infrastruktur entstanden, an der auch die Ortsansässigen partizipieren. Und: Neutrauchburg ist bekannt geworden.

Neutrauchburg von Südwesten, Luftbild 1994. Im Ortskern sind heute neben dem historischen Kern die mehrstöckigen Gebäudekomplexe der Kurkliniken prägend – abgebildet sind „Alpenblick" (unten) sowie „Schwabenland" (links oben). Rechts das Wohnviertel der sozialen Spitzengruppe mit aufwendigen, individuellen Gebäuden.

Auch in Isny weiß man um seinen Wert: „Wenn in Neutrauchburg der Blutdruck sinkt, bekommt der Kurort Isny einen veritablen Schüttelfrost", so einmal der frühere Isnyer Bürgermeister Dr. Eichert.

Abschließend ist festzuhalten, dass die Entscheidung des Hauses Waldburg-Zeil, sich in Neutrauchburg in anderen Betätigungsfeldern als der Land- und Forstwirtschaft zu engagieren, als gelungen anzusehen ist. Hier boten sich ideale geographische Voraussetzungen, wie landschaftliche Vorzüge, ein günstiges Klima und die Nähe zum schönen Isny. Und hier stand mit der Domäne auch geeigneter Besitz zur Verfügung, der großzügiges Planen erlaubte. Zu dieser günstigen Konstellation kamen die vorteilhaften gesellschaftlichen Rahmenbedingungen der Bundesrepublik, in der die sozialen Sicherungssysteme zusehends an Stellenwert gewannen. Die Inwertsetzung des landschaftlichen und historisch erwachsenen Potenzials konnte auch glücken, weil sich innovative, von auswärts kommende Akteure in den Entwicklungsprozess einbrachten. Von der „Erfolgsgeschichte Neutrauchburg" profitierten schließlich nicht nur das fürstliche Haus, sondern auch die Bewohner der Stadt Isny und ihres Umlandes, eines Umlandes, das lange Zeit zu den ganz strukturschwachen gezählt hatte.

INTERVIEW MIT S. D. GEORG FÜRST WALDBURG-ZEIL AM 15.9.2005 IN LEUTKIRCH

Durchlaucht, nachdem Ihr Vater, Fürst Erich, tragisch ums Leben gekommen war, hatten Sie die Geschicke des Hauses Waldburg-Zeil zu lenken. Welche unternehmerischen Überlegungen standen damals zur Disposition?

Schon mein Vater, Erich Fürst Waldburg-Zeil, hatte erkannt, dass die alte adlige Version, nur auf Grundbesitz zu setzen, langsam dem Ende zugehe. Ich selbst bin 1953 unerwartet früh an die Spitze des Hauses gestellt worden, hatte Wirtschaftswissenschaften studiert und mit dem Diplom abgeschlossen, so dass ich für die berufliche Herausforderung gut vorbereitet war. Zunächst einmal musste ich viel lernen, um das große Vermögen und die vielen Details zu überschauen.

Es lag nahe, auf der von meinem Vater angedachten Spur einer Verbreiterung der wirtschaftlichen Basis weiterzumachen. Es zeichnete sich ab, dass in der neu gegründeten Bundesrepublik der Sozialstaat verstärkt für die Erhaltung der Leistungsfähigkeit seiner Bewohner Sorge tragen würde. Jede Arbeitskraft war damals wichtig. Einen 50-Jährigen hat man zu dieser Zeit nur im äußersten Notfall in die Rente geschickt. Somit waren gute Voraussetzungen für Einrichtungen der Rehabilitation gegeben. – Gleichermaßen zeichnete sich ab, dass sich der publizistische Sektor zu einem Wachstumssektor entwickeln würde.

Was gab den Ausschlag, sich in den 1950er Jahren bei den beabsichtigten Aktivitäten im Kurwesen für den Standort Neutrauchburg zu entscheiden?

Einen ersten Ansatzpunkt dazu hat unsere Domäne in Neutrauchburg gegeben. Schon mein Vater ließ in der „Sonne" sechs Fremdenzimmer ausbauen, mit der Idee, Sommerfrischler zu beherbergen. Ich konnte mit Dr. Karl Sell einen Pionier der Chirotherapie gewinnen, der auch für den Aufbau medizinischer Indikationen sorgen sollte. Für den Verwaltungsbereich stand mit Hermann Rösner eine umtriebige Kraft zur Verfügung. Zum Aufbau der Unternehmungen trugen wesentlich auch die zur Bundesversicherungsanstalt geknüpften Kontakte bei.

Gab es aus Ihrer Sicht in dieser bis dahin ganz bäuerlich geprägten Gemeinde Probleme beim Aufbau der Einrichtungen des Gesundheitswesens?

Unsere hoch qualifizierte Verwaltungsmaschinerie stand hier einfachen Verwaltungsstrukturen gegenüber. Das erforderte viel Fingerspitzengefühl. Aber, die Zusammenarbeit mit der Gemeinde verlief reibungslos. Mit der Eingemeindung Neutrauchburgs nach Isny 1972 ist manches etwas komplizierter geworden; die Verwaltungswege waren jetzt länger, und man musste auf differenzierte Interessen Rücksicht nehmen. Einige Fragen nahmen nun auch wegen des schnellen baulichen Wachstums des Kurorts eine ganz andere Dimension an, zum Beispiel die Wasserversorgungs- und Entsorgungsfragen. Ich gebe aber unumwunden zu, dass ich ohne die Stadt Isny viele Probleme nicht hätte lösen können.

Fallen Ihnen im Rückblick Erlebnisse und Geschichten ein, wenn Sie an die rasante Entwicklung des Kurorts denken?

Ja, es ist schon eine ganze Zeit her, da bin ich durch Neutrauchburg gegangen. Eine Bewohnerin mit ihrem Buben hat mich erkannt. Das Büble sagte: „Grüß Gott Herr Fürst!" Nach seinem Namen gefragt, kam die Antwort: „I bi s'Gomez Josefle." Der Großvater des Buben war vor 40 Jahren als spanischer Gastarbeiter nach Neutrauchburg gekommen.

Viele Krankenhäuser unserer Region sind in argen finanziellen Nöten. Indessen haben Sie kürzlich die Akutklinik Tettnang übernommen. Können Sie etwas von Ihrem Erfolgsrezept verraten?

Öffentlich-rechtliche Krankenhäuser sind in einen strengen Katalog von Tarifen und Vorschriften eingebunden, während wir zum Beispiel bei

Vergaben und auch in Beschäftigungsfragen viel flexibler sein können. Die öffentliche Hand muss überdies sehr stark auf politische Strukturen und Gremien Rücksicht nehmen.

Wie sehen Sie die derzeitigen gesundheitspolitischen Bedingungen?

Noch halten wir uns über Wasser. Aber wir haben gewisse Sorge um das Gesundheitswesen, der Sozialstaat ist an einer „Schallmauer" angelangt. Die Sozialabgaben decken nicht mehr die volle Breite der anfallenden sozialen Lasten ab. In der Gesundheitspolitik wird der „Schwarze Peter" ständig herumgereicht und landet am Ende oft bei den schwächsten Gliedern in der Kette, den Landkreisen, kommunalen Krankenhausträgern und den gemeinnützigen Stiftungen. Diese müssen dann für die Defizite aufkommen. Wie lange können wir uns angesichts dieser Entwicklung teure Operationen leisten? Können wir es gegenüber alten und kranken Menschen verantworten, die Leistungen einzuschränken? Unser Gesundheitswesen gleicht einer Zitterpartie. Man darf grundsätzliche Lösungen der Probleme nicht mehr länger aufschieben.

Die Globalisierung macht auch vor einem der Region so stark verbundenen Adelshaus nicht Halt. Wie sehen Sie die wirtschaftlichen Perspektiven des Hauses?

Der Wald ist so etwas wie ein ruhender Fels, der im gesamten Vermögen aber vergleichsweise eine abnehmende Rolle spielt. Verlagswesen und Gesundheitseinrichtungen werden die wichtigen wirtschaftlichen Stützen bleiben.

In einer Art Miniglobalisierung suchen wir verstärkt Kontakt zu unseren Nachbarn in Österreich, der Schweiz und Italien. Im Klinikwesen bestehen schon viele Verbindungen, ebenso im Verlagswesen. In diesem Zusammenhang schauen wir mit großem Ärger auf Versäumnisse im transalpinen Verkehr. Man lässt die Schweizer und Österreicher auf ihren Problemen sitzen.

Georg Fürst von Waldburg-Zeil.

Anmerkungen:

An dieser Stelle sei für Informationen und Materialien herzlich gedankt, ganz besonders S.D. Georg Fürst von Waldburg-Zeil, Rudolf Beck (Leiter des Fürstlich Waldburg-Zeil'schen Gesamtarchivs), Hans Bodenmüller (eh. Gemeinde- und Ortschaftsrat), Otto Burkhard (Isnyer Marketing GmbH), Nicola Siegloch (Stadtarchiv Isny), Monika Sutter (Ortschaftsverwaltung Neutrauchburg) und Max Zengerle (eh. Ortsvorsteher Neutrauchburg).

1 Schwäbische Zeitung, Kreisrundschau, 10.8.2005.
2 *Königlich Statistisch-Topographisches Bureau* (Hg.): Beschreibung des Oberamts Wangen. Stuttgart-Tübingen 1841, 222 ff.
3 Nach Hartmut Helber (Schwäbische Zeitung, Ausgabe Isny, 22.9.2001) waren in der Ortschaft fünf Lehenshöfe in den 1840er Jahren „zu einem stattlichen Preis" von der Herrschaft aufgekauft und abgerissen worden.
4 www.heilklima.de/index.shtml?lexkon&vid: „Das Prädikat „Heilklimatischer Kurort" ist eine besondere Auszeichnung, da die klimatischen Verhältnisse in einem Zeitraum von mindestens zwei Jahren über dem Bundesdurchschnitt liegen müssen. Erst dann folgt die staatliche Anerkennung für den jeweiligen Ort. Danach werden in regelmäßigen Abständen die Klimawerte überprüft. Eine weitere Voraussetzung für die Vergabe des Prädikats sind bestimmte Zusatzleistungen, wie ausgedehnte Kuranlagen und zum Beispiel nach Leistungsgraden angelegte Wege für so genannte „Terrainkuren". Selbstverständlich schließt das auch medizinische Einrichtungen und kompetentes Fachpersonal mit ein. Zuständig für die Vergabe des Prädikats ist der deutsche Wetterdienst (DWD)."
Die Stadt Isny ist schon 1951 als Luftkurort und 1964 als Heilklimatischer Kurort ausgezeichnet worden.
5 Stadtarchiv Isny Bü 1297: Protokoll einer Besprechung am 12.9.1952 zwischen Bürgermeister Heck und Dr. Sell. Die Stadt leistete – damals keineswegs üblich – Gehaltsüberbrückungen für zwei Jahre.
6 Brief vom 12.10.1954 an Bürgermeister Heck, Stadtarchiv Isny Bü 1293.
7 Stadtarchiv Isny ZGS 9. Sell (Nachruf vermutlich von Dr. Biermann gehalten, frdl. Mitteilung von Max Zengerle, Neutrauchburg).
8 Die Schwäbische Zeitung, Ausgabe Isny, berichtet am 17.7.1989, dass die Kuranstalten in Neutrauchburg seit drei Jahrzehnten Firmen im engeren und weiteren Umfeld von Isny mit einer jährlichen Bausumme von etwa drei Millionen DM beschäftigen.
9 Zum Vergleich: In Waldburg-Zeil-Einrichtungen bestehen im Jahr 2005 insgesamt 3 321 Betten, davon Rehabilitation 2 403, Akutkliniken 610, Senioreneinrichtungen 308. Angaben in Schwäbischer Zeitung, Kreisrundschau, 10.8.2005.
10 Angaben der Isny Marketing GmbH, in den Zahlen sind auch einige andere Betriebe Neutrauchburgs eingeschlossen.
Zum Vergleich Übernachtungszahlen für das Jahr 2003 (allerdings ohne Kleinvermieter unter 8 Betten): Isny 411 979, Bad Waldsee: 357 415, Bad Buchau: 233 603, Bad Wurzach: 152 602, Wangen 121 546, Bad Schussenried: 90 506.
11 Hans Bodenmüller, Gemeinderat und langjähriger Ortschaftsrat in Neutrauchburg, weiß noch, dass er von der Verwaltung den Auftrag bekam, abends nach der Arbeit über Land zu fahren und junge Mädchen für eine Arbeit in Neutrauchburg zu gewinnen. Pro Verpflichtung erhielt er 5 DM. Wenn die Leute auf dem Land den schwarz-gelben Bus erblickt hätten, habe es immer geheißen, der „Mädchenhändler" sei unterwegs.

Literatur

Richard Aichele: Rückblicke und Bausteine zur Geschichte der Gesamtgemeinde Neutrauchburg. Isny 1935.
Andreas Dornheim: Adel in der bürgerlich-industrialisierten Gesellschaft. Eine sozialwissenschaftlich-historische Fallstudie über die Familie Waldburg-Zeil. Frankfurt 1993.
Hartmut Helber: Neutrauchburg. Dokumentation der Gebäude – Höfe – Hofbesitzer. Isny 2001.
Bruno Karrer: Neutrauchburg. Die Entwicklung einer ländlichen Gemeinde zum führenden Fremdenverkehrsort im württembergischen Allgäu. Zulassungsarbeit zur wissenschaftlichen Prüfung für das Lehramt an höheren Schulen. Freiburg 1975.
Königlich Statistisch-Topographisches Bureau (Hg): Beschreibung des Oberamts Wangen. Stuttgart – Tübingen 1841.
Rudolf Rauh: Die Grafschaft Trauchburg. In: Schwarz Gelbe Blätter 2 (1963), 2, S. 15-17.
Rudolf Rauh (Bearb.): Inventar des Archivs Trauchburg im Fürstlich von Waldburg-Zeil'schen Gesamtarchiv in Schloss Zeil vor 1806 (1850). Karlsruhe 1968.
Josef von Waldburg-Zeil: Neutrauchburg. Ehemalige Domäne im Dienste der medizinischen Rehabilitation. In: Zeiler Aspekte. Kempten 1980, S. 54-60.

Das Haus Fürstenberg im späten 17. und im 18. Jahrhundert KARRIEREWEGE, FÜRSTENSTAND UND STAATLICHKEIT

Esteban Mauerer

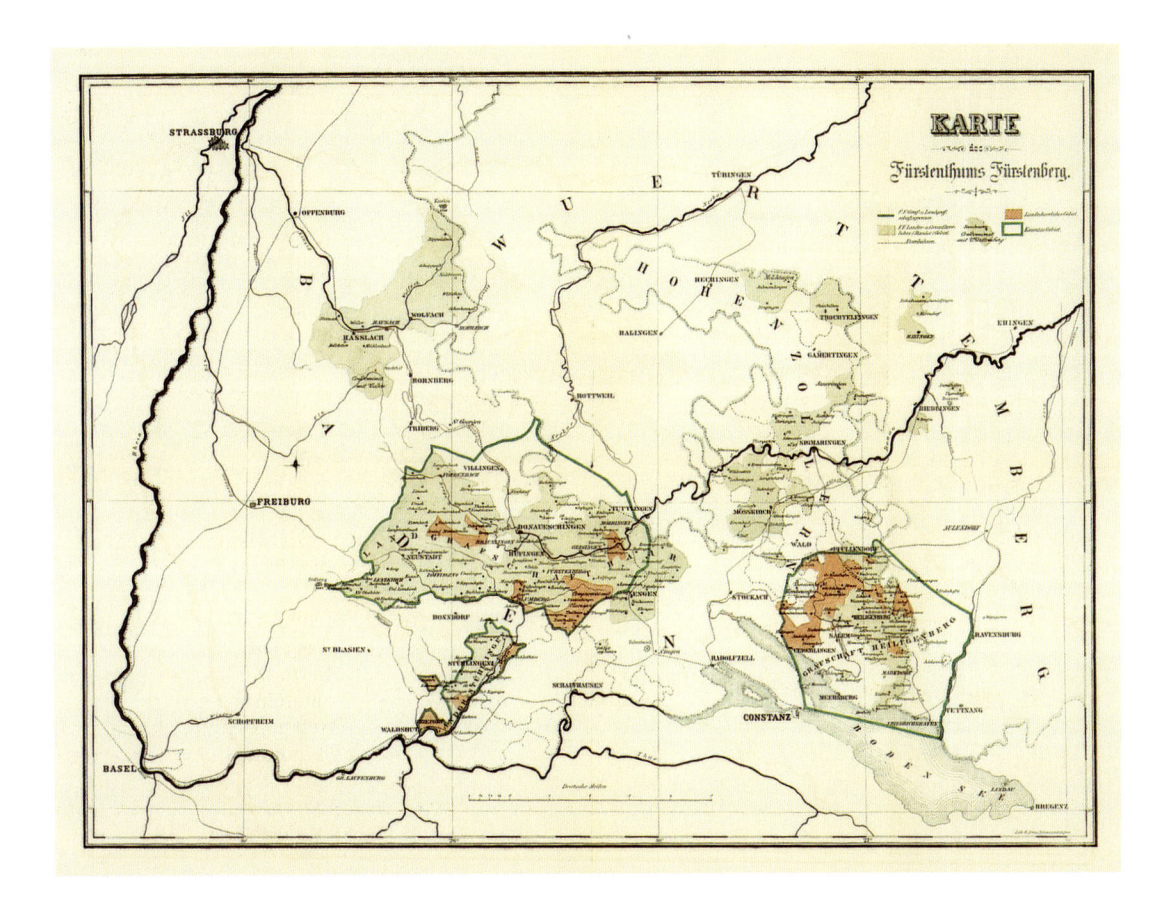

Karte des Fürstentums Fürstenberg.

Die Geschichte des Hauses Fürstenberg endet und beginnt nicht im 18. Jahrhundert. Sie hebt im 13. Jahrhundert an und dauert bis heute. Und doch kann es sinnvoll sein, das 18. Jahrhundert als eine distinkte Epoche im Kontinuum der Zeit herauszuheben. Im 18. Jahrhundert brachen sich Entwicklungen Bahn, die schon länger angelegt waren. Das Haus Fürstenberg erreichte den Aufstieg in den Fürstenstand und dadurch eine neue gesellschaftliche Position in der heterogenen Adelsgesellschaft des Alten Reiches. Zwar wurden die Territorien nach den Prinzipien frühmoderner Staatlichkeit ausgebaut, daneben aber bestanden starke Momente der Kontinuität, etwa bei der Verankerung im Schwäbischen Kreis, in der sozialen und territorialen Reichweite der Eheverbindungen oder in den Klientelbeziehungen zum Kaiserhof bzw. zum Wiener Hofadel. Dieser Beitrag hebt aus dem Kontinuum der Geschichte des 18. Jahrhunderts drei Bereiche besonders heraus, nämlich

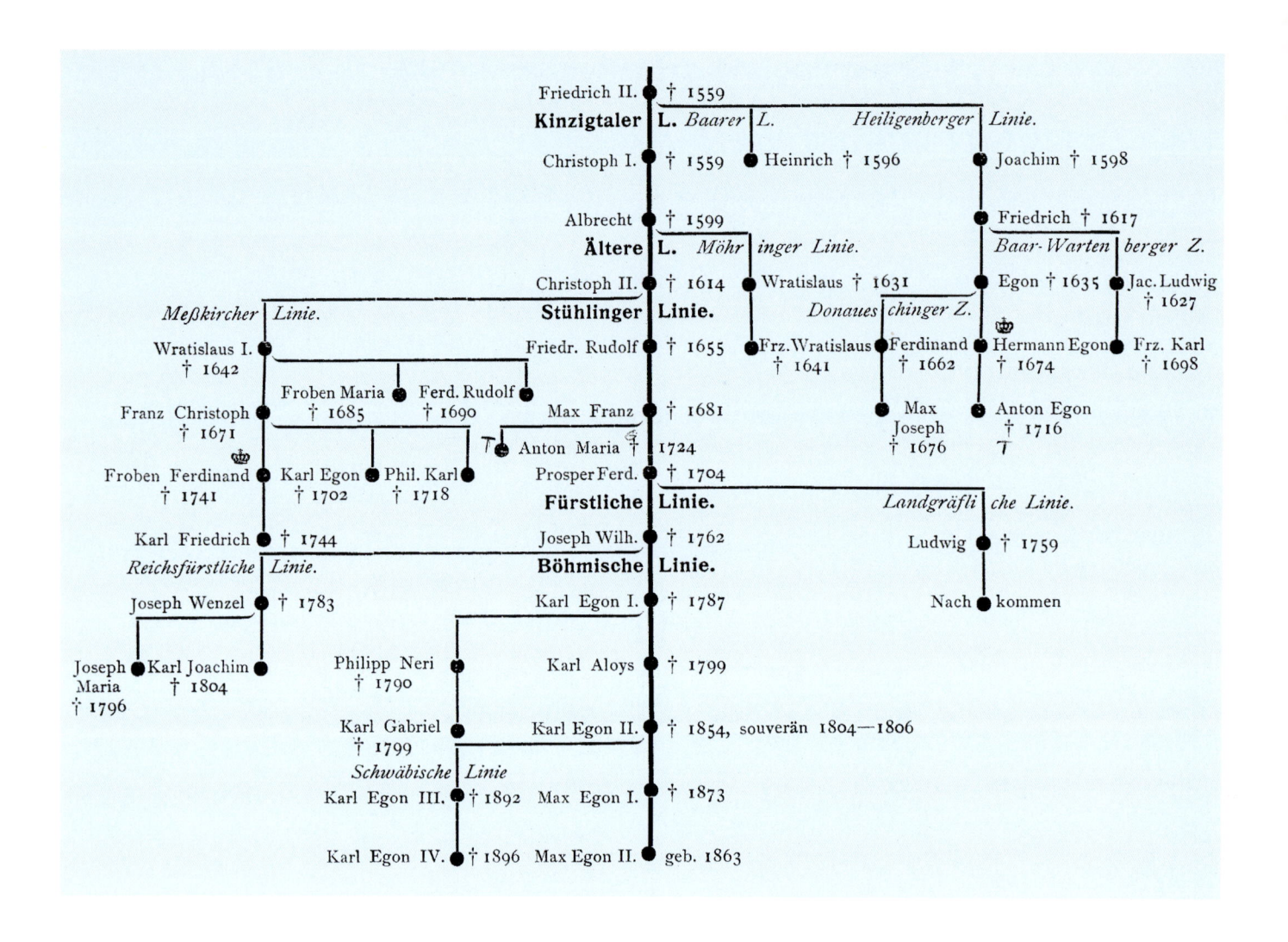

```
                                    Friedrich II. •† 1559
                              Kinzigtaler  L. Baarer  L.        Heiligenberger  Linie.
                                    Christoph I. •† 1559  • Heinrich † 1596    • Joachim † 1598

                                    Albrecht    •† 1599                         • Friedrich † 1617
                              Ältere  L. Möhr   inger Linie.                Baar-Warten berger Z.
                                    Christoph II. •† 1614  • Wratislaus † 1631  Egon † 1635 • Jac. Ludwig
              Meßkircher  Linie.    Stühlinger  Linie.      Donauesc hinger Z.                  † 1627
        Wratislaus I. •       Friedr. Rudolf •† 1655  Frz. Wratislaus • Ferdinand  Hermann Egon • Frz. Karl
           † 1642                                        † 1641    † 1662      † 1674       † 1698
     Franz Christoph • Froben Maria • Ferd. Rudolf •   Max Franz •† 1681      Max        Anton Egon
        † 1671         † 1685      † 1690                                  Joseph •      † 1716
                                          • Anton Maria † 1724            † 1676
     Froben Ferdinand • Karl Egon • Phil. Karl •  Prosper Ferd. •† 1704
        † 1741        † 1702      † 1718         Fürstliche  Linie.                 Landgräfli che Linie.
        Karl Friedrich •† 1744                   Joseph Wilh. •† 1762                Ludwig •† 1759
     Reichsfürstliche  Linie.                    Böhmische  Linie.
        Joseph Wenzel •† 1783                    Karl Egon I. •† 1787               Nach •kommen
     Joseph • Karl Joachim •     Philipp Neri •  Karl Aloys •† 1799
     Maria       † 1804            † 1790
     † 1796
                                   Karl Gabriel •  Karl Egon II. •† 1854, souverän 1804—1806
                                      † 1799
                                   Schwäbische  Linie
                                   Karl Egon III. •† 1892 Max Egon I. •† 1873

                                   Karl Egon IV. •† 1896 Max Egon II. • geb. 1863
```

Übersicht über die Linien des Hauses Fürstenberg.

die Karrierewege der Fürstenberger im fraglichen Zeitraum, dann die Bedingungen der Erhebung in den Fürstenstand, und schließlich den Ausbau der Territorien. Sofern notwendig, wird dabei über den engen Zeitrahmen des 18. Jahrhunderts hinausgegangen. Vorgeschaltet wird eine Skizze der territorialen Verfasstheit der fürstenbergischen Lande, weil dies die Möglichkeiten und Grenzen gräflicher bzw. dann fürstlicher Herrschaft entscheidend bestimmte.

DAS HAUS FÜRSTENBERG IN SCHWABEN

Die Graf- und Herrschaften des Hauses Fürstenberg bildeten im 17. und 18. Jahrhundert einen Territorialkomplex, der zu den bedeutendsten in Schwaben und darüber hinaus im Südwesten des Alten Reiches gehörte[1]. Das Zentrum des Besitzes lag seit Mitte des 13. Jahrhunderts auf der Baar. Graf Heinrich, der um 1250 seinen Wohnsitz auf dem „fürdersten" Berg der Baar oberhalb von Neidingen genommen hatte und sich fortan Graf von Fürstenberg nannte, konnte in der Folgezeit seine Position stärken und wurde 1283 von König Rudolf I. mit der Grafschaft in der Baar belehnt. Dieses Reichslehen blieb endgültig seit Beginn des 14. Jahrhunderts beim Haus und stellte, mit dem Landgrafentitel der benachbarten, später ausgestorbenen Herren von Wartenberg gekoppelt, den wichtigsten Bestandteil der fürstenbergischen Herrschaften dar[2]. Dazu kamen die altzähringischen Besitzungen im Kinzigtal sowie durch Heirat (vor 1306) die Herrschaft Wolfach. Der

Herrschaftsschwerpunkt lag mithin im Schwarzwald und dessen Ostabhang auf der Baar. Dieser Besitzstand blieb für zwei Jahrhunderte nahezu unverändert, doch konnten die benannten Herrschaften durch passende Erwerbungen ergänzt und die Herrschaftsrechte verstärkt werden.

Erst im 16. und 17. Jahrhundert gelangen größere Erwerbungen, durch die sich der Schwerpunkt des Hauses weit nach Osten in das Innere Schwabens hinein verlagerte. Zunächst kamen 1534 unter Graf Friedrich II. (1496 – 1559) die nördlich des Bodensees gelegene reichslehenbare Grafschaft Heiligenberg sowie die allodialen Herrschaften Jungnau und Trochtelfingen auf dem Wege des Erbgangs an die Fürstenberger; dazu wurden die Herrschaften Blumberg und Möhringen erkauft[3]. 1627 und 1636 brachten die Eheverbindungen zwischen Graf Wratislaus d. J. von Fürstenberg (1600 – 1642) und zwei helfensteinischen Erbtöchtern die Herrschaften Meßkirch und Gundelfingen an das Haus[4], 1639 erbte Maximilian Franz von Fürstenberg (1634 – 1681) die Landgrafschaft Stühlingen und die Herrschaft Hewen[5]. Die Heiligenberger Linie schließlich erheiratete die Herrschaft Weitra in Niederösterreich (1606)[6]. Zudem gelangen kleinere Erwerbungen ab den 1570er, vor allem ab den 1620er Jahren in Böhmen.

Diese von der räumlichen Ausdehnung her nicht unbedeutenden Lande in Schwaben – nach Meinung Johann Jacob Mosers (1767) machten sie „ein in etwas mittelmäßiges Fürstenthum aus"[7] – bildeten weder in ihrer Binnenstruktur noch nach außen einen geschlossenen Territorialkomplex. Nach innen nicht, da gemäß den Bedingungen frühmoderner Staatlichkeit die Herrschaften durch ein historisch gewachsenes und nur schwer entwirrbares Geflecht sich überlagernder und oftmals strittiger Grafen-, Hochgerichts- und Niedergerichts- sowie Vogteirechte und sonstiger Abhängigkeitsverhältnisse konstituiert wurden[8], nach außen nicht, da die Besitzungen verstreut lagen und im Verhältnis zu Kaiser, Reich und Kreis unterschiedliche rechtliche Qualität besaßen: Sie galten teils als Eigengut, teils als Reichslehen und teils als ritterschaftlicher Besitz, so dass es bis zum Ende des Alten Reiches juristisch betrachtet kein einheitliches Fürstentum Fürstenberg, sondern lediglich die Summe diverser Herrschaften gab, die man gleichwohl im 18. Jahrhundert mit dem Begriff ‚Fürstentum' belegte[9].

Der Ausbildung eines geschlossenen Territorialverbandes stand ferner hemmend entgegen, dass es zuerst 1286, dann ca. 1408, 1509, 1559 und erneut 1620 zu Landesteilungen gekommen war, die den Aufbau einer einheitlichen Herrschafts- und Verwaltungsorganisation erschwerten. Daraus ergab sich der wichtige Aspekt, dass durch die Zersplitterung der Herrschaften sowie Verkäufe und Verpfändungen die finanzielle Basis jedes einzelnen Herrn bedrohlich reduziert werden konnte, so dass schließlich die standesgemäße Lebensführung gefährdet war. Diese Gefahr wurde durchaus erkannt; man versuchte ihr mit dem Mittel der Erbeinung zu begegnen, indem 1491, 1562 und 1578 (in erweiterter Form) verfügt wurde, dass fürstenbergische Besitzungen ohne die Zustimmung der Agnaten nicht veräußert werden durften[10].

Die Streulage der fürstenbergischen Territorien fügte sich in eine politische Landschaft, die seit dem Zusammenbruch der Stauferherrschaft in „kleinräumige Interessensphären" aufgeteilt blieb[11]. Dies hatte Auswirkungen auf den politischen Aktionsradius der Fürstenberger. Zwar gehörten sie dem Hochadel an – er bestimmte sich hier nach den drei Kriterien Reichsunmittelbarkeit, Reichsstandschaft und Landeshoheit[12] –, doch hatte das unter den besonderen Bedingungen des deutschen Südwestens nicht die gleiche territorialpolitische Bedeutung wie etwa im Nordwesten des Reiches, wo es Grafschaften gab, die aufgrund ihrer Größe und Verwaltungsstruktur in der „Binnenverfassung Fürstentümern entsprachen"[13]. Für den Südwesten des Reiches wurde hingegen kennzeichnend, dass sich „die Kräfte in engen Räumen" drängten[14], Kräfte, die von so unterschiedlichen Herrschaftsträgern wie Vorderösterreich und Schwäbisch-Österreich, dem Herzogtum Württemberg, den badischen Markgrafschaften, hochadligen Territorialherrschaften, geistlichen Territorien, Reichsstädten und Reichsrittern ausstrahlten. Ihren politischen Zusammenschluss fanden diese Potenzen – mit Ausnahme der österreichischen Territorien und der Reichsritter – im Schwäbischen Kreis[15].

Die dominierende Macht in diesem Raum war seit der zweiten Hälfte des 15. Jahrhunderts das Haus Habsburg-Österreich, das die rivalisierenden Wittelsbacher hinter sich ließ. Gleichwohl blieb die oftmals spannungsreiche Konkurrenz beider Mächte bis zum Ende des Alten Reiches für Schwaben von Bedeutung; auch boten sich am Münchener Hof bisweilen attraktive Karrieremöglichkeiten. Die Habsburger profitierten im deutschen Südwesten von der Koppelung der Kaiserwürde mit der Position als bedeutendster Territorialherr (und Lehnsherr), wodurch sich vielfältige Einflussmöglichkeiten eröffneten, aber auch Konfliktzonen markiert wurden[16]. Kleineren Herren blieb unter diesen Bedingungen nur ein begrenzter Handlungsspielraum, der sich auf dem Wege der politischen Organisation „von offener Verfassung zu gestalteter Verdichtung" (Peter Moraw), sodann im Zeichen der konfessionellen Entscheidungen des 16. Jahrhunderts, in denen die Fürstenberger beim alten Glauben blieben, verkleinerte. Die Anlehnung an die Habsburger und die Zugehörigkeit zu deren Klientelverband blieb daher ein entscheidend wichtiger Faktor der soziopolitischen Orientierung der schwäbischen Grafen und damit der Fürstenberger.

KARRIEREWEGE: DAS 18. JAHRHUNDERT

Die Grafen bzw. Fürsten zu Fürstenberg gehörten aufgrund ihrer territorialen Verortung spätestens seit dem Ausgang des 15. Jahrhunderts zur Klientel des Hauses Österreich. Es zog die Fürstenberger durch vielfältige Lehensbindungen und Dienstverpflichtungen an sich. Einsetzend mit der verstärkten Integration Schwabens in den habsburgischen Machtbereich seit etwa 1500 dienten die Fürstenberger in verschiedenen Positionen sowohl im Kriegs- als auch im Prager oder Wiener Hofdienst, darüber hinaus im kirchlichen Bereich. Dieser Befund trifft zumal auf die Generation jener zwischen 1661 und 1669 geborenen Grafen der Linien Meßkirch und Stühlingen zu, die das Haus Fürstenberg in das neue Jahrhundert führten (die Linie Heiligenberg spielte eine besondere Rolle, auf die noch zurückzukommen sein wird). Die Karrieren der Grafen fielen in eine Zeit des Wiederaufstiegs kaiserlicher Macht und kaiserlichen Ansehens im Reich nach den verfassungsrechtlichen und politischen Einschränkungen des Westfälischen Friedens von 1648, eine Entwicklung, von der die habsburgnahe Klientel des deutschen Südwestens bedeutend profitierte[17]. Nach dem frühen Tod des Vaters Franz Christoph (1625 – 1671) unter der Vormundschaft der Mutter Maria Theresia (1639 – 1705) und des Onkels Froben Maria (1627 – 1685) aufgewachsen, folgten zumal die Grafen aus der Linie Meßkirch erfolgreich den hergebrachten Karrierebahnen. Graf Froben Maria, Vizepräsident des Reichshofrates, zeitweise kommissarischer Reichsvizekanzler sowie Teilnehmer an Sitzungen der Geheimen Konferenz, sah 1681 die Karrieremöglichkeiten seiner Mündel kurzweg „dans l'eglise, dans les cours, et dans la guerre"[18] (in der Kirche, an den Höfen, und im Krieg). Dabei galt ihm die Loyalitätsbindung an das habsburgische Kaiserhaus als oberste Maxime; diese Haltung vermittelte er den jungen Meßkircher Grafen, denen er eine sorgfältige Erziehung angedeihen ließ. Mit dieser mentalen Prägung trat der 1662 geborene Graf Friedrich Christoph in die kaiserliche Armee ein; er fiel 1684 vor Ofen. Ebenfalls kaiserliche Kriegsdienste nahm sein jüngerer Bruder Karl Egon (geb. 1665), der 1702 vor Friedlingen am Rhein als Feldmarschall (und Feldzeugmeister des Schwäbischen Kreises) das Leben verlor[19]. Beide Brüder reihten sich in die lange Reihe derjenigen Fürstenberger ein, die als Offiziere wirkten und damit eine Lebensform wählten, die adligem Standesethos in besonderem Maße entsprach, auch wenn beträchtliche Gefahren damit einhergingen: Seit 1676 waren in den Kriegen gegen Osmanen und Franzosen vier weitere fürstenbergische Grafen gefallen. Die Zahl der männlichen Fürstenberger, die für Nachkommen sorgen konnten, wurde dadurch entscheidend verkleinert, ein Umstand, der zum Erlöschen der Linien Heiligenberg 1716 und Meßkirch 1744 nicht wenig beitrug. Zu den Kriegsopfern zählte auch der Stühlinger Graf Prosper Ferdinand (geb. 1662), der, nachdem er in bayerischen und kaiserlichen Diensten nicht avancieren konnte, eine militärische Karriere beim Schwäbischen Kreis durchlief, die ihn bis in die Stellung eines Generalfeldmarschall-Leutnants und Generalfeldzeugmeisters führte. 1704 starb er vor Landau[20].

Aus dem Kreis der Erzeuger von Nachkommen schieden auch die geistlichen Herren der Familie aus. In Zeiten, in denen die Familie es einem oder mehreren Söhnen nicht erlauben konnte, auf legitime Nachkommen zu verzichten, hatten die Fürstenberger folglich keine Ambitionen in der Reichskirche. Dies änderte sich im frühen 17. Jahrhundert, und so finden sich von da ab zahlreiche Grafen in den vornehmen Domkapiteln von Köln und Straßburg. Dabei stand zunächst vielfach der Versorgungscharakter der Pfründe im Vordergrund, so dass man die geistliche Laufbahn wieder aufgab, wenn sich bessere Karrieremöglichkeiten boten – oder wenn man aus familienpolitischen Gründen heiraten wollte bzw. musste. So verhielt es sich bei den Meßkircher Grafen Friedrich Christoph, Karl Egon und Froben Ferdinand (1664 – 1741), die in jungen Jahren in Köln Pfründen erhielten und bei passender Gelegenheit resignierten – die beiden erstgenannten schlugen Laufbahnen beim Militär ein, Froben Ferdinand heiratete nach dem Tod seines älteren Bruders. Auf Dauer in der Kirche blieb hingegen der jüngste Bruder Philipp Karl (1669 – 1718)[21]. Nach Studienjahren in Feldkirch, Dillingen, Besançon und Italien wirkte er, der zuvor schon Domherr in Straßburg, Köln und Salzburg geworden war, von 1695 bis 1700 als päpstlicher Geheimkämmerer in Rom. Jedoch konnte er hier nicht aufsteigen, so dass er sein Fortkommen in Salzburg suchte, wo er auf seine familiäre Verankerung in der habsburgischen Klientel bauen konnte: 1708 wurde er, vom Kaiser protegiert, Bischof des Salzburger Suffraganbistums Lavant.

Philipps Karriere war damit an ihrem Höhepunkt angelangt. Seine Lebensbahn kreuzte sich vielfach mit derjenigen seines Stühlinger Vetters Anton Maria Friedrich (1661 – 1724), der in Köln und Salzburg bepfründet war, vor allem aber in Eichstätt versuchte, in hohe Positionen des Kapitels einzurücken. Er brachte es dort bis zum Domdechanten; von 1703 bis 1716 dauernde Versuche, Dompropst zu werden, scheiterten trotz starker Unterstützung aus Wien[22]. Daneben begegnen etliche Frauen des Hauses in Institutionen der Reichskirche[23].

Bis zu seiner Heirat mit Theresia Felicitas Gräfin von Sulz (1671 – 1743) im Jahr 1690 hatte der Meßkircher Froben Ferdinand ebenfalls eine Versorgungsposition im Kölner Domkapitel inne. Davor schon hatte er indes als kaiserlicher Kämmerer den Grundstein zu einer bemerkenswerten Karriere gelegt, die ihn über die Positionen als Geheimer Rat, Kommissar beim Schwäbischen Kreis und Gesandter bei den assoziierten Kreisen 1718 in das Amt des Reichskammerrichters in Wetzlar führte. 1722 zum Vliesritter erhoben, wurde er, der zwischenzeitlich den Fürstenstand erlangt hatte, 1725 als Prinzipalkommissar Vertreter des Kaisers am Reichstag in Regensburg[24]. Sein Nachfolger auf der prominenten Stelle im Verfassungsgefüge des Reiches wurde 1735 der Vetter Joseph Wilhelm Ernst (1699 – 1762) von der Linie Stühlingen.

In mehrfacher Hinsicht eine Sonderstellung nimmt in dieser Reihe Anton Egon aus der Heiligenberger Linie ein. Er wurde 1654 als Sohn des kurbayerischen Obersthofmeisters Hermann Egon (1627 – 1674) geboren und geriet damit in einen familiären Kontext, der ihn zeitweilig als Feind des Hauses Österreich erscheinen ließ. Denn Hermann Egon bildete zusammen mit seinen Brüdern, den Bischöfen Franz Egon (1626 – 1682) und Wilhelm Egon (1629 – 1704), ein Dreigestirn, das die traditionelle Bindung der Fürstenberger an das Haus Habsburg aufkündigte und als Parteigänger Ludwigs XIV. im Reich fungierte. Hermann Egon tat dies in bayerischen Diensten, wo er als Obersthofmeister des Kurfürsten Ferdinand Maria die

Das Haus Fürstenberg

Wilhelm Egon Landgraf, seit 1664 Fürst zu Fürstenberg, 1682 Bischof von Straßburg (1629 – 1704).
Kupferstich von Nicolas de Larmessin.
Kreisarchiv Bodenseekreis.

sche Publizistik im Reich sein Wirken während der Kölner Bischofswahl 1688 vor, als er, der sich um die Jahreswende 1664 auf 1665 unter die Untertanen des französischen Königs hatte aufnehmen lassen, protegiert von König Ludwig, letztlich aber nicht vom Papst bestätigt, französische Truppen ins Land rief und damit zum Auslöser des Pfälzischen Erbfolgekrieges wurde[25].

Anton Egon folgte diesen vom Muster traditioneller Orientierung der Fürstenberger abweichenden Bahnen nicht (früh schon bemühte er sich, unter die Protektion seines Meßkircher Verwandten Froben Maria zu gelangen), doch geriet er durch eine französische Heirat 1677 in Konflikte mit dem Kaiserhof. Als Folge wurden Sitz und Stimme auf dem Reichstag suspendiert und darüber hinaus die Güter in Schwaben und Niederösterreich in Sequester genommen. Erst nach zwei Jahren wurde die Zwangsverwaltung aufgehoben, nachdem Anton Egon seine Loyalität gegenüber dem Kaiser mehrfach nachdrücklich betont hatte. Seine Stellung bei Hof blieb indes gefährdet. 1691 wurde er aus Wien ausgewiesen, weil ihm reichsfeindliche Kontakte zum Bischof Wilhelm Egon von Fürstenberg nachgesagt wurden. Die vermutlich unhaltbaren Vorwürfe dienten dazu, Anton Egon aus dem Umkreis des Wiener Hofes zu entfernen und seine Karriereambitionen zu vernichten. 1692 gelang es ihm zwar, wieder in die Gnade des Kaisers aufgenommen zu werden, doch reifte in ihm die Einsicht, dass es kein weiteres Fortkommen am Wiener Hof geben würde. Als 1697 August der Starke zum König in Polen gekrönt wurde und er Anton Egon zum Statthalter in Sachsen bestellte, erschloss sich ihm ein neues Einflussgebiet, das auch für die Verwandten und die gesamte Familie von Nutzen sein konnte. Ende 1702 unterbreitete Anton Egon

Politik, wenn schon nicht bedingungslos an den französischen Interessen, dann doch deutlich gegen Habsburg ausrichtete. Franz Egon profitierte in seiner kirchlichen Karriere von der Unterstützung Ludwigs XIV.; im Gegenzug förderte er seit der Kaiserwahl Leopolds I. energisch die französischen Interessen. 1663 wurde er mit französischer Unterstützung zum Fürstbischof von Straßburg gewählt. Hier folgte ihm 1682 die herausragende Gestalt in diesem Trio, Wilhelm Egon. Seine gegen die Interessen des Wiener Hofes gerichtete Politik führte während des Kölner Kongresses 1674 zu seiner Verhaftung durch ein kaiserliches Kommando, gefolgt von fünfjähriger Haft in Wiener Neustadt. Vor allem aber hielt ihm die zeitgenössi-

Esteban Mauerer

seinem Meßkircher Verwandten Froben Ferdinand deshalb das Angebot, als Oberhofmarschall an den sächsischen Hof nach Dresden zu kommen. Damit sollten sich nach Meinung des Statthalters nicht nur finanzielle Vorteile verbinden, sondern auch eine verbesserte Ausgangsposition bei der Bewerbung um Stellen am Wiener Hof oder bei dem Versuch, in den Fürstenstand aufzusteigen. Vielleicht gäbe es sogar die die Option, später selbst Statthalter zu werden.

Obwohl dies lockende Aussichten waren, lehnte Froben Ferdinand ab. Zum einen brachte er vor, er wolle seine Position als Geheimer Rat nutzen, um weiter am Wiener Hof zu avancieren (und dies sei nicht nur für die eigene Familie, sondern für alle reichsgräflichen Familien von großer Bedeutung), zum anderen sah er sein Amt als Direktor des Kollegiums der Schwäbischen Reichsgrafen aufgrund der mit der neuen Stelle verbundenen Residenzpflicht in Dresden gefährdet. Die doppelte Verankerung im sozialen System der habsburgischen Klientel sowie im politischen System des Schwäbischen Kreises wog in der Wahrnehmung Froben Ferdinands schwerer als die Chance, seine Karriere durch den Eintritt in einen neuen Wirkungskreis in Sachsen zu fördern. Persönliche, familiäre, politische und auch ökonomische Bindungen und Verflechtungen verwiesen die Fürstenberger auf Schwaben, die Erblande und damit letztlich auf den Kaiser in Wien und eben nicht auf Sachsen und den mitteldeutschen Raum.

Diese Grundbedingungen der gesellschaftlichen Existenz der Fürstenberger änderten sich im 18. Jahrhundert nicht. Die Krise während des Kaisertums des Wittelsbachers Karls VII. (1742 – 1745), als Joseph Wilhelm Ernst kurzfristig auf die kaiserlich-bayerische Karte setzte, stellte keine langfristig attraktive Alternative mehr dar. Zwar löste Joseph Wilhelm Ernst die „Optionsfrage zwischen dem Reichsoberhaupt und der Großmacht Österreich"[26], indem er dem Wittelsbacher als Prinzipalkommissar und Obersthofmeister diente, doch zeichnete er sich ebenso in den Friedensbemühungen aus, die im Frieden von Füssen zwischen Bayern und Österreich (1745) das Wittelsbacher Kaisertum beendeten. Den Kurswechsel belohnte der neue Kaiser Franz I., indem er den Fürstenberger als Prinzipalkommissar bestätigte. Aus diesem Amt schied er allerdings schon 1748 aus, um sich den Regierungsgeschäften seines Territoriums zu widmen.

Nach Joseph Wilhelm Ernsts Tod 1762 bekleideten seine Nachfolger, der erstgeborene Sohn Joseph Wenzel (reg. 1762 – 1783) und der Enkel Benedikt Maria (reg. 1783 – 1796) keine Positionen im Reichs- bzw. Hofdienst oder beim Militär mehr. Sie zogen sich vielmehr auf die Stellung als Landesherren zurück, konsolidierten den unter

Joseph Wilhelm Ernst Fürst zu Fürstenberg (1699 – 1762). Ölbild. Schloss Donaueschingen.

Das Haus Fürstenberg

Verlobung 1748 von Maria Josepha Gräfin von Waldburg-Friedberg-Scheer (1731–1782) mit ihrem Vetter Joseph Wenzel Erbprinz von Fürstenberg (1728 – 1783). Links davon wohl das fürstliche Elternpaar Joseph Wilhelm Ernst Fürst zu Fürstenberg (1699 – 1762) und Maria Anna geb. Gräfin von Waldstein (1707 – 1756). Ausschnitt aus einem Ölbild von Joseph Esperlin 1751/55. Schloss Zeil.

dem Vater bzw. Großvater erreichten Entwicklungsstand des Territoriums, förderten das Hoftheater und die Musikkultur. Anders verhielt es sich mit dem jüngeren Bruder Joseph Wilhelm Ernsts, Ludwig August Egon (1705 – 1759). Er erhielt 1755 für sich und seine männlichen Erben die der Landeshoheit des Erzherzogtums Österreich unterstehende Herrschaft Weitra in Niederösterreich und hatte damit eine gänzlich andere Position inne als die Landesherren der reichsunmittelbaren schwäbischen Hauptlinie. Als Mitglied des niederösterreichischen Herrenstandes machte er Karriere als Offizier im kaiserlichen Heer und nahm als Reichsgeneralfeldzeugmeister am Siebenjährigen Krieg teil. Das Bestreben, den neuen sozialen Rang durch Ämter bei Hof, im Militär, in der Staatsverwaltung oder im Justizwesen abzusichern, lässt sich fortan bei fast allen Mitgliedern der Subsidiallinie Fürstenberg-Weitra ausmachen, dann auch bei den Mitgliedern der Nebenlinie Taykowitz[27].

Einen anderen Weg als die schwäbischen Fürstenberger schlug auch Joseph Wilhelm Ernsts zweiter Sohn Karl Egon (1729 – 1787) ein, der zu einem „böhmischen Gutsherren"[28] wurde und die seit den 1570er Jahren in Böhmen über erste Anfänge nicht hinausgekommene Position endgültig festigte (nicht zuletzt durch seine Heirat – 1753 – mit der Gräfin Maria Josepha von Sternberg). 1756 mit der aus dem Erbe seiner Mutter – den Herrschaften Pürglitz, Kruschowitz und Lana – gebildeten Sekundogenitur ausgestattet, wirkte er zunächst als kaiserlicher Prinzipalkommissar bei der Visitation des Reichskammergerichts und wurde 1771 zum Oberstburggraf in Prag ernannt. Als Inhaber des höchsten ständischen Amtes des Königreiches Böhmen betrieb er Reformen im Sinne des aufgeklärten Absolutismus und gehörte zu den „wichtigsten Paten der josephinischen Agrarreform"[29]. In seinen eigenen Herrschaften förderte er mit physiokratischen Ideen die Landwirtschaft, engagierte sich als Schulreformer und ging ausgedehnten wissenschaftlichen Interessen nach, etwa als Mitbegründer und Förderer der Prager Gelehrten Gesellschaft[30].

Die böhmische Linie erlosch 1799, als Karl Egons Enkel Karl Gabriel 14jährig starb (sein Vater Philipp Nerius war bereits 1790 gestorben). Das Erbe kam an den 1796 in Prag geborenen Karl Egon II., der nach dem kinderlosen Tod des Fürsten Karl Joachim (reg. 1796 – 1804) seinem böhmischen Besitz noch das schwäbische Erbe hinzufügte. Als sein Vormund fungierte Joachim Egon von Fürstenberg-Weitra (1749 – 1828), während dessen Regentschaft die politische Selbständigkeit des Fürstentums im Verfassungssystem des Alten Reiches endete.

DIE ERHEBUNG IN DEN FÜRSTENSTAND

Die geistlichen und weltlichen Reichsfürsten nahmen in der hierarchisch gegliederten Adelsgesellschaft im Reich der Frühen Neuzeit nach dem König bzw. Kaiser und den Kurfürsten den höchsten Rang ein[31]. Der Fürstentitel verschaffte „Sozialprestige höchsten Ranges"[32], das noch durch die Führung einer Virilstimme am Reichstag erhöht wurde. Das Recht, diese Distinktion zuzusprechen, lag beim Kaiser, wurde jedoch durch mehrere Normierungen eingeschränkt. So waren Sitz und Stimme auf dem Reichstag an den Besitz eines fürstlichen Territoriums gebunden; Kandidaten für den Reichstag mussten ein reichsunmittelbares Territorium besitzen und hatten einen angemessenen Reichsanschlag zu leisten. Ferner bedurften sie zur Aufnahme in ein Kollegium des Reichstages der Zustimmung von Kurkolleg und betroffener Kurie. Dadurch wurden Exklusivitätskriterien geschaffen, die die Attraktivität dieser soziopolitisch deutlich von anderen Gruppen der ständischen Gesellschaft unterschiedenen Adelsschicht erhöhte. Die Fürstenberger versuchten deshalb schon in den 1620er Jahren in Person des Grafen Wratislaus I. (1584 – 1631), 1623 zum Präsidenten des Reichshofrates aufgestiegen, den Fürstenstand zu erlangen, blieben allerdings vorerst erfolglos. Ein Erfolg trat erst unter gänzlich anderen Bedingungen 1664 ein. In diesem Jahr erhob der Kaiser die drei Egoniden Wilhelm Egon, Franz Egon und Hermann Egon in den Reichsfürstenstand. Hier stand nicht der Gedanke im Vordergrund, einen Gefolgsmann und eine Familie aufgrund aktueller Verdienste zu belohnen, kam die Erhebung doch entschiedenen Gegnern des habsburgischen Kaisertums zugute. Vielmehr lag das Motiv des Kaisers in der Absicht, sich die Geförderten gewogen zu machen, sie sich durch die Zuschreibung eines höheren sozialen Ranges stärker zu verpflichten und eine Abkehr der Egoniden von Frankreich zu bewirken. Zwar sollten nach dem Plan des Kaisers lediglich die Egoniden in den Reichsfürstenstand erhoben werden, doch ergab sich daraus eine Chance für die gesamte Familie: Weitere Mitglieder konnten versuchen, ebenfalls erhoben zu werden. So tauchte 1665 der Plan auf, die Fürstenwürde auf die Linie Meßkirch auszudehnen, das heißt auf Franz Christoph und seine Nachkommen. Die Chancen der Bewerbung wurden in der Familie günstig eingeschätzt, zumal der Bewerber als kaiserlicher Oberst, dann Rat und Kämmerer im Gegensatz zu den Egoniden tatsächlich loyal zum Erzhaus stand (dies galt auch für seinen Bruder Froben Maria). Gleichwohl war diesen Bemühungen vorerst kein Erfolg beschieden. Das Ziel war aber weiterhin verlockend obwohl die Grafen wussten, dass der höhere soziale Rang nicht nur größere Reputation und Wertschätzung in der Welt bedeutete, sondern auch gesteigerte finanzielle Aufwendungen zur Folge haben würde. Die Vorteile schienen die Nachteile zu überwiegen, so dass bald auch die Stühlinger Linie die Fürstung anstrebte, doch war auch hier kein Erfolg zu verzeichnen. Hier wird im übrigen die wichtige Rolle des Kaisers sichtbar, der durch die Gewährung oder Verweigerung

Schloss Heiligenberg. Ölbild von Martin Menrad, 1686/88. Schloss Heiligenberg.

Die Stadt Meßkirch. Ölbild von Martin Menrad, 1686/88. Schloss Heiligenberg.

soziaIer Distinktionen seine Macht steigern konnte, indem er die Bewerber zu loyalem Verhalten verpflichtete.

Verstärkt setzten die Bemühungen um Erhebung in den Fürstenstand dann ab dem letzten Jahrzehnt des 17. Jahrhunderts ein, als die in den 1660er Jahren geborenen Fürstenberger das von den Vorfahren ererbte Reputationskapital durch eigene Verdienste so weit vermehrt hatten, dass eine erneute Bewerbung erfolgreich zu werden versprach. Im Unterschied zu den älteren Plänen wurden damals sowohl die Motive als auch die Chancen und Risiken der Erhebung intensiv diskutiert, während zuvor die Erhebung gleichsam als sozialer Automatismus gewertet wurde[33]. Nunmehr stellten die Räte die mit der Erhebung einhergehenden Risiken vor allem finanzieller Natur in den Vordergrund. Die Grafen hingegen verwiesen auf die veränderte gesellschaftliche Wahrnehmung ihres Standes, die dazu geführt habe, dass zwischen alten und neuen, also jüngst nobilitierten Grafen und sogar „Edelleuthen" vielerorts kein Unterschied mehr gemacht werde und der „grafen stand nicht mehr in seiner alten consideration stehe"[34]. Das hatte wenigstens zwei Folgen: Die eine war, dass sich die Karrierechancen verschlechterten, weil sich durch den Druck von nachrückenden Grafen sowie Reichsrittern die Konkurrenten um Stellen in den Domkapiteln, beim Militär, bei Hof und bei Reichsbehörden vervielfachten. Die andere Folge war eine Minderung des Ansehens und der Reputation des Hauses Fürstenberg in der Welt. Denn durch die Gleichsetzung ‚neuer' Grafen und Edelleute mit den Fürstenbergern wurden die Verdienste der Vorfahren entwertet und büßten damit ihre statusbegründende Wirkung ein. Um es nicht dazu kommen zu lassen, musste die höhere soziale Position erreicht werden – sie bildete in der Wahrnehmung der Fürstenberger den angemessenen Ausdruck der gesellschaftlichen Stellung des Hauses ab, das die Konkurrenten an Meriten und Verdiensten um Kaiser und Reich weit übertreffe.

Zahlreiche Anläufe, teilweise behindert durch familiäre Streitigkeiten, führten indes auch nach 1700 nicht zu dem erwünschten Ziel. Der bereits skizzierte Umweg über Sachsen, den Anton Egon seinem Meßkircher Verwandten Froben Ferdinand offerierte, wurde nicht beschritten. Schwaben mit seinen territorialen Grundlagen fürstenbergischer Familienexistenz durfte nicht aufgegeben werden. Gleichzeitig wuchs die Sorge, der Grafenstand würde „von tag zu tag gemeiner gemacht und dahero in so schlechte consideration gesezt […], daß auch einige von den cavalieren sich denen grafen algemach gleich schäzen wöllen"[35]. Diese in der Familie geteilte Einschätzung bildete ein entscheidendes Motiv bei allen

Versuchen, den Fürstenstand zu erreichen, doch zeitigten zahlreiche Sondierungen und Bewerbungen auf informellen Kanälen kein wünschenswertes Ergebnis. Erst als 1716 der Heiligenberger Fürst Anton Egon starb und der Kaiser die Erhebung der Linien Meßkirch und Stühlingen (an die der Heiligenberger Besitz gekommen war) aussprach, um die damit verbundene katholische Stimme im Reichsfürstenrat zu bewahren, konnte der fast einhundert Jahre verfolgte soziale Aufstieg vollzogen werden.

Das Haus hatte nun eine Position erreicht, in der es dem sozialen Druck durch nachrückende Grafen entzogen war. Damit ging die territoriale Konsolidierung der fürstenbergischen Lande einher, die zu einem kleinen Fürstentum ausgebaut wurden. Die neue Basis gesellschaftlicher Existenz verbreiterte sich noch, als Joseph Wilhelm Ernst 1762 die Ausdehnung der reichsfürstlichen Würde auf seine gesamte Nachkommenschaft erreichte. Gleichzeitig gingen mit dem neuen Status schon seit 1716 neue – und schwere – finanzielle Belastungen einher, weil fortan die standesgemäße Lebensführung finanziert werden musste. Die soziale Neupositionierung zog insofern die Herrschaftsintensivierung zur Steigerung der Einnahmen nach sich.

AUF DEM WEG ZU FRÜHMODERNER STAATLICHKEIT: GEWINN UND VERLUST

Eine Voraussetzung, um als Fürst auf der Fürstenbank des Reichstages eingeführt zu werden, war der Besitz eines entsprechenden Territoriums. Dieses musste eine bestimmte Größe haben, nicht zuletzt um daraus Einkünfte beziehen zu können, die die soziale Existenz im Fürstenstand erst ermöglichten. Dem stand allerdings im Haus Fürstenberg die Praxis gegenüber, dass der vorhandene Besitz in jeder Generation geteilt werden musste, um die (zahlreichen) erbberechtigten Söhne standesgemäß auszustatten. Mit anderen Worten: Die Bewerbung um einen Fürstenhut konnte erst als aussichtsreich erachtet werden, als eine Primogenitur eingeführt wurde. Das war 1701 für die Stühlinger, 1715 für die Meßkircher der Fall[36]. Ausschlaggebend dafür war die Erwägung, „daß durch weitere theilung Unserer Land-, Graf- und Herrschafften, so unsere künfftige Erben vornehmen wolten, Unser Fürstlicher und Gräflicher Namen und Stammen zu Fürstenberg in mehrere Zerfallung gerathen müste". Nur noch der jeweilige Erstgeborene jeder Linie sollte deswegen Alleinerbe sein[37]. Die Einführung der Primogenitur hatte Folgen für die soziopolitische Stellung des Hauses: Nunmehr war eine Bedingung erfüllt, die erstrebte reichsfürstliche Würde auf eine hinreichende Güterausstattung gründen zu können. Darüber hinaus musste die Verwaltung nicht mehr nach jeder Teilung und jedem Erbfall neu strukturiert werden und gewann an Stetigkeit.

Verwaltungsreformen zur Überwindung der Nachteile territorialer Zersplitterung und zur Hebung der Einnahmen hatte es bereits seit den 1680er Jahren gegeben. Ihnen war der Erfolg jedoch weitgehend versagt geblieben[38]. Durchgreifende Veränderungen nach Prinzipien frühmoderner Staatlichkeit erfolgten dann vor allem bei der Linie Stühlingen nach der Erhebung in den Fürstenstand. Joseph Wilhelm Ernst machte Donaueschingen zum Hauptort seiner Lande, verlegte seine Residenz dorthin und errichtete zahlreiche Behördenbauten in der kleinen Stadt, die damit – zumal nach dem Anfall des Meßkircher Besitzes 1744 – zum Zentrum des „zweitwichtigste[n] Territoriums des deutschen Südwestens" wurde[39]. Vergleichbare Entwicklungen in Meßkirch fanden mit dem Tod Karl Friedrichs 1744 ein Ende, mit dem die Linie Fürstenberg-Meßkirch erlosch. Die Stadt hatte nach der Erhebung Froben Ferdinands in den Fürstenstand durch den Umbau des Schlosses das Gepräge einer kleinen Residenz erhalten, doch fand das Repräsentationsbedürfnis des neuen Fürsten eine deutliche Grenze in seiner mangelnden Finanzkraft[40].

Die Vereinigung des gesamten fürstenbergischen Besitzes in einer Hand machte Donaueschingen endgültig zum Sitz einer zentralisierten, neu organisierten, effizienteren Territorial-

Modell des Residenzortes Donaueschingen um 1800. Fürstlich Fürstenbergische Sammlungen.

verwaltung, die einerseits zur Sanierung der fürstlichen Finanzen beitragen sollte, andererseits die Instrumentarien bereitstellte, um das Gemeinwohl im Sinn reformabsolutistischer Programmatik zu fördern und die wirtschaftlichen, rechtlichen und sozialen Verhältnisse der etwa 85 000 Untertanen zu verbessern[41].

Die durch den Aufstieg in den Fürstenstand bedingte Verfestigung und der Ausbau der staatlichen Strukturen markiert eine deutlich neue Epoche der Geschichte des Hauses Fürstenberg. Noch in den 1680er und 1690er Jahren stand bei Verwaltungsreformen deutlich das Moment im Vordergrund, die Einnahmen zu erhöhen, um so die standesgemäße Lebenshaltung der Grafen zu finanzieren. Das Wohlergehen der einzelnen Grafen hatte den Vorrang vor der Sanierung der Herrschaften zwecks Aufbau staatlicher Strukturen – die Familie stand insofern vor dem Staat. Dieser Rückstand an Staatlichkeit gegenüber den größeren Territorien wurde mit der Erhebung in den Fürstenstand rasch aufgeholt. Ein Prozess setzte ein, der im Laufe des 18. Jahrhunderts die Familie hinter den Staat zurücktreten ließ. Es etablierten sich Strukturen, die eben nicht nur dazu dienten, dem einzelnen Fürsten Einnahmen zu verschaffen (auch wenn dies unter den Bedingungen persönlicher Herrschaft gleichwohl ein wichtiger Aspekt war). Vielmehr lösten sich diese staatlichen Strukturen im Laufe des Jahrhunderts sukzessive von der Bindung an die Person des Regenten und gewannen eine gewisse Autonomie. Pointiert könnte man formulieren: Die Fürsten hatten durch den mit der Fürstung notwendig einhergehenden Verstaatlichungsprozess zunächst neue Freiräume und Handlungsmöglichkeiten gewonnen, sie verloren diese neue Autonomie aber in dem Maße, in dem der Staatsapparat wuchs und einer eigenen Entwicklungslogik folgte. Als in der Reformzeit nach 1800 die „politischen Herrschaftsrechte als statusbegründende Basis"[42] verloren gingen und der fürstenbergische Staat des ancien régime der Vergangenheit angehörte, mussten wiederum neue Verhaltensmuster gefunden werden, um den sozialen Rang und die kulturelle Identität zu sichern.

Anmerkungen:

1 Um 1800 war das Territorium der Fürsten von Fürstenberg das fünftgrößte auf dem Gebiet des heutigen Baden-Württemberg, vgl. *Walter Petschan:* Territoriale Entwicklung von Fürstenberg. In: Historischer Atlas von Baden-Württemberg, Karte und Erläuterungen. Lieferung 4. Stuttgart 1975, 11.
2 Vgl. *Georg Tumbült:* Das Fürstentum Fürstenberg von seinen Anfängen bis zur Mediatisierung im Jahre 1806. Freiburg 1908, 7-14; *Sigmund Riezler:* Geschichte des Fürstlichen Hauses Fürstenberg und seiner Ahnen bis zum Jahre 1509. Tübingen 1883 (ND Neustadt 1998), 201–217; *Albrecht P. Luttenberger:* Das Haus Fürstenberg vom frühen Mittelalter bis ins 19. Jahrhundert. In: *Erwein H. Eltz / Arno Strohmeyer* (Hg.): Die Fürstenberger. 800 Jahre Herrschaft und Kultur in Mitteleuropa. Korneuburg 1994, 1-38, 3-6. Kartographische Darstellung der territorialen Entwicklung der fürstenbergischen Lande bei *Petschan* 1975 (wie Anm. 1).
3 *Tumbült* 1908 (wie Anm. 2), 94-102.
4 Ebd., 154-158.
5 Ebd., 169-174.
6 *Herbert Knittler:* „Mehrers ein Fürstenthumb als Herrschaft zu titulieren". Weitra als fürstenbergisches Dominium 1606/07 – 1848. In: *Eltz / Strohmeyer* 1994 (wie Anm. 2), 200-217.
7 *Johann Jacob Moser:* Von denen Teutschen Reichs-Ständen, der Reichs-Ritterschaft, auch denen übrigen unmittelbaren Reichs-Gliedern [...]. Frankfurt 1767, 612.
8 Dazu *Tumbült* 1908 (wie Anm. 2), passim.
9 *Karl Siegfried Bader:* Der deutsche Südwesten in seiner territorialstaatlichen Entwicklung. Stuttgart 1950 (ND Sigmaringen 1978), 116; *Richard Link:* Verwaltung und Rechtspflege im Fürstentum Fürstenberg in den letzten Jahrzehnten vor der Mediatisierung (1744 – 1806). Diss. Freiburg 1943 (masch.), 3f.
10 *Tumbült* 1908 (wie Anm. 2); *Ronald Asch:* Verwaltung und Beamtentum. Die gräflich fürstenbergischen Territorien vom Ausgang des Mittelalters bis zum schwedischen Krieg 1490 – 1632. Stuttgart 1986, 27, 40f.
11 Vgl. *Bader* 1950 (wie Anm. 9), bes. 72-88, Zitat 60; *Volker Press:* Oberschwaben in der frühen Neuzeit. In: *Peter Eitel / Elmar L. Kuhn* (Hg.): Oberschwaben. Beiträge zu Geschichte und Kultur. Konstanz 1995, 101-131.
12 Vgl. *Robert Martin Mizia:* Der Rechtsbegriff der Autonomie und die Begründung des Privatfürstenrechts in der deutschen Rechtswissenschaft des 19. Jahrhunderts. Frankfurt 1995, 43-50.
13 *Johannes Arndt:* Das niederrheinisch-westfälische Reichsgrafenkollegium und seine Mitglieder (1653 – 1806). Mainz 1991, 218.
14 *Bader* 1950 (wie Anm. 9), 86.
15 Zum Schwäbischen Kreis vgl. zusammenfassend *Bernd Wunder:* Der Schwäbische Kreis. In: *Peter Claus Hartmann* (Hg.): Regionen in der Frühen Neuzeit. Berlin 1994, 23-39; v.a. *Winfried Dotzauer:* Die deutschen Reichskreise (1383 – 1806). Stuttgart 1998, 142-179, 511-518, 593-596.

16 Vgl. etwa *Rudolf Endres:* Oberschwäbischer Adel und absoluter Staat. In: *Peter Blickle* (Hg.): Politische Kultur in Oberschwaben. Tübingen 1993, 147-173, bes. 147-164.
17 Vgl. *Volker Press:* Kriege und Krisen. Deutschland 1600 – 1715. München 1991, 424-476.
18 Froben Maria an Grafen von Fürstenberg-Meßkirch, Meßkirch 10. September 1681, Fürstlich Fürstenbergisches Archiv Donaueschingen OB 17 Fasz. 17.
19 *Esteban Mauerer:* Südwestdeutscher Reichsadel im 17. und 18. Jahrhundert. Geld, Reputation, Karriere: Das Haus Fürstenberg. Göttingen 2001, 216-238.
20 Ebd., 194-216.
21 Ebd., 107-119, 148-172.
22 Ebd., 90-107, 119-148.
23 Dazu die genealogischen Angaben in: *Detlev Schwennicke* (Hg.): Europäische Stammtafeln. Neue Folge, Bd. 5. Marburg 1988, v.a. die Tafeln 16-18.
24 *Mauerer* 2001 (wie Anm. 19), 239-308.
25 Zu diesem und zum folgenden Abschnitt vgl. ebd., 329-341.
26 *Volker Press:* Das Haus Fürstenberg in der deutschen Geschichte. In: *Ders.:* Adel im Alten Reich. Tübingen 1998, 139-166, 159.
27 *Luttenberger* 1994 (wie Anm. 2), 31f.; *Schwennick* (Hg.) 1988 (wie Anm. 23), Tafel 21.
28 *Press* 1998 (wie Anm. 26), 161.
29 Ebd., 162.
30 *Eduard Maur:* Karl Egon I. als Oberstburggraf in Prag. In: *Eltz / Strohmeyer* (Hg.) 1994 (wie Anm. 2), 290-296.
31 Zu diesem Kapitel vgl. insgesamt *Mauerer* 2001 (wie Anm. 19), 309-354.
32 *Thomas Klein:* Die Erhebungen in den weltlichen Reichsfürstenstand 1550 – 1806. In: Blätter für deutsche Landesgeschichte 122 (1986), 137-192, 191.
33 Zum folgenden vgl. die Ausführungen bei *Esteban Mauerer:* Geld, Reputation, Karriere im Haus Fürstenberg. Beobachtungen zu einigen Motiven adeligen Handelns im barocken Reich. In: zeitenblick 4 (2005), Nr. 2 [28.06.2005], URL: http://www.dipp.zeitenblicke.de/2005/2/Mauerer (28.2.2006).
34 Grafen von Fürstenberg an Anton Egon Fürst von Fürstenberg-Heiligenberg, Meßkirch 28. November 1695, Fürstlich Fürstenbergisches Archiv Donaueschingen OB 1 Fasz. 2.
35 Anton Egon an Anton Maria Friedrich Graf von Fürstenberg-Stühlingen, Dresden 25. September 1701, Fürstlich Fürstenbergisches Archiv Donaueschingen OB 1 Fasz. 2.
36 Druck der Primogeniturordnungen vom 9. Oktober 1701 und 1. August 1715 in: Die Hausgesetze des fürstlichen und landgräflichen Hauses Fürstenberg. Tübingen 1870, 26-30, 31-34.
37 So die Formulierung in dem vom Kaiser nicht ratifizierten Hausvertrag vom 27. Juli 1699, ebd., 17-25, 18.
38 *Mauerer* 2001 (wie Anm. 19), 355-369.

39 So *Press* 1998 (wie Anm. 26), 158. Den genannten Status sieht Press mit der Vereinigung Badens 1771 beendet.
40 Zu Meßkirch verweise ich auf meinen 2006 in der Zeitschrift „Hegau" erscheinenden Beitrag „Das Haus Fürstenberg und Meßkirch. Lebenswege und Repräsentation eines Hochadelsgeschlechts im Barock"; vgl. ferner den Beitrag von Armin Heim im Band 1.
41 Vgl. zusammenfassend *Luttenberger* 1994 (wie Anm. 2), 29f.; *Ronald Asch:* Fürstenberg. In: *Meinhard Schaab / Hansmartin Schwarzmaier* (Hg.): Handbuch der baden-württembergischen Geschichte. Bd. 2. Stuttgart 1995, 335-349, 345 f.; *Volkhard Huth:* Donaueschingen. Sigmaringen 1989, 67-69; aus der älteren Literatur ist immer noch heranzuziehen *Eduard Johne:* Der Schöpfer des Fürstenbergischen Staatswesens: Fürst Joseph Wilhelm Ernst zu Fürstenberg (1699 – 1762). In: *Hermann Eris Busse* (Hg.): Die Baar. Donaueschingen – Villingen. Freiburg 1938, 291-304.
42 *Luttenberger* 1994 (wie Anm. 2), 38.

"Ausgelöscht aus der Zahl der Immediaten Reichsfürsten" Die Mediatisierung und Neupositionierung des Fürstentums Fürstenberg 1806

Andreas Wilts

Spätestens zu Anfang des Jahres 1803 wusste man in der fürstenbergischen Residenzstadt Donaueschingen, was die Stunde geschlagen hatte. Denn auf dem Reichsdeputationshauptschluss hatten Baden und Württemberg unverblümt gefordert, neben den Reichsklöstern und Reichsstädten auch die kleineren adligen Herrschaften aufzuheben. Im sogenannten Rittersturm im November und Dezember 1803 waren dann den Worten die ersten Taten gefolgt. Schon lange vorher, spätestens seit 1798, war jedoch hinter den Kulissen angestrengt verhandelt worden[1]. Die Pläne waren also bekannt. Mit dem Beginn des Dritten Koalitionskrieges im Herbst 1805, dem Eintritt Bayerns, Badens und Württembergs in ein Bündnis mit Napoleon und den schnellen Siegen der verbündeten Truppen, spitzte sich die Lage dramatisch zu. Fürstenberg hatte zwar seine Neutralität in diesem Krieg erklärt. Dennoch verbreitete sich in den ersten Oktobertagen in Stuttgart, wo sich Kaiser Napoleon damals aufhielt, das Gerücht, Fürstenberg habe sein Militär Kaiser Franz II. zur Verfügung gestellt und sei deshalb zum Feind Frankreichs geworden. Alle gegenteiligen Versicherungen halfen nichts. Am 17. November 1805 rückten französische Truppen in Donaueschingen ein und stellten das Fürstentum unter Zwangsverwaltung[2].

Wie sollte man in dieser Situation reagieren, wie die drohende Mediatisierung abwenden? Das Haus Fürstenberg war denkbar schlecht gerüstet. Am 17. Mai 1804 war Fürst Karl Joachim mit 33 Jahren an einem Schlaganfall ohne leibliche Erben verstorben. Prinz Karl Egon, der Sohn des 1799 bei Liptingen im Kampf gegen die Franzosen gefallenen Fürsten Karl Aloys trat als Fürst Karl Egon II. die Nachfolge an. Er war allerdings gerade einmal acht Jahre alt. So musste in dieser kritischen Zeit eine vormundschaftliche Regierung eintreten. Die Vormundschaft fiel auch noch unglücklicherweise an Landgraf Joachim Egon aus der in Weitra in Niederösterreich residierenden Nebenlinie des Hauses Fürstenberg. Landgraf Joachim Egon blieb weiterhin in Österreich sesshaft. Und dies war angesichts der schwierigen Zeiten ein unhaltbarer Zustand. Ein niederösterreichischer Vormund bestätigte nicht nur aufs Neue Napoleons Verdacht, dass Fürstenberg unverrückbar zur habsburgischen Klientel zu rechnen sei. Die räumliche Entfernung verhinderte auch jedes entschlossene Handeln. So vergingen fünf Wochen, bis der Antrag der Donaueschinger Regierung vom 15. Januar 1806 genehmigt wurde, je einen Gesandten nach Paris, nach Stuttgart und München zu schicken.

Angesichts der Abwesenheit des Landgrafen konnten in Donaueschingen verschiedene politische Strategien ungehindert miteinander rivalisieren. Sollte man sich auf die Seite Napoleons stellen oder Österreich treu bleiben und jede Zusammenarbeit mit Napoleon ablehnen? Sollte man allein sein Glück in separaten Verhandlungen suchen oder sich mit den anderen kleineren Reichsständen verbünden? Es waren vor allem zwei Personen, die für diese konkurrierenden Konzepte standen. Da war zum einen Fürstin Elisabeth, die

Fürstin Elisabeth zu Fürstenberg (1767 – 1822), geb. Prinzessin von Thurn und Taxis, Witwe des Fürsten Karl Aloys. Ölbild von Friedrich Oelenhainz, um 1800. Fürstlich Fürstenbergische Sammlungen Donaueschingen.

Witwe des Fürsten Karl Aloys und Mutter Karl Egons II., eine Frau von ausgezeichnetem Verstand und großer Tatkraft[3]. Seit dem Tod ihres Mannes Karl Aloys galt sie als unversöhnliche Feindin Frankreichs und Napoleons. Verhandlungen mit Napoleon und den verbündeten Ländern Württemberg und Baden kamen für sie daher auf keinen Fall in Frage. Statt dessen plädierte sie für strikte Treue zu Habsburg und zur Reichsverfassung und versuchte die traditionellen Beziehungen des Hauses nutzbar zu machen. Brieflich und in einer persönlichen Audienz bat sie Kaiser Franz II. um Hilfe und wies dabei auf die vielfachen Verdienste Fürstenbergs um das Haus Habsburg und den Schlachtentod ihres Gatten bei Liptingen hin. Der Kaiser antwortete jeweils ausweichend. Elisabeth verkannte, dass es ihm schon längst nicht mehr um die Souveränität der kleineren Reichsstände und die Bewahrung der Reichsverfassung als vielmehr um die Sicherung der Interessen des Hauses Habsburg ging.

Gegenpart Elisabeths und ihr gegenüber dadurch im Vorteil, dass er ein offizielles Amt bekleidete, war Joseph Kleiser von Kleisheim, ein Schwarzwälder Bauernsohn aus dem Urachtal, der bis 1801 zum fürstenbergischen Regierungspräsidenten aufgestiegen war und von Fürst Karl Joachim 1804 mit dem Prädikat „von Kleisheim" in den Adelsstand erhoben worden war[4]. Kleiser ging zu Recht davon aus, dass die Entscheidung über die Aufhebung der fürstenbergischen Zwangsverwaltung und über die zukünftige Gestalt Süddeutschlands in Paris fallen würde. Alle mächtigeren deutschen Stände unterhielten dort ihre Gesandtschaften und versuchten, den Lauf der Dinge zu beeinflussen. Auch Kleiser plädierte deshalb von Anfang an für Verhandlungen mit Napoleon und den verbündeten Siegern. Die traditionelle Loyalität gegenüber dem Hause Habsburg sah er dagegen als eine schwere Hypothek an, die es abzustreifen galt. In verschiedenen Gesprächen versuchte Kleiser Napoleon und seinen Außenminister von der Notwendigkeit zu überzeugen, neben Baden, Württemberg und Bayern auch einen Staat Fürstenberg als vierte französische Schutzmacht bestehen zu lassen. Dazu sollte das fürstenbergische Staatswesen durch Einverleibung umliegender habsburgischer und reichsklösterlicher Herrschaften auf ein militärisch schlagkräftiges Staatswesen vergrößert werden. Für dieses Ziel setzte Kleiser alle erdenklichen Mittel in Bewegung. Fürstenbergische Abgesandte gaben sich bei Napoleon die Türen in die Hand, darunter Kleiser selbst und Landgraf Joachim Egon. Aber auch Fürstin Karoline, die Witwe des 1804 verstorbenen Reichsfürsten Karl Joachim, eilte im Mai 1806 zur Audienz nach Paris. Der Kaiser empfing sie mit aller Höflichkeit. Sein Ausspruch „Votre maison a toujours tenu un peu à l'Autriche!" war dennoch eindeutig[5]. Die traditionell habsburgfreundliche Richtung der fürstenbergischen Politik war das Hauptmotiv für die Zurückweisung aller fürstenbergischen Vorschläge. Nichts konnte dieses habsburgische Handicap aufwegen. Es bestanden weder freundschaftliche Beziehungen zu Kaiserin Josephine, wie sie das kleine Hohenzollern zufällig vorweisen konnte, noch vermochte Fürstenberg vom Ehrgeiz Napoleons zu profitieren, mit seiner Familie in den europäischen Hochadel einzuheiraten[6]. Denn wie es Kleiser bedauernd feststellte, gab es im Hause Fürstenberg keine Prinzen oder Prinzessinnen in heiratsfähigem Alter[7].

Als sich im Laufe des Frühjahres 1806 zeigte, dass die Selbständigkeit Fürstenbergs wohl nicht mehr zu verteidigen sei, änderten Kleiser und Landgraf Joachim die Strategie. Wenn schon nicht das souveräne Fürstentum zu erhalten war, so sollte Fürstenberg doch zumindest nicht aufgeteilt, sondern als Ganzes einem selbst zu bestimmenden Territorialherren zugeteilt werden. Sie gaben dabei Baden den Vorzug. Offenkundig legte es den geringsten Wert auf Macht und Größe und wurde von einem persönlich hoch angesehenen Fürsten geführt. So erhoffte man sich, möglichst viele Bestandteile der alten Rechtsstellung bewahren und eine günstige Trennung des Staatseigentums vom privaten Eigentum erreichen zu können. Kleiser legte am 10. Juni 1806 in Paris eine genaue Liste vor. Auch mit dieser geänderten Strategie hatte Kleiser jedoch nur teilweisen Erfolg. Die Aufteilung auf drei Staaten – Baden, Württemberg und Hohenzollern-Sigmaringen – war nicht mehr zu verhindern. Kleisers Liste war jedoch mitverantwortlich dafür, dass dem Hause Fürstenberg und den anderen mediatisierten Häusern in der Rheinbundakte zahlreiche hergebrachte Rechte garantiert und den neuen Souveränen Schranken in der Behandlung der Mediatisierten auferlegt wurden. Artikel 26-28 der Rheinbundakte sicherte den neuen Landesherren nur die Souveränitätsrechte zu, beließ aber den Mediatisierten neben dem Privateigentum an ihren Gütern und Einkünften umfangreiche persönliche Privilegien sowie ein gutes Maß an staatlichen Aufgaben, das sie quasi zu Unterlandesherren machte.

DAS RINGEN UM DIE AUSGESTALTUNG DER RHEINBUNDAKTE

Für Fürstin Elisabeth hatte der Kampf um die angestammten Rechte mit der 1806 vollzogenen Mediatisierung keineswegs sein Ende gefunden. „Ausgelöscht aus der Zahl der Immediaten Reichsfürsten"[8], von einem Tag zum anderen durch einen Gewaltstreich zum Untergebenen seiner ehemaligen Standesgenossen herabgewürdigt zu sein, und dann noch im Falle Badens und Hohenzollerns von Standesgenossen, die entweder kaum bedeutender als man selbst gewesen waren oder gar nur einem Staatensplitter vorgestanden hatten, das war für sie ebenso wenig hinnehmbar wie für ihre adligen Leidensgenossen. Solange der Krieg zwischen Frankreich und den europäischen Mächten noch nicht endgültig entschieden war, hoffte Elisabeth auf eine Wiederherstellung des alten Rechtszustandes. Ganz anders Kleiser, der Beamte, den die Mediatisierung nicht in seiner adligen Existenz tangierte und der offensichtlich nach 1806 eine Karriere in Diensten des neuen Großherzogtums Baden ins Auge fasste[9]. Sein Hauptziel, für das er den Vormund Joachim Egon gewinnen konnte, war es, jede Konfrontation zu vermeiden und auf die neuen Landesherren zuzugehen, um dadurch eine möglichst vorteilhafte Ausgestaltung der in der Rheinbundakte zugesicherten Rechte zu erreichen[10]. Während die anderen südwestdeutschen Standesherren in breiter Front jedes Entgegenkommen von sich wiesen, trat Fürstenberg daher schon frühzeitig in Verhandlungen speziell mit Baden ein.

Um es zusammenzufassen: Fürstenberg wurde zwar zumindest in Baden mit besonderer Zuvorkommenheit behandelt und als erster Standesherr im Lande anerkannt. Konkrete rechtliche oder materielle Vorteile zog man aber in Donaueschingen aus der Kooperationsbereitschaft Kleisers nicht. In dem Bestreben, die neuerworbenen Gebiete schnellstmöglich mit ihren Stammlanden zu einem neuen zentralistisch regierten Staat zu verschmelzen, legte selbst das gemäßigte Großherzogtum Baden, von Württemberg ganz zu schweigen, die Bestimmungen der Rheinbundakte extensiv zu seinen Gunsten aus oder wischte sie schlichtweg beiseite. Die Standesherren und mit ihnen Fürstenberg wurden nach 1806 Schritt für Schritt auf den Status von privaten Grundbesitzern herabgedrückt, die nur noch einige Ehrenrechte für sich beanspruchen konnten[11].

FÜRSTIN ELISABETH AUF DEM WIENER KONGRESS

Mit dem Fiasko des Russlandfeldzuges 1812, vollends dann mit der endgültigen Niederlage Napoleons und der Einberufung des Wiener Kongresses keimte neue Hoffnung. Es war Fürstin Elisabeth, die in dieser Zeit nicht nur im Hause Fürstenberg, sondern auch im Kreis der Mediatisierten eine entscheidende Rolle übernahm[12]. Im Haus Fürstenberg hatten sich die Gewichte entscheidend verschoben. Seit 1809 war Elisabeth anstelle des Landgrafen Joachim Egon offiziell als Vormund des minderjährigen Karl Egon bestellt worden. Kleiser von Kleisheim, ihr Widersacher in der fürstlichen Verwaltung, war 1814 in den badischen Staatsdienst gewechselt. Elisabeth hatte freie Hand. Ihr wichtigstes Anliegen blieb – wie schon vor 1806 – die unmittelbare Einwirkung auf Kaiser Franz. So benützte sie den Aufenthalt des Monarchen in Freiburg im Herbst 1813, um ihren Sohn zu präsentieren und ihm gleichzeitig ihre Vorstellungen vorzutragen. Tenor einer dabei überreichten Denkschrift war, dass nur die unverbrüchliche Treue zu Österreich und zur Reichsverfassung der Grund für die Mediatisierung Fürstenbergs und der anderen Häuser gewesen sei. Man müsse deshalb jetzt auf Österreichs Hilfe bauen. Im September 1814 begab sich die Fürstin schließlich mit einigen anderen Abgesandten der Mediatisierten nach Wien, um auf dem Kongress die Interessen der Mediatisierten zu vertreten. Elisabeth ließ hier ihre weitreichenden verwandtschaftlichen und persönlichen Beziehungen höchst geschickt nach allen Seiten spielen. Sie verhandelte mit fast allen Vertretern der zum Kongress zugelassenen Mächte, verfasste Eingaben und Noten. Am 22. Oktober 1814 führte sie gar offiziell eine Delegation aller mediatisierten Häuser zu Kaiser Franz an. Mit eindringlichen Worten bat sie den Monarchen, Titel und Würde eines Deutschen Kaisers wieder anzunehmen und die Mediatisierten in ihren alten Stand einzusetzen. Der Kaiser sagte Unterstützung zu. Elisabeths Auftritt erregte Aufsehen in der nationalen und internationalen Presse und machte sie zur bekannten Persönlichkeit.

Dennoch verliefen sämtliche Aktionen zur Wiederherstellung der Souveränität im Sande. Keine Großmacht und schon gar nicht die ehemaligen Rheinbundstaaten, die Gewinner der napoleonischen Flurbereinigung, waren an der Wiederherstellung der kleinstaatlichen Welt des Deutschen Reiches interessiert. Wenn der Wiener Kongress auch nicht die mediatisierten Staaten wiederherstellte, so stärkte er doch die Stellung der Mediatisierten als privilegierte Untertanen. In Art. 14 der Bundesakte wurden den Standesherren Stimmen in der Bundesversammlung in Aussicht gestellt. In allen Bundesstaaten sollte den Mediatisierten eine Beteiligung an der politischen Willensbildung, z.B. durch eine eigene Kammer der Standesherren, ermöglicht werden. Die den Mediatisierten gewährten speziellen Rechte orientierten sich weitgehend an den Bestimmungen der Rheinbundakte, d.h. sie billigten ihnen wieder jene Hoheitsrechte zu, die Baden und Württemberg ihnen zwischen 1806 und 1815 gerade entzogen hatten. Zudem wurde die Rechtsstellung der Standesherren unter die Garantie des Bundes gestellt. Der Adel konnte sich beim Bundestag über die Verletzung seiner Rechte durch einen Einzelstaat beschweren und um das Ein-

Ansicht der Residenzstadt Donaueschingen. Aquarell von Wilhelm Scheuchzer, 1827.
Fürstlich Fürstenbergische Sammlungen Donaueschingen.

schreiten des Bundes ersuchen. Dies war ein Vorteil gegenüber der Rheinbundakte[13].

Dennoch wurde die Deutsche Bundesakte vom 8. Juni 1815 von Fürstin Elisabeth und den anderen Standesherren einhellig abgelehnt. Fürstin Elisabeth sprach von der „Mißgeburt des Wiener Kongresses" und verkündete am 10. Juni in einem an die deutschen Großmächte gerichteten Brief, sie würde nie aufhören, nach der Wiedererlangung ihres vorigen Rechtszustandes und der Aufhebung der Unterdrückung zu streben, und dies aus der Verpflichtung gegen ihren minderjährigen Sohn, gegen ihr fürstliches Haus und dessen Untertanen, gegen sich selbst und ihre ehrwürdigen Vorfahren, die Deutschlands Größe mit gründen halfen und von denen 17 im Kampfe für Deutschlands Ehre und Wohl gefallen seien[14].

DAS ARRANGEMENT MIT BADEN

Nach dem Wiener Kongress war daher fast alles wieder beim Alten. Die Souveräne waren nicht bereit, die Bestimmungen der Bundesakte umzusetzen und die Mediatisierten nicht bereit, sich dieses gefallen zu lassen. Zwei Anläufe, eine sehr restriktive Standesherrlichkeitsverfassung auf dem Verordnungsweg zu erlassen, scheiterten z.B. in Baden in den Jahren 1818 und 1819 am Widerstand der meisten Standesherren, die den deutschen Bundestag um Hilfe anriefen[15]. Wenn es schließlich doch zu einer Einigung mit den Standesherren kam, so war dies zumindest im Falle Badens vor allem dem Hause Fürstenberg zu verdanken. Am 8. Januar 1824 fand sich Fürstenberg als erster Standesherr bereit, einen separaten Vertrag über seine staatsrechtliche Stellung innerhalb des

Kavalkade vor Schloss Heiligenberg. Fürst Karl Egon II. zu Fürstenberg und Amalie geb. Prinzessin von Baden mit Gefolge bestehend aus Oberstallmeister Carl von Schreckenstein zur Rechten der Fürstin, Oberjägermeister Ernst von Verschuer, Hofmeister John Ruegger und dem fürstlichen Bereiter Michael Woller. Weiter hinten zurück der Maler, die Mappe unter dem Arm. Albrecht Adam, Öl auf Leinwand ,1831. Schloss Heiligenberg.

Großherzogtums Baden abzuschließen[16]. Dieser Abschluss mit dem größten Standesherren war für Baden von fundamentaler Bedeutung. Er wies auch den anderen Standesherren den Weg des Ausgleiches. Sie schlossen sich denn auch in den folgenden Jahren dem Fürstenbergvertrag an.

Fürstenbergs entgegenkommende Haltung wurde von Baden mit manchen Vergünstigungen belohnt: So regelte der Vertrag, dass Fürstenberg zu einer eventuellen Ablösung von Einkünften, der Zehnten und Erbpachten etwa, seine Zustimmung erteilen musste und voll entschädigt werden sollte. Bei den anderen Standesherren konnte die Ablösung einfach durch ein Gesetz verordnet werden[17]. Als Fürstenberg in den 1820er und 1830er Jahren freiwillig auf einen Teil seiner verbliebenen Hoheitsrechte verzichtete, erreichte es im Gegensatz zu seinen anderen Standesgenossen diverse politische und materielle Vergünstigungen, die in geheimen Zusatzabkommen festgehalten und nicht publik gemacht wurden. So erhielt Fürstenberg 1825 für den Verzicht auf die zweite Instanz in der Gerichtsbarkeit nicht nur das Ernennungsrecht für eine Ratsstelle beim entsprechenden Hofgericht, sondern auch Anteil an den Zehnteinnahmen auf der Gemarkung Hüfingen[18]. 1836 verzichtete es auch noch auf die Forstgerichtsbarkeit sowie die Forst- und Jagdpolizei. Im Gegenzug beschloss 1840 das badische Finanzministerium, dass man Fürstenberg bei Güterkäufen im Standesgebiet möglichst keine Konkurrenz machen würde. In der Zeit der Ablösung der bäuerlichen Grundlasten versprach diese Zurückhaltung des Staates erhebliche finanzielle Vorteile[19].

Worauf beruhte das fürstenbergische Entgegenkommen gegenüber Baden? Warum im Gegenzug all diese badischen Vergünstigungen? Warum plötzlich die reibungslose Zusammenarbeit zwischen Baden und Fürstenberg? Im Jahre 1817 war Fürst Karl Egon II. mit 21 Jahren für mündig erklärt worden. Seine Mutter hatte ihm ein bewegendes Programm für seinen Weg als mediatisierter Fürst mit auf den Weg gegeben und sich nach Heiligenberg am Bodensee zurückgezogen[20]. Karl Egon II. war ein Pragmatiker, ein Mensch, der sich unter seinen Standesgenossen durch geradezu liberale Ansichten auszeichnete und der wusste, dass die ehemalige Stellung seines Hauses unwiederbringlich verloren war. Es komme darauf an, so schrieb er im Jahre 1831 an Kaiser Franz von Österreich, „in Zeiten zu einem klugen Vergleich sich zu verstehen, um wenigstens etwas aus dem Sturm zu retten"[21]. So hat sich Karl Egon schon frühzeitig um Ausgleich mit den neuen Souveränen bemüht. Wichtigster Ausdruck dieses Bemühens war eine Ehe. Im Jahr 1818 hatte Karl Egon Prinzessin Amalie von Baden geheiratet. Beide Seiten, die Häuser Fürstenberg und Baden, versprachen sich von dieser Verbindung viel. Die Rechnung ging, wie wir gesehen haben, auf. Für die Eheschließung mit Prinzessin Amalie musste Fürst Karl Egon II. allerdings gleich mehrfach über seinen eigenen Schatten springen. Dass Amalie protestantisch und ein Jahr älter als er selbst war, mochte ja noch angehen. Aber konnte das Mitglied eines alten Fürstengeschlechtes eine Tochter des Großherzogs Karl Friedrich aus der nicht standesgemäßen, zur linken Hand geführten zweiten Ehe mit Karoline Geyer von Geyersberg heiraten? Die Kinder aus dieser Ehe hatten den Stand der Mutter, waren also nicht fürstlichen Standes. In Zeiten, wo Fürstenberg nach der demütigenden Mediatisierung um seine Stellung kämpfen musste, war dies nicht akzeptabel. Erst als Großherzog Karl daher die zukünftige Braut in den Rang einer Prinzessin von Baden erhob, konnte die Trauung vollzogen werden. Es wurde trotz dieser politischen Hintergründe und Hindernisse eine sehr glückliche Ehe.

LANGFRISTIGE NEUORIENTIERUNG IM 19. JAHRHUNDERT

Fürst Karl Egon II. leistete schon in den 20er und 30er Jahren auf einen großen Teil seiner 1824 verbliebenen Hoheitsrechte freiwillig Verzicht. Die restlichen Privilegien gingen ihm in der 1848er Revolution verloren. Übrig blieben nur einige Ehrenrechte. Zur gleichen Zeit brachen infolge der Bauernbefreiung große Teile der traditionellen Existenzgrundlagen des Hauses, die Einkünfte aus der Grundherrschaft, Schritt für Schritt weg. Auf dieser geschmälerten Basis wäre die Stellung des Hauses und die aristokratische Identität als hochadlige Familie auf Dauer nicht zu bewahren gewesen. Auch mit diesem Problem ist das Haus Fürstenberg zurechtgekommen und hat sich langfristig neu orientiert. Was es an staatsrechtlicher Bedeutung einbüßte, hat es vor allem mit kulturellem Glanz auszugleichen versucht, mit dem Ausbau von Archiv, Bibliothek und Sammlungen zu hoch bedeutsamen Kultur- und Forschungsstätten oder mit der Gründung der Donaueschinger Musiktage. Daneben hat sich das Haus Fürstenberg im 19. Jahrhundert wirtschaftlich völlig neu positioniert und damit die materielle Basis für den weiteren Auftritt als hochadliges Haus geschaffen.

Die Entstehung der fürstlichen Institute
für Kunst und Wissenschaft

Die Fürstlich Fürstenbergischen Institute wurden im 19. Jahrhundert von den Fürsten Karl Egon II. und Karl Egon III. errichtet, und man kann zu Recht sagen, beinahe aus dem Nichts[22]. Denn es gab zuvor als kulturelle Institutionen in Donaueschingen zwar ein Hoftheater und die Hofkapelle, aber z.B. keine Kunst- und Wunderkammer mit musealen Objekten. Das Archiv mit angegliederter Bibliothek war eine reine Verwaltungsstelle, die Hauptregistratur der fürstlichen Behörden. Die entscheidenden Grundlagen für die Institute legte schon Fürst Karl Egon II., indem er sogleich nach seiner Großjährigkeitserklärung eine Anzahl von gelehrten Mitarbeitern, darunter seine Leibärzte August Wilhelm und Emil Rehmann sowie den Hofkavalier Freiherr von Pfaffenhofen beauftragte, Schätze der Natur und der Kunst, Mineralien, Gemälde, Kupferstiche und Münzen zu sammeln. Als größter Coup gelang Fürst Karl Egon II. im Jahre 1853 der Erwerb der hoch bedeutenden Laßberg-Sammlung, einer Sammlung, die der ehemalige fürstenbergische Landesforstmeister und Vertraute seiner Mutter Elisabeth zu einem großen Teil mit fürstenbergischen Finanzmitteln angelegt hatte. Für die enorme Summe von 27 000 Gulden wechselten dadurch zahllose mittelalterliche Tafelgemälde, 1 000 Urkunden, 11 000 gedruckte Bücher und 300 Handschriften, darunter das berühmte Nibelungenlied in den Besitz des Fürstenhauses[23].

Fürst Karl Egon gelang es trotz verschiedener Anläufe allerdings nicht mehr, den umfangreichen Sammlungen eine feste organisatorische Form zu verleihen und sie der interessierten Öffentlichkeit zugänglich zu machen. Für ihn waren die Sammlungen stets nur ein Engagement neben zahlreichen anderen[24]. Er widmete sich in großem Stil karitativen Aufgaben, gründete Krankenhäuser und Heime für seine ehemaligen Untertanen. Und er pflegte in der Tradition des 18. Jahrhunderts mit enormem finanziellem Aufwand die Hofmusik und das Hoftheater. Als einer der wenigen politisch aktiven Standesherren und Mitglied des großherzoglichen Hauses weilte er zudem Jahr für Jahr monatelang in der Landeshauptstadt Karlsruhe. Was ihn aber vor allem daran gehindert haben dürfte, für seine Sammlungen eine zukunftsfähige Lösung zu verwirklichen, waren die unsicheren Zeitumstände, vor allem die Ereignisse der 1848er Revolution. Die Position des Hauses wurde damals von den ehemaligen Untertanen des Hauses hart attackiert. Fürst Karl Egon zog sich gekränkt nach Karlsruhe zurück und betrat seine Residenzstadt mehrere Jahre überhaupt nicht mehr. Die Bemühungen um die Sammlungen gerieten ins Stocken. Bereits angedachte Pläne für die Errichtung eines Universalmuseums wurden zu den Akten gelegt.

Es blieb seinem Sohn Karl Egon III. überlassen, die vorhandenen Ansätze fortzuführen und in den festen Rahmen der Fürstlich Fürstenbergischen Institute für Kunst und Wissenschaft zu leiten. Karl Egons Ziele werden am besten am Archiv deutlich, das noch vor den Sammlungen im Mittelpunkt seiner Aufmerksamkeit stand. Es sollte fortan nicht mehr in erster Linie der Fürstlichen Verwaltung dienen – dafür wurde jetzt eine besondere Zentralregistratur in der Fürstlichen Kammer eingerichtet –, sondern sich um die planmäßige Erforschung der fürstenbergischen Familien- und Landesgeschichte kümmern. Nicht mehr Juristen wie bisher, sondern Historiker übernehmen daher die Leitung, darunter Sigmund Riezler, Franz Ludwig Baumann und Aloys Schulte, allesamt Geschichtswissenschaftler von exzeptionellem Rang[25]. Unbestreitbare Höhepunkte ihrer Arbeit im Fürstenbergarchiv waren das Fürstenbergische Urkundenbuch, eine siebenbändige Edition der Quellen zur Haus- und Familiengeschichte bis 1509, die Mitteilungen aus dem Fürstenbergarchiv, eine zweibändige Fortsetzung des Urkundenbuches, und schließlich eine auf dem Urkundenbuch basierende Geschichte des fürstlichen Hauses Fürstenberg von Sigmund Riezler[26]. Diese Werke sind bis heute nicht überholt. In den anderen standesherrlichen Archiven steht ihnen wenig Vergleichbares gegenüber. Fürst Karl Egon ging noch einen Schritt weiter und öffnete das Archiv Wissenschaftlern und heimatkundlich interessierten Kreisen zur freien Benutzung.

Bei den anderen Instituten verlief die Richtung ebenso. Hier sah sich allerdings Karl Egon III. vor die Notwendigkeit gestellt, zunächst aufwendige Baumaßnahmen durchzuführen. Für die bisher im Archivgebäude mituntergebrachte Hofbibliothek wurde nach 1860 das ehemalige Domänenkanzleigebäude hergerichtet. Auch hier wurden jetzt ausgewiesene Wissenschaftler eingestellt, darunter Josef Victor von Scheffel und Karl August Barack. Sie haben die Bibliothek neu geordnet und katalogisiert und durch systematische Ankäufe ausgebaut. Im Zentrum stand dabei der Auftrag, das fürstliche Archiv durch die Bereitstellung von historischer Literatur in seinen Aufgaben zu unterstützen. Mit ca. 90 000 Druckwerken und 700 mittelalterlichen Handschriften war die Hofbibliothek bereits um 1870 die bedeutendste deutsche Privatbibliothek, vergleichbar mit einer durchschnittlichen deutschen Landesbibliothek[27]. Am heutigen Karlsplatz konnte schließlich in den Jahren 1865 bis 1870 eine Lösung für die naturwissenschaftlichen und kunst- und kulturgeschichtlichen Sammlungen verwirklicht werden[28]. Die infolge der Ablösung der Feudallasten nicht mehr benötigte Zehntscheuer wurde dabei zum dreistöckigen Museum mit Oberlichtsälen, zahlreichen Schaukabinetten, Werkstätten und Büroräumen ausgebaut. Im Erdgeschoss fanden die erdgeschichtlichen Sammlungen – Paläontolgie, Mineralogie und Geologie – sowie – und dies ist besonders hervorzuheben – ein chemisches Labor, eine meteorologische Beobachtungsstation und eine Sammlung physikalischer Instrumente ihren Platz. Das erste Obergeschoss war der Zoologie und Pflanzenkunde sowie der Anthropologie und Ethnologie vorbehalten. Als Krönung des Ganzen nahm die kunstgeschichtliche Abteilung mit ihrer einzigartigen Sammlung altdeutscher Malerei das obere Geschoss ein.

Die Sammlung sollte kein einfacher Schauraum sein. Sie war als Forschungsstelle, eine Art Universität für die ehemaligen fürstenbergischen Lande gedacht. Dies unterstreichen nicht nur die Laboratorien für Physik, Chemie und Meteorologie, sondern auch die Schmuckelemente der Fassade: Über einem Band mit Bildnissen von Naturforschern und Künstlern prangt programmatisch der Schriftzug „BONARUM ARTIUM ET NATURAE STUDIO" (Dem Studium der schönen Künste und der Natur [gewidmet]). Voller Stolz hat Fürst Karl Egon III. 1873 seine Institute – das Archiv, die Hofbibliothek und die Sammlungen – auf der Wiener Weltausstellung von 1873 präsentieren können, auf ausdrücklichen Wunsch der Ausstellungskommission. Es handelte sich, das zeigt diese Aufforderung, um Institute von internationalem Rang, um vorbildliche Einrichtungen,

Fürst Karl Egon III. zu Fürstenberg (1820 – 1892), Photographie, ca. 1880.

Benützerraum des Fürstlich Fürstenbergischen Archivs Donaueschingen.

die in jeder Hinsicht auf der Höhe ihrer Zeit standen. Lediglich auf staatlicher Seite ließ sich ihnen Vergleichbares an die Seite stellen. Jedes Institut konnte zwar auch für sich allein bestehen und auf singuläre Schätze verweisen. Eine Besonderheit war jedoch das Ensemble. In Donaueschingen wurde nicht nur auf Teilgebieten, sondern möglichst umfassend auf allen geistes- und naturwissenschaftlichen Gebieten gesammelt und geforscht. Dabei legte Fürst Karl Egon III. überall Wert auf höchstes Niveau und beschäftigte in jedem Institut nur erstrangige Wissenschaftler, keine Hofhistoriographen oder nachgeborene Töchter und Söhne aus befreundeten adligen Häusern. Die Institute waren ihm einerseits Mittel, die herausragende Stellung seiner Familie zu dokumentieren, ihre Bedeutung für das Land und seine Bevölkerung an den Tag zu bringen und die Erinnerung an den ehemaligen Staat Fürstenberg wach zu halten. Deshalb bildeten Ausgangspunkt und Kern der Einrichtungen stets das Haus Fürstenberg und seine ehemaligen Territorien. Dazu trat andererseits die Verantwortung für die Bevölkerung ringsum. Die Bewohner des ehemaligen Fürstentums drohten durch die Verlagerung der politischen Entscheidungszentralen und die Konzentration des kulturellen Lebens in den neuen Residenzen Stuttgart und Karlsruhe ins Hintertreffen zu geraten. Ihnen sollten die Institute Bildungsmöglichkeiten von universitärem Rang bieten.

Die Donaueschinger Musiktage

Im 19. Jahrhundert war das kulturelle Engagement des Hauses Fürstenberg zur Privatsache geworden, die stark von den Interessen des jeweiligen Fürsten abhing. Schon Fürst Karl Egon IV. setzte völlig andere Akzente als sein historisch orientierter Vater und ließ die Institute bestenfalls noch gewähren. Die bedeutende Geschichtsforschung im Fürstenbergarchiv fand so ihr vorläufiges Ende[29]. Statt dessen rückten repräsentative, nach außen gerichtete Aktivitäten in den Mittelpunkt. Schloss Donaueschingen wurde zu einer prachtvollen Residenz der Belle

Blick in die naturkundliche Abteilung der Fürstlich Fürstenbergischen Sammlungen.

Epoque umgebaut. Fürst Karl Egon und seine Gemahlin aus dem Hause Talleyrand-Perigord waren stark in das gesellschaftlich-politische Leben in der neuen Reichshauptstadt Berlin integriert. 1876 hatte Karl Egon seine militärische Laufbahn bei den Potsdamer Gardehusaren begonnen und bald darauf ein Palais in der vornehmen Berliner Wilhelmstraße erworben. Im Berliner Stadtteil Karlshorst unterhielt er einen großen Reitstall und gründete eine vorbildliche Arbeitersiedlung. 1893 ließ er sich gar in den Berliner Reichstag wählen und erhielt 1896 von Kaiser Wilhelm II. den Rang des Oberstmarschalls, des höchsten Würdenträgers am kaiserlichen Hof.

Auch Fürst Max Egon II., sein Nachfolger, knüpfte hier an. Er reüssierte jedoch gleich in zwei Hauptstädten. In Wien war er Vizepräsident des österreichischen Herrenhauses. In Berlin bekleidete er neben dem Hofamt des Oberstmarschalls kein offizielles Amt, zählte aber zu den engsten Freunden Kaiser Wilhelms II. und dadurch zu den politisch einflussreichsten Persönlichkeiten der Hauptstadt[30]. Trotz alledem ist gerade der Name Max Egon in ganz besonderem Maße mit der Kulturförderung verbunden, und zwar mit der Entstehung der Donaueschinger Musiktage in den Jahren 1921 bis 1926[31]. Max Egon II. knüpfte dabei, beraten durch seinen Musikdirektor Heinrich Burkard und unterstützt durch die Donaueschinger Gesellschaft der Musikfreunde, an die reiche musikalische Tradition des Hauses Fürstenberg an, die nach dem Brand des Hoftheaters im Jahr 1850 für mehr als ein halbes Jahrhundert zum Erliegen gekommen war. Erklärtes Ziel der wegweisenden Gründungsinitiative des Jahres 1921 war es, zur Förderung junger aufstrebender Talente, denen die Gelegenheit fehlte, ihre Werke vor die Öffentlichkeit zu bringen, ein Musikfest zu veranstalten. Fürst Max Egon übernahm das Patronat, sicherte die vollständige Finanzierung zu und stellte seinen Musikdirektor Heinrich Burkard von allen anderen Verpflichtungen frei. Gleich das erste Musikfest wurde mit der Entdeckung Paul Hindemiths ein großer Erfolg. 1924 stellte Arnold Schönberg mit der „Serenade op. 24" ein Werk vor, das im letzten Satz erstmals die Prinzipien der Zwölftonmusik verwirklichte. Donaueschingen konnte sich so im Laufe der Jahre zu dem Zentrum zeitgenössischer Musik etablieren, das es bis heute unangefochten geblieben ist.

Fürst Max Egon II. zu Fürstenberg (1863 – 1941) im grünen Frack des fürstenbergischen Jagdordens. Ölbild von G. Brüch, 1923. Schloss Donaueschingen.

Wirtschaftliche Neupositionierung

Auch wirtschaftlich hat sich das Haus Fürstenberg im 19. Jahrhundert völlig neu positioniert und dadurch seinen Status als hochadliges Haus bewahren können. Ökonomisch zählte Fürstenberg eindeutig zu den Gewinnern der Mediatisierung. Kraft des Reichsdeputationshauptschlusses von 1803 hatte das Haus zunächst sämtliche auf seinem Gebiet befindlichen Klöster aufheben und deren Güter und Einkünfte in seinen Besitz überführen können. Säkularisiert wurden, um nur die größeren Konvente zu nennen, das Benediktinerinnenkloster Amtenhausen, die Zisterzienserinnenklöster Neudingen und Friedenweiler, das Klarissenkloster Wittichen und die Augustinerchorfrauen und -herren zu Riedern. Dadurch war der Grundbesitz des Hauses auf einen Schlag um ca. 2 800 ha angewachsen[32]. Durch die Rheinbundakte und den Vertrag mit Baden wurden dann sämtliche Güter und Einkünfte, soweit sie nicht aus hoheitlichen Aufgaben flossen (Zölle und Steuern etwa), zu privatem Eigentum des Fürstenhauses. Manches ließ sich langfristig nicht halten. Die politisch-gesellschaftliche Entwicklung des 19. Jahrhunderts, die im Zeichen der Bauernbefreiung stand, ging darüber hinweg. So wurden bis 1848 sämtliche von den Bauern zu entrichtende Feudallasten aufgehoben und die vom Hause ausgegebenen bäuerlichen Lehen Schritt für Schritt in das Eigentum der Bauern überführt. Fürstenberg ging dabei jedoch keineswegs leer aus. Das Haus bekam entweder eine finanzielle Entschädigung aus der Staatskasse oder aber die Bauern mussten ihre bisherigen Abgabeverpflichtungen selbst ablösen. Fürstenberg hatte dadurch plötzlich bedeutende Kapitalien zur Verfügung. Allein an Zehntablösungen erhielt das Haus bis Ende 1841 den Betrag von 1 686 868 Gulden[33]. Es kam jetzt darauf an, dieses Geld zukunftsträchtig zu investieren. Im 19. Jahrhundert wurden dabei zwei unterschiedliche Wege beschritten. Fürst Karl Egon II. und später Fürst Max Egon II. versuchten mehr oder weniger erfolgreich, an den Erwerbschancen des Industriekapitalismus zu partizipieren. Fürst Karl Egon III. dagegen wandte seine gesamte Aufmerksamkeit dem traditionellen adligen Erwerbszweig der Forstwirtschaft zu. Hier kannte man sich aus. Dieser Weg war der mit Abstand erfolgreichere.

Fürst Karl Egons II. industrielles Engagement galt vor allem der böhmischen und badischen Eisenindustrie. So förderte er in Böhmen die Gusswarenerzeugung der Fürstenbergischen Eisenwerke Neujoachimsthal und Neuhütten und erwarb die kaiserlichen Erzhütten Spirow und Carlshof hinzu. Zur Energiegewinnung wurden neue Kohlegruben erschlossen. Die bessere verkehrstechnische Anbindung der Werke gewährleistete der Erwerb der Pferdebahn Lana-Prag und deren Umstellung auf Dampfbetrieb[34]. Für die fürstlichen Hammer- und Eisenwerke in Baden – Bachzimmern, Hammereisenbach, Hausach, Kriegertal, Rißdorf, Thiergarten und Zizenhausen – wurde mit Ferdinand Steinbeis ein ausgewiesener Fachmann als Hüttenverwalter gewonnen[35]. Er brachte die Werke innerhalb kürzester Zeit organisatorisch wie technisch auf den neuesten Stand. Innerhalb von nur acht Jahren vervielfachten sich dadurch der Personalstand, die Erzeugung und das Grundkapital. Der Reingewinn stieg auf glänzende 60 000 Gulden im Jahr. Gleichwohl hatte die fürstenbergische Eisenindustrie in Baden langfristig keine Zukunft. Ferdinand Steinbeis schied bereits 1842 aus den fürstlichen Diensten aus. Er hatte sich in der Auseinandersetzung mit der konservativen, vornehmlich agrarisch und forstlich ausgerichteten fürstlichen Domänenverwaltung aufgerieben. Diese hatte ständig den Abfluss von Mitteln aus der Landwirtschaft in den „unerschöpflichen Rachen"³⁶ der Hüttenwerke beklagt und den Vorhaben Steinbeis' allzu häufig Steine in den Weg gelegt. Nach dem Weggang Steinbeis zeigte sich dann Ende der fünfziger Jahre immer deutlicher, dass die weitab von Bodenschätzen und wichtigen Verkehrsadern gelegenen, einzig auf Holz und Wasser als Energieträger angewiesenen fürstlichen Betriebe der aufstrebenden Konkurrenz an Saar, Rhein und Ruhr nicht mehr gewachsen waren. Jahr für Jahr wurden größer werdende Verluste eingefahren. Karl Egon III., der seinem Vater im Jahre 1854 als Chef des Hauses Fürstenberg nachfolgte, reagierte schnell und legte den großen Industriekomplex kurzerhand still. Lediglich die 1835 gegründete Maschinenfabrik in Immendingen blieb zunächst weiterhin bestehen.

Im Unterschied zu seinem Vater zählte Karl Egon III. eher zur Mehrheit der konservativen Standesherren, die industriellen und spekulativen Aktivitäten mit Misstrauen gegenüberstanden und stattdessen in der Land- und Forstwirtschaft die einzig standesgemäße Grundlage adligen Lebens sahen. Noch konsequenter als sein Vater, der bereits begonnen hatte, in großem Stil Waldflächen zu kaufen, konzentrierten sich daher Fürst Karl Egon III. und sein neuer Domänendirektor Johann Nepomuk Prestinari auf den Forst[37]. Ihnen kam dabei zugute, dass die Ablösung der Feudallasten zeitlich mit der ersten Konjunkturphase der industriellen Revolution in Deutschland zusammenfiel. Denn diese brachte auch für den Holzmarkt einen ungeahnten Aufschwung und eine rasante Steigerung der Holzpreise mit sich. Forstliche Grundstücke wurden zu einer lukrativen Anlage, sofern man geschickt wirtschaftete und nicht nur auf den schnellen Gewinn achtete. Dazu gehörte, nicht nur Wald zu kaufen, sondern ihn auch besser nutzbar zu machen, durch die Arrondierung und Aufforstung von Waldflächen, die Ablösung fremder Rechte (bäuerliche Holzberechtigungen), durch Wegebau und Kulturpflege sowie durch gezielte Einflussnahme auf die badische Regierung wegen des beschleunigten Ausbaus des Eisenbahnnetzes, damit auch ungünstiger gelegene Reviere genutzt und verwertet werden konnten. Zudem wurde die schwerfällige fürstliche Forst- und Gesamtverwaltung von Grund auf und zum Teil ohne Rücksicht auf alte Bindungen neu organisiert und das feudale fürstliche Stammgut in einen nach kapitalistischen Grundsätzen geführten Wirtschaftsbetrieb umgeformt. Dass sich Fürstenberg im 19. Jahrhundert so erfolgreich neu positionieren konnte, verdankte es dabei in ganz entscheidendem Maße der wirtschaftlichen Begabung von Johann Nepomuk Prestinari, der von 1856 bis 1892 als Direktor der Fürstlichen Domänenkanzlei amtierte. Augrund seines Wirkens zählte Fürstenberg am Ausgang des Jahrhunderts zu den reichsten und bedeutendsten adligen Besitztümern in Europa.

Wiederum neue Akzente setzte Max Egon II., der nach der kurzen ‚Regierungszeit' Karl Egons IV. im Jahre 1896 Chef des Hauses wurde[38]. Für ihn gilt ebenso wenig wie für seinen Vorfahren Fürst Karl Egon II., was Berghoff als typisch für den Adel beschrieben hat: das Fehlen einer erwerbswirtschaftlichen Mentalität, Berührungsängste gegenüber industriellen und spekulativen Aktivitäten, wenn überhaupt industrielles Engagement, so allenfalls in Bereichen, die einen engen Bezug zum Landbesitz hatten bzw. der Verwertung eigener Ressourcen oder Agrarprodukte dienten[39]. Fürst Max Egon gründete eine Flugzeugfabrik in Donaueschingen (Schwarzwälder Flugzeugbau), ein Basaltwerk in Immendingen und erwarb die Papierfabrik Neustadt. Vor allem aber baute er die Fürstenberg Brauerei zur Großbrauerei mit modernsten technischen Anlagen, einer umfangreichen Vertriebs- und Marketingabteilung und einer erweiterten Produktpalette aus[40]. Hatte die Brauerei noch im Jahre 1900 nur einen einzigen Vertreter gehabt, so wurde jetzt ein umfangreiches Vertriebssystem mit zahlreichen Agenturen und Vertretern im Deutschen Reich und im europäischen Ausland eröffnet. Im Jahre 1900 gelang es Max Egon, seinen Freund Kaiser Wilhelm II. zu bewegen, Fürstenberg offiziell zum „Tafelgetränk Seiner Majestät des Kaisers" zu erheben, ein geschickter Schachzug, der Fürstenberg alle Türen auf dem deutschen Markt öffnete. Ein weniger glückliches Unternehmen des Fürsten war der Fürstentrust, den er um 1900 mit dem Fürsten Christian Kraft zu Hohenlohe-Oehringen ins Leben rief. Er legte ein unüberschaubar vielfältiges wirtschaftliches Engagement an den Tag. Eisen-, Kohle- und Kalibergwerke gehörten ebenso dazu wie Banken, Verkehrs- und Schiffahrtsgesellschaften, Immobilien, Hotels und Warenhäuser. Räumlich beschränkte es sich nicht auf Deutschland sondern reichte mit der Palästinabank und der Levantelinie bis in den Orient. Der Fürstentrust scheiterte an seiner Unübersichtlichkeit und musste schließlich unter großen Verlusten abgewickelt werden[41].

FAZIT

Im 19. Jahrhundert ist es Fürstenberg gelungen, die Folgen der Mediatisierung und den Verlust der staatlichen Selbstständigkeit durch exzeptionelles kulturelles und wirtschaftliches Engagement wettzumachen. Die Ebenbürtigkeit mit den regierenden Häusern konnte so gewahrt werden. Fürstenberg gelang es als einzigem badischen Standesherren, in regierende Häuser einzuheiraten, 1881 in das badische Großherzogshaus, 1848 in das Haus Reuss. Fürst Max Egon II. zählte zu den engsten Freunden Kaiser Wilhelms II. In seinen ehemaligen Territorien blieb Fürstenberg politisch, gesellschaftlich, wirtschaftlich und kulturell ein äußerst gewichtiger Faktor. Fürstenberg stellte Arbeitsplätze für viele Menschen. Seine Wälder und landwirtschaftlichen Grundstücke dominierten das Siedlungsbild vieler ländlicher Gemeinden. Die fürstlichen Kulturinstitute – Hofkapelle und Hoftheater, Museum, Bibliothek und Archiv – bildeten mehr denn je den kulturellen Mittelpunkt der Landschaft.

Anmerkungen:

1 *Rudolf Endres*: „Lieber Sauhirt in der Türkei als Standesherr in Württemberg....". Die Mediatisierung des Adels in Südwestdeutschland. In: *Volker Himmelein / Hans Ulrich Rudolf* (Hg.): Alte Klöster – Neue Herren. Die Säkularisation im deutschen Südwesten 1803. 3 Bde. Ostfildern 2003, hier Bd. 2.2, 837-856; *Karl Klüpfel*: Die Friedensverhandlungen Württembergs mit der französischen Republik 1796 bis 1802. In: Historische Zeitschrift 46 (1881), 385-429, 405; *Franz Schnabel*: Sigismund von Reitzenstein. Der Begründer des badischen Staates. Heidelberg 1927, 32ff.
2 Zur Mediatisierung des Hauses Fürstenberg vgl. *Georg Tumbült*: Das Fürstentum Fürstenberg von seinen Anfängen bis zur Mediatisierung im Jahre 1806. Freiburg 1908, 199-229; *Karl Siegfried Bader*: Fürstin Elisabeth zu Fürstenberg im Kampf um die Erhaltung der Rechte ihres mediatisierten Hauses. In: Schriften des Vereins für Geschichte und Naturgeschichte der Baar 24 (1956), 119-153.
3 *Bader* 1956 (wie Anm. 2); *Monica Kurzel-Runtscheiner*: Ein Leben zwischen Politik und Liebe. Fürstin Elisabeth von Fürstenberg als Frau und als Kämpferin für die Rechte ihres mediatisierten Hauses. In: *Erwein H. Eltz / Arno Strohmeyer* (Hg.): Die Fürstenberger. Korneuburg 1994, 78-89.
4 Zu Kleiser vgl. *Karl Siegfried Bader / Alexander von Platen*: Das Große Palatinat des Hauses Fürstenberg. Allensbach 1954, 131-135; *Bader* 1956 (wie Anm. 2), 126f.; *Heinz Günther Borck*: Der Schwäbische Reichskreis im Zeitalter der französischen Revolutionskriege 1792 bis 1806. Stuttgart 1970, 240ff.
5 *Bader* 1956 (wie Anm. 2), 125.
6 *Fritz Kallenberg*: Die Fürstentümer Hohenzollern im Zeitalter der Französischen Revolution und Napoleons. In: Zeitschrift für die Geschichte des Oberrheins 111 (1963), 357-472; *Paul Sauer*: Heiraten aus Staatsräson. Napoleon und seine Beziehungen zu den Regentenhäusern Badens, Württembergs und Hohenzollerns. In: *Württembergisches Landesmuseum Stuttgart* (Hg.): Baden und Württemberg im Zeitalter Napoleons. 3 Bde. Stuttgart 1987, hier Bd. 2, 55-80.
7 *Bader* 1956 (wie Anm. 2), 125.
8 Vgl. Anm. 20.
9 Kleiser wurde 1814 Hofrichter in Meersburg, dann Direktor des neu geschaffenen Seekreises in Konstanz.
10 *Martin Furtwängler*: Die Standesherren in Baden (1806 bis 1848). Frankfurt 1996, 49ff.
11 Ebd. 56-85.
12 Zum folgenden vgl. *Bader* 1956 (wie Anm. 2), 127-130; *Kurzel-Runtscheiner* 1994 (wie Anm. 3), 85-89; *Furtwängler* 1996 (wie Anm. 10), 86-104.
13 *Furtwängler* 1996 (wie Anm. 10), 104-107.
14 Fürstlich Fürstenbergisches Archiv Donaueschingen (FFAD), Oberhoheitsakten I Dc 2 zum 10. Juni 1815.
15 *Furtwängler* 1996 (wie Anm. 10), 128-143.
16 FFAD, Oberhoheitsakten II Ae 4; Großherzoglich Badisches Staats- und Regierungsblatt vom 8. Januar 1824. Karlsruhe 1824.
17 *Furtwängler* 1996 (wie Anm. 10), 151.
18 Ebd., 154f.
19 Ebd.
20 Der Brief ist in Auszügen abgedruckt bei *Alexander von Platen*: Karl Egon II. Fürst zu Fürstenberg. 1796 – 1854. Stuttgart 1954, 23-25: „Die alles zerstörende Hand der Zeit hat manchen Nimbus zerstreut, der Deine Vorältern umgab – ausgelöscht aus der Zahl der Immediaten Reichsfürsten, bist Du nunmehr nur ein Gutsbesitzer, wie so viele andre – aber wenn Du auch nicht mehr über Land und Leute gebietest, so können Dir mehr als 90 Tausend auf Fürstenbergischer Erde gebohrne Menschen darum nicht weniger ein heiliges Erbtheil Deiner Väter sein. Selbst jetzt in Deiner beschränkten Lage noch kömmst Du mit Ihnen in Tausenderley Berührungen, wo ihr wohl und weh in Deiner Hand liegt,

laß es Deine heiligste Sorge sein, ihnen durch Güte und Liebe zu beweisen, daß das Herz der gütigen Herrn denen sie ehmals mit voller Seele anhingen, auch in Deinem Busen schlägt und laß' in jeder Gelegenheit, die Dir die Umstände gestatten, sie einen zärtlichen Vater an Dir finden! Leuchte ihnen vor in der Ergebenheit an die Oberherrn, die das Schicksal Dir gegeben hat; wer sich mit Würde zu unterwerfen weiß, beweist am kräftigsten daß er als Herr die allgemeine Achtung verdient hätte. Viel hast Du verloren mein Sohn! In der ehemaligen Verfassung geboren und erzogen, müßte ich Dich trügen, wenn ich Dir sagte daß ich diesen Verlust mit Philosophischer Gleichgültigkeit trage, über 90 Tausend Seelen herrschen und die Mittel in Händen haben, sie zu beglücken, war ein edles, schönes Los! Lange ließ die Vorsehung es Deine Vorältern genießen, in Ihrem unerforschlichen Rate war es beschlossen, daß Du die Reihe der Selbstherrscher beschließen solltest. Möge Geliebtester Deine Zurückweisung in die Klasse der Privatmänner Deiner moralischen Ausbildung nützlich werden! Ewig bleibe Dir Hochmut und Hoffahrt fremd, aber ein edler Stolz ziert den Deutschen Jüngling. Gott hat Dir in seiner Gnade Fähigkeiten gegeben; vernachlässige keine derselben, lege Dich nur dann vergnügt nieder, wenn das Bild des verflossenen Tages Dir die Ausübung einer Tugend, die Ausrottung einer bösen Regung, das Fortschreiten in geistiger Vollkommenheit vorhält. Präge Dir tief ein, daß Du nunmehr nur durch Dein eigenes Selbst Achtung und Liebe erwerben kannst. Es war eine Zeit, wo der Fürst zu Fürstenberg von seinen eigenen Leuten umgeben, mit Macht begabt, Tausende zu versorgen, mit sehr mittelmäßigen Gaben so geehrt schien, daß es seiner Schwachheit entgehen konnte, daß seine Persönlichkeit bei der Ehrerbietung die ihm bewiesen ward, kaum in Anschlag kam. Diese Zeiten sind vorüber – aber wirst Du sie wohl eines Seufzers würdig achten, wenn Du im süßen Bewußtsein sie zu verdienen, wahre Achtung, unselbstsüchtige Liebe von Deiner Umgebung, von Deinen Mitbürgern genießest? Darauf, teurer Sohn, gehe Dein ganzes Bestreben; strenge Redlichkeit, reine Menschenliebe sei Dir heilige Pflicht, sey gütig und gerecht gegen Deine Untergebene, halte streng auf Ausübung Deiner Befehle, und wisse stets zu belohnen wo Du gute Dienste empfängst, Du bist nun gerichtlich meiner Gewalt entlassen; aber der Gewalt meiner Liebe bist Du es auf ewig nie."

21 Zitiert bei *Platen* 1954 (wie Anm. 20), 79.
22 *Erwein H. Eltz*: Die Modernisierung einer Standesherrschaft. Karl Egon III. und das Haus Fürstenberg in den Jahren nach 1848/49. Sigmaringen 1980, 134-192; *Arno Strohmeyer*: Adelige Überlebensstrategien im 19. Jahrhundert am Beispiel der Bildungspolitik Karl Egons III. In: *Eltz / Strohmeyer* 1994 (wie Anm. 3), 90-100.
23 *Joseph L. Wohleb*: Der Übergang der Sammlungen Joseph von Laßbergs an das Haus Fürstenberg. In: Zeitschrift für die Geschichte des Oberrheins 97 (1949), 229-247.
24 Zum politischen, musikalischen und karitativen Engagement vgl. *Platen* 1954 (wie Anm. 20), 47-93; *Furtwängler* 1996 (wie Anm. 10), 209-225; *Lászlo Strauß-Nemeth*: Johann Wenzel Kalliwoda und die Musik am Hof von Donaueschingen. Hildesheim-Zürich-New York 2005. Zur Revolution vgl. *Eltz* 1980 (wie Anm. 22), 39-71.
25 Zum Archiv vgl. *Eltz* 1980 (wie Anm. 22), 135-166.
26 Fürstenbergisches Urkundenbuch. 7 Bde. Tübingen 1877 – 1891; *Franz Ludwig Baumann / Georg Tumbült* (Hg.): Mitteilungen aus dem Fürstlich Fürstenbergischen Archiv. 2 Bde. Tübingen 1894-1902; *Siegmund Riezler*, Geschichte des Fürstlichen Hauses Fürstenberg und seiner Ahnen bis zum Jahre 1509. Tübingen 1883.
27 Zur Bibliothek siehe *Eltz* 1980 (wie Anm. 22), 166-178.
28 *Altgraf Christian Salm*: Der Karlsbau in Donaueschingen. In: Museum und Kunst. Beiträge für Alfred Hentzen. Hamburg 1970, 187-196; *Eltz* 1980 (wie Anm. 22), 178-189.
29 *Eltz* 1980 (wie Anm. 22), 165f.; *Theodor Martin*: Karl Egon IV. Fürst zu Fürstenberg. In: Schriften des Vereins für Geschichte und Naturgeschichte der Baar 10 (1900), 1-8.
30 *Karina Urbach*: Diplomat, Höfling und Verbandsfunktionär. Süddeutsche Standesherren 1880 bis 1945. In: *Günther Schulz / Markus A. Denzel* (Hg.): Deutscher Adel im 19. und 20. Jahrhundert. St. Katharinen 2004, 353-375, 363ff.; *Isabel Virginia Hull*: The Entourage of Kaiser Wilhelm II. 1888-1918. Cambridge 1982, 149ff.; *Fred. W. Wile*: Rings um den Kaiser. Berlin 1913, 36-44.
31 *Josef Häusler*: Spiegel der Neuen Musik. Donaueschingen. Kassel-Stuttgart-Weimar 1996, 11-91.
32 *Tumbült* 1908 (wie Anm. 2), 199-201; *Erich Wohlfahrt*: Geschichte der Fürstlich Fürstenbergischen Forstwirtschaft. Stuttgart 1983, 14-17.
33 *Furtwängler* 1996 (wie Anm. 10), 205.
34 *Platen* 1954 (wie Anm. 20), 43-46.
35 *Eltz* 1980 (wie Anm. 22), 122-133.
36 Ebd. 127.
37 Ebd. 95-122; *Wohlfahrt* 1983 (wie Anm. 32), 109-305.
38 Vgl. Anm. 30.
39 *Hartmut Berghoff*: Adel und Industriekapitalismus im Deutschen Kaiserreich. In: *Heinz Reif* (Hg.): Adel und Bürgertum in Deutschland. Bd. 1. Berlin 2000, 233-271.
40 *Georg Tumbült*: Die Fürstlich Fürstenbergische Brauerei zu Donaueschingen 1705 bis 1905. Stuttgart 1905, 56-78; Die Fürstlich Fürstenbergische Brauerei AG zu Donaueschingen 1705-1935. Berlin 1935, 27-42.
41 *Wile* 1913 (wie Anm. 30), 37-39.

ZERRÜTTETER GLANZ SCHLOSS MESSKIRCH NACH DEM VERLUST DER RESIDENZ 1744

Armin Heim

Schloss Meßkirch. Aufriss der Stadtseite. Fürstlich Fürstenbergisches Archiv Donaueschingen.

Keine andere süddeutsche Fürstenresidenz hat innerhalb nur eines einzigen Menschenalters einen derart vollkommen Absturz erlitten wie die oberschwäbische Residenz der Fürsten zu Fürstenberg-Meßkirch. Die Ungunst dynastischer Wechselfälle, aufkeimende zentralstaatliche Tendenzen, schließlich auch die Kriegsereignisse um die Wende zum 19. Jahrhundert und nicht zuletzt die damit zusammenhängende Mediatisierung des Fürstenhauses Fürstenberg haben für Meßkirch einerseits den Verlust von Hofhaltung und Regierungsapparat und zugleich den Abzug des wirtschaftlichen Mittelpunkts bewirkt, andererseits innerhalb weniger Jahrzehnte aus dem einst glanzvollen Residenzschloss eine ausgeplünderte und einsturzgefährdete Ruine gemacht, die ihren weiteren Besitzern mehr Last als Nutzen bereitet hat.

Die barocke Glanzzeit Meßkirchs als fürstliche Residenzstadt hatte erst 1716 mit der Heiligenberger Erbschaft und der damit verbundenen Verleihung des Fürstentitels an die bis dahin landgräfliche Meßkircher Linie des Hauses Fürstenberg begonnen. Unter dem ersten Fürsten Froben Ferdinand (regierte 1685 bis 1741), der als Direktor des schwäbischen Grafenkollegiums, Kammerrichter des Reichskammergerichts in Wetzlar und kaiserlicher Prinzipalkommissär am Reichstag in Regensburg einer der prominentesten Repräsentanten des schwäbischen Hochadels seiner Zeit war, erlebte das rund eintausend Einwohner zählende Städtchen einige glanzvolle Jahre wie noch selten in seiner vierhundertjährigen Geschichte als Herrschaftsmittelpunkt. Ein Hofstaat von insgesamt rund hundert Personen, aufwendig gestaltete Feiern und Feste oder eine Reihe von Baumaßnahmen, darunter die Errichtung der Johann Nepomuk-Kapelle durch den Deutschordensbaumeister Johann Kaspar Bagnato und die Brüder Asam aus München, machten innerhalb kurzer Zeit aus Meßkirch den wohl strahlendsten Fürstenhof Oberschwabens. Überdies war Meßkirch nun politischer Mittelpunkt eines für schwäbische Verhältnisse durchaus beachtlichen Territorienkomplexes, zu dem neben der eigentlichen Herrschaft Meßkirch mit den Herrschaften Wildenstein, Falkenstein und Waldsberg auch die Ämter und

Bibliotheksregale aus dem Schloss Messkirch, heute im Fürstlich Fürstenbergischen Archiv Donaueschingen.

Herrschaften Fürstenberg mit der halben Landgrafschaft Baar, Hüfingen, Löffingen, Blumberg, Möhringen, die Landgrafschaft Heiligenberg, Jungnau, Trochtelfingen, Gundelfingen mit Hayingen und Neufra, ein Drittel der Herrschaft Wiesensteig und Weitra in Niederösterreich gehörten[1].

Untergebracht war die Hofhaltung in dem unter dem Grafen Froben Christoph von Zimmern, dem Verfasser der berühmten Zimmerischen Chronik, ab 1557 errichteten Renaissanceschloss, das seinerzeit als einer der modernsten Schlossbauten in Deutschland gelten durfte und bis heute das kunstgeschichtliche Prädikat genießt, die erste Renaissance-Vierflügelanlage nördlich der Alpen zu sein. Die Grafen von Zimmern hatten – ungeachtet ihrer tatsächlichen politischen Bedeutungslosigkeit – ihren Schlossneubau in Meßkirch derart großzügig und repräsentativ konzipiert, dass nach dem Aussterben des Geschlechts 1594 nicht nur ihre unmittelbaren Erben und Nachfolger, die Grafen von Helfenstein-Gundelfingen, ihren Herrschaftssitz von Schloss Neufra bei Riedlingen nach Meßkirch verlegten. Auch deren Erbe und Nachfolger, Landgraf Wratislaus II. zu Fürstenberg, tat 1626 desgleichen, begründete im erheirateten Besitztum Meßkirch den neuen Stammsitz seiner Familie samt Erbbegräbnis und überließ sein Stammschloss auf dem Fürstenberg dem Verfall. Nach der Erhebung der Meßkircher Linie in den Reichsfürstenstand schließlich genügte der Zimmerische Schlossbau sogar den beträchtlich gesteigerten Repräsentationsbedürfnissen einer barocken Fürstenresidenz. Wenngleich dem unter chronischer Geldknappheit leidenden Fürstenhaus ohnehin nicht die Mittel für ein barockes Neubauprojekt zur Verfügung gestanden hätten, so erscheint es dennoch bemerkenswert, dass der immerhin schon anderthalb Jahrhunderte alte Schlossbau offenbar noch immer in idealer Weise seinen Zweck erfüllen konnte und darüber hinaus vielleicht sogar erstmalig den passenden Rahmen für eine entsprechend große Hofhaltung abgab, ohne grotesk überdimensioniert zu erscheinen. Die baulichen Veränderungen in dieser Zeit beschränkten sich jedenfalls auf die zeitgemäße Neudekoration einiger Räume mit Stukkaturen, die Neugestaltung der Schlosskapelle durch die beiden Riedlinger Künstler Josef Ignaz Wegscheider und Johann Josef Christian, die Errichtung eines neuen Reitstallgebäudes nach Plänen von Bagnato sowie der Neugestaltung des Schlossgartens durch den Gärtner Menrad Herrmann in den 1730er Jahren. Verschiedene Planungen Bagnatos und des Meßkircher Hofbaumeisters Johann Georg Brix zur Vollendung des noch immer fehlenden Nordflügels blieben unausgeführt[2].

VOM RESIDENZSCHLOSS ZUM WITWENSITZ

Mit dem frühen Tod des zweiten Fürsten Karl Friedrich Nikolaus am 7. September 1744 enden die glanzvollen Jahre der Meßkircher Fürstenresidenz schon nach wenigen Jahrzehnten plötzlich und unerwartet. Die Meßkircher Linie ist mit dem Tod des noch kinderlosen Fürsten im Mannesstamm ausgestorben; Alleinerbe wird entsprechend der fürstenbergischen Hausstatuten Fürst Joseph Wilhelm Ernst zu Fürstenberg-Stühlingen (1699 – 1762). Dieser vereinigt durch den Erbgang den gesamten fürstenbergischen Besitz in seiner Hand und wird damit zum viertgrößten Territorialherrn in Schwaben nach Württemberg, Österreich und Baden. Schon einige Jahre vor dieser unerwarteten Erbschaft hat Fürst Joseph Wilhelm Ernst 1720 damit begonnen, sich eine neue Residenz in Donaueschingen zu errichten. Zu große Investitionen sind bereits in das Projekt geflossen, als dass 1744 noch ein Umzug nach Meßkirch in Frage kommen könnte. In Donaueschingen soll jetzt eine neue und moderne Zentralverwaltung für das nunmehr geeinte Gesamtfürstentum Fürstenberg entstehen. Meßkirch verliert mit einem Schlag die fürstliche Hofhaltung, die Regierungsbehörden und damit zugleich auch den entscheidenden Wirtschaftsfaktor, auf den nahezu die ganze Stadt ausgerichtet gewesen ist. Schließlich kommt 1786 – nach Vollendung des neuen Archivgebäudes – auch die berühmte Meßkircher Hofbibliothek nach Donaueschingen, 101 Handschriften und 3786 Druckwerke. Selbst die barocken Bücherregale mit ihren prachtvollen Schnitzereien und Einlegearbeiten samt Tischen, Stühlen und Türen werden von Schloss Meßkirch in das Archivgebäude verbracht, wo sie bis heute die Zierde des Max-Egon-Saals bilden[3].

Zurück bleiben ein fürstliches Oberamt, ein Rentamt und eine drastisch verkleinerte Hofhaltung im Schloss, das von nun an Mitgliedern der fürstlichen Familie als Wohnsitz zugewiesen wird. Erster Bewohner ist der Bruder des regierenden Fürsten, Landgraf Ludwig August Egon (1705 – 1759), der als General der Reichstruppen freilich selten in Meßkirch weilt. 1755 wird er anstelle einer jährlichen Apanage mit der niederösterreichischen Herrschaft Weitra abgefunden und wird so zum Stammvater einer neuen, der landgräflichen Seitenlinie. 1762 kehrt dann noch einmal erneut und in bescheidenem Umfang höfisches Leben in Meßkirch ein; das leerstehende Schloss wird von der Witwe des inzwischen verstorbenen Fürsten Joseph Wilhelm Ernst, Maria Anna geborene Gräfin von der Wahl (1736 – 1808), bezogen. Der knapp zweiundsechzigjährige Fürst hatte das vierundzwanzigjährige und weitgehend mittellose Hoffräulein der bayerischen Kurfürstin erst im Jahr zuvor in zweiter Ehe geheiratet, da er der Meinung war, „die Gebrechen der letzten Jahre leichter tragen zu kön-

Entwurf des Hafnermeisters Johann Baptist Weber für einen Kachelofen in Schloss Meßkirch, 1777. Fürstlich Fürstenbergisches Archiv Donaueschingen.

nen, wenn er sein Loos an das eines geliebten Wesens knüpfte."⁴ Nach nur einem einzigen in München und Wien verbrachten Ehejahr war der Fürst einer Lungenentzündung erlegen, die er sich auf der Auerhahnjagd zugezogen hatte. Neben häufigen Aufenthalten in Wien residiert die junge Fürstinwitwe nun für fast ein halbes Jahrhundert in dem ihr vertraglich als Witwensitz zugestandenen Schloss Meßkirch, wo sie ungestört ihre – im doppelten Wortsinn – fürstliche Witwenrente aufzehren kann. Ein wohl allzu üppiger Lebensstil lassen ihr Vermögen dann allerdings rasch dahinschwinden und nötigt sie schon bald zum Schuldenmachen⁵.

Die baulichen Veränderungen an Schloss Meßkirch beschränken sich in den Jahrzehnten nach dem Verlust der Residenz auf das Notwendigste. Die Baupflicht obliegt der Regierung in Donaueschingen, die kein Interesse daran hat, mehr als das zur baulichen Instandhaltung unbedingt Nötige in Meßkirch zu investieren, und mitunter sogar auch Dringliches – wie sich später zeigen wird – zu tun versäumt. 1751 wird der an der südöstlichen Vorhofmauer entlang führende und inzwischen wohl baufällig gewordene gedeckte Gang zwischen Schloss und Kirche durch den Meßkircher Baumeister Franz Singer neu errichtet⁶. 1775 will die Fürstin die „Conditorey-Kuchel" unter dem Tafelzimmer im Südostturm zur Hofküche umbauen lassen, was den Einbau eines größeren Kamins notwendig macht. Auch beabsichtigt sie, im alten Reitstall („Capaunenstall") fortan Kühe zu halten, das Gebäude soll entsprechend umgebaut werden. Sieben Jahre später beantragen die Meßkircher Beamten in Donaueschingen den Umbau des bisherigen Hofküchengebäudes (gemeint ist der als Nordflügel dienende Altbau, das sogenannte „Schlössle") zum Amtsgebäude. Tatsächlich ist in diesem Gebäudetrakt neben der Wohnung des Kammerdieners fortan offenbar auch das fürstliche Rentamt untergebracht⁷. 1777 ist von umfangreichen Ofenreparaturen durch den Hafnermeister Johann Baptist Weber die Rede, der zwei neue Kachelöfen errichtet und zwei weitere renoviert. Entnervt meldet das Meßkircher Oberamt nach Donaueschingen, dass „Serenissima Vidua" dabei wieder einmal ohne oberamtliche Erlaubnis gehandelt habe. Fürst Joseph Wenzel (1728 – 1783), der um acht Jahre ältere Stiefsohn, ist erbost über die ihm präsentierten Rechnungen und fragt sich, wozu die „Stiefmama" überhaupt so viele geheizte Räume brauche. Künftig solle kein Lohn mehr an Handwerker ausgezahlt werden, die ohne oberamtliche Erlaubnis tätig geworden sind. Gleichwohl sind schon im Jahr darauf Glasermeister Böllen und Schlossermeister Glanz wieder ohne vorherige Rücksprache mit den Beamten mit der Neuverglasung von zwanzig Fenstern im Schloss beschäftigt. „Es ereignen sich das Jahr hindurch viel dergleichen Fälle, und wir haben allerdings Ursache, gegen etwelche Handwerksleute ein wenig misstrauisch zu seyn", lässt Oberamtmann Rappenegger den Fürsten im März 1778 wissen, worauf dieser die Zahlungen für ungenehmigte Arbeiten tatsächlich sofort einstellen lässt. Dennoch kommt es in den folgenden Jahren noch zu zahlreichen weiteren Schönheitsreparaturen im Auftrag der Fürstin. Diese versteht es offenbar auch, sich für ihre Ausgaben schadlos zu halten. So findet sich in einem Schreiben des Meßkircher Amtmanns Johann Felix Baur an den Fürsten Karl Joachim (1771 – 1804) vom März 1803 der zwar beiläufige, aber doch äußerst interessante Hinweis, „daß Serenissima selbsten vor einigen Jahren Höchstdero Meubles dahier, bis auf einen ganz unbedeutenden auf dem oratio in der Kirche dahier verwahrten, blos in etwas Faince geschirr, ein paar Consoles und Spiegel bestehenden Teil, an den Meistbietenden verkaufen lassen haben."⁸

SCHLOSS MESSKIRCH WIRD MILITÄRLAZARETT

Vermutlich stand der Ausverkauf des Meßkircher Schlossinventars, auf den hier angespielt wird und über den sich im fürstlichen Archiv in Donaueschingen keine weiteren Unterlagen finden lassen, bereits unter dem Eindruck der bevorstehenden Kriegsereignisse⁹. 1796 nämlich überschreiten die französischen Revolutionstruppen erstmals den Rhein. Der kaiserlichen Heeresleitung erscheint das in großen Teilen ungenutzte Schloss in Meßkirch nicht zuletzt auch dank seiner günstigen Lage wie geschaffen zur Einrichtung eines Militärlazaretts und es gelingt offenbar, die Fürstin zur Räumung des Schlosses zu überreden. Der fürstenbergische Regierungspräsident Kleiser bedankt sich bei ihr in einem überschwänglichen Schreiben für ihre Einsicht und gibt sich überzeugt, „daß diese großmüthige Abtrettung, welche einen so edlen Zweck hat, in den Herzen so vieler ein Monument stiftet, welches das Bild Eurer Durchlaucht eben so gegenwärtig als unvergesslich machen wird."¹⁰ Der Fürstin, deren Witwenrente nun unter dem Eindruck der Ereignisse auf eintausend Gulden jährlich gekürzt wird, wird ersatzweise das unmöblierte „Schlössle" in Hausen vor Wald angeboten. Sie schlägt das Angebot verständlicherweise aus und verlegt ihren Wohnsitz stattdessen nach München. Die nächsten fünf Jahre sind im Schloss – je nach wechselndem Kriegsglück – mal ein österreichisches, mal ein französisches Militärlazarett untergebracht, wobei hauptsächlich der große Rittersaal als Krankensaal dient. An eine Rückkehr der Fürstin ist unter diesen Umständen nicht zu denken. Was die rechtmäßige Bewohnerin nicht zuvor versteigert hat, wird jetzt geplündert, zweckentfremdet oder verdorben. Am 5. Mai 1800 wird Meßkirch überdies sogar selbst Kriegsschauplatz¹¹.

Ende Mai 1800 wird das Lazarett in Meßkirch aufgelöst, das Inventar aber – Bettgestelle, Weißzeug etc. – in mehreren Räumen des Schlosses hinter vernagelten Türen eingelagert. Bereits im März 1801, nach dem Friedensschluss von Lunéville, ist die Fürstin willens, nach Meßkirch zurückzukehren. Ihre Situation in München ist angesichts drückender Geldsorgen unhaltbar geworden, außerdem habe sie durch Truppeneinquartierungen in München ihr letztes Mobiliar eingebüßt. Amtmann Baur meldet nach Donaueschingen, dass das Schloss inzwischen in allen seinen Teilen sehr schadhaft sei. Er weist darauf hin, dass über mehrere Jahre hinweg „kaiserliche und französische Hauptfeldspitäler etabliert waren und sich besonders während letzterem Feldzug das Militair häufig via Facti einquartierte, [das Schloss] dadurch so übel zugerichtet worden [sei], daß um solches pro Serenissima zu meubliren und wiederum in einen wohnbaren Stand herzustellen, viele tausend gulden erfordert werden."¹² Angesichts dieser Zustände entscheidet Fürst Karl Joachim, seiner Stiefgroßmutter vorerst einige Räume in Schloss Neufra (bei Riedlingen) als Wohnung zuzuweisen.

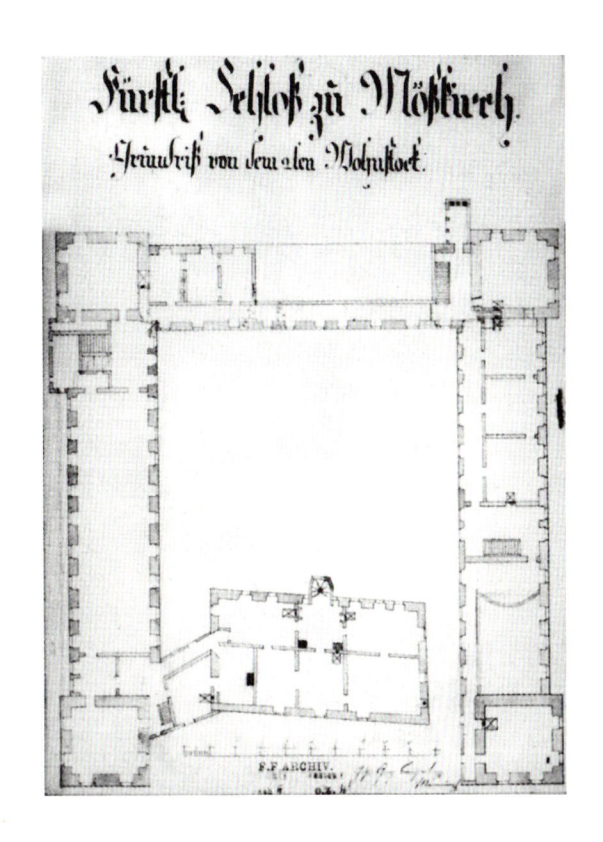

Wenige Tage später, am 1. April 1801, kommt aus Meßkirch eine weitere, noch schwerer wiegende Hiobsbotschaft: „Schon unterm 26. Mai 1798 wurde über den ruinösen Zustand des hiesigen Schlosses Bericht erstattet, worauf unterm 2. Juni d.a. die Entscheidung erfolgte: die Reparationen desselben bis auf weiteres in Suspenso zu belassen. – Nun müssen wir gehorsamst anzeigen, daß heute vormittag um 3/4tel auf 9 Uhr der größte Teil des Flügels gegen den sogenannten Hennengraben 85 Schuh lang, mit dem Dachstuhl bis auf das Fundament eingestürzt ist, wovon nur die eine Wand gegen den Schloßhof herein noch stehen blieb."¹³ Zwei Drittel des Südflügels sind also

Der zweite Stock des Schlosses Meßkirch. Grundriss von Johann Georg Bremgartner, um 1820. Fürstlich Fürstenbergisches Archiv.

Zerrütteter Glanz

Fürstin Maria Anna zu Fürstenberg, geb. Gräfin von der Wahl, Witwe des Fürsten Joseph Wilhelm Ernst zu Fürstenberg. Schloss Heiligenberg.

eingestürzt; ein Unglück, das wohl weniger in der Zweckentfremdung durch das Militärlazarett, sondern viel eher in der bereits fünf Jahrzehnte anhaltenden baulichen Vernachlässigung seine Ursache hat. Zu allem Überfluss stürzt im April 1802 auch noch das rasch über dem eingefallenen Flügel errichtete Notdach in sich zusammen.

Im gleichen Maße, wie der herrschaftliche Glanz des Schlosses verblasst, öffnet sich das Bauwerk für die Öffentlichkeit. Schon unter dem Protektorat des französischen Stadtkommandanten ist es im großen Festsaal zu Theateraufführungen gekommen. Bei ihrem Abzug haben die Besatzungstruppen dann aber alle Theaterkulissen wieder demoliert. Im August 1801 bittet Praeceptor Mang den Fürsten in Donaueschingen, den Schlosssaal auch künftig als Theatersaal für Aufführungen mit der „studierenden Jugend" nutzen zu dürfen. Der Fürst genehmigt die dauerhafte Einrichtung eines Theaters unter der Voraussetzung, dass dieses „Serenissima zum Vergnügen gereiche". Mit einer baldigen Rückkehr der Fürstinwitwe wird offenbar gerechnet. Tatsächlich erscheint die Fürstin noch im gleichen Monat in Meßkirch, weil sie einen Umzug nach Neufra ablehnt. Da das Schloss aber nicht bezugsfertig ist, bewohnt sie die nächsten Jahre über eine Mietwohnung im Gleitzschen Haus. Erst im Juni 1803 beginnt man im Schloss mit Instandsetzungsarbeiten mit dem Ziel, sämtliche Zimmer im unteren Stockwerk des Ost- und Westflügels für die Fürstinwitwe wieder bewohnbar zu machen. Rund viertausend Gulden werden für diesen Zweck ausgegeben[14]. Unverändert bleibt freilich der eingestürzte Südflügel, der lediglich mit einer neuen Notdachkonstruktion und einem Verbindungsgang versehen wird; für einen Wiederaufbau scheint die politische Situation wohl noch zu unsicher.

Am 10. Oktober 1803, im Jahr 1804 und am 4. September 1805 ist Meßkirch – laut Tumbült – Tagungsort des Schwäbischen Grafenkollegiums. Hauptgegenstand der Verhandlungen ist die Bildung einer schwäbischen Fürstenunion, die durch gemeinsames Vorgehen das drohende Schicksal der Mediatisierung abwenden soll. Mitglieder dieser letztlich erfolglos bleibenden Union sind neben Fürstenberg die Fürsten von Hohenzollern-Sigmaringen, Hohenzollern-Hechingen, Öttingen-Wallerstein, Öttingen-Spielberg, Waldburg-Zeil-Trauchburg, Waldburg-Wolfegg-Waldsee, Fugger-Babenhausen, Thurn und Taxis, Schwarzenberg und Metternich-Winneburg-Ochsenhausen. Über die Tagungsstätte wird nichts mitgeteilt, doch ist es wahrscheinlich, dass die Konferenzen im Schloss stattgefunden haben[15].

Am 31. März 1808 stirbt in Meßkirch nach längerer Krankheit die Fürstinwitwe Maria Anna von der Wahl, und zwar in so dürftigen Umständen, dass die Regierung in Donaueschingen sogar die Beisetzungskosten bestreiten muss. In einem einfachen Holzsarg wird sie – übrigens als letzte Angehörige der Fürstenfamilie – in der fürstlichen Grablege zu St. Martin in Meßkirch beigesetzt.¹⁶ Mit dem Tod der Fürstin endet in Meßkirch der letzte bescheidene Rest an fürstlicher Hofhaltung. Und während der Befreiungskriege 1813/15 wird das wieder leer stehende Schloss erneut als Militärlazarett und darüber hinaus sogar – mit fatalen Folgen für die Bausubstanz – als Heu- und Strohmagazin zweckentfremdet. Ein im September 1816 von Bauinspektor Waibel angefertigtes Inventarverzeichnis vermittelt ein katastrophales Bild: Einrichtungsgegenstände oder Mobiliar sind nicht mehr zu finden, mehrere Öfen fehlen, bei den noch verbliebenen fehlen meistens die Eisenteile, etliche Türen sind ohne Schlösser, die meisten Fenster sind entweder zerschlagen oder ganz ausgebaut, die Zimmer im parkseitigen Westflügel samt der dort befindlichen Hofkapelle sowie die Keller sind noch immer angefüllt mit Heu. Die zuletzt für die Fürstinwitwe renovierten Zimmer sind, nach Einschätzung Waibels, „nicht mehr wohnbar" und „durch die Spittäller und Magazin verdorben". Vor allem im Westflügel müsse möglichst bald aufgeräumt werden, wolle man den Bau nicht völlig verderben lassen¹⁷. „Der Schaden, den gnädigste Herrschaft erlitt", schreibt Rentmeister Bertsche in einem Gutachten, „ist kaum zu berechnen, und man darf heute behaupten, daß das ganze Schloß samt Nebengebäuden durch die leidige Kriegszeit total zu Grund gerichtet wurde."¹⁸

Im Januar 1818 fällt seitens der fürstlichen Standesherrschaft endlich die Entscheidung, Schloss Meßkirch in seinem Bestand zu erhalten. Sogar der Schlossgarten soll „als ein integrierender Theil des Schlosses so erhalten werden, daß er bey möglich künftiger Bestimmung desselben zum Nutzen und Vergnügen eines künftigen Bewohners dienen kann."¹⁹ Da es sich bei den Schäden weitgehend um Kriegsschäden handelt und Fürstenberg seit 1806 kein souveränes Fürstentum mehr darstellt, wird beim badischen Staatsministerium in Karlsruhe Schadensersatz beantragt. Die Schwierigkeit besteht nun allerdings darin, allein jene Schäden zu ermitteln, die tatsächlich durch die Einrichtung des Lazaretts und Heumagazins entstanden sind. Bauinspektor Weißhaar berechnet die erforderlichen Reparaturkosten hierzu auf 2 494 Gulden, aber er weiß, dass „Darstellungen von der Art bey den Großherzoglichen Behörden bald zu kurz bald zu lang, und, wo es auf eine Zahlung ankommt, selten recht" erscheinen. Immerhin kommt es nun bei gebotener Bescheidenheit der Ausführung und unter knapp bemessenem Bauetat nach und nach zur baulichen Wiederherstellung der gesamten Schlossanlage²⁰.

SCHLOSS MESSKIRCH WIRD AMTSGEBÄUDE

Da sich in den folgenden Jahren die Möglichkeit einer Nutzung des Schlosses durch ein Mitglied der fürstlichen Familie auch mittelfristig nicht abzeichnet, geht man in Donaueschingen dazu über, die leerstehenden Wohnräume nach und nach an fürstliche Beamte und deren Familien zu vermieten. 1822 wird sogar dem Orgelbauer Maucher, der mit dem Orgelneubau in St. Martin beauftragt ist, erlaubt, sich für die Dauer seines Meßkircher Projekts im unbewohnten Teil des Schlosses eine Werkstatt einzurichten. Die Restaurierung der Gesamtanlage schreitet langsam, mitunter wohl zu langsam voran. So macht am 7. Oktober 1827 Rentmeister von Gagg in Donaueschingen die bedauerliche „Anzeige, daß derjenige Theil des Schloßthurms dahier, dessen Herstellung wegen seiner Baulosigkeit im heurigen Etat angeordnet war, gestern während des Ausbrechens des Mittelpfeilers ohngeachtet aller durch den Akkordanten Bremgartner getroffenen Vorkehrungen vom Gesimse an zusammengestürzt sey. Die Jahreszeit ist schon zu weit vorgerückt, um noch im Laufe dieses Jahres die Herstellung des Thurmes vornehmen zu können, sie ist auch nicht dringend, da sich das Dach unbeschädigt erhalten hat und gehorsamstes Rentamt die nöthigen Sparren anbringen ließ, um einen Nachsturz desselben zu verhindern."²¹ Dass der eingestürzte Südwestturm über dem sogenannten Hennengraben dann aber noch mehrere Jahre in seinem ruinösen Zustand belassen wird, zeigt, dass in Donaueschingen dem Meßkircher Schlossbau nur sehr geringe Dringlichkeit beigemessen wird.

1830 entsteht eine erregte Diskussion um die Unterbringung des Bezirksamts. Das bisherige Kanzleigebäude sei in baulosem Zustand und müsse abgebrochen und erneuert werden. Das Rentamt lässt daraufhin das sogenannte Amtsgebäude („Schlössle") für die Aufnahme auch des Bezirksamts herrichten, muss am Ende aber feststellen, dass Amtmann und Bürgermeister gemeinsam gegen diesen Plan intrigieren. So äußert sich Amtsphysikus Müller in einem Gutachten: „Das Physikat fand den Eingang, den man suchen muß, so schlecht, gemein und winklicht, wie er in jedem gemeinen Bauernhause nicht leicht schlechter beobachtet werden wird. Das zu den Amtsverhandlungen bestimmte geräumige Zimmer dürfte zu schlecht [...] sein."[22] Am Ende weigert sich Amtsvorstand Schwab sogar, das eigens für ihn hergerichtete Lokal überhaupt zu besichtigen. Schwab befindet sich als Leiter des „großherzoglich badischen fürstlich fürstenbergischen Justizamts" in einer rechtlichen Zwitterstellung: Einerseits ist er Vorstand einer standesherrlich fürstenbergischen Verwaltungs- und Justizbehörde, andererseits badischer Staatsdiener[23]. Jedenfalls kann er sich auf § 28 des großherzoglichen Erlasses vom 12. Dezember 1823 berufen, wonach die fürstliche Standesherrschaft verpflichtet ist, ein „dem Bedürfnis des Dienstes und der anständigen Wohnung des Beamten entsprechendes Gebäude" zu stellen[24]. Und er gebärdet sich als äußerst kleinlich in der Auslegung dieses Passus. Schließlich gibt die Domanial-Kanzlei in Donaueschingen dem Rentamt Anweisung, den eingestürzten Turm, den man ja ohnehin wiederaufbauen müsse, wenn man das Schloss als ganzes erhalten wolle, für das Bezirksamt herzurichten, obgleich von „Serenissimo" noch immer keine Entscheidung hierüber vorliege. Am 26. März 1830 folgt endlich die Anweisung des Fürsten Carl Egon: Amtskanzlei und Amtsrevisoratskanzlei werden ins Amtsgebäude („Schlössle") verlegt, die Wohnungen für die beiden Beamten sollen im Westflügel des Schlosses eingerichtet werden, und zwar in einer Weise, „daß dasselbe in jeder Beziehung dem Bedürfnisse und der Würde des Dienstes vollkommen entsprechen wird. [...] Für die Einrichtung dieses eben so bequemen, als eleganten Quartiers wird der bedeutende Kostenbetrag von 1 031 fl. [Gulden] aufgewendet."[25]. Die Wiederherstellung des Turms, der Bestandteil der Wohnung werden soll, kostet 1 633 Gulden. Die von Schwab gewünschte Entfernung der Plafonds und Anhebung der Böden wird wegen der Kosten nicht genehmigt, zugestanden werden aber eiserne Öfen und Vorfenster. Entschieden verwahrt sich der Fürst gegen die vom Amtsvorstand verlangte Einrichtung eines Amtsgefängnisses. Das Schloss könne dann künftig von keinem Mitglied des Fürstenhauses mehr bewohnt werden, es wäre „sehr unangenehm, die Inquisiten als Nachbarn zu haben."[26] Zugestanden wird lediglich die Einrichtung einer Amtswohnung für den Gefangenenwärter und zweier Zimmer für Arrestanten im Amtsgebäude, wobei allerdings die Übernahme der hierfür entstehenden Kosten verweigert wird, um keine Rechtsverbindlichkeit daraus entstehen zu lassen. Obwohl man in der Domanial-Kanzlei der Meinung ist, die größte und eleganteste Beamtenwohnung im ganzen Großherzogtum Baden geschaffen zu haben, überschüttet Amtsvorstand Schwab die Donaueschinger Behörde weiterhin mit Nachbesserungswünschen. Der verantwortliche fürstliche Bauinspektor Martin aus Heiligenberg ist indigniert[27].

Die Entscheidung, das Bezirksamt samt Beamtenwohnungen im Schloss einzurichten, erweist sich jedenfalls insofern als folgenschwer, als von nun an erwartungsgemäß auch die übrigen Flügel bei zunehmendem behördlichen Raumbedarf Begehrlichkeiten wecken. 1839 wird für die im Schloss wohnenden Beamten die alte Hofküche im „Schlössle" zur Waschküche umgebaut, 1840 wird die Vergitterung an den Fenstern des Arrestlokals verstärkt, da nun doch auch Kriminalgefangene hier unterkommen sollen (die Diskussion um einen Gefängnisneubau am Platz des abgebrochenen Kapuzinerklosters führte zu keinem Ergebnis), 1840 werden nach der Zusammenlegung der fürstlichen Rentämter Meßkirch und Werenwag Dienstwohnungen für Rentmeister Lamey und Forstinspektor Wiedmann sowie Büroräume für Rentamt und Forstinspektionskanzlei im Südflügel eingerichtet. Im gleichen Jahr werden die beiden baufälligen runden Ecktürme im vorderen Schlosshof gegenüber der Martinskirche sowie die gesamte vordere Schlossmauer samt dem gedeckten Kirchgang und der Altane abgebrochen.

1841 ist auch das erst vor elf Jahren bezogene Amtsgebäude („Schlössle") so baufällig, dass Fürst Carl Egon seinen Abbruch genehmigen muss. Bezirksamt und Amtsrevisorat werden nun in die untere Etage des Westflügels umgesiedelt; zugleich wird die barocke Hofkapelle geopfert. Der Kapellenraum wird in zwei Etagen unterteilt, unten entsteht ein Magazinraum, oben die neue Wohnung des Amtsrevisors; die Fresken Wegscheiders verschwinden unter einer Zwischendecke bzw. werden durch Kamineinbauten teilweise zerstört, die von Josef Christian geschaffene Kreuzigungsgruppe wird in die Pfarrkirche Emmingen ab Egg abgegeben[28], die Ausgaben betragen rund 3 500 Gulden. Noch immer wird die Möglichkeit, das Schloss irgendwann einem Mitglied des Fürstenhauses als Domizil zu überlassen, nicht ganz aufgegeben; ein von der Seekreisregierung projektierter Gefängnisneubau im Hofgarten scheitert am Veto des Fürsten. 1842 hat der Raumhunger von Rentamt und Forstinspektion den Südostturm erreicht, im gleichen Jahr werden der baufällige Giebel samt dem westlichen Drittel des alten Amtshauses („Schlössle") abgebrochen. Der beabsichtigte Abbruch des ganzen Nordflügels unterbleibt nur deshalb, weil die hier untergebrachten Gefängniszellen gebraucht werden und noch immer keine Einigung über einen Gefängnisneubau erzielt werden konnte. 1843 wird vom Bezirksamt eigenmächtig die Renovierung des Restgebäudes verfügt. Die Standesherrschaft verzichtet auf einen Prostest, da der Bauzustand durch die Eingriffe ja nicht verschlimmert werde, wie in einem Aktenvermerk eigens festgestellt wird, und der badische Staat zudem die Kosten trägt. 1845 folgt endlich auch im Ostflügel der Einbau einer Wohnung für den fürstlichen Eisenfaktor Ekker; die Remise wird für die Eisenfaktorei, Revierförster Limberger und Rentmeister Hailer instand ge-

setzt; 1846 lässt Oberamtmann Stein in dem offenbar von ihm genutzten Gartentürmchen drei neue Fenster einbauen, wofür die Standesherrschaft die Kostenübernahme selbstverständlich ablehnt.

Nach der Aufhebung der standesherrlichen Ämter 1849 in der Folge der badischen Revolution ist das Meßkircher Bezirksamt nunmehr eine rein staatliche Behörde, die aber weiterhin zur Miete im Schloss untergebracht bleibt. Ab 1853 besitzt auch der Bezirksphysikus Dr. Stöhr eine Mietwohnung im Schloss. Nachdem 1857 eine badische Verwaltungsreform die Trennung der Rechtspflege von der Verwaltung in unterer Instanz verfügt hat, erwächst der Wunsch, auch das neu entstehende Amtsgericht sowie das Gerichtsnotariat nebst den hierfür notwendigen Beamtenwohnungen im Schloss unterzubringen. Dass man sich in Donaueschingen schließlich auch hierzu bereit erklärt, bedeutet gewissermaßen den endgültigen Dammbruch: spätestens jetzt ist klar, dass Schloss Meßkirch nie wieder herrschaftlicher Wohnsitz wird[29]. Seit den 1860er Jahren gibt es im Schloss deshalb keine leer stehenden Räume mehr; alle Zimmer, Keller oder Wirtschaftsräume sind fortan an staatliche Behörden, an die Stadt Meßkirch oder an Privatpersonen vermietet, sofern sie nicht dem Eigenbedarf von Verwaltungsstellen und Bediensteten des Fürstenhauses dienen. Damit hat sich Schloss Meßkirch innerhalb eines halben Jahrhunderts endgültig und in allen seinen Teilen zum Behördenzentrum verwandelt[30].

SCHLOSS MESSKIRCH ALS LÄSTIGE IMMOBILIE

1865 entschließt sich das fürstliche Rentamt in Meßkirch, das Reitstallgebäude samt seinen Seitenflügeln, das zuletzt als Fruchtkasten und Eisenmagazin Verwendung gefunden hat, an private Geschäftsleute als Lagerhaus zu vermieten. Zwei Jahre später wird das Gebäude sogar für 13 000 Gulden der Stadt zum Kauf angeboten. Kurz darauf steht dann überdies die gesamte Schlossanlage zum Verkauf. Verhandlungen zwischen der

Entwurf des Karlsruher Architekten Dr. Cathiau für einen neuen Nordflügel der Kreispflegeanstalt Schloss Messkirch, 1873. Stadtarchiv Meßkirch.

Standesherrschaft und dem badischen Staat führen allerdings zu keinem Ergebnis. Die Stadt Meßkirch hingegen hegt zwar durchaus Kaufabsichten, doch der geforderte Preis von 100 000 Gulden erscheint auch ihr zu hoch. Auf das Angebot der Stadt, das Schloss samt Grundstücken und Nebengebäuden gegen das Schulhaus einzutauschen, wird in Donaueschingen nicht weiter eingegangen[31]. So werden von der Stadt 1867 lediglich im Südflügel Räume für die Landwirtschaftliche Winterschule sowie für die Industrie- bzw. Gewerbeschule angemietet, in denen aber schon im Jahr darauf vorübergehend die Großherzogliche Eisenbahninspektion unterkommt, die mit der Planung der Eisenbahnstrecke Stockach-Mengen betraut ist[32]. 1873 wird seitens der Stadt erneut über einen Ankauf des Schlosses verhandelt, da es an Schulräumen fehlt. Doch ihr Angebot in Höhe von 30 000 Gulden stößt in Donaueschingen nicht auf Interesse.

Nur knapp entgeht Schloss Meßkirch indessen im gleichen Jahr der gänzlichen Zweckentfremdung und baulichen Verunstaltung. Der Konstanzer Kreisausschuss nämlich plant den Ankauf und Umbau des Schlosses für eine künftige Verwendung als Kreispflegeanstalt. Die Stadtverwaltung ist von den Planungen entzückt, zumal sich jetzt für sie die Möglichkeit abzeichnet, den Fruchtkasten (ehemaliger Reitstall) sowie das Kastenknechtsgebäude samt den angrenzenden Grundstücken zum moderaten Preis von 12 000 Gulden von der Kreisverwaltung zu erwerben. Die vom Karlsruher Architekten Dr. Cathiau erarbeiteten Entwürfe sehen einen Totalumbau der gesamten Anlage vor. Das Schloss, so

sein Gutachten, sei in baulicher Hinsicht „vortrefflich unterhalten" und durch seine Lage und Beschaffenheit prinzipiell dazu geeignet, zu einer auch den modernsten medizinischen und hygienischen Erwartungen Genüge leistenden Anstalt für etwa 400 Pfleglinge umgewandelt zu werden. Der Nordflügel („Schlössle") ist allerdings auch Dr. Cathiau ein Dorn im Auge: „Das auf höchst ungebührliche Weise auf wahrscheinlich sehr alten Fundamenten in den Schloßhof hineingebaute sog. Amtsgefängnis ist eine baufällige unzweckmäßige Baracke und schon von anderer Seite richtig zum Abbruch empfohlen worden." An dessen Stelle soll ein neuer Verbindungsflügel entstehen[33]. Auf der am 5. Dezember 1873 in Konstanz stattfindenden Kreisversammlung wird der Antrag des Kreisausschusses nach lebhafter Debatte mit 21 gegen 10 Stimmen aus Kostengründen abgelehnt[34].

Der Fruchtkasten (ehemaliger Reitstall) wird 1875 während der heißen Phase des Meßkircher Kulturkampfs – sehr zum Verdruss der Stadtverwaltung – an den katholischen Stadtpfarrer Lorenz Sayer verkauft. Sayer lässt das Gebäude daraufhin zur Notkirche (Herz-Jesu-Kirche) für die römisch-katholische Gemeinde umbauen, nachdem die Stadtkirche St. Martin von der altkatholischen Gemeinde in Besitz genommen worden ist (bis 1894)[35]. Der nach Plänen von P. Desiderius Lenz erfolgte Umbau bildet ein bedeutendes Werk der Beuroner Kunstschule[36].

Es mag genügen, die weitere Geschichte des Schlosses in wenigen Sätzen zu skizzieren: Die fürstliche Verwaltung findet für das Schloss kei-

Schloss Meßkirch, Gesamtansicht von Nordwesten, um 1950. Links das Reitstallgebäude, in der Bildmitte das Kastenknechtsgebäude, dahinter Remise und ‚Schlössle', im Hintergrund die Stadtkirche St. Martin.

nen Käufer, die jährlichen Mieteinnahmen decken auf die Dauer bei weitem nicht die erforderlichen Unterhaltungskosten, von dem 1873 noch konstatierten tadellosen baulichen Zustand kann einige Jahrzehnte später keine Rede mehr sein. Die Nutzungen der einzelnen Flügel unterliegen teilweise einem häufigen, kaum zu überblickenden Wechsel: Nach Auflösung des fürstlichen Rentamts ist in den 1920er Jahren im Südflügel das Finanzamt untergebracht, 1936 wird das Bezirksamt Meßkirch aufgelöst und dem Bezirksamt Stockach eingegliedert, in den frei werdenden Amtsräumen etablieren sich der Landespolizeiposten und die Kanzlei der Krankenkasse. 1937 wird erneut der Abbruch des Gefängnisbaus („Schlössle") wegen seines nach wie vor schlechten Bauzustands erwogen, kann aber vom Denkmalamt abgewendet werden. Die 1939 vom Denkmalamt angeordnete Sanierung einer Stuckdecke in den Räumen des Grundbuchamts im Ostflügel unterbleibt wegen des Kriegsausbruchs, im Jahr darauf werden in allen Flügeln umfangreiche Maßnahmen aus Gründen des Feuerschutzes notwendig[37]. Im November 1944 mietet der aus Meßkirch stammende Philosoph Martin Heidegger (1889 – 1976) das Hofgartentürmchen, um hier seine Manuskripte aus dem von Bombenangriffen bedrohten Freiburg in Sicherheit zu bringen. Außerdem soll hier seine Studierstube entstehen (die Philosophische Fakultät der Universität Freiburg, der Heidegger angehört, ist auf die nahe Burg Wildenstein ausgelagert). Als am 22. Februar 1945 Heidegger zusammen mit dem Zimmermeister Reinauer einen neuen Boden in dem Türmchen legt, beginnt der Luftangriff auf Meßkirch. Das Projekt „Philosophentürmchen" wird daraufhin wieder fallen gelassen[38]. Nach Kriegsende finden die aus dem schlesischen Wartha vertriebenen Ursulinen 1946 auf Einladung des Fürstenhauses in Schloss Meßkirch eine neue Heimstatt, im Obergeschoss des Westflügels entsteht eine Haushaltungsschule mit Internat. Nach dem Fortgang der Ursulinen nach Bielefeld 1951 folgen die Liobaschwestern aus Wald, die in Meßkirch eine Frauenfach- und Werkschule bzw. seit 1966 eine Aufbau-Realschule für Mädchen mit Internat führen (bis 1987)[39]. Zu den Inhabern einer Mietwohnung im Schloss gehört seit Kriegsende auch der Komponist und Musikpädagoge Ludwig Fischer-Schwaner (1899 – 1964)[40].

1952 wird im Auftrag des Prinzen Max Egon zu Fürstenberg endlich mit einer umfangreichen Gesamtrenovierung des Schlosses begonnen, die allerdings schon nach dem ersten Bauabschnitt ins Stocken gerät. Ausgeführt werden die Erneuerung der Dächer unter weitgehender Wiederverwendung der alten Dachziegel und die Renovierung der Ostfassade, im Jahr darauf erhält überdies das „Schlössle" einen neuen Verputz[41]. Nur sieben Jahre nach dieser zwar vielversprechend begonnenen, aber letztlich dann doch

Zerrütteter Glanz

Stückwerk gebliebenen Renovierung entschließt sich die Vermögensverwaltung des neuen Schlossherrn, Erbprinz Joachim zu Fürstenberg, Schloss Meßkirch samt dem angrenzenden Hofgarten erneut zum Kauf anzubieten, nachdem zunehmend Klagen über den verwahrlosten Zustand des Parks laut geworden sind. Diesmal herrscht seitens der Stadt große Entschlossenheit zum Zugriff, obwohl man sich durchaus über die aus einer Übernahme entstehenden enormen Folgekosten bewusst ist. Ausschlaggebend für die Entscheidung ist vor allem der Wunsch, die Verfügungsgewalt über den Hofgarten zu erlangen, um diesen künftig als städtische Grünanlage nutzen zu können. Jeglicher Fremdnutzung bzw. der Möglichkeit einer Überbauung durch private Investoren soll hierdurch Vorschub geleistet werden. Zu einer Veräußerung nur des Hofgartens, ohne das Schloss, findet sich der Erbprinz nicht bereit. So gehen zum 1. April 1961 Schloss und Hofgarten in den Besitz der Stadt Meßkirch über. Bei der Berechnung des auf 180 000 DM festgesetzten Kaufpreises werden die nach wie vor stark renovierungsbedürftigen Schlossgebäude nicht berücksichtigt; diese werden vom Erbprinzen der Stadt vielmehr geschenkt. Der Gemeinderat hat dem Kauf nur unter der Voraussetzung zugestimmt, dass „durch die Übernahme des Schlosses die sonstigen dringenden Vorhaben der Stadt nicht beeinträchtigt und daher zu seiner künftigen Renovierung neben den etwaigen zweckgebundenen Landeszuschüssen nur die aus ihm selbst erzielten Mieteinkünfte verwendet werden dürfen."[42] Mit dieser Vorgabe sind der Stadtverwaltung fürs erste die Hände gebunden, und die Jahre einer vergleichsweise günstigen Zuschusssituation sowie einer noch relativ glücklichen kommunalen Haushaltslage verstreichen ungenützt. Als die Stadt 1985 endlich – nach 24 Jahren! – das Projekt einer umfassenden Renovierung mit Entschlossenheit anzupacken beginnt, steht das Schloss schon kurz vor dem Verfall. Zum Zeitpunkt der Übernahme durch die Stadt sind im Schloss folgende Einrichtungen untergebracht: Im Westflügel die Amtsräume der AOK und die Frauenfachschule der Liobaschwestern, im Südflügel das fürstlich fürstenbergische Forstamt mit zwei Dienstwohnungen und einer weiteren Mietwohnung, im Ostflügel das Amtsgericht, der Landespolizeiposten, das Notariat und zwei Mietwohnungen, im Nordflügel („Schlössle") ebenfalls die Frauenfachschule der Liobaschwestern. In den folgenden Jahren erleiden die vier Flügel unter der Regie der Stadt noch zahlreiche andere Nutzungen, die der Bewahrung der historischen Bausubstanz ebenfalls nicht immer förderlich sind, von Ausweichklassenzimmern für Progymnasium, Realschule oder Hauptschule, dem Jugend-Club „Athene", einem Fitness-Center, einem Übergangswohnheim für Übersiedler bis hin zum Kindergarten.

Der Abschluss der 1985 bis 2001 begonnenen Gesamtrenovierung des Schlosskomplexes ist bislang noch nicht absehbar. Die bisherigen Bauabschnitte bestanden in der Sanierung der Dächer (1985 – 1988), der Außen- und Innensanierung von Remise und „Schlössle" (1991 – 1995), der Sanierung sämtlicher Fassaden (1993 – 1995) und der Innensanierung des Ostflügels (1998 – 2001), wobei hier vor allem der historische Rittersaal in seiner ursprünglichen Größe wiederhergestellt und die wertvolle Renaissance-Kassettendecke (die älteste nördlich der Alpen) renoviert werden konnte. 10,8 Millionen Euro sind bis jetzt für die Schlosssanierung aufgewendet worden, wobei 7,6 Millionen Euro aus Zuschüssen abgedeckt werden konnten. Der wiederhergestellte Rittersaal dient heute als Fest- und Veranstaltungssaal. Darüber hinaus beherbergt der sanierte Ostflügel das städtische Martin-Heidegger-Archiv mit Seminarräumen, zu dessen Unterstützung die Stadt 1997 eine Martin-Heidegger-Stiftung ins Leben gerufen hat. Außerdem ist hier seit 2002 ein von der Landesarbeitsstelle für literarische Gedenkstätten in Marbach eingerichtetes Martin-Heidegger-Museum untergebracht. Im Südflügel entsteht 2006 die Kreiskunstgalerie des Landkreises Sigmaringen. Der Westflügel dient noch immer als provisorische Unterkunft für einen Kindergarten, mehrere Räume stehen leer, ein endgültiges Nutzungskonzept steht noch aus. Im großen Gewölbekeller hat sich seit

1998 eine von der örtlichen Museumsgesellschaft betriebene Kleinkunstbühne etabliert. Im „Schlössle" ist bis jetzt noch – als letzte Behörde im Schloss – das Notariat untergebracht. Hier soll aber in den nächsten Jahren das neu zu gestaltende städtische Heimatmuseum eingerichtet werden. In der Remise schließlich befindet sich seit 1999 ein von den Oldtimerfreunden Meßkirch e.V. betreutes Automobilmuseum. Auch wenn mit einem Abschluss der Schlosssanierung mittelfristig kaum zu rechnen ist, so hat Schloss Meßkirch in weiten Teilen endlich eine seiner historischen Bedeutung würdige Nutzung gefunden und kann somit als – wenngleich noch weiter ausbaufähiges – Kultur- und Museumszentrum im Landkreis Sigmaringen einer hoffnungsvollen Zukunft entgegensehen.

Anmerkungen:

1 *Ernst Münch*: Geschichte des Hauses und Landes Fürstenberg. Bd. 4 (bearbeitet von Carl Aloys Fickler). Karlsruhe 1847; *Georg Tumbült*: Das Fürstentum Fürstenberg von seinen Anfängen bis zur Mediatisierung im Jahre 1806. Freiburg 1908; *Karl Siegfried Bader*: Die Herrschaft Meßkirch unter dem Hause Fürstenberg. In: Bodenseebuch 33 (1947) 48-55, auch in: *Ders.*: Ausgewählte Schriften zur Rechts- und Landesgeschichte. Bd. 3. Sigmaringen 1983, 538-545; *Armin Heim*: Die Stadt der Fürstenberger. Geschichte, Kunst und Kultur des barocken Meßkirch. Meßkirch 1990; *Edwin Ernst Weber*: Der fürstenbergische Hof und die Residenzstadt Meßkirch zu Beginn des 18. Jahrhunderts. In: Meßkircher Heimathefte 1 (1996) 5-36, auch in: Hegau 54/55 (1997/98) 91-108; *Esteban Mauerer*: Südwestdeutscher Reichsadel im 17. und 18. Jahrhundert. Geld, Reputation, Karriere: Das Haus Fürstenberg. Göttingen 2001; *Ders.*: Das Haus Fürstenberg und Meßkirch. Lebenswege und Repräsentation eines Hochadelsgeschlechts im Barock. In: Meßkircher Heimathefte 9 (2002) 5-36.
2 Zu Schloss Meßkirch vgl. *Bernhard Binder*: Das Fürstlich Fürstenbergische Schloss Meßkirch. Stuttgart, Phil. Diss. 1952 (masch.); *Armin Heim* 1990 (wie Anm. 1) 50-74; *Gabriele Heidenreich*: Schloss Meßkirch. Repräsentation adeligen Herrschaftsbewusstseins im 16. Jahrhundert. Tübingen 1998; *Hubert Krins*: Schloss Meßkirch. Lindenberg 2001.
3 Vgl. *Eduard Johne*: Die Fürstlich Fürstenbergische Hofbibliothek in Donaueschingen. In: Badische Heimat 8 (1921) 56-82; *Ders.*: Der Schöpfer des Fürstenbergischen Staatswesens. Fürst Joseph Wilhelm Ernst zu Fürstenberg (1699 – 1762). In: Badische Heimat 25 (1938) 291-304.
4 Zitiert nach *Münch / Fickler* (wie Anm. 1), 260.
5 Fürstlich Fürstenbergisches Archiv Donaueschingen (FFAD), Personenakte Anna Gräfin von der Wahl, LVI. Der weitaus größte Teil der sehr umfangreichen Personenakte betrifft das Schuldenwesen der Fürstinwitwe.
6 FFAD, Bauakten Schloss Meßkirch, II/II, Bauakten. Pläne zur Neuerrichtung des Kirchgangs samt Altane hatte schon um 1730 Hofbaumeister Johann Georg Brix vorgelegt; offenbar war das Vorhaben damals nicht zur Ausführung gelangt. Zu Franz Singer vgl. *Heinz Horat*: Die Baumeister Singer im schweizerischen Kunstbetrieb des 18. Jahrhunderts. Luzern-Stuttgart 1980; *Armin Heim*: Der Meßkircher Baumeister Franz Singer (1701 – 1757). In: Meßkircher Heimathefte 8 (2001) 81-84, auch in: Hohenzollerische Heimat 51 (2001) 52f.
7 Zum „Schlössle" vgl. *Stefan Uhl*: Das „Schlößle" in Meßkirch – ein Beitrag zu bauzeitlichen Planungsänderungen und „Pfusch am Bau" im historischen Bauwesen. In: Südwestdeutsche Beiträge zur historischen Bauforschung 3 (1996), 187-218.
8 FFAD, Bauakten, II/II.
9 Aus versteigertem Schlossinventar stammt wohl auch ein 1930 im Haus Häusler (heute Wolpert) in der Hauptstrasse unter einem Fußboden entdecktes Gemälde, das aufgrund seines schlechten Erhaltungszustands nur noch in zwei Fragmenten restauriert werden konnte, die sich heute im Meßkircher Heimatmuseum befinden. Das wohl aus dem 17. Jahrhundert stammende Bild zeigt eine höfische Szene mit Musikanten. Vgl. *Armin Heim*: Museumsstück der Woche (11). In: Südkurier, Lokalausgabe Meßkirch, 20. Juni 1997. Maria Cleopha von Hohenzollern-Sigmaringen, die Mutter der mit Franz Christoph zu Fürstenberg-Meßkirch vermählten Herzogin Maria Theresia von Arenberg, hatte ihren Lebensabend bei der Tochter in Meßkirch verbracht und aus Brüssel einen größeren Bestand an flämischen Gemälden ins Meßkircher Schloss mitgebracht. Vgl. *Peter Neu*: Maria Cleopha von Arenberg, geb. Gräfin von Hohenzollern-Sigmaringen (1599 – 1685). In: *Ders.* (Hg.): Arenberger Frauen, Fürstinnen, Herzoginnen, Ratgeberinnen, Mütter. Erscheint 2006.
10 FFAD, Personenakte Anna von der Wahl, Schreiben Kleisers vom 6. Oktober 1796.
11 Zum Meßkircher Militärlazarett vgl. *Werner Fischer*: Die andere Seite des Krieges. Schäden, Lasten und Leiden der Menschen. In: *Heinrich Bücheler / Werner Fischer / Roland Kessinger*: Die Schlacht bei Meßkirch am 5. Mai 1800. Meßkirch 2000, 53-69, hier 66-69. Vgl. auch *Werner Schütz /*

Roland Kessinger: Die Revolution ist uns nah! Eine Militärgeschichte des Hegaus von 1792 bis 1801. Eigeltingen 2000.

12 FFAD, Bauakten, II/IIa, Schreiben Baurs vom März 1801.
13 FFAD, Bauakten, II/IIa.
14 Ebd. An den Renovierungsarbeiten waren beteiligt: Maler Anton Hamma aus Fridingen, Buchbinder Reischer als Tapezierer, Hofglaser Josef Angebrand, Hofschlosser Joseph Füßinger, Hofschlosser Anton Lutz aus Sigmaringen, die Schreiner Johann Schaffort, Baptist Walzer und Ignaz Klotz.
15 *Tumbült* 1908 (wie Anm. 1), 203-216.
16 *Münch / Fickler* 1847 (wie Anm. 1), 260f.; *Theodor Martin*: Grablegen in der St. Martinskirche zu Meßkirch. In: Freiburger Diözesan Archiv NF 7 (1906), 227-258, hier 257.
17 FFAD, Bauakten, II/IIa, Inventar vom September 1816.
18 FFAD, Bauakten, II/1, Gutachten vom 26. Oktober 1819.
19 Ebd., Schreiben vom 27. Januar 1818.
20 Ebd.
21 FFAD, Bauakten, II/1.
22 Ebd., Gutachten vom 27. Januar 1830.
23 Zum Bezirksamt Meßkirch und seinen Amtsvorstehern vgl. *Franz Götz*: Amtsbezirke und Kreise im badischen Bodenseegebiet. Radolfzell 1971; *Wolfram Angerbauer* (Hg.): Die Amtsvorsteher der Oberämter, Bezirksämter und Landratsämter in Baden-Württemberg 1810 bis 1972. Stuttgart 1996.
24 Großherzogliches Staats- und Regierungs-Blatt 22 (1824) 1, 6.
25 FFAD, Bauakten, II/1.
26 Ebd., Schreiben vom 28. Mai 1830.
27 Ein bezeichnendes Licht auf die Person Schwabs wirft wohl auch die Bitte des Amtsrevisors Provence vom 21. Oktober 1831 um Überlassung von Räumen im Nordwestturm zum Wäschehängen. Die gemeinsame Nutzung der durchaus geräumigen Schlossbühne durch die Familien von Schwab und Provence hat offenbar für Konflikte zwischen den beiden Beamten gesorgt.
28 Vgl. *Christian Altgraf zu Salm*: Die Kreuzigungsgruppe Joseph Christians in Emmingen ab Egg. In: Schriften der Baar 23 (1954) 27-32.
29 Der Schöffensaal wurde zunächst im zweiten Stockwerk des Nordostturms untergebracht. Erst später wurde er in das südliche Drittel des Rittersaals verlegt. Wann genau der Saal durch Einbauten zerstückelt wurde, ist nicht klar auszumachen. Am 7. Dezember 1869 erging aus Donaueschingen noch die Anweisung, dass die „schadhafte Getäferdecke im Saale des Schlosses zu Meßkirch nur in so weit hergestellt werden solle, daß die Stützen beseitigt werden können und das ruinöse Aussehen des Raumes aufhört." Die Kosten hierfür sollen auf das Nötigste beschränkt werden. Vier Jahre später wird der Saal bereits als verbaut bezeichnet. Die Renaissancedecke war seither nur noch im südlichen Drittel zu sehen, der größte Teil war unter Zwischendecken verschwunden. FFAD, Bauakten, II/2.
30 Die im FFAD lagernden Akten zur Bau- und Nutzungsgeschichte von Schloss Meßkirch im 19. und 20. Jahrhundert umfassen mehrere Meter und konnten aufgrund ihres Umfangs für den vorliegenden Aufsatz leider nicht systematisch durchgearbeitet werden. Archivdirektor Dr. Andreas Wilts sei an dieser Stelle für seine freundliche Unterstützung gedankt.
31 Stadtarchiv Meßkirch (SAM), Akten Schloss, Best.-Nr. I/662.
32 SAM I/663.
33 SAM I/662, Bericht des Kreis-Ausschusses Konstanz betreffend die Errichtung einer Kreispflegeanstalt für unheilbare, hilflose Kranke und alte Personen. Konstanz 1873.
34 Vgl. Konstanzer Zeitung Nr. 286, 7. Dezember 1873.
35 Zum Meßkircher Kulturkampf vgl. *Edwin Ernst Weber*: „Bekannt durch seinen politisch wie religiös unsicheren Charakter". Meßkirch zwischen der Revolution 1848/49 und dem Kulturkampf. In: *Ders.* (Hg.): Renitenz und Genie. Meßkirch und der badische Seekreis zwischen 1848/49 und dem Kulturkampf. Konstanz 2003, 91-127; *Werner Fischer:* Marstall – Magazin – Notkirche. Die wechselvolle Geschichte des Herz-Jesu-Heims. In: Meßkircher Heimathefte 13 (2005), 143-147.
36 Bei der Profanierung der Herz-Jesu-Kirche bzw. beim Umbau zum Pfarrgemeindesaal 1958/59 sind die Malereien der Beuroner Kunstschule leider zerstört worden. Immerhin wurde bei der jüngsten Renovierung der Fassade 2004/05 die durch die Beuroner Mönche geschaffene Fassadenbemalung rekonstruiert. Vgl. *Harald Siebenmorgen*: Die Anfänge der „Beuroner Kunstschule". Peter Lenz und Jakob Wüger 1850 bis 1875. Sigmaringen 1983.
37 FFAD, Bauakten, II/b. Zum geplanten Abbruch des sogenannten Alten Schlosses („Schlössle") vgl. auch Kreisarchiv Sigmaringen Bestand IV-1990/2, Bezirksamt Meßkirch/Landkreis Stockach, Nr. 65, Akten Kunst und Wissenschaft.
38 *Alfred Denker*: Martin Heidegger und der Ister. In: Meßkircher Heimathefte 12 (2004) 44-65, hier 54.
39 50 Jahre Heimschule Kloster Wald. Festschrift zum 50jährigen Bestehen der Heimschule Kloster Wald. Wald 1996, 26.
40 Vgl. *Armin Heim*: „Menschsein durch Musik". Der Komponist und Musikpädagoge Ludwig Fischer-Schwaner 1899 bis 1964. In: Meßkircher Heimathefte 6 (2000) 4-40; *Werner Fischer*: Zur Musik Ludwig Fischer-Schwaners. In: Ebd., 41-67.
41 Auf eine Wiederherstellung der sehr schadhaften und aus dem Jahr 1728 stammenden Wandmalerei über dem Portal der östlichen Durchfahrt wurde aus Kostengründen verzichtet. Beim Neuverputz des „Schlössle" wurde auch die dort an der Fassade aufgemalte Sonnenuhr von 1611 erneuert und – zur Erinnerung an diese Maßnahme – mit dem Allianzwappen Fürstenberg-Schönburg und der Jahreszahl 1953 versehen. *Christian Altgraf Salm*: Denkmalpflege der fürstenbergischen Standesherrschaft im Jahre 1953. In: Deutsche Kunst und Denkmalpflege 12 (1954) 57-66, hier 63f.
42 SAM II/1341, Entschließung des Gemeinderats vom 28. Februar 1961.

"Des Jubels klare Welle in der Stadt der Donauquelle" Musik am Hofe der Fürsten von Fürstenberg in Donaueschingen im 18. und 19. Jahrhundert

Erno Seifriz

Bis zum Ende des 18. Jahrhunderts waren vor allem Kathedralen, Klöster, Stadtkirchen und die Paläste und Schlösser des Adels die Stätten der hohen musikalischen Kunst. Dort suchten die Musiker – die Komponisten, Kapellmeister, Instrumentalisten und Sänger – ihren Lebensunterhalt; ein freischaffendes Künstlertum ermöglichten erst spätere Zeiten. Während gottesdienstliche und institutionelle Vorgaben die Kirchenmusikpflege weitgehend bestimmten und garantierten, war im höfischen Ambiente entscheidend, welches persönliche Verhältnis jeweils der Regent zur Musik hatte, ob sie ihm überhaupt wichtig war, ob er Sinn für sie empfinden konnte und welche geschmacklichen Vorlieben er hegte. Der Preußenkönig Friedrich II. musizierte, wann und wo immer es ging, mit den exzellenten Instrumentalisten seines Hoforchesters. Der ungarische Fürst Nikolaus Joseph Esterházy von Galantha spielte unermüdlich das Baryton, ein gambenartiges Streichinstrument, und unterhielt für seinen Kapellmeister Joseph Haydn ein Orchester mit nicht weniger als 35 Musikern. Der wegen seiner Prunksucht und Gewalttätigkeit gering geschätzte Herzog Karl Eugen von Württemberg war ein hervorragender Cembalist, erzogen am Potsdamer Hof und dort Schüler von Carl Philipp Emanuel Bach, und spezieller Liebhaber der italienischen Oper. Seine Stuttgarter Hofkapelle zählte damals zusammen mit denen von Versailles, Mannheim und Dresden zu den vier europäischen Spitzenorchestern.

Die Musikkultur in der Landschaft zwischen Donau und Bodensee

Das Musikleben dieser Region konnte sich nach dem Mittelalter in zwei zeitlichen Phasen entfalten: in der Spätrenaissance und im Frühbarock und, nach den Zerstörungen und Verarmungen des Dreißigjährigen Kriegs, im Rokokobarock und in der beginnenden Klassik. Im ersten Zeitraum weilten in der Bischofsstadt Konstanz der Niederländer Heinrich Isaac und sein schweizerischer Schüler Ludwig Senfl, am Dom wirkten Sixt Dietrich und der aus Ravensburg stammende Orgelmeister Hans Buchner. An der Abtei Weingarten[1] war der Lasso-Schüler Jakob Reiner ein „weitberühmder Musicus", dem Michael Kraf, „Venezianer auf dem Martinsberg", nachgefolgt ist. Als Hofkapellmeister an den Donauschlössern Sigmaringen und Scheer amtierten der Schlesier Melchior Schramm und Cesare de Zacharia aus Cremona. Im 18. Jahrhundert waren es dann in den prächtigen Barockabteien Oberschwabens die zahlreichen Musikpatres, die vernehmlich den Ton angaben. In der Reichsstadt Biberach konnte schließlich der Kantor und Komponist Justin Heinrich Knecht alte Traditionen mit der jungen bürgerlichen Musikkultur des 19. Jahrhunderts verbinden.

Die einzige höfische Residenz in dieser Landschaft, von der ein heller Glanz einer Musikkultur ausging, liegt in Donaueschingen, oder in

Versen aus einer Festkantate von Kalliwoda gesprochen „in der Stadt der Donauquelle, wo des Jubels klare Welle aus den Herzen schäumend fließt."²

Es begann 1762 damit, dass Fürst Joseph Wenzel von Fürstenberg eine neue Hofkapelle gründete. Es sollte ein ganzes Säkulum voller Musik werden, das 1866 zu Ende ging, als der Hofkapellmeister Johann Wenzel Kalliwoda in den Ruhestand trat, nach Karlsruhe zog und dort starb. Nur einmal gab es durch die napoleonischen Kriegsjahre zu Beginn des 19. Jahrhunderts eine Zäsur. Am eindruckvollsten wird diese Musikkultur durch die Musikaliensammlung der Fürstlich Fürstenbergischen Hofbibliothek belegt: Angewachsen im Lauf der Zeit und heute erhalten in einem Bestand von 3920 Drucken und 3612 Handschriften, darunter zahlreichen Unikaten, dokumentiert sie aufschlussreich ein Kapitel regionaler Musikgeschichte. Seit 1999 ist die Badische Landesbibliothek Karlsruhe ihr Eigner und Aufbewahrer³.

PRÄLUDIEN EINER DONAUESCHINGER MUSIKPFLEGE

Im späten 9. Jahrhundert ist Schloss und Dorf Donaueschingen als Lehen des Klosters Reichenau nachweisbar. 1488 wurden die Grafen zu Fürstenberg dort Herren. Gegen Ende des 16. Jahrhunderts wird von einer ansehnlichen Hofkapelle unter Graf Heinrich VIII. berichtet⁴, die bisweilen an benachbarten Höfen, beim Hechinger Zollerngraf und beim Württemberger Herzog gastierte. Der Niederländer Orlando di Lasso, als „Fürst der Musik" gerühmter Hofkapellmeister in München, hat 1587 ein nicht näher bekanntes „Buch Magnificat" nach Donaueschingen gesandt – ein kurzes Streifen vom Mantel großer europäischer Musikgeschichte. Lasso unterhielt in den gleichen Jahren über seinen Schüler Jakob Reiner zum Kloster Weingarten vergleichsweise rege und gewichtigere Beziehungen. Vom oben schon erwähnten Cesare de Zacharia aus Cremona, Kapellmeister im Donauschloss Scheer bei Sigmaringen, sind Stimmbücher seiner „Intonationes vespertinarum precum" (1594 gedruckt; es sind mehrstimmige Modellsätze zum Singen von Vesperpsalmen) im Repertoire der Donaueschinger Hofkapelle nachgewiesen. 1716 wurde Joseph Wilhelm Ernst aus der Stühlinger Linie in den Reichsfürstenstand erhoben und zog 1723 mit seiner Gemahlin Maria Anna Gräfin von Waldstein in einem Festzug mit 46 Wagen ins Donaueschinger Schloss.

JOSEPH WENZEL Fürstlicher Musikliebhaber, Violoncellist und Gründer der Hofkapelle (1728 – 1783)

Während seiner Regentschaft entwickelte sich bei aller Abgeschiedenheit die Donauresidenz zu einem Zentrum schwäbischen Geistes- und Musiklebens. Joseph Wenzel (Wenzeslaw), 1728 in Prag geboren, war ein großer Musikliebhaber und spielte hervorragend Violoncello. Er holte gleich nach seinem Amtsantritt in Donaueschingen 1762 den tüchtigen, aus Bamberg stammenden Geiger und Komponisten Franz Anton Martelli als Kapellmeister, um eine Hofkapelle aufzubauen. Martelli blieb bis 1770, dann zog er nach Münster, wo er am Dom wirkte. Ab 1779 amtierte als Musikdirektor ein „böhmischer Musikant", Wenzel Nördlinger. Ihm zur Seite stand Johann Abraham Sixt (1747 – 1797)⁵ als „Klaviermeister" – wir würden heute sagen, als Korrepetitor – der mit den Sängern die Partien einzustudieren hatte und im Orchester am Cembalo saß. Er erteilte außerdem den Fürstenkindern Musikunterricht und begleitete die Fürstgemahlin Maria Antonia, wenn sie sang. Ihr widmete er auch seine „Zwölf Lieder beim Klavier zu singen", die wie seine Sonaten in diverser Besetzung im Druck erschienen sind. Sixt stammt aus Gräfenhausen bei Calw, wurde in der Stuttgarter Karlsschule erzogen, war zunächst Organist in Geislingen, Heilbronn, Straßburg und im damals württembergischen Mömpelgard (Montbéliard), bis er 1784 als 27jähriger in Donaueschinger Dienste trat, wo er bis zu seinem Tod blieb.

Ebenfalls aus Böhmen kam 1783 für ein knappes Jahr Franz Christoph Neubauer als „Konzertdirektor", ein unsteter Künstler. „Ein genialisches

Fürst Joseph Wenzel (1728 – 1783), Gründer der Hofkapelle und Gastgeber der Mozarts auf deren Heimfahrt während der zweiten Kunstreise. Portrait von Franz Josef Weiss, 1772.

Feuer durchdrang das Orchester, wenn Neubauer dirigiert"⁶, schreibt ein Zeitgenosse. Er wird einmal 1795 in Bückeburg Nachfolger von Johann Christoph Friedrich Bach werden, dem zweitjüngsten Sohn von Johann Sebastian, und neben ihm sein Grab finden.

1789 ernannte der Fürst den Kurfürstlich Bayerischen Hof- und Kammermusikus Karl Joseph von Hampeln (1765 – 1834) zum „Musik-Intendanten". Er ist ein Musiker, der aus der vorklassischen „Mannheimer Schule" hervorging. Nach Donaueschingen wirkte er noch am Hechinger Zollernhof und in der Stuttgarter Hofkapelle. Die Hochfürstliche Hof- und Kammermusik bestand damals aus mehr als zwanzig Musikern, die auch meist als Hoflakaien oder Hofbeamtete Dienst leisten mussten. Brauchte man Verstärkung, holte man Militärmusiker und Dilettanten von außerhalb. Fürst Joseph Wenzel liebte besonders die Kammermusik. Sie wurde mindestens dreimal in der Woche veranstaltet, besonders auch, wenn durchreisende Virtuosen ein Gastspiel gaben oder hohe Gäste zu unterhalten waren, so auch 1770, als die Habsburger Erzherzogin Maria Antoinette nach Paris unterwegs war, um mit Ludwig XVI. verehelicht zu werden.

DIE MOZARTS AUF DER DURCHREISE IN DONAUESCHINGEN 1766

Mozarts Biographie ist von sieben großen Reisen bestimmt: drei Kunstreisen, bei denen das Wunderkind begierig aufnahm, was es an Musik in der großen Welt gab, und vier Bewerbungsreisen des jungen Mannes. Von der zweiten Kunstreise ist hier die Rede, der längsten und weitesten. Am 9. Juni 1763 stiegen Vater Leopold, 47 Jahre alt, Wolfgang, sieben Jahre alt, seine Schwester Anna Maria, Nannerl genannt, 15 Jahre alt, und Sebastian Winter, 19 Jahre alt, in Salzburg in die Reisekutsche. Leopold hatte Winter, der in Donaueschingen geboren war und in der Salzachstadt Arbeit suchte, als Diener und Friseur für die Reise engagiert (wir werden später von ihm noch zu reden haben). Die Route: München, Ludwigsburg, Frankfurt, Köln, Brüssel, Paris, London, Amsterdam, Dijon, Lyon, Genf, Zürich, Schaffhausen. Am 19. Oktober 1766, nach fast dreieinhalb Jahren, erreichte die Reisegesellschaft die fürstenbergische Residenz Donaueschingen. Dort wartete schon ein alter Bekannter der Mozarts, Joseph Nikolaus Meißner, ein wegen seines phänomenalen Stimmumfangs von Basstiefen bis Tenorhöhen bestaunter Hofsänger des Salzburger Fürstbischofs; er war nach einem Konzert in Zürich eilig angereist.

Leopold Mozart schreibt: „Wir fanden bei der Ankunft in Donauöschingen den Herrn Meißner, der uns zum Wagen hineinbewillkommnete und uns und unserer Bagage aus dem Wagen half. Seine Durchlaucht der Fürst [Joseph Wenzel]

Vater Leopold Mozart mit Kindern Wolfgang (am Klavier) und Nannerl während der zweiten Kunstreise in Paris, zwei Jahre vor dem Aufenthalt in Donaueschingen. Nach einem Kupferstich von Jean Bapstist Delafosse, 1764.

empfing uns außerordentlich gnädig, wir hatten nicht nötig uns zu melden, Man erwartete uns schon mit Begierde. Herr Rat Music-Director Martelli kam gleich, uns zu complimentieren und einzuladen."[7]

Bei der Kutsche stand auch Sebastian Winter, der Diener und Friseur, der am Reisebeginn in Salzburg mit dabei war. Bis Paris hatte er die Mozarts begleitet, dann hat ihn sein Donaueschinger Landesherr in seinem Geburtsort als Leibfriseur der Fürstin Josepha angestellt. Er brachte es bald zur Vertrauensstellung eines fürstlichen Kammerdieners. Winter starb 1815 in Meßkirch.

Zwölf heitere Oktobertage dauerte der Aufenthalt. Von fünf Uhr nachmittags bis neun Uhr abends wurde musiziert. Wolfgang musste für den Violoncello spielenden Fürsten ein Stück komponieren, der die Niederschrift mit eigenen Augen beobachten und danach sofort auch spielen wollte. Im Köchelverzeichnis trägt es die Nummer KV 33b mit dem Vermerk Leopolds Mozarts: „Verschiedene Solo für das Violoncello, für den Fürsten zu Fürstenberg Durchl." Leider ist diese Komposition nicht erhalten geblieben. Dagegen befindet sich im fürstlichen Notenarchiv eine Abschrift des „Galimathias musicum" KV 32, ein musikalischer Spaß (Gallimathias heißt verworrenes Zeug) in Gestalt einer Orchestersuite; Mozart hatte sie ein Jahr vorher während des Reiseaufenthalts in Den Haag für einen Oranierprinzen komponiert.

Leopold Mozart berichtet über die Abreise am 1. November 1766: „Wäre die Jahreszeit nicht so weit vorgerücket, so würden wir noch nicht los gekommen sein. Der Fürst gab mir 24 Louis d'or und iedem meiner Kinder einen diamantenen Ring. Die Zächer [Tränen] flossen ihm aus den Augen, da wir uns beurlaubten, und kurz, wir weinten alle beim Abschied. Er bat mich, ihm oft zu schreiben, und so höchst vergnügt unser Aufenthalt war, so sehr traurig war unser Abschied." Die Heimreise nach Salzburg verlief über Meßkirch, Kloster Obermarchtal, Ulm, Dillingen Augsburg. Dort in der Nähe, auf der Orgel der Wallfahrtskirche „vom lieben Herrgöttle" in Biberbach (bekannt durch den schwäbischen Stoßseufzer), fand dann fünf Tage nach Donaueschingen noch ein musikalischer Wettstreit statt, den der kleine Wolfgang mit dem zwölfjährigen Josef Sigmund Eugen Bachmann veranstaltete, der „für beide sehr rühmlich ausfiel"[8], wie es hieß. Aus dem jungen schwäbischen Kombattanten wurde später der Obermachtaler Prämonstratenserpater Sixtus Bachmann, der eifrig komponierte und Sebastian Sailers Dialektkomödien erstmals im Druck herausgab.

Fürst Joseph Maria Benedikt (1758 – 1796). Portrait eines unbekannten Malers, um 1780.
Seine Frau Maria Antonia, geb. Fürstin von Hohenzollern-Hechingen.
Porträt im Jagdkostüm und mit Gewehr von Franz Josef Weiss, um 1758.

FÜRST JOSEPH MARIA BENEDIKT
(1758 – 1796) Talentvoller Klavierspieler und Maria Antonia von Hohenzollern-Hechingen, Fürstgemahlin und Primadonna

Theater und Musik blieben bei Fürst Joseph Maria Benedikt, Sohn und Nachfolger, und seiner Gemahlin in besten Händen. Er war ein versierter Pianist, sie eine ausgezeichnete Sopranistin. Er hielt auch die Beziehungen zum Hause Mozart noch über Jahre aufrecht. Die Kontaktpersonen waren dabei der getreue Kammerdiener Sebastian Winter und Vater Leopold. Die Hofkapelle erwarb wiederholt Musikalien von beiden Mozarts, aber Sohn Wolfgang rückte dabei eher ältere und nicht gerade die allerneuesten Kompositionen heraus. Leider hat sich nicht alles im Archiv erhalten, so dass Unklarheiten bleiben. Sicher sind 1784 drei Klavierkonzerte von Wolfgang, jetzt 28jähriger freier Künstler in Wien (KV 413 F-Dur, KV 414 A-Dur und KV 415 C-Dur) und zwei Jahre später noch einmal drei Klavierkonzerte, drei der schönsten (KV 451 D-Dur, KV 459 F-Dur, das zweite Krönungskonzert, und KV 488 A-Dur). 1786 sind es auch drei Sinfonien (KV 319 B-Dur, KV 338 C-Dur und KV 425 C-Dur). Die letztere ist die „Linzer Sinfonie" (1783 in Linz bei einem Reiseaufenthalt entstanden). Die Donaueschinger Kopie ist für die Mozartforschung besonders wichtig: Sie ist die einzige authentische Quelle für dieses Werk, denn die Originalpartitur ist verloren gegangen.

Auch die Aufführungen der berühmtesten Mozartopern müssen jetzt genannt werden. Treibende Kraft war dabei Fürstin Maria Antonia. 1784 ließ sie die „Hofreitschule" in Donaueschingen zum „Hoftheater" ausbauen. Es hatte 555 Zuschauerplätze und eine Bühne nach dem Vorbild des Stuttgarter Kleinen Theaters an der Planie (Pläne von Christian Keim).

Mozart, Sinfonie in C („Linzer Sinfonie") KV 425. Titelseite der Bassstimme aus der Kopie der Fürstlich Fürstenbergischen Hofbibliothek Donaueschingen.

Hier einzelne Daten[9]:
1785 „Die Entführung aus dem Serail"; dabei sang – standesgemäß – die 25jährige Fürstgemahlin Maria Antonia die Rolle des adligen Fräuleins Konstanze.
1787 „Le nozze di Figaro", als „Der lustige Tag oder: Die Hochzeit des Figaro"; erstaunlich, dass hier die Durchlauchtigste Fürstin die einfache Kammerzofe Susanne spielte. Notabene: der Donaueschinger „Figaro" war die erste Aufführung außerhalb Wiens und Prags.
1791 „Cosi fan tutte", als „Eine machts wie die andere oder: Die Schule der Liebhaber"; 1792 besuchte auch der württembergische Herzog, Liebhaber italienischer Opern, Karl Eugen mit Gräfin Franziska von Hohenheim eine Aufführung.
1787 „Don Giovanni"; Erwerb einer Partiturabschrift und danach wiederholt Pläne für eine Aufführung, die aber erst 1824 Kalliwoda realisiert hat.
1795 „Die Zauberflöte".
Um 1800 „La Clemenza di Tito".

Die italienischen Mozartopern hat man in Donaueschingen immer in einer Fassung als „deutsches Singspiel" aufgeführt, ein Operntypus, bei dem die musikalischen Nummern durch gesprochene Dialoge verbunden sind, wie etwa bei der „Entführung" oder der „Zauberflöte". Das heißt, man benutzte deutschsprachige Libretti und hat die für die italienische „opera buffa" typischen, nur vom Cembalo begleiteten Secco-Rezitative gestrichen und durch reine Sprechtexte ersetzt. Es wurden teils im Handel erhältliche deutsche Übersetzungen verwendet, beim „Figaro" und „Don Giovanni" stammten sie von hauseigenen Autoren: dem fürstlichen Sekretär Michael Held und dem Kammersänger Franz Walter. Die Herren nutzten dabei auch gleich die Gelegenheit, allzu frivole Textstellen hoffähig abzumildern. Man muss wissen: Dies waren immer Aufführungen der 1773 gegründeten Donaueschinger „Schauspiel-Liebhaber-Gesellschaft". Die Bühnendarsteller waren keine wirklich professionell ausgebildeten Sängerinnen und Sänger, sondern mehr oder weniger geschulte Naturtalente, wie die Fürstengattin, befreundete Adelige oder Hofbedienstete. So war es auch durchaus üblich, Arien oder Ensemblesätze zu kürzen oder im Gesangspart zu vereinfachen, wenn es nicht anders ging.

Beliebt waren damals die weit verbreiteten Opernbearbeitungen für „Harmoniemusik". Die bekanntesten Nummern einer Oper arrangierte man rein instrumental für Bläser; Standard war eine Oktettbesetzung mit je zwei Oboen, Klarinetten, Hörnern und Fagotten. Auch der Donaueschinger Hof hat diese Mode mitgemacht. 24 solcher Musiken, darunter sieben von Mozartopern, sind in der Bibliothek überliefert, einige davon hat der aus Böhmen stammende Hofmusiker Franz Joseph Rosinack angeschafft und für

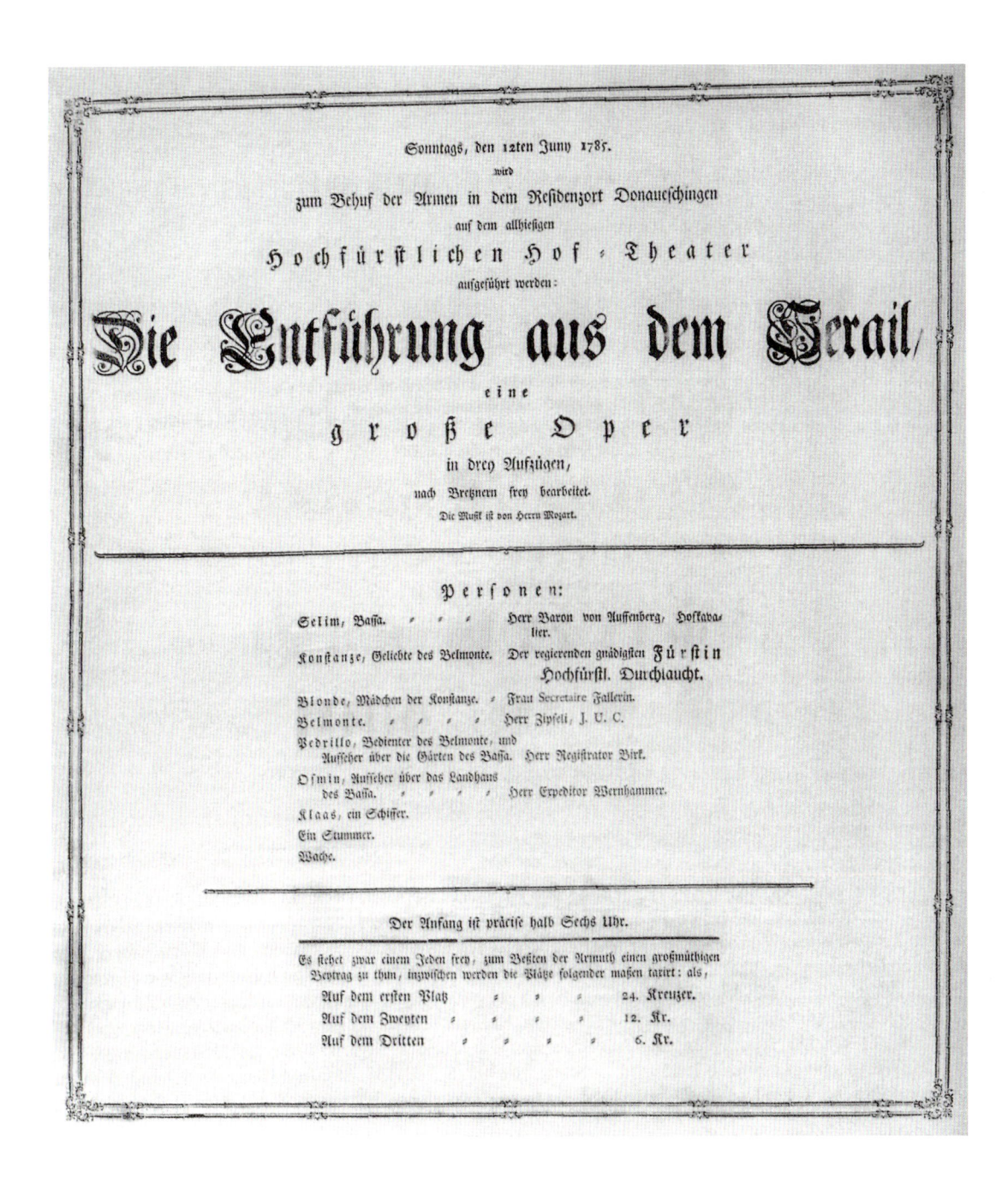

Theaterzettel einer Aufführung von Mozarts Singspiel „Die Entführung aus dem Serail" am 12. Juni 1785 im Hoftheater Donaueschingen. Fürstin Maria Antonia von Hohenzollern-Hechingen, Gemahlin von Fürst Joseph Maria Benedikt, sang dabei die Rolle des adligen Fräuleins Konstanze.

Donaueschinger Verhältnisse überarbeitet. In einer Notiz aus dem Jahre 1790 ist die Besetzung der Hofkapelle genannt: ein Kapellmeister, ein Klaviermeister, vier Violinen, ein Violoncello, ein Kontrabass, je zwei Flöten, Oboen, Klarinetten, Fagotte, Hörner, Trompeten und Pauken. Zur Verstärkung der Streicher werden fallweise Kräfte von außerhalb hereingeholt.

Amalie Fürstin zu Fürstenberg, geb. Prinzessin von Baden. Ölbild von Marie Ellenrieder, 1819. Schloss Donaueschingen.

DAS ZWEITE MUSIKLIEBENDE FÜRSTENPAAR: KARL EGON II. (1796 – 1854) UND AMALIE CHRISTINE VON BADEN

Die Kriegswirren und politischen Veränderungen zu Beginn des 19. Jahrhunderts und ein Wechsel in den dynastischen Linien des Hauses Fürstenberg ließen die Musik am Donaueschinger Hof für einige Jahre verstummen, 1806 wurde durch die napoleonischen Rheinbundakte das Fürstentum mediatisiert und größtenteils in das neu errichtete Großherzogtum Baden eingegliedert, was den politischen Rang der Residenz Donaueschingen herabsetzte. 1815 verbesserte sich ihre Lage wieder etwas durch die Deutschen Bundesakte; jetzt waren es privilegierte „badische-württembergische-hohenzollerische-sigmaringische Standesherren", positioniert zwischen dem Landesherrn und den Untertanen. Auch mit der Musik ging es wieder aufwärts. Nach Fürst Karl Joachim (1771 – 1804) hatte der noch minderjährige Karl Egon II.

aus der böhmischen Linie die Regentschaft übernommen und 1818 Prinzessin Amalie Christine von Baden geheiratet, wieder eine Gemahlin, die als Opernsängerin hervortrat und „talentvoll Klavier" spielte. Man wollte die politischen Einbußen durch besonderen musikalischen Glanz wettmachen. Im gleichen Jahr trat dann auch Conradin Kreutzer das Amt des fürstenbergischen Kapellmeisters an; der Fürst hatte ihn schon 1817 dazu berufen.

CONRADIN KREUTZER AUS MESSKIRCH, KAPELLMEISTER VON 1818 BIS 1822

Conradin Kreutzer[10] wird zusammen mit Carl Loewe, Friedrich Silcher, Albert Lortzing, Otto Nicolai u. a. dem musikalischen Biedermeier zugerechnet, einer volkstümlichen Stilrichtung neben der Romantik in der ersten Hälfte des 19. Jahrhunderts, die sich ganz dem Geschmack der bürgerlichen Trägerschicht anpasste und in Gesangsvereinen, Liebhaberorchestern und Hausmusikkreisen mit viel Geselligkeit gepflegt wurde. Robert Schumann nannte sie „Stübchenmusik".

Die Kreutzers, eine alte Müllerfamilie, hat ihre Wurzeln im Oberschwäbischen: Der Vater Johann Baptist aus Eggenweiler (Gemeinde Ettenkirch bei Tettnang) heiratete 1775 die Besitzerin der Talmühle in Meßkirch, die jedoch nach weniger als einem Jahr starb. In der zweiten Ehe, wiederum mit einer Müllertochter, kam 1780 als drittes Kind Konrad zur Welt, der sich später aus Begeisterung für den letzten, in Neapel enthaupteten Stauferkönig „Conradin" nannte (zweimal, 1805 und 1848, hat er Konradin auch zur Titelfigur einer Oper gemacht). 1789 wurde Kreutzer Zögling in der Klosterschule der Benediktinerabtei Zwiefalten, wo ihn der Musikpater Ernestus Weinrauch (1730 – 1793) unterrichtete. 1796 musste er wegen der im Land kämpfenden französischen und österreichischen Truppen in die Klosterschule Schussenried überwechseln. Zum Priester fühlte er sich nicht berufen, obschon es der Vater gern gehabt hätte. Deshalb begann er 1796 in Freiburg i. Br. ein Jurastudium. Nach dem Tod des Vaters wandte er sich 1800 ganz der Musik zu. Seine erste Oper „Die lächerliche Werbung" entstand. Es begann ein unruhiges Wanderleben. Der Weg führte von Konstanz in die Schweiz und schließlich 1804 nach Wien, wo er bei dem Kontrapunktiker Johann Georg Albrechtsberger, der auch ein Lehrer Beethovens war, Komposition studierte. Es folgten Konzertreisen, auf denen er gerne ein kurioses, neu konstruiertes, aber bald wieder vergessenes Musikinstrument spielte, das Panmelodikon hieß, ein Tasteninstrument, bei dem eine sich drehende Walze Metallstäbe zum Klingen bringt. Auf einem Gastspiel in Stuttgart lernte Kreutzer Ludwig Uhland kennen, dessen Verse er mit Vorliebe in Sololiedern und für Männerchöre vertonte. Auch der württembergische Hof hörte von dem jungen Musiker. 1812 ernannte ihn König Friedrich als Nachfolger des tüchtigen Franz Danzi zum Hofkapellmeister. Jetzt konnte er endlich auch die Zürcherin Anna Huber heiraten, die er schon vor vier Jahren kennen gelernt hatte. Er komponierte Opern („Feodora", „Konradin von Schwaben"), die in rascher Folge über die Bühne gingen. Doch schon nach vier Jahren bat er, durch Intrigen verärgert, um Entlassung und reiste wieder ungebunden durch deutsche Lande, nach Paris und in die Schweiz.

Durch einem Aufenthalt in Schaffhausen kam es 1817 zu ersten Kontakten mit dem Hause Fürstenberg. 1818 begann er mit der Arbeit als Hofkapellmeister. Als erstes hatte Kreutzer die Hofkapelle zu reorganisieren und in ihrem Spiel zu schulen. 1819 sind es zwölf Bläser und zehn Streicher, die er aber noch stärker zu besetzen trachtete. Im Hoftheater führte er zwei seiner Opern aus der Stuttgarter Zeit auf. Die lyrisch-tragische Oper „Cordelia" komponierte er neu, ebenso „Szenen aus Goethes Faust". Er schrieb den berühmtesten seiner Männerchöre „Schäfers Sonntagslied: Das ist der Tag des Herrn" (nach Uhland), eine Messe für achtstimmigen Männerchor, Bläser und Basso continuo (eine höchst ungewöhnliche Besetzung), ein Te Deum, sieben Kantaten zu Hoffesten, Ouvertüren und Kammermusik, wie das heute noch gern gespielte „Grand Septett" in Es-Dur op. 62 für Violine, Viola, Violoncello, Kontrabass, Klarinette,

Conradin Kreutzer, Kapellmeister in Donaueschingen von 1818 bis 1822. Lithografie von Josef Kriehuber, 1737 aus den späteren Wiener Jahren.

Kreutzers weiterer Lebensweg sei an dieser Stelle nur noch kurz skizziert: Von 1822 bis 1840 war er Kapellmeister am Kärntnertor-Theater und Josephstädter Theater in Wien. Seine größten Erfolge: die Oper „Das Nachtlager von Granada" und die Musik zu Ferdinand Raimunds „Verschwender" mit dem berühmten „Hobellied: Da streiten sich die Leut herum", beide 1834; danach erneut unstete Wanderschaft (u. a. 1840 in Köln, dann 1846 wieder in Wien). 1849 erhielt seine Tochter Marie ein Engagement als Opernsängerin in Riga; der Vater zog nach. Als Marie auf der Bühne die Stimme versagte und entlassen wurde, traf dies Kreutzer so, dass er einen Gehirnschlag erlitt und noch im gleichen Jahr am 14. Dezember in der fernen Ostseestadt starb.

JOHANN WENZEL KALLIWODA, KAPELLMEISTER AUS BÖHMEN VON 1822 BIS 1866

Das letzte Kapitel im musikalischen Jahrhundert der Donaueschinger Residenz bestimmte Johann Wenzel Kalliwoda[11], Geiger, Dirigent und Komponist. 1801 wurde er in Prag geboren und besuchte dort das Konservatorium. Er gehört zu jenem „böhmischen Musikantentum", jenen Musikern, die seit dem 18. Jahrhundert in Scharen durch ganz Europa zogen, als Musikanten in Gasthäusern auftraten sowie als angesehene Hofkapellmeister große Musik machten. Es waren oft ganze Familien, wie die der Benda, die in Preußischen Landen wirkten, oder die der Stamitz, die am kurpfälzischen Hof die „Mannheimer Schule" gründeten (diese Stilphase ist als wichtige Vorstufe zur Wiener Klassik in die Musikgeschichte eingegangen). Man beschreibt gern das herzerfreuende Beispiel von dem böhmischen Wandermusikanten, der in der Dorfschenke bei der Kir-

Fagott und Horn. Doch mit dem Datum vom 19. März 1822 reichte Kreutzer während eines Gastspielaufenthalts von Wien aus bei Fürst Karl Egon II. sein Gesuch um Entlassung ein. Es war zu einem Zerwürfnis gekommen. Kreutzer sah sich in der kleinen Residenzstadt zu weit entfernt von den Zentren des Musiklebens und glaubte deshalb, seinen Ruhm als Komponist nicht genügend entfalten zu können. Er bat deshalb immer wieder um Urlaub für Konzertreisen, den der Fürst eine Zeit lang großzügig gewährte. Als Kreutzer aber die Fristen wiederholt und unbotmäßig überschritt, riss schließlich die fürstliche Geduld.

Johann Wenzel Kalliwoda, Kapellmeister in Donaueschingen von 1822 bis 1866. Lithografie von Gustav Schlick, um 1850.

mes aufspielt, aber zuunterst in seinem Geigenkasten auch die Noten eines Mozart-Quartetts liegen hat, das er genau so schwungvoll und beseelt vortragen kann wie seine Tanzbodenpolka.

In Donaueschingen hat das „Böhmische" durch die böhmische Linie der Fürstenberg-Dynastie noch eine spezielle Note erhalten. Dem Leser wird es schon aufgefallen sein: Den Namen Wenzeslaus finden wir nicht nur öfters in der fürstlichen Stammtafel, immer wieder saßen auch Wenzels an den Donaueschinger Orchesterpulten, kamen Musikaliensendungen von der Moldau an die Donauquelle. Als 1822 Kalliwoda auf einer Konzertreise seinen Bruder Franz besuchte, den schon Kreutzer in Donaueschingen als Hofbeamten und Hofsänger verpflichten konnte, gab es alsbald Anstellungsgespräche. Bevor Kalliwoda als Hofkapellmeister seinen Dienst beginnen wollte, reiste er noch einmal rasch nach Prag, um dort die Sängerin Therese Brunetti, eine mit Carl Maria von Weber Befreundete, zu heiraten. Seine Aufgaben glichen denen, die auch Kreutzer gestellt waren: das Orchester neu aufzubauen und spieltechnisch zusammenzuführen, das Repertoire mit fremden und eigenen Kompositionen zu aktualisieren, Künstler zu Gastauftritten einzuladen und Konzerte und Opernaufführungen zu veranstalten. So gaben Prominente wie Robert und Clara Schumann und der damals umjubelte Tastenlöwe Sigismund Thalberg Donaueschingen die Ehre. Ein Höhepunkt war sicher 1843 der dreitägige Besuch von Franz Liszt, der sich auf der Durchreise vom „orpheeischen Hechingen" (wie Liszt rühmte) nach Karlsruhe befand und für Fürstin Amalie einen Ländler komponierte.

Kalliwoda konnte rasch komponieren, er gehörte zum Typ eines Vielschreibers (weit über 400 Werke, allein seine Opuszahlen gehen von 1 bis 243). Alle damals gepflegten Musikgattungen hat er bedient: sieben Sinfonien, 22 Ouvertüren, zahlreiche Konzerte und Konzertstücke für ein Soloinstrument mit Orchester, Kammermusik, Klaviermusik, Lieder und Männerchöre, Kirchenmusik (zehn Messen und sieben Totenmessen), vier Opern sowie diverse höfische Gelegenheitsmusiken, wozu auch sein Arrangement des „Donaueschinger Narrenmarsches" gehört. Ein Werkverzeichnis wird zur Zeit von László Strauss-Németh erstellt. Stilistisch steht Kalliwoda in seinen früheren Werken vor allem der Mannheimer Schule und der Wiener Klassik nahe, wobei immer wieder böhmische Elemente durchklingen. Später kommen frühromantische Züge (Weber) ins Spiel. In den CD-Katalogen ist gegenwärtig nichts von Kalliwoda zu finden. Auch seine einst beliebten Männerchöre singt man nicht mehr, denn es gibt kaum noch Gesangsvereinigungen, die das können. Manchmal ist im Rundfunk eine Aufnahme seines hübschen Concertinos für Oboe und Orchester op. 110 aus dem Jahr 1841 zu hören.

Sein Dienstherr erlaubte Kalliwoda großzügig immer wieder Konzertreisen in Musikstädte wie Prag, Leipzig, Mannheim oder in Orte der Schweiz und der Niederlande. Er trat als Solist auf, mit einer Stradivari-Geige, die ihm der Fürst geschenkt hatte, oder er dirigierte Eigenes und Fremdes. Dem Donaueschinger Hof blieb er jedoch über vierzig Jahre lang treu. Das Ende der Hofmusik vollzog sich in quälenden Schritten: 1848 unterbrach die Revolution, 1850 brannte das Hoftheater ab, 1854 starb Fürst Karl Egon II., 1863, nach vergeblichen Rettungsversuchen, endgültige Auflösung der Hofkapelle. Kalliwoda wohnte jetzt meistens in Karlsruhe, 1866 wurde er pensioniert und starb danach überraschend noch im gleichen Jahr. Am Sterbehaus in der Karlsruher Amalienstraße 53 hängt eine Erinnerungstafel, im Donaueschinger Schlosspark steht ein Denkmal.

KREUTZER UND KALLIWODA, EIN VERGLEICH VON ZWEI KARRIEREN

Es ist aufschlussreich, die Lebensläufe von Kreutzer und Kalliwoda nebeneinander zu stellen. Kreutzer kommt als 37jähriger nach Donaueschingen, es entstehen seine ersten gültigen Kompositionen: Lieder und Männerchöre auf Uhlandtexte und sein Septett. Aber dann wird ihm bewusst, dass er aus der Abgeschiedenheit der kleinen Donauresidenz heraus muss, hinein in die große Welt der Musikmetropolen. Nach vier Jahren kommt es durch sein widersetzliches Verhalten zur Entlassung. In Wien nimmt er die vielfältigen und immer neuen Eindrücke auf, die ihn herausfordern und beflügeln. Erst als Mittfünfziger gelingen ihm die großen Erfolge, wie der mit der romantischen Oper „Das Nachtlager von Granada". Auch das Ende seines unruhigen Lebenswegs scheint zu ihm zu passen: Der in Meßkirch Geborene stirbt fern seiner Heimat im baltischen Riga.

Kalliwodas Schaffenskurve verläuft gerade umgekehrt. Er ist erst 21 Jahre alt, als er in Donaueschingen beginnt, seine originellsten und inspiriertesten Werke entstehen jetzt, noch im Jünglingsalter, wie etwa seine „wahrhaft ausgezeichnete" 1. Sinfonie, die 1826 in Prag und Leipzig riesigen Erfolg hat. Auch er merkt, dass man aus der Provinz heraus sollte. Er tut es immer wieder in Konzertreisen, vom Fürsten generös freigegeben, aber er bleibt Donaueschingen treu bis zum Ende seines Lebens, über vierzig Jahre, zehnmal so lang wie sein Vorgänger. Der Drang zum Komponieren lässt bei ihm zwar keineswegs nach, aber im Lauf der Jahre verflacht die Qualität seiner Musik. Es fehlt ihm wohl der Ansporn durch eine großstädtische Konkurrenz und er lässt sich zu sehr vom musikalischen Geschmack seiner Herrschaft beeinflussen, die eher weniger anspruchsvolle Salonmusik hören möchte. „Schade um ein ursprünglich so schön angelegtes Talent"[12], schrieb ein Zeitungskritiker.

DIE GROSSEN DER MUSIK IN DONAUESCHINGEN

Um die hundert Jahre Musikleben am Donaueschinger Hof einzuschätzen, müssen mehr als sechstausend Musikwerke der Hofbibliothek und vielerlei Informationen aus Wortdokumenten (Protokollen, Verträgen, Briefen, Rechnungen, Programmzetteln usw.) herangezogen werden. Dies jedoch in einer langen Liste mit bekannten wie vergessenen Komponistennamen und Werktiteln aufzuschlüsseln, führte hier zu weit. Als Resümee kann festgestellt werden:

Es wurde am Fürstenberghof ein Repertoire musiziert, das im Kleinformat ungefähr das widerspiegelt, was damals in den großen mittel-

europäischen Musikstädten Paris, Mannheim, München, Salzburg, Wien, Mailand und Prag auf den Programmzetteln stand. Lohnender mag es sein, genauer nachzusehen, wie die Großen der Musik in Donaueschingen vertreten waren.

Von Mozart ist schon die Rede gewesen. Joseph Haydn steht im Katalog mit 53 (!) seiner 104 Sinfonien. Auch seine Streichquartette sind reichlich vorhanden. Sein Oratorium „Die Schöpfung", 1799 in Wien uraufgeführt, erklang bereits ein Jahr später in Donaueschingen, wiederum zwei Jahre später folgte im Oberschwäbischen, in Biberach, unter der Leitung von Justin Heinrich Knecht die nächste Aufführung. Haydns Oper „Der Ritter Roland" („Orlando Paladino", „Drama eroicomico" genannt, also ein heroisch-komisches Drama über Roland, dem Paladin Karls des Großen) ging um 1790 über die Bühne (der fürstliche Kammersänger Franz Walter, einer der wenigen Professionellen, sang die Titelpartie, Fürstin Maria Antonia die Rolle der Eurila). Auch Werke Michael Haydns, jüngerer Bruder von Joseph, fürstbischöflicher Kapellmeister in Salzburg und mit den Mozarts befreundet, waren in Donaueschingen beliebt. Die Sinfonien Beethovens liegen alle in Abschriften oder Drucken vor, ebenfalls Schuberts große Sinfonie in C-Dur (D 944; die erst 1840 im Druck erschienen ist) und Mendelsohns Violinkonzert e-moll.

Aus der Opernliteratur seien genannt (in Klammern die Donaueschinger Aufführungsjahre): Carl Ditters von Dittersdorf: „Doktor und Apotheker" (Singspiel, 1787). Gioacchino Rossini: „Die diebische Elster" (um 1820). Luigi Cherubini: „Der Wasserträger" (1824); eine 1800 komponierte Oper, die Beethoven bei seinem „Fidelio" beeinflusste; eine sogenannte Revolutions- oder Rettungsoper: Ein armer, einfacher Wasserträger aus der Pariser Altstadt ist der große Held, der einem verfolgten republikanischen Präsidenten das Leben rettet. Vincenzo Bellini: „Norma", große Oper (1837); Festaufführung zum 42. Geburtstag der Fürstin Amalie, die Titelrolle sang die Frau des Kammermusikus Carl Keller.

ÜBER ALTE MUSIK ZUR POSTMODERNE

Gerade diese in fürstenbergischen Notenregalen bewahrten Musikalien waren es, die zu Beginn des 20. Jahrhunderts in Donaueschingen eine neue musikalische Ära eröffneten. Gefördert von Fürst Max Egon (1863 – 1941) gründete sich 1913 eine „Gesellschaft der Musikfreunde", um diese alte Musik wieder aufzuführen. Der fürstliche Musikdirektor Heinrich Burkard (1888 – 1950) hatte in mühevoller Arbeit die Bestände zunächst katalogisiert, dann stellte er aus Liebhabern und Militärmusikern ein Vereinsorchester zusammen, das bis 1923 in 42 Konzerten auftrat. 1921 wandte sich die Gesellschaft unerwartet und wagemutig ganz neuen Zielen zu: „Die Donaueschinger Kammermusik-Aufführungen zur Förderung zeitgenössischer Tonkunst". Nach dem Zweiten Weltkrieg entwickelten sich daraus die „Donaueschinger Musiktage", ein herbstliches, heute längst zu höchstem internationalem Rang aufgestiegenes Festival für neue, avantgardistische bis postmoderne Musik.

Anmerkungen:

1 *Erno Seifriz*: Klostermusik der Renaissance und des Frühbarock im 17. und 18. Jahrhundert. In: *Norbert Kruse* u. a. (Hg.): Weingarten. Von den Anfängen bis zur Gegenwart. Biberach 1991, 176-181, 240-242.

2 *László Strauß-Németh*: Gelegenheitskantaten und Kirchenmusik am Hof von Donaueschingen. In: *Kulturstiftung der Länder / Badische Landesbibliothek Karlsruhe* (Hg.): „...Liebhaber und Beschützer der Musik". Die neu erworbene Musikaliensammlung der Fürsten zu Fürstenberg in der Badischen Landesbibliothek. Karlsruhe 2000, 54-75, 59.

3 *Kulturstiftung der Länder / Badische Landesbibliothek Karlsruhe* 2000 (wie Anm. 2). Dieser 296 Seiten umfassende, reich bebilderte Katalog ist die aktuellste und umfassendste Darstellung zum Thema. Als Motto ist ihm ein Zitat des englischen Musikgelehrten Charles Burney (1724 – 1814) aus dem „Tagebuch seiner Musikalischen Reisen" (Hamburg 1773, S. 254) vorangestellt: „Der Herzog von Fürstenberg ist ein großer Liebhaber und Beschützer der Musik. Alle deutschen Virtuosen sind sicher, bei ihm zu Gehör zu gelangen und nach ihrem Verdienste belohnt zu werden."

4 *Ernst Fritz Schmid*: Donaueschingen. In: Die Musik in Geschichte und Gegenwart (MGG). Bd. 3. Kassel 1954, Sp. 661f.; *Manfred Schuler*: Donaueschingen. In: MGG. Sachteil. Bd. 2. Kassel ²1995, Sp. 1345-1349.

5 *Friedrich Baser*: Johann Abraham Sixt. In: MGG. Bd. 12. Kassel 1965, Sp. 741f.

6 *Karl Michael Komma*: Franz Christoph Neubauer. In: MGG. Bd. 9. Kassel 1961, Sp. 1387f.

7 *Ernst Fritz Schmid*: Ein schwäbisches Mozartbuch. Lorch 1948, S. 139f.

8 *Erno Seifriz*: Musikschaffen und Musikpflege. In: *Stephan Ott* (Hg.): Oberschwaben. Gesicht einer Landschaft. Ravensburg 1971, S. 235f.

9 *Manfred Hermann Schmid*: Mozart und der Fürstlich Fürstenbergische Hof in Donaueschingen. In: *Kulturstiftung der Länder / Badische Landesbibliothek Karlsruhe* 2000 (wie Anm. 2), 21-35.

10 *Karl-Peter Brecht*: Conradin Kreutzer. Biographie und Werkverzeichnis. Meßkirch 1980; *Reiner Nägele*: „Meines Vergnügens halber nahm Ich Sie in Dienste". Conradin Kreutzer (1780 – 1849) in Donaueschingen.. In: *Kulturstiftung der Länder / Badische Landesbibliothek Karlsruhe* 2000 (wie Anm. 2), 37-46.

11 *László Strauß-Németh*: Johann Wenzel Kalliwoda. In: MGG. Personenteil. Bd. 9. Kassel ²2003, Sp. 1404f.

12 *Walter Kramolisch*: Johann Wenzel Kalliwoda. In: MGG. Bd. 7. Kassel 1958, Sp. 454f.

Geschichtsbild im Wandel. Das Verschwinden der österreichischen Vergangenheit Hohenzollern-Sigmaringens aus dem hohenzollerischen Geschichtsbewusstsein nach 1806

Andreas Zekorn

Die Grafen und Fürsten von Hohenzollern-Sigmaringen hatten im Zeitraum von 1535 bis 1806 das Kerngebiet ihres Territoriums, die beiden Grafschaften Sigmaringen und Veringen, als österreichische Lehen inne, wobei Österreich spätestens ab dem 17. Jahrhundert landeshoheitliche Ansprüche faktisch durchsetzte, bevor die Fürsten seit Beginn des 18. Jahrhunderts die habsburgische Landeshoheit auch schriftlich, unter anderem in den Lehensbriefen, anerkennen mussten. Für die Geschichte des Fürstentums Hohenzollern-Sigmaringen im genannten Zeitraum war die Zugehörigkeit zu Österreich von zentraler Bedeutung. Die Einwohner der Grafschaften genossen damals mit unterschiedlicher Intensität eine gewisse Protektion Österreichs. Entschieden trug Habsburg zur Befriedung des Verhältnisses zwischen den Untertanen und ihren unmittelbaren Herren bei. Das Jahr 1806 bedeutete für die Fürsten von Hohenzollern-Sigmaringen – und vermutlich auch für deren Untertanen – einen Wendepunkt, denn damals wurde das ungeliebte Lehensband, welches die Fürsten mit dem Erzhaus Österreich verknüpfte, gelöst. Nach dem Erhalt der Souveränität unterlag offenbar auch das Bewusstsein einem Wandel, denn die „österreichische" Vergangenheit fand – trotz ihrer früheren Bedeutung – in der hohenzollerischen landesgeschichtlichen Literatur des 19. Jahrhunderts kaum einen Niederschlag und wurde – cum grano salis – erst wieder im 20. Jahrhundert entdeckt.

Zwar ging die Erinnerung an die ehemals vorderösterreichische Zeit auch in anderen vormals habsburgischen Territorien insbesondere nach 1848 mehr und mehr verloren, doch gab es immer wieder Anlässe, sich mit diesem Teil der Geschichte zu befassen[1]. In manchen Gegenden Oberschwabens erhielt sich doch ein gewisses „Vorderösterreichbewusstsein"; hin und wieder findet sich in Gebieten Schwäbisch-Österreichs ein Zeugnis dieser Vergangenheit, welches dokumentiert, dass die Erinnerung an die Zugehörigkeit zu Habsburg nicht gänzlich abhanden kam[2]. In Saulgau wurde beispielsweise noch 1859 bei der Fahnenweihe der Bürgerwache demonstrativ nach der württembergischen Königshymne die österreichische Landeshymne gespielt[3]. Der Engelswieser Bürgermeister Erasmus Bücheler erinnerte sich 1865/66 noch sehr wohl daran, dass die „alten Engelswieser gut österreichisch waren [...] und [...] ihnen die Losreißung vo(n) Kaiser und Reich ein Donnerschlag" war[4]. Hinsichtlich des allgemeinen Forschungskontextes zu Vorderösterreich ist zu bemerken, dass im 19. Jahrhundert „Vorderösterreich kein Thema der historischen Forschung" war, doch enthalten die württembergischen Oberamtsbeschreibungen immerhin kurze Hinweise auf die österreichische Geschichte dieses Raumes und auch ältere Stadtgeschichten vorderösterreichischer Städte belegen, dass das Bewusstsein von der habsburgischen Vergangenheit nicht vollkommen geschwunden war. Allerdings erfolgte erst seit den 40er-Jahren des 20. Jahrhunderts eine intensive wissenschaftliche Beschäftigung mit der österreichischen Geschichte des deutschen Südwestens; später erfolgte auch ein verstärktes Wiederaufleben des Vorderösterreichbewusstseins, worauf hier aber nicht näher eingegangen werden soll[5].

Graf Karl I. von Hohenzollern (*1516 Brüssel, † 1576 Sigmaringen), Reichshofratspräsident, Hauptmann der Herrschaft Hohenberg, Landvogt im Elsaß und Burgund, erhielt 1535 die Grafschaften Sigmaringen und Veringen von König Ferdinand als Lehen. Öl auf Leinwand. Fürstlich Hohenzollernsche Sammlungen Sigmaringen.

In Hohenzollern und seiner Geschichtsschreibung wurde hingegen die österreichische Vergangenheit seit dem 19. Jahrhundert weitgehend ignoriert. Dieses bis etwa zur Mitte des 20. Jahrhunderts in der Literatur verbreitete Geschichtsbild, das die Rolle Österreichs als zollerischer Lehensherr mehr oder weniger ausblendete, dürfte in gewisser Weise auch das Bild, das die Fürsten und Angehörigen des Hauses Hohenzollern-Sigmaringen von der Vergangenheit besaßen, mitbestimmt haben[6]. In dem folgenden Beitrag soll den Gründen für diese Ausblendung nachgegangen werden und damit dem Umgang mit Geschichte nach 1806.

DIE ÖSTERREICHISCH LEHENBAREN GRAFSCHAFTEN SIGMARINGEN UND VERINGEN

Im Jahre 1535 erhielt Graf Karl I. von Zollern als Lehensträger die Grafschaften Sigmaringen und Veringen von König Ferdinand zu Lehen mit folgenden Vorbehalten: „doch uns und unserem hauß Österreich an unserer fürstlichen oberkhait, als gewohnlichen landreysen unvergriffenlich [...], und das sye auch mit solchen grafschaften [...] uns und unsern erben und nachkommenden regierenden landsfürsten des hauses Österreich ewige öffnung [...] halten und uns, unsern erben und nachkommen Ertzhertzogen zue Österreich als ihren rechten landtsfürsten und lehenherren dienen [...]." Die Belehnung wurde mit den Verdiensten der Zollern begründet, die sie sich für Habsburg und das Reich erworben hatten, wie es im Lehensbrief heißt. Zugleich spielten aber auch erhebliche Geldzahlungen in Höhe von insgesamt 42 000 Gulden eine Rolle. Nach der Belehnung erhob sich alsbald ein Rechtsstreit vor dem Reichskammergericht wegen der Besteuerung der beiden Grafschaften. Bei diesem Streit stellte sich Graf Karl I. hinter Österreich und begriff sich als österreichischer Vasall. Berührt wurde dabei die Problematik, ob die Belehnung durch Habsburg überhaupt rechtmäßig war und ob die Grafschaften nicht Reichslehen waren. Das Reichskammergericht sprach 1588 die Besteuerung der Grafschaft Veringen Habsburg zu, Sigmaringen hingegen sollte an das Reich Steuern zahlen[7]. Für Graf Karl II., der bei der zollerischen Erbteilung von 1576 die beiden Grafschaften erhalten hatte, stellte sich nun die Frage, ob mit der Steuerzahlung an das Reich nicht auch die Reichslehenbarkeit begründet war, weshalb er – allerdings vergeblich – um eine Belehnung durch Kaiser Rudolf II. nachsuchte.

Auch wenn die Grafschaft Sigmaringen rechtlich gesehen vielleicht tatsächlich einstmals ein

Johann Graf und Fürst zu Hohenzollern (* 1578 Sigmaringen, † 1638 München), Oberster Hof- und Landhofmeister des Kurfürsten Maximilian I. von Bayern, 1623 in den Reichsfürstenstand erhoben. Öl auf Leinwand, 1624. Fürstlich Hohenzollernsche Sammlungen Sigmaringen.

Reichslehen gewesen war, was unbewiesen blieb, so verstand es Habsburg, seine lehens- und landesherrlichen Ansprüche in der Folgezeit durchzusetzen. In der Grafschaft Veringen griff der österreichische Erzherzog bei Untertanenunruhen seit 1579 vermittelnd ein, in der Grafschaft Sigmaringen spätestens seit 1618, nachdem die Einwohner beider Grafschaften bereits 1603 Österreich die Erbhuldigung geleistet hatten. Habsburg setzte im 17. Jahrhundert seine Ansprüche in wechselnder Intensität gegenüber den Grafen und Fürsten von Hohenzollern-Sigmaringen de facto durch, bevor Fürst Joseph Friedrich 1723/29 die österreichische Landeshoheit explizit anerkennen musste[8].

Das Ausmaß der österreichischen Oberhoheit, die sich wiederholt zugunsten der Untertanen auswirkte, sei im folgenden nur kurz und exemplarisch dargestellt: Bei den Konflikten der Sigmaringer Zollerngrafen mit ihren Veringer Untertanen seit dem letzten Viertel des 16. Jahrhunderts wurden aufgrund der habsburgischen Interventionen in den Jahren 1605 und 1609 Verträge abgeschlossen, welche die Verfassungsverhältnisse in der Grafschaft Veringen grundlegend regelten; die einzelnen Vertragsartikel kamen den Untertanen mehrfach entgegen oder bestätigten zumindest deren Rechte. Kennzeichnend für das Verhältnis zu Österreich ist die Klage Graf Karls II. um das Jahr 1600, dass ihn die Innsbrucker Regierung nicht wie einen Reichsstand, sondern wie einen Sklaven behandle. In späterer Zeit brachte ein 1686 durch eine österreichische Kommission vermittelter Vertrag nochmals eine fundamentale Neuerung für die Grafschaft Veringen, nämlich die vollständige Aufhebung der Leibeigenschaft[9]. Zu erwähnen ist in diesem Zusammenhang, dass die Veringer Untertanen dauerhaft bei den schwäbisch-österreichischen Landständen vertreten waren[10].

Ähnlich günstig wirkte sich die österreichische Einflussnahme für die Einwohner der Grafschaft Sigmaringen aus, wo im Zeitraum 1619 bis 1623 für die Untertanen vorteilhafte Verträge in Innsbruck abgeschlossen wurden, welche künftig die Verfassungsverhältnisse auch in der Grafschaft Sigmaringen maßgeblich bestimmten. Charakteristisch ist wiederum ein Ausspruch Graf Johanns, dass die Innsbrucker Regierung, „dan es ihr möglich were, auch den teufel ab der ketten wider unß zuelassen, sich nit scheuen wurdt"[11]. Vor allem verhinderten die Verträge und der intermediäre Einfluss Habsburgs ähnlich heftige Konflikte wie sie sich im Nachbarfürstentum Hohenzollern-Hechingen zutrugen, wo Herrschaft und Untertanen unmittelbar aufeinander stießen[12].

Geschichtsbild im Wandel

Markanter Ausdruck des Selbstverständnisses der Sigmaringer Bürger als österreichische Untertanen: Ofenplatte des Sigmaringer Stadtschultheißen und Mediatkassiers Johann Michael Dannecker mit dem österreichischen Wappen aus dem Jahre 1722. Gasthof Traube, Sigmaringen.

Nach 1623 erfolgten österreichische Interventionen vor allem wegen der Besteuerung der Grafschaft Sigmaringen, die trotz des Reichskammergerichtsurteils von 1588 einen Dauerstreitpunkt bildete. Sowohl der Schwäbische Kreis als auch Habsburg reklamierten die Besteuerung, die Kollektation, der Grafschaft und die damit zusammenhängenden Kriegsleistungen für sich. Im 17. Jahrhundert konnte Österreich die Steuer zu einem großen Teil für sich behaupten, seit Ende des 17. Jahrhunderts wurde sie in österreichischem Namen an den Kreis entrichtet. Habsburg bot sich mit seinen Eingriffen im Zusammenhang mit der Kollektation die Möglichkeit, seine Oberhoheit gegenüber den Fürsten zu demonstrieren, die ihrerseits Schutz beim Schwäbischen Kreis suchten. Es ist dabei zu betonen, dass Habsburg seine Ansprüche nie rigoros durchsetzte, denn die Zollern zählten zu seiner Klientel und auch auf den Schwäbischen Kreis musste Rücksicht genommen werden. Habsburg befand sich in dem alten Dilemma zwischen Hausmacht- und Reichsinteressen[13].

Der Streit um die Besteuerung hatte nachhaltige Auswirkungen auf das Verhältnis zur Einwohnerschaft, denn die österreichischen Untertanen erhielten in der Steuer- und Militärlastenfrage zum Teil massive Unterstützung von Österreich, so dass sie zeitweilig vorteilhafter besteuert wurden als reichsunmittelbare Untertanen des Fürstentums[14]. Seit etwa 1705 wurde die Innsbrucker Regierung auch wieder verstärkt von den Untertanen wegen anderer Streitigkeiten mit der Herrschaft angerufen. 1715 nahm gar ein fürstlicher Kanzler seinen Abschied wegen des Drucks, der nach Klagen der Untertanen in Innsbruck auf ihm lastete[15]. Nicht von ungefähr finden sich Belege für ein enges Zugehörigkeitsgefühl der Sigmaringer Untertanen zu Österreich gerade für jene Zeiträume, in denen Habsburg zugunsten der Bevölkerung eingriff, also für den Zeitraum um 1620 und für den Beginn des 18. Jahrhunderts. Ein Ratsherr ließ sich 1727 folgendermaßen vernehmen: „Unßer Herr ist zu Innsprugg und der Fürst ist nur unser Schutzherr." Ein äußerst bemerkenswertes Dokument des ‚Vorderösterreichbewusstseins' stellt eine heute noch vorhandene Ofenplatte dar, welche der Sigmaringer Stadtschultheiß und Traubenwirt Johann Michael Dannecker 1722 in seinem Gasthaus „Traube" anbringen ließ. Diese Platte ist mit dem österreichischem Wappen und dem Namen des Schultheißen versehen[16].

In der zweiten Hälfte des 18. Jahrhunderts erfolgten unter Kaiserin Maria Theresia und Kaiser Joseph II. massive und demütigende Eingriffe in das Regiment der Fürsten, wobei Österreich seine Landeshoheit demonstrierte, beispielsweise bei der Einführung der österreichischen Volksschule 1777 – 1785[17], der Aufhebung der Klöster Gorheim und Laiz im Fürstentum Hohenzollern-Sigmaringen 1782[18] oder bei den Eingriffen in die Stadtverfassung 1785 im Rahmen der josephinischen Magistratsreformen wie bei anderen österreichischen Kommunen[19]. Eine letzte Demütigung durch Österreich mussten die Fürsten 1803 hinnehmen, als Habsburg sein Epavenrecht, sein landesherrliches Heimfallrecht im Falle der Aufhebung geistlicher Stiftungen, geltend machte über Gebiete, die durch den Reichsdeputationshauptschluss Hohenzollern-Sigmaringen zugesprochen worden waren. Es wundert also nicht, wenn Fürst Anton Aloys 1806 die Lösung vom österreichischen Lehensband als Befreiung empfand[20].

DIE ALLGEMEINE WAHRNEHMUNG DER ÖSTERREICHISCHEN VERGANGENHEIT IN LANDESGESCHICHTLICHEN WERKEN ZU HOHENZOLLERNS BIS 1950

Die österreichische Lehens- und Oberhoheit wurde in hohenzollerischen, landesgeschichtlichen Werken gerne übergangen oder herabgespielt. Bis ins 19. Jahrhundert gibt es für Hohenzollern „keine eigene chronikalische und nur eine unbedeutende hagiographisch-genealogische Überlieferung". Im wesentlichen sind bezüglich der genealogischen Werke zwei gedruckte Hausgeschichten anzuführen[21]: Es erscheint symptomatisch, dass bereits in der „Hohenzollerischen Hauschronik", die Graf Karl I. nach Vorarbeiten des Chronisten Johann Basilius Herold im Zeitraum 1569 bis 1576 zusammenstellen ließ, die Lehensabhängigkeit und die österreichische Oberhoheit völlig übergangen wird, wenn es heißt, dass Kaiser Karl V. „die Graffschaft Sigmaringen [dem Grafen Karl I.] gratis von seines Herrn Vatters auch Eltvorderen unnd seiner künfftigen threuen Dienst wegen geschennckt" hätte. Diese Sichtweise findet sich sowohl in der 1599 verfassten „Hohenzollerischen Hochzeyt" von Jakob Frischlin als auch bei Johann Ulrich Pregitzer in seinem „Teutschen Regierungs- und Ehrenspiegel" aus dem Jahre 1703, die sich beide auf Herold stützen[22]. Dagegen findet sich in der Zimmerischen Chronik, deren Endfassung kurz vor der zollerischen Hauschronik 1565/66 entstand, eine andere Sicht der Dinge, nämlich dass die beiden

Schloss Sigmaringen Mitte des 18. Jahrhunderts (mit Stadt und Mühlenvorstadt) von Norden. Öl auf Leinwand, um 1750. Fürstlich Hohenzollernsche Sammlungen Sigmaringen.

Grafschaften „Sigmaringen und Veringen mit iren zugehörden als österreichische lehen uf die jungen graven von Zollern" fielen. Wie der Vergleich der beiden Chroniken ergibt, so scheint es, als ob in der zollerischen Hauschronik die Belehnung aus zollerischer, in gewisser Weise propagandistischer Sichtweise niedergeschrieben wurde, ähnlich wie der Bericht über den Verkauf der Herrschaft Schalksburg im Jahre 1403, worauf noch zurückzukommen sein wird. Diese Darstellung in der Hauschronik beeinflusste zumindest Frischlin und Pregitzer und möglicherweise auch andere spätere Geschichtsschreiber[24].

Gegenüber den öffentlichen Darstellungen in den gedruckten Werken wusste man im Hause Hohenzollern-Sigmaringen intern zwangsläufig sehr gut Bescheid über das Verhältnis zu Österreich, wie die Unterlagen in den entsprechenden Beständen im Staatsarchiv Sigmaringen und im Fürstlichen Archiv dokumentieren. So wurden beispielsweise relativ ausführliche handschriftliche Abhandlungen mit Zusammenstellungen der historischen Fakten insbesondere zum Streit um die Besteuerung für den Gebrauch in der fürstlichen Verwaltung erarbeitet[24].

Auch finden sich in einem Ende des 18. Jahrhunderts entstandenen lexikalischen Werk, das ausserhalb Hohenzollern entstand, die Fakten neutral widergegeben. In einer knappen, aber recht genauen Darstellung der Sigmaringer Geschichte im „Geographisch Statistisch-Topographischen Lexikon von Schwaben" (1791) heißt es: „So wurde 1482 ein besonderer Vergleich zu Stande gebracht, nach welchem Sigmaringen 1535, nach Absterben des Werdenbergischen Mannesstamms, an Oesterreich eigenthümlich und frei zurückfiel." In diesem Jahr wurde Graf Karl mit der Grafschaft belehnt, „und er erhielt zu gleicher Zeit die Grafschaft Vöhringen von Oesterreich zu Lehen. Die österreichischen Lehenbriefe ertheilen dem Hause Zollern beide Grafschaften mit Eigenthum, Kriminalien, Landgericht, Vogteilichkeit, Forst, Jagd und andern Regalien. Oesterreich behielt sich die Landesherrlichkeit und das Recht der Besteuerung vor, ist auch im Besitz der erstern." 1723 überließ Österreich dem Fürsten durch besondere Verträge das Recht der Besteuerung „in den zur österreichischen Kollektation gehörigen Orten der Grafschaft, so daß diese jetzt zum Reich und Kreis steuern. Der Zoll ist österreichisch."[25]

Eine so präzise, den historischen Fakten weitgehend[26] entsprechende und relativ ausführliche Darstellung der Geschichte und der lehensrechtlichen Verhältnisse finden wir erst in den Arbeiten von Franz Herberhold (1952) und Fritz Kallenberg (1961) wieder. Bemerkenswert ist vor allem, dass die Ausführungen in der historischen Literatur des 19. Jahrhunderts über das lehensrechtliche Verhältnis zum Haus Österreich in der Regel bei weitem nicht an die kurze Darstellung des Lexikonartikels heranreichen, wie noch darzulegen sein wird. Der Artikel belegt zunächst, dass das Wissen um die österreichische Vergangenheit auch im 19. Jahrhundert prinzipiell durchaus vorhanden war, wenngleich dieser Lexikoneintrag offenbar nur wenig rezipiert wurde.

Ein 40 Jahre später publizierter Lexikonartikel in Carl Theodor Griesingers „Universal-Lexicon von Württemberg, Hechingen und Sigmaringen" aus dem Jahre 1841 erscheint im direkten Vergleich mit den Ausführungen aus dem Jahre 1791 mit zahlreichen Mängeln behaftet: „Oestreich" belehnte 1535 angeblich „die beiden Brüder Friedrich und Felix von Hohenzollern (sic!) wegen ihrer Treue und Tapferkeit damit [= mit der Grafschaft Sigmaringen]. Von dieser Zeit blieb Sigmaringen im Besitz der Grafen von Zollern." Von den Lehensbriefen mit den österreichischen Vorbehalten ist keine Rede mehr; Sigmaringen wird kurzum als zollerischer Besitz beschrieben[27]. Griesingers Publikationen war wohl bereits durch die mittlerweile erschienenen Pionierwerke des 19. Jahrhunderts, die erstmals umfassender die zollerische Geschichte aufarbeiteten, beeinflusst[28]. Diese Werke fielen, was die Darstellung der Abhängigkeit von Österreich und die Belehnung von 1535 anbelangt, hinter den Lexikonartikel von 1791 zurück: Ernst Georg Johler, ein katholischer Pfarrer, der in der Nähe des Fürstentums Hohenzollern-Sigmaringen wirkte, erwähnt in seiner

1824 erschienenen „Geschichte, Land- und Orts-Kunde der souverainen teutschen Fürstenthümer Hohenzollern Hechingen und Sigmaringen" einen Vergleich aus dem Jahre 1432, wonach Sigmaringen an Österreich zurückfallen sollte, falls die Werdenberger ausstürben. Als dies geschah, belehnte Kaiser Karl V. den Grafen Karl I. mit den beiden Grafschaften. Und ganz einfach heißt es im folgenden: „So kam Sigmaringen an das Haus Hohenzollern, von dem es dermalen noch regiert und innegehabt wird."[29] Bei dem Sigmaringer Fidelis Baur[30] findet sich nun in seiner 1834 bis 1836 erschienenen „Geschichte der Hohenzollernschen Staaten", dem ersten Geschichtswerk für Hohenzollern mit wissenschaftlichem Anspruch, die Aussage, dass König Ferdinand wegen der „treu und eifrig geleisteten Dienste" an Graf Karl die „dem österreichischen Hause heimgefallenen Gravschaften Sigmaringen und Veringen als Reichslehen" verlieh. Baur verweist in diesem Kontext auf den nachfolgenden Prozess, den er aber so darstellt, als wäre er zwischen Österreich und dem Hause Hohenzollern wegen der Frage entstanden, „ob diese Gravschaft mit der Immedietät übertragen worden, oder ob Östreich sich die Oberherrlichkeit darüber vorbehalten habe." 1588 sei, so Baur, der Prozess in „Beziehung auf Vehringen zu Gunsten Östreichs, in Beziehung auf Sigmaringen aber zu Gunsten Hohenzollerns entschieden (worden); allein noch lange Zeit nachher wurde die ganze Rechtsfrage untersucht". Prozessgegner und Urteil sind falsch dargestellt, denn in Wahrheit war der Prozessgegner der Reichsfiskal und das Urteil von 1588 erging lediglich hinsichtlich der Steuerbarkeit der Grafschaften, wie Franz Herberhold zeigte[31].

Auf die Arbeit Baurs „gründete sich seit den (18)30er Jahren das geschichtliche Wissen über Hohenzollern."[32] Zahlreiche Werke des 19. und 20. Jahrhunderts folgten denn auch Baur, in der Annahme, dass die Grafschaften Reichslehen gewesen wären[33], auch Personen, die es aufgrund ihres Berufs hätten besser wissen können, beispielsweise der Fürstlich Hohenzollernsche Archivar Dr. Karl Theodor Zingeler (1845 – 1923) und der „königlich preußische Archivar für die Hohenzollern'schen Lande" Eduard Schwarzmann, der 1858 in einer auf Urkundenmaterial basierenden Schrift über Graf Karl I. relativ ausführlich auf die Belehnung von 1535 einging und den Lehensbrief zitierte, wobei er die Lehenabhängigkeit von Österreich nur verschleiert bzw. verfälscht wiedergab: König Ferdinand habe die Grafschaften 1535 an Graf Karl I. mit dem Vorbehalt verliehen, „dass die Grafen von Zollern dem Hause Oesterreich ewige Oeffnung halten, und dass diese Grafschaften jeweils dem Aeltesten des Stammes von Zollern als Mannlehen verliehen werden sollen"[34]. Die weiteren, oben genannten Vorbehalte in diesem Lehensbrief werden nicht aufgeführt, weshalb zumindest bei Schwarzmann der Verdacht begründet erscheint, dass er die Geschichte bewusst vom „Makel" der österreichischen Lehenbarkeit bereinigt darstellte. So wurde insgesamt in der Literatur die Lehensabhängigkeit von Österreich bis ins 20. Jahrhundert oftmals schlicht ignoriert oder ungenau und falsch dargestellt, gerade in populäreren Werken, die für einen breiteren Gebrauch in der Bevölkerung[35], etwa auch für Schulen[36], bestimmt waren und die von daher noch stärker als die wissenschaftliche Literatur das allgemeine Geschichtsbild der Bevölkerung bestimmt haben dürften.

Diese weitgehende Ausblendung der österreichischen Vergangenheit in der hohenzollerischen Literatur wirkte sich wohl mit auf die Rezeption der hohenzollerischen Geschichte in der allgemeinen landeskundlichen Literatur zum deutschen Südwesten aus. Erwin Hölzle erwähnt in seinem Beiwort zur geschichtlichen Karte „Der deutsche Südwesten am Ende des alten Reiches" bei der Auflistung des Herrschaftsgebietes des Fürsten von Hohenzollern-Sigmaringen zunächst nicht, dass die Grafschaften Sigmaringen und Veringen von Österreich zu Lehen gingen; erst später wird unter den Ausführungen zur Rheinbundakte die „Befreiung von der österr. Lehenshoheit" erwähnt, ohne konkrete Bezugnahme auf die Grafschaften[37]. Karl Siegfried Bader schrieb in seinem wichtigen Werk über die territorialstaatliche Entwicklung des deutschen Südwestens, dass die Belehnung 1534 (!) durch den Kaiser geschah. Die Lehenabhängigkeit wird nicht genauer thematisiert, am Ende heißt es nur knapp, unter Bezugnahme auf Hölzle, dass durch die Rheinbundakte „Hohenzollern-Sigmaringen [...] von der österreichischen Lehenshoheit befreit" wurde[38].

RUDIMENTÄRE WAHRNEHMUNG DER ÖSTERREICHISCHEN VERGANGENHEIT IN LANDESGESCHICHTLICHEN WERKEN BIS 1950

Wenngleich die österreichische Vergangenheit Sigmaringens eher ignoriert wurde, so findet sich in manchen gedruckten Werken zumindest rudimentäres Wissen um diesen Teil der zollerischen Geschichte, z.B. in der oben gennanten Zimmerischen Chronik des 16. Jahrhunderts oder dem „Lexikon von Schwaben" von 1791, sieht man von den internen Dokumenten der fürstlichen Verwaltung ab. Insbesondere wenn das Augenmerk auf die Historie der Untertanen gerichtet wurde, rückte Österreich nahezu zwangsläufig ins Blickfeld. Dabei ist vorweg zu bemerken, dass die Passagen, in denen sich die Autoren mit dem problematischen Vasalitätsverhältnis und seinen Auswirkungen befassten, in den jeweiligen Werken in der Regel nur Marginalien darstellen.

Einige geschichtlichen Abhandlungen des 19. Jahrhunderts erwähnen wenigstens kurz, dass die Grafschaften von Österreich „dem geliebten Hause Zollern als Lehn" gegeben wurden, ohne auf die Differenzen mit Österreich einzugehen[39], oder deuten die Last an, die auf den Zollern ruhte, wenn bemerkt wurde, dass das fürstliche Haus durch den Pressburger Frieden der „Oesterreichischen Lehnsherrlichkeit über Sigmaringen und Vehringen [...] entledigt wurde."[40]

Von Gottfried Pfister, Pfarrer aus Jungingen, erschien 1861 die für einen Gebrauch „in Schule und Haus" gedachte „Geschichte des Preußischen Staates. Mit besonderer Berücksichtigung der Hohenzollern'schen Lande". Pfister stellt die Belehnung zwar nicht ganz korrekt dar[41], doch spricht er als einer der ersten die Untertanenunruhen in Sigmaringen zu Beginn des 17. Jahrhunderts an, stellt deren Beilegung aber beschönigend, im Sinne einer herrschaftlichen Geschichtsschreibung so dar, dass Graf Johann „verständig und gerecht genug [war], die dießfallsigen Streitigkeiten im Jahre 1620 durch einen förmlichen Vertrag gütlich beizulegen und dadurch jenen argen Zerwürfnissen vorzubeugen, die in Hechingen ein volles Jahrhundert gang und gäbe waren."[42] Pfister, der offenbar auf einen der Innsbrucker Verträge von 1620 gestoßen war[43] und diesen heranzog, kommt hier zu einer richtigen Erkenntnis, ohne die Einflussnahme Österreichs zu würdigen und den auf dem Grafen lastenden Druck darzustellen. Immerhin weist er in seinem Buch deutlich darauf hin, dass später durch den Reichsdeputationshauptschluss dem Fürsten neue Gebiete als Entschädigungen zugesprochen wurden, auf welche aber Österreich Ansprüche erhob, weil sie „von seinen Staaten eingeschlossen waren." Erst durch den Pressburger Frieden musste Österreich auf alle Rechte in den „Ländern des schwäbischen Kreises verzichten"; „da hörten auch dessen Ansprüche auf die Einkünfte jener geistlichen Güter und selbst die Rechte auf die Ober- und Lehnsherrlichkeit der Herrschaften Sigmaringen und Vehringen auf."[44]

Auch der Lehrer und Heimatforscher Jakob Barth[45] nutzte vermutlich die Innsbrucker Verträge für seine 1862 erschienene „Hohenzollernsche Chronik". Bei der Beschäftigung mit den „Inneren Zuständen" der Grafschaft Sigmaringen, mit der die Zollern – laut Barth – von Kaiser Karl V. belehnt worden waren, weist er darauf hin, dass es zu Beginn des 17. Jahrhunderts Beschwerden der Sigmaringer und Veringer Untertanen gab. Graf Johann habe es „für gut (befunden), durch einen förmlichen Vertrag die Unzufriedenheit seiner Unterthanen zu beschwichtigen. Auf dem Lehenhofe zu Insbruck wurde 1620 die diesfällsige Verhandlung vorgenommen und damit kehrte das gute Einvernehmen zwischen dem Volke und seinem Gebieter zurück."[46] Warum die Verhandlungen in Innsbruck stattfanden, wird nicht reflektiert. Typisch für die Betrachtung der Geschichte ist zudem, dass in den Augen Barths, wie bei Pfister, die

Beilegung der Konflikte von der Herrschaft ausging in Verkennung der Tatsache, dass die Untertanen der Grafschaft und Österreich maßgeblich beteiligt waren.

Der fürstliche Archivar Eugen Schnell formulierte 1876, dass die beiden Grafschaften von Habsburg zu Lehen gingen. Das schwierige Verhältnis zu Österreich wird von ihm jedoch nur auf Fürst Joseph Friedrich (1715 – 1769) bezogen kurz thematisiert: „wegen dem Lehensverbande der Grafschaften Sigmaringen und Veringen, welche von Österreich zu Lehen rührten, bereiteten ihm die vorderösterreichischen Behörden in Freiburg und Stockach große Schwierigkeiten, wobei ihm aber König Friedrich der Große seinen Schutz verlieh." Zu Fürst Karl Friedrich, dem Nachfolger Joseph Friedrichs, wird dann bereits wieder verfälschend festgestellt, dass er „schon 1770 [...] in den beiden Grafschaften [...] die österreichischen Normalschulen einführte."[47] Dies ist symptomatisch für die „fürstentreue" Darstellung, denn die Normalschulen wurden auf Betreiben Österreichs eingeführt[48].

Bezeichnenderweise war das Wissen um die österreichische Vergangenheit bei zwei Forschern, die sich mit der Geschichte der Stadt Sigmaringen befassten und dazu Quellen des Stadtarchivs nutzten, recht präzise. So wies der Lehrer Sebastian Locher, allerdings nur in einer Art Epilog zu seinen „Beiträgen zur Geschichte der Stadt Sigmaringen", in denen er sich mit den Stadtrechten im Mittelalter befasste, darauf hin, dass 1619 bis 1623 Streitigkeiten unter Einfluss österreichischer Stellen beigelegt wurden und dass Graf Johann wegen der Revision der Stadtordnung seinen „Lehensherrn" anrief[49]. Gerade Locher war sich der Abhängigkeit von Österreich vollkommen bewusst, denn in einem ungedruckt gebliebenen Manuskript schreibt er klar, dass „Stadt und Grafschaft Sigmaringen [...] im 16., 17. und 18. Jahrhundert und bis 1805 Bestandteil der ober- und vorderösterreichischen Lande" waren[50].

Die Stadt Sigmaringen Mitte 18. Jahrhundert von Süden. Öl auf Leinwand, um 1750. Fürstlich Hohenzollernsche Sammlungen Sigmaringen.

Geschichtsbild im Wandel

Ein anderer Schulmann, Oberlehrer Karl Plathner, befasste sich mit der Geschichte der Stadt Sigmaringen Ende des 18. Jahrhunderts und nutzte dazu Stadtratsprotokolle ab dem Jahre 1768. Auf dieser Quellenbasis stieß er zwangsläufig auf den Einfluss Habsburgs in Sigmaringen, nachdem er klargestellt hatte, dass die Grafschaften in den Besitz der Zollern „unter österreichischer Oberlehensherrlichkeit gekommen" waren. Plathner entnimmt den Protokollen, dass „die ersten Verhandlungen des Jahres 1768 beweisen, dass die österreichische Oberlehensherrschaft in hohem Ansehen stand."[51] Er stellt dann aber insbesondere die damals typischen Eingriffe der vorgesetzten österreichischen Behörden mittels Dekreten dar[52]. Plathner führt die ihm interessant erscheinenden Eintragungen in den Ratsprotokollen in chronologischer Folge und in positivistischer Manier auf, also nicht nur diejenigen, die sich auf die österreichische Interventionen beziehen. Er analysiert die Eintragungen zwar nicht weiter, doch ist er, soweit ersichtlich, der erste, der die habsburgische Einflussnahme in Sigmaringen so deutlich herausarbeitete.

Die Ausführungen Plathners schlugen sich kaum in den Werken zur hohenzollerischen Geschichte nieder, wie die oben zitierten Arbeiten aus der Zeit nach 1900 belegen, in welchen die österreichische Vergangenheit keine größere Beachtung fand. Und die in dem vorliegenden Kapitel ausführlicher vorgestellten Arbeiten dürfen nicht darüber hinwegtäuschen, dass das Wissen um die österreichische Vergangenheit recht marginal und unvollkommen war. So erinnerte der Pfarrer und Hohenzollernforscher Johann Adam Kraus 1936 in einem kurzen Beitrag „Zur Landeshoheit im Zollerischen" an die habsburgische Lehensherrschaft, indem er quasi als Entdeckung, ohne sich übrigens auf Plathner zu beziehen, zwei unveröffentlicht gebliebene „Original-Handschriften" aus dem Jahre 1888 ausführlich zitierte. Die eine Handschrift entstammt der Feder des Laizer Pfarrers Schellhammer, dem Sekretär des „Vereins für Geschichte und Alterthumskunde in Hohenzollern", der resümiert, dass sich Österreich bei der Belehnung 1535 „die Landesherrlichkeit und das Recht der Besteuerung vorbehielt" und in deren Besitz bis zu Anfang des 19. Jahrhunderts blieb, während es 1723 dem Fürsten „das Recht auf Besteuerung in den zur österreichischen Kollektation gehörigen Orten der Grafschaft zum Teil überließ." Dies klingt nach einem Zitat aus dem „Lexikon von Schwaben" von 1791. Die zweite, von Kraus zitierte Notiz, entstammt dem bereits oben erwähnten Manuskript von Sebastian Locher[53].

Als charakteristisch für den Wissensstand um die österreichische Geschichte Hohenzollern-Sigmaringens und die Behandlung dieser Vergangenheit erscheinen die durchaus wissenschaftlich fundierten Arbeiten von Gustav Hebeisen und Friedrich Eisele. Der fürstliche Archivar Gustav Hebeisen edierte 1913/16 unter anderem die Sigmaringer Stadtordnung von 1623 und stieß dabei auf die österreichische Vergangenheit, der er allerdings keine größere Aufmerksamkeit schenkte und die er nicht näher erforschte. In späteren Arbeiten, um 1932, spricht er dann von den vorderösterreichischen Grafschaften Sigmaringen und Veringen; möglicherweise wird hier bei ihm ein Wandel in der Wahrnehmung der Geschichte deutlich[54]. 1924/25 publizierte der Pfarrer und Heimatgeschichtsforscher Friedrich Eisele seine gründlich recherchierte Arbeit über die Geschichte der Stadtpfarrei Sigmaringen, in welcher er auf die Aufhebung der Klöster Gorheim und Laiz unter Joseph II. eingeht, ebenfalls ohne die Hintergründe und Ursachen tiefer gehender zu reflektieren, mit welchem Recht Österreich diese Klöster im Fürstentum aufhob und warum das Kloster Inzigkofen damals bestehen blieb[55].

Wie wenig die österreichische Vergangenheit im Bewusstsein war, verdeutlicht nochmals ein Zeitungsartikel des Hechinger Lokalredakteurs Walter Sauter, der sich vielfach mit hohenzollerischer Geschichte beschäftigte. Anlässlich des „Anschlusses" Österreichs am 13. März 1938 an das Deutsche Reich beschrieb Sauter unter dem Titel „Oesterreich und wir" allgemein die Beziehungen des Südwestens zu Österreich und die vorderösterreichischen Lande, ohne den konkreten Fall der beiden Grafschaften zu erwähnen, wie es doch eigentlich naheliegend gewesen wäre, wenn das entsprechende Wissen vorhanden gewesen wäre[56].

Die erste tiefgreifende Aufarbeitung des Verhältnisses zwischen den Grafen von Hohenzollern-Sigmaringen und Österreich leistete der erste hauptamtliche Leiter des Staatsarchivs Sigmaringen Franz Herberhold 1952 mit seinem Aufsatz „Reichslehen oder österreichisches Eigentum" über den Prozess vor dem Reichskammergericht in den Jahren 1549 bis 1588. Herberhold beschränkte sich, auch in seinem späteren Beitrag über die österreichischen Grafschaften Sigmaringen und Veringen in dem Band Vorderösterreich, hauptsächlich auf das Mittelalter und das 16. Jahrhundert; das 17. und 18. Jahrhundert sind nahezu ausgeklammert[57]. Nach Herberhold und insbesondere nach der grundlegenden Arbeit Fritz Kallenbergs von 1961 wurde die österreichische Vergangenheit Hohenzollern-Sigmaringens dann häufiger thematisiert und untersucht.[58]

VERMUTLICHE GRÜNDE FÜR DIE WEITGEHENDE IGNORIERUNG DER ÖSTERREICHISCHEN VERGANGENHEIT HOHENZOLLERN-SIGMARINGENS

Die weitgehende Ausblendung der über mehr als 250 Jahre währenden ‚österreichischen Vergangenheit' Hohenzollern-Sigmaringens in der Zeit nach 1806 hatte wohl mehrere Gründe, wobei hier nur ein Erklärungsversuch unternommen werden kann.

Politische Rahmenbedingungen

Fürst Anton Aloys empfand 1806 die Lösung von der österreichischen Oberhoheit als Befreiung, wie Fritz Kallenberg eindrucksvoll darstellte[59]. Er und auch sein Sohn werden sicherlich kein Interesse gehabt haben, dass an diese, aus ihrer Sicht schimpfliche österreichische Vergangenheit in irgendeiner Weise erinnert wurde. Zudem gab es in der Zeit von 1806 bis zum Wiener Kongress ganz andere Sorgen: Kriege und den Erhalt der Souveränität, aber auch die Integration der 1803/06 neu hinzugewonnenen Gebiete. So verdankt Hohenzollern-Sigmaringen mit seinen neuen Gebieten dem Fürsten Anton Aloys das Bewusstsein einer Zusammengehörigkeit; sein Sohn, Fürst Karl, schuf in den 1830er und 1840er Jahren ein einheitliches Staatsgebilde[60].

Wie die Empfindungen in der Sigmaringer, aber auch Veringer Bevölkerung, häufig einstmals Nutznießer der habsburgischen Protektion, hinsichtlich der Lösung von Österreich waren, ist bisher nicht erforscht. Tatsache ist zunächst, dass das Erzhaus am Ende des 18. Jahrhunderts nicht mehr unbedingt als Schutzherr auftrat, sondern durchaus auch Eingriffe, die den Interessen des städtischen Magistrats zuwiderliefen, vornehmen konnte. Vielleicht gab es deshalb kein so starkes Österreichbewusstsein mehr, wie etwa noch im ersten Viertel des 18. Jahrhunderts, als Delegationen der Stadt und Grafschaft Sigmaringen häufiger nach Innsbruck und Wien unterwegs waren. Die kriegerischen Ereignisse und Umwälzungen im Zeitraum von 1792 bis 1806, bei denen Österreich in Sigmaringen wohl kaum mehr als Schutzmacht auftrat[61], mögen ebenfalls dazu beigetragen haben, dass die Bindungen der Bevölkerung an Österreich schwächer wurden. Hinzu mag ein ‚hohenzollern-sigmaringisches' Eigenbewusstsein[62] gekommen sein und der Stolz, ab 1806 einem souveränen Staat anzugehören. Ganz geschwunden scheint aber das Zugehörigkeitsgefühl zu Österreich nach 1806 zunächst aber nicht zu sein, wie einem Bericht über die Stimmungslage in Hohenzollern aus dem Jahre 1918 zu entnehmen ist. Aufgrund seiner „örtlichen Kenntnis" berichtet ein Informant, Dr. Stauß, folgendes: „In geistlichen Kreisen blieb noch eine Zeit lang eine Vorliebe für Österreich wegen der Gleichheit der Religion; desgleichen in Handwerkerkreisen und bei akademisch Gebildeten; viele Jahrzehnte lang war Wien das Ziel und der höchste Wunsch der Studenten und Handwerksburschen Hohenzollerns. Durch die Ereignisse von 1870/71 war der Anschluß [an Preußen] auch innerlich vollzogen."[63]

Gebäude des Fürstlich Hohenzollernschen Archivs in der Karlstraße in Sigmaringen. Staatsarchiv Sigmaringen.

Voraussetzungen für die Geschichtsschreibung: Archive

Eine Geschichtsschreibung in Hohenzollern setzte, wie gezeigt, erst relativ spät ein, und es gab insgesamt zunächst keine guten Voraussetzungen und Startbedingungen für eine derartige Landesgeschichtsschreibung[64]. Der Erschließungszustand des fürstlichen Archivs bzw. dessen Nutzungsbedingungen in Sigmaringen war bis in die zweite Hälfte des 19. Jahrhunderts schlecht. Erschwerend hinzu kam 1850/64 die Trennung der beiden fürstlichen Archive von Hohenzollern-Hechingen und Sigmaringen in ein fürstliches Haus- und Domänenarchiv einerseits und in ein Regierungs- bzw. Staatsarchiv andererseits. Die fürstlichen Archive waren ab etwa 1884 erschlossen und nutzbar. Im erst seit 1938 hauptamtlich besetzten Staatsarchiv erfolgte zunächst nur eine summarische Repertorisierung der Bestände. Zuerst wirkte sich also die mangelnde Erschließung, dann die Trennung der Archive hinderlich auf die Forschung aus[65].

Quellen

Die Frage der Präsenz der österreichischen Vergangenheit erscheint auch als eine Frage der überlieferten Quellenarten. Die österreichische Vergangenheit hinterließ nämlich keine deutlichen Spuren in Archiven oder gar Bibliotheken in Form von griffigen, leichter zugänglichen Quellen, beispielsweise in Form von Druckschriften[66]. Gerade derartige Druckschriften trugen – um ein anderes hohenzollerisches Beispiel heranzuziehen – wohl entscheidend dazu bei, dass die Untertanenkonflikte im Fürstentum Hohenzollern-Hechingen nicht in Vergessenheit gerieten[67]. Julius Cramer, Kreisrichter in Hechingen, stellte die Konflikte in seinem 1873 erschienenen Werk über die „Grafschaft Hohenzollern" erstmals genauer auf dieser Grundlage dar, wobei er in seiner Quellenkritik selbst hervorhebt, dass diese Schriften das Geschehen aus der Perspektive der Hechinger Fürsten darstellten. Cramer verweist in dem Zusammenhang auf das Problem, dass die Untertanen ihre Geschichte in der Regel nicht selbst aufschrieben, was übrigens gleichermaßen für Hohenzollern-Sigmaringen gilt[68]. Zudem sorgte der die Konflikte beilegende Landesvergleich von 1798, der von fürstlicher Seite als die maßgebliche Verfassungsgrundlage für das Fürstentum Hohenzollern-Hechingen im 19. Jahrhundert angesehen wurde,[69] wohl dafür, dass diese Auseinandersetzungen nach 1806 eher im Bewusstsein präsent blieben.

Für Hohenzollern-Sigmaringen mangelt es hingegen an solchen Druckschriften, die, etwa anlässlich von Prozessen entstanden, Auskunft über die ‚österreichische Zeit' geben würden. Aufgrund des mäßigenden Einflusses Habsburgs war es eben nicht zu derartigen Rechtsstreitigkeiten gekommen, für die eigens Druckschriften publiziert wurden. Im übrigen wirkten in Hohenzollern-Sigmaringen rechtliche Grundlagen aus der Zeit des Alten Reichs auch nicht in dem Maße ins 19. Jahrhundert hinein wie der Landesvergleich in Hechingen[70].

Die Autoren, die in ihren Werken die österreichische Vergangenheit streiften, nutzten bestimmte Quellengattungen u.a. im hohenzollerischen Fürstlichen Archiv und im Stadtarchiv Sigmaringen, die auch in ungeordneten Archiven leichter herausgegriffen werden können, nämlich Urkunden, Verträge und Ratsprotokolle. Die Akten waren hingegen, wie gesagt, lange Zeit unerschlossen[71].

Hausgeschichtsschreibung

Die Geschichtsschreibung, die sich im 19. Jahrhundert mit hohenzollerischen Themen beschäftigte, hatte im großen und ganzen ihre eigenen Schwerpunkte. Zunächst einmal stand die Geschichte des Hauses Hohenzollern im Vordergrund. Auf Seiten Preußens gab es bereits seit den 1830er-Jahren ein verstärktes Interesse an der Dynastiegeschichte und den Wurzeln des Geschlechts in Süddeutschland, es spielte 1849/50 beim Übergang Hohenzollerns an Preußen eine Rolle und erfuhr nach 1850 eine erhebliche Politisierung. Die preußische Geschichtsschreibung rückte die Anfänge des Hauses Hohenzollern sowie die dynastischen und genealogischen Verbindungen zwischen den brandenburgischen und den süddeutschen Hohenzollern in den Mittelpunkt. Es wurde viel über die Ursprünge der Zollern spekuliert. Die Geschichte Hohenzollerns erfuhr im Rahmen der „Vom-Fels-zum-Meer"-Ideologie nach dem Übergang der Fürstentümer eine Ideologisierung und Politisierung. Das Wesentliche der hohenzollerischen Geschichte wurde alsbald auf die Funktion reduziert, „zuallererst Stammlande der deutschen Hohenzollern-Kaiser" zu sein[72]. Die Burg Hohenzollern wurde als Stammburg des preußischen Königshauses und der deutschen Kaiser als nationaldynastisches Monument wieder aufgebaut[73].

Landesgeschichtsschreibung und Geschichtsverein

Die Hausgeschichte, die wesentlichen Arbeiten waren übrigens außerhalb Hohenzollerns in Preußen entstanden, hatte sich in der zweiten Hälfte des 19. Jahrhunderts von der Landesgeschichte getrennt[74]. Dazu ist vorweg zu bemerken, dass die landesgeschichtliche Forschung in Hohenzollern erst vergleichsweise spät einen Auftrieb durch einen Geschichtsverein erhielt, der 1867 ins Leben gerufen worden war, während andernorts die Geschichtsschreibung bereits im Jahrzehnt davor auflebte[75].

In Werken, die sich mit der süddeutschen hohenzollerischen Geschichte befassten, standen wiederum vielfach die Angehörigen der schwäbischen hohenzollerischen Linien im Vordergrund, d.h. vor allem die einzelnen Grafen und Fürsten wurden biographisch gewürdigt[76]. Ferner erstreckte sich das historische Interesse der hohenzollerischen landesgeschichtlichen Forschung[77] vornehmlich auf das Mittelalter. In den ersten 20 Jahrgängen der Zeitschrift des Geschichtsvereins findet sich z.B. kein Thema, das über das 17. Jahrhundert hinausreicht; herrschafts- und kirchengeschichtliche Themen standen im Blickpunkt[78]. Das 17. und 18. Jahrhundert oder gar die österreichische Vergangenheit wurden mit Ausnahmen[79] nicht näher thematisiert und vor allem nicht analysiert. Zu bedenken ist dabei auch, dass der preußisch-österreichische Dualismus im 19. Jahrhundert keinen Anreiz gegeben haben dürfte, die österreichische Geschichte Hohenzollerns zu ergründen.

Apologetische Herrschaftsgeschichte

Eine genauere Befassung mit der österreichischen Geschichte wäre dem fürstlichen Hause obendrein in doppelter Hinsicht abträglich gewesen. Zum einen hätte man sich intensiver mit der Rolle der Sigmaringer Grafen und Fürsten bei den Auseinandersetzungen mit ihren Untertanen befassen müssen. Dabei sollte das Fürstenhaus zumindest noch im 19. Jahrhundert weder negativ dargestellt noch sollte Kritik an ihm geübt werden[80]. So war gerade die Behandlung der Hechinger Untertanenunruhen durch Cramer nicht im Interesse des Fürstenhauses, und das Buch gehörte nach Meinung des fürstlichen Archivars Zingeler nur in die Hand des Fachmanns und in den landesgeschichtlichen Giftschrank[81]. Ein herrschaftskritischer Ansatz wie bei Cramer war in den Hohenzollerischen Mitteilungen für Geschichte und Alterthumskunde, dem Publikationsorgan des Geschichtsvereins in Hohenzollern, damals nicht vorstellbar[82]. Vor diesem Hintergrund wird verständlich, dass, wenn ein Autor überhaupt auf die Untertanenunruhen in Sigmaringen zu Beginn des 17. Jahrhunderts kurz einging, dieser die Geschichte so darstellte, als ob Graf Johann von sich aus, in weiser Einsicht, die Konflikte hätte beilegen wollen. Die Rolle der Untertanen oder gar diejenige Österreichs wird nicht thematisiert.

Stammverwandtschaft mit den Preußen und politisches Interesse

Zum anderen war das fürstliche Haus Hohenzollern-Sigmaringen stammverwandt mit dem preu-

Die Burg Hohenzollern – von 1850 bis 1867 als preußisches nationaldynastisches Monument wieder aufgebaut.

ßischen Königs- und Kaiserhaus. Vermutlich wollte man es nicht wahrhaben und damit auch nicht wahrnehmen, dass die Sigmaringer Grafen und Fürsten durch ihre Grafschaften unter österreichischer Oberhoheit gestanden waren. Dies mag ein weiterer Grund dafür sein, dass die österreichische Vergangenheit ignoriert wurde, insbesondere wiederum in Anbetracht des preußisch-österreichischen Dualismus. So wurde in zahlreichen hohenzollerischen Geschichtswerken, wie gezeigt, die lehensrechtliche Situation der Grafschaft Sigmaringen nicht oder nur knapp, eventuell an entlegener Stelle aufgezeigt. Häufig wurde die Belehnung auch falsch dargestellt, nämlich dass sie durch den Kaiser erfolgte, und mit 1534 vielfach falsch datiert. Direkt oder indirekt wurde geschrieben, dass die Grafschaften vom Reich zu Lehen gegangen waren. Ein besonderes Beispiel bietet Eduard Schwarzmann, der in seiner Studie von 1859 offenbar ganz bewusst die Abhängigkeit von Österreich verschleierte. Die damalige präjudizierende Sichtweise mag gewesen sein, dass die süddeutschen Hohenzollern, ein Zweig der königlichen Linie, nur vom Kaiser mit Reichslehen belehnt worden sein konnten. Gleich gar nicht beachtet wurden im großen und ganzen die Eingriffe Habsburgs in die inneren Verhältnisse, die landeshoheitlichen Ansprüche Österreichs und deren Durchsetzung, insbesondere in der zweiten Hälfte des 18. Jahrhunderts, nachdem die Fürsten die österreichische Landeshoheit auch in den Lehensbriefen anerkennen mussten[83].

Erinnerung an ein punktuelles Ereignis: Der Verkauf der Schalksburgherrschaft 1403

Wie gut ein punktuelles, historisches Ereignis bei entsprechendem politischen Interesse von Seiten der Herrschaft im Gedächtnis bleiben und wiederholt zu aktuellen Anlässen aufgegriffen und nutzbar gemacht werden konnte, zeigt sich an der Herrschaft Schalksburg, die aus der namengebenden Burg bei Burgfelden[84], der Stadt Balingen und einigen Dörfern bestand. Im Jahre 1403 verkaufte Graf Mülli von Zollern-Schalksburg seine Herrschaft an Württemberg und nicht an die stammverwandte Linie Zollern-Zollern. Die Zollern konnten diesen Verkauf nie so recht verwinden. Sie, aber auch ihre Gegner, sorgten dafür, dass das Ereignis in unterschiedlichen Versionen zunächst in der mündlichen Erzähltradition der Adelswelt des 15. Jahrhunderts und später im Rahmen der zollerischen Hausgeschichtsschreibung tradiert wurde. Die gleichen Werke, welche die Lehensabhängigkeit von Österreich herabspielten, erinnerten deutlich an den Verkauf. Zuletzt erfuhr die Geschichte vom Schalksburgverkauf eine Umformung zu einer Sage, die, von Wilhelm Hauff und Gustav Schwab zu Beginn des 19. Jahrhunderts als „Hirschguldensage" überliefert, sogar in Schulbücher einfloss[85]. Die Sage hatte eine derartige Wirkmächtigkeit, dass die landesgeschichtliche Literatur des 19. Jahrhunderts kaum über deren Kenntnisstand hinauskam[86]. Politische Relevanz erhielt diese Erzählung seit dem 17. Jahrhundert wiederholt, vielleicht auch 1623 bei der Erhebung der Zollerngrafen in den Reichsfürstenstand.[87]

Keine Erinnerung an die habsburgische Vergangenheit Sigmaringens in der ‚populären' Literatur

Die Behandlung eines historischen Ereignisses in der wissenschaftlichen Literatur genügt bekanntlich nicht, damit dieses Wissen auch in weiteren Bevölkerungskreisen eine Verbreitung findet und dort rezipiert wird. Wurde die Erinnerung an den Verkauf der Schalksburgherrschaft zunächst aufgrund eines bestimmten politischen Interesses wach gehalten, woraus eine Sage entstand, die schließlich unter anderem durch die Aufnahme in Schul- und Sagenbücher verbreitet und in weiteren Bevölkerungskreisen im Bewusstsein gehalten wurde, so geschah dies mit der österreichischen Vergangenheit Hohenzollern-Sigmaringens gerade nicht. Diese Vergangenheit wurde im 19. und auch

Geschichtsbild im Wandel

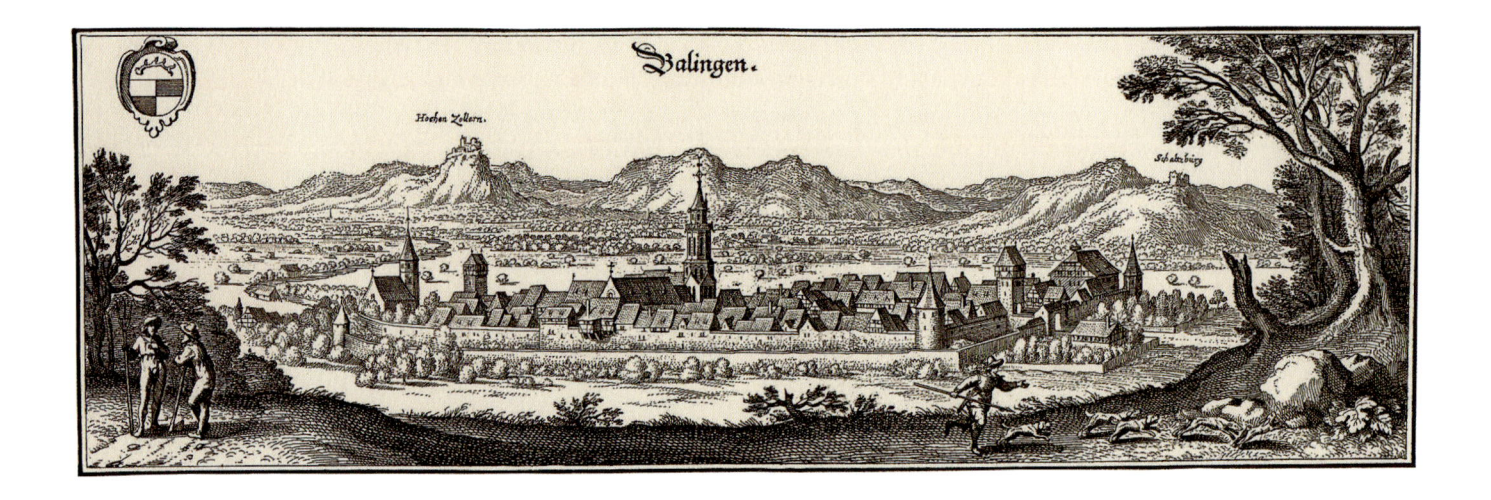

Ansicht der Burg Hohenzollern und der Schalksburg in einem Kupferstich der Stadt Balingen von Matthias Merian aus dem Jahre 1643.

noch im 20. Jahrhundert nur marginal in den landeskundlichen Werken thematisiert und fand in Publikationen für den breiteren Gebrauch, etwa in Schulbücher, praktisch keinen Eingang. Dies war wahrscheinlich der Hauptgrund dafür, dass die österreichische Geschichte Sigmaringens und Veringens nicht im Bewusstsein breiter Bevölkerungsschichten verankert wurde.

SCHLUSS

Vielfache Gründe scheinen zur Ausblendung der österreichischen Vergangenheit nach 1806 geführt zu haben. Zwar gab es rudimentäres Wissen um die österreichische Vergangenheit, das Verhältnis Hohenzollern-Sigmaringens zu Österreich wurde aber nicht eingehender analysiert und erörtert. Die österreichische Vergangenheit und die Frage der Lehenbarkeit spielten bis in die Mitte des 20. Jahrhunderts – in einer Zeit, in der andere geschichtliche Themen, etwa die Hausgeschichte, im Mittelpunkt standen – keine zentrale Rolle in der landesgeschichtlichen Forschungsliteratur, sie wurden allenfalls in kurzen Sätzen erwähnt. Anzumerken bleibt, dass zwar wahrscheinlich die Erinnerung an die österreichische Vergangenheit im 19. Jahrhundert nicht mehr prägend war, sehr wohl aber Strukturen und Verhaltensmuster, die sich in der österreichischen Zeit in Sigmaringen etablierten und die bei der Revolution 1848/49 offenbar nochmals zum Tragen kamen[88].

Das in der landeskundlichen Literatur zu findende Wissen über die Vergangenheit stand auch den Mitgliedern des Fürstenhauses zur Verfügung, womit wir einen gewissen, allerdings beschränkten Einblick in das Geschichtsbild dieses Adelshauses gewinnen. So wurde in den gedruckten Werken zur zollerischen Hausgeschichte, die vom 16. bis 18. Jahrhundert erschienen, verschiedentlich die österreichische Lehenbarkeit heruntergespielt, während man im Fürstenhaus von der Sachlage Kenntnis hatte. Nach dem Ende der österreichischen Lehensabhängigkeit hatte man von Seiten der Fürsten kein besonderes Interesse, dass die Erinnerung an die ungeliebte habsburgische Oberhoheit wachgehalten wurde.[89]

Die Profiteure der österreichischen Interventionen, die Untertanen der Grafschaften Sigmaringen und Veringen, hinterließen keine Geschichtswerke. So fand die österreichische Vergangenheit insgesamt kaum eine Aufnahme in wissenschaftliche und in populärere Werke oder gar in Schulbücher. Erst der staatliche Archivar Franz Herberhold, der von außerhalb Hohenzollerns kam und damit vermutlich weniger ‚zollerisch' vorbelastet war, behandelte die Frage, ob die Grafschaft Sigmaringen Reichslehen oder österreichisches Eigentum war, neu.

Die hohenzollerische Geschichtsschreibung ist in dieser Beziehung nicht allein: die vorder- bzw. schwäbisch-österreichische Geschichte Südwestdeutschlands wurde erst ab den 1940er Jahren eingehender erforscht. Allerdings erscheint das ‚Österreichbewusstsein' in anderen ehemals vorderösterreichischen Gebieten zumindest bis weit ins 19. Jahrhundert doch lebendiger gewesen zu sein als in Hohenzollern-Sigmaringen. Hier wurde die österreichische Vergangenheit vornehmlich erst im 20. Jahrhundert, insbesondere ab 1952, wiederentdeckt. Das Geschichtsbild in Hohenzollern nach 1806 wurde nicht mehr von der österreichischen Vergangenheit geprägt. Die Zugehörigkeit zu Österreich war für die Ausbildung eines regionalen Geschichtsbewusstseins in Hohenzollern nicht maßgebend, trotz der jahrhundertelangen Verbindungen zu Habsburg.

Anmerkungen:

1 *Franz Quarthal*: Vorderösterreich in der Geschichte Südwestdeutschlands. In: *Württembergisches Landesmuseum Stuttgart* (Hg.): Vorderösterreich. Stuttgart 1999, 15-59, 17, 20; *Ders.:* Österreichs Verankerung im Heiligen römischen Reich deutscher Nation. In: *Franz Quarthal / Gerhard Faix* (Hg.): Die Habsburger im deutschen Südwesten. Stuttgart 2000, 9-26, 23ff.

2 *Franz Quarthal*: Historisches Bewusstsein und politische Identität. Mittelalterliche Komponenten im Selbstverständnis Oberschwabens. In: *Peter Eitel / Elmar L. Kuhn* (Hg.): Oberschwaben. Konstanz 1995, 15-99, 54f.; *Ders.*: Habsburg am oberen Neckar und an der oberen Donau. In: *Andreas Zekorn* u.a. (Hg.), Vorderösterreich an oberem Neckar und oberer Donau. Konstanz 2002, 17-53, 18f.

3 *Andreas Ruess*: Die Revolution 1848/49 in der württembergischen Amtsstadt Saulgau. In: *Landkreis Sigmaringen* (Hg.): Für die Sache der Freiheit, des Volkes und der Republik. Die Revolution von 1848/49 im Gebiet des heutigen Landkreises Sigmaringen. Sigmaringen 1998, 263-277, 263.

4 Zum Vorderösterreichbewusstsein auch: *Edwin Ernst Weber*: Zwischen Erzhaus, Pfand- und Lehensherren. Die vorderösterreichische Herrschaft Gutenstein. In: *Zekorn* 2002 (wie Anm. 2), 180-202, 181, dort Zitat.

5 Das Bewusstsein von der österreichischen Vergangenheit im 19. Jhd. dokumentiert z.B.: *Joseph Laub*: Geschichte der vormaligen fünf Donaustädte in Schwaben. Mengen 1894. Vgl. auch die älteren Stadtgeschichten zu den unterschiedlichen ehemals vorder- bzw. schwäbisch-österreichischen Städten: *Elisabeth Seidler*: Die vorderösterreichischen Landstädte im 18. Jahrhundert. Staatsprüfungsarbeit. masch. Tübingen 1978, 247ff. Vgl. auch *Franz Quarthal*: Einleitung zur 4. erweiterten Auflage von: *Friedrich Metz* (Hg.): Vorderösterreich. Eine geschichtliche Landeskunde. Freiburg i. Br., 1. Aufl. 1959, 4. erweiterte Auflage 2000, 9-22, 10f.

6 Graf Karl gab die „Zollerische Hauschronik" in Auftrag, welche die weitere, ältere Literatur beeinflusste. Die Fürsten waren im 19. und 20 Jahrhundert häufig Protektoren des Hohenzollerischen Geschichtsvereins und der Fürst oder Angehörige des Fürstenhauses waren bei den Mitgliederversammlungen des Vereins zum Teil anwesend, vgl. die Vorberichte der Mittheilungen des Vereins für Geschichte und Alterthumskunde in Hohenzollern 26 (1892/93) bis 38 (1904/05), 52 (1918/19). Manche Geschichtswerke sind Angehörigen des fürstlichen Hauses gewidmet, so *Eduard Schwarzmann*: Karl I., Graf zu Hohenzollern-Sigmaringen und Markgräfin Anna von Baden und Hochberg. Sigmaringen 1859; *Karl Theodor Zingeler*: Sigmaringen und seine nächste Umgebung. Sigmaringen 1877; *Bruno Stehle*: Geographie und Heimatkunde der Hohenzollernschen Lande. Sigmaringen 1884.

7 Kopie des Lehensbriefs vom 24. Dezember 1535: Staatsarchiv Sigmaringen (StAS), Ho 1, Nr. 36: mitbelehnt wurden u.a. die Brüder Graf Karls. *Franz Herberhold*: Reichslehen oder österreichisches Eigentum? Ein Reichskammergerichtsprozeß um die Grafschaften Sigmaringen und Veringen in den Jahren 1549 – 1588. In: Hohenzollerische Jahreshefte 12 (1952), 26-40. Zu den Geldzahlungen: *Schwarzmann* 1859 (wie Anm. 6), 14, 16.

8 *Andreas Zekorn*: Zwischen Habsburg und Hohenzollern. Verfassungs- und Sozialgeschichte der Stadt Sigmaringen im 17. und 18. Jahrhundert. Sigmaringen 1996, 484-492, 492ff., 499ff., 506ff., 514ff., S.534-539, 552; *Ders.:* Unter dem Schutzflügel des Kaiseradlers. Untertanenunruhen in den österreichisch lehenbaren Grafschaften Sigmaringen und Veringen. In: *Ders.* 2002 (wie Anm. 2), 203-231, 206ff.

9 *Zekorn* 2002 (wie Anm. 8), 203-231, 211ff. mit weiteren Nachweisen.

10 *Franz Quarthal*: Landstände und landständisches Steuerwesen in Schwäbisch-Österreich. Stuttgart 1980, 434f., 444f., 464f.

11 *Zekorn* 1996 (wie Anm. 8), 382-401, Zitat: 393. Vgl. hierzu auch *Edwin Ernst Weber*: Sigmaringendorf in der Frühen Neuzeit. In: *Ders.* (Hg.): Sigmaringendorf. Sigmaringendorf 2002, 41-240, 57ff., 103ff.

12 *Volker Press*: Von den Bauernrevolten des 16. zur konstitutionellen Verfassung des 19. Jahrhunderts. Die Untertanenkonflikte in Hohenzollern-Hechingen und ihre Lösungen. In: *Hermann Weber* (Hg.), Politische Ordnungen und soziale Kräfte im Alten Reich. Wiesbaden 1980, 85-112; *Ders.:* Der hohenzollern-hechingische Landesvergleich von 1798. In: Zeitschrift für Hohenzollerische Geschichte 14 (1978), 77-108.

13 *Fritz Kallenberg*: Die Fürstentümer Hohenzollern am Ausgang des Alten Reiches. Diss. masch. Tübingen 1961, 290-371, bes. 371; *Zekorn* 1996 (wie Anm. 8), 492-579; *Ders.* 2002 (wie Anm. 8), 230.

14 *Zekorn* 1996 (wie Anm. 8), 520-531; *Ders.*: Konsens und Dissens: Kooperation und Konflikte innerhalb und zwischen den Landschaften des Fürstentums Hohenzollern. In: *Peter Blickle* (Hg.): Landschaften und Landstände in Oberschwaben. Tübingen 2000, 179-205, 183ff.

15 *Zekorn* 1996 (wie Anm. 8), 401-415, 420-423, 426-428, 432-450, 539-551.

16 *Ebd.*, 395, 426, 427f., S. 521ff. Abbildung der Ofenplatte in: *Zekorn* 2002 (wie Anm. 8), 224. Für den Hinweis danke ich Dr. Edwin Ernst Weber, Kreisarchiv Sigmaringen.

17 *Johannes Pfister*: Volksschule und Pfarrorganisation in Hohenzollern-Sigmaringen unter dem Einfluß Vorderösterreichs im Zeichen katholischer Aufklärung und absolutistischer Reformpolitik (1750 – 1806). Staatsprüfungsarbeit. masch. Tübingen 2000, bes. 43ff., 49ff., 58, 78ff., 132ff.

18 *Andreas Zekorn*: Die Aufhebung der Klöster Gorheim und Laiz im Fürstentum Hohenzollern-Sigmaringen unter Kaiser Joseph II. In: Zeitschrift für Hohenzollerische Geschichte 38/39 (2003/04), 53-102, bes. 59ff., 66ff., 95f.

19 Vgl. *Kallenberg* 1961 (wie Anm. 13), 304ff., 308ff. 321ff., 331ff., 336ff., 355ff.; *Karl Plathner*: Aus der Geschichte der Stadt Sigmaringen. In: Mittheilungen des Vereins für Geschichte und Alterthumskunde in Hohenzollern 22 (1898/99), 13-71, 39-48. Zur Städtepolitik unter Joseph II.: *Franz Quarthal / Georg Wieland*: Die Behördenorganisation Vorderösterreichs von 1753 bis 1805. Bühl 1977, 112f.; *Franz Quarthal*: Vorderösterreich. In: Handbuch der baden-württembergischen Geschichte. Bd. 1, 2. Stuttgart 2000, 587-780, 749. *Seidler* 1978 (wie Anm. 5), 153-181.

20 *Kallenberg* 1961 (wie Anm. 13), 97f., 308f., 343, 347-349, 362-370; *Ders.* Die Fürstentümer Hohenzollern im Zeitalter der Französischen Revolution und Napoleons. in: Zeitschrift für Geschichte des Oberrheins 111 (1963), 357-472, 397ff., 402f., 416; *Quarthal / Wieland* 1977 (wie Anm. 19), 148-156. Neuerdings: *Casimir Bumiller*: Der „Sonderfall Hohenzollern". Die hohenzollerischen Fürstentümer. Säkularisation und Mediatisierung. In: *Volker Himmelein / Hans-Ulrich Rudolf* (Hg.): Alte Klöster – Neue Herren. Die Säkularisation im deutschen Südwesten 1803. Bd. 2. Ostfildern 2003, 893-906.

21 *Fritz Kallenberg*: Landesgeschichte in Hohenzollern. Der Hohenzollerische Geschichtsverein im Spannungsfeld von Lokalpatriotismus und Geschichtswissenschaft. In: Zeitschrift für Hohenzollerische Geschichte 15 (1979), 9-90, 40ff.; *Ders.*: Hundert Jahre Hohenzollerischer Geschichtsverein. In: Hohenzollerische Heimat 18 (1968), 4-7, 21-25; *Rudolf Seigel*: Archive und Landesgeschichte in Hohenzollern. In: Zeitschrift für Hohenzollerische Geschichte 9 (1973), 79-101, 80f.

22 Hauschronik: Fürstl. Hohenz. Hofbibliothek Sigmaringen Ms. 69 Genealogie des Hauses Hohenzollern, Bl. 27. Zur Hauschronik siehe *Gerhard Wolf*: Von der Chronik zum Weltbuch. Sinn und Anspruch südwestdeutscher Hauschroniken am Ausgang des Mittelalters. Berlin 2002, 434-457. Zur Überlieferung der Hauschronik und zu Nikodemus Frischlin siehe *Dieter Mertens:* Die Schalksburgsage. In: *Andreas Zekorn / Peter Thaddäus Lang, Hans Schimpf-Reinhardt* (Hg.): Die Herrschaft Schalksburg zwischen Zollern und Württemberg. Epfendorf 2005, 17-42, 31-40, bes. Anm. 38. *Jakob Frischlin*: Drey schöne und lustige Bücher von der Hohenzollerischen Hochzeyt. Konstanz 2003, 18; *Johann Ulrich Pregitzer*: Teutscher Regierungs- und Ehren-Spiegel [...] Besonders Des Hauses Hohenzollern / Ursprung / Würde und Herrlichkeiten. Berlin 1703, 115. Zu diesen frühen hohenzollerischen Geschichtswerken *Seigel* 1973 (wie Anm. 21), 79-101, 80.

23 Zimmerische Chronik, hg. von *Karl August Barack*, Bd. 2-4. Tübingen ²1881-1882, hier Bd. 3, 48, 50-52. Zur Prägung der späteren Geschichtsschreibung, ebenfalls bei Frischlin, und des Geschichtsbildes auch im Falle der Darstellung des Verkaufs der Schalksburgherrschaft: *Mertens* 2005 (wie Anm. 22), 31ff. und unten das Kapitel über die Schalksburg.

24 StAS, Ho 80a, B II. Nr. 258 (Pak. 121); Ho 80 b, A, Nr. 20 (Pak. 4); Ho 80 b, A, Nr. 259 (Pak. 121); Ho 80 b, A, Nr. 52 (Pak. 13); Ho 80 b, A, Nr. 37 (Pak. 9). Weitere Zusammenfassungen finden sich immer wieder in den Akten vgl. die Belege bei *Zekorn* 1996 (wie Anm. 8) zur Kollektationsdifferenz 485-574; vgl. auch „Denkschrift" vom 1. Juni 1790 (*Kallenberg* 1961 (wie Anm. 13), 420-424.

25 Geographisches Statistisch-Topographisches Lexikon von Schwaben. Bd. 1. Ulm 1791, 791f.

26 Die Grafschaften fielen bereits 1534 an Österreich. Im Lehensbrief von 1535 behielt sich Österreich

u.a. die „landreysen" vor.

27 *Carl Theodor Griesinger*: Universal-Lexicon von Württemberg, Hechingen und Sigmaringen. Stuttgart und Wildbad 1841, Sp. 673ff., bes. Sp. 681, Sp. 1277ff., bes. Sp. 1280. Falsch ist bei Griesinger etwa auch, dass die Werdenberger im Jahre 1470 vom deutschen Kaiser mit der Grafschaft belehnt worden seien.

28 Die ungewöhnliche und falsche Nennung der Brüder „Friedrich und Felix von Hohenzollern", die belehnt wurden, findet sich zuvor in: *A. Fischer*: Geographie, Statistik und Topographie des Königreichs Württemberg und der Fürstenthümer Hohenzollern-Hechingen und Sigmaringen. Stuttgart 1838, 5. Abteilung, 62. Als Verfasser dieser „Abteilung" zu Hohenzollern wird der Sigmaringer Fidelis Baur genannt (ebd., VI), der kurz zuvor sein grundlegendes Werk zur hohenzollerischen Geschichte veröffentlicht hatte (s.u.). In Griesingers „Universal-Lexicon" wird aber, im Gegensatz zu Baur, erwähnt, dass Österreich die Zollern belehnte, während Baur der Auffassung war, dass Sigmaringen ein Reichslehen war (vgl. unten Anm. 31). Zur Landesgeschichtsschreibung in Hohenzollern im 19. Jahrhundert: *Kallenberg* 1979 (wie Anm. 21), 40ff.; *ders.* 1968 (wie Anm. 21); *Seigel* 1973 (wie Anm. 21), 80f.

29 *Ernst G. Johler*: Geschichte, Land- und Orts-Kunde der souverainen teutschen Fürstenthümer Hohenzollern Hechingen und Sigmaringen. Ulm 1824, 48f., 101ff., 104. Möglicherweise liegt ein Druck- oder Lesefehler vor, und der Autor meinte den Vertrag von 1482 und nicht einen Vertrag von 1432.

30 Zu Baur: *Kallenberg* 1979 (wie Anm. 21), 42f.; *Seigel* 1973 (wie Anm. 21), 81f.

31 *Fidelis Baur*: Geschichte der Hohenzollernschen Staaten Hechingen und Sigmaringen von den ältesten Zeiten bis auf unsere Tage, durchaus nach Quellen bearbeitet. 8 Hefte. Sigmaringen 1834-1836, getrennte Seitenzählung m. 4 Karten, hier: Heft IV, 50. Siehe auch: *Fidelis Baur*: Historisch-kritische Untersuchung über den Ursprung und das Wachsthum des Fürsten-Hauses Hohenzollern. Sigmaringen 1839, 24, und *Ders.*, 1838 (wie Anm. 28), 5. Abteilung, 62. Vgl. dazu *Herberhold* 1952 (wie Anm. 7).

32 *Kallenberg* 1979 (wie Anm. 21), 43; *Seigel* 1973 (wie Anm. 21), 81.

33 Beispielsweise: *Georg Viebahn:* Erinnerungen aus Hohenzollern. Ueberblick des Gebietes, der Landesgeschichte, der Wohnplätze, der Industrie und Verwaltung. Berlin 1853, 30. *Anton Pfeffer:* Vom Kaiserstammland Hohenzollern. Rottenburg am Neckar 1913, 45.

34 *Karl Theodor Zingeler*: Zur Geschichte Hohenzollerns (Vortrag). In: Mittheilungen des Vereins für Geschichte und Alterthumskunde in Hohenzollern 25 (1891/92) 24-40, 36f.: Verleihung der Grafschaften 1534 (!) durch Kaiser Karl V. Vgl. auch die in Anm. 35 genannten Arbeiten Zingelers. Zu Zingeler: *Seigel* 1973 (wie Anm. 21), 90ff., zuletzt: *Otto H. Becker*: Die Herrschaft Schalksburg. Fortwirken einer Tradition im 19. und 20. Jahrhundert. In: Die Herrschaft Schalksburg 2005 (wie Anm. 22), 187-207, 195ff. *Schwarzmann* 1858 (wie Anm. 6), 15f., 26. Zu Schwarzmann siehe *Walter Bernhardt*: Das Fürstlich Hohenzollernsche Archiv in Sigmaringen von 1803 bis zur Gegenwart, In: Zeitschrift für Hohenzollerische Geschichte 9 (1973), 9-78, 26-31; *Kallenberg* 1979 (wie Anm. 21), 49-61.

35 Häufig wird fälschlicherweise geschrieben, dass die Belehnung durch Kaiser Karl V. erfolgte, die Grafschaften Reichslehen waren und sogar das Jahr der Belehnung ist mit 1534 oft falsch angegeben, z.B.: *Bruno Stehle* (Hg.): Hohenzollern. Ein Heimatbuch. Sigmaringen 1925, 359; *Ders.* 1884 (wie Anm. 6), 3f., 150ff. Zu Bruno Stehle: Nachrufe: Zollerheimat 1 (1932), 20; Hohenz. Volkszeitung 42 (18. Februar 1932), 48 (25. Februar 1932). Nachweis seiner Werke: *Walter Bernhardt / Rudolf Seigel*: Bibliographie der Hohenzollerischen Geschichte. Sigmaringen 1975, 683. Weitere Werke, in denen die Frage der Lehenbarkeit nicht oder ungenau behandelt wurde: *Johann Heinz*: Die Hohenzollernschen Lande während des 30jährigen Krieges. In: Jahresbericht des königl. kath. Gymnasiums zu Sigmaringen, Schuljahr 1891 – 1892. Sigmaringen 1892, 1-28, 1f., 5; *Ludwig Egler*: Mythologie, Sage und Geschichte der Hohenzollernschen Lande. Sigmaringen 1894, 265f; *Zingeler* 1877 (wie Anm. 6), 7; *Ders*: Hohenzollern. Bilder aus der Gegenwart und der Vergangenheit der Stammlande des Deutschen Kaiserhauses. Stuttgart 1897, 23f. (Grafschaften Sigmaringen und Veringen als Reichslehen); *Johann Nepomuk Wetzel*: Geschichte der katholischen Kirche in Hohenzollern von der Einführung des Christentums bis zur Gegenwart. Sigmaringen 1910, 140, 148; *Anton Bumiller*: Zollerland. Sigmaringen [1940], 22; *Ders.*: Aus dem Zollerland. Plaudereien über Land und Leute. Sigmaringen o. J. (1949), 29. Weitere allgemeine, populärere Darstellungen: *Eugen Flad*: Schwäbisches Heimatbuch für Hohenzollern. Berlin 1926, 79; *Willy Baur*: Die Stadt Sigmaringen. Hechingen 1936, 12.

36 Schulbücher für Hohenzollern: *Heinrich Reiser*: Lehr- und Lesebuch für die Mittelstufe in Volksschulen. Stuttgart 1873 (4. überarbeitete Aufl.), 159; *Ders.:* Lehr- und Lesebuch für die Mittelstufe in Volksschulen. Stuttgart 1882 (5. überarbeitete Aufl.), 159; *Ders.:* Lehr- und Lesebuch für die Oberstufe in Volksschulen. Stuttgart 1886; Hohenzollerisches Lesebuch für katholische Volksschulen, herausgegeben von praktischen Schulmännern in Hohenzollern. Oberstufe. Stuttgart [1910], neue Bearbeitung, 169: Grafschaften Sigmaringen und Veringen als Reichslehen; die Darstellung fußt wohl auf Karl Theodor Zingeler (ebd. 159, 165). Falsch auch: Geographie und Geschichte von Hohenzollern für Schule und Haus. Nach amtlichen Quellen bearbeitet. Hechingen 1891 (vierte vermehrte und verbesserte Auflage), 16, 41.

37 *Erwin Hölzle*: Der deutsche Südwesten am Ende des alten Reiches. Geschichtliche Karte des reichsdeutschen und benachbarten Gebiets. Beiwort. Stuttgart 1938, 14f., 108f.. „Fürst von Hohenzollern-Sigmaringen 2. Sigmaringen, Grafschaft (1535 an Hohenzollern ...) ... 4. Veringen, Graf-

schaft (1535)." (ebd., 15). Fehlerhaft hier auch das Datum der Erhebung der Sigmaringer Linie in den Reichsfürstenstand (ebd., 14).

38 *Karl Siegfried Bader*: Der deutsche Südwesten in seiner territorialstaatlichen Entwicklung. Stuttgart 1950, 125, 127.
39 Beispielsweise *Gustav Schilling*: Geschichte des Hauses Hohenzollern in genealogisch fortlaufenden Biographien aller seiner Regenten von den ältesten bis auf die neuesten Zeiten, nach Urkunden und andern authentischen Quellen. Leipzig 1843, 78, 80. Schilling nutzte Archivmaterial, ging aber nicht auf die Differenzen mit Österreich ein. Der Hinweis auf die Lehenbarkeit der Grafschaften von Österreich findet sich hin und wieder auch in Werken, die für einen breiteren Gebrauch bestimmt waren, z.B.: *Gustav Hebeisen*: Fürstlich Hohenzollernsches Schloss Sigmaringen. Sigmaringen, [1932], 14. Dagegen wieder nur Belehnung durch Kaiser Karl V. 1534 bei: *Walter Kaufhold*: Schloß Sigmaringen (Kunstführer). München 1953, 4.
40 *Adolph Friedrich Riedel*: Die Fürsten von Hohenzollern. Berlin 1861, 84.
41 Nach Pfister fiel die Grafschaft Sigmaringen 1534 als Reichslehen an den Kaiser heim, und König Ferdinand vergab die Grafschafen als Mannlehen an Graf Karl I., vgl. *Gottfried Pfister*: Geschichte des Preußischen Staates. Mit besonderer Berücksichtigung der Hohenzollern'schen Lande für Schule und Haus bearbeitet. Hechingen 1861, 490.
42 Ebd. 490.
43 Pfister, ebd., 490, nennt ausdrücklich „einen förmlichen Vertrag" von 1620. Dabei gab es mehrere „Innsbrucker Verträge" im Zeitraum von 1619 – 1623. Zu den Innsbrucker Verträgen: *Zekorn* 1996 (wie Anm. 8), 382-401.
44 *Pfister* 1861 (wie Anm. 41), 513. Hervorhebung im Original.
45 *Karl Barth:* Jakob Barth. In: Hohenzollerische Heimat 8 (1958), 41.
46 *Jakob Barth*: Hohenzollernsche Chronik oder Geschichte und Sage der hohenzollernschen Lande. Sigmaringen [1862], 391, 532ff. Barth geht im Vergleich auch kurz auf Hechingen ein und schreibt, dass dort die Konflikte nicht beigelegt wurden.
47 *Eugen Schnell*: Festschrift zur 300jährigen Jubelfeier der fürstlichen Linie Hohenzollern-Sigmaringen am 8. März 1576/1876. Sigmaringen 1876, 6, 44f. Falsch ist auch die Darstellung, dass Kaiser Karl V. die Grafschaften 1534 verlieh. Auf Schnell stützt sich, wie aus den ähnlichen Formulierungen zu entnehmen ist: *Maximilian Schmitz*: Die Grafen und Fürsten von Hohenzollern. Sigmaringen 1895. Schmitz führt nur zu Fürst Joseph Friedrich an, dass diesem die vorderösterreichischen Behörden „inbetreff der Grafschaften [...] manche Schwierigkeiten" bereitet hätten (ebd. 37, 44, 73). Zu Eugen Schnell: *Kallenberg* 1979 (wie Anm. 21), 46-49, 61f.; *Herbert Natale / Eugen Stemmler / Rudolf Seigel*: Hundert Jahre Staatsarchiv und Fürstliches Archiv Sigmaringen. In: Zeitschrift für Hohenzollerische Geschichte 1 (1965), 241-253, 251; *Seigel* 1973 (wie Anm. 21), 86-88.
48 *Pfister* 2000 (wie Anm. 17).
49 *Sebastian Locher*: Beiträge zur Geschichte der Stadt Sigmaringen. In: Mittheilungen des Vereins für Geschichte und Alterthumskunde in Hohenzollern 1 (1867/68), 37-85, 84f.
50 Zitiert nach: *Johann Adam Kraus*: Zur Landeshoheit im Sigmaringischen. In: Zollerheimat 5 (1936), 59.
51 *Plathner* 1898/99 (wie Anm. 19), 15.
52 Ebd., 16, 33ff., 40ff., 49.
53 *Kraus* 1936 (wie Anm. 50).
54 Zu Hebeisen: *Seigel* 1973 (wie Anm. 21), 93f., 98. *Gustav Hebeisen*: Die Stadtordnung von Sigmaringen. In: Mittheilungen des Vereins für Hohenzollerische Geschichte und Alterthumskunde 47-49 (1913-16), 53-113, S. 53f., 57f.; *Ders.*: Aus der Verwaltungs- und Verfassungsgeschichte der Stadt Sigmaringen. In: Festschrift anläßlich der Einweihung des Rathauses zu Sigmaringen. Sigmaringen 1927, 37-55, 41ff., bes. 43-46; *Ders.*: Aus der Zeit und Heimat des hl. Fidelis. In: Hohenzollerische Volkszeitung 94 (24. April 1922): damals schrieb Hebeisen, dass Graf Karl I. die Grafschaften 1534 von Kaiser Karl V. zu Lehen bekam. Später: *Ders.*: Beiträge zur Geschichte des Schulwesens in Hohenzollern. In: Mitteilungen des Vereins für Hohenzollerische Geschichte u. Alterthumskunde 63 (1932), 58-77, 59: hier spricht Hebeisen deutlich von „den vorderösterreichischen Grafschaften Sigmaringen und Veringen ...". Ebenso: *Ders. / Johann Nepomuk Wetzel*: Hohenzollern. In: Lexikon für Theologie und Kirche 5 (1933), Sp. 103-107, Sp. 104 („vom Hause Habsburg als Lehen"). Vgl. auch den oben in Anm. 39 genannten Titel von Hebeisen.
55 *Friedrich Eisele*: Geschichte der katholischen Stadtpfarrei Sigmaringen. In: Mitteilungen des Vereins für Geschichte und Alterthumskunde in Hohenzollern 58 (1924), 1-71, 59 (1925), 1-194, hier: 59 (1925), 14ff., 28ff.: „Die Grafschaft Sigmaringen war nämlich österreichisches Lehen. Doch war nach den Akten die österreichische Landeshoheit über die Klöster Gorheim und Laiz erst 1767 ‚revindiciert' worden." Zu Inzigkofen: ebd., 51-70.
56 *Walter Sauter*: Oesterreich und wir. In: Das bunte Blatt der Hohenzollerischen Blätter 2./3. April 1938. Zur Arbeit Sauters auf historischem Gebiet vgl. den Index Sauter zu den Hechinger Lokalzeitungen im Kreisarchiv Zollernalbkreis und im Stadtarchiv Hechingen; ebenso: *Bernhardt / Seigel* 1975 (wie Anm. 35), Autorenregister.
57 *Herberhold* 1952 (wie Anm. 7); *Ders.*: Die österreichischen Grafschaften Sigmaringen und Veringen. In: *Metz* 1959/2000 (wie Anm. 5), 361-366. Zu Franz Herberhold siehe *Fritz Kallenberg*: 125 Jahre Hohenzollerischer Geschichtsverein. In: Zeitschrift für Hohenzollerische Geschichte 28 (1992), 9-22, 15f.
58 *Kallenberg* 1961 (wie Anm. 13). Vgl. ferner: *Maren Kuhn-Rehfus*: Sigmaringen. Ein Abriß seiner Geschichte. In: *Stadt Sigmaringen* (Hg.): 900 Jahre Sigmaringen. Sigmaringen 1977, 11-65; eine aktuelle Neubearbeitung des Beitrags findet sich in: *Werner Kuhn*: Sigmaringen. Ein historischer Füh-

59 *Kallenberg* 1961 (wie Anm. 13), 97f., 308f., 343, 347-349, 359-370.; *Ders.* 1963 (wie Anm. 20), 363ff., 416.
60 *Kallenberg* 1979 (wie Anm. 21), 15; *Ders.* 1963 (wie Anm. 20), 417f., 431-434; *Eberhard Gönner*: Hohenzollern 1800 bis 1918. In: Handbuch der baden-württembergischen Geschichte. Bd. 3. Stuttgart 1992, 435-475, 450ff. Zum Ende Vorderösterreichs und den Kriegsauswirkungen: *Quarthal* 1999 (wie Anm. 1), 55ff.
61 Ebd.
62 Zum hohenzollerischen Eigenbewusstsein in der Zeit nach 1850: *Otto H. Becker*: Hohenzollern. Preußische Exklave in Südwestdeutschland. In: *Haus der Geschichte* (Hg.): Vom Fels zum Meer. Preußen und Südwestdeutschland. Stuttgart 2002, 91-104, 100; *Ders.*: Preuße oder Hohenzoller? In: *Haus der Geschichte Baden-Württemberg / Staatsarchiv Sigmaringen* (Hg.): Preußen in Hohenzollern. Sigmaringen 1995, 123-135, 123f., 129; *Kallenberg* 1992 (wie Anm. 57), 10; *Ders.* 1979 (wie Anm. 21), 63f.; *Paul Münch*: Schwarz-weiß. Preußen in der deutschen und hohenzollerischen Geschichte. In: Zeitschrift für Hohenzollerische Geschichte 36 (2000), 13-42, bes. 23ff., 27ff., 33ff.
63 StAS, Ho 235 T 3, Nr. 85: Anlage zur Denkschrift des Regierungspräsidenten Graf von Brühl über die Frage der etwaigen Neuregelung der staatlichen Zugehörigkeit der Hohenzollernschen Lande vom 25. Februar 1918, verfaßt von Dr. Stauß. Auszugsweise in: *Becker* 1995 (wie Anm. 62), 127. Für die Mitteilung der Quelle danke ich Dr. Otto H. Becker (Staatsarchiv Sigmaringen) ganz herzlich. Dieser Bericht ist bisher ein Einzelbeleg. Möglicherweise spiegeln sich in ihm auch großdeutsche Tendenzen, wie sie im deutschen Südwesten bis 1866 allgemeiner verbreitet waren (vgl. *Hans Fenske*: Der liberale Südwesten. Freiheitliche und demokratische Traditionen in Baden und Württemberg 1790 – 1933. Stuttgart 1981, 134-145). Vgl. etwa auch den Fall der Herrschaft Schramberg: *Bernhard Rüth*: Im Netzwerk des Hauses Habsburg. Der Übergang der Herrschaft Schramberg an Österreich. In: Vorderösterreich an oberem Neckar und oberer Donau 2002 (wie Anm. 2), 55-74, 55f.
64 *Seigel* 1973 (wie Anm. 21), 97f.
65 *Bernhardt* 1973 (wie Anm. 34), 25ff., 43ff.; *Kallenberg* 1979 (wie Anm. 21), 59ff.; *Seigel* 1973 (wie Anm. 21), 86ff., 94; *Volker Trugenberger*: Wichtige Schrifften ... wie Mist vermengt. Die Archive der hohenzollerischen Fürstentümer im 18. und 19. Jahrhundert. In: *Volker Rödel* (Hg.): Umbruch und Aufbruch. Das Archivwesen nach 1800 in Süddeutschland und im Rheinland. Stuttgart 2005, 175-197; *Kallenberg* 1992 (wie Anm. 57), 15.; *Natale / Stemmler / Seigel* (1965), (wie Anm. 47), 241-253.
66 Gedruckte Prozessschriften finden sich bibliographisch nachgewiesen bei: *Bernhardt / Seigel* 1975 (wie Anm. 35), 78f. (Landesvergleich: Nr. 1210, 1211).
67 Beispielsweise: *Johler* 1824 (wie Anm. 29), 50ff., 63f.; *Baur* 1834 – 1836 (wie Anm. 31), 62ff., 76ff.; *Pfister* 1861 (wie Anm. 41), 456ff., 461ff.; *Barth* 1862 (wie Anm. 46), 532-538.; *Schmitz* 1895 (wie Anm. 47), 39, 63ff.
68 *Julius Cramer*: Die Grafschaft Hohenzollern. Ein Bild süddeutscher Volkszustände 1400 – 1850. Stuttgart 1873, 278, 331. Zu Cramer und seiner Geschichtsschreibung: *Kallenberg* 1992 (wie Anm. 57), 11; *Seigel* 1973 (wie Anm. 21), 91f.
69 *Eberhard Gönner*: Die Revolution von 1848/49 in den hohenzollerischen Fürstentümern und deren Anschluß an Preußen. Hechingen 1952, 12f.
70 Die Stadtordnung von Sigmaringen blieb bis 1810 in Kraft, siehe *Kuhn-Rehfus* 2003 (wie Anm. 58), 58f., 76f.; *Plathner* 1898/99 (wie Anm. 19), 71.
71 Plathner nutzte die Ratsprotokolle im Stadtarchiv, *Plathner* 1898/99 (wie Anm. 19), 14); Hebeisen stieß bezeichnenderweise zufällig zuerst auf die im Pfarrarchiv Veringendorf aufbewahrte Sigmaringer Stadtordnung, ehe er das Stadtarchiv nutzte (*Hebeisen* 1913-16 (wie Anm. 54), 52f.); auch scheinen verschiedentlich die „Innsbrucker Verträge" genutzt worden zu sein, die in ihren „Narrationes" die Geschichte der Auseinandersetzungen bis 1623 kurz wiedergeben, vgl. die in den Anm. 43, 46 u. 49 genannte Literatur zum rudimentären Wissen über die österreichische Vergangenheit. Schwarzmann nutzte Urkundenmaterial: *Schwarzmann* 1859 (wie Anm. 6).
72 *Seigel* 1973 (wie Anm. 21), 85f.
73 *Fritz Kallenberg*: „Vom Fels zum Meer". Die Politisierung der dynastischen Beziehungen der schwäbischen zu den brandenburgisch-preußischen Hohenzollern. In: *Ernst Schulin* (Hg.), Gedenkschrift Martin Göhring. Wiesbaden 1968, 200-213; *Ders.* 1979 (wie Anm. 21), 53ff.; *Seigel* 1973 (wie Anm. 21), 83ff., 88ff.; *Münch* 2000 (wie Anm. 62), 13-42; *Volker Trugenberger*: Die Burg Hohenzollern: „ein wichtiges geschichtliches und deutsch-nationales Denkmal". In: *Haus der Geschichte* 2002 (wie Anm. 62), 105-132.
74 *Seigel* 1973 (wie Anm. 21), 87ff.
75 *Kallenberg* 1968 (wie Anm. 21), 6f.; *Ders.* 1979 (wie Anm. 21), 11f., 51, 56, 58, 65ff., 74f.; *Seigel* 1973 (wie Anm. 21), 86.
76 Um nur einige Beispiele zu nennen: *Johler* 1824 (wie Anm. 29); *Schilling* 1843 (wie Anm. 39), *Riedel* 1861 (wie Anm. 40); *Schnell* 1876 (wie Anm. 47); *Schmitz* 1895 (wie Anm. 47).
77 *Kallenberg* 1992 (wie Anm. 57), 10; *Ders.* 1979 (wie Anm. 21). 63f.; *Becker* 1995 (wie Anm. 62), 123f., 129; *ders*: 2002 (wie Anm. 62), 100f.; *Münch* 2000 (wie Anm. 62), bes. 23ff., 27ff., 33ff.
78 *Kallenberg* 1992 (wie Anm. 57), 11f.; allgemein: *Ders.* 1979 (wie Anm. 21); *Seigel* 1973 (wie Anm. 21), 83ff.
79 Neben der bereits geschilderten rudimentären Beachtung der österreichischen Geschichte erfuhr in den Gesamtwerken zur hohenzollerischen Geschichte meist der Dreißigjährige Krieg eine relativ ausführliche Darstellung.
80 *Seigel* 1973 (wie Anm. 21), 91f.
81 Ebd. 92.
82 *Kallenberg* 1992 (wie Anm. 57), 11.

83 *Zekorn* 1996 (wie Anm. 8), 492ff., 499ff., 506ff., 514ff., 534-539. Angemerkt sei, dass einige oberschwäbische Adelshäuser zwischen 1806 und 1918 gerade nach Österreich tendierten, vgl. *Andreas Dornheim*: Oberschwaben als Adelslandschaft. In: *Hans-Georg Wehling* (Hg.): Oberschwaben. Stuttgart 1995, 123-150, 132f. Dies war bei den süddeutschen Hohenzollern im 19. Jahrhundert nicht der Fall, siehe *Julius Grossmann u.a.*: Genealogie des Gesamthauses Hohenzollern. Berlin 1905, 97-102.
84 Stadt Albstadt.
85 *Mertens* 2005 (wie Anm. 22), 21ff., 28ff.34ff.; *Becker* 2005 (wie Anm. 34), 188, 202. Zum Gesamtkomplex der Herrschaft vgl. auch zahlreiche Beiträge in *Zekorn / Lang / Schimpf-Reinhardt* 2005 (wie Anm. 22).
86 *Zekorn / Lang / Schimpf-Reinhardt:* Einleitung. In: *Dies.* 2005 (wie Anm. 22), 9-16, 11f.
87 Dies deutet an: *Mertens* 2005 (wie Anm. 22), 40f.
88 *Andreas Zekorn*: Alte Strukturen und neue Elemente während der Revolution von 1848/49 in Hohenzollern. In: Zeitschrift für Hohenzollerische Geschichte 35 (1999), 7-23.
89 Vgl. auch oben Anm. 6 zum Geschichtsbild. Zum Ende der Lehensabhängigkeit: *Kallenberg* 1961 (wie Anm. 13), 97f., 308f., 343, 347-349, 362-370.

Adlige Modernisierungsstrategien im 19. Jahrhundert Die Fürsten Anton Aloys, Karl und Karl Anton von Hohenzollern-Sigmaringen

Edwin Ernst Weber

Hohenzollern und seine beiden Fürstenhäuser in Sigmaringen und Hechingen nehmen im Transformationsprozess des südwestdeutschen Adels vom Ende des Alten Reiches bis in das 20. Jahrhundert in jeder Beziehung eine Sonderrolle ein. Am Anfang steht 1803 und 1806 das ‚Wunder von Hohenzollern', als die beiden, im Territorialgefüge des deutschen Südwestens eher unbedeutenden Duodez-Fürstentümer durch die Gunst Napoleons zunächst über alle Maßen bei der Säkularisation bevorzugt werden und sodann – gegen alle, dieser ‚territorialen Revolution' innewohnenden Logik und Wahrscheinlichkeit – der vor Augen stehenden Mediatisierung durch Württemberg entrinnen und zu souveräner Staatlichkeit zunächst im Rheinbund und sodann im Deutschen Bund geführt werden[1]. Eine neue, wiederum unerwartete Wendung nimmt der hohenzollerische ‚Sonderweg', als die durch die Demokratiebewegung von 1848/49 ihrer Machtlosigkeit schmerzvoll bewusst gewordenen und vom Verlust ihrer Domänen bedrohten Fürsten ihre Ländchen unter Bruch der bestehenden Verfassungen und ohne jede Mitwirkung der gewählten Landtage an den stammverwandten König von Preußen abtreten und die norddeutsche Großmacht fortan bis nach dem Ende des Zweiten Weltkriegs zwischen Neckar und Donau einen hoch subventionierten Außenposten besitzt[2].

Eine dritte Zäsur bringt das Ende der Monarchien 1918, das dem „Kaiserstammland" die dynastische Legitimation seiner Zugehörigkeit zu Preußen raubt und die Hohenzollerischen Lande zur Manövriermasse in den um 1920 anhebenden und bis 1952 anhaltenden Diskussionen um die staatliche Neuformierung des deutschen Südwestens macht[3]. Für das definitive Ende der Sonderentwicklung und die Rückkehr Hohenzollerns in die südwestdeutsche Normalität sorgt dann die Kreisreform von 1973, als der Landeskommunalverband der Hohenzollerischen Lande als letztes Verwaltungsrelikt der preußischen Staatszugehörigkeit aufgelöst und die in ihrer Ausdehnung mit den früheren Fürstentümern identischen hohenzollerischen Landkreise Hechingen und Sigmaringen auf drei Regierungsbezirke und zehn Nachfolgekreise aufgeteilt werden[4].

Im folgenden gilt die Aufmerksamkeit den drei Sigmaringer Fürsten vom Ende des Alten Reiches bis in das ausgehende 19. Jahrhundert und den von ihnen verfolgten Modernisierungsstrategien innerhalb des politischen, ökonomischen, sozialen und kulturellen Wandlungsgeschehens im Gefolge der Zäsuren der deutschen Geschichte und der hohenzollerischen Sonderentwicklung von der Mediatisierung über die Revolution 1848/49 bis zum Ende der Monarchien 1918.

FÜRST ANTON ALOYS: PATRIARCH IM DIENST DES HAUSINTERESSES

Den wohl einschneidendsten Umbruch der Herrschaftsverhältnisse erlebt der 46 Jahre, von 1785 bis 1831 regierende Fürst Anton Aloys. Beim Antritt seiner Herrschaft ist sein aus den Grafschaften

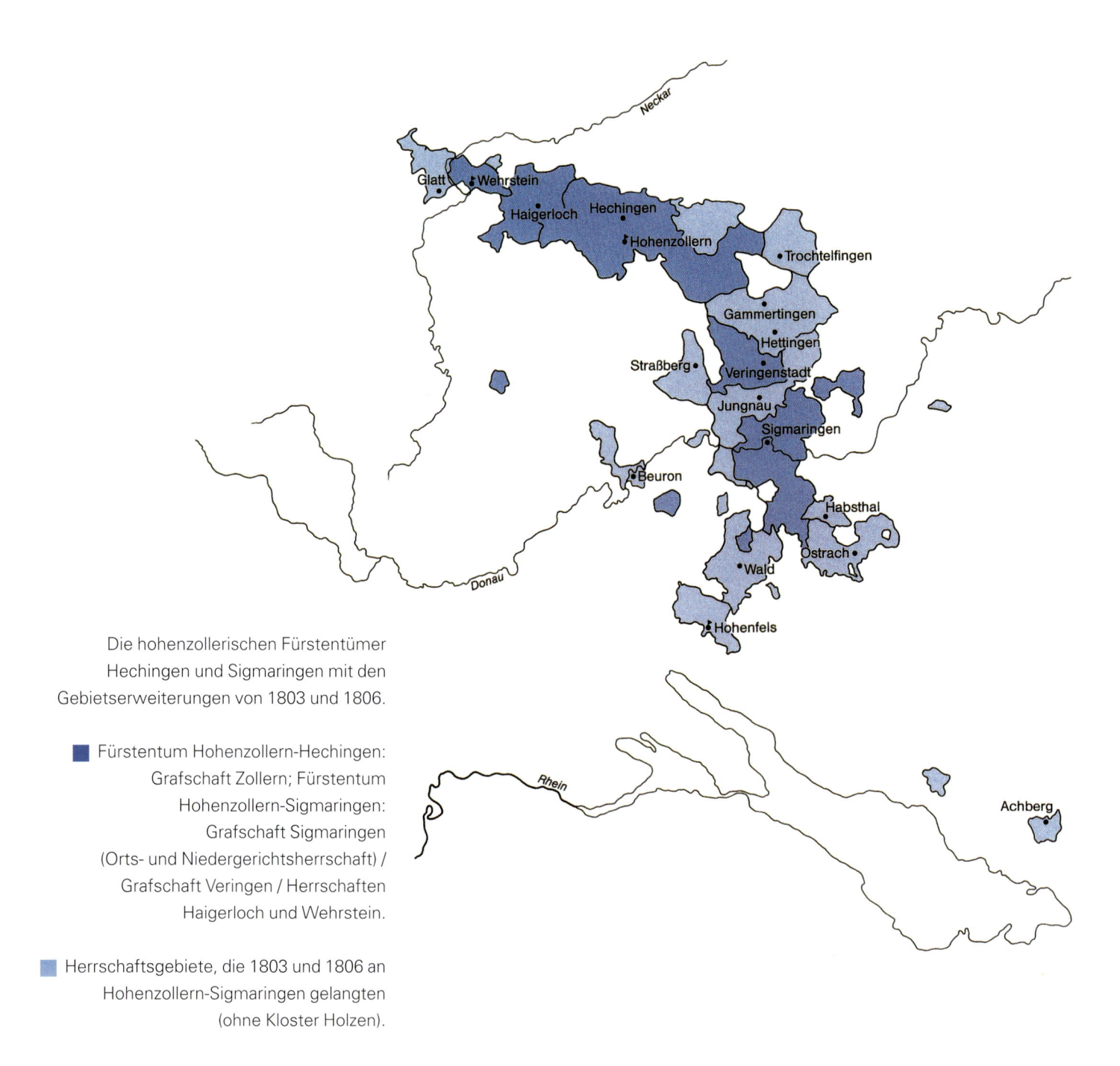

Die hohenzollerischen Fürstentümer Hechingen und Sigmaringen mit den Gebietserweiterungen von 1803 und 1806.

■ Fürstentum Hohenzollern-Hechingen: Grafschaft Zollern; Fürstentum Hohenzollern-Sigmaringen: Grafschaft Sigmaringen (Orts- und Niedergerichtsherrschaft) / Grafschaft Veringen / Herrschaften Haigerloch und Wehrstein.

■ Herrschaftsgebiete, die 1803 und 1806 an Hohenzollern-Sigmaringen gelangten (ohne Kloster Holzen).

Sigmaringen und Veringen sowie den geographisch davon getrennten Herrschaften Haigerloch und Wehrstein bestehenden Fürstentum der Mediatisierung durch Österreich nahezu erlegen. Unter Berufung auf seine Lehenshoheit über drei der vier Einzelherrschaften und die daraus abgeleitete Landeshoheit hatte das Haus Habsburg in einem sich über zwei Jahrhunderte hinziehenden Machtkampf die Sigmaringer Fürsten nahezu auf den Status landsässiger Vasallen herabgedrückt[5], die sich unter dem Regiment Maria Theresias und Josephs II. die von Österreich unternommene rigorose Sanierung der vom Bankrott bedrohten Sigmaringer Landschaftskasse, drastische Eingriffe in die Kommunalverfassung ihrer Residenzstadt, die Einführung der Normalschule und die Aufhebung der beiden Mediatklöster Gorheim und Laiz ohne wirkungsvolle Gegenwehr gefallen lassen mussten[6].

Fürst Anton Aloys von Hohenzollern-Sigmaringen (1762 – 1831, reg. 1785 – 1831). Öl auf Leinwand. Fürstlich Hohenzollernsche Sammlungen Sigmaringen.

Dass ausgerechnet die beiden hohenzollerischen Fürstentümer, deren Hechinger Zweig durch eine schier ausweglose Verschuldung und endlose Untertanenkonflikte in kaum geringeren strukturellen Nöten steckte als die Sigmaringer Vettern, die napoleonische ‚Flurbereinigung' des beginnenden 19. Jahrhunderts mit beachtlichem Gebietszuwachs und erlangter Souveränität überlebten, ist mehreren Faktoren zuzuschreiben: Da ist zum einen die diplomatische Schützenhilfe des stammverwandten Königs von Preußen, auf dessen Wünsche das revolutionäre Frankreich in der Periode zwischen dem Basler Separatfrieden von 1795 und den Niederlagen von Jena und Auerstedt 1806 durchaus Rücksicht zu nehmen hatte; zum anderen bestand bei Napoleon offenbar die wohl auf die Stammverwandtschaft mit dem preußischen Königshaus zurückgehende irrige Auffassung, dass die – tatsächlich stets dem österreichischen Klientelgefüge angehörenden – hohenzollerischen Fürstentümer im Unterschied etwa zum Habsburg-treuen Fürstenberg der Gegnerseite des Erzhauses zuzurechnen seien[7].

Letztlich für das Überleben der hohenzollerischen Fürstentümer ausschlaggebend sind aber wohl die persönlichen Beziehungen, welche die von ihrem Gatten separierte und in Paris lebende Sigmaringer Fürstin Amalie Zephyrine zu Führungspersönlichkeiten des revolutionären Frankreich wie Talleyrand und insbesondere zu Joséphine de Beauharnais, der ersten Gattin des Generals, Ersten Konsuls und späteren Kaisers Napoleon Bonaparte, besitzt und erfolgreich zugunsten der Sigmaringer und Hechinger Fürsten verwendet[8]. Dank dieser Rückendeckung und ohne durch seine nicht zum Reich gehörenden niederländischen Besitzungen eigentlich einen Entschädigungsanspruch zu besitzen, erhält der Sigmaringer Fürst durch den Reichsdeputationshauptschluss die Herrschaft Glatt aus dem Besitz des schweizerischen Klosters Muri, das Augustinerchorherrenstift Beuron, das bayerischer Landeshoheit unterstehende Benediktinerinnenkloster Holzen sowie das landsässige Augustinerchorfrauenstift Inzigkofen zugesprochen[9]. Noch deutlicher fällt die Begünstigung des Sigmaringer und in geringerem Maße auch des Hechinger Fürsten durch Napoleon 1806 aus, als der französische Kaiser gegen den

Adlige Modernisierungsstrategien

Widerstand Württembergs die volle Souveränität der hohenzollerischen Fürstentümer durchsetzt und das Sigmaringer Haus zudem mit dem Besitz der bisher österreichischer Landeshoheit unterstehenden Klöster Wald und Habsthal und der Deutschordens-Herrschaften Achberg und Hohenfels sowie mit der Souveränität über die fürstenbergischen Herrschaften Jungnau und Trochtelfingen, die thurn und taxisschen Herrschaften Ostrach und Strassberg sowie die Obervogteiämter Gammertingen und Hettingen der Freiherren von Speth ausstattet[10].

Besiegelt wird das Bündnis mit dem französischen Kaiser auch im Fall von Hohenzollern durch eine Eheverbindung: Eingefädelt wohl durch Kaiserin Joséphine und Fürstin Amalie Zephyrine heiratet der Sigmaringer Erbprinz Karl 1808 die zur kaiserlichen Prinzessin erhobene Gastwirtstochter Antoinette Murat, eine Nichte des Reitergenerals, Kaiserschwagers und späteren Königs von Neapel Joachim Murat. Die hohenzollerischen Fürstenhäuser gehören damit zum weiteren Kreis der Napoleoniden, denen sie auch nach dem Sturz des Kaisers durch drei weitere Eheallianzen – die Heirat von Erbprinz Karl Anton mit Prinzessin Josephine von Baden, einer Tochter von Stephanie de Beauharnais, die Ehe des Hechinger Fürsten Friedrich Wilhelm Konstantin mit Prinzessin Eugénie von Leuchtenberg sowie die Verbindung der Sigmaringer Prinzessin Friederike Wilhelmine mit dem Murat-Enkel Joachim Napoleon Marquis Pepoli – verbunden bleiben[11].

Trotz der fortbestehenden württembergischen Mediatisierungsgelüste, noch bis 1810 diskutierter Verpflanzungsprojekte für die hohenzollerischen Fürsten und der Risiken des Bündniswechsels von 1813 sind Fürst Anton Aloys und sein Hechinger Vetter 1806 die Souveräne von zwei Kleinstaaten geworden, die mit 33 000 bzw. 14 500 Einwohnern kaum mehr als zwei Prozent der damaligen Bevölkerung von Südwestdeutschland stellen und mit ihren vom Schwarzwald bis nahe an den Bodensee langgestreckten Grenzen mit zehn Exklaven und fünf Enklaven unübersehbar auf den rein dynastischen Hintergrund der hohenzollerischen Herrschaftsbildung verweisen[12]. Während der Sigmaringer Fürst von seinem eigenen Enkel Karl Anton als einfacher, wohlwollender Mann mit geringem geistigen Horizont und ausgeprägter Jagdleidenschaft charakterisiert wurde[13] und die ältere panegyrische Literatur in ihm vorrangig den landesväterlichen und umsichtigen Biedermann sah[14], verweist die jüngere wissenschaftliche Forschung auf den von ihm hinterlassenen Reform- und Problemstau sowie den Vorrang der Haus- gegenüber den Landesinteressen[15].

Trotz einzelner Neugestaltungsansätze insbesondere im Schul- und Kirchenwesen, dem Straßenbau, dem Justizwesen, der Kriegslastentilgung und nicht zuletzt bei der Begründung der ersten hohenzollerischen Zeitung, des seit 1809 erscheinenden „Wochenblatts für das Fürstenthum Hohenzollern-Sigmaringen", wurden entscheidende Reformbereiche, insbesondere die Gewerbeordnung, die Steuergesetzgebung sowie die Verabschiedung einer Verfassung, aufgeschoben und verschleppt. Die gravierendste, von Fürst Anton Aloys hinterlassene Hypothek war indessen die Überführung des gesamten Säkularisationsgutes von 1803 und 1806 in den fürstlichen Haus- und Fideikommissbesitz. Während in Baden und Württemberg das Säkularisationsgut durch unterschiedliche Regelungen ganz überwiegend Staatseigentum wurde, stand die Sicherung der sogenannten „Domänen" als Haus- und Privatbesitz fortan im Zentrum fürstlicher Politik in Hohenzollern[16]. Wenn der fürstliche Regierungsrat Mock um 1830 mit bemerkenswertem Bekenntnismut darauf verweist, es sei „nicht zu verkennen, daß die Rheinbunds-Acte das Fürstenhaus größer, mächtiger und reicher – das Land aber unfreier und ärmer gemacht hat"[17], so identifiziert dies zu Recht das Fürstenhaus als den eigentlichen und letztlich zu Lasten des Landes erfolgreichen Gewinner des Umbruchs von 1803/06. Fürst Anton Aloys verfolgt in diesem Kontext eine traditionelle Adelspolitik, die vorrangig auf die Vermehrung der Domänen[18] und die Interessen des Hauses und weniger auf die Modernisierung des Landes ausgerichtet ist.

Fürst Karl von Hohenzollern-Sigmaringen (1785 – 1853, reg. 1831 – 1848). Richard Lauchert, Öl auf Leinwand, 1852. Fürstlich Hohenzollernsche Sammlungen Sigmaringen.

FÜRST KARL: DER „AUFGEKLÄRTE" REFORMER

Mit dem 46jährigen Karl tritt nach dem Tod des Vaters Anton Aloys 1831 eine geistig und politisch ganz anders geprägte Persönlichkeit an die Spitze des Sigmaringer Duodezstaates. Als junger Erbprinz hatte er in den militärischen Diensten des bewunderten Napoleons und des Schwagers Joachim Murat sowie durch seine Eheverbindung mit dessen Nichte Antoinette Murat die für die hohenzollerischen Fürstentümer ebenso prekäre wie glückliche Umbruchsphase zwischen 1803 und 1815 hautnah miterlebt und partiell bereits mitgestaltet[19]. Die von ihm als persönliche Orientierungshilfe für seinen Sohn Karl Anton verfassten „Ansichten und Anleitungen über das Leben mit besonderer Berücksichtigung auf Stand und Beruf" gewähren einen interessanten Einblick in die Gedankenwelt des angehenden Regenten kurz vor dem Herrschaftsantritt[20]. Die von ihrem Verfasser in den Druck gegebene Schrift von 1831 präsentiert sich über weite Strecken als „eine Aneinanderreihung von Lebensmaximen aphoristischer Art" in der Tradition älterer Fürstenspiegel[21]. Erbprinz Karl präsentiert sich in der Schrift als gebildeter, pflichtbewusster und ernsthafter Thronfolger mit ausgeprägt philosophischen Neigungen, der an der Seite seines Vaters bereits einiges an Lebens- und Regierungserfahrungen sammeln konnte.

Neben der Wertschätzung der Religion und der Geschichte als Lehrmeisterin, der Selbstreflexion, Selbstbeherrschung und Pflichterfüllung in der Tradition der Stoa finden sich in den „Anleitungen" auch politische Maximen, die Fürst Karl in der Folge als grundliegende Orientierung seines Regierungshandelns dienen. In der Forschung bereits wiederholt zitiert wurde sein Befund, wonach ein Regent „im Geiste seines Zeitalters handeln" muss. Jedes Zeitalter habe seine beherrschenden Meinungen, und zu gewissen Zeiten würden gewisse Ideen so wirkungsmächtig, dass sie sich aller Geister bemächtigten und unwiderstehlich alles leiteten, was gesagt und getan werde. „Das Geheimnis des Gesetzgebers besteht darin", so die Folgerung des Erbprinzen, „das Schicksal seiner Unternehmungen mit diesen Ideen in Einklang zu bringen."[22] Bemerkenswert ist seine

Adlige Modernisierungsstrategien

Auffassung, dass die „Volksmeinung [...] vom Fürsten am wenigsten zu verachten" sei. Allerdings sei diese „nicht das Geschrei unruhiger Köpfe, sondern das Werk jener Klasse von Bürgern, die durch Vernunft, Alter und Erfahrung geleitet werden, die, mit ihren bestehenden Verhältnissen zufrieden, nur die Erhaltung der Ordnung wünschen."[23]. Den Zuwachs an Freiheit für die Völker müssten „die Chefs der Staaten" keineswegs fürchten, würde letztere dadurch doch „von der willkürlichen Gewalt verlieren, aber an wahrer Macht gewinnen."[24] Sogar die Opposition in Rede und Schrift hat in diesem Weltbild ihre Berechtigung, wobei sie allerdings zur Erhaltung der Regierung beitragen müsse[25]. In einer guten Verwaltung erkennt der Prinz die Voraussetzung für „Ruhe und Wohlstand im Innern, Achtung von außen, Liebe und Vertrauen der Untertanen gegen den Souverän"[26], der sich im übrigen drei grundlegende Lehren „tief in's Herz" prägen müsse: „Die eine, daß er über Menschen herrscht; die andere, daß er nach Gesetzen herrscht; die dritte, daß er nicht auf immer herrscht."[27] Das Pflichtethos Karls gipfelt in der Empfehlung an seinen Sohn, „alle persönlichen Vortheile [...] den wichtigeren Interessen, dem Heile, dem Wohlstande und der Sicherheit deiner Unterthanen" zu opfern[28]. Dem Anschein nach ist das ein Regierungsprogramm, das in der Tradition des aufgeklärten Absolutismus den Vorrang des Landes- vor dem Herrscherwohl propagiert.

Nach seinem Regierungsantritt kurze Zeit nach Erscheinen der Schrift präsentiert sich Fürst Karl dann tatsächlich als eifriger Reformer, der seinen Kleinstaat administrativ, infrastrukturell und konstitutionell modernisiert. Nachdem er bereits als Erbprinz den Vorschlag der Regierung unterstützt hatte, die von seinem Vater über ein Jahrzehnt lang verschleppte Verfassung nicht per Oktroy zu erlassen, sondern im Einvernehmen mit den Ständen zu verabschieden, lässt er schon drei Wochen nach seinem Regierungsantritt Wahlen zu einem aus zehn in indirekter Wahl bestimmten Wahlkreis-Vertretern sowie drei ernannten Repräsentanten der Geistlichkeit sowie der fürstenbergischen und thurn- und taxisschen Standesherren bestehenden Landtag ausschreiben[29]. Im Zusammenwirken zwischen einem Landtagsausschuss und zwei Regierungskommissaren wird ein Verfassungsentwurf ausgearbeitet und sodann im Landtagsplenum beraten. Als am 11. Juli 1833 in feierlicher Sitzung im Sigmaringer Schloss die Verfassungsurkunden zwischen dem Fürsten und dem Landtag ausgetauscht werden, „hat das Fürstentum den Anschluß an den süddeutschen Konstitutionalismus in eigenständiger Weise gefunden"[30].

Mit Zustimmung des Landtags waren in die Verfassung die staatsrechtlichen Bestimmungen aus dem Hausgesetz von 1821 übernommen worden, das die alten Erbverträge mit Preußen aus den Jahren 1695 und 1707 bestätigt und stillschweigend auch die nichtebenbürtige Ehe des damaligen Erbprinzen Karl mit Antoinette Murat sanktioniert hatte. Prinzipiell anerkannt wurde damit auch die preußische Eventualerbfolge in das Fürstentum – für den Fall des Aussterbens der schwäbischen Hohenzollern-Linien im männlichen Stamm[31]. Keine Klärung fand die Domänenfrage, also die Scheidung des Säkularisationsguts von 1803/06 in einen dem Fürstenhaus und einen dem Land zugehörigen Teil. Der zu erwartenden Konfrontation über diese Grundsatzfrage hatte Fürst Karl in der Frist zwischen der Aufhebung der ersten Ständeversammlung und der Wahl des verfassungsgebenden Landtags im November 1832 durch eine Änderung der Behördenorganisation vorgebaut und die Domänenverwaltung aus der Landesregierung ausgegliedert und einer selbstständigen Domänen-Oberdirektion zugewiesen, die nur dem Fürsten verantwortlich, nicht aber dem Landtag auskunftspflichtig war. Obgleich sich in Artikel 74 der Verfassung der ausdrückliche Auftrag findet, dass „durch eine Übereinkunft mit den Ständen [...] festgestellt werden [soll], (a) was als Bestandteil des Domänenvermögens zu betrachten ist, (b) welche Ausgaben aus dem Ertrage desselben zu bestreiten sind, (c) welche Leistungen auf die Hauptlandeskasse zu überweisen sind, und (d) was, bei der Unzulänglichkeit des Domänenertrags, für die Bedürfnisse des fürstlichen Hauses und Hofes aus den Mitteln des Landes beigetragen werden soll", verhinderte der mit alleiniger Gesetzesinitiative ausgestattete Fürst konsequent die Behandlung der wichtigen Frage während der folgenden fünf Landtage[32].

Unterstützt von nach Sigmaringen berufenen hochkarätigen auswärtigen Spitzenbeamten, darunter der zum Chef der Landesverwaltung ernannte liberale Reformer Freiherr Wilhelm Schenck zu Schweinsberg, unternimmt Fürst Karl in seiner 17jährigen Regierungszeit wichtige Initiativen zur Verbesserung der sozialen und ökonomischen Infrastruktur seines Ländchens. So erhält das Fürstentum durch die herrschaftlich gesteuerte Modernisierungspolitik 1834 eine Spar- und Leihkasse[33] und 1847 – mittels eines vorrangig aus Stiftungen der fürstlichen Familie gespeisten Kapitalfonds – ein Landesspital[34]; im ehemaligen Kloster Habsthal entsteht 1841 zunächst eine Lehrervorbereitungsschule und sodann ein Blinden- und Taubstummeninstitut. Im oberen Donautal beginnt der Bau einer durchgehenden Straßenverbindung[35], und in der Residenz- und Landeshauptstadt Sigmaringen tritt neben das bescheidene und enge Ackerbürgerstädtchen am Fuße des Schlosses nach den Vorgaben eines 1836/37 erstellten Stadtbauplans ein neues und großzügig angelegtes Regierungs- und Verwaltungszentrum mit repräsentativen Bauten im klassizistischen und historistischen Stil, die im Bereich von Leopoldplatz und Karlstraße der Stadt bis heute ihr unverwechselbares Gesicht geben[36]. Mit dem vom Adelspalais des Prinzenbaus, dem Ständehaus und repräsentativen Bürgerhäusern gesäumten und von vier Verkehrsachsen erschlossenen zentralen Platz erhält Sigmaringen eine öffentliche „Bühne", die sich sowohl für die fürstliche und hauptstädtische Selbstdarstellung wie in den Revolutionsjahren 1848/49 zum zentralen Versammlungsort der hohenzollerischen Demokratiebewegung eignet.

Dank der Reformpolitik seines Fürsten präsentiert sich das Fürstentum Hohenzollern-Sigmaringen am Vorabend der Revolution von 1848/49 als Verfassungsstaat mit liberalem Regierungschef, vergleichsweise ‚moderner' Regierungs- und Verwaltungspraxis und mit entwickelter politischer Partizipation und Öffentlichkeit. Der Motor der Modernisierung sind unverkennbar der Fürst und seine Regierung, deren Reformeifer in der Ära Schenck von Schweinsberg insbesondere auf den Gebieten der Feudallastenablösung und des Schulwesens sowie bei der rechtlichen Gleichstellung der Juden die konservative Landtagsmehrheit oft nicht zu folgen bereit war[37]. Die Sympathien der sich im Landtag seit den 1830er Jahren entwickelnden liberalen Minderheit unter ihren Wortführern Dr. Karl Otto Würth und Pfarrer Josef Sprißler sowie des von ihr seit März 1847 kontrollierten Presseorgans, des „Erzählers", gelten der fortschrittlichen fürstlichen Regierungspolitik[38].

Für Fürst Karl bricht erkennbar eine Welt zusammen, als er für seine wohlmeinende patriarchalische Modernisierungs- und Reformpolitik in der Revolution von 1848/49 nicht mehr den erwarteten Dank erntet, sondern von der sich rasch radikalisierenden Demokratiebewegung zumal in seiner eigenen Residenzstadt mit ultimativen Forderungen nach weitergehenden Bürgerfreiheiten, Aufhebung der Feudallasten und alsbald auch nach einer Regelung der ungeklärten Domänenfrage zugunsten des Landes konfrontiert wird[39]. Er scheitert mit seinem ‚aufgeklärten' und ‚von oben' verordneten Modernisierungsansatz letztlich gewiss an der Dynamik der nach Volkssouveränität jenseits aller tradierten patriarchalischen Herrschaftsschranken strebenden revolutionären Bewegung[40], zu einem nicht geringen Teil aber auch an der mitverschuldeten politischen Hypothek der noch immer ungeregelten „Domänenfrage" sowie der auch von der fürstlichen Hofkammer sowie den beiden Standesherrschaften verschleppten Ablösung der bäuerlichen Feudallasten. In einer Erklärung vom 23. August 1848 bekundet er in gänzlicher Verständnislosigkeit gegenüber den demokratischen Bestrebungen, „unter den jezigen (!) Beschränkungen der Regierungsgewalt und der Mitwirkung einer Ständeversammlung, welche in ihrer Mehrheit sich zur Aufgabe macht, alles Bestehende umzustürzen und die größte Rücksichtslosigkeit für alle Rechte der Besizenden (!) [...] geltend zu machen", nicht mehr regieren zu wollen und zu können[41]. Zutiefst resigniert und verbittert und in offenem Zweifel über die Lebensfähigkeit der hohenzollerischen Duodezstaaten dankt Fürst Karl am 27. August 1848 zugunsten seines Sohnes Karl Anton ab.

FÜRST KARL ANTON: DER VORREITER ZU EUROPÄISCHER BEDEUTUNG

Fürst Karl Anton ist die herausragende Gestalt unter den Sigmaringer Hohenzollern, der seinem Haus aus der Krise von 1848/49 und dem Scheitern der staatlichen Modernisierungspolitik seines Vaters einen für mehrere Generationen gültigen Ausweg eröffnet[42]. Der einzige Sohn des Fürstenpaares Karl von Hohenzollern-Sigmaringen und Antoinette Murat genießt eine sorgfältige Erziehung und Ausbildung, zu deren Ausrichtung der Vater als Ratgeber sogar Alexander von Humboldt und Goethe heranzieht[43]. Stationen seiner Bildungslaufbahn sind die Gymnasien in Regensburg und Rastatt, die Akademie in Genf und schließlich die Universitäten Tübingen, Göttingen und Berlin, wo sich mit dem Prinzen Wilhelm, dem späteren preussischen König und deutschen Kaiser, eine lebenslange Freundschaft anbahnt. Nach Abschluss seiner Studien heiratet der Sohn einer Murat mit Prinzessin Josephine von Baden die Tochter einer Beauharnais, die er auf Schloss Arenenberg bei einem der zahlreichen wechselseitigen Besuche seiner Großmutter Amalie Zephyrine, seiner Mutter sowie der Exkönigin von Holland Hortense de Beauharnais und der badischen Großherzogin Stéphanie de Beauharnais kennen gelernt hatte[44].

Nachdem er seinen Vater bereits zuvor bei den Regierungsgeschäften unterstützt hatte, kommt die große Bewährungsprobe des Erbprinzen mit der Märzrevolution 1848, als Karl Anton am 12. März – offenbar im Alleingang und ohne vorherige Absprache mit dem widerstrebenden und über den ‚Undank' seiner revoltierenden Untertanen zutiefst aufgebrachten Fürsten Karl – die aufgeheizte Stimmung durch den Verzicht auf verschiedene bäuerliche Abgaben vorübergehend beruhigen kann[45]. Im August 1848 übernimmt er nach der Abdankung seines Vaters die Regierung des Fürstentums und wird zum bestimmenden Gegenspieler des Sigmaringer Revolutionsführers und Paulskirchenabgeordneten Dr. Karl Otto Würth und der sich im Sommer und Herbst rasch radikalisierenden hohenzollerischen Demokratiebewegung. Unter dem Eindruck des Sigmaringer Septemberaufstands, auf den er taktisch äußerst geschickt mit einer vorübergehenden Exi-

Fürst Karl Anton von Hohenzollern-Sigmaringen (1811 – 1885, reg. 1848 – 1850), Richard Lauchert, Öl auf Leinwand, 1854. Fürstlich Hohenzollernsche Sammlungen Sigmaringen.

lierung von Hof und Regierung im nahe gelegenen badischen Überlingen und der Veranlassung einer militärischen Intervention durch die Frankfurter Zentralgewalt reagiert, wandelt sich Karl Anton von einem Gegner zu einem entschiedenen Befürworter der bereits von seinem Vater erwogenen Souveränitätsabtretung[46].

Neben der realistischen Einsicht in die mangelnde Lebensfähigkeit kleinerer Staaten und die zumal in Konfliktkonstellationen schmerzlich begrenzten Machtmittel ihrer Herrscher ist ein wesentliches Motiv für die von Karl Anton seit dem Spätherbst 1848 mit Konsequenz gesuchte Mediatisierung der hohenzollerischen Fürstentümer die Rettung der Domänen für das Fürstenhaus. Wie die Verhandlungen mit der provisorischen Zentralgewalt und zeitweilige Sondierungen gar mit dem ungeliebten Württemberg zeigen, hätten die hohenzollerischen Fürsten ihre Souveränität wohl an jeden ‚verkauft', der ihnen den von der Demokratiebewegung und dem Revolutions-Landtag massiv in Frage gestellten Domänenbesitz garantierte[47].

In langwierigen Verhandlungen gelingt es schließlich Ende 1849, den zunächst aufgrund legitimistischer Bedenken gegen die Usurpation fremder Souveränitätsrechte eingestellten preußischen König Friedrich Wilhelm IV. zur Übernahme der beiden hohenzollerischen Fürstentümer zu bewegen. Ausschlaggebend für dessen Meinungswandel ist letztlich ein von Vize-Oberhofzeremonienmeister Graf Stillfried über Jahre beim König genährter dynastischer ‚Zollernenthusiasmus', der neben einem exzessiven Ahnenkult und einer kostspieligen Burgenromantik die engste Zusammengehörigkeit der hohenzollerischen Linien in Franken-Brandenburg und Schwaben

suggeriert[48]. Die rechtliche Konstruktion zur Legitimierung des durch Übereinkunft der gekrönten Häupter, aber ohne jede Mitwirkung der hohenzollerischen Landtage und unter Bruch der in beiden Fürstentümern bestehenden Verfassungen vollzogenen Herrschaftswechsels ist die sogenannte „antizipierte Sukzession", also die vorzeitige, durch die Abdankung und nicht etwa das Aussterben der süddeutschen Linien wirksam werdende Erbfolge des preußischen Chefs des hohenzollerischen Gesamthauses[49].

Die Gewinner dieses Länderschachers im Stil absolutistischer Kabinettspolitik sind eindeutig die beiden hohenzollerischen Fürsten: Der Staatsvertrag vom 7. Dezember 1849 sichert dem Sigmaringer Fürsten eine Jahresrente von 25 000 Talern und seinem Hechinger Vetter von 10 000 Talern, den mit diversen Privilegien verbundenen Status nachgeborener Prinzen des preußischen Königshauses mit Ausnahme der Thronfolge, vor allem aber werden die Domänen den Fürstenhäusern als „wahres Fürstlich Hohenzollernsches Stamm- und Fideikommiß-Vermögen Königlich Preußischer Seits anerkannt."[50] Die hohenzollerischen Fürstenhäuser, von denen nach der rentenvergüteten Besitzabtretung 1850 und dem Aussterben der Hechinger Linie 1869 nur noch der Sigmaringer Zweig verblieb, haben damit durch eine selbstbetriebene Mediatisierung ein halbes Jahrhundert nach dem Umbruch von 1806 den Status und die Rechts- und Besitzprivilegien ihrer adligen Standesgenossen in Südwestdeutschland erlangt und damit in gewissem Sinne die Entwicklung für ihre Duodezländchen nachgeholt – zu freilich für sie weitaus günstigeren Konditionen als für die zwangsmediatisierten Standesherren in Baden und zumal in Württemberg[51].

Die Hintergründe und Umstände der Abtretung der hohenzollerischen Fürstentümer an den König von Preußen erfahren noch vor dem Abschluss der Transaktion eine ideologische Uminterpretation. In seiner Abschiedsrede, die umgehend veröffentlicht wird, gibt Fürst Karl Anton am 6. April 1850 anlässlich der Übergabe von Regierung und Souveränität an Preußen zum einen eine bemerkenswerte Rechtfertigung der fürstlichen Modernisierungspolitik, die zuvor quer durch alle politischen Lager und deren jeweiligen Presseorgane hart kritisiert worden war[52]. Die Sigmaringer Justizpflege erfreue sich eines guten Namens, und die Finanzverwaltung des Fürstentums befinde sich im Zustand der vollsten Ordnung. Das Land besitze, so der Fürst weiter, wohlorganisierte Armenanstalten, die größtenteils aus herrschaftlichen Spenden fundiert seien. In einem von seinem Vater dem Land überlassenen Gebäude, dem ehemaligen Kloster Habsthal, würden die verwahrlosten Kinder und Waisen erzogen und gebildet. In der Nähe der Residenzstadt erhebe sich ein aus Stiftungen des fürstlichen Hauses errichtetes ausgedehntes Landesspital, in dem bis zu 100 Kranke sorgfältige Pflege und Heilung finden könnten. Die fürstlichen Hoch- und Straßenbaumaßnahmen seien seit Jahren auch deshalb unternommen worden, um dem notleidenden Arbeiter Verdienst zu geben. Das seit langem geregelte und in vollständiger Ordnung erhaltene Steuersystem des Fürstentums habe die Bestreitung des öffentlichen Aufwandes und den Erhalt der verschiedenen, dem Lande zur Zierde gereichenden Anstalten ohne allzu große Beschwernis für die Steuerzahler erlaubt.

Vor allem aber ist die Rede Karl Antons eine Abrechnung mit seinen demokratischen Gegnern und eine Rechtfertigung seines Souveränitätsverzichts zugunsten Preußens. In den zurückliegenden Revolutionsjahren seien die gewährten Volksfreiheiten durch frevelhafte Hände schamlos missbraucht worden, das freie Versammlungsrecht habe gleich zweimal zur Herbeiführung von Aufruhr gedient. Die aufrührerischen Unternehmungen seien auch im Sigmaringer Fürstentum von gewissenlosen Volksführern eingeleitet und von unverständigen Massen unterstützt worden. Die freie Presse sieht der Fürst großenteils als „Tummelplatz niedriger Gemeinheit und sozialistischen Schmutzes", die Geschworenengericht als „Garantie (...) für die Straflosigkeit gemeiner Verläumder (!) und Aufwiegler" und die Volkswehr schließlich „erniedrigt [...] zur Leibgarde hirnverbrannter Revolutionäre". Angesichts solcher Umstände könne „von aufrichtiger, freudiger Pflege der Ideen der Neuzeit nicht mehr die Rede sein". Überdies fehle es in seinem kleinen Land an einem gesunden, kräftigen, für die Aufrechterhaltung der öffentlichen Ordnung tätigen Mittelstand als das Lebenselement einer wahrhaft konstitutionellen Regierung.

Die Neuzeit habe, so der Fürst weiter, die Existenz der kleinen Staaten in ihren Grundfesten erschüttert, das patriarchalische Verhältnis zwischen Fürst und Volk der kleinen Länder sei unwiederbringlich vernichtet. „Man will nicht mehr die väterliche Liebe des Fürsten, man will von seinem Rechte Gebrauch machen; der Fürst soll nicht mehr der erste Diener des Staates sein, sondern ein willenloses Werkzeug der Volkslaunen; er soll nicht mehr freigebig gewähren, sondern es soll gewaltthätig genommen werden."

Unüberhörbar ist die Rede Karl Antons auch der Ausdruck bitterer Enttäuschung über den Unverstand und den Undank seiner Untertanen angesichts der vom fürstlichen Hause erbrachten Leistungen und gewährten patriarchalischen Wohltaten und zugleich auch ein bemerkenswertes Zeugnis für das völlige Scheitern der 20 Jahre zuvor von seinem Vater mit hohem Pflicht- und Herscherethos propagierten patriarchalisch-‚aufgeklärten' Reform- und Modernisierungspolitik ‚von oben'.

Den Ausweg aus der unhaltbaren Lage sieht Fürst Karl Anton darin, dass „eine mächtige Hand" die Zügel der Regierung ergreift, damit Volkswohl und Volksglück in Hohenzollern wieder heimisch werden. Diese mächtige Hand ist der König von Preußen und Chef des Gesamthauses Hohenzollern, dem er die angestammte Souveränität des Fürstenhauses Hohenzollern-Sigmaringen und die Regierung des Landes „als eventuellen Successor" abgetreten habe. Sein Verzicht diene zugleich „zur Beförderung dessen, was dem großen deutschen Vaterlande Noth thut und Meinem Volke frommt" und sei ein „Schritt vorwärts auf die Bahn zur Einheit, zur

Erbhuldigung auf dem Hohenzollern am 23. August 1851: Der preußische König Friedrich Wilhelm IV. lässt sich auf der ehemaligen Stammburg der Hohenzollern-Dynastie von seinen neuen schwäbischen Untertanen huldigen. Georg Eberlein, Öl auf Leinwand. Verwaltungsgericht Sigmaringen.

Größe, zur Macht Deutschlands". Er sei „stolz, Meine Pflicht erfüllt zu haben, so lange Ich die Regierung Meines Landes führte, und sie zu erfüllen, indem Ich die Regierung niederlege." Es folgt die bekannte nationale Stilisierung des Souveränitätsverzicht als Opfer für die Einheit Deutschlands, wie dies in der Folge mit großem Pathos seinen Niederschlag in zahlreichen Publikationen und nicht zuletzt auf dem 1890 am Rande des Sigmaringer Marktplatzes errichteten Karl-Antons-Denkmal findet und die geschichtliche Interpretation des Schrittes von 1849/50 lange Zeit bestimmt: „Soll der heißeste Wunsch Meines Herzens, soll das Verlangen aller wahren Vaterlandsfreunde erfüllt werden, soll die Einheit Deutschlands aus dem Reich der Träume in Wirklichkeit treten, so darf kein Opfer zu groß sein; Ich lege hiemit das größte, welches Ich bringen kann, auf den Altar des Vaterlandes nieder."

Seine tatsächlichen Beweggründe für die Souveränitätsabtretung an den König von Preußen bekundet Fürst Karl Anton Ende 1849 in einem persönlichen Brief an den mit ihm freundschaftlich verbundenen Fürsten Karl Egon II. zu Fürstenberg[53]: Er sei nach einjährigen Verhandlungen mit Preußen nunmehr „am Ziele meiner aus vollster Überzeugung gefaßten Bestrebungen angelangt. Mit dem kommenden Jahr hört Gott sei Dank das Unding unserer politischen Selbstständigkeit auf, und das schwäbische Zollern wird für immer preußisch. So schwer der Moment des Übergangs sein wird, so sehr fühle ich mich beruhigt, wenn ich kalten Blutes meines Hauses und

Adlige Modernisierungsstrategien

meiner Familie Interesse dabei überdenke." In der „Abdication" liege die einzig mögliche Rettung „unseres altehrwürdigen Glanzes", und ohne den Souveränitäts-Verzicht „wäre die Confiscierung des Domanialbesitzes durch das Land, die Feststellung eines Landes-Almosens, d.h. einer Civilliste, und sonach schleunige Verarmung die notwendige Folge gewesen. Kleine Staaten unserer Cathegorie" seien „unvereinbarlich mit den Ideen und Anforderungen der Neuzeit; sobald wir aus dem patriarchalischen Verhältnis heraustreten, werden wir lächerlich und unmöglich." Deshalb sei es sein rastloses und unausgesetztes Bestreben gewesen, so Fürst Karl Anton weiter, sich im Wege eines Vertrages einer Stellung zu entäußern, „die jeder politische Windstoß umwirft und welche, wenn nicht morgen, doch in nächster Zukunft durch irgendeinen Machtspruch dennoch annulliert werden dürfte." Es ist mithin zum einen die Rettung der Domänen für sein Haus und zum anderen aber auch die Einsicht in die Lebensunfähigkeit seines Kleinstaates, die den Fürsten zum Souveränitätsverzicht veranlasst haben.

Während der regierungsmüde Hechinger Fürst sich auf seine schlesischen Güter zurückzieht und dort fortan bis zu seinem Tod 1869 seinen musischen Liebhabereien lebt, ist der Souveränitätsverzicht für Karl Anton und das Sigmaringer Fürstenhaus der Ausgangspunkt für eine inmitten der südwestdeutschen Adelswelt höchst bemerkenswerte Neupositionierung. Karl Anton persönlich durchläuft in preußischen Diensten eine erfolgreiche militärische und politische Karriere, deren Höhepunkte die Position des Militärgouverneurs der Rheinprovinz und Westfalens sowie das zwischen den Fronten des Verfassungskonflikts um die Heeresvorlage allerdings glücklos ausgeübte Amt des preußischen Ministerpräsidenten als Vorgänger Otto von Bismarcks sind[54]. Von seinen beiden preußischen Königen, zunächst Friedrich Wilhelm IV. und sodann der freundschaftlich mit ihm verbundene Wilhelm I., wird Karl Anton von Anfang an mit besonderem, verwandtschaftlichem Vertrauen ausgezeichnet, das sich neben den 1849 ausgehandelten Privilegien in den Verleihungen der Titulaturen „Hoheit" und sodann „Königliche Hoheit" und einem engen familiären Verkehr zwischen dem hohenzollerischen und dem preußischen Adelshaus niederschlägt[55].

Ziel des Fürsten ist indessen kein Aufgehen seiner Familie im preußischen Königshaus, sondern die Erlangung einer herausgehobenen Position in der europäischen Adelswelt für das eigene Fürstenhaus. Dies geschieht durch eine höchst erfolgreiche Heirats- und „Filiations"-Politik, bei der Karl Anton lange Zeit auf die Unterstützung des französischen Kaisers Napoleon III., des Sohnes von Hortense de Beauharnais und Jugendfreunds aus Inzigkofer und Arenenberger Tagen, zählen kann[56]. Mit dem portugiesischen Königshaus wird mit der Heirat von Erbprinz Leopold und der Infantin Antonia 1861 sowie der Vermählung von König Don Pedro V. und Prinzessin Stephanie 1868 gleich eine zweifache Verbindung eingegangen. Die jüngste Tochter des Fürsten, Marie, ehelicht 1867 Graf Philipp von Flandern, wird zur Mutter des belgischen Königs Albert und zur Ahnherrin des bis heute herrschenden Königshauses. Der zweitälteste Sohn Karl wird 1866 zum Fürsten des sich vom Osmanischen Reich emanzipierenden Rumänien gewählt und begründet mit der Königskrönung 1881 die bis 1947 herrschende hohenzollerische Nebenlinie auf dem rumänischen Königsthron. Die Krönung des dynastischen Ausgreifens in die regierenden Häuser Europas hätte 1870 die spanische Thronfolge von Erbprinz Leopold werden können, was bekanntlich aber an dem für Karl Anton persönlich bitteren Widerstand Napoleons III. und Frankreichs sowie den zum Krieg treibenden Ränkespielen Bismarcks scheitert.

Zur Neuausrichtung des Fürstenhauses Hohenzollern nach dem Verlust der Souveränität gehören sodann umfangreiche Grunderwerbungen außerhalb des schwäbischen Stammlandes. Seitdem der Status der Domänen sich als strittig erwies, hatte bereits Fürst Karl Ankäufe vorzugsweise außerhalb des eigenen Ländchens, insbesondere in Baden und Böhmen, getätigt. Karl Anton erweiterte den hohenzollerischen Latifundienbesitz durch umfangreiche Erwerbungen in Böhmen, Schlesien, Pommern und Bayern, vor allem aber in Brandenburg, so dass das schwäbische Fürstenhaus schließlich zu den bedeutendsten Grund- und zumal Waldbesitzern in den ostelbischen Provinzen Preußens zählte[57]. Die bis 1918 bezogenen Staatsrenten und insbesondere die umfangreichen Gelder aus der bäuerlichen Feudallastenablösung in der Mitte des 19. Jahrhunderts wurden damit vom Fürstenhaus traditionell in Grundbesitz angelegt, jedoch außerhalb des ehemaligen Herrschaftsgebiets, und bedeuteten damit einen gravierenden Ressourcenabfluss aus dem kapitalschwachen Land.

In manchem vergleichbar mit dem Haus Fürstenberg[58] erfolgt eine weitere Kompensation für die eingebüßte Souveränität schließlich noch in einer breit angelegten Kunst- und Kulturförderung. Der leutselige und für schöngeistige Interessen stets aufgeschlossene Fürst Karl Anton unterhält während seines rund zwei Jahrzehnte währenden Aufenthalts im Schloss Jägerhof bei Düsseldorf ein offenes Haus mit intensiven Kontakten zu Malern der Düsseldorfer Kunstakademie. „Mit Liebe und Sorgfalt" betätigt er sich selbst als Kunstsammler und baut über Jahrzehnte hinweg eine der bedeutendsten privaten Kunstsammlungen in Deutschland auf[59]. Noch von Düsseldorf aus lässt der Fürst im Sigmaringer Schloss eine neue Hofbibliothek im Tudorstil sowie eine neue Gewölbehalle für die prächtige Waffensammlung einrichten. Für die exquisite Sammlung mit Schätzen vorwiegend sakraler Kunst des Mittelalters entsteht bis 1867 ein stadtbildprägender Neubau im Stil der englischen Gotik unterhalb des Hochschlosses. Vollendet wird die Reihe der Baumaßnahmen zur angemessenen Unterbringung und Präsentation der fürstlichen Kunst- und Kulturschätze nach der Rückkehr des Fürsten nach Sigmaringen 1873 mit der Erstellung eines ebenso repräsentativen wie für die Verhältnisse der Zeit funktionalen Archivzweckbaus in der hinteren Karlstraße[60].

Ähnlich wie in Donaueschingen ist die fürstliche Kunst- und Kulturpflege auch für Karl Anton kein Selbstzweck und der Genuss der gesammelten Schätze keineswegs nur der Fürstenfamilie und ihren exklusiven Gästen vorbehalten. Bereits in den 1850er Jahren macht der Fürst vielmehr die auf Schloss Sigmaringen verwahrte Kunstsammlung öffentlich und unentgeltlich zugänglich, und nach der Rückkehr in die alte Residenz erfolgt durch kompetente Fachleute eine systematische Inventarisierung und publizistische Erschließung sowie die museale Präsentation der gesammelten Schätze zum Nutzen sowohl der fachlichen wie auch der breiten Öffentlichkeit – und natürlich auch zum Nutzen des Ansehens und Prestiges des fürstlichen Sammlers[61]. Mit diesen kulturellen Aktivitäten hat sich Karl Anton ein bleibendes Denkmal gesetzt und ein Erbe von Rang hinterlassen, das bis heute entscheidend zum besonderen Profil von Schloss und Stadt Sigmaringen beiträgt und von der fürstlichen Familie von einer Ausnahme abgesehen verantwortungsbewusst gepflegt und verwaltet wird.

Als Fürst Karl Anton 1871 nach mehr als 20jähriger Abwesenheit wieder dauerhaft nach Sigmaringen zurückkehrt, ist er mit der politischen Entwicklung und wohl auch seiner für das eigene Haus erbrachten Modernisierungsleistung seit seinem bitteren Fortgang 1850 „versöhnt"[62]. Bis zum Ende der Monarchien 1918 nehmen Fürst Karl Anton und seine Nachfolger neben der preußischen Regierung in Sigmaringen eine Art von repräsentativer und durchaus auch politisch einflussreicher Statthalterschaft für den stammverwandten König ein. In der Residenzstadt Sigmaringen, die jetzt ihre alte Rolle zurückerlangt, wandelt sich die Renitenz der Revolutionsjahre in eine ausgeprägte Devotion gegenüber dem Fürstenhaus, die sich in einer Vielzahl von Straßenbenennungen, Denkmälern im öffentlichen Raum und der gesellschaftlichen Ausrichtung der Stadtgesellschaft auf den sich großartiger als je zuvor präsentierenden fürstlichen Hof niederschlägt[63]. Die in der Abschiedsrede von 1850 so schmerzlich vermisste dankbare Anerkennung und Hochachtung des Volkes wird dem Fürsten nun überreich zuteil – nunmehr allerdings nicht mehr als Souverän, sondern als privilegierter und politisch und ökonomisch höchst einflussreicher preußischer „Standesherr".

DIE FÜRSTEN NACH KARL ANTON: RÜCKKEHR NACH OBERSCHWABEN

Abschließend noch ein kurzer Blick auf den Umgang der Nachfolger mit der von Karl Anton hinterlassenen Neupositionierung des hohenzollerischen Fürstenhauses. Die enge verwandtschaftliche, gar freundschaftliche Beziehung zum preußischen Königshaus kühlt spätestens in der Wilhelminischen Ära zusehends ab, als sich die Sigmaringer Hohenzollern von Berlin „gerne als II. Klasse behandelt" fühlen[64]. Obligatorisch sind für die hohenzollerischen Fürsten und Prinzen militärische Karrieren in der preußischen Armee, ehe dann mit dem Untergang der Monarchien 1918 der dynastische Bezug zu Preußen mit all ihren herrschaftslegitimierenden Konstruktionen wie dem „Kaiserstammland" Hohenzollern oder der „Vom Fels zum Meer"-Legende gegenstandslos wird[65]. Dass sich das Fürstenhaus mit der in der Weimarer Republik erfolgenden „Privatisierung" des Adels[66] und mit der Beseitigung aller Standesvorrechte denkbar schwer tat, dokumentieren nachdrücklich die von Fritz Kallenberg erforschten massiven Konflikte zwischen den Fürsten Wilhelm und Friedrich auf der einen und den republikanischen preußischen Regierungspräsidenten auf der anderen Seite in den 1920er Jahren wie auch die unübersehbaren rechtskonservativen, demokratie- und republikfeindlichen Positionen der Fürsten zwischen Erstem Weltkrieg und NS-Zeit[67].

Ein langer Nachglanz ist den dynastischen Verbindungen des Fürstenhauses in regierende Geschlechter Europas beschieden, auch unter den Ehepartnern der auf Karl Anton folgenden drei Fürstengenerationen finden sich noch in beträchtlicher Zahl Angehörige aus Adelshäusern von europäischem Rang[68]. Bis zur Beseitigung der Monarchie in Rumänien 1947 ist der Sigmaringer Fürst Chef des hohenzollerischen Gesamthauses mit einer regierenden königlichen Nebenlinie. Als eher problematische Investition erweist sich langfristig der Latifundienankauf in Ostelbien und Böhmen: Durch Schädlinge hervorgerufene gigantische Waldzerstörungen bringen das Fürstenhaus in den 1920er Jahren in wirtschaftliche Bedrängnis, nach dem Ersten Weltkrieg geht der Besitz in Böhmen teilweise und nach dem Zweiten Weltkrieg in Ostdeutschland, Polen und der Tschechoslowakei durch Enteignung vollständig verloren[69]. In den Strudel der wirtschaftlichen Probleme in den Weimarer Jahren gerät auch die Kunstsammlung des Fürstenhauses, die 1927 zum Verkauf ausgeschrieben und nur durch die Intervention des während dieses Jahres seinem Vater nachfolgenden kunstsinnigen Fürsten Friedrich vor dem gänzlichen Verlust für Sigmaringen bewahrt wird[70]. Wie verwandtschaftliche Verbindungen und gesellschaftliche Beziehungen sowie Äußerungen zum Selbstverständnis vermuten lassen, scheint – analog zur Rückkehr des Landes Hohenzollern in die südwestdeutsche Normalität – auch beim hohenzollerischen Fürstenhaus nach 1918 und nochmals verstärkt nach 1945 eine Reintegration in die südwestdeutsche und oberschwäbische Adelsgesellschaft stattzufinden, der das Geschlecht vor seinem unerwarteten Auszug in eine Sonderentwicklung seit 1803/06 zuvor durch viele Jahrhunderte angehört hatte[71].

Anmerkungen:

1 *Fritz Kallenberg*: Die Fürstentümer Hohenzollern im Zeitalter der Französischen Revolution und Napoleons. In: ZGO 111 (1963), 357-472; *Ders.*: Die Fürstentümer Hohenzollern am Ausgang des Alten Reiches. Ein Beitrag zur politischen und sozialen Formation des deutschen Südwestens. Tübingen, Diss. 1961 (masch.); *Wilfried Schöntag*: „...daß die Rheinbunds-Acte das Fürstenhaus größer, mächtiger und reicher – das Land aber unfreier und ärmer gemacht hat..." Die Fürstentümer Hohenzollern-Hechingen und Hohenzollern-Sigmaringen im Zeitalter Napoleons. In: *Württembergisches Landesmuseum Stuttgart* (Hg.): Baden und Württemberg im Zeitalter Napoleons. Bd. 2. Stuttgart 1987, 81-102.

2 *Eberhard Gönner*: Die Revolution von 1848/49 in den hohenzollerischen Fürstentümern und deren Anschluß an Preußen. Hechingen 1952.
3 *Fritz Kallenberg*: Die Sonderentwicklung Hohenzollerns. In: *Ders.* (Hg.): Hohenzollern. Stuttgart 1996, 129-282.
4 Ebd., 251-256; *Edwin Ernst Weber*: Die Entstehung des „Dreiländerkreises" Sigmaringen 1973. In: *Dirk Gaerte* (Hg.): 30 Jahre Dreiländerkreis Sigmaringen 1973 bis 2003. Sigmaringen 2004, 7-12. Zu den in der bisherigen Forschung genannten neun Nachfolgekreisen kommt noch der Bodenseekreis hinzu, dem seit der Umgemeindung des ehedem zu Oberndorf gehörenden Weilers Höllsteig von Herdwangen-Schönach nach Owingen 1977 wenigstens eine hohenzollerische Ortschaft angehört. Vgl. *Edwin Ernst Weber*: 200 Jahre Ortsgeschichte auf 8,5 Metern. Das Gemeindearchiv Oberndorf und seine Schätze. In: Hohenzollerische Heimat (2006), i. V.
5 *Andreas Zekorn*: Zwischen Habsburg und Hohenzollern. Verfassungs- und Sozialgeschichte der Stadt Sigmaringen im 17. und 18. Jahrhundert. Sigmaringen 1996.
6 *Fritz Kallenberg*: Hohenzollern im Alten Reich. In: *Ders.* (Hg.): Hohenzollern. Stuttgart 1996, 48-128, hier 110-113; *Andreas Zekorn*: Die Aufhebung der Klöster Gorheim und Laiz im Fürstentum Hohenzollern-Sigmaringen unter Kaiser Joseph II. In: Zeitschrift für hohenzollerische Geschichte 38/39 (2002/03), 53-102.
7 *Kallenberg* 1963 (wie Anm. 1), 415f.; *Ders.* 1996 (wie Anm. 6), 114ff.; *Schöntag* 1987 (wie Anm. 1), 83f.
8 *Kallenberg* 1996 (wie Anm. 6), 106ff.
9 Ebd., 117.
10 Ebd., 118ff.
11 Ebd., 119f.; *Hubert Krins*: Das Fürstenhaus Hohenzollern. Lindenberg 2005, 15; Gothaischer genealogischer Hof-Kalender nebst diplomatisch-statistischem Jahrbuche auf das Jahr 1849; Gothaisches genealogisches Taschenbuch nebst diplomatisch-statistischem Jahrbuch auf das Jahr 1867.
12 *Kallenberg* 1996 (wie Anm. 6), 131, 134, 140ff.
13 *K. Th. Zingeler*: Karl Anton Fürst von Hohenzollern. Ein Lebensbild nach seinen hinterlassenen Papieren. Stuttgart 1911, 21.
14 So auch noch *Johannes Maier*: Charakteristische Profile der Grafen und Fürsten von Hohenzollern-Sigmaringen bis zu Fürst Carl. In: Hohenzollerische Jahreshefte. Bd. 10 (1950), 12-37, hier 30ff.
15 *Schöntag* 1987 (wie Anm. 1), 88, 97f.; *Kallenberg* 1996 (wie Anm. 3), 134, 146.
16 *Kallenberg* 1996 (wie Anm. 3), 149.
17 Zitiert nach *Schöntag* 1987 (wie Anm. 1), 97.
18 Der fürstliche Domänenbesitz wurde durch verschiedene Neuerwerbungen – im ausgehenden 18. Jahrhundert der Ritterherrschaften Bittelschieß (1786) und Hornstein (1789) und in den 1820/30er Jahren der späthschen Patrimonialherrschaften Gammertingen und Hettingen (1827) sowie der Niedergerichtsbarkeit über die thurn- und taxissche Herrschaft Straßberg (1836) und die fürstenbergische Herrschaft Jungnau (1840) – gezielt erweitert. Vgl. *Kallenberg* 1996 (wie Anm. 6), 106; *Ders.* 1996 (wie Anm. 3), 133f.
19 Zu seiner Biographie vgl. *K. Th. Zingeler*: Fürst Karl von Hohenzollern-Sigmaringen. Sigmaringen 1910.
20 *Karl von Hohenzollern-Sigmaringen*: Ansichten und Anleitungen über das Leben mit besonderer Berücksichtigung auf Stand und Beruf, seinem einzigen Sohne gewidmet, an dessen 20. Geburtstage 1831. Stuttgart o. D. (1831), in Faksimile neu herausgegeben von Friedrich Fürst von Hohenzollern. Freiburg 1936.
21 *Eberhard Gönner*: Fürstenerziehung im 19. Jahrhundert. Die Erziehung des Prinzen Karl Anton von Hohenzollern-Sigmaringen. In: *Kaspar Elm / Eberhard Gönner / Eugen Hillenbrand* (Hg.): Landesgeschichte und Geistesgeschichte. Festschrift für Otto Herding zum 65. Geburtstag. Stuttgart 1977, 419-441; zur Schrift vgl. *Krins* 2005 (wie Anm. 11), 19.
22 *von Hohenzollern-Sigmaringen* 1831 (wie Anm. 20), 26.
23 Ebd., 59.
24 Ebd., 82.
25 Ebd., 84.
26 Ebd., 97.
27 Ebd., 117f.
28 Ebd., 125.
29 *Kallenberg* 1996 (wie Anm. 3), 147.
30 Ebd., 148; vgl. zur Sigmaringer Verfassung *Roland Kirchherr*: Die Verfassung des Fürstentums Hohenzollern-Sigmaringen vom Jahr 1833. Köln 1979.
31 *Kallenberg* 1996 (wie Anm. 3), 148.
32 Zitiert nach ebd., 150.
33 *Lorenz Menz*: 1834 bis 1984. Hohenzollerische Landesbank Kreissparkasse Sigmaringen. Sigmaringen 1984; *Wilfried Schöntag* (Bearb.): Vom Bauern zum Gewerbetreibenden. Die Hohenzollerische Landesbank und die wirtschaftliche Entwicklung in Hohenzollern. Sigmaringen 1984.
34 *Edwin Ernst Weber*: Vom Landesspital zum Landratsamt. Zur Geschichte des Sigmaringer Fürst-Carl-Landeskrankenhauses 1847 bis 1979/1993. In: Zeitschrift für hohenzollerische Geschichte 30/31 (1994/95), 211-239.
35 *Wilhelm Rössler*: Der Bau der Donautalstraße 1847 bis 1860. In Hohenzollerische Heimat 45 (1995), 17-23.
36 Werner *Kuhn* (Hg.): Sigmaringen. Ein historischer Führer. Sigmaringen ²2003, 71ff.; *Franz-Severin Gessler*: Carlsplatz und Carlsstraße in Sigmaringen. Stadterweiterungen in der 1. Hälfte des 19. Jahrhunderts. In: Zeitschrift für hohenzollerische Geschichte 29 (1993), 165-197 und 30/31 (1994/95), 283-360; *Ders.*: Der Sigmaringer Leopoldplatz. In: Hohenzollerische Heimat 47 (1997), 33-38 und 48 (1998), 22-28.
37 *Edwin Ernst Weber*: Thesen zur Revolution von 1848/49 in Hohenzollern. In: Zeitschrift für hohenzollerische Geschichte 35 (1999), 87-91; *Kallenberg* 1996 (wie Anm. 3), 151.
38 *Gönner* 1952 (wie Anm. 2), 26f.; *Edwin Ernst Weber*: Von „Fürstendienern", „Jesuiten" und „Wühlern". Pressevielfalt und Pressekrieg in Sigmarin-

gen in der Revolution 1848/49. In: Schwabenspiegel 2. Literatur vom Neckar bis zum Bodensee 1800 bis 1950, 2006 (im Druck).
39 *Gönner* 1952 (wie Anm. 2), 36ff.
40 *Gönner* 1977 (wie Anm. 21), 440f.
41 Erklärung von Fürst Karl von Hohenzollern-Sigmaringen vom 23. August 1848, in: Staatsarchiv Sigmaringen (StAS), Dep. 39, Fürstliches Archiv Sigmaringen, HS, R 53, Nr. 1400.
42 Zu seiner Biographie vgl. *Zingeler* 1911 (wie Anm. 13); *Krins* 2005 (wie Anm. 11), 22-29; *Hugo Lacher*: Fürst Karl Anton von Hohenzollern. In: *Fritz Kallenberg* (Hg.): Hohenzollern. Stuttgart 1996, 476-480.
43 *Gönner* 1977 (wie Anm. 21); *Zingeler* 1911 (wie Anm. 13), 8f.
44 *Zingeler* 1911 (wie Anm. 13), 22ff.; *Lacher* 1996 (wie Anm. 42), 476.
45 *Gönner* 1952 (wie Anm. 2), 44ff.
46 Ebd., 133-144, 167, 173f.
47 *Kallenberg* 1996 (wie Anm. 3), 155.
48 Ebd., 155ff.; *Gönner* 1952 (wie Anm. 2), 179-184.
49 *Otto H. Becker* u. a. (Bearb): Preußen in Hohenzollern. Sigmaringen 1995, 17-43; *Gönner* 1952 (wie Anm. 2), 171-197.
50 Urkunde vom 16. Februar 1850 über die Abtretung der hohenzollerischen Fürstentümer an Preußen, in: Artikel 8, StAS Dep. 39, HS, NZ 53, Nr. 1403.
51 Von einer „Mediatisierung de facto" der hohenzollerischen Fürstentümer spricht *Heinz Gollwitzer*: Die Standesherren. Göttingen ²1964, 44.
52 Abschiedsrede von Fürst Karl Anton von Hohenzollern-Sigmaringen vom 6. April 1850, gehalten im Rittersaal des fürstlichen Residenzschlosses Sigmaringen. Vgl. „Hochwächter" Nr. 29 vom 9. April 1850, 103f.; *Zingeler* 1911 (wie Anm. 13), 58-62; *Weber* 2006 (wie Anm. 38).
53 Schreiben von Fürst Karl Anton von Hohenzollern-Sigmaringen an Fürst Karl Egon II. von Fürstenberg vom 5. Dezember 1849, in: Abschriften der im Fürstenbergarchiv Donaueschingen verwahrten Briefe von Erbprinz bzw. Fürst Karl Anton an Fürst Karl Egon II. 1835 bis 1853, StAS Dep. 39, HS, NZ, R 53, Nr. 140. Die Gegenschreiben des Donaueschinger Fürsten finden sich im Betreff „Correspondenzen von Fürst Karl Anton von Hohenzollern-Sigmaringen mit dem Fürsten Karl Egon [II.] von Fürstenberg, 1832 bis 1854". StAS Dep 39, HS, NZ, Nr. 22.IX.
54 *Kallenberg* 1996 (wie Anm. 3), 163f.; *Krins* 2005 (wie Anm. 11), 24; *Lacher* 1996 (wie Anm. 42), 477.
55 *Kallenberg* 1996 (wie Anm. 3), 176.
56 Hierzu und zum Folgenden vgl. ebd., 176; *Lacher* 1996 (wie Anm. 42), 477f.
57 *Kallenberg* 1996 (wie Anm. 3), 177; ausführlich zum Grunderwerb durch die hohenzollerischen Fürsten im 19. und 20. Jahrhundert vgl. *Otto H. Becker* in diesem Band.
58 Vgl. *Erwein H. Eltz*: Die Modernisierung einer Standesherrschaft. Karl Egon III. und das Haus Fürstenberg in den Jahren nach 1848/49. Sigmaringen 1980; *Arno Strohmeyer*: Adelige Überlebensstrategien im 19. Jahrhundert am Beispiel der Bildungspolitik Karl Egons III. In: *Erwein H. Eltz /*
Arno Strohmeyer (Hg.): Die Fürstenberger. Korneuburg 1994, 90-100.
59 Zu Entstehung und Schicksal der fürstlichen Kunstsammlung vgl. *Walter Kaufhold*: Fürstenhaus und Kunstbesitz. Hundert Jahre Fürstlich Hohenzollernsches Museum. Sigmaringen 1969; Zitat ebd., 27; zusammenfassend vgl. *Krins* 2005 (wie Anm. 11), 26; vgl. den Beitrag *Konrad* in diesem Band.
60 *Lacher* 1996 (wie Anm. 42), 478f.; *Kuhn* 2003 (wie Anm. 36), 177f.
61 An der Westseite der neuen Museumshalle lässt Fürst Karl Anton folgende Inschrift anbringen: „Mit Gott habe ich dies Haus gebaut. Manch Kleinod habe ich ihm vertraut. Ich freu mich des, doch nicht allein. Auch du sollst hier willkommen sein." *Kaufhold* 1969 (wie Anm. 59), 107.
62 Hierzu und zum Folgenden vgl. *Kallenberg* 1996 (wie Anm. 3), 176f.
63 Ebd., 177f.; *Weber* 1999 (wie Anm. 37), 90.
64 *Kallenberg* 1996 (wie Anm. 3), 178 (mit einem Zitat von Erbprinz Friedrich von 1924).
65 Ebd., 180f.
66 *Andreas Dornheim*: Oberschwaben als Adelslandschaft. In: *Hans-Georg Wehling* (Hg.): Oberschwaben. Stuttgart 1995, 123-150, hier 138.
67 *Fritz Kallenberg*: Die Staatsautorität der Republik. Der preußische Regierungspräsident, der Fürst von Hohenzollern und die Stadt Sigmaringen 1919 bis 1933. In: Deutschland und Europa in der Neuzeit. Festschrift für Karl Otmar Frhr. von Aretin zum 65. Geburtstag. Stuttgart 1988, 751-779; *Kallenberg* 1996 (wie Anm. 3), 187-197, 201, 220ff.
68 *Krins* 2005 (wie Anm. 11), 29-37.
69 Ebd., 34, 37; *Kallenberg* 1996 (wie Anm. 3), 221. Der fürstliche Grundbesitz reduziert sich von ca. 69 000 ha (1911) auf derzeit noch ca. 15 000 ha, darunter rund 2 000 ha in Kanada, die dort in der Nachkriegszeit erworben wurden. Vgl. Protokoll der Zeitzeugenbefragung des ehemaligen Hofkammerpräsidenten Dr. Hansjörg Krezdorn (Sigmaringen) durch Kreisarchivar Dr. Edwin Ernst Weber am 5. Dezember 2005, Kreisarchiv Sigmaringen.
70 *Kaufhold* 1969 (wie Anm. 59), 97ff. Vgl. Schreiben des mit einer Verkaufsvollmacht von Fürst Wilhelm für den Kunstbesitz ausgestatteten fürstlichen Generalbevollmächtigten Bernhard Weishan an das Reichsinnenministerium in Berlin vom 11. Juli 1927, StAS Dep. 39 NVA 27826(4): „Vom Standpunkt eines ordentlichen und ehrbaren Kaufmanns bleibt bei Ausschaltung aller Gefühlsmomente kein anderer Weg übrig, als das tote und ertraglose Kapital der Sammlungen der umfangreichen Verwaltung, die im Hinblick auf das zahlreiche Personal, dem sie Brot gibt, eine erhebliche soziale Bedeutung hat, zuzuführen." (Freundliche Mitteilung der Quelle durch Hofbibliothekar und Leiter der Fürstlich Hohenzollerischen Sammlungen, Peter Kempf).
71 Protokoll der Zeitzeugenbefragung von Fürst Friedrich Wilhelm von Hohenzollern durch Kreisarchivar Dr. Edwin Ernst Weber am 13. Dezember 2005, Kreisarchiv Sigmaringen.

VOM SEE ZUM MEER ZUR GESCHICHTE DES GRUNDBESITZES DES FÜRSTLICHEN HAUSES HOHENZOLLERN-SIGMARINGEN IM 19. UND 20. JAHRHUNDERT

Otto H. Becker

Am 24. August 1849, in der Endphase des Ringens um den Anschluss der Fürstentümer Hohenzollern an Preußen[1], schrieb Fürst Karl Anton von Hohenzollern-Sigmaringen an seinen Geheimen Rat August von Weckherlin: „Je mehr ich über die Zukunft nachdenke, desto mehr sehe ich die einzige Garantie bleibenden Glanzes in festem Grundbesitz"[2]. Diese Überzeugung, die auch durch entsprechende Bestimmungen im Hausgesetz vom 24. Januar 1821 abgedeckt war[3], vermochten Fürst Karl Anton (1811 – 1885) und dann auch sein Nachfolger Leopold (1835 – 1905) nach dem Verzicht auf die Souveränitätsrechte durch den umfassenden Erwerb von Gütern in Böhmen, in den preußischen Provinzen Brandenburg, Schlesien und Pommern sowie in Bayern in die Tat umzusetzen. 1888 erreichte der Grundbesitz des Hauses Hohenzollern-Sigmaringen, der sich in Streulage vom Bodensee bis zur Ostsee erstreckte, mit rund 94 000 ha seinen größten Umfang[4]. Grundlagen für diese Expansion boten die Einkünfte, vor allem aber die Ablösungskapitalien der von den Fürsten Anton Aloys (1762 – 1831) und Karl (1785 – 1853) erworbenen Domänen und sonstigen Besitzungen, die im Staatsvertrag über die Abtretung der Souveränität der hohenzollernschen Fürstentümer an die Krone Preußen vom 7. Dezember 1849 „als wahres Fürstlich Hohenzollernsches Stamm-und Fideicommiß-Vermögen Königlich Preußischer Seits anerkannt"[5] worden waren.

Den gewaltigen Besitz der Sigmaringer Linie der schwäbischen Hohenzollern, die sich nach dem Aussterben der Hechinger Linie im erbberechtigten Mannesstamm 1869 „von Hohenzollern" ohne Linearzusatz nannte[6], konnten die Fürsten Wilhelm (1905 – 1927) und Friedrich (1927 – 1965) auch nach dem Sturz der Monarchie 1918 in seinen wesentlichen Bestandteilen behaupten; sie gehörten wie ihre unmittelbare Vorgänger zu den größten Grundbesitzern im Deutschen Reich[7]. Die entscheidende Zäsur bildete das Ende des Zweiten Weltkriegs, das zum Verlust aller noch verbliebenen Güter und Forsten in Ostdeutschland und in der Tschechoslowakei führte. Die große Politik hatte den Wirkungskreis des Hauses Hohenzollern somit wieder auf seinen Ursprung reduziert. In der nachfolgenden Studie soll die geschichtliche Entwicklung dieses Besitzes vom Zeitalter Napoleons bis 1945 im Überblick dargestellt werden.

VOM ZEITALTER NAPOLEONS BIS ZUM ENDE DER SOUVERÄNEN FÜRSTENTÜMER HOHENZOLLERN 1850

Der spätere Reichtum des Hauses Hohenzollern-Sigmaringen wurde 1787 durch die reiche niederländische Erbschaft begründet[8]. Infolge der Inbesitznahme des linken Rheinufers durch Frankreich sah sich Fürst Anton Aloys (1762 – 1831) zwar genötigt, seinen Besitz in der Grafschaft Bergh 1801 wieder zurückzukaufen; der Verlust seiner Feudalrechte in den Niederlanden aber war die rechtliche Voraussetzung für die Einbeziehung von Hohenzollern-Sigmaringen in das Entschädigungsgeschehen der Säkularisation 1802/03[9]. Im Reichsdeputationshauptschluss wurden Fürst Anton Aloys die Murische Herrschaft Glatt am oberen Neckar, das Augustinerchorherrenstift Beuron, das Benediktinerinnenkloster Holzen in Bayerisch-Schwaben und das Augustinerchorfrauenstift Inzigkofen zugesprochen[10]. In der Rheinbundakte 1806 erhielt Anton Aloys als freies Eigentum schließlich die Klöster Wald und Habsthal sowie die beiden Deutschordensherrschaften Achberg und Hohenfels; seiner Landeshoheit unterstellt wurden die Herrschaften Jungnau und Trochtelfingen des Fürsten von Fürstenberg, die Herrschaften Ostrach und Straßberg des Fürsten von Thurn und Taxis und schließlich die Herrschaften Gammertingen und Hettingen der Freiherren von Speth[11].

Infolge der Säkularisation und der Zuweisungen der Mediatisierung hatte sich die Bevölkerung des Fürstentums Hohenzollern-Sigmaringen um 16 000 auf 32 716 Seelen erhöht, das Staatsgebiet hatte sich verdoppelt[12]. Durch die Übernahme der Klostergüter und der Deutschordensherrschaften hatte sich aber vor allem der Eigenbesitz des Fürstlichen Hauses gewaltig vermehrt, der in der Folgezeit von den Liberalen aber immer entschiedener für das Land reklamiert wurde[13]. Vor einer möglichen Enteignung seiner Domänen wurde das Haus Hohenzollern-Sigmaringen erst durch die Garantie Preußens bewahrt[14].

Fürstlich wurde Antoinette Murat 1808 zu ihrer Vermählung mit dem Erbprinzen Karl von ihrem Onkel, dem damaligen Großherzog Joachim Murat von Berg, und Kaiser Napoleon beschenkt[15]. Es sei hier vor allem auf das Hôtel Breteuil in Paris und auf das Gut der säkularisierten Prämonstratenserabtei Hamborn (heute Stadt Duisburg) hingewiesen[16]. An dem Besitz des ehemaligen Klostergutes am Niederrhein konnte sich das Erbprinzenpaar jedoch nicht lange erfreuen. 1813 stellte es Preußen unter Sequester; nach längeren Verhandlungen erhielten die früheren Eigentümer dafür aber eine angemessene Entschädigung in Form von preußischen Staatsanleihen[17]. Ein späterer Versuch des Erbprinzen, das Gut zurückzuerwerben, schlug fehl[18]. 1817 erwarb die reich bedachte Erbprinzessin Antoinette (1792 – 1847) das Landgut Weinburg im

Schloss Bergh bei 's Heerenberg in den Niederlanden nach dem Wiederaufbau 1942.

Schloss Bistritz an der Angel in der Tschechoslowakei um 1910, zeitweise Residenz des Fürsten Karl und Witwensitz der Fürstin Katharina, der Stifterin des Klosters Beuron.

schweizerischen Kanton St. Gallen, das in der zweiten Hälfte des 19. Jahrhunderts als Treffpunkt der Fürstlichen Familie eine außerordentliche Rolle spielen sollte[19].

Erfolgreich waren auch die Bemühungen des Fürstlichen Hauses, den Eigenbesitz innerhalb ihres Fürstentums zu vermehren. So gelang es 1827 Fürst Anton Aloys von den Freiherren von Speth, die Grundherrschaften Gammertingen und Hettingen zu erwerben[20]. 1836 erwarb Erbprinz Karl Anton von den Thurn und Taxis die Standesherrschaft Straßberg[21]. Als Standesherr von Straßberg hatte der Erbprinz von Hohenzollern-Sigmaringen Sitz und Stimme in der Ständeversammlung in Sigmaringen[22]. Zwei Jahre später kaufte der Erbprinz sodann die ehemals Owsche Herrschaft Felldorf (heute Gemeinde Starzach, Landkreis Tübingen) im angrenzenden Königreich Württemberg[23]. Die Mittel zu den beiden Ankäufen stammten aus der Mitgift seiner Gemahlin Josephine, geb. Prinzessin von Baden (1813 – 1900)[24]. Weitere Versuche, in Württemberg und auch in Baden und Bayern Grund und Boden zu erwerben, schlugen fehl, so die von 1833 bezüglich der in Oberschwaben gelegenen württembergischen Standesherrschaften Weißenau und Schussenried[25]. Nach diesen negativen Erfahrungen versuchte Fürst Karl sein Glück vornehmlich im Bereich der habsburgischen Monarchie und in Preußen, wo größere zusammenhängende Güter zum Kauf angeboten wurden.

Die 1839 projektierten Ankäufe von Gütern in Schlesien scheiterten[26]. Dagegen gelang es Fürst Karl, zwischen 1839 und 1844 in Böhmen unmittelbar an der Grenze zu Bayern die folgenden Güterkomplexe zu erwerben: Bistritz an der Angel aus dem Besitz des Fürsten Palm (1839)[27], Miletiz und Glosau (1840)[28], Obercerekwe (1842)[29] und Wihorau (1844)[30]. Zeitlich fast parallel wurden in der Bezirkshauptmannschaft Deutschbrod in Mittelböhmen die Güterkomplexe Schrittenz (1840)[31], Stecken (1840)[32] und Lerchenhof (1843)[33] angekauft. Die für die Ankäufe erforderlichen Kapitalien wurden über Anleihen beschafft[34]. Fürst Karl investierte freilich nicht nur in Grundbesitz. Neben dem seit 1708 bestehenden Hüttenwerk Laucherthal[35] gründete der Fürst in Haigerloch die Baumwollspinnerei Karlstal[36], die 1840 die Produktion aufnahm. Das Unternehmen vermochte aber in der Folgezeit die Erwartungen der Fürstlichen Verwaltung nicht zu erfüllen und wurde bereits 1866 wieder verkauft.

Am 27. August 1848 resignierte Fürst Karl infolge der revolutionären Unruhen zugunsten seines Sohnes Karl Anton[37]. Dem neuen Regenten wurde auch das Fürstliche Hausfideikommißgut mit Ausnahme von wenigen Objekten wie beispielsweise das Landhaus Krauchenwies übertragen,

Vom See zum Meer

das sich Fürst Karl vorbehielt[38]. Der zurückgetretene Fürst behielt ferner seinen allodialen Besitz, nämlich die Güter in den Niederlanden und in Böhmen sowie die Weinburg in der Schweiz[39].

VOM ANSCHLUSS DER FÜRSTENTÜMER HOHENZOLLERN AN PREUSSEN BIS ZUM ENDE DES ERSTEN WELTKRIEGS

Bei der Erwerbungspolitik des Fürsten Karl Anton stand Altpreußen im Mittelpunkt. Die Grundlagen hierfür bildeten familienrechtliche Vereinbarungen des Fürsten mit seinem Vetter Friedrich Wilhelm Konstantin von Hohenzollern-Hechingen infolge der Abtretung der hohenzollernschen Fürstentümer an Preußen 1850[40]. Der Hechinger Fürst war nach seiner kinderlos gebliebenen Ehe mit der Prinzessin Eugenie von Leuchtenberg (1808 – 1847)[41] und nach den Enttäuschungen, die ihm seine Untertanen bereitet hatten, nur noch von dem Wunsche beseelt, sich in der Zurückgezogenheit auf den von seiner Mutter, der Fürstin Pauline, geb. Prinzessin von Kurland und Sagan, ererbten Gütern in Schlesien und in Brandenburg der Musik und den Künsten widmen zu können[42].

Folgerichtig trat Fürst Friedrich Wilhelm Konstantin in einem Haus- und Familienvertrag vom 3. Februar 1850 mit Wirkung zum 1. Mai 1850 den Hechinger Fideikommiss mit allen Aktiva und Passiva gegen eine jährliche Rentenzahlung in Höhe von 40 000 Gulden an seinen Vetter Karl Anton ab[43]. Darüber hinaus vermachte Friedrich Wilhelm Konstantin in dem Vertrag für den Fall, dass er ohne leiblichen Nachkommen aus standesgemäßer Ehe sterben sollte, seinem Sigmaringer Vetter die Herrschaft Beutnitz und die Rittergüter Cunersdorf und Leitersdorf im Regierungsbezirk Frankfurt/Oder und die Herrschaft Hohlstein im Kreis Löwenberg in Niederschlesien[44]. Die aufwendige Hofhaltung des Fürsten Friedrich Wilhelm Konstantin[45] bewirkte indes einen großen Geldbedarf. Der Fürst veräußerte deshalb bereits 1857 für 120 000 Taler das Gut Leichholz-Cunersdorf[46] und übertrug 1862 gegen eine jährlich zu zahlende Rente in Höhe von 27 142,26 Talern die Herrschaft Beutnitz und die Rittergüter Cunersdorf und Sorge sowie Leitersdorf[47] seinem Sigmaringer Vetter.

Karl Anton war weiterhin bestrebt, seinen Besitz in Brandenburg durch Zukauf von Gütern adli-

Jagdschloss Griesel im Kreis Crossen in Brandenburg um 1930.

ger oder bürgerlicher Provenienz zu vergrößern. So erwarb der Fürst in der Folgezeit die Rittergüter Leichholz-Barschsee (1868)[48], Sternberg (1870)[49], Döbbernitz und Groß-Gandern (1871)[50] und schließlich das Gut Bierfäßchen (1873)[51]. Da die Nachkommen Friedrich Wilhelm Konstantins – die Grafen und die Gräfin von Rothenburg – aus einer nicht standesgemäßen Ehe stammten[52], waren die Herrschaft Beutnitz und die Güter Cunersdorf und Sorge sowie Leitersdorf in Brandenburg und die Herrschaft Hohlstein in Schlesien bereits nach dessen Tod 1869 in das Eigentum des Fürsten Karl Anton gelangt. Mit dem Kauf der Rittergüter Griesel und Crämersborn 1888 durch Fürst Leopold fanden die Erwerbungen des Hauses Hohenzollern in Brandenburg ihren Abschluss[53].

Auch im Westen Deutschlands erlangte das Haus Hohenzollern Besitz. So erbte die Fürstin Josefine, die Gemahlin Karl Antons, 1860 von ihrer Mutter, der Großherzogin Stefanie von Baden, das Gut Umkirch bei Freiburg in Baden. Das Gut, das der Verwaltung der Fürstlichen Hofkammer unterstand, gelangte nach dem Tod der Fürstin an deren zweitgeborenen Sohn, König Carol I. von Rumänien (1839 – 1914) und 1916 schließlich an den damaligen Erbprinzen und späteren Fürsten Friedrich von Hohenzollern[54]. 1861 ließ Fürst Karl Anton die Herrschaft Waldbott-Bassenheim bei Koblenz ersteigern[55]. Die stark verschuldete Herrschaft in der preußischen Rheinprovinz wurde jedoch bereits 1873 wieder veräußert[56]. Auch in Böhmen war die Uhr nicht stehen geblieben. 1852 hatte Fürst Karl das Gut Markt Eisenstein und Hurkenthal erworben[57]. Nach dessen Tod 1853 erbte Fürst Karl Anton die allodialen Besitzungen und verleibte die in Böhmen gelegenen Güter dem Fürstlichen Hausfideikommiß ein[58]. Es folgten 1868 die Erwerbung des Gutes Deffernik[59] und 1872 das an Markt Eisenstein angrenzende Gut Bayerisch Eisenstein[60].

Die 1860 üppig zu sprudeln beginnenden Ablösungskapitalien aus den Gütern in Hohenzollern und Böhmen[61] legte Karl Anton zur wirtschaftlichen Absicherung zu einem erklecklichen Teil in den ehemaligen preußischen Provinzen Posen und Pommern, d. h. Hinterpommern, an[62]. Die Investitionen in den preußischen Provinzen lagen nahe, da Fürst Karl Anton davon überzeugt war, dass Preußen die Zukunft gehörte[63]. In

Herrenhaus Jannewitz im Kreis Schlawe in Hinterpommern.

Vom See zum Meer

Preußens östlichen Provinzen standen überdies die größten Güter zum Verkauf. Die wichtigsten Erwerbungen in diesen beiden Provinzen tätigte Fürst Karl Anton in den Jahren 1872 bis 1876. In der Provinz Posen konnte 1872 zuerst das Rittergut Schweinert von dem Besitzer Paul Dietz erworben werden. Dieser Komplex im Kreis Birnbaum im Regierungsbezirk Posen umfasste 5 861 Hektar[64]. Ein Jahr später folgte der Ankauf des Rittergutes Dratzig mit Besitzungen in Nothwendig, Miala und Filehne im Kreis Czarnikau im Regierungsbezirk Bromberg[65]. Die Erwerbungen in Posen wurden 1876 mit dem Kauf des Antonwaldes im Kreis Samter abgeschlossen[66].

Mit dem Erwerb des Besitzes in Hinterpommern wurde 1873 mit dem Ankauf des Rittergutes Manow mit Roßnow, Grünhof und Seydel in den Kreisen Köslin und Bublitz der Anfang gemacht. Dieser Besitz mit dem Umfang von 22 582 Morgen konnte um den Preis von 750 000 Talern von dem Rittergutsbesitzer Georg Holtz erworben werden[67]. Bereits ein Jahr später erwarb Fürst Karl Anton von dem Grafen Werner von Blumenthal auf Jannewitz für 1 000 000 Taler das Rittergut Jannewitz, das aus Jannewitz, Suckow, Lantow, Groß-Quäsdow, Klarenwerdet und aus einem Grundstück des Ritterguts Crange in den Kreisen Köslin bestand. Dieser Besitz, der in der Folgezeit „Jannewitzer Begüterung" bezeichnet wurde, umfasste 6 736 Hektar[68]. Noch im gleichen Jahr erfolgte der Ankauf der Rittergüter Vieverow „a" und Vieverow „b" im Kreis Bublitz, Regierungsbezirk Köslin. Der Kaufpreis betrug 148 000 Taler[69].

Nach den Erwerbungen in den östlichen Provinzen der preußischen Monarchie hatte der Fürstliche Besitz an Grund und Boden mit rund 94 000 Hektar den größten Umfang erreicht[70]. Im Osten wurden dann aber auch die ersten Veräußerungen getätigt. So verkaufte Fürst Leopold 1896 den Komplex Schweinert, der damals 6 741 Hektar aufwies, für 600 000 Mark an den Rittmeister a.D. Schlüter[71]. Die Gründe für diesen Verkauf sind in den einschlägigen Unterlagen nicht angegeben. Möglicherweise hat dabei der Wiederaufbau des Sigmaringer Schlosses eine Rolle gespielt[72]. Außerdem bevorzugte Fürst Leopold, worauf noch eingegangen werden soll, Investitionen in Industrieunternehmen[73].

Verlässliche Zahlen über den Fürstlichen Grundbesitz insgesamt enthält das Handbuch der Hofkammerverwaltung von 1898. Demnach gehörten Fürst Leopold damals an Grund und Boden 87 690,42 Hektar[74].

Mit 54 079,65 Hektar befand sich der absolute Schwerpunkt des Besitzes in „Norddeutschland", wie dieser in Brandenburg, Pommern, Schlesien und Posen im Sprachgebrauch der Fürstlichen Hofkammer bezeichnet wurde. Dominierend war überall der forstlich genutzte Besitz.

Dem Erwerb des gewaltigen, wenn auch nicht zusammenhängenden Besitzes in Böhmen, Bran-

Grundbesitz, Stand 1898.

	Grundbesitz (Hektar)	davon Wald	Wald in Prozent
Hohenzollern und Württemberg	15.201,41	10.844,91	71%
Baden	514,68	keine Angabe	keine Angabe
Böhmen und Bayern	16.245,94	11.630,18	72%
Brandenburg	22.884,83	14.661,17	64%
Hinterpommern und Posen	31.194,83	21.490,64	69%
Niederlande	1.648,73	1.343,72	82%
Summe	**87.690,42**	**59.970,62**	**Durchschnitt: 68%**

Vorderseite eines Prospekts der Fürstlich Hohenzollernschen Hüttenverwaltung Laucherthal, um 1930.

denburg, Hinterpommern, Schlesien und Baden war alsbald auch die verwaltungsmäßige Erschließung und Integration durch eine sehr aufwendige Verwaltung. An ihrer Spitze stand die Fürstliche Hofkammer mit Sitz in Sigmaringen. Dieser zugeordnet waren Domänenadministrationen und Forstinspektionen; diesen wiederum unterstanden die Rentämter und Oberförstereien[75]. Dieser Verwaltung setzte Fürst Leopold als passionierter Jäger 1889 mit der Bildung der Jagdinspektion Beutnitz die Krone auf. Diese Behörde war für die Durchführung der Hofjagden und für die Pflege des Wildes in den norddeutschen Forsten sowie in den dazugepachteten Jagden zuständig. Sie wurde aber bereits 1891 wieder aufgelöst und ihre Aufgaben der Forstinspektion Beutnitz übertragen[76].

Der Besitz in Norddeutschland erfuhr insbesondere durch die Veräußerungen einzelner Besitzungen, aber auch durch Geländeabtretungen an den Straßen- und Eisenbahnbau gravierende Einschnitte. So veräußerte Fürst Leopold von Hohenzollern 1903 den restlichen Besitz in der Provinz Posen, den Gutskomplex Dratzig mit Nothwendig und Miala sowie den Antonswald in den Kreisen Czarnikau und Samter mit einem Umfang von 17 544 Hektar, für 3 200 000 Mark an den preußischen Fiskus[77]. Diese Besitzentwicklung wird im Handbuch der Hofkammerverwaltung von 1911 deutlich. Danach bildete der Besitz in den Provinzen Brandenburg und Schlesien mit 22 987,44 Hektar den Löwenanteil. Hiervon unterstanden der forstlichen Verwaltung 3 263 Hektar. In Hinterpommern gehörten Fürst Wilhelm von Hohenzollern (1864 – 1927) 13 413,73 Hektar Grund und Boden. Davon waren der forstlichen Verwaltung 8 035,4 Hektar und der rentamtlichen Verwaltung 5 378,7 Hektar zugeordnet[78].

In den übrigen Standorten erwies sich der Fürstliche Besitz als recht stabil. In Böhmen und Bayern waren es nach dem Handbuch der Hofkammerverwaltung von 1911 16 745,82 Hektar und in Hohenzollern und Württemberg 15 257,98 Hektar. In Baden gehörten dem Fürsten weiterhin 514,62 Hektar und in den Niederlanden 1 253,80 Hektar[79]. Mit Kaufvertrag vom 1. November 1912 veräußerte Fürst Wilhelm seinen Besitz in den Niederlanden, der im Unterschied zu den übrigen Liegenschaften Allodialgut und damit nicht Bestandteil des Hausfideikommisses war[80].

Diesen Veräußerungen standen Investitionen im industriellen Bereich entgegen. So erwarb Fürst Leopold 1900 für 470 000 Mark die Fürstlich Fürstenbergische Maschinenfabrik Immendingen in Baden[81]. 1906 erwarb Fürst Wilhelm für 338 940

Mark von der Eisengewerkschaft Achthal-Hammerau das Hüttenwerk in Hammerau im Bezirksamt Lauffen und die Eisengießerei Käferham in der Bezirkshauptmannschaft Salzburg[82]. Die drei dem Fürstlich Hohenzollernschen Hüttenwerk Laucherthal unterstellten Unternehmen erfüllten offensichtlich die in sie gesetzten Erwartungen nicht. Das Werk in Immendingen wurde bereits 1916 und die Betriebe Hammerau und Käferham

Fürst Wilhelm von Hohenzollern mit erlegtem Hirsch.

1924 wieder verkauft[83]. Seit 1893 bestand das Elektrizitätswerk, die Fürstlich Hohenzollernsche Elektrozentrale Sigmaringen[84].

Im Kriegsjahr 1917 bereiste Fürst Wilhelm seine Besitzungen in Norddeutschland und fertigte darüber einen interessanten Bericht an. Als passioniertem Waidmann missfiel dem Fürsten zunächst die Jagdpraxis auf der Domäne Beutnitz. So heißt es in dem Bericht: „Dieselbe wird auch durch Inspektoren und andere Beauftragte des Gutes ausgeübt und die Jagdstümper haben in diesem Sommer sogar Kolbenhirsche zur Strecke gebracht. Angesichts der Tatsache, daß ich alljährlich zur Hirschbrunst nach Griesel komme, muß ich derartige Vorkommnisse als grobe Rücksichtslosigkeit bezeichnen."[85] Der Fürst hielt es darüber hinaus für dringend erwünscht, dass diese Zustände baldigst beendet würden und außerdem die Domäne Beutnitz in die Selbstbewirtschaftung des Rentamtes überführt werden sollte. Er fuhr in seinen Bericht fort: „Bei dieser Gelegenheit möchte ich auch anregen, daß die gesamte Fischerei auf den norddeutschen Besitzungen nach Ablauf der jetzigen Pachtverträge von der Selbstbewirtschaftung übernommen wird. Schon in Friedenszeiten hat der Erlös aus der Beutnitzer Fischerei beinahe um das Zehnfache den Pachtzins überstiegen, während des Krieges haben sich die Erträge in Folge der ungeheueren Fischpreise noch um ein Bedeutendes gesteigert." Ferner regte der Fürst an, den Anbau guter Obstsorten anzukurbeln. Grundsätzlich war der Fürst davon überzeugt, dass in Zukunft eine intensivere Ausnutzung des Grundbesitzes erforderlich sei. In dem Bericht heißt es dazu unter anderem: „So wie wir in Groß-Gandern das Mutungsrecht auf Braunkohle erworben haben, sollten wir auf dem gesamten Besitz dieses Recht nicht aus der Hand geben. Im Hinblick auf die Zukunft ist es wohl geeignet, schon jetzt Pläne aufzustellen, wie z.B. die Braunkohlenlager bei Groß-Gandern abgebaut werden können." Im Bericht wird fortgeführt: „Daß z.B. der pommersche Besitz ganz besondere Schätze unter der Erde birgt, ist kaum mehr zweifelhaft, ob diese aus Kalklagern, Braunkohlelagern oder anderen bestehen, weiß ich nicht. Die sehr hohen Angebote, die für Manow und Jannewitz gemacht werden, geben mir aber zu denken." Danach sollen dem Fürsten von einem Bankier in Berlin für den gesamten Besitz in Pommern 18 Millionen Mark in bar angeboten worden sein. Der Bericht vom 8. Oktober 1917 schließt mit der folgenden Passage: „Wir gehen aber neuen Zeiten entgegen und neuen Anforderungen und neuen Lasten entgegen, ihr müssen auch die Verwaltungsprinzipien angepaßt werden. Wenn es heute für die Verwaltung wie für jeden „Durchhalten" heißt, so wird es in Zukunft heißen müssen „Festhalten, aber Vorwärts".

IN DER WEIMARER REPUBLIK UND IM DRITTEN REICH

Die recht positiven Prognosen von Fürst Wilhelm bezüglich seiner Besitzungen in Norddeutschland sollten sich nicht bewahrheiten. Hierbei spielten nicht nur die allgemein schlechten wirtschaftlichen Rahmenbedingungen nach dem verlorenen Krieg eine Rolle. Die Besitzungen in Norddeutschland wurden darüber hinaus von Naturkatastrophen heimgesucht und gerieten zunehmend auch in den Sog der Agrarkrise des deutschen Ostens.

Zunächst wurden 1923/24 die Wälder der Fürstlichen Oberförstereien in der Provinz Brandenburg von der Forleulenplage nicht bekannten Ausmaßes getroffen, worüber Forstmeister Alfred Lehner von Griesel (Kreis Crossen/Oder) einen eindrucksvollen Bericht vorgelegt hat. Danach wurden weite Teile der rund 18 000 Hektar umfassenden Forstflächen teilweise oder ganz kahl gefressen. Um den Schädlingen den Nährboden zu entziehen und um die Voraussetzung für die Wiederaufforstung zu schaffen, mussten in den Forstjahren 1924 bis 1928 rund 531 000 Festmeter Holz geschlagen werden. Für das Schneiden der Hölzer wurden Sägewerke vor Ort errichtet, für den Transport der Hölzer mussten Bahnen und Wege gebaut werden. Eine große Masse von Stämmen wurde in den Seen um Beutnitz zwischengelagert und konserviert. Die erzielten Holzpreise waren katastrophal; die Wiederaufforstung gestaltete sich außerordentlich schwierig. In einem Gutachten vom 30. September 1930 resümierte Hofkammerrat Dr. Jakob Paeffgen über die Forleulenkalamität: „Der forstliche Besitz in der Mark Brandenburg in Größen von rund 18 000 Hektar, früher als Rückgrat der ganzen Verwaltung, ist durch eine Fraßkatastrophe (Forleule) auf unabsehbare Zeit nicht nur ertraglos geworden, sondern erfordert große Zuschüsse für Aufforstungen, Gehälter der Beamten und so weiter. Das durch den Fraß angefallene Holz kam in eine so schlechte Verwertungsperiode hinein, daß der Erlös nicht einmal die Kosten für die Aufarbeitung und des Abtransportes deckte"[86]. Die Schäden der Forleulenkalamität waren noch nicht beseitigt, geschweige denn verkraftet, als 1927/28 die Oberförstereinen Manow und Suckow in Hinterpommern von Kieferspannerfraß heimgesucht wurden. Das eilig geschlagene Holz war kaum absetzbar[87]. Die katastrophale Entwicklung der Forste ging in Norddeutschland einher mit einer nicht weniger katastrophalen Entwicklung der Domänen. Nach dem bereits erwähnten Gutachten von Hofkammerrat Dr. Paeffgen erwirtschafteten die Güter in Pommern, die bis zum Kriegsbeginn noch einigermaßen rentabel waren, ab 1924 nur noch Verluste. Zum 1. Juli 1930 waren Schulden in Höhe von 1 600 000 Reichsmark aufgelaufen.

Ein ähnliches Bild boten auch die Güter in Schlesien und Brandenburg, die dem Rentamt Beutnitz zugeordnet waren. Nach dem Gutachten von Dr. Paeffgen deckten dort die Pachtzinse noch nicht einmal die Steuern, Baukosten usw. Der Hofkammerbeamte führte schließlich aus: „Unser Antrag geht dahin, an der etwaigen Osthilfe für unsere pommerschen Betriebe in gleicher Weise wie die übrige Landwirtschaft des Ostens beteiligt zu werden. Geholfen wäre uns schon mit einem langfristigen Darlehen von einer Million Reichsmark zu einem mäßigen Zinsfuß." Die Hoffnungen auf einen langfristigen Kredit mussten alsbald begraben werden. Durch Reichsgesetz war 1931 die Sanierungshilfe für Güter an die Bedingung geknüpft worden, dass für Bauernsiedlungen Land abgegeben werden musste. Ein weiteres Gesetz war in Vorbereitung, das die Zwangsenteignung nicht mehr entschuldungsfähiger Güter zum Zweck der Versiedelung vorsah. Die Auffassung, dass nunmehr Handlungsbedarf angesagt war, wurde insbesondere auch von dem

Siedlerdorf erhielt den Namen Hohenzollern[89]. Von der Veräußerung der Jannewitzer Begüterung unberührt blieben die forstlich genutzten Flächen in Hinterpommern.

Große Probleme bereitete der Fürstlichen Verwaltung auch der nach dem Ersten Weltkrieg zur Tschechoslowakei gelangte Besitz. Infolge der von der tschechischen Republik 1921/22 durchgeführten Bodenreform[90] musste Fürst Wilhelm 6 436 Hektar Grund und Boden abtreten. Die nach dem Tod des Fürsten 1927 für den Besitz in der Tschechoslowakei festgesetzte Erbschaftssteuer war so hoch, dass die Fürstliche Hofkammer sich genötigt sah, mit Vertrag vom 3. Mai 1934 die Herrschaft Stecken mit 4 554,35 Hektar an den Staat abzutreten[91]. Zusammen mit weiteren Käufen und Verkäufen war 1940 der Besitz von Fürst Friedrich in der Tschechoslowakei von 14 290,63 Hektar vor der Bodenreform auf nunmehr 5 464,63 Hektar zusammengeschmolzen[92].

Demgegenüber müssen die Grundstückveränderungen in Umkirch in Baden und in Hohenzollern als geringfügig bezeichnet werden. Es soll hier nur an die Schenkung der Domäne Beuron an die Erzabtei Beuron durch Fürst Friedrich 1928 hingewiesen werden[93]. Die unmittelbar nach dem Ende des Zweiten Weltkriegs wieder aufflakkernde Domänenfrage verlief jedoch bald wieder im Sande[94]. Das Gut Weinburg in der Schweiz wurde 1929 mit Ausnahme des Chalets an die Steyler Missionsgesellschaft verkauft, die dort das Internat Marienburg einrichtete[95].

Nach einer Ausarbeitung von Dr. Aengenheister umfasste der Grundbesitz von Fürst Friedrich von Hohenzollern unmittelbar vor dem Ende des Zweiten Weltkrieges trotz großer Verluste und mit Ausnahme des Stammgutes Umkirch 54 521,56 Hektar[96]. Dieser immer noch riesige Besitz setzte sich danach folgendermaßen zusammen:

Davon entfielen 5 703,75 Hektar auf die Landwirtschaft, 48 174,41 Hektar auf die Forstwirtschaft und 563,40 Hektar auf Sonstiges.

Ehemalige Fürstliche Oberförsterei Beuron im Donautal um 1910.

Chef der Fürstlichen Verwaltung, dem Generalbevollmächtigten Dr. Heinrich Aengenheister, geteilt. Nach Besprechungen im Landwirtschaftsministerium in Berlin veräußerte die Fürstliche Verwaltung mit Kaufvertrag vom 3. Dezember 1931 für 1 450 000 Reichsmark die so genannte Jannewitzer Begüterung in Jannewitz, Lantow, Groß- und Klein-Quäsdow, Roßnow, Seydel und Vieverow in den Kreisen Schlawe und Köslin mit 2 810 Hektar landwirtschaftlicher Nutzfläche an die Bauernhof Siedlungsgesellschaft in Berlin[88]. Die von der Siedlungsgesellschaft erworbenen landwirtschaftlichen Nutzflächen wurden sodann parzelliert und 289 Siedlerstellen geschaffen. Das

Grundbesitz, Stand 1. April 1945.

	Grundbesitz (Hektar)
Hohenzollern	14.235,91
Schweiz	0,89
Württemberg	369,04
Baden (ohne Umkirch)	54,94
Tschechoslowakei	5.458,46
Bayern	2.202,45
Hinterpommern	9.011,11
Brandenburg	21.962,56
Schlesien	1.226,20
Summe	**54.521,56**

Nach dem Krieg verlor das Haus Hohenzollern seinen gesamten Besitz in Norddeutschland, in der Tschechoslowakei und in der Schweiz[97]. Das waren insgesamt 37 659,22 Hektar. Von den Erwerbungen des 19. und 20. Jahrhunderts außerhalb von Hohenzollern und Württemberg waren nur noch der Besitz in Umkirch und Bayerisch Eisenstein übrig geblieben.

Anmerkungen:

1 Hierzu grundlegend *Eberhard Gönner*: Die Revolution von 1848/49 in den hohenzollerischen Fürstentümern und deren Anschluß an Preußen. Hechingen 1952, 190-193; zur Revolution in Hohenzollern siehe nunmehr auch: *Fritz Kallenberg u.a.* (Bearb.): Das Schwert im hohenzollerischen Kürbis. Neue Forschungen zur Geschichte der Revolution 1848/49 in den Fürstentümern Hohenzollern. In: Zeitschrift für Hohenzollerische Geschichte 35 (1999), 1-104.
2 Staatsarchiv Sigmaringen (StAS), Dep. FAS HS 1 T 7 Rubr. 53 Nr. 102.
3 Fürstlich hohenzollernsches Haus- und Familiengesetz vom 24. Januar 1821, §§ 1-4. In: *Hermann Schulze* (Hg.): Die Hausgesetze der regierenden Deutschen Fürstenhäuser. Bd. 3. Jena 1883, 755f.
4 Wie Anm. 70.
5 Art. 8 des Staatsvertrags, zit. nach *Otto Victor Ambronn*: Denkschrift über die Prärogative und staatsrechtliche Stellung der Mitglieder der hohenzollernschen Fürstenhäuser in Folge der Abtretung der Souveränitäts- und Regierungs-Rechte über die Fürstenthümer Hohenzollern an die Krone Preußen. Berlin 1861, 56. Zur verwaltungsmäßigen Eingliederung der Fürstentümer Hohenzollern in Preußen siehe *Maren Kuhn-Rehfus*: Die Integration Hohenzollerns in Preußen. In: *Peter Baumgart* (Hg.): Expansion und Integration. Zur Eingliederung neugewonnener Gebiete in den preußischen Staat. Köln 1984, 299-325.
6 *Julius Grossmann u.a.*: Genealogie des Gesamthauses Hohenzolleren. Berlin 1905, 99 Nr. 756.
7 Hierzu siehe *Fritz Kallenberg*: Die Staatsautorität der Republik. Der preußische Regierungspräsident, der Fürst von Hohenzollern und die Stadt Sigmaringen 1919 – 1933. In: *Ralph Melville u.a.* (Hg.): Deutschland und Europa in der Neuzeit. Festschrift für Karl Otmar von Aretin zum 65. Geburtstag. Stuttgart 1988, 753.
8 Zur niederländischen Erbschaft siehe *Fritz Kallenberg*: Die Fürstentümer Hohenzollern im Zeitalter der Französischen Revolution und Napoleons. In: Zeitschrift für die Geschichte des Oberrheins 111 (1963), 357-472, 364f.; *Otto H. Becker*: Der ehemalige Besitz des Hauses Hohenzollern-Sigmaringen in den Niederlanden. In: Hohenzollerische Heimat 39 (1989), 34-38, bes. 35.
9 *Becker* 1989 (wie Anm. 8).
10 Ebd.; *Kallenberg* 1963 (wie Anm. 8), 395f.; siehe auch *Otto H. Becker*: Das Kloster Inzigkofen seit der Säkularisation. In: Hohenzollerische Heimat 33 (1983), 22-25; *Ders.*: Entschädigung für Besitzverluste außerhalb des Reichs. In: *Volker Himmelein / Hans Ulrich Rudolf* (Hg.): Alte Klöster – neue Herren. Die Säkularisation im deutschen Südwesten 1803. Bd. 2, 1. Ostfildern 2003, 621-630.
11 *Kallenberg* 1963 (wie Anm. 8), 416f.
12 Ebd., 417.
13 Zur Domänenfrage siehe vor allem *Gönner* 1952 (wie Anm. 1), 118-120; *Roland Kirchherr*: Die Verfassung des Fürstentums Hohenzollern-Sigmaringen vom Jahre 1833. Köln 1979, 119-129.
14 Wie Anm. 5.
15 Zur Verehelichung des Erbprinzen mit der Nichte von Joachim Murat siehe vor allem *Kallenberg* 1963 (wie Anm. 8), 413f.
16 *Otto H. Becker*: Das Gut Hamborn, ein ehemaliger Besitz des Hauses Hohenzollern-Sigmaringen am Niederrhein. In: Hohenzollerische Heimat 40 (1990) 12-15, bes. 13.
17 Ebd., 13f.
18 *Otto H. Becker*: Der Plan des Fürsten Karl von Hohenzollern-Sigmaringen zum Rückerwerb der Domäne Hamborn. In: Hohenzollerische Heimat 42 (1992), 7f.
19 *Ders.*: Zur Geschichte der Weinburg bei Rheineck am Bodensee. In: Hohenzollerische Heimat 43 (1993), 22-26.
20 *Wilfried Liener*: Übergang der reichsritterschaftlichen Herrschaft Hettingen an Hohenzollern-Sigmaringen. In: Zeitschrift für Hohenzollerische Geschichte 17 (1981), 131-201, ebd., 180-185: Abdruck der Kaufverträge über die Herrschaften Gammertingen und Hettingen vom 6. Juni 1827.
21 *Birgit Kirchmaier*: Das Oberamt Straßberg im 19. Jahrhundert. In: *Gemeinde Straßberg* (Hg.): Straßberg. 1150 Jahre. Sigmaringen 1993, 90f.
22 *Otto H. Becker*: Geschichte Straßbergs. Ein Überblick. In: Gemeinde Straßberg 1993 (wie Anm. 21), 32f.
23 StAS Dep. FAS DS 92 NVA 26 209, NVA 38 349.
24 *Kirchmaier* 1993 (wie Anm. 21), 91.
25 StAS Dep. FAS DS 92 NVA 26 094.
26 Ebd. NVA 26 075.
27 Ebd. NVA 17 448.
28 StAS Dep. FAS DS 92 NVA 26107.
29 StAS Dep. FAS DS 92 NVA 26106, DS 105 T 1 Nr. 462.
30 StAS Dep. FAS DS 92 NVA 26105.
31 StAS Dep. FAS DS 105 T 1 Nr. 415.
32 Ebd.
33 StAS Dep. FAS DS 92 NVA 2613.
34 *Harald Winkel*: Die Ablösungskapitalien aus der Bauernbefreiung in West- und Süddeutschland. Stuttgart 1968, 97, Anm. 312.
35 Grundlegend *Johannes Maier*: Geschichte des Fürstlich Hohenzollerischen Hüttenwerks Laucherthal. In:

Hohenzollerische Jahreshefte 18 (1958), 1-143.
36 Zur Geschichte der Baumwollspinnerei siehe *Agathe Kempf*: Die gewerbliche und industrielle Entwicklung im Haigerlocher Raum, dargestellt an der Brauerei Schlößle und der Baumwollspinnerei Karlstal. In: Zeitschrift für Hohenzollerische Geschichte 18 (1982), 54-79.
37 Hierzu siehe *Gönner* 1952 (wie Anm. 1), 168-170.
38 *Becker* 1989 (wie Anm. 8), 36.
39 Ebd.
40 Hierzu *Otto H. Becker*: Die Herrschaft Hohlstein, ein ehemaliger Besitz der Fürsten von Hohenzollern in Schlesien. In: *Haus der Heimat des Landes Baden-Württemberg* (Hg.): Weit in die Welt hinaus... Historische Beziehungen zwischen Südwestdeutschland und Schlesien. Stuttgart 1998, 31-39.
41 Zur Fürstin siehe *Anton Heinrich Buckenmaier*: Eugenie Fürstin von Hohenzollern-Hechingen. In: Zeitschrift für Hohenzollerische Geschichte 1 (1965) 1-173; *Ulrich Feldhahn / Stefan Schmidt-Lawrenz / Otto Werner*: Fürstin Eugenie von Hohenzollern-Hechingen. Hechingen 1997.
42 *Gönner* 1952 (wie Anm. 1), 190f; *Becker* 1998 (wie Anm. 40), 31.
43 StAS Dep. FAS HS 1 T 7 Rubr. 53 Nr. 1405 Art. 5.
44 Ebd. Art. 9.
45 Vgl. *Gregor Richter*: Thomas Täglichsbeck 1799 – 1867. Violinvirtuose, Komponist und Hofkapellmeister in Hohenzollern und zu Löwenberg in Schlesien. In: *Haus der Heimat des Landes Baden-Württemberg* (wie Anm. 40), 44-47.
46 StAS Dep. FAS DS 101 NVA 28 610.
47 StAS Dep. FAS DS 1 T 9 Nr. 333.
48 StAS Dep. FAS DS 1 T 9 Nr. 343; DS 101 NVA 23912.
49 StAS Dep. DAS DS 1 T 9 Nr. 351; DS 101 NVA 28 59; DS 92 NVA 23 912, 23 975.
50 StAS Dep. FAS DS 1 T 9 Nr. 339; DS 101 NVA 28 585; DS 92 NVA 23 882.
51 StAS Dep. FAS DS 1 T 9 Nr. 335; DS 101 NVA 28 584; DS 92 NVA 23 871.
52 StAS Dep. FAS HH 1 T 6 Rubr. 53 Nr.16; *Becker* 1998 (wie Anm. 40), 32.
53 StAS Dep. FAS DS 92 NVA 23 907 - 23 907.
54 Über die Besitzgeschichte siehe *Vinzenz Kremp*: Geschichte des Dorfes Umkirch, 2. Halbbd. Umkirch 1984, 69-72.
55 StAS Dep. FAS DS 128 T 2 NVA 28 342.
56 StAS Dep. FAS DS 1 T 9 Nr. 271; DS 92 NVA 24 O53.
57 StAS Dep. FAS DS 92 NVA 28 815, DS 105 T 1 Nr 418-419, Nr. 451.
58 StAS Dep. FAS DS 1 T 9 Nr. 368 - 371, DS 92 NVA 26 141 - 26 143, 26 285, 26 287, 26 289.
59 StAS Dep. FAS DS 105 T 1 Nr. 171, Nr. 457; DS 92 NVA 23 737.
60 StAS Dep. FAS DS 92 NVA 23 592.
61 Hierzu siehe die Zusammenstellungen bei *Winkel* 1968 (wie Anm. 34), 95-99.
62 Hierüber zusammenfassend *Otto H. Becker*: Die Fürstl. Hohenz. Besitzungen in Pommern. In: Hohenzollerische Heimat 38 (1988), 49-53.
63 Hierzu die Belege bei *Gönner* 1952 (wie Anm. 1), 183f.
64 StAS Dep. FAS DS 1 T 9 Nr. 396; DS 92 NVA 24 154, 24 201, zur Erwerbung der Güter in der Provinz Posen siehe *Becker* 1988 (wie Anm. 62), 50.
65 StAS Dep. FAS DS 1 T 9 Nr. 384; DS 92 NVA 24 174.
66 StAS Dep. FAS DS 1 T 9 Nr. 382; DS 92 NVA 24 147, 24 159, 24 164.
67 StAS Dep. FAS DS 1 T 9 Nr. 374; DS 92 NVA 2 404, 24 199; zur Erwerbung der Güter in der Provinz Pommern siehe *Becker* 1988 (wie Anm. 62), 50.
68 StAS Dep. FAS DS 1 T 9 Nr. 373.
69 StAS Dep. FAS DS 1 T 9 Nr. 378; DS 92 NVA 24 078.
70 Ergibt sich aus den im Text zu den in den Anm. 70 und 74 gemachten Flächenangaben.
71 StAS Dep. FAS DS 92 NVA 24 201.
72 *Walter Kaufhold*: Schloß Sigmaringen und seine Geschichte. In: *Walter Kaufhold / Rudolf Seigel* (Bearb.): Schloß Sigmaringen und das Fürstliche Haus Hohenzollern. Konstanz-Stuttgart 1966, 66.
73 Siehe Text zu den Anm. 81 und 82.
74 Handbuch der Fürstlich Hohenzollernschen Hofkammer-Verwaltung 1898. Stuttgart [1898].
75 Einen Überblick bietet *Becker* 1988 (wie Anm. 62), 50; eine umfassende Studie des Verfassers über die Geschichte der Fürstlich Hohenzollernschen Verwaltung ist in Vorbereitung.
76 *Otto H. Becker*: Die Jagdinspektion Beutnitz. In: Hohenzollerische Heimat 40 (1990), 33-36.
77 StAS Dep. FAS DS 92 NVA 24 147, 24 164.
78 Handbuch der Fürstlich Hohenzollernschen Hofkammer-Verwaltung 1911. Stuttgart [1911].
79 Ebd.
80 StAS Dep. FAS DS 1 T 11 Nr. 4; siehe auch *Becker* 1989 (wie Anm. 8), 37.
81 StAS Dep. FAS DS 92 NVA 16 670; *Maier* 1958 (wie Anm. 35), 121.
82 Ebd.
83 Ebd.; siehe auch *Otto H. Becker*: Quellen zur Industrialisierung im Staatsarchiv Sigmaringen. In: *Nicole Bickhoff* (Hg.): Landeskundliche und quellenkundliche Aspekte zur Industrialisierung. Stuttgart 2002, 46.
84 1893 – 1993. 100 Jahre unter Strom. Sigmaringen 1993.
85 StAS Dep. FAS DS 92 NVA 29 202.
86 StAS Dep. FAS DS 92 NVA 37 894.
87 StAS Dep. FAS DS 92 NVA 27 799.
88 StAS Dep. FAS DS 92 NVA 24 074.
89 StAS Dep. FAS DS 92 NVA 34 246, 37 856.
90 StAS Dep. FAS DS 92 NVA 26 251.
91 StAS Dep. FAS DS 92 NVA 30 045.
92 StAS Dep. FAS DS 92 NVA 30 045, 30 060.
93 StAS Dep. FAS HS 1 T 7 R. 72 Nr. 2; *Otto H. Becker* Benediktinermönche in Beuron. In: *Wilfried Schöntag* (Hg.): 250 Jahre Abteikirche Beuron. Beuron 1988, 156-185, 180.
94 Hierzu siehe *Fritz Kallenberg*: Landesgeschichte in Hohenzollern. Der Hohenzollerische Geschichtsverein im Spannungsfeld von Lokalpatriotismus und Geschichtswissenschaft. In: Zeitschrift für Hohenzollerische Geschichte 15 (1979), 9-90, 26; Ders.: Der Regierungsbezirk Sigmaringen im Freistaat Preußen 1918 – 1945. In: *Fritz Kallenberg* (Hg.): Hohenzollern. Stuttgart 1996, 185f.
95 *Becker* 1993 (wie Anm. 19), 25.
96 StAS Dep. FAS Sa 220.
97 Wie Anm. 95.

"Durch ehrenvolle Belohnung die Erinnerung ihrer Verdienste der Nachwelt zu hinterlassen" Die Nobilitierungen durch die Fürsten von Hohenzollern

Karl Werner Steim

Bis 1806 war die Adelsverleihung ein Reservatrecht des Kaisers. Ferner durften die Erzherzöge von Österreich und die Hofpfalzgrafen (Palatine) mit Nobilitierungsbefugnis den Adel verleihen. Seit alters nahmen die Könige von Böhmen und die Pfalzgrafen bei Rhein dieses Privileg in Anspruch, später bedeutendere Reichsfürsten wie die Bayern und Preußen sowie einige geistliche Reichsfürsten. Der vom Kaiser verliehene Reichsadel galt im ganzen Reich, der von den Landesfürsten verliehene Adel im jeweiligen Land, konnte aber in einem anderen anerkannt werden. Nach der Auflösung des Heiligen Römischen Reiches Deutscher Nation 1806 kam es zu einer Inflation bei den Adelsernennungen. Die Fürsten der Rheinbundstaaten und nach 1815 des Deutschen Bundes machten von ihrem Nobilitierungsrecht regen Gebrauch.

Die Fürsten von Hohenzollern-Hechingen und Hohenzollern-Sigmaringen hatten sich stets – aus finanziellen Gründen aber meist vergeblich – um eine repräsentative Hofhaltung bemüht, ohne es z. B. den benachbarten Württembergern auch nur annähernd gleichtun zu können[1]. Der Hechinger Fürst Hermann († 1810) umgab sich in seinen ersten Regierungsjahren mit einem regelrechten Hofstaat, bis ihn seine Finanzverhältnisse zu rigorosen Einsparungen nötigten. Er ernannte einen Hofmarschall und zwei adlige Hofkavaliere[2].

Die Nobilitierungen in den beiden souveränen Fürstentümern Hohenzollern-Hechingen und Hohenzollern-Sigmaringen waren bisher kein Forschungsthema. Die erste Zusammenstellung mit kurzen Daten aller 27 Adelserhebungen findet sich im Jahre 1881 bei Maximilian Gritzner[3]. Das neuere „Adelslexikon"[4] nennt 14 dieser Nobilitierungen. Fritz Kallenberg[5] schildert einige hohenzollerische Beamte, die geadelt wurden. Im Staatsarchiv Sigmaringen sind alle in Hohenzollern vorgenommenen Adelserhebungen dokumentiert[6]. Ab 1806 machten die souverän gewordenen Fürsten von ihrem Nobilitierungsrecht Gebrauch; die Hechinger mehr, die Sigmaringer weniger. Da dem Hechinger Fürsten 1803/06 – im Gegensatz zu seinem Sigmaringer Vetter – materieller Zuwachs versagt blieb, war die Adelserhebung mit ehrenvollen Prädikaten die wohlfeilste Möglichkeit, sich seinen Spitzenbeamten erkenntlich zu zeigen und zugleich den Nimbus der Regierung zu steigern. Fast die Hälfte der Geadelten hatte aber mit Hohenzollern nichts zu tun.

Die Verleihung des Adels war in Hohenzollern offenbar nicht an sehr strenge Voraussetzungen geknüpft. Von einer reinen Käuflichkeit des Adelsbriefes kann dennoch nicht gesprochen werden. Während die Fürsten zu Fürstenberg, die als Hofpfalzgrafen den Reichsadel verleihen konnten, noch am Ende des Alten Reiches bei den zu Nobilitierenden Wert auf „ehrliche Herkunft", einen entsprechenden Bildungsgrad, besondere Verdienste, eine wohlangesehene Stellung und hinreichendes Vermögen als Voraussetzung für eine standesgemäße Lebensart Wert legten, wie Karl S. Bader feststellte[7], spielte das in Hohenzollern keine entscheidende Rolle.

Die Fürsten von Hohenzollern-Hechingen nahmen zwischen 1806 und 1850 21 Nobilitierungen (davon sieben Freiherren) vor, die Sigmaringer nur sechs (davon zwei Freiherren), obwohl Sigmaringen das wesentlich größere Fürstentum war. Während in Hechingen alle drei Fürsten adelten, tat dies in Sigmaringen von den ebenfalls drei Fürsten nur Anton Aloys. Die Hechinger Fürsten erhoben sechs leitende Beamte und sechs (teils auswärtige) Offiziere in den Adelsstand, die übrigen Geadelten waren von außerhalb Hohenzollerns. In Hechingen und Sigmaringen wurde jeweils ein illegitimes Familienmitglied geadelt. Der Sigmaringer Fürst erhob zwei seiner Beamten in den Adelsstand. Mehrere später Geadelte hatten ihre Standeserhebung selbst beantragt, andere wurden von Familienmitgliedern des Hauses Hohenzollern oder von Verwandten vorgeschlagen. Zwar zählten zum Sigmaringer „Hofstaat" im Jahre 1844 mehrere Adelige (ein Hofmarschall, drei Hofkavaliere und zwei Hofdamen), doch waren sie nicht in Sigmaringen nobilitiert worden[8]. Dasselbe gilt für die adligen Mitglieder der Sigmaringer Staatsverwaltung.

Die Adelserhebung war in der Regel gebührenpflichtig. Zwar liegen in den meisten Fällen darüber keine Unterlagen mehr vor, doch betrug die Kanzleitaxe offenbar in der Regel 300 Gulden. Dazu kamen weitere rund 50 Gulden für die Pergamenturkunde, die Schreibgebühr, die Zeichnung des Familienwappens, das Siegel mit Kapsel und die Buchbinderarbeit mit Silberschnüren und Kordeln.

Schon 1850, mit dem Übergang der hohenzollerischen Fürstentümer an das Königreich Preußen, verloren die Hechinger und Sigmaringer Fürsten ihre Nobilitierungsbefugnis. Ein eigener „hohenzollerischer Adel" konnte sich deshalb nicht entwickeln, zumal die meisten Familien bereits nach der ersten oder zweiten Generation ausstarben. Einen offiziellen „Hofstaat" des Fürsten gab es in Sigmaringen freilich auch nach 1850. Dem Adel gehörten z. B. 1884 vier Kammerherren, ein persönlicher Adjutant, drei Hofdamen, ein „Hofchef" und sogar ein Hausmeister und Küchenchef an. Und selbst der Erbprinz hatte einen Hofstaat, bestehend aus mehreren Adeligen[9]. Adlige Hofkammerpräsidenten und Kammerherren gab es schließlich in Sigmaringen bis weit ins 20. Jahrhundert hinein. Von den zwischen 1806 und 1850 in Hohenzollern nobilitierten Familien ist heute keine mehr im „Ländle" ansässig.

HOHENZOLLERN-HECHINGEN

Schon fünf Wochen, nachdem Fürst Hermann 1806 die Souveränität erlangt hatte, machte er vom Nobilitierungsrecht Gebrauch und erhob seinen Kanzler Franz Anton Frank in den Freiherrenstand mit dem Prädikat „von Fürstenwerth". Bereits dessen Vater Johann Daniel Marianus Frank (1723 – 1800) war Kanzler in Hechingen und mit einer Tochter des Sigmaringer Kanzlers Johann Baptist Staader Ritter und Edler von Adelheim verheiratet. Dessen Tochter Therese hatte in Hechingen den fürstlichen Hofrat Albert Joseph von Ittner geheiratet. Gustav Frank von Fürstenwerth (1794 – 1867), Wirklicher Geheimer Rat in Hechingen und Sohn des Nobilitierten, heiratete die Tochter des fürstlichen Leibarztes in Hechingen. Die Kinder aus dieser Ehe traten, nachdem Hohenzollern preußisch geworden war, überwiegend in die Dienste Preußens: Der Sohn Wilhelm (1825 – 1909) war Wirklicher Geheimer Oberregierungsrat und Oberverwaltungsgerichtsrat, sein Bruder Albert (1830 – 1889) Generalarzt und Adolf (1833 – 1893) Regierungspräsident in Sigmaringen. Dessen Sohn Gustav (1878 – 1916) wurde Regierungsassessor und heiratete die Tochter des Landeshauptmanns der Rheinprovinz.

Fürst Hermann Friedrich Otto (1751 – 1810), der von 1798 bis zu seinem Tod 1810 das Fürstentum Hechingen regierte, nahm im Einzelnen folgende Nobilitierungen vor:

Frank von Fürstenwerth: 20.8.1806 Adels- und Freiherrenstand für Franz Anton Frank (1761 – 1840), Fürstlich hohenzollern-hechingischer Wirklicher Geheimer Rat und Regierungspräsident. Frank hatte Jura studiert und war 1784 in den Hechinger Staatsdienst eingetreten, wo er 47 Jahre lang unter vier Fürsten diente. Im Adelsdiplom führte der Fürst aus, es sei sein Ziel, „diejenigen unserer getreuen Staatsdiener, deren Voreltern und sie von stattlichen Eigenschaften und Herkommens sind und sich gegen unsern Regierungs-Vorsteher, auch Uns und Unser fürstliches Haus mit sonderlich getreuen und emsigen Diensten zu allen Zeiten gutwillig, standhaft und ehrerbietigst zugethan erzeigt und sich dadurch ausnehmend hervorgethan haben, in noch höhern Stand zu erheben und mit größern Ehren und Würden zu zieren, um durch diese ehrenvolle Belohnung die Erinnerung ihrer Verdienste der Nachwelt zu hinterlassen". Frank habe „schon über zwanzig Jahre lang Uns und Unserem fürstlichen Hause ununterbrochen treue, eifrige, Uns angenehme und nützliche Dienste gewidmet, indem wir ihn in gar mancherlei hochwichtigen Haus- und Familienangelegenheiten sowohl als auch bei Unseren Regierungs- und Landesgeschäften sowie zu oftmaligen ansehnlichen und wichtigen Gesandtschaften und Verschickungen gebraucht". Die Familie gibt es noch. – Wappen: In von Blau und Gold geteiltem Schild ein mit sechs goldenen Sichelblättern, von denen je zwei in Form eines Violinschlüssels zusammengestellt sind, belegter roter Schräglinksbalken, begleitet oben von einem goldenen Stern, unten von einem blauen Windspiel mit goldenem Halsband und Ring; auf dem Helm rechts mit blau-goldenen, links rot-goldenen Decken ein offener, innen aufwärts mit dem roten Schrägbalken belegter Flug.

Bayer von Ehrenberg: 15.11.1806 Adelsstand für Theodor Bayer (1770 – 1813), Königlich württembergischer Hauptmann, Sohn des Johann Georg Bayer, Kleemeister zu Altdorf (Weingarten). Für seine Witwe und die Söhne, den württembergischen Infanterie-Oberstleutnant und späteren Obersten und Mitglied der Bundesmilitärkommission vom 8. Armeekorps Friedrich Bayer von Ehrenberg (1809 – 1882) und den Artillerie-Leutnant Wilhelm Bayer von Ehrenberg wurde der Adelsstand in Württemberg am 16.6.1834 anerkannt. Auch die weiteren männlichen Nachkommen traten vor allem dem Militärdienst bei. Der Sohn von Friedrich Bayer, Konstantin (1843 – 1926), war Generalmajor, Karl (1848 – 1908) Hauptmann und schließlich Ernst (1855 – 1920) Major. – Wappen: Geteilt, oben in Silber drei (eins und zwei) rote Sterne, unten in Schwarz ein linksgekehrter geharnischter Arm, der ein blankes Schwert in der Faust hält; auf dem Helm mit schwarz-silbernen Decken der Schwertarm, zwischen zwei von Schwarz und Silber geteilten Büffelhörnern.

Giegling von Ehrenwerth: 27.4.1807 Adelsstand für Johann Nepomuk Giegling, Fürstlich hohenzollern-hechingischer Hof- und Regierungsrat. Nach dem juristischen Studium wurde er 1793 in Hechingen Kabinettssekretär, 1794 Hofrat, 1798 wurde ihm das Departement seines verstorbenen Vaters Franz Josef übertragen. Er war ein außerordentlich solider Jurist und blieb bis zu seinem Tod im Jahre 1830 in fürstlichen Diensten. Der Fürst bestätigte in der Adelserhebung, dass Giegling „selbst schon über vierzehn Jahre lang Uns und Unserem fürstlichen Hause ununterbrochen seine treue, eifrige, Uns angenehme und nützliche Dienste gewidmet hat, indem wir ihn in vielen wichtigen Haus- und Familien-Angelegenheiten sowohl als auch Regierungs- und Justiz-Geschäften gebraucht". Sein Sohn Hermann (1800 – 1861) war in Hechingen Fürstlicher Geheimrat und Königlicher Kammerherr. Die Familie ist erloschen. – Wappen: In Rot eine silberne Gugel (Mönchskappe); auf dem Helm mit rot-silbernen Decken ein wachsender Löwe mit aufwärts gerichtetem Spaten in der Rechten.

Brodorotti von Treuenfels: 1.6.1808 Adelsstand für Karl Leonhard Brodorotti, Fürstlich hohenzollern-hechingischer Hof- und Regierungsrat und Kammerdirektor. Die früher adlige Familie Broderotti de Amara war in der Republik Venedig ansässig und im 18. Jahrhundert nach Deutschland gekommen. Der in Hechingen geadelte Karl Bernhard erhielt ein Anerkennungsdiplom seines Adelsstandes. Er war nach dem juristischen Studium 1778 als Regierungssekretär in die Dienste des Fürsten von Hechingen getreten und wurde nach drei Jahren zum Hofkammerrat und Rentmeister sowie später zum Hofrat ernannt. 1787 verehelichte er sich mit einem Fräulein von Ziegler aus Schweizer Adel, deren Vater als Hofrat und Kammerdirektor dem fürstlichen Haus in Hechingen zehn Jahre gedient hatte. Die Familie ist erloschen.

Wappen: In Blau eine eingebogene, aufsteigende, von zwei goldenen Sternen begleitete silberne Spitze, worin ein aus grünem Hügel wachsender wilder, laubbekränzter Mann, einen Säbel, mit zwei auf die Klinge gespießten Äpfeln (Türkenköpfen?) haltend.

Bechtold von Ehrenschwerdt: 28.3.1810, Adelsstand für Anton Bechtold (1781 – 1835), Königlich westfälischer Hauptmann bei der Leibjägergarde. Der in Hechingen Geborene war 1798 ins Fürstlich hohenzollerische Kontingent eingetreten und 1807 Leutnant geworden[10]. 1808 wurde er zum Hauptmann im Westfälischen leichten Infanterie-Bataillon befördert. Bechtold hatte sich laut Adelsurkunde in allen Feldzügen „besonders tapfer, rechtschaffen und untadelig betragen". Er erhielt 1813 wegen seiner Tapferkeit in der Schlacht bei Dresden auch den Königlich westfälischen Freiherrenstand. Am 21.2.1829 wurde der Adelsstand in Baden für den inzwischen großherzoglich-badischen Oberstleutnant anerkannt. Bechtold ist in Karlsruhe gestorben[11]. Schon sein Vater Bernhard war Offizier und hatte über 40 Jahre im hohenzollern-hechingischen Kontingent gedient[12]. Die Familie ist erloschen. Wappen: Unter blauem Schildhaupt, darin ein goldener Stern, in Rot ein schwebender, silberngeharnischter Schwertarm; auf dem Helm mit rot-silbernen Decken der Schwertarm ruhend.

Eckoldt von Eckoldtstein: 20.4.1810 Adelsstand für Dr. med. Christian Gottlob Eckoldt in Leipzig, Königlich schwedischer Hofrat und Leibarzt der Herzogin von Kurland-Sagan. Die Herzogin von Kurland hatte die Erhebung in den Adelsstand beantragt und darauf hingewiesen, Dr. Eckoldt wolle ein adliges Fräulein heiraten, deren Eltern nur zustimmten, wenn er selbst adelig sei. Dr. Eckoldt übersandte die Zeichnung seines Wappens, „welches meine in den älteren Zeiten adeliche Familie geführt hat." Der Fürst genehmigte den Antrag „seiner großen und ausgezeichneten Verdienste wegen […] gegen die gewöhnliche Taxe von hundert Dukaten". Der Nobilitierte vermählte sich nun mit einer Freiin von Lützow aus dem Hause Drei-Lützow, einer früheren Hofdame der Königin Luise von Preußen. Ein Sohn war Sekondeleutnant beim 5. preußischen Landwehrregiment. Die Witwe soll später mit ihren Kindern ein schwedisches Freiherrendiplom erhalten haben[13]. Die Familie ist erloschen.

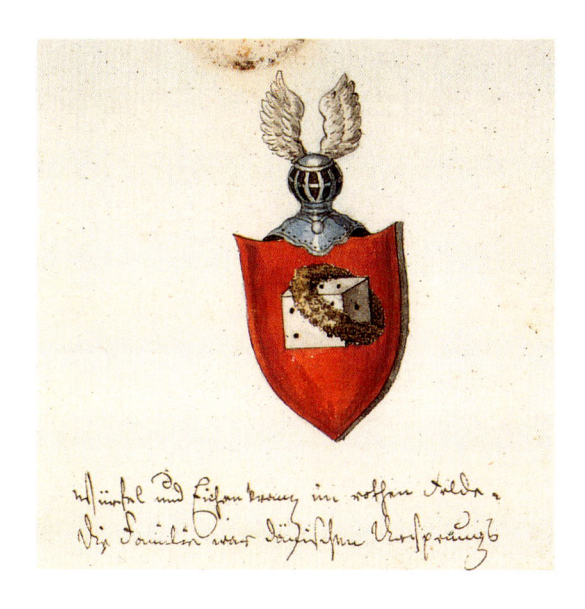

Wappen: Gespalten von Gold und Rot, vorn eine Taube, hinten ein silberner, die „3" zeigender Würfel. Später findet sich auf Siegeln ein gespaltener Schild mit goldenem Schildfuß, worin auf grünem Boden eine Taube, vorn in Rot ein die „5" zeigender Würfel, hinten in Blau drei goldene Linksschrägbalken[14].

Fürst Friedrich Hermann Otto (1776 – 1838), der von 1810 bis zu seinem Tod 1838 regierte, nahm folgende Nobilitierungen vor:

Wöhrstein (Wehrstein): 3.1.1812 Adels- und Freiherrenstand für Karl Friedrich Wilhelm, natürlicher Sohn des Prinzen Joseph Wilhelm von Hohenzollern-Hechingen, Fürstbischof von Ermland und Abt zu Oliva und der „Demoiselle" Karoline Elisabeth Bode zu Danzig, Tochter eines Kaufmanns. Preußische Anerkennung am 6.2.1820 an für den nachmaligen Königlich preußischen Kammergerichtsassessor. Der Name „Wehrstein" stammt aus dem Titel des Fürsten von Hohenzollern: Herr zu Wehrstein. Am 30.8.1800, in dem Jahr, als der spätere Fürstbischof in den geistlichen Stand trat, wurde Karl Friedrich Wilhelm auf dem Gut Warzenke bei Danzig geboren und zwei Tage später in der Franziskanerkirche zu Stolzenberg, einer Vorstadt von Danzig, getauft und der Familienname „von Wöhrstein" beigelegt. Als Vater wurde nur „Joseph Wilhelm" eingetragen, als Mutter Karoline Elisabeth Bode. Der Bruder des Kindsvaters beantragte in Hechingen die Ausstellung eines Adelsdiploms und die Verleihung eines Wappens und versicherte, Karl Friedrich Wilhelm werde „der Familie keine Schande machen", dafür bürge er. Am 29.8.1814 bedankte sich Prinz Joseph Wilhelm beim Hechinger Fürsten schriftlich: „Es lag mir so unendlich viel daran, dem hoffnungsvollen Knaben den ohnehin dornigen Lebenspfad möglichst zu ebnen und ihm vor allem die Würde des Daseins zu sichern." Bekannt ist auch, dass die drei illegitimen Kinder des Prinzen Karl (1782 – 1829), Königlich bayerischer Oberst und Bruder des Fürstbischofs, mit der Dorothea Bernreuther auf den Namen „von Wehrstein" getauft wurden, doch findet sich kein Nachweis über ihre Nobilitierung[15]. Die Familie ist erloschen. Wappen: Gespalten, rechts in Blau auf hohem schwarzem Berg ein natürlicher Zinnenturm, links in Silber ein gekrönter roter Löwe. Auf dem Helm mit rechts blau-silbernen, links rot-silbernen Decken ein offener, je mit drei Sternen im Halbkreis belegter Flug.

Bechtold von Ehrenschwerdt: 13.7.1813 Adelsstand für Joseph Bechtold, Hauptmann bei der Russisch-Deutschen Legion und Bruder des 1810 geadelten Anton Bechtold. Er ist 1803 in den Militärdienst des Hechinger Fürsten eingetreten, hat sich in allen Feldzügen besonders tapfer und rechtschaffen geschlagen und trat mit fürstlicher Genehmigung 1813 in die Kaiserlich russisch-deutsche Legion. Die Familie ist erloschen. – Wappen: In Blau ein mit zwei goldenen Ankern belegter roter Schräglinksbalken, begleitet oben von einem goldenen Stern, unten von einem geharnischten Schwertarm; auf dem Helm mit blau-silbern-roten Decken der Schwertarm ruhend vor zwei zweizipfeligen, in drei Reihen von Schwarz und Silber geschachten Fähnlein an goldenen Spießen[16].

Gendt von Gendtedel: 8.3.1825 Adelsstand für den aus Holland stammenden Wilhelm de Gendt in Delft. 16.10.1825[17] Freiherrenstand. In der Urkunde zur Adelserhebung bestätigte der Fürst, Wilhelm de Gendt sei „um Erhebung in höheren Stand eingekommen und habe seine adelich guten Sitten durch Zeugnisse hinlänglich ausgewiesen". Der Geadelte schrieb wenig später an den Fürsten, er stamme „aus hochadligem Blut" und wolle sich auch des Titels Baron bedienen. Der Fürst erlaubte ihm hierauf, den Titel „Freiherr" zu führen. Die Familie ist erloschen.

Wappen: In Silber ein oben und unten gold-bordürter, schräg gold-gegitterter roter Balken. Gekrönter Helm: Drei Straußenfedern Rot-Gold-Rot. Decke: Rot-Gold.

Hermens van den Bergh und Bergheim: 1826 Adelsstand für Gottfried Hermens, Hofrat und Rentmeister zu Geulle/Holland. Das Adelsdiplom war schon im Jahre 1829 nicht mehr vorhanden. Am 8.4.1826 bedankte sich Gottfried (Godefroy) Hermens van den Berg beim Fürsten für „die Ertheilung des von mir erbetenen Adelsdiploms". Aus den Akten geht hervor, dass Godefroy Hermens lange Jahre als Hofrat und Rentmeister in Diensten der Gräfin Anna von Hohenzollern-Hechingen (1729 – 1798), Witwe des Generalfeldmarschalls Graf Franz Xaver (1719 – 1765) und Tochter des Grafen Hermann Otto von Hoensbroech-Geulle, auf Schloss Geulle bei Maastricht war. Die Familie ist erloschen. – Wappen: Nicht bekannt.

Eberle von Gnadenthal: 1.12.1826 Freiherrenstand für Karl Theodor von Eberle, Königlich sächsischer Kürassier-Leutnant a.D., gebürtig aus Königsberg, Besitzer der Hofmark Leutstetten/Bayern. Über die Herkunft seines einfachen Adels ist nichts bekannt. Der Augsburger Georg Friedrich von Walther suchte beim Hechinger Fürsten um die Erhebung des Eberle in den Freiherrenstand nach und wies auf dessen zahlreiche hohe Orden hin; u. a. war er Ritter der französischen Ehrenlegion. Eberle sei durch die Veräußerung seiner Besitzungen in Ostpreußen zu großem Vermögen gekommen und wolle in Schwaben und insbesondere in Hohenzollern Besitzungen erwerben. Schließlich hat der Hechinger Fürst nach Übersendung zahlreicher Unterlagen wegen der „vollkommen erwiesenen rühmlichen Qualifikationen dem Gesuche desselben um Erhebung in den Freiherrenstand gnädigst entsprochen, zumal er sich im Fürstenthum Hohenzollern-Hechingen Besitzungen erwerben will." Die Familie ist erloschen.

Wappen: Die offizielle Wappenbeschreibung von 1826: „Das Wappen besteht aus einem länglichviereckigen Schild, der schwarz ist. Von dem oberen rechten Eck in das untere linke Eck ist ein goldener Fangzaun, im unteren linken Eck ist ein halbes, schwarzes wildes Schwein, welches im Lauf ist und einen Pfeil im Rachen hat, den hinteren Teil des Pfeiles vorwärts haltend, welcher blau ist. Vom linken oberen Eck gegen das rechte untere Eck läuft ein goldener Balken. Über dem Schild steht ein offener Helm mit dem Kleinod: eine goldene Krone, worauf ein Löwe sitzt, der die hinteren Füße an denen äußeren Spitzen der Krone aufweist. Der Schweif schwingt sich um den Leib herum, dessen Ende wird hinter dem Hals auf der linken Seite sichtbar. In seinen vorderen Füßen hält er rechts und links eine Fahne, der obere Teil derselben schwarz, der untere aber Gold. An den Spitzen der Fahnen befindet sich ein goldener Knopf. Auf dem Kopf hat der Löwe eine goldene Krone sitzen, aus der fünf Fahnen hervorragen, wovon die mittlere golden, die daran stoßende schwarz und die beiden letzteren wieder von Gold sind. Neben dem Löwen gehen rechts und links aus den äußeren Spitzen der Krone zwei Adler-Flügel hervor; diese sind schwarz und haben in ihrer Mitte einen goldenen Streifen, der Löwe hält die Adler-Flügel mit seinen beiden breiten Tatzen. Die Helmdecke ist einwendig von Gold, die umgeschlagenen Zierate schwarz."[18]

Mohr de Sylva: 3.6.1827[19] Adelsstand für Wilhelm Mohr, Schlossgutsbesitzer in Geisingen bei Ludwigsburg. Die Geschwister Wilhelm und Friederike von Mohr de Sylva schrieben am 12.6.1827 an den Fürsten von Hohenzollern-Hechingen, sie wollten ihr Schlossgut in Geisingen verkaufen, die württembergische Staatsbürgerschaft aufgeben und ihr Geld im Fürstentum Hechingen anlegen. Ihr Vermögen wurde mit „wenigstens 25 000 Gulden" angegeben. Das Geschlecht stammt aus Franken[20]. – Das Wappen entspricht dem des in Prag am 2.9.1602 in den Reichsadelsstand erhobenen Reichshofratssekretärs Georg Mohr: In von Schwarz und Gold gespaltenem Schild ein vorwärts-gekehrter Mohr, in Rock und Aufschlägen verwechselte Farbe mit goldener Kopfbinde und silbernem Halsring, mit der Rechten eine Fackel emporhaltend, die Linke in die Hüfte setzend; auf dem Helm mit schwarz-goldenen Decken der Mohr wachsend zwischen zwei von Schwarz und Gold übereck-geteilten Büffelhörnern[21].

Solomé von Remberviller: 20.12.1827 Adelsstand für Anton Solomé, Königlich bayerischer Oberstleutnant im I. Chevauxlegers-Regiment. Die Gräfin Josephine Festeticz von Tolma (1790 – 1856), Tochter des Fürsten Hermann Friedrich Otto von Hohenzollern-Hechingen, bat ihren Bruder, Fürst Friedrich, den Anton Solomé wegen seiner Verdienste für ihre Familie in den Adelsstand zu erheben, zumal schon dessen Eltern „sich der adligen Rechte zu bedienen befugt waren". Die Familie stammte aus Moustiers in der Provence/Frankreich und hatte das Geschlecht „de Remberviller" angeheiratet. Der

Sohn des Nobilitierten, August Peter Solomé von Remberviller, Königlich bayrischer Rittmeister im 5. Chevauxlegers-Regiment, erhielt am 1.2.1839 den bayerischen Freiherrenstand und wurde am 8.5.1839 in die dortige Adelsmatrikel bei der Freiherrenklasse aufgenommen. Die Familie ist erloschen.

Wappen (1827): In Blau ein silberner Balken, begleitet von drei (zwei, eins) gestürzten goldenen Eicheln; auf dem Helm mit blau-goldenen Decken zwei grüne Eichenzweige mit je drei Eicheln. Das Wappen von 1839 lautet wie 1827, wobei der Schildhalter aus zwei widersehenden Löwen besteht.

Willi von Langfeld: 1829 Freiherrenstand für Franz Ritter von Willi zu Langfeld, Fürstlich salm-reifferscheid-krautheimscher Ökonomierat in Gerlachsheim. Der Geadelte, der aus Tirol stammte und am 1.12.1798 vom Kaiserlichen Hofpfalzgrafen Maximilian Wunibald Graf Truchsess von Waldburg und Zeil als Kaiserlicher Notar den Ritterstand mit „Edler von Langfeld" erhalten hatte, ließ 1829 den Fürsten von Hechingen um die Erhebung in den Freiherrenstand bitten. Die Familie ist erloschen. – Wappen (1798): Geteilt, oben in Rot auf grünem Boden schreitend ein silbernes Lamm, das Haupt besetzt mit einem goldenen Stern, mit dem linken Vorderlauf eine zweizipflige goldene Fahne an einem oben mit einer goldenen Kugel besetzten schwarzen Stab haltend, unten in Silber ein grüner Schräglinksbalken. Zwei Helme, auf dem rechten mit blau-silbernen Decken der Stern, auf dem linken mit rot-silbernen Decken eine aufgerichtete silberne Pflugschar.

Sigriz: 10.12.1831 Adelsstand für Joseph Sigriz, Königlich bayerischer Sekretär bei der Staatsschulden-Tilgungskommission in München, nebst den Söhnen Friedrich und Heinrich. Der Adel wurde am 23.3.1832 in Bayern anerkannt und am 7.5.1832 in die Bayerische Adelsmatrikel bei der Adelsklasse immatrikuliert. Das Geschlecht stammt aus der Oberpfalz. Joseph Sigriz bat auf Empfehlung des Prinzen Karl von Bayern den Hechinger Fürsten um ein Adelsdiplom für sich und seine Söhne. Die Familie sei früher auf dem Rittergut Sigriz in der Oberpfalz gesessen und zu den adligen Familien gezählt worden. Die Familie gibt es noch. – Wappen: Geteilt, oben in Silber auf natürlichem Felsen eine Burgruine, unten in Rot ein schräglinker Wellenbalken; auf dem Helm mit rot-silbernen Decken ein wachsender schwarz-gekleideter Knabe mit silbernem Kragen und Stulpen und silber-gestulptem schwarzen Barett, mit der Rechten ein von Silber und Rot geteiltes Banner aufsetzend.

Billing von Treuburg: 20.10.1834 Adels- und Freiherrenstand für Gustav Billing (1809 – 1856), Hofkavalier des Herzogs von Leuchtenberg, späterer Fürstlich hohenzollern-hechingischer Wirklicher Geheimer Rat und Königlich-Preußischer Kammerherr. Billing wurde 1840 zum Geheimen Hof- und Finanzrat und 1850 zum Wirklichen Geheimrat ernannt. Der König von Preußen machte ihn 1854 zu seinem Kammerherrn. Billing muss sehr vermögend gewesen sein, er ließ 1838 gegenüber der Villa Eugenia in Hechingen ein prächtiges Wohnhaus bauen. Diese „Villa Billing" beherbergte später das Fürstliche Forstamt und steht heute noch[22]. Die Familie ist erloschen.

Wappen: In Blau ein pfahlweise aufgerichtetes Schwert; auf dem Helm ein wachsender barhäuptiger Geharnischter, der in der Rechten ein Schwert, in der Linken drei goldene Ähren an Blätterhalmen hält.

Fürst Friedrich Wilhelm Constantin, 1801 – 1869, (letzter) Fürst von Hohenzollern-Hechingen, der von 1838 bis 1850 regierte, nahm folgende Nobilitierungen vor:

Piatoli von Treuenstein: 21.9.1838 Freiherrenstand für Friedrich Alexander von Piatoli, K. K. Grenadier-Hauptmann im 9. Linien-Infanterieregiment „Graf Hartmann". Die österreichische Prävalierung des Freiherrenstandes erfolgte am 19.7.1842. Piatoli hatte beim Hechinger Fürsten beantragt, „ihm das Prädikat eines Freiherrn zu verleihen". Der Fürst stimmte zu, nachdem „von mehreren Seiten seine trefflichen Eigenschaften und vorzüglicher Charakter besonders gerühmt wurden". Das Adelsgeschlecht stammte aus Florenz. Die Familie ist erloschen.

Stammwappen: Über grünem Schildfuß von Blau, Rot und Silber im Bogenschnitt geteilt und mit einem rechts von einem silbernen Löwen, links von einem silbernen Greifen gehaltenen, oben mit einem sechsstrahligen Stern bestückten schwarzen Zepter belegt; auf dem Helm mit rechts blau-silbernen, links rot-silbernen Decke ein achtstrahliger schwarzer Stern. Wappen (1838): Schild wie Stammwappen; auf dem Helm mit rechts blau-silbernen, links rot-silbernen Decken eine Freiherrenkrone ohne Helmzier.

Kaulla: 29.11.1841 Adelsstand für den Israeliten Joseph Wolf Kaulla, Bankier in München und Stuttgart. Der Adelsstand wurde am 20.5.1843 in Württemberg anerkannt. In Bayern wurde er am 3.5.1866 in der Adelsklasse immatrikuliert. Joseph Kaulla hatte den Hechinger Fürsten mündlich um Erhebung in den erblichen Adelsstand gebeten und schriftlich erläutert: „Meine Stellung in Bayern kann mir als Besitzer einer Brauerery wegen Religions-Verhältnissen sehr verbittert werden, wodurch mir das werthvolle ererbte Besitzthum im Werthe bedeutend herabgesetzt würde." Mit der Adelserhebung wolle er eine Gleichstellung mit den Christen erreichen. Der Fürst adelte ihn in Anerkennung der Verdienste, die sich sein verstorbener Vater, Wolf Kaulla, in langen Jahren um das fürstliche Haus erworben habe. Stammvater der Familie ist Kieve Auerbach, urkundlich 1757 – 1768, Gelehrter in Hechingen, der den Vornamen seiner Gemahlin Chaila (Kaula) Raphael als Familienname annahm[23]. Die Kaullas hatten an der Schlossstraße in Hechingen prächtige Häuser. Im Nachruf auf den Bankier Alfred von Kaulla im Jahr 1842 findet sich die treffende Schilderung: „Kaulla war einst williger Geldgeber an den Fürsten und ließ sich dafür gut entschädigen, so dass sein Wohlstand wuchs, während der Fürst arm blieb."[24] Die Familie ist im Mannesstamm erloschen. – Wappen: Innerhalb mit fünf (zwei, zwei, eins) goldenen Münzen belegten silbernen Schildrandes in Schwarz auf grünem Boden ein galoppierendes Ross; auf dem Helm mit rechts schwarz-goldenen, links rot-schwarzen Decken ein wachsender natürlicher Fuchs, überhöht von einem silbernen Stern, zwischen offenem, rechts von Rot und Schwarz, links von Gold und Schwarz geteilten Fluge.

Gfrörer von Ehrenberg: 31.12.1849 Adelsstand für Rudolf Gfrörer (1820 – 1899), Fürstlich hohenzollern-hechingenscher Forstrat. Fürst Friedrich

Wilhelm Constantin lobte in der Ernennungsurkunde die „trefflichen Eigenschaften Unseres lieben getreuen Forstrates Rudolf Gfroerer" und verlieh ihm den Adelsstand „taxfrei". Gfrörer heiratete 1842 auf Schloss Lindich bei Hechingen Ludowika (Luise) Sophia Scherer (1824 – 1884) aus St. Georgen im Schwarzwald, eine natürliche Tochter des Fürsten Friedrich Wilhelm Constantin. Der Fürst hatte ihre Mutter, eine schöne Försterstochter, an seinen Hof geholt. Dass der Fürst seiner Tochter laut Familienüberlieferung einige Millionen Gulden schenkte und ihr eine stattliche jährliche Rente vermachte, erscheint angesichts der schwierigen Finanzlage des Fürsten undenkbar. Der Vater des Nobilitierten, Anton Gfrörer, war Fürstlich hohenzollern-hechingenscher Oberförster zu Friedrichsthal bei Hechingen. Die Gfrörers hatten ihr stattliches Haus im Rundbogenstil am Obertorplatz 14 in Hechingen[25]. In den USA leben Enkel des Hechinger Schriftstellers und Redakteurs Adolf Gfrörer von Ehrenberg (1849 – 1908). – Wappen: In Silber drei schwarze Schrägrechtsbalken, belegt mit rotem Freiviertel, darin auf grünem Dreiberg ein goldener Stern; auf dem Helm mit rechts schwarz-silbernen, links rot-goldenen Decken ein wie der Schild bezeichneter Flügel.

Dorst von Schatzberg: 5.1.1850 Adelsstand für J. G. Leonhard Dorst (1809 – 1852), den aus Regensburg stammenden bekannten Heraldiker und Baurat der Herzogin von Kurland-Sagan, früher Architekt in Görlitz. Der Geadelte hat sich durch die Herausgabe mehrerer Wappenbücher große Verdienste um die bessere Gestaltung der Heraldik erworben. Der Name „Schatzberg" bezieht sich auf die gleichnamige Ruine bei Wilflingen. Die Familie ist erloschen. – Wappen: Schild geviert mit Mittelschild. Mittelschild von Gold und Rot geviert, im vierten Feld mit einem blauen Obereck (Familienwappen). 1 und 4 in Rot ein das Feld ganz überziehendes, silbernes Kreuz und 2 und 3 in Schwarz ein silbernes Einhorn.

HOHENZOLLERN-SIGMARINGEN

Fürst Anton Alois von Hohenzollern-Sigmaringen (1762 – 1831), der von 1785 bis zu seinem Tod regierte, nahm folgende Nobilitierungen vor:

Fischler von Treuberg: 14.5.1810 Adels- und Freiherrenstand für Franz Xaver Nikolaus Fischler (1755 – 1835), Hofmeister und Erzieher des Erbprinzen Karl von Sigmaringen. Er erhielt am 23.7.1817 vom König von Sachsen den Grafen-

Franz Xaver Fischler Graf von Treuberg.
Ölbild um 1830. Privatbesitz.

stand und wurde am 21.6.1831 in Bayern immatrikuliert. Fischler heiratete die Schwester des Fürsten Anton Alois, Prinzessin Maria Kreszentia (1766 – 1844), gegen dessen Willen. Aus der Ehe ging der Sohn Ernst (1810 – 1867) hervor, der sich mit Isabella Duquesa de Goyaz (1825 – 1898), der seit 1826 anerkannten Tochter des Kaisers Pedro I.

von Brasilien, die in München erzogen worden war, verheiratete. Die Familie lebt heute überwiegend in Bayern[26]. – Wappen (1817): Geviert und belegt mit gräflich gekröntem Herzschild, darin unter blauem Schildhaupt mit zwei natürlichen „Treuhänden" in Rot auf grünem Dreiberg eine graue Burg mit links davon wehender silberner Fahne; eins von Blau und Silber gespalten mit drei (zwei, eins) Sternen verwechselte Farbe, zwei in Blau ein gold-grüner Schlangenring (Ewigkeitsschlange), drei in Rot ein gold-begrifftes Schwert und ein goldenes Zepter schrägrechts-gekreuzt, vier in Gold ein zehnendiges rotes Hirschgeweih mit Grind. Drei Helme. Auf dem rechten mit rot-silbernen Decken ein wachsender Mann in von Rot und Silber gespaltener Kleidung, dessen silber-gestulpter roter Hut mit drei (gold, blau, gold) Straußenfedern bestückt ist und der in der Rechten einen silbernen Fisch hält, auf dem linken mit blau-goldenen Decken zwei mit den Köpfen nach unten gebogene blaue Salme, zwischen deren Schwänzen ein sechsstrahliger goldener Stern steht.

Weidenbach: 15.2.1813 Adelsstand für Dr. med. Christoph Weidenbach (1778 – 1843), vormals Professor in Heidelberg. Er wurde am 1.12.1823 als praktischer Arzt in Augsburg in die Bayerische Adelsmatrikel aufgenommen. Der in Naumburg/Sachsen Geborene hatte in Leipzig Medizin studiert und war mit der Tochter des Reichsfreiherrn Christian von Münch auf Mühringen verheiratet. Seine beiden Söhne Dr. med. Karl von Weidenbach (1813 – 1882) und Gustav (1825 – 1872) begründeten jeweils eigene Linien. Die Familie ist heute überwiegend in Bayern ansässig. – Wappen: In von Blau und Rot gespaltenem Schild ein silberner Triangel. Auf dem Helm mit rechts blau-silbernen, links rot-silbernen Decke der Triangel.

Voumard von Wehrburg: 16.1.1818 Adelsstand für Karl Voumard, Oberst. Er war Hofmarschall in Sigmaringen und Prinzen-Erzieher. Im Jahre 1817 hatte er auch die Herrschaft und das Schloss Worblingen übernommen. Seine Erbin war Helene von Lassberg, vormals Isque von Schatzberg. Die Familie ist erloschen. – Wappen[27]: In Blau ein silberner Löwe, ein silbernes Schwert haltend.

Isque von Schatzberg: März 1820 Adelsstand für Helene d'Isque, Hofdame der Fürstin Amalie Zephyrine von Hohenzollern-Sigmaringen. Sie soll eine illegitime Tochter der Fürstin gewesen sein, die in Paris mit dem Vicomte Alexandre de Beauharnais liiert war. Sie kam mit der Fürstin aus Paris nach Sigmaringen, wo sie im Prinzenpalais wohnte. Vermutlich wurde sie nach dem Schloss Isque der Familie Salm-Kyrburg benannt, auf dem Fürstin Amalie Zephyrine öfters weilte. Im Adelsdiplom findet sich keinerlei Begründung. Der Name „Schatzberg" bezieht sich auf die gleichnamige Burgruine, die im Besitz des Hauses Hohenzollern war. Helene heiratete 1824 den Wirklichen Hof- und Regierungsrat Friedrich von Lassberg (1798 – 1838) in Sigmaringen.
Wappen[28]: In den Adelsakten findet sich aus dem Jahr 1820 folgende Beschreibung: „Das Wappen besteht aus einem deutschen, unabgetheilten Schild, dessen ganzes inneres Feld himmelblau ist. In der Mitte dieses Feldes befinden sich in Form eines Triangels drei silberne Sterne [oben zwei, unten einer]. Dieß adeliche Wappen ist geziert mit einem stahlblauen angelaufenen offenen Helm, auf dessen oberer Mündung ein silberner Stern sitzt. Die Helmdecke ist mit Laubwerk umwunden, innen weiß, außen rot."

Miné von Dietfurt: 10.7.1826 Adelsstand für André Emil Miné, Fürstlich salm-kyrburgischer Hofrat. 14.7.1827 Freiherrenstand für denselben. Der Sigmaringer Fürst nahm die Adelserhebung auf Wunsch seines Neffen, des Fürsten von Salm-Kyrburg, vor. Der Fürst stimmte im folgenden Jahr auch der gewünschten Erhebung in den Freiherrenstand zu. Die Familie ist erloschen. – Wappen: In Blau ein silberner Löwe, ein von Silber und Rot geteiltes Fähnlein in den Pranken haltend.

Anmerkungen:

1. So war z.B. Friedrich Wilhelm von Steuben, der spätere Generalinspekteur und Organisator des amerikanischen Heers im Unabhängigkeitskrieg, 1764 – 1777 Hofmarschall des Hechinger Fürsten.
2. *Fritz Kallenberg*: Die Fürstentümer Hohenzollern am Ausgang des Alten Reiches. Tübingen, Phil. Diss. 1961 (maschschr.), 49.
3. *Maximilian Gritzner*: Standes-Erhebungen und Gnaden-Acte Deutscher Landesfürsten während der letzten drei Jahrhunderte. Görlitz 1881, 551-560.
4. Adelslexikon. Bd. 1-16. Genealogisches Handbuch des Adels. Limburg 1972 – 2005.
5. *Kallenberg* (wie Anm. 2).
6. Auf diesen Quellen fußt dieser Beitrag: Staatsarchiv Sigmaringen: Ho 1, T 7, C I 3, Nr. 830-831. - Ho 80, Bd. 2, C I 2 b, Nr. 3-6.
7. *Karl S. Bader*: Zur Lage und Haltung des schwäbischen Adels am Ende des alten Reiches. In: *Ders.*: Schriften zur Rechtsgeschichte. Sigmaringen 1984, 518-572.
8. Hof- u. Adress-Handbuch des Fürstenthums Hohenzollern-Sigmaringen. Stuttgart-Sigmaringen 1844, 13-19.
9. *Karl Theodor Zingeler*: Statistisches Hof-, Hand- & Adreßbuch für die hohenzollerischen Lande. Sigmaringen 1881, 45-50.
10. *Ludwig Egler / Maximilian Rudolf Gfrörer von Ehrenberg*: Chronik der Stadt Hechingen. Hechingen 1906, 223, 228, 229.
11. Ein hohenzollerischer Soldat. Hohenz. Wochenblatt 1863 Nr. 120.
12. Adelslexikon (wie Anm. 4), Bd. 1, 271.
13. *Ernst Heinrich Kneschke*: Neues allgemeines Deutsches Adels-Lexicon. Bd. 1-8. Leipzig 1859 – 1869, Bd 3, 27.
14. *Gritzner* 1881 (wie Anm. 3), 553 f.
15. *Kallenberg* 1961 (wie Anm. 2), 48.
16. *Kneschke* 1859 – 1869 (wie Anm. 13), Bd. 1, 271.
17. *Gritzner* 1881 (wie Anm. 3), 554: 14.10.1825.
18. In der einschlägigen Literatur steht, das Wappen sei unbekannt.
19. Adelslexikon 1972 – 2005 (wie Anm. 4), Bd. 9: 3.5.1827. – Beide Daten dürften falsch sein, da die Familie am 16.2.1828 immer noch auf eine Resolution des Hechinger Fürsten wartete.
20. *Heinrich Mohr de Sylva*: Die Familien Mohr v. Wald, Mohr de Silva, Mohr und Reichsfreiherr von Mohr. In: Südwestdeutsche Blätter für Familien- und Wappenkunde (1970), 182-187, und (1971) 216-224 u. 270-276.
21. Adelslexikon (wie Anm. 2), Bd. 9, 128 u. 131.
22. *Walter Sauter*: Die Villa Billing. In: Das bunte Blatt der Hohenzollerischen Blätter, 6./7.11.1937.
23. *Eberhard Emil von Georgii-Georgenau*: Biographisch-Genealogische Blätter aus und über Schwaben, Stuttgart 1879, 432-435; *Heinrich Schnee*: Die Hoffaktoren-Familie Kaulla an süddeutschen Fürstenhöfen. In: Zeitschrift für Württembergische Landesgeschichte 20 (1961) 238-267.
24. Verordnungs- und Intelligenz-Blatt Hechingen Nr. 2 vom 8.1.1842.
25. *Michael Ruhland*: Lohn für besondere Verdienste. Ein kleines Palais am Obertorplatz in Hechingen (Zollernalbkreis). In: Denkmalpflege in Baden-Württemberg, 2/2005, 113 4.
26. *Walter Sauter*: Treuberg, ein hohenzollerischer Adel. In: Zollerheimat 1 (1932), 47.
27. Laut Literatur war das Wappen bisher nicht bekannt.
28. Das Wappen wird in der bisherigen Literatur als unbekannt bezeichnet. In den Akten des Staatsarchivs Sigmaringen (Ho 80, Bd. 2, C I 2b, Nr. 5) findet sich eine Skizze und eine ausführlich Wappenbeschreibung.

Sigmaringen – fürstliche Präsenz im Stadtbild
Der Ausbau zur Residenz- und Landeshauptstadt im 19. Jahrhundert

Franz-Severin Gäßler

Gleich aus welcher Himmelsrichtung die Anreise auf Sigmaringen erfolgt, das auf steilem Felsen über der Donau gelegene Schloss zieht den Blick stets in seinen Bann. Derart beherrschend ist dieses Bauwerk, dass der Blick zunächst kaum über das Schloss hinausreicht. „Sigmaringen c'est avant toute chose un château: pas une bourgade avec un château, mais un château avec une bourgade"[1] charakterisiert George Oltramare diesen Ort gegen Ende des Zweiten Weltkrieges. Diese Wertung ist eindeutig und kein Einzelfall[2]. Doch hängt die Identität der Stadt, die ihren Ursprung in der zweiten Hälfte des 13. Jahrhunderts hat, ausschließlich an der Gestalt des Hohenzollernschlosses? Existiert überhaupt ein historisches Stadtbild und wenn ja – ist es gesichtslos und ohne Gewicht? Tatsächlich besteht das Stadtbild Sigmaringens aus prägnanten qualitätvollen ‚Stadtbausteinen': aus herausragender Architektur und zahlreichen Sonderbauten, Denkmälern in ungewohnter Dichte, Straßen- und Platzräumen, die in ihrer Art singulär sind, einem ausgedehnten Park inmitten der Stadt und Anlagen auf den die Stadt umgebenden Höhen. Gehen wir daher der Frage nach, wann die meisten dieser qualitätvollen Stadtbausteine entstanden sind, die das Bild der Stadt positiv prägen, und wo Sigmaringen insofern seine gestalterischen und funktionalen Wurzeln hat, ohne die der derzeitige Status als Behörden-, Schul- und Garnisonsstadt nicht erklärbar ist, stoßen wir unwillkürlich auf die Geschichte des 19. und frühen 20. Jahrhunderts.

Die Gestalt und Struktur dieser Stadt ist, was das 19. Jahrhundert angeht, singulär unter den Städten Oberschwabens, und auch im deutschen Südwesten ist mit Ausnahme von Stuttgart und Karlsruhe – obwohl die Dimensionen dort völlig andere sind – in der ersten Hälfte des 19. Jahrhunderts nichts ähnliches zu finden[3]. Das Sigmaringer Stadtbild wird entscheidend geprägt von zwei Epochen des 19. Jahrhunderts: jener Zeit von 1806 bis 1850, als die Stadt nicht nur fürstliche Residenz-, sondern auch Landeshauptstadt war, und der Epoche von 1850 bis zum Untergang der Monarchie 1918, als die Stadt 1852 preußischer Regierungssitz für die Hohenzollernschen Lande wurde und der fürstliche Hof 1871, nach gut zwei Dezennien der Abwesenheit, wieder nach Sigmaringen zurückkehrte.

In drei Zeitschnitten, die das Bild der Stadt am Beginn und am Ende der jeweiligen Epochen zeigen, lassen sich die Veränderungen an Gestalt und Gefüge der Stadt im Vergleich darstellen. Und zugleich kann damit veranschaulicht werden, welche Elemente die Stadt in den beiden genannten Epochen formten, wie sie zueinander gefügt wurden, wie sie mit ihrer Ordnung das Stadtbild sinnstiftend prägten und wie sich auch im heutigen Stadtbild, insbesondere im Zentrum, die Geschichte jener beiden Epochen noch widerspiegelt.

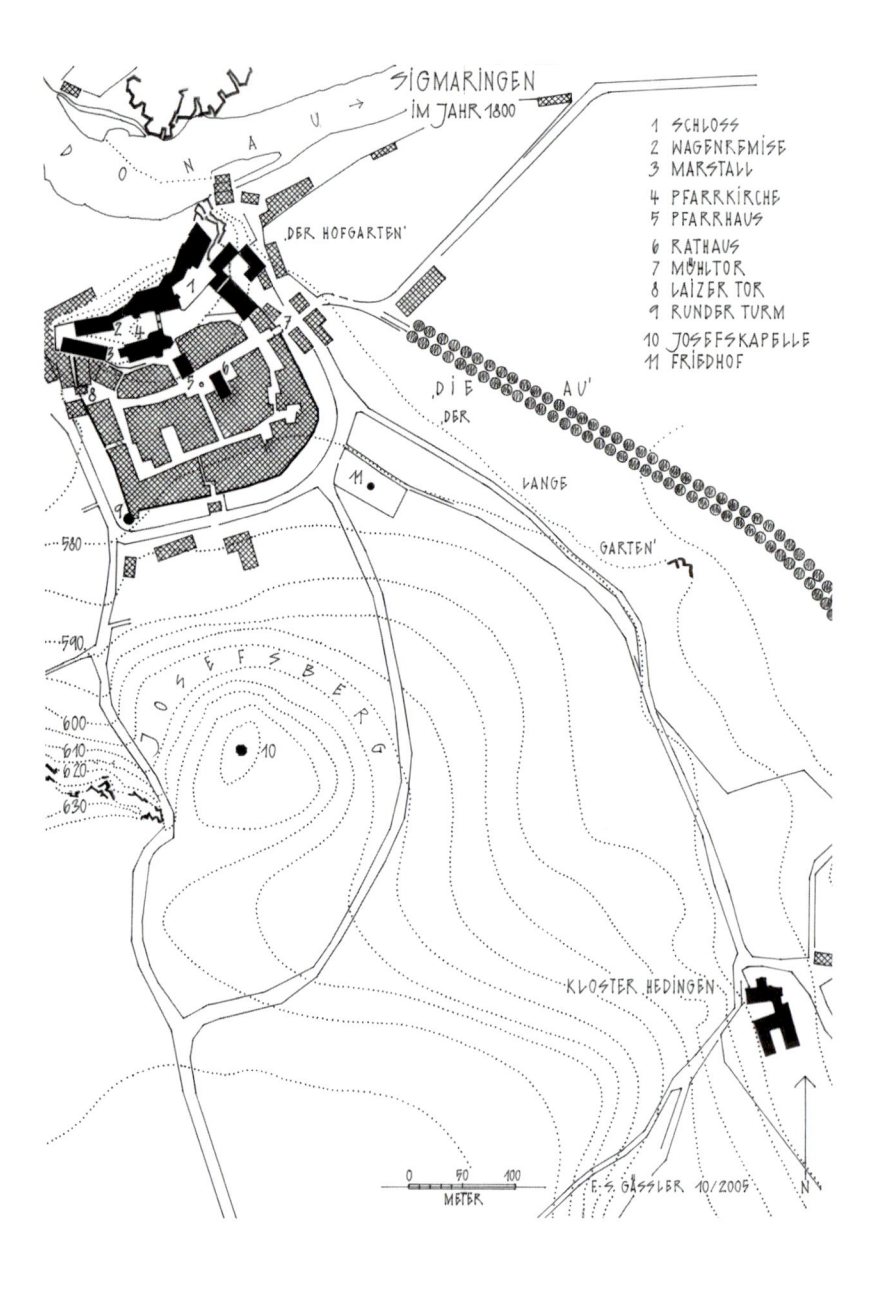

1. Stadtgrundriss mit Höhenlinien von der Donau im Norden bis nach Hedingen im Süden im Jahr 1800.

STADTSTRUKTUR UND STADTGESTALT AM AUSGANG DES ALTEN REICHES

Die von einer Mauer umschlossene Stadt liegt auf einem Sattel, ungefähr zehn Meter über der Tal-Aue und der einstmals sich in mehreren Schleifen dahinziehenden Donau[4]. Sie ist eingespannt zwischen dem Josefsberg im Süden und dem im Norden auf steilem Felsen stehenden Schloss (Abb. 1). Eine einzige Straße, die Hauptstraße, durchquert das Städtchen von Ost nach West und führt in diesen beiden Himmelsrichtungen über kurze, steile Gefällstrecken hinunter zu den Donauübergängen. Drei Querspangen verbinden die sogenannte Hintere Gasse im Süden mit dieser Hauptstraße. Zur Donau hin liegen im Osten und Westen winzige Vorstädte. Dicht gereiht stehen die mit steilen Satteldächern bedeckten Häuser in der Stadt. In der Hauptstraße, wo die begüterteren Bürger und daher die größeren Häuser zu finden sind, sind sie fast ausnahmslos mit dem Giebel zur Straße hin ausgerichtet. In der Hinteren Gasse wechseln eher regellos giebel- und traufständige Bauweise. Das Rathaus und das Mühltor ragen sowohl aufgrund ihrer Stellung im Stadtgrundriss als auch ihrer Form wegen als Sonderbauten aus dem Stadtbild heraus. Außerhalb der Stadt verläuft im südlichen Bereich parallel zu Stadtmauer und Graben von Stadttor zu Stadttor eine Ringstraße. Jenseits dieser Straße liegt zwischen der steil aufsteigenden Straße nach Krauchenwies und dem nach Hedingen führenden Fußweg seit 1744 der Friedhof, in dessen Zentrum über kreisförmigem Grundriss eine barocke Kapelle steht, Stiftung und Grabstätte der Fürstin Johanna Katharina, geb. Gräfin von Montfort[5]. Nördlich des Schlosses durchbricht die Donau die letzte, damals noch unpassierbare Engstelle auf ihrem Weg durch die Schwäbische Alb. Westlich und östlich jener Engstelle weitet sich das von den unbewaldeten Höhen der Gorheimer Halde, des Brenzkofer Berges, des Mühlberges, des Schönenberges und des Josefsberges umgebene Tal (Abb. 2). Nur die Buchhalde ist von Bäumen bewachsen. Auf der Spitze des Josefsbergs steht seit 1629 die Josefskapelle. Hedingen, südöstlich der Stadt gelegen, tritt hervor durch die Klosterkirche mit Klostergebäuden, dem Hedinger Hof und einem Steg über die Donau. Die Verbindung zwischen Sigmaringen und Hedingen stellen neben dem Fußweg zwei Straßen her. Eine der beiden führt seit den vierziger Jahren des 18. Jahrhunderts als Allee, deren Anfang und Ende mit Skulpturen

Franz-Severin Gäßler

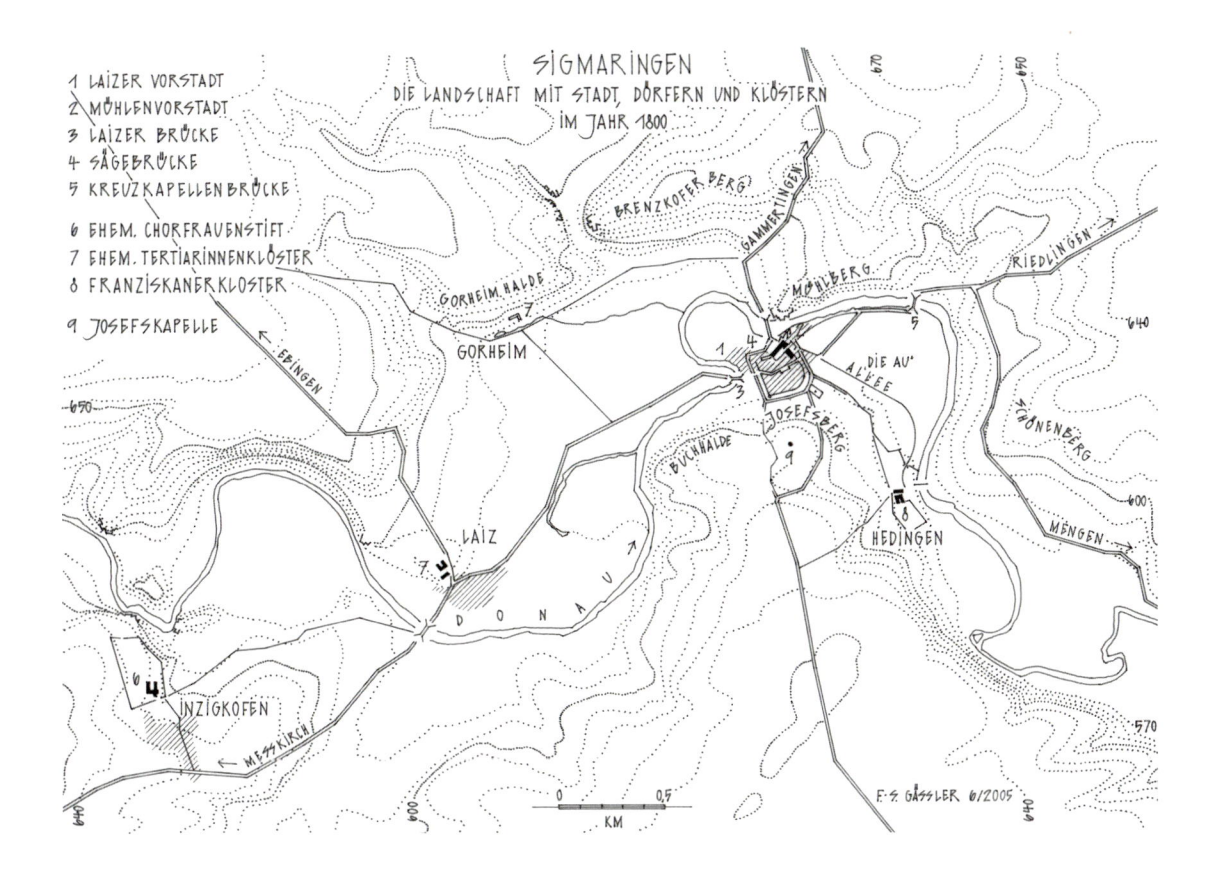

besetzt ist, durch den ummauerten Bereich der Au[6]. Die Au, die gänzlich im fürstlichen Besitz ist, wird im Norden und Osten von der Donauschleife umgrenzt. Ihr östlich der Allee liegender Teil wird landwirtschaftlich genutzt, jener westlich davon enthält die Gemüsegärten fürstlicher Bediensteter, und nördlich der Straße, die über die Kreuzkapellenbrücke im Osten nach Mengen und Riedlingen führt, liegt der Hofgarten. Südlich dieser Straße stehen seit der Mitte des 18. Jahrhunderts zwei große landwirtschaftliche Gebäude[7]. Nordwestlich der Stadt, jenseits der Donau, liegt das während der josephinischen Säkularisation 1782 aufgelöste Kloster Gorheim[8].

Die Typologie der Stadtbausteine und ihr Gefüge zeigen beispielhaft die Ordnung der kleinen Residenzstadt am Ausgang des Alten Reiches mit den bürgerlichen, den herrschaftlichen und den klösterlichen Bereichen: Das Zwergstädtchen besitzt die Sonderbauten Rathaus, den Runden Turm an der südwestlichen Kante der Stadtmauer, den Turm des Mühltores im Osten, den Straßenmarkt, der aus der aufgeweiteten Hauptstraße hervorgeht und in dessen Zentrum das Rathaus steht, die Pfarrkirche mit benachbartem Pfarrhaus und zahlreiche bürgerliche Gebäude auf eher bescheiden dimensionierten Hofstellen, die als gemeinsames Merkmal Satteldächer tragen. Die Inszenierung des herrschaftlichen Bereichs und der herrschaftlichen Macht erfolgt durch die Sonderbauform des Schlosses hoch über der Stadt, der im fürstlichen Eigentum stehenden Josefskapelle und der aus fürstlicher Stiftung hervorgegangenen Friedhofskapelle. Teil der Inszenierung sind auch die Allee, die durch die Au nach Hedingen führt, sowie die Skulpturen, die Anfang und Ende der Allee hervorheben und auch diejenigen, die von weitem sichtbar auf der Mauer des Schlosshofs stehen[9]. Die Klosteranlagen, die beide von Mauern umgeben sind, stehen aufgrund ihrer baulichen Typologie, wiederum als eigenständige Welten in der Landschaft. Und noch einmal soll daran erinnert sein, wie eng verwoben

2. Die Stadt in der Landschaft um 1800: Übersichtsplan mit der Stadt Sigmaringen, den benachbarten Dörfern und Klöstern sowie den Höhenlinien.

Sigmaringen – fürstliche Präsenz im Stadtbild

Stadt, Wege und Landschaft sind, wie sowohl bei der Wegeführung als auch bei der Stellung der Gebäude und der Anlage der Stadt die Vorteile des Geländes optimal ausgenutzt werden. Dies ist das Bild der Stadt Sigmaringen, bevor Säkularisation und Mediatisierung die Rahmenbedingungen änderten und sich die Gestalt dieses Ortes am Lauf der oberen Donau einschneidend wandelte.

STADTSTRUKTUR UND STADTGESTALT AM ENDE DES SOUVERÄNEN FÜRSTENTUMS

1806 war Sigmaringen Landeshauptstadt des souveränen Fürstentums Hohenzollern-Sigmaringen geworden, dessen Gebietsfläche aufgrund der politischen Umwälzungen auf mehr als das Doppelte angewachsen war. Der Wiener Kongress und die Bundesakte von 1815 sicherten die Souveränität und den Fortbestand dieses kleinen Fürstentums. Angestoßen von der Juli-Revolution von 1830 erhielt das Fürstentum 1833 nach dem Tode des Fürsten Anton Alois (1762–1831) unter Fürst Carl (1785–1853) eine Verfassung und mit dieser eine Ständeversammlung[10]. Bereits 1832 wurde die Verwaltung neu organisiert, die fürstliche Domänenverwaltung von der Landesverwaltung getrennt und neben der Landesregierung als weitere Mittelbehörde die Fürstliche Hofkammer geschaffen. Die 1840 eingerichtete Oberste Domänendirektion, die aus der Geheimen Conferenz, der Obersten Landesbehörde, herausgelöst wurde, machte diese Trennung auch an der Spitze deutlich. Die Revolution von 1848 leitete dann das Ende dieses souveränen Fürstentums und auch das des benachbarten von Hohenzollern-Hechingen ein. Enttäuscht durch dieses Ereignis verzichtete Fürst Carl zugunsten seines Sohnes Karl Anton (1811–1885), der nach langwierigen Verhandlungen die Souveränitätsrechte 1850 mit Gewinn an die Krone von Preußen abtrat[11].

Noch 1823, als der erste uns überlieferte Stadtplan gezeichnet wurde, hatte sich das Gefüge der Stadt gegenüber den vorausgegangenen Jahrzehnten kaum verändert (Abb. 3). Nur das an der Ringstraße zwischen dem östlichen Stadtausgang und dem Friedhof in unmittelbarer Nachbarschaft zu den bürgerlichen Bauten errichtete Stadtschlösschen, das die Fürstin Amalie als Domizil erhalten hatte, ist ein Novum in der bisher einfach strukturierten Welt des Städtchens. Zahlreiche Veränderungen gab es dagegen im baulichen Bereich: Die beiden Tore sind zwischenzeitlich abgetragen und die Häuser jenseits des Stadtgrabens aufgrund der Baupolizeiordnung traufständig erbaut. In der Au ist, angelehnt an das bestehende landwirtschaftliche Gebäude mit dem gewaltigen Fruchtkasten im Zentrum, als regelmäßige Anlage der fürstliche Bauhof entstanden. Statt der Kreuzkapellenbrücke überspannt donauaufwärts, am östlichen Ende des Hofgartens, eine neue, auf massiven Pfeilern ruhende Brücke die Donau. Zwischen Hofgarten und Donau ist ein Damm aufgeschüttet, auf dessen Krone sich die heute noch bestehende Allee dahinzieht, und jenseits der Donau, unterhalb des Mühlbergs, verläuft seit 1824 die Umgehungsstraße, die an der Engstelle aus dem Felsen herausgesprengt werden musste. Es gab zwar in diesem Landstädtchen keine umwälzenden Veränderungen, was das Stadtbild betrifft. Doch machen Änderungen in der Art und Weise des Bauens sichtbar, dass der Grundstein zur Veränderung längst gelegt war. Dies zeigen: der Ansatz zur regelmäßigen Platzausbildung beim Markt, der Straßenbau auch im unwegsamen Gelände, der Wasser- und Brückenbau nach zeitgemäßen Aspekten, die Öffnung der Stadt durch den Abbruch der Tore, die Stellung der Gebäude nach anders gewichteten Aspekten, der Bau des Stadtschlösschens in der Straßenflucht der bürgerlichen Gebäude sowie die gewaltige Anlage des fürstlichen Bauhofs. Fragt man danach, wer hinter den genannten Veränderungen steht, wer die Notwendigkeit zur Veränderung lenkt und ihr Gestalt gibt, so gelangt man immer zur selben Antwort: der Fürst und die fürstliche Verwaltung, die zugleich auch den Staat repräsentierten.

Gut zweieinhalb Jahrzehnte später zeigt die Stadt, die auf mehr als 2 300 Einwohner angewachsen war, eine stark veränderte Gestalt. Weit

SIGMARINGEN
IM JAHR 1823

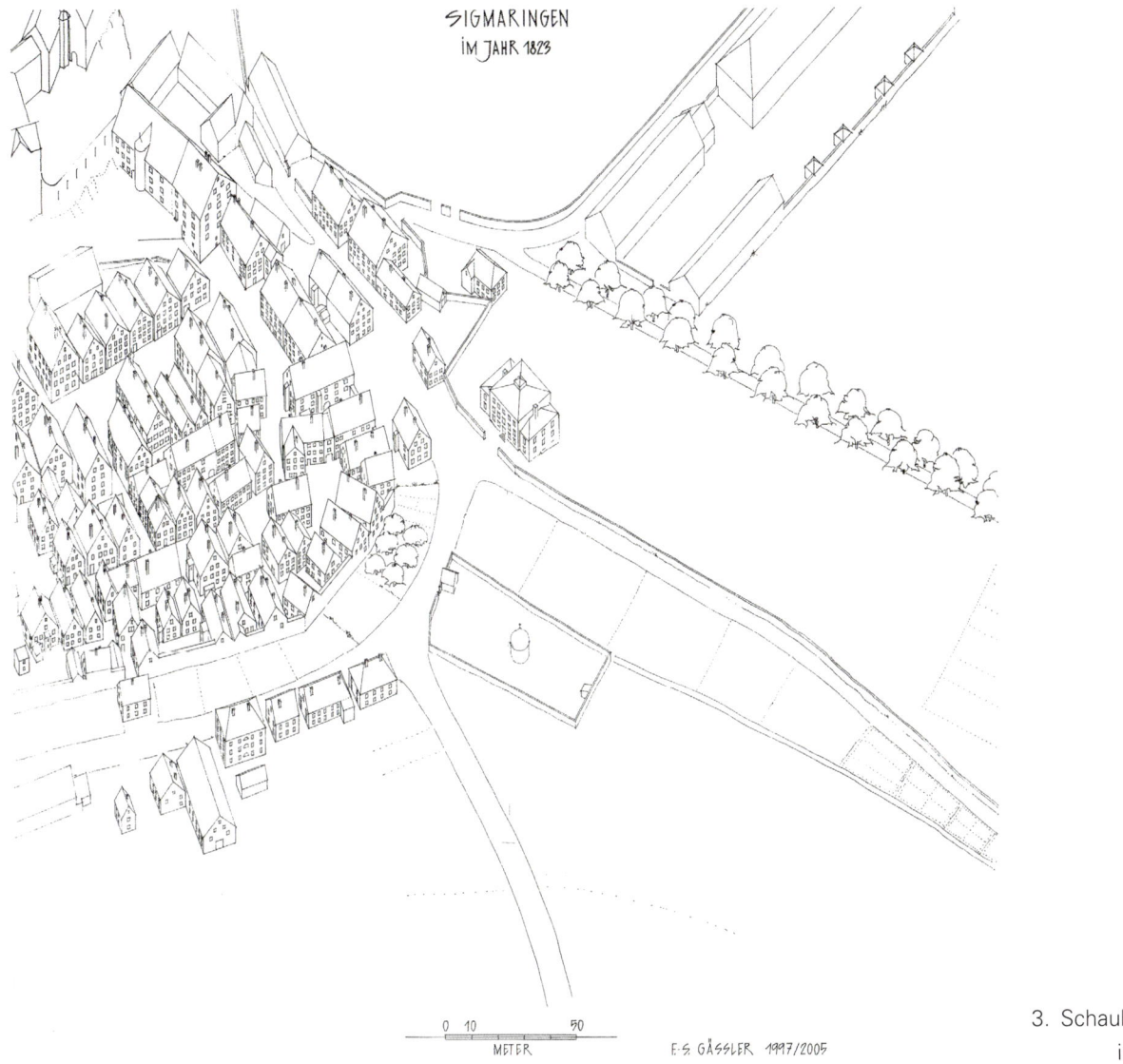

0 10 50
METER

E.S. GÄSSLER 1997/2005

3. Schaubild der Stadt im Jahr 1823.

und in einer differenzierten Art hat sich die Stadt über den Mauerbereich hinaus ausgedehnt (Abb. 4 und 5). Zum einen geschah dies jenseits der Donau entlang des Weges nach Gorheim und dann vor allem nach Süden, zum Josefsberg hin und gegen Hedingen. Die Altstadt hat ihre ehemals prägnante, hermetische Form verloren und ist mit drei Straßendurchbrüchen nach Osten, Süden und Westen durchlässig geworden hin zu den Stadterweiterungsgebieten. Die Stadtmauer als sichtbare Grenze der Altstadt ist entweder eliminiert oder verschwindet weitestgehend hinter Häusern. Und auch die Gestalt der Stadtbausteine hat sich gewandelt. Erstmals gibt es mit der Carlsstraße und der Straße vom östlichen Stadtausgang zum Bauhof aber auch nach Gorheim zu Straßen, die sich nicht mehr dem Geländeverlauf anschmiegen, sondern trotz des bewegten Geländes schurgerade verlaufen. Erstmals sind mit dem Carlsplatz und der Freifläche gegenüber dem Regierungsgebäude Plätze entstanden, deren Funktion nicht an Handel und Wandel gebunden ist, sondern die rein repräsentativen Charakter besitzen. Neu sind auch Bereiche, die durch eine äußerst lockere, eine äußerst dichte Art der Bebauung oder durch Sonderbauten spezifisch

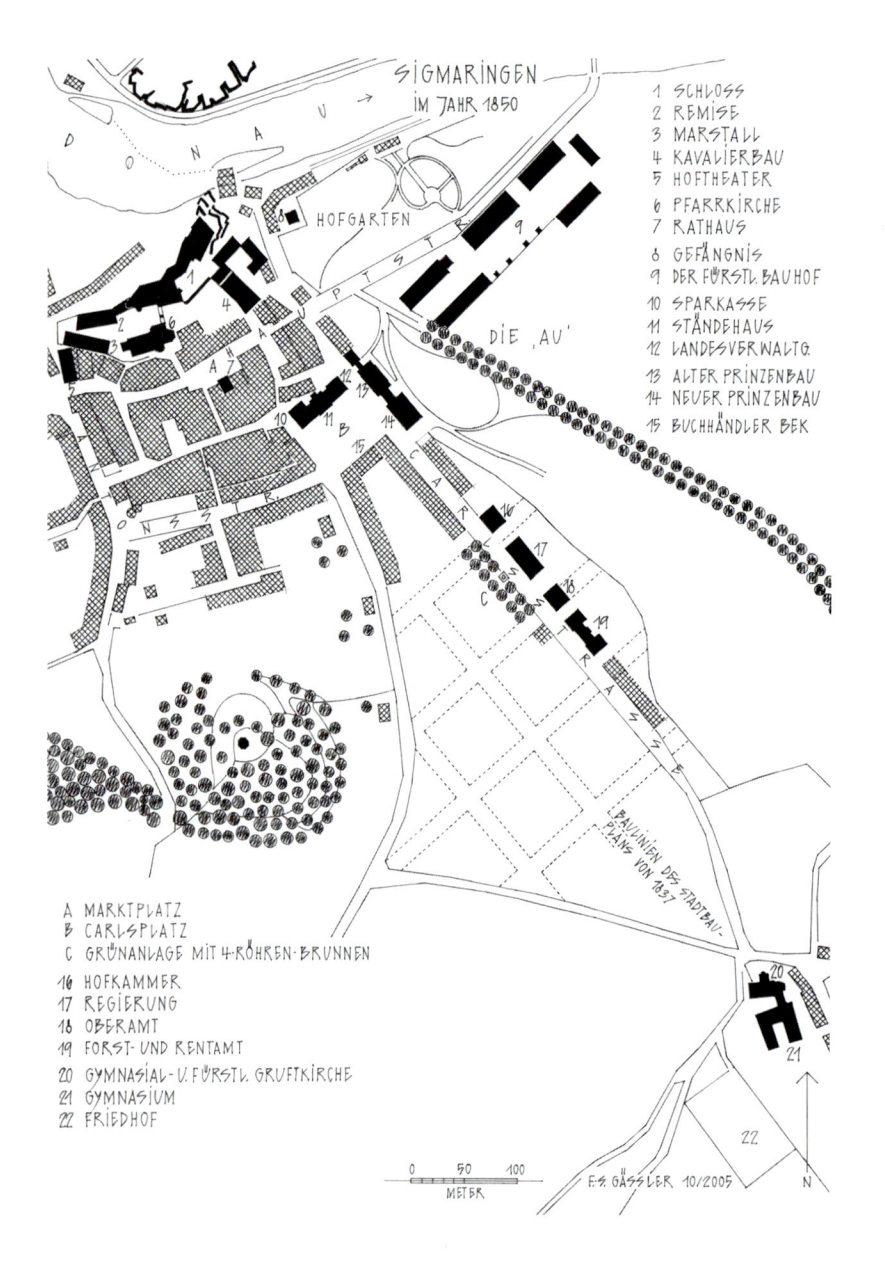

4. Stadtgrundriss von der Donau im Norden bis nach Hedingen im Süden im Jahr 1850.

geprägt sind. An der Straße nach Krauchenwies stehen in großen Abständen Wohnhäuser in weitläufigen Gärten. Dort ist das Villengebiet. Am Carlsplatz sind die Gebäude auf drei der vier Platzseiten direkt aneinander gebaut. Hier ist die größte bauliche Dichte zu sehen und zugleich das Zentrum der Landeshauptstadt. Und auf halbem Wege nach Hedingen prägen die sogenannten herrschaftlichen Gebäude diesen Teil der Stadt als Regierungs- und Verwaltungszentrum. Auch die Landschaft erscheint in anderer Ge-

stalt. Josefsberg, Mühlberg und Brenzkoferberg verloren ihren nackten und unwirtlichen Charakter. Sie sind aufgeforstet und mit Promenadenwegen erschlossen.

Außerdem ragen nun zahlreiche Sonderbauten aus dem Stadtbild heraus: Nördlich der Donau fällt das 1844 bis 1847 nach Plänen von Joseph Kremer errichtete Landesspital auf, in der Altstadt stellen Theater und Rathaus markante Gebäude dar. Am Carlsplatz setzen sich das 1842 bis 1847 nach dem Entwurf des fürstlichen Baurats Gottfried Bröm erbaute erbprinzliche Stadtschloss und das 1846 bis 1849 unter der Leitung Wilhelm Laurs ausgeführte Ständehaus deutlich von den bürgerlichen Gebäuden ab. Die Carlsstraße beherrschen die 1839 bis 1840 nach Entwürfen von Rudolf Burnitz d.Ä. errichteten Gebäude für Hofkammer und Regierung, das 1843/44 erbaute Oberamt sowie das vom damaligen Hofkammerbauinspektor Joseph Laur geplante, 1847 fertiggestellte Rent- und Forstamt. Diese Bauten unterscheiden sich nicht nur durch ihr Volumen, sondern auch durch ihre Form von den bürgerlichen Gebäuden. Während die Bürgerhäuser fast ausnahmslos steile Satteldächer tragen, zeigen die herrschaftlichen Gebäude flache Dächer und gedrückte Giebel. Selbst beim Kavalierbau unterhalb des Hochschlosses musste das Satteldach dem Flachdach weichen. Bei den bürgerlichen Neubauten ist die neue Ordnung gut erkennbar. Es gibt nur noch traufständig stehende, mindestens zwei Geschosse zählende und verputzte Gebäude, die eine Mindestlänge besitzen und Mindestabstände voneinander einhalten. Auch lässt seit dem Ausgang der 1830er Jahre die bürgerliche Oberschicht die Fassaden ihrer Gebäude differenzierter gestalten. Letztere zeigen erstmals Gliederungen durch Gurtgesimse, Lisenen und Friese.

SIGMARINGEN IM JAHR 1850

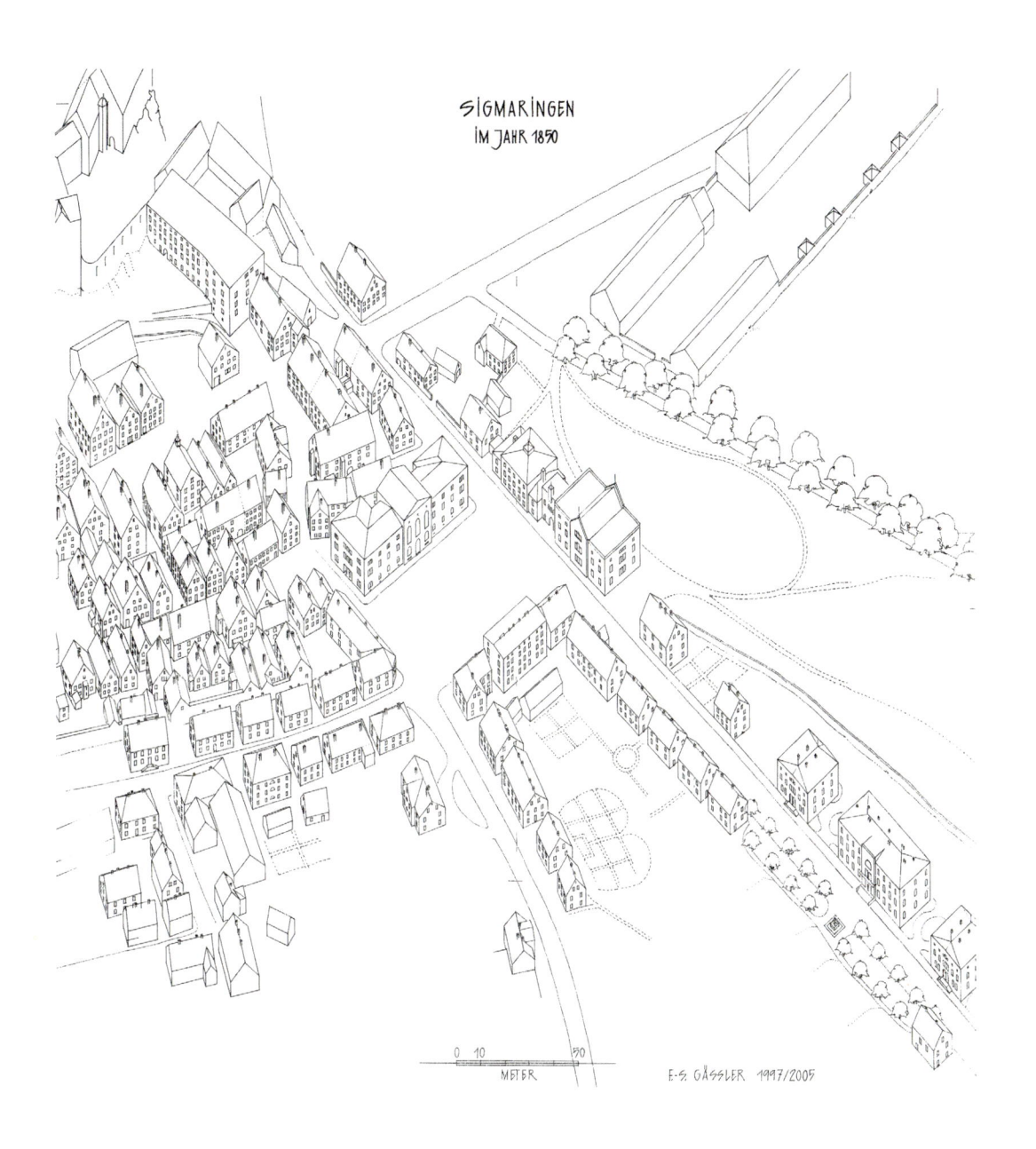

Sind die Stadtbausteine willkürlich gesetzt oder sind diese so gefügt und ausgerichtet, dass sie dem Stadtbild eine sinnvolle Ordnung geben? Es sind vier bauliche Anlagen, auf die hin die städtebauliche Ordnung erfolgt: das Rathaus, das Schloss, das Regierungsgebäude und der Carlsplatz, der heutige Leopoldplatz. Das Rathaus ist zwar zurückgesetzt, doch ist es mehrfach ausgezeichnet vor den anderen Gebäuden des Straßenzugs: Zum einen ragt es immer noch aus der Flucht der bürgerlichen Gebäuden hervor. Dann wurde der Marktbrunnen versetzt und auf die Hauptachse des Rathauses ausgerichtet. Zugleich hält der Marktbrunnen als einziges Element den Platz besetzt. Damit erscheinen sowohl Platz als auch Brunnen und die benachbarten bürgerlichen Gebäude auf das Rathaus hin ausgerichtet. Der allseits imposante Anblick des Schlosses forderte dazu heraus, auf den umliegenden Höhen Wege zu schaffen, von denen aus der Blick nicht nur in die reizvolle Landschaft schweifen konnte, sondern von den unterschied-

5. Schaubild der Innenstadt im Jahr 1850.

Sigmaringen – fürstliche Präsenz im Stadtbild

lichsten Standorten aus immer wieder neue Perspektiven des Schlosses zu erhaschen waren. Selbst vom unweit von Sigmaringen gelegenen Schlösschen Inzigkofen aus, das dem Erbprinzen als Sommerresidenz diente, traf der Blick unweigerlich die Silhouette des Schlosses, wenn er das Donautal entlang schweifte[12]. Dass der Blick auf das Sigmaringer Hochschloss inszeniert werden sollte, lassen auch die Entwürfe Friedrich August Stülers (1800 – 1865), Architekt des preußischen Königs, zum Umbau des ehemaligen Klosters Inzigkofen in eine gotisierende asymmetrische Baugruppe als Residenz für den Erbprinzen erahnen: Die Lage der Erschließung, die gegen Osten gerichteten Arkadenöffnungen und der mächtige Belvedereturm deuten darauf hin[13]. Zugleich dienten die bewaldeten Höhen als Hintergrund, vor dem sich das Schloss markant abhob.

Der Carlsplatz besitzt im Gegensatz zur Straßenaufweitung vor dem Rathaus, die als Marktplatz dient, eine klar geformte Figur. Seine Dimension übertrifft den Bereich vor dem Rathaus um das Fünffache. Zudem ist er achsensymmetrisch aufgebaut, was die Platzwände auf der nordwestlichen und der südöstlichen Seite betrifft. Und er ist außerdem ausgezeichnet durch herausragende Bauten: Das stattlichste Gebäude der Stadterweiterung, das Ständehaus[14], steht hier, diesem gegenüber das Bek- und Fränkelsche Haus, das imposanteste aller bürgerlichen Gebäude, sowie das Stadtschloss des Erbprinzen mit dem Langen Garten im Rücken. Das wichtigste an diesem Platz ist jedoch, dass er nicht für den Verkehr geschaffen wurde, sondern gerade Handel und Wandel entzogen, jenen Überfluss an architektonisch gerahmter Freifläche dokumentiert, den sich üblicherweise zu jener Zeit nur große Residenzen und Hauptstädte leisteten. Derart ist der Carlsplatz nach dem Schloss die wichtigste städtebauliche Dominante der Stadt. Das Regierungsgebäude, das zweitgrößte Gebäude der Stadterweiterung, bildet zusammen mit den beiden benachbarten Bauten eine symmetrische Baugruppe. Dieser antwortet jenseits der Carlsstraße ein gestalteter Platz in gleicher Längenerstreckung, dessen nördlicher und südlicher Rand von bürgerlichen Bauten begrenzt ist. Ganz bewusst erhielt das wenige Jahre später errichtete Rent- und Forstamt eine andere Form, um den Charakter dieser achsialsymmetrischen Anlage nicht zu stören. Hinzu kommt, dass das Regierungsgebäude auf dem höchsten Punkt der Carlsstraße steht, der ja ein künstlicher ist und damit und aufgrund seiner Höhe sämtliche Gebäude der Carlsstraße überragt. Auf diese Weise ist das Regierungsgebäude mehrfach hervorgehoben und damit – zusammen mit der Carlsstraße – die zweite städtebauliche Dominante der Stadterweiterung. Die Bedeutung dieser beiden städtebaulichen Dominanten fand bereits 1841 ihren Niederschlag in der Namensgebung[15].

Doch ist das Bild, das uns die Stadt 1850 widerspiegelt, tatsächlich der Ausfluss eines genialen Entwurfes? Die schriftlichen Quellen lassen das, was wir als Ergebnis sehen, eher als einen mühsamen, von großer Unsicherheit begleiteten und zweimaligen Änderungen unterworfenen, langjährigen Planungsprozess erkennen. Schon 1825 hatten höhere fürstliche Beamte schriftlich darauf hingewiesen, dass sich der Status der Residenzstadt Sigmaringen, seitdem sie Hauptstadt eines souveränen Fürstentums geworden war, verändert hatte, und dass sich diese Tatsache auch im Stadtbild, in einer angemessenen baulichen und städtebaulichen Gestalt, ausdrücken sollte. Erst 1832 lag dann, abgestimmt mit dem Verfassungsentwurf, ein „Bauplan-Entwurf" für die Landeshauptstadt vor. Diesen hatte Oberst von Hövel, damals Referent für Bausachen bei der Landesregierung, verfasst. Er analysierte das Gefüge der Altstadt und war zu dem Ergebnis gekommen, dass sich die Altstadtbebauung auf einen Ursprungsplan zurückführen ließe. Als dessen Grundstruktur nahm er ein rechtwinkliges Straßenraster aus zwei parallel laufenden, ost-west-gerichteten Gassen an, die von drei Nebengassen verbunden werden. Den vorgefundenen Bestand interpretierte er als Abweichung von diesem Plan. Ziel seines Entwurfes war die Rückführung in den vermeintlich ursprünglichen Zustand mittels Baulinien und die Fortsetzung dieses Grundrissmusters über die Stadtmauer hinaus in die angrenzenden Erweiterungsgebiete.

Im Februar 1837 wurde der sogenannte Stadtbauplan Bestandteil der „Vorschriften für die Bauungen in der Residenzstadt Sigmaringen". Er umfasste nun nicht mehr nur die Altstadt und die Ringstraße, sondern bezog auch das südlich des Städtchens liegende Gebiet mit ein. Wesentliche Merkmale und Gebote dieses Planes und der Bauordnung waren die rasterförmig angeordneten Baulinien, die angelehnt an die Struktur der Altstadt kleine Quartiere bildeten, die Pflicht, traufständig und nicht unter zwei Geschossen zu bauen, das Erdgeschoss massiv zu errichten, Mindestlängen und -höhen einzuhalten sowie die Gebäude mit einem Verputz zu versehen, um zumindest den Schein massiver Bauweise zu wahren. Im selben Jahr beauftragte die Geheime Conferenz die Landesregierung, Vorschläge zur Verschönerung der Stadt ausarbeiten zu lassen, und bestimmte zudem, für Verschönerungsmaßnahmen der Stadt jährlich eine Summe zur Verfügung zu stellen. Erst zwei Jahre später, Ende Dezember 1839, präsentierte die Landesregierung ihre Vorschläge, die u.a. vorsahen, beim „Schlössle", dem heutigen Alten Prinzenbau, einen regelmäßigen Platz herzustellen und beim östlichen Stadteingang eine Straßenkorrektur vorzunehmen. Bereits im November hatte Oberst von Hövel dem Erbprinzen Karl Anton fünf Entwürfe für Stadtplätze auftragsgemäß übergeben. Diese betrafen den Platz vor dem Rathaus und den Bereich vor dem Schlösschen, den heutigen Leopoldplatz. Für den letzteren hatte vier Wochen später Hofgerichtsrat von Sallwürk in einem Memorandum an Fürst und Erbprinz bereits präzise Vorstellungen ausgearbeitet, was die Platzgestalt betrifft. Ins Zentrum dieses Platzes sollte ein einfaches Denkmal gestellt werden, eine ungefähr acht Meter hohe, auf einem Sockel stehende Pyramide, umgeben von Pollern, die untereinander mit Ketten verbunden sind. Zu jener Zeit stand bereits das Bek & Fränkelsche Haus, das heutige Deutsche Haus, auf der Südseite des geplanten Platzes, neben dem 1837 für den Regierungsrat Horn errichteten Wohnhaus, das heute von der Hofbuchhandlung Liehner genutzt wird. Und an der Straße nach Hedingen wurden gerade zwei Gebäude errichtet, das größere der beiden für die Landesregierung und das andere für die fürstliche Hofkammer.

Zu Beginn des Jahres 1840 verfügte die Geheime Conferenz die Bildung einer Verschönerungskommission, deren Vorsitz dann Erbprinz Karl Anton führte. Bis zu den Revolutionsereignissen von 1848 wurden als jährliche Dotation 5 000 Gulden aus der Hofkammerkasse für die Verschönerungsmaßnahmen bereitgestellt. Die gestalterischen Richtlinien sowohl für den Grundriss des neuen Platzes als auch für die Fassadengestalt der nordwestlichen und der nordöstlichen Platzseite gab die Kommission vor. Sie wickelte auch die notwendigen Maßnahmen zur Platzherstellung – Abbruch von Stadtmauer und zahlreichen Gebäuden sowie die Planierung des Platzes – organisatorisch und finanziell ab. Im April 1841 wurde der Stadtbauplan abgeändert, um die planungsrechtlichen Voraussetzungen für das Gebäude- und Freiflächenensemble im Bereich des Regierungsgebäudes zu schaffen. Ein Jahr später erfolgte dann die Abgrabung der Carlsstraße südlich des Regierungsgebäudes, um diesem die höchste Stellung im Straßenzug zu geben[16]. Da die bisherige Wasserversorgung nicht ausreichte, um die Stadterweiterungsgebiete zu bedienen, erhielt die Stadt 1843 ein neues Wasserwerk und eine gusseiserne Wasserleitung. 1846 trat die Stadt Sigmaringen die Buchhalde und den Brenzkofer Berg im Tausch an das fürstliche Rentamt ab und gestattete zugleich die Bepflanzung des Dettinger Berges durch die Herrschaft[17]. Damit lagen die wichtigsten Höhen im Nähebereich des Schlosses im Eigentum des Fürsten und konnten nach dessen Gutdünken aufgeforstet, bepflanzt und mit Wegen versehen werden.

Annähernd ein halbes Jahrhundert hatte das souveräne Fürstentum Hohenzollern-Sigmaringen existiert. Doch erst in der letzten Dekade gelang der Ausbau zur Landeshauptstadt und zur zeitgemäßen Residenz und damit auch zur repräsentativen Kulisse für das öffentliche Leben. Sichtbare Zeichen dafür waren der Carlsplatz, die Carlsstraße und die Grünanlagen auf den

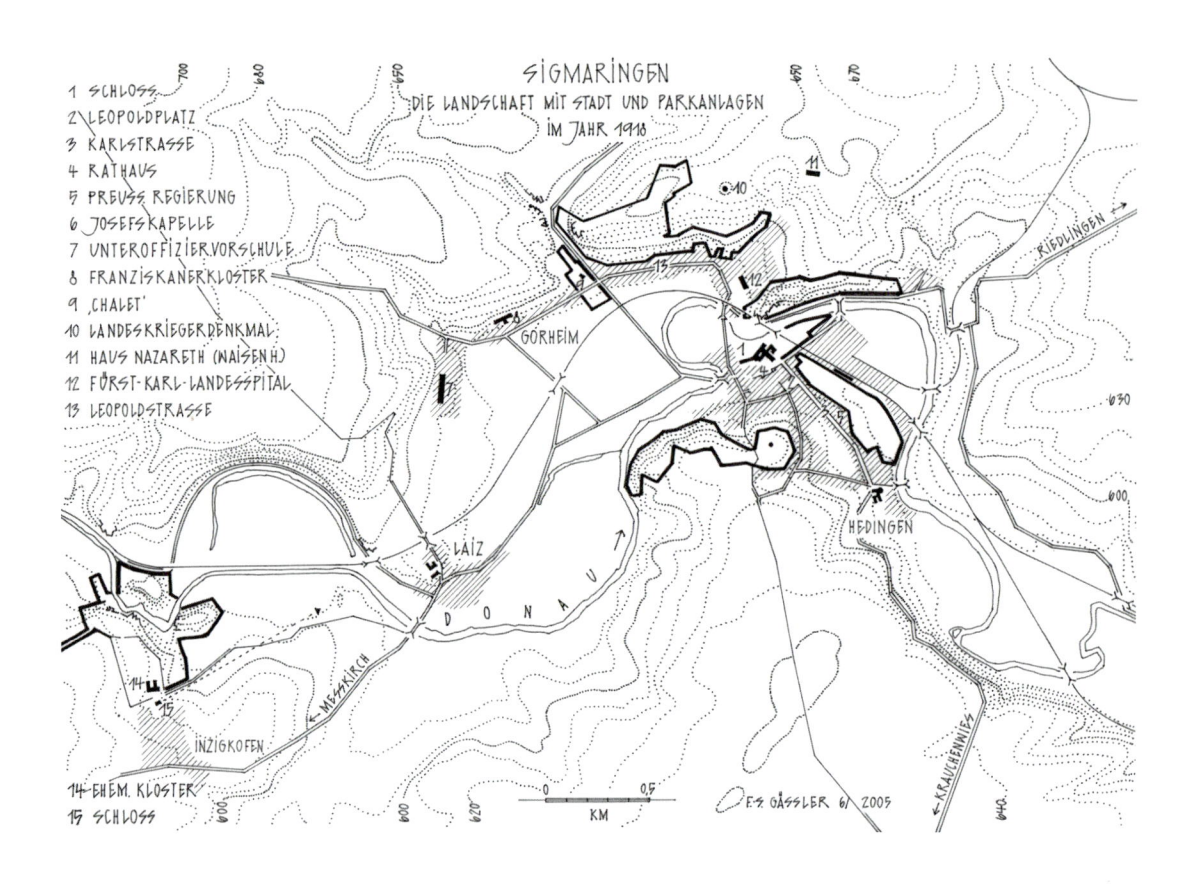

SIGMARINGEN
DIE LANDSCHAFT MIT STADT UND PARKANLAGEN
IM JAHR 1918

1 SCHLOSS
2 LEOPOLDPLATZ
3 KARLSTRASSE
4 RATHAUS
5 PREUSS. REGIERUNG
6 JOSEFSKAPELLE
7 UNTEROFFIZIERVORSCHULE
8 FRANZISKANERKLOSTER
9 „CHALET"
10 LANDESKRIEGERDENKMAL
11 HAUS NAZARETH (WAISENH.)
12 FÜRST-KARL-LANDESSPITAL
13 LEOPOLDSTRASSE
14 EHEM. KLOSTER
15 SCHLOSS

6. Die Stadt in der Landschaft 1918: Übersichtsplan mit der Stadt Sigmaringen, den benachbarten Dörfern, den fürstlichen Park- und Gartenanlagen sowie den Höhenlinien.

Höhen, insbesondere aber die steingewordene Präsenz von Ständeversammlung und Landesregierung, fürstlicher und staatlicher Verwaltung, der Krankenfürsorge, des staatlichen Kreditwesens, der gymnasialen Bildungseinrichtung[18], des Militärs[19] sowie der erbprinzlichen Hofhaltung. Wie der kulissenhafte Charakter der neuen Stadträume genutzt wurde, zeigen beispielhaft die Volksversammlung vom 26. September 1848 auf dem Carlsplatz, die Höhepunkt des sogenannten Septemberaufstandes war, das Festmonument, das man anlässlich des Besuches von König Friedrich Wilhelm IV. von Preußen im August 1850 auf dem Carlssplatz errichtete[20], und der Fackelzug über Carlsstraße, Carlsplatz, Antonstraße und Hauptstraße anlässlich der Anwesenheit des Prinzen von Preußen am 20. September 1850[21]. Die herrschaftlichen Neubauten waren zudem so gebaut und in den Stadtgrundriss gestellt, dass sich die Hierarchie widerspiegelte – sowohl im Hinblick auf die bürgerlichen Bauten als auch untereinander. Ständehaus und Regierungsgebäude wurden nicht nur ins Zentrum der Stadt und der Stadterweiterung gerückt, sie standen an ihrem Ort zudem im Zentrum und verkörperten damit die Gliederung des konstitutionellen Staats par excellence. Entscheidenden Anteil an dieser sinnvollen Ordnung hatte die Verschönerungskommission. Doch ist der Ausbau zur Landeshauptstadt auch als Investitionspolitik zu sehen, mit der insbesondere der dirigierende Rat Schenck von Schweinsberg versuchte, auf die veränderten Anforderungen der Zeit einzugehen und die Wirtschaft zu stärken, um die drastisch gewachsenen Ausgaben finanzieren zu können[22].

STADTGESTALT UND STADTSTRUKTUR AM ENDE DES KAISERREICHS

Der Übergang der hohenzollerischen Fürstentümer an Preußen war sowohl in Hechingen als auch in Sigmaringen verbunden mit dem Verlust des fürstlichen Hofes und der damit zusammenhängenden wirtschaftlichen und kulturellen Vorteile[23]. Fürst Carl zog sich auf seine böhmischen Besitzungen zurück, Fürst Karl Anton trat in preußische Dienste, und der Hechinger Fürst ließ sich auf seinen schlesischen Gütern nieder. Doch blieb die Hofkammer des Sigmaringer Fürsten und damit die fürstliche Verwaltung der Stadt erhalten. Sigmaringen erhielt 1852 den Sitz der preußischen Regierung für die Hohenzollernschen Lande mit provinzähnlicher Stellung[24], Hechingen dafür das Kreisgericht. Zum 1. Januar 1875 wurde der „Landeskommunalverband der Hohenzollerischen Lande" als Selbstverwaltungskörperschaft mit Kommunallandtag eingerichtet, der bis zur Auflösung 1972 ebenfalls seinen Sitz in Sigmaringen hatte[25]. 1871 kehrte der fürstliche Hof in seinem Ansehen gestärkt durch die ihm verliehenen königlichen Privilegien und die Verbindungen mit dem europäischen Hochadel zurück[26]. Die Stadt blieb fortan Residenz[27].

Gegenüber 1850 hat sich die Stadt, die nun fast 5500 Einwohner zählt, weiter ausgedehnt, im Süden bis über Hedingen hinaus und hinter den Josefsberg, im Westen die Buchhalde hinauf, im Osten bis zur Bauhofbrücke (Abb. 6). Nördlich der Donau erreicht die Bebauung das Kloster Gorheim, und im Hanfertal sind erste Siedlungsansätze zu sehen. In Fortsetzung der Karlstraße führt nun eine neue Straße an Hedingen vorbei nach Krauchenwies. Gravierende Einschnitte in das Stadtbild wie in die Landschaft bringen die Gleisanlagen der Eisenbahn. Sie teilen die Talaue, zergliedern insbesondere die Au und den Hofgarten. Der fürstliche Bauhof, dem an alter Substanz nur noch der östliche Teil des Fruchtkastens blieb, zeigt sich fortan völlig neu strukturiert. Weithin sichtbar sind nördlich der Donau die Unteroffiziervorschule in Gorheim, das stark erweiterte Kloster Gorheim, das Landeskriegerdenkmal auf dem Brenzkofer Berg und östlich davon, auf dem Brunnenberg, das Waisenhaus Nazareth. Südlich der Donau ragen der Turm der evangelischen Kirche gegenüber dem Regierungsgebäude und die Kuppel des fürstlichen Mausoleums in Hedingen am Ende der Karlstraße deutlich über die Dachlandschaft der Stadt hinaus. Unterhalb des Josefsberges beherrschen einige Villen sowie Handwerkskammer und Gymnasium den Bereich des Unteren Kirchhoföschle. Karlstraße und Antonstraße sind nun vollständig

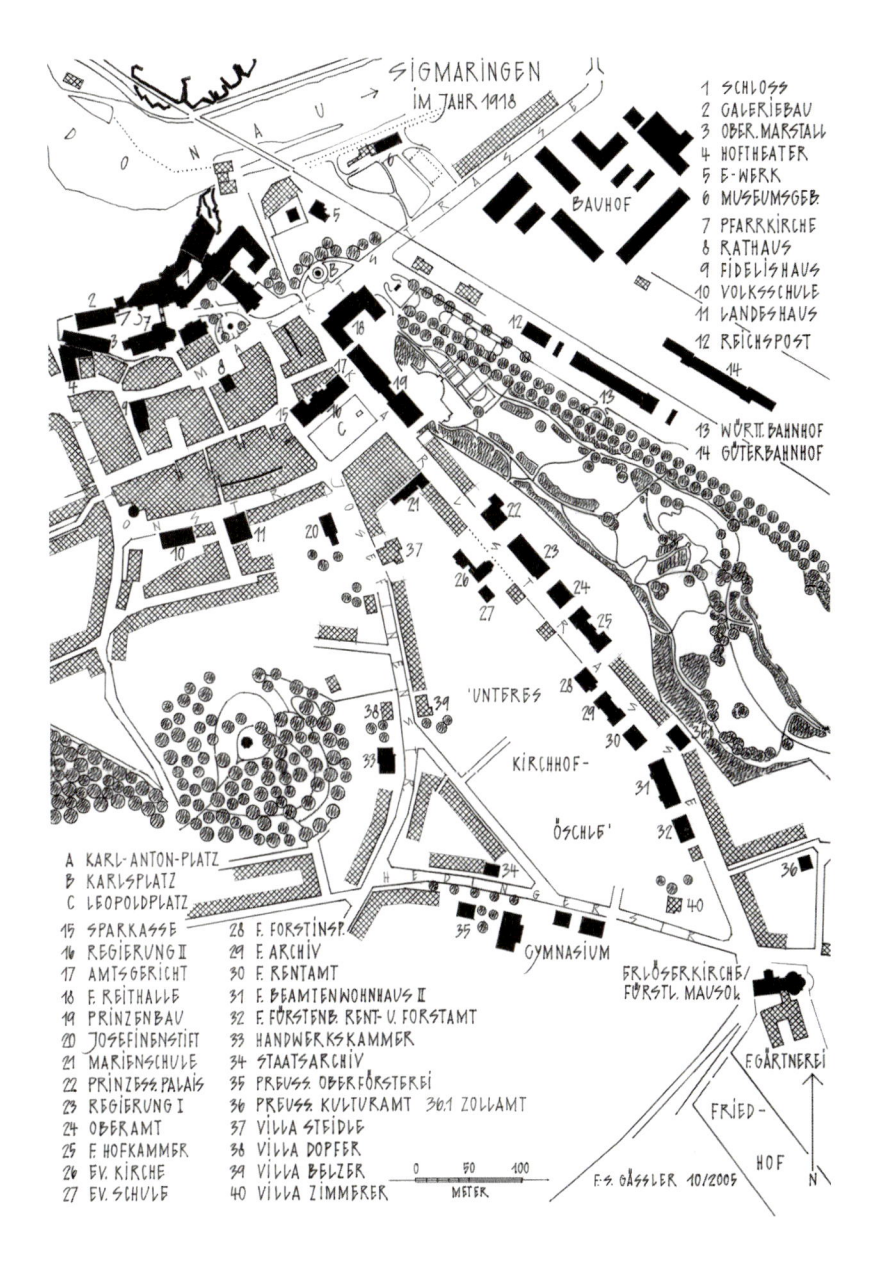

7. Stadtgrundriss von der Donau im Norden bis nach Hedingen im Süden im Jahr 1918.

bebaut (Abb. 7). Im Gegensatz dazu verlor der wichtigste Straßenzug der Altstadt, die Marktstraße, auf der nördlichen Seite annähernd die Hälfte ihrer Bebauung und zeigt sich nunmehr als Torso (Abb. 8). Dafür ist das Schloss und dessen Umfeld im östlichen Teil umgestaltet und freigelegt. Dort, im Herzen der Altstadt, wie auch hinter dem Prinzenbau bis nach Hedingen hinunter dominieren jetzt differenziert gestaltete Landschaftsteile die Stadt. Der Lange Garten ist zum Prinzengarten umgestaltet und der Carlsplatz zum Leopoldplatz; unterhalb des Schlosses sind der Karl-Antons-Platz und gegenüber der Fürstlichen Reithalle der Karlsplatz entstanden. Gewachsen ist die Zahl der sakralen, öffentlichen und fürstlichen Bauten. Und auch die bürgerlichen Bauten mit anspruchsvoller Architektur nahmen zu. Die fürstlichen Neubauten konzentrieren sich an der Karlstraße, die öffentlichen Bauten im Bereich zwischen Karlstraße, Antonstraße, Josefinenstrasse und Hedinger Straße, und die Gebäude der Oberschicht stehen ebenfalls dort und entlang des Hofgartens. Zahlreiche freistehende figürliche Denkmäler, ausschließlich Büsten und Standbilder des Fürsten- und Kaiserhauses, bereichern das Zentrum (Abb. 9). Trotz der beachtlichen Erweiterungen bleiben die Marktstraße, die Karlstraße und der zum Leopoldplatz umgestaltete Carlsplatz, sieht man vom südlichen Teil der Antonstraße und der einseitig bebauten Bahnhofstraße ab, die einzigen öffentlichen Räume mit Gewicht.

Gut zwei Generationen umspannte diese Epoche. Drei Planungen gab es in dieser Zeit, um die Gestalt der Stadt weiter zu entwickeln. Zu Beginn standen die städtebaulichen Ideen des Hofkammerbaurats Joseph Laur für das Untere Kirchhoföschle, das südwestlich der Karlstraße liegende Gelände[28]. 1870/71 skizzierte er, beeinflusst von den Planungen der Wiener Ringstraße, imposante Vorschläge: riesige, auf Achsen bezogene Plätze, aufgelöste Baublocks, Freiflächen mit ausgedehnten Pflanzen- und Rasenparterres und freigestellte Gebäude, immer mit einem fürstlichen Gebäude im Zentrum, doch ohne die Topographie zu berücksichtigen. Zur selben Zeit forcierte die Hofkammer den weiteren Ausbau der Karlstraße nach Süden[29]. Im Endergebnis wurde die Karlstraße dann ohne großen Aufwand verlängert und auf deren Westseite das Gebäudeensemble mit dem Fürstlichen Archiv im Zentrum geschaffen. Der von Joseph Laur 1879/80 entworfene Bebauungsplan für die Stadt Sigmaringen zeigt zwar im Unteren Kirchhoföschle einen dreieckigen Platz. Doch besitzt dieser weder die Dimension des Carlsplatzes noch liegt er an Haupterschließungsstraßen[30]. Auch dieser Entwurf wurde, was den Platz und einen Großteil der Baulinien betrifft, nicht umgesetzt. Der Bebauungsplan von 1912, vom Schramberger Geometer Rudolf Linkenheil (1880 – 1939), als Übersichtsplan für das gesamte Stadtgebiet entworfen, zeigt zwar ebenfalls platzartige Räume[31], doch ist keiner von diesen in Haupterschließungsachsen eingebunden, und es stand auch nicht zu erwarten, dass die Platzwände jemals von öffentlichen oder fürstlichen Bauten gerahmt würden[32]. Umgesetzt wurde so gut wie nichts von diesem Plan.

Die Bautätigkeit in den ersten beiden Jahrzehnten dieser beinahe sieben Dezennien dauernden Ära verlief eher verhalten. Das Regierungsgebäude erhielt 1852 nach Plänen von Wilhelm Laur statt des Halbgeschosses in der dritten Etage ein Vollgeschoss[33]. Gegenüber steht seit 1861 die evangelische Kirche mit dem Pfarrhaus, ausgeführt vom Baumeister Hermann A. Weber nach Friedrich August Stülers Entwurf[34]. 1862 bis 1866 entstand das fürstliche Galeriegebäude beim Schloss, und 1866/67 bekam der benachbarte Marstall beim Umbau eine völlig neue Fassade durch den fürstlichen Baurat Joseph Laur[35], der bis zu seinem Tod im Jahr 1886 die Architektur aller repräsentativen fürstlichen Gebäude schuf[36]. Als erster Bauabschnitt wurde für das Waisenhaus Nazareth 1867/68 der westliche Flügel mit der Kapelle durch Wilhelm Laur errichtet[37]. Und das vom Verkehr umgebene Geviert des Carlsplatzes erhielt 1869 zusammen mit dem Denkmal für den Fürsten Carl auch seine gärtnerische Gestalt. Der Bahnbau und die Rückkehr des fürstlichen Hofes, der mit dem Beginn des Kaiserreichs zusammenfällt, lösten dann einen neuen Bau-

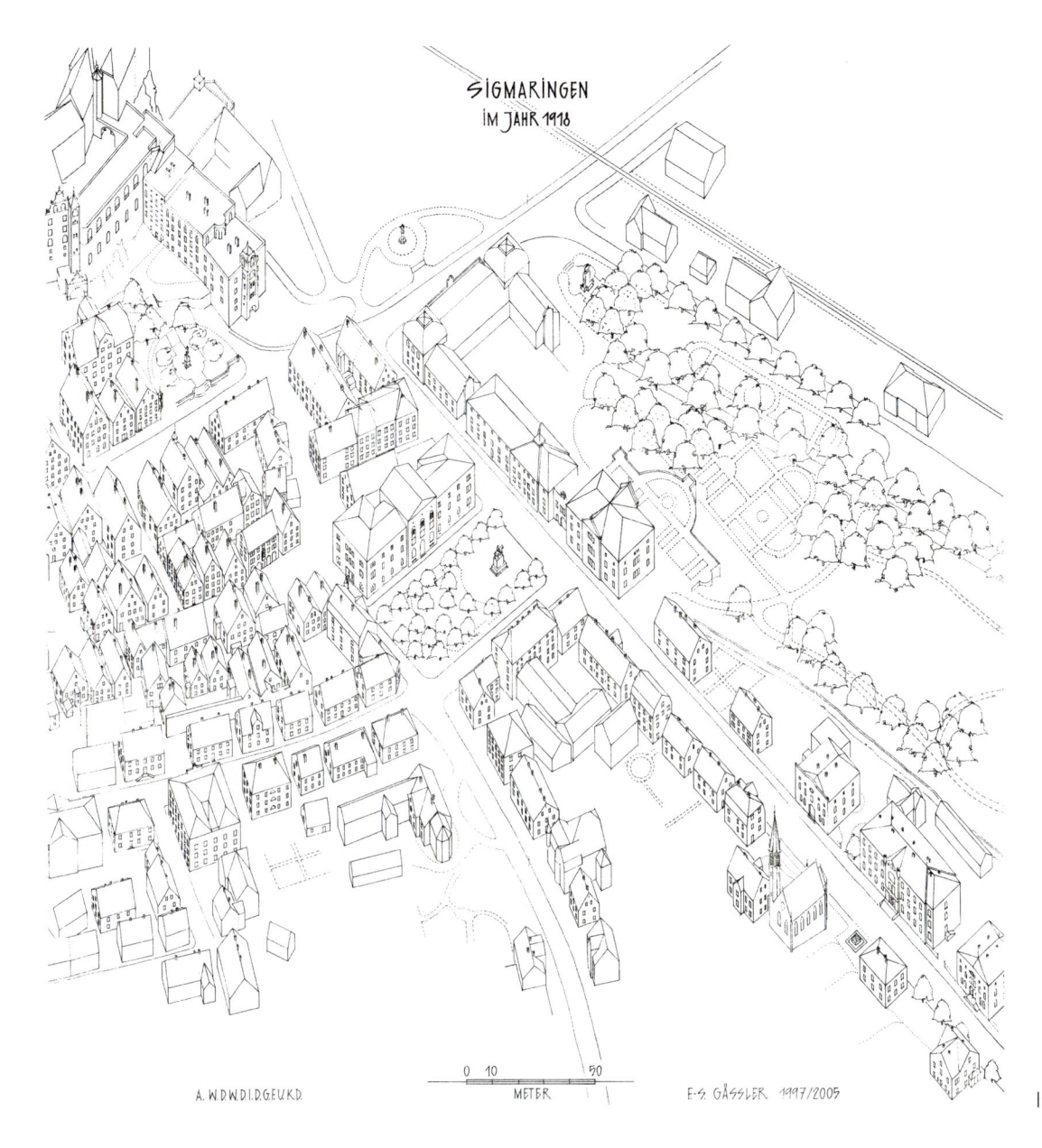

8. Schaubild der Innenstadt im Jahr 1918.

schub aus. Innerhalb von weniger als zehn Jahren prägten Neubauten die Gestalt der Stadt entscheidend. Im südlichen Teil der Karlstraße entstanden in den Jahren 1871 bis 1873 das fürstliche Beamtenwohngebäude I und das Fürstliche Archiv (Abb. 10)[38], 1874 bis 1877 das fürstliche Rentamt und 1877/78 das Beamtenwohnhaus II[39]. Im nördlichen Teil der Karlstraße erhielt 1872/73 der Neue Prinzenbau eine Fassade im Formenkanon der Neorenaissance, 1877/78 wurde der Alte Prinzenbau erweitert und sein äußeres Erscheinungsbild neu gestaltet[40]. Als nördlichen Abschluss der Karlstraße ließ Fürst Karl Anton 1874 bis 1876 die Reithalle mit Marstall erbauen. Von 1873 bis 1877 dauerte der Umbau des Hoftheaters, und beim Schloss wurden 1876/77 Römerturm und Böhmischer Turm erhöht[41]. 1877 bis 1879 ließ die Stadt in der Antonstraße durch Joseph und Wilhelm Laur ein neues Schulgebäude errichten[42]. In der Au entstand ab 1870 die fürstliche Domäne Bauhof fast völlig neu, und gleichzeitig wurde die Straße von der Bauhofbrücke

Sigmaringen – fürstliche Präsenz im Stadtbild

9. Lageplan der Innenstadt mit den freistehenden Denkmälern.

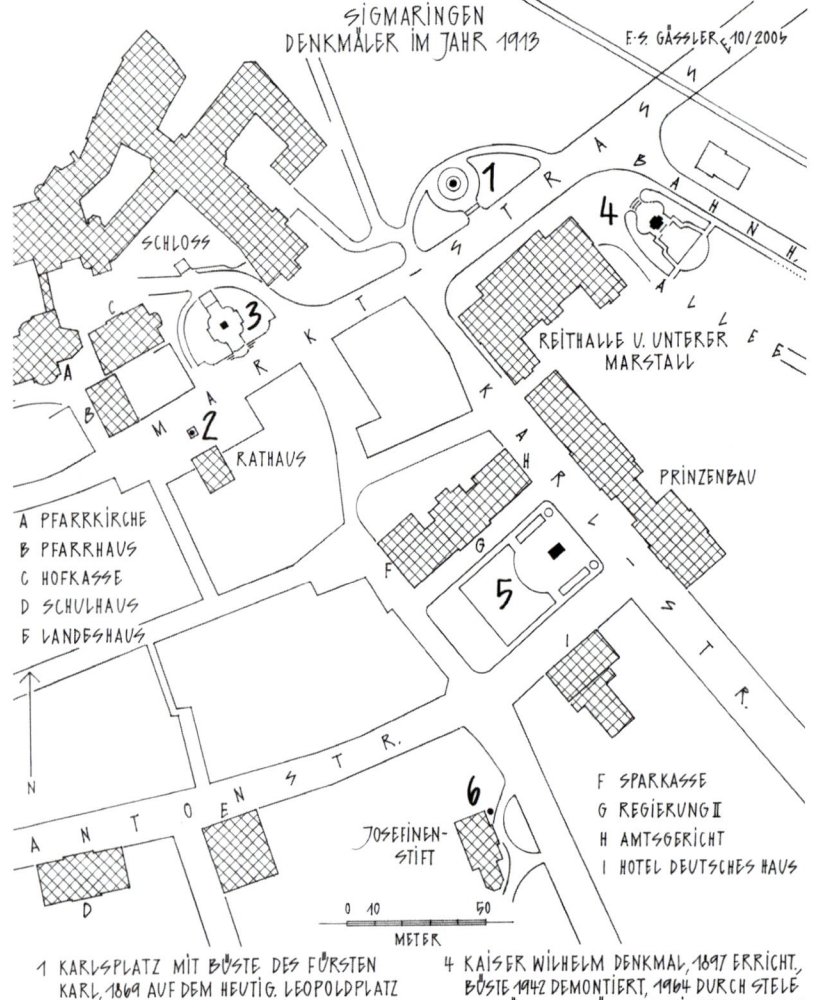

stand[44]. Eher unscheinbar verlief die folgende Dekade. 1883 errichtete die Fürstlich Fürstenbergische Hofkammer ein Rentamtsgebäude im südlichen Teil der Karlstraße[45], 1884 ließ Fürst Karl Anton das Schwesternhaus für die Strohdorfer Schwestern bauen[46], und 1884/85 entstand nach Plänen von Wilhelm Laur der städtische Schlachthof[47].

Mit dem überkuppelten Zentralbau und der neuen Westfassade der Erlöserkirche zu Hedingen begann – sieht man von der Umgestaltung des Prinzenbaus ab, der seit 1862 Residenz Leopolds war[48] – 1889 die Bauepoche unter Fürst Leopold (1835 – 1905) und dessen Hofkammerbaurat Johannes de Pay. Im Hofgarten ließ der Fürst 1892 das vorhandene Gartengebäude zu einem zweigeschossigen Lokal mit Festsaal für die Museumsgesellschaft ausbauen[49]. Außerdem ließ er in der Karlstraße 1893 bis 95 das Prinzessinnenpalais als Wohnsitz für die Witwe des Fürsten Karl Anton umbauen und erweitern, nachdem der Schlossbrand vom April 1893 deren Gemächer zerstört hatte[50]. Der Wiederaufbau des Schlosses, der zu einer umfassenden Überplanung und Überformung der gewaltigen Bauanlage und deren Umgebung führte, konnte erst unter Fürst Wilhelm 1908 abgeschlossen werden. Bis 1898 plante de Pay die repräsentativen fürstlichen Bauten, spätestens ab 1898 war Albert Geyer, Hofbaurat des preußischen Königs in die Planungen zum Schlossumbau involviert und ab März 1899 der Münchner Architekt Prof. Emanuel Seidl, der im August 1901 schließlich den Auftrag für die Planung und Ausführung erhielt[51]. An öffentlichen Bauten entstanden in den zweieinhalb Jahrzehnten bis zum Ersten Weltkrieg nur das Landeshaus 1890/91[52], das Gymnasium mit Turnhalle und Wohnhaus des Direktors 1891 bis

zum östlichen Eingang der Altstadt ein zweites Mal korrigiert. Westlich des Bauhofs und der Gleisanlagen errichtete die Württembergischen Eisenbahn 1872/73 Verwaltungs- und Wohngebäude in der Bahnhofsstraße[43], und ebenfalls dort erhielt die Königliche Post ihr Domizil. Ende der siebziger Jahre hatte auch der Prinzengarten jene Form gefunden, die uns in den Grundzügen überliefert ist. Wegeführung und Sichtachsen, Standort von Bäumen, Sträuchern und Stauden sowie Lage und Form des Weihers setzte Heinrich Grube (1840 – 1907) ins Werk, der von 1867 bis 1879 als Gartendirektor im fürstlichen Dienst

10. Die Gebäudegruppe mit dem ehem. Fürstlichen Archiv, dem ehem. Fürstl. Rentamt und dem ehem. Beamtenwohnhaus II in der Karlstraße nach Plänen von Joseph Laur 1871–1876 errichtet, im Jahr 1999.

1893[53], 1903/04 das Königliche Forstamt[54], 1908 bis 1910 die Unteroffiziervorschule[55] und 1911 die Handwerkskammer[56]. Das Regierungsgebäude in der Karlstraße erhielt 1899 auf der Südseite einen Anbau, um dem Regierungspräsidenten den privaten Zugang zu seiner Wohnung über dem Erdgeschoss zu ermöglichen[57]. Der einzige Sakralbau von Gewicht aus dieser Zeit ist neben der fürstlichen Erlöserkirche in Hedingen die 1911/12 erbaute Herz-Jesu-Kirche des mit theologisch-philosophischer Fakultät ausgestatteten Kloster Gorheim[58]. Das Fidelishaus, in dem das Erzbischöfliche Knabenseminar untergebracht war, erhielt in jener Epoche mit Erker, ausladendem Dachgesims, Dachaufbauten und Dachreiter seine die westliche Altstadt dominierende Gestalt[59]. Gravierend war 1899/1900 der Verlust des zweigeschossigen Ständehaussaales mit repräsentativer Säulenhalle im Erdgeschoss und halbgewendelter Treppe zugunsten von Büroräumen[60]. Der Umbau raubte der Fassade ihre hohen Fenster, die über zwei Geschosse reichten und den Ständehaussaal nach außen hin transparent werden ließen[61]. Die reich dekorierte Fassade, deren ursprünglicher Sinn darin bestand, den hinter ihr liegenden Ständehaussaal und damit auch die Ständeversammlung und die Verfassung des Fürstentums im Stadtbild zu repräsentieren, verlor den Grund ihres Daseins. Seitdem ist sie Fassade im potemkinschen Sinne und historische Reminiszenz. Mit der Entscheidung des Fürsten Wilhelm, das für seinen Vater geschaffene Reiterstandbild auf dem Carlsplatz aufzustellen, wurde der Platz 1910 umgestaltet, in Leopoldplatz umbenannt und die Büste des Fürsten Karl in die Anlagen gegenüber der Reithalle versetzt. Als die Straßen der Stadt 1902 neu bezeichnet wurden, erhielten die Leopoldstraße und der Karl-Anton-Platz ihre Namen[62].

Weit differenzierter als 1850 zeigt sich am Ende des Kaiserreichs das Bild der Stadt und des öffentlichen Raumes. Die Karlstraße und die zur Marktstraße umbenannte Hauptstraße bleiben aufgrund ihrer Sonderbauten, ihrer Denkmäler und ihrer räumlichen Ausbildung die wichtigsten Straßen der Stadt[63], der Leopoldplatz und der Bereich vor dem Rathaus aber die herausragendsten Plätze. Bis in die Gegenwart hinein sind diese beiden Straßen und diese beiden Plätze gesuchte Kulissen für Umzüge und Prozessionen, Kundgebungen und Events. Die Nationalsozialisten, die Vichy-Regierung und die französische

Sigmaringen – fürstliche Präsenz im Stadtbild   453

SIGMARINGEN
CARLSPLATZ MIT FÜRST-CARLS-DENKMAL IM JAHR 1869
LAGEPLAN
MIT GRUNDRISS UND SCHNITT VOM STÄNDEHAUS

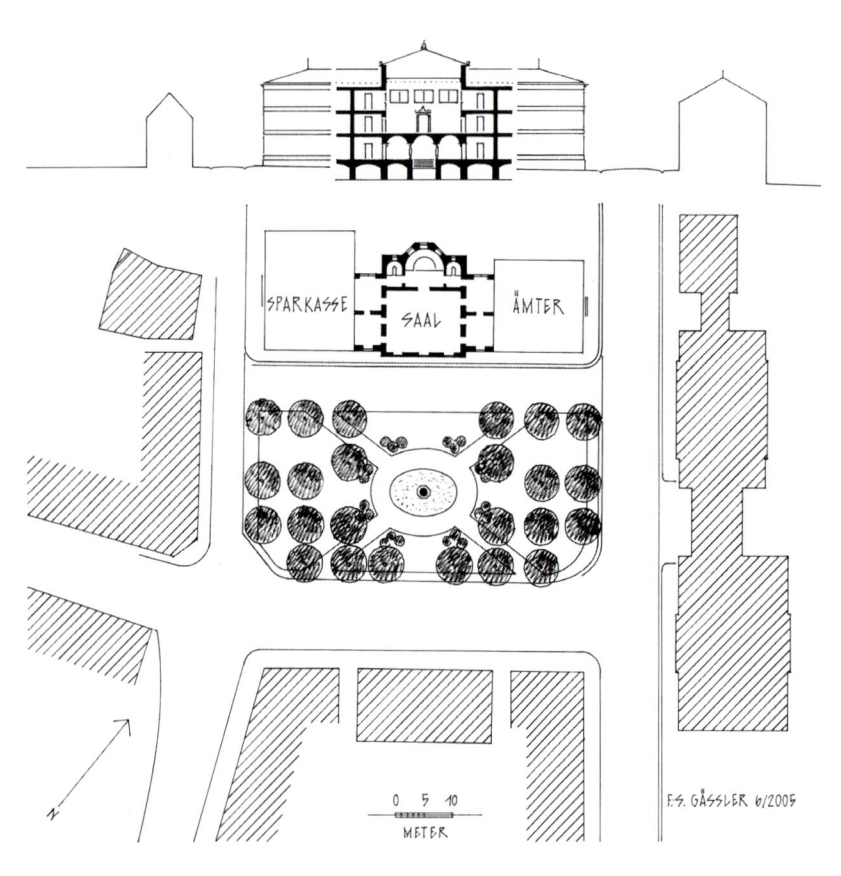

SPARKASSE SAAL ÄMTER

0 5 10
METER

F.-S. GÄSSLER 6/2005

11. Der heutige Leopoldplatz als Carlsplatz mit dem Carlsdenkmal im Zentrum, 1869, nach der Umgestaltung durch Joseph Laur und Heinrich Grube, Lageplan, Grundriss 1. OG und Schnitt.

Besatzungsmacht etwa nutzten diese Straßen- und Platzräume für ihre Aufmärsche[64]. Bis sie vom motorisierten Verkehr und vom Zeitgeist verdrängt wurden, führten die Fidelis- und die Fronleichnamsprozessionen seit altersher über das Geviert von Antonstraße, Karlstraße und Markt-/ Fürst-Wilhelm-Straße. Seit 1994 schließlich sind die Platzkonzerte vor dem Sigmaringer Rathaus Institution[65]. Wie sind diese beiden Straßen gegliedert, durch welche Elemente und Funktionen sind sie geprägt und wodurch zeichnet sich nun ihre Bedeutung aus? Und wie veränderte die Umgestaltung des Carlsplatzes, der ja ehemals als pars pro toto für die Landeshauptstadt stand, dessen Wertigkeit und Wirkung?

Einschneidend veränderten sich Funktion und Gestalt der Marktstraße östlich des Rathauses. Gestärkt ist sie in ihrer Funktion als zentrale Ost-West-Achse, weil sie nach Osten zu begradigt wurde und auch der Zugang vom Bahnhof her in die Stadt hinein über sie erfolgt. Geschwächt zeigt sich ihre Funktion und Gestalt als Zentrum der bürgerlichen Altstadt, seitdem die Bürgerhäuser nordöstlich des Marktbrunnens fehlen. Denn mit den bürgerlichen Gebäuden ging nicht nur die Funktion des Wohnens, der Arbeit und des Handels verloren, sondern auch die räumliche Figur des dichten Straßenraums der wichtigsten Altstadtstraße. War die Straße ehemals gefügt aus dicht aneinandergereihten bürgerlichen Häusern mit Rathaus und Martktbrunnen im Zentrum, ist sie nun im östlich Teil stark geprägt von fürstlichen Gebäuden und der Schlossanlage, von den Denkmälern für Kaiser und Fürsten und von gärtnerisch gestalteten Anlagen um das Schloss. Die gärtnerisch gestalteten Anlagen halten die Flächen zwischen Schloss und Marktstraße von Bebauung und Verkehr frei. Ihre Pracht ist einerseits auf die Denkmäler konzentriert, korrespondiert andererseits aber auch mit derjenigen der Schlossfassaden. Auf einer Strecke von nicht einmal zweihundert Metern stehen vier Denkmäler. Alle vier sind zum öffentlichen Raum, zur Straße hin ausgerichtet. Das des Kaisers ließ Fürst Leopold errichten. Diejenigen für die Fürsten Karl und Karl Anton wurden von Denkmalkomitees finanziert, denen vor allem fürstliche Beamte und Bürger angehörten. Das Standbild des Fürsten Johann ließ die Stadt anlässlich der Goldenen Hochzeit Karl Antons aufstellen. Die Huldigung an das Fürstenhaus war damit nicht nur ein zeitlich begrenzter öffentlicher Akt, sondern permanent gegenwärtig. Auf den ersten Blick nicht erkennbar, doch bezeichnend für die Dominanz des Fürstenhauses ist, dass die genannten Denkmäler mit Ausnahme des Standbildes auf dem Marktbrunnen auf fürstlichem Grund stehen. Mit den prachtvollen Schaufassaden von Hoftheater und Fürstlicher Reithalle, von Wilhelmsbau und Portugiesischer Galerie und insbesondere dem hoch aufragenden Südgiebel des Hochschlosses sowie den

Freianlagen ist es dem fürstlichen Hof gelungen, in jener Straße beherrschend präsent zu sein, die die zentrale Achse der Altstadt ist und die über Jahrhunderte hinweg ausschließlich von bürgerlichen Bauten geprägt war.

1869 zeigt der Carlsplatz, der ja signifikant den ehemaligen Status der Landeshauptstadt ausdrückte, im Zentrum des Platzgevierts, also im Schnittpunkt seiner beiden Hauptachsen, das Denkmal für den Fürsten Karl (Abb. 11). Derart aufgestellt nehmen Denkmal und Platzgeviert Bezug zu allen vier Platzwänden. Zugleich ist das Denkmal auch auf die Hauptachse von Ständehaus und Ständehaussaal gestellt, jener Räumlichkeit, die für die Ständeversammlung geschaffen wurde. Unter Fürst Karl hatte sich die Ständeversammlung 1832 gebildet, und in der 1833 dem Fürstentum gegebenen Verfassung war ihre Form und ihre Aufgabe fixiert worden[66]. Dem Denkmal war damit ein mehrfacher sinnvoller Bezug gegeben: Es erinnerte daran, dass Fürst Karl sowohl den Carlsplatz errichten ließ, als auch die Verfassung und als dessen Organ die Ständeversammlung einrichtete und für die letztere das Ständehaus erbauen ließ. Ganz andere Bezüge zeigt der Platz, nachdem er zum Leopoldplatz umgestaltet wurde (Abb. 12). Das Reiterstandbild steht zwar auch im Platzgeviert, doch auf dessen Längsachse, die im Gegensatz zur Querachse keinen Bezug hat zu den beiden Fassaden, auf die sie stößt. Zudem steht es an der Karlstraße und ist auf den Prinzenbau hin ausgerichtet. Gleichwohl fällt keine der Achsen des Prinzenbaus mit derjenigen des Monuments zusammen. Damit bleibt die Eigenständigkeit des Leopoldplatzes, die sich auch in der Grundform des baumbestandenen Gevierts ausdrückt, bewahrt. Die Frage, welchen Bezug das Denkmal zum Prinzenbau besitzt, beantworten folgende Fakten: Erstens hatte die Witwe Leopolds, die Fürstin Antonia, dort zu jener Zeit ihr Domizil, und vermutlich war dies der entscheidende Grund, das Reiterstandbild an dieser Stelle und in dieser Weise aufzustellen[67]. Damit war es der verwitweten Fürstin möglich, das Bildnis ihres Gemahls von ihrem Domizil aus ständig präsent zu haben. Und zweitens haben sowohl der Prinzenbau als auch der Prinzengarten auf dessen östlicher Seite, die funktional und gestalterisch eine Einheit bilden, ihre wesentliche Gestalt durch Leopold erhalten.

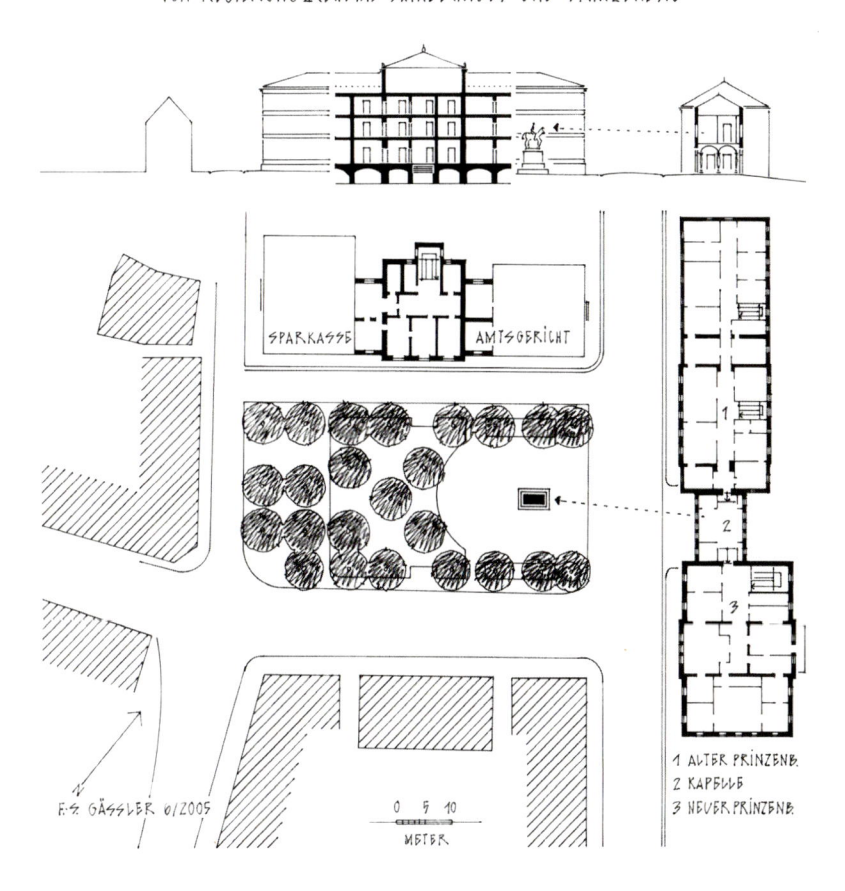

Gegenüber dem Zustand von 1850 zeigt sich die Karlstraße 1918 funktional und gestalterisch gestärkt (Abb. 7, 8). Die funktionale Stärkung erfolgte einerseits durch die Verlängerung der Straße im selben Querschnitt nach Süden und andererseits durch die Ausbildung der Karlstraße zur südlichen Stadteinfahrt: Der Verkehr von und nach Süden, von Krauchenwies her, passiert nicht mehr die Josefinenstraße, sondern die Karl-

12. Der Leopoldplatz mit dem zur Karlstraße hin ausgerichteten Reiterstandbild, nach der auf Vorschlag des Münchner Architekten Prof. Emanuel von Seidl 1910 durchgeführten Umgestaltung: Lageplan, Grundrisse 1. OG und Schnitt.

Sigmaringen – fürstliche Präsenz im Stadtbild

straße, die damit den Charakter einer Sackgasse verliert. Weiter wird die Karlstraße aufgewertet durch die Ansiedlung jener Aufgaben, die der fürstlichen Repräsentation und Verwaltung dienen, sowie durch die Einrichtungen für die evangelische Kirchengemeinde. Gestalterisch gestärkt wird die Karlstraße zweifach. Einmal durch das zweimalige formale Zusammenbinden der Gebäudefassaden auf einer Länge von weit über einhundert Metern: Im Norden erhalten Reithalle mit Marstall und der Prinzenbau im Laufe der Jahre formal aufeinander abgestimmte Fassaden, und im Süden ist ähnliches zu sehen bei jenem Ensemble, in dessen Zentrum das Fürstliche Archiv steht (Abb. 10). Nur weil die Karlstraße baumlos ist, kommen die Fassaden voll zur Geltung und erhält die Straße ihre Dominanz[68]. Eine weitere Stärkung findet die Karlstraße in den beiden städtebaulichen Dominanten, zwischen denen sie gleichsam eingespannt daliegt und die über die Achse der Karlstraße in barocker Art miteinander in Bezug gesetzt sind: dem imposanten Kuppelbau der Hedinger Kirche im Süden und dem hoch aufragenden Giebel des Hochschlosses im Norden. Zugleich besitzt die Karlstraße nun klare Endpunkte: Im Norden wirken die Anlagen um den Wilhelmsbau als Barriere, seitdem die Einmündung der Mühlstraße in die Marktstraße nach Osten verschoben wurde, und gleich einer Ouvertüre bildet der westliche Pavillon der Reithalle, reich verziert mit Architekturgliedern, den festlichen Auftakt in die Karlstraße. Im Süden fängt die Nordfassade der Hedinger Kirche die Achse der Karlstraße auf. Fragt man nach dem Verhältnis von fürstlichen und staatlichen Gebäuden, so hat sich die Dominanz eindeutig zugunsten der fürstlichen verschoben. Das Regierungsgebäude verliert mit der Überbauung des gegenüberliegenden Platzes und der neu gestalteten Fassade beim Prinzessinnenpalais seine mehrfache achsensymmetrische Prägung im Straßenzug. Und nicht zuletzt sind die fürstlichen Gebäude bei weitem in der Überzahl. An keiner anderen Straße ist die Präsenz von fürstlicher Hofhaltung und Verwaltung, von staatlicher Verwaltung und kirchlicher Einrichtung so konzentriert wie in der Karlstraße. Mit dem Reiterstandbild besitzt die Karlstraße zudem das größte Denkmal des Stadtzentrums.

Der stetige Ausbau der fürstlichen Residenz auch in der zweiten Hälfte des 19. Jahrhunderts betrifft sowohl kulturelle und caritative Einrichtungen wie auch die originären Aufgaben der Hofhaltung, der fürstlichen Verwaltung und der fürstlichen Repräsentation. Kunstgebäude und Hofbibliothek sind seither öffentlich zugänglich. Das Hoftheater bot über Jahrzehnte Raum für beachtliche Aufführungen und zog aus dem weiten Umkreis Besucher an[69]. Im Museumsgebäude fand die Museumsgesellschaft bis zu ihrer Auflösung durch die Nationalsozialisten Platz[70]. Das Schwesternhaus in Strohdorf und das Josefinenstift waren zentrale caritative Stützpunkte in der Stadt. Den Impuls zum weiteren Ausbau der Residenz brachte zum einen die Rückkehr des fürstlichen Hofs mit sich und zum zweiten der Schlossbrand vom April 1893. Beidesmal konzentrierte sich der Ausbau auf die beiden wichtigsten Straßen des Zentrums, auf die Karlstraße und auf die Marktstraße, die heutige Fürst-Wilhelm-Straße – jedoch mit unterschiedlicher Auswirkung. Der Straßenraum der Karlstraße wurde nicht nur verlängert, sondern aufgrund seiner weiteren Bebauung dichter und damit prägnanter. Die Marktstraße dagegen verlor in ihrer östlichen Hälfte durch den Abriss der nördlichen Häuserzeile und der damit erzielten Freistellung des Schlosses ihren ehemals prägnanten Charakter als Hauptstraße der Altstadt. Einschneidend verändert hat sich die Gestalt der Innenstadt. Geblieben sind jedoch die strukturellen Elemente, auf die sich die Veränderung bezog: auf die Hauptstraße der Altstadt, auf den östlichen Stadteingang und auf die Achse nach Hedingen. Angelpunkte der Ausbauphase in der Zeit des Kaiserreichs waren das fürstliche Archiv für die benachbarten Gebäude der fürstlichen Beamten und Behörden, der Prinzenbau mit Prinzengarten für die daran anschließende Reithalle mit den Marställen – und als letzter Steigerung der Repräsentation im öffentlichen Raum das Schloss. Der Charakter der Residenz ist folglich nicht nur erfahrbar in der gewaltigen Anlage des Schlosses und dessen unmittelbarer Umgebung. Manifest ist der Charakter insbesondere in der Architektur der fürstlichen Gebäude, die sich aufgrund ihrer Dimension, ihrer Fassadengliederung und der wappengeschmückten Fassaden deutlich von den übrigen Bauten unterscheiden[71]. Weiter zeigt sich dieser Charakter in der prägnanten Gestalt der Karlstraße, die primär durch die Fassaden der fürstlichen Gebäude geprägt ist, den zahlreichen Denkmälern und dem großartigen Mausoleumsbau am Ende der Karlstraße sowie dem Prinzengarten mit seiner differenzierten formalen Gestalt und den zahlreichen Anlagen auf den die Stadt umgebenden Höhen. Mit der Aufstellung des Reiterstandbilds auf dem Leopoldplatz zur Karlstraße hin fand 1910 der Ausbau Sigmaringens zur repräsentativen Residenz ihren Abschluss. Und zugleich fand die Karlstraße ihre Vollendung als ‚via triumphalis' jenes Fürstengeschlechts, dem in dieser Epoche der Aufstieg in die Königshäuser Europas gelungen war.

Anmerkungen:

1 Zitert nach *Henry Rousso*: Un château en Allemagne. La France de Pétain en exil. Sigmaringen 1944 – 1945. Paris 1980, 21.
2 Die Sigmaringer Stadtplanung hat bisher weder in der Bauleitplanung noch in der informellen Planung auf ihr historisches Erbe reagiert. Die städtebaulichen Planungen enthalten keine Zielaussagen zur tradierten Stadtgestalt und Stadtstruktur. Dieses Defizit führte bisher zu beliebigem Umgang mit der historischen Stadtgestalt und Stadtstruktur wie dies exemplarisch erkennbar ist in der Negierung der Funktion, der Wertigkeit und der symbolischen Ordnung der Stadtbausteine bei den Planungen zur Umgestaltung des Leopoldplatzes 1992, zur innerstädtischen Verkehrsführung mit geplantem Durchstich durch den Prinzengarten und teilweisem Abriss der Raumkanten beim Leopoldplatz 1999 sowie den Planungen zur Rathauserweiterung 2002; vgl. *Franz-Severin Gäßler*: Anregungen und Bedenken zum Bebauungsplan-Entwurf „Verkehrsberuhigung Innenstadt" vom 19. Juli 1992; *Ders.*: Sanierung statt Kahlschlag. Leserbrief zum geplanten Abriss des „Deutschen Hauses" am Leopoldplatz. In: Schwäbische Zeitung vom 4. Mai 1998; *Ders.*: „Faktoren nicht berücksichtigt", Leserbrief zur Rathauserweiterung. In: Schwäbische Zeitung vom 16. April 2002.
3 Soweit nicht anders angemerkt grundlegend hierzu *Franz-Severin Gäßler*: Carlsplatz und Carlsstraße in Sigmaringen. Stadterweiterungen in der 1. Hälfte des 19. Jahrhunderts. In: Zeitschrift für Hohenzollerische Geschichte 29 (1993), 165-197 und 30/31 (1994/95), 283-360; *Ders.*: Der Sigmaringer Leopoldplatz. In: Hohenzollerische Heimat 47 (1997), 33-38 und 48 (1998), 22-28.
4 1972 wurde die Donau westlich der Altstadt begradigt, um die Tal-Aue hochwasserfrei zu legen; die Donauschleifen schüttete man dabei zu. Erstmals erwähnt wurde die Burg im Zusammenhang mit der Belagerung durch den Gegenkönig Heinrichs IV., Rudolf von Rheinfelden, im Jahr 1077.
5 Vgl. *Friedrich Eisele*: Zur Geschichte der katholischen Stadtpfarrei Sigmaringen. In: Mitteilungen des Vereins für Geschichte und Altertumskunde in Hohenzollern 53 (1925), 1-194, 81.
6 Zur Geschichte von Allee und Au *Franz-Severin Gäßler*: Die Allee in Sigmaringen. Barocke Landschaftsinszenierung und fürstliches Herrschaftssymbol. In: Hohenzollerische Heimat 55 (2005), 33-37, 54-56 und 56 (2006), 4-6.
7 Die beiden Gebäude sind erstmals auf dem Fresko mit der Sigmaringer Stadtansicht in der Haigerlocher Schloßkirche zu sehen (um 1750).
8 Nach der Aufhebung des Klosters dienten die Gebäude als Institut für die Nonnen aufgehobener Klöster in Vorderösterreich und fielen mit dem Inventar Ende 1805 Hohenzollern-Sigmaringen zu. Vgl. *Andreas Zekorn*: Das Kloster Gorheim (Sigmaringen). In: *Edwin Ernst Weber* (Hg.): Klöster im Landkreis Sigmaringen in Geschichte und Gegenwart. Lindenberg 2005, 463-499, 486, 490.
9 Skulpturen auf der Balustrade des Schlosshofes und am südlichen Ende der Allee zeigt die Aquatinta von Follenweider (um 1820; Fürstlich Hohenzollernsche Sammlungen, Sigmaringen,); die Aquarelle Bleulers dokumentieren die Skulpturen auf der Schlosshofmauer (um 1815; ebd. sowie Stadtarchiv Ludwigsburg).
10 Zur Staatsverfassung und zur Staats- und Dominalverwaltung vgl. *Uwe Ziegler*: Verwaltungs-, Wirtschafts- und Sozialstruktur Hohenzollerns im 19. Jahrhundert. Sigmaringen 1976, 40ff.
11 Der Vertrag mit Preußen sicherte dem Sigmaringer Fürsten eine jährliche Rente von 25 000 Talern sowie die Domänen als Fürstliches Fideikommissvermögen. Der Erb- und Schenkungsvertrag zwischen dem Hechinger und dem Sigmaringer Fürsten brachte dem Hechinger eine jährliche Rente von 40 000 Gulden, Karl Anton jedoch den gesamten Besitz Friedrich Wilhelm Konstantins; vgl. *Eber-*

hard Gönner: Die Revolution von 1848/49 in den Hohenzollerischen Fürstentümern und der Übergang an Preußen. In: *Fritz Kallenberg* (Hg.): Hohenzollern. Stuttgart 1996, 283-306, 305.

12 Beispielsweise beschreibt der Landschaftsmaler August Becker in seinem Brief vom 10. August 1887 wie die Hofgesellschaft vor dem Inzigkofer Landhaus in einer offenen Veranda sitzend und mit Blick auf Sigmaringen gerichtet das Mittagessen einnahm; vgl. *Lotte Hoffmann-Kuhnt* (Hg.): August Becker 1821 – 1887. Das Leben eines Landschaftsmalers. Nürnberg 2000, 796. Sigmaringen dürfte dabei gleichsam als Synonym für das Schloss stehen, da von dieser Stelle aus das Schloss voll im Blickfeld liegt, von der Stadt dagegen nur ein Teil der Dachlandschaft sichtbar ist.

13 Zu den Entwürfen Stülers vgl. *Edwin Ernst Weber*: Das Kloster Inzigkofen. In: *Ders.* 2005 (wie Anm. 8), 167-212, insbesondere 210f.

14 Das Gebäude wird zwar meist Ständehaus genannt, doch bestand es ursprünglich aus drei voneinander unabhängigen Bauteilen. Im Westen war die Sparkasse untergebracht, in der Mitte das eigentliche Ständehaus, und im Osten wurden Räume geschaffen für die Landeskasse, das Lithographie- und Katasterbüro, das Steuerrevisorat und die Zentralstelle des Landwirtschaftlichen Vereins; vgl. *Wilfried Schöntag*: „Daß die Herstellung eines Ständesaales schicklich wäre". Zur Baugeschichte des ehemaligen Ständehauses in Sigmaringen. In: Hohenzollerische Heimat 33 (1983), 52-56, 54.

15 1841 hatte Erbprinz Karl Anton als Vorsitzender der Stadtverschönerungskommission mit Carlsplatz, Carlsstraße und Antonsstraße die Namen für den wichtigsten Platz und Straßen der Stadterweiterungsgebiete festgelegt, auf Anraten des Regierungsrats Bannwarth jedoch die Stadt als Bittsteller auftreten lassen. Die Schreibweise der Straßennamen hatte sich im Laufe der Zeit geändert und folgt in diesem Beitrag den zur jeweiligen Zeit gebräuchlichen.

16 Die Bebauung, die sich zu jener Zeit in der Carlsstraße vorfand, hatte keine Rücksicht auf die geplanten Querstraßen genommen. Extreme Steigungsverhältnisse und kostspielige Abgrabungen aufgrund der topographischen Verhältnisse sowie die geringe Dimension der verbleibenden Quartiersflächen ließen mit hoher Wahrscheinlichkeit von diesem Vorhaben Abstand nehmen.

17 Vgl. Staatsarchiv Sigmaringen (StAS), Dep. 39 DS 1, Nr. 94.

18 Das Gymnasium war im ehemaligen Franziskanerkloster Hedingen untergebracht; vgl. *Karl-Werner Steim*: Das Kloster Hedingen (Sigmaringen). In: *Weber* 1995 (wie Anm. 8) 500-550, bes. 542.

19 Als Kaserne diente 1830 bis 1849 das ehemalige Kloster Gorheim; vgl. *Maren Kuhn-Rehfus*: Gorheim. In: *Dies.* (Hg.): Sigmaringen. Ein historischer Führer. Sigmaringendorf 1989, 189.

20 Vgl. *Leo Lacher*: Friedrich Wilhelm IV König von Preußen in Sigmaringen den 24. 25 und 26ten August 1851. Sigmaringen o.J., 7f. und ebd. die Fahrt des Königs von Inzigkofen über Laiz durch die Antonsstraße zum Carlsplatz und von dort durch die Carlsstraße und zurück zum Schloß.

21 Vgl. *Haus der Geschichte Baden-Württemberg und Staatsarchiv Sigmaringen* (Hg.): Preußen in Hohenzollern. Sigmaringen 1995, 39f.

22 Vgl. *Eberhard Gönner*: Die Revolution von 1848/49 in den hohenzollerischen Fürstentümern und deren Anschluß an Preußen. Hechingen 1952, 10f., 14ff.

23 Zur politischen Entwicklung vgl. *Fritz Kallenberg*: Die Sonderentwicklung Hohenzollerns. In: *Ders.* 1996 (wie Anm. 11), 129-282, bes. 158ff.

24 Die provinzähnliche Stellung zeigte sich darin, dass die preußische Regierung in Sigmaringen von einigen Ausnahmen abgesehen direkt den Berliner Ministerien unterstand und der Regierungsbezirk zu keiner preußischen Provinz gehörte; vgl. *Maren Kuhn-Rehfus*: Sigmaringen 1077 – 1977. In: *Stadt Sigmaringen* (Hg.): 900 Jahre Sigmaringen. 1077 – 1977. Sigmaringen 1977, 11-68, 53.

25 Vgl. *Josef Mühlebach*: Der Landeskommunalverband der Hohenzollerischen Lande. Sigmaringen 1972, 13.

26 Von Karl Antons Kindern hatte Leopold die Infantin von Portugal, Antonia, geehelicht, Stephanie den König von Portugal; Karl wurde 1866 Regent der Fürstentümer Moldau und Walachei und 1881 König von Rumänien; Marie heiratete den Grafen von Flandern, den Bruder des Belgischen Königs; Leopold wurde der spanische Königsthron angeboten worden; vgl. *Rudolf Seigel*: Die Schwäbischen Hohenzollern. In: Schloss Sigmaringen und das Fürstliche Haus Hohenzollern. Konstanz 1966, 5-23, 21. Die Privilegien bestanden seit dem Souveränitätsverzicht in der erhaltenen Rente, der rangmäßigen Gleichstellung mit den nachgeborenen Prinzen des Königshauses, die verbunden war mit der Befreiung von Steuern und Abgaben und insbesondere der Gleichstellung der fürstlichen Verwaltung mit der staatlichen sowie dem Titel „Hoheit", der durch das 1861 verliehene Prädikat „Königliche Hoheit" noch gesteigert wurde; vgl. *Kallenberg* 1996 (wie Anm. 11), 176. Die Fürsten Leopold und Wilhelm waren zugleich auch die Chefs des rumänischen Königshauses.

27 Nicht unwesentlich für Sigmaringen als Residenzstadt waren die nahegelegenen und stark frequentierten Nebenresidenzen in Inzigkofen und Krauchenwies. Nicht zu unterschätzen ist auch die geringe Distanz zur Weinburg in Rheineck, die besonders in der zweiten Sommerhälfte bevorzugter Aufenthaltsort der fürstlichen Familie war; zur Weinburg vgl. *Otto H. Becker*: Zur Geschichte der Weinburg bei Rheineck am Bodensee. In: Hohenzollerische Heimat 43 (1993), 22-26.

28 Vgl. StAS, Dep. 39, P 742.

29 Vgl. StAS, Dep. 39, DS 92, NVA 16673, das Schreiben der Fürstl. Hofkammer vom 31. Mai 1871 an das Stadtbürgermeisteramt sowie StAS, Dep. 1, T 2 Ratsprotokolle Bd. 81, die Beschlüsse zur Verlängerung der Karlstraße nach Plänen und Kostenberechnung Joseph Laurs in den Sitzungen vom 22. August 1872 und 22. Februar 1873.

30 Vgl. Stadtbauamt Sigmaringen, Bebauungsplan der Stadt Sigmaringen, Blatt 1 und Blatt 2, ent-

worfen 1879, festgestellt 1880.
31 Vgl. Stadtbauamt Sigmaringen, Übersichtsplan der Stadt Sigmaringen 1910/12. Gefertigt von R. Linkenheil, Katastergeometer, technisches Büro für Vermessungs- und Ingenieurarbeiten Schramberg/Pforzheim. Der Plan stellt als wesentliche Ziele u.a. dar: den korrigierten Verlauf der Donau, die daran ausgerichtete, in den Talbereich vorgeschobene Bebauung, Bauverbotszonen im Bereich der Donau und vor allem der Burgwiese, um für Schloss und Stadt ein Vorfeld zu belassen.
32 Für den Schneckengarten zeigt der Plan einen regelmäßigen Platz, einen Baublock, der für städtische Zwecke freizuhalten war. In sehr modifizierter Form ist das Programm für einen Festplatz und eine Festhalle übernommen, für das Professor Theodor Fischer aus München 1909 ein Gutachten mit Skizzen gefertigt hatte; vgl. hierzu *Winfried Nerdinger*: Theodor Fischer. Architekt und Städtebauer 1862 – 1938. Berlin 1988, 248f. Ende der 1920er Jahre folgte dort der Neubau der Stadthalle und Ende der 1930er Jahre die Anlage des Platzes in seiner heutigen Dimension für Kundgebungen der Nationalsozialisten.
33 Vgl. StAS, Ho 301, Bd. 2 , Nr. 24, 25 sowie Ho 235 T 11/12 Nr. 176.
34 Zu Weber vgl. StAS, Ho 235 T3 121; zum Kirchen- und Pfarrhausbau vgl. *Eva Börsch-Supan / Dietrich Müller-Stüler*: Friedrich August Stüler 1800 – 1865. München - Berlin 1997, 744.
35 Das Galeriegebäude entstand nach Entwurf des Düsseldorfer Baurats Krüger. Die Ausführungsplanung lag bei Laur. Vgl. *Walter Kaufhold*: Das Fürstlich Hohenzollernsche Museum in Sigmaringen. München 1981, 2; Pläne: StAS, Dep. 39 P 679 ff (Pläne); zum Marstallgebäude vgl. *Peter Kempf*: Vom Marstall zum Marstallmuseum. In: Hofkammer Mitteilungen 20 (2003), 22f. sowie StAS, Dep. 39, P 469 ff (Pläne).
36 Laur blieb nach der Reform der fürstlichen Verwaltung durch Geheimrat von Wekherlin Anfang der fünfziger Jahre bis zum Jahr 1864 der einzige Baubeamte; zur Verwaltungsreform vgl. StAS, Dep. 39, DS 65 T1, 108; zur personellen Aufstockung 1864 vgl. StAS, Dep. 39 DS 92 NVA 14499.
37 Es ist zwar kein Plan Wilhelm Laurs zum Bau des Waisenhauses erhalten, doch ist dessen Monogramm an der südwestlichen Eckkonsole zu sehen, die das Gewölbe des Kapellenschiffs trägt.
38 Zum ehemaligen Forstamt vgl. StAS, Dep. 39, DS 122 NVA 10539, 10540, 10542 sowie Dep. 39, P 725, 726; zum Archivgebäude vgl. StAS, Dep. 39 DS 122 NVA 10539, 10541 sowie Dep. 39, P 728, 730.
39 Zum ehem. Rentamtsgebäude vgl. StAS, Dep. 39, DS 122 NVA 10538 und DS 92 NVA 16599.
40 Vgl. *Maren Kuhn-Rehfus*: Der Prinzenbau in Sigmaringen. In: Zeitschrift für Hohenzollerische Geschichte 15 (1979), 155-171, 166f.
41 Vgl. die Übersicht des Geheimen Hofkammerrats Lasser aus dem Jahr 1896 über die Baumaßnahmen an fürstlichen Gebäuden, StAS, Dep. 39 NVA 15948.
42 Vgl. StAS, Ho 235 Bd. 27, 944.
43 Vgl. StAS, Dep. 1, Stiche und Pläne, 21b.
44 Zuvor war Grube in Mexiko „Gartendirektor der kaiserlichen Besitzungen", nach dem Wegzug aus Sigmaringen selbständig und von 1882 an Stadtgärtner und Gartendirektor in Aachen; vgl. Stadtarchiv Aachen, allg. Personalakten G 12. Aus den Schreiben des damaligen Erbprinzen Leopold an Grube vom 17. Oktober 1876 und 21. Mai 1877 geht hervor, dass zu jener Zeit der Teich sowie nicht näher bezeichnete Wege planmäßig angelegt wurden; vgl. ebd., Autographen II-115, II-42.
45 Die Fürstlich Fürstenbergische Forstei war bereits im Januar 1872 von Riedlingen nach Sigmaringen verlegt worden; vgl. Öffentl. Anzeiger 1872, S. 12 Nr. 77.
46 Vgl. StAS, Dep. 39 NVA 15948, S. 71, 85.
47 Vgl. *Kuhn-Refus* 1989 (wie Anm. 19), 185f.
48 Zur Übergabe des Prinzenbaus an den Erbprinzen Leopold und die Ausstattung des erbprinzlichen Haushalts vgl. StAS, Dep. 39 DS 79 NVA 15483.
49 Vgl. StAS Dep. 39 Ds 79 NVA 15948, 86.
50 Vgl. StAS Dep. 39 DS 79 NVA 15948.
51 Zu den Baumaßnahmen vgl. *Franz-Severin Gäßler*: Schloß Sigmaringen. Umbau und Ausbau 1893 – 1908. Architektur und Architekten. Erscheint 2006.
52 Umbau des ehemaligen Gasthofes zur Sonne zum Landeshaus durch den damaligen Landesbauinspektor Leibbrand und Werkmeister Dieringen; vgl. StAS, Ho 310, Bd. 1, Nr. 202, Ho 313, Nr. 339, 340 sowie die Baupläne, StAS, Sammlungen, Abt. L, 14/60–62, 201–203, zu Dieringen vgl. StAS, Dep. 39, NVA 17814.
53 Für das Hauptgebäude arbeitete Regierungsbaumeister Schwarz den Entwurf aus; vgl. StAS, Ho 235 T3 121. Zum Gebäudeensemble aus Schulgebäude, Direktorhaus, und Turnhalle vgl. *Eckart Hannmann*: Das Alte Gymnasium in Sigmaringen. In: Denkmalpflege in Baden-Württemberg 5 (1976), 75-81.
54 Die Planung war Regierungsbaumeister Kutzbach übertragen; vgl. StAS, Ho 301, Bd. 3, Nr. 593.
55 Die Kasernengebäude entwarf Regierungsbaumeister Hirschberger; vgl. *Kuhn-Rehfus* 1989 (wie Anm. 19), 191.
56 Landeskonservator Laur fertigte den Entwurf; vgl. *Willy Baur*: Die Stadt Sigmaringen. Landschaft, Geschichte, Kunstdfenkmäler. Sigmaringen 1956, 40
57 Vgl. StAS, Ho 235, Bd. 11, Nr. 171 b.
58 Die Pläne stammten von Architekt Capitain aus Frankfurt; vgl. *P. Palmatius Säger*: Hundert Jahre Franziskaner in Gorheim 1890–1990. I. Der Zeitraum von 1890 bis 1950. In: 100 Jahre Franziskaner in Gorheim. Sigmaringen 1990, 17–45.
59 Vgl. *Maren Kuhn-Refus* 1989 (wie Anm. 19), 125f.
60 Die Vorgaben kamen aus dem Berliner Ministerium, die Planung wurde Landeskonservator Laur übertragen, die Ausarbeitung übernahm das Sigmaringer Bauamt der Regierung; vgl. StAS, Ho 235, Bd. 27, Nr. 191 sowie insbesondere StAS, Ho 301, T 2, 80.
61 Beim Umbau in den 1960er Jahren wurde der Eingang aus der Achse versetzt, beim Westflügel das Säulenportal beseitigt und der Formenreichtum der Fassade stark reduziert; vgl. StAS, Ho 310, Bd.

2, Akten Nr. 446f. Mit dem Umbau 1998/99 wurden sowohl das Raumgefüge des östlichen Flügels völlig verändert als auch der Eingang von der Karlstraße her beseitigt; vgl. *Hohenzollerische Landesbank / Kreissparkasse Sigmaringen* (Hg): Die moderne Bank im Herzen der Stadt. Faltblatt 04.07.1999.

62 Vgl. StAS, Dep. 1, T 2 I (Bd. 90), Sitzungsprotokoll der Stadtverordnetenversammlung vom 17. April 1902.

63 Als 1902 alle Straßen der Stadt Namen erhielten, war die Brenzkoferstraße in Leopoldstraße umbenannt worden. Sie besitzt zwar denselben Querschnitt wie die Karlstraße, was die Gebäudestellung betrifft, doch liegen zwischen der Fahrbahn und den Gebäuden Vorgärten. Allein dadurch ist die räumliche Wirkung und damit der Charakter der Straße ein völlig anderer.

64 Bei den Platzkonzerten in den 1930er Jahren wurde der Leopoldplatz eindeutig favorisiert; die Ortsgruppe der NSDAP bezog 1937 das ehem. Hotel Deutsches Haus auf der Südseite des Lepoldplatzes und der Bebauungsplan der Stadt Sigmaringen vom Januar 1942 zeigt an dieser Stelle einen gewaltigen Parteibau mit Kreisforum; vgl. Sigmaringer Leopoldplatz als nationalsozialistisches Zentrum geplant. In: Südkurier vom 4.11.2002. Zur Truppenrevue vom 18. Februar 1945 bespielsweise vgl. *Otto H. Becker*: „Ici La France" – Die Vichy-Regierung in Sigmaringen 1944/45. In: *Kallenberg* (wie Anm. 11) 428-445, 443.

65 Zu den Platzkonzerten vgl. Sigmaringer Stadtspiegel, 6. Mai 2004, 6.

66 Vgl. *Kallenberg* 1996 (wie Anm. 22), 147.

67 Über die Gründe, warum das Denkmal gegenüber dem Prinzenbau errichtet wurde, existieren keine Quellen. Doch soll Fürst Wilhelm die Entscheidung für diesen Standort maßgeblich beeinflusst haben; vgl. *Otto H. Becker*: Die Errichtung und Enthüllung des Fürst-Leopold-Denkmals in Sigmaringen. In: Hohenzollerische Heimat 31 (1981), 50-52, 51.

68 Annähernd ein halbes Jahrhundert standen in der Karlstraße Bäume, die zu Beginn der 1960er Jahre gefällt wurden, um dem Verkehr mehr Raum zu geben.

69 Vgl. *Johannes Maier*: Zur Geschichte des Fürstlichen Hoftheaters. In: Schwäbische Zeitung 9 (1954), Nr. 241.

70 Vgl. *Andreas Zekorn*: Die Museumsgesellschaft und der Bürgerverein in Sigmaringen. In: Zeitschrift für Hohenzollerische Geschichte 23 (1987), 53-146, 73ff.

71 Den Residenzcharakter vermitteln auch die Hoflieferantenwappen, die vereinzelt heute noch an den bürgerlichen Gebäuden der Innenstadt zu sehen sind; vgl. das Verzeichnis der unbeweglichen Bau- und Kunstdenkmale und der zu prüfenden Objekte in der Stadt Sigmaringen. In: Sigmaringer Stadtspiegel 8 (2000), Nr. 15, 20ff.

"Vom königlichen Kabinett zur Weltausstellungsware" Das Weltbild der Hohenzollern im Spiegel der fürstlichen Wohnkultur 1785 – 1914

Karen A. Kuehl

„Das Interieur stellt für den Privatmann das Universum dar. In ihm versammelt er die Ferne und die Vergangenheit. Sein Salon ist eine Loge im Welttheater"[1]. So schrieb der renommierte Kunsthistoriker Walter Benjamin über Interieurs des 19. Jahrhunderts. Die Innenwelten der Schlösser der fürstlichen Familie von Hohenzollern-Sigmaringen sind faszinierende Zeugnisse ihrer Bewohner und sprechen Bände über ihre Stellung und ihren Rang, zeugen von ihrem Geschmack und den herrschaftlichen Ansprüchen sowie letztendlich von ihrem Verständnis des Zeitgeistes der jeweiligen Epoche. Ein Gang durch die Schlösser der Hohenzollern in Sigmaringen und Krauchenwies und eine Besichtigung des wenige Meter weiter entfernten Prinzenbaus regen die Phantasie des Betrachters an, sich ein Bild von den unsichtbaren einstigen Bewohnern und deren Räumlichkeiten zu machen. Die Einrichtung des Sigmaringer Schlosses war ein wichtiger Aspekt der fürstlichen Haushaltsführung, das im folgenden, vom ausgehenden 18. Jahrhundert (Regierungszeit des Fürsten Anton Aloys; *1762, † 1831) bis ins 20. Jahrhundert (zur Regierungszeit des Fürsten Wilhelm; *1864, † 1927), nachgezeichnet werden soll.

DAS ANCIEN RÉGIME

Der Vater Anton Aloys', Karl Friedrich (1724 – 1785), hielt sich selten im Sigmaringer Schloss, sondern am liebsten in dem von ihm neu erbauten Schloss in Krauchenwies (8 km von Sigmaringen entfernt) auf, das zwar weniger repräsentativ, aber im Unterschied zum mittelalterlich angehauchten Schloss Sigmaringen in Ausstattung und Komfort recht bequem war. Seine Hofhaltung war wenig prätentiös, bescheiden, ökonomisch und fromm. Diese Art der Hofhaltung, sogar die gleichen Bediensteten, übernahm der Erbprinz Anton Aloys beim Ableben seines Vaters im Jahre 1785. Aus der Regierungszeit Anton Aloys' konnten zwar keine Pläne aufgefunden werden, aber soweit sich ermitteln lässt, sind im späten 18. Jahrhundert keine erheblichen baulichen Veränderungen am Schloss und dessen Nebengebäuden vorgenommen worden[2]. Als die frisch verheiratete Gemahlin von Anton Aloys, Amalie Zephyrine, geb. Prinzessin zu Salm-Kyrburg, im Jahr 1784 zum ersten Mal nach Sigmaringen kam, war sie schon beim Anblick des Sigmaringer Schlosses von weitem entsetzt. In der 800 000 Einwohner zählenden Stadtmetropole Paris aufgewachsen, wo es schon Rinnsteine vor und Badezimmer in den neuesten Palästen gab, erfuhr Amalie in der Stadt Sigmaringen mit ihren 800 Einwohnern einen Kulturschock. Das Aussehen des alten Sigmaringer Schlosses schnürte ihr „das Herz zusammen"[3]. Die Inneneinrichtung des Schlosses empfand sie als „äusserst streng, [...] wenig gepflegt, sehr schlecht möbliert, stark veraltet, ohne jegliche Form von Komfort" und der Gedanke, dass sie im hiesigen Schloss den Rest ihres Lebens verbringen müsste, „bewirkte eine Melancholie, die [sie] nicht beherrschen konnte"[4]. Daraufhin ist Amalie 1785 für 16 Jahre nach Paris zurückgekehrt.

Poudreuse, um 1760 von Daniel Deloose.

Im ganzen Schloss befand sich kein einziger Brunnen, das Trinkwasser wurde täglich aus der Donau herbeigeführt. Der Biograph Anton Aloys', Eugen Schnell, bekräftigte diesen Eindruck: „Das Innere des Schlosses wurde von einer Menge finsterer Gänge mit Hirschgeweihen, steilen Treppen und engen Kammern eingenommen; kaum zwölf Wohngelasse waren für die Herrschaften disponibel [...]"[5]. Bedauerlicherweise liegen heute zur Ausstattung des Schlosses keine Mobilieninventare aus der Zeit Anton Aloys' und Amalies vor. Es ist aber anzunehmen, dass Fürst Anton Aloys, nicht zuletzt als formeller Lehnsmann der Habsburger, sich nicht nur an der Politik, sondern auch am Wiener Hofzeremoniell orientierte. Diese Annahme wird gestützt durch die Tatsache, dass der Fürst durch auswärtige Gesandte und Agenten besonders in Wien und München vertreten wurde, die dem Fürsten über politische Angelegenheiten Bericht erstatteten, aber auch regelmäßig über die Hofetikette, Audienzräumlichkeiten und Lebensformen der Habsburger berichteten[6].

Eine Orientierung am Wiener Hof wird mit der endgültigen Rückkehr Amalie Zephyrines nach Sigmaringen im Jahre 1808 und mit den neuesten politischen Verhältnissen im napoleonischen Reich strittig gemacht. Amalie legte Wert darauf, Möbel und allerlei Bijouterie[7] nach ihrem Geschmack aus Paris und Strasbourg zu bestellen. Bis heute sind kostbare Möbelstücke, welche die allerneueste Mode der Zeit des ausgehenden 18. Jahrhunderts verkörperten und das neue luxuriöse Wohngefühl Frankreichs vermittelten, im Besitz der Familie Hohenzollern. Zu ihnen gehören u.a. edel intarsierte Pariser Kommoden (das Wort stammt aus „commodité", oder Bequemlichkeit: In den modernen Schubladen lässt sich bequemer suchen als in bisher bekannten Kleidertruhen), Canapés und Fauteuils sowie zierliche „Verwandlungsmöbelstücke" voller Charme, wie ein „Bonheur de Jour", Arbeits- und Nähtisch oder Poudreuse[8]. Diese kleinen, höchst exklusiven Kombinationsmöbel hatten keinen festen Platz im Raum, sie waren frei im Zimmer aufstellbar (ersichtlich an den reich intarsierten Rückwänden) und konnten per leichtem Handdruck überraschenderweise mehreren Zwecken dienen, beispielsweise dem Frisieren, Ankleiden, Schreiben und Lesen.

In dieser Zeit ging die Entwicklung kleinerer Möbelstücke Hand in Hand mit der Tendenz, auch die Räume zu verkleinern und intimer zu gestalten. Es vollzog sich eine allmähliche Veränderung der fürstlichen Lebenssphäre: Herrschaftliche Repräsentation sollte getrennt sein vom „privaten" Wohnen, dem sogenannten Appartement de commodité. Der Bereich Badische Salons und das Königszimmer im Schloss Sigmaringen zeugen von dieser Entwicklung. Diese, im rückwärtigen, südlichen Teil des barocken Josephsbaus gelegene, eher kleine Raumflucht entspricht diesem Appartement de commodité und war damals (wie heute) wegen des intimen und erlesenen Charakters dem allgemeinen Publikum nicht zugänglich. Zu diesem Appartement – dem Wiener Zeremoniell folgend – gesellen sich, gegen Westen gerichtet, eine Reihe von Salons, als Enfilade sichtbar: eine Folge von zwei Vorzimmern, ein Audienzzimmer, ein Schlafzimmer, eine Garderobe und ein Kabinett (heutiges

Rokoko Zimmer,
Gemälde von W. Beckmann um 1880.

Rokokozimmer). Bis heute wurde angenommen, dass dieses Kabinett, dessen Wände mit vergoldeten, hölzernen Schnitzwerken auf blauen Papiertapeten und – einst – 81 kleinformatigen Gemälden flämischer und holländischer Meister in reich geschnitzten Goldrahmen überzogen sind, nahezu im Originalzustand aus dem Ende des 18. Jahrhunderts[9] stammen. Archivalien dokumentieren jedoch die Anbringung einer Papiertapete vom Bühnenmaler Paul Gropius aus Berlin im Jahre 1860[10]. Dem Zeitgeschmack entsprechend fand das Appartement seinen Höhepunkt in diesem Kabinett, das nicht nur ein kostbarer Raum war, sondern auch Raum für Kostbarkeiten wie Porzellan und Elfenbeinfiguren bot.

Doch gab es einen obligatorischen großen Audienzsaal im ausgehenden 18. Jahrhundert? Und wo lag er? In jeder Residenz gab es ein Zimmer, das für die feierlichen, öffentlichen Audienzen bestimmt war. Dagegen wurden die nicht-öffentlichen Audienzen in den privaten Appartements oder, später, im Arbeitszimmer (im 19. Jahrhundert im „Herrenzimmer") des Regierenden gewährt. Audienzmöbel haben sich im Schloss erhalten. Es sind erlesene Einrichtungsgegenstände mit Motiven aus dem damals hochaktuellen Empire-Stil, ganz nach der Ägyptenmode, bestehend aus einer Bank, Tabouret (Hocker), Stühle mit Rückenlehnen und Fauteuils mit Rükken und Armlehnen[11]. Diese Möbel dienten in erster Linie der Repräsentation und Selbstdarstellung des Fürsten; sie waren Teil der Inszenierung und folgten einer hierarchischen Rangfolge. Es war bedeutend, wo und wie ein Gast sich setzen durfte: Dem Gast vom niederen Rang stand die Bank zur Verfügung, die er gleichzeitig mit mehreren Personen teilen musste. Es folgten die einsitzigen Hocker, die Stühle mit Rücken- und schließlich die Fauteuils mit Rücken- und Armlehnen für den Audienzsuchenden vom höchsten Rang. Der seit 1787 tätige Leibarzt Anton Aloys' und Amalie Zephyrines, Franz Xaver Mezler, beschrieb als Besonderheit einen mit Marmor ausgelegten Saal im Schloss, wo lebensgroße Bildnisse der Grafen und Fürsten von Hohenzollern aufgestellt waren[12]. Ein mit Marmor ausgestatteter Saal war durchaus üblich als öffentlicher Audienzsaal der Habsburger in Wien[13]; die hohe Bedeutung dieser Räume wurde durch die Erlesenheit und Kostspieligkeit des Materials untermauert. Es ist anzunehmen, dass der heutige, ehemals mit Marmor ausgelegte, um 1736 erbaute Ahnensaal – im 19. Jahrhundert auch „Ritter-

Vom königlichen Kabinett zur Weltausstellungsware

saal" genannt – dieser Funktion entsprach. Der Zugang zu den „Appartements" des Fürsten (heute Badische Salons), wäre damals, wie auch am Habsburger Hof üblich, durch den „Rittersaal" erfolgt[14]. Leider wissen wir zu wenig über die Nutzung, Möblierung und Ausstattung der weiteren Räume des Schlosses zu dieser Zeit.

Der Fürst war angehalten, in seinem Hof Ordnung zu halten und Sparsamkeit walten zu lassen. Festlichkeiten wie Hofbälle, Theater (erst 1827 erbaut) und Karneval sowie die Ausstattung von Prunksälen spielten eher eine geringe Rolle. Der Hof Anton Aloys' war außerdem durch die kirchlichen Feiertage bestimmt und damit Ausdruck der Tatsache, dass der Fürst sich auch im ausgehenden 18. Jahrhundert als Vorreiter des Katholizismus im Reich verstand. Der Hohenzollernhof wurde mit äußerster Disziplin und Schlichtheit regiert, was leicht zu einer gewissen Rigidität führen konnte, welche Amalie Zephyrine durch ihren französischen Einfluss ein wenig abzumildern wusste.

DIE NACHREVOLUTIONÄRE ZEIT

Die Französische Revolution hinterließ im neuen Jahrhundert spürbare Folgen: Bewusst zögerte der europäische Adel, Prunk und Luxus zur Schau zu stellen; man gab sich weniger ‚herrschaftlich', zeitweise fast ‚bürgerlich'. Der Empire-Stil war zu anspruchsvoll und imperial für eine Zeit voller Not, Armut und freiheitlicher Ideen. Lässt sich auch eine Aufstellung von Einrichtungsgegenständen zu dieser Zeit in Schloss Sigmaringen nicht archivarisch nachweisen, so gibt uns doch ein höchst aufschlussreiches Inventar von Schloss Krauchenwies, 1810 in französischer Sprache gefasst, ein Bild der Lebenssphäre der Fürstin Amalie Zephyrine, ihres Sohnes Karl und dessen Gemahlin Antoinette, die sich hier traditionsgemäß in den Sommermonaten aufhielten. Das damals ca. 1 000 m² große Schloss beherbergte gleichzeitig 20 Personen einschließlich Fürstin, Erbprinz, Erbprinzessin, Hofdamen und Bediensteten. Die Räumlichkeiten waren äußerst eng: Zur Empörung der Fürstin standen ihr nur fünf kleinere Zimmer, weniger als ihrer Schwiegertochter, zur Verfügung[15]. Anzahl, Anlage und Abfolge der Räume samt jeweiliger Ausstattung und Einrichtung waren immer noch für Fürstin Amalie ein Gradmesser für Anerkennung und Legitimation innerhalb von Kernfamilie, Dynastie und öffentlichem Herrscherbild.

Im Inventar sind in jedem Raum die vergoldeten Spiegel als erstes aufgelistet worden. Nach Tapisserien wurden die Wandspiegel, moderne und sehr teure Importware, die man über dem Kamin und zwischen zwei Fenstern anbrachte, als wichtigster Schmuck des Raumes angesehen[16]. Auffallend sind die Eintragungen der Holzarten der Möbel und der Matratzen, für die es vier hierarchisch gestufte Qualitätskategorien gab. Schwarz gebeiztes Holz und das teuer importierte Mahagoni standen den höchsten Herrschaften, Kirschbaumholz den Hofdamen, Nussbaumholz den Zimmerzofen und Tannenholz den untersten Bediensteten zu. Nach Rang wurde man auch gebettet, da gleiches für die Matratzen galt: Erbprinz Karl schlief auf vier, die Fürstin und Erbprinzessin auf drei, die Hofdamen auf zwei und die untere Dienerschaft auf einer oder ohne Matratze.

Von einer Veränderung der fürstlichen Vorstellung zu wohnlicher Behaglichkeit und Ungezwungenheit in dieser nachrevolutionären Zeit zeugt die Auflistung des Mobiliars in den Privatgemächern: Neuartig sind die im Inventar eigens als „oval" oder „rund" aufgeführten Tische, ein ganz neuer Tischtypus, der den Mittelpunkt einer Sitzgruppe bildete. Man saß nicht mehr auf steif entlang der Wand aufgestellten Stühlen, sondern jetzt sammelte man sich gesellig, Bürger wie Adel, um einen zentralen runden Tisch. In Schloss Krauchenwies füllten mehrere Sitzgruppen, bestehend aus rundem Tisch, Canapés, mit grüner Seide bezogene Fauteuils und – ganz modern – Stühle mit Flechtsitzen, die vormals leere Raummitte. Aus dem Inventar kann man entnehmen, dass mit der zweckmäßigen, geselligen Nutzung der Räumlichkeiten sich auch die Beziehung zwischen den Bewohnern und den kleinen Dingen änderte. Die vormals isoliert im Raum platzierten Objekte wichen einer Vielzahl an edlen Wohnaccessoires. In den Salons und Kabinetts der Fürstin und des Erbprinzenpaares belegten zahlreiche Vasen, Pendeluhren, Lampen, Alabasterfiguren, römische Büsten, Blumentöpfe und künstliche Blumen unter Glasglocken die Tischoberflächen; kleine, italienische Landschaftsbilder schmückten die Wände[17]. Ganz nach der Biedermeier-Mode stand ein Nähtischchen im Salon der Fürstin Amalie, das unwillkürlich Visionen einer handarbeitenden Fürstin hervorruft. Die Zeit für ein inszeniertes Wohnen war längst abgelaufen, die fürstliche Wohnsphäre war weiterhin elegant, nahm aber allmählich Züge der Bürgerlichkeit an.

1848 verzichtete der verbitterte Fürst Karl zugunsten seines Sohnes Karl Anton auf seine Herrschaft. Dieser trat ein Jahr später seine Souveränität über Hohenzollern im eigenen Interesse und dem der deutschen Einigung an das Königshaus Preußen ab und erhielt als Entschädigung eine jährliche Rente von 25 000 Talern. Fürst Karl Anton war ein vermögender Mann geworden. Sein geschätztes Vermögen belief sich auf über 500 Millionen Mark[18]. 1852 wurde Karl Anton nach Schlesien, anschließend nach Düsseldorf abkommandiert und blieb dort, mit Zwischenaufenthalt in Berlin als preußischer Ministerpräsident (1858 – 1862), mit seiner Familie bis 1870. In Sigmaringen zurückgelassen wurden die fürstliche Hofkammer und Hofverwaltung, das Residenzschloss aber blieb fast zwanzig Jahre lang unbewohnt – dessen Räumlichkeiten dienten höchstens Gästen der fürstlichen Familie als Unterkunft. Warum aber veranlasste Karl Anton während seiner Abwesenheit umfangreiche Baumaßnahmen in und um das Residenzschloss im Heimatland? Weshalb tätigte er viele Kunsterwerbungen von Düsseldorf aus und sandte sie nicht nach Düsseldorf, sondern nach Sigmaringen?

DIE PREUSSISCHE PHASE

Seit Besitznahme der Fürstentümer durch Preußen 1850 gedachte das Regierungshaus, das Hohenzollernland als ein „Schaufenster im Süden"[19] zu präsentieren. Dazu gehörten eine vorbildliche Verwaltung, blühende Landwirtschaft, Handel und Gewerbe und die Burg Hohenzollern in Hechingen selbst als „wichtiges geschichtliches und deutsch-nationales Denkmal"[20]. Neben der Hechinger Burg gehörte aber auch das Sigmaringer Schloss zum süddeutschen Sitz der Königlichen Familie. Sein Besitzer Karl Anton kam ja mit dem 1860 verliehenen Titel „Königliche Hoheit" auf eine Stufe mit dem Prinzen des Königshauses. Karl Antons bisher eher sparsame Haushaltungsdevise wurde rasch aufgegeben. Die architektonische Erscheinung des Schlosses sollte eine Verschmelzung der persönlichen, städtischen und wirtschaftlichen Macht der Hohenzollern-Dynastie in Süddeutschland darstellen. 1852 wurden nämlich die ehemaligen Fürstentümer unter einem Regierungsbezirk („Hohenzollernsche Lande"), der unmittelbar den Ministerien in Berlin unterstand, mit Sitz in Sigmaringen zusammengelegt. Das Schloss kann als Zeichen des Selbstbewusstseins und der Machtbefugnis des Fürsten in wirtschaftlichen und stadtpolitischen Angelegenheiten, als Zeichen des Kunstmäzenatentums (Bau des Kunstmuseums 1867) sowie als Symbol der fürstlichen Selbstverwaltung verstanden werden. Auf welche Weise genau drückt sich dieser Gedanke in der Schlossarchitektur aus?

Seit Jahrhunderten verleihen Schlossturm und Kirchturm der Stadt eine ausgeprägte Silhouette. Auffallend ist die architektonische Entwicklung des Schloss-Hauptturmes, welcher 1876/77 von 63 auf 76 Meter[21] und 1901 auf stolze 102 Meter erhöht wurde. Mit jeder Erhöhung nahm er mehr die Größe, Gestalt und den Charakter eines Rathausturmes an. Freilich ist der Turm für einen repräsentativen (Burg-)Schlossbau ein unentbehrliches Attribut, jedoch ist die auffallende Gestaltung des Sigmaringer Schlossturmes mit monumentaler Uhr, Loggia (Reminiszenz eines

Ansicht vom Schloss um 1914.

Verkündigungsbalkons an mittelalterlichen Rathaustürmen), Preußenadler und Glockengeschoss (erinnert an das rechtsgeschichtliche Motiv der Ratsglocke) mit zu viel symbolischem Inhalt beladen, um in die Kategorie eines reinen Schlossturmes zu fallen[22]. Die architektonische Gestaltung des Schlosses sollte Würde und Charakter des Fürstenhauses, das sich als Vertreter und Förderer der Kunst, der Wirtschaft und des Wachstums der Stadt verstand, entsprechen. Der Turm und die Schlossfassade im Neo-Renaissance-Stil – stellvertretend für das 16. Jahrhundert, welches als eine Zeit großer Kaiser, Könige und Fürsten galt und in der die Hohenzollern einen Höhepunkt an Ansehen, Vermögen und Macht erreichten – definierten die wirtschaftliche und politische Stellung der Dynastie. Somit ist das Sigmaringer Schloss mit seinen architektonischen Anspielungen auf städtische und wirtschaftliche Macht im rathausähnlichem Turm als Denkmal der Familie Hohenzollern zu verstehen, quasi als Pendant zur Burg Hohenzollern als Denkmal der Nation.

In Oktober 1867 wurde im Beisein des Königs Wilhelm I. von Preußen die Burg Hohenzollern in Hechingen eingeweiht; die Innenausstattung der Burg war gerade fertiggestellt. Zur selben Zeit ließ der Sigmaringer Fürst Karl Anton die Wohnwelt seines Schlosses würdigen. Eine Fotoserie des Prinzenbaus und des Schlosses in Sigmaringen, die der noch in Düsseldorf lebende Fürst Mitte der 1860er Jahren bei dem Düsseldorfer Künstler Carl Friedrich von Normann (1806 – 1883) in Auftrag gab, belegt, wie wichtig die Innenausstattung von den Zeitgenossen empfunden wurde[23]. Dass die zum Teil unscharfen, dunklen Fotos nicht nur Repräsentationsräume, sondern auch private Salons und Arbeitszimmer festhalten, spricht dafür, dass die Fotos für nahe Verwandte oder enge Freunde bestimmt waren. Abgelichtet sind Räume aus beiden Residenzen, die mit Sitzgruppen, massiven Schränken und dunklen Stühlen im altdeutschen Stil der Zeit hochkarätig möbliert sind. Auf den blank polierten Parkettböden liegen keine Teppiche, dafür sind Türe und Fenster mit schweren Schabracken samt Quasten und weißen Stores geschmückt. Die Zimmer des Prinzenbaus, die von der erbprinzlichen Familie bewohnt waren[24], weisen eher wohnliche Accessoires wie Nippes, Vasen und Skulpturen auf als die Schlossräume, die einen unbewohnten, musealen Eindruck vermitteln – wohl deswegen auch, weil die Schlossräumlichkeiten tatsächlich unbewohnt waren.

Im Zuge der begeisterten Rückbesinnung auf historische Stile kam kurz vor Mitte des 19. Jahrhunderts neben dem altdeutschen auch der Renaissance-Stil auf. Dieser etablierte sich nicht nur in den Außenfassaden, sondern in den Inneneinrichtungen der herrschaftlichen und großbürgerlichen Wohnungen[25]. Insbesondere die politischen Repräsentanten des Deutschen Reiches bedienten sich dieses Stils. König, später Kaiser Wilhelm I., richtete seine privaten und dienstlichen Räumlichkeiten im Stil der Neorenaissance ein, der deutsche Reichstag wird gründerzeitlich eingerichtet[26], parallel dazu übernimmt das preußische Offizierskorps auch den Renaissance-Stil. Als hochrangige preußische Offiziere fühlen sich ebenso Fürst Karl Anton und sein Nachfolger Leopold diesem königlichen, bzw. kaiserlichen Stil verpflichtet. Reminiszenzen auf die feudale, adelige Welt und die Lebensweise des Mittelalters bzw. der Renaissance – oder das, was man mit dieser Zeit zu assoziierte – werden bei den Fürsten wach. Die Sehnsucht nach der Renaissance entsprach den „romantischen" Vorstellungen der Zeit. Die malerischen vor- und zurückgesetzten Baukörper des Sigmaringer Schlosses, die polygonalen Vorbauten der Giebelfronten, die vielseitig gestaltete Dachlandschaft und der stufenartige Treppengiebel, die phantasievolle Gestaltung der Nebentürme und die relativ strenge Nüchternheit der Fassadenhaut spiegeln Stilelemente der deutschen Renaissance wider, verquickt mit Anklängen der Romantik. Der vom Felsen abhängige, verschachtelte Grundriss des Schlosses zielte nicht mehr auf große Achsenwirkung mit weiten Durchblicken und Perspektiven in Barock-Manier ab. Innen wurden die Türöffnungen nicht mehr so angebracht, dass eine Durchsicht durch mehrere Räume möglich und gefördert war. Im Gegenteil, eine gewisse optische Überraschung des Betrachters, die Heinz Biehn bei den Residenzen des 19. Jahrhunderts als typisches Merkmal nachweist[27], ist im romantischen, verwinkelten Schlossgrundriss Sigmaringens zu finden.

Mit dem Aufkommen des Stilpluralismus im deutschen Reich nach 1830/40 fällt es schwer, eine allgemeingültige Wohnkultur im Schloss zur Zeit Karl Antons und Leopolds zu spezifizieren. Während der Abwesenheit der fürstlichen Familie waren, wie schon erwähnt, zwar im Schloss selber immer wieder Reparaturen und Anschaffungen getätigt worden, im Alten Schloss in Krauchenwies jedoch passierte gar nichts. Ab August 1871 änderte sich dies drastisch. Als der fürstliche Hof 1871 von Düsseldorf wieder nach Sigmaringen zurückkehrte, fing Fürst Karl Anton fieberhaft an, seine Residenzen wieder wohnlich, vornehm und zugleich bequem zu gestalten. Der Fürst beauftragte die für die Qualität ihrer Schreinerarbeiten weithin bekannten Stuttgarter Möbelfabrikanten F.W. Brauer und dessen Schwager Paul Wirth[28], Hoflieferant des Königs von Württemberg, und den Hofdekorationsmaler Carl Faber[29] aus Baden-Baden, das Schloss in Krauchenwies neu auszustatten. Mit der Bahn nach Mengen, anschließend mit der Kutsche nach Krauchenwies, kamen Kisten über Kisten voller Ware aus der Schweiz, Deutschland und Frankreich für das Schloss an: englische Canapés, Fauteuils und Canapés im Stil Louis XV. und XVI., zahlreiche Rohrstühle, Spiegel, Schränke, Konsolen und Etageren, Chaiselongues, Hocker Frisier- und Kinderstühle, sogar ein türkischer Diwan. Allerlei Arten von Tischen waren ebenfalls dabei: Blumentische, Spiegeltische, längliche, runde und ovale Tische, Klapp- und Kleeblattische. Ballen für Ballen, Meter für Meter von Baumwoll-, Japan- und Seidenstoffen für Volants, Vorhänge, Fransen, Quasten, Futter, Einfassbänder, Kissen und Portieren wurden geliefert, außerdem Ballots mit Tapeten in braun/grün, blau und oliv/gold, manche auch marmoriert. In welchem Stil wurden diese Einrichtungsgegenstände ausgeführt? Welchem Stil fühlte sich die fürstliche Familie verpflichtet?

Von unschätzbarem Wert bei der Einschätzung der Hohenzollernschen Wohnwelt ist eine Reihe von Fotoserien des Schlosses und Prinzenbaus, aufgenommen von Mencke und Co. wenige Jahre nach der Umsiedlung nach Sigmaringen, um 1877[30]. Deutlich erkennt man, wie die Grenzen verwischen: Der altdeutsche Stil der Eingangshalle, genannt Kanonenhalle, entsteht schon Anfang der 1860er Jahre durch den Erwerb eines großen, dunkel gebeizten, reich geschnitzten Holzplafonds samt gewundenen Säulen und Tür, alle aus einem Patrizierhaus in Konstanz stammend[31]. Zwei kräftige, von Schloss Haigerloch entnommene Holzsäulen kommen noch dazu. Neurenaissance-Möbel werden vereinzelt durch die Halle verteilt, alte Kanonen samt Dutzenden von aufgestapelten Kanonenkugeln (in Anspielung auf die großen militärischen Erfolge der Hohenzollern) und altdeutsch anmutende Lüsterweibchen im Dürer-Stil sorgen für Schmuck und Beleuchtung. Ein in Köln erworbener, holländischer Kamin aus dem 17. Jahrhundert und Hirschgeweihe akzentuieren nüchterne Wandflächen; eine Marienstatue im Stile des 16. Jahrhunderts betont den Kapelleneingang. Moderne Glastüren werden installiert, um Zugluft und Kälte zu vermeiden. Der Stilpluralismus ist realisiert.

Ferner zählten zu den verschiedenen ‚Stilräumen' des Schlosses zur Zeit Karl Antons und Leopolds u.a.: Damensalons im Stil Louis XVI., ein „Altdeutscher Saal", Arbeitszimmer und Bibliothek in Neo-Renaissance, ein Vorzimmer der Fürstin Josephine (heute Schlafzimmer der Fürstin, 1. Stock), welches pastoral und romantisch anmutet, da es „mit Glasfenstern versehen und am Gewölbe und an den Wänden [...] Rohrgeflecht angebracht worden [ist], um an denselben Epheu zu ziehen"[32]. Außerdem ein Speisesaal im Zopfstil, eine malerisch altdeutsch eingerichtete Trinkstube samt Bierhumpensammlung (heute Kasematte), ein historistisches Treppenhaus, das in seiner Gesamtheit, aber insbesondere mit seiner vorspringenden Balustrade, an die höfischen Zeremonien der Barockzeit erinnerte und schließlich das Museum und die der vermeintlichen Ritteridylle nachempfundene Waffenhalle im neogotischen Stil. Ohne Zweifel gab es weitere „Stilräume" in der Residenz, zu denen heute aber nur noch bruchstückhafte Reste der ursprünglichen Einrichtung, die durch das Schloss verteilt sind, gehören. Zu diesen zählen geschwungene Sessel und Canapés aus dem Zweiten Rokoko, edle Empire-Sitzgarnituren aus Mahagoni, exotische Kabinettstücke aus Asien, exquisit intarsierte Biedermeierschreibtische, unzählige bäuerliche Stabellen und „Kästen [Schränke] im rococo Stil"[33] sowie klassizistische Fauteuils gepolstert mit feingewirkten Tapisserien aus Aubusson. Nicht zu vergessen sind freilich die Einrichtungsgegenstände der säkularisierten Klöster und Güter, wie Chorgestühle, Betstühle und Kachelöfen, die ebenso willkürlich in unterschiedlichen Schlossräumen verteilt wurden.

Als mögliche Geste der Versöhnung unmittelbar nach dem Deutsch-Französischen Krieg, der u.a. von Karl Antons Söhnen Leopold und Friedrich 1870 ausgelöst worden war, entschließt sich der 60jährige Fürst Karl Anton für die stolze Summe von 70 000 Florin einen Tanzsaal im Louis-Seize-Stil einzurichten[34], der auch als Speisesaal dienen sollte: der Französische Salon entsteht. Unter der Leitung eines nicht näher bekannten Pariser Architekten namens Lambert wurde eine umfangreiche Restaurierung des ehemaligen Saales vorgenommen. Archivalisch ist zum ersten Mal die Tätigkeit eines fremdländischen Architekten und ausländischen Bauarbeitern im Schloss nachweisbar. Zwölf französische Arbeiter haben den Saal erhöht, eiserne Balken in die Decke eingezogen und Plafond, Pflanzentröge, Uhr und Barometer eingebaut. Es dauerte sechs Jahre, bis sämtliche Arbeiten einschließlich der Einrichtungsgegenstände wie Buffets, Konsolen und Stühle aus Nussbaum sowie Vorhänge, 48armige Deckenleuchter und eine Warmluftheizung im Saal fertiggestellt waren. Diese Zeit verlief nicht ohne unterschwellige Spannungen zwischen der Sigmaringer Stadtbevölkerung und den französischen Arbeitern[35].

Im Scheinwerferlicht des „süddeutschen Schaufensters" stehend, wurde der Restaurationsdrang des Sigmaringer Kaiservetters zunehmend intensiviert. Immense Summen flossen in die Instandsetzungen, bzw. Neugestaltungen der öffentlichen und repräsentativen Schlossräume. Ein Jahr nach Fertigstellung des Französischen Salons in 1877 wurde eine gründliche Neugestaltung des „Rittersaals" in Angriff genommen. Den Namen hatte der Saal wohl nicht vom mittelalterlichen Ritter, sondern, wie es im preußischen Berliner Schloss der Fall war, von den Rittern des Schwarzen Adlerordens. Erst 20 Jahre zuvor war der Rittersaal neu restauriert und möbliert worden. Warum eine wiederholte, grundlegende Änderung? Mittlerweile konnte sich ein gut betuchter Bürger aus dem Großbürgertum und insbesondere neureiche Industrielle wie Mannesmann und Krupp (Villa Hügel, Essen) prunkvolle Schlösser und repräsentative Villen leisten. Binnen einer Generation standen nicht nur in den meisten Schlössern, sondern auch in jeder deutschen ‚guten Stube' eine Sitzgarnitur in den Neo-Stilen der Renaissance, des Barock, Rokoko oder Louis-Seize.

Die Distinktionsmöglichkeiten des Adels vom Bürgertum wurden zunehmend geringer. Mit der Hervorhebung eines aufwendig gestalteten Ahnen- bzw. Rittersaals legitimierte der Adelige seinen jahrhundertealten Stammbaum gegenüber den ‚ahnenlosen' Neureichen, deren Villen und Schlösser ohne einen solchen Saal auskommen mussten. Für den Adel wurde zunehmend der Ahnensaal ein Muss.

Fürst Karl Anton setzte hohe Ansprüche an den Sigmaringer Rittersaal: Der vom Fürsten geschätzte Stuttgarter F.W. Brauer entwarf alle reich geschnitzten Türen und Brüstungen, Gold-Konsolen und die mit Seide bezogenen, gold-lakkierten Stühle[36]. Zusätzlich wurden Vorhänge aus dem gleichen Seidenstoff und Türbeschläge zu 780 Mark, die „wegen ihrer ungewöhnlichen Schönheit allgemeinen Beifall" fanden, von ihm geliefert. Ludwig Lesker von der Stuttgarter Fa. Madaus und Lesker war für die Stuckateur-, Modell- und Vergoldungsarbeiten sowie für die Deckenmalereien zuständig.

Welch hohen Anspruch Karl Anton an seinen Rittersaal legte, ist ersichtlich nicht nur in der enormen Summe von fast 100 000 Mark, die der Saal kostete, sondern in der Vergabe des Auftrags: Als berühmter Dekorationsmaler fertigte Ludwig Lesker nämlich Zimmerreihen u.a. für den Großherzog von Mecklenburg-Schwerin und König Ludwig II. in Herrenchiemsee und Linderhof an. Die Deckenmalereien Leskers stellen vier Attribute als Grundlagen von Reichtum und Macht der Hohenzollern dar: Weisheit, Gerechtigkeit, Kraft und Beständigkeit. Im Mittelfeld thront die durch Chronos entschleierte allegorische Figur der Historia über Genien, die die Wappen der Hohenzollern und verwandten Königshäusern halten. Ursprünglich sollte gar eine Darstellung der Kaiserkrone die familiäre Beziehung zum preußischen Kaiserhaus verkörpern – eine Idee, die aber verworfen wurde. Abundantia (Überfluß) steht neben dem entwaffneten Mars (Krieg), der von Concordia (Eintracht) triumphierend gekrönt wird. Genien des Fleißes, der Schiffahrt und des Handels umgeben eine rosenspendende Aurora, Sinnbild des (Tages-)Anfangs. Sie alle deuten auf den Anbruch der wirtschaftlichen, dynastischen Macht der Hohenzollern im vom „Fels zum Meer" spannenden Reich. Sowohl im Innern wie im Äußeren des Schlosses sollte dieser Anspruch manifest werden. Wir erinnern uns: Im selben Jahr bekam der Hauptturm des Schlosses eine Erhöhung und seine aussagekräftige Rathausgestaltung.

Auch in den ab ca. 1878 aufgenommenen, etwas diffusen Fotografien des Sigmaringer Hofphotographs F. Kugler und denen des Ebinger Photo-

Rittersaal in der Restauration begriffen, Gruppenporträt des Stuckateures Roddo aus Stuttgart und Handwerkern.

Vom königlichen Kabinett zur Weltausstellungsware

Grüner Salon in Schloss Sigmaringen, um 1902.

graphs R. Pfähler erkennt man den bevorzugten Wohnstil der Familie. Die Fotografien zeigen gediegene, dicht möblierte Schlossräume, die wenig protzig, ja fast bürgerlich auf den Betrachter wirken. Die Zimmer weisen Tische auf, deren Oberflächen vollbeladen sind mit Memorabilien, Reisemitbringseln, Phönixpalmen, persönlichen Andenken und gerahmten Familienfotos, darunter auch jene der preußischen Familie. Gemäß dem Zeittrend, Besichtigungen der Residenzen zu institutionalisieren, fing der Lakai Wilhelm Essrich spätestens ab 1877 an, öffentliche Führungen durch das Schloss und dessen Kunstsammlungen anzubieten. Für einen Eintritt von 40 Pfennig konnte man in seiner Begleitung täglich zwischen 10 und 12 sowie 14 und 16 Uhr ausgewählte Räume betreten, auch bei Anwesenheit der Herrschaften[37].

Kurz vor dem Tod Karl Antons im Jahr 1885 fotografierte Kugler das Arbeitszimmer des Fürsten[38]. Der im Foto retouchierte Schlossherr sitzt mit Frack gekleidet an einem dunkel gebeizten altdeutschen Schreibtisch. Mit der Feder in der Hand arbeitet er, umgeben von sich stapelnden Manuskripten, Büchern, Fotos und Statuetten. Er ist umringt von weiteren mit Papier und Büchern beladenen Tischen, einem halbhohen Schrank und Bildern, die reihenweise an den mit Papier tapezierten Wänden aufgehängt sind. Das Fenster ist mit dünnem Stoff etwas abgedunkelt, die Atmosphäre ist eine der Ausdauer und Bildung, ja bürgerlichen Fleißes. Hier zeigt sich der Hohenzollernfürst nicht mehr als Mächtiger am Sekretär, sondern als Preußischer Ministerpräsidenten a.D., quasi als gründerzeitlicher Manager am Verwaltungsmöbel sitzend. Nach dem Tod

Arbeitszimmer des Fürsten Karl Anton von Hohenzollern-Sigmaringen.

Karl Antons bekam das Schloss wieder 20 Jahre lang Gästequartierstatus, während der regierende Fürst Leopold weiterhin im Prinzenbau residierte.

1893 zerstörte ein Brand den gesamten Ostflügel des Schlosses, den Fürst Leopold nach Plänen von Hofbaurat de Pay, dem Berliner Hofbaurat Geyer und ab 1900 von dem Münchener Architekten Emanuel von Seidl neu aufbauen ließ. Zwei Jahre lang räumten deutsche und italienische Arbeiter den Bauschutt weg; erst 1896 konnte man mit dem Wiederaufbau beginnen, der um 1900 fertig war. Elf Jahre nach dem Brand (1904) gab es für die Innenausstattung die ersten Aufträge[39], Mitte 1908 war sie fertig. Mit Seidl holte Seine Königliche Hoheit Fürst Leopold einen der wichtigsten Architekten des Münchner Großbürgertums an seinen Hof. Da Seidl zur Zeit des Schlosswiederaufbaus an 50 weiteren Großbauprojekten arbeitete, konnte er nicht ständig persönlich die Bauarbeiten beaufsichtigen, so dass er über die Bauentwicklung durch seine Bauführer anhand von Briefen, Fotografien, Telefonaten und Telegrafien regelmäßig in Kenntnis gesetzt und auf dem laufenden gehalten wurde. Im Sinne der Gestaltung eines Gesamtkunstwerks hatte Seidl nicht nur den Schmuck der Schlosshaut, sondern auch die gesamte Innenausstattung bis ins kleinste Detail geplant: Von Fenstern über Gartenmöbel bis hin zum Kleiderhaken und Aschenbecher lieferte er eigene Entwürfe oder die von Fremdfirmen. Ein von Seidl entworfener, als Meerjungfrau gestalteter Zimmerbrunnen, den er auf der Pariser Weltausstellung 1900 ausstellte, findet heute seinen Platz

Vom königlichen Kabinett zur Weltausstellungsware

Spiegelsaal im Prinzenbau mit Harmonium der Fürstin Antonia von Hohenzollern, um 1900.

neben neorömischen Statuen in der Portugiesischen Galerie des Schlosses. Ferner finden antikisierende Blechsäulen in der Münchener Villa Stuck ihre Pendants im Schwarzen Salon. Gemäß der neuen Lebensreformbewegung der Jahrhundertwende verwendete Seidl im Aquarellzimmer schlichte, zweckmäßige Schränke und Vitrinen in weiß. Diese dienten zur Aufbewahrung und Präsentation erlesener Aquarelle aus der Hand Fürstin Antonias. In freier Unbekümmertheit benutzte Seidl kunsthistorische Stil- und Bauformen, die wie aus einem eilfertigen Guss gemacht wirken. Seidl und sein Auftraggeber waren weit davon entfernt, diesen Eklektizismus etwa als Zeichen künstlerischer Einfallslosigkeit oder gar mangelnder Originalität anzusehen. Im Gegenteil, sie sahen es als Gelegenheit, sich der Kunstgeschichte und deren gelungensten Werken nach Belieben zu bedienen, um daraus moderne Neuschöpfungen zu produzieren.

Die Gründerzeit-, bzw. Neo-Wohnstile, durchsetzt mit Elementen des Jugendstils, behielten ihre Popularität bei den Hohenzollern bis ins 20. Jahrhundert hinein. Spätestens im Jahr 1909 wohnte der mittlerweile verwitwete Fürst Wilhelm im II. Obergeschoss des Schlosses. Unter ihm schwindet, dem Zeittrend folgend, die einst erdrückend dichte Möblierung seiner Vorgänger; die bühnenhaften Inszenierungen sind endgültig aufgegeben worden. Wie Fotos um 1911 bezeugen, stechen seine Wohnräume durch eine vornehme Zurückhaltung hervor[40], im Einklang mit dem Ruf der Zeit nach Schlichtheit und Ornamentlosigkeit, die, wie Adolf Loos postulierte, auch „Zeichen geistiger Kraft [sein können]"[41]. Im Grunde jedoch ist die Inneneinrichtung der Hohenzollern bis zum Ersten Weltkrieg eine insgesamt unausgewogene Mischung aus Stilimitaten und erlesenen Einzelstücken aus dem 18. Jahrhundert.

Die häusliche Umgebung der Hohenzollern durch die Jahrhunderte spiegelte nicht nur die jeweiligen Gesellschafts- und Lebensformen wider, sondern auch die Situation der Hohenzollern. Ausstattung und Einrichtung der Sigmaringer Residenzen orientierten sich im 18. Jahrhundert weitgehend an den Habsburgern. Fortan diktierten neue Ehen, veränderte Finanzlagen, wechselnde politische Verhältnisse, wandelnde Bedürfnisse und Geschmäcke des Fürstenhauses die entsprechend veränderte Funktion und Ausstattung der Räume. Die Ausstattungen von Innenräumen sind äußerst fragil und vergänglich. So bewegen sich auch heute die Residenzräume der Hohenzollern im Spannungsfeld zwischen fürstlicher Privatsphäre und touristischer Erlebniswelt.

Anmerkungen:

1 *Walter Benjamin*: Louis-Philippe oder das Interieur. In: Illuminationen. Frankfurt am Main 1961, 193.
2 Staatsarchiv Sigmaringen (StAS): Dep. 39 FAS NVA 15 948: Bauliche Änderungen, Verbesserungen und Erweiterungen betreffend Schloss 1896.
3 *Amalie Zephyrine von Hohenzollern-Sigmaringen*: „Details über die Ereignisse meines Lebens Jahr für Jahr". Auszüge aus den Memoiren der Fürstin Amalie Zephyrine von Hohenzollern-Sigmaringen [...] mit freundlicher Genehmigung von Christine Egli. Vortrag vom 20. Juli 2004, unveröffentlichtes Manuskript, S. 6.
4 Ebd.
5 *[Eugen Schnell]*: Anton Aloys von Hohenzollern-Sigmaringen. Sigmaringen 1856, 31.
6 Des hochlöbl. Schwäbischen Kreises vollständiges Staats- und Addreß-Buch auf das Jahr 1783, Geißlingen o.J., 125; Ebd. 1786, 142.
7 Die französische Bezeichnung „bijou" war zu dieser Zeit ungenau. Sie beinhaltete alles, was kostbar war: Möbel, Schmuck, Porzellan, Kandelaber, etc. Für Amalies höchst aufschlussreiche Ausgabenliste, siehe: Eine Anzahl von Rechnungen verschiedenster Art für die Hofhaltung, 1782 – 1832: StAS, Dep. 39 HS1 Rub. 53 1166 und. Dep. 39 HS1 Rub. 53 1167.
8 Schloss Sigmaringen Inv. Nr. III.A.291. Aus hell poliertem Obstbaumholz. Um 1760 von Daniel Deloose, Meister flämischer Herkunft, tätig in Paris. Er arbeitete u.a. für das Schloss Petit Trianon. Solche Poudreusen wurden von Damen und Herren gleichermaßen benutzt.
9 Vorbild war möglicherweise das Mitte des 18. Jahrhunderts eingerichtete Bilderkabinett im Appartement de commodité im Habsburger Oberen Belvedere, Wien. Siehe hierzu: *Ulrike Seeger*: Stadtpalais und Belvedere des Prinzen Eugen. Wien 2004, 387.
10 StAS, Dep. 39, FAS NVA 13 631.
11 Die Möbelstücke befinden sich im heutigen Grünen Salon, u.a. Inv. Nr. IIIA 1815-1823.
12 *Franz Xaver Mezler*: Mensch, Medizin und Umwelt um 1800. Eine Medizinische Topographie von Sigmaringen. Tübingen 1996, 35.
13 *Seeger* 2004 (wie Anm. 9), 421.
14 Die oben beschriebenen Empiremöbel hätten allerdings stilistisch schwerlich in den mittelalterlich anmutenden Rittersaal gepasst, sondern eher in ein kleineres, privates Audienzzimmer, evtl. der Fürstin Amalie Zephyrine oder ihrer Schwiegertochter, Antoinette, gehörend.
15 StAS, Dep. 39 NVA 30 700: Meubles du Chateaux de Krauchenwies et des Batiments en Dependances erstellt von Persille, Maitre D'Hotel, 1810.
16 Nach der „Etiquette de la Cour imperl. royal. d'Autriche", einer Zusammenfassung der Zeremonialtraditionen des Wiener Hofes um 1809: *Eva Ottillinger / Lieselotte Hanzl*: Kaiserliche Interieurs. Die Wohnkultur des Wiener Hofes im 19. Jahrhundert und die Wiener Kunstgewerbereform. Bd 3. Wien 1997, 35. Obwohl nicht archivalisch feststellbar, ist anzunehmen, dass der Sigmaringer Hof diese Etiquette kannte.
17 StAS, Dep. 39 NVA 30 700, vgl. Anm. 15
18 Badeblatt der Großherzoglichen Stadt Baden, 3. Juni 1885.
19 *Otto H. Becker*: Preußische Exklave in Südwestdeutschland. In: *Haus der Geschichte Baden-Württemberg (Hg.): Vom Fels zum Meer. Preußen und Südwestdeutschland.* Tübingen 2002, 97.
20 Siehe hierzu *Volker Trugenberger*: Die Burg Hohenzollern. „Ein wichtiges geschichtliches und deutsch-nationales Denkmal". In: Ebd., 105-132.
21 Gesamthöhe über den Donauspiegel. Um 1877 wurde die fürstliche Wasserversorgung erneuert. Im erhöhten Turm wurde ein Hochreservoir mit einem Fassungsvermögen von 540 Hektoliter Gesamtvolumen Wasser, das von dem Quellbassin in der Leopoldstrasse geleitet wurde, eingerichtet. Aus: *Heiner Brod*: Schloss Sigmaringen Führungstext „Technik". Unveröffentliches Manuskript 2005.
22 Siehe hierzu: *Ekkehard Mai* u.a. (Hg.): Das Rathaus. Bd. 4. Berlin 1982 und *Charlotte Kranz-Michaelis*: Rathäuser im deutschen Kaiserreich 1871 –

1918. München 1976. Zwar besaß die Stadt zu dieser Zeit ein 1826/27 am Marktplatz errichtetes Rathaus, jedoch bot dessen Erscheinung mit schmalem Glockentürmchen keine typischen Rathausmerkmale, zumal das Gebäude auch gleichzeitig als Kauf- und Schulhaus diente.

23 *Fürstliche Hohenzollersche Hofbibliothek*: Foto-Serie des Sigmaringer Schlosses von [Carl Friedrich] Normann, Nr. 2, um 1860/65.
24 Der Künstler August Becker beschreibt seine eigenen Besuche und die anderer Persönlichkeiten im Schloss und Prinzenbau in: *Lotte Hoffmann-Kuhnt*: August Becker 1821 – 1887. Das Leben eines Landschaftsmalers. Nürnberg 2000, 524f.
25 Siehe hierzu: *Wolfram Koeppe*: Die Lemmers-Danforth-Sammlung Wetzlar. Europäische Wohnkultur aus Renaissance und Barock, Heidelberg 1992; *Rainer Haaff*: Gründerzeit, Möbel und Wohnkultur. Westheim 1992.
26 Die Berliner Firma Carl Müller und die Stuttgarter Firma E. Epple & Ege, Königl. Württ. Hofmöbelfabrik, beide zuständig gewesen für die Ausstattung des Reichstagsgebäudes, haben sich für eine Neuausstattung des Sigmaringer Schlosses nach dem Brand 1895 bei dem fürstlichen Hochmarschallamt beworben. Die Nürnberger Firma C.W. Fleischmann, die sich auf altdeutsche und Neurenaissance-Einrichtungen spezialisierte, war Möbel- und Ofenlieferant für die Wittelsbacher sowie württembergischen, mecklenburgischen, bayerischen, sächsischen und kaiserlichen Höfe, u.a. auch für nicht weiter spezifizierte Räume in Schloss Sigmaringen und in der Burg Hohenzollern: StAS, Dep. 39 NVA 13 606.
27 *Heinz Biehn*: Residenzen der Romantik. München 1970, 116.
28 StAS, Dep. 39 FAS NVA 15 566.
29 StAS, Dep. 39 FAS NVA 15 948 (wie Anm. 2), 73.
30 Fürstliche Hohenzollersche Sammlungen Sigmaringen: Foto-Serie 18. Sigmaringen, Krauchenwies, Inzigkofen, Weinburg, Bistritz, u.a. = 72 II 78 2° 90 Fotos, Verlag A. Mencke & Co., Wandsbeck / Hamburg, 1877, Kassette 9, Nr. 19.
31 StAS, Dep. 39 FAS NVA 15948 (wie Anm. 2), 18 ff.
32 Ebd., 67.
33 Inventar Schloss Sigmaringen 1868, 373.
34 StAS, NVA Dep. 39 FAS NVA 34 465. Dass die Stilimitationsmöbel wertvoller als antike Möbel angesehen wurden, zeigt sich in den Ankaufspreisen: Ein Schrank von Brauer konnte zehnmal so viel wie ein „antiquer Schrank" kosten.
35 Der Geheime Hofkammerrat Lasser berichtete: „In dem Gasthaus Traube gab es einen Skandal […] so war der Arbeiter, ein Mons. Alfred gegen die Wirthin und ihrer Tochter frech und unanständig benommen (sic!). So wurde die jugendliche Bevölkerung sehr aufgeregt und drohte den Franzosen Gefahr." Aus: StAS, Dep. 39 FAS NVA 15 948 (wie Anm. 2), 36.
36 Sämtliche Angaben den Rittersaal betreffend aus: StAS, Dep. 39 FAS NVA 34 456.
37 StAS, Dep. 39 FAS NVA 37 665.
38 Fürstliche Hohenzollernsche Sammlungen Sigmaringen: Foto-Serie Nr.16 von F. Kugler, Nr. 8, um 1885.
39 StAS, Dep. 39 FAS NVA 13 606.
40 Fürstlich Hohenzollernsche Sammlungen Sigmaringen: Lederalbum zum 100. Geburtstag von Karl Anton (Fotoalbum 7), von Fürst Wilhelm aufgenommen, um 1911.
41 Adolf Loos. Trotzdem. Gesammelte Schriften 1900 – 1930. Hg. Adolf Opel. Wien 1982, S. 88.

Das Haus Baden am Bodensee Residenzen und Rückzugsorte

Konrad Krimm

Salem von Süden. Stahlstich von Christian Haldenwang nach einem Gemälde von Carl Kuntz, 1822. Generallandesarchiv Karlsruhe.

Die Geschichte des Bodenseeraums in den letzten 200 Jahren ist ohne die Herrschaftssitze des Hauses Baden nicht zu denken. Salem als Wirtschaftsfaktor, Mainau und Birnau als architektonische Signale in einer früh entdeckten Reiselandschaft, Schlösser wie Kirchberg und Langenstein, um nur die größeren zu nennen – es sind Namen, die sich seit der napoleonischen Wende mit dem Haus Baden verbunden haben und generationenlang zum Besitz gehörten; Salem selbst wurde schließlich zum Identifikationsort der Familie. Aber gehört das Haus Baden damit auch zur Adelslandschaft von Oberschwaben und Bodensee? Bei seinem ersten Auftreten sicher nicht. Zunächst ging es um Landesherrschaft, um Unterwerfung und Durchsetzung der neuen ständischen Differenzierung – vielleicht vorsichtiger als im Königreich Württemberg, aber dies waren nur graduelle Unterschiede[1]. Karl Friedrich von Baden hatte 1802, damals noch als Markgraf, die neugeschaffene Grafschaft Salem und Petershausen nicht in das markgräfliche Vermögen integriert, sondern an seine Söhne, den zweitgeborenen Friedrich (1756 – 1817) und den drittgeborenen Ludwig (1763 – 1830, Großherzog 1818 – 1830), als unveräußerlichen Fideikommiss übertragen. Mit der Bildung des souveränen Großherzogtums wurden sie 1806 in Standesherrschaften umgewandelt. Gewiss waren die markgräflichen Prinzen als Inhaber der „Grafschaft Salem und Petershausen" Standesherren wie andere auch, aber sie waren doch zuerst Mitglieder des regierenden Hauses. Als ebenbürtig sah man jetzt streng genommen nur noch die Häuser Württemberg und Hohenzollern an.

Die ungebrochene Bedeutung der Ständeordnung auch im modernen 19. Jahrhundert lässt sich recht einfach an den Besuchen ablesen, die die Markgrafen von Salem ausmachten oder erhielten; ergiebige Quelle dafür sind die „Denkwürdigkeiten" des Markgrafen Wilhelm ab 1830². Abgesehen vom engen Kontakt zu Schwester und Schwager Fürstenberg auf Schloss Heiligenberg galten die Visiten und Gegenvisiten vor allem der württembergischen Königsfamilie in deren Sommerresidenz im Kloster Hofen bei Friedrichshafen, selten den Hohenzollern in Sigmaringen und nie den oberschwäbischen Familien; eher traf man sich noch mit Louis Napoleon und den Verwandten Beauharnais im thurgauischen Schloss Arenenberg oder nahm, en passant, die Huldigung des Grafen Esterhazy entgegen, wenn das Dampfschiff von der Mainau aus mit Böllerschüssen salutiert wurde (was bedeutet, dass das Schiff für ein Mitglied des großherzoglichen Hauses zu flaggen hatte: Es reiste ja nicht nur der Standesherr aus Salem). Dabei ist es durchaus denkbar, dass die Nähe zur Familie des württembergischen Königs – die sich durch die Heirat des Markgrafen Wilhelm mit Herzogin Elisabeth von Württemberg noch enger gestaltete – und die Distanz zum oberschwäbischen Adel zusammenhingen. Die Feindseligkeit dieses Adels gegenüber dem württembergischen Hof und seine Orientierung nach Österreich wird an anderer Stelle in diesem Band untersucht³.

Neben der Rangproblematik tat wohl auch in Baden wie in Württemberg der konfessionelle Unterschied seine Wirkung. Als evangelische Dynastie, deren Bekenntnis in den Haus- und Familienverträgen regelmäßig festgeschrieben wurde, waren die Markgrafen am Bodensee nahezu isoliert, und es dauerte noch lange, bis sich auch nur in der eigenen Herrschaft Salem eine dünne Schicht zugezogener evangelischer Beamter und Honoratioren gebildet hatte; erst 1889 wurde in Salem ein Vikar, erst 1911 ein Pfarrer eingestellt⁴.

FÜRSTLICHE SOMMERSITZE

Am deutlichsten sichtbar blieb der Unterschied zwischen dem ansässigen Adel und der neuen Herrschaft aber in der Funktion der Schlösser. Salem, erst recht die Mainau und zum Teil auch Langenstein, waren bis zum Ende der Monarchie Nebenresidenzen, beliebte Reiseziele für kurze Erholungsaufenthalte, ja, die Bodenseeschlösser erhielten je länger desto mehr den Charakter von Rückzugsorten, von ‚privaten' Räumen – und dieses ganz neue Moment im monarchischen Selbstverständnis wird für unsere Fragestellung eine wesentliche Rolle spielen. Bezugspunkt auch für die nichtregierenden Prinzen blieben aber immer der Karlsruher Hof und die Residenzstadt als Entscheidungsort von Politik und Verwaltung, als Ort der öffentlichen Präsenz, wie sie zum Wesen jeder Herrschaft gehört. An dieser Herrschaft hatten auch die Prinzen ihren Anteil; nicht zuletzt ihr stets geforderter militärischer Rang verlangte ihre Anwesenheit in der Nähe der Truppen. Den Maßstab des Wohnens und Repräsentierens setzten die Karlsruher Palais; fast wie im Ancien Régime konnten Reisen an den Bodensee halbe Umzüge des Mobiliars bedeuten⁵. Von Karlsruhe aus dirigierte die großherzogliche Domänenkanzlei den gesamten Wirtschaftsbetrieb der Landschlösser. Wenn Markgraf Wilhelm 1838 das freie Herumlaufen des Viehs im Salemer Schlossbereich untersagte, damit „der Hof dem Eingang eines fürstlichen Sommerwohnsitzes angemessen erscheine"⁶, dann lässt sich gut vorstellen, wie weit sich der Salemer Alltag vom Idealbild einer Residenz entfernt hatte. Der unbedingte Bezug auf Karlsruhe und seinen Hof gilt dabei auch und gerade für die Zeit, in der Salem tatsächlich als Prinzensitz gelten konnte, für die Jahre des unfreiwilligen Aufenthalts des Markgrafen Ludwig zwischen 1808 und 1812. Hansmartin Schwarzmaier hat gezeigt, wie gering die Neigung oder auch die Fähigkeit Ludwigs war, hier gestaltend einzugreifen und aus dem zu Ende gehenden Klosterbetrieb einen neuen Herrschaftsmittelpunkt zu formen⁷. Er wollte nach Karlsruhe zurück. Nur dort schien fürstliche, standesgemäße Existenz möglich.

Gerade diese Randlage – von der Landeshauptstadt aus gesehen – ist auch die geringe bauliche Veränderung an den badischen Bodenseeschlössern zuzuschreiben. Es soll hier nicht so sehr um das entstehende Denkmalbewusstsein gehen als noch immer um die Differenzierung zwischen

Schloss Kirchberg bei Immenstaad. Gouache von Johann Sebastian Dirr, 1814. Privatbesitz.

dem ansässigen und dem neu etablierten Hochadel. Sowohl die Fürstenberg wie die Hohenzollern hielten im 19. Jahrhundert Schritt mit den gewandelten Ansprüchen an Repräsentation und Geschmack; die Stammschlösser wurden im historistischen Sinn erheblich umgestaltet. Auch das Haus Baden entsprach mit der Neuinszenierung geschichtsträchtiger Residenzen (wie im Neuen Schloss in Baden-Baden oder in Neueberstein) oder mit neoabsolutistischer Architektur (wie dem Erbgroßherzoglichen Palais in Karlsruhe) diesem Bedürfnis, bezog aber die Bodenseeschlösser nicht mit ein. Das schloss weder kleinere Eingriffe noch kostbare Neuausstattung aus; der Einbau der Fenster aus St. Blasien in der Schlosskirche auf der Mainau oder die Erweiterung von Schloss Kirchberg im Jahr 1880 mögen dafür als Beispiel genügen. Aber in Substanz und äußerer Erscheinung veränderte sich doch wenig. Auch Graf Ludwig von Langenstein, der Sohn Großherzog Ludwigs, der Langenstein erst klassizistisch und später noch einmal nach mittelalterlichen Mustern umgestalten wollte, ließ seine Pläne letztlich liegen und konzentrierte sich auf den Neubau des residenznahen Gondelsheimer Schlosses im Stil der Tudor-Gotik[8]. In Salem selbst überwog unter dem energisch eingreifenden Markgrafen Wilhelm zunächst das Beiseiteräumen dessen, was man nicht mehr brauchte, so eines der Tore zum Klosterhof. Mit dem kurzen Satz: „In Salem wo die Unterhaltung so vieler unnötiger Gebäude große Kosten verursachte, wurde eine Kirche die nicht mehr nötig war abgebrochen, sowie auch jene in Petershausen, ferner eine

Das Haus Baden am Bodensee

Friedrich Prinz von Baden (1756 – 1817).
Kupferstich von Christian von Mechel, 1775.
Staatliche Kunsthalle Karlsruhe.

ganz baufällige Kapelle in Kirchberg" notierte er zu 1832/33 den Abriss der alten Salemer Pfarrkirche St. Leonhard, der romanischen Klosterkirche in Petershausen (heute Stadtteil von Konstanz) und der Kirchberger Schlosskapelle (Gemeinde Immenstaad)[9]; ebenso gab man den Klosterbesitz in Konstanz und Überlingen auf und verzichtete damit auf ein wesentliches Merkmal der herkömmlichen Herrschaftspräsenz in den Städten. Der nüchterne Umgang mit der buchstäblichen Bau-Last schloss dabei den Sinn für Denkmäler der Vergangenheit ja nicht aus. Derselbe Markgraf, der für die Petershausener Klosterkirche nur einen Halbsatz übrig hatte, ließ deren romanisches Portal für seinen Bruder Leopold zur „Denkmälerburg" Neueberstein versetzen, hatte seine „große Unterhaltung" am „Ausgraben der alten deutschen Gräber in der Haardt" und erwähnt mit Stolz seine Entdeckung der aus Maulbronn, Bebenhausen, Königsbronn und Esslingen geflüchteten zisterziensischen Archivalien im Salemer Klosterarchiv[10]. Aber diese Beschäftigung mit Denkmälern entsprach dem frühen Sammeln von Zeugnissen der „vaterländischen", d.h. der badischen Geschichte, wie sie Großherzog Leopold auf Neueberstein in buntem Stilgemisch nachschuf[11]. Es hatte noch wenig zu tun mit Denkmalpflege und programmatischem Substanzerhalt. Erst eine Generation später sah Prinz Wilhelm im Salemer Münster ein Denkmal der deutschen Nationalgeschichte, das es möglichst ursprungsgetreu zu erhalten galt.

DER „BODENSEEFIDEIKOMMISS"

So machten die badischen Schlösser am Bodensee also im ganzen den Stilwandel nicht mit, der sich in den wirklichen Residenzen vollzog. Am ehesten verrieten noch die Parkanlagen, die Entwürfe für Langenstein und die Mainau, die 1853 in den Besitz Großherzog Friedrichs I. überging, dass aus den Herrschaftssitzen des Ancien Régime Orte geworden waren, deren Merkmal die abgeschiedene Idylle sein sollte. Es gab jetzt öffentliche und private Räume des Fürsten (auch die Lustschlösser des Ancien Régime waren ja Teil des höfischen Theatrums gewesen). Wir sind damit bei einer Beobachtung angelangt, mit der schon Hansmartin Schwarzmaier die Richtung gewiesen hat:

Die Geschichte des Hauses Baden am Bodensee gehört ganz wesentlich zur Geschichte der langsamen Auflösung der alteuropäischen Herrschaft, der Trennung von Dynastie und Staat nach 1806[12]. Die Bodenseegüter waren Besitz des Landesherrn wie andere auch, aber indem dieser Besitz zum Sondervermögen des Hauses erklärt wurde, zum Fideikommiss, wurde sichtbar, dass Landesherrschaft und Landesbesitz nicht mehr identisch waren. Die staatsrechtliche Problematik der badischen Domänen ist dabei viel zu komplex – sie blieb bis 1918 ungelöst –, um hier

Ludwig (1763 – 1830) als Großherzog von Baden (1818 – 1830). Kohlezeichnung von Marie Ellenrieder. Privatbesitz.

auch nur annähernd beschrieben werden zu können. An der Sonderentwicklung der Bodenseegüter lassen sich aber wie in einem Mikrokosmos die irreversiblen Veränderungen zeigen, die im ganzen vor sich gingen.

Der Anfang dieses Sonderwegs liegt noch in der Zeit vor den Umbrüchen von 1802 – 1806. Markgraf Karl Friedrich stattete 1792 seine jüngeren Söhne Friedrich und Ludwig mit Apanageherrschaften und -gütern aus; sie sollten deren standesgemäßes Leben garantieren, dabei aber grundsätzlich in badischem Besitz bleiben, waren also fideikommissarisch gesichert. Hier wurde Herrschaft noch ganz alteuropäisch geteilt; das Haus Baden kannte solche Teilungen seit Jahrhunderten und hatte es dabei meist erfolgreich verstanden, das Abdriften von Teilbesitz zu verhindern. Da die kleine unterelsässische Herrschaft Kutzenhausen, die mit einem Dorf und fünf Weilern zu dieser Apanage gehörte, mit den Friedensverträgen unwiderruflich an Frankreich verloren gegangen war, erhielten die beiden Brüder aus dem badischen Säkularisationsgut die Reichsabteien Salem und Petershausen als reichlichen Ersatz – im Verhältnis entsprach diese Entschädigung dem Vielfachen, um das ja auch das ganze Land angewachsen war. Ob dieses Domanialgut nun eher Staatseigentum in der Nutzung durch das Großherzogliche Haus war, wie es die Konstitutionsedikte von Karl Friedrich formulierten, oder eher Patrimonialgut der fürstlichen Familie, wie es die Verfassung von 1818 verstand, ist dabei nicht entscheidend; schon Max Hachenburg hat in seinem klugen Gutachten von 1919 darauf hingewiesen, dass es nicht um die Frage gehe, „woher die Domänen kamen, sondern wohin sie gingen"[13]. Der „Apanagialfideikommiss", der später „Bodenseefideikommiss" genannt wurde (obwohl dazu vieles andere, z.B. das große Gebäude der Domänenkanzlei neben der Karlsruher Stadtkirche gehörte), nahm auf jeden Fall seinen eigenen Weg. Durch Familienverträge war er den jeweils nichtregierenden Prinzen vorbehalten. Nur Ludwig setzte dies für sich außer Kraft und bezog die Fideikommiss-Einkünfte in Verwaltungseinheit mit der Herrschaft Langenstein auch als Großherzog bis zu seinem Tod 1830. Dass die benachteiligten Markgrafen der Hochberger Linie schlecht auf ihn zu sprechen waren und Markgraf Wilhelm bei Ludwigs Wirtschaftsführung in Salem der „Augiasstall" einfiel[14], verwundert da nicht. Wie auch andere Verdikte über Ludwigs Fähigkeiten und Interessen ist dies nicht ganz richtig.

Unter Ludwig expandierte beispielsweise die altehrwürdige klösterliche Waisenkasse in Salem zur geldkräftigen allgemeinen Sparkasse; 1817 verfügte sie über 100 000 Gulden Einlagen. Ludwig lehnte dabei die staatliche Aufsicht durch die Kreisdirektion vehement ab. Die Kasse, deren Garantiepflicht daraufhin von den Gemeinden an den Markgrafen überging, war jetzt uneingeschränkt sein Eigentum[15]. Der Markgraf handelte hier als Unternehmer, der sich unabhängig vom Staat bewegen wollte. Im Kleinen wiederholte sich dabei, was staatsrechtlich zum Dauerthema des Bodenseefideikommisses unter den Markgrafen Friedrich und Ludwig geworden war: Sie protestierten gegen die Mediatisierung, sie pochten bei immer neuen Anlässen auf die standesherrlichen Sonderrechte, auf die Reste der alten Unter-Landesherrschaft, die sie 1804 für die Grafschaft Salem und Petershausen noch von Kaiser Franz I. persönlich erhalten und seit 1806 schrittweise verloren hatten – wie die anderen Standesherren auch. Die Prinzen fanden sich hier am Bodensee also in einer unvermuteten Allianz gegen den modernisierten, raumgreifenden Staat wieder. Die Identität von Dynastie und Landesherrschaft war verloren gegangen. Schon in der Frühphase der konstitutionellen Monarchie konnten die jetzt ‚privaten' Interessen der Dynastie mit denen des abstrahierten Staates kollidieren. Ludwig dachte noch 1827, also als Regent daran, die staatlichen Justiz- und Polizeifunktionen an sich als Standesherren am Bodensee zurückzuübertragen[16]. Dieser Zwiespalt sollte in der Ära des Markgrafen Wilhelm noch sehr viel deutlicher werden.

SALEM ALS WIRTSCHAFTSUNTERNEHMEN

Wilhelm – sein Bruder Max steht in den „Denkwürdigkeiten" so sehr im Schatten, dass dessen tatsächliche Rolle schwer fassbar ist – agierte in Salem unternehmerisch in neuer, moderner Qualität. Energischer, konsequenter, wohl auch klüger als sein älterer Bruder, Großherzog Leopold, beendete eigentlich erst er die Epoche der monastisch geprägten Wirtschaftsstruktur. Das „noch ganz in den Ideen der alten Klosterwirtschaft verfangene"[17] Personal wie der Hofrat von Seyfried (dessen Vater bereits leitender Beamter des Klosters gewesen und bei der Säkularisation übernommen worden war) wurde zur Ruhe gesetzt. Neue, ausgesuchte Weinlagen, vor allem aber eine neue Pflanztechnik der Reben nach dem Vorbild des Rheingaus brachten durch ihre Qualität beispielsweise im Jahr 1835 mit 11 000 Gulden Einkünfte, „die bisher am Bodensee unerhört waren und mir [Markgraf Wilhelm] deshalb große Freude machten"[18]. Dieser agrarische Reformeifer hatte zwar im Haus Baden Tradition – man denke an die landwirtschaftlichen Versuche von Karl Friedrich oder die Krapp-Unternehmung seiner Frau Karoline Luise –, aber die aufklärerischen Stilübungen des 18. Jahrhunderts waren doch etwas anderes als die neue, rationalisierte Wirtschaftsführung in Salem. Wilhelm besaß als rühriger Präsident des badischen Landwirtschaftlichen Vereins fundierte Kenntnisse. Auch die finanzielle Beteiligung an frühen badischen Industriegründungen war ihm selbstverständlich, wenn sie freilich in der Hofgesellschaft zunächst auch fast zum guten Ton gehörte.

Finanziell entscheidend war aber wohl sein Geschick im Umgang mit der Zehntablösung und der Umwandlung der alten bäuerlichen Erblehen in Pachten. Daran war Ludwig noch gescheitert. Vor und nach seinem Regierungsantritt hatten sich die Salemer Lehenleute erfolgreich dagegen gewehrt, ein relativ gesichertes Besitzverhältnis aufgeben zu sollen – nur relativ gesichert, denn die Sonderform der „Schupflehen" am Bodensee war nur dem Herkommen nach vererbbar; juristisch waren es nichterbliche Fall-Lehen. Als im parlamentarischen Aufschwung der ersten Regierungsjahre Leopolds die Ablösungsproblematik der bäuerlichen Lehen erneut diskutiert wurde, sah Markgraf Wilhelm sehr klar, dass „es dringend geboten war, die Zeit über die wir noch verfügen konnten, dazu zu benutzen um im Wege des Vergleichs mit den Vasallen zu einem gedeihlichen Ziele zu gelangen, da man mit Recht annehmen konnte, dass bei längerem Zuwarten großer Verlust bevorstehe und mit Sicherheit anzunehmen war, dass die darüber in Aussicht stehenden gesetzlichen Bestimmungen sicherlich ein übleres Resultat herbeiführen würden"[19]. Seine Politik des raschen Vergleichs nach dem Vorbild Preußens und des Freiherrn von Stein hatte freilich zwei Seiten. Wenn der Markgraf resümierte, dass „die Vasallen [...] sehr hoch erfreut [waren] freies Eigenthum zu erlangen und wir [...] durch Abtretungen von Grund und Boden in den Besitz von sehr wertvollen Grundstücken [kamen]"[20], dann beschrieb er die gelungene Allodi-

Wilhelm Markgraf von Baden (1792 – 1859). Lithographie nach Anton Hähnisch, um 1830. Generallandesarchiv Karlsruhe.

fizierung bei den Bauern, deren Ressourcen dies erlaubten. Für die Ärmeren galt das nicht; sie sahen sich anders als bisher vor die Wahl gestellt, beim Lehenfall neue Bedingungen akzeptieren oder das Lehen an konkurrierende Pachtbewerber abgeben zu müssen.

Die Eile, mit der die markgräfliche Verwaltung diesen tiefgreifenden Strukturwandel im ländlichen Besitzgefüge vollziehen wollte, führte 1833 zu Petitionen von Bürgermeistern aus 18 Gemeinden der Ämter Salem und Heiligenberg an die zweite Kammer des badischen Landtags. In der Öffentlichkeit der Kammer lösten ihre bewegenden Klagen – ohne Abhilfe seien sie gezwungen, „ein anderes, ihnen günstigeres Vaterland zu suchen"[21] – heftige Diskussionen aus. Markgraf Wilhelm bewies in dieser für ihn schwierigen Lage, in der er ja „persönlich [...] beteiligt" war, einmal mehr sein politisches Geschick. Er war Präsident der ersten Kammer, „wohnte [...] allen Commissions-Sitzungen [der zweiten Kammer] bei, wobei sich Gelegenheit fand die von den Salemischen Lehenleuten [...] abgegebenen Petitionen, um Schutz in ihren vermeintlichen Rechten, nach Gebühr zu beleuchten"[22] und ließ den Gesetzentwurf zur Wiederverleihung der heimgefallenen Schupflehen so lange zwischen den Kammern hin und her gehen, „bis er in einer möglichst vorteilhaften Weise für die Berechtigten abgefasst wurde" und kompromissfähig war. Zum Schluss kam die einzige Gegenstimme von Karl von Rotteck. Als die zweite Kammer wenig später die Apanage für den Markgrafen und seinen Bruder kürzen wollte, empfand er das wohl als Rache und fragte empört nach, ob dies der Dank für seine Kompromissleistung sei, die so nur in Baden habe gelingen können; in Württemberg waren bisher fast alle Ablösungsgesetze an der ersten Kammer gescheitert – darauf wurde der Kürzungsantrag sofort zurückgezogen.

Die Episode zeigt das starke persönliche Moment, das den frühen Parlamentarismus prägte. Der Markgraf empfand dabei keinen Konflikt zwischen seiner Rolle in der Legislative und seinem persönlichen Interesse als „berechtigtem" Standesherren; der ganz unbefangene Bericht in den „Denkwürdigkeiten" bezeichnet in dieser Beziehung noch das Denkmuster der Einheit von Dynastie und Land. Die Episode zeigt aber zugleich, wie sich die Einbindung der Markgrafen in die Reihe der Standes- und Grundherren bereits verfestigt hatte. War es zunächst der neue Staat gewesen, den diese Gruppe als gemeinsame Bedrohung empfinden musste, so bildete jetzt die erste Kammer die gegebene Plattform für die „bedrängte Elite"[23], um gemeinsam nicht nur patrimoniale Strukturen, sondern auch wirtschaftliche Interessen zu behaupten. Dabei wirkte sich das rationalisierende und dynamisierende Agrarkonzept Markgraf Wilhelms außerordentlich rasch

Das Haus Baden am Bodensee

Viktoria Königin von Schweden (1862 – 1930), Luise Großherzogin von Baden (1838 – 1923), Friedrich II. Großherzog von Baden (1857 – 1928) und seine Frau Hilda Großherzogin von Baden (1864 – 1952) auf der Mainau 1920. Generallandesarchiv Karlsruhe.

TOURISMUS UND DENKMALPFLEGE

Der Tourismus erhielt mit der Bodensee-Bahn und ihren Nebenlinien vor dem Ersten Weltkrieg eine neue Qualität. Er brachte zwar regional spürbaren, wirtschaftlichen Aufschwung; Salem beispielsweise hatte seit dem Verlust des Amtssitzes an Überlingen 1834 keine Zentralfunktion mehr besessen und war ins Abseits geraten. Der Tourismus mit seinen programmierten Erwartungen markierte aber zugleich den Beginn einer Periode, deren harte Determinanten in dieser Beziehung noch heute gelten. Wir sprachen bereits davon, dass das Bewusstsein der Pflicht, ein herausragendes Denkmal auch erhalten zu müssen, bei Prinz Wilhelm ganz neues Gewicht erhalten hatte; für seinen Sohn, Prinz Max, galt das nicht weniger. 1889 wurden die Salemer Konventsgebäude renoviert, 1909 übernahm das Großherzogliche Haus nach längerer Auseinandersetzung mit der katholischen Pfarrei die Hauptlast am Münsterunterhalt. Trotz vorbildlicher Forstwirtschaft auch nach dem Ersten Weltkrieg brach aber mit dem Ende der Monarchie die finanzielle Absicherung dieser weitgespannten Denkmalpflege weg.

Erst lange nach dem Zweiten Weltkrieg konnte das Haus Baden mit der Anpassung an die Regeln des Massentourismus den Anschluss an dessen Markt finden. Was auf der Mainau unter dem Urenkel der Großherzogin Luise, Graf Bernadotte, zu hohen Marktanteilen geführt hat, gilt heute, neben dem nach wie vor wichtigen Weinbau, auch für Salem: Kulturpflege und Kulturangebot sind zu wesentlichen Management-Bestandteilen geworden. Konsequente Konzentration auf Salem selbst ging damit parallel. Der Rückzug des Hauses Baden aus älterem Be-

aus. Schon in den ersten Jahren nach 1830 verdoppelten sich die Fideikommiss-Einkünfte, bis 1845 erreichten sie die dreifache Höhe[24]. Am Ende der Ablösungsperiode, in den 1850er Jahren, hatte das Großherzogliche Haus etwa eine halbe Million Gulden erwirtschaftet[25]; der größte Teil davon dürfte auf den Bodenseefideikommiss entfallen sein. Landesweit entsprach das etwa dem durchschnittlichen Kapitalgewinn der anderen Standes- und Grundherren. Am Bodensee war dies aber nicht der Fall; Markgraf Wilhelm beobachtete sehr genau, dass der abwartende Schwager Fürstenberg später ganz andere Bedingungen akzeptieren musste und bei der Ablösung fast 1 Million Gulden verlor. Hier spielte schon die Revolution hinein. Durch den großen zeitlichen Vorsprung hatten sich dagegen in Salem die gewandelten Besitzstrukturen bereits so verfestigt, dass es 1848 kaum zu Unruhen kam[26]. Vergleichbare außerordentliche Gewinne waren erst wieder an der Jahrhundertwende bei den Entschädigungsverhandlungen im Eisenbahnbau zu erzielen[27].

sitz wie Baden-Baden oder Neueberstein bedeutet lange, schwierige und auch schmerzhafte Entscheidungen.

RÜCKZUG UND NEUANFANG

Die Bodenseeschlösser, die im 19. Jahrhundert zu privaten Sommersitzen der Dynastie und in der zweiten Hälfte des 20. Jahrhunderts zu deren zentralen Wirtschaftsstandorten wurden, hatten am Ende der Monarchie – um hier zeitlich noch einmal zurückzugreifen – eine weitere Funktion erhalten: Sie wurden nun Rückzugsorte im Wortsinn. Die Familien kamen am Bodensee zusammen, das Großherzogspaar, die alte Großherzogin Luise, der ihre Tochter Königin Viktoria von Schweden beistand, und die Familie des Prinzen Max. Großherzog Friedrich II. unterzeichnete am 22. November 1918 auf Langenstein die Urkunde, mit der er abdankte. Über Monate, vom Dezember 1918 bis in den Mai 1919, stand der Gedanke einer Flucht über die Schweizer Grenze im Vordergrund; die Schweizer Regierung sagte der Familie und einem kleinen Gefolge sicheres Exil zu[28]. Die Befürchtungen galten dabei offenbar mehr einer französischen Besetzung Badens als deutschen Revolutionären. In der Standesherrschaft Salem brachen zwar die alten Auseinandersetzungen um die Pachtverhältnisse wieder aus. Sowohl das Haus Baden wie das Haus Fürstenberg gerieten dabei unter Druck, in Salem mussten etwa 70 Hektar Pachtgrund abgetreten werden. Im Ganzen vermochte die badische Verwaltung aber auch diesmal erfolgreicher als die fürstenbergische, den Forderungen standzuhalten. Und diese „Gewitterschwüle"[29] verzog sich rasch. Die badische Staatsregierung war froh, mit dem Haus Baden in kurzer Zeit zu einer von beiden Seiten mit Noblesse herbeigeführten Einigung gekommen zu sein, und verbot jedes Nachkarten über das Gesetz zur Aufhebung der Fideikommisse; hier hatte das neu geschaffene Arbeitsministerium im Sinn der bäuerlichen Kleinpächter sozialpolitische Konsequenzen bzw. Besitzumschichtungen gefordert. Die drei großherzoglichen Fideikommisse – der sogenannte Palastfideikommiss, der Fideikommiss Bauschlott und der Bodenseefideikommiss – blieben daher bei der Fideikommissaufhebung von 1923 als ganzes in der Hand des Prinzen Max und seines Sohnes Berthold. Großherzog Friedrich II., der keine Nachkommen hatte, hatte 1919 in einem Familienvertrag auf alle Ansprüche verzichtet[30]. Aus Karlsruhe zog er sich in das Sickingensche Palais in Freiburg zurück, Großherzogin Luise übersiedelte in das Neue Schloss in Baden-Baden.

Prinz Max, dessen Wohnsitz Salem nun geworden war, verstand die schmerzhafte Zäsur als Neuanfang, der erzwungen zwar, aber mit der Chance des bewussten, neuen Gestaltens. Seine Gründung der Schloss-Schule Salem 1920 sollte ein Baustein dazu sein. Trotzdem erklärt sie sich besser, wenn man ihre Wurzeln in der Salemer Herrschaftsgeschichte mitberücksichtigt. Ganz in der Volksbildungstradition des 19. Jahrhunderts hatte Prinz Max in Salem bereits 1906 eine Gewerbe- und Haushaltungsschule eingerichtet. Auch die landwirtschaftliche Winterschule, die er 1919 ins

Max Prinz von Baden (1867 – 1929). Fotografie um 1927.

Leben rief, war im patrimonialen Sinn für die Region gedacht[31]. An die Gefährdungen der Salemer Schüler bei langen Eisenbahnfahrten in die Stadtschule erinnerte er, als er im April 1920 die Schloss-Schule eröffnete. Mit seiner Warnung vor dem zivilisatorischen Niedergang der Städte – „Unser Volksleben in den Städten ist krank"[32] – verstand er die Schulgründung freilich zugleich im größeren Zusammenhang einer Kulturkritik, die ihre Wurzeln in der Vorkriegszeit hatte, sich unmittelbar aber aus dem Erlebnis des politischen Zusammenbruchs im Innern herleitete. Gedanklich lag der Schritt nahe, auch die Ursachen für den militärischen Kollaps in der innenpolitischen Auseinandersetzung zu suchen. Zum nationalkonservativen Diskurs der Freunde und Korrespondenzpartner des Prinzen gehörten auch solche Stimmen. Er selbst ging aber nicht so weit, bei aller apologetischen Absicht, die dann den Rechenschaftsbericht über seine eigene politische Verantwortung bestimmen sollte[33]. Er beließ es bei dem ebenso schlichten wie „gemeißelten" Satz „Unser Volk ist nicht groß in der Niederlage" und stellte jetzt, bei der Schulgründung, sein Schulprogramm dagegen. Dem Egoismus des „Rette sich, wer kann" sollte die Erziehung zum Charakter abhelfen, zur Verantwortung und Verpflichtung gegenüber der Gemeinschaft.

Es kann hier nicht der Ort sein, Bedeutung und Wirkung des pädagogischen Programms von Prinz Max und Kurt Hahn nachzuzeichnen; das hat am sensibelsten sicher Golo Mann getan, dem wir auch ebenso feinsinnige wie bewundernswert differenzierte Studien über Prinz Max und Markgraf Berthold verdanken[34]. In unserem Zusammenhang kann es nur darum gehen, auch die Salemer „pädagogische Provinz" aus der Geschichte eines „Adels im Wandel" zu verstehen. Eckhard Conze verweist in diesem Band auf den erzieherischen Impuls, der den Adel des 19. und 20. Jahrhunderts auszeichnete, und sieht im Erlebnis des Machtverlustes und der verstärkten didaktischen Orientierung am „Allgemeinwohl" das Korrelat zur Ablehnung politischer Gruppenbildung und zur Förderung autoritärer Strukturen. Solche Konzepte kamen zweifellos auch in der Umgebung des Prinzen Max zur Sprache; sie gründeten nicht zuletzt im militärischen Ethos des Kaiserreichs. Unter den engeren Freunden des Prinzen sei hier beispielhaft der Karlsruher Geologe Wilhelm Paulcke genannt. Prinz Max hatte ihn wohl im Militärdienst kennengelernt, begleitete den begeisterten Sportler im Hochgebirge und lud ihn nach 1919 regelmäßig nach Salem und Kirchberg ein[35]. Paulcke entwarf als erster Karlsruher Hochschulrektor nach dem Krieg ein sportliches Ertüchtigungsprogramm für die studentische Jugend, dessen militärisch-revanchistische Zielsetzung, gepaart mit kräftigem Sozialdarwinismus, deutlich war. Bei aller Offenheit des Prinzen für solche und andere restaurative Ideologien[36] wird immer entscheidend sein, wie viel davon eigentlich in sein erzieherisches Konzept und vor allem in die erzieherische Praxis der Schule einging. Hier besteht gewiss Forschungsbedarf; in den Schriften Kurt Hahns und den Salemer Erfahrungsberichten begegnet man einem solchen Diskurs nicht. Das internationale Ansehen und die Glaubwürdigkeit des idealistischen Erziehungsprogramms gründeten ja nicht nur in der Person Hahns, sondern auch in den humanitären Verdiensten des Prinzen im Krieg. Mitleid und Fürsorge für Schwache, ein Grundgedanke bei der Kriegsgefangenenfürsorge des Prinzen und einer der Salemer Erziehungsschwerpunkte, gehörten seit je auch in den Ethik-Kanon des Adels; mit rassistischen Ideologien waren sie unvereinbar. Dass auch in Salem schließlich das nationalsozialistische Programm eine spürbare Rolle spielte, Schüler wie Lehrer in Gruppen teilte und zuletzt auch mit Gewalt durchgesetzt wurde, ist mehrfach dargestellt worden[37]. Sowohl die badische Kultusbürokratie, der traditionell am guten Einvernehmen mit dem Haus Baden lag, wie Markgraf Berthold, der mit allen Mitteln die Selbständigkeit der Schule zu erhalten versuchte, wirkten dabei lange retardierend. Von einem direkten Weg „vom König" (hier besser: vom Großherzog) „zum Führer"[38] kann im Haus Baden keine Rede sein, dazu war die Dynastie zu ideologiefern.

Die Geschichte des Hauses Baden im 19. und 20. Jahrhundert ist eine Geschichte des Übergangs, der langsamen Veränderung im Verstehen auch der eigenen Rolle. Strikte Programmatik – schon immer mehr eine bürgerliche Domäne – stand dabei nicht im Vordergrund; so wird man auch ideologischen Brüchen nicht begegnen. Patrimoniales Denken prägte die Familie auch lange nach dem Ende der Monarchie. Heute bedient sie sich zur Verwaltung der Strukturen eines Familienunternehmens. Bezugspunkt dabei ist der Besitz am Bodensee geworden.

Anmerkungen:

1 Zur Säkularisation von Salem und Petershausen und der frühen Besitzgeschichte des Hauses Baden am Bodensee vgl. grundlegend *Rainer Brüning / Ulrich Knapp* (Hg.): Salem. Vom Kloster zum Fürstensitz 1770 bis 1830. Karlsruhe 2002 mit den Beiträgen vor allem von *Rainer Brüning*: Der Übergang des Klosters Salem an das Haus Baden (1802 – 1804), 63-70 und *Hansmartin Schwarzmaier*: Das Kloster als Fürstensitz, 71-84; hier auch die ältere Literatur, unter der hier nur als unverzichtbar genannt sei: *Hans Jürgen Schulz*: Salem nach der Säkularisation. In: *Reinhard Schneider* (Hg.): Salem. 800 Jahre Reichsabtei und Schloss. Konstanz 1984.
2 Generallandesarchiv Karlsruhe (GLA), Familienarchiv (FA) Personalia 11/9; im Folgenden der Einfachheit halber zitiert nach der Abschrift von Karl Obser, GLA 65/20036.
3 Vgl. die Beiträge *Beck* und *Endres* in diesem Band.
4 Vgl. *Schulz* 1984 (wie Anm. 1), 185.
5 Vgl. die Akten über Möbeltransporte zwischen Karlsruhe und Salem, Markgräfliches Archiv Salem, Neue Registratur/282. Für die Benutzungserlaubnis, freundliche Beratung und Hilfestellung aller Art sei an dieser Stelle SKH Prinz Bernhard von Baden gedankt.
6 Zitiert nach *Schulz* 1984 (wie Anm. 1), 181.
7 *Schwarzmaier* 2002 (wie Anm. 1), S. 74ff.
8 Vgl. *Franz Götz / Alois Beck*: Schloß und Herrschaft Langenstein im Hegau. Singen 1977, 207ff.
9 GLA 65/20036, fol. 372. Vgl. allgemein *Ulrich Knapp*: Salem. Regensburg ³1998; *Ders.*: Salem. Die Gebäude der ehemaligen Zisterzienserabtei und ihre Ausstattung. Esslingen 2004, 24ff.
10 GLA 65/20036, fol. 418 (1834) und fol. 619 (1842).
11 vgl. *Konrad Krimm*: Die Burgen des Hauses Baden. In: *Hansmartin Schwarzmaier* (Hg.): Das Mittelalterbild des 19. Jahrhunderts am Oberrhein. Ostfildern 2004, 74-95.
12 *Schwarzmaier* 2002 (wie Anm. 1), 83.
13 GLA 233/26655, 12.
14 GLA 65/20036, fol. 354 (1832).
15 Vgl. *Helmut Hahn* (Hg.): 225 Jahre Bezirkssparkasse Salem. Konstanz 1974, 31ff.
16 Vgl. GLA 48/6679, vgl. dazu 48/6677, 6678 u.a.
17 GLA 65/20036, fol. 373 (1832).
18 Ebd., fol. 437 (1835).
19 Ebd., fol. 373 (1832).
20 Ebd., fol. 374 (1832).
21 GLA 231/1517.
22 GLA 65/20036 fol. 402 (1833).
23 *Martin Furtwängler*: Die Standesherren in Baden (1806 – 1848). Frankfurt-Berlin-Bern 1996.
24 Vgl. den Fideikommiss-Gesamtbericht von 1847, GLA FA Generalia/63 S. 38, dazu beispielhaft die Einzelabrechnung für 1833, Markgräfliches Archiv Salem, Neue Registratur /217,3.
25 Vgl. *Harald Winkler*: Die Ablösungskapitalien aus der Bauernbefreiung in West- und Süddeutschland. Stuttgart 1968, 51, Tabelle VI.
26 Vgl. GLA 65/20036, fol. 374.
27 Vgl. Markgräfliches Archiv Salem, Neue Registratur/206,1. Zum Folgenden vgl. vor allem *Schulz* 1984 (wie Anm. 1), 183ff.
28 Vgl. GLA 233/26652.
29 Der Seebote vom 15. September 1922, GLA 233/28221, dazu *Schulz* 1984 (wie Anm. 1), 190.
30 Vgl. GLA 240/8161. Zur Auseinandersetzung zwischen Staats- und Arbeitsministerium von 1921 vgl. GLA 231/28221.
31 Vgl. *Irmgard Dechow / Thomas Hepperle* (Hg.): Von der Landwirtschaftlichen Kreiswinterschule Salem zur Fachschule für Landwirtschaft Überlingen (1919 – 1998). Überlingen o.J., 13ff.
32 Rede des Prinzen Max bei Eröffnung der Schule in Schloß Salem am 14. April 1920, o.O., o.J.
33 *Prinz Max von Baden*: Erinnerungen und Dokumente. Stuttgart 1927. Als kommentierte Ausgabe herausgegeben von *Golo Mann / Andreas Burckhardt*. Stuttgart 1968.
34 *Golo Mann*: Erinnerungen und Gedanken. Eine Jugend in Deutschland. Frankfurt 1986/1994, 117ff; *Ders.*: Prinz Max von Baden und das Ende der Monarchie in Deutschland. In: *Prinz Max von Baden* 1968 (wie Anm. 33), 9-57; *Ders.*: Ein Regent in der Republik. Markgraf Berthold von Baden. In: Die Zeit, 27. Dezember 1963, 8. Golo Mann in die Ecke der hagiographischen Hofberichterstatter zu verweisen, wie bei *Karina Urbach / Bernd Buchner*: Prinz Max von Baden und Houston Stewart Chamberlain. In: Vierteljahreshefte für Zeitgeschichte 52 (2004), 120-177, wird dieser Differenzierungskunst Golo Manns nicht gerecht. Das Zeitverhaftete und die Ambivalenz von Persönlichkeit, Denken und Wirkung des Prinzen sind bei Golo Mann zentrale

Momente einer Darstellung, die ihren Gegenstand gerade in seiner Widersprüchlichkeit freilich auch respektiert.

35 Vgl. die Korrespondenz in GLA N Paulcke und im Markgräflichen Archiv Salem, Nachlass Prinz Max.
36 Vgl. *Urbach / Buchner* 2004 (wie Anm. 34).
37 Vgl. *Hildegard Disch*: Die Schule Schloß Salem in den Jahren 1933 bis 1945. In: Schule Schloß Salem. Bericht über die Zeit 1933 – 1945. o.O., o.J., 3-18; *Erika Dillmann*: Die Schule Schloß Salem. In: Kloster und Staat. Besitz und Einfluss der Reichsabtei Salem. Tettnang 1984, 43-45. Als Quelle zur Gruppenbildung vgl. z.B. die Berichte Karl Wilhelms von St. André an seine Mutter, GLA 69 von St. André Zug. 2003-25/6.
38 *Stephan Malinowski*: Vom König zum Führer. Sozialer Niedergang und politische Radikalisierung im deutschen Adel zwischen Kaiserreich und NS-Staat. Berlin ³2003.

Das Haus Württemberg in Oberschwaben
Landschloss – Mustergüter – Sommerresidenz

Eberhard Fritz

Unter den oberschwäbischen Adelsfamilien nahm Württemberg im 19. Jahrhundert in zweifacher Hinsicht eine Sonderstellung ein. Im Gegensatz zu den seit Jahrhunderten ansässigen, angestammten Adelsfamilien gehörten die Könige von Württemberg neben den Großherzögen von Baden und den Fürsten von Hohenzollern zu den großen Gewinnern der Säkularisation und Mediatisierung[1]. Im Süden erreichte das neu geschaffene Königreich Württemberg nunmehr den Bodensee und grenzte damit unmittelbar an die Schweiz. Der bisherige territoriale Flickenteppich aus geistlichen und weltlichen Kleinherrschaften wurde damit zum Teilgebiet eines zentralistisch regierten Staates. Erst nach 1806 erwarben die württembergischen Monarchen Besitz in Oberschwaben, wo sie allerdings bis ins 20. Jahrhundert nie dauerhaft residierten[2]. Man hat daher von einer Herrschaftsstruktur auszugehen, die einerseits bestimmt wurde durch die Einbußen des ehemals souveränen Adels an Prestige und politischer Macht, andererseits durch das Interesse des württembergischen Königshauses an der administrativen Durchdringung der neu erworbenen Gebiete.

Als im Jahr 1806 die Deutschordenskommende Altshausen, welche im Rang einer Reichsabtei und gleichzeitig einer Reichsgrafschaft stand, säkularisiert wurde, machten Bayern und Württemberg Besitzansprüche geltend; Baden erhob Anspruch auf das Dorf Pfrungen, weil es von neu erworbenem badischem Gebiet umgeben war. Zunächst konnten Bayern und Baden ihre Herrschaftsansprüche durchsetzen und die Deutschordenskommende besetzen. Auf dem Verhandlungswege gelang es Württemberg jedoch, sich den Besitz der gesamten Herrschaft zusichern zu lassen, worauf im Jahr 1807 die Besitzergreifung vor sich ging[3].

DER ERWERB VON ALTSHAUSEN ALS PRIVATBESITZ

Um die Herrschaft in den neuen Landesteilen zu sichern, war es wichtig, dort Besitz zu erwerben. Dafür erwiesen sich gerade für die königliche Familie die Rahmenbedingungen als sehr günstig, denn seit Jahrhunderten war deren privates Vermögen streng vom Staatsvermögen getrennt[4]. Deshalb bestand im Gegensatz zu anderen Herrscherhäusern in Württemberg die Möglichkeit, familiär gebundenen Besitz zu erwerben. König Friedrich erwarb das barocke Deutschordensschloss Altshausen für sein Privatvermögen. Damit knüpfte König Friedrich die erste ‚persönliche' Beziehung in den oberschwäbischen Raum.

Die Umstrukturierung seines Privatvermögens bewog ihn, seine private Vermögensverwaltung neu zu organisieren. An die Stelle der Kammerschreiberei trat nun als neue Behörde die Hof- und Domänenkammer[5]. Zur Verwaltung des privaten wie des staatlichen Grundbesitzes wurde im Schloss Altshausen ein Kameralamt der Hof- und Domänenkammer eingerichtet[6]. Dieses „Königliche Landschloss" war nicht als ständige Residenz vorgesehen, sondern als Jagdschloss und Aufenthaltsort bei Reisen nach Oberschwaben[7]. Bereits 1807 ließ sich eine Auflösung des Deutschen Ordens im Gebiet des Deutschen Reiches absehen, so dass nicht mehr mit Rückführungsansprüchen zu rechnen war.

Blick auf Altshausen. Lithographie von Johann Wölfle nach Johann Georg Sauter. Titelbild zu Memminger: Beschreibung des Oberamts Saulgau. Stuttgart – Tübingen 1829.

Das primäre Interesse des Monarchen musste auf die administrative Durchdringung der zahlreichen neu erworbenen Territorien gerichtet sein. Als Landesherr unternahm König Friedrich in den friedlichen Jahren seiner Regierungszeit weite Reisen durch das gesamte Land, um seine Herrschaft durch persönliche Präsenz zu demonstrieren. Dabei besichtigte er auch sein Landschloss Altshausen[8]. Vielleicht gab dieser Besuch den Ausschlag, dass 1810 die gesamte ehemalige Deutschordensherrschaft als privates Vermögen im Tausch gegen die an Bayern abgetretene württembergische Herrschaft Weiltingen bei Dinkelsbühl erworben wurde[9]. Mit dem Besitzwechsel der ehemaligen Deutschordenskommende wurden die Einwohner der Herrschaft quasi persönliche Untertanen der königlichen Familie. Der König von Württemberg und seine Familie kamen indes nur sporadisch in ihr oberschwäbisches Landschloss, entweder auf dem Weg von der Residenzstadt Stuttgart in die Sommerresidenz Friedrichshafen oder zur Jagd. Dennoch erwies sich die Besitzung als wichtig, richtete sie doch den Blick der württembergischen Monarchen auf die katholischen Gebiete in Oberschwaben. Als passioniertem Jäger erschienen König Friedrich vor allem die umfangreichen Waldungen in der Umgebung Altshausens attraktiv. Neben ehemaligen Deutschordensbesitzungen kamen auch Dörfer des säkularisierten Klosters Weingarten in den Besitz der Hofdomänenkammer. Das Kameralamt wurde in ein Hofkameralamt umgewandelt, dem nur noch die Verwaltung des königlichen Privatbesitzes oblag; die staatliche Finanzverwaltung fiel in die Zuständigkeit des Kameralamts Saulgau[10].

Besonders in Altshausen lassen sich Bemühungen um eine interne Besitznahme erkennen. Östlich des Ortes befanden sich die großen Meiereihöfe Arnetsreute, Lichtenfeld und Tiergarten. Dort wurden Pächter aus altwürttembergisch-protestantischen Orten der Schwäbischen Alb eingesetzt, die vermutlich zu einem Familienverband gehörten[11]. Auch die Hofkameralverwalter entstammten zunächst der altwürttembergischen Beamtenschicht. Den Posten des Hofkameralverwalters übernahm der Buchhalter bei der Oberfinanzkammer Stuttgart, Johann Bernhard Maurer[12]. Es ist kein Zufall, dass gerade von diesen herrschaftlichen Beamten und Pächtern die ersten Impulse für die Bildung einer evangelischen Kirchengemeinde und der Feier protestantischer Gottesdienste ausgingen[13]. Vermutlich dachte

488 Eberhard Fritz

man bei der königlichen Regierung in Stuttgart an ein Netzwerk von herrschaftlichen Funktionsträgern aus dem württembergischen Kernland als Instrument der Herrschaftssicherung.

DIE MUSTERWIRTSCHAFTEN DES KÖNIGS WILHELM I.

War die Regierungszeit des Königs Friedrich durch die Erwerbung und Sicherung neuer Besitzungen in Oberschwaben noch von einem sehr energischen, machtbewussten Kurs bestimmt, so verfolgte dessen Sohn und Nachfolger König Wilhelm I. andere politische Ziele[14]. Angesichts einer schweren Wirtschaftskrise im Königreich Württemberg gab man in Altshausen die aufwendige Hofhaltung aus der Zeit des Deutschen Ordens, wie sie unter König Friedrich weitergeführt worden war, endgültig auf. Der Schlossgarten wurde weitgehend zu einem Nutzgarten umfunktioniert, die Orangerie wegen ihres großen Brennholzbedarfs verkauft. Damit reduzierte man das „Königliche Landschloss" im wesentlichen auf den Sitz der Verwaltungsbehörde, erhielt es aber so, dass es jederzeit für kurze Aufenthalte der königlichen Familie hergerichtet werden konnte. König Wilhelm I. kam fast jedes Jahr einige Tage nach Altshausen, um zu jagen oder seine Besitzungen zu besichtigen. Für die Familie blieb das Schloss als Übernachtungsquartier auf dem Weg zwischen der Residenz Stuttgart und dem Sommeraufenthalt Friedrichshafen wichtig.

Zunächst ging es dem Monarchen darum, die staatliche Verwaltung und Gesetzgebung auf eine zukunftsfähige Grundlage zu stellen. Noch ehe das Königreich Württemberg im Jahr 1819 eine Verfassung erhielt, hatten mit der entschädigungslosen Aufhebung der Leibeigenschaft zwei Jahre zuvor bereits die ersten staatlichen Maßnahmen zur Befreiung der Bevölkerung von den Feudallasten begonnen[15]. Im Gegensatz zu den oberschwäbischen Adelsherrschaften übernahm der König die staatlichen Regelungen auch für die Besitzungen der Hofdomänenkammer.

König Wilhelm I. von Württemberg (1771 – 1864, König seit 1816). Ölbild von Joseph Joachim Schnizer, um 1820. Staatsgalerie Stuttgart. Die Lithographie nach diesem Gemälde hing in vielen württembergischen Amtsstuben, Gast- und Bürgerhäusern.

Dadurch waren die Untertanen des Hofkameralamts Altshausen besser gestellt als die Einwohner der umliegenden Besitzungen des Adels[16].

Als passionierter Landwirt war König Wilhelm I. von einem pädagogischen Impetus bestimmt[17]. Mit großer Energie setzte er sich für eine Verbesserung der württembergischen Landwirtschaft ein. Für die Hofdomänenkammer ließ der Monarch im ganzen Königreich große Güter ankaufen, damit sie durch angesehene Pächter nach den modernsten Erkenntnissen bewirtschaftet wurden. Unter den 20 Domänen, welche während seiner Regierungszeit erworben wurden[18], lagen sieben in Oberschwaben: Bärenweiler (gekauft 1835), Unterrauhen mit Rugetsweiler (1837), Manzell (1838), Hochberg (1846), Oberspringen (1851), sowie Lippertsweiler und der Schäferhof (1852)[19]. Die privaten Domänen sollten als ‚Musterwirtschaften' dienen, an deren Beispiel den Landwirten der Umgebung die Fortschritte praktisch vor Augen geführt werden sollten[20]. Zwar gibt es noch keine eingehende Studie über eine oberschwäbische Hofkammerdomäne, aber Hinweise deuten darauf hin, dass auch hier moderne Geräte wie Brabanter Pflüge angeschafft wurden und die Verwertung der Agrarprodukte durch Veredelung wie Obstbrennen oder Dörren begann[21]. Man erprobte auch neue Bewirtschaftungsformen, indem man die Schläge auf den Großgütern neu einteilte, um damit Erfahrungen zu sammeln.

Als Beispiel für einen vorbildlichen Pächter soll hier Emil Stockmaier angeführt werden, dessen Familie der württembergischen Oberschicht zugerechnet werden muss. Als Pächter der Domänen Arnetsreute, Lichtenfeld und Tiergarten gehörte Stockmaier zu den prominenten oberschwäbischen Landwirten oder vielmehr Funktionären. Denn die Domänenpächter bestimmten lediglich die Richtlinien der Bewirtschaftung ihrer Güter und vertraten ansonsten ihre Standesinteressen in den Landwirtschaftlichen Vereinen, in sonstigen Vereinigungen sowie auf kommunal- und regionalpolitischer Ebene. Sie sind insofern der bürgerlichen Führungsschicht zuzurechnen. Unausgesprochen stand dahinter die Annahme, dass die intensive Landwirtschaft des württembergischen, sehr fruchtbaren Kernlandes der extensiven oberschwäbischen Landwirtschaft überlegen sei. Ferner sahen die württembergischen Beamten das in Oberschwaben noch vorherrschende Fallehensystem als Form der bäuerlichen Entrechtung an. Deshalb wollten sie die Höfe in Erblehen umwandeln und waren überrascht, als ihre derartigen Bemühungen bei den Bauern nur auf geringe Resonanz stießen[22].
Wenige Jahre nach dem Regierungswechsel entschloss sich der König, eine eigene private Forstverwaltung zu errichten. Deshalb erfolgte auch in Altshausen 1821 die Errichtung eines eigenen Hofkammerforstamts[23]. Dessen Aufgabe bestand vor allem darin, die völlig heruntergewirtschafteten Waldungen wieder in einen ordentlichen Stand zu bringen. Durch den Bevölkerungsanstieg im späten 18. und frühen 19. Jahrhundert war es zu unkontrollierten Einschlägen und zur Übernutzung der Wälder gekommen. Diese Schäden galt es zu beheben; zu diesem Zweck teilte man die Waldungen in Huten ein und bestellte eigene Wildschützen.

Parallel zur Verwaltung des vorhandenen Besitzes verstärkte König Wilhelm I. seine persönlichen Verbindungen nach Oberschwaben. So genehmigte er 1824 die Trockenlegung des hofkammereigenen Lengenweiler Moosrieds durch Siedler der pietistischen Brüdergemeinde Korntal[24]. Dieses Projekt entsprang keineswegs nur der Absicht des Monarchen nach einer systematischen Erschließung der oberschwäbischen Moor- und Riedgebiete, sondern muss politisch als defensive Maßnahme interpretiert werden. Im Jahr 1819 hatten die württembergischen Pietisten die Errichtung der mit religiösen Sonderrechten ausgestatteten Siedlung Korntal durchgesetzt. Nachdem sich dieses ehemalige Rittergut bald als zu klein erwies, beabsichtigten die Vorsteher, weitere Siedlungen zu errichten. Inzwischen hatte sich jedoch die Lage des Königreichs so weit stabilisiert, dass König Wilhelm I. keine weitere Beeinträchtigung der württembergischen Landeskirche, deren Oberhaupt er war, tolerieren wollte. Erst als die Pietisten sich bereit erklärten, ein oberschwäbisches Moorgebiet zu kultivieren, lenkte der Landesherr ein[25]. Die Benennung der neuen Siedlung Wilhelmsdorf nach dem König geschah nicht nur aus Dankbarkeit, sondern auch deshalb, weil sich das Unternehmen rasch als äußerst riskant erwies und man sich so der Unterstützung des Monarchen versichern wollte. Trotz massiver Zugeständnisse der königlichen Regierung geriet Wilhelmsdorf 1846 in Konkurs und konnte nur durch eine Radikalsanierung und die Ausweisung von einem Drittel der Einwohner gerettet werden[26].

Zuchtstier vor dem Schweizerhaus der Domäne Manzell am Bodensee. Lithographie von Gottfried Küstner nach Ferdinand Friedrich Wagner, 1829.

Zeitgleich mit der Begründung Wilhelmsdorfs entschied sich König Wilhelm, das ehemalige Priorat Hofen des Klosters Weingarten am Ufer des Bodensees als Sommersitz einrichten zu lassen[27]. Seit 1812 trug die aus der alten Reichsstadt Buchhorn und dem Priorat gebildete Stadt nach dem Vater des Königs den Namen Friedrichshafen[28]. Die verfallenen Gebäude des Priorats ließ der König in den Jahren 1824 bis 1830 renovieren und als Schloss ausstatten[29]. Nachdem diese Maßnahmen abgeschlossen waren, erwarb der König 1838 das Schloss und weitere Besitzungen in Friedrichshafen, so den Seewald, das Seewaldgut, die Domäne Manzell und die ehemaligen Besitzungen des Dominikanerinnenklosters Löwental als Privatvermögen[30]. Zur Verwaltung dieses Besitzes ließ er ein Hofdomänenamt als Außenstelle des Hofkameralamts Altshausen errichten[31]. Die Domänen am Bodensee bezog König Wilhelm I. als Mustergüter in sein Konzept zur Verbesserung der württembergischen Landwirtschaft ein. So wurde in Manzell hochwertiges Vieh gezüchtet und – wie auf der Domäne Kleinhohenheim – ein Berner Haus nach Schweizer Vorbild gebaut. Auf den Domänen Manzell und Seewaldgut richtete man eine Obstbaumzucht und eine Baumschule ein[32].

Die beiden Privatbesitzungen Altshausen und Friedrichshafen stellten eine stetige ideelle Verbindung nach Oberschwaben her. Denn über alle wichtigeren Angelegenheiten des Hofkameralamts Altshausen und des Hofdomänenamts Friedrichshafen von Bedeutung musste dem Monarchen Bericht erstattet werden. Zwar sind die Jahresrechnungen des Hofkameralamts zum größten Teil der Vernichtung anheim gefallen, so dass die ökonomischen Aktivitäten nicht mehr in allen Fällen detailliert nachvollzogen werden können. Aber wie sehr König Wilhelm I. an der Vergrößerung seines Grundbesitzes gelegen war, zeigt die noch 1843 erfolgte Erwerbung des Ritterguts Bettenreute mit Zußdorf und Danketsweiler von Karl Graf zu Pappenheim um 200 000 Gulden[33].

Königlicher Besitz in Oberschwaben

Blick auf Altshausen mit der Zuckerfabrik. Lithographie von Caspar Obach, Mitte 19. Jahrhundert.

Diese besondere Aufmerksamkeit hatte sich bereits in den frühen Regierungsjahren in konkreten Projekten niedergeschlagen. In Altshausen wurden Hopfengärten angelegt, um die Ertragsfähigkeit der Landwirtschaft durch Sonderkulturen zu steigern. Damit konnte sich der Ort über ein Jahrhundert lang als Hopfenpflanzergemeinde etablieren, zumal der Altshauser Hopfen als besonders aromatisch galt[34]. Eine weitere Sonderkultur sollte mit der Errichtung eine Zuckerfabrik unter finanzieller Beteiligung des Königs im Jahr 1837 gefördert werden: der Anbau von Zuckerrüben[35]. Vor allem die großen Flächen der nahen Hofkammerdomänen sollten damit bepflanzt werden[36]. Diesem Vorhaben war allerdings langfristig kein Erfolg beschieden. Zwar florierte die Zuckerfabrik für kurze Zeit, aber der äußerst arbeitsintensive und anfällige Rübenanbau erwies sich als wenig rentabel. Deshalb kam es zu Lieferproblemen. Die Zuckerfabrik geriet 1854 in Konkurs und wurde von der badischen Gesellschaft für Zuckerfabrikation aufgekauft[37]. Bei den abnehmenden Anbauflächen für Zuckerrüben mussten die agrarischen Rohstoffe über längere Entfernungen hinweg transportiert werden. Diese wirtschaftlichen Rahmenbedingungen gaben den Ausschlag, die südliche Linie der Eisenbahn von Aulendorf nach Tübingen über Altshausen zu führen. Hier wurde auch eine Verzweigung der Eisenbahn nach Pfullendorf gebaut und so das württembergische Territorium mit der badischen Eisenbahn verbunden.

DIE REVOLUTION VON 1848/49

Aufschlussreich für die Beziehungen zwischen der Herrschaft und den Untertanen sind die Ereignisse und Entwicklungen im Zusammenhang mit der Revolution von 1848. Nach der anfänglichen Besetzung der Stelle des Hofkameralverwalters mit evangelischen Beamten aus Altwürttemberg reifte in der Hofdomänenkammer bald die Erkenntnis, dass sich katholische Beamte, die aus Oberschwaben stammten, besser dafür eigneten[38]. So wurde bereits 1819 der in Binzwangen bei Heiligkreuztal geborene Josef Vogel als Hofkameralverwalter eingesetzt, gefolgt 1839 von Peter Paul Beck aus Rottenburg am Neckar. Indessen scheinen sich gerade in der Amtszeit Becks Mißstände in der Verwaltung gehäuft zu haben, welche den Ärger der Untertanen erregten. Auf die Initiative Becks hin wurde der Hofkameralamtsgehilfe August Leyendecker zum Schultheißen in Altshausen gewählt. Innerhalb kurzer Zeit regte sich der Unmut der Einwohner über die hofkammerliche Verwaltung und den Schultheißen. Aber auch Hofkammerförster Ferdinand Treitler sah sich heftigen Vorwürfen wegen ungerechter Verteilung der Holzgaben ausgesetzt[39]. Erst die revolutionären Ereignisse des Jahres 1848, ausgelöst durch eine ökonomische Depression im Königreich Württemberg, führten zu einer Klärung dieser Probleme. Offenbar wurden die Klagen der Untertanen so ernst genommen, dass Schultheiß Leyendecker aus dem Amt entlassen wurde[40]. Wenig später ließ sich auch Hofkameralverwalter Beck nach Herrenberg versetzen, wenngleich er ein Jahrzehnt später wiederum für einige Jahre auf seinen alten Posten nach Altshausen zurückkehrte[41]. Auch Hofkameralamtsgehilfe Adolf Böhm trat wegen „verleidetem Aufenthalt in hiesigem Ort" aus dem Dienst aus[42]. Mehrere Schultheißen aus den Amtsorten reichten ebenfalls ein Rücktrittsgesuch ein. Allerdings deutet der häufige Amtswechsel in den Schultheißenämtern in der ersten Hälfte des 19. Jahrhunderts auf eine geringe Attraktivität dieses Amtes hin[43].

Die Grundlastenablösung des Jahres 1849 belegt die umfangreichen Rechtsbeziehungen des Hofkameralamts Altshausen nicht nur zu den Orten der vormaligen Deutschordenskommende oder anderer später erworbener Besitzungen, sondern auch zu zahlreichen anderen oberschwäbischen Gemeinden[44]. Gleichzeitig wird deutlich, wie sehr diese Reformen die Verwaltung entlasteten, denn manche Rechte und Einkünfte waren so minimal, dass der Verwaltungsaufwand in keinem Verhältnis zum Ertrag stand. Entsprechend konnte die Hofdomänenkammer nach dem Vollzug der Ablösungsgesetze ihre Verwaltung durch die Auflösung und Zusammenlegung von Hofkameralämtern bedeutend verkleinern. So wurde das Hofdomänenamt Friedrichshafen 1855 aufgelöst[45].

Aufgrund günstiger werdender ökonomischer Bedingungen beruhigte sich die politische Situation um diese Zeit. Inzwischen war klar geworden, dass das wirtschaftliche Potential am Bodensee wesentlich mehr Perspektiven bot als die oberschwäbischen Besitzungen. Erneut lahmten die Geschäfte der Zuckerfabrik Altshausen, bei der zeitweise fast 1 000 Menschen gearbeitet hatten, bis 1892 die Firma endgültig aufgegeben wurde[46]. Dieser immense Verlust an Arbeitsplätzen führte zu einer Stagnation in der Entwicklung der Gemeinde.

DIE KÖNIGE KARL UND WILHELM II.

Am Bodensee dagegen schien sich eine glänzende Zukunft anzubahnen. König Karl und Königin Olga verbrachten alljährlich einige Wochen in der Sommerresidenz Schloss Friedrichshafen. Insbesondere nach der Reichsgründung hatten viele Adels- und Regentenfamilien Sommerresidenzen am Bodensee erworben, so dass das Königspaar rege Kontakte pflegen konnte. Selbst als sich König Karl und Königin Olga in den 1880er Jahren kaum mehr in Württemberg aufhielten, gehörte doch der alljährliche Sommeraufenthalt in Friedrichshafen zum unverzichtbaren Teil des Jahresablaufs[47].

König Wilhelm II., der 1891 die Regierung antrat, zeigte wieder ein stärkeres Interesse an seinem oberschwäbischen Grundbesitz. Noch einmal wurden im Lauf der Jahre vier Domänen angekauft: Ganterhof (1889), Zuben (1895), Märbottenweiler (1903) und als letztes Gut kurz vor dem Ersten Weltkrieg die Domäne Hechelfurt (1913). Gleichzeitig förderte der König die industrielle

Ankunft von König Wilhelm II. und Königin Charlotte am 3. Juli 1907 am Bahnhof Friedrichshafen zum Sommeraufenthalt im Schloss.

Entwicklung in der aufstrebenden Stadt Friedrichshafen am Bodensee, indem er dem Grafen Ferdinand von Zeppelin auf der Domäne Manzell Grund und Boden zur Verfügung stellte[48]. In den neu erbauten Fabrikhallen entstanden Luftschiffe, welche unter dem Namen ihres Erbauers als „Zeppeline" bekannt wurden[49]. Auch andere Industriezweige siedelten sich am Bodensee an, so dass ein starker Wirtschaftsstandort entstand. Auch die Katastrophe von Echterdingen im Jahr 1904, als ein Zeppelin beim Landeanflug völlig zerstört wurde, bedeutete nicht das Ende der Luftschiffahrt. Da Graf Ferdinand von Zeppelin als Volksheld galt, flossen so viele Spenden, dass neue Zeppeline gebaut werden konnten.

ALTSHAUSEN: VOM LANDSCHLOSS ZUR RESIDENZ

Im Lauf der Jahrhunderte hatte das Haus Württemberg immer wieder die Bedeutung seiner Nebenlinien und Nebenresidenzen erfahren. Ein Grundproblem des Hauses stellte der recht häufig zu beobachtende Mangel an männlichen Nachkommen dar. Dadurch war es nicht möglich, die Erbfolge in der direkten männlichen Linie fortzusetzen. Dieser Fall trat auch bei König Wilhelm II. ein, dessen einziger Sohn im Säuglingsalter starb. Danach wurden dem König keine Söhne mehr geboren[50]. Aus diesem Grund ging das Recht der Thronfolge auf eine andere, im 19. Jahrhundert katholisch gewordene Linie über. Der Thronanwärter Herzog Albrecht von Württemberg (1865 – 1939) lebte seit 1900 mit seiner Familie in Stuttgart, um sich vom Monarchen in die Regierungsgeschäfte einführen zu lassen[51]. Im Ersten Weltkrieg stieg Herzog Albrecht zum Generalfeldmarschall auf.

Indessen kam mit der Niederlage des Deutschen Reiches im November 1918 auch das Ende der Monarchie[52]. König Wilhelm II. von Württemberg dankte als letzter der deutschen Souveräne ab und zog sich in das Schloss Bebenhausen bei Tübingen zurück. Da er Schloss Altshausen nicht mehr benötigte, räumte er es dem präsumptiven Thronfolger Herzog Albrecht als Wohnsitz ein. Dieser zog 1919 nach Oberschwaben und erbte nach dem Tod des Königs im Oktober 1921 das gesamte Hausvermögen. Seitdem blieb Schloss Altshausen der Wohnsitz des Chefs des Hauses Württemberg.

Die Bedeutung der oberschwäbischen Besitzungen des Hauses Württemberg in der Zeit des Königreichs ist also unter verschiedenen Aspekten zu sehen. Nach den politischen Umwälzungen der Säkularisation und Mediatisierung bildete der Besitz eine persönliche Klammer zum regierenden Haus in Stuttgart. Der Monarch wurde über seinen Privatbesitz mit den Problemen des oberschwäbischen Raums konfrontiert. Freilich erwiesen sich die Pläne einer Verbesserung der Landwirtschaft und einer Ansiedlung von Industriebetrieben als nur teilweise realisierbar. Auch die aus der Erfahrung der altwürttembergischen Gesellschaftsordnung gewonnenen Erfahrungen konnten unter den so anderen Verhältnissen Oberschwabens nur zum Teil umgesetzt werden. Hier stießen die gut gemeinten, aber auch nicht selten etwas überheblich wirkenden Maßnahmen nicht überall auf Resonanz, sofern sie sich nicht in der Praxis bewährten.

Anmerkungen:

1 *Volker Himmelein / Hans Ulrich Rudolf* (Hg.): Alte Klöster – neue Herren. Die Säkularisation im deutschen Südwesten. 3 Bände. Ostfildern 2003.
2 *Eberhard Fritz*: Das Haus Württemberg in Oberschwaben. Zur Geschichte des oberschwäbischen Besitzes und des Hofkameralamts Altshausen. In: Im Oberland 4 (1993) 1, 17-21, und 4 (1993) 2, 13-17.
3 *Eberhard Fritz*: Königreich statt Ordensherrschaft. Die Säkularisation und Mediatisierung der Deutschordenskommende Altshausen. In: *Himmelein / Rudolf* 2003 (wie Anm. 1). Bd. 2, 2, 529-542.
4 *Eugen Locher*: Das württembergische Hofkammergut. Eine rechtsgeschichtliche Studie. Stuttgart 1925.
5 *Locher* 125 (wie Anm. 4), 22ff.
6 *Heinz Winterhalter*: Ämter und Amtsleiter der Kameral- und Steuerverwaltung in Baden-Württemberg. Teil 1. Freiburg 1976, 374.
7 *Eberhard Fritz*: Schloss Ludwigsburg als Sommerresidenz. Friedrich von Württemberg und seine Hofhaltung im frühen 19. Jahrhundert. In: Ludwigsburger Geschichtsblätter 58 (2004), 218-227.
8 Vgl. *Fritz* 2004 (wie Anm. 7).
9 Hauptstaatsarchiv Stuttgart (HStAS) E 221, Bü 3531.
10 *Winterhalter* 1976 (wie Anm. 6), 374.
11 *Fritz* 2003 (wie Anm. 3), 534.
12 *Winterhalter* 1976 (wie Anm. 6), 374.
13 *Ute Fritz / Ilse Feller* (Hg.): Johannes Leopold: Erinnerungen aus meinem Leben (1840 – 1906). Stuttgart 1994, 123ff.
14 Vgl. *Paul Sauer*: Reformer auf dem Königsthron. Wilhelm I. von Württemberg, Stuttgart 1997.
15 *Hansmartin Schwarzmaier* u. a. (Hg.): Handbuch der Baden-Württembergischen Geschichte. Bd. 3. Stuttgart 1992, 523-525.
16 *Wolfgang von Hippel*: Die Bauernbefreiung im Königreich Württemberg. Bd. 1. Boppard 1987, 393.
17 *Sauer* 1997 (wie Anm. 14), 350.
18 Ein Status der Domänen beim Tod des Königs findet sich in *August Amman:* Die Hofgüter im Königreiche Württemberg und die fürstlichen Domänen in den hohenzollernschen Landen. Stuttgart 1864.
19 Grunddaten über die Domänenkäufe (Datum des Kaufvertrags und Kaufpreis) in *Eberhard Fritz*: Die Hofdomänenkammer im Königreich Württemberg. Zur Vermögensverwaltung des Hauses Württemberg. In: Zeitschrift für Württembergische Landesgeschichte 56 (1997), 163-172.
20 *Fritz* 1997 (wie Anm. 19), 127-180.
21 Seewaldgut: Archiv des Hauses Württemberg Altshausen (AHWA), Hofdomänenkammer Bü 1822.
22 *von Hippel* 1987 (wie Anm. 16), 117f., 264ff., 325ff.
23 *Fritz* 1997 (wie Anm. 19), 143.
24 *Fritz* 1997 (wie Anm. 19), 159f.
25 *Eberhard Fritz*: Die Anfänge der Kolonie Wilhelmsdorf. In: *Andreas Bühler* (Hg.): 175 Jahre Wilhelmsdorf. Wilhelmsdorf 1999, 19-42.
26 *Fritz* 1999 (wie Anm. 25), 30ff.
27 AHWA, Hofdomänenkammer Bü 1009.
28 *Fritz Maier*: Friedrichshafen. Heimatbuch. Bd. 1. Friedrichshafen 1983, 155ff.; vgl. *Friedrich Herzog von Württemberg*: Das Haus Württemberg und Friedrichshafen. In: Leben am See 17 (2000), 80-84.
29 *Sauer* 1997 (wie Anm. 14), 206.
30 AHWA, Hofdomänenkammer Bü 1607, 1608.
31 AHWA, Hofdomänenkammer Bü 1920.
32 AHWA, Hofdomänenkammer Bü 1822.
33 AHWA, Hofdomänenkammer Bü 1960 (Abschrift des Kaufvertrags, 2. Februar 1843).
34 AHWA, Hofdomänenkammer Bü 1204.
35 Zum allgemeinen Zusammenhang in *Willi Boelcke*: Wirtschaftsgeschichte Baden-Württembergs von den Römern bis heute. Stuttgart 1987, 199f.
36 AHWA, Hofdomänenkammer Bü 1714.

37 AHWA, Hofdomänenkammer Bü 1335.
38 Personal des Hofkameralamts:
   Hofkameralverwalter: 1808 – 1810 Johann Heinrich Schnell; 1810 – 1819 Johann Bernhard Maurer; 1819 – 1839 Josef Vogel; 1839 – 1848 Peter Paul Beck; 1849 – 1859 Franz Nikolaus Mauser; 1859 – 1865 Peter Paul Beck; 1865 – 1877 Otto Richter; 1877 – 1886 Ernst Friedrich Haffner; 1886 – 1920 Karl Josef Kern.
   Buchhalter (seit 1864): 1864 – 1877 Christian Friedrich Glaser; 1877 – 1888 Karl Otto Hinderer; 1888 – 1894 Emil Schneider; 1894 – 1898 August Seiter; 1898 – 1900 Otto Paul; 1900 – 1902 Meinrad Dornfried; 1902 – 1903 Johann Georg Truckenmüller; 1905 – 1907 Erwin Eberhard Hochstetter.
   Gehilfe: 1819 – Johann Ludwig Beuttler; 1819 – Philipp Friedrich Maier; – 1820 NN. Reiz; – 1840 NN. Mayer; 1839 – 1843 Ignaz Seeli; 1840 – 1841 Heinrich Erpff; 1841 – 1842 Anton Sinz; 1843 – 1845 August Leyendecker; 1846 – 1846 Ernst Kriech; 1845 – 1847 Karl Josef Rieger; 1846 – 1848 Adolf Böhm; 1848 – 1850 Karl Kurz; 1850 – 1853 Ludwig Nothwang; 1853 – 1855 Georg Strobel; 1855 – 1858 Karl Clement; 1858 – 1860 Karl August Kast; 1859 – 1864 Christian Friedrich Glaser.
39 AHWA, Hofdomänenkammer Bü 1479 (Beschwerden der Gemeinde Altshausen und weiterer Gemeinden gegen Hofkameralverwalter Peter Paul Beck und Hofkammerförster Ferdinand Treitler, 1848).
40 AHWA, Hofdomänenkammer Bü 1483.
41 *Winterhalter* 1976 (wie Anm. 6), 374.
42 AHWA, Hofdomänenkammer Bü 3/151 (Schreiben vom 2.11.1848).
43 In der Überlieferung des Hofkameralamtes Altshausen sind für das frühe 19. Jahrhundert zahlreiche vorzeitige Rücktritte von Schultheißen dokumentiert. Die durchschnittliche Amtszeit dürfte fünf bis sieben Jahre betragen haben.
44 Altshausen; Amberg; Atzenberg; Aulendorf; Badhaus; Baltshaus; Bärenweiler; Bierstetten; Birkhof; Blönried; Blümetsweiler; Boms; Bondorf; Boos; Boshasel; Buch; Burgweiler; Ebersbach; Ebisweiler; Eglenreute; Eichstegen; Esenhausen; Fleischwangen; Frimmenweiler; Gampenhof; Geigelbach; Glochen; Guggenhausen; Haggenmoos; Hangen; Häusern; Hirschegg; Hochberg; Höhreute; Hühlen; Hundsrücken; Illmensee; Illwangen (Mariahof); Ingenhardt; Irrenberg; Judentenberg; Käfersulgen; Kreenried; Krumbach; Latten; Laubbronnen; Lengenweiler; Lichtenegg; Echbek; Litzelbach; Luditsweiler; Mendelbeuren; Menzenweiler; Münchenreute; Nassach; Niederweiler; Oberhomberg; Oberwaldhausen; Oberweiler; Pfrungen; Ragenreute; Renhardsweiler; Reute (bei Altshausen); Ried; Rimmersberg; Ringgenburg; Rotachmühle; Rothäusle; Ruschweiler; Schwarzenbach; Schwemme; Steinbronnen; Steinenbach; Stuben; Tafern; Unterwaldhausen; Winnenden (bei Ebersbach); Wolfsbühl; Zogenweiler; Zollenreute; Zußdorf.
45 AHWA, Hofdomänenkammer Bü 1885.
46 Vgl. AHWA, Hofdomänenkammer Bü 1475: Bitte der Gemeinde Altshausen, nach der Aufhebung der Zuckerfabrik eine Eisenbahn-Reparaturwerkstätte einrichten zu dürfen, 1891.
47 *Maier* 1983 (wie Anm. 23), 211-214.
48 *Fritz Maier*: Friedrichshafen. Heimatbuch. Bd. 2. Friedrichshafen 1994. 25; vgl. AHWA, Hofdomänenkammer Bü 1806.
49 *Maier* 1994 (wie Anm. 48), 33-36. Vgl. *Hans G. Knäusel*: Zeppelin. Die Geschichte der Zeppelin-Luftschiffe: Konstrukteure, Technik, Unternehmen. Oberhaching 2000, darin auch den Beitrag von *Waibel*.
50 *Paul Sauer*: Württembergs letzter König. Das Leben Wilhelms II. Stuttgart 1994, 130ff.
51 *Theodor Pfizer*: Albrecht Herzog von Württemberg (1865 – 1939). In: *Robert Uhland* (Hg.): 900 Jahre Haus Württemberg. Stuttgart 1994. 363-378, 364f.
52 Vgl. *Karl Weller*: Die Staatsumwälzung in Württemberg 1918 bis 1920. Stuttgart 1930.